Joos

Lehrbuch der Theoretischen Physik

Bearbeitet von B. Fricke und K. Schäfer

## Vorwort zur 15. Auflage

Das JOOSsche Lehrbuch ist seit dem Tod des Verfassers vor 30 Jahren fast unverändert geblieben. Da die Nachfrage nach wie vor groß war, wurde es mehrere Male ohne Änderung nachgedruckt. Mit der Zeit wurde aber immer deutlicher, daß insbesondere die moderne Entwicklung der Physik, die Quantenmechanik, mit ihren vielfältigen Anwendungen nur sehr unzureichend inhaltlich wie formal enthalten war. Der Verlag hat deshalb meinen Kollegen Klaus Schäfer und mich vor nunmehr fast 10 Jahren gebeten, dieses Werk zu überarbeiten. Erst nach langen Gesprächen insbesondere auch mit Prof. Fick (der am Zustandekommen der zuletzt bearbeiteten 10. Auflage vor 30 Jahren nicht unwesentlich beteiligt war) ließen wir uns auf dieses Unterfangen ein. Unser Hauptbedenken bestand darin, daß in dem bisher vorhandenem JOOS ein in sich geschlossenes Lehrbuch existierte, das historisch einer gewissen Epoche in der Entwicklung der Physik zuzuordnen war. An diesem Werk Verbesserungen oder Veränderungen vorzunehmen, ist nicht sehr einfach, da leicht die Gefahr besteht, es dabei zu verschlechtern. Andererseits hat dieses Lehrbuch den großen Vorteil, ein Buch zu sein, das in weniger als 1000 Seiten die „Theoretische Physik“ zusammenzufassen wagt. Vielen Generationen von Studenten hat der JOOS als Lehrbuch und Einstieg in physikalische Probleme in hervorragender Weise gedient. Ein solch allgemeines und umfassendes Werk halten wir auch für heutige Studenten für notwendig. Deshalb entschlossen wir uns, die Aktualisierung des JOOS zu wagen.

In seinen wesentlichen Teilen der Darstellung und der Auswahl der klassischen Gebiete der Physik haben wir das Werk fast unverändert gelassen. Einzig die Nomenklatur wurde der modernen Schreibweise angepaßt. Auch die Struktur ist erhalten geblieben. Im 1. Buch werden nach wie vor die mathematischen Hilfsmittel behandelt, wobei wir aber einige Bemerkungen zu Matrizen und Operatoren hinzugefügt haben. Andere Teile wurden hingegen ersatzlos gestrichen. Der Teil über die speziellen Funktionen ist aus dem Anhang in das 1. Buch mit aufgenommen worden. Im 2. Buch, der klassischen Mechanik, haben wir ganz bewußt große Teile der Aero- und Hydromechanik belassen, obwohl diese Gebiete heutzutage meist nicht mehr in der Theoretischen Physik behandelt werden. Das Kapitel über Spezielle Relativitätstheorie wurde deutlich verändert.

Aus heutiger Sicht ist es nicht mehr vernünftig, die Kontinuumtheorie und Atomistik der elektrischen Erscheinungen zu trennen. So ist die gesamte „Elektrodynamik und Optik“ im neuen JOOS im 3. Buch zu finden, wobei Teile des alten 4. Buches weggelassen wurden, da sie in verändertem Kontext im neuen 6. Buch auftauchen. Die gleiche Aussage gilt für das alte 5. und 6. Buch, das wir zum neuen 4. Buch „Thermodynamik und klassische Statistik“ zusammengelegt haben. Die Quantenmechanik des alten 7. Buches war in der Form heute so nicht mehr darstellbar. Wir haben sie deshalb völlig neu geschrieben. Allerdings waren wir dabei stets bemüht, einen Stil zu finden, wie ihn JOOS wohl selbst benutzt hätte. Das 5. Buch, das wir „Einführung in die Grundzüge der

Quantenmechanik“ genannt haben und das 6. Buch „Anwendungen der Quantenmechanik“ mit den Teilen Atom-, Festkörper- und Kern- mit Elementarteilchenphysik, bringen eine Einführung und einen Überblick, der eine erste Einarbeitung in diese Gebiete der modernen Physik ermöglicht.

Nach der Anfertigung der ersten Version dieser Überarbeitung ist im Mai 1985 mein Kollege Klaus Schäfer gestorben. Erst nach längerem Zögern habe ich mich dann doch noch entschlossen, das Buch in der von uns intendierten Form fertigzustellen. Er hatte wesentlichen Anteil daran. Danken möchte ich im Rahmen der technischen Fertigstellung vor allem Frau Dipl.-Phys. J. Meyer, die viele Figuren neu konzipiert und gezeichnet hat.

Ich hoffe sehr, daß dieses Werk bald wieder den alten angestammten Platz als Lehrbuch und Nachschlagewerk für alle Physiker, besonders auch für diejenigen, die nicht Theoretiker werden wollen, und für Hörer anderer Fakultäten einnehmen wird.

Kassel im November 1988 **Burkhard Fricke**

# Inhaltsverzeichnis

## Zweites Buch

## Mechanik

Drittes Buch

**Elektrodynamik und Optik**

Viertes Buch

**Thermodynamik und klassische Statistik**

Fünftes Buch

**Einführung in die Grundzüge der Quantenmechanik**



Sechstes Buch

**Anwendungen der Quantenmechanik**

# Einleitung

## Zweck und Arbeitsmethoden der Theoretischen Physik

Eine rein experimentell arbeitende Physik würde ihre Arbeit in der Erzeugung irgendeiner Naturerscheinung und ihrer sorgfältigen Beschreibung als erledigt ansehen. Man könnte z. B. die Leuchterscheinungen beim Stromdurchgang durch verdünnte Gase beobachten, ihre Beschreibung niederlegen und sich damit zufrieden geben. Eine derartige Arbeitsweise wird aber heute mit Recht als unbefriedigend angesehen, zumal es auch der modernsten Bürotechnik nicht möglich wäre, eine Kartothek zu schaffen, die das leistet, was auch nur ein kleines Lehrbuch leistet, nämlich anzugeben, was sich bei den und den vorgegebenen Anordnungen ereignen wird. Sobald wir aber nach dem Zusammenhang der Erscheinungen fragen, begeben wir uns in das Gebiet der Theorie, welche auf Grund mehr oder weniger direkt prüfbarer Grundannahmen die beobachteten Erscheinungen miteinander verknüpft und auf einzelne „reine" Erscheinungen zurückführt und so eine logische statt einer alphabetischen Ordnung des ungeheuren Beobachtungsmaterials liefert. In dem angeführten Beispiel der Gasentladungen brauchen wir zur „Erklärung", d. h. zur Zurückführung auf einfache Elemente, theoretische Vorstellungen über den Aufbau der Atome aus elektrischen Ladungen und über den Mechanismus der Erzeugung von Ladungsträgern. Wir finden dabei, daß die Erklärung der Erscheinung durchaus nicht einfach ist, sondern daß viele Effekte zusammenwirken. Wir werden daher vom Standpunkt der Theorie die Erscheinung nicht als „einfach" ansehen, so leicht sie experimentell zu erzeugen ist. Erst die Theorie kann darüber entscheiden, ob reine, d. h. im Sinne einer theoretischen Auswertung einfache Versuchsbedingungen vorliegen. In unserem Beispiel wird die Theorie einen Versuch, bei dem Elektronen einer meßbaren einheitlichen Geschwindigkeit mit Gasatomen zusammenstoßen, trotz der größeren experimentellen Schwierigkeiten als einfacher bezeichnen, da man, wenn man diese Vorgänge kennt, versuchen kann, die verwickelteren Erscheinungen der Glimmentladung daraus aufzubauen. Wenn so die Theorie dem Experiment oft schwierige, vielleicht unlösbare Aufgaben stellt, so erleichtert sie andererseits auch oft dem Experimentalphysiker die Arbeit, indem sie zwingende Verknüpfungen zwischen Größen aufdeckt, welche schwierige Messungen durch indirekte Bestimmungen schwer zugänglicher Größen überflüssig machen. Ist einem z. B. in der praktischen Optik die

Aufgabe gestellt, das Reflexionsvermögen eines Spiegelmetalls zu messen, so erfordert die direkte Bestimmung eine mühsame und obendrein nicht sehr genaue Photometrierung. Wer aber die Theorie der metallischen Reflexion kennt, wird statt dessen zwei Winkel, den Haupteinfallswinkel und das Hauptazimut, messen, aus denen das Reflexionsvermögen zwangsläufig folgt.

Woher entnimmt nun die Theorie ihre Hypothesen über die Zusammenhänge zwischen einzelnen physikalischen Größen und Vorgängen? In letzter Linie doch nur aus der Erfahrung. Es ist die Kunst des Theoretikers, aus dem Erfahrungsmaterial, so wie es vorliegt, Zusammenhänge von möglichst weittragender Bedeutung herauszulesen und daraus Folgerungen zu ziehen, die zu neuen Experimenten Anlaß geben. Eine rein aus sich heraus schöpfende Theorie, die nie etwas von experimentellen Resultaten gehört hat, gibt es nicht. Zu groß ist die Zahl der Möglichkeiten, als daß das größte Genie rein intuitiv das mit der Erfahrung übereinstimmende Weltbild geben könnte. Die Ablehnung des Experimentellen ist der Grund, warum die antiken Naturforscher (Naturphilosophen) sich in Spekulationen erschöpften, die nur dort von bleibendem Wert waren, wo sie an die Naturbeobachtung anknüpften (Astronomie, Mechanik). Gedankengänge, wie sie in dem bekannten HEGELschen Dialog: „Es gibt nur 7 Planeten.“ „Dem widersprechen aber die Tatsachen.“ „Um so schlimmer für die Tatsachen.“ zum Ausdruck kommen, erscheinen uns heute vollkommen unsinnig, wenngleich wir bei Widersprüchen zwischen den Folgerungen einer *gut* fundierten Theorie und dem Versuch den Fehler ebenso oft beim Versuch wie bei der Rechnung suchen. Hier ist aber die Grundlage der Theorie von vornherein im Einklang mit Beobachtungstatsachen geschaffen worden.

Wenn so die erste Aufgabe der Theorie in der Aufdeckung von Zusammenhängen besteht, so ist ein weiteres Merkmal die mathematische Formulierung dieser Zusammenhänge. Die Mathematik ist für den Theoretiker *das* Handwerkszeug. Ihr Gebrauch stellt eine Rationalisierung der Denkarbeit dar, indem die Gewinnung wichtiger Folgerungen aus den Ausgangshypothesen in den ausgefahrenen Geleisen einmal gelernter Rechenregeln abläuft. Dabei ist aber stets der Sinn der Rechenoperationen im Auge zu behalten. Besonders der Anfänger neigt erfahrungsgemäß dazu, über dem rein Rechnerisch-Formalen den physikalischen Sinn dessen, was er macht, zu übersehen. Die Stellung, welche die Mathematik innerhalb der theoretischen Physik einnimmt, bringt es mit sich, daß es nicht Aufgabe des theoretischen Physikers ist, mathematische Beweise zu liefern. Er muß sich auf die Fehlerfreiheit des ihm vom Mathematiker gelieferten Werkzeugs verlassen. Auch da, wo er mitunter sein Werkzeug selbst herstellen muß, kann er sich, sofern das Resultat physikalisch evident ist, nicht mit mathematischen Existenzbeweisen aufhalten. Ja, die strengen Forderungen der reinen Mathematik stehen oft im Widerspruch mit den physikalischen Gegebenheiten. Wenn man z. B. die Dichte definiert als den *Grenzwert*, dem sich das Verhältnis Masse durch Volumen bei immer kleinerem Volumen nähert, so kommt man wegen der Tatsache der atomistischen Struktur bei zu kleinen Volumina zu unsinnigen Dichteschwankungen, je nachdem ein Volumelement einen Atomkern faßt oder nicht. Die in der strengen Mathematik verpönten „kleinen Größen“ sind in der Physik unentbehrlich. Die physikalischen Differentiale haben, obwohl man mit ihnen wie mit „unendlich kleinen Größen“ rechnet, einen nicht *zu* kleinen Wert. Aus diesen Gründen ist für den theoretischen Physiker die handwerksmäßige Beherrschung der Differential- und Integralrechnung viel wichtiger als die Kenntnis der strengen Begriffe, wie z. B. des oben erwähnten Grenzwerts.

Wenn nun theoretische und experimentelle Physik nicht voneinander zu trennen sind und erst durch das Zusammenwirken beider ein klares Bild der Natur gewonnen werden kann, mag man fragen, ob die getrennte Behandlung in Büchern und Vorlesungen noch sinnvoll ist. Diese Frage ist auch heute noch zu bejahen, wenn es darum geht, einen Gesamtüberblick zu gewinnen. Dann kann man wenige gesicherte experimentelle Tatsachen jeden Gebiets an die Spitze stellen, ohne auf Einzelheiten des Wegs zu ihnen einzugehen. Wenn man aber auf einem einzelnen Gebiet weiterkommen will, muß man dieses sowohl hinsichtlich der experimentellen Technik als hinsichtlich der Theorie beherrschen. Deshalb findet man in den heutigen Monographien immer Theorie wie Experiment gleichermaßen berücksichtigt. Daß ferner jeder technische Großprozeß zur Erzielung höchster Leistung eine quantitative theoretische Durcharbeitung verlangt, braucht heute wohl nicht mehr betont zu werden.

ERSTES BUCH

# Mathematische Hilfsmittel

### Vorbemerkung

In diesem Lehrbuch werden die Grundregeln der Differential- und Integralrechnung als bekannt vorausgesetzt. Was darüber hinaus noch an mathematischen Hilfsmitteln benötigt wird, soll in einem besonderen Abschnitt vorweggenommen werden, damit später die physikalischen Gedankengänge nicht durch mathematische Hilfsrechnungen unterbrochen werden. Ein besonders wertvolles Hilfsmittel für die theoretische Physik ist die zum größten Teil von Physikern entwickelte Vektorrechnung. Ihre Begriffe haben unmittelbar anschauliche Bedeutung, so daß viele physikalische Gesetze erst in ihrer Sprache ihre prägnante Formulierung finden.

Erstes Kapitel

## Vektorrechnung und Grundbegriffe der Tensor- und Matrizenrechnung

### § 1. Der Begriff des Vektors

Neben solchen Größen, die wie die Temperatur, die Masse u. a. durch die Angabe einer einzigen Zahl charakterisiert sind und die wir als *Skalare* bezeichnen wollen, treten in der Physik, und zwar in der Überzahl, solche Größen auf, die durch die Angabe *einer* Zahl noch nicht definiert sind. Die wichtigste Gruppe zeichnet sich dadurch aus, daß außer dem Betrag noch die Richtung der Größe bekannt sein muß. Wenn wir z.B. einem Gegenstand, der etwa durch seinen Schwerpunkt $P$ angedeutet sei, eine *Verschiebung* um 2 cm geben, so kann nach dieser Angabe der Punkt $P'$, wohin der Gegenstand durch diese Verschiebung gelangen soll, noch auf der Oberfläche der um $P$ mit Halbmesser 2 beschriebenen Kugel liegen. Eindeutig wird die neue Lage des Schwerpunkts erst dann, wenn wir noch außerdem, etwa durch Angabe von geographischer Länge und Breite, bezogen auf ein bestimmtes Koordinatensystem, die *Richtung* der Verschiebung festlegen. Zwei Verschiebungen eines Punktes lassen sich nun nach einem einfachen Verfahren zu einer einzigen äquivalenten dritten zusammensetzen: Statt den Punkt $P$ nach $P'$ in irgendeiner Richtung und von da in einer neuen Richtung nach $P''$ zu verschieben, hätten wir ihn auch direkt in der durch die dritte Seite des Dreiecks $PP'P''$ gegebenen Richtung nach $P''$ verschieben können (vgl. Fig. 1). Da sich dieses Verfahren wiederholen läßt, können wir es benützen, um eine Verschiebung noch in anderer Weise zu kennzeichnen: Wir legen $P$ in den Ursprung eines rechtwinkligen Koordinatensystems und verschieben den Punkt zuerst in der $X$-Achse um die Strecke $a$ nach $P_1$, von hier parallel zur $Y$-Achse um $b$ nach $P_2$ und endlich von hier parallel zur $Z$-Achse um $c$ nach $P'$. Statt dessen hätten wir aber auch $P$ direkt in Richtung $PP'$ um die Strecke $d = \sqrt{a^2 + b^2 + c^2}$ verschieben können (vgl. Fig. 2). Wir sehen also, daß die Verschiebung von $P$ eindeutig bestimmt ist durch die Angabe der drei Zahlen $a$, $b$ und $c$, die wir als die *Komponenten* der Verschiebung bezeichnen.

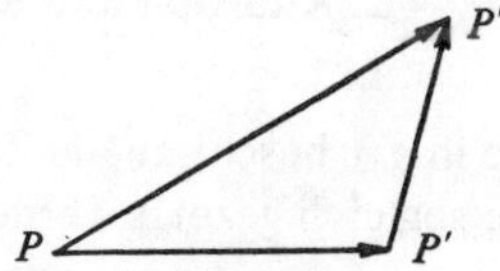


Fig. 1. Zusammensetzung zweier Verschiebungen

Eine große Anzahl physikalischer Größen befolgt nun dasselbe Gesetz der Zusammensetzung wie die Verschiebung eines Punktes und läßt sich damit auch durch die Angabe von 3 Zahlen definieren. Diese Größen nennen wir *Vektoren*. Wir können einen Vektor zeichnerisch darstellen durch eine gerichtete Strecke (Pfeil), deren Länge in irgendeinem Maßstab gleich dem Betrag der physikalischen Größe ist und deren Richtung die Richtung der physikalischen Größe gibt. Diese geometrische Veranschaulichung des Vektors ist ein besonderer Vorzug gegenüber andern in der Physik auftretenden nichtskalaren Größen (z.B. Tensoren), für die es kein so einfaches Bild gibt.

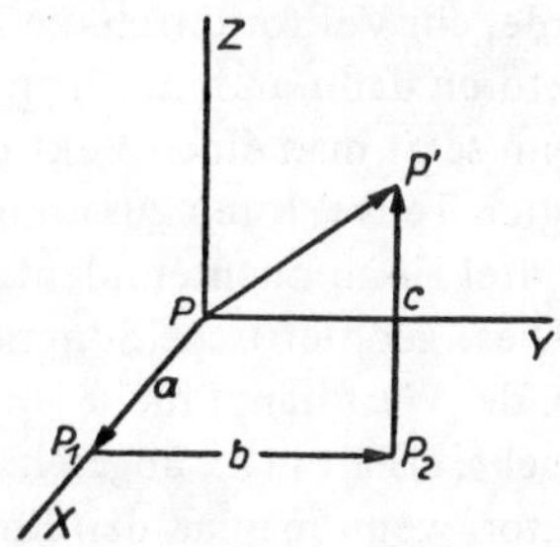


Fig. 2. Rechtwinklige Komponenten der Verschiebung von $P$

Als gleich sind zwei Vektoren anzusehen, wenn sie nach Größe und Richtung übereinstimmen. Da eine Parallelverschiebung im Raum die Richtung nicht ändert, so sind zwei Vektoren auch dann noch als gleich zu betrachten, wenn sie nicht in derselben, sondern nur in parallelen Geraden liegen. Eine physikalische Größe, bei der durch Parallelverschiebung eine Änderung eintritt, läßt sich demnach nicht ohne weiteres durch einen Vektor darstellen. Hierher gehört z.B. die Kraft, welche an einem um eine Achse drehbaren starren Körper angreift. Durch Parallelverschiebung wird der Hebelarm der Kraft und damit ihre Wirkung geändert. Zur vollständigen Beschreibung wird daher neben der Kraft eine weitere Vektorgröße, das Drehmoment, benutzt.

Weiter ist zu beachten, daß nicht jede physikalische Größe, die sich eindeutig durch eine gerichtete Strecke darstellen läßt, wie ein Vektor behandelt werden darf; es muß vielmehr untersucht werden, ob sie auch das für die Verschiebungen eines Punktes geltende Gesetz der Zusammensetzung befolgt. So läßt sich z.B. die Drehung eines starren Körpers um eine Achse durch einen Pfeil darstellen, dessen Richtung die der Drehachse ist und dessen Länge soviel Zentimeter beträgt wie die Drehung Winkelgrade. Dabei sei die Richtung des Pfeiles so bestimmt, daß in dieser Richtung gesehen die Drehung eine solche im Uhrzeigersinn ist. Man erhält indes die zwei Drehungen äquivalente dritte Drehung *nicht*, wenn man die Ersatzvektoren wie oben zusammensetzt und die zugeordnete Drehung nimmt. Nur für unendlich kleine Drehungen gilt die vektorielle Zusammensetzung.

Vektoren werden hier kursiv mit Vektorpfeil gedruckt.

## § 2. Addition und Subtraktion von Vektoren; Multiplikation eines Vektors mit einem Skalar

Die in § 1 beschriebene Zusammensetzung zweier Verschiebungen eines Punktes hat, wie sogleich gezeigt werden wird, alle Eigenschaften einer *Summe*. Wir definieren daher allgemein als die Summe zweier Vektoren $\vec{A}$ und $\vec{B}$ einen Vektor $\vec{C}$, den man erhält, wenn man an den Endpunkt von $\vec{A}$ den Vektor $\vec{B}$ anträgt und vom Anfangspunkt von $\vec{A}$ einen Vektor nach dem Endpunkt von $\vec{B}$ zieht (Fig. 3). Wir schreiben diese Zusammensetzung als Vektorgleichung

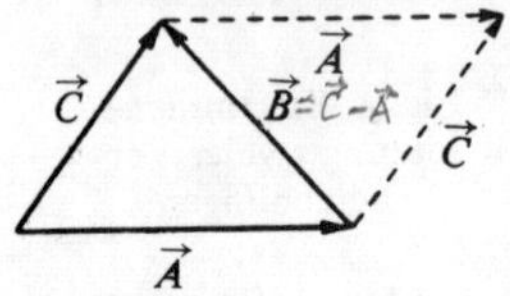


Fig. 3. Addition von Vektoren

$$\vec{C} = \vec{A} + \vec{B}. \tag{1}$$

Eine Vektorgleichung ersetzt stets 3 skalare Gleichungen, da, wie in § 1 bereits gezeigt wurde, ein Vektor durch die Zahlangaben der drei Komponenten bestimmt ist und zwei Vektoren ~~dann und~~ nur dann gleich sind, wenn alle drei Komponenten übereinstimmen. (Denn setzt man einen Vektor aus den drei durch die Angaben der Komponenten bedingten Teilvektoren zusammen, so erhält man nur dann zwei gleiche Vektoren, wenn alle drei Komponenten identisch sind.)

Diese geometrische Summenbildung ist wie eine gewöhnliche Summe kommutativ, d. h. der Wert hängt nicht von der Reihenfolge der Summanden ab. Wie aus Fig. 3 hervorgeht, erhält man, abgesehen von der belanglosen Parallelverschiebung, denselben Vektor, wenn man an den Endpunkt von $\vec{B}$ den Vektor $\vec{A}$ anträgt und einen Vektor vom Anfangspunkt von $\vec{B}$ nach dem Endpunkt von $\vec{A}$ zieht. Weiter ist die Vektorsumme assoziativ, d. h. bei einer aus mehreren Summanden bestehenden Summe lassen sich einzelne Summanden in beliebiger Weise zusammenfassen:

$$\vec{S} = (\vec{A} + \vec{B}) + \vec{C} = \vec{A} + (\vec{B} + \vec{C}) = \vec{B} + (\vec{A} + \vec{C}). \tag{2}$$

Der Beweis für diese Behauptung geht unmittelbar aus Fig. 4 hervor.

Die Summe zweier gleichgerichteter Vektoren ergibt sich durch gleichsinniges Aneinandersetzen, d. h. durch Addition der Längen bei festgehaltener Richtung. Daraus folgt sofort die Definition des Produkts eines Vektors mit einer reinen Zahl: $m\vec{A}$ bedeutet nach dem Wesen der Multiplikation eine Summe, die aus $m$ Summanden $\vec{A}$ besteht, also einen Vektor gleicher Richtung aber $m$-facher Länge. Dies führt zu einer wichtigen Darstellung eines Vektors: Kennzeichnen wir die *Richtung* durch einen Vektor der Länge 1, so erhält man jeden dieser Richtung parallelen Vektor durch Multiplikation dieses Einheitsvektors $\vec{e}$ mit dem Betrag von $\vec{A}$, den wir durch den entsprechenden lateinischen Buchstaben oder durch $|\vec{A}|$ bezeichnen:

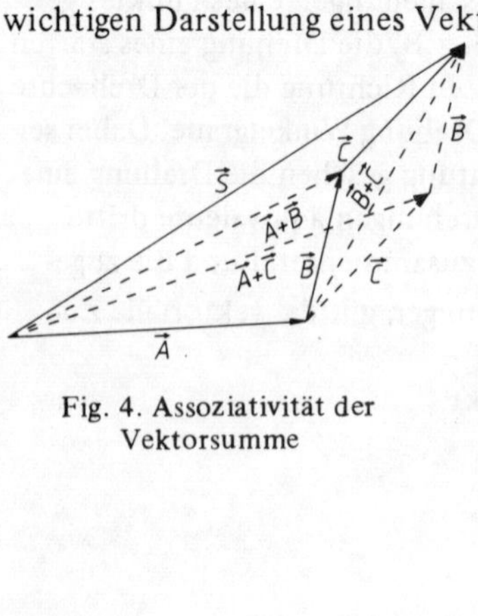


Fig. 4. Assoziativität der Vektorsumme

$$\vec{A} = A\,\vec{e} = |\vec{A}|\,\vec{e}\,. \tag{3}$$

Denken wir uns einen Vektor zusammengesetzt aus 3 Vektoren, welche die Richtung der Achsen eines rechtwinkligen Koordinatensystems haben, und bezeichnen wir die Längen dieser Vektoren, welche wir die rechtwinkligen Komponenten von $\vec{A}$ nennen wollen, mit $A_x, A_y, A_z$, die Einheitsvektoren in den Achsenrichtungen mit $\vec{e}_x, \vec{e}_y, \vec{e}_z$ so schreibt sich der Vektor in seinen Komponenten:

$$\vec{A} = A_x \vec{e}_x + A_y \vec{e}_y + A_z \vec{e}_z \,. \tag{4}$$

Unter der *Differenz* der Vektoren $\vec{C}$ und $\vec{A}$ verstehen wir einen Vektor $\vec{B}$, der zu $\vec{A}$ addiert den Vektor $\vec{C}$ ergibt. Wie aus der Fig. 3 hervorgeht, erhält man den Vektor $\vec{B}$, wenn man an den Endpunkt von $\vec{C}$ den Vektor $\vec{A}$ in umgekehrter Richtung anträgt und den Anfangspunkt von $\vec{C}$ mit dem Endpunkt von $\vec{A}$ verbindet. Daraus folgt sofort die Bedeutung der Multiplikation eines Vektors mit $(-1)$: *Die Richtungsumkehr.* Denn wir können unter Beibehaltung der formalen Gesetze gewöhnlicher Zahlenrechnung die Subtraktion des Vektors $\vec{A}$ auffassen als die Addition des Vektors $-\vec{A}$.

Aufg. 1. Durch welche Gleichung wird ausgedrückt, daß 3 Vektoren $\vec{A}, \vec{B}, \vec{C}$ ein geschlossenes Dreieck mit einheitlichem Umlaufssinn bilden?

Aufg. 2. Durch welche Gleichung wird ausgedrückt, daß a) 2 Vektoren $\vec{A}$ und $\vec{B}$ parallel, b) 3 Vektoren $\vec{A}, \vec{B}, \vec{C}$ komplanar sind?

## § 3. Das skalare Produkt zweier Vektoren

In der Physik treten verschiedene Verknüpfungen von Vektoren auf, welche, wenn nicht alle, so doch die wichtigsten Merkmale von Produkten besitzen. Wir definieren als *skalares Produkt zweier Vektoren eine Zahl (Skalar), die gleich ist dem Produkt aus den Beträgen der beiden Vektoren multipliziert mit dem Kosinus des von ihnen eingeschlossenen Winkels.* Das skalare Produkt wird positiv, wenn der Winkel, den sie miteinander bilden, spitz, negativ, wenn er stumpf ist. Es ist also, wenn wir das skalare Produkt durch einen Punkt zwischen den der Faktoren kennzeichnen, definitionsgemäß

$$\vec{A} \cdot \vec{B} = AB \cos(\vec{A}, \vec{B}). \tag{5}$$

Da $A \cos(\vec{A}, \vec{B})$ gleich der Projektion des Vektors $\vec{A}$ auf die Richtung von $\vec{B}$ ist, kann man das skalare Produkt auch definieren als das Produkt aus der Länge des einen Vektors multipliziert mit der Projektion des andern Vektors. Daraus ergibt sich ein einfacher Ausdruck für die Projektion eines Vektors $\vec{A}$ auf eine durch den Einheitsvektor $\vec{e}$ gegebene Richtung: sie ist gleich dem skalaren Produkt $\vec{A} \cdot \vec{e}$.

Das skalare Produkt hat die Eigenschaft der Kommutativität:

$$\vec{A} \cdot \vec{B} = \vec{B} \cdot \vec{A} \,, \tag{6}$$

denn in der Definitionsgleichung (5) spielt die Reihenfolge der Faktoren keine Rolle.

Das skalare Produkt besitzt weiter die wichtigste Eigenschaft des gewöhnlichen Zahlprodukts, die Distributivität zur Addition, welche sich durch die Gleichung

$$\vec{A} \cdot (\vec{B} + \vec{C} + \vec{D} + \cdots) = \vec{A} \cdot \vec{B} + \vec{A} \cdot \vec{C} + \vec{A} \cdot \vec{D} + \cdots \tag{7}$$

ausdrückt. Aus Fig. 5 ist ersichtlich, daß die Projektion der Summe der drei Vektoren auf die Richtung von $\vec{A}$ identisch ist mit der Summe der Projektionen, woraus wegen

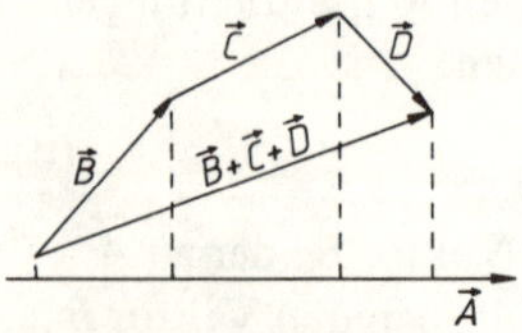


Fig. 5. Projektion einer Vektorsumme

der Definition des skalaren Produkts die Richtigkeit der Gl. (7) folgt.

In *einem* Punkt unterscheidet sich aber das skalare Produkt zweier Vektoren von dem zweier Zahlen. Dieses verschwindet nur dann, wenn einer der Faktoren null ist. Das skalare Produkt verschwindet aber außerdem noch dann, wenn $\cos(\vec{A}\,\vec{B})$ null ist, d. h. wenn die beiden Vektoren aufeinander senkrecht stehen. Für die drei Einheitsvektoren des rechtwinkligen Koordinatensystems, die wir stets mit $\vec{e}_x, \vec{e}_y, \vec{e}_z$ bezeichnen, gilt daher

$$\vec{e}_x \cdot \vec{e}_y = \vec{e}_y \cdot \vec{e}_z = \vec{e}_z \cdot \vec{e}_x = 0. \tag{8}$$

Als Quadrat eines Vektors bezeichnen wir das skalare Produkt aus diesem Vektor mit einem ihm nach Größe und Richtung gleichen. Da in diesem Fall $\cos(\vec{A}\,\vec{B}) = 1$ ist, erhält man damit das Quadrat des Betrags:

$$\vec{A}^{\,2} = \vec{A} \cdot \vec{A} = A^2 . \tag{9}$$

Umgekehrt läßt sich der Betrag schreiben:

$$A = \sqrt{\vec{A}^{\,2}} . \tag{10}$$

Für die Einheitsvektoren des rechtwinkligen Koordinatensystems gilt danach

$$\vec{e}_x \cdot \vec{e}_x = \vec{e}_y \cdot \vec{e}_y = \vec{e}_z \cdot \vec{e}_z = 1. \tag{11}$$

Sind die rechtwinkligen Komponenten der beiden Vektoren gegeben:

$$\vec{A} = A_x \vec{e}_x + A_y \vec{e}_y + A_z \vec{e}_z \quad \text{und} \quad \vec{B} = B_x \vec{e}_x + B_y \vec{e}_y + B_z \vec{e}_z ,$$

so erhält man wegen der Distributivität durch Ausrechnen nach den gewöhnlichen Rechenregeln

$$\vec{A} \cdot \vec{B} = A_x B_x \vec{e}_x \cdot \vec{e}_x + A_x B_y \vec{e}_x \cdot \vec{e}_y + \cdots ,$$

und wegen Gl. (8) und (11) reduziert sich die rechte Seite auf

$$\boxed{\vec{A} \cdot \vec{B} = A_x B_x + A_y B_y + A_z B_z .} \tag{12}$$

*Das skalare Produkt zweier Vektoren ist gleich der Summe der Produkte der gleichartigen Komponenten.*

In rechtwinkligen Koordinaten sind die Komponenten identisch mit den Projektionen auf die Achsen, es ist daher

$$A_x = \vec{e}_x \cdot \vec{A} , \tag{13}$$

daraus ersieht man sofort, daß, wenn $\vec{C}$ die Summe von $\vec{A}$ und $\vec{B}$ ist, auch jede Komponente gleich der Summe der entsprechenden Komponenten ist. Denn multipliziert man die Gl. (1) mit $\vec{e}_x$, so erhält man sofort

$$C_x = A_x + B_x . \tag{14}$$

Aufg. 3. Was bedeutet geometrisch $(\vec{A}+\vec{B})^2 = \vec{A}^2 + 2\vec{A}\cdot\vec{B} + \vec{B}^2$?

Aufg. 4. Was bedeutet $(\vec{A}+\vec{B})\cdot(\vec{A}-\vec{B})$ speziell für $\vec{A}^2 = \vec{B}^2$?

Aufg. 5. Man berechne den Winkel zweier Richtungen, die durch die Einheitsvektoren $\vec{s}_i = \cos\alpha_i\,\vec{e}_x + \cos\beta_i\,\vec{e}_y + \cos\gamma_i\,\vec{e}_z$ $(i = 1$ oder $2)$ gegeben sind.

## § 4. Das Vektorprodukt zweier Vektoren

Neben dem skalaren Produkt ist eine andere produktartige Verknüpfung zweier Vektoren, deren Resultat ein Vektor ist, von gleicher Wichtigkeit. Wir definieren als das *Vektorprodukt* der Vektoren $\vec{A}$ und $\vec{B}$ einen Vektor $\vec{P}$, der senkrecht auf der von $\vec{A}$ und $\vec{B}$ gebildeten Ebene steht und einen Betrag gleich dem Flächeninhalt des von $\vec{A}$ und $\vec{B}$ gebildeten Parallelogramms, also gleich $A\,B\sin(\vec{A}\,\vec{B})$, besitzt. Für das Vorzeichen der Richtung von $\vec{P}$ setzen wir fest: $\vec{P}$ soll so gerichtet sein, daß in dieser Richtung gesehen die kürzeste Drehung von $\vec{A}$ (dem 1. Faktor) in die Richtung von $\vec{B}$ (dem 2. Faktor) eine Uhrzeigerdrehung (Fig. 6) ist. Durch diese Festsetzung verliert das Vektorprodukt die beim skalaren Produkt noch vorhandene Eigenschaft der Kommutativität. Denn vertauschen wir die Reihenfolge der Faktoren, so bedeutet diese Festsetzung, daß die Drehung von $\vec{B}$ in die Richtung von $\vec{A}$ eine Uhrzeigerdrehung sein soll, wozu die Umkehrung des Vektors $\vec{P}$ erforderlich ist. Das Vektorprodukt bezeichnen wir mit einem Kreuz (×). Es ist also

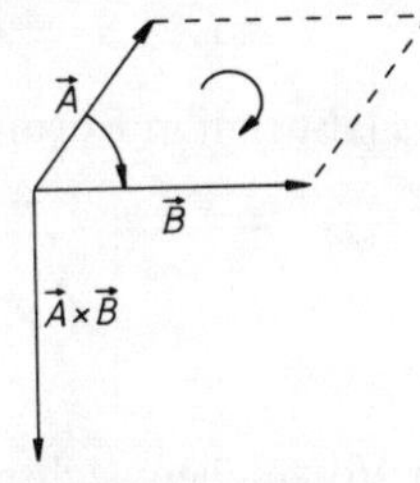

Fig. 6. Definition des Vektorprodukts

$$\vec{P} = \vec{A}\times\vec{B} = -\vec{B}\times\vec{A} \quad (\text{gesprochen } \vec{A} \text{ Kreuz } \vec{B}). \tag{15}$$

Der Betrag des Produktvektors ist nach dieser Festsetzung

$$P = A\,B\sin(\vec{A}\,\vec{B}). \tag{15'}$$

Die wichtigste Produkteigenschaft, ohne die die Bezeichnung Produkt nicht mehr gerechtfertigt wäre, besteht aber auch beim Vektorprodukt: die Distributivität zur Addition. Es ist

$$\vec{A}\times(\vec{B}+\vec{C}+\vec{D}+\cdots) = \vec{A}\times\vec{B}+\vec{A}\times\vec{C}+\vec{A}\times\vec{D}+\cdots \tag{16}$$

Den weiter nicht schwierigen Beweis überlassen wir dem Leser (vgl. Aufg. 6). Daraus folgt, daß

$$\alpha\vec{A}\times\vec{B} = \alpha(\vec{A}\times\vec{B}) = \vec{A}\times\alpha\vec{B}\,, \tag{16'}$$

ein skalarer Faktor also beliebig vor das Vektorprodukt oder einen der Vektoren gesetzt werden kann.

Wie das skalare Produkt bei nicht verschwindenden Faktoren null wird, wenn die beiden Vektoren aufeinander senkrecht stehen, so verschwindet das Vektorprodukt bei Parallelität der Faktoren. Die Gleichung

$$\vec{A}\times\vec{B} = 0$$

drückt bei nicht verschwindenden Vektoren $\vec{A}$ und $\vec{B}$ die Parallelität von $\vec{A}$ und $\vec{B}$ aus. Ebenso ist $\vec{A} \times \vec{A} = 0$. Für die Achsenvektoren ist

$$\vec{e}_x \times \vec{e}_x = \vec{e}_y \times \vec{e}_y = \vec{e}_z \times \vec{e}_z = 0 \qquad (17)$$

$$\vec{e}_x \times \vec{e}_y = \vec{e}_z ; \quad \vec{e}_y \times \vec{e}_z = \vec{e}_x ; \quad \vec{e}_z \times \vec{e}_x = \vec{e}_y \,. \qquad (18)$$

Mit Hilfe dieser Beziehungen ergibt sich unter Benutzung der distributiven Eigenschaft folgende Komponentendarstellung des Vektorprodukts

$$\begin{aligned} \vec{A} \times \vec{B} &= (A_x \vec{e}_x + A_y \vec{e}_y + A_z \vec{e}_z) \times (B_x \vec{e}_x + B_y \vec{e}_y + B_z \vec{e}_z) \\ &= (A_y B_z - A_z B_y) \vec{e}_x + (A_z B_x - A_x B_z) \vec{e}_y + (A_x B_y - A_y B_x) \vec{e}_z \,. \end{aligned}$$

Dies läßt sich in Form einer Determinante schreiben:

$$\boxed{\vec{A} \times \vec{B} = \begin{vmatrix} \vec{e}_x & \vec{e}_y & \vec{e}_z \\ A_x & A_y & A_z \\ B_x & B_y & B_z \end{vmatrix}} \,. \qquad (19)$$

Der Vorzeichenwechsel des Vektorprodukts bei Vertauschung der Reihenfolge zeigt sich jetzt in dem bekannten Satz der Determinantenlehre, daß bei Vertauschung zweier Zeilen die Determinante ihr Vorzeichen wechselt.

Von dem durch die beiden Vektoren $\vec{A}$ und $\vec{B}$ gebildeten Parallelogramm sind durch die Angabe des Produktvektors $\vec{P}$ folgende Stücke bestimmt: 1. seine Stellung im Raum durch die Ebene senkrecht zu $\vec{P}$; 2. der Umlaufssinn, der in Richtung $\vec{P}$ gesehen, der Uhrzeigersinn sein muß; 3. der Flächeninhalt, welcher gleich der Länge von $\vec{P}$ ist. Nicht bestimmt ist die Form, d. h. ob das Parallelogramm gleichseitig oder langgestreckt ist. Sieht man von der Form als nicht wesentlich ab, so erkennt man, daß man jedes Ebenenstück durch einen Vektor darstellen kann, dessen Richtung und Betrag nach obigen Festsetzungen eindeutig durch Orientierung, Umlaufssinn und Flächeninhalt des Ebenenstücks gegeben ist. Für die die Flächen eines geschlossenen Polyeders darstellenden Vektoren $\vec{f}$ gilt folgender wichtiger Satz: Ordnen wir jeder Fläche den Ersatzvektor so zu, daß er stets in den Außenraum zeigt, so verschwindet die Summe dieser Vektoren:

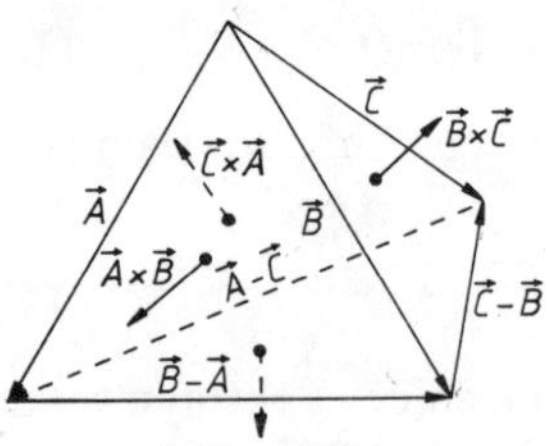


Fig. 7. Die Tetraederseiten als Vektorprodukte

$$\Sigma \vec{f}_i = 0 \quad \text{für geschlossene Polyeder} \,. \qquad (20)$$

Dieser Satz ist zunächst für ein Tetraeder leicht zu verifizieren. Bezeichnen wir (Fig. 7) die drei von der Spitze des Tetraeders ausgehenden Vektoren mit $\vec{A}, \vec{B}, \vec{C}$, so sind die drei in der Spitze zusammenstoßenden Seitenflächen $\frac{1}{2} \vec{A} \times \vec{B}$, $\frac{1}{2} \vec{B} \times \vec{C}$, $\frac{1}{2} \vec{C} \times \vec{A}$. Die Grundfläche wird dargestellt durch das Vektorprodukt $\frac{1}{2} (\vec{C} - \vec{B}) \times (\vec{B} - \vec{A})$. Klammert man diesen Ausdruck aus und addiert die entstehenden Vektorprodukte zu den drei ersten Seiten, so erhält man null. Nun läßt sich jedes Polyeder durch eine Anzahl von Schnittebenen in Tetraeder zerlegen. Für jedes dieser Teiltetraeder gilt nun der eben bewiesene Satz und im Innern kommt dabei jede Tetraederfläche zweimal mit entgegengesetzter Normalenrichtung vor, so daß sich bei der Summenbildung die durch die Schnittebenen hinzugekommenen Flächen aufheben und die Summe über die Außenseiten übrig bleibt.

Wir können nun noch einen Schritt weitergehen: Haben wir eine beliebige krumme geschlossene Fläche, so können wir sie durch ein Polyeder approximieren, dessen Flächen Stücke der Tangentialebenen sind, und im Grenzfall verschwindend kleiner Ebenenstücke $d\vec{f}$ fällt dieses Polyeder mit der geschlossenen Oberfläche, für die oft der Ausdruck „Hülle" gebraucht wird, zusammen, und die Summe geht in das Integral über:

$$\oint d\vec{f} = 0 \quad \text{für geschlossene Flächen} . \tag{21}$$

Wir geben dem Integralzeichen einen Ring, um auszudrücken, daß es sich um die Integration über eine geschlossene Oberfläche handelt. Solche „Hüllenintegrale" werden uns in der Vektoranalysis noch sehr oft begegnen.

Obwohl wir dem von 2 Vektoren gebildeten Parallelogramm in eindeutiger Weise den Produktvektor $\vec{P}$ zuordnen können, besteht ein gewisser Unterschied zwischen dem Parallelogramm und dem „Ersatzvektor". Wenn wir nämlich das Parallelogramm an seiner Ebene spiegeln, so bleibt der Umlaufssinn ungeändert, während der Ersatzvektor bei dieser Spiegelung das Zeichen umkehrt. Dieser prinzipielle Unterschied zwischen Vektoren, die einer Verrückung zugeordnet sind (polaren Vektoren) und solchen, die einem Umlaufssinn entsprechen (axiale Vektoren) macht sich bemerkbar, wenn wir von einem rechtshändigen zu einem linkshändigen Koordinatensystem übergehen. Da aber ein solcher Wechsel im allgemeinen unnötig ist, spielt dieser Unterschied für die praktische Rechnung keine Rolle. In der vierdimensionalen Vektorrechnung der Relativitätstheorie dagegen tritt dieser Unterschied klar zutage: ein polarer Vektor hat dort 4, ein axialer aber 6 Komponenten.

Aufg. 6. Man beweise (16) für 2 Summanden.

Aufg. 7. Was ist $(\vec{A} \times \vec{B})^2 + (\vec{A} \cdot \vec{B})^2$?

Aufg. 8. In der analytischen Geometrie des Raumes lassen sich alle Sätze über Ebenen und Geraden fast ohne jede Rechnung ableiten, wenn man statt mit Koordinaten mit dem Radiusvektor $\vec{r}$ rechnet und die Richtungen durch Einheitsvektoren kennzeichnet. Man gebe in dieser Weise an

a) die Gleichung einer Ebene, deren Normale die Richtung $\vec{n}$ hat und die vom Ursprung den Abstand $p$ besitzt,

b) den Abstand eines Punktes $\vec{r}_0$ von dieser Ebene,

c) die Gleichung einer Ebene durch 3 Punkte $\vec{r}_1, \vec{r}_2, \vec{r}_3$.

## § 5. Mehrfache Produkte

### a) Produkt eines Vektors mit dem skalaren Produkt zweier anderer Vektoren

Da ein skalares Produkt eine einfache Zahl ist, bedeutet das Produkt eines Vektors $\vec{A}$ mit dem akalaren Produkt $\vec{B} \cdot \vec{C}$ die in § 2 definierte Multiplikation des Vektors $\vec{A}$ mit dieser Zahl, also einen Vektor der Richtung von $\vec{A}$. Wir schreiben dies $\vec{A}(\vec{B} \cdot \vec{C})$ oder $(\vec{B} \cdot \vec{C})\vec{A}$. Selbstverständlich bedeutet dann $(\vec{A} \cdot \vec{B})\vec{C}$ etwas ganz anderes als $\vec{A}(\vec{B} \cdot \vec{C})$, nämlich einen Vektor der Richtung $\vec{C}$.

b) Skalares Produkt eines Vektors mit dem Vektorprodukt zweier anderer Vektoren (Spatprodukt)

Es sei $\vec{P} = \vec{A} \times \vec{B}$, dann bedeutet das Produkt $\vec{C} \cdot \vec{P} = \vec{C} \cdot (\vec{A} \times \vec{B})$ den Inhalt des von den drei Vektoren $\vec{A}, \vec{B}$ und $\vec{C}$ gebildeten Parallelepipeds. Denn der Vektor $\vec{P}$ ist seinem Betrag nach gleich der Fläche des Parallelogramms aus $\vec{A}$ und $\vec{B}$ in Fig. 8. Dann wird das Produkt

$$\vec{C} \cdot \vec{P} = |\vec{C}|\,|\vec{P}| \cos(\vec{C}\vec{P}),$$

da $|\vec{C}| \cos(\vec{C}\vec{P})$ gleich der Höhe des Parallelepipeds ist, der Rauminhalt. Ebenso gut hätte man die Vektoren $\vec{C}$ und $\vec{A}$ zunächst zur Grundfläche vereinigen und dann skalar mit $\vec{B}$ multiplizieren können, der Inhalt kann daher auch dargestellt werden durch das Produkt $\vec{B} \cdot (\vec{C} \times \vec{A})$. Dieses Produkt von 3 Vektoren bezeichnet man seiner geometrischen Bedeutung wegen als Spatprodukt. Wegen des Vorzeichenwechsels des Vektorprodukts beim Vertauschen der Faktoren kehrt aber auch ein solches Produkt das Vorzeichen um, wenn man zwei Faktoren vertauscht, was auch aus Fig. 8 ersichtlich ist, da das Vektorprodukt $\vec{B} \times \vec{A}$ einen nach unten zeigenden Vektor bedeutet und damit $\cos(\vec{C}\vec{P})$ negativ wird. Wir können für das Vorzeichen das Spatprodukts folgende Regel aufstellen:

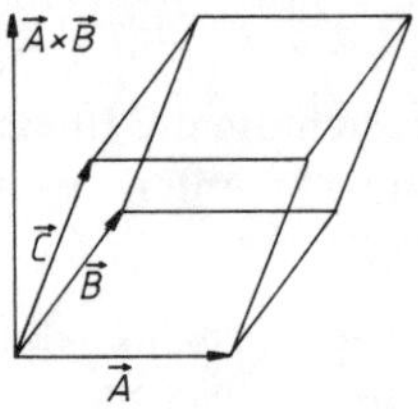

Fig. 8. Bildung des Spatprodukts $\vec{C} \cdot \vec{P} = \vec{C} \cdot (\vec{A} \times \vec{B})$

Das Produkt $\vec{A} \cdot (B \times \vec{C})$ erhält das positive Vorzeichen, wenn die drei Vektoren $\vec{A}, \vec{B}, \vec{C}$ zueinander orientiert sind wie die Achsen eines rechtshändigen Koordinatensystems. Es wird damit

$$\begin{aligned} \vec{A} \cdot (\vec{B} \times \vec{C}) &= B \cdot (\vec{C} \times \vec{A}) = \vec{C} \cdot (\vec{A} \times \vec{B}) = -\vec{A} \cdot (\vec{C} \times \vec{B}) \\ &= -\vec{B} \cdot (\vec{A} \times \vec{C}) = -\vec{C} \cdot (\vec{B} \times \vec{A}). \end{aligned} \tag{22}$$

Sind die Komponenten der drei Vektoren gegeben, so wird

$$\begin{aligned} \vec{A} \cdot (\vec{B} \times \vec{C}) = (A_x \vec{e}_x + A_y \vec{e}_y + A_z \vec{e}_z) \cdot \{&(B_y C_z - B_z C_y)\vec{e}_x \\ &+ (B_z C_x - B_x C_z)\vec{e}_y + (B_x C_y - B_y C_x)\vec{e}_z\}, \end{aligned}$$

was in Determinantenform geschrieben lautet:

$$\boxed{\vec{A} \cdot (\vec{B} \times \vec{C}) = \begin{vmatrix} A_x & A_y & A_z \\ B_x & B_y & B_z \\ C_x & C_y & C_z \end{vmatrix}}\;. \tag{23}$$

Die Gl. (22) drückt damit die bekannte Eigenschaft der Determinanten aus, beim Vertauschen zweier Zeilen das Vorzeichen zu wechseln.

c) Vektorprodukt eines Vektors mit dem Vektorprodukt zweier anderer Vektoren

Es sei $\vec{P} = \vec{B} \times \vec{C}$, dann bedeutet das Vektorprodukt

$$\vec{R} = \vec{A} \times \vec{P} = \vec{A} \times (\vec{B} \times \vec{C})$$

einen Vektor, der in die Ebene von $\vec{B}$ und $\vec{C}$ fällt. Denn $\vec{P} = \vec{B} \times \vec{C}$ steht senkrecht auf $\vec{B}$ und $\vec{C}$, $\vec{R} = \vec{A} \times \vec{P}$ aber wieder senkrecht auf $\vec{P}$, muß also in die von $\vec{B}$ und $\vec{C}$ gebildete Ebene fallen (vgl. Fig. 9). Da wir durch Linearkombination der Form

$$\vec{R} = \alpha\vec{B} + \beta\vec{C}$$

bei geeigneter Wahl der Koeffizienten $\alpha$ und $\beta$ jeden in die Ebene von $\vec{B}$ und $\vec{C}$ fallenden Vektor darstellen können, muß $\vec{R}$ diese Form haben, und es bleibt noch die Aufgabe, die Größen $\alpha$ und $\beta$ zu ermitteln. Zu diesem Zweck legen wir, was wir ohne Beschränkung der Allgemeinheit tun dürfen, ein Koordinatensystem so, daß die $X$-Achse in die Richtung von $\vec{C}$, die $Y$-Achse in die Ebene von $\vec{B}$ und $\vec{C}$ fällt, so daß sich ergibt

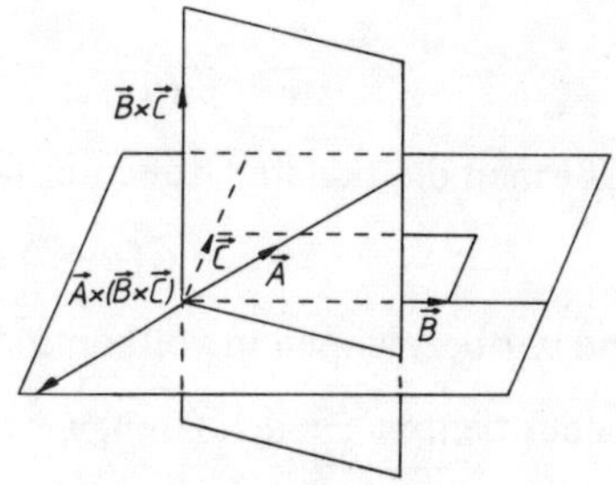


Fig. 9
Bildung des Vektorprodukts
$\vec{R} = \vec{A} \times \vec{P} = \vec{A} \times (\vec{B} \times \vec{C})$

$$\vec{A} = A_x \vec{e}_x + A_y \vec{e}_y + A_z \vec{e}_z$$
$$\vec{B} = B_x \vec{e}_x + B_y \vec{e}_y$$
$$\vec{C} = C_x \vec{e}_x .$$

Dann erhält das Vektorprodukt $\vec{B} \times \vec{C}$ die einfache Form

$$\vec{B} \times \vec{C} = -B_y C_x \vec{e}_z ,$$

und es wird

$$\vec{A} \times (\vec{B} \times \vec{C}) = -A_y B_y C_x \vec{e}_x + A_x B_y C_x \vec{e}_y .$$

Addiert und subtrahiert man dazu den Vektor $A_x B_x C_x \vec{e}_x$, so erhält man

$$\vec{A} \times (\vec{B} \times \vec{C}) = A_x C_x (B_x \vec{e}_x + B_y \vec{e}_y) - (A_x B_x + A_y B_y) C_x \vec{e}_x .$$

Wie schon durch die Klammerzusammenfassung ausgedrückt, bedeutet dies wegen der oben über die Lage der Achsen gemachten Annahme die wichtige Zerlegungsformel

$$\vec{A} \times (\vec{B} \times \vec{C}) = \vec{B}(\vec{A} \cdot \vec{C}) - \vec{C}(\vec{A} \cdot \vec{B}) = (\vec{A} \cdot \vec{C})\vec{B} - (\vec{A} \cdot \vec{B})\vec{C} . \tag{24}$$

Die Koeffizienten $\alpha$ und $\beta$ sind also die skalaren Produkte $\vec{A} \cdot \vec{C}$ und $-\vec{A} \cdot \vec{B}$.

Mit Hilfe dieser Zerlegungsformel lassen sich auch komplizierte Produkte umformen. Es sei z. B. das skalare Produkt zweier Vektorprodukte gegeben:

$$\vec{P} = (\vec{A} \times \vec{B}) \cdot (\vec{C} \times \vec{D}).$$

Wir setzen $\vec{A} \times \vec{B} = \vec{E}$ und erhalten wegen (22)

$$P = \vec{E} \cdot (\vec{C} \times \vec{D}) = -\vec{C} \cdot (\vec{E} \times \vec{D}) = -\vec{C}\,[(\vec{A} \times \vec{B}) \times \vec{D}\,] = \vec{C} \cdot [\vec{D} \times (\vec{A} \times \vec{B})]$$

und nach der Zerlegungsformel

$$= \vec{C} \cdot \{\vec{A}(\vec{D} \cdot \vec{B}) - \vec{B}(\vec{A} \cdot \vec{D})\} .$$

Somit

$$(\vec{A} \times \vec{B}) \cdot (\vec{C} \times \vec{D}) = (\vec{A} \cdot \vec{C})(\vec{B} \cdot \vec{D}) - (\vec{B} \cdot \vec{C})(\vec{A} \cdot \vec{D})$$

Aufg. 9. Man forme $(\vec{A} \times \vec{B}) \times (\vec{C} \times \vec{D})$ um.

## § 6. Differentiation eines Vektors nach einem Skalar, Anwendung auf die Theorie der Raumkurven

Ein Vektor sei eine stetige Funktion einer kontinuierlich veränderlichen skalaren Größe $u$:

$$\vec{v} = \vec{v}(u).$$

Läßt man die skalare Größe um $\Delta u$ wachsen, so ändert sich der Vektor um

$$\Delta \vec{v} = \vec{v}(u + \Delta u) - \vec{v}(u),$$

und wir bezeichnen in vollkommener Analogie zu den skalaren Funktionen als Differentialquotienten $\frac{d\vec{v}}{du}$ den Grenzwert

$$\vec{v}' = \frac{d\vec{v}}{du} = \lim_{\Delta u = 0} \frac{\vec{v}(u + \Delta u) - \vec{v}(u)}{\Delta u}. \tag{26}$$

In gleicher Weise sind die höheren Differentialquotienten definiert, z. B.

$$\vec{v}'' = \frac{d\frac{d\vec{v}}{du}}{du} = \frac{d^2\vec{v}}{du^2} = \lim_{\Delta u = 0} \frac{\vec{v}'(u + \Delta u) - \vec{v}'(u)}{\Delta u}. \tag{27}$$

Ist z. B. der Ortsvektor $\vec{r}$ der Punkte einer Raumkurve als Funktion der von einem bestimmten Nullpunkt an gezählten Bogenlänge $s$ gegeben, so stimmt in diesem Fall der Betrag von $\Delta \vec{r}$ mit $\Delta s$ überein, und der Grenzwert von $\frac{\Delta \vec{r}}{\Delta s}$ bedeutet einen Vektor der Länge 1, welcher die Richtung der Tangente an die Kurve hat (Fig. 10). Diesen Tangenteneinheitsvektor bezeichen wir mit $\vec{t}$, und es ist

$$\vec{t} = \frac{d\vec{r}}{ds}. \tag{28}$$

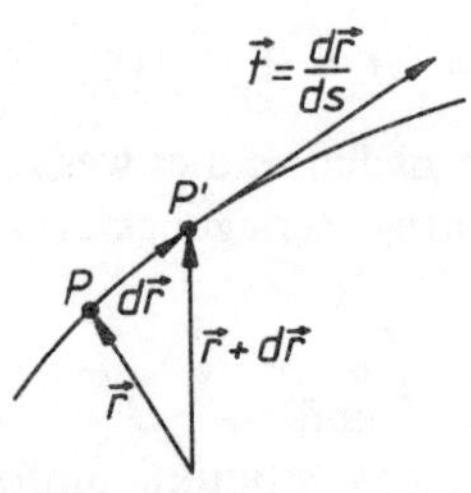


Fig. 10
Der Tangenteneinheitsvektor $\vec{t}$

Auch die Rechenregeln für die Differentiation von Produkten entsprechen, wie man sich an Hand der Grenzwertbildung leicht überzeugt, denjenigen für gewöhnliche skalare Funktionen. Nur ist beim Vektorprodukt auf die Reihenfolge der Faktoren zu achten. Es ist also

$$\frac{d(\vec{A} \cdot \vec{B})}{du} = \vec{A} \cdot \frac{d\vec{B}}{du} + \frac{d\vec{A}}{du} \cdot \vec{B} = \vec{A} \cdot \frac{d\vec{B}}{du} + \vec{B} \cdot \frac{d\vec{A}}{du}, \tag{29}$$

aber

$$\frac{d(\vec{A}\times\vec{B})}{du}=\vec{A}\times\frac{d\vec{B}}{du}+\frac{d\vec{A}}{du}\times\vec{B}=\vec{A}\times\frac{d\vec{B}}{du}-\vec{B}\times\frac{d\vec{A}}{du}\,. \qquad (30)$$

Hat ein Vektor $\vec{v}$ konstante Länge, so ist wegen $\vec{v}^2 = \text{const}$

$$\frac{d\vec{v}^2}{du} = 2\vec{v}\,\frac{d\vec{v}}{du} = 0.$$

Da weder $\frac{d\vec{v}}{du}$ noch $\vec{v}$ verschwinden sollen, bedeutet dies, daß der Differentialquotient eines Vektors konstanter Länge auf diesem senkrecht steht. Dies ist auch geometrisch evident: Wenn die Länge konstant ist, kann sich der Endpunkt des Vektors nur auf einer Kugel bewegen, der Zuwachs hat aber im Grenzfall unendlich kleiner Änderung die Richtung der Kugeltangente, steht also senkrecht auf dem Vektor selbst.

Diese Beziehung wenden wir auf den Tangenteneinheitsvektor $\vec{t}$ an. Da dieser Vektor stets die Länge 1 besitzt, muß seine Ableitung senkrecht auf $\vec{t}$ stehen, also ein in die Normalebene der Kurve fallender Vektor sein. Da er aber als Differenzenvektor zweier konsekutiver Tangentenvektoren in die von ihnen gebildete *Schmiegebene* fällt, ist seine Richtung diejenige der *Hauptnormalen,* für welche wir den Einheitsvektor $\vec{n}$ einführen.

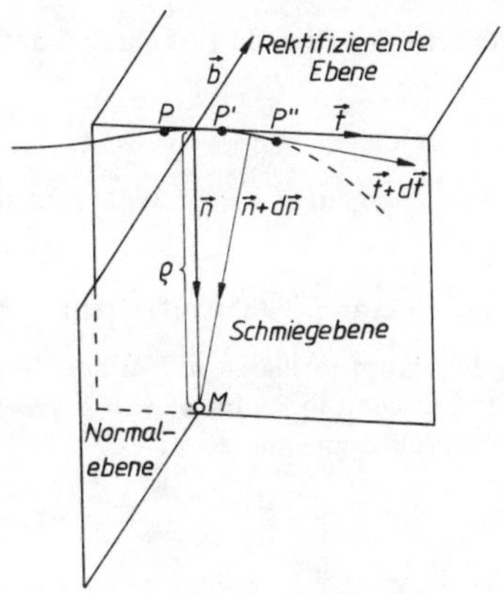


Fig. 11. Raumkurve mit begleitendem Dreikant

Um den Betrag des Vektors $\frac{d\vec{t}}{ds}$ zu erhalten, beachten wir, daß wir die Kurve im Bereich zweier konsekutiver Tangenten, die 3 benachbarten Punkten entsprechen, ersetzen können durch den Krümmungskreis, dessen Mittelpunkt $M$ wir als Schnitt der auf den konsekutiven Linienelementen errichteten Mittellote erhalten (vgl. Fig. 11). Der Winkel $d\varphi$ der konsekutiven Tangenten stimmt überein mit dem Winkel der darauf senkrecht stehenden Radien des Krümmungskreises. Ist sein Radius $\rho$, so ist im Grenzfall

$$ds = \rho\, d\varphi\,. \qquad (31)$$

Andererseits ist $|d\vec{t}\,| = d\varphi$, woraus sich ergibt:

$$\left|\frac{d\vec{t}}{ds}\right| = \frac{1}{\rho}\,.$$

Damit erhält man die wichtige Gleichung

$$\frac{d\vec{t}}{ds} = \frac{d^2\vec{r}}{ds^2} = \frac{\vec{n}}{\rho}\,. \qquad (32)$$

Hieraus folgt durch Quadrieren und Wurzelziehen für die *Krümmung*

$$k = \frac{1}{\rho} = \sqrt{\left(\frac{d^2\vec{r}}{ds^2}\right)^2} = \sqrt{\left(\frac{d^2x}{ds^2}\right)^2 + \left(\frac{d^2y}{ds^2}\right)^2 + \left(\frac{d^2z}{ds^2}\right)^2}\,. \tag{33}$$

Der auf der Schmiegebene senkrechte Einheitsvektor $\vec{b}$ gibt die Richtung der *Binormalen* an. Setzen wir fest, daß die drei Vektoren $\vec{t}$, $\vec{n}$ und $\vec{b}$ in dieser Reihenfolge ein Rechtssystem bilden sollen, so ist

$$\vec{b} = \vec{t} \times \vec{n}\,. \tag{34}$$

Für eine ebene Kurve hat die Schmiegebene und damit auch die Binormale stets dieselbe Richtung, der Differentialquotient $\frac{d\vec{b}}{ds}$ verschwindet daher. Andererseits kann dieser Differentialquotient bei einer nichtebenen Kurve als Maß der zweiten Krümmung angesehen werden, sein Betrag heißt daher die Windung (Torsion) $\chi$. Die Richtung von $\frac{d\vec{b}}{ds}$ findet man folgendermaßen: Zunächst folgt aus der Eigenschaft des Einheitsvektors, daß $\frac{d\vec{b}}{ds}$ senkrecht $\vec{b}$, also parellel der Schmiegebene ist. Weiter folgt aber, da $\vec{b}$ senkrecht auf $\vec{t}$ steht, durch Differentieren von $\vec{b}\cdot\vec{t} = 0$

$$\vec{t}\cdot\frac{d\vec{b}}{ds} + \vec{b}\cdot\frac{d\vec{t}}{ds} = 0,$$

und da $\vec{b}$ auch auf $\vec{n} = \rho\,\frac{d\vec{t}}{ds}$ senkrecht steht, folgt $\quad \vec{t}\cdot\frac{d\vec{b}}{ds} = 0,$

d. h. der Vektor $\frac{d\vec{b}}{ds}$ steht auf $\vec{t}$ senkrecht, hat also, da er parallel zur Schmiegebene liegt, die Richtung der Hauptnormalen $\vec{n}$. Für das Vorzeichen setzen wir fest, daß die Windung dann positiv zu zählen ist, wenn in Richtung von $\vec{t}$ gesehen die Drehung von $\vec{b}$ eine Uhrzeigerdrehung ist. Dies gibt die Vektorgleichung

$$\frac{d\vec{b}}{ds} = -\chi\vec{n}\,. \quad \text{Darüber hinaus gilt} \tag{35}$$

$$\frac{d\vec{n}}{ds} = \frac{d\vec{b}}{ds}\times\vec{t} + \vec{b}\times\frac{d\vec{t}}{ds} = -\chi\vec{n}\times\vec{t} + k\,\vec{b}\times\vec{n} = \chi\vec{b} - k\,\vec{t} \tag{35'}$$

Die Gleichungen (28), (32), (34), (35) und (35′) werden auch FRENETsche Formeln genannt.

Diese Beispiele zeigen, wie sehr die Benutzung der Vektorrechnung die Differentialgeometrie vereinfacht und anschaulich macht, doch muß wegen weiterer Anwendungen auf moderne Lehrbücher der Differentialgeometrie verwiesen werden, da wir für das Folgende nur die oben gebrachten Elemente brauchen.

Aufg. 10. Wann ist $\vec{A}\times\frac{d\vec{A}}{du} = 0$?

Aufg. 11. Eine beliebige Fläche $F$ besitze eine ebene Randkurve. Man bilde $\int d\vec{f} = \vec{F}$ und zeige, daß $\vec{b}\times\vec{F} = 0$.

## § 7. Räumliche Differentiation einer skalaren Größe

Ist eine skalare Größe, z. B. die Temperatur, als Funktion des Ortes gegeben, so sprechen wir von einem skalaren *Feld*. An einem bestimmten Punkt habe die skalare Ortsfunktion den Wert $u$. Wenn wir nun die Änderung bestimmen, welche diese Funktion beim Fortschreiten um eine Strecke d$s$ erfährt, so hängt diese Änderung von der Richtung ab, in welcher wir fortschreiten; d. h. der Differentialquotient $\frac{\mathrm{d}u}{\mathrm{d}s}$ nimmt je nach der Fortschreitungsrichtung $\mathrm{d}\vec{s}$ unendlich viele Werte an. Es läßt sich aber zeigen, daß wir die Änderung von $u$ in jeder Richtung angeben können, wenn wir einen durch Differentialoperation zu gewinnenden Vektor kennen. In rechtwinkligen Koordinaten ist nämlich einerseits

$$\mathrm{d}\vec{s} = \mathrm{d}x\,\vec{e}_x + \mathrm{d}y\,\vec{e}_y + \mathrm{d}z\,\vec{e}_z,$$

andererseits bis auf Größen höherer Ordnung

$$\mathrm{d}u = \frac{\partial u}{\partial x}\mathrm{d}x + \frac{\partial u}{\partial y}\mathrm{d}y + \frac{\partial u}{\partial z}\mathrm{d}z\,.$$

totales Differential

Wie man sieht, kann man d$u$ auffassen als das skalare Produkt von $\mathrm{d}\vec{s}$ mit einem Vektor

$$\frac{\partial u}{\partial x}\vec{e}_x + \frac{\partial u}{\partial y}\vec{e}_y + \frac{\partial u}{\partial z}\vec{e}_z\,,$$

welchen wir den Gradienten von $u$ nennen und grad $u$ schreiben:

$$\boxed{\operatorname{grad} u = \frac{\partial u}{\partial x}\vec{e}_x + \frac{\partial u}{\partial y}\vec{e}_y + \frac{\partial u}{\partial z}\vec{e}_z}\,, \quad \text{also} \tag{36}$$

$$\mathrm{d}u = \mathrm{d}\vec{s}\cdot\operatorname{grad} u\,. \tag{37}$$

Die Bedeutung des Gradienten erkenntn wir folgendermaßen: Solange es sich um eine stetige Ortsfunktion handelt – Unstetigkeiten schließen wir vorderhand aus –, können wir im ganzen Raum alle Punkte mit gleichen Werten von $u$ zu Flächen verbinden, den *Niveauflächen* (Fig. 12). Diese Flächen sind dadurch charakterisiert, daß beim Fortschreiten auf ihnen $u$ nicht geändert wird. Lassen wir also die Richtung von $\mathrm{d}\vec{s}_0$ in eine Niveaufläche fallen, so ist in diesem Fall

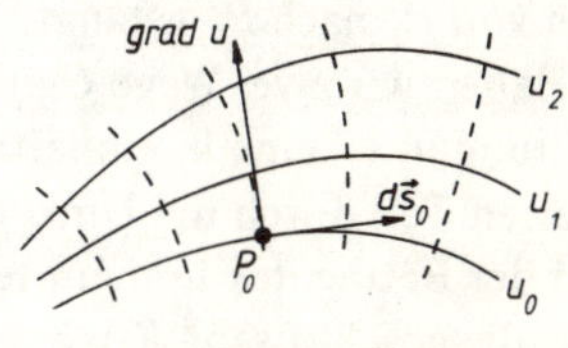


Fig. 12. Niveauflächen und Gradient

$\mathrm{d}\vec{s}_0 \cdot \operatorname{grad} u = 0$ (für Fortschreiten auf der Niveaufläche).

Da aber weder $\mathrm{d}\vec{s}_0$ noch grad $u$ verschwinden sollen, bedeutet dies, daß der Vektor grad $u$ auf der Niveaufläche senkrecht steht.

Weiter folgt aus der Definition des skalaren Produkts, daß die Änderung d$u$ bei gleichem Betrag von $\mathrm{d}\vec{s}$ dann ihren größten Wert erreicht, wenn $\mathrm{d}\vec{s}$ mit grad$u$ gleichgerichtet ist, oder umgekehrt: *Der Vektor* grad*u gibt die Richtung der größten Änderung (des Anstiegs) der Ortsfunktion u an, daher der Name Gradient.* Sein Betrag ist nach (37) gleich dem Differentialquotienten $\frac{\mathrm{d}u}{\mathrm{d}s}$, wenn d$u$ beim Fortschreiten senkrecht zur Niveaufläche bestimmt wird. Die Änderung von $u$ in jeder anderen Richtung erhält man gemäß (37) durch Multiplikation mit dem cosinus des Winkels zwischen Gradient und Fortschreitungsrichtung.

Wir werden in den verschiedensten Abschnitten zahlreiche Beispiele des der physikalischen Denkweise entnommenen Gradientenbegriffs kennenlernen, hier sei nur auf ein fast triviales hingewiesen:

Die Höhenliniendarstellung des Geländes, wie sie heute bei den meisten Karten gebräuchlich ist. Eingezeichnet sind die Kurven gleicher Höhe. Die Orthogonaltrajektorien geben die „Fallinien", d. h. die Richtungen, in denen sich die Höhe am schnellsten ändert, in denen auf glattem Hang ein Stein abrollt und das Wasser zu Tal rinnt.

Durch die Gradientenbildung haben wir aus einem *Skalarfeld u* ein *Vektorfeld*, nämlich das von grad $u$ gewonnen, denn auch grad $u$ wird eine von Ort zu Ort wechselnde Vektorgröße sein. Es hat indes nicht jedes Vektorfeld die Eigenschaft, daß es durch Gradientenbildung aus einem Skalarfeld abgeleitet werden kann. Besitzt es aber diese Eigenschaft, so folgt aus ihr eine zweite, die von größter Wichtigkeit ist: Wir denken uns in unserem Vektorfeld eine Kurve $C$ gezogen (Fig. 13), die aus einzelnen Linienelementen $\mathrm{d}\vec{s}$ besteht. Wir definieren nun als Linienintegral längs der Kurve $C$ den für unendlich kleine Linienelemente $\mathrm{d}\vec{s}$ gebildeten Grenzwert der Summe der skalaren Produkte $\vec{v}\cdot\mathrm{d}\vec{s}$, wobei die Summierung in $P_0$ zu beginnen und in $P_1$ zu enden hat. Ist nun der Vektor $\vec{v}$ der Gradient eines Skalars $u$, so ist dies Linienintegral zwischen $P_0$ und $P_1$ unabhängig von der Form der Kurve $C$, denn die einzelnen Beiträge

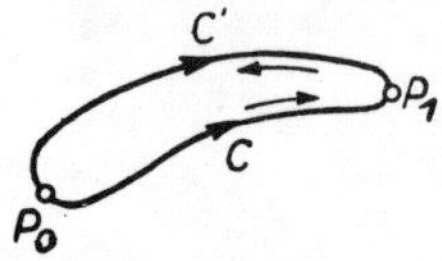

Fig. 13. Geschlossener Integrationsweg

$$\vec{v}\cdot\mathrm{d}\vec{s} = \mathrm{d}\vec{s}\cdot\operatorname{grad} u = \mathrm{d}u$$

stellen nach der Definition des Gradienten die Änderung der Funktion $u$ beim Fortschreiten um $\mathrm{d}\vec{s}$ dar, die Summe dieser Änderungen gibt die Differenz des Wertes von $u$ in $P_1$ und des Wertes in $P_0$; diese Differenz ist aber unabhängig vom Weg, auf dem man von $P_0$ nach $P_1$ gelangt.

Haben wir zwei Wege $C$ und $C'$, so erhalten wir durch Umkehr der Durchlaufungsrichtung in $C'$ eine in einheitlichem Sinn durchlaufene geschlossene Kurve. Da aber im zweiten Teil durch die Umkehr aller Linienelemente $\mathrm{d}\vec{s}$ ihr Zeichen gewechselt haben und der Betrag des Linienintegrals auf beiden Wegen gleich groß ist, verschwindet das über die geschlossene Kurve erstreckte Integral. Wir haben also den wichtigsten Satz: *Läßt sich ein Vektorfeld als Feld des Gradienten einer skalaren Ortsfunktion darstellen, so ist das zwischen zwei Punkten erstreckte Linienintegral unabhängig vom Weg und das über eine geschlossene Kurve erstreckte Linienintegral verschwindet; in Formeln:*

$$\int_{P_0}^{P_1} \operatorname{grad} u\cdot\mathrm{d}\vec{s} = u_1 - u_0\,, \tag{38}$$

$$\oint \operatorname{grad} u\cdot\mathrm{d}\vec{s} = 0\,. \tag{38'}$$

Der Ring am Integralzeichen drückt dabei aus, daß es sich um die Durchlaufung einer geschlossenen Kurve handelt.

Aus der Definition (36) des Gradienten folgt eine viel gebrauchte Rechenregel: Ist $u$ eine Funktion einer einfacheren Ortsfunktion $v$, so ist wegen

$$\frac{\partial u}{\partial x} = \frac{\mathrm{d}u}{dv}\,\frac{\partial v}{\partial x}$$

$$\operatorname{grad} u = \frac{\mathrm{d}u}{\mathrm{d}v} \operatorname{grad} v \,. \tag{39}$$

Aufg. 12. Was bedeutet grad $r$ ($r$ Abstand vom Koordinatenursprung)?

Aufg. 13. Eine skalare Ortsfunktion hänge nur vom Abstand $r$ vom Ursprung ab. Man berechne grad $f(r)$.

## § 8. Der Begriff der Divergenz und der Satz von GAUSS

Ist ein beliebiges Vektorfeld gegeben, so könnte man entsprechend der in § 6 behandelten Fragestellung die Änderung suchen, welche der Feldvektor $\vec{v}$ beim Fortschreiten um $\mathrm{d}\vec{s}$ erleidet. Wie man leicht einsieht, braucht man zur Berechnung dieser Änderung die Kenntnis von 3 Gradienten, nämlich der Gradienten der rechtwinkligen Komponenten, welche uns die Beträge der Änderung der Komponenten geben. Wir kommen so zu einem Gebilde von 9 Skalaren (3 Vektoren). Derartige Größen werden wir erst später kennenlernen; wir stellen daher diese Frage noch zurück und behandeln eine andere physikalisch sinnvolle Differentialoperation, welche vom Vektorfeld zu einem Skalarfeld führt.

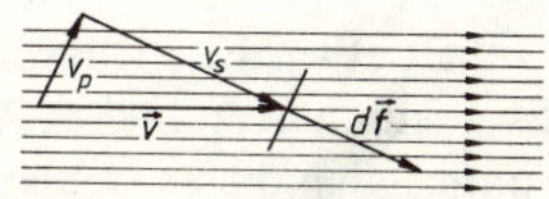

Fig. 14. Strömung durch ein Flächenelement $\mathrm{d}\vec{f}$

Um diese Operation besser verstehen zu können, legen wir unserem Feldvektor einen speziellen Sinn unter: Der Vektor $\vec{v}$ soll nach Größe und Richtung den Betrag einer Flüssigkeitsströmung darstellen, d. h. die pro Zeit durch eine senkrecht zu $\vec{v}$ gelegte Fläche hindurchtretende Flüssigkeitsmenge (Fig. 14). Die durch ein gerichtetes Flächenelement $\mathrm{d}\vec{f}$ hindurchtretende Flüssigkeitsmenge ist dann gegeben durch das skalare Produkt $\vec{v} \cdot \mathrm{d}\vec{f}$, denn die *hindurch*tretende Flüssigkeitsmenge ist durch die *senkrecht* zur Fläche gerichtete Strömungskomponente $v_s$ gegeben. Wir grenzen jetzt im Vektorfeld einen Raumteil $\tau$ durch eine beliebige geschlossene Fläche ab. Die gerichteten Oberflächenelemente sollen $\mathrm{d}\vec{f}$ heißen und so orientiert sein, daß die Normalen in den Außenraum zeigen. Die durch ein Element $\mathrm{d}\vec{f}$ nach *außen* tretende Flüssigkeitsmenge beträgt danach $\vec{v} \cdot \mathrm{d}\vec{f}$; nach innen gerichtete Strömung gibt das negative Vorzeichen. Die Summierung der Beiträge über die ganze Oberfläche, d. h. das Oberflächenintegral $\oint \vec{v} \cdot \mathrm{d}\vec{f}$ gibt dann den Überschuß der pro Zeit von innen nach außen strömenden Flüssigkeit. Befindet sich im Innern keine Quelle, so muß das Integral verschwinden. Liegen dagegen Quellen im Innern, so gibt das Integral ein Maß für die Ergiebigkeit des abgegrenzten Gebiets, die allerdings noch von der Größe desselben mitabhängt. Das richtige Maß ist daher der Wert des Oberflächenintegrals dividiert durch das eingeschlossene Volumen. Sind nun die Quellen stetig im ganzen Raum verteilt, so können wir nach dieser Vorschrift für jedes Volumelement $\Delta\tau$ die Ergiebigkeit bilden. Für den beim Übergang zu unendlich kleinen Volumelementen entstehenden Grenzwert hat man den Ausdruck $\operatorname{div}\vec{v}$ (Divergenz = Ergiebigkeit) eingeführt:

$$\operatorname{div}\vec{v} = \lim \frac{1}{\Delta\tau} \oint \vec{v} \cdot \mathrm{d}\vec{f} = \frac{1}{d\tau} \oint \vec{v} \cdot \mathrm{d}\vec{f} \,. \tag{40}$$

Dieser Grenzwert ist, wenn die Komponenten von $\vec{v}$ stetige Ortsfunktionen mit endlichen Differentialquotienten sind, endlich und von der *Form* des Volumelements unabhängig. Das letzte ist etwas umständlich zu beweisen; daß der Grenzwert aber endlich ist, läßt sich leicht folgendermaßen zeigen: Wir wählen als Form des Volumenelements eine kleine Kugel vom Radius $\rho$, in deren Mittelpunkt der Feldvektor den Wert $\vec{v}_0$ habe. Die Abweichungen vom Mittelpunktswert sind dann jedenfalls von der Größenordnung des Radius $\rho$. Ferner ist das Oberflächenelement der Kugel $\rho^2 \sin\vartheta \, d\vartheta \, d\varphi$. Die bei der Bildung des Integrals zu summierenden Größen sind also von der Form $(\vec{v}_0 + \vec{w}\rho)\, d\vec{f}$, worin mit $\vec{w}$ ein variabler endlicher Vektor bezeichnet ist, der weiter nicht bekannt zu sein braucht. Da nach (21) $\oint d\vec{f} = 0$ ist, verschwindet das vom ersten Teil herrührende Integral $\oint \vec{v}_0 \cdot d\vec{f} = \vec{v}_0 \cdot \oint d\vec{f}$ und es bleibt vom zweiten Teil ein Wert der Größenordnung $\rho \cdot \rho^2$. Andererseits ist der Inhalt der Kugel $\frac{4\pi\rho^3}{3}$, so daß nach Division durch den Inhalt etwas Endliches herauskommen muß.

Es sei nun ein endliches Raumgebiet durch eine geschlossene Oberfläche begrenzt. Wir unterteilen dieses Gebiet in Volumenelemente. Für jedes gilt die Definition der Divergenz

$$\operatorname{div}\vec{v}\, d\tau = \oint \vec{v} \cdot d\vec{f}\,.$$

Nun summieren wir auf beiden Seiten über alle Volumenelemente. Links entsteht das Raumintegral $\int \operatorname{div}\vec{v}\, d\tau$, rechts kommen alle im Innern gelegenen Oberflächenelemente zweimal (als Oberflächen zweier anstoßender Volumenelemente) mit entgegengesetzt gerichteter Normalen vor, ihre Beiträge heben sich auf, da auf ihnen der Vektor $\vec{v}$ wegen der Voraussetzung der Stetigkeit beidemal denselben Wert hat, und es bleiben nur die Beiträge der Elemente der äußeren Oberfläche, womit der Satz von GAUSS gewonnen ist:

$$\boxed{\oint \vec{v} \cdot d\vec{f} = \int \operatorname{div}\vec{v}\, d\tau}\,. \tag{41}$$

*„Das Oberflächenintegral des Vektors $\vec{v}$, genommen über eine geschlossene Oberfläche ist gleich dem Raumintegral der Divergenz von $\vec{v}$, genommen über das eingeschlossene Volumen."*

Bei Zugrundelegung des hydrodynamischen Beispiels erscheint der GAUSSsche Satz fast als eine Selbstverständlichkeit. Die so gewonnene Beziehung gilt aber natürlich ganz allgemein für jedes Vektorfeld.

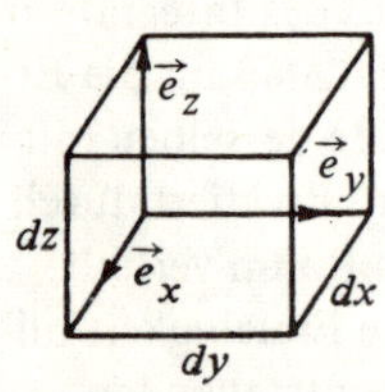


Fig. 15. Zur Berechnung von div $\vec{v}$

Um die Divergenz als Funktion der rechtwinkligen Komponenten zu erhalten, wählen wir als Raumelement ein Parallelepiped mit den Seiten $dx$, $dy$ und $dz$. An der Stelle $x$ strömt durch die Fläche $dy\,dz$, deren nach außen zeigende Normale (vgl. Fig. 15) die Richtung der negativen $X$-Achse hat, die Flüssigkeitsmenge $dy\,dz\,(v_x)_x$ ein, da zu der Strömung *durch* das Flächenelement nur die Normalkomponente beiträgt. An der Stelle $x + dx$ strömt durch die gegenüberliegende Fläche die Menge $dy\,dz\,(v_x)_{x+dx}$ aus. Da alle Oberflächennormalen nach außen zeigen müssen, ist bei diesem Element die Normale in Richtung der positiven $X$-Achse gerichtet. Entwickelt man $(v_x)_{x+dx}$ nach dem TAYLORschen Satz, so wird der Beitrag dieser Oberflächenelemente zum Überschuß der ausströmenden Flüssigkeit

$$\left(v_x + \frac{\partial v_x}{\partial x}\,dx - v_x\right) dy\,dz\,.$$

Analoge Beiträge liefern die beiden anderen Flächenpaare. Damit wird

$$\oint \vec{v}\cdot d\vec{f} = \left(\frac{\partial v_x}{\partial x} + \frac{\partial v_y}{\partial y} + \frac{\partial v_z}{\partial z}\right) dx\,dy\,dz$$

und nach Division durch das Volumen $dx\,dy\,dz$:

$$\boxed{\operatorname{div}\vec{v} = \frac{\partial v_x}{\partial x} + \frac{\partial v_y}{\partial y} + \frac{\partial v_z}{\partial z}}\,. \tag{42}$$

Aufg. 14. Man berechne $\operatorname{div}\vec{r}$ aus der Anschauung und formelmäßig.

## § 9. Der Begriff der Rotation und der Satz von STOKES

Eine andere nicht minder wichtige Differentialoperation führt von einem gegebenen Vektorfeld nicht wie die Divergenzbildung zu einem Skalarfeld, sondern zu einem anderen Vektorfeld. Wir knüpfen an die in § 7 abgeleitete Beziehung (38′) an, nach der das längs einer geschlossenen Kurve erstreckte Linienintegral eines Vektors $\vec{v}$ verschwindet, wenn dieser der Gradient eines Skalarfeldes ist. Im allgemeinen verschwindet indes bei beliebigen Vektorfeldern dies Linienintegral keineswegs und sein Betrag ist ein wichtiges Maß, wenn wir ihn auf die Einheit der umlaufenden Flächen beziehen und zum Grenzwert unendlich keiner Flächenstücke übergehen. Auch hier läßt sich zeigen, daß der Grenzwert von der besonderen Form der Begrenzung des Flächenelements unabhängig ist; ebenso läßt sich durch dieselbe Größenordnungsabschätzung wie bei der Divergenz beweisen, daß der Grenzwert einen Sinn hat, wenn $\vec{v}$ eine stetige differenzierbare Funktion des Ortes ist. Der Wert des Integrals hängt aber von der Stellung des Flächenelements ab, wie man sich an einem einfachen Beispiel klar machen kann: Der Vektor $\vec{v}$ habe im ganzen Raum dieselbe Richtung, sein Betrag, der durch die Länge der Pfeile in Fig. 16 gekennzeichnet ist, variiere dagegen senkrecht zu dieser Richtung. Legt man das Flächenelement so, daß seine Normale die Richtung von $\vec{v}$ hat, so steht beim ganzen Umlauf $\vec{v}$ senkrecht auf $d\vec{s}$, alle Einzelbeiträge zum Integral und damit das Integral selbst verschwinden. Steht dagegen die Normale senkrecht auf der Richtung von $\vec{v}$, so verschwinden bei Annahme einer Rechtecksform wie in Fig. 16 zwar die Beiträge der senkrecht $\vec{v}$ gerichteten Stücke, dagegen nicht die Beiträge der parallel $\vec{v}$ laufenden Teile des Integrationswegs, sofern der Betrag von $\vec{v}$, wie vorausgesetzt, auf diesen beiden Strecken verschieden ist. Der Betrag des Grenzwerts

Fig. 16. Abhängigkeit des Linienintegrals von der Stellung der umlaufenen Fläche

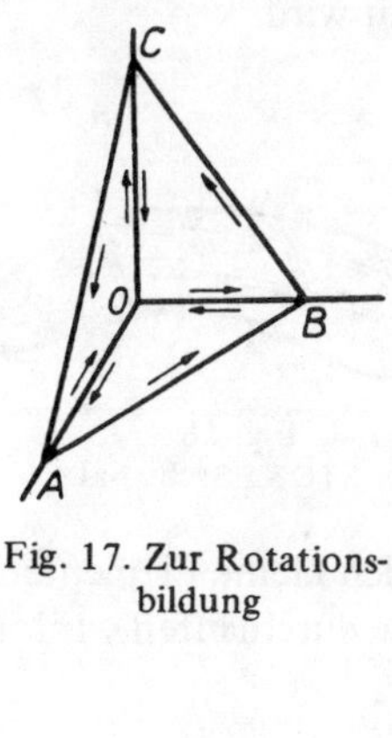


Fig. 17. Zur Rotationsbildung

$$L_n = \lim \frac{1}{\Delta f} \oint \vec{v}\cdot d\vec{s} = \frac{1}{df}\oint \vec{v}\cdot d\vec{s} \tag{43}$$

ist also eine Funktion der Normalenrichtung des umlaufenden Flächenstücks. Wir wollen nun zeigen, daß wir für jede Normalenrichtung den Grenzwert angeben können, wenn wir ihn für drei nichtkomplanare Richtungen, als welche wir zweckmäßigerweise die Koordinatenachsen nehmen, kennen. Zu diesem Zweck wählen wir als zu umlaufendes Flächenelement ein kleines Dreieck $\mathrm{d}f = ABC$, dessen Ecken in den Achsen liegen (Fig. 17). Anstatt das Dreieck $ABC$ selbst zu umlaufen, können wir nun auch der Reihe nach die Dreiecke $OBC = \mathrm{d}f_x$, $OCA = \mathrm{d}f_y$ und $OAB = \mathrm{d}f_z$ durchlaufen und für jedes die Grenzwerte

$$L_x = \frac{1}{\mathrm{d}f_x} \oint_{OBC} \vec{v} \cdot \mathrm{d}\vec{s}\,, \ldots \tag{43'}$$

bilden. Da bei der Summierung der Umläufe der Teildreiecke jede Achse zweimal in entgegengesetztem Sinn durchlaufen wird, bleibt nur der Beitrag der Seiten $AB$, $BC$ und $CA$ übrig, so daß die Beziehung

$$L_n \,\mathrm{d}f = L_x \,\mathrm{d}f_x + L_y \,\mathrm{d}f_y + L_z \,\mathrm{d}f_z \tag{44}$$

erfüllt ist. Andererseits ist nach § 4, Gl. (20)

$$\mathrm{d}\vec{f} = \vec{n}\,\mathrm{d}f = \vec{e}_x \,\mathrm{d}f_x + \vec{e}_y \,\mathrm{d}f_y + \vec{e}_z \,\mathrm{d}f_z \tag{45}$$

(mit $\vec{n}$ ist der Normaleneinheitsvektor von $\mathrm{d}f$ bezeichnet, der in den Außenraum des Tetraeders zeigt, während $\vec{e}_x$, $\vec{e}_y$, $\vec{e}_z$ nach innen zeigen). Sind $\cos\alpha$, $\cos\beta$, $\cos\gamma$ die Richtungskosinusse der Normalen $\vec{n}$, so bedeutet diese Gleichung in Komponenten

$$\mathrm{d}f_x = \mathrm{d}f\cos\alpha, \quad \mathrm{d}f_y = \mathrm{d}f\cos\beta, \quad \mathrm{d}f_z = \mathrm{d}f\cos\gamma\,;$$

setzt man diese Werte in (44) ein, so ergibt sich

$$L_n = L_x \cos\alpha + L_y \cos\beta + L_z \cos\gamma. \tag{46}$$

Diese Beziehung kann gedeutet werden als das skalare Produkt des Normaleneinheitsvektors $\vec{n}$ mit einem Vektor, der die Komponenten $L_x$, $L_y$, $L_z$ hat. Diesen Vektor nennen wir die Rotation von $\vec{v}$ (geschrieben $\operatorname{rot}\vec{v}$).

$$\operatorname{rot}\vec{v} = \vec{e}_x L_x + \vec{e}_y L_y + \vec{e}_z L_z\,. \tag{47}$$

Damit wird

$$L_n \,\mathrm{d}f = \underline{\oint \vec{v} \cdot \mathrm{d}\vec{s} = \vec{n} \cdot \operatorname{rot}\vec{v}\,\mathrm{d}f = \operatorname{rot}\vec{v} \cdot \mathrm{d}\vec{f}} \tag{48}$$

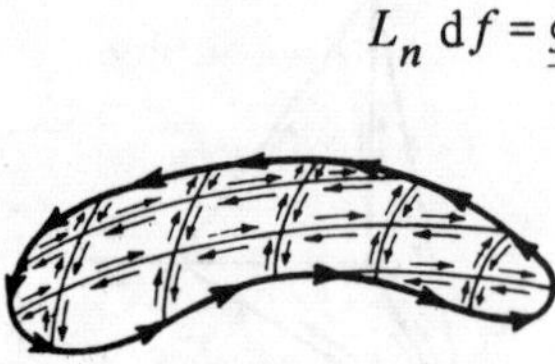

Fig. 18
Der STOKESsche Satz

Ähnlich wie wir bei der Divergenz durch den Übergang von unendlich kleinen Raumelementen zu endlichen Bereichen zum GAUSSschen Satz gelangten, erhalten wir auch hier eine neue wichtige Beziehung, wenn wir ein beliebiges Flächenstück durch eine Kurve (sie braucht nicht etwa eben zu sein!) mit bestimmtem Umlaufsinn begrenzen (Fig. 18). Dieses Flächenstück unterteilen wir in unendlich kleine Elemente. Jedes Element umlaufen wir im gleichen Sinn, wie die Randkurve durchlaufen wird. Für jedes Element gilt dann

$$\oint \vec{v} \cdot d\vec{s} = \operatorname{rot} \vec{v} \cdot d\vec{f} \,.$$

Addieren wir alle diese Gleichungen, so heben sich auf der linken Seite die Umläufe um die inneren Begrenzungslinien auf, da jedes Stück zweimal mit entgegengesetztem Sinn durchlaufen wird, es bleibt also links das Integral über die Randkurve und man erhält den wichtigen STOKESschen Satz:

$$\boxed{\oint_C \vec{v} \cdot d\vec{s} = \int_F \operatorname{rot} \vec{v} \cdot d\vec{f}} \,. \tag{49}$$

*Das Linienintegral des Vektors* $\vec{v}$ *erstreckt über eine geschlossene Kurve C, ist gleich dem Oberflächenintegral von* rot $\vec{v}$, *erstreckt über eine beliebige von C berandete Fläche F.*

Hieraus folgt sofort eine wichtige Eigenschaft des Vektors rot $\vec{v}$: Seine Divergenz verschwindet. Setzen wir nämlich rot $\vec{v} = \vec{w}$, so gilt für eine geschlossene Oberfläche der GAUSSsche Satz

$$\oint_F \vec{w} \cdot d\vec{f} = \int \operatorname{div} \vec{w} \, d\tau = \int \operatorname{div} \operatorname{rot} \vec{v} \, d\tau \,.$$

Diese geschlossene Fläche teilen wir durch eine geschlossene Kurve in zwei Teile $F_1$ und $F_2$ (Fig. 19), dann ist natürlich

$$\int \operatorname{div} \operatorname{rot} \vec{v} \, d\tau = \int_{F_1} \vec{w} \cdot d\vec{f} + \int_{F_2} \vec{w} \cdot d\vec{f} = \int_{F_1} \operatorname{rot} \vec{v} \cdot d\vec{f} + \int_{F_2} \operatorname{rot} \vec{v} \cdot d\vec{f} \,.$$

Wenden wir jetzt auf jede Hälfte den STOKESschen Satz an, so müssen wir beachten, daß bei der Bildung des Integrals über die gesamte Oberfläche alle Normalen in den Außenraum zeigen, daß dagegen bei der Anwendung des STOKESschen Satzes die Normalenrichtung durch den Umlaufsinn der Kurve $C$ bestimmt ist. Verstehen wir unter $d\vec{f}$ stets den in den Außenraum zeigenden Vektor, so ist bei der Umformung des zweiten Integrals das Zeichen umzukehren, es wird also

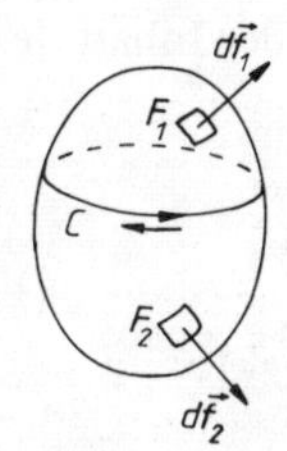

Fig. 19. Die Quellenfreiheit von rot $\vec{v}$

$$\int \operatorname{div} \operatorname{rot} \vec{v} \, d\tau = \oint_C \vec{v} \cdot d\vec{s} - \oint_C \vec{v} \cdot d\vec{s} = 0 \,.$$

Somit gilt, da diese Gleichung für jedes Volumen besteht,

$$\boxed{\operatorname{div} \operatorname{rot} \vec{v} = 0} \,. \tag{50}$$

Weiter läßt sich das Verschwinden des über eine geschlossene Kurve erstreckten Linienintegrals eines Gradienten einer skalaren Ortsfunktion [§ 7, (38′)] durch Umformung mittels des STOKESschen Satzes auch aussprechen als

$$\boxed{\operatorname{rot} \operatorname{grad} \vec{u} = 0} \,. \tag{51}$$

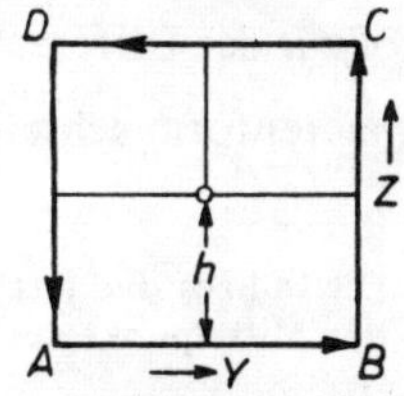

Fig. 20. Zur Komponentendarstellung von rot $\vec{v}$

Es handelt sich jetzt noch darum, die Komponenten des Vektors rot $\vec{v}$ aus den Komponenten des Vektors $\vec{v}$ zu berechnen. Nach (47) und (43′) erhalten wir die $X$-Komponente von rot $\vec{v}$, wenn wir ein in der $YZ$-Ebene gelegenes Flächenelement umlaufen. Wir geben ihm die Form eines Quadrats von der

Seitenlänge $2h$ (vgl. Fig. 20), dessen Seiten den Achsen parallel sind. Längs der horizontalen Strecken liefert nur die $Y$-Komponente von $\vec{v}$ einen Beitrag, längs der vertikalen nur die $Z$-Komponente. Geben wir den im Mittelpunkt geltenden Werten den Index 0, so hat $v_y$ längs $AB$ den Wert:

$$(v_y)_0 - \left(\frac{\partial v_y}{\partial z}\right)_0 h + \left(\frac{\partial v_y}{\partial y}\right)_0 y, \quad \text{längs } CD\text{:} \quad (v_y)_0 + \left(\frac{\partial v_y}{\partial z}\right)_0 h + \left(\frac{\partial v_y}{\partial y}\right)_0 y,$$

und es wird der Beitrag der Strecke $AB$

$$\int_A^B \vec{v}\cdot d\vec{s} = \int_{-h}^{+h} v_y\, dy = 2h(v_y)_0 - 2h^2\left(\frac{\partial v_y}{\partial z}\right)_0 .$$

In gleicher Weise erhält man für den Beitrag von $CD$

$$\int_C^D \vec{v}\cdot d\vec{s} = \int_{+h}^{-h} v_y\, dy = -2h(v_y)_0 - 2h^2\left(\frac{\partial v_y}{\partial z}\right)_0 .$$

Zusammen geben diese beiden Stücke also den Betrag

$$\int_A^B \vec{v}\cdot d\vec{s} + \int_C^D \vec{v}\cdot d\vec{s} = -4h^2\left(\frac{\partial v_y}{\partial z}\right)_0 .$$

Analog erhält man als Beitrag der vertikalen Stücke

$$\int_B^C \vec{v}\cdot d\vec{s} + \int_D^A \vec{v}\cdot d\vec{s} = 4h^2\left(\frac{\partial v_z}{\partial y}\right)_0 .$$

Da der Inhalt des Quadrats $4h^2$ beträgt, erhält man nach Division durch den Inhalt[1)]

$$(\operatorname{rot}\vec{v})_x = \frac{\partial v_z}{\partial y} - \frac{\partial v_y}{\partial z}$$

und ebenso:

$$(\operatorname{rot}\vec{v})_y = \frac{\partial v_x}{\partial z} - \frac{\partial v_z}{\partial x}$$

$$(\operatorname{rot}\vec{v})_z = \frac{\partial v_y}{\partial x} - \frac{\partial v_x}{\partial y} .$$

Oder

$$\operatorname{rot}\vec{v} = \left(\frac{\partial v_z}{\partial y} - \frac{\partial v_y}{\partial z}\right)\vec{e}_x + \left(\frac{\partial v_x}{\partial z} - \frac{\partial v_z}{\partial x}\right)\vec{e}_y + \left(\frac{\partial v_y}{\partial x} - \frac{\partial v_x}{\partial y}\right)\vec{e}_z .$$

Setzen wir fest, daß unter dem „Produkt“ des Differentialzeichens $\frac{\partial}{\partial x}$ mit einer Größe $u$ der Differentialquotient $\frac{\partial u}{\partial x}$ zu verstehen ist, so können wir dies in Determinantenform schreiben:

---

1) Die Indizes sind jetzt weggelassen, die Differentialquotienten beziehen sich nach wie vor auf den Mittelpunkt des Flächenstücks.

$$\operatorname{rot}\vec{v} = \begin{vmatrix} \vec{e}_x & \vec{e}_y & \vec{e}_z \\ \dfrac{\partial}{\partial x} & \dfrac{\partial}{\partial y} & \dfrac{\partial}{\partial z} \\ v_x & v_y & v_z \end{vmatrix} . \tag{52}$$

Aufg. 15. Man berechne $\operatorname{rot}\vec{r}$.

## § 10. Der Nablaoperator

Vergleichen wir die drei Formeln

$$\operatorname{grad} u = \vec{e}_x \frac{\partial u}{\partial x} + \vec{e}_y \frac{\partial u}{\partial y} + \vec{e}_z \frac{\partial u}{\partial z} \tag{36}$$

$$\operatorname{div}\vec{v} = \frac{\partial v_x}{\partial x} + \frac{\partial v_y}{\partial y} + \frac{\partial v_z}{\partial z} \tag{42}$$

$$\operatorname{rot}\vec{v} = \vec{e}_x\left(\frac{\partial v_z}{\partial y} - \frac{\partial v_y}{\partial z}\right) + \vec{e}_y\left(\frac{\partial v_x}{\partial z} - \frac{\partial v_z}{\partial x}\right) + \vec{e}_z\left(\frac{\partial v_y}{\partial x} - \frac{\partial v_x}{\partial y}\right), \tag{52}$$

so erkennen wir, daß wir sie alle unter Benützung der in § 9 festgesetzten Bedeutung des Produkts von $\frac{\partial}{\partial x}$ mit einer Größe $u$ aus einem Vektor ableiten können, der die Komponenten $\frac{\partial}{\partial x}, \frac{\partial}{\partial y}, \frac{\partial}{\partial z}$ hat. Diesen symbolischen Vektor bezeichnet man mit $\nabla$ und spricht ihn nach einem phönizischen Saiteninstrument dieser Form „Nabla" aus.

$$\nabla = \vec{e}_x \frac{\partial}{\partial x} + \vec{e}_y \frac{\partial}{\partial y} + \vec{e}_z \frac{\partial}{\partial z} . \tag{53}$$

Multiplizieren wir eine skalare Größe $u$ mit diesem Vektoroperator, so erhalten wir

$$\nabla u = \vec{e}_x \frac{\partial u}{\partial x} + \vec{e}_y \frac{\partial u}{\partial y} + \vec{e}_z \frac{\partial u}{\partial z} = \operatorname{grad} u . \tag{54}$$

Multiplizieren wir den Nablaoperator skalar mit einem Vektor $\vec{v}$, so erhalten wir nach der Definition des skalaren Produkts die Summe der Produkte der gleichartigen Komponenten zu

$$\nabla \cdot \vec{v} = \frac{\partial v_x}{\partial x} + \frac{\partial v_y}{\partial y} + \frac{\partial v_z}{\partial z} = \operatorname{div}\vec{v} . \tag{55}$$

Endlich stellt (52) in § 9 das Vektorprodukt des Nablaoperators mit $\vec{v}$ dar, also

$$\nabla \times \vec{v} = \operatorname{rot}\vec{v} . \tag{56}$$

Aus der formalen Übereinstimmung der Operationen grad, div und rot mit der Produktbildung folgt sofort die Distributivität dieser Operationen zur Addition

$$\nabla \cdot (\vec{v}_1 + \vec{v}_2) = \nabla \cdot \vec{v}_1 + \nabla \cdot \vec{v}_2 \text{ usw.} \tag{57}$$

Wir kommen zu einer koordinatenfreien Definition des Nablaoperators, wenn wir von der Definition der Divergenz ausgehen und diese verallgemeinern:

$$\operatorname{div}\vec{v} = \nabla\cdot\vec{v} = \lim \frac{1}{\Delta\tau}\oint d\vec{f}\cdot\vec{v}$$

also

$$\nabla = \lim \frac{1}{\Delta\tau}\oint d\vec{f} \tag{58}$$

$$\operatorname{grad} u = \nabla u = \lim \frac{1}{\Delta\tau}\oint d\vec{f}\, u$$

$$\operatorname{rot}\vec{v} = \nabla\times\vec{v} = \lim \frac{1}{\Delta\tau}\oint d\vec{f}\times\vec{v}\,.$$

Der Beweis der Richtigkeit dieser Formeln sei wenigstens für den Fall des Gradienten erbracht. Da bei der Bildung des Grenzwerts das Volumenelement ganz beliebig ist, wählen wir einen kleinen Zylinder, dessen Achse die Richtung von grad $u$ hat, also auf der Niveaufläche senkrecht steht (Fig. 21). Auf der Grundfläche hat $u$ bis auf Größen höherer Ordnung den Wert $u_0 - h\,|\operatorname{grad} u|$, auf der Deckfläche dagegen den Wert $u_0 + h\,|\operatorname{grad} u|$. Bei der Bildung des Oberflächenintegrals ist zu beachten, daß die Richtung der Elemente $d\vec{f}$ immer aus dem Volumenelement herauszeigen muß. Der Mantel des Zylinders liefert nun keinen Beitrag zum Integral, weil in jedem Querschnitt $u$ konstante Werte hat und es zu jedem Oberflächenelement ein gleich großes entgegengesetzt gerichtetes gibt. Aus dem gleichen Grund erhalten wir die Summe der Beiträge von Grund- und Deckfläche, wenn wir den Flächeninhalt $\Delta f$ multiplizieren mit der Differenz der Beträge von $u$ und die Richtung von $\Delta\vec{f}$ durch grad $u$ ausdrücken:

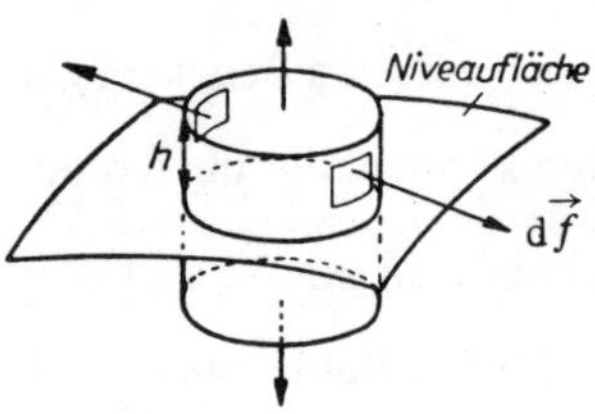

Fig. 21. Zur Gradientenberechnung

$$\oint d\vec{f}\,u = \Delta f\cdot 2h\operatorname{grad} u = \Delta\tau\operatorname{grad} u\,.$$

Dividieren wir durch den Rauminhalt und gehen wir zur Grenze über, so ergibt sich (58).

Diese Formeln ergeben wichtige Verallgemeinerungen des GAUSSschen Satzes, deren Beweis dem dort gegebenen vollkommen analog ist:

$$\oint d\vec{f}\,u = \int \operatorname{grad} u\, d\tau. \tag{59}$$

$$\oint d\vec{f}\times\vec{v} = \int \operatorname{rot}\vec{v}\, d\tau\,. \tag{60}$$

## § 11. Gradientenbildung im Vektorfeld, Grundbegriffe der Tensorrechnung

Die in § 7 behandelte Frage: „Wie ändert sich eine skalare Ortsfunktion beim Fortschreiten um die gerichtete Strecke $d\vec{s}$? “ läßt sich auf Vektorfelder erweitern: „Wie ändert sich der Vektor $\vec{v}$, wenn wir im Raum um $d\vec{s}$ weitergehen? “ Die Beantwortung läßt sich auf den Fall von skalaren Ortsfunktionen zurückführen, wenn wir von den

Komponenten des Vektors ausgehen. Ist ein Vektorfeld gegeben, so haben wir damit ein Feld von drei Skalaren an jedem Ort des Raums, nämlich das Feld der drei Komponenten. Die Änderung der Komponenten können wir aber nach § 7 sofort hinschreiben:

$$\begin{aligned} dv_x &= d\vec{s} \cdot \operatorname{grad} v_x = \frac{\partial v_x}{\partial x}\,dx + \frac{\partial v_x}{\partial y}\,dy + \frac{\partial v_x}{\partial z}\,dz \\ dv_y &= d\vec{s} \cdot \operatorname{grad} v_y = \frac{\partial v_y}{\partial x}\,dx + \frac{\partial v_y}{\partial y}\,dy + \frac{\partial v_y}{\partial z}\,dz \\ dv_z &= d\vec{s} \cdot \operatorname{grad} v_z = \frac{\partial v_z}{\partial x}\,dx + \frac{\partial v_z}{\partial y}\,dy + \frac{\partial v_z}{\partial z}\,dz\,. \end{aligned} \tag{61}$$

Damit wird

$$\begin{aligned} d\vec{v} &= \vec{e}_x\,dv_x + \vec{e}_y\,dv_y + \vec{e}_z\,dv_z \\ &= (d\vec{s} \cdot \operatorname{grad} v_x)\,\vec{e}_x + (d\vec{s} \cdot \operatorname{grad} v_y)\,\vec{e}_y + (d\vec{s} \cdot \operatorname{grad} v_z)\,\vec{e}_z \end{aligned} \tag{61'}$$

Dafür schreiben wir zunächst rein als Abkürzung

$$\boxed{d\vec{v} = (d\vec{s} \cdot \overrightarrow{\operatorname{grad}})\,\vec{v}} \quad \text{oder} \quad d\vec{v} = (d\vec{s} \cdot \vec{\nabla})\,\vec{v} \tag{62}$$

und sprechen es aus als „$d\vec{s}$-Vektorgradient von $\vec{v}$".

Um $d\vec{v}$ berechnen zu können, ist also die Kenntnis von drei Vektoren oder 9 Skalaren erforderlich. Wir werden sehen, daß derartigen aus 9 Zahlen bestehenden Gebilden ebenfalls physikalische Bedeutung zukommt. Aus (61) lesen wir ab, daß die Komponenten des Vektors $d\vec{v}$ lineare Funktionen der Komponenten des Vektors $d\vec{s}$ sind, die Koeffizienten dieser Funktionen sind die partiellen Differentialquotienten $\frac{\partial v_x}{\partial x}, \frac{\partial v_x}{\partial y} \dots$

Wir wollen jetzt derartige lineare Vektorfunktionen etwas eingehender betrachten. Es seien wie in (61) die Komponenten eines Vektors $\vec{w}$ lineare Funktionen der Komponenten eines Vektors $\vec{v}$:

$$\begin{aligned} w_x &= a_{11} v_x + a_{12} v_y + a_{13} v_z\,, \\ w_y &= a_{21} v_x + a_{22} v_y + a_{23} v_z\,, \\ w_z &= a_{31} v_x + a_{32} v_y + a_{33} v_z\,. \end{aligned} \tag{63}$$

Damit ist der Vektor $\vec{w}$ ein-eindeutig dem Vektor $\vec{v}$ zugeordnet. *Dem Schema der Koeffizienten $a_{jk}$ kommt nur dann eine selbständige Bedeutung zu, wenn diese Zuordnung so beschaffen ist, daß man unabhängig von dem speziellen Koordinatensystem, nach welchem wir die Vektoren in Komponenten zerlegen, von $\vec{v}$ zum Vektor $\vec{w}$ gelangt. In diesem Fall nennen wir die Koeffizienten $a_{jk}$ die Komponenten eines Tensors.* Die im folgenden ausführlich geschriebenen Gleichungen lassen sich in Form der Matrixschreibweise, auf die in § 12 eingegangen wird, sehr viel kürzer und übersichtlicher darstellen. Ein Vektor ist eine im Raum physikalisch gegebene gerichtete Größe; je nach der Wahl des Koordinatensystems bekommen die Komponenten aber verschiedene Werte. Es ist im System $\vec{e}_x, \vec{e}_y, \vec{e}_z$

$$v_x = \vec{v} \cdot \vec{e}_x, \qquad v_y = \vec{v} \cdot \vec{e}_y, \qquad v_z = \vec{v} \cdot \vec{e}_z .$$

Für ein gegen dieses System gedrehtes System $\vec{e}_x{}', \vec{e}_y{}', \vec{e}_z{}'$ gilt:

$$\begin{aligned} \vec{e}_x{}' &= \beta_{11}\vec{e}_x + \beta_{12}\vec{e}_y + \beta_{13}\vec{e}_z, \\ \vec{e}_y{}' &= \beta_{21}\vec{e}_x + \beta_{22}\vec{e}_y + \beta_{23}\vec{e}_z, \\ \vec{e}_z{}' &= \beta_{31}\vec{e}_x + \beta_{32}\vec{e}_y + \beta_{33}\vec{e}_z . \end{aligned} \tag{64}$$

In diesen Gleichungen bedeuten, wie aus der analytischen Geometrie bekannt, wenn $\vec{e}_x{}', \vec{e}_y{}', \vec{e}_z{}'$ wieder ein rechtwinkliges Koordinatensystem ist, die $\beta_{ik}$ die Richtungskosinusse der neuen Achsen gegen die alten. Es gilt daher, wie man sich auch durch Bildung der skalaren Produkte $\vec{e}_x{}' \cdot \vec{e}_y{}' = 0$, $\vec{e}_x{}' \cdot \vec{e}_x{}' = 1$ usw. leicht ableiten kann.

$$\beta_{11}^2 + \beta_{12}^2 + \beta_{13}^3 = 1,$$

$$\beta_{11}\beta_{21} + \beta_{12}\beta_{22} + \beta_{13}\beta_{23} = 0;$$

allgemein

$$\sum_k \beta_{ik}\beta_{jk} \begin{cases} = 1 & \text{für } i = j \\ = 0 & \text{für } i \neq j, \end{cases} \tag{65}$$

und damit erhält man die alten Achsen durch die neuen in folgender Form ausgedrückt:

$$\begin{aligned} \vec{e}_x &= \beta_{11}\vec{e}_x{}' + \beta_{21}\vec{e}_y{}' + \beta_{31}\vec{e}_z{}', \\ \vec{e}_y &= \beta_{12}\vec{e}_x{}' + \beta_{22}\vec{e}_y{}' + \beta_{32}\vec{e}_z{}', \\ \vec{e}_z &= \beta_{13}\vec{e}_x{}' + \beta_{23}\vec{e}_y{}' + \beta_{33}\vec{e}_z{}' . \end{aligned} \tag{66}$$

Dies kann man auch unmittelbar der Anschauung entnehmen, denn die Richtungskosinusse der Achse $\vec{e}_x$ im $\vec{e}_x{}', \vec{e}_y{}', \vec{e}_z{}'$-System sind $\beta_{11}, \beta_{21}, \beta_{31}$.

Im gestrichenen Koordinatensystem werden die Komponenten von $\vec{v}$

$$\begin{aligned} v_{x'} &= \vec{v} \cdot \vec{e}_x{}' = \beta_{11}\vec{v} \cdot \vec{e}_x + \beta_{12}\vec{v} \cdot \vec{e}_y + \beta_{13}\vec{v} \cdot \vec{e}_z = \beta_{11}v_x + \beta_{12}v_y + \beta_{13}v_z, \\ v_{y'} &= \vec{v} \cdot \vec{e}_y{}' = \beta_{21}\vec{v} \cdot \vec{e}_x + \beta_{22}\vec{v} \cdot \vec{e}_y + \beta_{23}\vec{v} \cdot \vec{e}_z = \beta_{21}v_x + \beta_{22}v_y + \beta_{23}v_z, \\ v_{z'} &= \vec{v} \cdot \vec{e}_z{}' = \beta_{31}\vec{v} \cdot \vec{e}_x + \beta_{32}\vec{v} \cdot \vec{e}_y + \beta_{33}\vec{v} \cdot \vec{e}_z = \beta_{31}v_x + \beta_{32}v_y + \beta_{33}v_z, \end{aligned} \tag{67}$$

d. h. die Vektorkomponenten transformieren sich in gleicher Weise wie die Koordinatenachsen, es gilt also auch

$$\begin{aligned} v_x &= \beta_{11}v_{x'} + \beta_{21}v_{y'} + \beta_{31}v_{z'}, \\ v_y &= \beta_{12}v_{x'} + \beta_{22}v_{y'} + \beta_{32}v_{z'}, \\ v_z &= \beta_{13}v_{x'} + \beta_{23}v_{y'} + \beta_{33}v_{z'} . \end{aligned} \tag{68}$$

Wie müssen sich nun die Tensorkomponenten $a_{jk}$ transformieren, wenn durch den

Wechsel des Koordinatensystems die Zuordnung von $\vec{w}$ zu $\vec{v}$ nicht verändert werden soll? Es sollen die Gleichungen

$$\begin{aligned} w_x &= a_{11} v_x + a_{12} v_y + a_{13} v_z , \\ w_y &= a_{21} v_x + a_{22} v_y + a_{23} v_z , \\ w_z &= a_{31} v_x + a_{32} v_y + a_{33} v_z \end{aligned} \tag{69}$$

und

$$\begin{aligned} w_{x'} &= a'_{11} v_{x'} + a'_{12} v_{y'} + a'_{13} v_{z'} \\ w_{y'} &= a'_{21} v_{x'} + a'_{22} v_{y'} + a'_{23} v_{z'} \\ w_{z'} &= a'_{31} v_{x'} + a'_{32} v_{y'} + a'_{33} v_{z'} \end{aligned} \tag{70}$$

gelten und außerdem soll zwischen den $w_x$, $w_y$, $w_z$ und $w_{x'}$, $w_{y'}$, $w_{z'}$ der Zusammenhang bestehen, daß durch beide Tripel derselbe Vektor $\vec{w}$ bestimmt ist. Multiplizieren wir die erste der Gleichungen (69) mit $\beta_{11}$, die zweite mit $\beta_{12}$, die dritte mit $\beta_{13}$ und addieren wir sie, so erhalten wir gemäß (67)

$$\begin{aligned} w_{x'} = (\beta_{11} a_{11} + \beta_{12} a_{21} + \beta_{13} a_{31}) v_x &+ (\beta_{11} a_{12} + \beta_{12} a_{22} + \beta_{13} a_{32}) v_y \\ &+ (\beta_{11} a_{13} + \beta_{12} a_{23} + \beta_{13} a_{33}) v_z . \end{aligned} \tag{71}$$

Drücken wir hierin die $v_x$, $v_y$, $v_z$ durch die gestrichenen Komponenten gemäß (68) aus, so ergibt sich $w_{x'}$ als Funktion von $v_{x'}$, $v_{y'}$, $v_{z'}$. Diese Funktion muß aber mit der durch die Gl. (70) definierten identisch sein, so daß man durch Vergleich der Koeffizienten von $v_{x'}$, $v_{y'}$, $v_{z'}$ erhält:

$$\begin{aligned} a'_{11} = \beta_{11}^2 a_{11} &+ \beta_{11} \beta_{12} a_{12} + \beta_{11} \beta_{13} a_{13} + \beta_{12} \beta_{11} a_{21} + \beta_{12}^2 a_{22} \\ &+ \beta_{12} \beta_{13} a_{23} + \beta_{13} \beta_{11} a_{31} + \beta_{13} \beta_{12} a_{32} + \beta_{13}^2 a_{33} . \end{aligned} \tag{72}$$

Die Tensorkomponenten transformieren sich also bei einer Drehung des Koordinatensystems so, daß die neuen Komponenten lineare Funktionen aller alten werden, wobei die Koeffizienten die Quadrate und Produkte der $\beta_{ik}$ sind. Man merke sich folgende Rechenregel: Um die Transformationskoeffizienten für die Tensorkomponente $a'_{ik}$ zu finden, setze man $v_{x'} = v'_1$, $v_x = v_1$ usw. und bilde nach (67) das Produkt $v'_i v'_k$ der Vektorkomponenten, wobei beim Ausklammern die Reihenfolge der Faktoren $v_i$ und $v_k$ nicht vertauscht werden darf. Ersetzt man dann wieder $v'_i v'_k$ durch $a'_{ik}$, so geben die Koeffizienten von $v_i \, v_k$ die Koeffizienten von $a_{ik}$.

Zu einer Darstellung der Tensoren durch Vektoren gelangt man, wenn man in Gl. (63) die drei Komponenten des Vektors $\vec{w}$ als skalare Produkte des Vektors $\vec{v}$ mit drei Vektoren $\vec{a}_1, \vec{a}_2, \vec{a}_3$ schreibt, d. h. wenn man die drei Koeffizienten einer Zeile als Vektorkomponenten auffaßt:

$$\begin{aligned} \vec{a}_i &= a_{i1} \vec{e}_x + a_{i2} \vec{e}_y + a_{i3} \vec{e}_z , \\ \vec{w} &= (\vec{a}_1 \cdot \vec{v}) \vec{e}_x + (\vec{a}_2 \cdot \vec{v}) \vec{e}_y + (\vec{a}_3 \cdot \vec{v}) \vec{e}_z . \end{aligned} \tag{73}$$

Wie man aber schon am Beispiel der Vektorgradientenbildung sieht, hängen die drei

Vektoren von der Wahl des Koordinatensystems ab. Denn die drei Vektoren grad $v_x$, grad $v_y$ und grad $v_z$ sind vom Koordinatensystem abhängige Gebilde.

Da durch (63) die Komponenten von $\vec{w}$ lineare homogene Funktionen der Komponenten von $\vec{v}$ sind, erfüllt diese funktionelle Zuordnung $\Phi$ die Beziehung

$$\Phi(\vec{v}_1 + \vec{v}_2) = \Phi(\vec{v}_1) + \Phi(\vec{v}_2) \quad \text{(Distributivität zur Addition).} \tag{74}$$

Dies ist aber die wesentliche Eigenschaft der Multiplikation, nachdem wir die anderen Eigenschaften von Zahlprodukten schon beim Vektorprodukt aufgegeben haben. Wir können daher den Vektor $\vec{w}$ auch entstanden denken durch Multiplikation des Vektors $\vec{v}$ mit dem Tensor $\Phi$. Dieser Tensor läßt sich nach (73) darstellen durch drei *Paare* von Vektoren (*Dyaden*):

$$\Phi = \vec{a}_1\,\vec{e}_x + \vec{a}_2\,\vec{e}_y + \vec{a}_3\,\vec{e}_z \tag{75}$$

$\vec{a}_1\,\vec{e}_x$ nennen wir das dyadische Produkt von $\vec{a}$ und $\vec{e}_x$, das wir durch einfaches Nebeneinanderschreiben der Vektoren kennzeichnen. Die ersten Vektoren heißen die Antecedenten, die zweiten die Konsequenten. Wir verstehen nun unter $\Phi \cdot \vec{v}$ einen Vektor, der entsteht, wenn man die Konsequenten mit $\vec{v}$ skalar multipliziert, unter $\vec{v} \cdot \Phi$ einen Vektor, der aus $\vec{v}$ entsteht, wenn man die Antecedenten mit $\vec{v}$ skalar multipliziert:

$$\Phi \cdot \vec{v} = \vec{a}_1(\vec{e}_x \cdot \vec{v}) + \vec{a}_2(\vec{e}_y \cdot \vec{v}) + a_3(\vec{e}_z \cdot \vec{v}) \tag{76}$$

$$\vec{v} \cdot \Phi = (\vec{a}_1 \cdot \vec{v})\vec{e}_x + (\vec{a}_2 \cdot \vec{v})\vec{e}_y + (\vec{a}_3 \cdot \vec{v})\vec{e}_z. \tag{77}$$

Die beiden Vektoren sind im allgemeinen verschieden voneinander. Als konjugierten Tensor $\Phi_c$ bezeichnen wir den Tensor, der durch Vertauschen der Antecedenten und der Konsequenten entsteht

$$\begin{aligned} \Phi_c &= \vec{e}_x\,\vec{a}_1 + \vec{e}_y\,\vec{a}_2 + \vec{e}_z\,\vec{a}_3 \\ \Phi_c \cdot \vec{v} &= \vec{e}_x(\vec{a}_1 \cdot \vec{v}) + \vec{e}_y(\vec{a}_2 \cdot \vec{v}) + \vec{e}_z(\vec{a}_3 \cdot \vec{v}). \end{aligned} \tag{78}$$

Da es natürlich gleichgültig ist, ob wir den Skalar $\vec{a}_1 \cdot \vec{v}$ vor oder hinter den Vektor $\vec{e}_x$ schreiben, zeigt der Vergleich mit (77), daß

$$\vec{v} \cdot \Phi = \Phi_c \cdot \vec{v}\,. \tag{79}$$

In der Komponentendarstellung des Tensors bedeutet der Übergang zum konjugierten Tensor die Vertauschung von Zeilen und Spalten im Koeffizientenschema.

Das dyadische Produkt zweier Vektoren hat wiederum die wichtigste Eigenschaft der Multiplikation, nämlich die Distributivität zur Addition:

$$(\vec{a}_1 + \vec{a}_2)\vec{e}_x = \vec{a}_1\,\vec{e}_x + \vec{a}_2\,\vec{e}_x\,. \tag{80}$$

Denn bildet man das skalare Produkt der Antecedenten mit einem Vektor $\vec{v}$, so wird

$$\vec{v} \cdot (\vec{a}_1 + \vec{a}_2)\vec{e}_x = (\vec{v} \cdot \vec{a}_1)\vec{e}_x + (\vec{v} \cdot \vec{a}_2)\vec{e}_x \quad \text{(Distributivität des skalaren Produkts),}$$

womit obige Beziehung bewiesen ist. Damit kommen wir zu einer neuen Auffassung des Ausdrucks $(d\vec{s}\cdot\overrightarrow{\text{grad}})\vec{v}$, von dem wir ausgegangen waren. Wenn wir nämlich das dyadische Produkt des Nablaoperators mit $\vec{v}$ bilden, so erhalten wir

$$\vec{\nabla}\vec{v} = \left(\vec{e}_x\frac{\partial}{\partial x} + \vec{e}_y\frac{\partial}{\partial y} + \vec{e}_z\frac{\partial}{\partial z}\right)(v_x\vec{e}_x + v_y\vec{e}_y + v_z\vec{e}_z)$$
$$= \left(\vec{e}_x\frac{\partial v_x}{\partial x} + \vec{e}_y\frac{\partial v_x}{\partial y} + \vec{e}_z\frac{\partial v_x}{\partial z}\right)\vec{e}_x + \left(\vec{e}_x\frac{\partial v_y}{\partial x} + \vec{e}_y\frac{\partial v_y}{\partial y} + \vec{e}_z\frac{\partial v_y}{\partial z}\right)\vec{e}_y + \cdots$$
$$= \text{grad}\, v_x\,\vec{e}_x + \text{grad}\, v_y\,\vec{e}_y + \text{grad}\, v_z\,\vec{e}_z. \tag{81}$$

Multiplizieren wir jetzt diesen Tensor skalar mit der Verschiebung $d\vec{s}$, so erhalten wir gerade den Ausdruck (62), also

$$(d\vec{s}\cdot\vec{\nabla})\vec{v} = (d\vec{s}\cdot\overrightarrow{\text{grad}})\vec{v}\,. \tag{82}$$

*Durch dyadische Multiplikation des Nablaoperators mit dem Feldvektor $\vec{v}$ erhalten wir einen Tensor, den wir den Vektorgradienten von $\vec{v}$ nennen. Dieser Tensor als zweiter Faktor mit dem Verschiebungsvektor $d\vec{s}$ multipliziert ergibt die Änderung des Vektors $\vec{v}$ beim Fortschreiten um $d\vec{s}$. Danach ist für den Radiusvektor*

$$(d\vec{s}\cdot\overrightarrow{\text{grad}})\vec{r} = d\vec{s}$$

*und*

$$(\vec{a}\cdot\overrightarrow{\text{grad}})\vec{r} = \vec{a}\,.$$

Kehren wir noch einmal zu den Tensoren im allgemeinen zurück! Wir nennen einen Tensor symmetrisch, wenn

$$\Phi_c = \Phi, \text{ in Komponenten } a_{ik} = a_{ki}\,, \tag{83}$$

und antimetrisch (schiefsymmetrisch), wenn

$$\Phi_c = -\Phi, \text{ in Komponenten } \begin{aligned} a_{ii} &= 0 \\ a_{ik} &= -a_{ki} \text{ ist.}\end{aligned} \tag{83'}$$

Der symmetrische Tensor hat wegen (83) nur 6 unabhängige Komponenten, der antimetrische wegen der Bedingungen (83′) nur 3 Komponenten, also ebensoviel wie ein Vektor. In der Tat kann man im Dreidimensionalen jeden antimetrischen Tensor als Vektor darstellen, da, wie man leicht nachrechnet, das Produkt eines antimetrischen Tensors mit einem Vektor gleich dem Vektorprodukt eines aus den Tensorkomponenten konstruierten Vektors $(a_{32}\,\vec{e}_x + a_{13}\,\vec{e}_y + a_{21}\,\vec{e}_z)$ mit diesem Vektor ist. Physikalisch besonders wichtig sind die symmetrischen Tensoren, welche wir durch eine Fläche zweiten Grads veranschaulichen können: Wir tragen unsere Vektoren $\vec{v}$ als Radienvektoren $\vec{r}$ von einem festen Punkt aus ab. Durch den Tensor $\theta$ ist jedem Vektor $\vec{r}$ ein Vektor $\vec{w} = \vec{r}\,'$ zugeordnet. Das skalare Produkt $\vec{r}\cdot\vec{r}\,'$ bezeichnen wir mit $p$. Es beträgt

$$\vec{r}\cdot\vec{r}\,' = p = \vec{r}\cdot(\theta\cdot\vec{r}) = a_{11}x^2 + a_{12}xy + a_{13}xz + a_{21}yx + a_{22}y^2 + \cdots$$

Wegen der Voraussetzung, daß $\theta$ ein symmetrischer Tensor ist, wird

$$p = \vec{r} \cdot (\theta \cdot \vec{r}) = a_{11} x^2 + a_{22} y^2 + a_{33} z^2 + 2 a_{12} xy + 2 a_{23} yz + 2 a_{31} zx, \tag{84}$$

daraus folgt

$$\begin{aligned} x' &= a_{11} x + a_{12} y + a_{13} z = \frac{1}{2} \frac{\partial p}{\partial x} \\ \vec{r}\,' &= \frac{1}{2} \operatorname{grad} p \, . \end{aligned} \tag{85}$$

Dies liefert eine graphische Konstruktion von $\vec{r}\,'$. (85) sagt, daß $\vec{r}\,'$ die Richtung der Normalen der Fläche $p$ = const im Endpunkt $P$ von $\vec{r}$ hat. Zeichnen wir die Fläche $p = 1$, so wird nach (84) der *Betrag* von $\vec{r}\,'$ gleich dem reziproken Wert der Projektion von $\vec{r}$ auf die Normalenrichtung in $P$ (vgl. Fig. 22).

Die Fläche $p = 1$ heißt das *Tensorellipsoid,* obwohl sie ohne weitere Annahmen über die Koeffizienten jede Art von Fläche zweiten Grads sein kann. Die Veranschaulichung durch eine Fläche 2. Grads ist darum möglich, weil sowohl ein *symmetrischer* Tensor als eine Fläche 2. Grads 6 unabhängige Koeffizienten haben. Weiter gehört zu jeder solchen Fläche ein ausgezeichnetes Koordinatensystem, nämlich das der Hauptachsen.

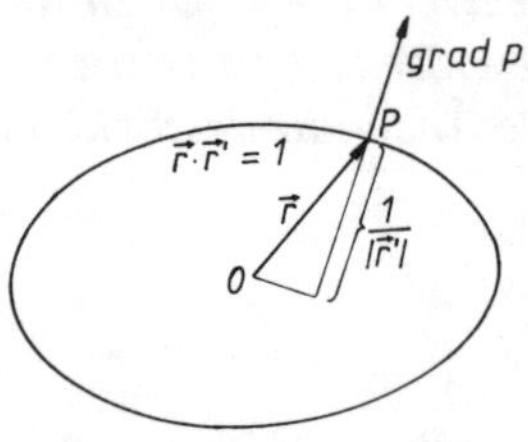


Fig. 22. Tensorellipsoid

In diesem Koordinatensystem hat die Fläche die Gleichung

$$p = a_{\mathrm{I}} x^{*2} + a_{\mathrm{II}} y^{*2} + a_{\mathrm{III}} z^{*2}, \tag{84'}$$

und der Tensor wird in bezug auf diese neuen Achsen $\vec{e}_x^{\,*}, \vec{e}_y^{\,*}, \vec{e}_z^{\,*}$ einfach

$$\Phi = a_{\mathrm{I}} \vec{e}_x^{\,*} \vec{e}_x^{\,*} + a_{\mathrm{II}} \vec{e}_y^{\,*} \vec{e}_y^{\,*} + a_{\mathrm{III}} \vec{e}_z^{\,*} \vec{e}_z^{\,*} , \tag{75'}$$

und damit sind die Komponenten von $\vec{w}$ gegeben durch

$$w_x^* = a_{\mathrm{I}} v_x^*, \qquad w_y^* = a_{\mathrm{II}} v_y^*, \qquad w_z^* = a_{\mathrm{III}} v_z^* \, . \tag{86}$$

Aufg. 16. Man schreibe die in § 6 abgeleiteten FRENETschen Formeln (32) und (35) der Raumkurventheorie mit Hilfe des Vektorgradienten.

Aufg. 17. Man ermittle die Hauptachsenrichtungen eines Tensorellipsoids unter Benutzung der Beziehung, daß in Richtung der Achsen $\vec{r}\,' = \lambda \vec{r}$ ist.

## § 12. Grundbegriffe der Matrizenrechnung

In § 11 wurden die Koeffizienten $a_{ik}$ einer linearen Transformation unter der Voraussetzung der Erfüllung gewisser dort angegebener Transformationseigenschaften als Tensorkomponenten bezeichnet. Es ist nun in sehr vielen Gebieten der Physik nützlich, ganz allgemeine derartige Koeffizientenschemata als Rechengrößen einzuführen, wobei man sich nicht auf quadratische Schemata zu beschränken braucht. Ein solches Schema mit $m$ Zeilen und $n$ Spalten heißt eine Matrix vom Typ $m, n$. Die einzelnen Koeffizienten $a_{ik}$ heißen die Matrixelemente. Ihre Gesamtheit wird mit fetten Buchstaben **a** bezeichnet.

$$\mathrm{a} = (a_{ij}) = \begin{pmatrix} a_{11} & a_{12} & \cdots & a_{1n} \\ a_{21} & a_{22} & \cdots & a_{2n} \\ \vdots & & & \\ a_{m1} & a_{m2} & \cdots & a_{mn} \end{pmatrix}$$

Zwei Matrizen sind dann und nur dann gleich, wenn sie in allen ihren Elementen übereinstimmen. Eine Matrizengleichung ersetzt also $m \cdot n$ Zahlengleichungen. Eine Matrix, deren sämtliche Elemente null sind, heißt die Nullmatrix **q**. Eine quadratische Matrix, bei der nur die Diagonalelemente von null verschieden sind, heißt Diagonalmatrix. Sind sie sämtlich gleich 1, so heißt die Matrix die Einheitsmatrix **e** bzw. **I**. Eine quadratische Matrix heißt symmetrisch, wenn die zur Diagonale symmetrisch stehenden Elemente gleich sind, d.h. $a_{ik} = a_{ki}$ ist, antimetrisch, wenn sie entgegengesetztes Vorzeichen haben und die Diagonalelemente verschwinden, wenn also $a_{ik} = - a_{ki}$ und $a_{ii} = 0$ ist. Die Matrix $\mathbf{a}^\dagger$, welche aus **a** durch Vertauschung von Zeilen und Spalten hervorgeht, heißt die zu **a** adjungierte Matrix. Eine symmetrische Matrix ist also zu sich selbst adjungiert.

Wie bei den Tensoren, die ja nur Spezialfälle von Matrizen sind, definiert man die Summe zweier Matrizen durch die Matrix, bei der jedes Element gleich der Summe der entsprechenden Elemente der Summanden ist. Die Multiplikation einer Matrix mit einer Zahl $\mu$ bedeutet dann logischerweise die Multiplikation eines jeden Elements mit der Zahl $\mu$.

Bis hierher ist lediglich der Inhalt von S. 27ff. in anderer Schreibweise wiedergegeben. Wirklich fruchtbar wird die Matrizenrechnung erst durch die Definition des Produkts von Matrizen, welche es ermöglicht, langatmige Summenformeln durch Symbolik zu ersetzen. Wir gehen wieder aus von einer linearen Substitution, bei der durch die Matrix **a** die Variablen $z_k$ aus den Variablen $y_k$ hervorgehen so wie dies z. B. in Gleichung (63) für $k = 1, 2, 3$ explizit hingeschrieben wurde. Wenn nun die Variablen $y_k$ selbst vermittels einer Matrix **b** aus Variablen $x_k$ hervorgehen, so sind, wenn man die $y_k$ durch die $x_k$ ausdrückt, die $z_k$ selbst lineare Funktionen der $x_k$. Wie man sich durch Nachrechnen leicht überzeugt, entstehen die Koeffizienten $c_{ik}$ folgendermaßen

$$c_{ik} = \sum_l a_{il} b_{lk}, \tag{87}$$

d. h. man erhält das Matrixelement $c_{ik}$ dadurch, daß man die Elemente der $i$-ten Zeile von **a** jeweils mit den entsprechenden Elementen der $k$-ten Spalte von **b** multipliziert und die Produkte addiert. Es ist logisch, diese Verknüpfung zweier Matrizen als Produkt zu bezeichnen, denn es hat, wie man sich leicht überzeugt, die Eigenschaft der Distributivität

$$\mathbf{a}\,(\mathbf{b} + \mathbf{c}) = \mathbf{ab} + \mathbf{ac} \tag{88}$$

und der Assoziativität

$$\mathbf{a}\,(\mathbf{bc}) = (\mathbf{ab})\,\mathbf{c}, \tag{89}$$

dagegen ebensowenig wie das Vektorprodukt diejenige der Kommutativität. Denn man erhält etwas ganz anderes, wenn der Zusammenhang zwischen $z_k$ und $y_k$ durch die Matrix **b**, der zwischen $y_k$ und $x_k$ durch die Matrix **a** gegeben ist. Wenn beim Produkt zweier Matrizen ausnahmsweise die Kommutativität erfüllt ist, sagt man, die beiden Matrizen seien miteinander vertauschbar. So ist die Einheitsmatrix **e** mit jeder Matrix vertauschbar. Die Multiplikation mit der Nullmatrix **q** gibt in jedem Fall wieder die Nullmatrix, dagegen kann das Produkt zweier von **q** verschiedener Matrizen die Nullmatrix ergeben, so daß man aus dem Verschwinden eines Matrizenprodukts nicht schließen darf, daß ein Faktor die Nullmatrix ist. Wegen des Bildungsgesetzes der Produktelemente ergibt sich für die adjungierten Matrizen

$$(\mathbf{ab})^+ = \mathbf{b}^+\mathbf{a}^+ \; . \tag{90}$$

Die Produktdefinition ist nicht auf quadratische Matrizen beschränkt. Man kann die Vorschrift (87) auch ausführen, wenn die Zahl der Spalten des ersten Faktors gleich der Zahl der Zeilen des zweiten ist. Es lassen sich also immer Matrizen vom Typ *m, n* mit Matrizen vom Typ *n, r* multiplizieren, wobei das Produkt eine Matrix vom Typ *m, r* wird. Dies ermöglicht, auch Vektoren wie z. B. $\vec{r}$ als einspaltige bzw. einreihige Matrizen zu schreiben, z. B.

$$\mathbf{r} = \begin{pmatrix} x \\ y \\ z \end{pmatrix} . \tag{91}$$

Die Ausführung der durch die Matrix **a** gegebenen Substitution kann man daher auch schreiben

$$\mathbf{r}' = \begin{pmatrix} x' \\ y' \\ z' \end{pmatrix} = \mathbf{ar}. \tag{92}$$

Das Produkt der Matrix **a** vom Typ 3,3 mit der Matrix **r** vom Typ 3,1 ist eine Matrix vom Typ 3,1, d. h. wieder ein Vektor.
Existiert zwischen allgemeinen Vektoren $\vec{x}$, $\vec{y}$ und $\vec{z}$ der Zusammenhang

$$\vec{z} = \mathbf{a}\vec{y} \qquad \vec{y} = \mathbf{b}\vec{x}$$

läßt sich $\vec{z}$ berechnen zu

$$\vec{z} = \mathbf{ab}\vec{x} = \mathbf{c}\vec{x}$$

wobei die Matrixelemente von $\mathbf{c} = \mathbf{a} \cdot \mathbf{b}$ Gleichung (87) entsprechend berechnet werden.

Löst man eine quadratische Matrix, welche $y_k$ als Funktion von $x_k$ gibt, nach den $x_k$ als Funktion der $y_k$ auf – damit dies möglich ist, muß nach bekannten Sätzen der Algebra die aus den Koeffizienten gebildete Determinante von null verschieden sein –, so erhält man ein neues Schema, das man als die zu **a** inverse Matrix $\mathbf{a}^{-1}$ bezeichnet. Da man durch Anwendung der Matrix **a** auf die $x_k$ zu den $y_k$ und durch Anwendung der

Matrix $\mathbf{a}^{-1}$ auf die $y_k$ wieder zu den $x_k$ zurückkommt, ist

$$\mathbf{a}^{-1}\,\mathbf{a} = \mathbf{a}\mathbf{a}^{-1} = \mathbf{e} \tag{93}$$

(den zweiten Teil der Gleichung verifiziert man, indem man von den $y_k$ ausgeht).

Da man bei der Bildung der zur inversen Matrix inversen die alte Matrix erhalten muß, ist

$$(\mathbf{a}^{-1})^{-1} = \mathbf{a}. \tag{94}$$

Ferner ist

$$(\mathbf{ab})^{-1} = \mathbf{b}^{-1}\,\mathbf{a}^{-1}\,. \tag{95}$$

Denn multipliziert man beide Seiten mit **ab**, so ist wegen der Assoziativität

$$\mathbf{e} = \mathbf{abb}^{-1}\,\mathbf{a}^{-1} = \mathbf{e}. \tag{96}$$

Als *orthogonale* Matrix bezeichnet man eine Matrix, bei der die Summe der Produkte der entsprechenden Glieder zweier Zeilen folgende Eigenschaften haben

$$\sum_k a_{ik} a_{lk} \begin{cases} = 0 & \text{für } l \neq i \\ = 1 & \text{für } l = i\,. \end{cases} \tag{97}$$

Dies kann man auch anders ausdrücken: die oben definierten Produktsummen stellen das Produkt der Matrix **a** mit ihrer adjungierten $\mathbf{a}^+$ dar. Ist also eine Matrix orthogonal, so ist

$$\mathbf{aa}^+ = \mathbf{e}. \tag{98}$$

Gl. (98) ist aber auch die Definition der zu **a** inversen Matrix $\mathbf{a}^{-1}$. Eine orthogonale Matrix hat also die Eigenschaft, daß ihre adjungierte gleich der inversen ist. Eine solche orthogonale Matrix ist z. B. das System der Richtungscosinus zweier gegeneinander gedrehter rechtwinkliger Koordinatensysteme Gl. (64) S. 28, die man deswegen auch als Drehmatrix bezeichnet.

Die Erweiterungsfähigkeit der Matrizenrechnung zeigt sich nun darin, daß man auch Matrizen mit komplexen Elementen in den Kreis der Betrachtung ziehen kann. Die adjungierte Matrix ist dann eine Matrix, bei der außer der Vertauschung von Zeilen und Spalten noch zu den konjugiert komplexen Werten übergegangen ist. Der symmetrischen Matrix entspricht dann mit allen ihren Eigenschaften die HERMITEsche, der orthogonalen die durch $\mathbf{u}\,\mathbf{u}^+ = \mathbf{e}$ definierte unitäre.

Aufg. 18. Die in Aufg. 17 gestellte Frage ist in der Schreibweise der Matrizenrechnung so zu formulieren: Gegeben eine $n$-dimensionale symmetrische quadratische Matrix **a**. Gesucht diejenigen Vektoren **r** (einspaltige Matrizen), für die

$$\mathbf{ar} = \lambda\,\mathbf{r} \quad \text{oder} \quad (\mathbf{a} - \lambda\,\mathbf{e})\,\mathbf{r} = 0 \text{ ist.}$$

Man zeige, daß 1. dies bei $n$ Dimensionen zu einer Gleichung $n$-ten Grads für $\lambda$ führt, 2. die zu verschiedenen $\lambda$ gehörenden Werte von **r** aufeinander senkrecht stehen (da nur die *Verhältnisse* der Komponenten von **r** eingehen, kann man ihre Beträge gleich 1 setzen),

3. die aus diesen Vektorkomponenten als Zeilen gebildete Matrix s eine orthogonale Matrix ist und 4. die Matrix $s^{-1}$ as eine Diagonalmatrix ergibt, in deren Diagonale die Wurzeln $\lambda_i$ stehen.

## § 13. Berechnung komplizierterer Vektordifferentialausdrücke mit Hilfe des Nablaoperators

Die Operationen grad, div, rot, $\overrightarrow{grad}$ lassen sich bei Produkten skalarer oder vektorieller Ortsfunktionen mit Hilfe des $\nabla$-Operators formal rasch ausführen. Man hat nur zu beachten, daß $\nabla$ sowohl Differentialzeichen als auch Vektor ist. Alles was rechts vom Differentialzeichen steht, unterliegt dem Differentiationsprozeß. Bei dem gewöhnlichen Differentialzeichen kann man immer die konstant zu haltenden Größen links vom Differentialzeichen setzen. Da aber das vektorielle Produkt und insbesondere das dyadische Produkt eines Vektors mit einem andern nicht kommutativ ist – beim Vektorprodukt kann man allerdings die Reihenfolge ändern, wenn man gleichzeitig das Vorzeichen wechselt –, wollen wir allgemein, um die Möglichkeit zu haben, rechts vom $\nabla$-Zeichen feste Größen stehen zu lassen, die Konstanthaltung einer rechts vom Vorzeichen stehenden Größe durch den Index $c$ ausdrücken. Weiter läßt sich durch Ausführung eines der gewöhnlichen Differentiation von Produkten vollkommen analogen Grenzübergangs zeigen, daß allgemein ein räumlicher Differentialausdruck (grad, div, rot, $\overrightarrow{grad}$) eines Produkts gleich der Summe der entsprechenden Ausdrücke von Produkten ist, in denen nur ein Faktor veränderlich ist. Damit erhalten wir folgende handwerksmäßige Regel für die räumliche Differentiation von Produkten: *Man schreibe den Differentialausdruck mit Hilfe des $\nabla$-Zeichens als Summe von Differentialausdrücken, in denen nur ein Faktor der Differentiation unterworfen ist, forme diese nach den Regeln der Vektoralgebra so um, daß alle nicht zu differenzierenden Größen links vom $\nabla$-Zeichen stehen, und interpretiere die so gewonnenen Ausdrücke durch die Wiedereinführung der speziellen Bezeichnungen grad, div usw.*

An Hand der wichtigsten häufig vorkommenden Ausdrücke sei das Verfahren erläutert:

a) Produkte skalarer Ortsfunktionen

$$\begin{aligned} \operatorname{grad} u\,v\,w &= \nabla u\,v_c\,w_c + \nabla u_c\,v\,w_c + \nabla u_c\,v_c\,w \\ &= v\,w \operatorname{grad} u + w\,u \operatorname{grad} v + u\,v \operatorname{grad} w\,. \end{aligned} \tag{99}$$

b) Produkt einer skalaren mit einer vektoriellen Ortsfunktion

$$\operatorname{div} u\vec{v} = \nabla \cdot u\vec{v}_c + \nabla \cdot u_c\vec{v} = \vec{v} \cdot \operatorname{grad} u + u \operatorname{div} \vec{v} \tag{100}$$

$$\begin{aligned} \operatorname{rot} u\vec{v} &= \nabla \times u\vec{v}_c + \nabla \times u_c\vec{v} \\ &= \operatorname{grad} u \times \vec{v} + u \operatorname{rot} \vec{v} \end{aligned} \tag{101}$$

$$\overrightarrow{grad}\, u\vec{v} = \vec{\nabla}\, u_c\vec{v} + \nabla\, u\vec{v}_c = u\,\overrightarrow{grad}\,\vec{v} + \operatorname{grad} u\,\vec{v}\,. \tag{102}$$

c) Produkte vektorieller Ortsfunktionen

$$\operatorname{grad} \vec{v} \cdot \vec{w} = \nabla \vec{v} \cdot \vec{w}_c + \nabla \vec{v}_c \cdot \vec{w}\,.$$

Nun ist

$$\begin{aligned} \vec{v} \times \operatorname{rot} \vec{w} &= \vec{v} \times (\nabla \times \vec{w}) = \nabla (\vec{v}_c \cdot \vec{w}) - (\vec{v} \cdot \vec{\nabla})\,\vec{w} \\ &= \operatorname{grad} (\vec{v}_c \cdot \vec{w}) - (\vec{v} \cdot \overrightarrow{grad})\,\vec{w}\,, \end{aligned}$$

somit

$$\begin{aligned} \operatorname{grad} \vec{v} \cdot \vec{w} &= \vec{v} \times \operatorname{rot} \vec{w} + (\vec{v} \cdot \overrightarrow{grad})\,\vec{w} \\ &\quad + \vec{w} \times \operatorname{rot} \vec{v} + (\vec{w} \cdot \overrightarrow{grad})\,\vec{v}\,. \end{aligned} \tag{103}$$

$$\begin{aligned} \operatorname{div} \vec{v} \times \vec{w} &= \nabla \cdot (\vec{v} \times \vec{w}_c') + \nabla \cdot (\vec{v}_c \times \vec{w}) \\ &= \vec{w} \cdot (\nabla \times \vec{v}) - \vec{v} \cdot (\nabla \times \vec{w}) \\ &= \vec{w} \cdot \operatorname{rot} \vec{v} - \vec{v} \cdot \operatorname{rot} \vec{w}\,. \end{aligned} \tag{104}$$

$$\begin{aligned} \operatorname{rot} \vec{v} \times \vec{w} &= \nabla \times (\vec{v} \times \vec{w}_c) + \nabla \times (\vec{v}_c \times \vec{w}) \\ &= (\vec{w} \cdot \overrightarrow{grad})\,\vec{v} - \vec{w}\,\operatorname{div} \vec{v} \\ &\quad - (\vec{v} \cdot \overrightarrow{grad})\,\vec{w} + \vec{v}\,\operatorname{div} \vec{w}\,. \end{aligned} \tag{105}$$

d) Zweite Ableitungen

$$\begin{aligned} \operatorname{div} \operatorname{grad} u &= \nabla \cdot \nabla u = \frac{\partial}{\partial x}\frac{\partial u}{\partial x} + \frac{\partial}{\partial y}\frac{\partial u}{\partial y} + \frac{\partial}{\partial z}\frac{\partial u}{\partial z} \\ &= \frac{\partial^2 u}{\partial x^2} + \frac{\partial^2 u}{\partial y^2} + \frac{\partial^2 u}{\partial z^2} = \Delta u\,. \end{aligned} \tag{106}$$

Bei einfachen Ortsfunktionen kann man das skalare Produkt des $\nabla$-Operators mit sich selbst gleich dem LAPLACEschen Operator $\Delta$ setzen. Bei Produkten führt dies aber zu Fehlern, wie folgendes Beispiel zeigt:

$\operatorname{div} \operatorname{grad} u\,v = \operatorname{div}(u \operatorname{grad} v + v \operatorname{grad} u) = u\,\Delta v + v\,\Delta u + 2 \operatorname{grad} u \cdot \operatorname{grad} v.$

Es empfiehlt sich daher, bei Produkten die beiden Operationen nacheinander auszuführen und von der Regel $\nabla \cdot \nabla = \Delta$ keinen Gebrauch zu machen.

$$\operatorname{rot} \operatorname{grad} u = \nabla \times \nabla u = 0. \tag{61}$$

Dieses aus § 9 bekannte Resultat folgt hier rein formal aus der Regel der Vektoralgebra, daß ein Produkt der Form $\vec{A} \times \alpha \vec{A}$ verschwindet. Analoges gilt für die ebenfalls aus § 9 bekannte Beziehung:

$$\operatorname{div} \operatorname{rot} \vec{v} = \nabla \cdot (\nabla \times \vec{v}) = 0. \tag{50}$$

Dagegen läßt sich für den Ausdruck $\operatorname{grad} \operatorname{div} \vec{v}$ in der Vektorsprache keine einfachere Form angeben. In rechtwinkligen Koordinaten bedeutet dies den Vektor

$$\vec{e}_x \frac{\partial}{\partial x} \operatorname{div} \vec{v} + \vec{e}_y \frac{\partial}{\partial y} \operatorname{div} \vec{v} + \vec{e}_z \frac{\partial}{\partial z} \operatorname{div} \vec{v} = \vec{e}_x \left( \frac{\partial^2 v_x}{\partial x^2} + \frac{\partial^2 v_y}{\partial x \partial y} + \frac{\partial^2 v_z}{\partial x \partial z} \right) + \vec{e}_y \left( \frac{\partial^2 v_x}{\partial x \partial y} + \frac{\partial^2 v_y}{\partial y^2} + \frac{\partial^2 v_z}{\partial y \partial z} \right) + \vec{e}_z \left( \frac{\partial^2 v_x}{\partial x \partial z} + \frac{\partial^2 v_y}{\partial y \partial z} + \frac{\partial^2 v_z}{\partial z^2} \right). \tag{107}$$

Mit Hilfe des Ausdrucks grad div $\vec{v}$ läßt sich der Ausdruck rot rot $\vec{v}$ in einer in der Elektrodynamik wichtigen Weise umformen

$$\begin{aligned} \operatorname{rot} \operatorname{rot} \vec{v} &= \nabla \times (\nabla \times \vec{v}) \\ &= \nabla (\nabla \cdot \vec{v}) - (\nabla \cdot \nabla) \vec{v} = \operatorname{grad} \operatorname{div} \vec{v} - (\nabla \cdot \nabla) \vec{v}. \end{aligned} \tag{108}$$

Hier steht das skalare Produkt des $\nabla$-Zeichens mit sich selbst vor einem Vektor. Schreiben wir diesen Vektor in seinen Komponenten, so läßt sich der ganze Ausdruck rot rot $\vec{v}$ nicht schwer ausrechnen, wobei sich zeigt, daß der nach Abzug von grad div $\vec{v}$ übrig bleibende Term $(\nabla \cdot \nabla) \vec{v}$ ein Vektor ist mit den Komponenten:

$$\begin{aligned} (\nabla \cdot \nabla) \vec{v} &= \vec{e}_x \left( \frac{\partial^2 v_x}{\partial x^2} + \frac{\partial^2 v_x}{\partial y^2} + \frac{\partial^2 v_x}{\partial z^2} \right) + \vec{e}_y \left( \frac{\partial^2 v_y}{\partial x^2} + \frac{\partial^2 v_y}{\partial y^2} + \frac{\partial^2 v_y}{\partial z^2} \right) \\ &+ \vec{e}_z \left( \frac{\partial^2 v_z}{\partial x^2} + \frac{\partial^2 v_z}{\partial y^2} + \frac{\partial^2 v_z}{\partial z^2} \right) = \vec{e}_x \Delta v_x + \vec{e}_y \Delta v_y + \vec{e}_z \Delta v_z = \Delta \vec{v}. \end{aligned}$$

Die Regel $\nabla \cdot \nabla = \Delta$ bewährt sich also auch hier.

Es bleibt somit die wichtige Beziehung

$$\boxed{\operatorname{rot} \operatorname{rot} \vec{v} = \operatorname{grad} \operatorname{div} \vec{v} - \Delta \vec{v}}. \tag{110}$$

Aufg. 19. Man berechne für konstante Vektoren $\vec{e}_x$ die Oberflächenintegrale

a) $\oint (\vec{e}_x \cdot \vec{r}) \, d\vec{f}$ b) $\oint \vec{r} \, (\vec{e}_x \cdot d\vec{f})$.

Aufg. 20. Man berechne $\Delta \frac{1}{r}$.

Aufg. 21. Man verwandle das Oberflächenintegral

$$\oint (u \operatorname{grad} v - v \operatorname{grad} u) \cdot d\vec{f}$$

in ein Raumintegral. Man wende dies insbesondere auf $v = \frac{1}{r}$ an, wobei zu beachten ist, daß der Punkt 0 wegen der Unstetigkeit von $\frac{1}{r}$ aus dem Integrationsgebiet auszuschneiden ist, das Oberflächenintegral also auch noch über die kleine 0 einschließende Kugel mit nach 0 zeigender Normale zu erstrecken ist.

## § 14. Die Vektordifferentialoperationen in krummlinigen, rechtwinkligen Koordinaten

In vielen praktisch vorkommenden Fällen ist es zweckmäßiger, einen Vektor nicht nach den bisher ausschließlich benützten rechtwinkligen kartesischen Koordinaten zu zerlegen, sondern andere Parameter zu verwenden, die vielfach durch das Problem selbst schon vorgegeben sind. Will man z. B. die Ausbreitung der elektromagnetischen Wellen über die Erde studieren, so sind von vornherein Kugelflächenkoordinaten (Länge und Breite) am vernünftigsten. Im Raum ist ein Punkt durch 3 Parameter $u, v, w$ festgelegt. Die rechtwinkligen Koordinaten sind dann Funktionen dieser Parameter:

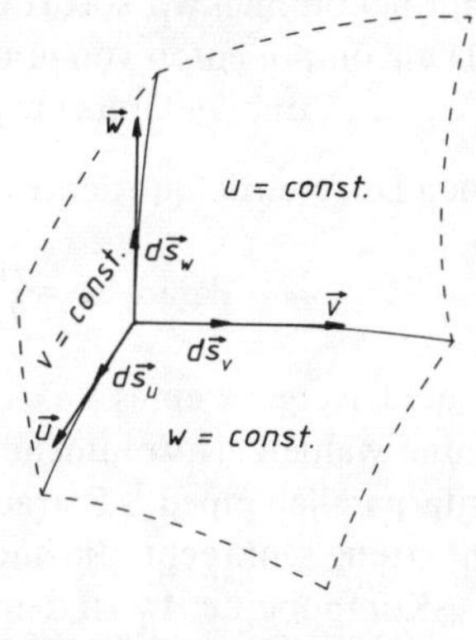

Fig. 23. Rechtwinklige, krummlinige Koordinaten

$$x = \varphi_1(u, v, w), \quad y = \varphi_2(u, v, w), \quad z = \varphi_3(u, v, w). \tag{111}$$

Halten wir eine Koordinate, z. B. $u$, fest, so stellt (111) die Gleichung der Fläche $u = \text{const}$ in Parametern dar, ebenso erhalten wir eine andere Fläche für $v = \text{const}$, und durch jeden Punkt des Raumes gibt es 3 Flächen, die den 3 Koordinatenebenen entsprechen. Wir wollen uns nun auf solche Koordinatensysteme beschränken, bei denen die drei Koordinatenflächen ein Orthogonalsystem bilden, d. h. paarweise aufeinander senkrecht stehen (Fig. 23). Die beiden wichtigsten sind die Zylinder- und die Kugelkoordinaten. Wir haben deshalb diese Koordinaten, deren Einheitsvektoren und Differentialausdrücke zusammen mit den entsprechenden Ausdrücken für die kartesischen Koordinaten in § 16 zusammengestellt. Zu den rechtwinkligen Koordinaten gehören ferner auch z. B. die elliptischen Koordinaten, deren Flächen aus konfokalen Ellipsoiden und ein- bzw. zweischaligen Hyperboloiden bestehen.

Stehen die Koordinaten*flächen* aufeinander senkrecht, so gilt dies auch für die Schnittkurven, die wir Koordinaten*linien* nennen wollen. Die im Schnittpunkt der 3 Flächen gezogenen Tangenten kennzeichnen wir durch die Einheitsvektoren $\vec{e}_u, \vec{e}_v, \vec{e}_w$. Diese entsprechen den Achsen $\vec{e}_x, \vec{e}_y, \vec{e}_z$. Der Unterschied gegen die kartesischen Koordinatenachsen besteht aber darin, daß das Achsenkreuz von Ort zu Ort seine Richtung ändert. Ist ein Vektor $\vec{A}$ als Funktion des Ortes gegeben, so verstehen wir unter seinen Komponenten am Ort $P$ die Projektionen auf die dort geltenden Richtungen von $\vec{e}_u, \vec{e}_v, \vec{e}_w$. Damit behalten skalares und Vektorprodukt ihre Form bei. Erst bei den Differentialoperationen treten infolge der Veränderlichkeit der Vektoren $\vec{e}_u, \vec{e}_v, \vec{e}_w$ Unterschiede gegenüber den in kartesischen Koordinaten geschriebenen Formeln auf. Lassen wir die Koordinate $u$ um $\mathrm{d}u$ wachsen, so bewegen wir uns in Richtung von $\vec{e}_u$ um ein Stück

$$\mathrm{d}\vec{s}_u = U(u, v, w)\,\mathrm{d}u\,\vec{e}_u\,. \tag{112}$$

Die Funktion $U(u, v, w)$ wechselt dabei von Ort zu Ort. Sie ist im einzelnen Fall meist schon aus einer Figur abzulesen. Ebenso wird

$$\mathrm{d}\vec{s}_v = V(u,v,w)\,\mathrm{d}v\,\vec{e}_v, \quad \mathrm{d}\vec{s}_w = W(u,v,w)\,\mathrm{d}w\,\vec{e}_w .$$

Damit bekommen wir sofort die Komponenten des Gradienten einer skalaren Funktion $\psi$: Die Komponenten von grad $\psi$ erhalten wir durch Projektion auf die Richtungen $\vec{e}_u, \vec{e}_v, \vec{e}_w$, und andererseits geben diese Projektionen die in diesen Richtungen genommenen Differentialquotienten $\frac{\partial \psi}{\partial s}$, es wird also wegen (112)

$$\operatorname{grad}_u \psi = \frac{1}{U}\frac{\partial \psi}{\partial u}, \quad \operatorname{grad}_v \psi = \frac{1}{V}\frac{\partial \psi}{\partial v}, \quad \operatorname{grad}_w \psi = \frac{1}{W}\frac{\partial \psi}{\partial w} . \tag{113}$$

Um die Divergenz eines Vektors $\vec{A}$ zu berechnen, gehen wir von der Definition (40) aus und wählen als Volumenelement ein aus den Koordinatenflächen gebildetes „Elementarparallelepiped". Betrachten wir die beiden zu $\vec{e}_u$ senkrechten Seiten (die eine steht streng senkrecht, die andere bis auf Größen 2. Ordnung), so trägt auf diesen nur die $u$-Komponente $A_u$ zu dem Oberflächenintegral bei. Im Punkt $u$ ist der Inhalt des Flächenelements $|\mathrm{d}\vec{s}_v|\,|\mathrm{d}\vec{s}_w| = (VW)_u\,\mathrm{d}v\,\mathrm{d}w$, im Punkt $u + \mathrm{d}u$ ihr Inhalt dagegen $(VW)_{u+\mathrm{d}u}\,\mathrm{d}v\,\mathrm{d}w$, der Beitrag dieser beiden Flächen wird also unter Berücksichtigung der entgegengesetzten Normalenrichtungen

$$-(A_u VW)_u\,\mathrm{d}v\,\mathrm{d}w + (A_u VW)_{u+\mathrm{d}u}\,\mathrm{d}v\,\mathrm{d}w = \frac{\partial (A_u VW)}{\partial u}\,\mathrm{d}u\,\mathrm{d}v\,\mathrm{d}w .$$

Bildet man den analogen Ausdruck für die andern Flächenpaare und dividiert durch den Rauminhalt $UVW\,\mathrm{d}u\,\mathrm{d}v\,\mathrm{d}w$, so ergibt sich

$$\operatorname{div}\vec{A} = \frac{1}{UVW}\left\{\frac{\partial (A_u VW)}{\partial u} + \frac{\partial (A_v WU)}{\partial v} + \frac{\partial (A_w UV)}{\partial w}\right\} . \tag{114}$$

Setzt man für $\vec{A}$ den speziellen Vektor grad $\psi$, so ergibt sich

$$\Delta \psi = \frac{1}{UVW}\left\{\frac{\partial\left(\frac{VW}{U}\frac{\partial \psi}{\partial u}\right)}{\partial u} + \frac{\partial\left(\frac{WU}{V}\frac{\partial \psi}{\partial v}\right)}{\partial v} + \frac{\partial\left(\frac{UV}{W}\frac{\partial \psi}{\partial w}\right)}{\partial w}\right\} . \tag{115}$$

Wenn wir die Rotation bilden, so verfahren wir wieder wie bei rechtwinkligen kartesischen Koordinaten, indem wir nacheinander die 3 in den Koordinatenebenen gelegenen „Rechtecke" umlaufen. Dabei ist aber wieder zu beachten, daß die Längen zweier gegenüberliegender Seiten etwas verschieden sind. Längs der $v$-Kurven erhalten wir beim Umlauf in der Fläche $u$ = const daher die Beiträge $(A_v V)_w\,\mathrm{d}v$ und $(-A_v V)_{w+\mathrm{d}w}\,\mathrm{d}v$. längs der $w$-Kurven $-(A_w W)_v\,\mathrm{d}w$ und $(A_w W)_{v+\mathrm{d}v}\,\mathrm{d}w$. Entwickelt man die Ausdrücke und addiert sie, so erhält man für die $u$-Komponente der Rotation nach Division durch die Fläche

$$(\operatorname{rot}\vec{A})_u = \frac{1}{VW}\left\{\frac{\partial (A_w W)}{\partial v} - \frac{\partial (A_v V)}{\partial w}\right\}$$

und ebenso

$$(\operatorname{rot}\vec{A})_v = \frac{1}{WU}\left\{\frac{\partial (A_u U}{\partial w} - \frac{\partial (A_w W)}{\partial u}\right\}$$

$$(\operatorname{rot}\vec{A})_w = \frac{1}{UV}\left\{\frac{\partial(A_v V)}{\partial u} - \frac{\partial(A_u U)}{\partial v}\right\} \quad . \tag{116}$$

Ziemlich umständlich ist der Ausdruck für den Vektorgradienten in krummlinigen Koordinaten abzuleiten. Da er zudem wenig benötigt wird, wollen wir darauf verzichten.

Aufg. 22. Als Verifizierung zu den in § 16 gegebenen Ausdrücken berechne man grad $\psi$, div $\vec{A}$, $\Delta\psi$ und rot $\vec{A}$ in Zylinder ($z$, $\rho$, $\varphi$)- und in räumlichen Polarkoordinaten (Kugelkoordinate) ($r$, $\varphi$, $\vartheta$).

## § 15. Entartung der Vektordifferentialoperationen bei Unstetigkeitsflächen im Feld

Bei allen bisher abgeleiteten Beziehungen der Vektoranalysis war Voraussetzung, daß die Ortsfunktion in dem betrachteten Raumteil stetig ist. Nun kommt aber in der Physik der Fall gar nicht selten vor, daß eine skalare oder vektorielle Ortsfunktion zu beiden Seiten einer Fläche verschiedene Werte annimmt. In diesem Fall werden die Grenzwerte, durch die unsere Differentialoperationen definiert sind, unendlich. Betrachten wir z. B. die Divergenzbildung

$$\operatorname{div}\vec{v} = \lim \frac{1}{\Delta\tau}\oint \vec{v}\cdot d\vec{f}\ ,$$

so kommt diesem Grenzwert nur dann ein Sinn zu, wenn in dem kleinen Volumenteil $\Delta\tau$ der Vektor $\vec{v}$ stetig ist. Fällt aber in $\Delta\tau$ eine Sprungfläche, so können wir als Volumenelement einen kleinen Zylinder wählen, dessen Basisflächen $\Delta f$ sich eng an die Sprungfläche anlegen und dessen Mantel senkrecht auf der Sprungfläche steht (Fig. 24). Bei stetiger Ortsfunktion verschwindet mit Verkleinerung der Höhe dieses Zylinders auch der Unterschied $\vec{v}_2 - \vec{v}_1$ zwischen den Werten auf den beiden Endflächen des Zylinders, hier aber geht er in die Differenz der beiden Werte von $\vec{v}$ auf den beiden Seiten der Sprungfläche über. Dividieren wir nun das über die Oberfläche dieses Zylinders erstreckte Integral $\oint \vec{v}\cdot d\vec{f}$ durch den Rauminhalt $\Delta\tau$, so erhalten wir unendlich, weil $\Delta\tau$ durch Zusammendrücken des Zylinders von höherer Ordnung unendlich klein gemacht werden kann. Wenn wir in solchen Fällen einen Grenzwert erhalten wollen, dürfen wir nicht durch das Volumen des Zylinders, sondern nur durch die Grundfläche $\Delta f$ dividieren. Den so entstehenden Grenzwert nennen wir die Flächendivergenz von $\vec{v}$ (Div $\vec{v}$):

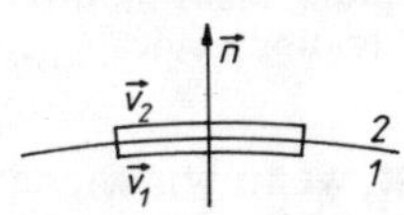

Fig. 24. Unstetigkeitsflächen im Vektorfeld

$$\operatorname{Div}\vec{v} = \lim \frac{1}{\Delta f}\oint \vec{v}\cdot d\vec{f}\ . \tag{117}$$

Führen wir als Einheitsvektor der Flächennormalen einen Vektor der Länge 1 ein, der von der Seite 1 nach der Seite 2 zeigt, so ist auf der Unterseite bei einem hinreichend kleinen Flächenelement

$$\int_1 \vec{v} \cdot \mathrm{d}\vec{f} = -\vec{n} \cdot \vec{v}_1 \, \Delta f$$

und auf der Oberseite

$$\int_2 \vec{v} \cdot \mathrm{d}\vec{f} = +\vec{n} \cdot \vec{v}_2 \, \Delta f .$$

An der Unterseite ist das negative Vorzeichen zu schreiben, weil bei der Bildung eines Oberflächenintegrals die Flächennormale immer aus dem eingeschlossenen Volumen heraus-, unser Vektor $\vec{n}$ aber in das Volumen hineinzeigt. Da die Beiträge der Mantelfläche durch Zusammendrücken des Zylinders von höherer Ordnung klein gemacht werden können, erhalten wir für unseren Grenzwert die Summe der Beiträge von Grund- und Deckflächen des Zylinders

$$\operatorname{Div} \vec{v} = \lim \frac{1}{\Delta f} \vec{n} \cdot (\vec{v}_2 - \vec{v}_1) \, \Delta f = \vec{n} \cdot (\vec{v}_2 - \vec{v}_1) . \tag{118}$$

Der Satz von GAUSS muß, wenn in dem betrachteten Integrationsgebiet $V$ eine Sprunggläche $f$ liegt, durch ein Glied ergänzt werden, das der Flächendivergenz an dieser Sprungfläche entspricht. Dies geschieht so: Wir legen um die Sprungfläche eine eng anliegende geschlossene Fläche (Fig. 25). Durch diese wird die Unstetigkeitsfläche aus dem Integrationsgebiet ausgeschlossen. Wenden wir jetzt den GAUSSschen Satz auf das nach Ausschnitt der Sprungfläche normale Integrationsgebiet an, so ist zu beachten, daß außer der äußeren Oberfläche $F_1$ noch die neu entstandene Oberfläche $F_2$ zu dem Oberflächenintegral beiträgt:

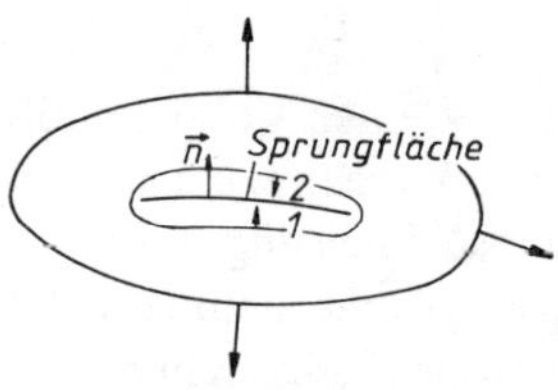

Fig. 25. GAUSSscher Satz bei Sprungfläche im Integrationsgebiet

$$\oint_{F_1} \vec{v} \cdot \mathrm{d}\vec{f} + \oint_{F_2} \vec{v} \cdot \mathrm{d}\vec{f} = \int_V \operatorname{div} \vec{v} \, \mathrm{d}\tau .$$

Nun ist, wenn wir wieder mit $\vec{n}$ den von 1 nach 2 zeigenden Einheitsvektor der Sprungfläche bezeichnen,

$$\oint_{F_2} \vec{v} \cdot \mathrm{d}\vec{f} = \int_f \vec{n} \cdot \vec{v}_1 \, \mathrm{d}f - \int_f \vec{n} \cdot \vec{v}_2 \, \mathrm{d}f = -\int_f \operatorname{Div} \vec{v} \, \mathrm{d}f .$$

Somit

$$\oint_{F_1} \vec{v} \cdot \mathrm{d}\vec{f} = \int_V \operatorname{div} \vec{v} \, \mathrm{d}\tau + \int_f \operatorname{Div} \vec{v} \, \mathrm{d}f . \tag{119}$$

Analog wie in Gl. (117) lassen sich auch der Flächengradient Grad $u$ und die Flächenrotation Rot $\vec{v}$ als Anwendung einer entarteten Nablaoperation auf eine skalare bzw. Vektorfunktion definieren.

Wie ist nun bei einem Produkt von Ortsfunktionen, die an einer Fläche unstetig sind, die entartete Nablaoperation auszuführen? Was bedeutet hier, wenn wir die Rechenregeln des § 13 formal übertragen, eine mit dem Index $c$ versehene Größe? Eine einfache Umformung gibt darüber Aufschluß: Es ist

$$\vec{n}\,(u_2 v_2 - u_1 v_1) = \vec{n}\left(\frac{v_1 + v_2}{2}(u_2 - u_1) + \frac{u_1 + u_2}{2}(v_2 - v_1)\right).$$

Bezeichnen wir die Mittelwerte $\frac{v_1 + v_2}{2}$ wie üblich durch einen Querstrich, so wird demnach

$$\operatorname{Grad} u\, v = \vec{n}\,\bar{v}\,(u_2 - u_1) + \vec{n}\,\bar{u}\,(v_2 - v_1)\,. \tag{120}$$

Damit lassen sich alle Rechenregeln des § 13 formal auf die entarteten Differentialoperationen übertragen.

## § 16. Zusammenstellung der Vektordifferentialausdrücke in kartesischen, Zylinder- und Kugelkoordinaten

Um an einer Stelle für die 3 am meisten gebrauchten orthogonalen Koordinatensysteme die Differential- und Vektordifferentialausdrücke zum Nachschlagen nebeneinander zu haben, sind hier für die kartesischen, die Zylinder- und Kugelkoordinaten diese Ausdrücke zusammengestellt:

a) Kartesische Koordinaten: $x, y, z$
Längenelement: $\mathrm{d}s = (\mathrm{d}x^2 + \mathrm{d}y^2 + \mathrm{d}z^2)^{1/2}$
Volumenelement: $\mathrm{d}V = \mathrm{d}x\,\mathrm{d}y\,\mathrm{d}z$

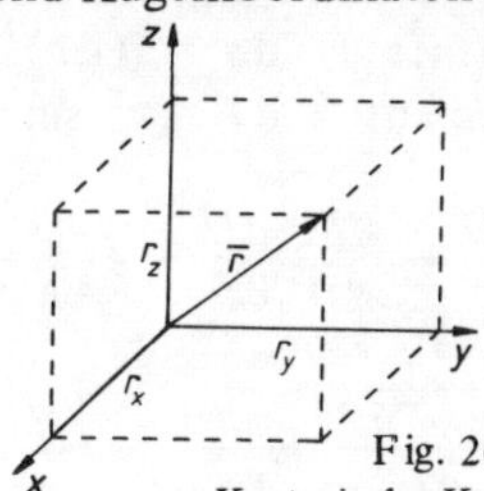

Fig. 26 Kartesische Koordinaten $x, y, z$

$$\operatorname{grad} u = \vec{e}_x \frac{\partial U}{\partial x} + \vec{e}_y \frac{\partial U}{\partial y} + \vec{e}_z \frac{\partial U}{\partial z}$$

$$\operatorname{div} \vec{A} = \frac{\partial A_x}{\partial x} + \frac{\partial A_y}{\partial y} + \frac{\partial A_z}{\partial z}$$

$$\operatorname{rot} \vec{A} = \vec{e}_x\left(\frac{\partial A_z}{\partial y} - \frac{\partial A_y}{\partial z}\right) + \vec{e}_y\left(\frac{\partial A_x}{\partial z} - \frac{\partial A_z}{\partial x}\right) + \vec{e}_z\left(\frac{\partial A_y}{\partial x} - \frac{\partial A_x}{\partial y}\right)$$

$$\Delta U = \operatorname{div}\operatorname{grad} U = \frac{\partial^2 U}{\partial x^2} + \frac{\partial^2 U}{\partial y^2} + \frac{\partial^2 U}{\partial z^2}$$

$$\frac{\partial \vec{e}_x}{\partial x} = \frac{\partial \vec{e}_y}{\partial x} = \frac{\partial \vec{e}_z}{\partial x} = \frac{\partial \vec{e}_x}{\partial y} = \frac{\partial \vec{e}_y}{\partial y} = \frac{\partial \vec{e}_z}{\partial y} = \frac{\partial \vec{e}_x}{\partial z} = \frac{\partial \vec{e}_y}{\partial z} = \frac{\partial \vec{e}_z}{\partial z} = 0$$

$$(\vec{B}\,\overrightarrow{grad})\,\vec{A} = \vec{e}_x(\vec{B}\operatorname{grad} A_x) + \vec{e}_y(\vec{B}\operatorname{grad} A_y) + \vec{e}_z(\vec{B}\operatorname{grad} A_z)$$

$$\Delta\vec{A} = \vec{e}_x \Delta A_x + \vec{e}_y \Delta A_y + \vec{e}_z \Delta A_z$$

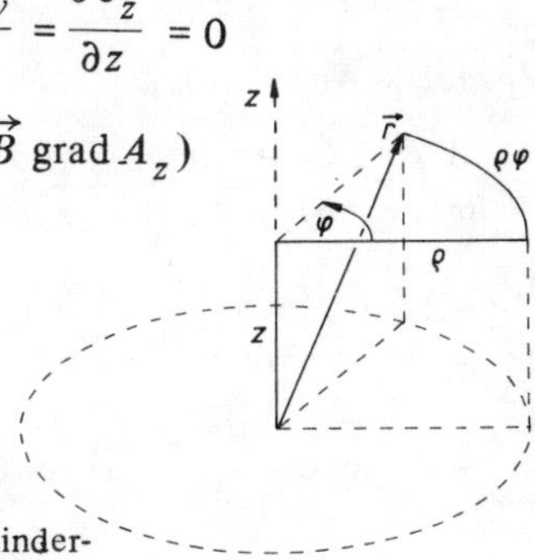


b) Zylinderkoordinaten: $z, \rho, \varphi$
Längenelement: $\mathrm{d}s = (\mathrm{d}z^2 + \mathrm{d}\rho^2 + \rho^2\,\mathrm{d}\varphi^2)^{1/2}$
Volumenelement: $\mathrm{d}V = \rho\,\mathrm{d}z\,\mathrm{d}\rho\,\mathrm{d}\varphi$

$$\operatorname{grad} U = \vec{e}_z \frac{\partial U}{\partial z} + \vec{e}_\rho \frac{\partial U}{\partial \rho} + \vec{e}_\varphi \frac{1}{\rho}\frac{\partial U}{\partial \varphi}$$

Fig. 27. Zylinderkoordinaten $\rho, \varphi, z$

$$\operatorname{div}\vec{A} = \frac{\partial A_z}{\partial z} + \frac{1}{\rho}\frac{\partial(\rho A_\rho)}{\partial\rho} + \frac{1}{\rho}\frac{\partial A_\varphi}{\partial\varphi}$$

$$\operatorname{rot}\vec{A} = \vec{e}_z\left(\frac{1}{\rho}\frac{\partial(\rho A_\varphi)}{\partial\rho} - \frac{1}{\rho}\frac{\partial A_\rho}{\partial\varphi}\right) + \vec{e}_\rho\left(\frac{1}{\rho}\frac{\partial A_z}{\partial\varphi} - \frac{\partial A_\varphi}{\partial z}\right)$$
$$+ \vec{e}_\varphi\left(\frac{\partial A_\rho}{\partial z} - \frac{\partial A_z}{\partial\rho}\right)$$

$$\Delta U = \operatorname{div}\operatorname{grad} U = \frac{\partial^2 U}{\partial z^2} + \frac{1}{\rho}\frac{\partial}{\partial\rho}\left(\rho\frac{\partial U}{\partial\rho}\right) + \frac{1}{\rho^2}\frac{\partial^2 U}{\partial\varphi^2}$$

$$\frac{\partial\vec{e}_z}{\partial z} = \frac{\partial\vec{e}_\rho}{\partial z} = \frac{\partial\vec{e}_\varphi}{\partial z} = \frac{\partial\vec{e}_z}{\partial\rho} = \frac{\partial\vec{e}_\rho}{\partial\rho} = \frac{\partial\vec{e}_\varphi}{\partial\rho} = \frac{\partial\vec{e}_z}{\partial\varphi} = 0; \quad \frac{\partial\vec{e}_\rho}{\partial\varphi} = \vec{e}_\varphi; \quad \frac{\partial\vec{e}_\varphi}{\partial\varphi} = -\vec{e}_\rho .$$

$$\Delta\vec{A} = \vec{e}_z\,\Delta A_z + \vec{e}_\rho\left(-\frac{A_\rho}{\rho^2} - \frac{2}{\rho^2}\frac{\partial A_\varphi}{\partial\varphi} + \Delta A_\rho\right) + \vec{e}_\varphi\left(-\frac{A_\varphi}{\rho^2} + \frac{2}{\rho^2}\frac{\partial A_\rho}{\partial\varphi} + \Delta A_\varphi\right)$$

c) Kugelkoordinaten: $r, \vartheta, \varphi$

Längenelement: $\mathrm{d}s = ((\mathrm{d}r)^2 + r^2(\mathrm{d}\vartheta)^2 + r^2\sin^2\vartheta(\mathrm{d}\varphi)^2)^{1/2}$

Volumenelement: $\mathrm{d}V = r^2\sin\vartheta\,\mathrm{d}r\,\mathrm{d}\vartheta\,\mathrm{d}\varphi$

$$\operatorname{grad} U = \vec{e}_r\frac{\partial U}{\partial r} + \vec{e}_\vartheta\frac{1}{r}\frac{\partial U}{\partial\vartheta} + \vec{e}_\varphi\frac{1}{r\sin\vartheta}\frac{\partial U}{\partial\varphi}$$

$$\operatorname{div}\vec{A} = \frac{1}{r^2}\frac{\partial(r^2 A_r)}{\partial r} + \frac{1}{r\sin\vartheta}\frac{\partial(A_\vartheta\sin\vartheta)}{\partial\vartheta} + \frac{1}{r\sin\vartheta}\frac{\partial A_\varphi}{\partial\varphi}$$

$$\operatorname{rot}\vec{A} = \vec{e}_r\left(\frac{1}{r\sin\vartheta}\frac{\partial(A_\varphi\sin\vartheta)}{\partial\vartheta} - \frac{1}{r\sin\vartheta}\frac{\partial A_\vartheta}{\partial\varphi}\right) +$$
$$+ \vec{e}_\vartheta\left(\frac{1}{r\sin\vartheta}\frac{\partial A_r}{\partial\varphi} - \frac{1}{r}\frac{\partial(rA_\varphi)}{\partial r}\right) + \vec{e}_\varphi\left(\frac{1}{r}\frac{\partial(rA_\vartheta)}{\partial r} - \frac{1}{r}\frac{\partial A_r}{\partial\vartheta}\right)$$

$$\Delta U = \frac{1}{r^2}\frac{\partial}{\partial r}\left(r^2\frac{\partial U}{\partial r}\right) + \frac{1}{r^2\sin\vartheta}\frac{\partial}{\partial\vartheta}\left(\sin\vartheta\frac{\partial U}{\partial\vartheta}\right) + \frac{1}{r^2\sin^2\vartheta}\frac{\partial^2 U}{\partial\varphi^2}$$

der radiale Anteil von $\Delta U$ läßt sich umformen

$$\frac{1}{r^2}\frac{\partial}{\partial r}\left(r^2\frac{\partial U}{\partial r}\right) = \frac{\partial^2 U}{\partial r^2} + \frac{2}{r}\frac{\partial U}{\partial r} = \frac{1}{r}\frac{\partial^2(rU)}{\partial r^2}$$

$$\frac{\partial\vec{e}_r}{\partial r} = \frac{\partial\vec{e}_\vartheta}{\partial r} = \frac{\partial\vec{e}_\varphi}{\partial r} = 0; \quad \frac{\partial\vec{e}_r}{\partial\vartheta} = \vec{e}_\vartheta; \quad \frac{\partial\vec{e}_\vartheta}{\partial\vartheta} = -\vec{e}_r; \quad \frac{\partial\vec{e}_\varphi}{\partial\vartheta} = 0;$$

$$\frac{\partial\vec{e}_r}{\partial\varphi} = \vec{e}_\varphi\sin\vartheta; \quad \frac{\partial\vec{e}_\vartheta}{\partial\varphi} = \vec{e}_\varphi\cos\vartheta; \quad \frac{\partial\vec{e}_\varphi}{\partial\varphi} = -\vec{e}_r\sin\vartheta - \vec{e}_\vartheta\cos\vartheta .$$

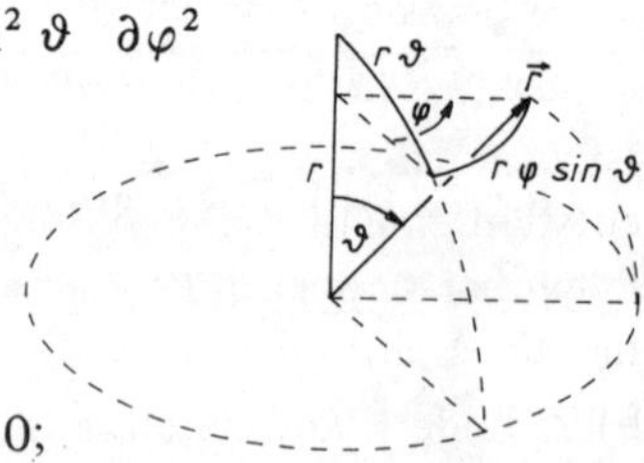


Fig. 28
Kugelkoordinaten
$r, \vartheta, \varphi$

Zweites Kapitel

# Vektor- und Funktionenräume; der Operatorbegriff

## § 1. Vektor- und Funktionenräume

### a) Einfache - und mehrfache Folgen

Im 1. Kapitel über Vektorrechnung sind wir, ohne besonders darüber nachzudenken, von dem uns aus dem täglichen Leben bekannten 3-dimensionalen Raum ausgegangen und haben darin Vektoren sowie deren Verknüpfungen kennengelernt. Der Vektor wurde dabei als ein Zahlentripel $(x, y, z)$ beschrieben. Jede der reellen Zahlen $x, y$ und $z$ ist dabei eine Zahl des 1-dimensionalen Zahlenraumes, in den diese Zahl als Koordinate die Lage eines Punktes bezeichnet. Faßt man etwas allgemeiner $n$ reelle Zahlen $x_i$ $(i = 1, 2, \ldots n)$ in einem Begriff als $n$-dimensionale Zahl $(x_i)$ zusammen, so bildet deren Gesamtheit einen $n$-dimensionalen Zahlenraum. Jede seiner Zahlen bezeichnet wieder einen Punkt, der durch $n$-Koordinaten festgelegt ist. Genauso wie wir bereits eine Kurve oder Fläche im Raum als 1- bzw. 2-dimensionale Mannigfaltigkeit im 3-dimensionalen Vektorraum kennengelernt haben, kann man in analoger Weise zu $k$-dimensionalen Mannigfaltigkeiten, sogenannten Unterräumen, gelangen, die dem Zahlenraum von $n \geqslant k$ Dimensionen eingebettet sind.

Eine bestimmte Mannigfaltigkeit kann in verschiedener Weise erzeugt und die Zuordnung zum sie enthaltenden Zahlenraum verschieden vorgenommen werden. Damit erhält man auch verschiedene Bezeichnungen derselben Punkte durch Koordinaten in ihr. Dieser Wechsel heißt Koordinaten-Transformation, die die Mannigfaltigkeit in sich überführt.

Alles was wir hier zum Zahlenraum der reellen 1-dimensionalen Zahlen gesagt haben, kann auch auf komplexe (2-dimensionale) Zahlen übertragen werden. So entsteht durch die Gesamtheit der $n$-komplexen Zahlen $z_i$ $(i = 1, 2, \ldots n)$ der $n$-dimensionale Zahlenraum über den komplexen Zahlen.

Je nach Zusammenhang heißt die Zahlenfolge $a_i$ $(i = 1, 2, \ldots n)$ reeller oder komplexer Zahlen:

- eine einzeilige Matrix mit den Elementen $a_i$
- eine durch die Zuordnung definierte Funktion des ganzzahligen Parameters $i$ (auf der Basis der Zahlen 1 bis $n$) mit den Funktionswerten $a_i$
- ein Vektor $\vec{a}$ im $n$-dimensionalen mit den Komponenten $a_i$.

Ist es möglich, auf Grund einer Bildungsvorschrift die Folge beliebig fortzusetzen, so entsteht eine unendliche Folge. Sie heißt diskret oder dicht, je nachdem ihre Elemente in endlichen oder unendlich kleinen Abständen einander folgen. Die Menge ihrer Elemente ist abzählbar, d. h. diese lassen sich eindeutig denen der diskreten Folge aller ganzen Zahlen zuordnen und mit ihnen identifizieren.

Die Elemente einer dichten Folge ordnet man besser denen einer dichten Folge von rationalen Zahlen zwischen zwei Grenzen $\alpha$ und $\beta$ zu. Der Indexparameter wird dann zu einer Variablen, die diesen Bereich durchläuft, und die Folge stellt, soweit sie dicht ist, eine stetige Funktion dieser Variablen dar.

Man erkennt daraus, daß eine Funktion im Sinne der obigen Interpretationsmöglichkeiten als Grenzfall ($n \to \infty$) einer einzeiligen Matrix oder als Vektor im unendlich dimensionalen „Funktionenraum" (Hilbertraum) aufgefaßt werden kann und daß daher weitgehende Analogien zwischen Matrizen, Funktionen und Vektoren bestehen, auf die im Rahmen der formalen Beschreibung der Quantenmechanik im 5. Buch Bezug genommen wird.

Bildet man Folgen, deren Elemente selbst Folgen sind, so erhält man zweifache Folgen, in denen jedes Element durch zwei Indizes zu bezeichnen ist: $\{a_{ik}\}$. Sind diese Elemente reelle oder komplexe Zahlen, so heißt ein solches Gebilde:

– eine 2-dimensionale Matrix mit den Elementen $a_{ik}$
– eine Funktion zweier Parameter $i$ und $k$ mit den Funktionswerten $a_{ik}$
– ein Tensor zweiten Grades mit den Komponenten $a_{ik}$.

Der Übergang zu unendlichen Folgen ergibt viele verschiedene Fälle. Besonders wichtig sind die einer unendlichen diskreten Folge von Funktionen einer Variablen sowie einer dichten Folge solcher Funktionen, die zu einer Funktion zweier Variablen führt. Sie sind als Grenzfälle von Matrizen aufzufassen.

b) Summen und Mittelwerte

Aus einer Folge $\{a_k\}$ kann man die Folge ihrer Teilsummen:

$$\sum_{k=m}^{m+l-1} a_k = \{s_l\}$$

ableiten sowie die der Teilmittelwerte: $\dfrac{s_l}{l} = \{\bar{s}_l\}$.

Sind die $a_k$ beschränkt, so sind es auch die Mittelwerte, selbst wenn man zu $l \to \infty$ übergeht. Sie bilden eine konvergente Folge.

Ist die Folge der $s_k$ dicht und durch eine Funktion $f(x)$ der von $\alpha$ bis $\beta$ laufenden Variablen $x$ dargestellt, so schreibt man statt:

$$(x-\alpha)\bar{s}_l = \frac{(x-\alpha)}{l} s_l:$$

$$(x-\alpha)\overline{f(x)} = \int_\alpha^x f(s)\,\mathrm{d}s = F(x)$$

mit $\mathrm{d}s = \dfrac{s-\alpha}{l}$ und nennt diese unendliche Summe das über den Bereich $\alpha$ bis $x$ erstreckte Integral der Funktion $f(x)$. Es ist selbst eine Funktion $F(x)$ der gleichen Variablen.

Als Summe zweier Folgen, die nach dem gleichen Parameter geordnet sind, $\{a_k\}$ und $\{b_k\}$, bezeichnet man die Folge: $\{a_k + b_k\}$, als Produkt dagegen die Zahl (Bilinearform):

$$(a,b) = \sum_{k=m}^{m+l-1} a_k b_k \,.$$

Diese Summe ist für unendliche Folgen im allgemeinen divergent. Man ersetzt sie daher hier durch Mittelwerte:

$$(a, b) = \lim_{l \to \infty} \frac{1}{l} \sum_{k=m}^{m+l-1} a_k b_k \,. \qquad \text{(Produktmittelwert).} \tag{1}$$

Für die Funktionen pflegt man

$$(a, b) = \int_{\alpha}^{\beta} a(x)\, b(x)\, \mathrm{d}x \qquad \text{(Produktintegral)} \tag{2}$$

zu definieren.

Man nennt zwei Folgen (Matrizen, Funktionen oder Vektoren) zueinander orthogonal, wenn ihr Produkt verschwindet.

Als ihre Norm bezeichnet man:

$$N = (a, a) \tag{3}$$

bzw. wenn die $a_k$ komplexe Zahlen sind: $N = (a^*, a)$. Ist $N = 1$, so heißen die Folgen auf 1 nominiert.

Man beachte, daß die Definition des Produktes und der Norm für endliche, unendliche und dichte Folgen verschieden ist.

In allen Fällen gilt die Schwarzsche Ungleichung:

$$(a, b)^2 \leqq (a, a)\,(b, b) \tag{4}$$

bzw. für komplexe Folgen:

$$|(a^*, b)|^2 \leqq (a^*, a)\,(b^*, b). \tag{5}$$

Da

$$|(a^*, b)|^2 = \left[\frac{(a^*, b) + (b^*, a)}{2}\right]^2 + \left[\frac{(a^*, b) - (b^*, a)}{2i}\right]^2$$

ist, wird auch $(a^*, a)\,(b^*, b)$ größer bzw. gleich jedem der beiden reellen positiven Summanden.

## c) Aufbau und Zerlegung von Vektoren und Funktionen

Die Analogie zwischen Vektoren und Funktionen zeigt sich deutlich bei der folgenden Gegenüberstellung:

| | |
|---|---|
| Ein Vektor $\vec{a}$ im $n$-dimensionalen Raum | Eine Funktion $f(x)$ im Bereich $\alpha \to \beta$ |

kann als lineare Kombination von

| | |
|---|---|
| $n$ Grundvektoren $\vec{e}_i$ | $\infty$-vielen Grundfunktionen $\varphi_i(x)$ |

aufgebaut bzw. zerlegt (entwickelt) werden in der Form:

| | |
|---|---|
| $\vec{a} = \sum_{i=1}^{n} a_i \vec{e}_i$ | $f(x) = \sum_{i=1}^{\infty} a_i \varphi_i(x)$. (6) |

Die Grundvektoren bzw. -funktionen müssen dabei linear-unabhängig sein, d. h. es darf keine Beziehung zwischen ihnen der Form

$$\sum_{i=1}^{n} \alpha_i \vec{e}_i = 0 \qquad \Big| \qquad \sum_{i=1}^{\infty} \alpha_i \varphi_i(x) = 0 \tag{7}$$

existieren, mit nicht-verschwindenden $\alpha_i$.

Die Berechnung der Koeffizienten (Komponenten) $a_i$ wird besonders einfach, wenn die $\vec{e}_i$ bzw. $\varphi_i(x)$ normiert und zueinander orthogonal sind, d. h. wenn

$$(\vec{e}_i^{\,*}, \vec{e}_k) \begin{cases} = 1 & \text{für } i = k \\ = 0 & \text{für } i \neq k \end{cases} \qquad \Big| \qquad (\varphi_i^*, \varphi_k) = \int_\alpha^\beta \varphi_i^*(x) \varphi_k(x)\, \mathrm{d}x = \begin{cases} 1 & \text{für } i = k \\ 0 & \text{für } i \neq k \end{cases} \tag{8}$$

ist. Dann wird nämlich:

$$a_i = (\vec{e}_i^{\,*}, \vec{a}) \qquad \Big| \qquad a_i = (\varphi_i^*, f) = \int_\alpha^\beta \varphi_i^*(x) f(x)\, \mathrm{d}x \tag{9}$$

und

$$(a^*, a) = \sum_{i=1}^{n} |a_i|^2 \qquad \Big| \qquad (f^*, f) = \int_\alpha^\beta f^*(x) f(x)\, \mathrm{d}x = \sum_{i=1}^{\infty} |a_i|^2 . \tag{10}$$

Die letzte Formel heißt Vollständigkeitsrelation. Sie ist ein Kriterium dafür, daß die gewählten $\varphi_i(x)$ (Entwicklungsfunktionen) ein vollständiges System für die Entwicklung aller in Betracht gezogenen Funktionen bilden.

Wenn der Bereich $\alpha \to \beta$ unendlich ist, ist im allgemeinen Vollständigkeit nur mit einer dichten Folge von Entwicklungsfunktionen zu erreichen. Der Indexparameter $i$ wird zu einer Variablen $s$ und statt $\varphi_i(x)$ ist eine zweiparametrige Funktion $\varphi(s, x)$ zu wählen. Die Entwicklung hat dann die Form:

$$f(x) = \int_{-\infty}^{+\infty} a(s)\, \varphi(s, x)\, \mathrm{d}s \tag{11}$$

und für

$$\int_\alpha^\beta \varphi^*(s, x)\, \varphi(s', x)\, \mathrm{d}x = \begin{cases} 1 & \text{für } s = s' \\ 0 & \text{für } s \neq s' \end{cases} \tag{12}$$

wird

$$a(s) = \int_\alpha^\beta \varphi^*(s, x) f(x)\, \mathrm{d}x . \tag{13}$$

$a(s)$ heißt die Spektralfunktion der Darstellung.

Die Vollständigkeitsrelation lautet hier:

$$\int_{-\infty}^{+\infty} |a(s)|^2\, \mathrm{d}s = \int_\alpha^\beta |f(x)|^2\, \mathrm{d}x. \tag{14}$$

## § 2. Einführung in den Operatorbegriff

Da Operatoren an vielen Stellen der Physik, insbesondere aber in der Quantenmechanik, benutzt werden, wollen wir uns hier ohne Anspruch auf mathematische Vollständigkeit einen Überblick über diesen Begriff verschaffen.

Ein Operator ordnet durch eine Rechenvorschrift einer Folge von Zahlen $\{a_k\}$ eine andere Folge $\{b_k\}$ gleicher Mächtigkeit $n$ zu. Geschrieben wird dies als

$$\{b_k\} = \hat{F}\{a_k\} \quad \text{oder einfacher} \quad b = \hat{F}\, a\,. \tag{15}$$

(Zur besseren Unterscheidung wollen wir zur Identifikation über alle Operatoren mit Ausnahme der gesonderten Operatorzeichen wie $\nabla$ oder $\Delta$ etc. das Zeichen „ ^ " setzen.) Im allgemeinen wird dabei jedes $b_n$ von allen $a_n$ abhängen. Wir haben also $n$ Gleichungen der Form: $b_k = f_k(a_1, a_2, \ldots, a_n)$, d.h. eine allgemeine Transformation.

In der Physik interessieren uns meist nur lineare Operatoren, bei denen die $b_n$ lineare Funktionen der $a_k$ sind:

$$b_k = \sum_{i=1}^{n} F_{ki}\, a_i \quad .$$

Für lineare Operatoren gilt ferner: Aus $b_1 = \hat{F}\, a_1$ und $b_2 = \hat{F}\, a_2$ folgt $(b_1 + b_2) = \hat{F}\,(a_1 + a_2)$ und daher auch $\hat{F}(\alpha a) = \alpha \hat{F}\, a$ für eine Zahl $\alpha$.

Beim Übergang $n \to \infty$ wollen wir uns nur für die Zuordnung einer diskreten Folge zu einer diskreten Folge: $b_k = \sum_{i=1}^{\infty} F_{ki}\, a_i$ und einer dichten Folge zu einer dichten Folge: $b(x) = \int_\alpha^\beta F(x,u)\, a(u)\, du$ interessieren.

Im ersten Fall handelt es sich um einen Matrixoperator und im zweiten Fall um einen Integraloperator mit dem Kern $F(x,u)$. Diese Operatoren können noch weitere Parameter, z.B. den Ort oder die Zeit, enthalten. Das führt dann auf den Begriff von orts- und zeitabhängigen Operatoren.

Der Einheitsoperator $\hat{E}$ ist definiert durch $\hat{E}a = a$, d.h. als Matrixoperator durch

$$\sum_i E_{ki}\, a_i = a_k \tag{16}$$

und als Integraloperator durch

$$\int_\alpha^\beta E(x,u)\, a(u)\, du = a(x)\,. \tag{17}$$

Die Einheitsmatrix $E_{ik}$ wird zumeist als Kroneckersches Symbol $\delta_{ik} = \delta_{ki}$ geschrieben, wobei

$$\delta_{ik} = \begin{cases} 1 & \text{für } i = k \\ 0 & \text{für } i \neq k \text{ ist.} \end{cases}$$

Der Einheitsvektor $E(x,u)$ wird als Deltafunktion $\delta(x-u) = \delta(u-x)$ geschrieben. Es ist $\delta(x-u) = 0$ außer für $x = u$. Hier wird die Funktion unendlich, und zwar so, daß $\int_\alpha^\beta \delta(x-u)\,du = 1$ ist. Es gibt eine große Anzahl von Darstellungen der $\delta$-Funktion, die wir aber hier nicht aufführen, denn wir wollen sie jeweils dort behandeln, wo sie gebraucht werden.

Zu einem gegebenen Operator $\hat{F}$ sind folgende andere Operatoren durch seine Definition mitbestimmt und aus ihm ableitbar: In der impliziten Form, unter Verwendung der willkürlichen $a$ und $b$, sind definiert

$$(a\hat{F}b)^* \equiv (a^*\hat{F}^*b^*);\quad \hat{F}^* \text{ heißt der zu } \hat{F} \text{ komplex konjugierte Operator} \tag{18}$$

$$(a\hat{F}b) \equiv (b\tilde{\hat{F}}a) \quad \tilde{\hat{F}} \text{ heißt der zu } \hat{F} \text{ transponierte Operator} \tag{19}$$

$$\hat{F}^+ \equiv \tilde{\hat{F}}^* \quad \hat{F}^+ \text{ heißt der zu } \hat{F} \text{ adjungierte Operator} \tag{20}$$

oder explizit durch ihre Matrizen bzw. Kerne

$$F^*_{ik} = (F_{ik})^* \qquad F^*(x,u) = (F(x,u))^* \tag{18a}$$

$$\tilde{F}_{ik} = F_{ki} \qquad \tilde{F}(x,u) = F(u,x) \tag{19a}$$

$$F^+_{ik} = F^*_{ki} \qquad F^+(x,u) = F^*(u,x) \tag{20a}$$

Ist $\hat{F}^+ = \hat{F}$, so heißt der Operator selbstadjungiert oder hermitesch. Es ist dann $(a^*\hat{F}b) = (b^*\hat{F}a)^*$, und $(a^*\hat{F}a)$ ist reell. Ist $\hat{F}$ reell, also $\hat{F}^* = \hat{F}$, dann ist $\tilde{\hat{F}} = \hat{F}^+$ und heißt symmetrisch.

Der Operator $\hat{F}^{-1}$, der bei gegebenen $\hat{F}$ die Gleichung $b = \hat{F}a$ durch $a = \hat{F}^{-1}b$ auflöst, heißt der zu $\hat{F}$ reziproke oder inverse Operator. Es gilt dann $a = \hat{F}^{-1}(\hat{F}a)$ für beliebige $a$ oder $\hat{F}^{-1}\hat{F} = \hat{E}$. In Matrizenform heißt dies $\sum_k F^{-1}_{ik} F_{kj} = \delta_{ij}$. Das sind $n^2$ lineare Gleichungen zur Bestimmung der $F^{-1}_{ik}$. Wenn die Determinante der $|F_{ik}|$ verschwindet, ist keine Lösung möglich. $\hat{F}$ heißt dann singulär und hat kein Inverses. Ein Operator heißt unitär, wenn für ihn $\hat{F}^{-1} = \hat{F}^+$ oder $\hat{F}\hat{F}^+ = \hat{E}$ ist.

Ist $b = \hat{F}a$ und $c = \hat{G}a$, so definiert $(b \pm c) = (\hat{F} \pm \hat{G})\,a$ einen neuen Operator als Summe oder Differenz von $\hat{F}$ und $\hat{G}$.

Ist $c = \hat{F}b$ und $b = \hat{G}a$, so definiert $c = \hat{F}\cdot\hat{G}a$ einen neuen Operator $\hat{F}\hat{G}$ als Produkt von $\hat{F}$ und $\hat{G}$.

Wir wollen an dieser Stelle die Zusammenstellung der Definitionen und Eigenschaften des Operatorbegriffs und der Operatorrechnung abschließen. Ausführlich benutzen werden wir sie in der Quantenmechanik, wo wir viele der hier aufgeführten Beziehungen in dem dortigen Zusammenhang erneut einführen und teilweise beweisen werden. Darüber hinaus werden wir dort ausführlich auf Eigenwertgleichungen und ihre Eigenschaften sowie die Darstellung und den Wechsel der Darstellung von Operatoren eingehen.

Drittes Kapitel

# Auszüge aus der Schwingungs- und Wellenlehre

## § 1. Komplexe Behandlung harmonischer Schwingungen

Mathematisch ist der einfachste zeitlich periodische Vorgang (Schwingung) durch die Funktion sinus oder cosinus gegeben. Wiederholt sich der Vorgang $\nu$mal in der Sekunde, so ist er zu schreiben:

$$u = A \sin 2\pi \nu t \quad \text{oder} \quad u = A \cos 2\pi \nu t. \tag{1}$$

$A$ heißt die Amplitude, $\nu$ die Frequenz der Schwingung. Neben der Frequenz $\nu$ führen wir noch die Kreisfrequenz $\omega = 2\pi \nu$ ein, um die Schreibweise zu vereinfachen. Der Augenblickswert von $\omega t$, der den augenblicklichen Zustand, die *Phase*, bestimmt, heißt *Phasenwinkel*. Ein durch eine einfache sinus- oder cosinus-Funktion beschriebener Vorgang ist nicht nur mathematisch, sondern, wie wir später sehen werden, auch *physikalisch* die einfachste Schwingung. Man nennt sie die *harmonische Schwingung*.

Die Rechnung wird wesentlich erleichtert, wenn man statt der trigonometrischen Funktionen mit ihren umständlichen Additionstheoremen die imaginäre Exponentialfunktion benützt, welche mit den trigonometrischen Funktionen durch die EULERsche Formel[1)]

$$e^{i\omega t} = \cos \omega t + i \sin \omega t \tag{2}$$

verknüpft ist. Diese Darstellung führt auch zu einer höchst wichtigen Veranschaulichung eines Schwingungsvorganges in der GAUSSschen Zahlenebene (vgl. Kap. IV). Denn es bedeutet dort

$$z = A\, e^{i\omega t} \tag{3}$$

eine komplexe Zahl, deren Bildpunkt auf einem Kreis von Radius $A$ mit der Winkelgeschwindigkeit $\omega$ rotiert. Die Projektionen auf die reelle und imaginäre Achse sind

$$x = Re(z) = A \cos \omega t; \quad y = Im(z) = A \sin \omega t. \tag{4}$$

Da es aber die Physik mit reellen Größen zu tun hat, müssen die Schlußresultate einer Rechnung mit komplexen Größen ins Reelle übersetzbar sein. Dies geschieht sehr einfach: Eine Gleichung zwischen komplexen Zahlen bedeutet, daß sowohl der reelle als auch der imaginäre Teil jeder Seite die Gleichung erfüllt. Wir können also sowohl den Realteil als auch den Imaginärteil der Gleichung als die physikalische Aussage unserer Gleichung nehmen.

Vielfach ist das Amplitudenquadrat $A^2$ von Wichtigkeit. Wir gewinnen es in der komplexen Rechnung am schnellsten dadurch, daß wir die Schwingungsgröße $z$ mit ihrem

---

1) Bei komplizierten Ausdrücken schreibt man die Exponentialfunktion auch $\exp x$ statt $e^x$, wovon wir später oft Gebrauch machen.

konjugiert-komplexen Wert $z^*$ multiplizieren.

$$A^2 = z\,z^*. \tag{5}$$

Der große Vorteil der komplexen Rechnung tritt hervor, wenn es sich darum handelt, zwei Schwingungen derselben Frequenz, aber verschiedener Phase zusammenzusetzen. Haben wir eine einzige Schwingung, so ist der Beginn der Zeitrechnung ganz gleichgültig, wir schreiben sie daher in der Form (1) oder (3). Haben wir aber zu dieser eine zweite Schwingung zu addieren, so wird diese im allgemeinen nicht im gleichen Augenblick ihren Höchstwert erreichen, sondern eine gewisse Zeit vorher oder nachher. In diesem Fall sagt man, daß eine *Phasendifferenz* $\delta$ zwischen den beiden Schwingungen bestehe[1]. In der reellen Darstellung wird so

$$u_1 = A_1 \cos \omega t, \quad u_2 = A_2 \cos(\omega t + \delta)$$

und die Summe beider Schwingungen

$$u_1 + u_2 = A_1 \cos \omega t + A_2 \cos \delta \cos \omega t - A_2 \sin \delta \sin \omega t. \tag{6}$$

Der letzte Ausdruck läßt sich wieder zu einer einzigen cosinus-Schwingung zusammenziehen, wenn man die Koeffizienten von $\sin \omega t$ und $\cos \omega t$ so umformt, daß nach Abspaltung eines gemeinsamen Faktors sie die Eigenschaft von sinus bzw. cosinus eines Winkels $\varphi$ bekommen, daß die Quadratsumme 1 wird:

$$(A_1 + A_2 \cos \delta) \cos \omega t - A_2 \sin \delta \sin \omega t$$

$$= \sqrt{(A_1 + A_2 \cos \delta)^2 + A_2^2 \sin^2 \delta} \left\{ \frac{A_1 + A_2 \cos \delta}{\sqrt{(A_1 + A_2 \cos \delta)^2 + A_2^2 \sin^2 \delta}} \cos \omega t \right. \tag{7}$$

$$\left. - \frac{A_2 \sin \delta}{\sqrt{(A_1 + A_2 \cos \delta)^2 + A_2^2 \sin^2 \delta}} \sin \omega t \right\}.$$

Setzt man

$$\frac{A_1 + A_2 \cos \delta}{\sqrt{(A_1 + A_2 \cos \delta)^2 + A_2^2 \sin^2 \delta}} = \cos \varphi; \tag{8}$$

$$\frac{A_2 \sin \delta}{\sqrt{(A_1 + A_2 \cos \delta)^2 + A_2^2 \sin^2 \delta}} = \sin \varphi, \tag{9}$$

so wird

$$u_1 + u_2 = \sqrt{A_1^2 + A_2^2 + 2 A_1 A_2 \cos \delta} \cos(\omega t + \varphi) = A \cos(\omega t + \varphi). \tag{10}$$

---

[1] Korrekterweise müßte man „Phasen*winkel*differenz" sagen, doch ist die Bezeichnung „Phasendifferenz" für $\delta$ allgemein üblich.

Die Amplitude $A$ der resultierenden Schwingung erhält man gemäß dem Wurzelausdruck als dritte Seite eines Dreiecks, in welchem die beiden andern Seiten durch die Amplituden $A_1$ und $A_2$ gebildet werden, die miteinander den als Außenwinkel auftretenden Winkel $\delta$ bilden. Die Phasendifferenz $\varphi$, welche die resultierende Schwingung mit der Schwingung $u_1$ hat, ist ebenfalls aus diesem Dreieck abzulesen: Der Winkel $\varphi$ ist der Winkel, den die dritte Seite mit der ersten $u_1$ bildet (Fig. 29).

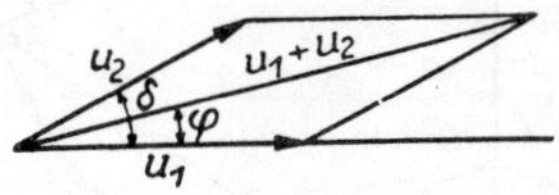

Fig. 29. Zusammensetzung zweier phasenverschobener Schwingungen

Diese Konstruktion entspricht aber vollständig der Addition der beiden komplexen Zahlen in der GAUSSschen Zahlenebene, die bekanntlich wie Vektoren addiert werden. *Um die Resultate zweier gleichperiodischer phasenverschobener Schwingungen zu erhalten, sind die beiden ihnen entsprechenden komplexen Zahlen zu addieren. Die Summe gibt durch Betrag und Richtung des Radiusvektors Amplitude und Phase der Resultante.*

Wegen der Art der Zusammensetzung spricht man in der Elektrotechnik, wo dieses Verfahren im größten Maßstab angewandt wird, vom Vektordiagramm. Es ist aber zu beachten, daß die komplexen Zahlen, durch die der Schwingungsvorgang veranschaulicht wird, keine Vektoren im physikalischen Sinn sind – diese sind ja räumliche und nicht an eine Ebene gebundene Größen –. Aus diesem Grund wollen wir für diese Darstellung lieber den Ausdruck „Zeigerdiagramm“ benützen. Man kann nun diese Konstruktion in jedem Augenblick ausführen. Da aber die Phasendifferenz immer dieselbe ist, rotiert das ganze Dreieck als starre Figur mit der Winkelgeschwindigkeit $\omega$. Wir können daher jede beliebige Stellung wählen, z. B. die erste Schwingung in die reelle Achse fallen lassen.

Sind mehr als zwei Schwingungen zusammenzusetzen, so erhält man den Zeiger der Resultante wieder, wenn man die Einzelzeiger nach Art von Vektoren aneinanderfügt, als Verbindungsstrecke des Anfangspunkts des ersten Zeigers mit dem Endpunkt des letzten. Ein praktisch häufig vorkommender Fall ist die Zusammensetzung einer großen Anzahl von Schwingungen mit gleicher Amplitude, bei denen zwischen je zwei aufeinanderfolgenden dieselbe Phasendifferenz $\Delta\varphi$ besteht. Im Zeigerdiagramm erhält man dabei reguläre Polygonzüge, die sich mit abnehmender Amplitude der Einzelschwingungen Kreisbögen nähern. Die Phasendifferenz zwischen der ersten und der $N$-ten Schwingung ist $(N-1)\,\Delta\varphi$, wofür wir bei großem $N$ ebensogut $N\Delta\varphi$ schreiben können. Für $\Delta\varphi = 0$ erhalten wir den größten Wert der resultierenden Amplitude, $Na$. Mit zunehmendem $\Delta\varphi$ wird diese Strecke zu Kreisbögen von immer stärkerer Krümmung gebogen. Schließt sich der Bogen zum Vollkreis, d. h. ist $\Delta\varphi = \frac{2\pi}{N}$, so verschwindet die resultierende Amplitude. Bei weiter zunehmender Phasendifferenz bleibt nach Schließung des Kreises noch ein – allerdings kleiner – Bogen übrig, der wieder einen endlichen Wert der Resultate bedingt, bis bei $\Delta\varphi = \frac{4\pi}{N}$ zum zweitenmal eine Nullstelle erreicht wird usw.

Für beliebige Phasendifferenzen $\Delta\varphi$ erhält man aus Fig. 30 die resultierende Ampli-

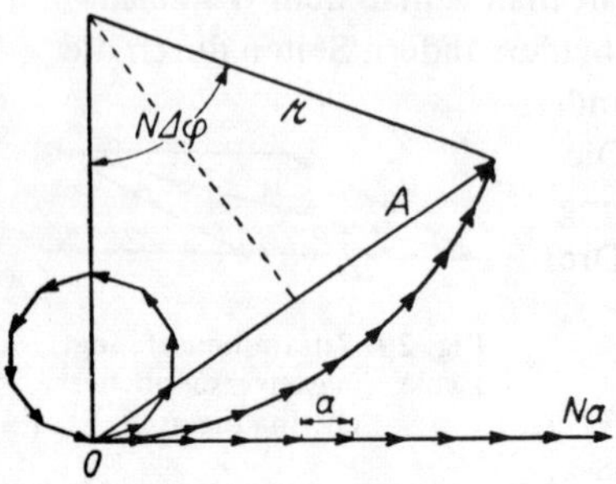


Fig. 30. Zusammensetzung einer großen Anzahl von Schwingungen bei verschiedenen Phasendifferenzen

tude zu

$$A = 2r \sin \frac{N\Delta\varphi}{2}$$

wobei $rN\Delta\varphi = Na$ ist, also

$$A = Na\,\frac{\sin N\Delta\varphi/2}{N\Delta\varphi/2} \tag{11}$$

oder, wenn wir $N\Delta\varphi = \varphi$ setzen,

$$A = Na\,\frac{\sin\varphi/2}{\varphi/2}\,. \tag{11'}$$

Auch für den Differentialquotienten einer Schwingung gibt die komplexe Darstellung eine einfache Konstruktion. Aus

$$z = A\,e^{i\omega t} \quad \text{folgt} \quad \frac{dz}{dt} = i\omega A\,e^{i\omega t} = i\omega z\,.$$

Dies ist eine komplexe Zahl, welche aus $z$ durch Multiplikation mit $\omega$ und Drehung um $\frac{\pi}{2}$ entgegen dem Uhrzeigersinn hervorgeht. Differenzieren wir noch einmal, so ist

$$\frac{d^2z}{dt^2} = -\,\omega^2 A\,e^{i\omega t} = -\,\omega^2 z$$

eine komplexe Zahl, deren Radiusvektor gerade die entgegengesetzte Richtung wie $z$ hat. Ferner sieht man, daß die einfache harmonische Schwingung der Differentialgleichung

$$\boxed{\frac{d^2z}{dt^2} + \omega^2 z = 0} \tag{12}$$

gehorcht, welche deshalb als Differentialgleichung der (ungedämpften) harmonischen Schwingung bezeichnet wird. In gleicher Weise findet man das unbestimmte Integral

$$\int z\,dt = \frac{1}{i\omega}A\,e^{i\omega t} = -\,\frac{i}{\omega}\,z$$

durch Drehung des Zeigers *im* Uhrzeigersinn um $\frac{\pi}{2}$ und Division durch $\omega$.

## § 2. Fourier Reihen. Das Fourier Integral

Ist durch $u = f(t)$ ein zeitlich periodisch verlaufender Vorgang beschrieben, der sich mit der Periode $\frac{1}{\nu}$ wiederholt, gilt

$$f\left(t + \frac{1}{\nu}\right) = f(t). \tag{13}$$

Unter der Voraussetzung, daß $f(t)$ innerhalb einer Periodendauer nicht unendlich viele Maxima und Minima besitze und daß bei den an sich zugelassenen endlich vielen Unendlichkeitsstellen das Integral $\int f(t)\,\mathrm{d}t$ noch konvergiere – eine endliche Anzahl von Sprungstellen ist gleichfalls zugelassen –, läßt sich die Funktion $f(t)$ im ganzen Intervall einer Periode und damit von $t = -\infty$ bis $t = +\infty$ mit Ausnahme der Unstetigkeitsstellen durch eine Reihe einfacher Schwingungsfunktionen darstellen, welche nach Vielfachen der Grundfrequenz $\nu$ fortschreiten. Solche Reihen werden nach ihrem Entdecker „FOURIER*sche Reihen*" genannt. Wegen des Beweises der Möglichkeit der Entwicklung der Funktion $f(t)$ in eine FOURIER-Reihe unter den oben angeführten sehr weiten Voraussetzungen muß auf die mathematischen Lehrbücher verwiesen werden. Hier soll nur das Verfahren der Koeffizientenbestimmung dargestellt werden. Wir gehen am besten von der komplexen Darstellung aus und schreiben:

$$\begin{aligned} f(t) = a_0 + a_1 e^{i\omega t} + a_2 e^{2i\omega t} + \cdots a_n e^{ni\omega t} + \cdots \\ + a_{-1} e^{-i\omega t} + a_{-2} e^{-2i\omega t} + \cdots a_{-n} e^{-ni\omega t} + \cdots = \sum_{n=-\infty}^{n=+\infty} a_n e^{ni\omega t}. \end{aligned} \tag{14}$$

Da links etwas Reelles steht, müssen die Koeffizienten der Reihe rechts so beschaffen sein, daß keine imaginären Glieder vorkommen. Um $a_0$ zu bestimmen, integrieren wir beide Seiten über eine Periode, also von 0 bis $\frac{2\pi}{\omega}$. Wegen der Periodizität der komplexen Exponentialfunktion verschwinden alle Beiträge der Glieder rechts mit Ausnahme des Gliedes mit $a_0$. Denn es ist

$$\int_0^{\frac{2\pi}{\omega}} a_n e^{ni\omega t}\,\mathrm{d}t = \frac{a_n}{ni\omega}\left[e^{ni\omega t}\right]_0^{\frac{2\pi}{\omega}} = \frac{a_n}{ni\omega}\left(e^{2n\pi i} - e^0\right) = 0. \tag{15}$$

Dagegen wird $a_0$ durch die Gleichung bestimmt:

$$\int_0^{\frac{2\pi}{\omega}} f(t)\,\mathrm{d}t = \frac{2\pi}{\omega} a_0 \quad \text{oder} \quad a_0 = \frac{\omega}{2\pi}\int_0^{\frac{2\pi}{\omega}} f(t)\,\mathrm{d}t = \overline{f(t)}\,^{1)}. \tag{16}$$

Um die anderen Koeffizienten zu bestimmen, multiplizieren wir beide Seiten mit $e^{-ni\omega t}$ und integrieren wieder von 0 bis $\frac{2\pi}{\omega}$. Wieder heben sich auf der rechten Seite wegen der Periodizität der imaginären Exponentialfunktion alle Glieder bis auf dasjenige mit $a_n$ weg, das ja gar keinen Exponentialfaktor enthält und beim Integrieren den Wert $\frac{2\pi}{\omega} a_n$ liefert. Damit wird

$$a_n = \frac{\omega}{2\pi}\int_0^{\frac{2\pi}{\omega}} f(t)\,e^{-ni\omega t}\,\mathrm{d}t \tag{17}$$

---

1) $\overline{f(t)}$ ist die übliche Bezeichnung für den Mittelwert von $f(t)$.

und ebenso:

$$a_{-n} = \frac{\omega}{2\pi} \int_0^{\frac{2\pi}{\omega}} f(t)\, e^{ni\omega t}\, \mathrm{d}t\,. \tag{18}$$

Der Übergang zur reellen Form der FOURIER-Reihe:

$$\begin{aligned} f(t) &= b_0 + b_1 \cos\omega t + \cdots b_n \cos n\,\omega t + \cdots c_1 \sin\omega t \\ &+ \cdots c_n \sin n\,\omega t + \cdots = \sum_0^\infty b_n \cos n\,\omega t + \sum_1^\infty c_n \sin n\,\omega t \end{aligned} \tag{19}$$

geht folgendermaßen vor sich: Trennen wir in jedem Glied der komplexen Darstellung Real- und Imaginärteil und fassen wir die Glieder mit $a_n$ und $a_{-n}$ paarweise zusammen, so wird

$$a_n e^{ni\omega t} = \frac{\omega}{2\pi} (\cos n\,\omega t + i \sin n\,\omega t) \left\{ \int_0^{\frac{2\pi}{\omega}} f(t) \cos n\,\omega t\, \mathrm{d}t - i \int_0^{\frac{2\pi}{\omega}} f(t) \sin n\,\omega t\, \mathrm{d}t \right\}$$

$$a_{-n} e^{-ni\omega t} = \frac{\omega}{2\pi} (\cos n\omega t - i \sin n\omega t) \left\{ \int_0^{\frac{2\pi}{\omega}} f(t) \cos n\,\omega t\, \mathrm{d}t + i \int_0^{\frac{2\pi}{\omega}} f(t) \sin n\omega t\, \mathrm{d}t \right\}$$

$$\begin{aligned} a_n e^{ni\omega t} + a_{-n} e^{-ni\omega t} &= \frac{\omega}{\pi} \cos n\,\omega t \int_0^{\frac{2\pi}{\omega}} f(t) \cos n\,\omega t\, \mathrm{d}t \\ &+ \frac{\omega}{\pi} \sin n\,\omega t \int_0^{\frac{2\pi}{\omega}} f(t) \sin n\,\omega t\, \mathrm{d}t \end{aligned} \tag{20}$$

also:

$$b_0 = \overline{f(t)}; \quad b_n = \frac{\omega}{\pi} \int_0^{\frac{2\pi}{\omega}} f(t) \cos n\,\omega t\, \mathrm{d}t; \quad c_n = \frac{\omega}{\pi} \int_0^{\frac{2\pi}{\omega}} f(t) \sin n\,\omega t\, \mathrm{d}t\,.$$

Es ist zu beachten, daß bei der komplexen Darstellung die Summierung von $n = -\infty$ bis $n = +\infty$, bei der reellen dagegen von $n = 0$ bzw. 1 bis $n = +\infty$ geht. In der Physik ist oft die Funktion $f(t)$ nicht durch einen analytischen Ausdruck, sondern durch eine empirische Kurve gegeben. Man muß daher die Integrale numerisch oder graphisch ausrechnen.

Wir können die FOURIER-Reihe durch eine einzige Summenformel darstellen, wenn wir die Ausdrücke für die Koeffizienten einsetzen. Hierbei ist es aber notwendig, der Integrationsvariablen des bestimmten Integrals eine andere Bezeichnung zu geben, da sonst $t$ zweimal in verschiedener Weise benützt wird. Nennen wir sie $\alpha$, so ergibt sich:

$$f(t)=\sum_{n=-\infty}^{n=+\infty}\frac{\omega}{2\pi}e^{ni\omega t}\int_0^{\frac{2\pi}{\omega}}f(\alpha)\,e^{-ni\omega\alpha}\,d\alpha=\sum_{n=-\infty}^{n=+\infty}\frac{\omega}{2\pi}\int_0^{\frac{2\pi}{\omega}}f(\alpha)\,e^{ni\omega(t-\alpha)}\,d\alpha\,. \tag{21}$$

Wir wollen nun die Schwingungsdauer $T=\frac{2\pi}{\omega}$ einführen. Ferner können wir wegen der Periodizität der Funktion $f(t)$ die Integration statt von 0 bis $T$ ebensogut von $-\frac{T}{2}$ bis $+\frac{T}{2}$ erstrecken. So ergibt sich die Form

$$f(t)=\sum_{n=-\infty}^{n=+\infty}\frac{1}{T}\int_{-\frac{T}{2}}^{+\frac{T}{2}}f(\alpha)e^{\frac{n2\pi i}{T}(t-\alpha)}\,\mathrm{d}\alpha. \tag{22}$$

Von hier aus kann man nun den Grenzübergang zu unperiodischen Funktionen machen, die wir auffassen können als Grenzfall periodischer Funktionen, wenn ihre Periode von $-\infty$ bis $+\infty$ geht. Setzen wir $\frac{1}{T}=\Delta s$, so erhalten wir

$$f(t)=\sum_{n=-\infty}^{n=+\infty}\Delta s\int_{-\frac{T}{2}}^{+\frac{T}{2}}f(\alpha)e^{n2\pi i(t-\alpha)\Delta s}\,\mathrm{d}\alpha. \tag{23}$$

Nun ist das bestimmte Integral $\int_0^\infty \varphi(s)\,\mathrm{d}s$ definiert als der für unendlich kleine $\Delta s$ geltende Grenzwert der Summe

$$\sum_{n=0}^{n=\infty}\varphi(n\,\Delta s)\,\Delta s\,.$$

Ferner ist

$$\int_{-\infty}^{+\infty}\varphi(s)\,\mathrm{d}s=\int_{-\infty}^{0}\varphi(s)\,\mathrm{d}s+\int_0^{\infty}\varphi(s)\,\mathrm{d}s=\sum_{-\infty}^{+\infty}\varphi(n\,\Delta s)\,\Delta s. \tag{24}$$

Daraus geht hervor, daß mit unendlich wachsendem $T$ der Ausdruck (23) übergeht in das Integral

$$f(t)=\int_{-\infty}^{+\infty}\mathrm{d}s\int_{-\infty}^{+\infty}f(\alpha)\,e^{2\pi is(t-\alpha)}\,\mathrm{d}\alpha=\int_{-\infty}^{+\infty}e^{2\pi ist}\,\mathrm{d}s\int_{-\infty}^{+\infty}f(\alpha)\,e^{-2\pi is\alpha}\,\mathrm{d}\alpha. \tag{25}$$

Die zweite Form läßt den Sinn dieser Identität erkennen: Die unperiodische Funktion $f$ läßt sich ausdrücken durch eine kontinuierliche Folge harmonischer periodischer Funktionen, deren Amplituden durch das Integral

$$\int_{-\infty}^{+\infty}f(\alpha)\,e^{-2\pi is\alpha}\,\mathrm{d}\alpha$$

als Funktionen der Ordnungszahl $s$ gegeben sind. Diese Darstellungsmöglichkeit ist von großer Bedeutung für die analytische Behandlung von Funktionen, welche sonst nicht durch einen einheitlichen mathematischen Ausdruck zu beschreiben sind. Es sei z. B. eine einfache harmonische Schwingung gegeben, welche aber Anfang und Ende besitzt, d. h. zur Zeit $t = 0$ einsetzt und zur Zeit $t = T$ abbricht. Eine solche Schwingung ist nicht durch $e^{2\pi i\nu t}$ zu beschreiben, denn dies ist der mathematische Ausdruck für eine von $t = -\infty$ bis $t = \infty$ andauernde Schwingung. Wohl aber kann man die so definierte Funktion $f$ in das FOURIERsche Integral einsetzen und die Verteilung der darin steckenden Frequenzen ermitteln, die natürlich für $s = \nu$ ein Maximum hat. Je kürzer die Schwingung dauert, um so breiter ist das dadurch bedeckte „Frequenzband".

Von der komplexen Darstellung des FOURIER-Integrals gelangt man in gleicher Weise, wie bei der FOURIER-Reihe durch Zusammenfassen zweier Beiträge und Anwendung der EULERschen Formel zur reellen:

$$f(t) = 2\int_0^{\infty} \mathrm{d}s \int_{-\infty}^{+\infty} f(\alpha)\cos 2\pi s(t-\alpha)\,\mathrm{d}\alpha\,. \tag{26}$$

Aufg. 23. Man entwickle eine periodische Funktion, welche von 0 bis $T/2$ den Wert 0 und von $T/2$ bis $T$ den Wert 1, dann wieder 0 usf. hat (Mäanderkurve), in eine FOURIER-Reihe.

Aufg. 24. Man drücke $e^{-\alpha t}\cos\omega t$ durch eine stetige Folge ungedämpfter harmonischer Schwingungen aus und gebe den Abstand der Frequenzen an, für den das Amplitudenquadrat die Hälfte des Maximalwerts annimmt.

## § 3. Die Wellengleichung

Wir beschränken jetzt unsere Betrachtungen nicht mehr auf einen bestimmten Ort des Raumes, an dem ein bestimmter Schwingungszustand herrscht, sondern betrachten alle Punkte des Raumes. Zunächst nehmen wir den einfachen Fall, daß beim Fortschreiten in der $X$-Richtung der Zustand von der $Y$- und $Z$-Koordinate unabhängig ist, also nur eine Funktion von $x$ ist. Am Ort $x = 0$ sei

$$u(t, 0) = A\,e^{i\omega t}\,. \tag{27}$$

Wir bezeichnen nun einen Vorgang dann als *Welle*, wenn an der Stelle $x = x$ derselbe Schwingungszustand wie am Ort $x = 0$ gilt, jedoch mit einer Phasenverschiebung, welche der endlichen Ausbreitungsgeschwindigkeit $v$ der Phase entspricht. In $x$ herrscht also derselbe Zustand zur Zeit $t$, der in 0 zur Zeit $t - \frac{x}{v}$ geherrscht hat. Somit ist zu schreiben:

$$u(t, x) = A\,e^{i\omega\left(t-\frac{x}{v}\right)}\,. \tag{28}$$

Im einfachsten Fall ist, wie hier angenommen, die Amplitude unabhängig vom Ort, sie kann aber auch eine Funktion von $x$ sein, z. B. nimmt in einem absorbierenden Medium die Amplitude nach dem Gesetz $e^{-\delta x}$ ab. Wir wollen aber hier nur *ungedämpfte* Wellen betrachten, die konstante Amplituden haben.

Dadurch wird aber $u$ nicht nur eine periodische Funktion der Zeit, sondern auch der

Koordinate $x$. Denken wir uns zu einer Zeit $t_0$ eine Momentaufnahme des Zustands gemacht, so entspricht ihr die Gleichung:

$$u(t_0, x) = A\, e^{i\omega t_0}\, e^{-i\omega \frac{x}{v}}\,. \tag{29}$$

Der in 0 vorhandene Momentanwert kehrt wieder, wenn $x$ um ein ganzes Vielfaches von $\frac{2\pi \cdot v}{\omega} = \frac{v}{\nu}$ wächst, weil in diesem Fall das Argument der imaginären Exponentialfunktion um $2\pi$ vermehrt wird, die Funktion also ungeändert bleibt. Diese Strecke, welche den Abstand der Punkte gleicher Phase angibt, heißt die Wellenlänge $\lambda$. Für sie gilt nach obigem die für die Wellenlehre grundlegende Gleichung:

$$\lambda = \frac{v}{\nu} \qquad \text{oder} \qquad \boxed{\lambda\nu = v} \tag{30}$$

*Wellenlänge × Frequenz = Fortpflanzungsgeschwindigkeit der Phase.*

Eine Welle wie die vorliegende, bei der die Variable $u$ außer von der Zeit nur von der Koordinate der Fortpflanzungsrichtung abhängt, heißt eine *ebene Welle*, da $u$ in einer Ebene senkrecht zur Fortpflanzungsrichtung konstant ist. Die einfache harmonische ebene Welle ist ein partikuläres Integral einer partiellen Differentialgleichung, die leicht abzuleiten ist: Differenzieren wir $u$ zweimal nach $t$ und zweimal nach $x$, so erhält man

$$\frac{\partial^2 u}{\partial t^2} = -\omega^2 A\, e^{i\omega\left(t - \frac{x}{v}\right)} \quad \text{und} \quad \frac{\partial^2 u}{\partial x^2} = -\frac{\omega^2}{v^2} A\, e^{i\omega\left(t - \frac{x}{v}\right)}, \tag{31}$$

somit

$$\frac{\partial^2 u}{\partial x^2} = \frac{1}{v^2} \frac{\partial^2 u}{\partial t^2}\,. \tag{32}$$

Das allgemeine Integral dieser partiellen Differentialgleichung zweiter Ordnung muß zwei willkürliche Funktionen enthalten. Wie man sich leicht überzeugt, befriedigt jede beliebige Funktion $f\left(t - \frac{x}{v}\right)$ die Gleichung, aber außerdem auch jede Funktion $g\left(t + \frac{x}{v}\right)$. (Diese entspricht einer in Richtung der negativen $X$-Achse fortschreitenden Welle.) Die allgemeine Lösung lautet also

$$u = f\left(t - \frac{x}{v}\right) + g\left(t + \frac{x}{v}\right). \tag{33}$$

Wenn bei einer ebenen Welle die Normale $\vec{n}$ (d. h. die Senkrechte auf den Ebenen gleicher Phase) beliebig zu den Achsen orientiert ist, so haben die Ebenen gleicher Phase die Gleichung $\vec{r} \cdot \vec{n} = \text{const}$, und die ebene Welle wird dargestellt durch

$$u = A\, e^{i\omega\left(t - \frac{\vec{r}\cdot\vec{n}}{v}\right)} = A\, e^{i\omega\left(t - \frac{x\cos\alpha + y\cos\beta + z\cos\gamma}{v}\right)}\,. \tag{28'}$$

Differenziert man diese Gleichung wieder zweimal nach $t$ und zweimal nach den Koordinaten und addiert die Differentialquotienten $\frac{\partial^2 u}{\partial x^2}, \frac{\partial^2 u}{\partial y^2}, \frac{\partial^2 u}{\partial z^2}$, so erhält man die allgemeinste Differentialgleichung, die man als Definition der ungedämpften Welle anzusehen hat, und von der (28′) nur *ein* partikuläres Integral ist. Diese Differentialgleichung, genannt Wellengleichung, lautet:

$$\boxed{\frac{\partial^2 u}{\partial x^2} + \frac{\partial^2 u}{\partial y^2} + \frac{\partial^2 u}{\partial z^2} = \Delta u = \frac{1}{v^2}\,\frac{\partial^2 u}{\partial t^2}}\,. \tag{34}$$

Ein anderes sehr wichtiges Integral von (34) ist die Kugelwelle, bei der die Abhängigkeit nur vom Abstand $r$ von einem Zentrum 0 besteht. Die Umformung des Ausdrucks $\Delta u$ auf räumliche Polarkoordinaten geht bei Unabhängigkeit von den Polarwinkeln $\varphi$ und $\vartheta$ besonders einfach, wenn man die vektoranalytische Bedeutung von $\Delta u$ benützt (div grad $u$). Es ist

$$\operatorname{grad} u(r) = \frac{\mathrm{d}u}{\mathrm{d}r}\cdot\frac{1}{r}\vec{r}$$

$$\operatorname{div}\operatorname{grad} u(r) = \frac{\mathrm{d}u}{\mathrm{d}r}\cdot\frac{1}{r}\operatorname{div}\vec{r} + \frac{\vec{r}\cdot\vec{r}}{r}\left(\frac{\mathrm{d}^2 u}{\mathrm{d}r^2}\,\frac{1}{r} - \frac{\mathrm{d}u}{\mathrm{d}r}\cdot\frac{1}{r^2}\right),$$

wegen $\operatorname{div}\vec{r} = 3$ wird damit

$$\Delta u = \frac{\mathrm{d}^2 u}{\mathrm{d}r^2} + \frac{2}{r}\,\frac{\mathrm{d}u}{\mathrm{d}r};$$

somit wird in diesem Fall aus (34)

$$\frac{\partial^2 u}{\partial r^2} + \frac{2}{r}\,\frac{\partial u}{\partial r} = \frac{1}{v^2}\,\frac{\partial^2 u}{\partial t^2}\,. \tag{35}$$

Ein partikuläres Integral ist, wie man sich durch Einsetzen leicht überzeugt

$$u = \frac{A}{r}\,e^{i\omega\left(t-\frac{r}{v}\right)}\,. \tag{36}$$

Dies ist eine einfache harmonische Welle, die sich von 0 aus in Richtung der Radienvektoren nach allen Seiten gleichmäßig ausbreitet. Die Amplitude nimmt im Gegensatz zur ebenen Welle entsprechend der Vergrößerung der Wellenflächen mit $\frac{1}{r}$ ab. Die Flächen gleicher Phase sind gegeben durch $r = \text{const}$, sind also Kugelschalen. Die allgemeine Lösung, die aus einer von 0 auslaufenden und einer in 0 zusammenlaufenden Welle besteht, ist

$$u = \frac{1}{r}\left\{f\left(t-\frac{r}{v}\right) + g\left(t+\frac{r}{v}\right)\right\}. \tag{37}$$

Aufg. 25. Man gebe die Differentialgleichung einer Zylinderwelle und ihr Integral an.

Viertes Kapitel

# Einiges aus der Theorie der Funktionen einer komplexen Veränderlichen

## § 1. Konforme Abbildung von Ebene auf Ebene

Da viele theoretisch-physikalische Probleme sich mit den Hilfsmitteln der Theorie komplexer Funktionen besonders einfach lösen lassen, seien hier einige viel gebrauchte Sätze der Funktionentheorie abgeleitet, wobei jedoch hinsichtlich ihrer strengeren Begründung auf die Lehrbücher der Funktionentheorie verwiesen werden muß.

Ist das Argument einer Funktion, z.B. der Sinusfunktion, eine komplexe Zahl $z = x + iy$, so wird auch die Funktion $f(z)$ im allgemeinen wieder eine komplexe Zahl $w = u + iv$ sein. Stellen wir die komplexe Zahl $z$ als einen Punkt in der GAUSSschen Zahlenebene und ebenso die komplexe Zahl $w$ als einen Punkt in einer zweiten Zahlenebene dar, so vermittelt die Funktion $f(z)$ eine Zuordnung der Punkte der $z$-Ebene zu denen der $w$-Ebene, die wir kurz als *Abbildung* bezeichnen. Als *regulär* bezeichnen wir die Funktion $f(z)$ an solchen Stellen, an denen der Funktionswert $w$ endlich ist und außerdem der Grenzwert

$$f'(z) = \lim_{\Delta z \to 0} \frac{f(z + \Delta z) - f(z)}{\Delta z} \tag{1}$$

endlich und von der Art der Annäherung an den Punkt $z$ unabhängig ist. Wir behaupten nun: Durch eine Funktion $w = f(z)$ wird die $z$-Ebene innerhalb eines Bereichs, in dem $w$ regulär ist, in kleinen Teilen ähnlich und damit winkeltreu (konform) auf die $w$-Ebene abgebildet mit Ausnahme solcher Punkte, in denen $f'(z)$ null ist. Zum Beweis betrachten wir (vgl. Fig. 31) in der $z$-Ebene ein kleines Dreieck, das von den Punkten $z_0$; $z_0 + \Delta_1 z$; $z_0 + \Delta_2 z$ gebildet wird. Diesen Punkten entsprechen in der $w$-Ebene die Punkte $w_0$; $w_0 + \Delta_1 w = w_0 + f'(z_0)\Delta_1 z$; $w_0 + \Delta_2 w = w_0 + f'(z_0)\Delta_2 z$. Man erhält also die Größen $\Delta_1 w$ und $\Delta_2 w$ dadurch, daß man die komplexen Zahlen $\Delta_1 z$ und $\Delta_2 z$ mit derselben komplexen Zahl $f'(z_0)$ multipliziert. Das bedeutet aber, daß $\Delta_1 z$ und $\Delta_2 z$ um denselben Winkel gedreht und im gleichen Maßstab gestreckt sind[1]. Damit ist aber die Ähnlichkeit der beiden Dreiecke bewiesen. Es bleiben also bei der Abbildung sämtliche Winkel erhalten. Man nennt daher die durch die Funktion $w = f(z)$ vermittelte Abbildung *winkeltreu* oder *konform.* In der $z$-Ebene bilden die Kurven $x = \text{const}$ und $y = \text{const}$ ein rechtwinkliges geradliniges Koordinatennetz. Diesen Geraden entsprechen wegen der Winkeltreue in der $w$-Ebene zwei Kurven-

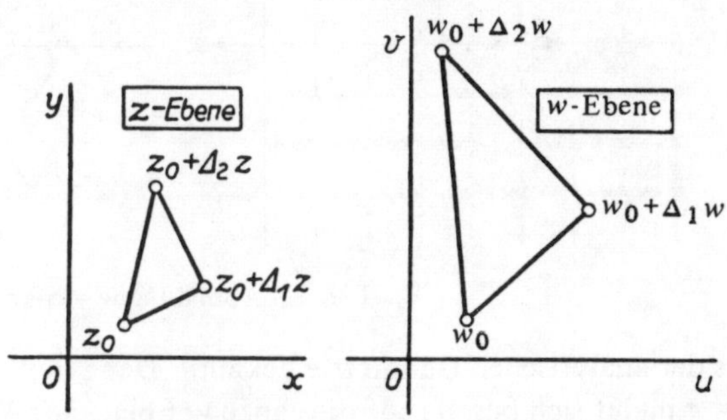

Fig. 31. Konforme Abbildung

[1] Daß die Multiplikation einer komplexen Zahl $z_1$ mit einer zweiten $z_2$ eine Drehstreckung bedeutet, sieht man sofort, wenn man $z_1 = \rho_1 e^{i\varphi_1}$, $z_2 = \rho_2 e^{i\varphi_2}$, also $z_1 z_2 = \rho_1 \rho_2 e^{i(\varphi_1 + \varphi_2)}$ schreibt.

scharen, die einander rechtwinklig schneiden. Als Beispiel betrachten wir die Funktion

$$u + i v = w = \cos z = \frac{1}{2}(e^{iz} + e^{-iz}) = \frac{1}{2} e^{ix-y} + \frac{1}{2} e^{-ix+y}$$

$$= \cosh y \cos x - i \sinh y \sin x,$$

also

$$u = \cosh y \cos x \qquad v = -\sinh y \sin x.$$

Elimination von $x$ ergibt $\frac{u^2}{\cosh^2 y} + \frac{v^2}{\sinh^2 y} = 1.$

Ebenso folgt durch Elimination von $y$: $\frac{u^2}{\cos^2 x} - \frac{v^2}{\sin^2 x} = 1.$

Die Kurven $x$ = const werden also in der $w$-Ebene Hyperbeln mit den Brennpunkten $-1$ und $+1$, die Parallelen zur $X$-Achse ($y$ = const) Ellipsen mit denselben Brennpunkten (vgl. Fig. 32). Daß diese konfokalen Kegelschnitte ein Orthogonalsystem bilden, ist ja

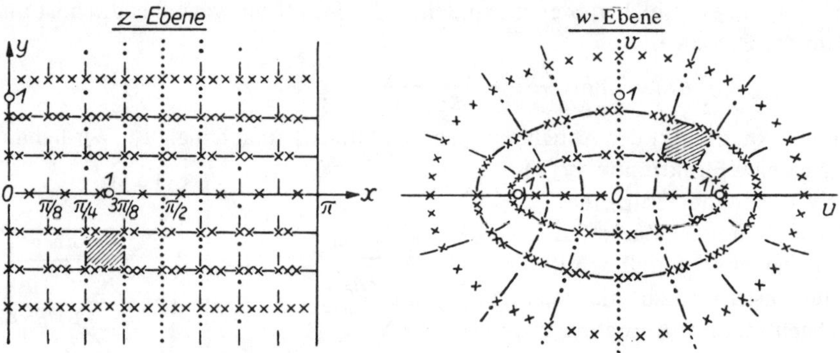


Fig. 32. Abbildung $w = \cos z$

aus der analytischen Geometrie bekannt. Der Streifen der $z$-Ebene zwischen $x = 0$ und $x = \pi$ bildet sich bereits auf die ganze $w$-Ebene ab. Will man die ganze $z$-Ebene darstellen, so braucht man $\infty$ viele Blätter für die $w$-Ebene.

Aufg. 26. Man diskutiere die Abbildung $w = z + {}^1/_z$.

## § 2. Die CAUCHY-RIEMANNsche und die LAPLACEsche Differentialgleichung

Sowohl der reelle Teil $u$ als auch der imaginäre Teil $v$ sind Funktionen der beiden Variablen $x$ und $y$. Doch können zwei beliebige Funktionen $u(x, y)$ und $v(x, y)$ im allgemeinen nicht als der reelle und imaginäre Teil einer komplex differenzierbaren Funktion einer komplexen Variablen aufgefaßt werden. Die Funktionen $u$ und $v$ erfüllen vielmehr besondere Bedingungen wenn sie aus einer komplex differenzierbaren Funktion hervorgehen. Denn bezeichnen wir die Ableitung der Funktion $f$ nach ihrem Argument mit $f'(z)$, so ist wegen $u + iv = f(x + iy) = f(z)$

und wegen $\frac{\partial z}{\partial x} = 1$, $\frac{\partial z}{\partial y} = i$

$$\begin{aligned} \frac{\partial u}{\partial x} + i\frac{\partial v}{\partial x} &= f'(z)\frac{\partial z}{\partial x} = f'(z) \\ \frac{\partial u}{\partial y} + i\frac{\partial v}{\partial y} &= f'(z)\frac{\partial z}{\partial y} = i f'(z)\,. \end{aligned} \tag{2}$$

Multipliziert man die erste Gleichung mit $i$, so folgen durch Vergleich der linken Seiten die CAUCHY-RIEMANNschen Differentialgleichungen

$$\begin{aligned} \frac{\partial u}{\partial x} &= \frac{\partial v}{\partial y} \\ \frac{\partial u}{\partial y} &= -\frac{\partial v}{\partial x}\,, \end{aligned} \tag{3}$$

welche zwischen den Funktionen $u$ und $v$ bestehen müssen. Aber auch die Einzelfunktionen sind nicht willkürlich wählbar: Differenzieren wir die erste nach $x$, die zweite nach $y$ und addieren wir beide Gleichungen, so erhalten wir die LAPLACEsche Differentialgleichung

$$\frac{\partial^2 u}{\partial x^2} + \frac{\partial^2 u}{\partial y^2} = \Delta u = 0. \tag{4}$$

Ebenso durch Differentiation der ersten nach $y$, der zweiten nach $x$ und Subtraktion

$$\frac{\partial^2 v}{\partial x^2} + \frac{\partial^2 v}{\partial y^2} = \Delta v = 0. \tag{4'}$$

Sowohl der reelle als auch der imaginäre Teil der komplexen Funktion $w$ genügt also der LAPLACEschen Differentialgleichung $\Delta u$ bzw. $\Delta v = 0$.

## § 3. Linienintegrale in der GAUSSschen Zahlenebene

Der CAUCHYsche Integralsatz

Wir bilden in der Zahlenebene (Fig. 33) längs einer Kurve $C$ das Integral $\int_{P_0}^{P_1} f(z)\,\mathrm{d}z$ zwischen zwei Punkten $P_0$ und $P_1$.

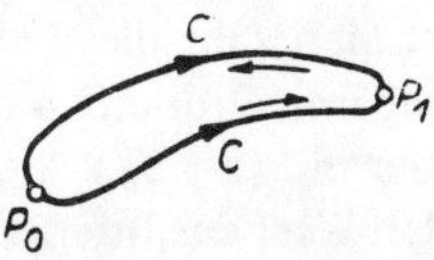

Fig. 33. Linienintegral in der komplexen Zahlenebene

Wir behaupten: Längs einer zweiten Kurve $C'$ hat das Integral zwischen denselben Endpunkten den gleichen Wert, wenn sich in dem von den beiden Kurven begrenzten Gebiet die Funktion $f(z)$ regulär verhält oder was dasselbe ist: *das geschlossene Integral $\oint f(z)\,\mathrm{d}z$ verschwindet, wenn die Funktion im umschlossenen Gebiet regulär ist.* Zum Beweis trennen wir Real- und Imaginärteil

$$\begin{aligned} \oint (u+iv)(\mathrm{d}x + i\,\mathrm{d}y) &= \oint (u\,\mathrm{d}x - v\,\mathrm{d}y) + i\oint (v\,\mathrm{d}x + u\,\mathrm{d}y) \\ &= \oint \vec{K}\cdot \mathrm{d}\vec{s} + i\oint \vec{K}'\cdot \mathrm{d}\vec{s}\,. \end{aligned}$$

Das erste Integral stellt ein ebenes Linienintegral $\oint \vec{K} \cdot d\vec{s}$ dar, wenn wir $K_x = u$, $K_y = -v$ setzen. Ebenso ist im zweiten Integral $K_x' = v$, $K_y' = u$. Nach dem STOKES-schen Satz ist aber

$$\oint \vec{K} \cdot d\vec{s} = \int \operatorname{rot} \vec{K} \cdot d\vec{f} = \iint \left( -\frac{\partial v}{\partial x} - \frac{\partial u}{\partial y} \right) dx\, dy .$$

und ebenso gilt für das zweite Integral:

$$\oint \vec{K}' \cdot d\vec{s} = \int \operatorname{rot} \vec{K}' \cdot d\vec{f} = \iint \left( \frac{\partial u}{\partial x} - \frac{\partial v}{\partial y} \right) dx\, dy .$$

Wegen des Bestehens der CAUCHY-RIEMANNschen Differentialgleichungen (3) verschwinden aber in den beiden Doppelintegralen die Integranden, womit der Satz bewiesen ist. Weiter läßt sich zeigen: Wenn infolge einer Singularität der Funktion im Innern des von $C$ umschlossenen Gebiets das Linienintegral längs der geschlossenen Kurve $C$ nicht verschwindet, sondern einen endlichen Wert besitzt, so ergibt sich derselbe Wert längs einer andern geschlossenen Kurve Kurve $C'$, wenn in dem von beiden Kurven umrandeten Gebiet die Funktion $f$ regulär ist. Denn die beiden Kurven $C$ und $C'$ stellen (vgl. Fig. 34) die Berandung eines Gebiets dar, auf welches sich die obigen Betrachtungen wieder anwenden lassen, da im Innern die Funktion $f$ und damit auch $u$ und $v$ regulär sind[1]. Dabei ist jedoch zu beachten, daß die Randkurve stets so zu durchlaufen ist, daß die umrandete Fläche zur Linken liegt. Der Umlaufsinn der inneren Kurve $C'$ muß daher umgekehrt werden, oder es gilt, wenn die Kurven im gleichen Sinn durchlaufen werden,

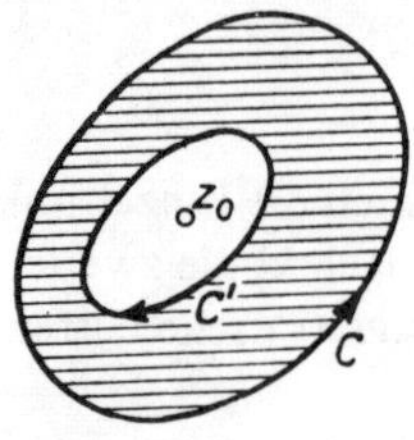

Fig. 34. Umlauf um Unstetigkeitspunkt $z_0$

$$\oint_C - \oint_{C'} = 0.$$

Statt das Integral längs einer Kurve $C$ auszuführen, können wir daher, wenn nur *ein* singulärer Punkt $z_0$ vorhanden ist, die Integrationskurve auf einen kleinen, den Punkt $z_0$ umschließenden Kreis vom Radius $\rho$ zusammenziehen. Die Singularität besteht nun in der Mehrzahl aller Fälle darin, daß am Punkt $z_0$ die Funktion von einer bestimmten angebbaren Ordnung $n$ unendlich wird, d. h., daß eine Reihenentwicklung am Ort $z_0$ Glieder mit $(z - z_0)^{-1}, \ldots (z - z_0)^{-n}$ enthält. Es läßt sich nun sofort zeigen, daß es für den Wert des Integrals nur auf das Glied mit $(z - z_0)^{-1}$ ankommt. Setzen wir

$$z - z_0 = \rho\, e^{i\varphi}, \quad dz = i\, \rho\, e^{i\varphi}\, d\varphi ,$$

so wird

[1] Mathematisch korrekt ist die Anwendung des STOKESschen Satzes erst, wenn man die beiden Kurven durch eine Schnittlinie verbindet, die bei der Ausführung des Randintegrals zweimal in entgegengesetztem Sinne durchlaufen wird, also nichts beiträgt. Dadurch wird eine einzige zusammenhängende Randkurve hergestellt, die in einem Zug durchlaufen wird.

$$\oint (z-z_0)^n \, dz = \int_0^{2\pi} i\rho^{n+1} e^{(n+1)i\varphi} \, d\varphi = \frac{\rho^{n+1}}{n+1} \left[e^{i(n+1)\varphi}\right]_0^{2\pi} .$$

Wegen der Periodizität der komplexen Exponentialfunktion verschwinden die Integrale für alle $n \neq -1$. Dagegen wird für $n = -1$

$$\oint \frac{dz}{z-z_0} = \int_0^{2\pi} \frac{i\rho e^{i\varphi} \, d\varphi}{\rho e^{i\varphi}} = 2\pi i . \tag{5}$$

*Umschließt also der Integrationsweg eine Singularität $z_0$ der Funktion $f$, so ist der Wert des geschlossenen Linienintegrals gleich dem $2\pi$ i-fachen des Koeffizienten von $(z-z_0)^{-1}$ in der an der Unstetigkeitsstelle geltenden Reihenentwicklung.* Dieser Koeffizient heißt das *Residuum* von $z$ an der Stelle $z_0$. Werden mehrere Singularitäten umschlossen, so ist der Wert des Integrals gleich der Summe der mit $2\pi i$ multiplizierten Residuen an den Unstetigkeitsstellen. Wird der Punkt $z = \infty$ umlaufen, so macht man die Substitution $z = \frac{1}{t}$, $dz = -\frac{dt}{t^2}$, wodurch der Umlauf um den unendlich fernen Punkt auf einen Umlauf um den Nullpunkt zurückgeführt wird. Wieder ist der entscheidende Koeffizient der von $z^{-1}$, denn beim Einsetzen von $\frac{1}{t}$ liefert dieser wegen $dz = -\frac{dt}{t^2}$ das Glied mit $\frac{1}{t}$.

Aufg. 27. Man werte mit Hilfe des CAUCHYschen Satzes das Integral

$$I = \int_0^{2\pi} \frac{d\varphi}{1 + \epsilon \cos\varphi}$$

aus, indem man $\cos\varphi$ durch $e^{i\varphi}$ ausdrückt und $e^{i\varphi}$ als neue Variable $z$ einführt.

Fünftes Kapitel

# Einige in der Physik gebräuchliche spezielle Funktionen

## § 1. Die Verallgemeinerung des Ausdrucks $x$! für beliebige Werte von $x$

Obwohl der Ausdruck $x$! zunächst nur für ganzzahlige positive Werte von $x$ definiert ist, läßt sich eine allgemeine Funktion angeben, die auch für alle anderen – auch komplexen Werte von $x$ – sinnvoll sein soll. Diese Funktion bezeichnen wir mit $\Pi(x)$. Vielfach wird sie auch mit $\Gamma(x+1)$ bezeichnet. Ihr Merkmal ist die Funktionalgleichung

$$\Pi(x) = x\,\Pi(x-1). \tag{1}$$

Für reelle positive Werte von $x$ wird diese Bedingung erfüllt von dem Integral

$$\Pi(x) = \Gamma(x+1) = \int_0^\infty t^x e^{-t} \, dt . \tag{2}$$

Durch partielle Integration ergibt sich

$$\int_0^\infty t^x e^{-t} \, dt = -\left[e^{-t} t^x\right]_0^\infty + x \int_0^\infty t^{x-1} e^{-t} \, dt = x\,\Pi(x-1), \tag{3}$$

und da $\Pi(0) = 1$ ist, erhält man für ganzzahlige Werte durch fortgesetzte Anwendung von (1)

$$\Pi(x) = \Gamma(x+1) = 1 \cdot 2 \cdot 3 \cdot 4 \ldots x = x!$$

Für negative Werte von $x$ und für komplexe Werte mit negativem Realteil konvergiert das Integral nicht. GAUSS hat deshalb eine allgemein brauchbare Definition der Funktion $\Pi(x)$ gegeben durch den Grenzwert

$$\Pi(x) = \lim_{n \to \infty} \frac{n^x\, n!}{(1+x)(2+x)(3+x)\ldots(n+x)} \quad . \tag{4}$$

Aus dieser Definition sieht man, daß für ganze negative Zahlen $\Pi(x)$ unendlich wird. Um die Übereinstimmung der beiden Definitionen für positive $x$ zu zeigen, gehen wir von dem Integral

$$J_s(x) = \int_0^1 t^{x+s}(1-t)^{n-s}\,\mathrm{d}t \tag{5}$$

aus. Für $n = s$ wird

$$J_n(x) = \int_0^1 t^{x+n}\,\mathrm{d}t = 1/(x+n+1). \tag{6}$$

Durch partielle Integration folgt aus (5):

$$\frac{J_s}{J_{s+1}} = \frac{n-s}{s+x+1} \quad . \tag{7}$$

Wendet man diese Rekursionsformel fortlaufend an, so ergibt sich:

$$J_0 = \int_0^1 t^x (1-t)^n\,\mathrm{d}t$$

$$= \frac{J_0}{J_1} \cdot \frac{J_1}{J_2} \cdot \frac{J_2}{J_3} \cdots \frac{J_{n-1}}{J_n} \cdot J_n = \frac{n!}{(1+x)(2+x)\ldots(n+x)} \cdot \frac{1}{n+x+1} \, .$$

Somit

$$\frac{n^x\, n!}{(1+x)(2+x)\ldots(n+x)} = n^x(n+x+1)\int_0^1 t^x(1-t)^n\,\mathrm{d}t \, .$$

Setzt man im Integral $t = u/n$, so erhält man

$$\frac{n^x\, n!}{(1+x)(2+x)\ldots(n+x)} = \frac{n+x+1}{n}\int_0^n \left(1-\frac{u}{n}\right)^n u^x\,\mathrm{d}u \, .$$

Nach der Definition der Zahl $e$ als Grenzwert von $\left(1+\frac{1}{n}\right)^n$ für unendlich großes $n$ wird damit im Grenzfall

$$\lim_{n \to \infty} \frac{n^x\, n!}{(1+x)(2+x)\ldots(n+x)} = \int_0^\infty u^x e^{-u}\,\mathrm{d}u \, ,$$

womit die für positive Werte von $x$ geltende Übereinstimmung der beiden Definitionen gezeigt ist.

Aus (4) folgt noch

$$\Pi(-x)\,\Pi(x-1) = \lim_{n\to\infty} \frac{n}{x(1-x^2)\left(1-\frac{x^2}{2^2}\right)\left(1-\frac{x^2}{3^2}\right)\left(1-\frac{x^2}{(n-1)^2}\right)(n-x)}$$

$$= \lim_{n\to\infty} \frac{1}{x\left(1-\frac{x^2}{1^2}\right)\left(1-\frac{x^2}{2^2}\right)\left(1-\frac{x^2}{3^2}\right)\cdots\left(1-\frac{x^2}{(n-1)^2}\right)}.$$

Im Nenner steht aber das bekannte unendliche Produkt für $\frac{\sin\pi x}{\pi}$ somit

$$\Pi(-x)\,\Pi(x-1) = \frac{\pi}{\sin\pi x} \tag{8}$$

und speziell

$$\Pi(-1/2) = \sqrt{\pi}. \tag{9}$$

Für die logarithmische Ableitung der $\Pi$-Funktion hat man die Bezeichnung $\Psi(x)$ eingeführt. Für sie gilt gemäß (1)

$$\Psi(x) = \frac{1}{x} + \Psi(x-1). \tag{10}$$

Diese Funktion ist ebenfalls tabelliert. Nach der Definition (4) ist

$$\Psi(x) = \frac{\Pi'(x)}{\Pi(x)} = \lim_{n\to\infty}\left(\ln n - \frac{1}{1+x} - \frac{1}{2+x}\cdots\frac{1}{n+x}\right) \tag{11}$$

und speziell

$$\Psi(0) = \lim_{n\to\infty}\left(\ln n - \frac{1}{1} - \frac{1}{2} - \frac{1}{3}\cdots\frac{1}{n}\right) = -C. \tag{12}$$

Der negative Wert des Grenzwerts in der Klammer wird als EULER-MASCHERONIsche Konstante $C$ bezeichnet und hat den Zahlenwert 0,5772 ... Wenn man in (11) für $x$ eine ganze Zahl $m$ setzt, fehlen in den abzuziehenden Gliedern von (12) diejenigen von 1 bis $m$, es ist also

$$\Psi(m) = -C + \frac{1}{1} + \frac{1}{2} + \cdots \frac{1}{m}.$$

Die Funktion $\Pi(x)$ wird für ganze negative Werte von $x$ unendlich wie $1/x$ für $x=0$, ihre Ableitung also wie $1/x^2$. Es wird daher $\Psi(x)/\Pi(x)$ endlich sein. Den Wert von $\Psi(x)/\Pi(x)$ findet man folgendermaßen: Es ist

$$\frac{\Psi(x)}{\Pi(x)} = \frac{\Psi(x+1) - \frac{1}{x+1}}{\frac{1}{x+1}\,\Pi(x+1)} = \frac{(x+1)\left(\Psi(x+1) - \frac{1}{x+1}\right)}{\Pi(x+1)},$$

woraus durch wiederholte Anwendung folgt:

$$\frac{\Psi(x)}{\Pi(x)} = \frac{(x+1)(x+2)\cdots(x+m)\left\{\Psi(x+m) - \frac{1}{x+1} - \frac{1}{x+2} \cdots \frac{-1}{x+m}\right\}}{\Pi(x+m)} .$$

Für $x = -m$ verschwinden alle Glieder im Zähler mit Ausnahme des mit $1/(x+m)$ multiplizierten. Es wird daher wegen $\Pi(0) = 1$

$$\frac{\Psi(-m)}{\Pi(-m)} = (-1)^m \, \Pi(m-1). \tag{13}$$

## § 2. Die Zylinderfunktionen 1. Art

a) Die Differentialgleichung der Zylinderfunktionen

Die Wellengleichung

$$\Delta u = \frac{1}{c^2} \frac{\partial^2 u}{\partial t^2} , \tag{14}$$

werde wie üblich, durch den zeitlich periodischen Ansatz

$$u = v(x, y, z)\, e^{i\omega t} , \tag{15}$$

auf die Gleichung

$$\Delta v + k^2 v = 0 \quad \text{mit} \quad k = \omega/c = 2\pi/\lambda \tag{16}$$

zurückgeführt. Wir untersuchen jetzt den Fall zylindrischer Wellen, die von der $z$-Koordinate unabhängig sind. In den übrigen Koordinaten $\rho$ und $\varphi$ lautet dann die Gleichung entsprechend § 16 des Kap. I

$$\frac{\partial^2 v}{\partial \rho^2} + \frac{1}{\rho} \frac{\partial v}{\partial \rho} + \frac{1}{\rho^2} \frac{\partial^2 v}{\partial \varphi^2} + k^2 v = 0. \tag{17}$$

Wir machen für die Lösung $v(\rho, \varphi)$ den Ansatz eines Produkts von $R(\rho)$ und $\Phi(\varphi)$. Im allgemeinen sind physikalisch nur solche Lösungen brauchbar, die eindeutige Funktionen des Orts sind, $\Phi$ muß daher eine periodische Funktion mit der Periode $2\pi$ sein. Wir setzen daher

$$\Phi(\varphi) = e^{2\pi i p \varphi} , \tag{18}$$

wobei im allgemeinen bei physikalischen Problemen $p$ eine ganze Zahl ist. In manchen Fällen kommen aber auch nicht ganzzahlige Werte von $p$ in Betracht, wir wollen daher im folgenden unter $p$ eine beliebige positive oder negative Zahl verstehen. Schreiben wir $y(x)$ für $R(k\rho)$, so ergibt sich die Differentialgleichung

$$x^2 \frac{\mathrm{d}^2 y}{\mathrm{d}x^2} + x \frac{\mathrm{d}y}{\mathrm{d}x} + (x^2 - p^2)\, y = 0. \tag{19}$$

Dies ist die Differentialgleichung der Zylinderfunktionen. Ihre Lösung ist, abgesehen von einigen Sonderfällen von $p$, nicht durch elementare Funktionen auszudrücken.

b) Lösung durch Potenzreihen

Wir setzen eine Potenzreihe an

$$y = a_1 x^{m_1} + a_2 x^{m_2} + a_3 x^{m_3} + \cdots a_r x^{m_r} + \cdots \tag{20}$$

und erhalten damit durch Einsetzen in (19)

$$(m_1^2 - p^2) a_1 x^{m_1} + (m_2^2 - p^2) a_2 x^{m_2} + (m_3^2 - p^2) a_3 x^{m_3} + \cdots$$
$$+ a_1 x^{m_1 + 2} + a_2 x^{m_2 + 2} + a_3 x^{m_3 + 2} + \cdots = 0.$$

Sollen die Koeffizienten jeder Potenz verschwinden, so muß sein:

$$\begin{aligned} m_2 &= m_1 + 2 \\ m_3 &= m_2 + 2\,. \end{aligned} \tag{21}$$

Für den niedrigsten Exponenten erhält man, da dies Glied nur einmal vorkommt

$$\begin{aligned} m_1^2 &= p^2 \\ m_1 &= \pm p\,. \end{aligned} \tag{22}$$

Wir verfolgen zunächst die Lösung $+p$. Aus (21) folgt

$$m_2 = p + 2, \quad m_3 = p + 2 \cdot 2, \quad m_3 = p + (r - 1)\, 2.$$

Damit erhält man für die Koeffizienten:

$$a_2 = -\frac{a_1}{m_2^2 - p^2} = -\frac{a_1}{p^2 + 4p + 4 - p^2} = -\frac{a_1}{2^2 (p + 1)}\,,$$

$$a_3 = -\frac{a_2}{m_3^2 - p^2} = -\frac{a_2}{2^2 (p + 2) \cdot 2} = \frac{a_1}{2^4 \cdot 2 (p + 1)(p + 2)}\,,$$

$$a_4 = -\frac{a_4}{m_4^2 - p^2} = \frac{a_3}{2^2 (p + 3) \cdot 3} = -\frac{a_1}{2^6 \cdot 2 \cdot 3 (p + 1)(p + 2)(p + 3)}\,.$$

Das allgemeine Gesetz, das man hieraus abliest, lautet

$$a_{k+1} = -\frac{a_k}{2^2 k (p + k)}$$
$$= \frac{(-1)^k a_1}{2^{2k} \Pi(k)(p + 1)(p + 2) \ldots (p + k)} = \frac{(-1)^{(k)} \Pi(p) a_1}{2^{2k} \Pi(k) \Pi(p + k)}\,. \tag{23}$$

Der Koeffizient $a_1$ ist willkürlich, da ja bei jeder homogenen linearen Differentialgleichung eine multiplikative Konstante auftritt. Die Normierung der als *Zylinderfunktionen 1. Art* oder BESSEL*sche Funktionen* bezeichneten Funktionen erfolgt nun dadurch, daß man $a_1$ den Wert $1/2^p\, \Pi(p)$ gibt. Damit wird

$$J_p = \frac{x^p}{2^p \Pi(p)} \left\{ 1 - \frac{x^2}{2^2 (p+1)} + \frac{x^4}{2^4 \Pi(2)(p+1)(p+2)} \right.$$

$$\left. - \frac{x^6}{2^6 \Pi(3)(p+1)(p+2)(p+3)} + \cdots \right\} = \sum_{k=0}^{r=\infty} \frac{(-1)^k}{\Pi(k)\Pi(p+k)} \left(\frac{x}{2}\right)^{p+2k}. \tag{24}$$

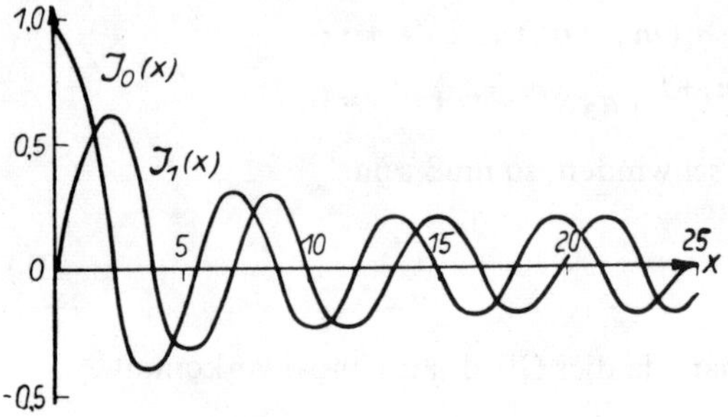


Fig. 35. Verlauf der Funktionen von $J_0(x)$ und $J_1(x)$

Die Konvergenz dieser Reihen ist, wie der Vergleich mit $\sin x$ und $\cos x$ zeigt, ausgezeichnet. Für $J_0$ und $J_1$ ist der Verlauf in Fig. 35 wiedergegeben. Bei der ganzen Ableitung ist nicht vorausgesetzt, daß die Ordnung $p$ der Zylinderfunktion ganzzahlig sei. Für nicht ganzzahlige Werte von $p$ finden wir auch sofort eine zweite unabhängige Lösungsfunktion, welche die 2. Konstante liefert, da ja die allgemeine Lösung von (19) als Differentialgleichung 2. Ordnung 2 Integrationskonstanten haben muß. Nehmen wir den Wert $m_1 = -p$, so erhalten wir eine andere Potenzreihe, da z. B. für $p = 1/3$ die Potenzen $1/3$, $7/3$, $13/3 \ldots$, für $p = -1/3$, dagegen die Potenzen $-1/3$, $5/3$, $11/3$ auftreten. Für nicht ganzzahlige Ordnung $p$ der BESSELschen Funktion ist also die allgemeine Lösung der Differentialgleichung gegeben durch

$$y = A J_p + B J_{-p}. \tag{25}$$

Ganz anders verhält sich die Potenzreihe für ganzzahlige negative Werte $-n$ von $p$: Da $1/\Pi(-n)$ nach Gl. (4) von S. 66 verschwindet, beginnt die Summe erst mit $k = n$. Setzt man, um die Summierung wieder von null an laufen zu lassen, $k = l + n$, so ergibt sich

$$J_{-n} = \sum_{l+0}^{l=\infty} \frac{(-1)^{l+n}}{\Pi(l+n)\Pi(l)} \left(\frac{x}{2}\right)^{n+2l}. \tag{26}$$

Dies ist aber identisch mit $(-1)^n J_n$. Es gilt also für ganze Werte $n$ der Ordnung $p$:

$$J_{-n} = (-1)^n J_n. \tag{27}$$

In dem wichtigen Fall ganzzahliger Werte der Ordnung $p$ liefert also $m = -p$ keine zweite unabhängige Lösung. Diese muß gesondert ermittelt werden (§ 3).

### c) Beziehungen zwischen den BESSEL-Funktionen verschiedener Ordnung und ihren Ableitungen

Der Verlauf der BESSEL-Funktionen hat eine gewisse Ähnlichkeit mit dem der trigonometrischen, insbesondere ist $J_0(x)$ mit $\cos x$ und $J_1(x)$ mit $\sin x$ vergleichbar. Wie die trigonometrischen Funktionen haben die BESSEL-Funktionen unendlich viele Nullstellen. Diese Ähnlichkeit tritt auch hervor bei den Beziehungen zwischen den Ableitungen der Funktionen und den Funktionen selbst, die mit der Gleichung $\frac{\mathrm{d}\sin x}{\mathrm{d}x} = \cos x$ verglichen werden können. Wir zeigen als erstes, daß gilt:

$$J'_p(x) = \frac{1}{2}(J_{p-1}(x) - J_{p+1}(x)). \tag{28}$$

Denn aus der Reihe für $J_p$ folgt nach Differentiation:

$$J'_p(x) = \frac{1}{2}\sum_{k=0}^{k=\infty} \frac{(p+2k)(-1)^k}{\Pi(k)\Pi(p+k)}\left(\frac{x}{2}\right)^{p+2k-1}.$$

Zerlegt man den Faktor $p+2k$ in $p+k$ und $k$, so ergibt jede Potenz 2 Summanden. Faßt man diese zusammen, so ergibt der erste die Reihe

$$\frac{1}{2}\sum_{k=0}^{k=\infty} \frac{(p+k)(-1)^k}{\Pi(k)\Pi(p+k)}\left(\frac{x}{2}\right)^{p+2k-1}$$

$$= \frac{1}{2}\sum_{k=0}^{k=\infty} \frac{(-1)^k}{\Pi(k)\Pi(p+k-1)}\left(\frac{x}{2}\right)^{p+2k-1} = \frac{1}{2}J_{p-1}(x).$$

In der aus den 2. Summanden gebildeten Reihe

$$\frac{1}{2}\sum_{k=0}^{k=\infty} \frac{k(-1)^k}{\Pi(k)\Pi(p+k)}\left(\frac{x}{2}\right)^{p+2k-1} = \frac{1}{2}\sum_{k=0}^{k=\infty} \frac{(-1)^k}{\Pi(k-1)\Pi(p+k)}\left(\frac{x}{2}\right)^{p+2k-1}$$

verschwindet wegen $1/\Pi(-1) = 0$ das Glied mit $k = 0$, die Zählung beginnt daher erst mit $k = 1$. Setzt man, um von 0 an zählen zu können, $k = l + 1$, so ergibt sich

$$-\frac{1}{2}\sum_{l=0}^{l=\infty} \frac{(-1)^l}{\Pi(l)\Pi(p+l+1)}\left(\frac{x}{2}\right)^{p+2l+1} = -\frac{1}{2}J_{p+1}(x),$$

womit (28) bewiesen ist. Insbesondere ist wegen $J_{-1}(x) = -J_1(x)$

$$J'_0(x) = -J_1(x). \tag{28a}$$

In gleicher Weise zeigt man, daß

$$J'_p(x) = -\frac{p}{x}J_p(x) + J_{p-1}(x) \tag{29}$$

ist. Aus (28) und (29) folgt

$$\frac{2p}{x}J_p(x) = J_{p-1}(x) + J_{p+1}(x). \tag{30}$$

Aus den Rekursionsformeln (28) bis (30) lassen sich eine Menge weiterer Beziehungen ableiten, auf deren Wiedergabe wir verzichten.

Dagegen wollen wir noch eine wichtige Integralformel ableiten: Multipliziert man (29) mit $x_p$, so ergibt sich

$$x^p J_p'(x) + p\,x^{p-1} J_p(x) = x^p J_{p-1}(x),$$

links steht der Differentialquotient von $x^p J_p(x)$, also erhält man durch Integration

$$\int x^p J_{p-1}(x)\,\mathrm{d}x = x^p J_p(x)\,. \tag{31}$$

d) Darstellung der BESSEL-Funktionen ganzzahliger Ordnung durch bestimmte Integrale

Wir zeigen, daß für ganze Zahlen $p = n$ die Differentialgleichung (19) erfüllt ist durch die Funktion

$$J_n(x) = \frac{1}{\pi} \int_0^\pi \cos(x \sin\varphi - n\varphi)\,\mathrm{d}\varphi\,, \tag{32}$$

von der sich leicht zeigen läßt, daß sie mit der BESSEL-Funktion $J_n(x)$ identisch ist, weshalb gleich diese Bezeichnung gewählt wurde. Durch Differentiation folgt

$$\frac{\mathrm{d}J_n(x)}{\mathrm{d}x} = -\frac{1}{\pi} \int_0^\pi \sin(x \sin\varphi - n\varphi) \sin\varphi\,\mathrm{d}\varphi\,;$$

$$\frac{\mathrm{d}^2 J_n(x)}{\mathrm{d}x^2} = -\frac{1}{\pi} \int_0^\pi \cos(x \sin\varphi - n\varphi) \sin^2\varphi\,\mathrm{d}\varphi\,.$$

Setzt man dies in die Differentialgleichung ein, so muß

$$\int_0^\pi \cos(x\sin\varphi - n\varphi)\sin^2\varphi\,\mathrm{d}\varphi + \frac{1}{x}\int_0^\pi \sin(x\sin\varphi - n\varphi)\sin\varphi\,\mathrm{d}\varphi$$
$$+ \int_0^\pi \left(\frac{n^2}{x^2} - 1\right)\cos(x\sin\varphi - n\varphi)\,\mathrm{d}\varphi = 0$$

sein. Um dies zu zeigen, formen wir das 2. Integral durch partielle Integration um und erhalten

$$\int_0^\pi \sin(x\sin\varphi - n\varphi)\sin\varphi\,\mathrm{d}\varphi = -\left[\sin(x\sin\varphi - n\varphi)\cos\varphi\right]_0^\pi$$
$$+ \int_0^\pi \cos\varphi\cos(x\sin\varphi - n\varphi)\cdot(x\cos\varphi - n)\,\mathrm{d}\varphi\,.$$

Damit ergibt sich durch Zusammenfassung aller 3 Integrale, da der Ausdruck in der eckigen Klammer verschwindet:

$$-\frac{n}{x^2}\int_0^\pi \cos(x\sin\varphi - n\varphi)(x\cos\varphi - n)\,\mathrm{d}\varphi = -\frac{n}{x^2}\left[\sin(x\sin\varphi - n\varphi)\right]_0^\pi = 0.$$

e) Orthogonalitätseigenschaften der BESSEL-Funktionen

Die Berechnung der Koeffizienten der FOURIER-Reihen wird durch das Verschwinden gewisser Integrale über trigonometrische Funktionen ermöglicht. Ähnliche Eigenschaften haben auch die BESSEL-Funktionen, so daß man Reihen nach BESSEL- statt nach trigonometrischen Funktionen aufstellen kann. Um dies zu zeigen, gehen wir von folgenden Differentialgleichungen aus:

$$x^2 y_1'' + x y_1' + (\alpha^2 x^2 - p^2) y_1 = 0,$$
$$x^2 y_2'' + x y_2' + (\beta^2 x^2 - p^2) y_2 = 0.$$

Wie man durch die Substitution $z = \alpha x$ bzw. $z = \beta x$ leicht zeigen kann, ist die Lösung der ersten $y_1 = J_p(\alpha x)$, die der zweiten $y_2 = J_p(\beta x)$. Wir multiplizieren nun die erste mit $y_2/x$, die zweite mit $y_1/x$ und ziehen die zweite von der ersten ab, wobei sich ergibt:

$$x(y_1'' y_2 - y_2'' y_1) + (y_1' y_2 - y_2' y_1) + (\alpha^2 - \beta^2) x y_1 y_2 = 0.$$

Multiplizieren wir diese Gleichung mit $\mathrm{d}x$ und integrieren wir von 0 bis 1, so ergibt sich, da die ersten beiden Klammern das Differential von $x(y_1' y_2 - y_2' y_1)$ darstellen,

$$(\alpha^2 - \beta^2) \int_0^1 x y_1 y_2 \,\mathrm{d}x = - [x(y_1' y_2 - y_2' y_1)]_0^1 .$$

Setzen wir für $y$ die BESSEL-Funktion ein, so erhalten wir wegen $y_1' = \alpha J_p'(\alpha x)$;

$$(\alpha^2 - \beta^2) \int_0^1 x J_p(\alpha x) J_p(\beta x) \,\mathrm{d}x = [x(\beta J_p(\alpha x) J_p'(\beta x) - \alpha J_p(\beta x) J_p'(\alpha x))]_0^1 .$$

Schließen wir Funktionen mit negativer gebrochener Ordnungszahl $p < -1$ aus, die für $x = 0$ von zu hoher Ordnung unendlich werden, so verschwindet der Ausdruck in der Klammer für die untere Grenze und man erhält

$$\int_0^1 x J_p(\alpha x) J_p(\beta x) \,\mathrm{d}x = \frac{\beta J_p(\alpha) J_p'(\beta) - \alpha J_p(\beta) J_p'(\alpha)}{\alpha^2 - \beta^2} .$$

Sind nun $\alpha$ und $\beta$ zwei verschiedene Nullstellen der BESSEL-Funktion, so erhält man die erste Orthogonalitätsgleichung

$$\int_0^1 x J_p(\alpha x) J_p(\beta x) \,\mathrm{d}x = 0. \tag{33}$$

Wenn $\alpha = \beta$ ist, wird der Ausdruck unbestimmt. Denkt man sich $\beta$ von $\alpha$ etwas verschieden und läßt diesen Unterschied gegen 0 gehen, so erhält man den Wert für $\beta = \alpha$ durch Differenzieren von Zähler und Nenner nach $\beta$ und Einsetzen von $\beta = \alpha$. Dies gibt

$$\int_0^1 x J_p(\alpha x) J_p(\alpha x) \,\mathrm{d}x = \frac{\alpha J_p'(\alpha) J_p'(\alpha) - J_p(\alpha) J_p'(\alpha) - \alpha J_p(\alpha) J_p''(\alpha)}{2\alpha}$$

und wegen $J_p(\alpha) = 0$ erhält man die 2. Orthogonalitätsgleichung

$$\int_0^1 x J_p^2(\alpha x)\,\mathrm{d}x = \frac{1}{2} J_p'^2(\alpha)\,. \tag{34}$$

f) Sphärische BESSEL-Funktionen

Wenn man in der SCHRÖDINGER-Gleichung für ein freies Teilchen (s. 5. Buch) eine Separation der Variablen in Kugelkoordinaten vornimmt, so erhält man für jeden Wert $l$ des Bahndrehimpulses die Radialgleichung

$$\frac{\mathrm{d}^2 R_l}{\mathrm{d}r^2} + \frac{2}{r}\frac{\mathrm{d}R_l}{\mathrm{d}r} + \left(1 + \frac{l(l+1)}{r^2}\right) R_l = 0. \tag{35}$$

Die Verwandtschaft mit Gl. (19) läßt vermuten, daß die Lösungen durch BESSEL-Funktionen ausgedrückt werden können. Dies ist in der Tat der Fall. Man definiert die sphärische BESSEL-Funktion

$$j_l(r) = \left(\frac{\pi}{2r}\right)^{1/2} J_{l+1/2}(r)\,, \tag{36}$$

von der man sich durch Einsetzen leicht überzeugt, daß sie eine Lösung darstellt. Diese Lösung ist im Ursprung regulär. Die sphärischen BESSELfunktionen können durch eine Summe von Produkten von Sinus- und Cosinus-Funktionen mit Polynomen von $r^{-1}$ ausgedrückt werden. Die ersten drei sphärischen BESSELfunktionen sind

$$j_0(r) = \frac{\sin r}{r}\,, \quad j_1(r) = \frac{\sin r}{r^2} - \frac{\cos r}{r}\,,$$

$$j_2(r) = \left(\frac{3}{r^3} - \frac{1}{r}\right)\sin r - \frac{3}{r^2}\cos r\,.$$

## § 3. Die Zylinderfunktionen 2. und 3. Art. Asymptotische Darstellung der Zylinderfunktionen

a) Reihenentwicklung der Zylinderfunktionen 2. Art (NEUMANNsche Funktionen)

Für ganzzahlige Ordnung $p$ gibt (24) keine neue Funktion. Um diese zu finden, machen wir einen Grenzübergang von einer Ordnungszahl $p$, die wenig entfernt von einer ganzen Zahl $n$ ist zu ganzzahliger Ordnung. Wir bilden die Kombination

$$N_p(x) = \frac{J_p(x)\cos p\pi - J_{-p}(x)}{\sin p\pi}\,, \tag{37}$$

die sicher eine Lösung der BESSELschen Differentialgleichung ist. Für ganzzahlige Werte $n$ von $p$ verschwinden Zähler und Nenner und man erhält den Grenzwert, wenn man Zähler und Nenner nach $p$ differenziert. Dies gibt

$$N_n(x) = \left.\frac{-\pi \sin p\pi\, J_p(x) + \cos p\pi\, \dfrac{\partial J_p(x)}{\partial p} - \dfrac{\partial J_{-p}(x)}{\partial p}}{\pi \cos p\pi}\right|_{p=n}$$

$$= \frac{(-1)^n}{\pi}\left((-1)^n \frac{\partial J_p(x)}{\partial p} - \frac{\partial J_{-p}(x)}{\partial p}\right)_{p=n}.$$

Mit den Bezeichnungen von § 1 erhält man weiter

$$\left(\frac{\partial J_p(x)}{\partial p}\right)_{p=n} = \sum_{k=0}^{k=\infty} \frac{(-1)^k}{\Pi(k)\Pi(n+k)}\left(\frac{x}{2}\right)^{n+2k}\left(\ln\frac{x}{2}+\Psi(n+k)\right)$$

$$\left(\frac{\partial J_{-p}(x)}{\partial p}\right)_{p=n} = \sum_{k=0}^{k=\infty} \frac{(-1)^k}{\Pi(k)\Pi(-n+k)}\left(\frac{x}{2}\right)^{-n+2k}\left(-\ln\frac{x}{2}+\Psi(-n+k)\right).$$

Durch Multiplikation mit $(-1)^p$ und Subtraktion ergibt sich wegen (26)

$$\pi N_n(x) = 2J_n(x)\ln\frac{x}{2} - \sum_{k=0}^{k=\infty}\frac{(-1)^k\Psi(n+k)}{\Pi(k)\Pi(n+k)}\left(\frac{x}{2}\right)^{n+2k} - \sum_{k=0}^{k=\infty}\frac{(-1)^{k+n}\Psi(-n+k)}{\Pi(k)\Pi(-n+k)}\left(\frac{x}{2}\right)^{-n+2k}. \tag{38}$$

In der zweiten Summe treten, solange $k \geqq n$ ist, für $(k+n)$ dieselben Potenzen von $x$ auf wie in der ersten Summe für $k$, ihre Koeffizienten sind $\Psi(k)/\Pi(k+n)\Pi(k)$. Faßt man sie mit der 1. Summe zusammen, so bleibt von der 2. Summe nur der Teil von $k=0$ bis $k=n-1$. Hier treten die Koeffizienten

$$\frac{\Psi(-n+k)}{\Pi(k)\Pi(-n+k)} = (-1)^{n-k}\frac{\Pi(n-k-1)}{\Pi(k)}$$

auf (vgl. Gl. (13) von § 1).

Damit erhalten wir schließlich

$$N_n(x) = \frac{2}{\pi}J_n\ln\frac{x}{2} - \frac{1}{\pi}\sum_{k=0}^{k=\infty}(-1)^k\frac{\Psi(k)+\Psi(n+k)}{\Pi(k)\Pi(n+k)}\left(\frac{x}{2}\right)^{n+2k} - \frac{1}{\pi}\sum_{k=0}^{k=n-1}\frac{\Pi(n-k-1)}{\Pi(k)}\left(\frac{x}{2}\right)^{-n+2k}. \tag{39}$$

Aus dieser Entwicklung geht hervor, daß die Zylinderfunktionen 2. Art für $x=0$ wie $x^{-n}$ unendlich werden. Bei $N_0$ entfällt die Summe mit negativen Potenzen, $N_0$ wird wegen des 1. Glieds für $x = 0$ logarithmisch unendlich; vgl. Fig. 36.

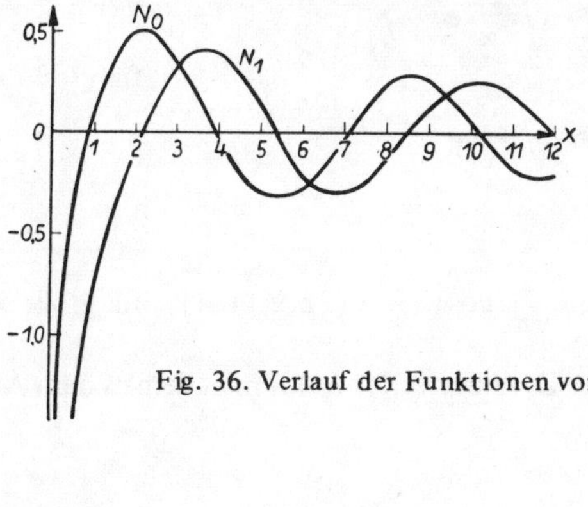


Fig. 36. Verlauf der Funktionen von $N_0(x)$ und $N_1(x)$

b) Zylinderfunktionen 3. Art (HANKELsche Funktionen)

Als Zylinderfunktionen 3. Art definiert man:

$$H_p^{(1)}(x) = J_p(x) + i N_p(x)$$
$$H_p^{(2)}(x) = J_p(x) - i N_p(x) \,. \tag{40}$$

Wie wir gleich sehen werden, verhalten sich diese Funktionen zu $J_p$ und $N_p$ wie $e^{ix}$ zu $\sin x$ und $\cos x$.

c) Asymptotisches Verhalten der Zylinderfunktionen

Wir bringen die Differentialgleichung (19) dadurch auf eine einfachere Form, daß wir

$$y = x^m z \tag{41}$$

setzen und den Exponenten $m$ so bestimmen, daß das Glied mit dem ersten Differentialquotienten von $z$ verschwindet. Wie man leicht nachrechnet, gelingt dies mit $m = -1/2$, wobei sich für $z$ die Differentialgleichung

$$\frac{d^2 z}{dx^2} + z\left(1 - \frac{p^2 - 1/4}{x^2}\right) = 0 \tag{42}$$

ergibt. Daraus ersieht man, daß für $p = \pm 1/2$ die einfache Schwingungsdifferentialgleichung für $z$ entsteht und $J_{1/2}$ bzw. $J_{-1/2}$ von der Form $(A \sin x + B \cos x)/\sqrt{x}$ sein muß. Durch Vergleich der Reihen erhält man die richtigen Werte für die Konstanten, es wird:

$$J_{1/2}(x) = \sqrt{\frac{2}{\pi x}} \sin x$$
$$J_{-1/2}(x) = \sqrt{\frac{2}{\pi x}} \cos x \,. \tag{43}$$

Aber auch für jeden beliebigen Wert von $p$ erhält man, wenn man $x$ groß genug macht, als Näherung die Schwingungsdifferentialgleichung für $z$. Die asymptotische Darstellung der Zylinderfunktionen wird nach Bestimmung der Konstanten:

$$H_p^{(1)}(x) \approx \sqrt{\frac{2}{\pi x}}\, e^{ix - i\pi \frac{(2p+1)}{4}}$$
$$H_p^{(2)}(x) \approx \sqrt{\frac{2}{\pi x}}\, e^{-ix + i\pi \frac{(2p+1)}{4}} \qquad \text{für große } x \,,$$

also

$$J_p(x) \approx \sqrt{\frac{2}{x\pi}} \cos(x - \pi(2p+1)/4) \qquad \text{für große } x \,.$$

Dies führt zur Darstellung der Zylinderwelle. Wenn man gemäß dem Ansatz (15)

$$u = J(k\rho)\, e^{i\omega t}$$

schreibt, so schwingen alle Punkte in gleicher Phase, wir haben also eine stehende Welle. Für die fortlaufende Welle ist die Verknüpfung $\omega\left(t - \frac{x}{v}\right)$ als Argument der periodischen Funktion kennzeichnend. Wie die asymptotische Darstellung erkennen läßt, leisten dies die HANKEL-Funktionen $H_p^{(2)}$ in Verbindung mit $e^{i\omega t}$.

d) Sphärische NEUMANN-Funktionen

Die Differentialgleichung (35) hat neben der im Ursprung regulären Lösung auch eine nicht reguläre. Diese heißt „Sphärische NEUMANN-Funktion". Sie ist definiert durch

$$n_l(r) = (-1)^{l+1} \left(\frac{\pi}{2r}\right)^{1/2} J_{-l-1/2}(r). \tag{44}$$

Die ersten drei sphärischen NEUMANN-Funktionen sind

$$\begin{aligned} n_0(r) &= -\frac{\cos r}{r}\,; \quad n_1(r) = -\left(\frac{\cos r}{r^2} + \frac{\sin r}{r}\right)\,; \\ n_2(r) &= -\left(\frac{3}{r^3} - \frac{1}{r}\right)\cos r - \frac{3}{r^2}\sin r\,. \end{aligned} \tag{45}$$

e) Sphärische HANKEL-Funktionen

Die SCHRÖDINGER-Gleichung tritt in der Form (35) auf, wenn man sich für die Lösungen außerhalb des Bereiches eines am Ursprung lokalisierten Potentials interessiert. Dabei ist dann der Ursprung ausgeschlossen, so daß kein physikalischer Grund besteht, die sphärischen NEUMANN-Funktionen als Lösung auszuschließen. Besonders wichtig sind dann Linearkombinationen von sphärischen BESSEL- und NEUMANN-Funktionen, die asymptotisch exponentiell abfallen. Diese Linearkombinationen sind die sphärischen HANKEL-Funktionen:

$$\begin{aligned} h_l^{(1)}(r) &= j_l(r) + i\, n_l(r) \\ h_l^{(2)}(r) &= j_l(r) - i\, n_l(r)\,. \end{aligned} \tag{46}$$

f) Asymptotisches Verhalten der sphärischen BESSEL-Funktionen

In der Nähe des Koordinatenursprungs gilt

$$j_l(r) \to \frac{r^l}{1\cdot 3\cdot 5\cdot \ldots (2l+1)}\,; \qquad n_l(r) \to \frac{-1\cdot 3\cdot 5\cdot \ldots (2l-1)}{r^{(l+1)}}\,. \tag{47}$$

Für große $r$, d. h. $r \gtrsim l(l+1)$, kann man setzen

$$j_l(r) \to \frac{1}{r}\cos\left(r - \frac{1}{2}(l+1)\pi\right); \quad n_l(r) \to \frac{1}{r}\sin\left(r - \frac{1}{2}(l+1)\pi\right). \tag{48}$$

Daraus folgt das asymptotische Verhalten der sphärischen HANKEL-Funktionen erster und zweiter Art.

$$h_l^{(1)}(r) \xrightarrow[r\to\infty]{} \frac{1}{ir}\exp(ir - il\pi/2)$$
$$h_l^{(2)}(r) \xrightarrow[r\to\infty]{} \frac{i}{r}\exp(-ir + il\pi/2)\,. \tag{49}$$

Für rein imaginäres Argument ist demnach $h_l^{(1)}$ exponentiell abklingend.

## § 4. LEGENDRE-Polynome und Kugelfunktionen

### a) Differentialgleichung der Kugelfunktionen

Zu einer weiteren Klasse von Funktionen gelangt man unmittelbar von der Potentialgleichung $\Delta u = 0$ aus. Wir suchen solche Lösungen, welche in den Koordinaten $x, y, z$ homogen vom Grade $n$ sind. In räumlichen Polarkoordinaten haben diese dann die Form

$$u = r^n F_n(\vartheta, \varphi)\,. \tag{50}$$

Schreibt man die Potentialgleichung in Polarkoordinaten, so wird, wenn man (50) einsetzt, gemäß S. 44 die Gleichung für $F_n$

$$\frac{1}{\sin\vartheta}\,\frac{\partial \sin\vartheta \frac{\partial F_n}{\partial\vartheta}}{\partial\vartheta} + \frac{1}{\sin^2\vartheta}\,\frac{\partial^2 F_n}{\partial\varphi^2} + n(n+1)F_n = 0\,. \tag{51}$$

Da diese Gleichung unverändert bleibt, wenn man $n$ mit $-(n+1)$ vertauscht, ist $r^{-(n+1)}F_n$ ebenfalls eine Lösung, wenn $r^n F_n$ eine Lösung ist.

Wir erhalten bei Unabhängigkeit von $\varphi$ eine einfachere Gleichung, wenn wir

$$\cos\vartheta = x, \quad -\sin\vartheta\,\mathrm{d}\vartheta = \mathrm{d}x$$

setzen, und $y$ für $F_n$ schreiben:

$$\frac{\mathrm{d}(1-x^2)\frac{\mathrm{d}y}{\mathrm{d}x}}{\mathrm{d}x} + n(n+1)y = 0. \tag{52}$$

### b) Die LEGENDREschen Polynome

Die Gl. (52) könnten wir so, wie wir es bei den Zylinderfunktionen machten, durch eine Potenzreihe lösen, wobei sich ergibt, daß eine der beiden Lösungen zu einem Abbrechen der Potenzreihe führt, die Lösung durch ein Polynom gegeben ist. Wir kommen aber anschaulicher auf folgendem Weg zum Ziel: Wir kennen eine sehr einfache Lösung der Potentialgleichung: Es befinde sich im Abstand 1 von 0 auf der $z$-Achse die Ladung 1. Das Potential, das diese Ladung am Ort $P$ erzeugt, ist, wenn wir den Abstand von der Ladung mit $r'$ bezeichnen:

$$u = \frac{1}{r'} = (1 + r^2 - 2r\cos\vartheta)^{-1/2} = (1 + r(r - 2x))^{-1/2}\,. \tag{53}$$

Ist $r$ klein, so können wir die Wurzel nach dem binomischen Satz entwickeln und erhalten eine nach Potenzen von $r$ fortschreitende Reihe, deren Koeffizienten, da jedes Glied eine Lösung der Potentialgleichung darstellt, bereits die gesuchten als LEGENDREsche Polynome $P_n$ bezeichneten Funktionen sind. Ihr allgemeiner Ausdruck ist, wenn wir mit $[n/2]$ die größte ganze Zahl $\leqq \frac{n}{2}$ bezeichnen:

$$P_n(x) = \sum_{k=0}^{k=[n/2]} (-1)^k \frac{1 \cdot 3 \cdot 5 \cdots (2n-2k-1)}{2^k\, k!\,(n-2k)!}\, x^{n-2k}. \tag{54}$$

Da $x = \cos\vartheta$ ist, erhält man $F_n$ in Potenzen von $\cos\vartheta$. Mittels der bekannten Formeln kann man diese Potenzen durch Vielfache des Winkels ausdrücken, was z.B. für $P_2$ ergibt:

$$P_2(x) = \frac{1}{2}(3x^2 - 1) = \frac{1}{4}(3\cos 2\vartheta + 1).$$

Die LEGENDRE-Polynome treten in den folgenden Entwicklungen auf:

$$\frac{1}{|\vec{r}_1 - \vec{r}_2|} = \sum_{n=0}^{\infty} \frac{r_<^n}{r_>^{n+1}} P_n(\cos\vartheta), \tag{55}$$

$$\frac{e^{ik|\vec{r}_1 - \vec{r}_2|}}{|\vec{r}_1 - \vec{r}_2|} = k \sum_{n=0}^{\infty} (2n+1)\, j_n(kr_<)\, h_n^{(1)}(kr_>)\, P_n(\cos\vartheta), \tag{56}$$

$$\frac{\cos(k|\vec{r}_1 - \vec{r}_2|)}{|\vec{r}_1 - \vec{r}_2|} = k \sum_{n=0}^{\infty} (2n+1)\, j_n(kr_<)\, n_n(kr_>)\, P_n(\cos\vartheta), \tag{57}$$

$$e^{ikz} = \sum_{n=0}^{\infty} (2n+1)\, i^n\, j_n(kr)\, P_n(\cos\vartheta). \tag{58}$$

Dabei kennzeichnet $r_<$ den kleineren der beiden Radien $r_1$ und $r_2$, $r_>$ den größeren. $\vartheta$ ist der Winkel zwischen $r_1$ und $r_2$ bzw. zwischen $r$ und der $z$-Achse.

Den allgemeinen Ausdruck (54) für die LEGENDRE-Polynome können wir auch in der Form

$$P_n(x) = \frac{1}{2^n\, n!} \frac{d^n}{dx^n} (x^2 - 1)^n \tag{54'}$$

schreiben.

Die ersten fünf LEGENDRE-Polynome sind:

$$P_0(x) = 1; \quad P_1(x) = x; \quad P_2(x) = \frac{1}{2}(3x^2 - 1);$$

$$P_3(x) = \frac{1}{2}(5x^3 - 3x); \quad P_4(x) = \frac{1}{8}(35x^4 - 30x^2 + 3).$$

### c) Beziehungen zwischen den LEGENDRE-Polynomen verschiedener Ordnung

Die Entwicklung von (53) lautet nunmehr nach Potenzen von $r$

$$(1-2rx+r^2)^{-1/2} = P_0(x) + rP_1(x) + r^2P_2(x) + \cdots r^n P_n(x) + r^{n+1} P_{n+1}(x) + \cdots .$$

Differenziert man diese Gleichung nach $r$, so erhält man

$$(1-2rx+r^2)^{-3/2}\,(x-r) = P_1(x) + 2rP_2(x) + \cdots nr^{n-1} P_n(x) + (n+1)r^n P_{n+1}(x) + \cdots$$

oder

$$(1-2rx+r^2)^{-1/2}\,(x-r) = (P_1(x) + 2rP_2(x) + \cdots)(1-2rx+r^2)\,.$$

Entwickelt man links wieder nach Potenzen von $r$, so erhält man:

$$(x-r)(P_0(x) + rP_1(x) + \cdots r^n P_n(x) + r^{n+1} P_{n+1}(x) + \cdots) = (P_1(x) + 2rP_2(x) + \cdots)(1-2rx+r^2).$$

Der Vergleich gleicher Potenzen von $r$ ergibt die Beziehung:

$$(2n+1)\,x P_n(x) = (n+1) P_{n+1}(x) + n P_{n-1}(x)\,. \qquad (59)$$

In gleicher Weise erhält man durch Differentiation nach $x$:

$$(2n+1) P_n(x) = P'_{n+1}(x) - P'_{n-1}(x). \qquad (60)$$

### d) Die zugeordneten LEGENDRE-Polynome

Wir gehen jetzt zu einer *eindeutigen* Abhängigkeit der Funktion $F_n$ vom Azimut $\varphi$ über, für die wir daher den Ansatz

$$F_n(\vartheta, \varphi) = e^{im\varphi} f_n(\vartheta) \qquad (61)$$

machen. Damit erhalten wir für $f_n$ die Differentialgleichung

$$\frac{1}{\sin\vartheta}\,\frac{\mathrm{d}\sin\vartheta\,\frac{\mathrm{d}f_n}{\mathrm{d}\vartheta}}{\mathrm{d}\vartheta} + \left(n(n+1) - \frac{m^2}{\sin^2\vartheta}\right) f_n = 0\,, \qquad (62)$$

und mit

$$f_n(\cos\vartheta) = y(x)$$

ergibt sich

$$(1-x_2)\frac{\mathrm{d}^2 y}{\mathrm{d}x^2} - 2x\frac{\mathrm{d}y}{\mathrm{d}x} + \left(n(n-1) - \frac{m^2}{1-x^2}\right) y = 0\,. \qquad (63)$$

Zu ihrer Vereinfachung setzen wir $y = (1-x^2)^p\, u_m$ und bestimmen $p$ so, daß der

Koeffizient von $u_m$ eine Konstante wird. Dies ergibt

$$p = m/2 \quad y = (1-x^2)^{m/2}\, u_m \, . \tag{64}$$

Damit wird die Differentialgleichung für $u_m$:

$$(1-x^2)\frac{d^2 u_m}{dx^2} - 2(m+1)\,x\,\frac{du_m}{dx} + (n(n+1) - m(m+1))\,u_m = 0. \tag{65}$$

Differenzieren wir diese Gleichung, so ergibt sich

$$(1-x^2)\frac{d^3 u_m}{dx^3} - 2(m+2)\,x\,\frac{d^2 u_m}{dx^2} + (n(n+1) - (m+1)(m+2))\frac{du_m}{dx} = 0. \tag{66}$$

Genügt also $u_m$ der Gl. (65) mit $m$, so genügt $\dfrac{du_m}{dx}$ der Gl. (66) mit $m+1$.

Für $m = 0$ wird $u_0$ identisch mit $P_n$, also genügt $\dfrac{d^m P_n(x)}{dx^m}$ der Gl. (65) für $m = m$, die Lösung von (63) für $m = m$ ist also:

$$P_n^m(x) = (1-x^2)^{m/2}\frac{d^m P_n(x)}{dx^m} \, . \tag{67}$$

Diese Funktionen heißen die *zugeordneten* LEGRENDE*-Polynome.* Da die $n$-te Ableitung eines Polynoms $n$-ten Grads eine Konstante ist, wird

$$P_n^n(x) = C(1-x^2)^{n/2} = C \sin^n \vartheta$$

und

$$P_n^m(x) = 0 \quad \text{für} \quad m > n.$$

Beziehungen zwischen den zugeordneten LEGENDRE-Polynomen:

Differenziert man (59) $m$-mal, so erhält man

$$(2n+1)\,x\,\frac{d^m P_n(x)}{dx^m} + m\,(2n+1)\frac{d^{m-1} P_n(x)}{dx^{m-1}} = (n+1)\frac{d^m P_{n+1}(x)}{dx^m} + n\,\frac{d^m P_{n-1}(x)}{dx^m} \, .$$

Durch $(m-1)$-malige Differentiation von (60) ergibt sich

$$(2n+1)\frac{d^{m-1} P_n(x)}{dx^{m-1}} = \frac{d^m P_{n+1}(x)}{dx^m} - \frac{d^m P_{n-1}(x)}{dx^m} \, .$$

Multipliziert man diese Gleichung mit $m$ und zieht sie von der oberen ab, so erhält man nach Multiplikation mit $(1-x^2)^{m/2}$

$$(2n+1)\,x\,P_n^m(x) = (n-m+1)\,P_{n+1}^m(x) + (n+m)\,P_{n-1}^m(x) \, . \tag{68}$$

e) Orthogonalitätseigenschaften der LEGENDRE-Polynome

Wir betrachten 2 LEGENDRE-Polynome mit gleichem oberem Index, aber verschiedenen unteren Indices $n$ und $n'$, die den Differentialgleichungen

$$\frac{\mathrm{d}(1-x^2)\dfrac{\mathrm{d}P_n^m(x)}{\mathrm{d}x}}{\mathrm{d}x} + \left\{n\,(n+1) - \frac{m^2}{1-x^2}\right\} P_n^m x = 0$$

$$\frac{\mathrm{d}(1-x^2)\dfrac{\mathrm{d}P_{n'}^m(x)}{\mathrm{d}x}}{\mathrm{d}x} + \left\{n'(n'+1) - \frac{m^2}{1-x^2}\right\} P_{n'}^m(x) = 0$$

genügen.

Wir multiplizieren die erste mit $P_{n'}^m$, die zweite mit $P_n^m$, ziehen die zweite von der ersten ab und integrieren von $-1$ bis $+1$, womit sich ergibt:

$$\{n(n+1) - n'(n'+1)\} \int_{-1}^{+1} P_n^m(x)\, P_{n'}^m(x)\,\mathrm{d}x$$

$$= \int_{-1}^{+1} P_{n'}^m(x) \frac{\mathrm{d}(1-x^2)\dfrac{\mathrm{d}P_n^m(x)}{\mathrm{d}x}}{\mathrm{d}x}\,\mathrm{d}x - \int_{-1}^{+1} P_n^m(x) \frac{\mathrm{d}(1-x^2)\dfrac{\mathrm{d}P_{n'}^m(x)}{\mathrm{d}x}}{\mathrm{d}x}\,\mathrm{d}x\,.$$

Durch partielle Integration erhalten wir rechts

$$\int_{-1}^{+1} P_{n'}^m(x) \frac{\mathrm{d}(1-x^2)\dfrac{\mathrm{d}P_n^m(x)}{\mathrm{d}x}}{\mathrm{d}x}\,\mathrm{d}x$$

$$= \left[(1-x^2)\,P_{n'}^m(x)\,\frac{\mathrm{d}P_n^m(x)}{\mathrm{d}x}\right]_{-1}^{+1} - \int_{-1}^{+1} (1-x^2)\frac{\mathrm{d}P_n^m(x)}{\mathrm{d}x}\,\frac{\mathrm{d}P_{n'}^m(x)}{\mathrm{d}x}\,\mathrm{d}x\,.$$

Der erste Ausdruck verschwindet wegen der Grenzen, für den zweiten Ausdruck erhalten wir im zweiten Integral dasselbe, somit wird für $n \neq n'$

$$\int_{-1}^{+1} P_n^m(x)\, P_{n'}^m(x)\,\mathrm{d}x = 0 \quad \text{für} \quad n' \neq n\,. \tag{69}$$

Etwas mehr Arbeit macht die Berechnung von $\int_{-1}^{+1} (P_n^m(x))^2\,\mathrm{d}x$.

Wir geben daher nur das Resultat wieder:

$$\int_{-1}^{+1} (P_n^m(x))^2\,\mathrm{d}x = \frac{2}{2n+1}\,\frac{(n+m)!}{(n-m)!}\,. \tag{70}$$

Die LEGENDRE-Polynome sind demnach nicht „auf Eins normiert".

f) Die Kugel(flächen)funktionen

Die Kugelflächenfunktionen $Y_{lm}$ hängen mit den LEGENDRE-Polynomen zusammen:

$$Y_{lm}(\vartheta,\varphi)=(-1)^{\frac{m+|m|}{2}}\left[\frac{(l-|m|)!}{(l+|m|)!}\;\frac{2l+1}{4\pi}\right]^{1/2} P_l^m(\cos\vartheta)\,e^{im\varphi}\;. \tag{71}$$

Die räumlichen Kugelfunktionen sind

$$\mathcal{Y}_{lm}(\vec{r})=r^l\,Y_{lm}(\vartheta,\varphi)\,. \tag{72}$$

In diesem Buch sind mit der Bezeichnung „Kugelfunktion" die Kugelflächenfunktionen gemeint.

Die Kugelfunktionen bilden einen auf der Einheitskugel orthonormalen Satz von Funktionen.

$$\int Y_{lm}^*\,Y_{l'm'}\,\mathrm{d}\Omega=\int_0^{2\pi}\mathrm{d}\varphi\int_0^{\pi}\sin\vartheta\,\mathrm{d}\vartheta\,Y_{lm}^*\,Y_{l'm'}=\delta_{ll'}\,\delta_{mm'}\,. \tag{73}$$

Sie erfüllen die Vollständigkeitsrelation

$$\sum_{l=0}^{\infty}\sum_{m=-l}^{+l}Y_{lm}^*(\vartheta,\varphi)\,Y_{lm}(\vartheta',\varphi')=\frac{1}{\sin\vartheta}\,\delta(\vartheta-\vartheta')\,\delta(\varphi-\varphi')=\delta(\Omega-\Omega')\,. \tag{74}$$

Additionstheorem der Kugelfunktionen:

$$\sum_{m=-l}^{+l}Y_{lm}^*(\vartheta,\varphi)\,Y_{lm}(\vartheta',\varphi')=\frac{2l+1}{4\pi}\,P_l(\cos\alpha). \tag{75}$$

Dabei ist $\alpha$ der Winkel zwischen den durch $(\vartheta,\varphi)$ und $(\vartheta',\varphi')$ bezeichneten Richtungen.

Die Kugelfunktionen sind Eigenfunktionen der folgenden Operatoren

$$\hat{L}^2=-\left[\frac{1}{\sin\vartheta}\,\frac{\partial}{\partial\vartheta}\,\sin\vartheta\,\frac{\partial}{\partial\vartheta}+\frac{1}{\sin^2\vartheta}\,\frac{\partial^2}{\partial\varphi^2}\right] \tag{76}$$

und

$$\hat{L}_z=\frac{1}{i}\,\frac{\partial}{\partial\varphi}\,, \tag{77}$$

denn es gilt

$$\hat{L}^2\,Y_{lm}=l(l+1)\,Y_{lm}\,, \tag{78}$$

$$\hat{L}_z\,Y_{lm}=m\,Y_{lm}\,. \tag{79}$$

Der Operator $\hat{L}^2$ ist in der Quantenmechanik der Operator des Drehimpulsquadrates $L^2=L_x^2+L_y^2+L_z^2$, wobei

$$\hat{L}=\frac{1}{i}\,(\vec{r}\times\mathrm{grad})\,. \tag{80}$$

Die Kugelfunktionen $Y_{lm}$ treten daher insbesondere als Eigenfunktionen bei der Beschreibung von Systemen auf, die bestimmte Werte des Drehimpulses besitzen. Näheres dazu im fünften Buch, Kapitel IV.

Sechstes Kapitel

# Die Grundaufgabe der Variationsrechnung und ihre Lösung

## § 1. Die Fragestellung der Variationsrechnung

Die Frage, für welche Werte der unabhängigen Variablen $x$ eine *gegebene* Funktion $y = f(x)$ einen Extremwert hat, wird in den Elementen der Differentialrechnung behandelt. Bekanntlich ist die notwendige Bedingung dafür das Verschwinden des ersten Differentialquotienten. Ebenso ist bei einer Funktion mehrerer Variablen notwendige Bedingung für einen Extremwert das Verschwinden aller partiellen Differentialquotienten $\frac{\partial f}{\partial x}, \frac{\partial f}{\partial y} \cdots$. Viel schwieriger ist folgende Frage zu lösen: Gegeben ist ein bestimmtes Integral, dessen Integrand eine Funktion von $x, y$ und der ersten Ableitung $y'$ sei:

$$I = \int_{x_0}^{x_1} F(x, y, y')\,\mathrm{d}x\,.$$

Für welche Funktion $y(x)$ wird der Wert des Integrals ein Maximum oder Minimum? Hier ist also im Gegensatz zum einfachen Extremwertproblem der Differentialrechnung die Funktion $y(x)$ noch gar nicht bekannt, sondern soll so bestimmt werden, daß das Integral ein Extremum ist. Derartige Aufgaben treten nicht nur in der Geometrie, sondern auch in der Physik sehr häufig auf. Das einfachste Beispiel ist die Frage nach der Kurve, welche die kürzeste Verbindungslinie zwischen zwei gegebenen Punkten $P_0$ und $P_1$ darstellt. In der Ebene ist die Antwort sofort gegeben: die Gerade. Wenn aber die beiden Punkte und ihre Verbindungskurve auf einer beliebigen vorgegebenen Fläche liegen sollen, so ist die analytische Gleichung dieser Kurve, die bekanntlich eine geodätische Linie heißt, nur durch Lösung der oben gestellten Extremalaufgabe, welche die Grundaufgabe der Variationsrechnung darstellt, zu gewinnen.

## § 2. Die EULER-LAGRANGEsche Differentialgleichung

Wir versuchen die Extremalaufgabe der Variationsrechnung auf die Bestimmung eines Extremwerts einer bekannten Funktion zurückzuführen. Zu diesem Zweck betrachten wir neben $y$ benachbarte Funktionen $\tilde{y}(x)$, zu denen wir folgendermaßen gelangen: Es sei $\epsilon$ eine kleine Größe und $\eta(x)$ eine beliebige im Integrationsbereich samt ihren Ableitungen stetige differenzierbare Funktion von $x$, dann führen wir in das Integral statt $y$ und $y'$ die benachbarten Funktionen $\tilde{y} = y + \epsilon\eta$ und $\tilde{y}' = y' + \epsilon\eta'$ ein. Dabei müssen wir aber verlangen, daß die zum Vergleich herangezogenen Funktionen $\tilde{y}$ an den Endpunkten des Integrationsintervalls mit der Funktion $y(x)$ zusammenfallen (vgl. Fig. 37).

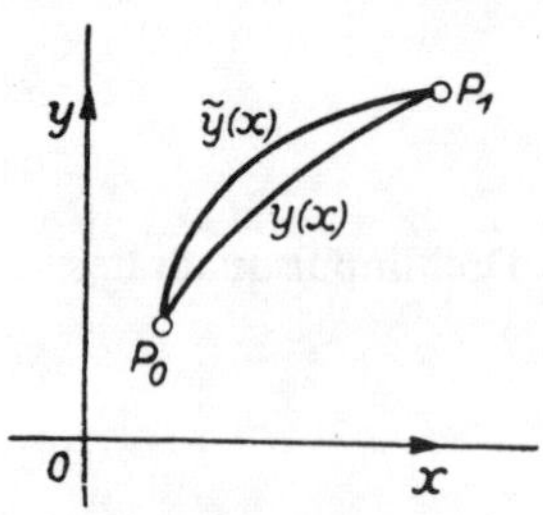

Fig. 37
Benachbarte Funktionen

Wir müssen also von der willkürlichen Funktion $\eta$ die einschränkende Eigenschaft fordern, daß sie an den Enden des Intervalls verschwindet. Denn vergleicht man die verschiedenen Verbindungskurven zwischen zwei gegebenen Punkten, so ist die selbstverständliche Voraussetzung, daß alle zur Konkurrenz zugelassenen Kurven durch diese beiden Punkte gehen und daß nicht etwa auch die Kurvenstücke verglichen werden, die gar nicht durch die Endpunkte des Intervalls gehen. Setzen wir die benachbarten Funktionen in das Integral $I$ ein, so wird dieses eine Funktion von $\epsilon$. Wir verlangen nun, daß $y(x)$ das Integral zu einem Extremum mache, also muß die Funktion $I(\epsilon)$ für $\epsilon = 0$ einen Extremwert haben:

$$I(\epsilon) = \int_{x_0}^{x_1} F(x, y + \epsilon\,\eta, y' + \epsilon\,\eta')\,\mathrm{d}x = \text{Extr. für } \epsilon = 0. \tag{1}$$

Damit sind wir zu der einfachen Extremwertbestimmung einer gegebenen Funktion gelangt. Die Bedingung ist

$$\left(\frac{\mathrm{d}I}{\mathrm{d}\epsilon}\right)_{\epsilon=0} = 0. \tag{2}$$

Wir entwickeln die unter dem Integralzeichen stehende Funktion $F$ in eine TAYLOR-sche Reihe nach Potenzen von $\epsilon$ und erhalten

$$I(\epsilon) = \int_{x_0}^{x_1} \left\{ F(x, y, y') + \epsilon\,\eta\,\frac{\partial F}{\partial y} + \epsilon\,\eta'\,\frac{\partial F}{\partial y'} + \text{Glieder mit } \epsilon^2, \epsilon^3 \cdots \right\} \mathrm{d}x\,. \tag{3}$$

Differenzieren wir erlaubterweise unter dem Integralzeichen nach $\epsilon$, so wird

$$\frac{\mathrm{d}I}{\mathrm{d}\epsilon} = \int_{x_0}^{x_1} \left\{ \eta\,\frac{\partial F}{\partial y} + \eta'\,\frac{\partial F}{\partial y'} + \text{Glieder mit } \epsilon, \epsilon^2 \cdots \right\} \mathrm{d}x\,. \tag{4}$$

Dieser Ausdruck soll für $\epsilon = 0$ verschwinden. Die mit $\epsilon$ behafteten Glieder tun dies von selbst. Es bleibt daher als Bedingung für das Extremum

$$\int_{x_0}^{x_1} \left( \eta\,\frac{\partial F}{\partial y} + \eta'\,\frac{\partial F}{\partial y'} \right) \mathrm{d}x = 0. \tag{5}$$

Der zweite Term läßt sich durch partielle Integration umformen:

$$\int_{x_0}^{x_1} \eta'\,\frac{\partial F}{\partial y'}\,\mathrm{d}x = \left[ \eta\,\frac{\partial F}{\partial y'} \right]_{x_0}^{x_1} - \int_{x_0}^{x_1} \eta\,\frac{\mathrm{d}}{\mathrm{d}x}\,\frac{\partial F}{\partial y'}\,\mathrm{d}x\,.$$

Hier verschwindet der erste Ausdruck, weil $\eta$ an den Grenzen null ist. Somit wird

$$0 = \left(\frac{\mathrm{d}I}{\mathrm{d}\epsilon}\right)_{\epsilon=0} = \int_{x_0}^{x_1} \eta \left( \frac{\partial F(x,y,y')}{\partial y} - \frac{\mathrm{d}}{\mathrm{d}x}\,\frac{\partial F(x,y,y')}{\partial y'} \right) \mathrm{d}x\,. \tag{6}$$

Wegen der Willkür der Funktion $\eta$ kann aber das Integral für beliebige Funktionen $\eta$ nur dann stets verschwinden, wenn die Klammer im Integranden null ist. Wir finden so die EULER-LAGRANGEsche Differentialgleichung

$$\boxed{\frac{\mathrm{d}}{\mathrm{d}x}\,\frac{\partial F(x,y,y')}{\partial y'} - \frac{\partial F(x,y,y')}{\partial y} = 0}\,, \tag{7}$$

der $y$ genügen muß, wenn $y$ das Integral zu einem Extremum machen soll.

Die wesentlich schwierigere Untersuchung über die Art des Extremums (Maximum oder Minimum) kommt in der Physik verhältnismäßig selten vor, wir brauchen sie daher hier nicht zu behandeln. Dagegen ist von großer Wichtigkeit der Fall, daß $F$ eine Funktion mehrerer abhängiger Veränderlicher $y_k$ und ihrer Differentialquotienten ist. Als benachbarte Funktionen führen wir dann in Analogie zu den obigen Ausführungen ein

$$\tilde{y}_1 = y_1 + \epsilon_1 \eta_1 ; \ldots \tilde{y}_k = y_k + \epsilon_k \eta_k ; \ldots ; \tilde{y}_f = y_f + \epsilon_f \eta_f ,$$

wobei die $\eta_k$ wieder an den Grenzen des Integrals verschwinden müssen. Das Integral wird dann eine Funktion der $f$ Variablen $\epsilon_1 \ldots \epsilon_f$. Bedingung für einen Extremwert ist bekanntlich das Verschwinden der partiellen Ableitungen

$$\frac{\partial I(\epsilon_1, \epsilon_2 \ldots \epsilon_f)}{\partial \epsilon_k} = \int_{x_0}^{x_1} \eta_k \left( \frac{\partial F}{\partial y_k} - \frac{\mathrm{d}}{\mathrm{d}x} \frac{\partial F}{\partial y'_k} \right) \mathrm{d}x$$

für $\epsilon_k = 0$, woraus man ersieht, daß für jede einzelne abhängige Variable $y_k$ dieselbe EULER-LAGRANGEsche Differentialgleichung

$$\frac{\mathrm{d}}{\mathrm{d}x} \frac{\partial F}{\partial y'_k} - \frac{\partial F}{\partial y_k} = 0 \text{ gilt} \qquad (k = 1, 2, \ldots f).$$

Die für kleine $\epsilon$ entstehende Differenz

$$I(\epsilon) - I(0) = \epsilon \left( \frac{\mathrm{d}I}{\mathrm{d}\epsilon} \right)_{\epsilon = 0}$$

bezeichnet man gewöhnlich als die „Variation" des Integrals mit $\delta \int_{x_0}^{x_1} F(x, y, y')\, \mathrm{d}x$.
Man schreibt dann statt

$$\int_{x_0}^{x_1} F(x, y, y')\, \mathrm{d}x = \text{Extr.}$$

die das Verschwinden der Variation ausdrückende Gleichung

$$\delta \int_{x_0}^{x_1} F(x, y, y')\, \mathrm{d}x = \int_{x_0}^{x_1} \delta F(x, y, y')\, \mathrm{d}x = 0,$$

für welche natürlich ebenso wie für (1) die EULER-LAGRANGEsche Differentialgleichung erfüllt sein muß, $\delta F$ heißt die Variation der Funktion $F$.

Eine wichtige Folgerung läßt sich aus dieser Form der Variationsaufgabe sofort ziehen: $F$ sei der totale Differentialquotient einer Funktion $G(x, y)$.

$$F(x, y, y') = \frac{\mathrm{d}}{\mathrm{d}x} G(x, y).$$

In diesem Fall läßt sich das Integral sofort auswerten:

$$\int_{x_0}^{x_1} F\, \mathrm{d}x = \int_{x_0}^{x_1} \frac{\mathrm{d}G}{\mathrm{d}x}\, \mathrm{d}x = G(x_1, y_1) - G(x_0, y_0).$$

Da nun an den Grenzen die variierte Funktion mit der ursprünglichen zusammenfällt, wird für *jede* Verknüpfung von $y$ mit $x$

$$\delta \int_{x_0}^{x_1} F\, \mathrm{d}x = \delta\, G(x_1, y_1) - \delta\, G(x_0, y_0) = 0.$$

Es befriedigt also jede beliebige funktionelle Abhängigkeit $y(x)$ die Forderung des Verschwindens der Variation des Integrals, die Extremalaufgabe hat ihren Sinn verloren.

Aufg. 28. Zu beweisen· Hängt in dem Integral, dessen Extremwert gesucht wird, der Integrand $F$ nicht explizit von $x$ ab, so ist ein erstes Integral

$$F - y' \frac{\partial F}{\partial y'} = \text{const.}$$

ZWEITES BUCH

# Mechanik

Erstes Kapitel

## Mechanik des einzelnen Massenpunkts

### § 1. Kinematische Grundbegriffe

Im 1. Kapitel befassen wir uns mit der Bewegung von Körpern, deren eigene Ausdehnung wir vernachlässigen, die wir daher durch mit Masse (vgl. § 2) begabte Punkte (Massenpunkte) schematisieren können. Die Lage eines Massenpunktes kennzeichnen wir durch den von einem festen Punkt $O$ gezogenen Radiusvektor $\vec{r}$. Zur Zeit $t$ befinde sich (vgl. Fig. 38) der Massenpunkt $P$ an einer durch den Vektor $\vec{r}$ gekennzeichneten Stelle des Raumes, zur Zeit $t + \Delta t$ gehört ein anderer Vektor $\vec{r} + \Delta\vec{r}$. Als *Geschwindigkeit* bezeichnen wir den Vektor $\vec{v}$, der sich als Grenzwert des Verhältnisses $\dfrac{\Delta\vec{r}}{\Delta t}$ bei unendlich kleinem Zeitzuwachs ergibt, also

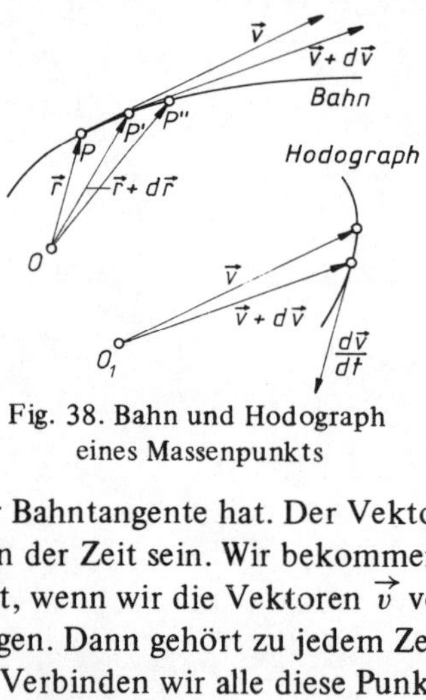


Fig. 38. Bahn und Hodograph eines Massenpunkts

$$\vec{v} = \lim_{\Delta t \to 0} \frac{\Delta\vec{r}}{\Delta t} = \frac{\mathrm{d}\vec{r}}{\mathrm{d}t} = \dot{\vec{r}}. \tag{1}$$

Die Richtung des Geschwindigkeitsvektors ist also durch den Vektor $\mathrm{d}\vec{r}$ gegeben, der die Richtung der Bahntangente hat. Der Vektor $\vec{v}$ wird nun im allgemeinen selbst wieder eine Funktion der Zeit sein. Wir bekommen ein anschauliches Bild vom Verlauf der Geschwindigkeit, wenn wir die Vektoren $\vec{v}$ von einem neuen Zentrum $O_1$ als Radienvektoren antragen. Dann gehört zu jedem Zeitpunkt ein bestimmter Endpunkt eines Radiusvektors $\vec{v}$. Verbinden wir alle diese Punkte, so erhalten wir eine neue Kurve, den *Hodographen* der Bewegung.

Als *Beschleunigung* $\vec{a}$ bezeichnen wir den Grenzwert der auf die Zeit bezogenen Änderung des Vektors $\vec{v}$, also

$$\vec{a} = \frac{\mathrm{d}\vec{v}}{\mathrm{d}t} = \dot{\vec{v}} = \frac{\mathrm{d}^2\vec{r}}{\mathrm{d}t^2} = \ddot{\vec{r}}. \tag{2}$$

Da $\vec{v}$ der Radiusvektor des Hodographenpunktes ist, ist die Beschleunigung des wirklichen Massenpunkts gleich der Geschwindigkeit des auf dem Hodographen laufenden Bildpunkts.

Die Geschwindigkeit $\vec{v}$ nennen wir dann und nur dann gleichförmig, wenn der *Vektor* $\vec{v}$ konstant ist. Diese Definition verlangt von selbst die Bewegung in einer Geraden. Bei einer krummlinigen Bewegung, bei welcher zwar der Betrag der Geschwindigkeit konstant ist, d. h. bei welcher in gleichen Zeiten auf der Kurve gleiche Bogenlängen zurückgelegt werden, spricht man nicht von gleichförmiger Geschwindigkeit.

Zerlegung der Beschleunigung:

a) In Tangential- und Normalbeschleunigung. Es ist

$$\vec{v} = \frac{d\vec{r}}{dt} = \frac{d\vec{r}}{ds}\frac{ds}{dt} = v\vec{t}\,, \tag{3}$$

wenn wir den Tangenteneinheitsvektor mit $\vec{t}$ und den Betrag von $\vec{v}$ mit $v$ bezeichnen.

Durch Differenzieren ergibt sich

$$\vec{a} = \frac{dv}{dt}\vec{t} + v\frac{d\vec{t}}{ds}\frac{ds}{dt} = \frac{d^2s}{dt^2}\vec{t} + \frac{v^2}{\rho}\vec{n} \quad \text{[vgl. S. 15, Formel (32)].} \tag{4}$$

Hierbei bedeutet $\vec{n}$ den nach der konkaven Seite der Kurve zeigenden Normaleinheitsvektor, $\rho$ den Betrag des Krümmungsradius. Die in Richtung der Bahn fallende Komponente, die *Tangentialbeschleunigung*, hat also den Betrag

$$a_{\tan} = \frac{dv}{dt} = \frac{d^2s}{dt^2}. \tag{5}$$

Die senkrecht zur Bahn gerichtete *Normalbeschleunigung*, welche nach der konkaven Seite gerichtet ist, beträgt

$$a_n = \frac{v^2}{\rho}\,. \tag{6}$$

Aus (4) ist ersichtlich, daß die Beschleunigung stets in die Schmiegebene der Bahn fällt.

b) In rechtwinkligen Koordinaten ist:

$$\begin{aligned} \vec{r} &= x\vec{e}_x + y\vec{e}_y + z\vec{e}_z\,,\\ \dot{\vec{r}} &= \dot{x}\vec{e}_x + \dot{y}\vec{e}_y + \dot{z}\vec{e}_z\,,\\ \ddot{\vec{r}} &= \ddot{x}\vec{e}_x + \ddot{y}\vec{e}_y + \ddot{z}\vec{e}_z\,, \end{aligned} \tag{7}$$

also

$$\begin{aligned} v_x &= \dot{x}\,, \quad v_y = \dot{y}\,, \quad v_z = \dot{z}\\ a_x &= \ddot{x}\,, \quad a_y = \ddot{y}\,, \quad a_z = \ddot{z}\,. \end{aligned} \tag{8}$$

c) Wichtig ist ferner noch die Zerlegung in ebenen Polarkoordinaten $r$, $\varphi$. Zu diesem Zweck führen wir zwei aufeinander senkrechte Einheitsvektoren $\vec{e}_r$ und $\vec{e}_\varphi$ ein, von denen $\vec{e}_r$ die Richtung wachsender $r$, $\vec{e}_\varphi$ die Richtung wachsender $\varphi$ hat und die im Gegensatz zu den Vektoren $\vec{e}_x, \vec{e}_y, \vec{e}_z$ ihre Richtung mit der Zeit ändern. Da der Differentialquotient eines Einheitsvektors auf diesem senkrecht steht, wird (vgl. Fig. 39)

$$\frac{d\vec{e}_r}{dt} = \vec{e}_\varphi\frac{d\varphi}{dt}\,, \quad \frac{d\vec{e}_\varphi}{dt} = -\vec{e}_r\frac{d\varphi}{dt}$$

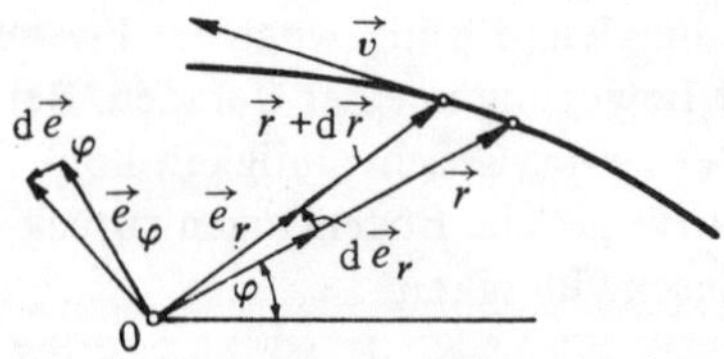


Fig. 39. Zerlegung von Geschwindigkeit und Beschleunigung in ebenen Polarkoordinaten

und wir bekommen aus

$$\vec{r} = r\,\vec{e}_r$$
$$\dot{\vec{r}} = \dot{r}\,\vec{e}_r + r\,\dot{\vec{e}}_r = \dot{r}\,\vec{e}_r + \dot{\varphi}\, r\,\vec{e}_\varphi$$

und durch abermalige Differentiation

$$\ddot{\vec{r}} = \ddot{r}\,\vec{e}_r + \dot{r}\,\dot{\vec{e}}_r + \ddot{\varphi}\, r\,\vec{e}_\varphi + \dot{\varphi}\,\dot{r}\,\vec{e}_\varphi + \dot{\varphi}\, r\,\dot{\vec{e}}_\varphi$$
$$= (\ddot{r} - r\,\dot{\varphi}^2)\,\vec{e}_r + (\ddot{\varphi}\, r + 2\dot{\varphi}\,\dot{r})\,\vec{e}_\varphi ,$$

also ist

$$a_r = \ddot{r} - r\,\dot{\varphi}^2$$
$$a_\varphi = \ddot{\varphi}\, r + 2\dot{\varphi}\,\dot{r}\,. \tag{9}$$

## § 2. Die Newtonschen Grundgesetze der Mechanik

### a) Das Trägheitsgesetz

Das erste, bereits von KEPLER klar ausgesprochene Gesetz lautet: *Ein jeder äußerer Einwirkung entzogener Körper verharrt in seinem Zustand der Ruhe oder der gleichförmig geradlinigen Bewegung.* Dieser gewöhnlich als Trägheitsgesetz bezeichnete Satz ist keineswegs eine Selbstverständlichkeit, sondern stellt eine geniale Extrapolation unserer Erfahrung dar. Denn restlos können wir keinen Körper äußeren Einwirkungen entziehen, da wir weder die Erde noch die Sterne mit ihren Gravitationswirkungen ausschalten können.

### b) Kraft und Beschleunigung

Wollen wir den Bewegungszustand eines Körpers, z. B. einer auf einer waagerechten ebenen Platte ruhenden Kugel ändern und bedienen wir uns dazu unserer Muskeln, so bedarf es einer gewissen Anstrengung, die um so größer ist, je größer die Geschwindigkeitsänderung sein soll. Diese Anstrengung, die wir *Kraft* nennen, ist als unmittelbare Sinnesempfindung nicht näher zu definieren. Durch die Richtung, in der wir unsere Muskeln wirken lassen, ist die *Richtung* der Beschleunigung bestimmt, die Kraft ist also eine vektorielle Größe, wie die Beschleunigung. Wir machen nun aber täglich die Erfahrung, daß zur Hervorrufung derselben Beschleunigung je nachdem es sich um eine Eisen- oder Holzkugel handelt, eine sehr verschiedene Kraft erforderlich ist. Umgekehrt ist also die Wirkung derselben Kraft noch von der Natur des Körpers abhängig. Die Richtung der Beschleunigung ist aber bei allen Körpern dieselbe. Wir müssen also den einzelnen Körpern noch eine skalare Eigenschaft zuschreiben, die wir ihre *träge Masse m* nennen. Damit ergibt sich als einfachster Ansatz die Gleichung

$$\boxed{\vec{F} = m\cdot\vec{a} = m\,\frac{d\vec{v}}{dt} = m\,\frac{d^2\vec{r}}{dt^2}}\,. \tag{10}$$

Dadurch, daß wir keinen Proportionalitätsfaktor eingesetzt haben, ist über die Einheit der Kraft verfügt, wenn wir von den Grundeinheiten m für die Länge, kg für die Masse und s für die Zeit ausgehen. Die Kraft, welche einem Körper mit der Masse ein Kilogramm eine Beschleunigung von 1 $m/s^2$ erteilt, heißt ein Newton.

Es ist in der ganzen von NEWTON systematisch entwickelten Mechanik, mit der wir uns zunächst ausschließlich befassen, stillschweigend angenommen, daß die träge Masse $m$ eine unveränderliche individuelle Eigenschaft eines Körpers ist. Eine vorsichtigere Schreibweise des Grundgesetzes ist so beschaffen, daß diese Frage noch offen bleibt:

$$\vec{F} = \frac{\mathrm{d}}{\mathrm{d}t} m\vec{v} = \frac{\mathrm{d}\vec{p}}{\mathrm{d}t} . \qquad (10a)$$

Die hier eingeführte Größe $\vec{p} = m\vec{v}$ heißt die *Bewegungsgröße* (oder *Impuls*). Das NEWTONsche Gesetz lautet in dessen ursprünglicher Formulierung: *Die Kraft ist gleich der auf die Zeit bezogenen Änderung der Bewegungsgröße.*

Nun sehen wir überall in der Natur Änderung des Bewegungszustands von Körpern, auch ohne daß wir mit unseren Muskeln eingreifen. Ihre Ursache sehen wir in „Kräften", welche in gleicher Weise auf die Körper einwirken, wie in dem erwähnten Beispiel unsere Muskeln. Die Erforschung dieser Kräfte, die sehr verschiedener Natur sein können, ist eine wesentliche Aufgabe der Physik. In der Mechanik aber nehmen wir die Kraft als gegeben hin und befassen uns mit der Berechnung der Wirkung. Wenn an einem Körper mehrere Kräfte angreifen, so erzeugt jede für sich die entsprechende Beschleunigung:

$$\vec{F}_i = m\vec{a}_i .$$

Da aber die gesamte Beschleunigung gleich der Vektorsumme der Einzelbeschleunigungen ist und die träge Masse $m$ dieselbe ist, wird

$$m\vec{a} = m\sum \vec{a}_i = \sum m\vec{a}_i = \sum \vec{F}_i = \vec{F}.$$

Wir können also für die an einem Massenpunkt hervorgerufene Beschleunigung alle angreifenden Kräfte $\vec{F}_i$ durch ihre Resultante $\vec{F}$ ersetzen.

Das NEWTONsche Grundgesetz der Mechanik hat, wie die meisten physikalischen Gesetze, die Form einer Differentialgleichung. Aus ihr erhält man den zeitlichen Ablauf in einem endlichen Intervall durch fortgesetzte Anwendung des Gesetzes von gegebenen Anfangswerten an, d. h. durch Integration der Differentialgleichung. Gerade in der Formulierung der Naturgesetze durch Differentialgleichungen liegt die einzigartige Stärke der theoretischen Physik. Daß Fall, Wurf und Planetenbewegung sich aus *einem* Gesetz ableiten lassen, rührt daher, daß in jedem kleinen Zeitabschnitt die so verschiedenartigen Erscheinungen gleichen Gesetzen unterliegen.

In den meisten Fällen muß man zur Integration die Gl. (10) nach dem Problem angepaßten Koordinaten zerlegen. Man erhält so im allgemeinen ein System von drei Differentialgleichungen. Da die Lösung von drei Differentialgleichungen zweiter Ordnung sechs Konstanten enthält, ist der eindeutige Ablauf eines Vorgangs erst bestimmt, wenn diese sechs Konstanten bekannt sind. Diese werden durch Anfangslage und Anfangsgeschwindigkeit (je drei Komponenten!) eindeutig festgelegt.

### c) Das Gesetz von Wirkung und Gegenwirkung

Dieses unmittelbar einleuchtende Gesetz ist in seinen Anwendungen auf kompliziertere

Systeme von größter Bedeutung. Es lautet: *Übt ein Körper A auf einen Körper B die Kraft $\vec{F}$ aus, so übt B auf A die entgegengesetzte Kraft $-\vec{F}$ aus.* Die Kräfte liegen in Richtung der Verbindungslinie beider Körper, wenn sie nur von der Differenz der Ortsvektoren abhängen. Bei Kräften, die von der Geschwindigkeit oder dem Spin abhängen gilt das Gesetz auch, jedoch können die Kräfte dann andere Richtungen haben. Für die elektromagnetischen Kräfte zwischen beschleunigten Ladungen gilt das Wechselwirkungsgesetz nicht zu jedem Zeitpunkt, da sich Änderungen im elektromagnetischen Feld mit der endlichen Lichtgeschwindigkeit ausbreiten.

Aufg. 29. Ein Punkt ist einer periodischen Kraft $\vec{F} = A \sin \omega t$ unterworfen. Man berechne die Bewegung bei verschiedenen Anfangsgeschwindigkeiten.

Aufg. 30. Die an der Erdoberfläche auf jede Masse $m$ wirkende Kraft ist $m$ proportional und nach dem Erdmittelpunkt gerichtet. In nicht zu großen Bereichen können wir diese Kraft als konstant und die Erde als eben ansehen. Man integriere unter dieser Voraussetzung die Bewegungsgleichungen für verschiedene Anfangsgeschwindigkeiten und zeichne Bahnkurve und Hodograph der Bewegung (Theorie des Wurfs im luftleeren Raum).

## § 3. Das Zeitintegral und das Wegintegral der Kraft. Arbeit und Energie

### a) Das Zeitintegral der Kraft

Wir können für die Wirkung einer eine Zeitlang auf einen Massenpunkt wirkende Kraft zwei verschiedene Ansätze machen, die beide zu sinnvollen Beziehungen führen. Einmal können wir die Kraft mit der Zeit multiplizieren, während der sie wirkt, das andere Mal können wir sie mit der Verschiebung, die sie hervorruft, also einem Vektor, skalar multiplizieren. Ist die Kraft selbst veränderlich, so tritt an Stelle der endlichen Zeit die Summe der Produkte aus der Momentankraft und dem Zeitelement, d. h. das Integral $\int \vec{F}\,\mathrm{d}t$, und Analoges gilt für das zweite Produkt. Wenden wir das Grundgesetz an, so wird das Zeitintegral

$$\int_{t_0}^{t} \vec{F}\,\mathrm{d}t = \int_{t_0}^{t} m \frac{\mathrm{d}^2\vec{r}}{\mathrm{d}t^2}\,\mathrm{d}t = m\left(\frac{\mathrm{d}\vec{r}}{\mathrm{d}t}\right)_t - m\left(\frac{\mathrm{d}\vec{r}}{\mathrm{d}t}\right)_{t_0} = \vec{p} - \vec{p}_0\,. \tag{11}$$

*Das Zeitintegral der Kraft,* auch der Impuls der Kraft genannt, *ist also gleich der gesamten Änderung der Bewegungsgröße.* Wegen des Bestehens der Gl. (11) hat sich – allerdings begrifflich nicht sauber – statt Bewegungsgröße auch der Ausdruck Impuls für das Produkt $m \frac{\mathrm{d}\vec{r}}{\mathrm{d}t}$ eingebürgert, obwohl sich dieses Wort ursprünglich nur auf die linke Seite der Gleichung bezog. Der Impulssatz, wie Gl. (11) genannt wird, ist besonders bei solchen Kräften von Wichtigkeit, welche zwar sehr groß sind, aber nur eine sehr kurze Zeit $\Delta t$ wirken, derart, daß das Produkt $\vec{F}\,\Delta t$ endlich bleibt, also eine endliche Änderung der Bewegungsgröße hervorruft. Ohne daß uns über den Kraftverlauf Näheres bekannt zu sein braucht, gibt uns die Beobachtung der Änderung der Bewegungsgröße sofort das Produkt $\vec{F}\,\Delta t$ für derartige kurz dauernde *Stoßkräfte*, worin $\vec{F}$ den Mittelwert der Stoßkraft bedeutet. Besondere Bedeutung erhält der Impulsbegriff bei der Behandlung von Wechselwirkungen mehrerer Körper. Wegen des Gesetzes von Wirkung und Gegenwirkung bleibt dabei die vektorielle Summe der Impulse erhalten (Kapitel II).

### b) Das Wegintegral der Kraft

Wir definieren als die Arbeit, welche eine Kraft bei der Verschiebung des Massenpunktes um $d\vec{r}$ verrichtet, das skalare Produkt $\vec{F} \cdot d\vec{r}$ [1]. Bei einer endlichen Verschiebung längs einer Kurve $C$ setzt sich die Arbeit aus derartigen Beiträgen $\vec{F} \cdot d\vec{r}$ additiv zusammen, d. h. wir erhalten als Arbeitsausdruck das Integral

$$W = \int_{\vec{r}_0}^{\vec{r}_1} \vec{F} \cdot d\vec{r}. \qquad (12)$$

Setzen wir in den Arbeitsausdruck für $\vec{F}$ den nach dem Grundgesetz der Mechanik ebenso großen Vektor $m \frac{d^2\vec{r}}{dt^2}$ ein und führen als Integrationsvariable vermöge der Beziehung $d\vec{r} = \frac{d\vec{r}}{dt}\, dt$ die Zeit ein, so wird

$$W = \int_{t_0}^{t_1} \vec{F} \cdot \frac{d\vec{r}}{dt}\, dt = \int_{t_0}^{t_1} m \frac{d^2\vec{r}}{dt^2} \cdot \frac{d\vec{r}}{dt}\, dt = \int_{t_0}^{t_1} d\left\{\frac{1}{2} m \left(\frac{d\vec{r}}{dt}\right)^2\right\} = \frac{1}{2} m (v_1^2 - v_0^2). \qquad (13)$$

Die Gesamtarbeit der Kraft ist also gegeben durch die Differenz zwischen Anfangs- und Endwert des Ausdrucks $\frac{1}{2} m v^2$, den wir die *kinetische Energie* des Massenpunktes nennen. *Die gesamte von der Kraft geleistete Arbeit ist also gleich der Differenz der kinetischen Energie zwischen End- und Anfangszustand.* Aus der Definition der Arbeit und der Grundeigenschaft des skalaren Produkts folgt, daß eine Kraft, die stets senkrecht auf der Bahn eines Massenpunktes steht, keine Arbeit leisten kann, also auch keine Änderung der kinetischen Energie hervorrufen kann. Eine solche Kraft kann zwar die Richtung der Geschwindigkeit ändern, nicht aber deren Betrag.

Aufg. 31. Auf einem Trinkglas liegt eine Karte und auf dieser eine Münze. Wie kommt es, daß man bei langsamem Wegziehen der Karte die Münze mitnimmt, während sie bei raschem Wegschnellen in das Glas fällt? (Man beachte die Erfahrungstatsache, daß die Reibung fester Körper von der Geschwindigkeit unabhängig ist.)

Aufg. 32. Man überlege sich die Frage, ob das Ermüdungsgefühl, das man beim Halten eines Gewichts mit ausgestrecktem Arm empfindet, etwas mit geleisteter Arbeit zu tun hat.

## § 4. Konservative Kräfte, Potential

Ein Massenpunkt $P$ werde in einem Kraftfeld, d. h. in einem Raumteil, in welchem an jedem Ort eine bestimmte durch die Koordinaten eindeutig bestimmte Kraft $\vec{F}$ wirksam ist, von $P_0$ nach $P_1$ verschoben. Wir teilen nun die Kräfte in zwei große Klassen ein,

---

[1] Wir bezeichnen hier das Wegdifferential mit $d\vec{r}$ statt mit $d\vec{s}$, um anzudeuten, daß wir den Ort des Massenpunktes durch den Radiusvektor $\vec{r}$ kennzeichnen.

je nachdem die bei der Verschiebung geleistete Arbeit von der Art des Wegs abhängig ist oder nicht. Wir können diesen Unterschied noch etwas anders charakterisieren, wenn wir einen (anderen) Rückweg $P_1 P_0$ hinzunehmen. Längs $P_1 P_0$ hat das Integral bei der ersten Klasse von Kräften den entgegengesetzten Wert, weil das Kurvenstück entgegengesetzt durchlaufen wird. Wenn wir also die geschlossene Kurve $P_0 P_1 P_0$ durchlaufen, so verschwindet bei der ersten Klasse das Integral längs der geschlossenen Kurve. Derartige Kräfte, zu denen z. B. die Schwerkraft gehört, nennen wir „*konservative*" Kräfte. Fliegt im luftleeren Raum ein Körper mit einer gewissen Anfangsgeschwindigkeit senkrecht nach oben, so kehrt er mit derselben Geschwindigkeit zum Ausgangspunkt zurück, die kinetische Energie hat sich nicht geändert, es ist auf dem Gesamtweg keine Arbeit geleistet worden. Anders dagegen, wenn wir noch einen Reibungswiderstand der Luft oder einer Flüssigkeit dabei haben. In diesem Fall kommt der Körper mit stark verminderter Geschwindigkeit an seinen Ausgangspunkt zurück, das Integral $\oint \vec{F} \cdot d\vec{r}$ kann also nach Gl. (13) nicht verschwinden. Wir nennen diese zweite Klasse „*nichtkonservative*" Kräfte. Der Ausdruck kommt daher, daß bei der ersten Art die mechanische Energie erhalten bleibt (es tritt nur ein Austausch zwischen kinetischer und potentieller mechanischer Energie ein, vgl. unten), während bei der zweiten Art eine Umwandlung in andere Energieformen (in erster Linie in Wärme) stattfindet.

Die konservativen Kräfte ermöglichen eine vereinfachte Behandlung durch die Einführung des Potentials. Wenn die Arbeit, welche das Kraftfeld bei der Verschiebung eines Massenpunktes leistet, vom Weg unabhängig ist, so können wir an jeden Ort des Raums den Wert der Arbeit anschreiben, die bei der Verschiebung von einem „Normalort" $\vec{r}_0$ nach dem Ort $\vec{r}$ geleistet wird. So tritt neben das durch drei Zahlangaben bestimmte Vektorfeld der Kraft ein viel einfacheres, weil skalares Feld. Zweckmäßigerweise nimmt man nun statt der vom Kraftfeld *geleisteten* Arbeit den negativen Wert dieser Größe und nennt diese das *Potential U.* Bei einer kleinen Verschiebung $d\vec{r}$ ändert sich $U$ um $d\vec{r} \cdot \operatorname{grad} U$. Somit ist die geleistete Arbeit

$$dW = \vec{F} \cdot d\vec{r} = -\,dU = -\operatorname{grad} U \cdot d\vec{r}, \tag{14}$$

also

$$\vec{F} = -\operatorname{grad} U. \tag{14'}$$

*Jede konservative Kraft läßt sich also darstellen als negativer Gradient einer skalaren Ortsfunktion, des Potentials.* Für eine endliche Verschiebung wird nach Gl. (13)

$$W = \int_{\vec{r}_0}^{\vec{r}_1} \vec{F} \cdot d\vec{r} = \frac{1}{2} m (v_1^2 - v_0^2) = -\int_{\vec{r}_0}^{\vec{r}_1} \operatorname{grad} U \cdot d\vec{r} = U_0 - U_1. \tag{15}$$

Bezeichnen wir die kinetische Energie $\frac{1}{2} m v^2$ mit $T$, so wird

$$T_1 + U_1 = T_0 + U_0 = \text{const.} \tag{16}$$

Dies ist der Energiesatz der Mechanik. Die Größe $U$, die ja die Dimension einer Energie hat, heißt die *potentielle Energie*[1]. Gl. (16) bedeutet also: *Die Summe aus kinetischer und*

[1] Das Wort „Potential" wird auch im übertragenen Sinn gebraucht, wenn ein Vektor durch Gradientenbildung aus einer Skalargröße abgeleitet wird und diese Größe nicht gerade die Bedeutung und Dimension einer potentiellen Energie hat (Strömungspotential, elektrostatisches Potential usw

*und potentieller Energie bleibt bei konservativen Kräften konstant.*

Der Energiesatz stellt ein erstes Integral der Grundgleichung der Mechanik dar, da in ihm nur noch $v$, also der 1. Differentialquotient vorkommt. Da aber die Grundgleichung als Vektorgleichung drei skalaren Differentialgleichungen äquivalent ist, brauchen wir noch zwei weitere Differentialgleichungen 1. Ordnung, wenn die 1. Stufe der Integration der Bewegungsgleichungen erreicht sein soll.

Bei einem gegebenen Kraftfeld fällt es in der Regel nicht schwer, das Potential sofort anzuschreiben, aus welchem $\vec{F}$ durch Gradientenbildung hervorgeht. Mathematisch bedeutet es allerdings die Integration des Gleichungssystems

$$F_x = -\frac{\partial U}{\partial x}, \quad F_y = -\frac{\partial U}{\partial y}, \quad F_z = -\frac{\partial U}{\partial z},$$

auf die man in Zweifelsfällen zurückgreifen muß.

Aufg. 33. Ein Massenpunkt sei durch eine elastische, d. h. der Elongation $\vec{r}$ proportionale rücktreibende Kraft an ein festes Zentrum gebunden. Welches ist das Potential, das zu dieser Kraft gehört?

## § 5. Zentralkräfte, der Flächensatz

Unter einer Zentralkraft verstehen wir eine Kraft, deren Vektor dauernd nach einem festen Punkt $O$ zeigt. Der Betrag der Kraft kann dabei eine beliebige Ortsfunktion sein. Wir wählen diesen Punkt als Koordinatenursprung, so daß $\vec{F} = f(x, y, z)\,\vec{r}$ wird.

Bei Zentralkräften läßt sich nun sofort ein wichtiger Satz ableiten, der zwei weitere Integrale erster Ordnung der Grundgleichungen darstellt: Multiplizieren wir das Grundgesetz der Mechanik vektoriell mit $\vec{r}$, so erhalten wir, da $\vec{F}$ die Richtung von $\vec{r}$ hat und das Vektorprodukt zweier paralleler Vektoren verschwindet:

$$0 = m\vec{r} \times \frac{\mathrm{d}^2\vec{r}}{\mathrm{d}t^2} \quad \text{oder} \quad \vec{r} \times \frac{\mathrm{d}^2\vec{r}}{\mathrm{d}t^2} = 0.$$

Das Integral läßt sich sofort angeben:

$$\vec{r} \times \frac{\mathrm{d}\vec{r}}{\mathrm{d}t} = 2\vec{c}. \tag{17}$$

Differenzieren wir nämlich, so wird

$$\frac{\mathrm{d}\vec{r}}{\mathrm{d}t} \times \frac{\mathrm{d}\vec{r}}{\mathrm{d}t} + \vec{r} \times \frac{\mathrm{d}^2\vec{r}}{\mathrm{d}t^2} = \vec{r} \times \frac{\mathrm{d}^2\vec{r}}{\mathrm{d}t^2} = 0.$$

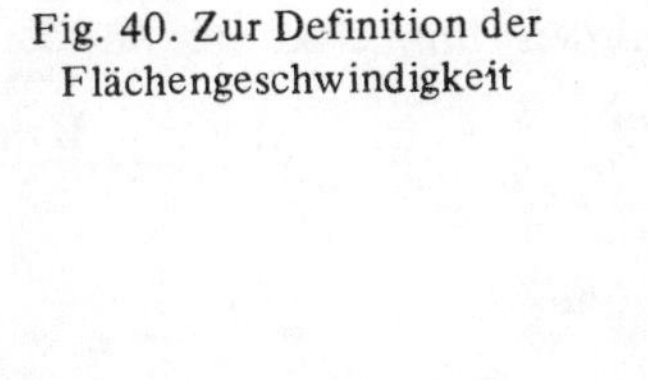

Fig. 40. Zur Definition der Flächengeschwindigkeit

Das Vektorprodukt $\vec{r} \times \frac{\mathrm{d}\vec{r}}{\mathrm{d}t}$ hat nun eine einfache geometrische Bedeutung: Der Betrag von $\vec{r} \times \mathrm{d}\vec{r}$ stellt den doppelten Inhalt des in der Zeit $\mathrm{d}t$ vom Radiusvektor überstrichenen Dreiecks dar (Fig. 40). Dividieren wir diesen Betrag durch $\mathrm{d}t$, so ergibt sich die auf die Zeit bezogene vom Radiusvektor überstrichene Fläche, die sogenannte Flächengeschwindigkeit $\vec{c}$. Die Gl. (17) sagt also, daß die *Flächengeschwindigkeit bei jeder Zentralkraft konstant ist* (2. KEPLERsches Gesetz). Die Gl. (17) sagt aber noch mehr: Wenn das Produkt $\vec{r} \times \frac{d\vec{r}}{dt}$ gleich einem konstanten Vektor ist, so hat die Normale der Ebene von $\vec{r}$ und $d\vec{r}$ eine feste Richtung, d.h. *die Bahn ist eben.* Aus diesem Grund stellt die Vektorgleichung (17) nur zwei skalare Gleichungen dar, welche aber zusammen mit der Energiegleichung die vollständigen ersten Integrale der Bewegungsgleichung sind.

Der Vektor $m\left(\vec{r} \times \frac{d\vec{r}}{dt}\right)$ wird gewöhnlich als *Drehimpuls* (*Drall*) $\vec{L}$ bezeichnet.

Aufg. 34. Man beweise folgende Verallgemeinerung des Flächensatzes: Schneidet die Richtung der an einem Massenpunkt angreifenden Kraft stets eine feste Achse, so gilt für die Projektion der Bahn auf eine zur Achse senkrechte Ebene der Flächensatz.

Aufg. 35. Man leite für eine Zentralkraft aus der Gleichung der Bahnkurve $r = f(\varphi)$ und der Flächengeschwindigkeit $c$ das Kraftgesetz ab [man benütze dazu Gl. (9)]. Die Anwendung auf die empirisch gefundenen KEPLER-Ellipsen stellt den historischen Weg zur Entdeckung des Gravitationsgesetzes dar.

## § 6. Gravitationskräfte, Planetenbewegung

Für die Kräfte, die die Bewegungen der Himmelskörper bestimmen, leitete NEWTON aus den zu seiner Zeit als empirische Tatsachen bekannten KEPLER schen Gesetzen das allgemeine Massenanziehungsgesetz ab, das lautet: Zwischen zwei Massen $m_1$ und $m_2$ wirkt eine Anziehungskraft, die dem Produkt beider Massen proportional und ihrem Entfernungsquadrat umgekehrt proportional ist.

$$\boxed{F = G\frac{m_1 m_2}{r_{12}^2}} \,. \tag{18}$$

Während wir bisher die Masse eines Körpers nur durch ihre Trägheit, d. h. den Widerstand gegen Beschleunigungen kennenlernten, tritt sie hier in ganz anderer Form in Erscheinung: als gravitierende (schwere) Masse. Es ist nicht selbstverständlich, daß das Verhältnis von träger zu schwerer Masse einen für alle Körper gleichen in die Konstante $G$ eingehenden Wert hat. Setzt man beide Massen gleich, so wird der Zahlwert von $G = 6.67 \cdot 10^{-17}\ \mathrm{m^3\,s^{-2}\,kg^{-1}}$.

Die allgemeine Relativitätstheorie steht und fällt mit der Gleichheit von schwerer und träger Masse. Alle Versuche, experimentell individuelle Verschiedenheiten bei verschiedenen Stoffen nachzuweisen, sind innerhalb einer Fehlergrenze von $10^{-10}$ erfolglos geblieben.

Für die Bahnen der Körper des Sonnensystems kommt, wenn man von kleinen Störun gen absieht, nur das Gravitationsfeld der Sonne in Betracht. Wegen ihrer überwiegenden Masse $M$ können wir diese als feststehend behandeln und zum Ursprung unseres Koordinatensystems machen. (Genau genommen müßten wir [vgl. Kap. II] die Bewegung um den gemeinsamen Schwerpunkt, den wirklich ruhenden Pol, untersuchen.) Die Kraft auf den Himmelskörper mit der Masse $m$ wird dann

$$\vec{F} = -G\frac{Mm}{r^3}\vec{r} \,. \tag{19}$$

Das zugehörige Potential ist, wie man sich durch Gradientenbildung leicht überzeugt:

$$U = -G\frac{Mm}{r} \; . \tag{20}$$

Da es sich um eine Zentralkraft handelt, ist die Bahn eben. Wir beschreiben sie am einfachsten in ebenen Polarkoordinaten, deren Zentrum die Sonne ist. Die ersten Integrale der Bewegungsgleichung, Energie- und Flächensatz lassen sich sofort aufschreiben

$$\frac{1}{2} m v^2 - G\frac{Mm}{r} = \frac{1}{2} m v_0^2 - G\frac{Mm}{r_0} \qquad \text{(Energiesatz)},$$

$$\left| \vec{r} \times \frac{d\vec{r}}{dt} \right| = r^2 \dot{\varphi} = 2c \qquad \text{(Flächensatz)}.$$

Wenn wir den zeitlichen Ablauf beschreiben wollen, müssen wir durch nochmalige Integration $r$ und $\varphi$ als Funktionen der Zeit bestimmen. Wir wollen uns aber statt dessen darauf beschränken, die Gleichung der Bahn abzuleiten, die der Trabant beschreibt. Zu diesem Zweck müssen wir aus den beiden Gleichungen die Zeit eliminieren, was wegen

$$v^2 = \dot{r}^2 + r^2 \dot{\varphi}^2 \text{ (vgl. S. 90)}, \qquad \frac{dr}{dt} = \frac{dr}{d\varphi}\dot{\varphi}, \qquad \dot{\varphi} = \frac{2c}{r^2}$$

keine Schwierigkeiten macht. Man erhält so aus dem Energiesatz

$$\frac{4c^2}{r^4}\left(\frac{dr}{d\varphi}\right)^2 + \frac{4c^2}{r^2} - \frac{2GM}{r} = v_0^2 - \frac{2GM}{r_0} \; .$$

Hier lassen sich die Veränderlichen $r$ und $\varphi$ ohne weiteres trennen und es wird:

$$d\varphi = \frac{2c\,\dfrac{dr}{r^2}}{\sqrt{\left(v_0^2 - \dfrac{2GM}{r_0}\right) + \dfrac{2GM}{r} - \dfrac{4c^2}{r^2}}} \; .$$

Führt man für $\frac{1}{r}$ als neue Veränderliche $u$ ein, so erhält man

$$\varphi + C = -\int \frac{2c\,du}{\sqrt{\left(v_0^2 - \dfrac{2GM}{r_0}\right) + 2GMu - 4c^2u^2}} \; .$$

Dies Integral hat aber die bekannte durch eine arc cos-Funktion darstellbare Form

$$-\int \frac{dx}{\sqrt{a + 2bx - ex^2}} = +\frac{1}{\sqrt{e}} \arccos \frac{b - ex}{\sqrt{b^2 + ae}} \; .$$

Führt man die Abkürzung ein

$$\alpha = \sqrt{v_0^2 - \frac{2GM}{r_0} + \frac{G^2M^2}{4c^2}}$$

und kehrt die arc cos-Funktion um, so ergibt sich

$$r = \frac{\frac{4c^2}{GM}}{1 - \frac{2c\alpha}{GM}\cos(\varphi + C)} = \frac{p}{1 - \epsilon\cos(\varphi + C)} \quad . \tag{21}$$

Wir beginnen die Zählung von $\varphi$ am Maximalwert von $r$, setzen also $C = 0$. Damit haben wir die bekannte Polargleichung eines Kegelschnitts, die sich auf einen Brennpunkt als Pol bezieht. Das 1. KEPLERsche Gesetz, das damit abgeleitet ist, sagt: *Die Bahnen der Körper des Sonnensystems sind Kegelschnitte, in deren einem Brennpunkt die Sonne steht.*

Die Bahn ist eine Ellipse, Parabel oder Hyperbel, je nachdem die numerische Exzentrizität $\epsilon$ kleiner, gleich oder größer als 1 ist. Setzen wir den Wert für $\epsilon$ und für die Abkürzung $\alpha$ ein, so ergibt sich eine Ellipse für

$$\frac{2c}{GM}\sqrt{v_0^2 - \frac{2GM}{r_0} + \frac{G^2M^2}{4c^2}} < 1$$

oder

$$\frac{v_0^2}{2} < \frac{GM}{r_0} \quad \text{oder} \quad \frac{1}{2}m v_0^2 < \frac{GMm}{r_0} \quad ,$$

dementsprechend eine Parabel für

$$\frac{1}{2}m v_0^2 = \frac{GMm}{r_0}$$

und eine Hyperbel für

$$\frac{1}{2}m v_0^2 > \frac{GMm}{r_0} \quad .$$

*Je nachdem also die kinetische Energie kleiner, gleich oder größer ist als der Betrag der potentiellen Energie, ist die Bahn eine Ellipse, Parabel oder Hyperbel.* Im Fall der Ellipse wird also die Gesamtenergie negativ.

Für den Fall der Ellipse lassen sich noch folgende Beziehungen ableiten: Der Parameter der Ellipse

$$p = \frac{b^2}{a} = a\,(1 - \epsilon^2) \qquad (a \text{ große, } b \text{ kleine Achse})$$

beträgt nach Gl. (21) $\frac{4c^2}{GM}$ . Somit ist $(1 - \epsilon^2) = \frac{4c^2}{GMa}$ .

Nun ist der Flächeninhalt der Ellipse, wenn die Umlaufszeit mit $\tau$ bezeichnet wird

$$c\,\tau = \pi\, a\, b = \pi a^2\sqrt{1 - \epsilon^2} = \frac{2\pi a^2 c}{\sqrt{GMa}} \quad .$$

Somit

$$\tau^2 = \frac{4\pi^2 a^3}{GM} \,. \tag{22}$$

Dies ist das dritte KEPLERsche Gesetz: *Die Quadrate der Umlaufszeiten zweier Planeten verhalten sich wie die dritten Potenzen der großen Achsen.*

Benützt man zur Berechnung von $1-\epsilon^2$ nicht den Parameter $p$, sondern den aus (21) folgenden Wert der Exzentrizität selbst, so erhält man durch Gleichsetzung der beiden Ausdrücke

$$\frac{4c^2}{GMa} = 1 - \frac{4c^2}{G^2M^2}\left(v_0^2 - \frac{2GM}{r_0} + \frac{G^2M^2}{4c^2}\right)$$

oder

$$\frac{1}{2}\, m v_0^2 - \frac{GMm}{r_0} = E = -\frac{GMm}{2a} \,. \tag{23}$$

Dies bedeutet: Die Gesamtenergie einer Ellipsenbahn ist nur eine Funktion der großen Achse. Alle Ellipsen gleich großer Achse, zu denen auch ein Kreis gehört, haben dieselbe Energie. Das negative Vorzeichen der Gesamtenergie kommt vom Überwiegen des Betrags der potentiellen Energie, die bei der Einführung des Potentials so festgelegt wurde, daß sie im Unendlichen null, im Endlichen aber negativ ist.

## § 7, Quasielastische Kräfte und harmonische Schwingungen

Wenn wir einen Körper mittels einer elastischen Feder oder einer Gummischnur an einem festen Lager befestigen, so wirkt bei kleinen Entfernungen aus der Ruhelage eine rücktreibende Kraft, welche der Elongation proportional ist und nach dem Ort der Ruhelage, den wir als Zentrum wählen, hinzeigt. Es ist also

$$\vec{F} = -k\vec{r} \,.$$

Wir wollen nun allgemein alle Zentralkräfte dieser Form, die durchaus nicht immer elastischer Natur zu sein brauchen (vgl. Aufgabe 36), als *quasielastische Kräfte* bezeichnen. Die Differentialgleichung wird damit

$$m\frac{d^2\vec{r}}{dt^2} + k\vec{r} = 0. \tag{24}$$

Wieder könnten wir Energie- und Flächensatz als erste Integrale aufschreiben, doch ist hier die direkte zweimalige Integration ebenso einfach. Setzen wir nämlich versuchsweise an

$$\vec{r} = \vec{a}\, e^{\lambda t}, \qquad \ddot{\vec{r}} = \lambda^2 \vec{a}\, e^{\lambda t} \,,$$

so erhalten wir für $\lambda$ die „charakteristische Gleichung"

$$m\lambda^2 + k = 0,$$

deren Wurzeln

$$\lambda = i\sqrt{\frac{k}{m}} \qquad \text{und} \qquad \lambda = -i\sqrt{\frac{k}{m}}$$

sind. Wir haben daher als allgemeine Lösung mit zwei konstanten Vektoren

$$\vec{r} = \vec{a}\, e^{i\sqrt{\frac{k}{m}}t} + \vec{b}\, e^{-i\sqrt{\frac{k}{m}}t}. \tag{25}$$

Oder unter Benützung reeller Funktionen (vgl. S. 51)

$$\vec{r} = \vec{A} \cos \sqrt{\frac{k}{m}}\, t + \vec{B} \sin \sqrt{\frac{k}{m}}\, t. \tag{25'}$$

Die Bedeutung der Vektoren $\vec{A}$ und $\vec{B}$ ist leicht zu erkennen: Es ist für $t$ gleich 0:

$$\vec{r}_0 = \vec{A}$$

$$\left(\frac{d\vec{r}}{dt}\right)_0 = \vec{v}_0 = \vec{B} \sqrt{\frac{k}{m}}, \text{ also}$$

$$\vec{r} = \vec{r}_0 \cos \sqrt{\frac{k}{m}}\, t + \vec{v}_0 \sqrt{\frac{m}{k}} \sin \sqrt{\frac{k}{m}}\, t. \tag{25''}$$

Der Vektor $\vec{r}$ setzt sich also aus zwei Vektoren zusammen, die die Richtung des Vektors der Anfangslage und der Anfangsgeschwindigkeit haben und deren Beträge einfache periodische Funktionen der Zeit sind. Um die Bahnkurve zu erhalten, führen wir Einheitsvektoren $\vec{e}_r$ und $\vec{e}_v$ in Richtung von $\vec{r}_0$ bzw. $\vec{v}_0$ ein. Dann sind die Koordinaten von $P$ in diesem schiefwinkligen Koordinatensystem

$$\xi = r_0 \cos \sqrt{\frac{k}{m}}\, t, \qquad \eta = v_0 \sqrt{\frac{m}{k}} \sin \sqrt{\frac{k}{m}}\, t,$$

woraus durch Elimination von $t$ in bekannter Weise folgt:

$$\frac{\xi^2}{r_0^2} + \frac{\eta^2}{v_0^2\, m/k} = 1.$$

Dies ist die Gleichung einer Ellipse auch in schiefwinkligen Koordinaten, wenn die Koordinatenachsen die Richtungen zweier konjugierter Durchmesser haben. *Die allgemeine Bahn eines unter dem Einfluß einer quasielastischen Kraft stehenden Massenpunktes ist also die Ellipse, bei der die Vektoren der Anfangslage und der Anfangsgeschwindigkeit die Richtungen zweier konjugierter Durchmesser haben und sich das Anziehungszentrum im Mittelpunkt befindet.* Hat $\vec{v}_0$ die Richtung von $\vec{r}_0$, so bleibt die Schwingung geradlinig. Die Frequenz einer harmonischen Schwingung ist nach Gl. (25) gegeben durch

$$\boxed{\nu = \frac{1}{2\pi} \sqrt{\frac{k}{m}}}. \tag{26}$$

Aufg. 36. Ein auf einer Geraden beweglicher Massenpunkt stehe unter der Wirkung einer elektrostatischen Anziehungskraft $F_1 = -\frac{\alpha}{x^2}$ und einer Abstoßungskraft $F_2 = +\frac{\beta}{x^{10}}$. Man berechne die Frequenz der bei einer kleinen Verrückung aus der Gleichgewichtslage $x_0$ auftretenden Schwingung.

Aufg. 37. Federpendel mit näherungsweiser Berücksichtigung der Federmasse. Man stelle die Bewegungsgleichung für ein Federpendel auf und berücksichtige dabei die kinetische und potentielle Energie der Feder. Dabei ist anzunehmen, daß die Verschiebungen der Federelemente gegenüber der Gleichgewichtslage linear verteilt sind.

Aufg. 38. Ein massiver Pendelkörper sei an einem Faden aufgehängt. Wird er aus der Ruhelage ausgelenkt, so resultiert aus Gewichts- und Fadenkraft eine Rückstellkraft. Handelt es sich hierbei um eine quasielastische Kraft? Wird sich als Bahnkurve bei einer Schwingung eine Ellipse einstellen?

## § 8. Die harmonische Schwingung mit Reibungswiderstand

Außer der quasielastischen Kraft wirke auf unseren Massenpunkt $P$ noch eine Reibungskraft, wie sie tatsächlich bei jeder wirklichen Schwingung vorhanden ist. Von dieser Reibungskraft nehmen wir an, daß sie der Geschwindigkeit des Massenpunktes proportional ist. Diese Art von Reibungskräften besteht immer, wenn sich der Punkt mit kleiner Geschwindigkeit in Luft oder in einer Flüssigkeit bewegt; die Reibung fester Körper aufeinander ist dagegen in großen Grenzen unabhängig von der Geschwindigkeit. Die Richtung der Reibungskraft ist, wie auch immer die Abhängigkeit von der Geschwindigkeit sein mag, ihrer Richtung entgegen gerichtet. Die auf $P$ wirkende Kraft ist daher insgesamt

$$\vec{F} = -k\vec{r} - \beta \frac{\mathrm{d}\vec{r}}{\mathrm{d}t}.$$

Wir beschränken uns im folgenden auf die geradlinige Bewegung und nennen die Variable $x$. Dann wird die Bewegungsgleichung

$$m\frac{\mathrm{d}^2 x}{\mathrm{d}t^2} + \beta \frac{\mathrm{d}x}{\mathrm{d}t} + kx = 0. \tag{27}$$

Als Integral versuchen wir wieder den Ansatz

$$x = a\,e^{\lambda t},$$

der zur „charakteristischen Gleichung"

$$m\lambda^2 + \beta\lambda + k = 0$$

führt. Ihre Wurzeln sind

$$\lambda_1 = -\frac{\beta}{2m} + \sqrt{\frac{\beta^2}{4m^2} - \frac{k}{m}} \quad \text{und} \quad \lambda_2 = -\frac{\beta}{2m} - \sqrt{\frac{\beta^2}{4m^2} - \frac{k}{m}}.$$

Hier sind nun drei Fälle zu unterscheiden:

a) $\beta^2 > 4km$. In diesem Fall treten nur reelle Größen auf und die allgemeine Lösung lautet

$$x = e^{-\frac{\beta}{2m}t}\left(a\,e^{\sqrt{\frac{\beta^2}{4m^2} - \frac{k}{m}}\,t} + b\,e^{-\sqrt{\frac{\beta^2}{4m^2} - \frac{k}{m}}\,t}\right). \tag{28}$$

In diesem großer Dämpfung entsprechenden *aperiodischen* Fall kehrt der Massenpunkt allmählich in seine Ruhelage zurück, die für $t = \infty$ erreicht wird.

b) Auch im Grenzfall $\beta^2 = 4\,km$ ergibt sich eine aperiodische Lösung. Zunächst scheint es, als erhielte man bei einer Doppelwurzel der charakteristischen Gleichung nur 1 Integrationskonstante. Indes überzeugt man sich, daß in diesem Fall auch $b\,t\,e^{\lambda t}$ eine Lösung ist, so daß das allgemeine Integral lautet

$$x = e^{-\frac{\beta}{2m}t}(a + b\,t) = e^{-\sqrt{\frac{k}{m}}\,t}(a + bt). \qquad (29)$$

Dieser Fall heißt *aperiodischer Grenzfall.*

c) $\beta^2 < 4\,km$. Jetzt ergibt sich ein imaginärer Anteil im Exponenten der Exponentialfunktion:

$$x = e^{-\frac{\beta}{2m}t}\left(a\,e^{i\sqrt{\frac{k}{m} - \frac{\beta^2}{4m^2}}\,t} + b\,e^{-i\sqrt{\frac{k}{m} - \frac{\beta^2}{4m^2}}\,t}\right).$$

Unter Anwendung der EULERschen Formel ergibt sich mit anderen Integrationskonstanten die reelle Darstellung

$$x = e^{-\frac{\beta}{2m}t}\left(A \cos\sqrt{\frac{k}{m} - \frac{\beta^2}{4m^2}}\,t + B \sin\sqrt{\frac{k}{m} - \frac{\beta^2}{4m^2}}\,t\right)$$

oder

$$x = Ce^{-\frac{\beta}{2m}t}\cos\left(\sqrt{\frac{k}{m} - \frac{\beta^2}{4m^2}}\,t - \gamma\right). \qquad (30)$$

Wir haben wieder eine harmonische Schwingung, deren Amplitude aber nach einer Exponentialfunktion abnimmt (vgl. Fig. 41). Diese gedämpfte Schwingung hat folgende wesentliche Eigenschaften: Die Frequenz

$$\nu = \frac{1}{2\pi}\sqrt{\frac{k}{m} - \frac{\beta^2}{4m^2}}$$

ist gegenüber der Frequenz der ungedämpften Schwingung $\nu_0 = \frac{1}{2\pi}\sqrt{\frac{k}{m}}$ verkleinert.

Das Verhältnis zweier aufeinanderfolgender Maximalausschläge beträgt:

$$p = e^{\frac{\beta\tau}{2m}} \qquad (31)$$

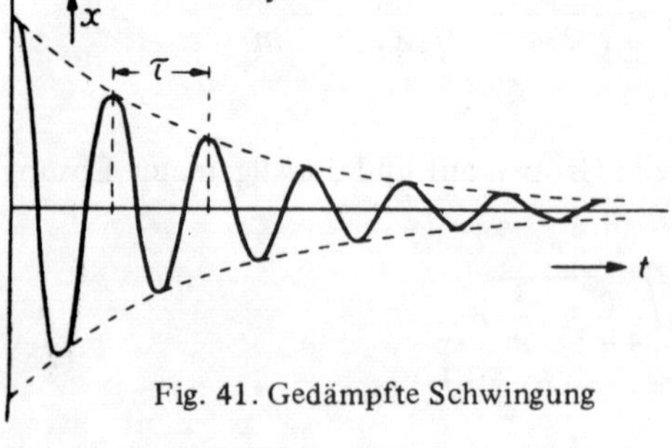


Fig. 41. Gedämpfte Schwingung

Der natürliche Logarithmus dieses Verhältnisses heißt das *logarithmische Dekrement* $\delta$. Setzt man, was bei kleinerer Dämpfung keinen wesentlichen Fehler gibt, für die Schwingungszeit $\tau$ die Schwingungszeit der ungedämpften Schwingung, so erhält man den einfachen Ausdruck

$$\delta = \frac{\beta}{2m}\tau \approx \frac{\pi\beta}{\sqrt{mk}}. \qquad (31')$$

## § 9. Die erzwungene Schwingung, die Resonanz

Zu den bisher bei einer linearen Schwingung wirksamen Kräften fügen wir noch eine periodische äußere von der Form

$$F_a = F_0 \cos \omega t.$$

Die Bewegungsgleichung wird bei Vorhandensein der drei Kräfte, der quasielastischen, der Reibungskraft und der periodischen Anregung:

$$m \frac{d^2 x}{d t^2} + \beta \frac{dx}{d t} + k x = F_0 \cos \omega t. \tag{32}$$

Führen wir die Eigenfrequenz der ungedämpften freien Schwingung

$$\omega_0^2 = \frac{k}{m}$$

ein, so ergibt sich:

$$\frac{d^2 x}{d t^2} + \frac{\beta}{m} \frac{dx}{d t} + \omega_0^2 x = \frac{F_0}{m} \cos \omega t. \tag{32'}$$

Zur Integration dieser Gleichung machen wir von einem Satz aus der Theorie der linearen Differentialgleichungen Gebrauch, der lautet: Ist $g(t)$ ein partikuläres Integral dieser inhomogenen Gleichung und ist $f(t, A, B)$ das allgemeine Integral der zugehörigen homogenen Gleichung

$$\frac{d^2 x}{d t^2} + \frac{\beta}{m} \frac{dx}{d t} + \omega_0^2 x = 0,$$

so ist die Summe $g(t) + f(t, A, B)$ das allgemeine Integral der inhomogenen Gleichung. Wegen der Linearität der Differentialgleichung (32′), d. h. wegen der Eigenschaft, daß keine Produkte der abhängigen Veränderlichen und ihrer Differentialquotienten vorkommen, befriedigt, wie man sich durch Einsetzen sofort überzeugen kann, die Summe $g(t) + f(t, A, B)$ die Gleichung. Da aber diese Lösung zwei Integrationskonstanten enthält, ist sie auch die allgemeine Lösung. Das Integral der homogenen Gleichung ist aus dem vorhergehenden Paragraphen bekannt, wir brauchen also nur noch ein partikuläres Integral der inhomogenen aufzusuchen. Da die Kraft $F_a$ eine periodische Funktion von Kreisfrequenz $\omega$ ist, liegt es nahe, den Versuch mit einer periodischen Funktion dieser Art zu machen. Da aber sowohl der erste als der zweite Differentialquotient von $x$ vorkommt, sieht man, daß durch eine sinus- oder cosinus-Funktion *allein* der Gleichung nicht Genüge getan werden kann. Wir machen daher den Ansatz

$$x = p \cos \omega t + q \sin \omega t = \sqrt{p^2 + q^2} \cos(\omega t - \varphi),$$

worin die Koeffizienten $p$ und $q$ noch unbestimmt sind. Setzt man dies in die Gl. (32′) ein, so erhält man aus der Forderung, daß die Koeffizienten von $\sin \omega t$ und $\cos \omega t$ einzeln die Gleichung befriedigen, die zwei Gleichungen für $p$ und $q$:

$$p(\omega_0^2 - \omega^2) + q\frac{\beta\omega}{m} = \frac{F_0}{m}$$

$$p\frac{\beta\omega}{m} - q(\omega_0^2 - \omega^2) = 0,$$

aus denen sich ergibt:

$$p = \frac{mF_0(\omega_0^2 - \omega^2)}{m^2(\omega_0^2 - \omega^2)^2 + \beta^2\omega^2}, \qquad q = \frac{\beta\omega F_0}{m^2(\omega_0^2 - \omega^2)^2 + \beta^2\omega^2}$$

$$\sqrt{p^2 + q^2} = \frac{F_0}{\sqrt{m^2(\omega_0^2 - \omega^2)^2 + \beta^2\omega^2}}, \qquad \tan\varphi = \frac{q}{p} = \frac{\beta\omega}{m(\omega_0^2 - \omega^2)}. \tag{33}$$

Das allgemeine Integral lautet also bei kleiner Dämpfung (Fall c von § 8)

$$x = Ce^{-\frac{\beta}{2m}t}\cos\left(\sqrt{\frac{k}{m} - \frac{\beta^2}{4m^2}}\,t - \gamma\right) + \frac{F_0}{\sqrt{m^2(\omega_0^2 - \omega^2)^2 + \beta^2\omega^2}}\cos(\omega t - \varphi). \tag{34}$$

Der erste Teil stellt eine gedämpfte Schwingung von der Periode der Eigenschwingung des gedämpften Systems dar, der aber mit der Zeit abklingt. Er entspricht einem Einschaltvorgang, der durch die Anfangsbedingungen bestimmt ist, aus dem die Konstanten $C$ und $\gamma$ zu entnehmen sind. Der zweite Teil stellt eine Dauerschwingung im Takt der erregenden Kraft, den stationären Zustand, dar. Bei großer Dämpfung (Fall a) wird der erste Teil aperiodisch, während die Form des 2. Teils unverändert bleibt.

Das der Dauerschwingung entsprechende partikuläre Integral hätten wir viel einfacher auffinden können unter Verwendung des Zeigerdiagramms, das bei der Aufsuchung der *stationären* Lösung von Schwingungsproblemen immer schnell zum Ziele führt. Schreiben wir die erregende Kraft $F_a = F_0\,e^{i\omega t}$ und setzen wir als Lösung an

$$x = a\,e^{i(\omega t - \varphi)},$$

so soll nach Gl. (32′)

$$a\left(-\omega^2 + \frac{\beta}{m}i\omega + \omega_0^2\right)e^{i(\omega t - \varphi)} = \frac{F_0}{m}e^{i\omega t} \quad \text{oder}$$

$$a\left(\omega_0^2 - \omega^2 + i\frac{\beta\omega}{m}\right) = \frac{F_0}{m}e^{i\varphi} \tag{33'}$$

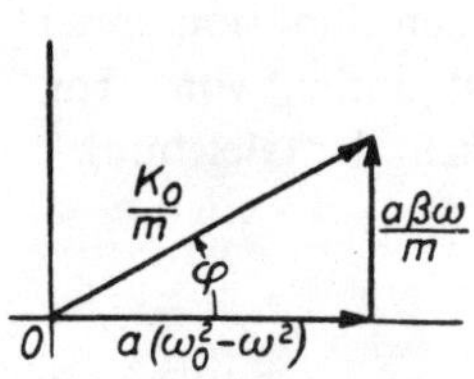

Fig. 42. Konstruktion von Amplitude und Phase der erzwungenen Schwingung

sein. Die Addition der drei links stehenden komplexen Zahlen ergibt nach Fig. 42 im Zeigerdiagramm eine Summe vom Betrag

$$a\sqrt{(\omega_0^2 - \omega^2)^2 + \frac{\beta^2\omega^2}{m^2}} = \frac{F_0}{m}, \qquad \text{also}$$

$$a = \frac{F_0}{\sqrt{m^2\ (\omega_0^2 - \omega^2)^2 + \beta^2\,\omega^2}}\ . \tag{33''}$$

Die beiden komplexen Zahlen rechts und links in Gl. (33′) müssen aber nicht nur in ihrem Betrag, sondern auch in ihrer Richtung übereinstimmen, also ist nach Fig. 42

$$\tan\varphi = \frac{\beta\omega}{m(\omega_0^2 - \omega^2)}\ . \tag{33'''}$$

Es hängt also sowohl die Phasendifferenz zwischen erregender Kraft und erzwungener Schwingung als auch die Amplitude der erzwungenen Schwingung von der Differenz $\omega_0^2 - \omega^2$ ab. Die Phasendifferenz beträgt für sehr langsame Schwingungen im Grenzfall null und wächst über $\frac{\pi}{2}$ für $\omega = \omega_0$ (die Resonanzstelle, vgl. unten) bis $\pi$ für unendlich schnelle Schwingungen. Wenn die Frequenz der erregenden Schwingung mit der Eigenfrequenz des *ungedämpften* Systems (also nicht mit der Eigenfrequenz des wirklich vorliegenden gedämpften Systems) übereinstimmt, spricht man von Resonanz[1)]. Beim Fehlen jeglicher Dämpfung müßte an der Resonanzstelle die Amplitude unendlich werden („Resonanzkatastrophe"). Um die Abhängigkeit der Amplitude von der Frequenz der erregenden Kraft, die sogenannte Resonanzkurve, zu zeichnen. wählt man zweckmäßigerweise das Quadrat der Amplitude als Ordinate. Setzt man für $a^2$ den Wert aus Gl. (33″), so folgt

$$a^2 = \frac{F_0^2}{m^2(\omega_0^2 - \omega^2)^2 + \beta^2\omega^2} = \frac{\beta^2 a_{\max}^2}{m^2\dfrac{(\omega_0^2-\omega^2)^2}{\omega_0^2} + \beta^2\dfrac{\omega^2}{\omega_0^2}}\ .$$

Führen wir die „Verstimmung" $\omega - \omega_0$ als unabhängige Variable $x$ ein und setzen wir in der Nähe der Resonanzstelle näherungsweise

$$\omega/\omega_0 = 1, \quad \omega_0 + \omega = 2\omega, \quad \omega_0^2 - \omega^2 = -2\omega x\,,$$

so ergibt sich die einfache in Fig. 43 gezeichnete „Resonanzkurve"

$$\frac{a^2}{a_{\max}^2} = \frac{\beta^2}{4m^2x^2 + \beta^2}\ . \tag{34}$$

Für $\dfrac{a^2}{a_{\max}^2} = \dfrac{1}{2} = \dfrac{\beta^2}{4mx^2 + \beta^2}$ wird $\bar{x} = \dfrac{\beta}{2m}$

oder $\bar{\omega} - \omega_0 = \dfrac{\beta}{2m} = \dfrac{\delta}{\tau} = \dfrac{\delta\,\omega_0}{2\pi}$ vgl. (31′)

$$\text{oder}\quad \frac{\omega - \omega_0}{\omega_0} = \frac{\delta}{2\pi}\ . \tag{35}$$

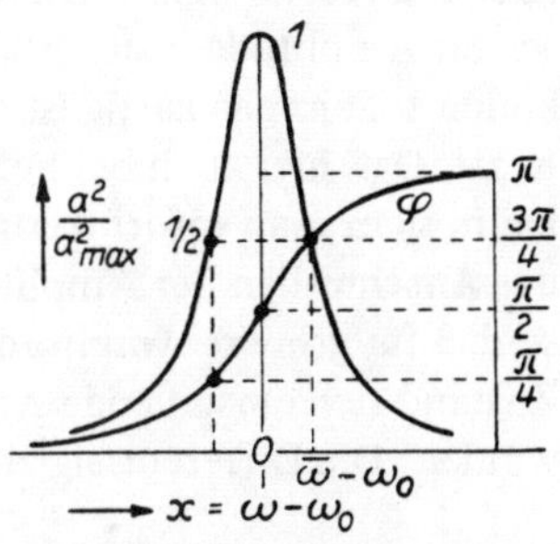


Fig. 43. Amplitudenquadrat (im Maßstab des Maximalwerts) und Phasenverschiebung der erzwungenen Schwingung als Funktion der erregenden Frequenz

---

1) Streng genommen ist dies die Geschwindigkeitsresonanz (vgl. Aufg. 39).

Je geringer also die Dämpfung des Systems, um so schärfer die Resonanz. Führt man dieselbe Vereinfachung in (33‴) ein, so sieht man, daß die Phasendifferenz an den Halbwertsstellen $\frac{\pi}{4}$ bzw. $\frac{3\pi}{4}$ beträgt.

Aufg. 39. Wenn man die Resonanzkurve ohne die im Text gemachten Vernachlässigungen berechnet, so zeigt es sich, daß das Maximum des Amplitudenquadrats nicht bei der Eigenschwingung der ungedämpften, auch nicht bei der der gedämpften Schwingung liegt. Wohl aber liegt das Maximum des Geschwindigkeitsquadrats bei $\omega = \omega_0$. Das Maximum des Zeitmittels des Energieinhalts liegt wieder an einer anderen Stelle. Man berechne die Lage der Maxima für die genannten Größen.

## § 10. Die anharmonische Schwingung, Kipperscheinungen

Streng quasielastische Kräfte, die bis zu beliebig großen Amplituden diesen proportional sind, treten in der Natur nicht auf. Die wirklichen Bindungskräfte sind durch Potenzreihen nach Potenzen der Entfernung darzustellen. In den meisten Fällen genügt zur Darstellung die Hinzufügung einer weiteren Potenz. Es sind nun zwei prinzipiell verschiedene Arten von Kraftgesetzen möglich: Ist die Kraft symmetrisch, d. h. zu beiden Seiten der Ruhelage gleich groß, so dürfen nur ungerade Potenzen im Kraftgesetz auftreten; andernfalls haben wir ein unsymmetrisches Kraftgesetz und damit eine unsymmetrische Schwingung. Wir wollen uns hier auf den häufigeren Fall der symmetrischen Schwingung beschränken und zur quasielastischen Kraft $-kx$ noch ein Glied $+\epsilon x^3$ hinzufügen. Wir wollen weiter annehmen, daß $\epsilon$ positiv ist, daß also mit wachsender Amplitude die Bindung gelockert wird. Die Bewegungsgleichung der freien Schwingung dieses Systems läßt sich ohne Schwierigkeiten integrieren, wobei allerdings das Resultat durch elliptische Funktionen ausgedrückt wird. Das Wesentliche ist, daß mit zunehmender Amplitude die Eigenfrequenz abnimmt. Man kann sich dies qualitativ leicht dadurch klar machen, daß man sich die wirkliche Bindung durch eine mittlere quasielastische Bindung ersetzt denkt. Diese wird aber wegen der Form unseres Kraftgesetzes mit wachsender Amplitude $x$ sicher kleiner, die Eigenfrequenz also nach Gl. (26) ebenfalls verkleinert. Sehr eigenartig ist das Verhalten eines solchen Systems bei periodischer äußerer Kraft. Daß hier auch bei Fehlen einer Dämpfung keine Resonanzkatastrophe eintreten kann, sieht man sofort daran, daß bei Resonanz für unendlich kleine Amplitude durch das Anschwellen der Amplitude eine Verstimmung der Eigenfrequenz eintreten muß, so daß für größere Amplitude gar keine Resonanz mehr vorliegt. Die im stationären Zustand sich einstellende Amplitude läßt sich durch folgendes Näherungsverfahren gewinnen: Die Differentialgleichung lautet:

$$m \frac{d^2 x}{d t^2} + kx - \epsilon x^3 = F_0 \cos \omega t\,. \tag{36}$$

Die stationäre Lösung ist jedenfalls eine periodische Funktion der Zeit mit der Grundfrequenz $\frac{\omega}{2\pi}$, also durch eine FOURIER-Reihe nach Vielfachen von $\omega t$ darstellbar. Als erste Näherung beginnen wir mit der Grundschwingung und setzen an:

$$x_1 = a \cos \omega t .$$

Die Amplitude $a$ ist noch zu bestimmen. Setzen wir dies in die Differentialgleichung (36) ein, so ergibt sich unter Benützung der Beziehung

$$\cos^3 \omega t = \frac{1}{4} \cos 3\,\omega t + \frac{3}{4} \cos \omega t$$

die Gleichung:

$$\left(-m a \omega^2 + k a - \frac{3}{4} \epsilon a^3\right) \cos \omega t - \frac{\epsilon}{4} a^3 \cos 3\,\omega t = F_0 \cos \omega t .$$

Soll die Grundschwingung der Gl. (36) genügen, so muß sein

$$\frac{3}{4} \frac{\epsilon}{m} a^3 + (\omega^2 - \omega_0^2)\, a + \frac{F_0}{m} = 0, \tag{37}$$

wobei wir die für unendlich kleine Amplitude geltende Eigenfrequenz $\sqrt{\frac{k}{m}}$ mit $\omega_0$ bezeichnet haben. Das Aufsuchen der Wurzeln dieser Gleichung wird unten näher besprochen. Zunächst wollen wir zeigen, wie man die nächsten Näherungen gewinnt. Löst man Gl. (36) nach $\frac{d^2 x}{d t^2}$ auf und setzt auf der rechten Seite die erste Näherung ein, so ergibt sich

$$\frac{d^2 x}{d t^2} = \frac{F_0}{m} \cos \omega t - \frac{ka}{m} \cos \omega t + \frac{3}{4} \frac{\epsilon a^3}{m} \cos \omega t + \frac{\epsilon a^3}{4m} \cos 3 \omega t$$

nach (37)

$$= - \omega^2 a \cos \omega t + \frac{\epsilon a^3}{4m} \cos 3 \omega t$$

und daraus durch Integration

$$x_2 = a \cos \omega t - \epsilon \cdot \frac{a^3}{36 m \omega^2} \cos 3\,\omega t = a \cos \omega t - \frac{\epsilon a^3 \omega_0^2}{36 k \omega^2} \cos 3\,\omega t . \tag{36}$$

Diese zweite Näherung kann dann wiederum in Gl. (36) eingesetzt werden. So lassen sich beliebig viele Glieder der FOURIER-Reihe berechnen. Die Konvergenz des Verfahrens wäre noch besonders zu untersuchen. Für kleine $\epsilon$ besteht sie jedenfalls.

Es ist nun noch die Auflösung der kubischen Gl. (37) für $a$ zu diskutieren. Wir erhalten (Fig. 44) $a$ graphisch in einem $y$, $a$-Koordinatensystem als Schnittabszisse der kubischen Parabel

$$y = \frac{3}{4} \frac{\epsilon}{m} \frac{a^3}{\omega_0^2}$$

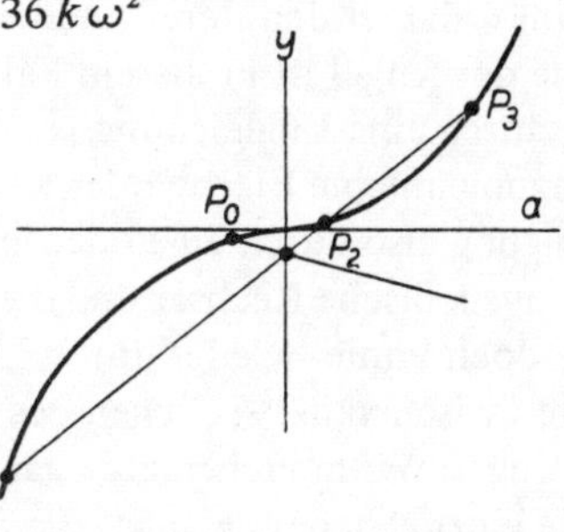

Fig. 44. Graphische Konstruktion der Amplitude einer erzwungenen anharmonischen Schwingung

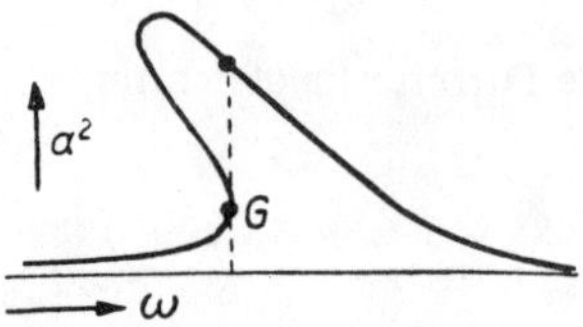


Fig. 45. Verlauf der Resonanzkurve bei anharmonischen Systemen

mit der Geraden

$$y = \left(1 - \frac{\omega^2}{\omega_0^2}\right) a - \frac{F_0}{\omega_0^2 m} .$$

Gehen wir von großen $\omega$ aus, so wird die Steigung der Geraden negativ und es kann nur ein Schnittpunkt $P_0$ entstehen. Auch für $\omega = \omega_0$ ergibt sich nur ein einziger Schnittpunkt. Lassen wir aber jetzt $\omega$ weiter abnehmen, so kommt eine Richtung der Geraden, welche drei Schnittpunkte $P_1$, $P_2$, $P_3$, also drei mögliche Amplituden, liefert. Die Resonanzkurve erhält das in Fig. 45 gezeichnete verzerrte Aussehen. Wäre keine Dämpfung vorhanden, so würden die beiden Zweige sich erst über das Unendliche zusammenfügen. Wegen der stets vorhandenen Dämpfung tritt aber die eingezeichnete Abrundung auf. Wenn wir nun von kleinen Frequenzen herkommen, so lehrt eine eingehendere Untersuchung, daß bei einer kleinen Störung die dem unteren Ast entsprechende Amplitude die stabile ist. Mit wachsendem $\omega$ kommt man aber schließlich an den Grenzpunkt $G$, von wo an nur noch der obere Ast einen reellen Schnittpunkt liefert. Bei stetiger Variation muß also die Amplitude spätestens im Punkt $G$ vom unteren Ast sprungartig auf den oberen übergehen. Derartige bei Schwingungsvorgängen vielfach beobachtete durch die Anharmonizität bedingte Amplitudensprünge werden als *Kipperscheinungen* bezeichnet.

Aufg. 40. Man behandle in gleicher Weise die unsymmetrische anharmonische Schwingung mit dem Kraftgesetz $F = -kx + \epsilon x^2$ und bestimme den Mittelwert der Entfernung aus der Ruhelage.

## § 11. Mechanik des unfreien Massenpunkts

### Das ebene mathematische Pendel

Vielfach sind der Bewegung eines Massenpunkts Beschränkungen in Form geometrischer Bedingungen auferlegt. Wenn wir z. B. einen an einem Faden von der Länge $l$ aufgehängten Körper mit kleiner Masse betrachten, so ist seine Bewegung in der Hinsicht beschränkt, daß er den Bereich einer Kugel vom Radius $l$ nicht überschreiten kann. Das Innere der Kugel ist in diesem Fall aber zugänglich. Hier wäre die geometrische Bedingung durch eine Ungleichung $|\vec{r}| \leqq l$ dargestellt. Der häufigste Fall ist aber der, daß die Bewegung an eine Fläche oder Kurve (g. h. den Schnitt zweier Flächen) gebunden, die Bedingung also durch eine oder im Fall einer Kurve durch zwei Gleichungen gegeben ist. Die physikalische Realisierung dieser geometrischen Bedingungen erfolgt aber in letzter Linie doch immer wieder durch „Kräfte". In dem obigen Beispiel sind es die Molekularkräfte zwischen den Teilchen des Fadens und an der Verbindungsstelle zwischen Faden und Kugel. Wir brauchen aber gar nicht auf die atomistische Deutung dieser Zwangskräfte einzugehen, es genügt, die geometrische Bedingung durch eine äquivalente Kraft, die *Zwangskraft*, zu ersetzen, um die Mechanik des unfreien Massenpunkts auf den alten Fall des freien zurückzuführen.

Eine wesentliche Eigenschaft aller Zwangskräfte ist die, daß sie auf der Fläche, an welche der Massenpunkt vermöge der Zwangskräfte gebunden ist, senkrecht stehen. Denn wäre dies nicht der Fall, so könnten die Zwangskräfte allein ohne Mitwirkung äußerer „eingeprägter" Kräfte einen Massenpunkt in Bewegung setzen, was der alltäglichen Erfahrung widerspricht. Es müßte dann z. B. eine auf einer horizontalen glatten Platte ruhende Kugel von selbst in Bewegung geraten. Eine tangentiale Kraft kann allerdings dann noch hinzukommen, wenn die Fläche rauh ist, d. h. wenn zwischen Fläche und Massenpunkt eine Reibungskraft wirksam ist. Diese Reibungskraft ist aber ihrem Wesen nach keine Zwangskraft. Ist der Betrag der Zwangskraft $Z$ und ist $\vec{n}$ der Normaleneinheitsvektor der Fläche, so werden die Bewegungsgleichungen

$$m \frac{d^2 \vec{r}}{dt^2} = \vec{F} + Z\vec{n} . \tag{39}$$

Ist die Gleichung der Fläche gegeben durch $f(x, y, z) = 0$, so hat der Gradient der Funktion $f$ ebenfalls die Richtung der Normalen. Wir können daher die Zwangskraft auch schreiben

$$\vec{Z} = \lambda \operatorname{grad} f , \tag{40}$$

wobei $\lambda$ eine noch unbestimmte, von den Koordinaten abhängige skalare Größe ist. Die Bewegungsgleichung lautet damit

$$m \frac{d^2 \vec{r}}{dt^2} = \vec{F} + \lambda \operatorname{grad} f \tag{41}$$

oder in Koordinaten

$$m \ddot{x} = F_x + \lambda \frac{\partial f}{\partial x}, \qquad m \ddot{y} = F_y + \lambda \frac{\partial f}{\partial y}, \qquad m \ddot{z} = F_z + \lambda \frac{\partial f}{\partial z} . \tag{41'}$$

Als neue Unbekannte ist nun aber die Größe $\lambda$ hereingekommen. Da jedoch außerdem noch die Flächengleichung $f = 0$ erfüllt sein muß, sind ebensoviel Gleichungen wie Unbekannte da. Dasselbe gilt für den Fall, daß ein Massenpunkt genötigt ist, auf einer Kurve als Schnitt zweier Flächen $f_1 = 0$ und $f_2 = 0$ zu bleiben. Das Gleichungssystem besteht dann aus der Bewegungsgleichung

$$m\ddot{\vec{r}} = \vec{F} + \lambda_1 \operatorname{grad} f_1 + \lambda_2 \operatorname{grad} f_2 \tag{41''}$$

mit den beiden unbekannten Größen $\lambda_1$ und $\lambda_2$, sowie den beiden Flächengleichungen.

Da die Bewegung stets an die Fläche gebunden sein soll, steht jedes Wegelement $d\vec{s}$ senkrecht auf der Zwangskraft. Die Zwangskräfte leisten daher keine Arbeit. Bei der Bildung der Energiebilanz fallen sie also heraus. Haben wir insbesondere konservative Kräfte, so behält der Energiesatz die für den freien Massenpunkt abgeleitete Form:

$$\frac{1}{2} m v^2 + U = C. \tag{42}$$

Hängt ein Problem nur von zwei Koordinaten ab (ebenes Problem), zwischen denen noch die Gleichung einer Kurve bestehe, an die der Massenpunkt gebunden ist, so reicht der Energiesatz allein schon zur Integration aus. Denn man kann mit Hilfe der Kurvengleichung und der aus ihr folgenden Differentialquotienten die eine Koordinate durch die andere ausdrücken und hat dann eine Differentialgleichung für eine einzige Veränderliche.

Ein solcher Fall ist das ebene mathematische Pendel. Darunter versteht man bekanntlich einen Massenpunkt $m$, der an einem gewichtslosen Faden der Länge $l$ befestigt ist. Durch den Faden ist dem Massenpunkt eine Kugelfläche vorgeschrieben, die er jedenfalls nicht nach außen verlassen kann. Wir beschränken uns auf die ebene Bewegung, die z. B. dadurch realisiert werden kann, daß man dem Pendel eine gewisse Elongation $\alpha$ gibt und es ohne Anfangsgeschwindigkeit losläßt. Durch die beiden Lagen, Anfangslage und Gleichgewichtslage (Vertikale) ist dann die Pendelebene bestimmt. Die Pendelbahn bleibt auch dann noch eben, wenn man dem Massenpunkt eine Anfangsgeschwindigkeit in Richtung der Tangente des Kreises gibt, den die genannte Ebene aus der Kugel ausschneidet. Dagegen erhalten wir eine räumliche Bahn, wenn man dem Massenpunkt einen Anstoß aus der Ebene heraus erteilt. Für das räumliche Pendel reicht der Energiesatz allein nicht aus, wir brauchen dazu noch ein weiteres erstes Integral der Bewegungsgleichungen, wozu in diesem Fall, auf den aber hier nicht weiter eingegangen werden kann, der verallgemeinerte Flächensatz (vgl. Aufg. 35) dienen kann. Für das ebene Pendel wird der Energiesatz, da das Potential der Schwerkraft durch $mgz$ gegeben ist, in Polarkoordinaten, in denen die Bedingungsgleichung einfach $r = l$ lautet:

$$\frac{m}{2} l^2 \dot{\varphi}^2 + mgl(1 - \cos\varphi) = C. \tag{43}$$

Solange das Pendel sich nicht überschlägt – ein Fall, den wir ausschließen –, gibt es immer zwei Umkehrpunkte, in denen die Geschwindigkeit und damit $\dot{\varphi}$ durch null geht. Nennen wir den Maximalausschlag, der einem solchen Umkehrpunkt entspricht, $\alpha$, so ist für diesen wegen

$$\dot{\varphi} = 0$$

$$mgl(1 - \cos\alpha) = C,$$

also wird die Energiegleichung

$$\dot{\varphi}^2 + \frac{2g}{l}(\cos\alpha - \cos\varphi) = 0. \tag{44}$$

Für kleine Amplituden wird die Integration einfach: Entwickelt man $\cos\alpha$ und $\cos\varphi$ und bricht beim Glied $\frac{\alpha^2}{2}$ bzw. $\frac{\varphi^2}{2}$ ab, so erhält man

$$\frac{d\varphi}{dt} = \sqrt{\frac{g}{l}(\alpha^2 - \varphi^2)},$$

hieraus

$$\frac{d\varphi}{\sqrt{\alpha^2 - \varphi^2}} = \sqrt{\frac{g}{l}}\, dt \tag{45}$$

und durch Integration

$$\arcsin \frac{\varphi}{x} = \sqrt{\frac{g}{l}}\, t + k \quad \text{oder} \quad \varphi = \alpha \sin\left(\sqrt{\frac{g}{l}}\, t + k\right). \tag{46}$$

Die Integrationskonstante $k$ wird null, wenn wir festsetzen, daß für $t = 0$ das Pendel durch die Ruhelage gehen soll, also $\varphi = 0$ sein soll. Wir haben also eine einfache harmonische Schwingung von der Frequenz

$$\nu = \frac{1}{2\pi}\sqrt{\frac{g}{l}}. \tag{47}$$

Die Schwingungsdauer wird also

$$\tau = 2\pi \sqrt{\frac{l}{g}}. \tag{47'}$$

Differenziert man Gl. (43) nach $t$, so kommt man zu der eigentlichen Bewegungsgleichung zurück, die man natürlich auch hätte direkt ableiten können:

$$\ddot{\varphi} + \frac{g}{l}\sin\varphi = 0. \tag{48}$$

Die erste Näherung gibt mit $\sin\varphi = \varphi$ die Differentialgleichung der harmonischen Schwingung, die in (46) gegeben ist. Entwickelt man den sinus um ein Glied weiter, so erhält man gerade eine Gleichung von dem Typ der anharmonischen Schwingung, die in § 10, allerdings gleich mit erregender periodischer Kraft, ausführlich behandelt wurde:

$$\ddot{\varphi} + \frac{g}{l}\varphi - \frac{g}{l}\frac{\varphi^3}{6} = 0. \tag{49}$$

Für beliebig große Amplituden verläuft die Integration folgendermaßen: Gehen wir von der Energiegleichung (44) aus und ersetzen wir $\cos\varphi$ durch $1 - 2\sin^2\frac{\varphi}{2}$ und ebenso $\cos\alpha$ durch $1 - 2\sin^2\frac{\alpha}{2}$, so erhält man nach Trennung der Veränderlichen

$$\frac{d\varphi}{\sqrt{\sin^2\frac{\alpha}{2} - \sin^2\frac{\varphi}{2}}} = 2\sqrt{\frac{g}{l}}\, dt. \tag{50}$$

Dies ist die (45) entsprechende strenge Gleichung.

Das Integral der linken Seite ist vom elliptischen Typ; es läßt sich mit elementaren Funktionen nicht ausrechnen. Wohl aber läßt es sich leicht auf die Normalform eines elliptischen Integrals bringen. Setzt man nämlich

$$\sin\frac{\varphi}{2} = \sin\frac{\alpha}{2}\sin u, \tag{51}$$

so erhält man

$$\frac{du}{\sqrt{1 - \sin^2\frac{\alpha}{2}\sin^2 u}} = \sqrt{\frac{g}{l}}\, dt$$

und durch Integration zwischen $t = 0$ und $t = t$ mit der Anfangsbedingung, daß für $t = 0$ auch $\varphi$ und damit $u = 0$ sein soll

$$\int_0^u \frac{du'}{\sqrt{1 - \sin^2 \frac{\alpha}{2} \sin^2 u'}} = F\left(\frac{\alpha}{2}, u\right) = \sqrt{\frac{g}{l}}\, t \; . \tag{52}$$

Dieses Integral als Funktion von $u$ und $\alpha/2$ findet sich in vielen Tafeln. Die Schwingungsdauer $\tau$ erhalten wir, indem wir in (52) als obere Grenze $\frac{\pi}{2}$ setzen. Für das „vollständige elliptische Integral erster Gattung"

$$K = \int_0^{\frac{\pi}{2}} \frac{du}{\sqrt{1 - \sin^2 \frac{\alpha}{2} \sin^2 u}}$$

gilt

$$\tau = 4 \sqrt{\frac{l}{g}}\, K.$$

Durch Entwicklung der Wurzel und gliedweise Integration folgt eine Darstellung von $\tau$ in Abhängigkeit vom Maximalausschlag $\alpha$:

$$\tau = 2\pi \sqrt{\frac{l}{g}} \left(1 + \frac{1}{4} \sin^2 \frac{\alpha}{2} + \frac{9}{64} \sin^4 \frac{\alpha}{2} + \cdots\right).$$

Die Umkehrfunktion von $F$ heißt „Amplitude", geschrieben am, d. h. ist

$$F\left(\frac{\alpha}{2}, x\right) = y \; ,$$

so ist $x = \mathrm{am}\,(\alpha/2,\; y)$, damit wird

$$u = \mathrm{am}\left(\frac{\alpha}{2}, \sqrt{\frac{g}{l}}\, t\right)$$

und

$$\sin \frac{\varphi}{2} = \sin \frac{\alpha}{2} \; \sin \mathrm{am}\left(\frac{\alpha}{2}, \sqrt{\frac{g}{l}}\, t\right) \; . \tag{53}$$

Wir fragen noch nach der Größe der Zwangskraft, welche den Massenpunkt an die kreisförmige Bahn bindet. Ihr entgegengesetzt gleich ist nach dem NEWTONschen Gesetz der Gleichheit von Wirkung und Gegenwirkung (S. 92) die Kraft, mit welcher der Massenpunkt an dem Faden zieht. Diese Kraft ist, da sie auf der vorgeschriebenen Fläche senkrecht steht, radial gerichtet, und zwar hat in der Nähe der Gleichgewichtslage die Zwangskraft sicher die Richtung nach dem Mittelpunkt hin.

Ihren Betrag finden wir leicht, wenn wir die Bewegungsgleichung für die Normalkomponente der Bahn aufschreiben. Rechnen wir, wie immer, die Richtung nach dem Krümmungsmittelpunkt als die positive Richtung der Normalbeschleunigung, so ist

$$m \frac{v^2}{\rho} = m \frac{l^2 \dot{\varphi}^2}{l} = -\, m\, g \cos \varphi + Z \; .$$

Setzt man für $\dot{\varphi}^2$ seinen aus der Energiegleichung (44) folgenden Wert ein, so erhält man

$$Z = m\, g\, (3 \cos \varphi - 2 \cos \alpha) \; . \tag{54}$$

Die Zwangskraft $Z$ wechselt ihr Vorzeichen, d. h. der vom Massenpunkt fur den Faden ausgeübte Zug geht in einen Druck über für

$$3 \cos \varphi_g = 2 \cos \alpha .$$

Nur wenn $\alpha > \pi/2$ ist, hat diese Gleichung eine Wurzel, welche mit der Bedingung, daß $\varphi < \alpha$ ist, verträglich ist. Solange also die Amplitude $\alpha$ nicht $\pi/2$ überschreitet, bleibt der Faden immer gespannt. Beliebig große Amplituden sind aber mit einem Fadenpendel nicht zu realisieren, weil es dann einen Punkt gibt, in welchem das Pendel zusammenfällt.

Der Grund für diese Schwierigkeit liegt darin, daß ein Faden nicht die vollständige physikalische Realisierung der geometrischen Bedingung $r = l$ ist, daß er nur Punkte mit $r > l$ ausschließt, dagegen nicht Punkte mit $r < l$. Eine nach beiden Seiten genügende Realisierung wäre eine starre gewichtslose Stange.

Aufg. 41. Für welche Kurve ist bei der ebenen Pendelbewegung die Schwingungsdauer unabhängig von der Amplitude? (Man führe die Bogenlänge $s$ als Funktion von $z = l\,(1 - \cos \varphi)$ ein.)

Aufg. 42. Ein Motorradfahrer vermöge auf ebener, nicht überhöhter Straße eine Kurve von 10 m Radius gerade noch mit 20-km/h-Geschwindigkeit zu durchlaufen, ohne auszugleiten. Mit welcher Geschwindigkeit muß er an der senkrechten Innenwand eines Kreiszylinders von 5 m Radius aus demselben Material fahren, damit er eine horizontale Bahn beschreiben kann, ohne abzugleiten? (Reibungskraft proportional dem Normaldruck unabhängig von der Geschwindigkeit!)

Zweites Kapitel

# Allgemeine Sätze der Mechanik der Punktsysteme

## Vorbemerkung

Wir schematisieren ein physikalisches System durch eine Anzahl Massenpunkte und wenden auf die einzelnen Punkte die in Kap. I abgeleiteten Sätze an. Es ergibt sich dann eine Anzahl von Sätzen, die sich auf das Verhalten des Systems als Ganzes beziehen. Der Gültigkeitsbereich dieser Sätze ist fast unbeschränkt, da wir schließlich jeden Körper als ein System von ungeheuer vielen Massenpunkten – den Atomen – aufzufassen haben. Die Kräfte, die im einzelnen Massenpunkt angreifen, sind zweierlei Art: Entweder gehen sie von den anderen Massenpunkten des Systems aus – *innere* Kräfte – oder sie haben ihre Ursache außerhalb des Systems – *äußere* Kräfte –. Von besonderer Wichtigkeit wird hier das NEWTON*sche Gesetz der Gleichheit von Wirkung und Gegenwirkung.*

## § 1. Der Satz von der Bewegung des Massenmittelpunkts

Wir gehen aus von einem System von $N$ Massenpunkten. Am $k$-ten Massenpunkt greifen folgende Kräfte an: Eine Anzahl äußerer Kräfte, die wir durch ihre Resultante $\vec{F}_k$ ersetzen, weiter vom ersten Massenpunkt herrührend die Kraft $\vec{F}_{1k}$, vom zweiten Massenpunkt die Kraft $\vec{F}_{2k}$, allgemein vom $j$-ten die Kraft $\vec{F}_{jk}$. Somit wird die Bewegungsgleichung für den $k$-ten Massenpunkt

$$m_k \frac{\mathrm{d}^2 \vec{r}_k}{\mathrm{d}t^2} = \vec{F} + \sum_j \vec{F}_{jk} \,. \tag{1}$$

Derartige Gleichungen gibt es $N$, nämlich für jeden Massenpunkt eine. Wir denken sie uns alle hingeschrieben und bilden die Summen der rechten und linken Seiten

$$\sum_k m_k \frac{\mathrm{d}^2 \vec{r}_k}{\mathrm{d}t^2} = \sum_k \vec{F}_k + \sum_{\substack{k \; j \\ j \neq k}} \vec{F}_{jk} \,. \tag{2}$$

Da es innere Kräfte mit gleichen Indizes nach unserer Bezeichnung gar nicht gibt, sind in der Doppelsumme die Kombinationen $k = j$ auszuschließen. Nun kommt aber zu jeder Kraft $\vec{F}_{jk}$, d. h. der Kraft, die der $j$-te Massenpunkt auf den $k$-ten ausübt, auch eine Kraft $\vec{F}_{kj}$, also die Kraft, die der $k$-te Massenpunkt auf den $j$-ten ausübt, vor, und diese beiden Kräfte sind nach dem Gesetz von Wirkung und Gegenwirkung einander entgegengesetzt gleich. Die Doppelsumme verschwindet also, *die inneren Kräfte des Systems heben sich bei der Summierung heraus.* Rechts steht jetzt nur die Vektorsumme der an den einzelnen Punkten angreifenden äußeren Kräfte. Wir definieren nun als *Massenmittelpunkt* eines Systems einen Punkt, dessen auf ein beliebiges Zentrum bezogener Radiusvektor $\vec{r}^*$ multipliziert mit der Gesamtmasse des Systems gleich ist der Vektorsumme der mit den Einzelmassen multiplizierten Radienvektoren der Einzelpunkte:

$$M\vec{r}^* = \sum_k m_k \vec{r}_k . \tag{3}$$

Setzen wir diesen Ausdruck in Gl. (2) ein, so erhalten wir den Satz

$$\boxed{M \frac{d^2\vec{r}^*}{dt^2} = \sum_k \vec{F}_k} . \tag{4}$$

*Der Massenmittelpunkt eines Systems bewegt sich so, als ob in ihm die gesamte Masse des Systems vereinigt wäre und an ihm die Resultante der äußeren Kräfte angriffe.* Existiert insbesondere keine äußere Kraft, so bleibt der Massenmittelpunkt in Ruhe oder bewegt sich geradlinig gleichförmig. Auf diesem Satz beruhen bekanntlich die Rückstoßerscheinungen.

Da die häufigste äußere Kraft die Schwerkraft ist, nennt man den Massenmittelpunkt auch *Schwerpunkt*. Für seine Auffindung sind folgende elementare Betrachtungen von Nutzen: Für den Radiusvektor $\vec{r}^*$ des Schwerpunkts zweier Massenpunkte $m_1$ und $m_2$ gilt die Gleichung

$$(m_1 + m_2)\vec{r}^* = m_1 \vec{r}_1 + m_2 \vec{r}_2$$

oder

$$m_1 (\vec{r}^* - \vec{r}_1) = m_2 (\vec{r}_2 - \vec{r}^*);$$

dies bedeutet, daß die Vektoren $\vec{r}^* - \vec{r}_1$ und $\vec{r}_2 - \vec{r}^*$ parallel sind. Da sie aber den Endpunkt des Radiusvektors $\vec{r}^*$ gemeinsam haben, müssen die drei Punkte $m_1$, $m_2$ und der Schwerpunkt in einer Geraden liegen. Für die Länge der vom Schwerpunkt abgeteilten Abschnitte ergibt sich

$$\frac{|\vec{r}^* - \vec{r}_1|}{|\vec{r}_2 - \vec{r}^*|} = \frac{m_2}{m_1} .$$

Wir haben also den Satz: ***Der Schwerpunkt zweier Massenpunkte $m_1$ und $m_2$ teilt ihre Verbindungsstrecke im Verhältnis der Massen derart, daß er näher bei der größeren Masse liegt.*** Kommt noch ein weiterer Massenpunkt $m_3$ hinzu, so erhält man den Gesamtschwerpunkt als Schwerpunkt der Masse $m_3$ und dem nach obigem Verfahren konstruierten Massenmittelpunkt von $m_1$ und $m_2$, in dem die Summe der Massen $m_1$ und $m_2$ vereinigt ist. Man sieht leicht, daß der so gefundene Schwerpunkt von der Reihenfolge der Zusammenfassung unabhängig ist. In gleicher Weise verfährt man beim Hinzukommen weiterer Massenpunkte.

Aufg. 43. Zwei Massenpunkte $m_1$ und $m_2$ befinden sich in der Entfernung $a$ im Gleichgewicht. Bei einer Veränderung der Entfernung um die kleine Strecke $x$ treten rücktreibende Kräfte auf, welche der Strecke $x$ proportional sind. Welche Eigenfrequenzen hat das System?

## § 2. Das Verhalten des Drehimpulses eines Systems

Nach Kap. I, § 5 kommt dem Vektorprodukt $m(\vec{r} \times \dot{\vec{r}})$, das als Drehimpuls oder Drall $\vec{L}$ eines Massenpunkts bezeichnet wird, die Bedeutung der mit $2m$ multiplizierten Flächengeschwindigkeit des Radiusvektors zu. Die Vektorsumme $\Sigma\, m_k(\vec{r}_k \times \dot{\vec{r}}_k)$, welche wir als *Gesamtdrehimpuls* eines Systems von Massenpunkten bezeichnen, ist eine der wichtigsten mechanischen Größen. Wir multiplizieren die für einen Punkt geltenden Bewegungsgleichungen vektoriell mit $\vec{r}_k$ und summieren über alle Massenpunkte, woraus sich ergibt

$$\sum_k m_k\left(\vec{r}_k \times \frac{d^2\vec{r}_k}{dt^2}\right) = \sum_k \vec{r}_k \times \vec{F}_k + \sum_k \sum_{\substack{j \\ j \neq k}} \vec{r}_k \times \vec{F}_{jk}\,. \tag{5}$$

Die linke Seite stellt, wie in Kap. I, § 5 gezeigt wurde, den zeitlichen Differentialquotienten der Größe $\Sigma\, m_k(\vec{r}_k \times \dot{\vec{r}}_k)$, also des Gesamtdrehimpulses, dar. Weiter nennt man das Vektorprodukt aus dem Radiusvektor des Angriffspunkts einer Kraft $\vec{F}_k$ und dem Kraftvektor das *Drehmoment der Kraft* $\vec{F}_k$. Wir bezeichnen es mit $\vec{M}_k$. Sein Betrag entspricht dem Produkt aus Kraft und Hebelarm in bezug auf eine Drehung um $O$. $\sum_k \vec{r}_k \times \vec{F}_k$ stellt den resultierenden Drehmomentvektor $\vec{M}$ dar, den die äußeren Kräfte liefern. Der zweite Term rechts, welcher die Resultante der Drehmomente der inneren Kräfte bedeutet, verschwindet nun dann, wenn die inneren Kräfte zwischen zwei Punkten die Richtung der Verbindungsstrecke haben, also Zentralkräfte sind. Da nämlich $\vec{F}_{kj} = -\vec{F}_{jk}$ ist, wird für ein beliebiges Paar von Massenpunkten

$$\vec{r}_k \times \vec{F}_{jk} + \vec{r}_j \times \vec{F}_{kj} = (\vec{r}_k - \vec{r}_j) \times \vec{F}_{jk}\,. \tag{6}$$

Das rechts stehende Vektorprodukt verschwindet aber, wenn, wie vorausgesetzt, der Vektor $\vec{F}_{jk}$ die Richtung von $\vec{r}_k - \vec{r}_j$ hat. Es bleibt also

$$\boxed{\frac{d}{dt}\sum_k m_k(\vec{r}_k \times \dot{\vec{r}}_k) = \frac{d\vec{L}}{dt} = \sum_k \vec{r}_k \times \vec{F}_k = \vec{M}}\,. \tag{7}$$

*In einem System von Massenpunkten, in dem die inneren Kräfte zwischen zwei Punkten die Richtung der Verbindungsstrecke haben, ist die zeitliche Änderung des Gesamtdrehimpulses gleich der Resultante der Drehmomente der äußeren Kräfte.*

Die für die Gültigkeit des Satzes gemachte Einschränkung ist von geringer Bedeutung: Man kann sich aus Symmetriegründen keine zwischen zwei ruhenden Punkten wirkende Kräft denken, die nicht in die Richtung der Verbindungsachse fällt, da außer dieser keine ausgezeichnete Richtung besteht. Eine wichtige Ausnahme bildet ein System bewegter Ladungen (hierbei sind die Geschwindigkeits- und Beschleunigungsrichtungen ausgezeichnet). Bei beschleunigten Ladungen ist das Gesetz von der Gleichheit von actio und reactio nicht erfüllt. In einem solchen System muß man die Summe aus dem mechanischen und dem elektromagnetischen Drehimpuls des Feldes betrachten.

Wirken insbesondere keinerlei äußere Kräfte oder verschwindet die Resultante ihrer Momente, so muß der Gesamtdrehimpuls des Systems nach Gl. (7) konstant bleiben. Gerade in dieser Form bildet der Satz die Erklärung einer großen Anzahl von Erscheinungen des täglichen Lebens, z. B. das Ingangbringen einer Schaukel durch geeignete Bewegungen des darauf stehenden Kindes, die Drehbewegung einer fallenden Katze oder die bekannten Drehschemelversuche.

Der Wert des Gesamtdrehimpuls hängt im allgemeinen von der Wahl des Bezugspunkts $O$ ab. Er wird aber *dann* von der Lage des Bezugspunkts unabhängig, wenn der Schwerpunkt des Systems ruht. Bezeichnen wir nämlich den Radiusvektor nach einem neuen Bezugspunkt $O'$ mit $\vec{r}_0$, alle von ihm ausgehenden Radienvektoren mit $\vec{r}'_k$, so ist

$$\vec{r}_k = \vec{r}_0 + \vec{r}'_k .$$

Weiter ist in bezug auf $O$ der Drehimpuls

$$\vec{L} = \sum_k m_k \vec{r}_k \times \dot{\vec{r}}_k$$

und in bezug auf $O'$:

$$\vec{L}' = \sum_k m_k \vec{r}'_k \times \dot{\vec{r}}'_k .$$

Setzt man in $\vec{L}$ für $\vec{r}_k$ den Vektor $\vec{r}_0 + \vec{r}'_k$, so wird wegen $\dot{\vec{r}}_0 = 0$

$$\vec{L} = \sum_k m_k (\vec{r}_0 + \vec{r}'_k) \times \dot{\vec{r}}'_k = \vec{r}_0 \times \sum_k m_k \dot{\vec{r}}'_k + \sum_k m_k (\vec{r}'_k \times \dot{\vec{r}}'_k).$$

Der erste Term verschwindet aber, wenn

$$\sum_k m_k \frac{\mathrm{d}\vec{r}'_k}{\mathrm{d}t} = 0,$$

d. h. wenn der Schwerpunkt des Systems ruht.

## § 3. Die Gesamtenergie eines Systems von Massenpunkten

Wir multiplizieren die für den $k$-ten Massenpunkt geltende Bewegungsgleichung skalar mit $\frac{\mathrm{d}\vec{r}_k}{\mathrm{d}t}$, summieren über alle Massenpunkte und erhalten

$$\sum_k m_k \frac{\mathrm{d}^2\vec{r}_k}{\mathrm{d}t^2} \cdot \frac{\mathrm{d}\vec{r}_k}{\mathrm{d}t} = \frac{\mathrm{d}}{\mathrm{d}t}\frac{1}{2}\sum_k m_k \left(\frac{\mathrm{d}\vec{r}_k}{\mathrm{d}t}\right)^2 = \sum_k \vec{F}_k \cdot \frac{\mathrm{d}\vec{r}_k}{\mathrm{d}t} + \sum_k \sum_{\substack{j \\ j \neq k}} \vec{F}_{jk} \cdot \frac{\mathrm{d}\vec{r}_k}{\mathrm{d}t} . \tag{8}$$

Integrieren wir zwischen den Zeiten $t_0$ und $t$, so ergibt sich

$$\frac{1}{2}\sum_k m_k \left(\frac{\mathrm{d}\vec{r}_k}{\mathrm{d}t}\right)^2_t - \frac{1}{2}\sum_k m_k \left(\frac{\mathrm{d}\vec{r}_k}{\mathrm{d}t}\right)^2_{t_0} = \int\limits_{\vec{r}_k(t_0)}^{\vec{r}_k(t)} \sum_k \vec{F}_k \cdot \mathrm{d}\vec{r}_k + \int\limits_{\vec{r}_k(t_0)}^{\vec{r}_k(t)} \sum_k \sum_j \vec{F}_{jk} \cdot \mathrm{d}\vec{r}_k . \tag{9}$$

Links steht die gesamte Änderung der kinetischen Energie des Systems, rechts die Summe der Arbeiten der inneren und äußeren Kräfte. Die Arbeiten der inneren Kräfte des Systems heben sich bei der Energieberechnung keineswegs heraus, wie man etwa nach den beiden vorhergehenden Paragraphen erwarten könnte.

Die kinetische Energie läßt sich nun in zwei Teile zerlegen, denen eine anschauliche Bedeutung zukommt: Führen wir ein zweites Koordinatensystem ein, dessen Mittelpunkt $O'$ mit dem Schwerpunkt des Systems zusammenfällt und bezeichnen wir alle auf dieses System bezogenen Radienvektoren mit einem Strich, so ist

$$\vec{r}_k = \vec{r}^{\,*} + \vec{r}_k{}' \text{, somit}$$

$$\sum_k \frac{1}{2} m_k \left(\frac{\mathrm{d}\vec{r}_k}{\mathrm{d}t}\right)^2 = \frac{1}{2}\left(\frac{\mathrm{d}\vec{r}^{\,*}}{\mathrm{d}t}\right)^2 \sum_k m_k + \frac{\mathrm{d}\vec{r}^{\,*}}{\mathrm{d}t} \sum_k m_k \frac{\mathrm{d}\vec{r}_k{}'}{\mathrm{d}t} + \frac{1}{2} \sum_k m_k \left(\frac{\mathrm{d}\vec{r}_k{}'}{\mathrm{d}t}\right)^2 . \quad (10)$$

Der zweite Summand verschwindet aber, da $\frac{1}{M} \Sigma\, m_k \vec{r}_k$ nach Gl. (3) der Radiusvektor des Schwerpunkts ist und dieser im gestrichenen Koordinatensystem nach Voraussetzung null ist. Der erste Summand stellt die kinetische Energie des mit der gesamten Masse versehenen Schwerpunkts dar, der dritte die kinetische Energie der Bewegung des Systems gegenüber dem ruhend gedachten Schwerpunkt. Wir können also sagen: *Die kinetische Energie ist gleich der Summe aus der Translationsenergie des im Schwerpunkt vereinigt gedachten Systems und der Energie der Bewegung der Teile des Systems relativ zum Schwerpunkt.*

Weiter wollen wir von den inneren Kräften annehmen, daß sie ein Potential haben. Das Potential der zwischen den Punkten $j$ und $k$ wirkenden Kraft ist eine Funktion der Entfernung und damit der Koordinaten beider Punkte.

$$U_{jk} = U_{jk}(r_{jk}) = U_{jk}\left(\sqrt{(x_j - x_k)^2 + (y_j - y_k)^2 + (z_j - z_k)^2}\right). \quad (11)$$

Wir erhalten die auf den Punkt $k$ wirkende Kraft, wenn wir uns den Punkt $j$ fest denken und den Punkt $k$ in dem durch die Ortsfunktion $U_{jk}$ gegebenen Potentialfeld verschieben, also die Koordinaten von $j$ als fest, die von $k$ als veränderlich betrachten:

$$\vec{F}_{jk} = -\vec{e}_x \frac{\partial U_{jk}}{\partial x_k} - \vec{e}_y \frac{\partial U_{jk}}{\partial y_k} - \vec{e}_z \frac{\partial U_{jk}}{\partial z_k} = -\operatorname{grad}_k U_{jk} . \quad (12)$$

Ebenso wird

$$\vec{F}_{kj} = -\vec{F}_{jk} = -\vec{e}_x \frac{\partial U_{jk}}{\partial x_j} - \vec{e}_y \frac{\partial U_{jk}}{\partial y_j} - \vec{e}_z \frac{\partial U_{jk}}{\partial z_j} = -\operatorname{grad}_j U_{jk} . \quad (13)$$

Die bei einer kleinen Verschiebung der Punkte $j$ und $k$ geleisteten Arbeiten werden

$$\vec{F}_{jk} \cdot \mathrm{d}\vec{r}_k + \vec{F}_{kj} \cdot \mathrm{d}\vec{r}_j = -\left(\frac{\partial U_{jk}}{\partial x_k} \mathrm{d}x_k + \frac{\partial U_{jk}}{\partial y_k} \mathrm{d}y_k + \frac{\partial U_{jk}}{\partial z_k} \mathrm{d}z_k + \frac{\partial U_{jk}}{\partial x_j} \mathrm{d}x_j \right.$$

$$\left. + \frac{\partial U_{jk}}{\partial y_j} \mathrm{d}y_j + \frac{\partial U_{jk}}{\partial z_j} \mathrm{d}z_j \right) = -\mathrm{d}U_{jk} . \quad (14)$$

Da $U_{jk}$ von den 6 Koordinaten der beiden Punkte abhängt, erhält man nach Gl. (11) bei der Bildung des totalen Differentials von $U_{jk}$ die negative Summe der beiden Arbeiten $\vec{F}_{jk} \cdot \mathrm{d}\vec{r}_k$ und $\vec{F}_{kj} \cdot \mathrm{d}\vec{r}_j$. Wenn wir also in Gl. (9) auf der rechten Seite das innere Potential einführen, müssen wir schreiben

$$\sum_k \sum_j \cdot \vec{F}_{jk} \cdot \mathrm{d}\vec{r}_k = -\frac{1}{2} \sum_k \sum_j \mathrm{d}U_{jk} \qquad (k \neq j). \quad (15)$$

Daß hier der Faktor $\frac{1}{2}$ hinzutritt, sieht man auch leicht ein, wenn man mit dem Punkt 1 anfängt und die Wechselwirkungsenergie $U_{jk}$ mit den andern Punkten aufschreibt, wobei $k$ von 2 bis $N$ läuft. Beim Punkt 2 darf aber die Zählung erst mit 3 beginnen, da die Wechselwirkungsenergie mit 1 schon beim ersten Punkt berücksichtigt ist. Wenn man die Summierung über alle Kombinationen $j$ und $k$ erstreckt, muß man also durch 2 dividieren.

Haben auch noch die äußeren Kräfte ein Potential, so wird der Energiesatz nach Gl. (9), wenn wir die Kinetische Energie mit $T$ bezeichnen:

$$T + \sum_k U_k + \frac{1}{2} \sum_k \sum_{\substack{j \\ j \neq k}} U_{jk} = T^{(0)} + \sum_k U_k^{(0)} + \frac{1}{2} \sum_k \sum_{\substack{j \\ j \neq k}} U_{jk}^{(0)} = \text{const.} \tag{16}$$

*Die Summe aus der kinetischen, der äußeren und der inneren potentiellen Energie eines Systems ist konstant, wenn sowohl die äußeren als die zwischen den Massenpunkten wirkenden inneren Kräfte konservativer Natur sind.*

Aufg. 44. Eine Kugel vom Radius $r$ und von der Dichte $\rho$ rollt eine unter dem Winkel $\alpha$ gegen die Horizontale geneigte Ebene herab. Welche Geschwindigkeit hat ihr Mittelpunkt nach Zurücklegung der Strecke $s$ und wie verhält sich diese zu der bei reinem Gleiten auf reibungsloser Bahn erreichten?

Aufg. 45. Man gebe die Theorie des zentralen Stoßes zweier Kugeln von Massen $m_1$ und $m_2$, deren Geschwindigkeiten die Richtung der Verbindungsgeraden der Mittelpunkte haben, a) für den Fall vollkommen elastischer Kugeln, bei denen beim Stoß keine mechanische Energie vernichtet (d. h. in Wärme verwandelt wird; b) für den Fall eines unelastischen Zusammenstoßes, bei dem die Kugel $m_2$ die innere Energie $\epsilon$ aufnimmt.

## § 4. Das Prinzip der virtuellen Verrückungen, das d'ALEMBERTsche Prinzip und die LAGRANGEschen Gleichungen erster Art

Greifen am $k$-ten Massenpunkt eines Systems mehrere Kräfte an und sind die einzelnen Massenpunkte vollständig frei, d. h. bestehen keine durch geometrische Bedingungen ausgedrückte Bindungen, so ist die selbstverständliche Bedingung, daß das System sich nicht unter dem Einfluß der Kräfte in Bewegung setzt, d. h. daß *es im Gleichgewicht* ist, das Verschwinden der Resultante $\vec{F}_k$:

$$\vec{F}_k = 0.$$

Denken wir uns jeden Massenpunkt etwas aus seiner Lage herausgerückt um den Vektor $\delta \vec{r}_k$, so stellt $\Sigma \vec{F}_k \cdot \delta \vec{r}_k$ die gesamte bei einer derartigen „virtuellen", d. h. nur gedachten Verrückung geleistete Arbeit dar. Da einzeln jede Kraft $\vec{F}_k$ verschwindet, ist diese Summe selbstverständlich null. *Ist also ein System freier Massenpunkte im Gleichgewicht, so muß die Gesamtarbeit aller Kräfte, der inneren und der äußeren, bei einer virtuellen kleinen Verschiebung verschwinden.* Haben die Kräfte ein Potential $U = \Sigma U_k$, so ist

$$\sum \vec{F}_k \cdot \delta \vec{r}_k = - \sum \delta U_k = - \delta U = 0 . \tag{17}$$

Das Verschwinden der Variation $\delta U$ bedeutet aber, daß die Funktion $U$ einen Extremwert hat. *Im Gleichgewichtszustand hat die potentielle Energie eines Systems freier Massenpunkte einen Extremwert.*

Diese Betrachtungen erscheinen zunächst trivial. Ihre Nützlichkeit tritt erst hervor, wenn in Form geometrischer Aussagen Bindungen bestehen, wenn z. B. der Abstand zweier Massenpunkte konstant sein soll oder einzelne Massenpunkte an gewisse Flächen gebunden sind. Diese Zwangskräfte können, wie schon in Kap. I, § 11 ausgeführt, ihrem Wesen nach keine Arbeit leisten, infolgedessen gilt das Prinzip der virtuellen Verrückungen unverändert auch für das Gleichgewicht eines Systems mit Bindungen, wobei unter $\vec{F}_k$ nur die wirklichen, als solche gegebenen Kräfte zu verstehen sind. Dagegen gilt nicht mehr, daß $\vec{F}_k = 0$ sein muß, vielmehr kann einer gegebenen Kraft gerade von einer Zwangskraft das Gleichgewicht gehalten werden, z. B. wird bei einer auf horizontaler Unterlage ruhenden Masse die Schwerkraft durch den Gegendruck der Unterlage kompensiert. Mathematisch kommt dieser Unterschied gegenüber dem freien System darin zum Ausdruck, daß die Verrückungen $\delta \vec{r}_k$ nicht mehr unabhängig voneinander sind, sondern daß die Verschiebungen so beschaffen sein müssen, daß die Nebenbedingungen erfüllt sind. Schreiben wir die Gl. (17) in Koordinaten, die wir der Einfachheit halber, statt sie mit $x, y, z$ zu bezeichnen, laufend durchnumerieren, so hat unsere Summe

$$\sum_i F_i \, \delta x_i = 0 \tag{17'}$$

bei einem aus $N$ Punkten bestehenden System $3N$ Glieder. Jede Bedingungsgleichung erniedrigt nun die Zahl von $3N$ willkürlichen Verrückungen um eine. Wir können aus der mathematischen Form der Bedingungsgleichung z. B. bei Bestehen *einer* Bedingungsgleichung die letzte Verrückung durch die übrigen ausdrücken und in Gl. (17′) einsetzen, die dann nur unabhängige Verrückungen enthält. Viel übersichtlicher ist aber folgendes von LAGRANGE erdachte Verfahren: Die Bedingungen seien in Form endlicher Gleichungen zwischen den Koordinaten $x_i$ gegeben (*holonome* Systeme), die von der Zeit unabhängig sind (*skleronome* Systeme). Die Zahl der Bedingungsgleichung sei $l$. Durch Differenzieren folgt aus der $k$-ten Bedingunsgleichung $f_k(x_1, x_2, \dots x_{3N}) = 0$

$$\frac{\partial f_k}{\partial x_1}\,\delta x_1 + \frac{\partial f_k}{\partial x_2}\,\delta x_2 + \cdots + \frac{\partial f_k}{\partial x_{3N}}\,\delta x_{3N} = 0. \tag{18}$$

Multiplizieren wir diese Gleichungen mit zunächst ganz willkürlichen Multiplikatoren $\lambda_k$ und addieren wir sie zu Gl. (17′), so erhalten wir

$$\sum_i \left( F_i + \lambda_1 \frac{\partial f_1}{\partial x_i} + \lambda_2 \frac{\partial f_2}{\partial x_i} + \cdots \lambda_l \frac{\partial f_l}{\partial x_i} \right) \delta x_i = 0. \tag{19}$$

In dieser nach wie vor aus $3N$ Gliedern bestehenden Summe können wir nun durch geeignetes Verfügen über die Multiplikatoren erreichen, daß etwa die $l$ letzten Glieder verschwinden. Die übrigen $(3N - l)$ Glieder enthalten aber nur noch $(3N - l)$ Verrückungen, also ebensoviel als unabhängige Größen $\delta x_i$ vorhanden sind. Wenn aber die $\delta x_i$ unabhängig voneinander sind, müssen die Koeffizienten der $\delta x_i$ einzeln verschwinden, wenn die Summe null ergeben soll. Denn man kann die ganz beliebigen Verschiebungen so einrichten, daß z. B. alle $\delta x_i$ bis auf $\delta x_h$ gleich null genommen werden, dann bleibt als einziges Glied der Summe das Produkt $\left(F_h + \lambda_1 \frac{\partial f_1}{\partial x_h} + \cdots \lambda_l \frac{\partial f_1}{\partial x_h}\right) \delta x_h$. Da aber $\delta x_h$ nach Voraussetzung von null verschieden sein soll, muß der Faktor $\left(F_h + \lambda_1 \frac{\partial f_1}{\partial x_h} + \cdots \lambda_l \frac{\partial f_l}{\partial x_h}\right)$ verschwinden. Wir erhalten also aus unserer Summe das Gleichungssystem

$$\begin{aligned} F_1 &+ \lambda_1 \frac{\partial f_1}{\partial x_1} + \cdots \lambda_l \frac{\partial f_l}{\partial x_1} = 0 \\ F_2 &+ \lambda_1 \frac{\partial f_1}{\partial x_2} + \cdots \lambda_l \frac{\partial f_l}{\partial x_2} = 0 \\ &\vdots \\ F_{3N} &+ \lambda_1 \frac{\partial f_1}{\partial x_{3N}} + \cdots \lambda_l \frac{\partial f_l}{\partial x_{3N}} = 0. \end{aligned} \tag{20}$$

Die Herkunft der Gleichungen ist aber trotz ihrer gleichen Form verschieden. $l$ dieser Gleichungen gelten, weil wir die $l$ Größen $\lambda_k$, so bestimmen, *daß* sie bestehen; $3N - l$ aber deshalb, weil nach dieser Verfügung über die $\lambda_k$ die $3N - l$ übrigen Verrückungen unabhängig voneinander sind. Zu diesen $3N$ Gleichungen treten dann noch die $l$ Bedingungsgleichungen, so daß die Zahl der Gleichungen ebenso groß wie die der Unbekannten, nämlich gleich $(3N + l)$ ist.

Setzt man andererseits an Stelle der geometrischen Bedingungen die Zwangskräfte $\vec{Z}_k$, welche die Bedingungen realisieren, so haben wir ein freies System, für welches nach oben gilt

$$F_i + Z_i = 0. \tag{21}$$

Der Vergleich mit Gl. (20) zeigt, daß die Zwangskräfte dargestellt werden durch

$$Z_i = \lambda_1 \frac{\partial f_1}{\partial x_i} + \lambda_2 \frac{\partial f_2}{\partial x_i} + \cdots \lambda_l \frac{\partial f_l}{\partial x_i}. \tag{22}$$

Bisher haben wir uns nur mit dem Gleichgewicht, *der Statik*, beschäftigt. Die Dynamik können wir ganz ähnlich behandeln. Bezeichnen wir die Resultante der am $k$-ten Massenpunkt angreifenden eingeprägten Kräfte mit $\vec{F}_k$, die der Zwangskräfte mit $\vec{Z}_k$, so wird

$$\vec{F}_k + \vec{Z}_k - m_k \frac{\mathrm{d}^2 \vec{r}_k}{\mathrm{d} t^2} = 0.$$

Führen wir nun wieder eine virtuelle Verschiebung durch, so dürfen die Zwangskräfte für sich allein insgesamt keine Arbeit leisten, es muß also $\sum_k \vec{Z}_k \, \delta \vec{r}_k = 0$ sein und man erhält die als D'ALEMBERTsches Prinzip bezeichnete Gleichung

$$\boxed{\sum_k \left(\vec{F}_k - m_k \frac{\mathrm{d}^2 \vec{r}_k}{\mathrm{d} t^2}\right) \delta \vec{r}_k = 0}. \tag{23}$$

Da die Bedingungsgleichungen die Freiheit der $\delta \vec{r}_k$ einschränken, darf aus dem Bestehen der Gl. (23) noch nicht auf das Verschwinden der einzelnen Glieder der Summe geschlossen werden. Vielmehr haben wir genau wie in der Statik zu verfahren. Wir numerieren wieder die Koordinaten fortlaufend, haben aber dabei zu beachten, daß jede Masse dreimal vorkommt, also $m_{3n} = m_{3n-1} = m_{3n-2}$ ist. Die Gl. (23) wird damit

$$\sum_i (F_i - m_i \ddot{x}_i)\, \delta x_i = 0. \tag{24}$$

Differenzieren wir die $l$ Bedingungsgleichungen, die wieder als endliche Gleichungen gegeben sein sollen, so ergibt sich

$$\frac{\partial f_k}{\partial x_1}\, \delta x_1 + \frac{\partial f_k}{\partial x_2}\, \delta x_2 + \cdots \frac{\partial f_k}{\partial x_{3N}}\, \delta x_{3N} = 0.$$

Wir multiplizieren wieder jede dieser Gleichungen mit einem noch unbestimmten Multiplikator $\lambda_k$ und addieren sie zu Gl. (24), womit sich ergibt

$$\sum_i \left( F_i - m_i \ddot{x}_i + \lambda_1 \frac{\partial f_1}{\partial x_i} + \lambda_2 \frac{\partial f_2}{\partial x_i} + \cdots \lambda_l \frac{\partial f_l}{\partial x_i} \right) \delta x_i = 0. \tag{25}$$

Genau wie im statischen Fall können wir nun über die $l$ Größen $\lambda_k$ so verfügen, daß die $l$ ersten Klammern verschwinden. Die $(3N - l)$ übrigen Klammern enthalten aber gerade so viel Verrückungen $(3N - l)$ als unabhängige Variable vorhanden sind. Da wir also diese $\delta x_i$ beliebig wählen dürfen, müssen die übrigen Klammern ebenfalls einzeln verschwinden. Damit erhalten wir ein Gleichungssystem, das als die LAGRANGEschen *Gleichungen erster Art* bezeichnet wird:

$$\begin{aligned}
m_1 \ddot{x}_1 &= F_1 + \lambda_1 \frac{\partial f_1}{\partial x_1} + \lambda_2 \frac{\partial f_2}{\partial x_1} + \cdots \lambda_l \frac{\partial f_l}{\partial x_1} \\
&\vdots \\
m_i \ddot{x}_i &= F_i + \lambda_1 \frac{\partial f_1}{\partial x_i} + \lambda_2 \frac{\partial f_2}{\partial x_i} + \cdots \lambda_l \frac{\partial f_l}{\partial x_i} \\
&\vdots \\
m_{3N} \ddot{x}_{3N} &= F_{3N} + \lambda_1 \frac{\partial f_1}{\partial x_{3N}} + \lambda_2 \frac{\partial f_2}{\partial x_{3N}} + \cdots \lambda_l \frac{\partial f_l}{\partial x_{3N}}.
\end{aligned} \tag{26}$$

Wieder sieht man leicht ein, daß die zu $F_i$ auf der rechten Seite hinzukommenden Glieder die Komponenten der Zwangskräfte sind, welche man als den geometrischen Bedingungen gleichwertige Kräfte einführen muß, wenn man die Massenpunkte als frei behandeln will. Die Zahl der Gleichungen entspricht der Zahl der Variablen: Die LAGRANGEschen Gleichungen enthalten außer den $3N$ Koordinaten der Massenpunkte noch die $l$ Multiplikatoren. Dafür treten zu den $3N$ LAGRANGEschen Gleichungen noch die $l$ Bedingungsgleichungen $f_k(x_1 \ldots x_{3N}) = 0$.

Gelingt die Integration des gesamten Gleichungssystems (26), zu dem noch die $l$ Bedingungsgleichungen gehören, so erhält man damit auch die Komponenten der Zwangskräfte, da ja dann auch die Größen $\lambda_k$ bekannt sind. Ihnen entgegengesetzt gleich sind die Druck- oder Zugkräfte, welche die Massenpunkte auf die Führungsmechanismen ausüben. die die geometrischen Bedingungen realisieren. Das nächstliegende Beispiel ist beim Fehlen äußerer Kräfte – die Schwerkraft sei durch Auflegen auf eine horizontale Platte kompensiert –, die „Zentripetalkraft" eines Fadens, der einen rotierenden Massenpunkt festhält und an dem andererseits die vom Massenpunkt ausgehende „Zentrifugalkraft" angreift.

Eine andere für viele Rechnungen bequeme Betrachtungsweise ist folgende: Die Grundgleichung

$$\vec{F} - m\,\frac{d^2\vec{r}}{dt^2} = 0$$

kann aufgefaßt werden als Gleichgewicht zwischen der „eingeprägten" Kraft $\vec{F}$ und der „Trägheitskraft" $-m\,\frac{d^2\vec{r}}{dt^2}$. Das Grundgesetz muß dann aber so formuliert werden: *Während der beschleunigten Bewegung greift an der Masse m die Trägheitskraft* $-m\,\frac{d^2\vec{r}}{dt^2}$ *an und es besteht Gleichgewicht zwischen eingeprägter und Trägheitskraft.* Damit ist formal die Dynamik auf die Statik zurückgeführt und man kann die für die Statik gemachten Überlegungen auf die Dynamik übertragen, so daß man dann sofort wieder zu (23) gelangt. Der Unterschied der beiden Betrachtungsweisen sei an dem Beispiel einer Federwaage erläutert, auf der ein Mensch durch Kniebeuge eine beschleunigte Bewegung ausführe. Ohne Einführung der „Trägheitskraft" ist

$$m\,\frac{d^2 z}{dt^2} = -mg + F \qquad (F \text{ Gegenkraft der Feder}).$$

Die andere Denkweise ist: Die *auf* der Feder lastende Kraft $F'$ muß gleich der Resultante der angreifenden Kräfte sein. Diese sind erstens die Schwerkraft $-mg$, zweitens die Trägheitskraft $-m\,\frac{d^2 z}{dt^2}$, also

$$F' = -mg - m\,\frac{d^2 z}{dt^2}\,.$$

Nach dem Prinzip von actio et reactio ist $F' = -F$, womit gezeigt ist, daß man auf beide Weisen zum gleichen Ergebnis kommt. Wenn die 2. Art auch formal oft schneller zum Ziel führt, muß man doch im Auge behalten, daß die 1. Art der Betrachtung dem physikalischen Tatbestand meist besser gerecht wird.

## § 5. Die LAGRANGEschen Gleichungen zweiter Art für beliebige Koordinaten

Die LAGRANGEschen Gleichungen erster Art beziehen sich auf rechtwinklige Koordinaten. Vielfach ist es aber zweckmäßiger, die Lage der Massenpunkte durch andere Parameter festzulegen. Dadurch lassen sich die Bedingungsgleichungen fast immer auf die Konstanthaltung einer Koordinate zurückführen, die damit aus den Bewegungsgleichungen ausscheidet. Obwohl die Einführung von Bedingungsgleichungen auch bei beliebigen Koordinaten möglich ist, wollen wir hier den Normalfall betrachten, daß an Stelle von $3N$ rechtwinkligen Koordinaten mit $l$ Bedingungsgleichungen $f = (3N - l)$ unabhängige

Parameter $q_1, q_2, \ldots q_f$ treten. Es seien z. B. alle Punkte des Systems genötigt, auf einer Kugeloberfläche zu bleiben. In diesem Fall sind die geeigneten Koordinaten Kugelkoordinaten $r, \varphi, \vartheta$ und die veränderlichen Größen sind nur die Winkel $\varphi$ und $\vartheta$. Es handelt sich darum, die Bewegungsgleichungen in diesen beliebigen Koordinaten auszudrücken. Zu diesem Zweck denken wir uns die rechtwinkligen Koordinaten als Funktionen der unabhängigen $q_k$ gegeben.

$$x_i = x_i(q_1, q_2, \ldots, q_f). \tag{27}$$

Wir suchen nun weiter im D'ALEMBERTschen Prinzip

$$\sum_i (F_i - m_i \ddot{x}_i)\delta x_i = 0 \tag{24}$$

die $x_i$, $\delta x_i$ und $\ddot{x}_i$ durch die $q_k$ und ihre zeitlichen Ableitungen zu ersetzen. Zunächst ist

$$\delta x_i = \frac{\partial x_i}{\partial q_1}\delta q_1 + \frac{\partial x_i}{\partial q_2}\delta q_2 + \cdots \frac{\partial x_i}{\partial q_f}\delta q_f \tag{28}$$

und ebenso

$$\dot{x}_i = \frac{\partial x_i}{\partial q_1}\dot{q}_1 + \frac{\partial x_i}{\partial q_2}\dot{q}_2 + \cdots \frac{\partial x_i}{\partial q_f}\dot{q}_f\,. \tag{28'}$$

Die nach Einsetzen von Gl. (28) in die D'ALEMBERTsche Gleichung entstehenden Ausdrücke $\ddot{x}_i \dfrac{\partial x_i}{\partial q_k}$ lassen sich folgendermaßen umformen: Wie man sich leicht überzeugt, ist

$$\ddot{x}_i \frac{\partial x_i}{\partial q_k} = \frac{\mathrm{d}}{\mathrm{d}t}\left(\dot{x}_i \frac{\partial x_i}{\partial q_k}\right) - \dot{x}_i \frac{\mathrm{d}}{\mathrm{d}t}\left(\frac{\partial x_i}{\partial q_k}\right). \tag{29}$$

Wir können nun die $\dot{x}_i$ auffassen als Funktionen der $2f$ Veränderlichen $q_k$ und $\dot{q}_k$ [1]. Dann ergibt sich aus Gl. (28')

$$\frac{\partial \dot{x}_i}{\partial \dot{q}_k} = \frac{\partial x_i}{\partial q_k}\,. \tag{30}$$

Damit wird der erste Term der rechten Seite von Gl. (29)

$$\frac{\mathrm{d}}{\mathrm{d}t}\left(\dot{x}_i \frac{\partial x_i}{\partial q_k}\right) = \frac{\mathrm{d}}{\mathrm{d}t}\left(\dot{x}_i \frac{\partial \dot{x}_i}{\partial \dot{q}_k}\right) = \frac{\mathrm{d}}{\mathrm{d}t}\left(\frac{1}{2}\frac{\partial \dot{x}_i^2}{\partial \dot{q}_k}\right). \tag{31}$$

---

1) Die Einführung der $\dot{q}_k$ als neue Variable neben den $q_k$ stößt erfahrungsgemäß auf Schwierigkeiten des Verständnisses. Dieser Punkt sei daher etwas näher erläutert: Einzige unabhängige Variable ist die Zeit, von der die $x_i$ und $\dot{x}_i$ über die $q_k$ abhängen. Wenn aber eine Funktion $f(y, y')$ nach der unabhängigen Variablen $x$ differenziert werden soll, kann man schreiben

$$\frac{\partial}{\mathrm{d}x} f(y, y') = \frac{\partial f}{\partial y}\frac{\mathrm{d}y}{\mathrm{d}x} + \frac{\partial f}{\partial y'}\frac{\mathrm{d}y'}{\mathrm{d}x}\,.$$

Es wird also auch in diesem einfachen Beispiel nach $y'$ partiell differenziert, als wäre $y$ eine unabhängige Veränderliche.

Auch der zweite Term gestattet eine Umformung, die zu übersichtlichen Ausdrücken führt: Es ist

$$\begin{aligned}\frac{\mathrm{d}}{\mathrm{d}t}\left(\frac{\partial x_i}{\partial q_k}\right) &= \frac{\partial^2 x_i}{\partial q_1\,\partial q_k}\,\dot q_1 + \frac{\partial^2 x_i}{\partial q_2\,\partial q_k}\,\dot q_2 + \cdots \frac{\partial^2 x_i}{\partial q_f\,\partial q_k}\,\dot q_f \\ &= \frac{\partial}{\partial q_k}\left(\frac{\partial x_i}{\partial q_1}\,\dot q_1 + \frac{\partial x_i}{\partial q_2}\,\dot q_2 + \cdots\right) = \frac{\partial}{\partial q_k}\,\dot x_i\,. \end{aligned} \tag{32}$$

Somit wird

$$\dot x_i\,\frac{\mathrm{d}}{\mathrm{d}t}\left(\frac{\partial x_i}{\partial q_k}\right) = \frac{\partial}{\partial q_k}\left(\frac{1}{2}\,\dot x_i^2\right) \tag{33}$$

und damit nach (28) und (29)

$$m_i\,\ddot x_i\,\delta x_i = \sum_k \left(\frac{\mathrm{d}}{\mathrm{d}t}\,\frac{\partial}{\partial \dot q_k}\,\frac{1}{2}\,m_i \dot x_i^2 - \frac{\partial}{\partial q_k}\,\frac{1}{2}\,m_i \dot x_i^2\right)\delta q_k\,. \tag{33'}$$

Weiter wollen wir annehmen, daß die wirkenden Kräfte Potentiale $U_i$ haben, die wir uns als Funktion der $q_k$ geschrieben denken. Dann ist

$$F_i\,\delta x_i = -\,\delta U_i = -\left(\frac{\partial U_i}{\partial q_1}\,\delta q_1 + \frac{\partial U_i}{\partial q_2}\,\delta q_2 + \cdots \frac{\partial U_i}{\partial q_f}\,\delta q_f\right). \tag{34}$$

Setzen wir jetzt die Ausdrücke (33′) und (34) in das D'ALEMBERTsche Prinzip ein, so erhalten wir

$$\sum_k \left\{\frac{\mathrm{d}}{\mathrm{d}t}\sum_i \frac{\partial}{\partial \dot q_k}\,\frac{1}{2}\,m_i\,\dot x_i^2 - \sum_i \frac{\partial}{\partial q_k}\,\frac{1}{2}\,m_i\,\dot x_i^2 + \sum_i \frac{\partial U_i}{\partial q_k}\right\}\delta q_k = 0. \tag{35}$$

$\Sigma\,\frac{1}{2}\,m_i\,\dot x_i^2$ stellt aber die gesamte kinetische Energie $T$ des Systems dar. Somit ergibt sich, da wegen der Unabhängigkeit der Verrückungen $\delta q_k$ die Klammern einzeln verschwinden müssen, und da $U$ nur von der Lage, also den $q_k$, nicht aber von $\dot q_k$ abhängt, das Gleichungssystem der LAGRANGEschen Gleichungen zweiter Art für konservative Kräfte:

$$\boxed{\frac{\mathrm{d}}{\mathrm{d}t}\,\frac{\partial (T-U)}{\partial \dot q_k} - \frac{\partial (T-U)}{\partial q_k} = 0}\,. \tag{36}$$

Die hier auftretende Differenz zwischen kinetischer und potentieller Energie, die über die Lagekoordinaten $q_k$ und deren zeitliche Ableitungen eine Funktion der Zeit ist, heißt die LAGRANGEsche Funktion $L$ des Systems

$$\boxed{L = T - U}\,. \tag{37}$$

Mit ihr schreiben sich die LAGRANGEschen Gleichungen zweiter Art

$$\boxed{\frac{\mathrm{d}}{\mathrm{d}t}\,\frac{\partial L}{\partial \dot q_k} - \frac{\partial L}{\partial q_k} = 0}\,. \tag{38}$$

Sind außer den konservativen Kräften $F_i$ noch nichtkonservative $F_i'$ vorhanden, so läßt sich die von diesen bei einer virtuellen Verrückung geleistete Arbeit durch Einsetzen der Werte von $\delta x_i$ aus Gl. (28) schreiben:

$$\delta A = \sum_i F_i' \, \delta x_i = \sum_i F_i' \left( \frac{\partial x_i}{\partial q_1} \delta q_1 + \frac{\partial x_i}{\partial q_2} \delta q_2 + \cdots \frac{\mathrm{d} x_i}{\partial q_f} \delta q_f \right) \tag{39}$$

$$= \left( \sum_i F_i' \frac{\partial x_i}{\partial q_1} \right) \delta q_1 + \left( \sum_i F_i' \frac{\partial x_i}{\partial q_2} \right) \delta q_2 + \cdots \left( \sum_i F_i' \frac{\partial x_i}{\partial q_f} \right) \delta q_f \, .$$

Die Koeffizienten der $\delta q_k$ nennen wir die Komponenten der Kräfte in bezug auf die allgemeinen Koordinaten $q_k$ und bezeichnen sie mit $F'_{qk}$. Damit werden dann die LAGRANGEschen Gleichungen zweiter Art beim Hinzutreten nichtkonservativer Kräfte

$$\frac{\mathrm{d}}{\mathrm{d}t} \frac{\partial L}{\partial \dot{q}_k} - \frac{\partial L}{\partial q_k} = F'_{qk} \, . \tag{40}$$

Wir haben bisher nur den häufigsten Fall der holonom-skleronomen Systeme behandelt. Bezüglich der Fälle, in welchen die Gleichungen, die die $x_i$ als Funktion der $q_k$ ausdrücken, die Zeit selbst noch explizit enthalten (holonom-rheonome Systeme), und der Fälle, in denen die Beziehungen zwischen den $x_i$ und den $q_k$ in Form nicht integrabler Differentialgleichungen $\delta x_i = a_1^{(i)} \delta q_1 + a_2^{(i)} \delta q_2 + \cdots a_f^{(i)} \delta q_f$ gegeben sind (nichtholonome Systeme), muß auf die speziellen Lehrbücher der Mechanik verwiesen werden.

Aufg. 46. Man stelle die Bewegungsgleichung für einen Massenpunkt auf der (ruhenden) Erdoberfläche in Kugelkoordinaten auf.

## § 6. Die allgemeinen Impulskoordinaten. Die HAMILTONschen Gleichungen

Bei holonom-skleronomen Systemen, bei denen die $x_i$ durch endliche, die Zeit selbst nicht enthaltende Gleichungen als Funktionen der $q_k$ gegeben sind, ist die kinetische Energie $T$ eine homogene quadratische Funktion der zeitlichen Ableitungen der $q_k$:

$$T = \sum_i \frac{1}{2} m_i \dot{x}_i^2 = \frac{1}{2} \sum \left( m_i \frac{\partial x_i}{\partial q_1} \dot{q}_1 + \frac{\partial x_i}{\partial q_2} \dot{q}_2 + \cdots \frac{\partial x_i}{\partial q_f} \dot{q}_f \right)^2 \tag{41}$$

$$= \frac{1}{2} (P_{11} \dot{q}_1^2 + P_{22} \dot{q}_2^2 + \cdots + 2 P_{12} \dot{q}_1 \dot{q}_2 + \cdots) \, .$$

Nun ist in rechtwinkligen Koordinaten jede Komponente des Impulses gegeben durch

$$p_{x_i} = m_i \dot{x}_i = \frac{\partial \, \Sigma \frac{1}{2} m_i \dot{x}_i^2}{\partial \dot{x}_i} = \frac{\partial T}{\partial \dot{x}_i} \, . \tag{42}$$

In Analogie dazu nennen wir allgemeine (generalisierte) Impulskomponenten die Größen

$$p_k = \frac{\partial T(q_k, \dot{q}_k)}{\partial \dot{q}_k} = P_{1k} \dot{q}_1 + P_{2k} \dot{q}_2 + \cdots P_{fk} \dot{q}_f \, , \tag{43}$$

obwohl diese Größen je nach der Bedeutung der allgemeinen Koordinaten durchaus nicht immer die Dimension eines Impulses haben. Da der augenblickliche Zustand eines Systems eindeutig charakterisiert ist durch Angabe der Lage und der Geschwindigkeiten (Impulse) aller Punkte, sprechen wir statt von Impulskomponenten gewöhnlich von Impuls*koordinaten*, wie ja schon in den LAGRANGEschen Gleichungen zweiter Art die Ableitungen $\dot{q}_k$ gleichgestellt werden.

Nach Gl. (43) sind die Impulskoordinaten homogene lineare Funktionen der allgemeinen Geschwindigkeitskomponenten $\dot{q}_k$. Da die Determinante des Gleichungssystems, wie eine eingehendere Untersuchung zeigt, nicht verschwindet, läßt sich das Gleichungssystem nach den $\dot{q}_k$ auflösen, so daß auch umgekehrt die Geschwindigkeitskomponenten $\dot{q}_k$ homogene lineare Funktionen der allgemeinen Impulskoordinaten $p_k$ sind. Drücken wir die Bewegungsgleichungen in den allgemeinen Impulsen aus, so erhalten wir eine neue Form, die von HAMILTON stammt und die für viele Untersuchungen der höheren Mechanik, insbesondere der Himmelsmechanik, den besten Ausgangspunkt bildet, weshalb sie den Namen der *kanonischen* Form der Bewegungsgleichungen erhalten. Zunächst ergibt die Einführung der Impulskoordinaten (43) in die LAGRANGEschen Gl. (36), da $U$ nicht von den $\dot{q}_k$ abhängt, bei nur konservativen Kräften:

$$\frac{\mathrm{d}p_k}{\mathrm{d}t} = \frac{\partial L(q_k, \dot{q}_k)}{\partial q_k}\,. \tag{44}$$

Diese Gleichung ist insofern noch unvollkommen, als rechts die LAGRANGEsche Funktion statt der $p_k$ die $\dot{q}_k$ enthält. Wir könnten versuchen, durch die Transformation (43) die $\dot{q}_k$ durch die $p_k$ auszudrücken. Einfacher kommen wir aber zum Ziel, wenn wir eine neue Funktion $H$ der $q_k$ und $p_k$ einführen vermöge der Gleichung

$$H(p_k, q_k) = \sum_k p_k \dot{q}_k - L(q_k, \dot{q}_k). \tag{45}$$

Bilden wir das totale Differential dieser Funktion, so erhalten wir

$$\mathrm{d}H = \sum_k \left(\frac{\partial H}{\partial p_k}\mathrm{d}p_k + \frac{\partial H}{\partial q_k}\mathrm{d}q_k\right) \tag{46}$$

$$= \sum_k p_k \mathrm{d}\dot{q}_k + \sum_k \dot{q}_k \mathrm{d}p_k - \sum_k \frac{\partial L}{\partial \dot{q}_k}\mathrm{d}\dot{q}_k - \sum_k \frac{\partial L}{\partial q_k}\mathrm{d}q_k.$$

Da nun die potentielle Energie nur von der Lage, nicht aber von den Geschwindigkeitskoordinaten abhängt, ist

$$\frac{\partial L}{\partial \dot{q}_k} = \frac{\partial T(q_k, \dot{q}_k)}{\partial \dot{q}_k} = p_k\,. \tag{47}$$

Infolgedessen hebt sich das erste und das dritte Glied auf der rechten Seite von Gl. (46) weg und es folgt durch Vergleich der Koeffizienten

$$\dot{q}_k = \frac{\partial H}{\partial p_k} \quad \text{und} \quad \frac{\partial L}{\partial q_k} = -\frac{\partial H}{\partial q_k}\,. \tag{48}$$

Setzt man dies in die „gemischte" Gl. (44) ein, so erhält man

$$\frac{\mathrm{d}p_k}{\mathrm{d}t} = -\frac{\partial H}{\partial q_k} \tag{49}$$

Die kanonische Form der Bewegungsgleichungen lautet also

$$\boxed{\begin{aligned} \frac{\mathrm{d}p_k}{\mathrm{d}t} &= -\frac{\partial H(p_k, q_k)}{\partial q_k} \\ \frac{\mathrm{d}q_k}{\mathrm{d}t} &= \frac{\partial H(p_k, q_k)}{\partial p_k} \end{aligned}} \quad . \tag{50}$$

Für konservative Kräfte, auf die wir uns jetzt beschränken, wird die Bedeutung von $H$ sehr einfach: Bildet man den totalen zeitlichen Differentialquotienten

$$\frac{\mathrm{d}H}{\mathrm{d}t} = \sum_k \frac{\partial H}{\partial q_k}\frac{\mathrm{d}q_k}{\mathrm{d}t} + \sum_k \frac{\partial H}{\partial p_k}\frac{\mathrm{d}p_k}{\mathrm{d}t} \ , \tag{51}$$

so verschwindet dieser wegen des Bestehens der HAMILTONschen Gl. (50). $H$ ist also eine Konstante des Systems. Die Vermutung, daß $H$ die Gesamtenergie $E$ bedeutet, wird auf Grund der Gl. (45) leicht bewiesen: Die kinetische Energie $T$ ist nach Gl. (41) eine homogene quadratische Funktion zweiten Grads der $\dot{q}_k$. Nach dem EULERschen Satz über homogene Funktionen ist dann aber, wie in diesem Fall leicht nachzurechnen,

$$\sum_k p_k \dot{q}_k = \sum_k \frac{\partial T}{\partial \dot{q}_k} \dot{q}_k = 2T \ . \tag{52}$$

Somit folgt aus Gl. (45) die HAMILTONsche Funktion

$$\boxed{H(p_k, q_k) = 2T - (T - U) = T + U = E} \ . \tag{53}$$

## § 7. Das HAMILTONsche Prinzip der kleinsten Aktion

Neben der LAGRANGEschen und der HAMILTONschen Form der Bewegungsgleichungen eines Systems in beliebigen Koordinaten hat eine dritte Form die größte Bedeutung. Diese dritte Form gibt die Gleichungen nicht als Differentialgleichungen, sondern in Gestalt einer Extremalaussage. Der Gedanke, ein Naturgesetz in *der* Form zu beschreiben, daß man eine bestimmte Größe angibt, die bei dem wirklichen Ablauf einen Extremwert besitzt, ist fast so alt wie das wissenschaftliche Denken überhaupt. Der Vorteil liegt in der einfachen, von jeder Annahme über die gewählten Koordinaten freien Formulierung. Die Auffindung eines solchen Extremalgesetzes der Mechanik ist nach dem Bisherigen nicht schwer: Vergleicht man die LAGRANGEschen Gleichungen zweiter Art mit der EULERschen Differentialgleichung der einfachsten Variationsaufgabe (I. Buch, 6. Kap.), so sieht man, daß sie identisch sind. An Stelle der unabhängigen Veränderlichen $x$ tritt die Zeit, und die auf S. 85 mit $F$ bezeichnete Funktion ist die LAGRANGEsche Funktion $L$. Die LAGRANGEschen Gleichungen zweiter Art entsprechen also einem Extremwert des Integrals

$$\int_{t_0}^{t_1} L\,\mathrm{d}t = \int_{t_0}^{t_1} (T-U)\,\mathrm{d}t.$$

Das Zeitintegral der LAGRANGEschen Funktion heißt die *Aktion* oder auch die *Wirkungsfunktion W*. Wir können also die Bewegungsgleichungen auch in der Form aussprechen: *Die nach den Gesetzen der Mechanik ablaufende Bewegung eines Systems zeichnet sich dadurch aus, daß das zwischen zwei Lagen des Systems genommene Zeitintegral der* LAGRANGE*schen Funktion, die Wirkungsfunktion W, einen Extremwert annimmt.* Dies ist das berühmte HAMILTONsche Prinzip der kleinsten Aktion. Ob es sich um einen Minimal- oder Maximalwert handelt, ist aus den bisherigen Ableitungen noch nicht zu entscheiden, diese Frage ist aber für das weitere belanglos. Es ist also in Formeln

$$\boxed{\delta W = \delta \int_{t_0}^{t_1} L\,\mathrm{d}t = \delta \int_{t_0}^{t_1} (T-U)\,\mathrm{d}t = \delta \int_{t_0}^{t_1} (2T-E)\,\mathrm{d}t = 0} \tag{54}$$

($E$ Gesamtenergie).

Sind auch noch potentiallose Kräfte im Spiel, so lauten nach § 5 die LAGRANGEschen Gleichungen

$$\frac{\mathrm{d}}{\mathrm{d}t}\frac{\partial L}{\partial \dot{q}_k} - \frac{\partial L}{\partial q_k} - F'_{qk} = 0. \tag{55}$$

In diesem Fall stellen die LAGRANGEschen Gleichungen nicht mehr die EULERschen Differentialgleichungen eines Variationsproblems dar. Man kann sie aber auf diese Form bringen, wenn es gelingt, eine Funktion $M$ der Koordinaten und ihrer Ableitungen so zu bestimmen, daß

$$\frac{\mathrm{d}}{\mathrm{d}t}\frac{\partial M}{\partial \dot{q}_k} - \frac{\partial M}{\partial q_k} = F'_{qk}\,. \tag{56}$$

Denn dann gilt für die Funktion

$$L^* = L - M = T - U - M \tag{57}$$

die Differentialgleichung

$$\frac{\mathrm{d}}{\mathrm{d}t}\frac{\partial L^*}{\partial \dot{q}_k} - \frac{\partial L^*}{\partial q_k} = 0, \tag{58}$$

und dies ist die EULERsche Differentialgleichung zu

$$\delta \int L^*\,\mathrm{d}t = 0. \tag{59}$$

Dieser Fall kommt z. B. vor bei der Mechanik eines Elektrons im Magnetfeld $\vec{B}$. Die Kraft ist (vgl. 3. Buch, Kap. V) gegeben durch $\vec{F}_{\mathrm{magn}} = -e\vec{v} \times \vec{B}$. Da diese Kraft stets senkrecht auf der Bahn steht – die Bahntangente ist ja durch den Vektor $\vec{v}$ gegeben –, so kann keine Arbeit geleistet werden, infolgedessen ist es nicht möglich, diese Kraft aus einem skalaren Potential abzuleiten. Setzt man aber $\vec{B} = \mathrm{rot}\,\vec{A}$, so läßt sich zeigen, daß die Funktion $M = e\vec{A}\cdot\vec{v}$ der Gl. (56) genügt. Natürlich läßt sich nicht immer eine solche Funktion $M$ angeben, d. h. das System der Gl. (56) braucht nicht integrabel zu sein.

## § 8. Kanonische Transformation

Vielfach erweist es sich als notwendig, die Variablen zu wechseln. Man könnte so vorgehen, daß man durch Gleichungen der Form

$$q_k = q_k(\bar{q}_1, \bar{q}_2, \ldots, \bar{q}_f)$$

neue Lagekoordinaten einführt, dann mit Hilfe der zeitlichen Differentialquotienten dieser Gleichungen die kinetische Energie als Funktion der neuen Lagekoordinaten und ihrer zeitlichen Ableitungen darstellt und schließlich mit Hilfe der Gleichungen

$$p_k = \frac{\partial T}{\partial \dot{\bar{q}}_k}$$

die neuen Impulskoordinaten ermittelt. Das HAMILTONsche Prinzip gibt uns aber die Möglichkeit, die Aufgabe in viel eleganterer Weise und gleichzeitig viel allgemeiner zu lösen. Wir wechseln gleichzeitig Lage- *und* Impulskoordinaten und fragen, wie die Transformationsbeziehungen beschaffen sein müssen, daß die neuen Veränderlichen wieder die Eigenschaft von Lage- und Impulskoordinaten haben, d. h., daß in ihnen die kanonischen Gleichungen wieder gelten. Dazu ist hinreichend und notwendig, daß die neuen Veränderlichen wieder dem HAMILTONschen Prinzip genügen. Damit dies der Fall ist, genügt es aber nach S. 86, daß die Differenz der Integranden der Aktion, wenn diese einmal in den neuen, das andere Mal in den alten Veränderlichen ausgedrückt ist, das totale zeitliche Differential einer Funktion der alten und neuen Lagekoordinaten ist, daß also nach (45)

$$L(q_k, \dot{q}_k) - \bar{L}(\bar{q}_k, \dot{\bar{q}}_k) = \frac{\mathrm{d}}{\mathrm{d}t} f(q_k, \bar{q}_k)$$

oder

$$\sum p_k \dot{q}_k - H(p_k, q_k) - \sum \bar{p}_k \dot{\bar{q}}_k + \bar{H}(\bar{p}_k, \bar{q}_k) = \frac{\mathrm{d}}{\mathrm{d}t} f(q_k, \bar{q}_k). \tag{60}$$

Denn integriert man diese Gleichung zwischen $t_0$ und $t_1$, so erhält man

$$\int_{t_0}^{t_1} \Big(\sum p_k \dot{q}_k - H(p_k, q_k)\Big)\mathrm{d}t - \int_{t_0}^{t_1} \Big(\sum \bar{p}_k \dot{\bar{q}}_k - \bar{H}(\bar{p}_k, \bar{q}_k)\Big)\mathrm{d}t$$
$$= \big(f(q_k, \bar{q}_k)\big)_{t_1} - \big(f(q_k, \bar{q}_k)\big)_{t_0}.$$

Bildet man jetzt die Variation, so verschwindet die rechte Seite, da ja die Endpunkte festliegen. Da die Variation des ersten Integrals nach (45) und (54) null ist, muß auch die Variation des zweiten verschwinden, d. h., die neuen Veränderlichen sind wieder kanonisch-konjugierte Lage- und Impulskoordinaten. Durch Ausführung der Differentiation auf der rechten Seite von (60) und Koeffizientenvergleich erhält man die Transformationsformeln in der Form

$$\begin{aligned} p_k &= \frac{\partial f(q_k, \bar{q}_k)}{\partial q_k} \\ \bar{p}_k &= -\frac{\partial f(q_k, \bar{q}_k)}{\partial \bar{q}_k} \\ H(p_k, q_k) &= \bar{H}(\bar{p}_k, \bar{q}_k). \end{aligned} \tag{61}$$

Aus den Gleichungen der zweiten Zeile sind die $q_k$ als Funktionen der $\bar{p}_k$ und $\bar{q}_k$ auszurechnen. Setzt man diese dann in die Gleichungen der ersten Zeile ein, so erhält man die $p_k$ als Funktionen der $\bar{p}_k$ und $\bar{q}_k$. Diese umständlichen Umrechnungen sind aber nur in seltenen Fällen wirklich in dieser allgemeinen Form notwendig. Die beliebige Funktion $f(q_k, \bar{q}_k)$ heißt die *Erzeugende der Transformation.*

Statt von einer Funktion der alten und neuen Lagekoordinaten kann man auch von einer Funktion der alten Lage- und der neuen Impulskoordinaten ausgehen, die zu besonders wichtigen Beziehungen führt. In diesem Fall fügen wir auf der rechten Seite von Gl. (60) noch den Ausdruck $-\frac{\mathrm{d}}{\mathrm{d}t}\Sigma\,\bar{p}_k\,\bar{q}_k$ hinzu, der bei der Variation des Zeitintegrals ebenso verschwindet, wie der Ausdruck $\frac{\mathrm{d}f}{\mathrm{d}t}$. Wir schreiben also

$$\sum p_k \dot{q}_k - H(p_k, q_k) - \sum \bar{p}_k \dot{\bar{q}}_k + \bar{H}(\bar{p}_k, \bar{q}_k) = \frac{\mathrm{d}f(q_k, \bar{p}_k)}{\mathrm{d}t} - \frac{\mathrm{d}\Sigma\,\bar{p}_k\bar{q}_k}{\mathrm{d}t} \tag{62}$$

und erhalten durch Koeffizientenvergleich

$$\begin{aligned} p_k &= \frac{\partial f(q_k, \bar{p}_k)}{\partial q_k} \\ \bar{q}_k &= \frac{\partial f(q_k, \bar{p}_k)}{\partial \bar{p}_k} \\ H(p_k, q_k) &= \bar{H}(\bar{p}_k, \bar{q}_k). \end{aligned} \tag{63}$$

## § 9. Zyklische Variable. Die HAMILTON-JACOBIsche Differentialgleichung

Enthält die HAMILTONsche Funktion, d. h. bei konservativen Kräften die Totalenergie, eine Lagekoordinate $q_i$ nicht, so folgt aus der ersten Hälfte der HAMILTONschen Gleichungen (50)

$$\frac{\mathrm{d}p_i}{\mathrm{d}t} = -\frac{\partial H}{\partial q_i} = 0\,, \tag{64}$$

die zugehörige Impulskoordinate ist also eine Konstante des Systems. Eine solche Koordinate heißt *zyklisch.* Der Grund für diese Bezeichnung liegt darin, daß bei der Zentralbewegung der Polarwinkel $\varphi$ diese Eigenschaft besitzt. Sind sämtliche Lagekoordinaten zyklisch, so folgt aus der zweiten Hälfte der HAMILTONschen Gleichungen

$$\frac{\mathrm{d}q_k}{\mathrm{d}t} = \frac{\partial H(p_1, p_2 \ldots p_f)}{\partial p_k} = f_k(p_1, p_2 \ldots p_f) \tag{65}$$

daß die $\frac{\mathrm{d}q_k}{\mathrm{d}t}$ als Funktionen konstanter Größen des Systems selbst Konstante sind, die Lagekoordinaten selbst also linear mit der Zeit anwachsen. Im Fall zyklischer Variabler ist also die Integration der Bewegungsgleichungen sofort durchzuführen. Darauf gründet sich ein sehr wichtiges Verfahren zur Integration der Bewegungsgleichungen. Statt z. B. von den LAGRANGEschen oder HAMILTONschen Gleichungen auszugehen und deren

Integration zu versuchen, kann man auch darauf ausgehen, *die Erzeugende einer kanonischen Transformation zu finden, welche zu lauter zyklischen Variablen führt.* Nennen wir die zeitlich konstanten Impulskoordinaten $\alpha_k$, so müssen wir eine Funktion $S$ der alten Lage- und der neuen Impulskoordinaten aufsuchen, derart, daß

$$H(p_k, q_k) = \bar{H}(\alpha_k) \tag{66}$$

wird. Nach (63) ist zu setzen

$$p_k = \frac{\partial S(q_k, \alpha_k)}{\partial q_k} \quad \text{und} \quad \bar{q}_k = \varphi_k = \frac{\partial S(q_k, \alpha_k)}{\partial \alpha_k} \,. \tag{67}$$

Die Funktion $S$ ist nun durch folgende Differentialgleichung bestimmt: Setzen wir in die HAMILTONsche Funktion [Gl. (53), S. 128] für $p_k$ die Größen $\frac{\partial S}{\partial q_k}$ ein, so ist bei konservativen Systemen

$$\boxed{H\left(q_k, \frac{\partial S}{\partial q_k}\right) = E} \quad \text{(HAMILTON-JACOBIsche Differentialgleichung)}, \tag{68}$$

wobei mit $E$ der *Wert* der Energie des Systems bezeichnet ist. Dabei ist $E$ als eine der Konstanten des Systems anzusehen, da ja die Differentialgleichungen selbst den *Wert* der Energie nicht enthalten. Wir können also $E$ mit einer der Konstanten $\alpha_k$ identifizieren, z. B. mit $\alpha_1$. Die vollständige Lösung dieser Differentialgleichung erster Ordnung aber zweiten Grads (weil $H$ eine quadratische Funktion der $p_k$ ist), enthält bei $n$ Lagekoordinaten $n$ Integrationskonstanten, von denen eine mit $E$ gleichgesetzt wurde. Statt dessen können wir auch $n$ beliebige Konstante einführen, dann muß aber $E$ eine Funktion der $\alpha_1, \alpha_2, \ldots, \alpha_n$ sein und darf nicht mehr als frei verfügbare Integrationskonstante hinzugefügt werden. Die Lösung lautet also entweder

$$S(q_k, E, \alpha_2, \alpha_3 \ldots \alpha_n) = 0; \quad E = \alpha_1 \tag{69}$$

oder allgemeiner

$$S(q_k, \alpha_1, \alpha_2, \alpha_3 \ldots \alpha_n) = 0; \qquad E = E(\alpha_1, \alpha_2 \ldots \alpha_n). \tag{70}$$

Im ersten Fall sind nach (65), da $E = H$ ist [1)], alle $\frac{d\bar{q}_k}{dt}$ außer $\frac{d\bar{q}_1}{dt}$ gleich null.

Zwischen der hier als Erzeugende einer Transformation auf zyklische Variable eingeführten Funktion $S$ und der Aktion des HAMILTONschen Integralprinzips besteht ein inniger Zusammenhang: Während des Ablaufs der Bewegung ist das Differential von $S$, da die $\alpha_k$ ja konstant bleiben, ihre Differentiale also null sind:

$$dS = \sum \frac{\partial S}{\partial q_k} dq_k = \sum p_k \, dq_k = \sum p_k \, \dot{q}_k \, dt \,. \tag{71}$$

Nun ist nach Gl. (52)

$$\sum p_k \dot{q}_k = 2T,$$

also

[1] Die doppelte Bezeichnung der Energie mit $E$ und $H$ läßt sich aus folgendem Grund nicht vermeiden: $H(p_k, q_k)$ bedeutet die HAMILTONsche Funktion der Lage- und Impulskoordinaten. Diese ist für konservative Systeme identisch mit der Totalenergie $E$, die eine Konstante des Systems ist. Beim Übergang zu zyklischen Variablen hängt $H$ nur noch von zeitlich konstanten Größen ab. In diesem Fall schreiben wir für $H$ ebensogut $E$.

$$\mathrm{d}S = 2T\,\mathrm{d}t \tag{72}$$

und

$$S - S_0 = 2\int_{t_0}^{t} T\,\mathrm{d}t\,. \tag{73}$$

Andererseits ist nach § 7 die Aktion oder Wirkungsfunktion

$$W = \int 2T\,\mathrm{d}t - Et\,. \tag{74}$$

Es ist also

$$\boxed{W = S - Et}\,. \tag{75}$$

$S$ stellt also den die Zeit nicht explizit enthaltenden Teil der Aktion $W$ dar. $S$ heißt wegen der Beziehung (75) daher auch die *verkürzte Wirkungsfunktion.*

Drittes Kapitel

# Mechanik des starren Körpers

## § 1. Einiges aus der Kinematik des starren Körpers

### a) Zahl der Freiheitsgrade eines starren Körpers

Unter einem starren Körper verstehen wir ein Punktsystem, dessen einzelne Massenpunkte starr miteinander verbunden sind, also immer gleichen Abstand bewahren. Wir abstrahieren also von den bei jedem wirklichen physikalischen Körper vorkommenden Deformationen.

Die Lage eines starren Körpers in bezug auf ein beliebiges raumfestes Koordinatensystem ist bestimmt, wenn die Lage des Mittelpunkts und die Orientierung eines mit dem Körper fest verbundenen Koordinatensystems $\vec{e}\,'_x, \vec{e}\,'_y, \vec{e}\,'_z$ gegeben sind. Zur Festlegung des Mittelpunkts des körperfesten Koordinatensystems braucht man drei Koordinaten. Zur Orientierung dieses Koordinatensystems kann man die Richtungskosinusse der Achsen gegen das raumfeste System benützen, die wir mit $\alpha_i, \beta_i, \gamma_i \ldots$ bezeichnen wollen. Es ist dann

$$\begin{aligned}\vec{e}\,'_x &= \alpha_1\vec{e}_x + \beta_1\vec{e}_y + \gamma_1\vec{e}_z\,,\\ \vec{e}\,'_y &= \alpha_2\vec{e}_x + \beta_2\vec{e}_y + \gamma_2\vec{e}_z\,,\\ \vec{e}\,'_z &= \alpha_3\vec{e}_x + \beta_3\vec{e}_y + \gamma_3\vec{e}_z\,.\end{aligned} \tag{1}$$

Zwischen den 9 Koeffizienten bestehen aber noch 6 Gleichungen, nämlich

$$1 = \vec{e}_x^{\,\prime 2} = \alpha_1^2 + \beta_1^2 + \gamma_1^2\,, \qquad 1 = \vec{e}_y^{\,\prime 2} = \alpha_2^2 + \beta_2^2 + \gamma_2^2\,, \qquad 1 = \vec{e}_z^{\,\prime 2} = \alpha_3^2 + \beta_3^2 + \gamma_3^2\,, \tag{2}$$

$$0 = \vec{e}_x^{\,\prime} \cdot \vec{e}_y^{\,\prime} = \alpha_1\alpha_2 + \beta_1\beta_2 + \gamma_1\gamma_2\,, \qquad 0 = \vec{e}_y^{\,\prime} \cdot \vec{e}_z^{\,\prime} = \alpha_2\alpha_3 + \beta_2\beta_3 + \gamma_2\gamma_3\,, \qquad 0 = \vec{e}_z^{\,\prime} \cdot \vec{e}_x^{\,\prime} = \alpha_3\alpha_1 + \beta_3\beta_1 + \gamma_3\gamma_1\,, \tag{3}$$

also sind nur drei weitere freie Veränderliche vorhanden. Der starre Körper ist also durch insgesamt 6 Zahlangaben (Koordinaten) festgelegt; *die Zahl der Freiheitsgrade beträgt also sechs.*

Vielfach erweist es sich als nützlich, statt der durch 6 Gleichungen eingeschränkten 9 Richtungskosinusse drei unabhängige Veränderliche einzuführen. Als solche eigenen sich die EULERschen Winkel $\vartheta$, $\psi$, $\varphi$, die folgende Bedeutung haben (vgl. Fig. 46): $\vartheta$ ist der Winkel zwischen der $Z'$- und der $Z$-Achse. Die $XY$-Ebene schneidet die $X'Y'$-Ebene in einer Geraden, die wir die Knotenlinie nennen und die wir durch den Einheitsvektor $\vec{n}$ kennzeichnen. Senkrecht zu $\vec{n}$ ziehen wir in der $X'Y'$-Ebene eine Gerade, der wir den Einheitsvektor $\vec{m}'$ zuordnen. Der Winkel $\psi$ ist die Knotenlänge, d. h. der Winkelabstand der Knotenlinie von der $X$-Achse, $\varphi$ bedeutet in der $X'Y'$-Ebene den Winkelabstand der $X'$-Achse von der Knotenlinie. Es macht keine Schwierigkeit, bei gegebenen EULERschen Winkeln das Achsenkreuz $\vec{e}_x^{\,\prime}, \vec{e}_y^{\,\prime}, \vec{e}_z^{\,\prime}$ zu zeichnen: Zunächst kann man mittels $\psi$ die Knotenlinie in die $XY$-Ebene einzeichnen, durch diese Gerade lege man dann eine Ebene, welche mit der $XY$-Ebene den Winkel $\vartheta$ bildet, dies ist die $X'Y'$-Ebene, das Lot auf ihr die $Z'$-Achse. In der $X'Y'$-Ebene ist dann die Lage der $X'$-Achse durch den Winkel $\varphi$ bestimmt.

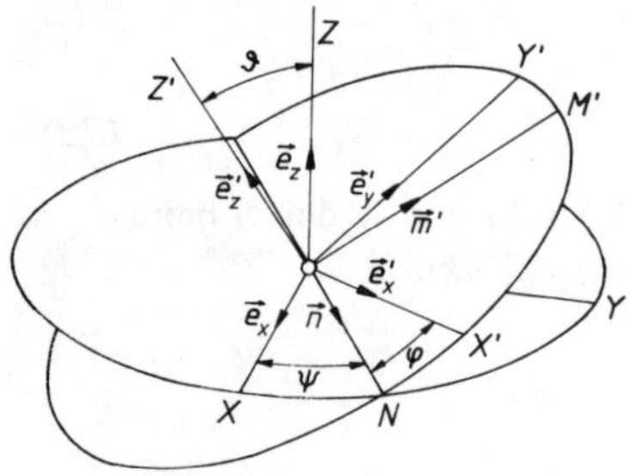

Fig. 46.
Die EULERschen Winkel $\varphi$, $\psi$, $\vartheta$

Die Zahl der Freiheitsgrade wird eingeschränkt, wenn von dem starren Körper noch einzelne Punkte festgehalten werden. Ist z. B. ein Punkt fest, so legen wir in diesen den Koordinatenmittelpunkt $O$, und die Lage des starren Körpers ist durch die drei EULERschen Winkel $\vartheta$, $\psi$, $\varphi$ bestimmt, die Zahl der Freiheitsgrade ist also auf drei reduziert. Halten wir zwei Punkte fest, so besteht die einzige Bewegungsmöglichkeit in einer Drehung um ihre Verbindungsgerade als Achse. Dann ist aber die Lage vollkommen bestimmt durch Angabe des Drehwinkels, den ein im Körper senkrecht zur Achse gezogener Strahl mit einer raumfesten Ebene bildet. Der starre Körper, von dem zwei Punkte festgehalten sind, hat also nur noch einen Freiheitsgrad. Auch dieser wird ihm noch genommen, wenn man die Lage eines weiteren Punktes vorschreibt. Wir wollen nun die Bewegungen betrachten, die bei den verschiedenen Einschränkungen der Freiheit des starren Körpers möglich sind und endlich auch die allgemeine Bewegung des freien starren Körpers streifen.

## b) Rotation eines starren Körpers um eine feste Achse

Wir können die Winkelgeschwindigkeit und die Achsenrichtung zusammen in folgender Weise durch einen Vektor charakterisieren: Wir ordnen den genannten Größen einen Vektor $\vec{\omega}$ zu, der die Richtung der Achse hat, derart, daß, in seiner Richtung gesehen, die Drehung eine Uhrzeigerdrehung ist, daß sein Betrag gleich dem Betrag der Winkelgeschwindigkeit $\omega$ ist. Diese Zuordnung hat aber erst dann einen Sinn, wenn wir zeigen können, daß die so gekennzeichneten Winkelgeschwindigkeiten die Gesetze der Vektorrechnung befolgen, d. h. daß sich zwei Winkelgeschwindigkeiten um sich schneidende Achsen, zu einer dritten zusammensetzen, deren Achse und Betrag sich durch Vektoraddition bestimmt. Dies ist in der Tat der Fall. Ist $\vec{\omega}_1$ die erste Winkelgeschwindigkeit, so ist die Lineargeschwindigkeit $\vec{v}_1$ eines Punktes, dessen Radiusvektor in bezug auf einen auf der Achse gelegenen Punkt $\vec{r}$ ist, nach Größe und Richtung gegeben durch das Vektorprodukt $\vec{\omega}_1 \times \vec{r}$. Der Betrag der Lineargeschwindigkeit ist (vgl. Fig. 47) gleich dem Produkt aus $\omega_1$ und dem senkrechten Abstand $\rho$ des Punktes $P$ von der Drehachse, also gleich $\omega_1 \, |\vec{r}| \sin(\vec{\omega}_1 \, \vec{r})$. Ebenso groß ist aber der Betrag von $\vec{\omega}_1 \times \vec{r}$. Ferner steht die Richtung von $\vec{v}_1$ senkrecht auf der Achse, was durch das Vektorprodukt $\vec{\omega}_1 \times \vec{r}$ gleichfalls ausgedrückt wird. Ist nun eine zweite Achse $\vec{\omega}_2$ durch $O$ gegeben, so ist die durch die Rotation $\vec{\omega}_2$ bestimmte Lineargeschwindigkeit $\vec{v}_2 = \vec{\omega}_2 \times \vec{r}$. Die resultierende Lineargeschwindigkeit ist also

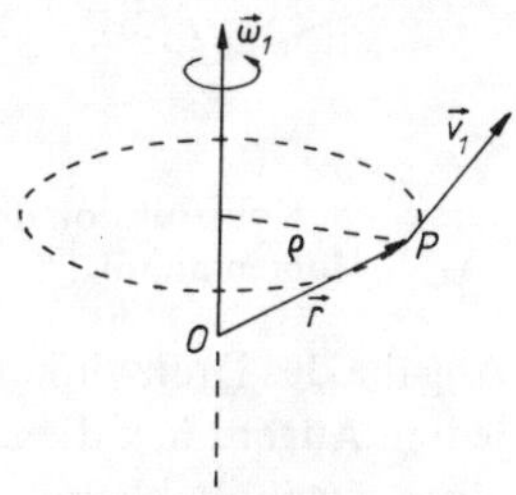


Fig. 47. Lineargeschwindigkeit und Winkelgeschwindigkeit

$$\vec{v} = \vec{v}_1 + \vec{v}_2 = \vec{\omega}_1 \times \vec{r} + \vec{\omega}_2 \times \vec{r},$$

wegen der Distributivität des Vektorprodukts ist aber dann auch

$$\vec{v} = (\vec{\omega}_1 + \vec{\omega}_2) \times \vec{r} = \vec{\omega} \times \vec{r}\,, \tag{4}$$

d. h. wir können die Winkelgeschwindigkeiten $\vec{\omega}_1$ und $\vec{\omega}_2$ ersetzen durch die Winkelgeschwindigkeit $\vec{\omega}$, die durch Vektoraddition aus den Einzelvektoren hervorgeht. Multiplizieren wir beide Seiten von Gl. (4) mit $dt$, so erhalten wir dasselbe Gesetz für das Zusammensetzen von Drehungen um unendlich kleine Winkel.

Diese wichtige Darstellungsmöglichkeit von Winkel*geschwindigkeiten* und unendlich kleinen Drehungen durch Vektoren darf aber nicht zu der analogen Darstellung *endlicher* Drehungen um 2 sich schneidende Achsen verleiten. An sich kann man jeder endlichen Drehung um eine Achse in gleicher Weise einen Vektor zuordnen, dessen Länge gleich dem Winkel der Drehung ist. Wie man aber an ganz einfachen Beispielen sofort sieht, setzen sich zwei solche Drehungen in viel komplizierterer Weise zusammen als durch die Addition der Drehvektoren. Eine endliche Drehung bedeutet eine (orthogonale) Transformation der Achsen, also einen Tensor, und zwei aufeinanderfolgende Transformationen lassen sich wohl durch eine einzige ersetzen, aber nicht in so einfacher Weise.

### c) Ebene Bewegung des starren Körpers

Der nächst einfache Fall nach der Rotation um eine feste Achse wäre nach der obigen Abzählung der Freiheitsgrade die Bewegung eines starren Körpers um einen festen Punkt. Es ist aber zweckmäßig, zunächst eine Bewegung zu behandeln, welche ebenfalls drei Freiheitsgrade besitzt: Die ebene Bewegung, bei der alle Punkte des Körpers sich einer Ebene parallel bewegen. Alle auf einem Lote auf dieser Ebene liegenden Punkte beschreiben dann kongruente Bahnen, es genügt daher, die Bewegung einer Ebene auf einer ruhenden Ebene zu verfolgen. Realisieren kann man diese Bewegung etwa durch das Verschieben eines Blattes Papier auf einem ebenen Tisch. Daß diese Bewegung ebenfalls drei Freiheitsgrade hat, sieht man leicht ein: Halten wir durch die Angabe von zwei Koordinaten einen Punkt der beweglichen Ebene fest, so können wir sie noch um diesen Punkt drehen und die Lage der Ebene ist völlig bestimmt durch Angabe des Drehwinkels gegen eine feste Achse. Es läßt sich nun zeigen, daß man in jedem Augenblick die allgemeine ebene Bewegung auffassen kann als eine Drehung um einen augenblicklichen Drehpunkt, den *Momentanpol.* Denn greifen wir zwei beliebige Punkte $P_1$ und $P_2$ heraus, so ist durch deren Bewegung die Bewegung jedes andern Punktes bereits bestimmt. Nach der Zeit $\Delta t$ befinden sich die beiden Punkte in $P_1'$ und $P_2'$ (vgl. Fig. 48). Wir errichten auf den Strecken $P_1 P_1'$ und $P_2 P_2'$ die Mittellote, die sich in $P_0$ schneiden. Die Dreiecke $P_0 P_1 P_2$ und $P_0 P_1' P_2'$ sind kongruent, weil wegen der Mittellotkonstruktion $P_0 P_1 = P_0 P_1'$ und $P_0 P_2 = P_0 P_2'$, wegen der Starrheit des Systems auch $P_1 P_2 = P_1' P_2'$ ist. Infolgedessen kann das Dreieck $P_0 P_1 P_2$ durch Drehung um $P_0$ in das Dreieck $P_0 P_1' P_2'$ übergeführt werden. Da durch die beiden Punkte die Lage des Systems bei der ebenen Bewegung bestimmt ist und die beiden Punkte ganz beliebig sind, muß man, wenn man die Konstruktion mit einem anderen Paar durchführt, zum gleichen Punkt $P_0$ kommen. Läßt man $\Delta t$ gegen null gehen, so gehen die Strecken $P_1 P_1'$ und $P_2 P_2'$ in die Bahntangenten über, die die Richtung der Geschwindigkeitsvektoren haben und die senkrecht auf den Strecken $P_1 P_0$ bzw. $P_2 P_0$ stehen. *Der augenblickliche Bewegungszustand läßt sich also auffassen als eine Rotation um $P_0$. Der Punkt $P_0$ heißt der Momentanpol.*

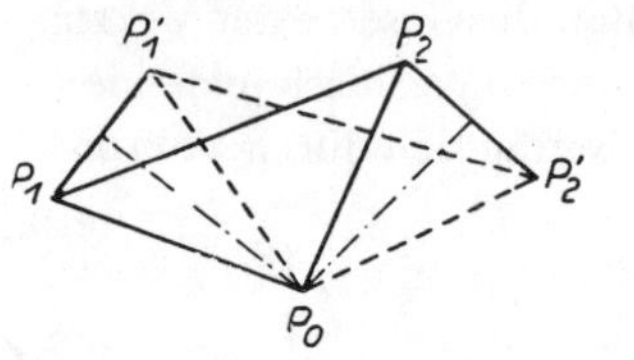

Fig. 48. Konstruktion des Momentanpols

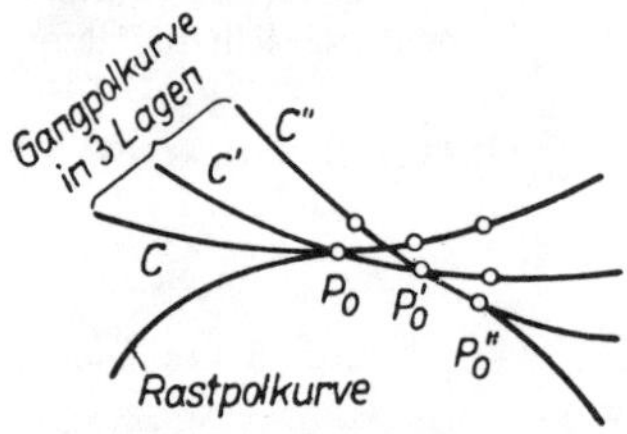

Fig. 49. Das Abrollen der beiden Polkurven

Markiert man sowohl in der festen als in der bewegten Ebene den Ort des Momentanpols, so erhält man, außer in dem trivialen Fall der einfachen Rotation um einen festen Punkt, im ruhenden und im bewegten System je eine Kurve, welche die *Rastpol-* bzw. die *Gangpol*kurve genannt wird. In jedem Augenblick müssen die beiden Kurven nach ihrer Definition den Momentanpol gemeinsam haben. Durch eine infinitesimale Drehung um den Pol müssen die Nachbarpunkte der beiden Kurven zur Deckung kommen. Dies ist nur dann möglich, wenn die beiden Kurven sich im Pol berühren und *ohne zu gleiten* *aufeinander abrollen.* Man sieht dies sofort an Hand der Fig. 49, in welcher die Kurven zunächst durch Polygonzüge ersetzt sind.

d) Bewegung eines starren Körpers um einen festen Punkt

Die Bewegung eines starren Systems um einen festen Punkt entspricht in gleicher Weise der ebenen Bewegung wie die sphärische Geometrie der ebenen. Wie bei der oben behandelten ebenen Bewegung die auf einem zur Bewegungsebene senkrechten Strahl gelegenen Punkte kongruente Bahnen beschreiben, so beschreiben jetzt die Bahnen der auf einem Strahl durch das feste Zentrum gelegenen Punkte ähnliche und in bezug auf das feste Zentrum ähnlich gelegene sphärische Kurven. Es genügt daher, die Bewegung auf irgendeiner Kugelfläche um das feste Zentrum zu betrachten. Wir können uns dabei vorstellen, daß eine bewegliche Kugelfläche auf einer festen verschoben wird, so wie oben die bewegliche auf der festen Ebene. Genau dieselbe Konstruktion, die wir in der Ebene ausführten, können wir auch hier auf der Kugel machen und kommen auch so zu einem Momentanpol auf der Kugel. Markiert man die Orte des Momentanpols, so erhält man zwei sphärische Kurven, die Rastpol- und die Gangpolkurve, durch Abrollen der Gangpolkurve auf der Rastpolkurve ist die Bewegung ebenso festgelegt wie in der Ebene. In Wirklichkeit haben wir es aber nicht mit zwei aufeinander abrollenden sphärischen Kurven, sondern, wenn wir die andern Kugeln auch betrachten, mit zwei aufeinanderrollenden Kegeln zu tun, deren Leitlinien die herausgegriffenen Kurven sind. Ebenso müßten wir eigentlich bei der ebenen Bewegung vom Abrollen zweier Zylinder sprechen, deren Erzeugende auf der Ebene der Bewegung senkrecht stehen.

e) Beliebige Bewegung eines starren Körpers

Da die Lage eines starren Körpers durch die Lage des Mittelpunkts und die Orientierung eines körperfesten Achsenkreuzes bestimmt ist, kann die Überführung in eine Nachbarlage so erfolgen, daß man zunächst durch eine Translation den Mittelpunkt in die Nachbarlage bringt und dann durch eine infinitesimale Drehung dem Achsenkreuz die neue Stellung erteilt. Man kann es nun stets so einrichten, daß die Achse der momentanen Drehung in die Richtung der Translationsbewegung fällt, so daß man einen starren Körper stets durch eine infinitesimale Schraubenbewegung in seine Nachbarlage überführen kann. Markiert man wieder sowohl im beweglichen als im festen System diese momentanen Schraubenachsen, so erhält man zwei Regelflächen. Bei der Bewegung rollen diese Flächen aber nicht wie bei der ebenen und sphärischen Bewegung einfach aufeinander ab, sondern es findet gleichzeitig eine Verschiebung entlang der augenblicklichen gemeinsamen Erzeugenden statt, eine Bewegung, die *Schrotung* genannt wird.

## § 2. Allgemeines zur Statik und Dynamik des starren Körpers
### Äquivalenz von Kräftesystemen, die an einem starren Körper angreifen

Bei einem einzelnen Massenpunkt ist nach Kap. I, hinreichende und notwendige Bedingung für das Gleichgewicht, d. h. für das Fehlen jeder Beschleunigung, das Verschwinden der Resultanten der an ihm angreifenden Kräfte. Nach der allgemeinen Mechanik von Punktsystemen bedingt das Verschwinden der Resultante aller Kraftvektoren das Fehlen einer Beschleunigung des Schwerpunkts des Systems, d. h. wenn der Schwerpunkt ohne Einwirkung eines Kraftsystems mit verschwindender Resultante in Ruhe war, so bleibt er es auch, wenn das Kraftsystem angreift. Dies bedeutet aber noch nicht, daß das Massenpunktsystem in Ruhe bleibt, denn es können noch Rotationsbeschleunigungen um den Schwerpunkt stattfinden. Bei einem starren Körper ist das Verschwinden des resultierenden Momentes

$$\vec{M} = \sum \vec{r}_i \times \vec{F}_i$$

notwendige und hinreichende Bedingung für das Fehlen auch dieser Art von Beschleunigungen. Denn wegen der starren Verbindung der einzelnen Teile können die Änderungen der Drehimpulse der einzelnen Teile nur gleiches Vorzeichen haben, so daß es nicht vorkommen kann, was bei einem beliebigen System von Massenpunkten möglich ist, daß sich die Änderungen der Drehimpulse der einzelnen Punkte gegenseitig kompensieren. Infolgedessen gibt die Gl. (7) von Kap. II, § 2, unter der Voraussetzung des Verschwindens von $\vec{M}$

$$0 = \frac{\mathrm{d}\vec{L}}{\mathrm{d}t} = \frac{\mathrm{d}}{\mathrm{d}t} \sum \vec{L}_i = \frac{\mathrm{d}}{\mathrm{d}t} \sum m_i \left( \vec{r}_i \times \frac{\mathrm{d}\vec{r}_i}{\mathrm{d}t} \right)$$

mit dem Fehlen einer Änderung des Gesamtdrehimpulses $\vec{L}$ auch das Fehlen einer Änderung des Drehimpulses der Einzelteile, also, wenn gleichzeitig $\vec{F}$ verschwindet und vorher keine Bewegung vorhanden war, Ruhe. Notwendige und hinreichende Bedingung für das Gleichgewicht eines an einem starren Körper angreifenden Kräftesystems ist also das Verschwinden der Resultante der Kräfte und der Resultante der Momente der Kräfte

$$\sum \vec{F}_i = \vec{F} = 0 \quad \text{und} \quad \sum \vec{r}_i \times \vec{F}_i = \vec{M} = 0. \tag{5}$$

Für die Wirkung des an einem starren Körper angreifenden Kraftsystems kommt es nur auf diese beiden Resultanten an. Für die Statik ist dies evident, aber auch in allen dynamischen Gleichungen treten nur diese beiden Vektoren auf, wie wir in den nächsten Paragraphen sehen werden. Alle Kraftsysteme, welche zu gleichen Resultanten $\vec{F}$ und $\vec{M}$ führen, sind in ihrer Wirkung gleichwertig.

Während die bisher aufgetretenen Vektorgrößen beliebig parallel verschiebbar waren, ohne daß an ihrer Bedeutung etwas geändert wurde, sind es die an einem starren Körper angreifenden Kräfte nicht mehr. Denn verschieben wir einen Kraftvektor, der an einem Punkt $P_i$ angreift, parallel, so verlegen wir den Angriffspunkt der Kraft derart, daß ihr Moment verändert wird. Nur eine Verschiebung in Richtung des Kraftvektors läßt das Moment unverändert. Eine an einem starren Körper angreifende Kraft ist ein *linienflüchtiger* Vektor, der nur in seiner eigenen Richtung verschoben werden darf.

Der Wert des resultierenden Moments wird im allgemeinen von der Lage des Bezugspunkts $O$ abhängen, in einem wichtigen Sonderfall ist er aber davon unabhängig, nämlich dann, wenn die Resultante $\vec{F}$ verschwindet. Verschieben wir nämlich den Bezugspunkt um den Vektor $\vec{\delta}$ nach $O'$ und bezeichnen die von $O'$ aus gezogenen Vektoren mit einem Strich, so ist

$$\vec{r}\,' = \vec{r} - \vec{\delta}\,, \quad \text{also} \quad \sum \vec{r}_i\,' \times \vec{F}_i = \sum \vec{r}_i \times \vec{F}_i - \sum \vec{\delta} \times \vec{F}_i = \sum \vec{r}_i \times \vec{F}_i - \vec{\delta} \times \vec{F}\,. \tag{6}$$

Der Ausdruck $\Sigma\,\vec{\delta} \times \vec{F}_i$ verschwindet aber bei beliebiger Richtung von $\vec{\delta}$ dann, wenn $\Sigma \vec{F}_i$ null ist, der Schwerpunkt also ruht oder gleichförmig fortschreitet.

In jedem Falle unabhängig vom Bezugspunkt ist das skalare Produkt $\vec{F} \cdot \vec{M}$. Denn multipliziert man Gl. (6) skalar mit $\vec{F}$, so verschwindet das Glied $\vec{F} \cdot (\vec{\delta} \times \vec{F})$ und es bleibt

$$\vec{F} \cdot \sum \vec{r}_i\,' \times \vec{F}_i = \vec{F} \cdot \sum \vec{r}_i \times \vec{F}_i\,. \tag{7}$$

Es läßt sich nun weiter zeigen, daß es stets eine Achse gibt, für deren als Bezugspunkte gewählten Punkte $\vec{M}$ die Richtung von $\vec{F}$ hat. Diese Achse heißt die *Zentralachse* des Kräftesystems. Bezeichnet man das auf $O'$ bezügliche Moment mit $\vec{M}$, so soll der Vektor des neuen Bezugspunkts $\vec{\delta}$ so bestimmt werden, daß

$$\vec{M}' = \vec{M} - \vec{\delta} \times \vec{F} = \gamma \vec{F}\,, \tag{8}$$

worin $\gamma$ ein noch unbestimmter Skalar ist. Skalare Multiplikation mit $\vec{F}$ ergibt

$$\vec{M}' \cdot \vec{F} = \vec{M} \cdot \vec{F} = \gamma \vec{F}^2\,,$$

also

$$\gamma = \frac{\vec{M} \cdot \vec{F}}{\vec{F}^2}$$

und

$$\vec{\delta} \times \vec{F} = \vec{M} - \gamma \vec{F} = \vec{M} - \frac{\vec{F}(\vec{M} \cdot \vec{F})}{\vec{F}^2} = \frac{\vec{M} \cdot \vec{F}^2 - \vec{F}(\vec{M} \cdot \vec{F})}{\vec{F}^2} = \frac{\vec{F} \times (\vec{M} \times \vec{F})}{\vec{F}^2}\,. \tag{9}$$

Hieraus folgt, wie man durch Einsetzen in Gl. (9) sofort sieht

$$\vec{\delta} = -\frac{\vec{M} \times \vec{F}}{\vec{F}^2} + \lambda \vec{F}\,, \tag{10}$$

wobei $\lambda$ eine veränderliche skalare Größe ist. Dies stellt aber für den Endpunkt von $\vec{\delta}$ eine Gerade dar, welche parallel $\vec{F}$ ist. Ist insbesondere $\vec{M}$ bereits $\parallel \vec{F}$, so ist die Zentralachse parallel zu $\vec{F}$ durch $O$.

Das einfachste Kraftsystem mit verschwindender Resultante $\vec{F}$, aber nicht verschwindendem Moment $\vec{M}$ besteht aus zwei entgegengesetzt gleichen, an verschiedenen Punkten. $\vec{r}_1$ und $\vec{r}_2$, angreifenden Kräften (Kräftepaar). Das resultierende Moment $\vec{M} = (\vec{r}_1 - \vec{r}_2) \times \vec{F}$ stellt einen Vektor dar, der auf der Ebene der beiden Parallelen senk-

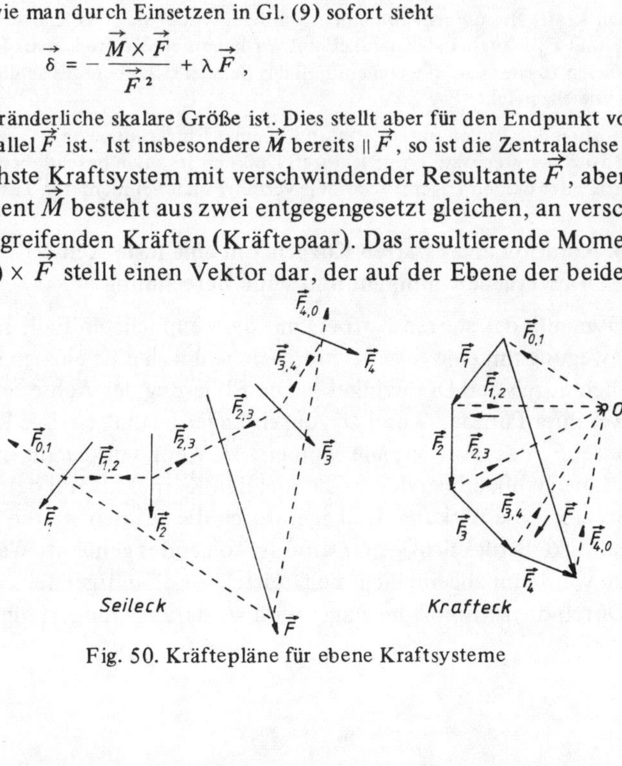


Fig. 50. Kräftepläne für ebene Kraftsysteme

recht steht und einen Betrag hat, der gleich dem Betrag der Einzelkraft $\vec{F}$ mal dem kürzesten Abstand ihrer Wirkungslinien ist. Da es nach oben bei einem an einem starren Körper angreifenden Kraftsystem nur auf die Resultanten $\vec{F}$ und $\vec{M}$ ankommt, kann man jedes Kraftsystem ersetzen durch eine Einzelkraft $\vec{F}$ und ein Kräftepaar $\vec{M}$, dessen Moment gleich dem resultierenden Moment des Kraftsystems ist.

Liegen die Wirkungslinien der an einem starren Körper angreifenden Kräfte in einer Ebene – ein in der Praxis häufig vorkommender Fall –, so läßt sich die Größe und Wirkungslinie der Resultante durch eine übersichtliche graphische Konstruktion finden, die in der Technik als Krafteck – Seileck-Plan bekannt ist. In Fig. 50 seien links zunächst die 4 Kräfte $\vec{F}_1, \vec{F}_2, \vec{F}_3, \vec{F}_4$ in ihren Wirkungslinien gezeichnet. In der rechten Hälfte wird zunächst die Resultante $\vec{R}$ durch Vektoraddition ermittelt. Diese Figur heißt das *Krafteck*. Um nun die *Wirkungslinie* der Resultante zu finden, ziehen wir im Krafteck von einem willkürlich gewählten Punkt $O$, dem Pol, aus die Geraden $\vec{F}_{0,1}, \vec{F}_{1,2}, \vec{F}_{2,3}$, $\vec{F}_{3,4}$ und $\vec{F}_{4,0}$ nach den Anfangs- bzw. Endpunkten der Kraftvektoren. Diese Geraden kann man nun wieder als Kräfte deuten. Man kann dabei aus den entstehenden geschlossenen Dreiecken schließen, daß je zwei Hilfekräfte mit einer der gegebenen Kräfte im Gleichgewicht sind, wenn wir beide Hilfskräfte im gleichen Punkt der Wirkungslinie der gegebenen Kräfte angreifen lassen. Außer $\vec{F}_{0,1}$ und $\vec{F}_{4,0}$ kommen aber alle Hilfskräfte zweimal mit entgegengesetztem Zeichen vor. Wenn wir sie also auch noch in derselben Geraden wirken lassen, können sie am Gleichgewichtszustand nichts ändern, und es kommt nur auf die beiden Hilfskräfte $\vec{F}_{0,1}$ und $\vec{F}_{4,0}$ an, die nach Voraussetzung mit den Kräften $\vec{F}_1$ und $\vec{F}_{1,2}$ bzw. $\vec{F}_{3,4}$ und $\vec{F}_4$ im Gleichgewicht stehen. Infolgedessen stehen sie, da ja nach Hinzufügung der Hilfskräfte überall Gleichgewicht ist, auch mit der Resultante im Gleichgewicht und die Wirkungslinie der Resultante muß durch den Schnitt ihrer Wirkungslinien gehen. Wir ziehen also links durch einen beliebigen Punkt von $\vec{F}_1$ eine Parallele zu $\vec{F}_{0,1}$ und eine Parallele zu $\vec{F}_{1,2}$, durch deren Schnittpunkt mit $\vec{F}_2$ eine Parallele zu $\vec{F}_{2,3}$ usw., endlich durch den Schnittpunkt von $\vec{F}_{3,4}$ mit $\vec{F}_4$ eine Parallele zu $\vec{F}_{4,0}$. Der Schnitt von $\vec{F}_{0,1}$ und $\vec{F}_{4,0}$ ist ein Punkt der Resultante, deren Richtung durch die Schlußseite $\vec{R}$ im Krafteck gegeben ist.

Der so im gegebenen Kräfteplan entstehende Linienzug heißt das *Seileck*, weil ein Seil unter Einwirkung der gegebenen Kräfte diese Form annehmen würde. Schließt sich das Krafteck, so werden die Parallelen zu $\vec{F}_{0,1}$ und $\vec{F}_{4,0}$ zueinander parallel und wir haben ein Kräftepaar als Resultante. Fallen diese beiden Parallelen zusammen, in welchem Fall das Seileck sich ebenfalls schließt, so sind die gegebenen Kräfte im Gleichgewicht.

Aufg. 47. Ein Balken ist an den Enden unterstützt und in einer Entfernung von 1/3 seiner Länge mit einer Last $P$ belastet. Man ermittle durch Umkehr der oben beschriebenen Konstruktion die Größe der beiden Lagerdrucke. Wie verfährt man bei mehreren Lasten?

## § 3. Rotation eines starren Körpers um eine feste Achse
## Das Trägheitsmoment und seine Berechnung

Wir beginnen die Dynamik des starren Körpers mit dem einfachsten Fall, der „eindimensionalen" Bewegung um eine feste Achse, welche durch eine einzige Koordinate bestimmt ist, nämlich durch den Drehwinkel $\varphi$. Die Fixierung der Achse sei dadurch erfolgt, daß wir zwei ihrer Punkte, $O$ und $O'$, durch Lager festhalten. Die Resultante der äußeren Kräfte sei $\vec{F}$, das resultierende Moment $\vec{M}$. Wenn wir die allgemeinen Gleichungen der Systemmechanik anwenden und dabei den Körper als frei betrachten wollen, müssen wir aber noch die Wirkung der Lager durch die auf den starren Körper ausgeübten Reaktionsdrucke berücksichtigen. Damit ist folgendes gemeint: Wären die Lager nicht vorhanden, so würde im allgemeinen die Drehachse sich in irgendeiner Richtung zu bewegen suchen. Durch die Existenz der Lager wird sie daran gehindert, übt aber auf die

Lager einen Druck aus. Wir können nun die Lager uns durch Zwangskräfte ersetzt denken, welche in jedem Augenblick dem Druck der Achse entgegengesetzt gleich sind. Diese Kräfte, die in $O$ und $O'$ angreifen, nennen wir $\vec{Z}_r$ und $\vec{Z}_r'$. Die Gleichung für die Änderung des Gesamtdrehimpulses eines Systems wird dann, wenn wir das eine Lager $O$ und damit den Angriffspunkt der einen Kraft als Ursprung unseres Koordinatensystems wählen, wobei $\vec{r} \times \vec{Z}_r$ verschwindet:

$$\frac{\mathrm{d}\vec{L}}{\mathrm{d}t} = \vec{r}\,' \times \vec{Z}_r' + \vec{M} \,. \tag{11}$$

Wir legen jetzt die $Z$-Achse unseres Koordinatensystems in die Drehachse. Da das Vektorprodukt $\vec{r}\,' \times \vec{Z}_r'$ wegen $\vec{r}\,' = r'\vec{e}_z$ keine $Z$-Komponente hat, fällt die Zwangskraft für die $Z$-Komponente der Gl. (11) heraus und wir erhalten die einfachere Gleichung

$$\frac{\mathrm{d}L_z}{\mathrm{d}t} = M_z \,, \tag{12}$$

die wir zunächst allein weiterbehandeln. Ist der Vektor der Winkelgeschwindigkeit

$$\vec{\omega} = \omega \vec{e}_z \,, \tag{13}$$

so wird

$$\begin{aligned} \vec{L} &= \sum m_i (\vec{r}_i \times \vec{v}_i) = \sum m_i \vec{r}_i \times (\vec{\omega} \times \vec{r}_i) \\ &= \vec{\omega} \sum m_i \vec{r}_i^{\,2} - \sum m_i\, \vec{r}_i (\vec{\omega} \cdot \vec{r}_i) \\ &= \omega \vec{e}_z \sum m_i \vec{r}_i^{\,2} - \omega \sum m_i \vec{r}_i (\vec{e}_z \cdot \vec{r}_i) \,, \end{aligned} \tag{14}$$

somit

$$\begin{aligned} L_z &= \omega \sum m_i \vec{r}_i^{\,2} - \omega \sum m_i (\vec{e}_z \cdot \vec{r}_i)^2 = \omega \sum m_i (\vec{r}_i \times \vec{e}_z)^2 \\ &= \omega \sum m_i (x_i^2 + y_i^2) \,. \end{aligned} \tag{15}$$

Die Größe

$$\boxed{\sum m_i (\vec{r}_i \times \vec{e}_z)^2 = \sum m_i (x_i^2 + y_i^2) = \sum m_i\, \rho_i^2 = J_{zz}} \tag{16}$$

heißt das *Trägheitsmoment* des Körpers in bezug auf die $Z$-Achse und wird aus einem unten erkennbaren Grund mit $J_{zz}$ bezeichnet. Mit dieser Bezeichnung erhält man aus Gl. (12) die Bewegungsgleichung

$$J_{zz} \frac{\mathrm{d}\omega}{\mathrm{d}t} = J_{zz} \frac{\mathrm{d}^2 \varphi}{\mathrm{d}t^2} = M_z \,. \tag{17}$$

Da die Lage des rotierenden Körpers durch den Winkel $\varphi$ bestimmt ist, braucht man keine weiteren Gleichungen, wenn man nur den Ablauf der Bewegung studieren will. Wohl aber müssen wir die anderen Komponenten heranziehen, wenn man die Größe der Lagerdrucke ermitteln will. Man sieht durch Vergleich mit der Grundgleichung der Punktmechanik bei einem Freiheitsgrad

$$m\frac{d^2x}{dt^2}=F_x\,,$$

daß die beiden Gleichungen mathematisch identisch sind und daß sich entsprechen:

Trägheitsmoment $J_{zz}$ → Masse $m$

Winkelbeschleunigung $\frac{d^2\varphi}{dt^2}$ → lineare Beschleunigung $\frac{d^2x}{dt^2}$

Komponente des Moments der äußeren Kräfte in Richtung der Drehachse → Kraftkomponente in Richtung der Bewegungsmöglichkeit.

Weiter wird, wie man sofort nachrechnet, die kinetische Energie

$$T=\frac{1}{2}\sum m_i\,(\vec{\omega}\times\vec{r}_i)^2=\frac{1}{2}\sum m_i\,\rho_i^2\,\omega^2=\frac{1}{2}J_{zz}\left(\frac{d\varphi}{dt}\right)^2$$

wieder in Analogie zu $\frac{1}{2}m\left(\frac{dx}{dt}\right)^2$.

In der Punktmechanik spielte die unter dem Einfluß einer quasi-elastischen Kraft $F_x=-kx$ entstehende Schwingungsbewegung eine wichtige Rolle. Auch bei der Drehbewegung eines starren Körpers kommen rücktreibende Drehmomente in Richtung der Achse vor, welche dem Ablenkungswinkel proportional, also von der Form $M_z=-D\varphi$ sind, wobei die Bewegungsgleichung wird

$$J\frac{d^2\varphi}{dt^2}+D\varphi=0. \tag{19}$$

(Statt $J_{zz}$ ist kurz $J$ geschrieben, womit das Trägheitsmoment um die Drehachse gemeint ist.)
Der Proportionalitätsfaktor $D$ heißt „*Richtmoment*". Ein solches Moment tritt z. B. auf, wenn ein Körper an einem am Ende fest eingespannten Draht aufgehängt ist und der Körper um den Draht als Achse etwas gedreht wird. Da die Gl. (19) mit Gl. (24), S. 99, bis auf die Bezeichnungen identisch ist, kann man die Frequenz der Drehschwingung eines starren Körpers, der unter dem Einfluß einer dem Ablenkungswinkel proportionalen rücktreibenden Kraft steht, sofort hinschreiben

$$\nu=\frac{1}{2\pi}\sqrt{\frac{D}{J}}\,. \tag{20}$$

Um $J$ zu bestimmen, ist die Größe $\Sigma\, m_i\rho_i^2$, welche bei kontinuierlicher Verteilung von Masse der Dichte $\sigma$ durch das Integral $\iiint \rho^2\,\sigma\,dx\,dy\,dz$ gegeben ist, für die Drehachse zu berechnen. Wir werden aber sogleich sehen, daß das Trägheitsmoment sich für jede Achse ohne neue Integrationen berechnen läßt, wenn es für drei aufeinander senkrechte ausgezeichnete Achsen des Körpers, deren Schnittpunkt im Schwerpunkt liegt, bekannt ist. Zunächst zeigen wir, daß sich die Berechnung des Trägheitsmoments für eine nicht durch den Schwerpunkt gehende Achse zurückführen läßt auf die Berechnung des Trägheitsmoments in bezug auf eine durch den Schwerpunkt parallel dazu gezogene Gerade. Ist $\vec{r}^{\,*}$ der Vektor des Schwerpunkts von einem als Ursprung gewählten Achsenpunkt und bezeichnen wir die vom Schwerpunkt nach den einzelnen Massenpunkten gezogenen Radienvektoren mit einem Strich, so ist

$$\vec{r}_i = \vec{r}^* + \vec{r}_i{}', \tag{21}$$

und, wenn die Achsenrichtung durch den Vektor $\vec{c}$ gekennzeichnet ist,

$$J = \sum m_i (\vec{r}_i \times \vec{c})^2 = \sum m_i (\vec{r}^* \times \vec{c})^2 + \sum m_i (\vec{r}_i{}' \times \vec{c})^2 , \tag{22}$$

da $\Sigma\, m_i \vec{r}_i{}' = 0$ (vgl. S. 115) ist, also das Glied

$$2 \sum m_i (\vec{r}^* \times \vec{c}) \cdot (\vec{r}_i{}' \times \vec{c}) = 2 (\vec{r}^* \times \vec{c}) \sum m_i (\vec{r}_i{}' \times \vec{c})$$

verschwindet.

Der zweite Term von (22) stellt das Trägheitsmoment in bezug auf die durch den Schwerpunkt gehende Achse dar, der erste das Trägheitsmoment der im Schwerpunkt vereinigt gedachten Gesamtmasse des Körpers. Dies ist der Satz von STEINER:

*Das Trägheitsmoment eines starren Körpers in bezug auf eine beliebige Achse ist gleich der Summe des Trägheitsmoments in bezug auf eine durch den Schwerpunkt parallel zur gegebenen Achse gezogenen Geraden und des Trägheitsmoments der gesamten im Schwerpunkt vereinigt gedachten Masse in bezug auf die gegebene Achse.*

Wir wollen nun ohne von dem Satz von STEINER Gebrauch zu machen, das Trägheitsmoment um eine beliebige Achse durch den Bezugspunkt $O$, der nicht mit dem Schwerpunkt zusammenzufallen braucht, berechnen. Sind die Richtungskosinusse der Achse in bezug auf ein beliebiges körperfestes Koordinatensystem $\cos\alpha$, $\cos\beta$, $\cos\gamma$, so wird

$$\begin{aligned} J &= \sum m_i (\vec{r}_i \times \vec{c})^2 = \sum m_i \{(y_i \cos\gamma - z_i \cos\beta)^2 + (z_i \cos\alpha - x_i \cos\gamma)^2 \\ &\qquad + (x_i \cos\beta - y_i \cos\alpha)^2 \} \\ &= \sum m_i (y_i^2 + z_i^2) \cos^2\alpha + \sum m_i (z_i^2 + x_i^2) \cos^2\beta + \sum m_i (x_i^2 + y_i^2) \cos^2\gamma \\ &\quad - 2 \sum m_i y_i z_i \cos\gamma \cos\beta - 2 \sum m_i z_i x_i \cos\alpha \cos\gamma \\ &\quad - 2 \sum m_i x_i y_i \cos\alpha \cos\beta . \end{aligned} \tag{23}$$

Das Trägheitsmoment ist also eine quadratische Funktion der Richtungskosinusse der Achse. Die Koeffizienten dieser quadratischen Funktion sind einmal für die Quadrate der Richtungskosinusse die *Trägheitsmomente* um die drei Koordinatenachsen:

$$\begin{aligned} \sum m_i (y_i^2 + z_i^2) &= J_{xx} , \\ \sum m_i (z_i^2 + x_i^2) &= J_{yy} , \\ \sum m_i (x_i^2 + y_i^2) &= J_{zz} , \end{aligned} \tag{24}$$

und für die doppelten Produkte der Richtungskosinusse die aus einem später ersichtlichen Grund *Deviationsmomente* genannten Größen

$$\begin{aligned} \sum m_i x_i y_i &= J_{xy} , \\ \sum m_i y_i z_i &= J_{yz} , \\ \sum m_i z_i x_i &= J_{zx} . \end{aligned} \tag{25}$$

Wir versuchen nun die Trägheitsmomente als Funktion der Achsenrichtungen durch eine Fläche zu veranschaulichen. Zu diesem Zweck tragen wir vom Ursprung $O$ aus in der jeweiligen Achsenrichtung Radiusvektoren $R$ ab, welche wegen der Einfachheit der dann entstehenden Fläche gleich dem reziproken Wert der Wurzel aus dem Trägheitsmoment genommen werden, setzen also

$$R = \frac{1}{\sqrt{J}}, \quad J = \frac{1}{R^2} \quad . \tag{26}$$

Beziehen wir die so entstehende Fläche auf ein Koordinatensystem, dessen Ursprung in $O$ liegt, so ist

$$\cos\alpha = \frac{x}{R} = \sqrt{J}x , \quad \cos\beta = \sqrt{J}y , \quad \cos\gamma = \sqrt{J}z , \tag{27}$$

und die Gleichung der durch die Endpunkte von $R$ gegebenen Fläche wird nach (23)

$$J_{xx}x^2 + J_{yy}y^2 + J_{zz}z^2 - 2J_{xy}xy - 2J_{yz}yz - 2J_{zx}zx = 1 . \tag{28}$$

Dies ist die Gleichung einer Fläche zweiten Grades. Sie stellt ein Ellipsoid (in Spezialfällen ein Rotationsellipsoid oder eine Kugel) dar, da von einem physikalischen Körper das Trägheitsmoment in bezug auf keine Achse verschwindet, die durch die Endpunkte von $R = \frac{1}{\sqrt{J}}$ bestimmte Fläche also nicht ins Unendliche gehen kann. Da die Größen $J_{xx}$ usw. von der Wahl des Bezugspunkts abhängen, gehört zu jedem Bezugspunkt $O$ ein anderes Trägheitsellipsoid. Nun lehrt die analytische Geometrie, daß es für jede Fläche 2. Grads ein ausgezeichnetes Koordinatensystem, das der Hauptachsen, gibt, in welchem die Flächengleichung die einfache Form hat

$$J_{\mathrm{I}}x'^2 + J_{\mathrm{II}}y'^2 + J_{\mathrm{III}}z'^2 = 1. \tag{29}$$

Die drei Größen $J_{\mathrm{I}}$, $J_{\mathrm{II}}$ und $J_{\mathrm{III}}$ heißen die *Hauptträgheitsmomente.* Sind die Achsen der Hauptträgheitsmomente und ihre Beträge bekannt, so läßt sich sofort das Trägheitsmoment für jede andere Achse durch $O$ graphisch oder analytisch durch das reziproke Quadrat des vom Mittelpunkt in der Achsenrichtung gezogenen Radiusvektors bestimmen. Ist $O$ der Schwerpunkt, so läßt sich durch Anwendung des STEINERschen Satzes das Trägheitsmoment für jede andere Achse berechnen. Da die Fläche 2. Grads 6 unabhängige Koeffizienten hat, muß man im allgemeinen, sofern man nicht aus Symmetriegründen die Lage der Hauptträgheitsachsen, die den Symmetrieachsen entspricht, von vornherein angeben kann, 6 Trägheitsmomente messen. Die 6 Bestimmungsstücke des Trägheitsellipsoids sind auch so zu verstehen: 3 Stücke für die Hauptträgheitsmomente, 3 weitere für die Orientierung des Hauptachsensystems im Körper, d. h. zu einem körperfesten Koordinatensystem.

Im Koordinatensystem der Hauptträgheitsachsen ergibt sich für die kinetische Energie eines rotierenden starren Körpers ein einfacher Ausdruck. Es ist allgemein

$$T = \frac{1}{2}\sum m_i \vec{v}_i^{\,2} = \frac{1}{2}\sum m_i (\vec{\omega} \times \vec{r}_i)^2$$

und da

$$\vec{\omega} = \omega \vec{c} ,$$

wird

$$T = \frac{1}{2} \omega^2 \sum m_i (\vec{c} \times \vec{r}_i)^2 = \frac{1}{2} \omega^2 J .$$

Für $\Sigma m_i (\vec{c} \times \vec{r}_i)^2$ haben wir aber bereits die Koordinatendarstellung berechnet. Nach Gl. (23) ist, da im System der Hauptträgheitsachsen für $k \neq l$ $J_{kl} = 0$

$$T = \frac{1}{2} \omega^2 ( J_{\mathrm{I}} \cos^2 \alpha' + J_{\mathrm{II}} \cos^2 \beta' + J_{\mathrm{III}} \cos^2 \gamma' ) \tag{30}$$

und da

$$\cos \alpha' = \frac{\omega_{x'}}{\omega}, \quad \cos \beta' = \frac{\omega_{y'}}{\omega}, \quad \cos \gamma' = \frac{\omega_{z'}}{\omega} , \tag{31}$$

wird der Ausdruck für die kinetische Energie bei Zerlegung von $\vec{\omega}$ nach den körperfesten Hauptträgheitsachsen:

$$T = \frac{1}{2} ( J_{\mathrm{I}} \omega_{x'}^2 + J_{\mathrm{II}} \omega_{y'}^2 + J_{\mathrm{III}} \omega_{z'}^2 ) . \tag{32}$$

Dabei beziehen sich die Größen $J_{\mathrm{I}}, J_{\mathrm{II}}, J_{\mathrm{III}}$ auf den ruhenden Bezugspunkt, bei einem frei im Raum beweglichen Körper auf den Schwerpunkt.

Aufg. 48. Man berechne das Trägheitsmoment eines Würfels um die Körperdiagonale.

Aufg. 49. Theorie des Reversionspendels: Gibt ein schweres Pendel beim Schwingen um zwei parallele Achsen, die vom Schwerpunkt die ungleichen Abstände $s$ und $s'$ haben, gleiche Schwingungsdauer, so ist die Länge des mathematischen Pendels derselben Schwingungsdauer gegeben durch $s + s'$.

Aufg. 50. Welchen Abstand muß der Aufhängepunkt eines Pendels vom Schwerpunkt haben, damit eine kleine Änderung dieses Abstandes einen möglichst geringen Einfluß auf die Schwingungsdauer hat?

Aufg. 51. Als Modell einer zweiatomigen Molekel reicht für viele Fälle das starre „Hantelmodell" aus, bei dem sich die beiden Massen $M_1$ und $M_2$ im festen Abstand $a$ befinden. Diese Hantel fliegt unter gleichzeitiger Rotation durch den Raum. Man stelle die kinetische Energie als Summe von Translations- und Rotationsenergie dar.

## § 4. Die Bewegung eines starren Körpers um einen festen Punkt<br>Elemente der Kreisellehre

### a) Zusammenhang zwischen Drehimpuls und Winkelgeschwindigkeit

Für die Bewegung eines starren Körpers mit fester Achse brauchten wir, solange wir nur den Ablauf der Bewegung, nicht aber auch die Lagerdrucke untersuchten, nur die in die Drehachse fallende Komponente des gesamten Drehimpulses. Gibt man aber den einen Achsenpunkt frei, so wird im allgemeinen die Achse nicht stehen bleiben, sondern sich um $O$ drehen. Wenn wir den Satz von der Erhaltung des Drehimpulses anwenden wollen, müssen wir zunächst noch einmal den durch die Gleichung

$$\vec{L} = \vec{\omega} \sum m_i \vec{r}_i^{\,2} - \sum m_i \vec{r}_i (\vec{r}_i \cdot \vec{\omega}) \tag{14}$$

gegebenen Zusammenhang zwischen dem Drehimpulsvektor $\vec{L}$ und dem Vektor der Winkelgeschwindigkeit $\vec{\omega}$ betrachten. Zerlegen wir die Gleichung in Komponenten, so wird

$$L_x = \sum m_i (x_i^2 + y_i^2 + z_i^2)\, \omega_x - \sum m_i x_i (x_i \omega_x + y_i \omega_y + z_i \omega_z)$$

oder

$$L_x = J_{xx} \omega_x - J_{xy} \omega_y - J_{xz} \omega_z \quad \text{und ebenso} \tag{33}$$

$$L_y = -J_{xy} \omega_x + J_{yy} \omega_y - J_{yz} \omega_z$$

$$L_z = -J_{xz} \omega_x - J_{yz} \omega_y + J_{zz} \omega_z \ .$$

Die Komponenten von $\vec{L}$ sind also lineare homogene Funktionen der Komponenten von $\vec{\omega}$. Die Koeffizientenmatrix ist symmetrisch, da die zur Diagonale symmetrisch liegenden Glieder gleich sind. Die durch die 6 Koeffizienten bestimmte Zuordnung des Vektors $\vec{L}$ zum Vektor $\vec{\omega}$ muß natürlich immer zum gleichen Vektor $\vec{L}$ führen, wenn wir von demselben Vektor $\vec{\omega}$ ausgehen, wie wir auch immer die Komponentenzerlegung vornehmen. Dies ist aber nach S. 27 das Kriterium dafür, daß die 6 Koeffizienten die Komponenten eines symmetrischen Tensors, des *Trägheitstensors*, sind. Nach den Ausführungen von S. 31 kann man zu einem gegebenen $\vec{\omega}$ den Vektor $\vec{L}$ finden, wenn man die Fläche des Tensorellipsoids zu Hilfe nimmt:

$$J_{xx} x^2 + J_{yy} y^2 + J_{zz} z^2 - 2J_{xy} xy - 2J_{yz} yz - 2J_{zx} zx = 1. \tag{34}$$

Dieses Ellipsoid ist mit dem Trägheitsellipsoid (28) des vorigen Paragraphen identisch. Um $\vec{L}$ zu finden, ziehe man einen Radiusvektor $\vec{r}$ parallel $\vec{\omega}$. Dann hat $\vec{L}$ die Richtung der Ellipsoidnormalen im Endpunkt von $\vec{r}$. Der Betrag bestimmt sich aus der Gleichung $\vec{L} \cdot \vec{r} = 1$. Im allgemeinen hat die Normale eine andere Richtung als der Radiusvektor, die Richtung des resultierenden Drehimpulses fällt also im allgemeinen nicht mit der Drehachse zusammen. Nur für die 3 Richtungen der Hauptträgheitsachsen sind beide parallel. Bezeichnen wir die auf dieses durch die Körperform und Massenverteilung bestimmte Koordinatensystem bezüglichen Komponenten durch einen Strich, so ist

$$L_{x'} = J_{\mathrm{I}}\, \omega_{x'} \ ,$$

$$L_{y'} = J_{\mathrm{II}}\, \omega_{y'} \ , \tag{35}$$

$$L_{z'} = J_{\mathrm{III}}\, \omega_{z'} \ .$$

Dieses gestrichene Koordinatensystem liegt als Achsenkreuz des Trägheitsellipsoids im Körper fest, ändert also bei der Drehung des Körpers seine Richtung. Dagegen beziehen sich alle bisher abgeleiteten Sätze, wie z. B. der Satz von der Erhaltung des Gesamtdrehimpulses beim Fehlen äußerer Momente, auf ein raumfestes Koordinatensystem. Denken wir uns z. B. in diesem Fall den raumfesten Drehimpulsvektor $L$ vom rotierenden Körper betrachtet, so wird ein mitrotierender Beobachter eine Bewegung des Drehimpulsvektors wahrnehmen.

Rasch rotierende starre Körper bezeichnet man als *Kreisel.* Theoretisch am einfachsten zu behandeln ist der Fall eines Kreisels mit 3 gleichen Trägheitsmomenten, *Kugelkreisel* genannt. Er braucht nicht gerade die Gestalt einer Kugel zu haben, es muß nur die Massenverteilung so sein, daß das Trägheitsillipsoid zur Kugel wird. Nach (35) hat bei einem Kugelkreisel $\vec{L}$ immer die Richtung von $\vec{\omega}$. Aus andern Gründen sind die normalen technischen Kreisel Rotationskörper, bei denen nur zwei Trägheitsmomente gleich sind, das Trägheitsellipsoid ein Rotationsellipsoid ist. Kreisel mit 3 verschiedenen Trägheitsmomenten, deren Behandlung sehr große mathematische Schwierigkeiten bringt, kommen in der gewöhnlichen Mechanik so gut wie nicht vor. Wir wollen uns aus diesen Gründen auf die Behandlung des rotationssymmetrischen, kurz symmetrischen, Kreisels beschränken. Als Symmetrieachse, ***Figurenachse*** genannt, wählen wir die $z'$-Achse, diese ist auch die Figurenachse des Trägheitsellipsoids. Wir haben dann ein Trägheitsmoment *um* die Figurenachse, das wir mit $J$ bezeichnen und ein Trägheitsmoment um eine zur Figurenachse senkrechte Achse, das wir mit $J_s$ bezeichnen. Wir führen weiter das Verhältnis $J/J_s = \vartheta$ ein. Der Zahlwert von $\vartheta$ liegt zwischen 0 und 2, wie man folgendermaßen sieht: Wegen der Rotationssymmetrie ist $x' = y'$ und wir haben

$$J = \int (x'^2 + y'^2)\, \mathrm{d}m = 2 \int x'^2 \, \mathrm{d}m \tag{36}$$

$$J_s = \frac{J}{\vartheta} = \int (x'^2 + z'^2)\, \mathrm{d}m = \frac{1}{2} J + \int z'^2 \, \mathrm{d}m\,. \tag{37}$$

Da in (37) zu $1/2\, J$ etwas Positives hinzugekommen ist, ist $1/2 < 1/\vartheta < \infty$ oder $2 > \vartheta > 0$.

Beim symmetrischen Kreisel liegen Figurenachse $z'$, Drehimpuls $\vec{L}$ und der Vektor der momentanen Winkelgeschwindigkeit $\vec{\omega}$ in einer Ebene. Denn die Konstruktion von $\vec{L}$ aus $\vec{\omega}$ mit Hilfe des Trägheitsellipsoids, wie sie oben angegeben wurde, wird wegen der Rotationssymmetrie in einer Meridianebene ausgeführt. Rechnerisch ergibt sich dasselbe, wenn man $\vec{\omega}$ als Summe einer $\vec{L}$ - und einer $\vec{e}_{z'}$-Komponente ausdrücken kann. Schreiben wir zunächst $\vec{\omega}$ und $\vec{L}$ in den Komponenten nach dem körperfesten Koordinatensystem und fassen wir die zu $\vec{e}_{z'}$ senkrechten Komponenten von $\vec{\omega}$ zu einem Vektor $\vec{\omega}_{s'}$ zusammen, so erhalten wir:

$$\vec{\omega} = \omega_{x'} \vec{e}_{x'} + \omega_{y'} \vec{e}_{y'} + \omega_{z'} \vec{e}_{z'} = \vec{\omega}_{s'} + \omega_{z'} \vec{e}_{z'} \tag{38}$$

$$\vec{L} = \frac{J}{\vartheta} (\omega_{x'} \vec{e}_{x'} + \omega_{y'} \vec{e}_{y'}) + J \omega_{z'} \vec{e}_{z'} = \frac{J}{\vartheta} \vec{\omega}_{s'} + J \omega_{z'} \vec{e}_{z'}\,. \tag{39}$$

Elimination von $\omega_{s'}$ ergibt

$$\vec{\omega} = \frac{\vartheta}{J} \vec{L} - (\vartheta - 1)\, \omega_{z'} \vec{e}_{z'}\,. \tag{40}$$

In Fig. 51 ist der Inhalt der Gln. (38) bis (40) wiedergegeben.

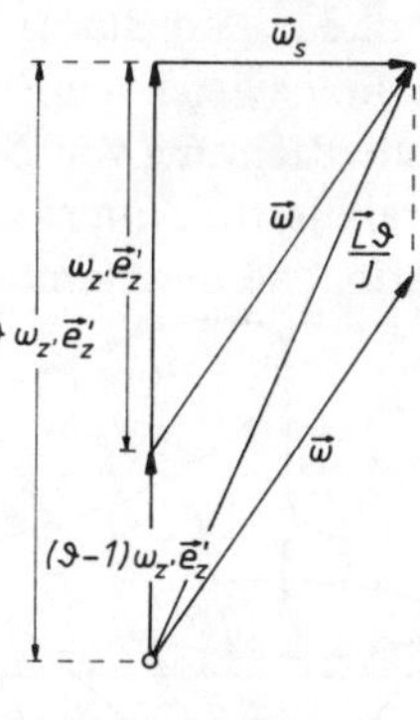


Fig. 51. Die Lage der Vektoren $\vec{e}_{z'}$, $\vec{\omega}$ und $\vec{L}$ beim Kreisel

b) Der kräftefreie symmetrische Kreisel

Wir betrachten jetzt das Verhalten eines symmetrischen Kreisels, auf den kein Moment wirkt. Bei ihm ist der Vektor $\vec{L}$ konstant. Differentiation von (40) ergibt daher

$$\frac{\mathrm{d}\vec{\omega}}{\mathrm{d}t} = (1-\vartheta)\frac{\mathrm{d}\,\omega_{z'}}{\mathrm{d}t}\vec{e}_{z'} + (1-\vartheta)\,\omega_{z'}\frac{\mathrm{d}\vec{e}_{z'}}{\mathrm{d}t}.$$

Nun ist nach S. 135 bei der Rotation die Änderung $\frac{d\vec{r}}{dt}$ eines Radiusvektors $\vec{r}$ gegeben durch $\vec{\omega}\times\vec{r}$. Da man nun jeden Vektor, auch den Achseneinheitsvektor $\vec{e}_{z'}$ als Differenz zweier Radienvektoren darstellen kann, für die dasselbe gilt, ist

$$\frac{\mathrm{d}\vec{e}_{z'}}{\mathrm{d}t} = \vec{\omega}\times\vec{e}_{z'} \quad \text{und} \quad \vec{\omega}\cdot\frac{d\vec{e}_{z'}}{dt} = 0\,, \tag{41}$$

somit

$$\frac{\mathrm{d}\vec{\omega}}{\mathrm{d}t} = (1-\vartheta)\frac{\mathrm{d}\,\omega_{z'}}{\mathrm{d}t}\vec{e}_{z'} + (1-\vartheta)\,\omega_{z'}\,(\vec{\omega}\times\vec{e}_{z'}). \tag{42}$$

Aus (42) folgt, daß $\omega_{z'}$ konstant ist, denn multipliziert man diese Gleichung skalar mit $\vec{e}_{z'}$, so ergibt sich wegen (41), da $\vec{e}_{z'}\cdot\vec{\omega} = \omega_{z'}$ ist, $\frac{\mathrm{d}\,\omega_{z'}}{\mathrm{d}t} = 0$. Es ist aber nicht nur $\omega_{z'}$, sondern auch der Betrag $\omega$ von $\vec{\omega}$ unveränderlich, denn skalare Multiplikation von (42) mit $\vec{\omega}$ ergibt unter Berücksichtigung von $\omega_{z'} = \text{const}$ wegen $\vec{\omega}\cdot(\vec{\omega}\times\vec{e}_{z'}) = 0$

$$\vec{\omega}\cdot\frac{\mathrm{d}\vec{\omega}}{\mathrm{d}t} = \frac{\mathrm{d}\,{}^1/_2\,\omega^2}{\mathrm{d}t} = 0. \tag{43}$$

Da aber $\omega_{z'} = \vec{\omega}\cdot\vec{e}_{z'}$ ist, muß damit auch der Winkel zwischen $\vec{\omega}$ und $\vec{e}_{z'}$ konstant bleiben. Nach Fig. 51, die für jeden Augenblick gilt, ist dann auch der Winkel zwischen $\vec{L}$ und $\vec{e}_{z'}$ konstant, die einzige Möglichkeit einer Änderung der Vektoren besteht somit darin, daß sich die Ebene der Fig. 51 dreht. Die Drehachse muß dabei die unveränderliche Richtung von $\vec{L}$ sein. Die allgemeine Bewegung des kräftefreien symmetrischen Kreisels, die *Nutation* (früher auch „reguläre Präzession") genannt wird, besteht also darin, daß die momentane Drehachse $\vec{\omega}$ einen Kegel um die raumfeste Drehimpulsachse $\vec{L}$ beschreibt und der Kreisel selbst um $\vec{\omega}$ rotiert. Andererseits kann nach § 1, c jede Bewegung eines starren Körpers um einen festen Punkt durch das Abrollen des Gangpolkegels auf dem Rastpolkegel dargestellt werden, wobei die gemeinsame Erzeugende die Richtung der momentanen Winkelgeschwindigkeit gibt. Der Rastpolkegel ist daher in unserem Fall der von $\vec{\omega}$ um $\vec{L}$ beschriebene Kegel, der Gangpolkegel nach Fig. 52 der von $\vec{\omega}$ um $\vec{e}_{z'}$ beschriebene. Beide sind gerade Kreiskegel. Da die eigentlichen Kreisel immer mit großer Geschwindigkeit um die Figurenachse rotieren und die Nutation durch Störungen ent-

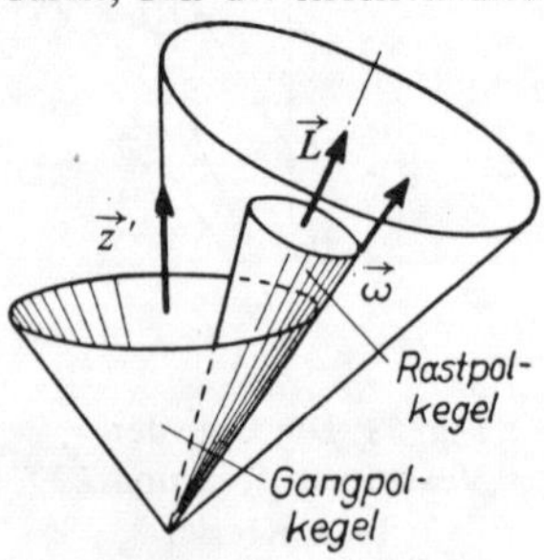


Fig. 52. Die Polkegel beim kräftefreien Kreisel

steht – wie, wird unten auseinandergesetzt –, sind die Winkel zwischen $\vec{e}_{z'}$, $\vec{L}$ und $\vec{\omega}$ klein, weil $\vec{L}$ immer annähernd die Richtung von $\vec{e}_{z'}$ hat. Die Winkelgeschwindigkeit der Drehung von $\vec{e}_{z'}$ um die feste Drehimpulsachse ist aber mit $\omega_{z'}$ vergleichbar, also groß. Denn nach (40) ist die zugehörige Komponente $\vartheta/J\vec{L}$. Setzt man annähernd $|\vec{L}| = J\omega_{z'}$, so wird der Betrag dieser Komponente $\vartheta\,\omega_{z'}$. $\vartheta$ weicht aber bei den praktisch vorkommenden Kreiseln nicht allzusehr von 1 ab.

Beispiel: Die CHANDLERsche Periode der Polschwankungen. Die Erde stellt einen Kreisel dar, dessen Winkelgeschwindigkeit, gemessen an irdischen Kreiseln zwar klein, dessen Drehimpuls aber doch wegen des ungeheuren Trägheitsmoments groß ist. Infolge der Abplattung ist $\vartheta = 301/300$. Durch Massenverlagerungen treten kleine Schwankungen des Pols auf, die ihn innerhalb eines Kreises von etwa 10 m Radius auf der Erde wandern lassen. Nach unserer Überlegung ist die Winkelgeschwindigkeit der Rotation um $\vec{L}$ in unserem Fall $2\pi\,301/300$ Tage$^{-1}$. Mit dieser Winkelgeschwindigkeit sieht ein raumfester Beobachter die Rotationsachse der Erde sich um $\vec{L}$ drehen. Für einen erdfesten Beobachter muß man davon die normale Tagesdrehung ($2\pi$ Tage$^{-1}$) abziehen, es bleibt also für die Polwanderung $2\pi/300$ Tage$^{-1}$ oder eine Periode von $T = 300$ Tagen. Die in Wirklichkeit beobachtete Periode beträgt 437 mittlere Sonnentage. Die Abweichung kommt von der Deformierbarkeit des Erdkörpers.

*Einen* möglichen Sonderfall der Bewegung des kräftefreien Kreisels wollen wir noch betrachten: Es sei $\vec{\omega}$ nach Größe *und* Richtung konstant, in diesem Fall kann (42) nur erfüllt sein, wenn $\vec{\omega} \parallel \vec{e}_{z'}$, womit dann auch nach (40) $\vec{L} \parallel \vec{e}_{z'}$ wird. Wenn also die Rotationsachse mit der Figurenachse zusammenfällt, kann der Kreisel dauernd um diese Achse rotieren. Daher rührt die Bezeichnung „Deviationsmomente" für die gemischten Komponenten des Trägheitstensors. Denn für eine andere Achse als die Figurenachse verschwinden die gemischten Glieder nicht und bei Rotation um eine solche Achse treten Wanderungen (Deviationen) der Figurenachse auf.

### c) Der Kreisel unter Wirkung eines äußeren Moments

Wir denken uns den Kreisel $K$ in einem Gehäuse $G$ gelagert (Fig. 53), das selbst, etwa durch Schweben in einer Flüssigkeit nach allen Seiten beweglich sei, wobei der Kreiselschwerpunkt mit dem Kugelmittelpunkt zusammenfalle. Die Kreiselachse sei wieder die $z'$-Achse. Zunächst muß der Kreisel durch ein parallel $\vec{z}\,'$ gerichtetes Moment auf Touren gebracht werden. Ist die gewünschte Drehzahl erreicht, soll dieses Moment allmählich abgeschaltet werden, und unter der Voraussetzung einer reibungsfreien Lagerung läuft der Kreisel mit der erreichten Umdrehungszahl beliebig lange weiter. Alle auf ihn wirkenden Momente sollen also keine $z'$-Komponente mehr besitzen. Unter diesen Voraussetzungen ist, gleichgültig, ob ein äußeres Moment wirkt oder nicht, $\omega_{z'}$ konstant. Denn setzt man in die Grundgleichung (7) von S. 116 den aus (40) folgenden Wert von $\vec{L}$ ein, so erhält man

$$\vec{M} = \frac{d\vec{L}}{dt} = \frac{J}{\vartheta}\frac{d\vec{\omega}}{dt} + \frac{J}{\vartheta}(\vartheta - 1)\frac{d\omega_{z'}}{dt}\vec{e}_{z'} + \frac{J}{\vartheta}(\vartheta - 1)\,\omega_{z'}\frac{d\vec{e}_{z'}}{dt}. \tag{44}$$

Skalare Multiplikation mit $\vec{e}_{z'}$ ergibt wegen $\vec{e}_{z'} \cdot \frac{d\vec{e}_{z'}}{dt} = 0$ und $\vec{\omega} \cdot \frac{d\vec{e}_{z'}}{dt} = 0$:

$$M_{z'} = 0 = \frac{J}{\vartheta}\frac{d\omega_{z'}}{dt} + \frac{J}{\vartheta}(\vartheta - 1)\frac{d\omega_{z'}}{dt} \qquad \text{oder} \qquad \frac{d\omega_{z'}}{dt} = 0. \tag{45}$$

Wir nehmen jetzt an, daß sich das Gehäuse mit der Winkelgeschwindigkeit $\vec{\Omega}$ drehe und fragen nach dem Moment, das zur Hervorrufung einer solchen Drehung erforderlich ist. Da sich $\vec{\omega}$ nicht auf ein mit dem Gehäuse verbundenes, also ebenfalls rotierendes Koordinatensystem, sondern auf ein raumfestes System bezieht, sollte man zunächst meinen, es sei $\vec{\omega}$ gleich der Vektorsumme von $\vec{\Omega}$ und $\omega_{z'} \vec{e}_{z'}$. Da aber bei reibungsfreier Lagerung die $\vec{e}_{z'}$-Komponente von $\vec{\Omega}$ sich nicht auf den Kreisel übertragen kann, müssen wir ansetzen

$$\vec{\omega} = \vec{\Omega} + (\omega_{z'} - \Omega_{z'})\vec{e}_{z'} = \vec{\Omega}_{s'} + \omega_{z'}\vec{e}_{z'} . \tag{46}$$

Dabei haben wir die zu $\vec{e}_{z'}$ senkrechte Komponente von $\vec{\Omega}$ mit $\Omega_{s'}$ bezeichnet. Nur bei diesem Ansatz ist die Beziehung $\vec{e}_{z'} \cdot \vec{\omega} = \omega_{z'}$ gewahrt. Wir zerlegen jetzt die gesamte Drehimpulsänderung in eine Komponente, die sich als gleichförmige Drehung des Gehäuses darstellen läßt und eine Komponente, die nach Abzug der Gehäusedrehung übrig bleibt. Setzt man in (44) unter Berücksichtigung von (45) den Ausdruck (46) für $\vec{\omega}$ ein, so erhält man

$$\vec{M} = \frac{J}{\vartheta}\,\frac{\mathrm{d}\vec{\Omega}_{s'}}{\mathrm{d}t} + \frac{J}{\vartheta}\,\omega_{z'}\frac{\mathrm{d}\vec{e}_{z'}}{\mathrm{d}t} + \frac{J}{\vartheta}\,(\vartheta - 1)\,\omega_{z'}\frac{\mathrm{d}\vec{e}_{z'}}{\mathrm{d}t} = \frac{J}{\vartheta}\,\frac{\mathrm{d}\vec{\Omega}_{s'}}{\mathrm{d}t} + J\,\omega_{z'}\frac{\mathrm{d}\vec{e}_{z'}}{\mathrm{d}t} . \tag{47}$$

Und da

$$\frac{\mathrm{d}\vec{e}_{z'}}{\mathrm{d}t} = \vec{\Omega} \times \vec{e}_{z'} = \vec{\Omega}_{s'} \times \vec{e}_{z'}$$

ist, erhält man die wichtigen Formen der Grundgleichung

$$\vec{M} = \frac{J}{\vartheta}\,\frac{\mathrm{d}\vec{\Omega}_{s'}}{\mathrm{d}t} + J\,\omega_{z'}\frac{\mathrm{d}\vec{e}_{z'}}{\mathrm{d}t} = \frac{J}{\vartheta}\,\frac{\mathrm{d}\vec{\Omega}_{s'}}{\mathrm{d}t} + J\,\omega_{z'}\,\vec{\Omega}_{s'} \times \vec{e}_{z'} . \tag{48}$$

$J\,\omega_{z'}$ stellt bei jedem praktisch verwendeten Kreisel den Hauptanteil des Drehimpulses dar, den wir mit $L^*$ bezeichnen wollen.

Wir betrachten jetzt folgende Sonderfälle:

α) Gleichmäßige Drehung des Kreiselgehäuses um eine feste Achse

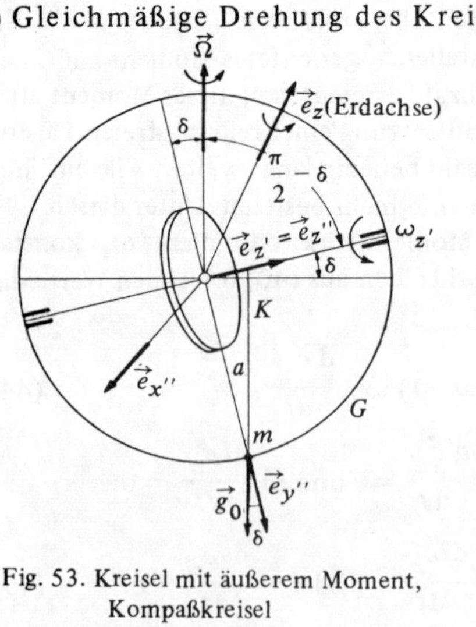


Fig. 53. Kreisel mit äußerem Moment, Kompaßkreisel

Die gleichmäßige Drehung des Kreiselgehäuses und damit der Kreiselachse ist von viel größerer Bedeutung als die oben beschriebene Nutation, sie wird als *Präzession* bezeichnet und stellt die augenfälligste Kreiselerscheinung dar. Wir verbinden mit dem Gehäuse ein Koordinatensystem $\vec{e}_{x''}$, $\vec{e}_{y''}$, $\vec{e}_{z''}$, wobei die $z''$-Achse mit der Kreiselachse $z'$ zusammenfalle (Fig. 53). Da die zu $\vec{e}_{z'}$ parallele Komponente der Winkelgeschwindigkeit $\vec{\Omega}$ keinen Beitrag zum Vektorprodukt $\vec{\Omega} \times \vec{e}_{z''}$ liefert, werden die Gln. (48) in unserem Fall:

$$\boxed{\vec{M} = L^*\,\frac{\mathrm{d}\vec{e}_{z'}}{\mathrm{d}t} = L^*\,\vec{\Omega} \times \vec{e}_{z'}} . \tag{48'}$$

Da $\frac{d\vec{e}_{z'}}{dt}$ als Änderung eines Einheitsvektors auf diesem senkrecht steht und sich $\vec{e}_z$ mit der Zeit dreht, muß auch das wirkende Moment $\vec{M}$ dieselbe Drehbewegung ausführen. Dies ist bei einer räumlich konstanten Kraft der Fall, deren Wirkungslinie nicht gerade durch den Kreiselschwerpunkt geht. Es sei z. B. wie in Fig. 53 am Gehäuse (Halbmesser $a$) am Ende der $\vec{e}_{y''}$-Achse eine Masse $m$ angebracht und die Kreiselachse befinde sich in schräger Lage. Bezeichnen wir den Einheitsvektor der Schwerkraft mit $\vec{g}_0$, den Winkel zwischen $\vec{g}_0$ und $\vec{e}_{y''}$, der mit dem Winkel zwischen Kreiselachse und Waagerechter übereinstimmt mit $\delta$, so ist

$$\vec{M} = mga\,\vec{e}_{y''} \times \vec{g}_0 = -\,mga \sin\delta\,\vec{e}_{x''}\,. \tag{49}$$

Das Moment bleibt also stets senkrecht zu $\vec{e}_{z'} = \vec{e}_{z''}$.

Gl. (48′) gibt bei vorgegebenem Moment zunächst nur den Betrag der zu $\vec{e}_{z'}$ senkrechten Komponente der Winkelgeschwindigkeit $\vec{\Omega}$. Die Richtung der Achse, um die sich das Gehäuse dauernd dreht, erhält man aus folgender Überlegung: Nach (48′) und (49) steht, da $\frac{d\vec{e}_{z'}}{dt}$ die Richtung von $\vec{M}$ hat, $\frac{d\vec{e}_{z'}}{dt}$ senkrecht auf $\vec{g}_0$, es ist also

$$\frac{d\vec{e}_{z'}}{dt} \cdot \vec{g}_0 = 0. \tag{50}$$

Integration ergibt

$$\vec{e}_{z'} \cdot \vec{g}_0 = \cos(\pi/2 - \delta) = \text{const.} \tag{51}$$

Die Drehung der Kreiselachse muß also so erfolgen, daß der Winkel zwischen ihr und der Richtung der Schwerkraft konstant bleibt, d. h. die $z'$-Achse muß einen Kegelmantel um die Richtung $\vec{g}_0$ beschreiben, die Achse der Präzession $\vec{\Omega}$ hat die Richtung von $\vec{g}_0$. Den Betrag $\Omega$ der Winkelgeschwindigkeit $\vec{\Omega}$ ergibt sich gemäß (48′) und (49) zu

$$\Omega = \frac{\Omega_s}{\cos\delta} = \frac{M/L^*}{\cos\delta} = \frac{mga\,\tan\delta}{L^*}\,. \tag{52}$$

Der Kreisel folgt also nicht etwa wie ein nicht rotierender Körper der Schwerkraft, sondern er „weicht im rechten Winkel aus“. Dies ist die auffallendste Erscheinung. Während nach b) bei kleiner Störung die Öffnung des *Nutationskegels* klein bleibt, ist die Öffnung des *Präzessions*kegels von vornherein bestimmt und auch bei kleinem Moment entsteht mit der Zeit eine grob wahrnehmbare Änderung der Achsenrichtung. Lediglich der *Betrag* der Geschwindigkeit, mit der der Präzessionskegel durchlaufen wird, geht mit der Größe des Moments gegen null.

### β) Entstehung der Nutation eines kräftefreien Kreisels durch Stoßkräfte

Ein kräftefreier Kreisel soll zunächst um seine Figurenachse rotieren und zur Zeit $t = 0$ einem Drehmoment $\vec{M}$ ausgesetzt sein, das nach $\Delta t$ wieder verschwunden ist. Das Zeitintegral von (48) gibt, wenn wir das Zeitintegral des Moments mit $\vec{N}$ bezeichnen:

$$\vec{N} = \int_0^{\Delta t} \vec{M}\,dt = \frac{J}{\vartheta}\,\vec{\Omega}_{s'} + J\,\omega_{z'} \int_0^{\Delta t} \frac{d\vec{e}_{z'}}{dt}\,dt = \frac{J}{\vartheta}\,\vec{\Omega}_{s'} + J\,\omega_{z'}\,\Delta\vec{e}_{z'}\,. \tag{53}$$

Nun ist bei jeder Stoßkraft die Änderung der *Geschwindigkeit* in der kurzen Zeit $\Delta t$ erheblich, dagegen die Änderung des *Wegs* wegen der kurzen Dauer von höherer Ordnung klein, es kann daher $\Delta \vec{e}_{z'}$ vernachlässigt werden. Nach dem Stoß ist also zur Drehung um die Figurenachse noch eine dazu senkrechte Komponente $\vec{\Omega}_{s'} = \vec{N}\vartheta/J$ gekommen, womit der in b) behandelte Fall der Nutation des kräftefreien Kreisels hergestellt ist, wobei $\vec{\Omega}_{s'}$ der in (38) mit $\vec{\omega}_{s'}$ bezeichneten Größe entspricht. Außer durch äußere Stöße kann auch durch innere Massenverlagerung die Achse von $\vec{L}$, die ursprünglich mit $\vec{\omega}$ zusammenfiel, im Kreisel aus dieser Richtung herausgedreht werden (vgl. oben b).

Präzession und Nutation können sich überlagern, wenn ein präzessierender Kreisel noch Stoßmomente erfährt oder wenn, wie bei der CHANDLERschen Periode der Erdrotation durch Massenverlagerung ein Winkel zwischen den ursprünglich zusammenfallenden Richtungen von $\vec{L}$ und $\vec{\omega}$ entsteht. Ein Stoßmoment liegt auch vor, wenn das die Präzession verursachende Moment plötzlich angelegt wird, denn man kann eine kurzdauernde Kraft durch plötzliches Einschalten einer Dauerkraft und alsbaldiges Einschalten der entgegengesetzten Kraft darstellen. Da der Nutationskegel stets eine enge Öffnung hat, verursacht die Nutation nur eine Kräuselung des Präzessionskegels, die man bei technischen Kreiseln vernachlässigen kann.

γ) Beispiele: Die astronomische Präzession der Erdachse: Infolge der Abplattung der Erde und der Neigung der Erdachse gegen die Erdbahn („Schiefe der Ekliptik“) übt die Anziehung der Sonne gemäß Fig. 54a in der Winter- und Sommerstellung der Erde ein Drehmoment auf die Erdachse in dem

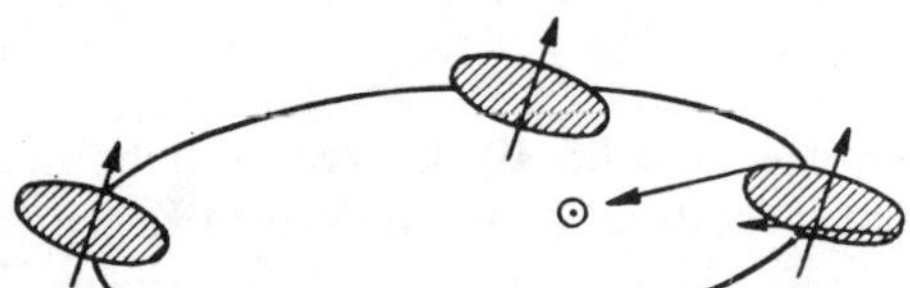

Fig. 54a

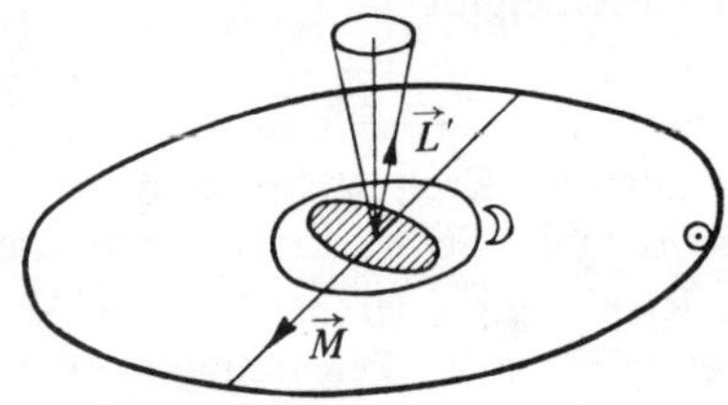


Fig. 54b

Zur Entstehung der astronomischen Präzession

Sinn aus, daß sie die große Achse des Ellipsoids in die Ebene der Bahn zu drehen sucht. In der Frühlings- und Herbststellung ist kein derartiges Moment vorhanden. Da aber wegen der ungeheuren Größe des Drehimpulses der Erde von vornherein eine sehr langsame Präzession zu erwarten ist, können wir für die eigentliche Präzession ein mittleres Moment nehmen. Zu diesem kommt noch das mittlere Moment des Mondes, das wegen dessen geringerer Entfernung von derselben Größenordnung wie das der Sonne ist. Die Mittelung machen wir am einfachsten so, daß wir uns die Massen von Sonne und Mond gleichförmig auf die Bahnen verteilt denken, die sie in bezug auf die Erde beschreiben, wobei Kreisbahnen als Näherung genügen. Die Anziehung dieser Kreisringe, deren Ebenen mit hinreichender Näherung zusammenfallen, ergibt das mittlere Drehmoment. Wie aus Fig. 54 zu ersehen, sucht die Gravitation die Erdachse senkrecht zur Ebene der Ringe zu stellen, der Vektor des Moments steht also senkrecht auf der Ebene Ringnormale – Erdachse, er dreht sich daher mit der präzessierenden Erde genauso in der Ebene der Ringe, wie es oben der Momentenvektor der Schwerkraft in der Waagerechten tat. Genau wie dort beschreibt daher die Erdachse einen Kegelmantel um die Normale der Erdbahn. Zahlenmäßig erhält man eine Präzessionsperiode von 26000 Jahren.

Zu dieser Präzession kommt noch wegen der Schwankung der Momente (vgl. oben) eine astronomische Nutation, die nichts mit der CHANDLERschen Nutation zu tun hat. (Diese kommt ja nicht von äußeren Momentenänderungen, sondern von inneren Massenverlagerungen, wie oben unter b) ausgeführt wurde.)

Der Kompaßkreisel: Ein Kreisel sei in einem Rahmen gelagert, der sich nur um eine senkrechte Achse $\vec{a}$ drehen kann (Fig. 55). Wäre der Kreisel auf der ruhenden Erde, so würde er, da kein Moment auf ihn einwirkt, seine Achsenrichtung beibehalten. Infolge der Erdrotation, die um die $z$-Achse mit der Winkelgeschwindigkeit $\omega$ erfolgt, wird der (zunächst erdfest gedachte) Rahmen gedreht und der Kreisel übt nach dem Gesetz von Wirkung und Gegenwirkung auf den Rahmen ein Moment $\vec{M}'$ aus, das entgegengesetzt dem Moment ist, das die Drehung der Achse hervorrufen würde, es ist also nach (48')

$$\vec{M}' = -L^* \omega \vec{e}_z \times \vec{e}_{z'}, \tag{54}$$

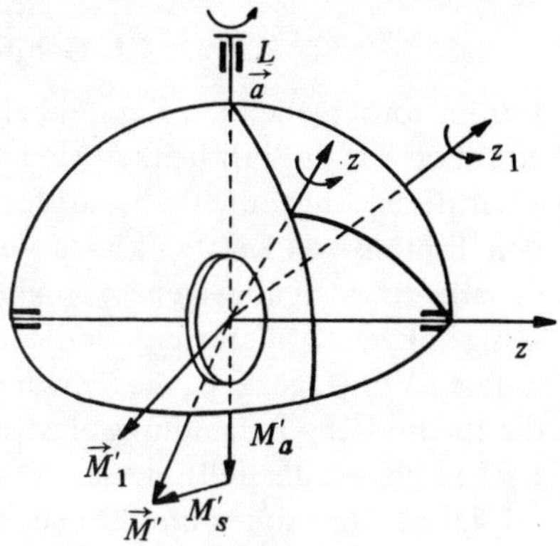


Fig. 55
Erste Form des Kompaßkreisels

Bei beliebiger Lage der Achse in der Waagerechten hat dieses Moment sowohl eine senkrechte Komponente $M'_a$, als eine waagerechte $M'_s$. Die senkrechte Komponente bewirkt nach § 3 eine Drehung des Rahmens um $\vec{a}$, die waagerechte Komponente wird, da eine Drehung um eine waagerechte Achse nicht möglich ist, vom Lager $L$ aufgenommen. Wenn aber die Kreiselachse in die durch das Lot und die Erdachse $\vec{e}_z$ bestimmte Meridianebene fällt (Stellung $z_1$ der Erdachse), so ist der Vektor $\vec{M}'_1$ waagerecht, hat also keine senkrechte Komponente, und der Rahmen dreht sich nicht um $\vec{a}$, d. h. die N.S.-Richtung stellt die Gleichgewichtslage dar, wobei diejenige die stabile ist, welche den kleineren Winkel zwischen den den Drehbewegungen in üblicher Weise zugeordneten Vektoren $\vec{e}_z$ und $\vec{e}_{z'}$ bedingt. Wegen der Kleinheit von $\omega$ ist die Richtwirkung dieser Anordnung so klein, daß die Lagerreibung der Achse $\vec{a}$ nur schwer überwunden wird. Die wirkliche Ausführung entspricht der Fig. 52. Damit das vom Kreisel auf das Gehäuse ausgeübte Moment kompensiert wird, muß man nur am Gehäuse in der zur Kreiselachse senkrechten Ebene im Abstand $a$ ein Gewicht $m$ anbringen. Damit dieses Gewicht ein Moment hervorruft, darf aber die Kreiselachse nicht genau waagerecht sein, sondern muß einen Winkel $\delta$ mit der Waagerechten bilden. Dann ist mit den Bezeichnungen von Fig. 52

$$mga\,\vec{e}_{y''} \times \vec{g}_0 + \vec{M}' = mga\,\vec{e}_{y''} \times \vec{g}_0 - L^* \omega \vec{e}_z \times \vec{e}_{z'} = 0. \tag{55}$$

Da die Produktvektoren auf den Ebenen der Faktoren senkrecht stehen, bedeutet die Gleichheit der Produkte, daß die Vektoren $\vec{e}_z, \vec{e}_{z'}, \vec{e}_{y''}, \vec{g}_0$ in einer Ebene liegen, d. h. in der Gleichgewichtslage muß wieder die Kreiselachse in die Meridianebene fallen.

Aufg. 52. Man berechne die Neigung der Kreiselachse in der zuletzt beschriebenen Anordnung als Funktion der geographischen Breite $\varphi$ und des Gewichts $m$ (man beachte, daß die Polhöhe gleich der geographischen Breite ist).

Aufg. 53. Geschosse, die aus gezogenen Rohren verfeuert werden und dadurch eine Rotation um ihre Achse ausführen, zeigen eine Abweichung der Bahnprojektion von der Geraden. Wie ist diese Erscheinung qualitativ zu erklären und welche Richtung hat diese Abweichung bei Geschossen mit Rechtsdrall, d. h. solchen Geschossen, die in Richtung der Bahntangente gesehen im Uhrzeigersinn rotieren? (Der Luftwiderstand sucht die Spitze des Geschosses aufzurichten.)

Viertes Kapitel

# Mechanik deformierbarer fester Körper (Elastomechanik)

## § 1. Geometrie kleiner Verrückungen

Der im vorhergehenden Kapitel behandelte starre Körper stellt, wie allbekannt, eine Abstraktion dar. In Wirklichkeit sind die Teile eines physikalischen festen Körpers, z. B. einer Eisenstange, nicht absolut fest miteinander verbunden, sondern sie erleiden unter dem Einfluß von Kräften kleine Verschiebungen gegeneinander – Deformationen –, die allerdings im allgemeinen so klein sind, daß man sie bei vielen Vorgängen vernachlässigen kann. Andererseits sind oft gerade die durch die elastischen Eigenschaften bedingten Vorgänge, z. B. die Schwingungen einer Feder, von großer Wichtigkeit, so daß die theoretische Behandlung elastischer Veränderungen ein weites Gebiet der mathematischen Physik darstellt, dessen Ausbau schon aus praktischen Gründen in weitem Maß erfolgt ist. Hier sollen und können nur die prinzipiellen Fragen und ihre Lösung behandelt werden.

Daß zur Erzielung einer Deformation erhebliche Kräfte erforderlich sind, können wir heute auf Grund unserer Vorstellungen vom Aufbau der Stoffe in vielen Fällen verstehen. Ohne Einwirkung äußerer Kräfte befindet sich der feste Körper im Zustand inneren Gleichgewichts, in dem seine Grundbausteine (Atome oder Moleküle) sich in solchen Abständen befinden, daß die zwischen ihnen wirkenden Kräfte im Gleichgewicht sind. Jede durch äußere Kräfte erzwungene Änderung dieses Abstandes bewirkt sofort ein Überwiegen der Anziehungs- oder der Abstoßungskräfte, deren Gesamtwirkung als innerer Druck oder Zug nun den *äußeren* Kräften das Gleichgewicht hält. Ein etwas rohes Bild können wir uns dadurch schaffen, daß wir uns die Grundbausteine durch Spiralfedern verbunden denken. Dieses Bild zeigt uns, wie eine an einem begrenzten Teil hervorgerufene Deformation sich auf den ganzen Körper ausdehnen muß. Die mathematische Berechnung der unter Einfluß gegebener Kräfte entstehenden Verformungen ist Aufgabe der Elastostatik, während die Elastodynamik den zeitlichen Ablauf elastischer Störungen behandelt. Bringen wir z. B. in dem oben gebrauchten Bild einige Atome aus ihrer Ruhelage heraus und lassen sie dann los, so werden sie über ihre Ruhelage hinausschwingen und diese Schwingung wird sich wegen der Verbindung mit den andern Atomen über den Körper ausbreiten. Wir wollen indes von der atomistischen Veranschaulichung für die Rechnung keinen Gebrauch machen, vielmehr die Vorgänge makroskopisch vom Standpunkt einer kontinuierlichen Raumerfüllung behandeln. Das bedeutet, daß die betrachteten Raumteile und auch *ihre Differentiale* so groß sind, daß sie noch eine große Anzahl von Atomen enthalten.

Wir wollen jetzt die geometrisch-kinematischen Verhältnisse sehr kleiner Deformationen kennenlernen. Zu diesem Zweck betrachten wir einen Bereich um einen Punkt $P_0$ herum, dessen Dimensionen so klein sein sollen, daß wir die Quadrate der Entfernungen aller Punkte $P$ von $P_0$ vernachlässigen können. Jeder Punkt erfahre durch die Deformation eine Verrückung $\vec{s} = u\,\vec{e}_x + v\,\vec{e}_y + w\,\vec{e}_z$, die wir ebenfalls als klein ansehen wollen. Außerdem soll sie sich von Ort zu Ort so wenig ändern, daß die Produkte der Differentialquotienten $\frac{\partial u}{\partial x}, \frac{\partial u}{\partial y}, \frac{\partial u}{\partial z}, \frac{\partial v}{\partial x}$ ... unter sich und mit den Komponenten von

$\vec{s}$ ebenfalls gestrichen werden dürfen. Der Punkt $P_0$ erfahre die Verrückung $\vec{s}_0$, dann gilt für einen anderen Punkt $P$, dessen von $P_0$ gezogener Radiusvektor $\vec{r}$ sei, die Verrückung

$$\vec{s} = \vec{s}_0 + (\vec{r} \cdot \overrightarrow{\text{grad}})\vec{s}\,. \tag{1}$$

Diese Gleichung lautet in Koordinaten

$$\begin{aligned} u &= u_0 + \vec{r} \cdot \operatorname{grad} u = u_0 + \left(\frac{\partial u}{\partial x}\right)_0 x + \left(\frac{\partial u}{\partial y}\right)_0 y + \left(\frac{\partial u}{\partial z}\right)_0 z \\ v &= v_0 + \vec{r} \cdot \operatorname{grad} v = v_0 + \left(\frac{\partial v}{\partial x}\right)_0 x + \left(\frac{\partial v}{\partial y}\right)_0 y + \left(\frac{\partial v}{\partial z}\right)_0 z \\ w &= w_0 + \vec{r} \cdot \operatorname{grad} w = w_0 + \left(\frac{\partial w}{\partial x}\right)_0 x + \left(\frac{\partial w}{\partial y}\right)_0 y + \left(\frac{\partial w}{\partial z}\right)_0 z\,. \end{aligned} \tag{2}$$

Durch $\left(\frac{\partial u}{\partial x}\right)_0$ soll ausgedrückt sein, daß man im ganzen Gebiet wegen der allgemeinen Voraussetzung über die Größenordnung der Verrückungskomponenten und der Umgebung mit den in $P_0$ geltenden Werten der Differentialquotienten rechnen kann. Voraussetzung ist natürlich der Ausschluß von Unstetigkeiten, wie Zerreißungen oder Knicke des Körpers. Durch diese Gleichungen ist ein linearer Zusammenhang zwischen den Komponenten von $\vec{s}$ und denen von $\vec{r}$ gegeben. Wichtiger ist aber der damit festgelegte Zusammenhang zwischen einem ursprünglich geltenden Vektor $\vec{r} = \overline{P_0 P}$ und dem nach der Deformation geltenden Vektor $\vec{r}\,' = \overline{P_0' P'}$. Dieser Zusammenhang kann als eine durch die Deformation gegebene mathematische Transformation des Raumteils um $P_0$ aufgefaßt werden. Aus der Fig. 56 folgt

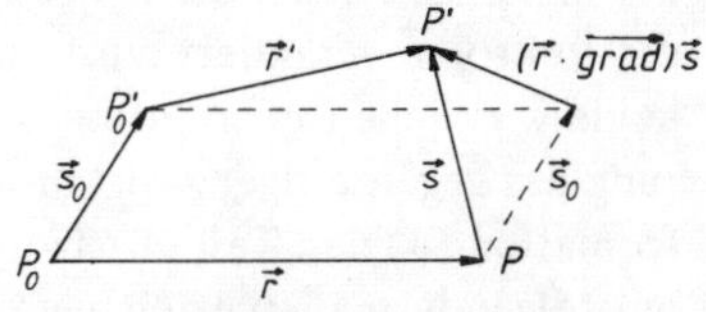

Fig. 56. Kleine Verrückungen der Umgebung von $P_0$

$$\vec{r}\,' = \vec{r} + (\vec{s} - \vec{s}_0) = \vec{r} + (\vec{r} \cdot \overrightarrow{\text{grad}})\vec{s} \quad \text{oder} \quad \vec{r}\,' - \vec{r} = (\vec{r} \cdot \overrightarrow{\text{grad}})\vec{s}\,, \tag{3}$$

oder in Koordinaten[1]:

$$\begin{aligned} x' &= \left(1 + \frac{\partial u}{\partial x}\right) x + \frac{\partial u}{\partial y} y + \frac{\partial u}{\partial z} z \\ y' &= \frac{\partial v}{\partial x} x + \left(1 + \frac{\partial v}{\partial y}\right) y + \frac{\partial v}{\partial z} z \\ z' &= \frac{\partial w}{\partial x} x + \frac{\partial w}{\partial y} y + \left(1 + \frac{\partial w}{\partial z}\right) z\,. \end{aligned} \tag{4}$$

Die Transformation ist also gleichfalls linear. Da der Übergang von $\vec{r}$ zu $\vec{r}\,'$ unabhängig

[1] Die Indices an den Differentialquotienten sind jetzt der Einfachheit halber weggelassen.

von dem gewählten Koordinatensystem ist, stellen die Koeffizienten von Gl. (4) die 9 Komponenten eines Tensors dar.

Die Zuordnung der Umgebung von $P_0$ zu der Umgebung von $P_0'$ ist die einer affinen Raumtransformation, bei welcher nach der Definition Gerade in Gerade und damit Ebenen in Ebenen übergehen und die Parallelität erhalten bleibt. Man sieht dies sofort in der Vektorform: Eine durch die Richtung $\vec{t}$ gegebene Parallelschar läßt sich mit einem variablen Parameter $\lambda$ schreiben:

$$\vec{r} = \vec{r}_i + \lambda \vec{t} \ . \tag{5}$$

Dabei gehört zu einem bestimmten $\vec{r}_i$ eine Gerade der Schar. Setzt man dies in Gl. (3) ein, so ergibt sich

$$\vec{r}\,' = \vec{r}_i + \lambda\vec{t} + ((\vec{r}_i + \lambda\vec{t}) \cdot \overrightarrow{\text{grad}})\vec{s} = \vec{r}_i + (\vec{r}_i \cdot \overrightarrow{\text{grad}})\vec{s} + \lambda(\vec{t} + (\vec{t} \cdot \overrightarrow{\text{grad}})\vec{s}) \ . \tag{6}$$

Das ist aber wieder die Gleichung einer Parallelenschar mit

$$\vec{r}_i\,' = \vec{r}_i + (\vec{r}_i \cdot \overrightarrow{\text{grad}})\vec{s} \, , \qquad \vec{t}\,' = \vec{t} + (\vec{t} \cdot \overrightarrow{\text{grad}})\vec{s} \ . \tag{7}$$

In der durch Gl. (4) gegebenen Transformation kann aber noch ein Anteil stecken, der daher rührt, daß die Umgebung als starres Ganzes gedreht wird, wodurch ebenfalls der Vektor $\vec{r}$ verändert wird, ohne daß aber innere elastische Kräfte auftreten, da ja keine wirkliche Deformation des Raumteils stattgefunden hat. Wenn wir die durch Änderung des gegenseitigen Abstandes bedingten Kräfte suchen, so müssen wir von der Transformation (4) den Teil in Abzug bringen, der auf reiner Drehung beruht. Dies können wir folgendermaßen erreichen: Auf S. 135 wurde gezeigt, daß die Geschwindigkeit der Punkte eines mit der Winkelgeschwindigkeit $\vec{\omega}$ rotierenden starren Körpers gegeben ist durch

$$\vec{v} = \vec{\omega} \times \vec{r} \ . \tag{8}$$

Bilden wir von dieser Gleichung die Rotation, so ergibt sich (vgl. S. 37)

$$\begin{aligned} \text{rot}\,\vec{v} &= \nabla \times (\vec{\omega} \times \vec{r}) = \vec{\omega}(\nabla \cdot \vec{r}) - (\vec{\omega} \cdot \vec{\nabla})\vec{r} = \vec{\omega}\,\text{div}\,\vec{r} - (\vec{\omega} \cdot \overrightarrow{\text{grad}})\vec{r} \\ &= 3\vec{\omega} - \vec{\omega} = 2\vec{\omega} \ . \end{aligned} \tag{9}$$

Wir erhalten also bei gegebenem Geschwindigkeitsfeld den Vektor der *doppelten* Winkelgeschwindigkeit nach Größe und Richtung durch rot $\vec{v}$. (Dies gilt auch noch, wenn sich der Rotation noch eine gemeinsame Translation $\vec{v}_T$ überlagert, denn der für alle Punkte konstante Vektor $\vec{v}_T$ hebt sich bei der Rotationsbildung weg.) Lassen wir den Körper nur während der kleinen Zeit $dt$ rotieren, so erhalten wir die kleine, durch die Rotation des starren Körpers bedingte Änderung der Ortsvektoren $\vec{r}$ zu

$$d_{\text{rot}}\vec{r} = (\vec{\omega} \times \vec{r})\,dt = \frac{1}{2}\,\text{rot}\,\frac{d\vec{s}}{dt}\,dt \times \vec{r} = \frac{1}{2}\,\text{rot}\,\vec{s} \times \vec{r}\ ^{1)} \ . \tag{10}$$

---

1) Eigentlich müßte man rot $d\vec{s}$ schreiben, aber gemäß der anfänglichen Festsetzungen sollen ja alle Verrückungen $\vec{s}$ an sich kleine Größen sein.

Der Unterschied des Vektors $\vec{r} + d_{\text{rot}}\vec{r}$ gegen den durch die Transformation (3) aus $\vec{r}$ erhaltenen Vektor $\vec{r}\,'$ gibt die durch reine Deformation bewirkte Änderung von $\vec{r}$, die wir mit $d_{\text{def}}\vec{r}$ bezeichnen:

$$d_{\text{def}}\vec{r} = \vec{r}\,' - \vec{r} - d_{\text{rot}}\vec{r}\,. \tag{11}$$

Durch die Deformation allein erhalten wir also folgende Zuordnung:

$$\vec{r}\,'' = \vec{r} + d_{\text{def}}\vec{r} = \vec{r} + (\vec{r}\cdot\overrightarrow{\text{grad}})\vec{s} - \frac{1}{2}\,\overrightarrow{\text{rot}}\,\vec{s}\times\vec{r}, \tag{12}$$

oder in Koordinaten

$$\begin{aligned}
x'' &= \left(1+\frac{\partial u}{\partial x}\right)x + \frac{1}{2}\left(\frac{\partial u}{\partial y}+\frac{\partial v}{\partial x}\right)y + \frac{1}{2}\left(\frac{\partial w}{\partial x}+\frac{\partial u}{\partial z}\right)z\\
y'' &= \frac{1}{2}\left(\frac{\partial u}{\partial y}+\frac{\partial v}{\partial x}\right)x + \left(1+\frac{\partial v}{\partial y}\right)y + \frac{1}{2}\left(\frac{\partial v}{\partial z}+\frac{\partial w}{\partial y}\right)z\\
z'' &= \frac{1}{2}\left(\frac{\partial w}{\partial x}+\frac{\partial u}{\partial z}\right)x + \frac{1}{2}\left(\frac{\partial v}{\partial z}+\frac{\partial w}{\partial y}\right)y + \left(1+\frac{\partial w}{\partial z}\right)z\,.
\end{aligned} \tag{13}$$

Jetzt bilden die Koeffizienten einen symmetrischen Tensor, den wir uns nach S. 32 durch ein Ellipsoid veranschaulichen können. Dieses Ellipsoid, dem die Gleichung

$$\begin{aligned}
&\left(1+\frac{\partial u}{\partial x}\right)x^2 + \left(1+\frac{\partial v}{\partial y}\right)y^2 + \left(1+\frac{\partial w}{\partial z}\right)z^2 + \left(\frac{\partial u}{\partial y}+\frac{\partial v}{\partial x}\right)xy\\
&\quad + \left(\frac{\partial v}{\partial z}+\frac{\partial w}{\partial y}\right)yz + \left(\frac{\partial w}{\partial x}+\frac{\partial u}{\partial z}\right)zx = 1
\end{aligned} \tag{14}$$

zukommt, heißt das Dilatationsellipsoid. Seine Hauptachsen heißen die Hauptdilatationsachsen. Nach S. 32 gewinnt man die Richtung von $\vec{r}\,''$ aus der im Endpunkt von $\vec{r}$ gezogenen Ellipsoidnormalen. In der Richtung der drei Hauptachsen haben beide Vektoren dieselbe Richtung. Das bedeutet, daß nur eine in einer dieser Richtungen gelegene Strecke ihre Richtung beibehält. *Nur in Richtung der Achsen des Dilatationsellipsoids gelegene Strecken erfahren eine reine Dehnung ohne Verdrehung.*

Die Koeffizienten $1+\frac{\partial u}{\partial x}$, $\frac{1}{2}\left(\frac{\partial u}{\partial y}+\frac{\partial v}{\partial x}\right)$ usw. haben eine anschauliche Bedeutung: Betrachten wir nämlich die Endpunkte der Achseneinheitsvektoren des undeformierten Körpers, so entspricht dem Vektor $\vec{e}_x$ nach Gl. (13) der Vektor

$$r_x'' = \left(1+\frac{\partial u}{\partial x}\right)\vec{e}_x + \frac{1}{2}\left(\frac{\partial u}{\partial y}+\frac{\partial v}{\partial x}\right)\vec{e}_y + \frac{1}{2}\left(\frac{\partial w}{\partial x}+\frac{\partial u}{\partial z}\right)\vec{e}_z \tag{15}$$

und dem Vektor $\vec{e}_y$ der Vektor

$$\vec{r}_y\,'' = \frac{1}{2}\left(\frac{\partial u}{\partial y}+\frac{\partial v}{\partial x}\right)\vec{e}_x + \left(1+\frac{\partial v}{\partial y}\right)\vec{e}_y + \frac{1}{2}\left(\frac{\partial v}{\partial z}+\frac{\partial w}{\partial y}\right)\vec{e}_z\,. \tag{16}$$

Unter Vernachlässigung aller Glieder, die nach den oben getroffenen Festsetzungen als von höherer Ordnung klein anzusehen sind, wird

$$\frac{|\vec{r}_x''| - |\vec{e}_x|}{|\vec{e}_x|} = \frac{\partial u}{\partial x}, \quad \frac{|\vec{r}_y''| - |\vec{e}_y|}{|\vec{e}_y|} = \frac{\partial v}{\partial y}; \tag{17}$$

die Größen $\frac{\partial u}{\partial x}, \frac{\partial v}{\partial y}, \frac{\partial w}{\partial z}$ geben also die relativen Längenänderungen von Strecken, die in die *X*- bzw. *Y*- bzw. *Z*-Achse fallen.

Die im undeformierten Zustand aufeinander rechtwinklig stehenden Vektoren $\vec{e}_x$ und $\vec{e}_y$ bilden nach der Deformation einen Winkel, den wir, da er nur wenig von $\frac{\pi}{2}$ abweicht, mit $\frac{\pi}{2}\,\delta_{xy}$ bezeichnen. Es ist dann

$$\cos\left(\frac{\pi}{2} - \delta_{xy}\right) = \sin \delta_{xy} = \frac{\vec{r}_x'' \cdot \vec{r}_y''}{|\vec{r}_x''|\,|\vec{r}_y''|} \,. \tag{18}$$

Setzt man für $\vec{r}_x''$ und $\vec{r}_y''$ die Werte aus Gl. (15) und (16) ein, so ergibt sich wieder bei Vernachlässigung aller Produkte der Differentialquotienten, da außerdem die $\frac{\partial u}{\partial x}, \ldots$ klein gegen 1 sind,

$$\sin \delta_{xy} \approx \delta_{xy} = \frac{\partial u}{\partial y} + \frac{\partial v}{\partial x} \,. \tag{19}$$

Es bedeutet also die doppelte Tensorkomponente $T_{12}$ die Winkeländerung, die bei der Deformation zwei in die Richtung der *X*- und der *Y*-Achse fallende Strecken erleiden. Analoges gilt für die anderen Komponenten. Fallen die Achsen in die Richtung der Hauptachsen des Tensorellipsoids, so fehlen in der Koordinatendarstellung die Glieder $T_{12}$, $T_{23}$, $T_{31}$. Das bedeutet, daß die Achsenrichtungen des Dilatationsellipsoids rechtwinklig bleiben, wie ja schon oben aus der Eigenschaft des Ellipsoids geschlossen wurde, daß für diese Richtungen reine Dehnungen oder Verkürzungen gelten.

Um die relative Volumenänderung zu berechnen, brauchen wir nur den Unterschied des Volumens des von den Vektoren $\vec{e}_x$, $\vec{e}_y$, $\vec{e}_z$ gebildeten Parallelepipeds nach und vor der Deformation, also die Differenz $\vec{r}_x'' \cdot (\vec{r}_y'' \times \vec{r}_z'') - 1$ zu berechnen. Dies gibt, wie man durch Ausrechnen der Determinante sofort erkennt:

$$\frac{V'' - V}{V} = \frac{\partial u}{\partial x} + \frac{\partial v}{\partial y} + \frac{\partial w}{\partial z} = \operatorname{div} \vec{s} \,. \tag{20}$$

Für das Folgende ist es zweckmäßiger, die Verzerrungen, d. h. die Komponenten des Vektors $\vec{r}'' - \vec{r}$ selbst zu betrachten. Diese folgen sofort aus Gl. (13), wenn man die Komponenten von $\vec{r}$ auf die linke Seite schafft. Führt man für die Differentialquotienten bzw. deren Kombinationen, deren physikalische Bedeutung oben abgeleitet wurde, die Abkürzungen ein

$$\begin{aligned}
\epsilon_{11} &= \frac{\partial u}{\partial x} & 2\epsilon_{12} &= \frac{\partial u}{\partial y} + \frac{\partial v}{\partial x} = 2\epsilon_{21} \\
\epsilon_{22} &= \frac{\partial v}{\partial y} & 2\epsilon_{23} &= \frac{\partial v}{\partial z} + \frac{\partial w}{\partial y} = 2\epsilon_{32} \\
\epsilon_{33} &= \frac{\partial w}{\partial z} & 2\epsilon_{31} &= \frac{\partial w}{\partial x} + \frac{\partial u}{\partial z} = 2\epsilon_{13}
\end{aligned} \,, \tag{21}$$

so erhält man

$$\begin{aligned} x'' - x &= \epsilon_{11}\, x + \epsilon_{12}\, y + \epsilon_{13}\, z \\ y'' - y &= \epsilon_{21}\, x + \epsilon_{22}\, y + \epsilon_{23}\, z\,. \\ z'' - z &= \epsilon_{31}\, x + \epsilon_{32}\, y + \epsilon_{33}\, z \end{aligned} \qquad (22)$$

Das zu dieser symmetrischen Vektorfunktion gehörende Tensorellipsoid hat dieselben Achsenrichtungen wie das Dilatationsellipsoid (14). Man kann das leicht analytisch zeigen, es läßt sich aber ohne Rechnung auch so einsehen: Wenn in Richtung der Achse der Vektor $\vec{r}\,''$ die Richtung von $\vec{r}$ haben soll, so gilt dies auch für den Differenzvektor $\vec{r}\,'' - \vec{r}$. In bezug auf das Koordinatensystem der Hauptachsen verschwinden die gemischten Tensorkomponenten und es bleibt, wenn wir die auf dieses System bezogenen Koordinaten und Vektorkomponenten mit einem Strich bezeichnen,

$$\begin{aligned} \epsilon_{\mathrm{I}} &= \frac{\partial u'}{\partial x'} \\ \epsilon_{\mathrm{II}} &= \frac{\partial v'}{\partial y'} \\ \epsilon_{\mathrm{III}} &= \frac{\partial w'}{\partial z'}\,. \end{aligned} \qquad (23)$$

Die Größe $\epsilon_{\mathrm{I}}$, $\epsilon_{\mathrm{II}}$, $\epsilon_{\mathrm{III}}$ heißen die *Hauptdilatationen.*

Aufg. 54. Welche relative Längenänderung erfährt eine Strecke, die mit den Achsen des Dilatationsellipsoids die Richtungskosinusse $\alpha_1$, $\alpha_2$, $\alpha_3$ bildet?

## § 2. Der Spannungszustand in einem deformierten Körper

Wenn wir uns im Innern eines elastischen Körpers, der einer Deformation unterworfen ist, ein Volumenelement $\mathrm{d}\tau$ von der Masse $\mathrm{d}m$ herausgreifen, so wirken auf dieses einmal solche Kräfte, die, wie die Schwerkraft, ihren Angriffspunkt an allen einzelnen Bausteinen haben, unabängig davon, ob diese im Innern oder auf den Grenzflächen liegen. Zu dieser Art gehört auch, wenn sich der Körper im Zustand einer beschleunigten Bewegung befindet, die „Trägheitskraft" $-\,\mathrm{d}m\,\dfrac{\mathrm{d}^2\vec{r}}{\mathrm{d}t^2}$. Weiter wirken aber auf die in der Begrenzungsfläche gelegenen Bausteine Kräfte, die von den anstoßenden Bausteinen ausgehen. Da diese Kräfte nur zwischen den unmittelbar aneinandergrenzenden Bausteinen diesseits und jenseits der Trennfläche wirken, sind diese Kräfte nicht dem Rauminhalt unseres Volumenelements, sondern dem Flächeninhalt der Trennfläche proportional. Wir bezeichnen den auf die Flächeneinheit bezogenen Wert der an einem Flächenelement angreifenden Kraft als die *Spannung* $\vec{\sigma}$. Die Richtung dieser Spannung ist noch unbestimmt, sie braucht durchaus nicht etwa senkrecht zum Flächenelement gerichtet zu sein, vielmehr wird sie im allgemeinen eine normale (Zug- oder Druck-) Komponente und eine tangentiale (Schub-) Komponente besitzen. Wir können aber zeigen, daß für jedes Flächenelement die an ihm angreifende Spannung $\vec{\sigma}$ als Funktion der Normalenrichtung angegeben werden kann, wenn am Ort dieses Flächenelements die Spannungen für

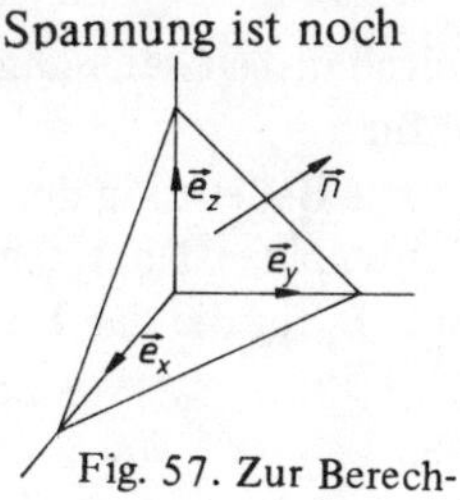

Fig. 57. Zur Berechnung der Spannung

drei nichtkomplanare Normalenrichtungen, als welche wir die Achsenrichtungen eines rechtwinkligen Koordinatensystems wählen, bekannt sind. Wir wählen nämlich (vgl. Fig. 57) als Volumenelement ein kleines Tetraeder, von dem drei Flächen $\mathrm{d}f_x, \mathrm{d}f_y, \mathrm{d}f_z$ in die Koordinatenebenen fallen, während die vierte $\mathrm{d}f$ die nach außen zeigende Normalenrichtung $\vec{n}$ habe. Die Spannung, welche an dieser Fläche angreift, nennen wir $\vec{\sigma}$. Weiter bezeichnen wir die Spannung, welche an einer Fläche angreift, deren Normale die Richtung der $X$-Achse hat, mit $\vec{\sigma}_1$, und analog die Spannung an den zur $Y$- und $Z$-Achse senkrechten Flächen mit $\vec{\sigma}_2$ bzw. $\vec{\sigma}_3$. Die Vektoren der in die Koordinatenebenen fallenden Flächenelemente unseres Tetraeders haben die Richtung der *negativen* $X$- bzw. $Y$- bzw. $Z$-Achse. Die Spannungen $\vec{\sigma}_1, \vec{\sigma}_2, \vec{\sigma}_3$ bedeuten daher die Spannungen, welche von den Begrenzungsflächen unseres Tetraeders auf die anschließenden Oberflächenstücke, deren Normalen die Richtung der *positiven* Achsen haben, ausgeübt werden. Nach dem Gesetz von actio et reactio sind dann die Spannungen, die von den Nachbarelementen auf unser Tetraeder ausgeübt werden, $-\vec{\sigma}_1, -\vec{\sigma}_2, -\vec{\sigma}_3$. Bilden wir jetzt die Gleichgewichtsbedingungen für unser unendlich kleines Tetraeder, so brauchen wir sie nur für die den Flächen proportionalen Kräfte aufzustellen, da mit Verkleinerung der Dimensionen des Tetraeder die dem Volumen proportionalen Kräfte von höherer Ordnung verschwinden. Die erste Gleichgewichtsbedingung (Verschwinden der Resultante der Kräfte) lautet daher

$$\vec{\sigma}\,\mathrm{d}f - \vec{\sigma}_1\,\mathrm{d}f_x - \vec{\sigma}_2\,\mathrm{d}f_y - \vec{\sigma}_3\,\mathrm{d}f_z = 0. \tag{24}$$

Nun ist

$$\vec{n}\,\mathrm{d}f = \vec{e}_x\,\mathrm{d}f_x + \vec{e}_y\,\mathrm{d}f_y + \vec{e}_z\,\mathrm{d}f_z\,, \tag{25}$$

also

$$\mathrm{d}f_x = \mathrm{d}f(\vec{n}\cdot\vec{e}_x) = \mathrm{d}f\cos\alpha; \quad \mathrm{d}f_y = \mathrm{d}f\cos\beta, \quad \mathrm{d}f_z = \mathrm{d}f\cos\gamma. \tag{26}$$

Somit wird

$$\vec{\sigma} = \vec{\sigma}_1\cos\alpha + \vec{\sigma}_2\cos\beta + \vec{\sigma}_3\cos\gamma\,. \tag{27}$$

Bezeichnen wir die $X$-Komponente von $\vec{\sigma}_1$ und $\sigma_{11}$, von $\vec{\sigma}_2$ mit $\sigma_{21}$, die $Y$-Komponente von $\vec{\sigma}_1$ mit $\sigma_{12}$ usf., so erhalten wir die Komponentendarstellung

$$\begin{aligned} \sigma_x &= \sigma_{11}\cos\alpha + \sigma_{21}\cos\beta + \sigma_{31}\cos\gamma, \\ \sigma_y &= \sigma_{12}\cos\alpha + \sigma_{22}\cos\beta + \sigma_{32}\cos\gamma, \\ \sigma_z &= \sigma_{13}\cos\alpha + \sigma_{23}\cos\beta + \sigma_{33}\cos\gamma. \end{aligned} \tag{28}$$

Durch diese Gleichungen wird jeder Normalenrichtung $\vec{n}$ ein Spannungsvektor $\vec{\sigma}$ zugeordnet.

Die Bedeutung der Koeffizienten $\sigma_{ik}$ erkennt man, wenn man einen Würfel von Kantenlänge 1 betrachtet, dessen Flächen den Koordinatenebenen parallel sind. Dann ist z. B. für die der $YZ$-Ebene parallelen Flächen

$$\cos\alpha = 1, \quad \cos\beta = \cos\gamma = 0,$$

also

$$\sigma_x = \sigma_{11}, \quad \sigma_y = \sigma_{12}, \quad \sigma_z = \sigma_{13}\,,$$

. h. die Normalkomponente $\sigma_x$ wird durch $\sigma_{11}$, die beiden Tangentialkomponenten, ie in die Fläche fallen, durch $\sigma_{12}$ und $\sigma_{13}$ dargestellt. Allgemein geben hier also die oeffizienten mit zwei gleichen Indices die Zugspannungen, die Koeffizienten mit geischten Indices die Schubspannungen.

Die Koeffizienten stellen wiederum die Komponenten eines Tensors dar, da natürlich er Zusammenhang zwischen $\vec{\sigma}$ und $\vec{n}$ so beschaffen sein muß, daß er unabhängig von er Zerlegung nach einem bestimmten Koordinatensystem immer vom gleichen Vektor zum selben Vektor $\vec{\sigma}$ führen muß. Der durch die Größen $\sigma_{ik}$ definierte Tensor ist, ie im nächsten Paragraphen gezeigt wird, symmetrisch; er läßt sich also wiederum urch ein Ellipsoid darstellen, das das *Spannungsellipsoid* heißt. Legt man das Koordiatensystem in die Hauptachsen des Ellipsoids, so verschwinden die gemischten Tensoromponenten und wir haben in bezug auf dieses Koordinatensystem nur die drei Koeffiienten $\sigma_{\mathrm{I}}$, $\sigma_{\mathrm{II}}$, $\sigma_{\mathrm{III}}$, welche den Diagonalgliedern der Koeffizientenmatrix entsprechen. iese drei Größen heißen die *Hauptspannungen.* In diesem ausgezeichneten Koordinatenystem wird der Zusammenhang zwischen den Komponenten der an einem Flächenlement der Normalenrichtung $\vec{n}$ angreifenden Spannung und den Hauptspannungen ehr einfach: Es wird, wenn wir dieses Koordinatensystem mit einem Strich bezeichnen:

$$\begin{aligned} \sigma_{x'} &= \sigma_{\mathrm{I}} \cos\alpha' , \\ \sigma_{y'} &= \sigma_{\mathrm{II}} \cos\beta' , \\ \sigma_{z'} &= \sigma_{\mathrm{III}} \cos\gamma' . \end{aligned} \tag{29}$$

## § 3. Die Gleichgewichtsbedingungen eines elastischen Körpers

ür das Gleichgewicht der an einem endlichen Volumen eines elastischen Körpers anreifenden Kräfte erhalten wir, wenn wir die auf die Volumeneinheit wirkenden volumenroportionalen Kräfte in einem Vektor $\vec{F}$ zusammenfassen, durch Anwendung der Grundleichungen der Mechanik der Punktsysteme

$$\int \vec{F}\, \mathrm{d}\tau + \oint \vec{\sigma}\, \mathrm{d}f = 0 \qquad \text{(Resultantensatz)}, \tag{30}$$

$$\int \vec{r} \times \vec{F}\, \mathrm{d}\tau + \oint \vec{r} \times \vec{\sigma}\, \mathrm{d}f = 0 \qquad \text{(Momentensatz)}. \tag{31}$$

as Oberflächenintegral ist über die Begrenzung des herausgegriffenen Volumens zu rstrecken. Bei der Summierung aller an den einzelnen Volumenelementen angreifenden pannungen heben sich nämlich im Innern die Spannungen heraus, da an jeder Trennäche zweier anliegender Volumenelemente zwei in entgegengesetzter Richtung wirkene Spannungen angreifen, entsprechend der Zugehörigkeit der Trennfläche zu den beien anstoßenden Volumenelementen.

Nehmen wir die $X$-Komponente der Gl. (30), so erhalten wir:

$$\int F_x\, \mathrm{d}\tau + \oint \sigma_x\, \mathrm{d}f = \int F_x\, \mathrm{d}\tau + \oint (\sigma_{11} \cos\alpha + \sigma_{21} \cos\beta + \sigma_{31} \cos\gamma)\, \mathrm{d}f. \tag{32}$$

as Oberflächenintegral können wir auf die Form des GAUSSschen Satzes bringen und in ein Raumintegral verwandeln, wenn wir einen Hilfsvektor $\vec{\sigma}_1$ einführen:

$$\vec{\sigma}_1 = \sigma_{11}\,\vec{e}_x + \sigma_{21}\,\vec{e}_y + \sigma_{31}\,\vec{e}_z \tag{33}$$

(wir werden unten beweisen, daß der Tensor $\boldsymbol{\sigma}$ symmetrisch ist, so daß dieser Vektor mit $\vec{\sigma}_1$ identisch ist). Mit ihm wird

$$\oint \sigma_x \,\mathrm{d}f = \oint \vec{\sigma}_1 \cdot \vec{n}\,\mathrm{d}f = \oint \vec{\sigma}_1 \cdot \mathrm{d}\vec{f} = \int \operatorname{div} \vec{\sigma}_1 \,\mathrm{d}\tau. \tag{34}$$

Da die Gleichgewichtsbedingung für jedes Volumen gelten muß, erhält man in Koordinaten, wenn wir die analogen für die $Y$- und $Z$-Komponenten geltenden Gleichungen hinzufügen:

$$F_x + \operatorname{div} \vec{\sigma}_1 = F_x + \frac{\partial \sigma_{11}}{\partial x} + \frac{\partial \sigma_{21}}{\partial y} + \frac{\partial \sigma_{31}}{\partial z} = 0 \tag{35}$$

und zyklisch für die 2 anderen Komponenten.
Die $X$-Komponente der Momentengleichung wird ferner

$$\int (y F_z - z F_y)\,\mathrm{d}\tau + \oint (y\,\sigma_z - z\,\sigma_y)\,\mathrm{d}f = 0. \tag{36}$$

Ebenso wie oben läßt sich schreiben

$$\oint (y\,\sigma_z - z\,\sigma_y)\,\mathrm{d}f = \oint (y\,\vec{\sigma}_3 - z\,\vec{\sigma}_2)\cdot \mathrm{d}\vec{f} = \int (\operatorname{div} y\,\vec{\sigma}_3 - \operatorname{div} z\,\vec{\sigma}_2)\,\mathrm{d}\tau. \tag{37}$$

Nun ist

$$\operatorname{div} y\,\vec{\sigma}_3 = y \operatorname{div} \vec{\sigma}_3 + \vec{\sigma}_3 \cdot \operatorname{grad} y = y \operatorname{div} \vec{\sigma}_3 + \vec{\sigma}_3 \cdot \vec{e}_y = y \operatorname{div} \vec{\sigma}_3 + \sigma_{23}\,, \tag{38}$$

also wird die $X$-Komponente der Momentengleichung

$$y(F_z + \operatorname{div} \vec{\sigma}_3) - z(F_y + \operatorname{div} \vec{\sigma}_2) - \sigma_{32} + \sigma_{23} = 0. \tag{39}$$

Nach der ersten Gleichgewichtsbedingung verschwinden aber die Klammerfaktoren, und es liefert somit der Momentensatz die Symmetrie des Spannungstensors:

$$\sigma_{32} = \sigma_{23} \tag{40}$$

und ebenso aus den beiden anderen Komponenten von (31):

$$\sigma_{13} = \sigma_{31}\,; \quad \sigma_{21} = \sigma_{12}\,. \tag{40'}$$

Zu den inneren Gleichgewichtsbedingungen kommen noch die Oberflächenbedingungen, die folgendermaßen zu gewinnen sind: Sind die durch äußere Kräfte bedingten an den Oberflächenelementen angreifenden Spannungen $\vec{\sigma}^a$ bekannt, so gilt für diese wiederum die Gl. (28), es ist also

$$\sigma_x^a = \sigma_{11}\,\cos\alpha + \sigma_{21}\,\cos\beta + \sigma_{31}\,\cos\gamma\,, \tag{41}$$

und zyklisch, wobei $\sigma_{ik} = \sigma_{ki}$ ist.

## § 4. Die Beziehungen zwischen dem Verzerrungs- und dem Spannungstensor

Die Gleichgewichtsbedingungen (35) ermöglichen noch nicht die Antwort auf die nächstliegende Frage: Welcher Deformationszustand stellt sich bei gegebenen äußeren Kräften im Gleichgewicht ein? Dazu fehlt die Hauptsache: die Beziehung zwischen den Spannungs- und den Deformationsgrößen. Da jede der beiden Größen aus 6 Komponenten besteht, ist im allgemeinsten Fall zu erwarten, daß jede Komponente des Verzerrungstensors eine Funktion aller Komponenten des Spannungstensors ist, was bei der Annahme eines linearen Zusammenhangs auf ein Gleichungssystem mit 36 Konstanten führt. Je nach den Symmetrieeigenschaften des betrachteten Stoffs reduzieren sich diese ganz bedeutend. Betrachten wir lediglich isotrope Stoffe, also keine Kristalle, so kommen wir sogar, wie wir zeigen werden, mit 2 Konstanten aus. Bei einem isotropen Stoff müssen die Achsen von Spannungs- und Deformationsellipsoid zusammenfallen. Denn die Achsen des Spannungstensors geben die Richtungen an, für welche die Spannungen die Richtung der Flächennormalen haben, also reine Zugspannungen sind. In diesen Richtungen können aber bei einem isotropen Körper aus Symmetriegründen lediglich Verkürzungen oder Verlängerungen entstehen, nicht aber seitliche Verschiebungen. Dies ist aber nach § 1 die wesentliche Eigenschaft der Achsen des Verzerrungsellipsoids. Wir werden daher den Zusammenhang zwischen Spannungs- und Verzerrungstensor zunächst in diesem ausgezeichneten Koordinatensystem aufschreiben.

Die Grundlage der sogenannten klassischen Elastizitätstheorie bildet nun das HOOKE*sche Gesetz, nach welchem die Normalspannung der auf die Längeneinheit bezogenen Verlängerung proportional ist* („ut tensio, sic vis"). Damit ist die Beschränkung auf kleine Deformationen festgelegt, denn bei größeren Deformationen verliert erfahrungsgemäß das HOOKEsche Gesetz seine Gültigkeit. Schreiben wir diese Beziehung für die Achse I in der Form $\sigma_I = E\,\epsilon_I$, so ist *$E$ der lineare Elastizitätsmodul des Materials.* Bei der Dehnung erfährt ein Körper erfahrungsgemäß eine Verkleinerung seiner Querdimensionen. Das Verhältnis der Querkontraktion, d.h. der Längenänderung einer senkrecht zur Zugrichtung gelegenen Strecke der Länge eins zur Längsdilatation, das erfahrungsgemäß innerhalb der Grenze des HOOKEschen Gesetzes konstant ist, heißt die POISSON*sche Elastizitätszahl $\mu$.* Wirken also in Richtung der drei Achsen die Spannungen $\sigma_I, \sigma_{II}, \sigma_{III}$, so bewirkt die Spannung $\sigma_{II}$ in der Richtung der Achse I eine Kontraktion vom Betrag $\mu\,\epsilon_{II} = \frac{\mu}{E}\,\sigma_{II}$, ebenso die Spannung $\sigma_{III}$ eine solche vom Betrag $\frac{\mu}{E}\,\sigma_{III}$. Insgesamt wird also

$$\epsilon_I = \frac{1}{E}\left\{\sigma_I - \mu(\sigma_{II} + \sigma_{III})\right\} = \frac{1+\mu}{E}\left\{\sigma_I - \frac{\mu}{1+\mu}(\sigma_I + \sigma_{II} + \sigma_{III})\right\} \tag{42}$$

und zyklisch.

Es bleibt nun nur noch die Aufgabe, diese für das spezielle Koordinatensystem der Hauptachsen von Spannungs- und Verzerrungsellipsoid abgeleiteten Gleichungen auf ein beliebiges Koordinatensystem zu transformieren, da im allgemeinen die Hauptachsen in einem deformierten Körper von Ort zu Ort ihre Richtung wechseln, also zur Beschreibung der Vorgänge nicht geeignet sind. Bildet die Achse I mit der $X$-Achse den Winkel $(I, x)$, mit der $Y$-Achse den Winkel $(I, y)$, mit der $Z$-Achse den Winkel $(I, z)$, bezeichnet man weiter in analoger Weise die Winkel der Achsen II und III mit den neuen Achsen und charakterisiert man die Hauptachsen I, II und III durch die Einheitsvektoren $\vec{e}_I$, $\vec{e}_{II}$, $\vec{e}_{III}$, die neuen Achsen durch die Einheitsvektoren $\vec{e}_x$, $\vec{e}_y$, $\vec{e}_z$, so ist

$$\vec{e}_x = \vec{e}_I \cos(I, x) + \vec{e}_{II} \cos(II, x) + \vec{e}_{III} \cos(III, x) \tag{43}$$

und zyklisch.

Nach dem auf S. 29 abgeleiteten Transformationsgesetz der Tensorkomponenten wird dann

$$\epsilon_{11} = \epsilon_I \cos^2(I, x) + \epsilon_{II} \cos^2(II, x) + \epsilon_{III} \cos^2(III, x)$$

$$\begin{aligned} \epsilon_{12} = \epsilon_{21} = \epsilon_I \cos(I, x) \cos(I, y) + \epsilon_{II} \cos(II, x) \cos(II, y) \\ + \epsilon_{III} \cos(III, x) \cos(III, y) \end{aligned} \tag{44}$$

sowie analog für alle anderen Tensorkomponenten.

Daraus ist ersichtlich, daß die Summe $\epsilon_{11} + \epsilon_{22} + \epsilon_{33} = \operatorname{div} \vec{s}$ vom Koordinatensystem unabhängig gleich $\epsilon_I + \epsilon_{II} + \epsilon_{III}$ ist. Solche Größen bezeichnet man als Invarianten eines Tensors. Eine zweite Invariante, von der wir später Gebrauch machen, ist (vgl. S. 167) der Ausdruck

$$\epsilon_{11}\epsilon_{22} + \epsilon_{22}\epsilon_{33} + \epsilon_{33}\epsilon_{11} - (\epsilon_{12}^2 + \epsilon_{23}^2 + \epsilon_{31}^2) = \epsilon_I \epsilon_{II} + \epsilon_{II}\epsilon_{III} + \epsilon_{III}\epsilon_I . \tag{45}$$

Dieselben Transformationsformeln gelten für die Komponenten des Spannungstensors $\sigma_{ik}$. Drückt man daher in den Transformationsformeln (44) $\epsilon_I$, $\epsilon_{II}$, $\epsilon_{III}$ gemäß Gl. (42) durch $\sigma_I$, $\sigma_{II}$, $\sigma_{III}$ aus, so erhält man wegen der Beziehung $\sigma_I + \sigma_{II} + \sigma_{III} = \sigma_{11} + \sigma_{22} + \sigma$ und wegen $\cos^2(I, x) + \cos^2(II, x) + \cos^2(III, x) = 1$

$$\cos(I, x) \cos(I, y) + \cos(II, x) \cos(II, y) + \cos(III, x) \cos(III, y) = 0 \text{ usf.}$$

die Gleichung

$$\boxed{\epsilon_{11} = \frac{1+\mu}{E}\left\{\sigma_{11} - \frac{\mu}{1+\mu}(\sigma_{11} + \sigma_{22} + \sigma_{33})\right\} \qquad \epsilon_{12} = \frac{(1+\mu)}{E}\sigma_{12}} \tag{46}$$

sowie analog für alle anderen Tensorkomponenten.

Das zweite Gleichungstripel, das im Koordinatensystem der Hauptachsen fehlt, hat folgende Bedeutung: Gehen wir wieder von einem Würfel der Kantenlänge 1 aus, dessen Seitenflächen den Koordinatenebenen parallel sind, so bedeutet $\vec{\sigma}_1$ die Kraft, welche an der einen zur $X$-Achse senkrechten Ebene angreift (die andere denken wir uns wieder festgehalten), $\sigma_{12}$ bedeutet dann die Tangentialkomponente, welche die Richtung der $Y$-Achse hat, $2\epsilon_{12}$ die Änderung des Winkels zwischen der $X$- und der $Y$-Achse (vgl. Fig. 58). Diese beiden Größen sind nach der ersten Gleichung einander proportional anzusetzen. Der Proportionalitätsfaktor $\dfrac{E}{2(1+\mu)}$ ist diejenige Größe, welche in der

Technik als *Schubmodul* $G$ eingeführt wird. Diese ist aber keine neue unabhängige Materialkonstante, sie ist vielmehr durch $E$ und $\mu$ bereits bestimmt:

$$\boxed{G = \frac{E}{2(1+\mu)}} \; . \tag{47}$$

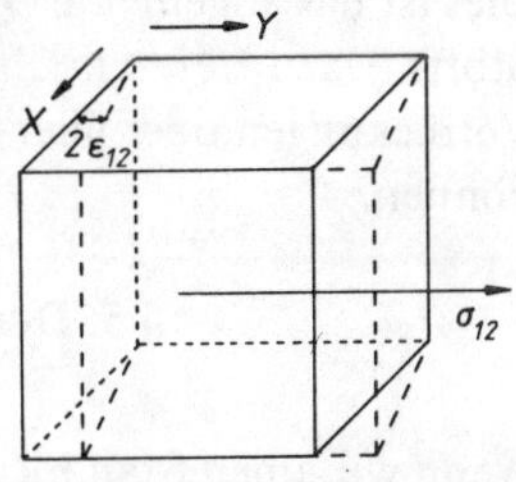

Fig. 58. Zur Definition des Schubmoduls

Ebenso ist die Volumenkompressibilität $\kappa$ bereits durch $E$ und $\mu$ bestimmt. $\kappa$ definieren wir als die auf die Volumeneinheit bezogene Volumenverminderung unter dem Einfluß eines allseitigen *gleichstarken* Normal*drucks* vom Betrag 1. Nach dieser Definition ist [vgl. Gl. (20)]

$$\kappa = \frac{V' - V}{-V \cdot \sigma} = \frac{\epsilon_{11} + \epsilon_{22} + \epsilon_{33}}{\sigma} . \tag{48}$$

Setzt man für $\epsilon_{ik}$ die Werte aus Gl. (46) ein, so ergibt sich wegen $\sigma_{11} = \sigma_{22} = \sigma_{33} = \sigma$

$$\kappa = \frac{1-2\mu}{E\sigma} (\sigma_{11} + \sigma_{22} + \sigma_{33}) = \frac{3(1-\mu)}{E} . \tag{49}$$

Da durch Zug jedenfalls eine Volumenvergrößerung hervorgerufen werden muß, kann $\mu$ nicht größer als $1/2$ sein. Für $\mu = 1/2$ ist der Stoff inkompressibel.

Löst man das Gleichungssystem (46) nach den Komponenten des Spannungstensors auf, so erhält man:

$$\sigma_{11} = \frac{E}{1+\mu} \left\{ \epsilon_{11} + \frac{\mu}{1-2\mu} (\epsilon_{11} + \epsilon_{22} + \epsilon_{33}) \right\} \quad \sigma_{12} = \frac{E}{(1+\mu)} \epsilon_{12} \tag{50}$$

sowie analog für alle anderen Tensorkomponenten.

Setzt man jetzt diese Werte für die Spannungen in Gl. (35) ein, so ergibt sich, wenn man gleichzeitig für die $\epsilon_{ik}$ die aus Gl. (21) folgenden Werte wiedereinführt, ein System von Differentialgleichungen, das nur die Verschiebungsgrößen $u$, $v$, $w$ bzw. deren Differentialquotienten enthält. Die $X$-Komponente wird zunächst

$$F_x + \frac{E}{2(1+\mu)} \left\{ \frac{2\,\partial^2 u}{\partial x^2} + \frac{2\mu}{1-2\mu} \left( \frac{\partial^2 u}{\partial x^2} + \frac{\partial^2 v}{\partial x\,\partial y} + \frac{\partial^2 w}{\partial x\,\partial z} \right) \right\}$$
$$+ \frac{E}{2(1+\mu)} \left\{ \frac{\partial^2 u}{\partial y^2} + \frac{\partial^2 v}{\partial x\,\partial y} + \frac{\partial^2 w}{\partial x\,\partial z} + \frac{\partial^2 u}{\partial z^2} \right\} = 0.$$

Dies läßt sich zusammenfassen zu

$$F_x + \frac{E}{2(1+\mu)} \left\{ \Delta u + \frac{1}{1-2\mu} \frac{\partial}{\partial x} \left( \frac{\partial u}{\partial x} + \frac{\partial v}{\partial y} + \frac{\partial w}{\partial z} \right) \right\} = 0. \tag{51}$$

In Vektorform läßt sich das System zusammenfassen zu

$$\boxed{\vec{F} + \frac{E}{2(1+\mu)} \left\{ \Delta \vec{s} + \frac{1}{1-2\mu} \operatorname{grad} \operatorname{div} \vec{s} \right\} = 0} \; . \tag{52}$$

Dies ist das allgemeine Gleichungssystem für die Verzerrungen eines isotropen elastischen Stoffs. Dazu treten noch die Oberflächenbedingungen, die in Gestalt von Daten über die Verrückungen oder über die Verteilung der Spannungen an der Oberfläche gegeben sein können.

## § 5. Der Energieinhalt elastisch deformierter Körper, das elastische Potential

Wenn wir einen Stab biegen, müssen wir Arbeit aufwenden. Die Energie steckt als potentielle Energie im Innern des Stabs, solange die Deformation anhält. Wir erhalten von diesem Arbeitsvorrat Kunde, wenn wir den Stab loslassen, d. h. die deformierende Kraft wegnehmen. Dann schnellt der Stab mit einer gewissen kinetischen Energie zurück und über den Gleichgewichtszustand hinaus. Die Energie der elastischen Deformation ist als potentielle Energie der zwischen den Bausteinen wirkenden Kräfte über den ganzen Körper kontinuierlich verteilt. Sie wird dort am größten sein, wo die elastischen Deformationen den größten Betrag haben. Wegen der kontinuierlichen Verteilung suchen wir einen Ausdruck für die *Energiedichte,* d. h. den Grenzwert von Energie/Volumen, der für ein Volumenelement gilt (daß wir dabei das Volumenelement nicht zu klein machen dürfen, versteht sich wegen des molekularen Aufbaus der Materie von selbst). Wir wollen die Energiedichte ebenfalls mit $U$ bezeichnen, dabei aber beachten, daß sich die damit bezeichnete Größe von der in Kap. II so benannten in der Dimension unterscheidet.

Um einen Ausdruck für $U$ zu gewinnen, gehen wir aus von einem Würfel der Kantenlänge 1. Die Kanten sollen die Richtungen der Hauptdilatationsachsen haben. Infolgedessen erleidet der Würfel nur Dehnungen, nicht aber auch Schiebungen. Die zur Achse I senkrechte Fläche hat im deformierten Zustand den Inhalt $(1 + \epsilon_{II})(1 + \epsilon_{III})$. Die Kraft, die an ihr angreift, ist also $\sigma_I (1 + \epsilon_{II})(1 + \epsilon_{III})$. Verlängern wir jetzt die zu I parallele Kante, welche im deformierten Zustand die Länge $(1 + \epsilon_I)$ besitzt, um $\delta\epsilon_I$, so leistet die Spannung $\sigma_I$ die Arbeit

$$\delta W_I = \sigma_I (1 + \epsilon_{II})(1 + \epsilon_{III})\, \delta\epsilon_I \,.$$

(Die durch die weitere Deformation hervorgerufene Erhöhung der Spannung $\sigma_I$ gibt nur einen Beitrag, der von zweiter Ordnung klein ist!) Diese Arbeit stellt die Zunahme der potentiellen Energie dar, welche durch diese Änderung der Deformation hervorgerufen wird. Weiter können wir in den Klammern die Größen $\epsilon_{II}$ und $\epsilon_{III}$ gegen 1 vernachlässigen und erhalten dann für den durch Verlängerung der Achse I entstehenden Zuwachs an potentieller Energie

$$\delta U_I = \frac{\partial U}{\partial \epsilon_I}\, \delta\epsilon_I = \sigma_I\, \delta\epsilon_I \tag{53}$$

also

$$\sigma_I = \frac{\partial U}{\partial \epsilon_I} \,. \tag{53'}$$

Analoge Formeln erhält man für die anderen Achsen. Setzt man in diese für $\sigma_I$, $\sigma_{II}$, $\sigma_{III}$ die aus (42) oder (50) folgenden Ausdrücke ein, so erhält man

$$\sigma_{\mathrm{I}} = \frac{\partial U}{\partial \epsilon_{\mathrm{I}}} = \frac{E}{1+\mu}\left\{\epsilon_{\mathrm{I}} + \frac{\mu}{1-2\mu}\left(\epsilon_{\mathrm{I}} + \epsilon_{\mathrm{II}} + \epsilon_{\mathrm{III}}\right)\right\} \tag{54}$$

und zyklisch.
Man überzeugt sich sofort, daß diese Gleichungen erfüllt sind, wenn man setzt

$$U(\epsilon_{\mathrm{I}}, \epsilon_{\mathrm{II}}, \epsilon_{\mathrm{III}}) = \frac{E}{2(1+\mu)}\left\{(\epsilon_{\mathrm{I}}^2 + \epsilon_{\mathrm{II}}^2 + \epsilon_{\mathrm{III}}^2) + \frac{\mu}{1-2\mu}\left(\epsilon_{\mathrm{I}} + \epsilon_{\mathrm{II}} + \epsilon_{\mathrm{III}}\right)^2\right\}. \tag{55}$$

Dadurch ist der Energieinhalt als Funktion der Hauptdilatationen gegeben. Der Ausdruck setzt für jeden Ort das ausgezeichnete Koordinatensystem der Hauptachsen voraus, und dieses wird von Ort zu Ort wechseln. Wir wollen ihn daher noch für ein beliebiges System, das dann für den ganzen Körper gelten kann, umrechnen. Dazu brauchen wir die allgemeinen Transformationen nicht, da sich die hier auftretenden Größen sehr leicht durch die Invarianten des Tensors ausdrücken lassen. Die zweite Klammer ist ja bereits eine solche Invariante. Weiter ist wegen Gl. (45)

$$\begin{aligned}\epsilon_{\mathrm{I}}^2 + \epsilon_{\mathrm{II}}^2 + \epsilon_{\mathrm{III}}^2 &= (\epsilon_{\mathrm{I}} + \epsilon_{\mathrm{II}} + \epsilon_{\mathrm{III}})^2 - 2(\epsilon_{\mathrm{I}}\epsilon_{\mathrm{II}} + \epsilon_{\mathrm{II}}\epsilon_{\mathrm{III}} + \epsilon_{\mathrm{III}}\epsilon_{\mathrm{I}})\\ &= (\epsilon_{11} + \epsilon_{22} + \epsilon_{33})^2 - 2\{\epsilon_{11}\epsilon_{22} + \epsilon_{22}\epsilon_{33} + \epsilon_{33}\epsilon_{11} - (\epsilon_{12}^2 + \epsilon_{23}^2 + \epsilon_{31}^2)\}.\end{aligned}$$

Ersetzt man $2\epsilon_{ik}$ durch $\epsilon_{ik} + \epsilon_{ki}$, so ergibt sich

$$\begin{aligned}U(\epsilon_{ik}) = \frac{E}{2(1+\mu)}\Big\{&\frac{1-\mu}{1-2\mu}(\epsilon_{11} + \epsilon_{22} + \epsilon_{33})^2 - 2(\epsilon_{11}\epsilon_{22} + \epsilon_{22}\epsilon_{33}\\ &+ \epsilon_{33}\epsilon_{11}) + \epsilon_{12}^2 + \epsilon_{23}^2 + \epsilon_{31}^2 + \epsilon_{21}^2 + \epsilon_{32}^2 + \epsilon_{13}^2\Big\}.\end{aligned} \tag{56}$$

Ein Vergleich mit (50) zeigt, daß allgemein

$$\sigma_{ik} = \frac{\partial U}{\partial \epsilon_{ik}} \tag{57}$$

ist. Die Größe $U(\epsilon_{ik})$ heißt daher mit Recht das *elastische Potential,* da man aus ihr die Spannungen durch Differentiation gewinnt. Schließlich kann man auch noch in (56) die Deformationen durch die Spannungen ausdrücken und erhält dann einen ganz ähnlichen Ausdruck, den wir aber nicht anschreiben wollen.

## § 6. Elementare Behandlung der Biegung

Die strenge Lösung eines elastostatischen Problems erfordert die Integration der Gl. (52) unter Berücksichtigung der für den speziellen Fall geltenden Grenzbedingungen. Dies führt im allgemeinen zu sehr verwickelten Rechnungen. Für viele technisch wichtige Aufgaben sind daher Näherungslösungen entwickelt worden, bei denen bereits im Ansatz gewisse Vereinfachungen vorgenommen sind und die eine für viele Zwecke hinreichende Genauigkeit ergeben. Als Beispiel für derartige vereinfachte Behandlungsweisen sei die von J. BERNOULLI gegebene Theorie der Biegung eines Balkens von überall gleichem Querschnitt angeführt. Die BERNOULLIsche Theorie geht von folgenden Voraussetzungen aus: Wir denken uns in jedem Querschnitt einen Punkt, etwa den Schwerpunkt, markiert. Die so entstehende Gerade, welche wir die Achse des Balkens nennen wollen, wird, wenn die Verbiegung nur durch Gewichte hervorgerufen wird, zu einer in einer Vertikalebene liegenden Kurve gebogen. Wir denken uns nun weiter unseren Balken in eine Anzahl dünner horizontaler Schichten (Fasern) zerlegt. Bei der Biegung wird es in der Mitte eine Faser geben, welche bei der Biegung keine Längenänderung erleidet und die daher die *neutrale Faser* heißt. Schichten, die unterhalb der neutralen liegen, werden gepreßt, Schichten, die oberhalb liegen, gedehnt (vgl. Fig. 59). Die Biegungssteifigkeit soll nun lediglich durch die Längenänderung bedingt sein. Eine weitere Voraussetzung der BERNOULLIschen Theorie ist, daß ebene Querschnitte, die auf der Achse des Balkens senkrecht stehen, auch nach der Deformation eben und zur Balkenachse senkrecht bleiben. Dies ist gleichbedeutend mit der Aussage, daß Schubspannungen im Querschnitt nicht berücksichtigt werden. Unter diesen Voraussetzungen ist es nicht schwer, die elastischen Spannungen zu berechnen, welche an einem herausgegriffenen Querschnitt angreifen. Betrachten wir zwei im Abstand $\mathrm{d}x$ befindliche benachbarte Querschnitte, so bilden diese nach der Verbiegung einen Winkel $\mathrm{d}\varphi$. Zählen wir jetzt die $X$-Koordinate von dem einen Ende des Balkens, das eingespannt sei, nach rechts, die $Z$-Koordinate von der neutralen Faser nach oben, während die $Y$-Koordinate die Breitendimensionen beschreibt, und führen wir den Krümmungsradius $\rho$ der neutralen Faser ein, so ergibt sich nach Fig. 59 für eine im Abstand $z$ von der neutralen Faser befindliche Schicht eine relative Längenänderung von

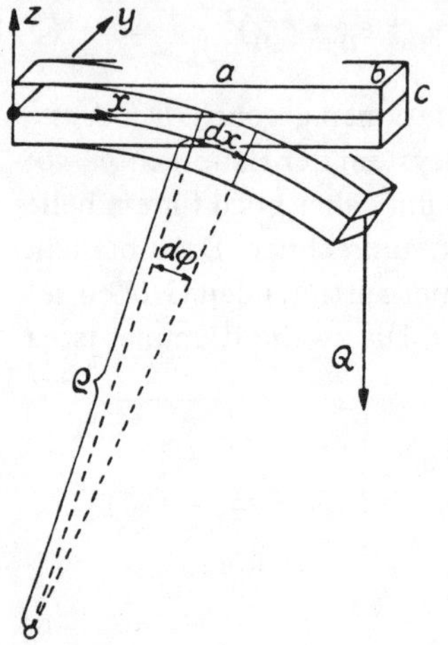


Fig. 59. Biegung eines Balkens

$$\frac{(\rho + z)\,\mathrm{d}\varphi - \rho\,\mathrm{d}\varphi}{\mathrm{d}x} = z\,\frac{\mathrm{d}\varphi}{\mathrm{d}x} = \frac{z}{\rho} \tag{58}$$

(da $\frac{\mathrm{d}\varphi}{\mathrm{d}x}$ ja gerade die Krümmung $\frac{1}{\rho}$ bedeutet).

Die Kraft, welche an einem Querschnittselement $\mathrm{d}z\;\mathrm{d}y$ angreift, ist nach der Definition des linearen Elastizitätsmoduls $E$:

$$\mathrm{d}F = \frac{Ez}{\rho}\,\mathrm{d}z\,\mathrm{d}y\,.$$

Die an einem Querschnitt angreifende Gesamtkraft beträgt

$$F = \frac{E}{\rho}\int z\,\mathrm{d}z\,\mathrm{d}y\,. \tag{59}$$

Die Resultante muß verschwinden, da bei der Biegung insgesamt keine Dehnung, also auch keine Verschiebung des Querschnitts stattfindet. Dies bedeutet, daß die neutrale Faser immer durch den Schwerpunkt des Querschnitts geht, für den $\int\!\!\int z\,\mathrm{d}z\,\mathrm{d}y$ verschwindet. Dagegen bleibt ein resultierendes *Moment* der elastischen Kräfte, welches den Querschnitt um eine in der neutralen Faser parallel zur $Y$-Achse liegende Achse zu drehen sucht. Der Betrag dieses Moments, dessen Richtung in Fig. 59 diejenige der negativen $Y$-Achse ist, wird dargestellt durch

$$|M| = \int z\,\mathrm{d}F = \frac{E}{\rho}\int z^2\,\mathrm{d}z\,\mathrm{d}y = \frac{E}{\rho}I. \tag{60}$$

Die geometrische Größe $\iint z^2\,\mathrm{d}z\,\mathrm{d}y$ heißt Flächenträgheitsmoment $I$ des Querschnitts oder Flächenmoment 2. Grades.

Im Fall eines rechteckigen Querschnitts, der in Fig. 59 angenommen wurde, ist die Integration von $y = 0$ bis $y = b$ und von $z = -\frac{c}{2}$ bis $z = +\frac{c}{2}$ zu erstrecken, wenn wir die Breite mit $b$ und die Höhe mit $c$ bezeichnen.

Diesem Moment der elastischen Kräfte muß das Moment der äußeren Kräfte das Gleichgewicht halten. Ist die Verbiegung durch eine am Balkenende $x = a$ aufgelegte Last $Q$ bedingt (mit $Q$ sei die bereits mit $g$ multiplizierte Masse bezeichnet), so beträgt das Moment dieser Last am Ort $x$, da man die Strecke $(a-x)$ als starren Hebelarm betrachten kann

$$|M'| = Q(a-x). \tag{61}$$

Die Richtung des Momentenvektors ist die der positiven $Y$-Achse. Die Gleichgewichtsbedingung an einem Querschnitt in der Entfernung $x$ von der Einspannstelle ist daher

$$\frac{EI}{\rho} = Q(a-x). \tag{62}$$

Daraus läßt sich leicht die Gleichung der neutralen Faser nach der Verbiegung ableiten. Da die Kurve nur wenig von der Horizontalen abweicht, dürfen wir für die Krümmung überall $-\frac{\mathrm{d}^2 z}{\mathrm{d}x^2}$ [1)] schreiben und erhalten so die Gleichung

$$\frac{\mathrm{d}^2 z}{\mathrm{d}x^2} = -\frac{Q}{EI}(a-x). \tag{63}$$

Zweimalige Integration ergibt

$$z = -\frac{Q}{EI}\left(\frac{ax^2}{2} - \frac{x^3}{6}\right) + c_1 x + c_2\,. \tag{64}$$

Da für $x = 0$ sowohl $z$ als $\frac{\mathrm{d}z}{\mathrm{d}x}$ verschwinden, sind beide Integrationskonstanten $c_1$ und $c_2$ null und wir erhalten für die Senkung des Endpunkts $(x = a)$

$$z_a = -\frac{Q}{EI}\frac{a^3}{3}\,. \tag{65}$$

Auch die von BERNOULLI noch nicht berücksichtigte Deformation des Querschnitts läßt sich leicht angeben, wenn wir ursprünglich einen rechteckigen Querschnitt haben.

---

1) Da wir den Krümmungsmittelpunkt auf der zur $z$-Achse konkaven Seite angenommen haben, müssen wir das negative Zeichen nehmen.

Da nämlich oberhalb der neutralen Faser, wo die Längen gedehnt werden, eine Querkontraktion, unterhalb aber eine Querdehnung eintritt, müssen die ursprünglich parallelen vertikalen Seiten des Rechtecks nach oben konvergieren, so daß das Rechteck die Form eines Kreisbogensektors annimmt (Fig. 60). Führen wir jetzt den Krümmungsradius des durch die neutrale Faser aus dem Querschnitt ausgeschnittenen Streifens ein, den wir mit $\rho_2$ bezeichnen wollen, während wir den Krümmungsradius der neutralen Faser selbst, den wir oben mit $\rho$ bezeichnet hatten, nun $\rho_1$ nennen, so ergibt sich nach denselben Überlegungen wie oben für eine Querschnittsschicht in der Höhe $z$ über der neutralen Faser die relative Verlängerung (in Wirklichkeit Verkürzung)

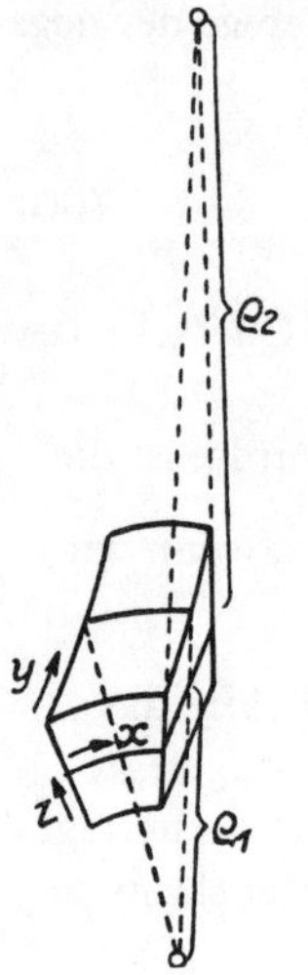


Fig. 60.
Doppelte Krümmung eines Balkenelements

$$\frac{(\rho_2 - z)\,\mathrm{d}\varphi - \rho_2\,\mathrm{d}\varphi}{\mathrm{d}y} = -z\,\frac{\mathrm{d}\varphi}{\mathrm{d}y} = -\frac{z}{\rho_2}\,.$$

An derselben Stelle gilt aber für die Längsdilatation der Wert $+\dfrac{z}{\rho_1}$. Nach der Definition der POISSONschen Konstanten ist also

$$\mu = -\frac{\rho_1}{\rho_2} \quad \text{oder} \quad \rho_2 = -\frac{\rho_1}{\mu}\,. \tag{66}$$

Die ursprünglich ebene Schicht in der Höhe $z$ wird als zu einer hypberbolisch gekrümmten Fläche verbogen, deren beide Krümmungsradien im Verhältnis $\mu$ stehen. Darauf beruht eine schöne und einfache Methode zur Bestimmung von $\mu$ (vgl. Aufg. 56).

Aufg. 55. Man berechne die Durchbiegung eines in der Mitte belasteten Rohres von Länge $a$ und Radien $r_i$ und $r_a$. (Zur Zurückführung auf die oben behandelte Aufgabe denke man sich die Rohrmitte eingespannt und an den Enden zwei entgegen der Belastung gerichtete Kräfte vom halben Betrag der Mittellast angebracht.)

Aufg. 56. Eine in der Mittellinie unterstützte Platte von rechteckigem Querschnitt wird durch Belastung an den Enden verbogen. In der Mitte liegt auf der durchgebogenen Platte eine Planplatte aus Glas und das Ganze wird vertikal mit monochromatischem Licht beleuchtet. Die an der dünnen Schicht zwischen den beiden Platten auftretenden Interferenzkurven gleicher Dicke (vgl. 3. Buch, Kap. XII) geben eine Schichtliniendarstellung der durch die Verbiegung entstehenden Fläche. Man zeige durch näherungsweise Darstellung der Fläche in der Nähe des Scheitels, daß diese Schichtlinien Hyperbeln sind, deren Asymptotenwinkel in einem einfachen Zusammenhang mit $\mu$ steht. (Man beachte, daß am Scheitel

$$\frac{\partial^2 z}{\partial x^2} = \frac{1}{\rho_1}\,, \quad \frac{\partial^2 z}{\partial y^2} = \frac{1}{\rho_2} \quad \text{und} \quad \rho_2 = -\frac{\rho_1}{\mu}$$

ist und daß für die Entwicklung in der Nähe des Scheitels $\rho_1$ und $\rho_2$ konstant angenommen werden können.)

Aufg. 57. Ein Draht von Länge $l$ und Querschnittsradius $a$ ist am einen Ende eingespannt, während das andere Ende um einen Winkel $\varphi$ verdreht wird. Man berechne das entstehende $\varphi$ proportionale Drehmoment, indem man den Draht zunächst in dünne konzentrische Hohlzylinder und diese wieder in schmale Rechecke einteilt, die bei der Verdrehung („Tordierung") nur Schubverzerrungen erleiden.

## § 7. Wellen in unbegrenzten elastischen Medien
## Longitudinalwellen in Stäben

Die fundamentale Schlußgleichung (52) von § 4 gilt sowohl für die Elastostatik als auch für die Elastodynamik. Wir wollen sie für den dynamischen Fall anwenden und die Störungen studieren, die in einem unbegrenzten, keinen äußeren Volumenkräften unterworfenen Medium vorkommen. Hat das Medium die Dichte $\rho$, so beträgt, wenn wir nach S. 123 die Trägheitskraft als Volumenkraft einführen diese Größe pro Volumen $-\rho \dfrac{d^2\vec{s}}{dt^2}$, und es wird beim Fehlen sonstiger Kräfte die Gl. (52)

$$\rho \frac{\partial^2 \vec{s}}{\partial t^2} = \frac{E}{2(1+2\mu)} \left\{ \Delta \vec{s} + \frac{1}{1-2\mu} \operatorname{grad} \operatorname{div} \vec{s} \right\}. \tag{67}$$

Unter den vielen Integralen dieser partiellen Differentialgleichung zweiter Ordnung betrachten wir zunächst den einfachen Spezialfall, daß der Vektor der Verrückung $\vec{s}$ nur von einer Koordinate, z. B. der $X$-Koordinate abhänge, daß also alle Differentialquotienten nach $y$ und nach $z$ verschwinden. Dann erhalten wir bei Zerlegung nach Koordinaten

$$\begin{aligned} \rho \frac{\partial^2 u}{\partial t^2} &= \frac{E}{2(1+\mu)} \left( \frac{\partial^2 u}{\partial x^2} + \frac{1}{1-2\mu} \frac{\partial^2 u}{\partial x^2} \right) = \frac{E(1-\mu)}{(1+\mu)(1-2\mu)} \frac{\partial^2 u}{\partial x^2}, \\ \rho \frac{\partial^2 v}{\partial t^2} &= \frac{E}{2(1+\mu)} \frac{\partial^2 v}{\partial x^2}. \\ \rho \frac{\partial^2 w}{\partial t^2} &= \frac{E}{2(1+\mu)} \frac{\partial^2 w}{\partial x^2}. \end{aligned} \tag{68}$$

Dies sind aber Gleichungen von Planwellen, die sich in Richtung der $X$-Achse fortpflanzen, wie ein Vergleich mit der Wellengleichung (32) S. 59 sofort erkennen läßt. Die Fortpflanzungsgeschwindigkeit der Phase, deren reziprokes Quadrat nach dieser Gleichung durch den Koeffizienten von $\dfrac{\partial^2 u}{\partial t^2}$ gegeben ist, wenn $\dfrac{\partial^2 u}{\partial x^2}$ den Koeffizienten 1 hat, ist danach für eine Verrückung in der $X$-Achse, d. h. in der Fortpflanzungsrichtung verschieden von derjenigen für eine Verrückung senkrecht zur Fortpflanzungsrichtung. Die erste Art von Wellen nennt man bekanntlich Longitudinal-, die zweite Transversalwellen. Die Phasengeschwindigkeiten sind danach

$$v_{\text{long}} = \sqrt{\frac{E(1-\mu)}{\rho(1+\mu)(1-2\mu)}}. \tag{69}$$

$$v_{\text{trans}} = \sqrt{\frac{E}{2\rho(1+\mu)}}. \tag{70}$$

Zu dieser hier mehr formal eingeführten Einteilung in Longitudinal- und Transversalwellen gelangt man noch auf anderem Weg, der den physikalischen Sinn besser erkennen läßt: Ersetzen wir nämlich in der Grundgleichung vermöge der bekannten vektoranalytischen Beziehung $\Delta \vec{s}$ durch $\operatorname{grad} \operatorname{div} \vec{s} - \operatorname{rot} \operatorname{rot} \vec{s}$, so erhält man

$$\rho \frac{\partial^2 \vec{s}}{\partial t^2} = \frac{E}{2(1+\mu)} \left\{ \frac{2(1-\mu)}{1-2\mu} \operatorname{grad} \operatorname{div} \vec{s} - \operatorname{rot} \operatorname{rot} \vec{s} \right\}. \tag{67'}$$

Wir zerlegen nun $\vec{s}$ in zwei Teile $\vec{s}_1 + \vec{s}_2$, für welche die Bedingungen erfüllt sein sollen

$$\begin{aligned} \operatorname{rot} \vec{s}_1 &= 0, \quad \operatorname{div} \vec{s}_1 \neq 0, \\ \operatorname{div} \vec{s}_2 &= 0, \quad \operatorname{rot} \vec{s}_2 \neq 0. \end{aligned} \tag{71}$$

$\vec{s}_1$ stellt eine reine Kompressionswelle dar, da ja allgemein die Volumenänderung gemäß (20) durch

$$\operatorname{div} \vec{s} = \frac{\partial u}{\partial x} + \frac{\partial v}{\partial y} + \frac{\partial w}{\partial z}$$

gemessen wird; die einzelnen Volumenelemente erleiden dabei wegen $\operatorname{rot} \vec{s} = 0$ keine Drehung. Wegen der vorausgesetzten Unabhängigkeit des Verschiebungsvektors $\vec{s}$ von $y$ und $z$ ergibt sich für diesen Anteil nur eine $x$-Komponente:

$$\rho \frac{\partial^2 u_1}{\partial t^2} = \frac{E(1-\mu)}{(1+\mu)(1-2\mu)} \frac{\partial^2 u_1}{\partial x^2}. \tag{72}$$

Der Vergleich mit (68) zeigt, daß die Kompressionswelle mit der Longitudinalwelle identisch ist. Bei $\vec{s}_2$ fehlt dagegen wegen $\operatorname{div} \vec{s}_2 = 0$ jede Kompression. Das Verschwinden der Divergenz hat wegen $\frac{\partial v_2}{\partial y} = 0$ und $\frac{\partial w_2}{\partial z} = 0$ auch das Verschwinden von $\frac{\partial u_2}{\partial x}$ zur Folge. Die kompressionslose Scherungswelle, wie wir diesen Anteil nennen wollen, hat also keine Komponente in der Fortpflanzungsrichtung, sie ist transversal. Daß sie in der Tat mit den Transversalwellen identisch ist, ergibt sich durch Aufstellung der Gleichung für die $y$- und $z$-Komponente von (67'), welche ergibt

$$\rho \frac{\partial^2 v_2}{\partial t^2} = \frac{E}{2(1+\mu)} \frac{\partial^2 v_2}{\partial x^2} \quad \text{und} \quad \rho \frac{\partial^2 w_2}{\partial t^2} = \frac{E}{2(1+\mu)} \frac{\partial^2 w_2}{\partial x^2}; \tag{73}$$

also die für Transversalwellen abgeleitete Beziehung.

Das Verhältnis der Fortpflanzungsgeschwindigkeit von Kompressions- und Scherungswellen wird

$$\frac{v_l}{v_t} = \sqrt{\frac{2(1-\mu)}{1-2\mu}}. \tag{74}$$

Für den Wert $\mu = 1/4$, der für viele Stoffe gilt, wird das Verhältnis also $\sqrt{3}$. Bei Erdbeben werden beide Wellen beobachtet, aus dem Verhältnis der Fortpflanzungsgeschwindigkeiten kann man daher die Größe $\mu$ für *den* Teil des Erdinnern, in welchem die Wellen laufen, angeben, sie ergibt sich zu 0,29.

Außer diesen Raumwellen treten aber noch an der Grenzfläche zweier Schichten mit verschiedenen elastischen Eigenschaften sowohl longitudinale als transversale gebundene ***Oberflächenwellen*** auf, welche den im 3. Buch, Kap. VIII behandelten elektrischen Oberflächenwellen entsprechen und die nach ihrem Entdecker als RAYLEIGH-Wellen bezeichnet werden.

Die Ausbreitung von Wellen in einem unbegrenzten Medium ist wohl zu unterscheiden von der Ausbreitung in einem Stab, dessen Querdimensionen klein gegen die Länge sind. Denkt man sich das unbegrenzte Medium in derartige Stäbe eingeteilt, deren Achsen die Richtung der Fortpflanzung der Wellen haben, so sieht man, daß für den einzelnen freien Stab und für den aus dem unbegrenzten Medium ausgeschnitten gedachten Stab die Oberflächenbedingungen andere sind: Beim freien einzelnen Stab kann sich die Querkontraktion ungehindert ausbilden. Die Oberfläche des aus dem homogenen Medium (gedankenmäßig!) ausgeschnittenen Stabes ist mit der Umgebung elastisch verbunden. Eine Querkontraktion ruft daher Gegenspannungen hervor. Aus diesem Grund sind die Longitudinalwellen in dünnen Stäben viel leichter zu behandeln. Wir brauchen dazu gar nicht auf die allgemeinen Gleichungen zurückzugehen, sondern gewinnen die Differentialgleichung auf folgende einfache Weise: Hat die Dilatation auf der linken Seite eines durch zwei Querschnitte begrenzten Stabelements von Länge $\mathrm{d}x$ den Betrag $\left(\frac{\partial u}{\partial x}\right)_x$, auf der rechten Seite dagegen den Wert $\left(\frac{\partial u}{\partial x}\right)_{x+\mathrm{d}x}$, so ist bei einem Querschnitt $q$ und einem linearen Elastizitätsmodul $E$ die Resultante der auf unser Element wirkenden Kraft

$$F_x = qE\left\{\left(\frac{\partial u}{\partial x}\right)_x + \left(\frac{\partial^2 u}{\partial x^2}\right)_x \mathrm{d}x - \left(\frac{\partial u}{\partial x}\right)_x\right\}, \tag{75}$$

und die NEWTONsche Grundgleichung ergibt

$$q\rho \frac{\partial^2 u}{\partial t^2}\,\mathrm{d}x = qE \frac{\partial^2 u}{\partial x^2}\,\mathrm{d}x \quad \text{oder} \quad \frac{\partial^2 u}{\partial x^2} = \frac{\rho}{E}\frac{\partial^2 u}{\partial t^2}, \tag{76}$$

also wird die Fortpflanzungsgeschwindigkeit der Longitudinalwellen in einem Stab

$$\boxed{v = \sqrt{\frac{E}{\rho}}}\,. \tag{77}$$

## § 8. Die Transversalschwingungen von gespannten Saiten und Membranen

In vielen einfachen Fällen ist es zweckmäßig, so wie wir es bei den Longitudinalwellen in Stäben getan haben, nicht von den allgemeinen Gleichungen auszugehen und diese dem speziellen Problem anzupassen, sondern nach den Grundprinzipien der Elastizitätslehre die Gleichungen ab ovo abzuleiten und dabei gleich die vereinfachenden Bedingungen des Problems zu berücksichtigen. Zu diesen Fällen gehören die Querschwingungen von gespannten Saiten und Membranen, die nicht nur physikalisch für die Akustik von großer Bedeutung sind, sondern die auch zu mathematischen Fragen führen, welche in den verschiedensten Gebieten der Physik wiederkehren.

Unter einer Saite verstehen wir einen elastischen Körper, bei dem die Querdimensionen so klein gegen die Länge sind, daß er einer Biegung keinen nennenswerten Widerstand entgegensetzt. Daß mit abnehmendem Querschnitt ein elastischer Stab eine immer geringer werdende Biegungssteifigkeit bekommt, geht aus den Ausführungen des § 6 hervor. Verringert man die Querdimensionen mehr und mehr, so beschränkt man sich schließlich auf die nächste Umgebung der neutralen Faser und bekommt keine

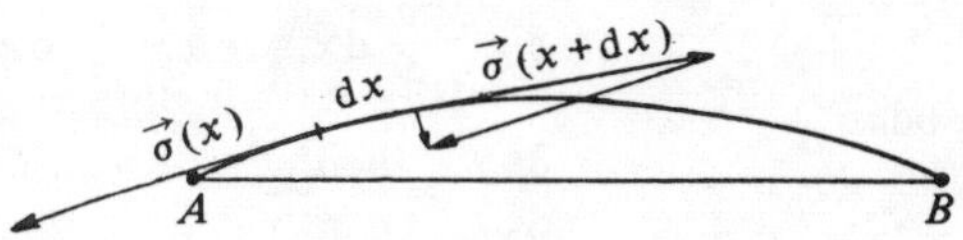

Fig. 61. Die gespannte Saite

der Biegung entgegenwirkende Spannung mehr. Wie kommt es aber dann, daß eine Saite trotzdem imstande ist, Schwingungen auszuführen? Die Sachlage wird vollkommen geändert durch den Umstand, daß die Saite zwischen zwei festen Endpunkten eingespannt ist. Auch in der Ruhelage besteht bereits eine Spannung $\vec{\sigma}$, die senkrecht auf den einzelnen überall gleich großen Querschnitten $q$ steht – Schubspannungen kommen wegen der völligen Biegsamkeit nicht vor –, also stets die Richtung der Tangente an die Mittellinie der Saite hat. Wenn jetzt die Saite aus ihrer Ruhelage herausgezogen wird, so bewirkt die damit verbundene Verlängerung eine Erhöhung der Spannung. Aber auch diese Erhöhung der Spannung ist nicht die Ursache der Querschwingungen: wir werden unten sehen, daß sie gegen die wahre Ursache von höherer Ordnung klein ist. Diese liegt viel näher: im deformierten Zustand haben die in den Endpunkten eines Elements $\mathrm{d}x$ gezogenen Tangenten etwas verschiedene Richtung, infolgedessen ergibt sich eine Resultante in der zur Gleichgewichtsgeraden senkrechten Richtung (vgl. Fig. 61). Beschränken wir uns auf den Fall ebener Schwingungen und nehmen wir die Ebene der Schwingungen als $XY$-Ebene, so ist die $Y$-Komponente der Verschiebung, die wir bisher mit $v$ bezeichnet haben, gleich $y$, da ja in der Ruhelage für alle Elemente der Saite $y = 0$ ist. Auf der linken Seite eines Elements $\mathrm{d}x$ greift im verzerrten Zustand die Kraft $-q\,\sigma\vec{t}(x)$ an, wenn wir den Tangenteneinheitsvektor mit $\vec{t}$ bezeichnen, auf der rechten die Kraft $q\,\sigma\vec{t}\,(x + \mathrm{d}x)$. In Komponenten ergibt sich für die Resultante

$$\begin{aligned} F_x &= q\,\sigma\cos(\alpha + \mathrm{d}\alpha) - q\,\sigma\cos\alpha, \\ F_y &= q\,\sigma\sin(\alpha + \mathrm{d}\alpha) - q\,\sigma\sin\alpha. \end{aligned} \tag{78}$$

Wir beschränken uns auf kleine Verzerrungen, so daß wir

$$\cos\alpha = 1 - \frac{\alpha^2}{2}, \quad \sin\alpha = \alpha = \tan\alpha = \frac{\mathrm{d}y}{\mathrm{d}x}$$

setzen können. Ebenso wird die Änderung der Spannung $\sigma$ klein gegen die schon vorhandene Spannung. In der Querrichtung wird die Resultante, wenn man alle Größen zweiter Ordnung vernachlässigt

$$F_y = q\,\sigma\left\{\left(\frac{\mathrm{d}y}{\mathrm{d}x}\right)_{x+\mathrm{d}x} - \left(\frac{\mathrm{d}y}{\mathrm{d}x}\right)_x\right\} = q\,\sigma\,\frac{\mathrm{d}^2y}{\mathrm{d}x^2}\,\mathrm{d}x\,. \tag{79}$$

(In der Längsrichtung ist die Änderung der Spannung zu berücksichtigen, da hier nur Größen zweiter Ordnung vorkommen.) Somit wird für die Querschwingungen die Bewegungsgleichung unseres Elements

$$\rho q\,\frac{\partial^2 y}{\partial t^2}\,\mathrm{d}x = q\,\sigma\,\frac{\partial^2 y}{\partial x^2}\,\mathrm{d}x$$

oder

$$\frac{\partial^2 y}{\partial x^2} = \frac{\rho}{\sigma}\,\frac{\partial^2 y}{\partial t^2}\,. \tag{80}$$

Wie man sieht, geht in diese Gleichung, die die wohlbekannte (vgl. S. 59) Form der Wellengleichung hat, die Elastizität der Saite gar nicht ein, wohl aber ihre Spannung.

Die Lösung

$$y_1 = A\,e^{i\omega\left(t - x\sqrt{\frac{\rho}{\sigma}}\right)},$$

welche einer in Richtung der positiven $X$-Achse fortschreitenden Welle entspricht, befriedigt zwar die Differentialgleichung, nicht aber die räumlichen Grenzbedingungen, daß für $x = 0$ und für $x = l$ in jedem Augenblick $y$ verschwinden soll ($l$ Saitenlänge). Ebensowenig erfüllt die Gleichung

$$y_2 = A\, e^{i\omega\left(t + x\sqrt{\frac{\rho}{\sigma}}\right)},$$

die ebenfalls eine Lösung ist und die einer in umgekehrter Richtung wandernden Welle entspricht, diese Randbedingungen. Wohl aber kann man für die Differenz, die wegen der Linearität der Differentialgleichung wieder eine Lösung ist, wenigstens einzelne Werte von $\omega$ angeben, für die die Randbedingungen erfüllt sind. Die Differenz ist

$$y = y_2 - y_1 = A\, e^{i\omega t}\left\{e^{i\omega x\sqrt{\frac{\rho}{\sigma}}} - e^{-i\omega x\sqrt{\frac{\rho}{\sigma}}}\right\} = 2iA\, e^{i\omega t} \sin\left(\omega x\sqrt{\frac{\rho}{\sigma}}\right). \quad (81)$$

Wie man sieht, ist die für $x = 0$ geltende Forderung für jeden Wert von $t$ erfüllt, die für $x = l$ geltende dagegen nur, wenn $\omega l\sqrt{\frac{\rho}{\sigma}}$ ein ganzes Vielfaches von $\pi$ ist, oder wenn für die Frequenz gilt:

$$\boxed{\nu_n = \frac{n}{2l}\sqrt{\frac{\sigma}{\rho}}}\,. \quad (82)$$

Die Schwingung der Saite kann man also auffassen als stehende Welle, die durch Superposition zweier entgegengesetzt laufender Wellen derselben Frequenz $\nu_n$ entstanden ist. Durch die Randbedingung ist aber nicht mehr jede beliebige Frequenz möglich, sondern nur noch eine diskrete Folge, die allerdings auch unendlich viele Werte enthält, da $n$ von 1 bis $\infty$ geht.

Man kann zu diesem Resultat noch auf etwas anderem Wege gelangen, den wir wegen seiner prinzipiellen Wichtigkeit auch noch zeigen werden. Machen wir zur Lösung von Gl. (80) zunächst, wie üblich, den Ansatz

$$y = w(x)\, e^{i\omega t}, \quad (83)$$

so erhalten wir nach Abspaltung des Zeitfaktors $e^{i\omega t}$ die nur von $x$ abhängige Differentialgleichung

$$\frac{d^2 w}{dx^2} + \frac{\omega^2 \rho}{\sigma} w = 0, \quad (84)$$

oder mit der Abkürzung

$$\omega\sqrt{\frac{\rho}{\sigma}} = k. \quad (85)$$

$$\frac{d^2 w}{dx^2} + k^2 w = 0. \quad (86)$$

Diese wohlbekannte Gleichung hat an sich für jedes $k$ die Lösung $e^{\pm ikx}$ bzw. $\cos kx$

oder $\sin kx$, aber nur für bestimmte Werte des Parameters $k^2$, die *Eigenwerte* genannt werden, ist die Lösung mit den Randbedingungen verträglich. Setzen wir als Lösung

$$w = \sin kx \tag{87}$$

an, so muß, damit $y$ für $x = l$ verschwindet, $k$ ein ganzes Vielfaches von $\pi/l$ sein, also

$$k_n = 2\pi\nu_n \sqrt{\frac{\rho}{\sigma}} = \frac{n\pi}{l}, \tag{88}$$

und damit wird wie oben

$$\nu_n = \frac{n}{2l}\sqrt{\frac{\sigma}{\rho}} . \tag{89}$$

Die zu den *Eigenwerten* gehörenden Funktionen, die eine Lösung der Differentialgleichung sind und *außerdem* noch die Randbedingungen befriedigen, heißen die *Eigenfunktionen* der Differentialgleichung. Diese sind in unserem Fall die Funktionen $\sin \frac{n\pi}{l} x$. Da von der mit dem Zeitfaktor behafteten Gl. (83) sowohl der reelle als der imaginäre Teil für sich die Differentialgleichung erfüllen muß, stellt sowohl

$$y = a_n \cos 2\pi\nu_n t \sin \frac{n\pi x}{l} \tag{90}$$

als auch

$$y = b_n \sin 2\pi\nu_n t \sin \frac{n\pi x}{l} \tag{91}$$

eine den Randbedingungen genügende Lösung dar. Dann ist aber auch die Reihe

$$y = \sum_{n=1}^{n=\infty} a_n \cos 2\pi\nu_n t \sin \frac{n\pi x}{l} + \sum_{n=1}^{n=\infty} b_n \sin 2\pi\nu_n t \sin \frac{n\pi x}{l} \tag{92}$$

eine Lösung, da ja eine Summe von Lösungen wieder die Gleichung befriedigt. (Bei der unendlichen Summe ist allerdings noch Voraussetzung, daß die Reihe konvergiert.) Die Koeffizienten $a_n$ und $b_n$ sind nun dadurch bestimmt, daß für die Zeit $t = 0$ die Verzerrung $y_0$ und die Verteilung der Geschwindigkeiten $\dot{y}_0$ als Funktion von $x$ gegeben sind, daß also außer den für jeden Augenblick geltenden räumlichen Randbedingungen noch die zeitlichen Anfangsbedingungen zu erfüllen sind. Nun ist

$$y_0(x) = \sum_{n=1}^{n=\infty} a_n \sin \frac{n\pi x}{l}, \tag{93}$$

$$\dot{y}_0(x) = \sum_{n=1}^{n=\infty} 2\pi\nu_n b_n \sin \frac{n\pi x}{l} . \tag{94}$$

Die Bestimmung der Koeffizienten geschieht nun nach dem bei den FOURIERschen Reihen abgeleiteten Verfahren: die rechte Seite von Gl. (93) ist ja nichts anderes als eine FOURIER-Reihe, welche die im Intervall von 0 bis $l$ gegebene Funktion darstellen soll. Um z. B. den Koeffizienten $a_m$ zu bestimmen, multiplizieren wir beide Seiten der ersten Gleichung mit $\sin \frac{m\pi x}{l}$ und integrieren von 0 bis $l$, dann verschwinden rechts alle Glieder bis auf dasjenige mit $\sin \frac{m\pi x}{l}$, das nach S. 56 für $a_m$ den Wert

$$a_m = \frac{2}{l} \int_0^l y_0(x) \sin \frac{m\pi x}{l} \, \mathrm{d}x \tag{95}$$

liefert. In gleicher Weise ergibt die zweite Gleichung

$$b_m = \frac{1}{\pi \nu_m l} \int_0^l \dot{y}_0(x) \sin \frac{m\pi x}{l} \, \mathrm{d}x \,. \tag{96}$$

Je nach den Anfangsbedingungen schwingen die Vielfachen der Grundschwingung in verschiedener Stärke. Nun werden durch die Luft die Saitenschwingungen an unser Ohr getragen und – sofern sie in den Hörbarkeitsbereich fallen – als Klang empfunden, dessen „Höhe“ durch die Grundschwingung $\nu_1$, dessen „Klangfarbe“ durch die verschiedenen Amplituden der Oberschwingungen $\nu_n$ bestimmt ist. Die Gl. (95) und (96) sind daher der mathematische Ausdruck dafür, daß ein bestimmter Ton uns verschieden erscheint, je nachdem er z. B. von einer gezupften Saite oder einer angeschlagenen stammt. Als Beispiel für die Koeffizientenbestimmung sei die in der Mitte angeschlagene Saite gewählt, die etwa der Klaviersaite entspricht. Wir formulieren die Anfangsbedingungen so: Für $t = 0$ soll $y$ überall null sein, $\dot{y}_0$ dagegen auf der Strecke $\frac{l-a}{2}$ bis $\frac{l+a}{2}$ ($a$ Hammerbreite) den Wert $v_0$ haben, sonst ebenfalls verschwinden. Es wird dann $a_m = 0$ und

$$\begin{aligned} b_m &= \frac{1}{\pi \nu_m l} \int_{\frac{l-a}{2}}^{\frac{l+a}{2}} v_0 \sin \frac{m\pi x}{l} \, \mathrm{d}x \\ &= \frac{v_0}{m\pi^2 \nu_m} \left\{ \cos \frac{m\pi}{l} \left( \frac{l-a}{2} \right) - \cos \frac{m\pi}{l} \left( \frac{l+a}{2} \right) \right\} . \end{aligned} \tag{97}$$

Erfolgt der Anschlag nicht wie hier angenommen, in der Mitte, so ergeben sich andere Werte der Koeffizienten.

Es macht keine Schwierigkeiten, das zweidimensionale Analogon, die schwingende Membran, in gleicher Weise zu behandeln. Auch hier soll die Dicke $\delta$ der Platte so gering sein, daß sie keine Steifigkeit mehr besitzt. Erst dadurch, daß sie am Rande eingespannt ist, kommen wie bei der Saite Kräfte zustande, welche sie in die Ruhelage zurücktreiben. Wir nehmen die Randkurve als eben an und machen die der Ruhelage entsprechende Ebene zur $XY$-Ebene unseres Koordinatensystems. An jedem Flächenelement greife wieder die konstante Spannung $\sigma$ an. Betrachten wir nun ein Flächenelement $\mathrm{d}x\,\mathrm{d}y$ in der verzerrten Lage, so geben die in eine zur $YZ$-Ebene parallele Ebene fallenden Spannungen eine Resultante

$$F_{1z} = \delta \cdot \sigma \frac{\partial^2 z}{\partial y^2} \, \mathrm{d}x \, \mathrm{d}y$$

und die dazu senkrechten Spannungen die Resultierende

$$F_{2z} = \delta \cdot \sigma \frac{\partial^2 z}{\partial x^2} \, \mathrm{d}x \, \mathrm{d}y \, .$$

Insgesamt erhalten wir also eine in Richtung der $Z$-Achse wirkenden Kraft vom Betrag

$$F_z = \delta \cdot \sigma \, \mathrm{d}x \, \mathrm{d}y \left( \frac{\partial^2 z}{\partial y^2} + \frac{\partial^2 z}{\partial x^2} \right) ,$$

und die Bewegungsgleichung wird für unser herausgegriffenes Element

$$\rho\delta \cdot \mathrm{d}x \, \mathrm{d}y \frac{\partial^2 z}{\partial t^2} = \delta \cdot \sigma \, \mathrm{d}x \, \mathrm{d}y \left( \frac{\partial^2 z}{\partial x^2} + \frac{\partial^2 z}{\partial y^2} \right)$$

oder

$$\frac{\partial^2 z}{\partial x^2} + \frac{\partial^2 z}{\partial y^2} = \frac{\rho}{\sigma} \frac{\partial^2 z}{\partial t^2} \, . \tag{98}$$

Die außer der Differentialgleichung zu befriedigende örtliche Randbedingung besteht darin, daß lägs der Randkurve für alle Zeiten $z = 0$ sein soll. Statt dessen können auch entlang der Berandung bestimmte *zeitlich unveränderliche* Werte von $z$ *oder* $\frac{\partial z}{\partial x}$, nicht aber, wie man aus dem Grad der Differentialgleichung schließen könnte, von beiden Größen, vorgeschrieben sein. Daß die Vorgabe von $z$ *und* $\frac{\partial z}{\partial x}$ die Aufgabe überbestimmt, sieht man leicht ein, wenn man in einem Streifen parallel zur $Y$-Achse die Integration numerisch oder graphisch sich Stück für Stück durchgeführt denkt: Man beginnt mit einem Flächenelement, dessen Lage und Stellung vorgegeben ist und fügt an dieses, da die Differentialgleichung den Zuwachs von $\frac{\partial z}{\partial x}$ gibt, die folgenden mit der richtigen Stellung an. Wenn man so verfährt, wird man den Rand nicht zum zweitenmal treffen, es darf also nur die Lage *oder* die Orientierung am Rande vorgegeben sein.

Macht man wieder zur Lösung den Ansatz

$$z = w(x, y) \, e^{i\omega t} \, , \tag{99}$$

so ergibt sich in gleicher Weise wie bei der Saite

$$\frac{\partial^2 w}{\partial x^2} + \frac{\partial^2 w}{\partial y^2} + k^2 w = 0 \qquad k = \omega \sqrt{\frac{\rho}{\sigma}} \, . \tag{100}$$

Auch hier hat die Gleichung im allgemeinen nur für eine diskrete Folge von Eigenwerten $k_n^2$ eine die Randbedingung befriedigende Lösung. Die zugehörigen Eigenfunktionen kön- nen aber je nach der Art der Begrenzung komplizierte höhere Transzendenten sein (bei kreisförmiger Begrenzung sind es z. B. BESSELsche Funktionen). Trotzdem läßt sich bei gegebenen zeitlichen Anfangsbedingungen die Bestimmung der Koeffizienten einer aus Eigenfunktionen aufgebauten Reihe in gleicher Weise durchführen wie bei der FOURIER- Reihe. Es läßt sich nämlich zeigen, daß alle Eigenfunktionen der Gleichung $\Delta w + k^2 w =$ welche am Rand verschwinden, die Eigenschaft der Orthogonalität haben, daß nämlich in Analogie zum Verschwinden der Integrale

$$\int_0^l \sin\frac{m\pi x}{l}\sin\frac{n\pi x}{l}\,\mathrm{d}x$$

auch allgemein für $m \neq n$

$$\int f_m f_n \,\mathrm{d}\tau = 0 \tag{101}$$

ist, wenn die Integration über den ganzen Bereich von $w$, also in unserem Fall über die Oberfläche der Membran erstreckt wird. Der Beweis, den wir gleich für den dreidimensionalen Fall führen, läuft folgendermaßen: Sind $f_m$ und $f_n$ zwei verschiedene Eigenfunktionen, so ist nach dem GAUSSschen Satz

$$\oint (f_m \operatorname{grad} f_n - f_n \operatorname{grad} f_m)\cdot \mathrm{d}\vec{f} = \int (f_m\,\Delta f_n - f_n\,\Delta f_m)\,\mathrm{d}\tau \tag{102}$$

wegen (100) $\qquad = \int (k_m^2 - k_n^2) f_m f_n \,\mathrm{d}\tau.$

Das Oberflächenintegral ist über die Begrenzung unseres Gebiets zu erstrecken, das Raumintegral über dessen Inhalt. Nun ist aber sowohl $f_m$ als auch $f_n$ am Rand dauernd null, also verschwindet die linke Seite und es bleibt, da $k_m$ und $k_n$ verschieden vorausgesetzt sind:

$$\int f_m f_n \,\mathrm{d}\tau = 0. \tag{103}$$

Setzen wir jetzt eine beliebige Funktion des Ortes $g(x,y,z)$ als Summe von Eigenfunktionen $f_i$ an:

$$g(x,y,z) = a_1 f_1 + a_2 f_2 + \cdots a_m f_m \cdots, \tag{104}$$

so verfahren wir bei der Koeffizientenbestimmung genau wie bei den FOURIER-Reihen: Multiplizieren wir beide Seiten mit $f_m$ und integrieren wir über das gesamte von der Grenzfläche bzw. Grenzkurve umschlossene Gebiet (im Fall der Membran also über die Oberfläche der Membran), so verschwinden wegen der Orthogonalität der Eigenfunktionen alle Glieder der Reihe rechts mit Ausnahme des Glieds

$$\int a_m f_m^2 \,\mathrm{d}\tau.$$

Dessen Koeffizient wird daher

$$a_m = \frac{\int g(x,y,z) f_m \,\mathrm{d}\tau}{\int f_m^2 \,\mathrm{d}\tau} \tag{105}$$

Die Eigenfunktionen sind nur bis auf eine multiplikative Konstante bestimmt, diese wird in der Regel so festgesetzt, daß das Integral $\int f_m^2 \,\mathrm{d}\tau = 1$ wird. Man nennt in diesem Fall die Eigenfunktionen auf 1 normiert.

Aufg. 58. Man gebe die Lösungen der Differentialgleichung einer rechteckigen Membran von Länge $a$ und Breite $b$ an. (Man versuche den Ansatz $w(x,y) = p(x)\,q(y)$! )

Fünftes Kapitel

# Mechanik der flüssigen und gasförmigen Stoffe (Hydro- und Aeromechanik)

## § 1. Das Gleichgewicht flüssiger und gasförmiger Körper (Hydrostatik)

Der flüssige und erst recht der gasförmige Zustand sind dadurch ausgezeichnet, daß einer reinen Formänderung ohne Volumenänderung kein Widerstand entgegengesetzt wird. Während aber bei einer Flüssigkeit die Kompressibilität außerordentlich gering ist, also einer Volumenänderung große Kräfte entgegenwirken, ist die Kompressibilität der Gase sehr groß. Zudem herrscht in einem Gas ein Expansionsdruck, der es jedes zur Verfügung gestellte Volumen annehmen läßt. Wenden wir nun auf die flüssigen und gasförmigen Stoffe die im letzten Kapitel entwickelten Sätze der Theorie deformierbarer Körper an, so drückt sich das Fehlen einer Formelastizität darin aus, daß in einer idealen reibungslosen Flüssigkeit alle Tangentialspannungen $\sigma_{12}, \sigma_{23}, \sigma_{31}$ verschwinden. Die wirklichen Flüssigkeiten sind allerdings im Zustand der Bewegung nicht frei von Tangentialspannungen: Gleiten zwei Schichten mit einer gewissen Relativgeschwindigkeit aneinander vorbei, so üben sie tangentiale Kräfte aufeinander aus, die der Relativgeschwindigkeit proportional sind. In der Ruhe verschwinden indes diese Kräfte wegen der eben erwähnten Proportionalität zwischen den Reibungskräften und der Relativgeschwindigkeit, so daß für die *Statik* kein Unterschied zwischen reibungslosen und zähen Flüssigkeiten besteht. Das Verschwinden der Tangentialspannungen $\sigma_{12}, \sigma_{23}, \sigma_{31}$ bedingt für das Tensorellipsoid das Verschwinden der Glieder mit $xy$, $yz$ und $zx$, und zwar für jedes Koordinatensystem. Es ist also jedes Koordinatensystem Hauptachsensystem, was nur möglich ist, wenn das Ellipsoid eine Kugel ist. Dann müssen aber alle Normalspannungen $\sigma_{11}, \sigma_{22}, \sigma_{33}$ gleich sein. Wir setzen sie gleich $-p$[1]. Auf ein Volumenelement einer Flüssigkeit wirkt also ein allseits gleichstarker Normal*druck* $p$. Dadurch vereinfachen sich aber die Gleichgewichtsbedingungen des deformierbaren Körpers außerordentlich: Aus dem System der Gl. (35) von S. 162 wird

$$\vec{F} = \operatorname{grad} p. \tag{1}$$

Es ist indes in der Hydromechanik üblich, die Volumenkräfte nicht auf das Volumen, sondern auf die Masse zu beziehen. Beträgt die Dichte der Flüssigkeit $\rho$ und ist $\vec{f}$ der Vektor der pro Masse angreifenden Volumenkraft, so ist die auf das Volumen bezogene Kraft $\rho\vec{f}$ und die Grundgleichung der Hydrostatik wird

$$\vec{f} = \frac{1}{\rho} \operatorname{grad} p. \tag{1a}$$

So wie aber in der Elastomechanik das Gleichgewicht erst durch eine Beziehung zwische

[1] Da in der Elastizitätslehre die Normalspannungen positiv gezählt werden, wenn sie die Richtung der *äußeren* Normalen einer geschlossenen Fläche haben, müssen wir dem nach *innen* zeigenden Druck $p$ das negative Zeichen geben.

Spannungs- und Verzerrungstensor definiert wird, so muß auch in der Hydrostatik noch eine Beziehung zwischen Dichte und Druck hinzugefügt werden. Bei den eigentlichen Flüssigkeiten kann man im allgemeinen die Kompressibilität vernachlässigen, also $\rho$ konstant annehmen, bei den Gasen ist das BOYLE-MARIOTTEsche Gesetz (vgl. unten) heranzuziehen.

Von den zahlreichen Aufgaben der Hydrostatik bzw. Aerostatik greifen wir zwei heraus: Die Druckabnahme in der Atmosphäre und die Oberflächengestalt einer rotierenden schweren Flüssigkeit. Für die Druckabnahme in der Atmosphäre ist folgender Ansatz zu machen: Wir legen die $Z$-Achse in die Vertikale und erreichen dadurch Unabhängigkeit von den Koordinaten $X$ und $Y$, wenn wir die Erde als eben annehmen, was für das kleine Oberflächenstück, für das wir unsere Betrachtungen durchführen, natürlich zulässig ist. Ist die Dichte in der Höhe $z$ gleich $\rho(z)$, so wirkt eine auf die Masse bezogene Kraft $-g\vec{e}_z$ (die positive Richtung der $Z$-Achse zeige nach oben). Wegen der Unabhängigkeit von $x$ und $y$ reduziert sich grad $p$ auf $\frac{\mathrm{d}p}{\mathrm{d}z}\vec{e}_z$. Wir erhalten also die Gleichung

$$-\rho g = \frac{\mathrm{d}p}{\mathrm{d}z}\,. \tag{2}$$

Nun gilt für Gase bei festgehaltener Temperatur das BOYLE-MARIOTTEsche Gesetz, daß die Dichte dem Druck proportional ist, also:

$$\frac{\rho}{\rho_0} = \frac{p}{p_0}\,. \tag{3}$$

Setzt man dies in Gl. (2) ein, so erhält man

$$\frac{\mathrm{d}p}{p} = -\frac{\rho_0}{p_0}\,g\,\mathrm{d}z$$

und durch Integration zwischen den Grenzen $z = 0$ (Erdoberfläche) und $z = z$

$$\ln\frac{p}{p_0} = -\frac{\rho_0}{p_0}\,g\,z$$

oder

$$\boxed{p = p_0\,e^{-\frac{\rho_0}{p_0}gz}}\,. \tag{4}$$

Es ist zu beachten, daß diese barometrische Höhenformel nur unter der Voraussetzung gültig ist, daß die Atmosphäre in ihrer ganzen Höhe dieselbe Temperatur hat.

Die Integration der hydrostatischen Gleichung ist besonders einfach, wenn die Dichte als konstant angenommen werden darf und die äußeren Kräfte aus einem Potential $U$ abzuleiten sind. Denn in diesem Fall ist

$$\vec{f} = -\operatorname{grad} U \tag{5}$$

und es wird aus Gl. (1a) die Beziehung

$$\operatorname{grad} U + \frac{1}{\rho}\operatorname{grad} p = 0,$$

die sich bei konstantem $\rho$ sofort integrieren läßt:

$$U + \frac{p}{\rho} = \text{const.} \tag{6}$$

Diese Gleichung sagt, daß unter den gemachten Voraussetzungen die Flächen gleichen Druckes Äquipotentialflächen der wirkenden Kräfte sind. Nun ist die Oberfläche einer schweren Flüssigkeit stets eine Fläche gleichen Drucks, denn sie steht im allgemeinen unter dem Luftdruck, *also muß die Oberfläche eine Äquipotentialfläche sein.* Bei einer ruhenden Flüssigkeit, die nur der Einwirkung der Schwere unterliegt, ist diese Äquipotentialfläche eine Kugel um den Erdmittelpunkt.

Fragen wir nun nach der Gestalt der Oberfläche einer Flüssigkeit, die in einem vertikalen kreiszylindrischen Gefäß samt diesem mit der Winkelgeschwindigkeit $\omega$ um die Zylinderachse gleichförmig rotiert, so handelt es sich hierbei nur scheinbar um ein dynamisches Problem. Denn es wird sich nach einem kurzen Anlaufvorgang bald ein Zustand einstellen, bei welchem die Flüssigkeit als Ganzes mit dem Gefäß rotiert, also keine Relativbewegung der einzelnen Teile mehr stattfindet. Ein mitrotierender Beobachter stellt also einen Gleichgewichtszustand fest. Auf die einzelnen Volumenelemente wirkt nun außer der Schwerkraft die „Zentrifugalkraft", genauer gesagt die Trägheitskraft, die der Normalbeschleunigung der einzelnen rotierenden Teilchen entgegengerichtet ist und die wir für das rotierende System wie eine „eingeprägte" Kraft behandeln dürfen. Das Potential der Schwerkraft wird, wenn wir die $Z$-Achse in die Zylinderachse legen und die positive Richtung nach oben zeigen lassen, $g z$. Die Zentrifugalkraft ist radial gerichtet, steht also senkrecht auf den Zylindern $\sqrt{x^2 + y^2} = r = \text{const}$. Der Kraftvektor ist nach außen gerichtet und hat den Betrag $\omega^2 r$, er ist also der negative Gradient der Funktion $U = -\frac{\omega^2 r^2}{2}$ und die Gl. (6) ergibt für die Flächen gleichen Drucks, zu denen auch die Oberfläche gehört

$$z - \frac{\omega^2 r^2}{2g} = \text{const}, \tag{7}$$

also Rotationsparaboloide, deren Meridianschnitt die Gleichung

$$z - \frac{\omega^2}{2g} x^2 = \text{const} \tag{7'}$$

hat. Legt man den Ursprung des Koordinatensystems in den tiefsten Punkt der Meridianparabel, so gilt für die Oberfläche

$$z = \frac{\omega^2}{2g} x^2 .$$

Der Scheitel der Parabel liegt natürlich tiefer als die Ebene der ruhenden Oberfläche, während die Flüssigkeit an den Wänden höher steht.

Aufg. 59. Man leite das Archimedische Prinzip, nach welchem ein eingetauchter Körper einen ebenso großen Auftrieb erfährt, als die verdrängte Flüssigkeitsmenge wiegt, aus den hydrostatischen Gleichungen ab. (Man beachte, daß sich die Auftriebskraft als die Resultante der Druckkräfte ergibt.)

## § 2. Die hydrodynamischen Grundgleichungen

Wenn eine Flüssigkeit sich nicht im Zustand der Ruhe, d. h. des Gleichgewichts befindet, spricht man von einer Strömung. Der Strömungszustand ist erst dann vollständig definiert, wenn für jeden Augenblick die an jedem Ort herrschende Strömungsgeschwindigkeit bekannt ist. In praxi kommen indes fast nur solche Aufgaben vor, bei denen der Zustand stationär ist, d. h. bei denen der Vektor der Strömungsgeschwindigkeit sich an einem festen Ort mit der Zeit nicht ändert. Wenn wir z. B. nach dem Auftrieb fragen, den ein mit gleichförmiger Geschwindigkeit fliegendes Flugzeug erfährt, so können wir auch – wie es bei den Modellversuchen tatsächlich der Fall ist – uns das Flugzeug fest denken und die Luft mit gleichförmiger Geschwindigkeit aus dem Unendlichen dagegenströmend. Die Verteilung der Strömung um das Flugzeug herum ist dann stationär. Im nichtstationären Zustand sind zwei Arten von Kurven zu unterscheiden: Die Bahnlinien, d. h. die Wege, welche die einzelnen Flüssigkeitsteilchen im Laufe der Zeit beschreiben, und die Stromlinien, die folgendermaßen zustande kommen: In einem bestimmten Augenblick denken wir uns die Strömungsgeschwindigkeitsvektoren in jedem Punkt als kleine Pfeile gezeichnet. Diese Pfeile lassen sich zu Kurven zusammensetzen, deren Tangentenrichtung an jedem Ort mit der Pfeilrichtung zusammenfällt. Im nichtstationären Zustand ändert sich das Bild der Stromlinien von Augenblick zu Augenblick. Infolgedessen hat ein Teilchen, das nach der Zeit $\mathrm{d}t$ von $P$ nach $P'$ gelangt ist, in $P'$ eine andere Geschwindigkeit, als es dem Bild der Stromlinien zu einer Zeit entspricht, zu der das Teilchen noch in $P$ war. Auf diese Weise erkennt man, *daß nur im stationären Zustand Bahnlinien und Stromlinien zusammenfallen.*

Wie in der Elastomechanik vollziehen wir in der Hydromechanik den Übergang von der Statik zur Dynamik dadurch, daß wir nach dem D'ALEMBERTschen Prinzip durch Einführung der Trägheitskraft der Volumeneinheit $-\rho \dfrac{\mathrm{d}^2\vec{r}}{\mathrm{d}t^2}$ die Aufgabe auf die Statik zurückführen. Gleichgewicht zwischen dem an einem Volumenelement angreifenden Trägheitswiderstand, den Volumenkräften und den Druckkräften besteht nach Gl. (1a), wenn

$$\rho\vec{f} - \rho\frac{\mathrm{d}^2\vec{r}}{\mathrm{d}t^2} = \operatorname{grad} p$$

oder

$$\frac{\mathrm{d}^2\vec{r}}{\mathrm{d}t^2} = \vec{f} - \frac{1}{\rho}\operatorname{grad} p \qquad \text{ist.} \tag{8}$$

Im Hinblick auf den wichtigsten Sonderfall der stationären Strömung zerlegen wir nun den totalen Geschwindigkeitszuwachs eines Volumenelements pro Zeit, d. h. den Vektor $\dfrac{\mathrm{d}^2\vec{r}}{\mathrm{d}t^2} = \dfrac{\mathrm{d}\vec{v}}{\mathrm{d}t}$, in einen rein zeitlichen und einen örtlichen Anteil. Der letzte entsteht dadurch, daß das Volumenelement in der Zeit $\mathrm{d}t$ nach einem Ort $\vec{r} + \mathrm{d}\vec{r}$ gelangt ist, an welchem die Geschwindigkeit $\vec{v} + \mathrm{d}\vec{v} = \vec{v} + (\mathrm{d}\vec{r}\cdot\overrightarrow{\mathrm{grad}})\,\vec{v}$ herrscht. Auf die Zeit bezogen gibt also dieser Anteil die Geschwindigkeitsänderung:

$$\frac{\mathrm{d}_0 \vec{v}}{\mathrm{d}t}{}^{1)} = \left(\frac{\mathrm{d}\vec{r}}{\mathrm{d}t} \cdot \overrightarrow{\mathrm{grad}}\right)\vec{v} = (\vec{v} \cdot \overrightarrow{\mathrm{grad}})\,\vec{v}. \tag{9}$$

Andererseits hat sich während der Zeit $\mathrm{d}t$ bei nichtstationärer Strömung das Strömungsbild verändert, so daß das Teilchen am Ort $\vec{r} + \mathrm{d}\vec{r}$ den Zustand findet, der dem Zeitzuwachs $\mathrm{d}t$ entspricht. Unter Vernachlässigung von Gliedern höherer Ordnung dürfen wir für diese rein zeitliche Änderung den Wert setzen, der am Ort $\vec{r}$ gilt. Dieser Geschwindigkeitszuwachs sei mit $\frac{\partial \vec{v}}{\partial t}$ bezeichnet. Die gesamte Beschleunigung ist gleich der Summe aus dem rein zeitlichen und dem örtlichen auf die Zeit bezogenen Geschwindigkeitszuwachs, es wird also aus Gl. (8)

$$\boxed{\frac{\partial \vec{v}}{\partial t} + (\vec{v} \cdot \overrightarrow{\mathrm{grad}})\,\vec{v} = \vec{f} - \frac{1}{\rho}\,\mathrm{grad}\,p} \,. \tag{10}$$

Zu dieser Grundgleichung der Hydrodynamik tritt noch eine zweite, welche als Kontinuitätsgleichung bezeichnet wird. Die durch die Oberfläche eines beliebigen Volumens austretende Flüssigkeitsmasse beträgt pro Zeit $\oint \rho\, \vec{v} \cdot \mathrm{d}\vec{f}$. (Durch das skalare Produkt $\vec{v} \cdot \mathrm{d}\vec{f}$ wird einströmende Flüssigkeit von selbst negativ gezählt.) Diese Menge muß, sofern sich in dem abgegrenzten Raumteil keine Quelle befindet – ein Fall, den wir ausschließen wollen – gleich der auf die Zeit bezogenen Abnahme der in dem Raumteil befindlichen Flüssigkeitsmenge sein, also

$$\oint \rho\, \vec{v} \cdot \mathrm{d}\vec{f} = -\frac{\partial}{\partial t}\int \rho\, \mathrm{d}\tau \,. \tag{11}$$

Verwandeln wir das Oberflächenintegral mit Hilfe des GAUSSschen Satzes in ein Raumintegral, so wird, da die Gleichung für jedes beliebige Volumen gelten muß:

$$\boxed{\mathrm{div}\,(\rho\, \vec{v}\,) = -\frac{\partial \rho}{\partial t}} \,. \tag{12}$$

Für inkompressible Flüssigkeiten vereinfacht sich diese Kontinuitätsgleichung zu

$$\mathrm{div}\,\vec{v} = 0. \tag{12'}$$

In Koordinaten schreiben sich die allgemeinen hydrodynamischen Grundgleichungen nach der Bedeutung von $(\vec{v} \cdot \overrightarrow{\mathrm{grad}})\,\vec{v}$ (vgl. S. 27)

$$\begin{aligned}
\frac{\partial v_x}{\partial t} + v_x \frac{\partial v_x}{\partial x} + v_y \frac{\partial v_x}{\partial y} + v_z \frac{\partial v_x}{\partial z} &= f_x - \frac{1}{\rho}\frac{\partial p}{\partial x} \\
\frac{\partial v_y}{\partial t} + v_x \frac{\partial v_y}{\partial x} + v_y \frac{\partial v_y}{\partial y} + v_z \frac{\partial v_y}{\partial z} &= f_y - \frac{1}{\rho}\frac{\partial p}{\partial y} \\
\frac{\partial v_z}{\partial t} + v_x \frac{\partial v_z}{\partial x} + v_y \frac{\partial v_z}{\partial y} + v_z \frac{\partial v_z}{\partial z} &= f_z - \frac{1}{\rho}\frac{\partial p}{\partial z}
\end{aligned} \tag{10a}$$

1) Durch $\mathrm{d}_0$ soll die *örtliche* Änderung gekennzeichnet sein.

und die Kontinuitätsgleichung wird

$$\frac{\partial(\rho v_x)}{\partial x} + \frac{\partial(\rho v_y)}{\partial y} + \frac{\partial(\rho v_z)}{\partial z} = -\frac{\partial \rho}{\partial t} . \tag{12a}$$

Die Koordinatendarstellung der hydrodynamischen Grundgleichungen, die auch als EULER*sche Gleichungen* bezeichnet werden, läßt die besonderen mathematischen Schwierigkeiten erkennen, die in der Hydrodynamik auftreten: Da nämlich die Produkte der Geschwindigkeitskomponenten mit ihren Ableitungen auftreten, sind die Gleichungen nicht mehr linear und es gilt für sie im Gegensatz zu anderen in der Physik auftretenden partiellen Differentialgleichungen, die, wie z. B. die Feldgleichungen der Elektrizität, linear sind, nicht mehr das Gesetz der Superposition der Lösungen.

Wir beschränken uns nun im folgenden zunächst auf stationäre Strömungen, setzen also alle rein zeitlichen Differentialquotienten gleich null. Die so entstehenden Gleichungen für die stationären Strömungen formen wir nun nochmals um und erhalten dann eine weitere Unterteilung der Strömungsformen, nämlich eine Einteilung in wirbelhafte und wirbelfreie Strömungen. Aus der auf S. 37 abgeleiteten Vektorformel

$$\begin{aligned}\vec{v} \times \operatorname{rot} \vec{w} = \vec{v} \times (\nabla \times \vec{w}) &= \nabla(\vec{v}_c \cdot \vec{w}) - (\vec{v} \cdot \vec{\nabla})\,\vec{w} \\ &= \operatorname{grad} \vec{v}_c \cdot \vec{w} - (\vec{v} \cdot \overrightarrow{\operatorname{grad}})\,\vec{w}\end{aligned}$$

folgt für $\vec{w} = \vec{v}$

$$\vec{v} \times \operatorname{rot} \vec{v} = \operatorname{grad} \vec{v}_c \cdot \vec{v} - (\vec{v} \cdot \overrightarrow{\operatorname{grad}})\vec{v} = \frac{1}{2} \operatorname{grad} \vec{v}^{\,2} - (\vec{v} \cdot \overrightarrow{\operatorname{grad}})\,\vec{v} .$$

Wenden wir dies auf den Ausdruck $(\vec{v} \cdot \overrightarrow{\operatorname{grad}})\vec{v}$ an, so ergibt sich für stationäre Strömungen

$$\frac{1}{2} \operatorname{grad} \vec{v}^{\,2} - \vec{v} \times \operatorname{rot} \vec{v} = \vec{f} - \frac{1}{\rho} \operatorname{grad} p . \tag{13}$$

Die Integration der Gleichungen wird nun verhältnismäßig leicht, wenn wir eine Strömung vor uns haben, für welche im ganzen Raum $\operatorname{rot} \vec{v}$ verschwindet. Ist nämlich $\operatorname{rot} \vec{v}$ überall null, so läßt sich $\vec{v}$ selbst als Gradient einer skalaren Größe $\Phi$, des Geschwindigkeitspotentials, darstellen und die Aufgabe ist gelöst, wenn die *eine* skalare Größe $\Phi$ als Funktion des Ortes gefunden ist.

Aufg. 60. Man berechne aus den Gl. (10a) die stationäre Ausströmungsgeschwindigkeit einer schweren Flüssigkeit aus einer kleinen Öffnung im Boden eines bis zur Höhe $h$ angefüllten Gefäßes.

Aufg. 61. Man berechne in gleicher Weise unter Vernachlässigung der hier belanglosen Schwerkraft die Ausströmungsgeschwindigkeit eines unter dem Überdruck $p_1 - p_0$ stehenden Gases, für das das BOYLE-MARIOTTEsche Gesetz $p/\rho = \text{const}$ gilt.

## § 3. Wirbelfreie Strömung

### a) Die BERNOULLIsche Gleichung

Haben, wie es fast immer der Fall ist, die Massenkräfte ein Potential, ist also $\vec{f} = -\operatorname{grad} U$, so folgt aus der zuletzt abgeleiteten Form (13) der hydrodynamischen Gleichungen durch Integration längs einer Stromlinie, auf der $d\vec{s}$ die Richtung von $\vec{v}$ hat, das Produkt $(\vec{v} \times \operatorname{rot} \vec{v}) \cdot d\vec{s}$ also verschwindet, allgemein:

$$\int_{P_0}^{P} \frac{1}{2} \operatorname{grad} v^2 \, d\vec{s} - \int_{P_0}^{P} (\vec{v} \times \operatorname{rot} \vec{v}) \cdot d\vec{s} = \int_{P_0}^{P} - \operatorname{grad} U \, d\vec{s} - \int_{P_0}^{P} \frac{1}{\rho} \operatorname{grad} p \, d\vec{s} \,, \tag{14}$$

woraus für inkompressible Flüssigkeiten folgt:

$$\boxed{\frac{v^2}{2} + U + \frac{p}{\rho} = \frac{v_0^2}{2} + U_0 + \frac{p_0}{\rho} = \text{const}} \,. \tag{15}$$

Diese Gleichung gilt entlang einer Stromlinie für jede Art von Strömung, also sowohl wirbelfreie als wirbelhafte. Der Wert der Konstanten ist dabei im allgemeinen von Stromlinie zu Stromlinie verschieden. Ist aber die Strömung wirbelfrei, d. h. verschwindet im ganzen Strömungsraum $\operatorname{rot} \vec{v}$, so kann nach Gl. (14) die Integration längs jeder beliebigen Kurve ausgeführt werden. In diesem Fall müssen also die Konstanten für alle Stromlinien dieselben sein. Umgekehrt kann man schließen: kommt die Strömung aus einem wirbelfreien[1)] Gebiet, in welchem die Größe $\frac{v_0^2}{2} + U_0 + \frac{p_0}{2}$ für alle Stromlinien denselben Wert hat, so bleibt sie im ganzen Raum wirbelfrei. Dies gilt z. B. für die Ausströmung aus einem Gefäß, da an der ganzen Oberfläche des Spiegels sicher alle drei Summanden der Größe $\frac{v_0^2}{2} + U_0 + \frac{p_0}{\rho}$ denselben Wert haben.

b) Berechnung von wirbelfreien (Potential-) Strömungen

Die BERNOULLIsche Gleichung zeigt, daß wirbelfreie Strömungen nicht nur mathematische Vereinfachungen sind, sondern daß sie in der Natur sogar sehr häufig vorkommen müssen. Wenn z. B. bei den Windkanalversuchen Luft gegen ein Flugzeugmodell zur Bestimmung des Auftriebs geblasen wird, so hat beim Eintritt in den Kanal die Luft eine einheitliche Geschwindigkeit, ein und denselben Druck und auch das Potential der hier übrigens zu vernachlässigenden Schwerkraft hat für alle Stromlinien praktisch denselben Wert, es müßte sich also nach den obigen Sätzen *die* Strömung um das Profil ausbilden, die der auf Grund der Annahme der Wirbelfreiheit berechneten Lösung entspricht. Diese reine Potentialströmung führt aber zu paradoxen Resultaten; so würden auf einen eingetauchten Kreiszylinder, dessen Ausdehnung in Richtung seiner Achse unendlich groß ist, von einer senkrecht zur Achse verlaufenden Strömung keine Kräfte ausgeübt. Die Ursache des Versagens liegt darin, daß auch Flüssigkeiten, die wegen ihrer geringen Zähigkeit im allgemeinen als ideal, d. h. reibungsfrei, angesehen werden dürfen, an der Oberfläche von Hindernissen haften, während die reine Potentialströmung glattes Umfließen verlangt (vgl. die Grenzbedingungen bei der Potentialströmung um einen Zylinder, S. 190). In der Grenzschicht herrscht infolge des Haftens ein großes Geschwindigkeitsgefälle, so daß dort $\operatorname{rot} \vec{v}$ nicht mehr verschwindet. Die kleine vorhandene Zähig-

---

1) Wegen der Möglichkeit $\operatorname{rot} \vec{v} \parallel \vec{v}$ muß diese Einschränkung gemacht werden.

keit bewirkt dann, daß die im Grenzfall als Sprungfläche im Sinne von S. 41 aufzufassende Grenzschicht sich aufrollt und ablöst, wobei einzelne Wirbel entstehen. Aber auch abseits von Hindernissen können solche Sprungflächen entstehen, wenn hinter der scharfen Kante eines Hindernisses (Tragflügel) zwei Ströme mit verschiedener Geschwindigkeit zusammenkommen. Wenn trotzdem die Methoden der Potentialströmung insbesondere im zweidimensionalen Fall brauchbar sind, so liegt dies daran, daß man mathematisch die Möglichkeit hat, Wirbel darzustellen und der Potentialströmung zu überlagern, bei solchen Strömungen handelt es sich aber nicht mehr um wirbelfreie Strömungen im strengen Sinn von a).

Betrachten wir jetzt die mathematische Behandlung der wirbelfreien Strömung. Wir setzen

$$\vec{v} = \operatorname{grad} \Phi \; . \tag{16}$$

Damit wird die Kontinuitätsgleichung für inkompressible Flüssigkeiten

$$\operatorname{div} \vec{v} = \operatorname{div} \operatorname{grad} \Phi = \Delta \Phi = 0, \tag{17}$$

und die eigentlichen hydrodynamischen Gleichungen lauten für stationäre Strömung

$$\frac{1}{2} \operatorname{grad} v^2 = \vec{f} - \frac{1}{\rho} \operatorname{grad} p \; . \tag{18}$$

Jede Funktion $\Phi$, welche der Differentialgleichung $\Delta\Phi = 0$ genügt, stellt also das Geschwindigkeitspotential einer wirbelfreien Strömung dar. Die Aufgabe besteht nun darin, diejenige Lösung zu finden, welche den physikalischen Bedingungen des speziellen Falls entspricht. Ist diese gefunden, so ist das Geschwindigkeitsfeld daraus durch Gradientenbildung abzuleiten und die eigentlichen hydrodynamischen Gl. (18) sind nur noch zur Berechnung der Druckverteilung erforderlich. Als einfachste räumliche Potentialströmung untersuchen wir die kugelsymmetrische Lösung der Gleichung $\Delta\Phi = 0$. Bei alleiniger Abhängigkeit von $r$ lautet die Gleichung bekanntlich (vgl. S. 60):

$$\frac{\mathrm{d}^2 \Phi}{\mathrm{d} r^2} + \frac{2}{r} \frac{\mathrm{d}\Phi}{\mathrm{d} r} = 0. \tag{19}$$

Wie man sofort sieht, ist

$$\Phi = \frac{a}{r} + b \tag{20}$$

eine Lösung. Durch Gradientenbildung erhält man

$$\vec{v} = - \frac{a}{r^2} \vec{e}_r \; . \tag{21}$$

Die Strömung verläuft also radial vom Punkt $O$ aus, bzw. ist sie auf den Punkt $O$ hingerichtet. Im ersten Fall befindet sich in $O$ eine Quelle, im zweiten Fall eine Senke. Die Konstante $a$ ist durch das Volumen der pro Zeit durch eine Kugel um $O$ tretenden Flüssigkeitsmenge $Q$ bestimmt. Dieses beträgt

$$Q = -4\omega\pi r^2 \cdot \frac{a}{r^2} = -4\pi a\,. \tag{22}$$

Ist also $Q$ gegeben, so ist damit $a$ festgelegt. Die additiv hinzutretende Konstante $b$ ist für die Strömung belanglos, da sie bei der Gradientenbildung herausfällt. Gewöhnlich normiert man aber das Potential so, daß es im Unendlichen verschwindet, d. h. man setzt $b$ gleich null.

Ein etwa mühsamer zu berechnendes Problem ist die Strömung, die sich ausbildet, wenn in eine durch $\Phi = v_0\, x$ gegebene Parallelströmung ein kugelförmiges Hindernis gebracht wird. Die speziellen Bedingungen lauten hier: In großer Entfernung von der Kugel soll die Strömung die ungestörte Parallelströmung sein. An der Oberfläche der Kugel müssen dagegen die Normalkomponenten der Strömung verschwinden. Ein Gleiten der Flüssigkeit entlang der Kugeloberfläche ist dagegen in einer idealen reibungslosen Flüssigkeit durchaus zulässig. (In diesem Punkt unterscheidet sich allerdings die neuere der Wirklichkeit entsprechende Hydrodynamik, indem sie, wie schon oben ausgeführt, von einem Haften der Grenzschicht ausgeht.)

Wir wollen die Lösung dieser Aufgabe hier nicht wiedergeben, da das Wesentliche auch beim zweidimensionalen Problem der Strömung um einen unendlich langen Kreiszylinder zu erkennen ist, nämlich das Verschwinden der Resultierenden der auf das Hindernis wirkenden Druckkräfte, was natürlich in krassem Widerspruch mit der Erfahrung steht.

Ist die Strömung als zweidimensional anzusehen, d. h. ist das Strömungsbild in allen Ebenen senkrecht zur $Z$-Achse dasselbe, so lassen sich mit Hilfe der konformen Abbildung eine große Anzahl von Lösungen der Potentialgleichung gewinnen. Der Zusammenhang der zweidimensionalen Potentialaufgabe mit der Abbildung der komplexen Zahlenebene geht aus folgendem hervor:

Zunächst ist nach der Einführung unserer Potentialfunktion

$$v_x = \frac{\partial \Phi}{\partial x}\,, \quad v_y = \frac{\partial \Phi}{\partial y}\,, \; (16') \qquad \operatorname{div} \vec{v} = \Delta\Phi = 0 \text{ (Kontinuitätsgleichung).} \tag{17}$$

Weiter lautet die Bedingung der Wirbelfreiheit bei Unabhängigkeit von $z$

$$\frac{\partial v_y}{\partial x} - \frac{\partial v_x}{\partial y} = 0. \tag{23}$$

Diese Beziehung ist mit unserem Ansatz selbstverständlich erfüllt. Wenn wir nun eine andere Funktion $\Psi$ nehmen und setzen

$$v_x = \frac{\partial \Psi}{\partial y}\,, \quad v_y = -\frac{\partial \Psi}{\partial x}\,, \tag{24}$$

so ist die Kontinuitätsgleichung von selbst erfüllt. Die Bedingung der Wirbelfreiheit verlangt dann aber von $\Psi$, daß diese Funktion der Gleichung $\Delta\Psi = 0$ gehorcht. Haben wir also im zweidimensionalen Fall irgendeine Funktion, welche der Potentialgleichung genügt, so können wir daraus auf zweierlei Weise Stromlinien gewinnen, einmal durch Gradientenbildung, zum anderen durch die Vorschrift (24). Wenn umgekehrt eine bestimmte Strömung das eine Mal durch die Potentialfunktion $\Phi$, das andere Mal durch die „Strömungsfunktion" $\Psi$ gemäß Gl. (24) bestimmt wird, so gilt, da ja die auf diese zwei Arten gewonnenen Komponenten $v_x$ und $v_y$ gleich sein sollen

$$\frac{\partial \Phi}{\partial x} = \frac{\partial \Psi}{\partial y}$$
$$\frac{\partial \Phi}{\partial y} = -\frac{\partial \Psi}{\partial x}. \tag{25}$$

Dies sind aber gerade die CAUCHY-RIEMANNschen Differentialgleichungen (vgl. S. 63), denen der relle Teil $\Phi$ und der imaginäre Teil $\Psi$ einer Funktion der komplexen Veränderlichen $z = x + iy$ genügen. Da außerdem sowohl der reelle als auch der imaginäre Teil der Gleichung $\Delta\Phi = 0$ bzw. $\Delta\Psi = 0$ genügen, kann man sagen, daß durch jede komplexe Funktion

$$\Omega = \Phi + i\,\Psi = f(x + iy) \tag{26}$$

ein Strömungsbild vermittelt wird, wobei die Kurven $\Phi = \text{const}$ die Äquipotentiallinien, ihre Orthogonaltrajektorien die Stromlinien darstellen. Nun stehen aber nach der Theorie der konformen Abbildung die Kurven $\Phi = \text{const}$ senkrecht auf den Kurven $\Psi = \text{const}$, infolgedessen stellen die Kurven $\Psi = \text{const}$ bereits die Stromlinien dar. Durch Vertauschen der Funktionen $\Phi$ und $\Psi$ folgt, daß ein zweites Strömungsbild durch die Abbildung vermittelt wird, wenn man die Kurven $\Psi = \text{const}$ als Äquipotential-, die Kurven $\Phi = \text{const}$ als Strömungskurven deutet. Bildet man die Ableitung[1)]

$$w = \frac{d\Omega}{dz} = \frac{\partial \Omega}{\partial x} = \frac{\partial \Phi}{\partial x} + i\,\frac{\partial \Psi}{\partial x} = v_x - i v_y, \tag{27}$$

so erkennt man, daß die komplexe Zahl $w$ ihrem Betrag nach mit der Geschwindigkeit der Strömung übereinstimmt und zum Vektor $\vec{v}$ in bezug auf die $X$-Achse spiegelbildlich liegt. $w$ heißt die *konjugiert komplexe Geschwindigkeit,* $\Omega$ das *komplexe Potential.*

Wir untersuchen jetzt die Abbildung, welche, wie sich sogleich ergibt, wieder der Zylindersymmetrie entspricht, nämlich

$$f(z) = \Phi + i\,\Psi = a \ln z \quad \text{oder} \quad z = e^{\frac{\Phi + i\Psi}{a}} = e^{\Phi/a}\,(\cos \Psi/a + i \sin \Psi/a\,). \tag{28}$$

Trennung von Real- und Imaginärteil ergibt

$$x = e^{\Phi/a} \cos \Psi/a\,,$$
$$y = e^{\Phi/a} \sin \Psi/a\,, \tag{29}$$

woraus durch Elimination von $\Psi$ oder von $\Phi$ folgt

$$x^2 + y^2 = e^{2\Phi/a} \qquad \text{oder} \qquad \Phi = a \ln r \tag{30}$$

---

1) Die Gleichung $\frac{d\Omega}{dz} = \frac{\partial \Omega}{\partial x}$ folgt aus $\frac{\partial \Omega}{\partial x} = \frac{d\Omega}{dz}\,\frac{\partial z}{\partial x}$ wegen $\frac{\partial z}{\partial x} = 1$.

und

$$\frac{y}{x} = \tan \Psi/a \,. \tag{31}$$

Die Äquipotentialkurven $\Phi$ = const sind Kreise um $O$, die Stromlinien also von $O$ ausgehende Gerade (Fig. 62a). Die Strömung stellt also das zweidimensionale Analogon zur oben behandelten Quellströmung dar. Wieder ist die Konstante $a$ durch die gesamte durch die Längeneinheit eines Kreiszylinders tretende Flüssigkeitsmenge bestimmt.

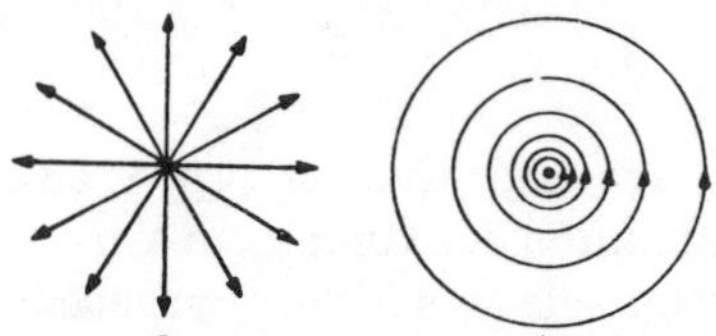


Fig. 62. a) Quell-, b) Zirkulationsströmung im Zweidimensionalen

Deuten wir dagegen die Kurven $\Psi$ = const als Äquipotentialkurven, so sind die Kreise Stromlinien (Fig. 62b). Dieses Strömungsbild ist der Prototyp einer *Zirkulationsströmung*. Schließt man den Punkt $O$ durch einen kleinen Kreis aus dem Strömungsfeld aus, so ist im ganzen übrigen Gebiet rot $\vec{v}$ null. Dagegen verschwindet das Linienintegral $\oint \vec{v} \cdot d\vec{s}$, wenn es längs eines der Kreise oder allgemeiner längs einer den Punkt $O$ umschließenden Kurve genommen wird, nicht mehr, denn längs der Kreise hat bei der Integration der Vektor $d\vec{s}$ stets die Richtung von $\vec{v}$, es werden also alle Beiträge zu dem Integral positiv. Wir werden im übernächsten Paragraphen Näheres über diesen Strömungstyp erfahren.

Wir wollen nun das zweidimensionale Analogon zur umströmten Kugel kennenlernen, den von einer in großer Entfernung parallelen Strömung umflossenen Kreiszylinder. Wir legen das Koordinatensystem so, daß die ungestörte Strömung der $X$-Achse parallel gerichtet ist, und suchen nun eine solche Funktion $\Omega = f(z)$, daß durch sie eine Abbildung vermittelt wird, bei der die ganze $\Omega$-Ebene auf *den* Teil der $Z$-Ebene abgebildet wird, der außerhalb eines Kreises vom Radius $R$ liegt und bei der, damit die Normalkomponenten der Geschwindigkeit an der Oberfläche des Hindernisses verschwinden, der Kreis selbst eine Stromlinie wird, also eine Kurve $\Psi$ = const, und bei der endlich für große $z$ die konjugiert komplexe Geschwindigkeit $w = \frac{d\Omega}{dz}$ in die reelle Größe $v = |\vec{v}|$ übergeht. Diese Forderungen erfüllt, wie sogleich gezeigt wird, die Funktion

$$\Omega = v\left(z + \frac{R^2}{z}\right) \tag{32}$$

oder

$$\Phi + i\,\Psi = v\,x\left(1 + \frac{R^2}{x^2+y^2}\right) + i\,v\,y\left(1 - \frac{R^2}{x^2+y^2}\right) \,. \tag{32'}$$

Wie man sich durch Auflösen der Gl. (32) nach $z$ überzeugen kann, läßt sich zu jedem Wert von $\Omega$ ein Wert von $z$ finden, dessen Betrag größer als $R$ ist, es besteht also eine eindeutige Zuordnung zwischen den Punkten der $\Omega$-Ebene und dem außerhalb des Kreises gelegenen Teil der $z$-Ebene. Weiter sieht man, daß die Kurve $\Psi = 0$ den Kreis $x^2 + y^2 = R^2$ und die Gerade $y = 0$ ergibt, daß also eine Stromlinie in die Kreisbegrenzung fällt. Endlich wird im Grenzwert großer $z$ der Wert der Funktion $v\,z$, ihr Differentialquotient, die konjugiert komplexe Geschwindigkeit $w$, also gleich der reellen Größe $v$.

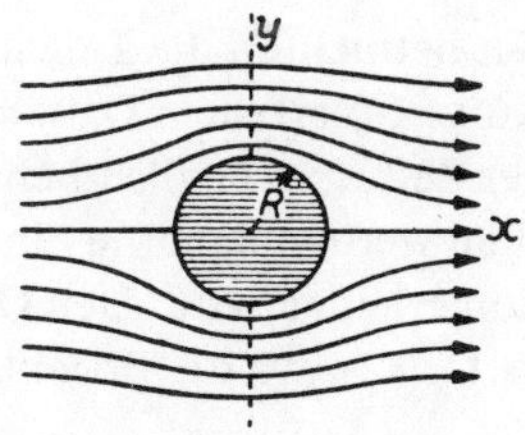


Fig. 63. Strömung um einen Kreiszylinder

Aus der völligen Symmetrie des Strömungsbilds (Fig. 63) vor und hinter dem Hindernis ersieht man, daß der Betrag der konjugiert komplexen Geschwindigkeit $w = \dfrac{\mathrm{d}\Omega}{\mathrm{d}z}$, und damit auch der physikalischen Geschwindigkeit, an zwei in bezug auf die $Y$-Achse symmetrisch gelegenen Punkten des Kreises dieselben Werte annimmt. Nach der BERNOULLIschen Gleichung (15) folgt dann, daß dort auch die Drucke gleich sind, so daß die Resultante aller Druckkräfte verschwindet. Die einfache Potentialströmung führt also in diesem Fall zu einem paradoxen Resultat. Die Gründe dafür sind bereits oben besprochen worden.

## § 4. Allgemeine Sätze über Wirbel- und Zirkulationsströmungen

### a) Der Unterschied zwischen Wirbel und Zirkulation

Wir bezeichnen das längs einer geschlossenen Kurve $C$ erstreckte Linienintegral $\oint \vec{v}\cdot \mathrm{d}\vec{s}$ als die Zirkulation $\Gamma$ längs der Kurve. Nach dem STOKESschen Satz

$$\oint \vec{v}\cdot \mathrm{d}\vec{s} = \int \operatorname{rot}\vec{v}\cdot \mathrm{d}\vec{f}$$

wäre zunächst zu erwarten, daß in einer Strömung, bei der überall rot $\vec{v}$ verschwindet, auch die Zirkulation längs jeder Kurve null sein muß. Wie aber schon das Beispiel der in Kreisbahnen um einen Punkt $O$ herumlaufenden Strömung (vgl. oben Fig. 62b) zeigt, bei der $O$ selbst durch einen kleinen Kreis ausgeschnitten sei, kann mitunter auch bei einer wirbelfreien Strömung die Zirkulation von null verschieden sein. Dieser Widerspruch kommt daher, daß durch das Ausschneiden des Punktes $O$ der Bereich der Strömung nicht mehr einfach zusammenhängend geworden ist, d. h., es gibt jetzt geschlossene Kurven, die sich nicht mehr auf einen Punkt zusammenziehen lassen. Das sind alle Kurven, welche den kleinen, den Punkt $O$ ausschließenden Kreis umschließen. Bei der Ableitung des STOKESschen Satzes war aber stillschweigend die Einfachheit des Zusammenhangs des Raums von $\vec{v}$ vorausgesetzt. Sobald wir bei der zweidimensionalen Strömung also durch Ausschneiden eines Flächenstücks den Bereich der Strömung mehrfach zusammenhängend machen, kann trotz Wirbelfreiheit der Strömung in dem betrachteten Bereich die Zirkulation von null verschieden sein. Rein mathematisch wahrt man die Gültigkeit des STOKESschen Satzes dadurch, daß man durch Sperrlinien die Fläche einfach zusammenhängend macht (vgl. S. 64). Der STOKESsche Satz kann aber auch gewahrt werden, wenn man das Hindernis, das aus dem Strömungsfeld herausgeschnitten wird, durch geeignete verteilte Wirbel ersetzt, d. h. auf der Oberfläche oder im Innern des Hindernisses eine bestimmte Verteilung von rot $\vec{v}$ annimmt. Dies Verfahren hat insbesondere für den dreidimensionalen Fall große Bedeutung.

### b) Der THOMSONsche Satz von der Erhaltung der Zirkulation

Wir betrachten die Teilchen der Flüssigkeit, welche zur Zeit $t = 0$ eine geschlossene Kurve $C_0$ erfüllen. Da wir ein Zerreißen der Flüssigkeit ausschließen, werden im Lauf der Zeit ursprünglich benachbarte Teilchen wieder benachbart bleiben, d. h., diese Teilchen werden dauernd eine geschlossene Kurve $C$ bilden, die zwar mancherlei Deformation erleiden wird. Den Ort eines Teilchens können wir auf $C$ durch einen einzigen Parameter $\lambda$, etwa die Bogenlänge, festlegen. Wir bilden jetzt die Zirkulation längs $C_0$:

$$\Gamma = \oint_C \vec{v} \cdot d\vec{s} = \oint_C \vec{v} \cdot \frac{d\vec{r}}{d\lambda}\, d\lambda . \tag{33}$$

Differenzieren wir nach der Zeit, so erhalten wir, da $\lambda$ selbst nichts mit der Zeit zu tun hat und daher die Differentiationen nach der Zeit und nach $\lambda$ vertauscht werden dürfen[1],

$$\frac{d\Gamma}{dt} = \oint_C \frac{d\vec{v}}{dt} \cdot \frac{d\vec{r}}{d\lambda}\, d\lambda + \oint_C \vec{v} \cdot \frac{d}{d\lambda}\left(\frac{d\vec{r}}{dt}\right) d\lambda = \oint_C \frac{d\vec{v}}{dt} \cdot \frac{d\vec{r}}{d\lambda}\, d\lambda + \oint_C \frac{d}{d\lambda}\left(\frac{1}{2}\vec{v}^2\right) d\lambda . \tag{34}$$

Setzen wir jetzt voraus, daß die äußeren Kräfte konservativ sind, daß also

$$\frac{d\vec{v}}{dt} = -\operatorname{grad} U - \frac{1}{\rho} \operatorname{grad} p = -\operatorname{grad}(U + f(p)) = -\operatorname{grad} V ,$$

so ist wegen $\operatorname{grad} V \cdot \dfrac{d\vec{r}}{d\lambda} = \dfrac{dV}{d\lambda}$,

$$\frac{d\Gamma}{dt} = -\oint_C \frac{dV}{d\lambda}\, d\lambda + \oint_C \frac{d}{d\lambda}\ \frac{1}{2}\vec{v}^2\ d\lambda .$$

Da die Integralfunktionen $V$ und $\frac{1}{2}\vec{v}^2$ eindeutige Funktionen des Ortes sind, verschwinden die über einen geschlossenen Weg $C$ erstreckten Integrale und wir haben

$$\frac{d\Gamma}{dt} = 0 \quad \text{oder} \quad \Gamma = \text{const.} \tag{35}$$

*Die Zirkulation ist für eine aus denselben Flüssigkeitsteilchen bestehende geschlossene Kurve konstant, wenn die äußeren Kräfte konservativer Natur sind.*

### c) Die HELMHOLTZschen Wirbelsätze

Aus dem THOMSONschen Satz lassen sich leicht eine Reihe wichtiger Sätze ableiten, die HELMHOTZ auf anderem Weg gefunden hat. Wir denken uns die Feldlinien des Vektors rot $\vec{v}$ gezeichnet, d. h. Kurven, deren Tangenten an jedem Punkt des Raums die Richtung von rot $\vec{v}$, also der Drehachsen $\vec{w}$ der Flüssigkeitsteilchen angeben. Um auch ein Maß für die Stärke zu erhalten, lassen wir pro Quadratzentimeter einer senk-

---

[1] Obwohl hier 2 Variable $t$ und $\lambda$ vorkommen, sind totale Differentialquotienten $\frac{d}{dt}$ geschrieben, da die partiellen $\frac{\partial}{\partial t}$ oben § (2) in anderem Sinn gebraucht wurden. Denn hier handelt es sich um die gesamte zeitliche Änderung von $\vec{v}$, nicht um diejenige bei festgehaltener Lage.

recht zu rot $\vec{v}$ gelegten Fläche eine dem Betrag von rot $\vec{v}$ proportionale Zahl von Feldlinien, die wir jetzt Wirbellinien nennen, hindurchtreten.

Als erstes Ergebnis stellen wir fest: *Die Wirbellinien können nirgends in der Flüssigkeit entspringen oder endigen, sie sind also entweder geschlossene Kurven oder sie endigen und beginnen bei einer begrenzten Flüssigkeit an den Grenzflächen.* Diese Behauptung folgt sofort aus dem allgemeinen vektoranalytischen Satz div rot $\vec{v} = 0$.

Als *Wirbelröhre* bezeichnen wir eine schlauchartige Fläche, deren Oberfläche von Wirbellinien gebildet wird. Ist der Querschnitt dieses Gebildes so klein, daß man auf ihm rot $\vec{v}$ als konstant ansehen kann, so spricht man von einem Wirbelfaden. Von diesen Wirbelfäden gilt der Satz, daß das Produkt aus Querschnitt und Betrag von rot $\vec{v}$, das als die *Wirbelstärke* bezeichnet wird, längs des ganzen Fadens konstant ist. Denn bildet man das Oberflächenintegral über ein Stück eines Wirbelfadens, das von zwei Querschnitten $q_1$ und $q_2$ senkrecht rot $\vec{v}$ begrenzt ist, so fällt der Beitrag des Mantels weg, weil $\mathrm{d}\vec{f}$ dort überall senkrecht auf rot $\vec{v}$ steht, und es bleibt der Beitrag der beiden Endflächen $q_1$ und $q_2$. Da im Innern keine Wirbellinien entspringen können und da an der einen Seite rot $\vec{v}$ mit $\mathrm{d}\vec{f}$ gleich-, auf der anderen entgegengesetzt gerichtet ist, wird

$$|\operatorname{rot}\vec{v}|_1\, q_1 = |\operatorname{rot}\vec{v}|_2\, q_2\,. \tag{36}$$

Weiter läßt sich zeigen, daß jeder Wirbelfaden dauernd aus denselben Flüssigkeitsteilchen besteht, also mit der Flüssigkeit wandert. Wir zeichnen (Fig. 64) auf einer Wirbelröhre eine geschlossene Kurve $C$, welche die Wirbelröhre nicht umschließt. Nach dem STOKESschen Satz ist, da auf der von $C$ umrandeten Fläche rot $\vec{v}$ dauernd senkrecht $\mathrm{d}\vec{f}$ ist, die Zirkulation $\oint_C \vec{v}\cdot \mathrm{d}\vec{s}$ null. Nach dem THOMSONschen Satz muß nun die Zirkulation längs einer Kurve, welche aus den zur Zeit $t$ die Kurve $C$ bildenden Flüssigkeitsteilchen besteht, dauernd null sein, die Kurve $C$ bleibt also auf der Oberfläche der Wirbelröhre. Da dies nun für jede auf der Oberfläche gezogene, die Wirbelröhre nicht umschließende Kurve gilt, können wir die Oberfläche aus lauter derartigen Flächenstücken zusammengesetzt denken, für deren Berandung immer die Zirkulation null sein muß. Das bedeutet aber, *daß die Wirbelröhre stets aus denselben Flüssigkeitsteilchen besteht.*

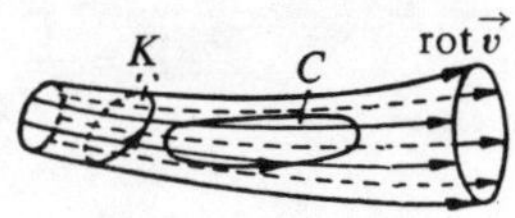

Fig. 64. Wirbelröhre

Das gilt auch noch für Wirbelfäden, da ja ein Wirbelfaden immer als gemeinsame Mantellinie zweier Wirbelröhren gedacht werden kann. Das Wandern der Wirbelfäden kann man zum Beispiel bei den Rauchringen beobachten, die man durch Ausstoßen von Tabakrauch aus dem Mund erzeugt. Die Rauchteilchen dienen dabei als Kennzeichnung der Luftteilchen. Der Wirbelring wandert mit der vom Mund wegführenden Strömung. Die Rotation der Luft um die Achse des Rings läßt sich allerdings nur im ersten Stadium beobachten, da sie bald durch die hier außer acht gelassene Viskosität der Luft vernichtet wird.

Betrachten wir jetzt eine den Wirbelfaden umschlingende Kurve $K$. Die Zirkulation um diese Kurve ist gleich der Wirbelstärke des Fadens (STOKESscher Satz). Nun ist aber die Zirkulation um diese flüssige Kurve nach dem THOMSONschen Satz zeitlich konstant, also muß auch die Wirbelstärke zeitlich konstant sein. Wir haben also den Satz:

*In einer reibungslosen Flüssigkeit sind die Wirbelstärken der Wirbelfäden zeitlich konstant, es können also Wirbel weder entstehen noch vergehen.*

d) Das BIOT-SAVARTsche Gesetz für die durch einen Wirbelfaden erzeugte Strömung

Ist der Vektor rot $\vec{v}$ als Funktion des Ortes gegeben, so läßt sich daraus das Strömungsfeld berechnen. Wir wollen den einfachen Fall eines einzigen Wirbelfadens der Wirbelstärke $\Gamma$ berechnen. Diese Aufgabe ist völlig analog zu der Berechnung des elektromagnetischen Feldes eines dünnen Drahts, in welchem der Strom $I$ fließt. Denn es gilt für eine den Wirbelfaden umschlingende Kurve

$$\oint \vec{v} \cdot d\vec{s} = \int \operatorname{rot} \vec{v} \cdot d\vec{f} = |\operatorname{rot} \vec{v}|\, q = \Gamma, \tag{37}$$

während im magnetischen Fall für eine den Stromfaden umschlingende Kurve (vgl. 3. Buch, Kap. V) die analoge Beziehung

$$\oint \vec{H} \cdot d\vec{s} = \int \operatorname{rot} \vec{H} \cdot d\vec{f} = |\operatorname{rot} \vec{H}|\, q = I \tag{37'}$$

gilt. Im magnetischen Feld ist aber die Lösung wohlbekannt, es gilt das BIOT-SAVARTsche Gesetz

$$\vec{H} = \frac{I}{4\pi} \int \frac{d\vec{s} \times \vec{r}_0}{r^2}\ , \tag{38'}$$

worin $d\vec{s}$ ein Element des Stromfadens, $\vec{r}_0$ der Einheitsvektor der Richtung vom Linienelement zum Aufpunkt ist, folglich ist im vorliegenden hydrodynamischen Fall

$$\vec{v} = \frac{\Gamma}{4\pi} \int \frac{d\vec{s} \times \vec{r}_0}{r^2}\ . \tag{38}$$

## § 5. Die ebene Zirkulationsströmung

a) Die Zirkulation bei der Umströmung eines Hindernisses

Von erheblicher praktischer Bedeutung ist die durch Hinzufügung eines Zirkulationsglieds ergänzte ebene Potentialströmung. Während die reine Potentialströmung, wie wir im Fall des umströmten Zylinders sahen, zu paradoxen Resultaten führt, ist es möglich, durch Hinzufügung eines Gliedes, welches einen endlichen Wert der Zirkulation ergibt, den eigentlichen Flüssigkeitsraum aber wirbellos läßt, der durch das Haften der Grenzschicht bedingten Veränderung Rechnung zu tragen und so zu guter Übereinstimmung mit der Erfahrung zu gelangen. Allerdings muß für genauere Berechnungen dem Umstand Rechnung getragen werden, daß es im Grund keine zweidimensionalen Probleme gibt, daß stets auch die Längenausdehnung des Hindernisses begrenzt ist und daß die dort auftretenden Störungen von dieser Rechnung nicht erfaßt werden. Für die Darstellung der ebenen Strömung verwenden wir wie in § 3 die komplexe Zahlenebene. Die Stromlinien seien durch die komplexe Funktion nach der in § 3 gegebenen Vorschrift gewonnen. Die Ableitung $\frac{d\Omega}{dz}$ liefert die konjugiert komplexe Geschwindigkeit

$w$. Mit ihrer Hilfe läßt sich die Berechnung der Zirkulation um ein Hindernis besonders einfach gestalten. Führen wir nämlich den Integrationsweg um die Kontur des Profils, so ist, da ja das Hindernis von Stromlinien begrenzt wird und $\vec{v}$ die Richtung der Tangenten der Stromlinien hat

$$\frac{\mathrm{d}y}{\mathrm{d}x} = \frac{v_y}{v_x} \tag{39}$$

oder

$$v_x \, \mathrm{d}y - v_y \, \mathrm{d}x = 0. \tag{39'}$$

Infolgedessen wird

$$\Gamma = \oint \vec{v} \cdot \mathrm{d}\vec{s} = \oint \left\{ v_x \mathrm{d}x + v_y \mathrm{d}y + i(v_x \mathrm{d}y \mp v_y \mathrm{d}x) \right\} = \oint w \, \mathrm{d}z \, ; \tag{40}$$

vgl. (27).

Die Auswertung des komplexen Integrals gestaltet sich aber nach dem CAUCHYschen Integralsatz besonders einfach: Da die Störung in großer Entfernung vom Hindernis verschwindet, die Strömung also in die ungestörte Parallelströmung übergeht, muß die konjugiert komplexe Geschwindigkeit sich durch eine nach Potenzen von $1/z$ fortschreitende Potenzreihe darstellen lassen, wenn $z = 0$ im Innern des Hindernisses liegt:

$$w = w_\infty + \frac{a_{-1}}{z} + \frac{a_{-2}}{z^2} + \cdots, \tag{41}$$

nach dem CAUCHYschen Satz (S. 63) wird aber dann

$$\Gamma = \oint w \, \mathrm{d}z = 2\pi i a_{-1} \, . \tag{42}$$

b) Die KUTTA-JOUKOWSKYsche Auftriebsformel

Die Resultante der von einer Strömung auf ein Hindernis ausgeübten Druckkräfte läßt sich ebenfalls auf komplexem Weg sehr einfach berechnen. Die Kraft auf die Längeneinheit eines zylindrischen Hindernisses ist gegeben durch

$$\vec{F}' = \int p \vec{n} \, \mathrm{d}\vec{s} \, , \tag{43}$$

worin $\vec{n}$ die Richtung der ins Innere des Hindernisses zeigenden Normalen bedeutet (vgl. Fig. 65). Da an der Oberfläche des Hindernisses die Normalgeschwindigkeit verschwindet, wird das Integral längs einer Stromlinie erstreckt und wir können darauf die BERNOULLIsche Formel anwenden

$$p + \frac{\rho}{2} v^2 = k, \quad \text{also}$$

$$\oint p \vec{n} \, \mathrm{d}s = -\frac{\rho}{2} \oint \vec{n} \, v^2 \, \mathrm{d}s + \oint k \vec{n} \, \mathrm{d}s \, . \tag{44}$$

Das zweite Integral auf der rechten Seite verschwindet aber für eine ebene Kurve, wie sich leicht zeigen läßt. Bezeichnen wir nämlich den Tangenteneinheitsvektor mit $\vec{t}$, den Vektor der Normalen der Kurvenebene mit $\vec{b}$, so ist $\vec{n} = \vec{b} \times \vec{t}$, somit

$$\oint k\vec{n}\,\mathrm{d}s = k\oint \vec{b}\times\vec{t}\,\mathrm{d}s = k\vec{b}\times\oint\vec{t}\,\mathrm{d}s = k\vec{b}\times\oint \mathrm{d}\vec{s} = 0 \qquad (46)$$

(da für jede geschlossene Kurve $\oint \mathrm{d}\vec{s}$ verschwindet).

Für die Berechnung des ersten Integrals ist es zweckmäßig, eine komplexe Zahl

$$Z = F'_y + i F'_x \qquad (46)$$

einzuführen, deren Radiusvektor in der komplexen Zahlenebene also zum Kraftvektor spiegelbildlich in bezug auf die Winkelhalbierende des 1. Quadranten liegt. Nun ist nach Gl. (43) und (44)

$$F'_y = -\frac{\rho}{2}\oint v^2 \cos(\vec{n}\,y)\,\mathrm{d}s, \qquad F'_x = -\frac{\rho}{2}\oint v^2\cos(\vec{n}\,x)\,\mathrm{d}s, \qquad (47)$$

aus Fig. 65 ist aber ersichtlich, daß

$$\mathrm{d}s\cos(\vec{n}\,y) = \mathrm{d}x, \qquad \mathrm{d}s\cos(\vec{n}\,x) = -\,\mathrm{d}y \qquad (48)$$

ist; wir erhalten also

$$Z = -\frac{\rho}{2}\oint v^2(\mathrm{d}x - i\,\mathrm{d}y) = -\frac{\rho}{2}\oint (v_x^2 + v_y^2)(\mathrm{d}x - i\,\mathrm{d}y). \qquad (49)$$

Addiert man dazu unter dem Integralzeichen den nach Gl. (39′) verschwindenden Ausdruck $2i(v_x\,\mathrm{d}y - v_y\,\mathrm{d}x)(v_x - i v_y)$, so erhält man

$$Z = -\frac{\rho}{2}\oint (v_x^2 - 2i\,v_x v_y - v_y^2)(\mathrm{d}x + i\,\mathrm{d}y) = -\frac{\rho}{2}\oint w^2\,\mathrm{d}z\,. \qquad (50)$$

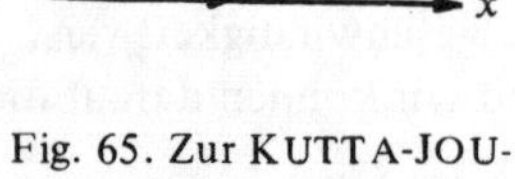


Fig. 65. Zur KUTTA-JOUKOWSKYschen Auftriebsformel

Die konjugiert komplexe Geschwindigkeit $w$ läßt sich nun nach Gl. (41), da in großer Entfernung vom Hindernis die durch dieses hervorgebrachte Störung verschwindet, durch eine Reihe nach fallenden Potenzen von $z$ darstellen, wenn wir den Nullpunkt ins Innere des Hindernisses verlegen:

$$w = w_\infty + \frac{a_{-1}}{z} + \frac{a_{-2}}{z^2} + \cdots \qquad (41)$$

Das dazugehörige komplexe Potential ist

$$\Omega = a_0 + w_\infty z + a_{-1}\ln z - \frac{a_{-2}}{z} + \cdots \qquad (41')$$

Der Koeffizient $a_{-1}$ hängt nach oben mit der Zirkulation durch die Gleichung

$$a_{-1} = \frac{\Gamma}{2\pi i} \qquad (42)$$

zusammen. Bilden wir nun das Integral $\oint w^2\,\mathrm{d}z$, so kommt es allein auf das Glied mit $\frac{1}{z}$ an. Bei der Quadrierung erhält dieses Glied den Koeffizienten $2w_\infty a_{-1}$, und der Wert des Integrals wird

$$\oint w^2 \, dz = 2\pi i \cdot \frac{2\Gamma}{2\pi i} \, w_\infty \, . \tag{51}$$

Somit ergibt sich

$$Z = -\rho\, \Gamma\, w_\infty = -\rho\, \Gamma\, (v_{x\infty} - i\, v_{y\infty}), \tag{52}$$

und nach der Definition von $Z$ ergibt sich somit

$$\begin{aligned} F'_x &= Im(Z) = +\rho\, \Gamma\, v_{y\infty} \\ F'_y &= Re(Z) = -\rho\, \Gamma\, v_{x\infty} \end{aligned} \, . \tag{53}$$

Aus dieser nach ihren Entdeckern als KUTTA-JOUKOWSKYsche Auftriebsformel bezeichneten Beziehung ersieht man sofort, daß die einfache Potentialströmung um einen Kreiszylinder keine Kraft auf den Zylinder ausübt, da die konjugiert komplexe Geschwindigkeit

$$w = v - \frac{v R^2}{z^2} \, ,$$

nach Gl. (32) hier auftritt, für das Integral $\oint w^2 \, dz$ kein Glied mit $\frac{1}{z}$ liefert. In Wirklichkeit entsteht aber hinter dem Hindernis dadurch, daß sich die Grenzschicht von dem Zylinder ablöst, ein Wirbelgebiet, das unsere Rechnungen hinfällig macht. Das turbulente Ablösen der Grenzschicht kann vermindert werden, wenn man dem Zylinder eine Rotation erteilt. In diesem Fall überlagert sich der Lösung (32) noch eine Strömung, die in Kreisen um den Zylinder herumläuft. Das hierzu gehörige komplexe Potential haben wir bereits in § 3 kennengelernt, es ist die Funktion $A \ln z$, die gesamte Strömung hat also die Abbildungsfunktion

$$\Omega = v\left(z + \frac{R^2}{z}\right) + A \ln z \tag{54}$$

und die konjugiert komplexe Geschwindigkeit

$$w = v - \frac{v R^2}{z^2} + \frac{A}{z} \, . \tag{55}$$

Die Zirkulation ist

$$\Gamma = 2\pi i A, \quad \text{also} \quad A = \frac{\Gamma}{2\pi i} \, . \tag{56}$$

Nehmen wir völliges Haften der Grenzschicht an, so ist bei einer Winkelgeschwindigkeit $\omega$ und einem Radius $R$ des zylindrischen Hindernisses der Betrag der Zirkulation $2\pi\omega R^2$. Hat die ursprüngliche Strömung die Richtung der $X$-Achse, so erhält man eine Kraft in Richtung der $Y$-Achse vom Betrag

$$F'_y = -\rho \cdot 2\pi\omega R^2 v \, . \tag{57}$$

Die Kraft ist nach *der* Seite gerichtet, auf welcher Strömungs- und Umfangsgeschwindigkeit dieselbe Richtung haben, da $\Gamma$ positiv ist, wenn die Fläche zur Linken liegt[1]. Diese nach ihrem Entdecker „MAGNUS-Effekt" genannte, ziemlich unerwartete Querkraft hatte einmal eine interessante (wenn auch nicht wirtschaftliche) technische Anwendung im Rotor-Segelschiff gefunden.

Durch verhältnismäßig einfache Abbildungsfunktionen läßt sich das Strömungsbild einer Strömung um einen Kreiszylinder mit überlagerter Zirkulation überführen in eine Strömung um ein Profil, das den in der Flugtechnik verwandten Flügelquerschnitten entspricht. Je nach dem Betrag der zugefügten Zirkulation um den Kreiszylinder entstehen Strömungsbilder vom Typ *a* oder *c* der Fig. 66, zwischen denen der Fall *b* den Übergang darstellt. Im Fall *a* (kleine Zirkulation) müßte die Strömung um die Hinterkante herum nach oben, im Fall *c* nach unten verlaufen. Da erfahrungsgemäß ein solches Umströmen scharfer Kanten nicht stattfindet, ist die richtige Zirkulation, die in natura auftritt, diejenige, welche das glatte Abströmen am Ende bedingt, also die des Falls *b*. Man kann also im voraus den Auftrieb eines Profiles berechnen, wenn es durch eine mathematische Abbildungsfunktion aus dem Kreiszylinder abgeleitet ist; doch ist im Auge zu behalten, daß die zweidimensionale Rechnung ziemlich roh ist.

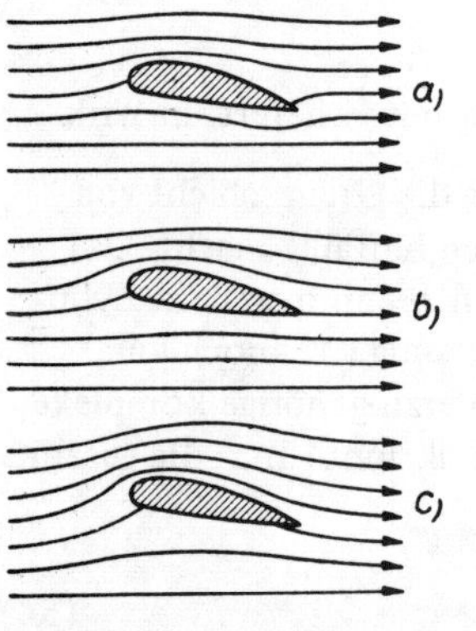

Fig. 66. Potential- und Zirkulationsströmungen um Flugzeugprofile

Man kann nun fragen, wie sich die Entstehung einer Zirkulation um das Profil mit dem THOMSONschen Satz der Konstanz der Zirkulation verträgt. Denken wir uns das Profil in eine einfache Parallelströmung eingebracht, in welcher für keine Kurve eine Zirkulation existiert, so könnte man meinen, es dürfte nach dem THOMSONschen Satz auch weiterhin keine Zirkulation entstehen. Wenn man aber zunächst die zirkulationsfreie Strömung betrachtet, so treffen an der Hinterkante zwei Ströme mit verschiedener Geschwindigkeit zusammen. Es bildet sich also dort eine Sprungfläche (vgl. § 3b). Infolgedessen können wir den THOMSONschen Satz nur auf eine das Profil in großer Entfernung umschließende flüssige Kurve anwenden. Und für eine solche Kurve bleibt die Zirkulation null. In dem Maß, wie sich eine Zirkulation um das Profil ausbildet, entsteht am Ende ein Wirbel von entgegengesetzter Zirkulation, der sogenannte Anfahrwirbel. Ist seine Stärke gleich der endgültigen Zirkulation um das Profil, so löst er sich ab und das Strömungsbild bleibt von da an stationär. Durch das gleichzeitige Vorhandensein dieses Wirbels und der Zirkulation um das Profil bleibt dann für eine das Profil in großer Entfernung umschließende Kurve die Zirkulation dauernd null, da sie den Wirbel miteinschließt.

## § 6. Wellenförmige Ausbreitung von Störungen in Flüssigkeiten, insbesondere in Gasen (Schallwellen)

Von den nichtstationären Bewegungsvorgängen in Flüssigkeiten und Gasen sind die sich wellenförmig ausbreitenden Verdichtungen und Verdünnungen einer mathematischen

---

[1] Diese Kraft gilt für den Grenzfall, daß keine Grenzschichtablösung erfolgt, tatsächlich beträgt aber die für den Auftrieb einzusetzende Zirkulationsgeschwindigkeit der Flüssigkeit nur etwa $\frac{\omega}{2}$, da stets eine teilweise Grenzschichtablösung stattfindet.

Behandlung deshalb leicht zugänglich, weil die auftretenden Geschwindigkeiten und Dichteänderungen so klein sind, daß alle Produkte dieser Größen vernachlässigt werden können. Die EULERschen Gleichungen werden für diesen Fall nach Streichung des Glieds $(\vec{v} \cdot \overrightarrow{\mathrm{grad}})\,\vec{v}$ beim Fehlen äußerer Kräfte

$$\frac{\partial \vec{v}}{\partial t} = -\frac{1}{\rho}\,\mathrm{grad}\,p\,. \tag{58}$$

Wir setzen jetzt die Dichte

$$\rho = \bar{\rho}(1 + \sigma\,[t, x, y, z]), \tag{59}$$

worin $\bar{\rho}$ die durchschnittliche Dichte darstellt und $\sigma$ die Abweichung von diesem Normalwert mißt. Setzen wir dies in die Kontinuitätsgleichung (12) ein und vernachlässigen wir wieder Größen zweiter Ordnung, so ergibt sich nach Division durch $\bar{\rho}$:

$$\frac{\partial \sigma}{\partial t} + \mathrm{div}\,\vec{v} = 0. \tag{60}$$

Damit haben wir, da Gl. (58) drei skalaren Gleichungen äquivalent ist, 4 Gleichungen für die 5 Variablen $v_x, v_y, v_z, p, \sigma$. Wir brauchen also noch eine Beziehung zwischen $p$ und $\rho$ bzw. $\sigma$. Für Gase liegt es nahe, das in § 1 benützte BOYLE-MARIOTTEsche Gesetz $\frac{p}{\bar{p}} = \frac{\rho}{\bar{\rho}}$ anzuwenden ($\bar{p}$ Durchschnittsdruck). Dies führt indes zu falschen Werten für die Schallgeschwindigkeit. Der Grund liegt darin, daß dieses Gesetz ja für konstante Temperatur gilt, während die Verdichtungen und Verdünnungen hier so schnell folgen, daß ein Ausgleich der hier nach den Gesetzen der Thermodynamik (vgl. 4. Buch, Kap. V) eintretenden Temperaturänderungen nicht stattfinden kann. Wir müssen vielmehr das für völlige Wärmeisolation geltende Gesetz der Adiabaten anwenden, das, wenn wir statt des Volumens die diesem umgekehrt proportionale Dichte einsetzen, lautet:

$$\frac{p}{\bar{p}} = \left(\frac{\rho}{\bar{\rho}}\right)^{\gamma} = (1 + \sigma)^{\gamma} = 1 + \gamma\,\sigma \tag{61}$$

(hierin bedeutet $\gamma$ das Verhältnis der spezifischen Wärmekapazitäten $c_p$ und $c_v$). Damit wird

$$\mathrm{grad}\,p = \bar{p}\,\gamma\,\mathrm{grad}\,\sigma \tag{62}$$

und unter abermaliger Vernachlässigung von Produkten kleiner Größen:

$$\frac{1}{\rho}\,\mathrm{grad}\,p = \frac{\bar{p}\,\gamma}{\bar{\rho}}\,\mathrm{grad}\,\sigma\,. \tag{63}$$

Setzen wir dies in die vereinfachten hydrodynamischen Gl. (58) ein, so erhält man

$$\frac{\partial \vec{v}}{\partial t} = -\frac{\bar{p}\,\gamma}{\bar{\rho}}\,\mathrm{grad}\,\sigma\,. \tag{64}$$

Aus Gl. (60) und (64) läßt sich $\vec{v}$ leicht eliminieren. Da zeitliche und örtliche Differentiation vertauscht werden können, brauchen wir nur Gl. (60) nochmals nach $t$ zu differenzieren und die Divergenz von Gl. (64) zu bilden, woraus durch Gleichsetzung der beiden für $\frac{\partial}{\partial t}\,\mathrm{div}\,\vec{v}$ folgenden Ausdrücke sich ergibt:

$$\boxed{\mathrm{div}\,\mathrm{grad}\,\sigma = \Delta\sigma = \frac{\overline{\rho}}{\overline{p}\,\gamma}\,\frac{\partial^2\sigma}{\partial t^2}} \,. \tag{65}$$

Damit haben wir für die Abweichung der Dichte vom Mittelwert die Differentialgleichung einer Welle gefunden, die sich mit der Phasengeschwindigkeit

$$v = \sqrt{\frac{\overline{p}\,\gamma}{\overline{\rho}}} \tag{66}$$

ausbreitet. Die durchschnittliche Dichte $\overline{\rho}$ ist noch temperaturabhängig. Nach 4. Buch, Kap. III ist

$$\overline{\rho} = \frac{\rho_0}{1+\alpha\vartheta} \quad \left(\rho_0 \text{ Dichte bei } 0\,^\circ\mathrm{C},\ \vartheta \text{ Celsiustemperatur}, \alpha = \frac{1}{273{,}15}\cdot\frac{1}{\mathrm{K}}\right), \tag{67}$$

also wird die Schallgeschwindigkeit bei der Temperatur $\vartheta$:

$$\boxed{v = \sqrt{\frac{\overline{p}\,\gamma(1+\alpha\vartheta)}{\rho_0}}} \,. \tag{68}$$

Da $\rho_0$ dem Druck $p$ proportional ist, ist $v$ vom Druck unabhängig.

Aufg. 62. Man berechne die Schallgeschwindigkeit in Wasser aus der Kompressibilität $\kappa = 50\cdot 10^{-6}\ \mathrm{bar}^{-1}$, $\gamma \approx 1$.

## § 7. Hydrodynamik zäher Flüssigkeiten

### a) Einfache lineare Laminarströmung; das HAGEN-POISEUILLEsche Gesetz

Unter einer Laminarströmung verstehen wir ein Strömungsbild, bei welchem sich die Flüssigkeit in parallele Schichten verschiedener Geschwindigkeit unterteilen läßt, die aneinander vorbeigleiten. Der einfachste Fall liegt vor, wenn die Richtung der Geschwindigkeit für alle Schichten dieselbe, z. B. die der positiven $X$-Achse ist. Infolge der inneren Reibung übt nun die schneller fließende Schicht auf die angrenzende eine beschleunigende Wirkung aus, indem sie diese mitzunehmen sucht. Umgekehrt wirkt die langsamer fließende Schicht auf die schnellere hemmend. Für diese Kräfte hat schon NEWTON einen Ansatz gemacht, der die Dinge richtig wiedergibt: Die Kraft soll proportional sein der Fläche $A$, längs der sich die beiden Schichten berühren, und dem Geschwindigkeitsgefälle senkrecht zur Strömungsrichtung. Nimmt die Geschwindigkeit $v$ also in Richtung der positiven $Z$-Achse zu, so übt die an die Schicht $Z = 0$ nach oben anschließende Schicht auf diese eine Tangentialkraft aus vom Betrag

$$F = \eta A\,\frac{\mathrm{d}v}{\mathrm{d}z}\,. \tag{69}$$

In diesem Fall hat diese Kraft die Richtung der positiven $X$-Achse, ist also positiv zu rechnen. Der Proportionalitätsfaktor $\eta$ heißt dynamische Viskosität.

Der Fall einer laminaren Parallelströmung liegt z. B. vor bei langsamem Durchfluß einer zähen Flüssigkeit durch ein kreiszylindrisches Rohr. Da an der Wand die Flüssigkeit erfahrungsgemäß haftet, nimmt die Geschwindigkeit nach der Rohrachse zu, $\frac{\mathrm{d}v}{\mathrm{d}r}$ ist daher negativ. Als Volumenelement betrachten wir einen Hohlzylinder mit den Radien $r$ und $r + \mathrm{d}r$. Die innen anschließende Schicht wirkt in Richtung der positiven $X$-Achse, die von ihr ausgeübte Kraft ist daher bei einer Rohrlänge $l$

$$F_1 = -\eta l\, 2\pi r \frac{\mathrm{d}v}{\mathrm{d}r}\,.$$

Die außen angrenzende Schicht wirkt dagegen wegen der Geschwindigkeitsabnahme nach außen auf das betrachtete Volumenelement hemmend, diese Kraft ist

$$F_2 = +\eta l\, 2\pi (r + \mathrm{d}r)\left(\frac{\mathrm{d}v}{\mathrm{d}r} + \frac{\mathrm{d}^2 v}{\mathrm{d}r^2}\,\mathrm{d}r\right).$$

Herrscht weiter am einen Ende des Rohrs der Druck $p_1$, am anderen Ende (dem Ausfluß) der Druck $p_0$, so beträgt die Resultante der an unserem Hohlzylinder angreifenden Druckkräfte $2\pi r\,\mathrm{d}r\,(p_1 - p_0)$. Im stationären Zustand einer gleichförmigen Bewegung müssen diese Kräfte im Gleichgewicht sein, es wird daher unter Vernachlässigung von Größen höherer Ordnung

$$2\pi\eta l \frac{\mathrm{d}v}{\mathrm{d}r} + 2\pi\eta l r \frac{\mathrm{d}^2 v}{\mathrm{d}r^2} = 2\pi\eta l \frac{\mathrm{d}}{\mathrm{d}r}\left(r\frac{\mathrm{d}v}{\mathrm{d}r}\right) = -2\pi r (p_1 - p_0)\,. \tag{70}$$

Diese Gleichung läßt sich sofort integrieren, was

$$\frac{\mathrm{d}v}{\mathrm{d}r} = -\frac{(p_1 - p_0)\,r}{\eta l \cdot 2} + \frac{C}{r} \tag{71}$$

ergibt. Abermalige Integration führt zu der Gleichung

$$v = -\frac{p_1 - p_0}{2\eta l}\cdot\frac{r^2}{2} + C \ln r + D. \tag{72}$$

Die Integrationskonstanten $C$ und $D$ werden folgendermaßen bestimmt: Da $v$ für die Achse ($r = 0$) endlich bleiben muß, ist $C$ gleich null zu setzen. Weiter muß $v$ für $r = a$ (Rohrwand) verschwinden, woraus sich

$$D = \frac{p_1 - p_0}{4\eta l}\, a^2$$

ergibt. Somit ist die Lösung

$$v = \frac{p_1 - p_0}{4\eta l}\,(a^2 - r^2)\,. \tag{73}$$

Trägt man von einem bestimmten Querschnitt aus die Geschwindigkeitsvektoren ab, so erfüllen ihre Endpunkte eine Rotationsfläche, deren Meridianschnitt eine Parabel ist. Man spricht daher in diesem Fall von einem *parabolischen Geschwindigkeitsprofil.* Das gesamte pro Zeit ausströmende Volumen $\dot{V}$ erhält man, wenn man über einen Querschnitt das Integral $\int \vec{v}\, \mathrm{d}\vec{f}$ bildet. Dies wird in unserem Fall

$$\dot{V} = \int_0^a \frac{p_1 - p_0}{4\eta l} (a^2 - r^2) \cdot 2\pi r \, \mathrm{d}r = \frac{\pi(p_1 - p_0)a^4}{8\eta l} \,. \tag{74}$$

Dies ist das HAGEN-POISEUILLEsche Gesetz, nach der die Ausflußmenge pro Zeit der vierten Potenz des Rohrhalbmessers und der Druckdifferenz direkt, der Rohrlänge und der dynamischen Viskosität umgekehrt proportional ist.

Die einfache Laminarströmung ist aber nicht die einzige Strömungsform, die sich in einem Rohr ausbilden kann. Bei größeren Geschwindigkeiten findet nämlich ein Umklappen in einen anderen Strömungszustand statt, welcher dadurch charakterisiert ist, daß 1. die Ausströmungsgeschwindigkeit nicht mehr der Druckdifferenz proportional ist, sondern langsamer anwächst, 2. die Werte für Geschwindigkeit und Druck an einer bestimmten Stelle nicht mehr zeitlich konstant sind, sondern um einen Mittelwert herumschwanken, 3. die Bahnen der einzelnen Teilchen nicht mehr geradlinig sind, vielmehr eine ständige Durchmischung der Flüssigkeiten stattfindet, wie man durch eingeführte Farbfäden leicht sichtbar machen kann. Diesen Strömungszustand nennt man *Turbulenz.* Maßgebend für den Einsatz der Turbulenz ist der Zahlwert einer dimensionslosen Größe, welche nach ihrem Entdecker REYNOLDSsche Zahl heißt und die für Rohre mit kreisförmigem Querschnitt von Radius $a$ gegeben ist durch

$$\mathrm{Re} = \frac{2\rho a v}{\eta} \qquad (\rho \text{ Dichte, } v \text{ Geschwindigkeit}). \tag{75}$$

Für den Einsatz der Turbulenz existiert offenbar eine scharfe untere Grenze. Diese kritische REYNOLDS-Zahl kann für verschiedene Querschnittsformen experimentell ermittelt werden. Für kreisförmige Rohre liegt sie bei 2200. Ob aber oberhalb dieser Zahl wirklich schon Turbulenz auftritt, hängt von der mehr oder weniger guten Störungsfreiheit insbesondere der Einlaufstelle ab.

### b) Erweiterung des Ansatzes für beliebige Strömungsformen

Bei der Berechnung der an einem Volumenelement einer zähen Flüssigkeit angreifenden Spannungen können wir auf die Formeln der Elastizitätstheorie zurückgreifen, wenn wir berücksichtigen, daß an Stelle der Verrückungen $u$, $v$, $w$ (S. 155) ihre zeitlichen Differentialquotienten treten, da ja die Reibungskräfte erst bei der Bewegung wirksam werden. Diese sind aber nichts anderes als die Komponenten der Strömungsgeschwindigkeit. Es ist also in den Formeln (21), S. 158

$$\begin{aligned}
\epsilon_{11} &= \frac{\partial v_x}{\partial x} & 2\epsilon_{12} &= \frac{\partial v_x}{\partial y} + \frac{\partial v_y}{\partial x} = 2\epsilon_{21} \\
\epsilon_{22} &= \frac{\partial v_y}{\partial y} & 2\epsilon_{23} &= \frac{\partial v_y}{\partial z} + \frac{\partial v_z}{\partial y} = 2\epsilon_{32} \\
\epsilon_{33} &= \frac{\partial v_z}{\partial z} & 2\epsilon_{31} &= \frac{\partial v_z}{\partial x} + \frac{\partial v_x}{\partial z} = 2\epsilon_{13}
\end{aligned} \tag{76}$$

zu setzen, wobei wegen der Inkompressibilität der Flüssigkeit, die wir im folgenden stets annehmen, $\epsilon_{11} + \epsilon_{22} + \epsilon_{33} = 0$ ist. An Stelle der elastischen Größen $E$ und $\mu$ ist nun die Viskosität $\eta$ einzuführen. Zu diesem Zweck gehen wir von dem oben behandelten Sonderfall einer linearen Laminarströmung aus, welche wir jetzt parallel der $Y$-Achse verlaufen lassen und deren Geschwindigkeitsanstieg in Richtung der positiven $X$-Achse liegen soll. Es ist also

$$v_x = 0, \qquad v_y = v, \qquad v_z = 0, \tag{77}$$

und die elastischen Gleichungen S. 167 ergeben für die Tangentialspannung, welche an der zur $X$-Achse senkrechten Fläche angreift und die die Richtung der $Y$-Achse hat,

$$\sigma_{12} = \frac{E}{(1+\mu)}\,\epsilon_{12} = \frac{E}{2(1+\mu)}\,\frac{\mathrm{d}v}{\mathrm{d}x}\,, \tag{78}$$

während sich nach Gl. (69) für dieselbe Kraft pro Fläche der Ausdruck $\eta\,\frac{\mathrm{d}v}{\mathrm{d}x}$ ergibt. Es ist also $\frac{E}{2(1+\mu)}$ durch $\eta$ zu ersetzen; also wird:

$$\begin{aligned}
\sigma_{11} &= 2\eta\,\frac{\partial v_x}{\partial x} & \sigma_{12} &= \eta\left(\frac{\partial v_x}{\partial y} + \frac{\partial v_y}{\partial x}\right) = \sigma_{21} \\
\sigma_{22} &= 2\eta\,\frac{\partial v_y}{\partial y} & \sigma_{23} &= \eta\left(\frac{\partial v_y}{\partial z} + \frac{\partial v_z}{\partial y}\right) = \sigma_{32} \\
\sigma_{33} &= 2\eta\,\frac{\partial v_z}{\partial z} & \sigma_{31} &= \eta\left(\frac{\partial v_z}{\partial x} + \frac{\partial v_x}{\partial z}\right) = \sigma_{13}\,.
\end{aligned} \tag{79}$$

Nach Gl. (35) S. 162 werden daher die Komponenten der Resultante der von den Spannungen herrührenden Zusatzkräfte pro Volumen

$$F_x = \frac{\partial \sigma_{11}}{\partial x} + \frac{\partial \sigma_{21}}{\partial y} + \frac{\partial \sigma_{31}}{\partial z} = \operatorname{div}\vec{\sigma}_1 = 2\eta\,\frac{\partial \epsilon_{11}}{\partial x} + \eta\,\frac{\partial \epsilon_{21}}{\partial y} + \eta\,\frac{\partial \epsilon_{31}}{\partial z} \tag{80}$$

$$= \eta\left(2\,\frac{\partial^2 v_x}{\partial x^2} + \frac{\partial^2 v_x}{\partial y^2} + \frac{\partial^2 v_y}{\partial x\,\partial y} + \frac{\partial^2 v_z}{\partial x\,\partial z} + \frac{\partial^2 v_x}{\partial z^2}\right) \qquad \text{oder}$$

$$F_x = \eta\left(\Delta v_x + \frac{\partial}{\partial x}\operatorname{div}\vec{v}\right) = \eta\,\Delta v_x \qquad (\text{wegen } \operatorname{div}\vec{v} = 0) \tag{81}$$

und analog

$$F_y = \eta \Delta v_y\,,$$
$$F_z = \eta \Delta v_z\,. \tag{81'}$$

Fügt man diese Kräfte zu den bisher betrachteten, auf die Volumeneinheit einer Flüssigkeit wirkenden Kräften hinzu, so erhält man in Vektorform das Zusatzglied $\eta \Delta \vec{v}$, das nach der viel gebrauchten Vektorformel

$$\text{rot rot}\,\vec{v} = \text{grad div}\,\vec{v} - \Delta\vec{v}$$

wegen $\text{div}\,\vec{v} = 0$ auch in der Form $-\eta$ rot rot $\vec{v}$ geschrieben werden kann, und die hydrodynamische Grundgleichung wird für inkompressible zähe Flüssigkeiten, wenn, wie oben, die pro Masse angreifende äußere Kraft mit $\vec{f}$ bezeichnet wird:

$$\frac{\partial \vec{v}}{\partial t} + (\vec{v} \cdot \overrightarrow{\text{grad}})\,\vec{v} = \vec{f} - \frac{1}{\rho}\,\text{grad}\,p - \frac{\eta}{\rho}\,\text{rot rot}\,\vec{v}\,. \tag{82}$$

Läßt man die von der Viskosität herrührenden Spannungen darin stehen, so wird nach Gl. (80)

$$\frac{\partial \vec{v}}{\partial t} + (\vec{v} \cdot \overrightarrow{\text{grad}})\,\vec{v} = \vec{f} - \frac{1}{\rho}\,\text{grad}\,p + \frac{1}{\rho}\,(\vec{e}_x\,\text{div}\,\vec{\sigma}_1 + \vec{e}_y\,\text{div}\,\vec{\sigma}_2 + \vec{e}_z\,\text{div}\,\vec{\sigma}_3)\,. \tag{83}$$

### c) Das STOKESsche Widerstandgesetz für Kugeln

Die erste Berechnung des Widerstands, den eine gleichförmig bewegte Kugel in einer viskosen Flüssigkeit erfährt, gelang STOKES. Es kommt natürlich auf das gleiche heraus, wenn man die Kugel fest denkt und die Flüssigkeit mit der entgegengesetzten Geschwindigkeit $\vec{v}_0$ strömen läßt. Es handelt sich also darum, eine spezielle Lösung der Gl. (82) zu finden, welche der Umströmung eines kugelförmigen Hindernisses entspricht, und dann aus dem gewonnenen Strömungsbild die Resultante aller Kräfte zu berechnen, welche auf die Kugel wirken. STOKES nahm eine so geringe Geschwindigkeit an, daß das die Produkte $v_x \dfrac{\partial v_x}{\partial x}, \ldots$ enthaltende Glied $(\vec{v} \cdot \overrightarrow{\text{grad}})\,\vec{v}$ vernachlässigt werden kann. Im stationären Zustand, der allein interessiert, wird also die linke Seite von Gl. (82) gleich null gesetzt. Diese Näherung führt aber, wie STOKES selbst bemerkte, im Fall eines Zylinders zu paradoxen Resultaten. Korrekterweise muß man, wie OSEEN gezeigt hat, auch bei kleinen Geschwindigkeiten das Glied $(\vec{v} \cdot \overrightarrow{\text{grad}})\,\vec{v}$ wenigstens soweit berücksichtigen, daß man es in der Form $(\vec{v}_0 \cdot \overrightarrow{\text{grad}})\,\vec{v}$ mitführt, d.h. bei der Richtungsableitung der Geschwindigkeit die Strömung $\vec{v}$ durch die ungestörte Strömung $\vec{v}_0$ ersetzt. Im Fall der Kugel gibt dies nur ein kleines Zusatzglied zum STOKESschen Resultat, wodurch die STOKESsche Rechnung nachträglich gerechtfertigt wird. Aus diesem Grund wollen wir der relativen Einfachheit halber die STOKESsche Berechnung kurz wiedergeben. Wir sehen, da es uns ja nur auf die Viskositätskräfte ankommt, auch noch von der Schwerkraft, deren Einfluß sich als hydrostatischer Auftrieb auf die Kugel äußert, als äußerer Kraft $\vec{f}$ ab, d. h. wir verfahren so, daß wir für alle nicht mit der Reibung zusammenhängenden Kräfte wegen der geringen Geschwindigkeit die hydro*statischen* einsetzen. Diese dürfen wir aber, wenn wir die Gesamtkraft ausrechnen, nicht vergessen. Lassen wir z. B. eine Kugel in einer zähen Flüssigkeit sinken, so müssen wir den Auftrieb in Rechnung setzen. Zur Berechnung der Viskositätskräfte denken wir uns also die Flüssigkeit der Schwerkraft entzogen, so daß unsere hydrodynamischen Gleichungen sich reduzieren auf

$$\operatorname{grad} p = \eta\, \Delta \vec{v}; \qquad \operatorname{div} \vec{v} = 0. \tag{84}$$

Wir versuchen einen Ansatz für $\vec{v}$ als Summe einer Potentialströmung $\vec{v}_1 = \operatorname{grad} \Phi$ und einer nicht aus einem Potential ableitbaren Strömung $\vec{v}_2$, womit

$$\operatorname{grad} p = \eta\, \Delta \operatorname{grad} \Phi + \eta\, \Delta \vec{v}_2 = \eta \operatorname{grad} \Delta \Phi + \eta\, \Delta \vec{v}_2 \tag{85}$$

wird. Weiter machen wir für $\vec{v}_2$ einen Ansatz, der der Gleichung $\Delta \vec{v}_2 = 0$ gehorcht. Damit wird durch Integration von (85)

$$p = \eta\, \Delta \Phi + p_0 . \tag{86}$$

Weiter liefert die Inkompressibilitätsbedingung $\operatorname{div} \vec{v} = 0$ die Differentialgleichung

$$\operatorname{div} \operatorname{grad} \Phi + \operatorname{div} \vec{v}_2 = \Delta \Phi + \operatorname{div} \vec{v}_2 = 0. \tag{87}$$

Der denkbar einfachste Ansatz für $\vec{v}_2$ ist der, daß wir nur eine Komponente $v_{2x}$ von null verschieden annehmen, die dann der Gleichung $\Delta v_{2x} = 0$ gehorchen muß. Die einfachste Lösung dieser Gleichung, welche der Kugelsymmetrie entspricht, lautet

$$v_{2x} = \frac{a}{r} . \tag{88}$$

Wir setzen also

$$\vec{v}_2 = \frac{a}{r}\, \vec{e}_x , \qquad \operatorname{div} \vec{v}_2 = \vec{e}_x \cdot \operatorname{grad} \frac{a}{r} = a\, \frac{\partial \frac{1}{r}}{\partial x} . \tag{89}$$

Dies gibt nach Gl. (87) für $\Phi$ die Differentialgleichung

$$\Delta \Phi + a\, \frac{\partial \frac{1}{r}}{\partial x} = 0 . \tag{90}$$

Ein partikuläres Integral dieser Gleichung ist, wie man sofort sieht

$$\Phi = -\frac{a}{2} \frac{\partial r}{\partial x} . \tag{91}$$

Denn es ist

$$\Delta\Phi = -\frac{a}{2}\frac{\partial}{\partial x}\Delta r = -\frac{a}{2}\frac{\partial}{\partial x}\operatorname{div}\operatorname{grad} r = -\frac{a}{2}\frac{\partial}{\partial x}\operatorname{div}\frac{\vec{r}}{r}$$

$$= -\frac{a}{2}\frac{\partial}{\partial x}\left(\frac{3}{r} - \frac{r^2}{r^3}\right) = -a\frac{\partial\frac{1}{r}}{\partial x}.$$

Zu dieser Lösung fügen wir noch, um genügend Konstante zur Befriedigung der Grenzbedingungen zu erhalten, Funktionen, welche der Gleichung $\Delta\Phi = 0$ genügen, also beim Einsetzen in die Differentialgleichung (90) wegfallen. Da unsere bisherigen Teillösungen im Unendlichen verschwinden, müssen wir vor allem ein Glied hinzufügen, welches unserer Voraussetzung entspricht, daß in großer Entfernung von der Kugel eine einfache Parallelströmung parallel der $X$-Achse stattfindet. Ein solches Glied ist $v_0 x$. Eine weitere Funktion, welche $\Delta\Phi = 0$ befriedigt, ist zum Beispiel $\frac{b}{r}$. Aber auch alle Differentialquotienten von $\frac{1}{r}$ nach $x$ genügen wegen der Vertauschbarkeit der Operationen $\frac{\partial}{\partial x}$ und $\Delta$ der Gleichung $\Delta\Phi = 0$. Wir werden sogleich zeigen, daß allen Grenzbedingungen Genüge getan werden kann, wenn wir als einzige weitere Funktion $b\frac{\partial\frac{1}{r}}{\partial x}$ hinzufügen. Unser Ansatz lautet also

$$\vec{v} = \operatorname{grad}\left(v_0 x + b\frac{\partial\frac{1}{r}}{\partial x} - \frac{a}{2}\frac{\partial r}{\partial x}\right) + \frac{a}{r}\vec{e}_x. \tag{92}$$

In Komponenten:

$$v_x = v_0 + b\frac{\partial^2\frac{1}{r}}{\partial x^2} - \frac{a}{2}\frac{\partial^2 r}{\partial x^2} + \frac{a}{r} = v_0 + b\left(\frac{3x^2}{r^5} - \frac{1}{r^3}\right) - \frac{a}{2}\left(\frac{1}{r} - \frac{x^2}{r^3}\right) + \frac{a}{r}$$

$$v_y = b\frac{\partial^2\frac{1}{r}}{\partial x\,\partial y} - \frac{a}{2}\frac{\partial^2 r}{\partial x\,\partial y} = b\frac{3xy}{r^3} + \frac{a}{2}\cdot\frac{xy}{r^3}$$

$$v_z = b\frac{\partial^2\frac{1}{r}}{\partial x\,\partial z} - \frac{a}{2}\frac{\partial^2 r}{\partial x\,\partial z} = b\frac{3xz}{r^5} + \frac{a}{2}\frac{xz}{r^3}.$$

Für $r = R$ müssen für jedes $x$, $y$ und $z$ alle Komponenten von $\vec{v}$ verschwinden. Für die $Y$- und die $Z$-Komponente wird dies erreicht, wenn man

$$b = -\frac{aR^2}{6} \tag{93}$$

setzt. Damit verschwindet von selbst in der $X$-Komponente der Koeffizient von $x^2$, und durch Nullsetzen der übrigen Glieder ergibt sich

$$a = -v_0\cdot\frac{3R}{2} \qquad \text{also} \qquad b = \frac{v_0 R^3}{4}. \tag{94}$$

Die den Grenzbedingungen entsprechende Lösung lautet also

$$
\begin{aligned}
v_x &= v_0 \left(1 - \frac{3}{4}\frac{R}{r} - \frac{1}{4}\frac{R^3}{r^3}\right) - \frac{3}{4}\frac{v_0 R}{r^3}\left(1 - \frac{R^2}{r^2}\right)x^2 \\
v_y &= -\frac{3}{4}\frac{v_0 R}{r^3}\left(1 - \frac{R^2}{r^2}\right)xy \qquad (95) \\
v_z &= -\frac{3}{4}\frac{v_0 R}{r^3}\left(1 - \frac{R^2}{r^2}\right)xz\,;
\end{aligned}
$$

der Druck wird nach Gl. (86), (90) und (94):

$$p = p_0 + \eta \Delta \Phi = p_0 - a\eta \frac{\partial \frac{1}{r}}{\partial x} = p_0 - \frac{3v_0}{2}\frac{\eta R}{r^3}\,x\,. \qquad (96)$$

Die Resultante der auf die Kugel wirkenden Kräfte erhält man, wenn man nach Gl. (79) aus den Geschwindigkeitskomponenten die Spannungen ermittelt und das Integral der Spannungen und des Drucks über die Kugel bildet. Es wird also (vgl. S. 160ff.):

$$\vec{F} = -\oint p\,\mathrm{d}\vec{f} + \oint (\vec{\sigma}_1 \cos(\vec{n}\,\vec{e}_x) + \vec{\sigma}_2 \cos(\vec{n}\,\vec{e}_y) + \vec{\sigma}_3 \cos(\vec{n}\,\vec{e}_z))\,\mathrm{d}f \qquad (97)$$

(beim Druck ist gemäß der Festsetzung S. 180 das negative Zeichen zu setzen). Aus Symmetriegründen kann nur eine $X$-Komponente der Resultante vorhanden sein. Diese beträgt

$$F_x = F = -\oint p\,\vec{e}_x \cdot \mathrm{d}\vec{f} + \oint (\sigma_{11} \cos(\vec{n}\,\vec{e}_x) + \sigma_{21} \cos(\vec{n}\,\vec{e}_y) + \sigma_{31} \cos(\vec{n}\,\vec{e}_z))\,\mathrm{d}f, \qquad (98)$$

wegen der Symmetrie des Spannungstensors ($\sigma_{12} = \sigma_{21}$) wird

$$(\sigma_{11} \cos(\vec{n}\,\vec{e}_x) + \sigma_{21} \cos(\vec{n}\,\vec{e}_y) + \sigma_{31} \cos(\vec{n}\,\vec{e}_z))\,\mathrm{d}f = \vec{\sigma}_1 \cdot \mathrm{d}\vec{f}, \qquad (99)$$

also die Resultante

$$F = \oint (\vec{\sigma}_1 - p\,\vec{e}_x) \cdot \mathrm{d}\vec{f}\,. \qquad (100)$$

Dieses Integral wäre über die Kugel vom Radius $R$ zu erstrecken. Man kann sich aber viel Rechenarbeit sparen, wenn man berücksichtigt, daß die Divergenz von $(\vec{\sigma}_1 - p\,\vec{e}_x)$ verschwindet. Denn es ist

$$\operatorname{div}(\vec{\sigma}_1 - p\,\vec{e}_x) = \operatorname{div}\vec{\sigma}_1 - \frac{\partial p}{\partial x}\,;$$

dieser Ausdruck ist aber unter unseren Voraussetzungen null, wie aus der Komponentenzerlegung von Gl. (83) hervorgeht. Die Anwendung des GAUSSschen Satzes ergibt daher, daß das Integral denselben Wert erhält, wenn wir es über eine konzentrische Kugel erstrecken, deren Radius wir gegen Unendlich gehen lassen. Da das Flächenelement dieser Kugel mit $r^2$ wächst, können wir dann alle Glieder streichen, welche in den Längendimensionen von höherer Ordnung als $\frac{1}{r^2}$ verschwinden, also z. B. Glieder wie $\frac{x^2}{r^5}$. Die Geschwindigkeitskomponenten werden demnach für große $r$ vereinfacht zu

$$\begin{aligned} v_{x\infty} &= v_0 + \frac{a}{2r} + \frac{a}{2}\,\frac{x^2}{r^3} \\ v_{y\infty} &= \frac{a}{2}\,\frac{xy}{r^3} \\ v_{z\infty} &= \frac{a}{2}\,\frac{xz}{r^3} \end{aligned} \tag{95'}$$

(dabei ist zur Abkürzung $a$ statt $-\frac{3}{2}v_0 R$ beibehalten). Zur Berechnung der Spannungen brauchen wir die Differentialquotienten

$$\begin{aligned} \left(\frac{\partial v_x}{\partial x}\right)_\infty &= \frac{a}{2}\,\frac{x}{r^3}\left(1 - \frac{3x^2}{r^2}\right) \\ \left(\frac{\partial v_x}{\partial y}\right)_\infty + \left(\frac{\partial v_y}{\partial x}\right)_\infty &= -\frac{3ayx^2}{r^5} \\ \left(\frac{\partial v_x}{\partial z}\right)_\infty + \left(\frac{\partial v_z}{\partial x}\right)_\infty &= -\frac{3azx^2}{r^5}\,. \end{aligned} \tag{101}$$

Damit wird nach (79) und (96)

$$\begin{aligned} F &= \oint (\vec{\sigma}_1 - \vec{e}_x p)\cdot \mathrm{d}\vec{f} \\ &= \oint \left\{ a\eta\,\frac{x}{r^3}\left(1 - \frac{3x^2}{r^2}\right)\vec{e}_x - \frac{3a\eta yx^2}{r^5}\,\vec{e}_y - \frac{3a\eta zx^2}{r^5}\,\vec{e}_z - \vec{e}_x\left(p_0 + \frac{a\eta x}{r^3}\right)\right\}\cdot \mathrm{d}\vec{f} \\ &= -\oint 3a\eta\,\frac{x^3}{r^5}\,\vec{e}_x\cdot \mathrm{d}\vec{f} - \oint 3a\eta\,\frac{yx^2}{r^5}\,\vec{e}_y\cdot \mathrm{d}\vec{f} - \oint 3a\eta\,\frac{zx^2}{r^5}\,\vec{e}_z\cdot \mathrm{d}\vec{f} - \oint p_0\,\vec{e}_x\cdot \mathrm{d}\vec{f} \\ &= -3a\eta \oint \frac{x^2}{r^5}\,\vec{r}\cdot \mathrm{d}\vec{f} - \oint p_0\,\vec{e}_x\cdot \mathrm{d}\vec{f}\,. \end{aligned} \tag{102}$$

Das 2. Integral verschwindet wegen der Konstanz des Integranden. Im 1. ist

$$\begin{aligned} \mathrm{d}\vec{f} &= \vec{r}\,r\sin\vartheta\,\mathrm{d}\vartheta\,\mathrm{d}\varphi \\ \frac{x^2}{r^2} &= \cos^2\vartheta\,, \end{aligned} \tag{103}$$

also

$$F = -3a\eta \int_0^\pi \int_0^{2\pi} \cos^2\vartheta\,\sin\vartheta\,\mathrm{d}\vartheta\,\mathrm{d}\varphi = +\frac{3a\eta\cdot 2\pi}{3}\,[\cos^3\vartheta]_0^\pi = -4\pi a\,\eta. \tag{104}$$

Durch Einsetzen des Wertes (94) für $a$ ergibt sich dann die endgültige Schlußformel

$$\boxed{F = 6\pi\eta v_0 R}\,. \tag{105}$$

Die Kraft ist also dem Radius und der Relativgeschwindigkeit von Flüssigkeit und Kugel direkt proportional. Dieses Gesetz ist beim MILLIKANschen Versuch zur Bestimmung der Elementarladung von Bedeutung. Es ist für kleine Geschwindigkeiten an Kugeln, die in einer zähen Flüssigkeit fallen, gut bestätigt.

## § 8. Die Oberflächenspannung von Flüssigkeiten

### a) Definition der Konstante der Oberflächenspannung

Eine große Anzahl wohlbekannter Erscheinungen (z. B. Seifenblasen) lassen erkennen, daß die Oberfläche einer Flüssigkeit sich wie eine gespannte Membran verhält und daß die Vergrößerung der Oberfläche Arbeit erfordert. Woher kommt nun diese Spannung? Zur Erklärung der Kohäsion der Flüssigkeit müssen wir Anziehungskräfte zwischen den Molekeln annehmen, die mit der Entfernung rasch abnehmen und sich daher im gasförmigen Zustand der Materie nur wenig bemerkbar machen. (Erst bei *sehr* großer Annäherung treten *Abstoßungskräfte* in Wirkung, welche die Raumerfüllung der Molekeln bewirken.) Eine allen äußeren Kräften entzogene Anhäufung von Molekeln wird daher die Konfiguration annehmen, bei der sich alle Molekeln in der kleinstmöglichen gegenseitigen Entfernung befinden, das ist eine Kugel. Jede Deformation der Kugel vergrößert die Oberfläche und vergrößert die durchschnittliche Entfernung der Molekeln voneinander, erfordert also Arbeit gegen die Anziehungskräfte. Führt man diesen Gedanken mathematisch durch und berechnet die gesamte potentielle Energie einer Flüssigkeitsmenge, so erhält man einen dem Volumen und einen der Oberfläche proportionalen Anteil. Da die Oberfläche mit der 2., das Volumen aber mit der 3. Potenz der Lineardimensionen wächst, so werden die von der Oberflächenenergie herrührenden Erscheinungen um so augenfälliger sein, je kleinere Volumina (und damit Mengen) man betrachtet.

Wir gehen also von der Oberflächenenergie

$$E_P = \gamma A \tag{106}$$

aus. Der Proportionalitätsfaktor $\gamma$ heißt die *Konstante der Oberflächenspannung* oder *Kapillaritätskonstante.* Grenzen wir jetzt (Fig. 67) auf der Oberfläche ein Stück durch eine geschlossene Kurve $C$ ab, die bei der Vergrößerung der Oberfläche in die Kurve $C'$ übergeht, so kann man sich die Arbeit, welche nach (106) zur Vergrößerung der Oberfläche nötig ist, gegen Kräfte geleistet denken, die entlang der Randkurve senkrecht zu ihr angreifen. Wir nennen die pro Länge angreifende Kraft $F'$. Ist $\delta n$ die Verschiebung eines Linienelements $\mathrm{d}s$ in Richtung der in die Oberfläche

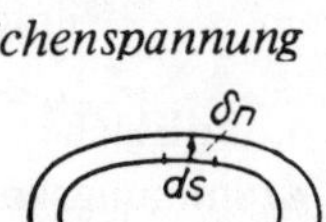

Fig. 67. Zur Oberflächenspannung

fallenden Normalen von $C$, so beträgt die gegen die Oberflächenspannung bei der Deformation von $C$ aufgewandte Arbeit

$$\delta W = \oint F' \mathrm{d}s\, \delta n\,. \tag{107}$$

Da $F'$ längs des ganzen Randes genau wie die Spannung einer Membran denselben Wert hat, also vor das Integralzeichen gesetzt werden darf, und $\oint \mathrm{d}s\, \delta n$ gleich der Änderung der Fläche ist, haben wir nach Gl. (106) und (107) als Zuwachs der potentiellen Energie:

$$\delta E_p = \delta W = F'\, \delta A = \gamma\, \delta A\,. \tag{108}$$

Die Konstante der Oberflächenspannung ist also gleich der pro Länge angreifenden Kraft $F'$.

### b) Normaldruck bei gekrümmter Oberfläche, Differentialgleichung der Oberfläche

Wir gehen zunächst von einer zylindrischen Oberfläche (Fig. 68) aus und betrachten die Kräfte, die an einem Flächenelement angreifen, das von zwei Mantellinien und zwei darauf senkrechten Kurven begrenzt ist. Die Spannungen, die an den letztgenannten beiden Kurven angreifen, sind, da sie ja in die Oberfläche fallen, parallel zu den Mantellinien gerichtet und können daher keine zur Oberfläche senkrechte Resultante erzeugen. Dagegen sind die an den Mantellinien angreifenden Kräfte gegeneinander um den Winkel $\mathrm{d}\varphi$ geneigt und ergeben nach Fig. 68 eine nach der konkaven Seite der Oberfläche gerichtete Resultante. Nennen wir die Längen der Mantellinien $\mathrm{d}s_1$, die der darauf senkrechten Kurven $\mathrm{d}s_2$, so beträgt die Resultante der an den Mantellinien angreifenden Kräfte bei kleinen Winkeln nach Fig. 68 $\mathrm{d}F_1 = F'\, \mathrm{d}s_1\, \mathrm{d}\varphi$. Führen wir jetzt den Krümmungsradius $R_1$ der Kurve ein, so wird

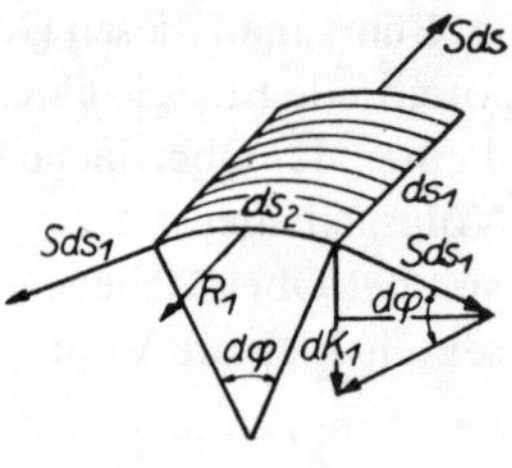


Fig. 68. Oberflächenspannung und Normaldruck

$$\mathrm{d}F_1 = F' \frac{\mathrm{d}s_1\, \mathrm{d}s_2}{R_1} = \frac{F'\, \mathrm{d}A}{R_1} = \frac{\gamma\, \mathrm{d}A}{R_1}\,,$$

also

$$p_1 = \frac{\gamma}{R_1}\,. \tag{109}$$

Bei einer doppelt gekrümmten Fläche begrenzen wir unser Flächenelement durch zwei Paare benachbarter Krümmungslinien. (Die Krümmungslinien sind bekanntlich dadurch ausgezeichnet, daß sich entlang ihnen benachbarte Flächennormalen schneiden und daß sie durch ihre Tangentenrichtungen die Richtungen der Normalschnitte größter und kleinster Krümmung angeben.) Es gilt dann, da die beiden Scharen von Krümmungslinien aufeinander senkrecht stehen, für jedes Seitenpaar unseres Flächenelements dieselbe Betrachtung, die oben für einen Zylinder, d. h. eine einfach gekrümmte Fläche durchgeführt wurde, und die gesamte senkrecht zum Flächenelement gerichtete Kraft beträgt

$$\mathrm{d}F = \gamma\left(\frac{1}{R_1} + \frac{1}{R_2}\right)\mathrm{d}A\,.$$

Der nach innen gerichtete Normaldruck wird daher

$$\boxed{p = \gamma\left(\frac{1}{R_1} + \frac{1}{R_2}\right)}\,. \tag{110}$$

In dieser Gleichung sind $R_1$ und $R_2$ positiv zu zählen, wenn der zugehörige Krümmungsmittelpunkt im Innern der Flüssigkeit liegt. Der Normaldruck kann bei konkaver Oberfläche negative Werte annehmen, d. h. in einen Zug übergehen.

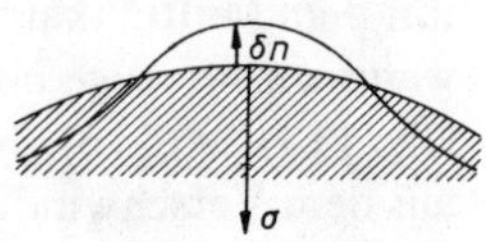

Fig. 69. Zur Bestimmung der Gleichgewichtsfigur der Oberfläche einer Flüssigkeit

Um die Gleichgewichtsform der Oberflächen zu berechnen, wenden wir das Prinzip der virtuellen Verrückungen an. Wir denken uns wie in Fig. 69 die Oberfläche derart deformiert, daß jedes Element in Richtung seiner Normalen eine Verschiebung $\delta n$ erfährt Rechnen wir diese Verschiebung dann positiv, wenn sie nach außen zeigt, so beträgt die gegen den von der Oberflächenspannung herrührenden Normaldruck aufgewandte Arbeit, welche gleich der Zunahme der potentiellen Energie ist,

$$\delta E_{P1} = \int_A \gamma\left(\frac{1}{R_1} + \frac{1}{R_2}\right)\mathrm{d}A\,\delta n\,. \tag{111}$$

Zu dieser Änderung der potentiellen Energie kommt ein zweiter Anteil, der von einem Potential äußerer Kräfte, insbesondere der Schwerkraft herrührt. Denn durch diese Verrückung werden an Stellen hohen Potentials mehr (weniger) Flüssigkeitsteilchen gebracht, die an Stellen niederen Potentials fehlen (zuviel sind). Da die Energieänderungen bei der virtuellen Verschiebung klein gegen die wirklichen entlang der Oberfläche vorhandenen Potentialunterschiede sind, dürfen wir bei der Berechnung dieser Änderung der potentiellen Energie die an der undeformierten Oberfläche geltenden Werte einsetzen, die pro Masse $\Phi$ seien. Es wird daher dieser Anteil der Energieänderung

$$\delta E_{P2} = \int_A \rho\,\Phi\,\mathrm{d}A\,\delta n\,. \tag{112}$$

Insgesamt ist also im Gleichgewicht

$$\begin{aligned}\delta E_P &= \int_A \gamma\left(\frac{1}{R_1} + \frac{1}{R_2}\right)\mathrm{d}A\,\delta n + \int_A \rho\,\Phi\,\mathrm{d}A\,\delta n \\ &= \int_A \left\{\gamma\left(\frac{1}{R_1} + \frac{1}{R_2}\right) + \rho\Phi\right\}\mathrm{d}A\,\delta n = 0\,.\end{aligned} \tag{113}$$

Die Verschiebungen $\delta n$ sind indes nicht ganz willkürlich. Sie müssen nämlich so ausgeführt sein, daß das Volumen der Flüssigkeit nicht verändert wird. Die Volumenänderung ist aber durch das Integral $\int \mathrm{d}A\ \delta n$ gegeben, welches verschwinden muß. Wir dürfen daher aus dem Verschwinden des Integrals in Gl. (113) noch nicht auf das Verschwinden des Integranden schließen. Um der Nebenbedingung Genüge zu leisten, wenden wir wieder das LAGRANGEsche Multiplikatorenverfahren an, das auf S. 120 für den Fall des Verschwindens der Variation einer Summe abgeleitet wurde und das sich ohne weiteres auf die Variation eines Integrals als des Grenzwerts einer Summe übertragen läßt. Wir multiplizieren also die Nebenbedingung

$$\delta V = \int \mathrm{d}A\ \delta n = 0 \tag{114}$$

mit dem Multiplikator $\lambda$, den wir auch unter das Integralzeichen schreiben können, wenn wir im Auge behalten, daß er auf der Fläche konstant ist, und addieren Gl. (114) zu (113). Jetzt dürfen wir auf Grund derselben Überlegungen wie S. 120 aus dem Verschwinden des Integrals auf das Verschwinden des Integranden schließen und erhalten:

$$\boxed{\gamma\left(\frac{1}{R_1} + \frac{1}{R_2}\right) + \rho\Phi + \lambda = 0}\,. \tag{115}$$

Dies ist die Differentialgleichung der Oberfläche einer Flüssigkeit. Die Konstante $\lambda$ muß aus bekannten Werten von $R_1, R_2$ und $\Phi$ für igendeinen Punkt der Flüssigkeitsoberfläche ermittelt werden. Betrachtet man zum Beispiel den Anstieg einer Flüssigkeitsoberfläche an den Wänden eines Gefäßes, so läßt sich $\lambda$ leicht für die Mitte angeben, wo die Oberfläche als eben angesehen werden kann und von wo aus das Schwerepotential zweckmäßigerweise gezählt wird. Es wird in diesem Fall $\lambda$ gleich null.

### c) Grenzbedingungen

Zur Integration der Differentialgleichung der Oberfläche müssen noch die Randbedingungen bekannt sein. Der Normalfall ist der, daß die Flüssigkeit von einem Gefäß begrenzt wird, dessen Wand aus der Flüssigkeitsoberfläche eine Randkurve ausschneidet. Fig. 70 gibt einen zur Randkurve senkrechten Schnitt wieder. An der Berührungsfläche Flüssigkeit – Wand besteht nun ebenfalls eine von der Natur von Wandmaterial und Flüssigkeit abhängige Oberflächenspannung $\gamma_{1f}$. (Da die Oberflächenspannung von der Natur der an der Grenzfläche zusammenstoßenden Medien abhängt, müßte man auch bei der oben eingeführten Oberflächenspannung verschiedene Werte unterscheiden, je nach der Natur des Gases über der Flüssigkeit. Indes sind die Unterschiede bei verschiedenen Gasen nicht groß. (Streng genommen bedeutet $\gamma$ die Oberflächenspannung der Flüssigkeit gegen ihren eigenen Dampf.) Im Gleichgewicht muß nun die in die Wand fallende Komponente der Oberflächenspannung $\gamma$ der Grenzflächenspannung $\gamma_{1f}$ das Gleichgewicht halten. Für die Normalkomponente braucht keine Gleichgewichtsbedingung erfüllt zu sein, weil eine solche Komponente sich lediglich in einem Druck oder Zug an der Wand äußert. Ein Nichtverschwinden der Tan-

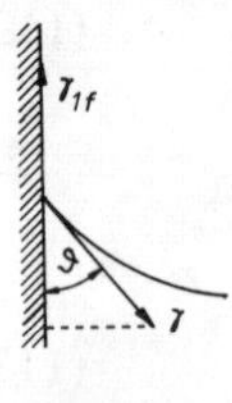

Fig. 70. Randwinkel einer Flüssigkeit

gentialkomponenten würde dagegen eine Verschiebung der Grenzkurve entlang der Wand bedingen. Bezeichnen wir als Randwinkel $\vartheta$ im Fall der Benetzung, der in Fig. 70 eingezeichnet ist, den spitzen Winkel zwischen Wand und Oberfläche, so ist

$$\gamma \cos \vartheta + \gamma_{1f} = 0 \tag{116}$$

oder

$$\cos \vartheta = -\frac{\gamma_{1f}}{\gamma}. \tag{116'}$$

In diesem Fall hat also $\gamma_{1f}$ einen negativen Wert. Ist $\frac{\gamma_{1f}}{\gamma} > 1$, so gibt es keinen endlichen Randwinkel, die Flüssigkeit breitet sich auf der Wand aus in Gestalt einer dünnen Haut (dies ist z. B. an der Grenze Wasser–Glas der Fall), praktisch entspricht dies der Randbedingung $\vartheta = 0$[1].

d) Flüssigkeitslamellen

In einer Flüssigkeitslamelle (z. B. der Wand einer Seifenblase) haben wir zwei eng benachbarte parallele Oberflächen. Infolgedessen ist der Normaldruck in einer gekrümmten Lamelle das Doppelte von dem für eine Flüssigkeitsoberfläche angegebenen Wert. Im Innern einer kugelförmigen Seifenblase vom Radius $R = R_1 = R_2$ ist daher der Druck

$$p = \frac{4\gamma}{R}. \tag{117}$$

Um diesen Betrag muß der Binnendruck in der Seifenblase größer sein als der äußere Luftdruck, wenn die Blase in dieser Größe im Gleichgewicht sein soll. Bei einer nicht geschlossenen Haut ist der Gesamtdruck zu beiden Seiten derselbe, es ist also der von der Oberflächenspannung herrührende Teil null und die Differentialgleichung einer nichtgeschlossenen Lamelle ist daher

$$\frac{1}{R_1} + \frac{1}{R_2} = 0. \tag{118}$$

Der links stehende Ausdruck heißt die mittlere Krümmung. Flächen mit verschwindender mittlerer Krümmung heißen Minimalflächen, weil sie bei gegebener Randkurve die Flächen kleinster Oberfläche darstellen. Es leuchtet unmittelbar ein, daß eine gespannte Haut, wie sie eine Flüssigkeitslamelle darstellt, eine Form kleinster Oberfläche annimmt.

Aufg. 63. Man berechne die Steighöhe einer benetzenden ($\cos \vartheta = 1$) Flüssigkeit in einer engen Röhre von Radius $r_0$.

---

[1] Diese Ausbreitung gilt auch für eine senkrechte Wand. Die gegen die Schwerkraft geleistete Arbeit ist bei genügend dünner Haut so klein, daß sie der Ausbreitung praktisch keine Grenze setzt.

Aufg. 64. Eine Seifenwasserlamelle ist zwischen zwei in parallelen Ebenen liegenden gleichgroßen Kreisen aus Draht ausgespannt, deren Mittelpunkte eine auf der Kreisebene senkrechte Verbindungsgerade definieren, welche die Rotationsachse der entstehenden Fläche darstellt. Was für eine Fläche entsteht?

Sechstes Kapitel

# Das GALILEIsche Relativitätsprinzip

## § 1. Raum und Zeit in der NEWTONschen Mechanik

Wenn wir im 1. Kapitel Begriffe wie „Bahn“ oder „Geschwindigkeit“ einführten, so setzten wir stillschweigend ein Bezugssystem (Koordinatensystem) voraus, in welchem wir die Lage eines Punktes durch die Angabe von Zahlen kennzeichnen konnten, und weiter eine Zeitmeßvorrichtung (Uhr), welche bestimmte gleiche Zeitabschnitte kennzeichnete, zu denen die Lage des Punktes registriert werden kann. Die Richtung der Koordinatenachsen kann z. B. durch die Wände eines Zimmers oder durch die Himmelsrichtungen und die Richtung der Schwerkraft gegeben sein. Zur Unterteilung der Koordinatenachsen dient ein starrer Maßstab. Als Zeitmaß kann eine Unterteilung des Tages oder sonst ein periodischer Vorgang dienen. In solchen Bezugssystemen findet man erfahrungsgemäß die Gesetze der Mechanik, insbesondere die NEWTONschen Grundgesetze, wenigstens näherungsweise bestätigt. Andererseits kennt man aus Erfahrung Bezugssysteme, in denen die NEWTONschen Grundgesetze nicht erfüllt sind. Solche Bezugssysteme sind z. B. mit beschleunigten Fahrzeugen verbunden. Oder wenn wir bei unveränderten gegebenen („eingeprägten“ Kräften) unser Zimmer samt dem darin festen Koordinatensystem rasch rotieren lassen, so werden die Bahnen von Massenpunkten in dem rotierenden Koordinatensystem andere. Wir können die Gültigkeit der NEWTONschen Mechanik wiederherstellen, wenn wir durch die Rotation bedingte Trägheitskräfte, „Zentrifugalkräfte“, zu den eingeprägten hinzufügen. Wie kommen aber diese Trägheitskräfte zustande? NEWTON gab hierauf eine präzise Antwort, die, wenngleich sie auf einer Fiktion beruht, doch eine für die Mechanik makroskopischer Massen brauchbare Grundlegung der Physik bedeutet und die ja auch mehr als zwei Jahrhunderte lang ihre Dienste getan hat. NEWTON nimmt einen Weltuntergrund an, den absoluten *Raum,* der „seiner Natur nach und ohne Beziehung auf irgendeinen Gegenstand stes gleich und unbeweglich bleibt“. „Der relative Raum dagegen“, so sagt NEWTON weiter, „ist ein Maß oder beweglicher Teil des ersteren, welcher von unseren Sinnen durch seine Lage gegen andere Körper bezeichnet und gewöhnlich für den absoluten Raum genommen wird.“ Das Grundgesetz der Mechanik gilt dann nur für solche Bezugssysteme, welche im absoluten Raum ruhen oder, wie wir gleich sehen werden, gegen diesen geradlinig gleichförmig bewegt werden. Die oben erwähnten bei der Rotation auftretenden Zentrifugalkräfte sind verursacht durch eine Beschleunigung unseres Bezugssystems gegenüber dem absoluten Raum. Damit hat der Raum, der nach KANT zusammen mit der Zeit die Anschauungs*form* der menschlichen Erkenntnis ist, eine physikalische Realität gewonnen, wir können sein Wirken an der Ungültigkeit der NEWTONschen Mechanik im beschleunigten System wahrnehmen. Auch für das zweite Element unserer Anschauungsform, die Zeit, macht NEWTON eine ähnliche Hypothese: Es soll eine absolute Zeit abfließen, auch ohne daß irgendwelche zur Zeitmessung geeignete Vorgänge oder denkende Wesen vorhanden sind. Daß auch diese Fiktion einer absoluten Zeit einer strengeren Kritik nicht standhält, sieht man sofort, wenn man die Frage aufwirft, was passiert, wenn die Geschwindigkeit des Ablaufs aller physikalischen und chemischen Vorgänge und damit auch unserer Denkprozesse plötzlich verdoppelt würde. Da wir keinerlei Maß hätten, mit dem wir diese Aussage prüfen könnten, leuchtet die Unsinnigkeit der Fragestellung unmittelbar ein. Damit verliert aber auch die absolute Zeit, die auf die Annahme einer irgendwo im Weltall existierenden Normaluhr hinausläuft, ihre Berechtigung. Denn es widerspricht dem Wesen der Physik, Begriffe zu bilden, die unseren Sinnen weder direkt nocht indirekt zugänglich sind. *Trotzdem muß es als besonders geniale Leistung angesehen werden, daß* NEWTON *durch die Einführung der beiden Begriffe, deren Problematik ihm kaum entgangen sein dürfte, eine für die Mechanik makroskopischer Körper durchaus ausreichende Grundlage geschaffen hatte.*

## § 2. Inertialsysteme. Die GALILEI-Transformation

Wir gehen von der Erfahrungstatsache aus, daß es jedenfalls Bezugssysteme gibt, in denen die auf Grund des NEWTONschen Grundgesetzes der Mechanik ausgeführten Berechnungen mit der Erfahrung aufs beste übereinstimmen. Man denke z.B. an die Rechnungen der Himmelsmechanik, für die ein im Schwerpunkt des Sonnensystems ruhendes Bezugssystem verwendet wird. Wir sagen aber nicht mit NEWTON : dieses Bezugssystem ruht im absoluten Raum bzw. macht gegenüber diesem eine geradlinig gleichförmige Bewegung (vgl. unten), sondern wir begnügen uns damit, einem solchen System, in dem die NEWTONsche Grundgleichung gilt, einen Namen zu geben: wir nennen es wegen der Gültigkeit des Trägheitsgesetzes ein *Inertialsystem.* Offenbar hängt dabei die Bestätigung unserer Rechnung auch von einem vernünftigen Zeitmaß ab. Wie gewinnen wir nun ein Kriterium, ob unser Bezugssystem zusammen mit unserer Uhr ein Inertialsystem von Raum und Zeit darstellt? Dazu bedienen wir uns, wenigstens gedankenmäßig des einfachsten mechanischen Versuchs, der geradlinigen Bewegung eines kräftefreien Massenpunktes. Als Zeitmaß können wir den zeitlichen Abstand des Passierens zweier aufeinanderfolgender Marken nehmen, wenn wir vorher unsere Gerade, längs deren der Massenpunkt fliegt, in gleiche Stücke eingeteilt haben. Allerdings genügt dazu *eine* Richtung nicht; wäre unsere Meßstrecke gegen ein wirkliches Inertialsystem beschleunigt, so würden wir auf diese Weise eine ungleichmäßig gehende Uhr bekommen, die uns bei anderen Bewegungen unmögliche Resultate liefern würde. Wie leicht einzusehen, ist zur Definition eines Inertialsystems hinreichend und notwendig, daß *drei* kräftefreie, in nichtkomplanare Richtungen geworfene Massenpunkte gerade Bahnen beschreiben. Mittels einer gleichmäßigen

Einteilung kann dann aus den zurückgelegten Strecken eines der Punkte ein Inertialmaß der Zeit gewonnen werden.

Wir behaupten nun: Ist $\Sigma$ als Inertialsystem erwiesen, so gilt die NEWTONsche Mechanik auch in jedem Koordinatensystem $\Sigma'$, das sich gegen $\Sigma$ gleichförmig geradlinig bewegt, wenn in beiden Systemen dasselbe Zeitmaß gilt (diese stillschweigende Übertragung des Zeitmaßes auf das bewegte System ist, wie wir später sehen, gerade der kritische Punkt dieser fast selbstverständlichen Betrachtungen). Denn bezeichnen wir den Vektor von 0 nach 0′ mit $\vec{R}$, so ist, wenn wir alle auf das bewegte System bezüglichen Größen mit ′ bezeichnen:

$$\vec{r} = \vec{r}\,' + \vec{R}. \tag{1}$$

Durch Differentiation nach der Zeit folgt:

$$\dot{\vec{r}} = \dot{\vec{r}}\,' + \dot{\vec{R}}. \tag{2}$$

Da $\dot{\vec{R}}$ die Geschwindigkeit von $\Sigma'$ gegen $\Sigma$ ist, bedeutet (2): Die „absolute Geschwindigkeit $\dot{\vec{r}}$ ist stets gleich der Summe von Relativgeschwindigkeit $\dot{\vec{r}}$ und Führungsgeschwindigkeit $\dot{\vec{R}}$″. Ist speziell $\dot{\vec{R}}$ konstant, so ergibt abermalige Differentiation

$$\ddot{\vec{r}} = \ddot{\vec{r}}\,'. \tag{3}$$

In diesem Fall ist also die Beschleunigung in beiden Systemen dieselbe, so daß gilt:

$$\vec{F} = m\ddot{\vec{r}} = m\ddot{\vec{r}}\,', \tag{4}$$

was zu beweisen war. Die Transformation $\vec{r} = \vec{r}\,' + \vec{u}\,t$, die zusammen mit der Gleichheit der Zeitrechnung der Gedankenwelt des absoluten Raums und der absoluten Zeit entspricht, heißt „GALILEI-*Transformation*". Legen wir die $x$- und die $x'$-Achse in die Richtung der Geschwindigkeit von $\Sigma'$, deren Betrag $u$ sei und lassen wir zur Zeit $t = 0$ die beiden Systeme zusammenfallen, so wird die Koordinatendarstellung der GALILEI-Transformation:

$$\boxed{x = x' + ut, \qquad y = y', \qquad z = z', \qquad t = t'}\,. \tag{1′}$$

Bei Gültigkeit der GALILEI-Transformation können wir also durch mechanische Versuche eine gleichförmig geradlinige Bewegung gegen den absoluten Raum, wie sie z. B. mit einiger Näherung die Bahn der Erde in jedem Augenblick ergibt, nicht nachweisen, wohl aber führt die Übertragung dieser Gedankengänge auf die Elektrodynamik (Optik) zur Möglichkeit eines solchen Nachweises, durch den dann die Realität des absoluten Raums erwiesen wäre. Aber die zu diesem Zweck angestellten Versuche fielen negativ aus, was zu einer Revision der bisherigen Raum–Zeit-Vorstellungen führte.

## § 3. Beschleunigte Bezugssysteme. Der freie Fall auf der rotierenden Erde

Wir betrachten jetzt beschleunigte Bewegungen des Systems $\Sigma'$ gegen das Inertialsystem $\Sigma$. Wir greifen zwei Sonderfälle heraus, welche von besonderer Bedeutung sind:

a) Geradlinig gleichförmig beschleunigte Bezugssysteme

Wir nehmen an, unser Bezugssystem $\Sigma'$ bewege sich mit konstanter Beschleunigung $b$ in Richtung der negativen $z$-Achse. Zur Zeit 0 falle es mit $\Sigma$ zusammen und beginne seine Bewegung ohne Anfangsgeschwindigkeit. Ein solches System können wir z. B. realisieren, wenn wir einen Kasten fallen lassen. Der Zusammenhang zwischen den Größen von $\Sigma$ und $\Sigma'$ ist danach

$$\vec{r} = \vec{r}' - a\frac{t^2}{2}\vec{e}_z \tag{5}$$

$$\dot{\vec{r}} = \dot{\vec{r}}' - a\,t\,\vec{e}_z \tag{6}$$

$$\ddot{\vec{r}} = \ddot{\vec{r}}' - a\,\vec{e}_z. \tag{7}$$

Im System $\Sigma$ gilt $\vec{F} = m\ddot{\vec{r}} = m\ddot{\vec{r}}' - m a\vec{e}_z$, also wird bei denselben „eingeprägten“ Kräften in $\Sigma'$

$$m\ddot{\vec{r}}' = \vec{F} + m a\,\vec{e}_z. \tag{8}$$

Zu der Resultante der *eingeprägten* Kräfte ist jetzt noch eine *Scheinkraft* oder *Trägheitskraft* $m\,a\,\vec{e}_z$ hinzugekommen. Sei $a$ mit der Fallbeschleunigung $g$ identisch, so hebt die Trägheitskraft gerade die Schwerkraft $-m g\,\vec{e}_z$ auf. In dem fallenden Kasten ist also die Schwerkraft ausgeschaltet. Denken wir uns andererseits den Kasten an einen Ort gebracht, wo keine Schwerkraft wirkt und ihn mit der Beschleunigung $g$ in Richtung der $+z$-Achse bewegt, so wirkt auf jeden Körper im Innern des Kastens eine Scheinkraft $mg$ in Richtung der negativen $z$-Achse. Ein Beobachter im Innern des Kastens wird daher sagen, daß er sich im Schwerefeld befindet. Diese Äquivalenz von beschleunigtem Bezugssystem und Schwerefeld ist für die allgemeine Relativitätstheorie grundlegend. Sie hat aber nur solange Berechtigung, als für alle Körper das Verhältnis von träger Masse, d. h. der in die NEWTONsche Grundgleichung eingehenden Masse und schwerer Masse, d. i. der im Gravitationsgesetz vorkommenden Masse dasselbe ist und dann auch gleich 1 gesetzt werden kann, womit über den Zahlwert der Gravitationskonstante verfügt ist.

b) Gleichförmig rotierende Bezugssysteme

Bei den bisher betrachteten Bewegungen behielten die Einheitsvektoren $\vec{e}_{x'}, \vec{e}_{y'}, \vec{e}_{z'}$ ihre Richtungen bei, die wir mit denen von $\vec{e}_x, \vec{e}_y, \vec{e}_z$ zusammenfallen ließen. Bei einer rotierenden Bewegung von $\Sigma'$ ändern dagegen diese Vektoren ihre Richtung. Lassen wir den Ursprung beider Systeme zusammenfallen und durch diesen Punkt die Drehachse gehen, so ist

$$\vec{r} = x\vec{e}_x + y\vec{e}_y + z\vec{e}_z = x'\vec{e}_{x'} + y'\vec{e}_{y'} + z'\vec{e}_{z'}\,. \tag{9}$$

Bei der zeitlichen Differentiation sind nun auch die Einheitsvektoren veränderlich:

$$\dot{\vec{r}} = \frac{\mathrm{d}x'}{\mathrm{d}t}\vec{e}_{x'} + \frac{\mathrm{d}y'}{\mathrm{d}t}\vec{e}_{y'} + \frac{\mathrm{d}z'}{\mathrm{d}t}\vec{e}_{z'} + x'\frac{\mathrm{d}\vec{e}_{x'}}{\mathrm{d}t} + y'\frac{\mathrm{d}\vec{e}_{y'}}{\mathrm{d}t} + z'\frac{\mathrm{d}\vec{e}_{z'}}{\mathrm{d}t}\,. \tag{10}$$

Die drei ersten Glieder stellen die Relativgeschwindigkeit dar, die drei letzten die Führungsgeschwindigkeit, d. h. die Geschwindigkeit, die ein mit $\Sigma'$ starr verbundener Punkt besitzt. Bezeichnen wir die Winkelgeschwindigkeit nach Größe und Richtung durch den Vektor $\vec{\omega}$, so ist

$$\frac{\mathrm{d}\vec{e}_{x'}}{\mathrm{d}t} = \vec{\omega}\times\vec{e}_{x'}, \quad \frac{\mathrm{d}\vec{e}_{y'}}{\mathrm{d}t} = \vec{\omega}\times\vec{e}_{y'}, \quad \frac{\mathrm{d}\vec{e}_{z'}}{\mathrm{d}t} = \vec{\omega}\times\vec{e}_{z'}\,. \tag{11}$$

Setzen wir dies in Gl. (10) ein, so lassen sich die drei letzten Glieder zusammenfassen zu

$$\vec{\omega}\times\vec{r}. \tag{12}$$

Bezeichnen wir die auf $\Sigma'$ bezügliche Differentiation mit $\frac{\mathrm{d}'}{\mathrm{d}t}$, so schreibt sich Gl. (10)

$$\frac{\mathrm{d}\vec{r}}{\mathrm{d}t} = \frac{\mathrm{d}'\vec{r}}{\mathrm{d}t} + \vec{\omega}\times\vec{r}. \tag{13}$$

Dies gilt allgemein für jeden Vektor, da wir statt $x, y, z$ die Komponenten irgendeines Vektors setzen können. Wir können also symbolisch schreiben

$$\frac{\mathrm{d}}{\mathrm{d}t} = \frac{\mathrm{d}'}{\mathrm{d}t} + \vec{\omega}\times\quad. \tag{14}$$

Differenzieren wir Gl. (13) nochmal nach $t$ und wenden die soeben gewonnene Regel an, so wird

$$\frac{\mathrm{d}^2\vec{r}}{\mathrm{d}t^2} = \frac{\mathrm{d}'}{\mathrm{d}t}\left(\frac{\mathrm{d}\vec{r}}{\mathrm{d}t}\right) + \vec{\omega}\times\frac{\mathrm{d}\vec{r}}{\mathrm{d}t} = \frac{\mathrm{d}'}{\mathrm{d}t}\left(\frac{\mathrm{d}'\vec{r}}{\mathrm{d}t} + \vec{\omega}\times\vec{r}\right) + \vec{\omega}\times\left(\frac{\mathrm{d}'\vec{r}}{\mathrm{d}t} + \vec{\omega}\times\vec{r}\right) \tag{15}$$

oder

$$\frac{\mathrm{d}^2\vec{r}}{\mathrm{d}t^2} = \frac{\mathrm{d}^{2\prime}\vec{r}}{\mathrm{d}t^2} + 2\,\vec{\omega}\times\frac{\mathrm{d}'\vec{r}}{\mathrm{d}t} + \vec{\omega}\times(\vec{\omega}\times\vec{r}). \tag{16}$$

Der 1. Term stellt die Relativbeschleunigung dar, der 3. die Führungsbeschleunigung, d. h. die Beschleunigung, die ein mit $\Sigma'$ fest verbundener Punkt im System $\Sigma$ hat. Es ist nun aber nicht mehr, wie bei der Geschwindigkeit, die absolute Beschleunigung gleich der Summe von Relativ- und Führungsbeschleunigung, sondern es kommt ein dritter Summand dazu, das doppelte Vektorprodukt aus Winkelgeschwindigkeit und Relativgeschwindigkeit. Dieses Glied, das nur auftritt, wenn der betreffende Massenpunkt sich in $\Sigma'$ bewegt, heißt die CORIOLIS-

*Beschleunigung* (C. G. DE CORIOLIS 1835, schon bei LAPLACE 1776 erwähnt). Das Grundgesetz der Mechanik wird

$$\vec{F} = m\,\frac{\mathrm{d}^2\vec{r}}{\mathrm{d}t^2} = m\,\frac{\mathrm{d}^{2\prime}\vec{r}}{\mathrm{d}t^2} + 2m\left(\vec{\omega}\times\frac{\mathrm{d}'\vec{r}}{\mathrm{d}t}\right) + m\,\vec{\omega}\times(\vec{\omega}\times\vec{r}) \quad (17)$$

oder im bewegten System:

$$\boxed{m\,\frac{\mathrm{d}^{2\prime}\vec{r}}{\mathrm{d}t^2} = \vec{F} - 2m\left(\vec{\omega}\times\frac{\mathrm{d}'\vec{r}}{\mathrm{d}t}\right) - m\,\vec{\omega}\times(\vec{\omega}\times\vec{r})}\,, \quad (17')$$

zu den eingeprägten Kräften tritt also einmal die gewöhnliche „Zentrifugalkraft“ $-m\,\vec{\omega}\times(\vec{\omega}\times\vec{r})$ und zweitens die „CORIOLIS-Kraft“ $-2m\left(\vec{\omega}\times\frac{\mathrm{d}'\vec{r}}{\mathrm{d}t}\right)$ hinzu.

Als Beispiel für die bei einer Rotation des Bezugssystems auftretenden Kräfte betrachten wir den freien Fall unter Berücksichtigung der Erddrehung. Alle mit der Erde starr verbundenen Koordinatensysteme sind wegen der täglichen Rotation streng genommen keine Inertialsysteme (die Winkelgeschwindigkeit der Bahnbewegung kann demgegenüber, da 365 mal kleiner, vernachlässigt werden); doch sind die Abweichungen vom Inertialsystem so gering, daß wir sie im allgemeinen vernachlässigen. Indes gibt es eine Reihe mechanischer Versuche, welche den Einfluß der Erdrotation gut nachweisen lassen und die daher als Beweise für die Drehung gegen den absoluten Raum gewertet wurden, während wir sie vom heutigen Standpunkt aus nur als Beweis für die Drehung gegen die übrigen Massen des Weltalls ansehen dürfen. Wir legen ein Inertialsystem mit der $z$-Achse in Richtung der Erdachse. Das System $\Sigma'$ orientieren wir folgendermaßen: die $z'$-Achse legen wir in die Richtung, die am Ort der geographischen Breite $\varphi$ ein Lot anzeigt. Diese Richtung ist die Resultante von Schwerkraft und Zentrifugalkraft. Diese würde bei kugelförmiger Erde nicht durch den Erdmittelpunkt gehen, doch können wir, mit weitaus genügender Genauigkeit für den Winkel zwischen dieser Richtung und der Erdachse $\frac{\pi}{2} - \varphi$ nehmen, wie wir ja auch die Abplattung der Erde hier außer Betracht lassen. Als positive Richtung wählen wir diejenige, welche vom Erdmittelpunkt wegzeigt. Die $x'$-Achse lassen wir nach Süden zeigen, die $y'$-Achse erhält dann die Richtung nach Osten (vgl. Fig. 71). Dann gilt die Bewegungsgleichung

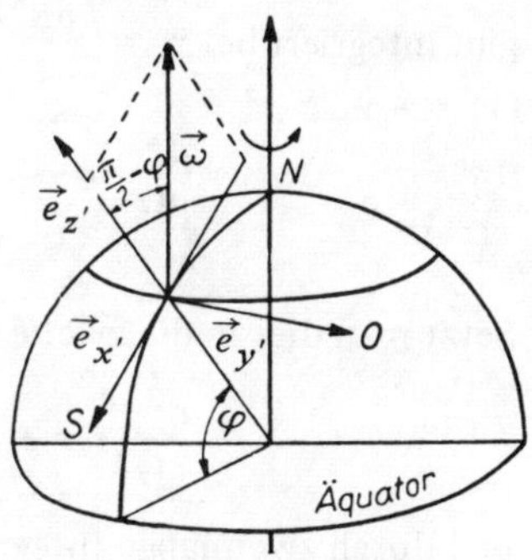

Fig. 71. Zur Mechanik auf der rotierenden Erde

$$m\,\frac{\mathrm{d}^{2\prime}\vec{r}}{\mathrm{d}t^2} = -mg\,\vec{e}_{z'} - 2m\left(\vec{\omega}\times\frac{\mathrm{d}'\vec{r}}{\mathrm{d}t}\right) \quad (18)$$

(die Zentrifugalkraft steckt bereits in dem Glied $-mg\,\vec{e}_{z'}$, wenn wir unter $g$ die

an dem betreffenden Ort herrschende Fallbeschleunigung verstehen). Die Winkelgeschwindigkeit $\vec{\omega}$ hat in $\Sigma'$ die Komponenten $-\omega\cos\varphi\,\vec{e}_{x'}$ und $+\omega\sin\varphi\,\vec{e}_{z'}$.
In Koordinaten wird daher

$$\begin{aligned} m\frac{d^2x'}{dt^2} &= 2m\omega\sin\varphi\frac{dy'}{dt} \\ m\frac{d^2y'}{dt^2} &= -2m\omega\sin\varphi\frac{dx'}{dt} - 2m\omega\cos\varphi\frac{dz'}{dt} \\ m\frac{d^2z'}{dt^2} &= -mg + 2m\omega\cos\varphi\frac{dy'}{dt}\,. \end{aligned} \tag{18'}$$

Nun verschwinden beim freien Fall *ohne* Berücksichtigung der Erdrotation die $x'$- und die $y'$-Komponente der Geschwindigkeit. Es werden daher auch bei Berücksichtigung der Erdrotation die Größen $\frac{dx'}{dt}$ und $\frac{dy'}{dt}$ klein sein gegen $\frac{dz'}{dt}$, so daß wir die vereinfachten Gleichungen erhalten:

$$\frac{d^2x'}{dt^2} = 0, \qquad \frac{d^2y'}{dt^2} = -2\omega\cos\varphi\frac{dz'}{dt}, \qquad \frac{d^2z'}{dt^2} = -g\,. \tag{19}$$

Die erste zeigt, daß keine Abweichung in der N-S-Richtung stattfindet. Die dritte gibt integriert bei $z_0 = \left(\frac{dz'}{dt}\right)_0 = 0$

$$\frac{dz'}{dt} = -gt, \qquad z' = -\frac{g}{2}t^2. \tag{20}$$

Setzt man dies in die zweite ein, so erhält man

$$\frac{d^2y'}{dt^2} = +2\omega g t\cos\varphi \tag{21}$$

und durch zweimalige Integration bei $y'_0 = \left(\frac{dy'}{dt}\right)_0 = 0$

$$\boxed{y' = \omega g\frac{t^3}{3}\cos\varphi}\,. \tag{22}$$

Es ergibt sich also in Übereinstimmung mit der Beobachtung eine der dritten Potenz der Fallzeit proportionale *Ostabweichung.*

Aufg. 65. Man berechne die Bewegung eines frei schwingenden Fadenpendels unter Berücksichtigung der Erdbewegung. (Hier kann die $z$-Komponente der Geschwindigkeit vernachlässigt werden.)

Aufg. 66. Man zerlege mittels Gl. (14) die totale Drehimpulsänderung eines starren Körpers in einen Anteil relativ zum Körper und einen durch die Drehung des körperfesten Koordinatensystems bedingten Teil. Mittels dieser Zerlegung schreibe man die Grundgleichung $\vec{M} = \frac{d\vec{L}}{dt}$ in Komponenten von $\vec{\omega}$ nach den Hauptträgheitsachsen. Diese Gleichungen heißen die EULERschen Kreiselgleichungen.

## § 4. Bewegte Bezugssysteme in der Akustik. Der DOPPLER-Effekt

Ehe wir auf die Schwierigkeiten eingehen, welche die Vorstellung des absoluten Raums in der Optik bereitet, wollen wir die analogen Fragen beim Schall untersuchen, wo die Verhältnisse vollkommen durchsichtig liegen und wo die Effekte wegen der verhältnismäßig geringen Ausbreitungsgeschwindigkeit des Schalls in Luft bei den technisch erreichbaren Geschwindigkeiten recht deutlich sind. Wir wissen, daß sich der Schall von der Quelle aus in Luft mit der Geschwindigkeit $c = 333$ m/s ausbreitet. In einem Koordinatensystem, das mit der (ruhenden) Schallquelle und mit der Luft fest verbunden ist, ist nach der Zeit $t$ der Schall bis zu einer Kugel mit Radius $ct$ gelangt. Eine Meßstrecke sei nun ausgelegt und sei zunächst in Ruhe. Dann messen wir an ihr die Geschwindigkeit $c$. Die Meßstrecke werde nun relativ zur Luft bewegt. Dann messen wir entlang der bewegten Meßstrecke die Relativgeschwindigkeit $\vec{c}_r$ (die Richtung von $\vec{c}_r$ ist durch die Richtung der Meßstrecke gegeben). Stets muß nun die absolute Geschwindigkeit $\vec{c}$ sein. Ist daher die Geschwindigkeit der Meßstrecke nach Größe und Richtung durch den Vektor $\vec{v}$ gegeben, so ist stets

$$\vec{c} = \vec{c}_r + \vec{v} \quad \text{oder} \quad \vec{c}_r = \vec{c} - \vec{v} . \tag{23}$$

Wird insbesondere die Meßstrecke in ihrer eigenen Richtung bewegt, so ist

$$c_r = c - v \tag{23'}$$

und bei Bewegung senkrecht dazu wird

$$c_r = \sqrt{c^2 - v^2} . \tag{23''}$$

Weiter ist bekanntlich eine Bewegung relativ zur Schallquelle mit einer Änderung des wahrgenommenen Tons verknüpft (DOPPLER-Effekt). Wir denken uns zunächst Schallquelle und Beobachter ruhend. Die Quelle sendet pro Zeit $\nu_q$ Verdichtungen hinaus, die im Abstand $\lambda_0 = \dfrac{c}{\nu_q}$ aufeinanderfolgen. Die wandernde Schallwelle können wir uns als eine mit der Geschwindigkeit $\vec{c}$ vorgeschobene lange Stange vorstellen, auf der die Verdichtungen als „Perlen" im Abstand $\lambda_0$ aufgereiht sind. Am Ort des Beobachters ziehen daher pro Zeit $\nu_b = c/\lambda_0 = \nu_q$ Verdichtungen vorüber. Lassen wir jetzt den Beobachter sich gegen die Schallquelle hinbewegen, so passieren außerdem seinen Ort noch soviel Schwingungen als auf dem zurückgelegten Weg liegen, also pro Zeit $v/\lambda_0$, es wird somit

$$\nu_b = \nu_q + \frac{v}{\lambda_0} = \nu_q + \nu_q \frac{v}{c} = \nu_q \left(1 + \frac{v}{c}\right) . \tag{24}$$

Bei von der Schallquelle weggerichteter Bewegung ist das negative Zeichen gültig. Etwas wesentlich anderes ist der durch Bewegung der Schallquelle entstehende DOPPLER-Effekt. Dieser ist bedingt durch eine Verkürzung der Wellenlänge, die folgendermaßen zustande kommt: Würde die Quelle ruhen, so wäre nach der

Schwingungszeit $T$ die erste Erregung, die eine Verdichtung sei, bis zur Entfernung $\lambda_0$ gelangt. Die Schallquelle ist aber inzwischen um $\frac{v}{\nu} = \frac{v}{c}\,\lambda_0$ weitergerückt, der Abstand zwischen Quelle und erster Verdichtung also um die Strecke $\frac{v}{c}\,\lambda_0$ vermindert. Diese Verminderung gilt nun für alle Abstände der Verdichtungen. Denn nach einer weiteren Schwingung hat sich die erste Erregung wieder um $\lambda_0$ fortgepflanzt, die zweite geht aber von der neuen Lage der Schallquelle aus, der Abstand zwischen erster und zweiter Verdichtung ist also wieder um $\frac{v}{c}\,\lambda_0$ vermindert, Fig. 72 veranschaulicht diesen Vorgang, der so weitergeht, für die ersten 4 Verdichtungen. In dieser Figur sind die Lage von Schallquelle und Verdichtungen oben für die ruhende Quelle, unten für die bewegte Quelle nach der 1., 2., 3. und 4. Schwingung gezeichnet. Den Beobachter passieren also pro Zeit $\frac{c}{\lambda} = \frac{c}{\lambda_0(1-v/c)}$ Schwingungen, oder es ist

$$\nu_b = \frac{\nu_q}{1 - v/c} \ . \tag{25}$$

Vergleicht man dies mit dem ersten Fall, so sieht man, daß es nur in erster Näherung, d. h. bei Vernachlässigung von höheren Potenzen von $\frac{v}{c}$, gleichgültig ist, ob der Beobachter sich auf die Schallquelle zu, oder die Schallquelle sich auf den Beobachter zu bewegt (beim Weglaufen der Schallquelle ist natürlich das positive Zeichen zu setzen). Dies kommt daher, daß durch das Medium des Schalls, die Luft, ein ausgezeichnetes Koordinatensystem $\Sigma$ gegeben ist, auf das alle Bewegungen zu beziehen sind. Daß die beiden Fälle verschieden sind, sieht man am gröbsten, wenn man $v = c$ annimmt. Dann erhält man bei Bewegung des Beobachters $\nu_b = 2\,\nu_q$, bei Bewegung der Schallquelle dagegen $\nu_b = \infty$!

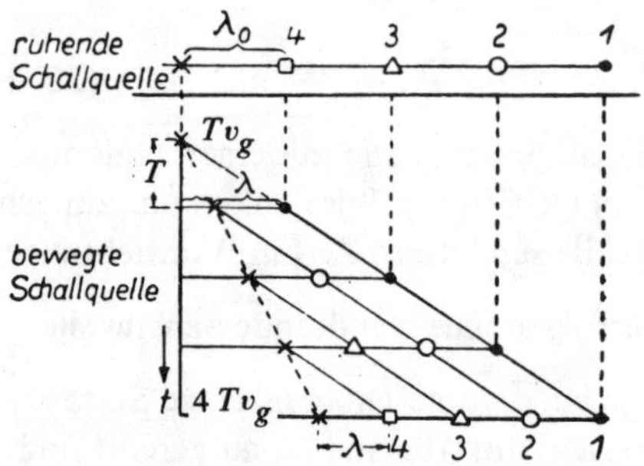


Fig. 72. Zur Entstehung des DOPPLER-Effekts bei bewegter Schallquelle

Siebentes Kapitel

# Die relativistische Mechanik

## § 1. Die Gültigkeitsgrenze der NEWTONschen Mechanik

Die Grundlage der NEWTONschen Mechanik ist in den drei NEWTONschen Axiomen formuliert. Diese gelten in allen Inertialsystemen. Beim Wechsel von einem Bezugsystem zu einem anderen hat man nur die Koordinaten mit Hilfe der GALILEI-Transformation umzurechnen; die Kraft $\vec{F}$ und die Masse $m$ haben in allen Inertialsystemen den gleichen Wert. Dies ist der Inhalt des GALILEIschen Relativitätsprinzips der Mechanik. Es schien durch die Erfahrung bestens bestätigt zu sein. Die Verallgemeinerung des Prinzips über die Mechanik hinaus ist jedoch problematisch, wenn man sie auf elektromagnetische Wellen (Licht) anwendet. Man kann versuchen, die mit dem Schall gemachten Erfahrungen auf das Licht zu übertragen. Beim Schall gibt es ein Trägermedium, bezüglich dessen die Schallgeschwindigkeit in allen Richtungen gleich ist. Das Bezugssystem, in dem das Trägermedium ruht, ist ausgezeichnet. Die Übertragung auf die elektromagnetischen und optischen Ausbreitungsvorgänge läßt demnach ein Trägermedium vermuten, dem man den Namen Äther gab. Das Bezugssystem, in dem der Äther ruht, ist ein ausgezeichnetes, in dem man den NEWTONschen absoluten Raum sehen kann. Bei dieser Annahme stört es nicht, daß man den Mechanismus nicht kennt, mit dem der Äther die Wellenausbreitung leistet. Wichtig ist der Äther hier nur in seiner Funktion als Medium, das die Ausbreitungsgeschwindigkeit regelt.

Für die Existenz des Äthers glaubte man experimentelle Hinweise zu besitzen. Dazu gehört z. B. die von BRADLEY entdeckte Aberration des Sternenlichtes. Beobachtet man mit einem Fernrohr einen Stern – etwa den Polarstern – über die Dauer eines Jahres, so muß man das Fernrohr je nach der Bewegungsrichtung der Erde auf ihrer Bahn um die Sonne ein wenig kippen, um es auf den Polarstern auszurichten. Der Effekt erinnert an die Notwendigkeit zur Neigung eines Regenschirms in Vorwärtsrichtung beim schnellen Laufen. Aus dem Kippwinkel (etwa $10^{-4}$ im Bogenmaß), den er gleich dem Verhältnis von Erdbahngeschwindigkeit zu Lichtgeschwindigkeit setzte, konnte BRADLEY eine Bestimmung der Lichtgeschwindigkeit vornehmen. Die Erscheinung der Aberration läßt sich zwanglos deuten, wenn man annimmt, die Erde bewege sich mit ihrer Bahngeschwindigkeit gegenüber dem Äther.

Einen weiteren Hinweis für die Berechtigung der Übertragung von Ergebnissen der Akustik auf die Optik schien die Existenz des DOPPLER-Effektes beim Licht zu liefern. Man konnte im Licht schnell fliegender Atome (Kanalstrahlen) einen DOPPLER-Effekt beobachten, der annähernd dem Wert von Gl. (25) des vorigen Kapitels entsprach. Die Meßgenauigkeit reichte dabei aber nur bis zu Größen der Ordnung $v/c$, womit keine Entscheidung getroffen werden kann, ob sich der Beobachter oder die Lichtquelle bewegt.

Nimmt man zur Deutung der Aberration einen Äther an, durch den sich die Erde bewegt, so ist eine Abhängigkeit der Lichtgeschwindigkeit auf der Erde von der Ausbreitungsrichtung zu erwarten, wie man sie von der Schallausbreitung bei Wind kennt. Da die Ausbreitung des Lichts mit der Geschwindigkeit $\vec{c}$ im Äther erfolgt, so ergibt sich für ein gegen den Äther mit der Geschwindigkeit $\vec{v}$ bewegtes System die Relativgeschwindigkeit des Lichts zu $\vec{c} - \vec{v}$. Eine direkte Messung bzw. Vergleichung der Lichtgeschwindigkeit in verschiedenen Richtungen

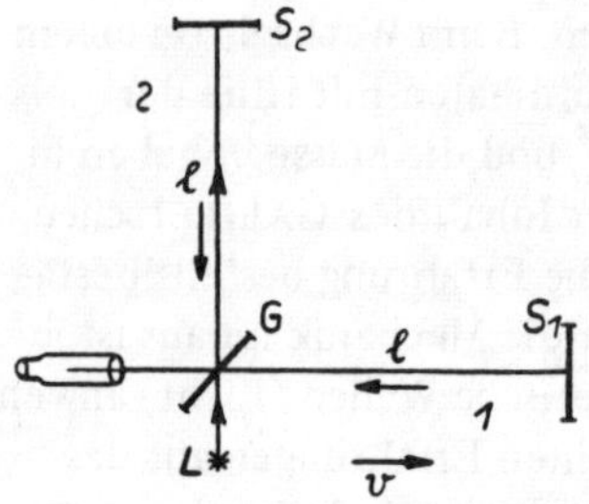


Fig. 73. Schema des MICHELSONschen Versuchs

auf der Erde, die sich, wenn wir nur die Bahn um die Sonne betrachten, annähernd geradlinig gleichförmig mit einer Geschwindigkeit von rund 30 km/s bewegt, ist indes außerhalb der experimentellen Möglichkeiten gelegen. Ein Vergleich wird aber möglich, wenn wir in etwas anderer Anordnung das Licht selbst zur Messung dieser verschwindend kleinen Zeitdifferenzen heranziehen. Diese Anordnung, die schon von MAXWELL vorgeschlagen wurde, wurde zum erstenmal von MICHELSON (1881/87) realisiert und in der Folgezeit mehrfach nachgeprüft. Bei dieser Anordnung wird (vgl. Fig. 73) das von der Lichtquelle $L$ kommende Bündel durch eine halbverspiegelte Glasplatte $G$ in zwei aufeinander senkrecht stehende Teile zerlegt, von denen jeder die Strecke $l$ hin- und nach Reflexion an den Spiegeln $S_1$ und $S_2$ zurückläuft. Wir nehmen an, der Arm 1 habe die Richtung der Erdgeschwindigkeit, dann ist die Relativgeschwindigkeit des Lichts $c - v$ auf dem Hinweg, $c + v$ auf dem Rückweg. Die Zeit für einen Hin- und Hergang längs dieses Arms wird also

$$t_1 = \frac{l}{c - v} + \frac{l}{c + v} = \frac{2l}{c}\left(1 + \frac{v^2}{c^2} + \cdots\right). \tag{1}$$

Senkrecht zu diesem Arm beträgt die Relativgeschwindigkeit des Lichts $\sqrt{c^2 - v^2}$, die Zeit für einen Hin- und Hergang längs des anderen Arms also

$$t_2 = \frac{2l}{\sqrt{c^2 - v^2}} = \frac{2l}{c}\left(1 + \frac{1}{2}\,\frac{v^2}{c^2} + \cdots\right). \tag{2}$$

Es besteht also eine, wenn auch sehr kleine Differenz zwischen beiden Zeiten:

$$\Delta t = t_1 - t_2 = \frac{l}{c} \cdot \frac{v^2}{c^2}\,. \tag{3}$$

Rechnen wir mit einer Erdbahngeschwindigkeit von 30 km/s und einer Armlänge von $l = 30$ m, so wird $\Delta t = 10^{-15}$ s. Trotz ihrer Kleinheit ist diese Differenz feststellbar, wenn man zur Messung nicht eine materielle Uhr, sondern die Lichtschwingungen selbst nimmt; denn die Zahl $Z$ der Schwingungen, welche gelbes Licht ($\lambda = 600$ nm) in der Zeit $10^{-15}$ s ausführt, beträgt

$$Z = \frac{\Delta t}{\tau} = \Delta t \cdot \nu = \Delta t \cdot \frac{c}{\lambda} = 10^{-15} \cdot \frac{3 \cdot 10^{10}}{6 \cdot 10^{-5}} = \frac{1}{2}\,. \tag{4}$$

Der Unterschied wird also $\frac{1}{2}$ Schwingung. Drehen wir den Apparat um 90°, so vertauschen die beiden Arme ihre Rollen und der Unterschied bekommt das entgegengesetzte Vorzeichen, so daß zwischen den beiden um 90° verschiedenen Stellungen der Unterschied sogar eine volle Schwingungszeit ausmacht. Da die beiden Teilbündel von derselben Lichtquelle ausgehen, kommen sie bei der Vereinigung zur Interferenz (s. 3, Buch, Kap. XII), und wir erhalten ein Streifensystem, das man sich erzeugt denken kann als Kurven gleicher Dicke in dem Keil, der von $S_1$ und dem an der halbverspiegelten Platte erzeugten Spiegelbild von $S_2$ gebildet wird. Gehen wir von der Stellung aus, in welcher der Arm 1 die Richtung der Erdbewegung hat, so haben wir ein bestimmtes Streifensystem. Drehen wir jetzt den Apparat um 45°, so sind die beiden Arme aus Symmetriegründen gleichwertig, die ursprüngliche Zeitdifferenz von $\frac{\tau}{2}$, welche einer Phasendifferenz von $\pi$ entspricht, ist verschwunden und die Stellen, die ursprünglich dunkel waren, erscheinen hell, d. h. das Streifensystem hat sich um $\frac{1}{2}$ Streifenbreite verschoben. Drehen wir im gleichen Sinn weiter, so kommt die entgegengesetzte Differenz zur Geltung, und in der um 90° gedrehten Lage muß eine Verschiebung um eine volle Streifenbreite eingetreten sein; das alles gilt natürlich unter den oben gemachten Annahmen eines Lichtwegs von 30 m, einer Relativgeschwindigkeit von Erde und Äther von 30 km/s und einer Lichtwellenlänge von 600 nm. Das Resultat der Versuche von MICHELSON und MORLEY, die ungefähr unter den der obigen Rechnung zugrunde gelegten Bedingungen ausgeführt wurden, ergab das Fehlen einer solchen Streifenverschiebung. Als im Jahr 1925 D. MILLER von einem positiven Effekt, der einer Geschwindigkeit von 10 km/s entsprach, berichtete, setzten an verschiedenen Orten Nachprüfungen ein. Im Zeiss- Werk zu Jena konnte JOOS mit sehr vollkommenen Hilfsmitteln nachweisen, daß ein positiver Effekt kleiner sein müßte als $^1/_{1000}$ Streifenbreite. Fig. 74a gibt die Registrierung des Interferenzstreifensystems wieder, die in der Weise erfolgte, daß senkrecht zu den Interferenzstreifen ein 0,2 mm breiter Spalt *Sp* angebracht war (vgl. Fig. 74b), vor dem während der Rotation des Apparates eine photographische Platte vorbeigeführt wurde. Würden die Interferenzstreifen sich bei der Drehung des Apparates verschieben, so müßte man beim Vorbeiführen der Platte eine Wellenlinie erhalten. Man sieht indes, daß die Streifen schnurgerade verlaufen. *Das Experiment hat also gegen unsere Analogie mit der Akustik, gegen die Existenz eines ruhenden Mediums der Lichtwellen, d. h. gegen die Existenz eines Äthers oder absoluten Raumes entschieden.*

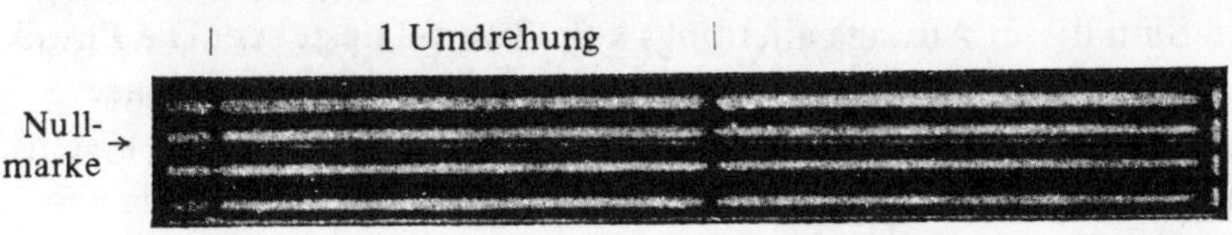

*Sp*

Fig. 74 a. Registrierung von Interferenzstreifen während einer Rotation des MICHELSON-Apparates

74 b

## § 2. EINSTEINs Postulate, Relativität der Gleichzeitigkeit

Der Ausgang des MICHELSON-Experimentes zeigt, daß für die Lichtausbreitung nicht die vektorielle Addition von Lichtgeschwindigkeit und Beobachtergeschwindigkeit gilt. Offenbar ist die Lichtgeschwindigkeit auf der Erde in allen Richtungen gleich und unbeeinflußt von der Bahnbewegung der Erde um die Sonne. Man hätte dies als Mitnahme des Äthers durch die bewegte Erde deuten können, doch dem stand die Tatsache der Aberration entgegen. Diese Situation zwingt zu grundlegenden Änderungen der Raum-Zeit-Vorstellungen der klassischen Physik.

Beim Aufstellen der speziellen Relativitätstheorie in seiner Arbeit „Zur Elektrodynamik bewegter Körper" ging EINSTEIN 1905 nicht direkt auf den MICHELSON-Versuch ein. Er stellte zwei Postulate an den Anfang:

1. Die Gesetze, nach denen sich die Zustände der physikalischen Systeme ändern, sind unabhängig davon, auf welches von zwei relativ zueinander in gleichförmiger Translationsbewegung befindlichen Koordinatensystemen diese Zustandsänderungen bezogen werden.
2. Die Lichtgeschwindigkeit im Vakuum hat unabhängig von der Bewegung der Lichtquelle oder des Beobachters den Wert $c$.

EINSTEINs erstes Postulat sagt aus, die Gültigkeit des Relativitätsprinzips sei nicht auf die mechanischen Vorgänge beschränkt, sondern es ist für die gesamte Physik (und damit auch für die Theorie der elektromagnetischen Wellen) gültig. Dies ist also eine Verallgemeinerung des GALILEI schen Relativitätsprinzips. Dem scheint das zweite Postulat zunächst zu widersprechen. Doch EINSTEIN zeigt, daß gerade die Forderung nach der Gültigkeit der MAXWELLschen Gleichungen des elektromagnetischen Feldes im bewegten Bezugssystem auf eine Transformation der Feldgleichungen führt, bei der die Lichtgeschwindigkeit $c$ ungeändert bleibt. Die MAXWELLsche Elektrodynamik ist demnach eine relativistische Theorie, in der beide Postulate erfüllt sind und die keiner Änderung bedarf. Anders hingegen die NEWTONsche Mechanik. Diese steht nicht in Übereinstimmung mit dem zweiten Postulat und ist daher änderungsbedürftig.

Eine erste, überraschende Folge der EINSTEIN schen Postulate besteht darin, daß der Begriff der Gleichzeitigkeit zweier Ereignisse an getrennten Orten seine absolute Gültigkeit verliert. Gleichzeitigkeit kann nur noch relativ zu einem Bezugssystem definiert werden. Damit ist die Gleichzeitigkeit zu einem relativen Begriff geworden. Was heißt z. B. „zwei Ereignisse haben gleichzeitig an den Orten $A$ und $B$ stattgefunden"? Postuliert man eine an sich ablaufende absolute Zeit, so kann über den Sinn dieser Aussage allerdings kein Zweifel bestehen. Die Physik verlangt aber ein experimentelles Kriterium für die Richtigkeit dieser Aussage, und hier beginnen die Schwierigkeiten. Wir müßten in $A$ und $B$ synchrone Uhren haben, die die absolute Zeit anzeigen und würden die Ereignisse gleichzeitig nennen, wenn im Augenblick des Eintretens der Ereignisse die Uhren gleiche Zeiten anzeigten. Wie aber die Uhren synchronisieren? Eine naheliegende Anordnung ist die, daß man in der Mitte $C$ der Strecke $AB$ zwei unter 45° gegen die Strecke $AB$ geneigte Spiegel anbringt, derart, daß ein dort befindlicher Beobachter die Orte $A$ und $B$ gleichzeitig sehen kann. Wir werden nun die Uhren als synchron bezeichnen, wenn sie in jedem Augenblick in $C$ gesehen, dieselbe Zeit anzeigen. Vom Standpunkt der Absolutvorstellungen wären sie aber in diesem Fall noch nicht genau synchron. Denn wir machen den Versuch auf der gegen den Äther bewegten Erde und es würde das Licht, das die Wahrnehmung der beiden Uhren vermittelt, wenn unsere Strecke die Richtung der Erdbewegung hat, in der einen Richtung die Zeit $\frac{l}{c-v}$, in der anderen aber die Zeit $\frac{l}{c+v}$ brauchen (Länge $AB = 2l$ gesetzt). Welcher Wert wäre aber für $v$ einzusetzen? Nach dem Ergebnis des MICHELSON-Versuchs und dem zweiten Postulat brauchen wir uns darum nicht zu kümmern. Das obige experimentelle Kriterium zur Synchronisierung der Uhren besteht zu Recht.

Wir betrachten nun zwei Bezugssysteme $S$ und $S'$, die sich in einer Relativbewegung mit der Geschwindigkeit $v$ zueinander befinden. Wir nennen $S$ das Ruhsystem, weil ein gedachter Beobachter in $S$ ruht. Zur Zeit $t = 0$ sollen die Punkte $A$ und $A'$ gerade einander gegenüber liegen. Weiterhin seien im System $S$ zwei Punkte $B$ und $C$ markiert, die von $A$ den gleichen Abstand $L$ haben. Die zur Zeit $t = 0$ diesen Punkten gegenüberliegenden Punkte in $S'$ nennen wir $B'$ und $C'$. Ihren Abstand zu $A'$ bezeichnen wir vorsichtshalber mit $L'$, da wir nicht voraussetzen wollen, er sei gleich $L$. Nun werde bei $t = 0$ am Ort $A$ ein Lichtblitz emittiert, der sich als Kugelwelle ausbreitet. Das Lichtsignal wird nach der Zeit $t = L/c$ gleichzeitig an den Punkten $B$ und $C$ in $S$ ankommen.

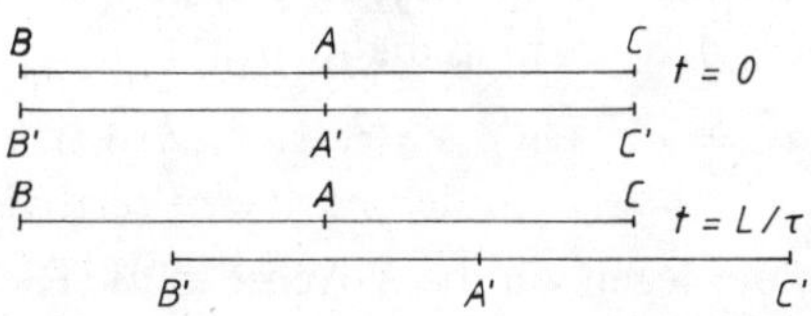


Fig. 75. Zur Relativität der Gleichzeitigkeit

Der Punkt $B'$ ist der Kugelwelle entgegengelaufen, er wurde bereits passiert. Hinter dem Punkt $C'$ muß die Kugelwelle herlaufen, er wird erst später erreicht werden. Die Kugelwelle trifft demnach an den Punkten $B'$ und $C'$ nicht gleichzeitig ein. Dies muß jedenfalls ein Beobachter im System $S$ schließen.

Anders hingegen ein Beobachter im bewegten System $S'$ (das für ihn das Ruhsystem darstellt). Er wird das Eintreffen der Kugelwelle an den Punkten $B'$ und $C'$ gleichzeitig feststellen, denn diese Punkte haben den gleichen Abstand vom Emissionspunkt $A'$ und auch in seinem Bezugssystem ist die Lichtgeschwindigkeit gleich $c$. Er wird daher behaupten, die Lichtwelle habe die ihm gegenüber bewegten Punkte $B$ und $C$ zu unterschiedlichen Zeitpunkten erreicht. Beide Beobachter argumentieren in ihren jeweiligen Bezugssystemen schlüssig. Zwei Ereignisse an getrennten Orten, die im System $S$ gleichzeitig stattfinden, sind – vom dagegen bewegten System $S'$ aus gesehen – nicht mehr gleichzeitig. Mit der GALILEI-Transformation, nach der in beiden Systemen die Zeit in gleicher Weise ablaufen soll ($t' = t$), ist die Erkenntnis von der Relativität der Gleichzeitigkeit unvereinbar. Die Vorstellung der absolut ablaufenden Zeit muß daher aufgegeben werden.

Auch die Längenmessung wird in gleichem Maße wie die Zeitmessung ihren absoluten Charakter verlieren. Das können wir bereits qualitativ durch einfache Überlegungen sehen. Wenn die Länge eines bewegten Körpers bestimmt werden soll, so kann dies mittels eines ruhenden Maßstabes nur geschehen, wenn zu einem bestimmten Zeitpunkt Vorderkante und Hinterkante des Körpers mit ihrem jeweiligen Ort im Ruhsystem markiert werden. Dann kann im Ruhsystem durch Anlegen eines starren Maßstabes die Längenmessung ausgeführt werden. Offenbar beruht aber dieses Verfahren für Längen, die in Bewegungsrichtung liegen (longitudinale Längen), auf der strikten Einhaltung der Gleichzeitigkeitsbedingung für die beiden Markierungen. Vom mitbewegten Beobachter aus gesehen, werden die Marken aber nicht mehr gleichzeitig gesetzt. Die Längenmessung an einem bewegten Körper muß daher in longitudinaler Richtung zu einem anderen Ergebnis als im Ruhsystem des Körpers kommen.

## § 3. Die LORENTZ-Transformation

Da die GALILEI-Transformation dem zweiten EINSTEINschen Postulat widerspricht, muß sie durch eine andere Transformation der Koordinaten ersetzt werden. Wir müssen daher versuchen, unter Mittransformation von $t$ solche Transformationsformeln aufzustellen, welche in jedem System für die Lichtausbreitung eine Kugelwelle ergeben, d. h., es muß die Identität

$$x^2 + y^2 + z^2 - c^2 t^2 \equiv x'^2 + y'^2 + z'^2 - c^2 t'^2 = 0 \tag{5}$$

befriedigt werden.

Der Einfachheit halber legen wir die $X$-Achse in die Richtung der Relativgeschwindigkeit von $S$ und $S'$, lassen also die Richtung der $X$- und der $X'$-Achse zusammenfallen.

Bei der Messung der transversalen Längen spielt die Frage der Gleichzeitigkeit keine Rolle. Wir setzen daher an, daß die transversalen Koordinaten unverändert bleiben, wodurch die Identität auf

$$x^2 - c^2 t^2 \equiv x'^2 - c^2 t'^2 = 0 \tag{6}$$

reduziert wird. Weiter muß ein Beobachter in $S'$ das System $S$, mit seinen Maßstäben und Uhren gemessen, mit derselben Geschwindigkeit vorbeiziehen sehen, wie ein Beobachter in $S$ das System $S'$, weil ein Unterschied der von beiden gemessenen Geschwindigkeiten eine Bewegung gegen einen absoluten Raum anzeigen würde. Es muß also $O'$ in $S$ die Koordinate $x = vt$, $O$ in $S'$ die Koordinate $x' = -vt'$ haben. Die einfachste Gleichung, die das leistet, ist

$$\begin{aligned} x' &= k(x - vt) \quad \text{und} \\ x &= k'(x' + vt'). \end{aligned} \tag{7}$$

Wir eliminieren in der zweiten Gleichung $x'$, indem wir aus der ersten Gleichung den dort stehenden Wert einsetzen und erhalten

$$t' = k\left[t - \frac{x}{v}\left(1 - \frac{1}{k k'}\right)\right]. \tag{8}$$

Setzt man jetzt auf der rechten Seite der das Resultat des MICHELSON-Versuchs wiedergebenden Gl. (6) die Werte für $x'$ und $t'$ ein, so ergibt sich

$$x^2 - c^2 t^2 - k^2 (x^2 - 2xvt + v^2 t^2) + c^2 k^2 \left[ t^2 - \frac{2xt}{v}\left(1 - \frac{1}{kk'}\right) + \frac{x^2}{v^2}\left(1 - \frac{1}{kk'}\right)^2 \right] \equiv 0. \tag{9}$$

Die Identität fordert, daß die Koeffizienten von $x^2$, $xt$ und $t^2$ einzeln verschwinden, wozu nur die beiden Konstanten $k$ und $k'$ frei sind. Der Koeffizient von $x^2$ ergibt

$$1 - k^2 + \frac{c^2}{v^2} k^2 - \frac{2c^2}{v^2} \frac{k}{k'} + \frac{c^2}{v^2} \cdot \frac{1}{k'^2} = 0.$$

Der Koeffizient von $t^2$ verlangt

$$-c^2 - k^2 v^2 + k^2 c^2 = 0 \quad \text{oder} \quad k = \frac{1}{\sqrt{1 - \frac{v^2}{c^2}}}.$$

Der Koeffizient von $xt$ fordert

$$(v^2 - c^2)\, k k' + c^2 = 0 \quad \text{oder nach Einsetzen von } k\text{:} \quad k' = \frac{1}{\sqrt{1 - \frac{v^2}{c^2}}}.$$

Man überzeugt sich leicht, daß diese Werte von $k$ und $k'$ auch den Koeffizienten von $x^2$ zum Verschwinden bringen.

Wir haben also die Transformation, die auch LORENTZ-Transformation genannt wird

$$\boxed{\begin{aligned} x' &= \frac{x - vt}{\sqrt{1 - \frac{v^2}{c^2}}} & x &= \frac{x' + vt'}{\sqrt{1 - \frac{v^2}{c^2}}} \\ t' &= \frac{t - \frac{v}{c^2} x}{\sqrt{1 - \frac{v^2}{c^2}}} & t &= \frac{t' + \frac{v}{c^2} x'}{\sqrt{1 - \frac{v^2}{c^2}}} \end{aligned}} \tag{10}$$

Läßt man $c$ gegen Unendlich gehen, so erhält man die GALILEI-Transformation, die bei endlichem $v$ die 1. Näherung der LORENTZ-Transformation darstellt. Das Verhältnis $\frac{v}{c}$ werden wir im folgenden wie üblich mit $\beta$ bezeichnen. Durch Differenzieren findet man aus (10) wieder, daß die Geschwindigkeit $\frac{dx}{dt}$ von $O'$ in $S$ ebenso wie die Geschwindigkeit $\frac{dx'}{dt'}$ von $O$ in $S'$ dem Betrag nach gleich $v$ ist.

## § 4. Folgerungen aus der LORENTZ-Transformation

a) Die zeitliche Reihenfolge von Ereignissen

Im Paragraphen 2 haben wir bereits qualitativ aus dem zweiten EINSTEINschen Postulat (Konstanz der Lichtgeschwindigkeit) die Relativität der Gleichzeitigkeit gefolgert. Eine quantitative Beschreibung erhalten wir aus der LORENTZ-Transformation.

Zwei Ereignisse sollen im System $S$ gleichzeitig an den Orten $x_1$ und $x_2$ stattfinden, es sei also $t_1 = t_2$. Dann ist

$$t_1' = \frac{t_1 - \frac{v}{c^2} x_1}{\sqrt{1-\beta^2}} , \qquad t_2' = \frac{t_1 - \frac{v}{c^2} x_2}{\sqrt{1-\beta^2}} . \tag{11}$$

$t_1'$ und $t_2'$ sind also verschieden. *Zwei Ereignisse an verschiedenen Orten $x_1$ und $x_2$, welche für den im System S ruhenden Beobachter gleichzeitig sind, sind dies nicht mehr für einen gegenüber S bewegten Beobachter.* Man wird nun weiter fragen: Kann sogar die Reihenfolge zweier Ereignisse vom Bewegungszustand des Beobachters abhängen? Es sei $t_2 > t_1$, also $t_2 - t_1 > 0$ und damit

$$t_2' - t_1' = \frac{t_2 - t_1 - \frac{v}{c^2}(x_2 - x_1)}{\sqrt{1-\beta^2}} . \tag{12}$$

Um im gestrichenen System überhaupt eine reelle Zeitdifferenz $(t_2' - t_1')$ zu erhalten, muß die Geschwindigkeit $v$ von $S' < c$ sein; $(t_2' - t_1')$ bleibt sicher positiv, solange $t_2 - t_1 > \frac{x_2 - x_1}{c}$ ist. Nun werden wir unten sehen, daß die größte Geschwindigkeit, mit der sich ein Ursache und Wirkung verknüpfender Vorgang fortpflanzt, $c$ ist. (Gäbe es einen schnelleren Vorgang, so würden wir diesen zur Definition der Gleichzeitigkeit heranziehen und nicht das Licht.) Die Reihenfolge zweier kausal verknüpfter Ereignisse wird also, solange $c$ die Höchstgeschwindigkeit ist, nie umgekehrt. Wohl aber kann die Reihenfolge zweier *nicht* kausalverknüpfter Ereignisse nach obiger Beziehung umgekehrt werden.

b) Die Zeitdilatation

Am Ort $x_1$ gebe eine Uhr Zeichen im Abstand

$$\Delta t = t_2 - t_1 .$$

Vom bewegten System gesehen, wird nach Gl. (10)

$$\Delta t' = \frac{t_2 - t_1}{\sqrt{1-\beta^2}} = \frac{\Delta t}{\sqrt{1-\beta^2}} . \tag{13}$$

Die Intervalle $\Delta t$ erscheinen also dem bewegten Beobachter gedehnt.

Bei der Zeit-Dilatation handelt es sich um einen experimentell nachprüfbaren Effekt. Von ROSSI und HALL wurde 1941 die Lebensdauer von schnell bewegten Teilchen untersucht und mit der von ruhenden verglichen. Sie betrachteten Müonen, die in den oberen Schichten der Atmosphäre gebildet werden. Bestimmt man den Müonenfluß in großer Höhe, z. B. auf einem Berg, so kann man aufgrund der bekannten Lebensdauer dieser instabilen Teilchen und ihrer Geschwindigkeit ausrechnen, welchen Teilchenfluß man noch in Meereshöhe erwarten kann. Experimentell stellt man einen viel größeren Teilchenfluß fest, da sich die Lebensdauer der Müonen durch die Zeit-Dilatation vergrößert hat. An den schnell bewegten Teilchen aus den Beschleunigern ist die Zeit-Dilatation inzwischen mit höchster Genauigkeit bestätigt.

Die Erscheinung der Zeit-Dilatation ist natürlich symmetrisch zwischen den beiden betrachteten Bezugssystemen. In jedem Fall läuft die bewegte Uhr langsamer. Dabei treten keine Widersprüche auf, weil die bewegte Uhr in ihrem Gang vom ruhenden System aus nicht mit einer einzelnen Uhr verfolgt werden kann. Man braucht im ruhenden System mindestens noch eine zweite Uhr an einem anderen Ort, um einen Vergleich mit der bewegten Uhr zu einem späteren Zeitpunkt ausführen zu können.

### c) Die Längenkontraktion

Wir definieren eine Längenmessung dadurch, daß wir einen Maßstab neben die zu messende Strecke legen und den Abstand der Maßstriche ablesen, welche in *einem bestimmten Augenblick* mit den Enden der zu messenden Strecke zusammenfallen. Solange Maßstab und zu messende Strecke zueinander ruhen, ist diese Definition trivial, anders aber, wenn zwischen beiden eine Relativgeschwindigkeit $v$ besteht. Im System der zu messenden Strecke sei der Abstand der Endpunkte $l = x_2 - x_1$ mit einem in diesem System ruhenden Maßstab gemessen. Von einem bewegten Beobachter aus ist zunächst nach Gl. (10)

$$x_2' - x_1' = \frac{x_2 - x_1 - v(t_2 - t_1)}{\sqrt{1-\beta^2}} . \tag{14}$$

Die Zeiten $t_2$ und $t_1$ sind aber so zu bestimmen, daß im *System des Beobachters* die Koinzidenz mit den Maßstrichen im gleichen Augenblick erfolgt, es muß also nicht $t_2 = t_1$, sondern $t_2' = t_1'$ sein. Aus der LORENTZ-Transformation folgt für $t_2' = t_1'$

$$t_2 - t_1 = (x_2 - x_1)\frac{v}{c^2} ,$$

also wird

$$l' = x_2' - x_1' = (x_2 - x_1)\,\sqrt{1-\beta^2}\,. \tag{15}$$

Vom bewegten Beobachter aus gesehen, sind die Längsdimensionen im Verhältnis $\sqrt{1-\beta^2}$ : 1 verkürzt. Ein Körper, der einem zu ihm ruhenden Beobachter als Kugel erscheint, wird für einen dagegen bewegten zum plattgedrückten Ellipsoid.

Damit ist aber nicht gesagt, daß man die Verformung auch sehen kann. Die von den verschiedenen Punkten einer Kugel ausgehenden Lichtstrahlen, welche im Auge gleichzeitig eintreffen, haben ihren Weg zu verschiedenen Zeitpunkten begonnen. Die visuelle Erscheinung kann daher nur komplizierten Überlegungen entnommen werden. Tatsächlich erscheint dem Auge die bewegte Kugel nicht gestaucht, sondern gedreht (WEISSKOPF, 1960). Die Verwendung des Wortes „Beobachter" kann in ähnlichen Fällen leicht zu Mißverständnissen führen. Gemeint ist immer eine Beobachtungsform, wie sie einer Landkarte entspricht, nicht die visuelle Erscheinung im Auge oder einer Kamera.

### d) Das relativistische Additionstheorem der Geschwindigkeiten

Während die NEWTONsche Mechanik die einfache Vektoraddition von Führungs- und Relativgeschwindigkeit ergibt, ist die Zusammensetzung in der auf der LORENTZ-Transformation beruhenden Mechanik verwickelter. Ein System $S'$ bewege sich gegen $S$ in Richtung der $X$-Achse mit der Geschwindigkeit $v$. In $S'$ habe ein Punkt die Geschwindigkeit $\vec{u}\,'$ mit den Komponenten

$$u_x' = \frac{\mathrm{d}x'}{\mathrm{d}t'}, \quad u_y' = \frac{\mathrm{d}y'}{\mathrm{d}t'}, \quad u_z' = \frac{\mathrm{d}z'}{\mathrm{d}t'}\,. \tag{16}$$

Welches sind seine Geschwindigkeitskomponenten $u_x, u_y, u_z$ in $S$? Aus der LORENTZ-Transformation folgt durch Differenzieren

$$u_x = \frac{\mathrm{d}x}{\mathrm{d}t} = \frac{\dfrac{\mathrm{d}x'}{\mathrm{d}t'}\dfrac{\mathrm{d}t'}{\mathrm{d}t} + v\,\dfrac{\mathrm{d}t'}{\mathrm{d}t}}{\sqrt{1-\beta^2}} \quad \text{und} \quad \frac{\mathrm{d}t'}{\mathrm{d}t} = \frac{1-\dfrac{v}{c^2}u_x}{\sqrt{1-\beta^2}}\,, \tag{17}$$

also

$$u_x = \frac{(u_x' + v)\left(1 - \dfrac{v}{c^2}u_x\right)}{1-\beta^2}\,,$$

woraus durch Auflösung nach $u_x$ folgt

$$\boxed{u_x = \frac{u_x' + v}{1 + \dfrac{v\,u_x'}{c^2}}}\,. \tag{18}$$

Damit wird nach Gl. (17)

$$\frac{\mathrm{d}t'}{\mathrm{d}t} = \frac{\sqrt{1-\beta^2}}{1+\frac{v u_x'}{c^2}}$$

und wegen $y' = y$

$$u_y = \frac{\mathrm{d}y}{\mathrm{d}t} = \frac{\mathrm{d}y'}{\mathrm{d}t} = \frac{\mathrm{d}y'}{\mathrm{d}t'}\,\frac{\mathrm{d}t'}{\mathrm{d}t} = \frac{u_y'\sqrt{1-\beta^2}}{1+\frac{v u_x'}{c^2}}\,,$$

ebenso

$$u_z = \frac{u_z'\sqrt{1-\beta^2}}{1+\frac{v u_x'}{c^2}}\,. \tag{21}$$

Wegen des Nenners von Gl. (18) kann durch Addition zweier der Lichtgeschwindigkeit nahekommender Geschwindigkeiten diese doch nicht überschritten werden.

Wenn so die Lichtgeschwindigkeit als Grenzgeschwindigkeit erscheint, so ist doch nicht abzustreiten, daß es Geschwindigkeiten $> c$ gibt. Es gibt z. B. in der Optik Medien mit einem Brechungsindex $n < 1$. Dies bedeutet, daß die *Phasengeschwindigkeit* $u > c$ ist. Da aber *ein* Wellenberg wie der andere beschaffen ist, lassen sich damit keine Zeichen geben. Für die Zeichen kommt es auf die Signalgeschwindigkeit an, und diese ist, wie SOMMERFELD gezeigt hat, für alle Medien $\leqq c$. Ein anderes Beispiel einer solchen *geometrischen* Überlichtgeschwindigkeit ist folgendes: Das eine Ende eines Lineals gleite entlang der $Y$-Achse eines rechtwinkligen Koordinatensystems, das Lineal werde als sehr lang angenommen. Gibt man nun dem Lineal einen sehr kleinen Winkel $\vartheta$ gegen die $X$-Achse, so eilt der Schnittpunkt mit der $X$-Achse mit der Geschwindigkeit $\frac{v}{\tan\vartheta}$ weg, wenn das Lineal in der $Y$-Richtung mit der Geschwindigkeit $v$ bewegt wird. Wie man sieht, kann man auch hier leicht Überlichtgeschwindigkeit erzielen, sofern man nur $\vartheta$ klein genug macht, doch kann man mit derartigen geometrischen Überlichtgeschwindigkeiten niemals Ursache und Wirkung verknüpfen.

### e) DOPPLER-Effekt und Aberration

Eine Lichtquelle $L'$ gehöre dem System $S'$ an und sende in diesem eine Kugelwelle aus, deren mathematische Darstellung durch

$$\psi' = \frac{A'}{r'}\, e^{2\pi i v'\left(t' - \frac{r'}{c}\right) + i\delta'} \tag{22}$$

gegeben ist, wobei wir alle im System $S'$ beobachteten Größen mit einem Strich bezeichnen. Die Kugelwelle treffe einen im System $S$ ruhenden Beobachter $P$, dessen Koordinaten in $S$ $x$ und $y$, in $S'$ $x'$ und $y'$ seien, wenn wir die $X$- und $X'$-

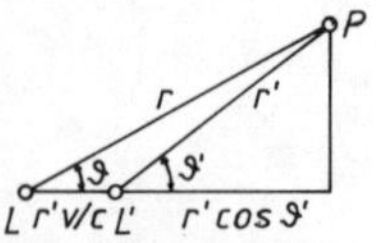


Fig. 76. Kugelwelle von bewegter Lichtquelle

Achse in die Richtung der Relativgeschwindigkeit von $S'$ gegen $S$ legen (vgl. Fig. 76). In $S'$ bilde der Strahl von $L'$ nach $P$ mit der $X'$-Achse den Winkel $\vartheta'$, es ist also

$$r' = x' \cos\vartheta' + y' \sin\vartheta'$$

und damit die Kugelwelle in $S'$:

$$\psi' = \frac{A'}{r'} e^{2\pi i\nu'\left(t' - \frac{x'\cos\vartheta' + y'\sin\vartheta'}{c}\right) + i\delta'} . \tag{23}$$

Der im System $S$ befindliche Beobachter deutet die ankommenden Wellenflächen als von einer punktförmigen, seinen System angehörenden Lichtquelle herrührend, für ihn gilt also die Beziehung

$$\psi = \frac{A}{r} e^{2\pi i\nu\left(t - \frac{x\cos\vartheta + y\sin\vartheta}{c}\right) + i\delta} \tag{24}$$

Andererseits muß zwischen den Koordinaten und der Zeit der beiden Systeme die LORENTZ-Transformation bestehen. Drückt man mit ihrer Hilfe die gestrichenen Größen durch die ungestrichenen aus, so muß durch Vergleich von $\psi$ und $\psi'$ eine Beziehung entstehen, die für jede Koordinate und jede Zeit gelten muß: Dies ist nur dann möglich, wenn in den Exponenten die Koeffizienten von $x, y$ und $t$ gleich sind. Aus

$$2\pi i\nu'\left(\frac{t - \frac{vx}{c^2}}{\sqrt{1-\beta^2}} - \frac{(x - vt)\cos\vartheta'}{c\sqrt{1-\beta^2}} - \frac{y\sin\vartheta'}{c}\right) \equiv 2\pi i\nu\left(t - \frac{x\cos\vartheta}{c} - \frac{y\sin\vartheta}{c}\right) \tag{25}$$

folgt:

$$\nu = \nu' \frac{1 + \frac{v}{c}\cos\vartheta'}{\sqrt{1-\beta^2}} \tag{26}$$

$$\cos\vartheta = \frac{\cos\vartheta' + \frac{v}{c}}{1 + \frac{v}{c}\cos\vartheta'}, \quad \sin\vartheta = \frac{\sin\vartheta'\sqrt{1-\beta^2}}{1 + \frac{v}{c}\cos\vartheta'}, \quad \tan\vartheta = \frac{\sin\vartheta'\sqrt{1-\beta^2}}{\cos\vartheta' + \frac{v}{c}} . \tag{27}$$

Die Gl. (26) stellt den exakten Ausdruck für den optischen DOPPLER-Effekt dar, der bis auf Größen zweiter Ordnung mit dem akustischen übereinstimmt. Bemerkenswert ist aber, daß bei transversaler Beobachtung $\left(\vartheta = \frac{\pi}{2}\right)$, in welchem Fall in der Akustik streng $\nu' = \nu$ ist, ein Effekt zweiter Ordnung herauskommt. Denn es ist in diesem Fall nach (27) $\cos\vartheta' = -\frac{v}{c}$ und damit nach (26) $\nu = \nu'\sqrt{1-\beta^2}$, es ergibt sich also eine Rotverschiebung.

Der Nachweis des transversalen DOPPLER-Effektes ist 1960 von HAY, SCHIFFER, CRANSHAW und ENGELSTAFF mit Hilfe des MÖSSBAUER-Effektes ausgeführt worden. Schon 1938 hatten IVES und STIEVELL, sowie OTTING die Genauigkeit im longitudinalen Effekt bis zur Größe 2. Ordnung gesteigert, indem sie sowohl *in* Richtung als entgegengesetzt zum Kanalstrahl beobachteten und die Verschiebung des Mittels gegen die von der ruhenden Lichtquelle gegebene Frequenz maßen. Das Mittel wird nach (26)

$$\overline{\nu} = \frac{\nu'}{\sqrt{1-\beta^2}} = \nu' \left(1 + \frac{\beta^2}{2}\right),$$

während sich aus (24) und (25) des vorausgegangenen Kapitels

$$\overline{\nu} = \nu'(1+\beta^2)$$

ergibt. Der Versuch entschied zugunsten des 1. Werts.

Der Sinn der auf den Winkel $\vartheta$ bezüglichen Gl. (27) ist folgender: Vernachlässigen wir die Größen zweiter Ordnung, so erkennt man aus der Figur, daß man in $S$ die Lichtquelle dort sieht, wo sie sich zur Zeit des Abgangs der in $P$ gerade ankommenden Lichtwelle befand, also vor der sogenannten Latenzzeit $\frac{r'}{c}$. Denn in der Latenzzeit $\frac{r'}{c}$ hat die Lichtquelle den Weg $\frac{v\,r'}{c}$ zurückgelegt und es ist nach Fig. 76 annähernd

$$\cos\vartheta = \frac{r'\cos\vartheta' + r'\frac{v}{c}}{r' + \frac{r'v}{c}\cos\vartheta},$$

setzt man im Nenner in dem mit $\frac{v}{c}$ behafteten kleinen Glied $\cos\vartheta = \cos\vartheta'$, so ergibt sich Gl. (27). Von dieser Verschiebung würden wir, wenn die Systeme stets geradlinig gleichförmig gegeneinander bewegt blieben, gar nichts merken. Da aber die Erde in ihrer Bahn um die Sonne nach einem halben Jahr die Richtung umkehrt, kommt auch eine Umkehr dieser Verschiebung zustande, die als *Aberration* beobachtet wird.

Damit hat die Aberration eine Deutung unabhängig von der Annahme eines Trägermediums der elektromagnetischen Wellen gefunden. Da sie ein Effekt erster Ordnung in $v/c$ ist, war sie in der vorrelativistischen Physik in der gleichen Größenordnung enthalten.

## § 5. Veranschaulichung der LORENTZ-Transformation durch MINKOWSKI-Diagramme

Zum Vergleich von LORENTZ- und GALILEI-Transformation gehen wir von Graphen aus (Fig. 77a). Als Ordinatenachse wählen wir nicht die Zeit selbst, sondern das Produkt $ct$. Als Abszisse wählen wir die auf einer als $X$-Achse bezeichneten Geraden zurückgelegten Strecken $x$. Die gleichförmige Bewegung wird dann in diesem Diagramm durch eine Gerade der Steigung $\frac{1}{\beta} = \frac{c}{v}$ wiedergegeben. Ein Lichtsignal gibt eine Gerade von Steigung 1. Nun sollen alle Größen auf ein mit der Geschwindigkeit $v$

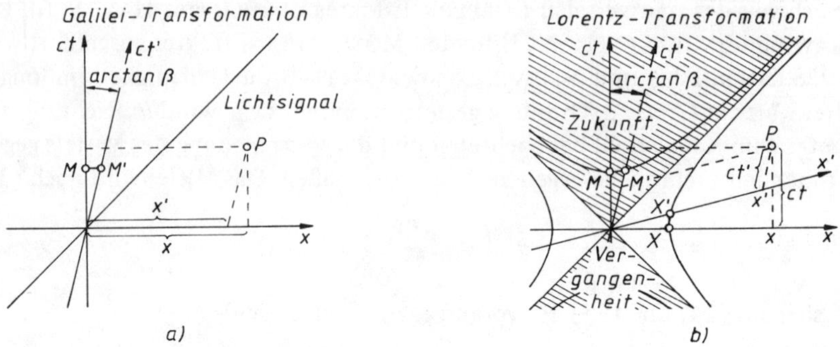


Fig. 77. Geometrische Veranschaulichung von GALILEI- und LORENTZ-Transformation

bewegtes System umgerechnet werden. Besteht die GALILEI-Transformation $t' = t$, $x' = x - vt$, so bedeutet dies in unserem Diagramm, daß wir als neue $ct'$-Achse eine Gerade nehmen, die mit der $ct$-Achse den Winkel arctan $\beta$ bildet, während die $X$-Achse unverändert bleibt. Ist auf der alten $ct$-Achse die Einheit durch die Strecke $OM$ gegeben, so ist die Einheitsstrecke der $ct'$-Achse durch $OM'$ dargestellt, wobei $M'$ der Schnittpunkt einer Parallelen zur $x$-Achse mit der $ct'$-Achse ist. Das neue Koordinatensystem ist schiefwinklig, die $X$-Achse bleibt aber dieselbe.

Anders wird die Sache, wenn statt der GALILEI- die LORENTZ-Transformation gilt. Wie wir sogleich beweisen werden, erhalten wir die neuen Achsen und Einheitsstrecken folgendermaßen: Wir zeichnen (Fig. 77b) die Hyperbeln

$$c^2 t^2 - x^2 = 1 \quad \text{und} \quad c^2 t^2 - x^2 = -1, \tag{28}$$

deren Asymptoten $c^2 t^2 - x^2 = 0$ die Ausbreitung von Lichtsignalen geben. Die neue $ct'$-Achse ziehen wir wie oben. Der Einheitspunkt $M'$ ist aber jetzt der Schnittpunkt dieser Geraden mit der Hyperbel $c^2 t^2 - x^2 = 1$. Entsprechend dem Umstand, daß in der Relativitätstheorie auch die Zeit transformiert wird, muß auch eine neue $x'$-Achse gesucht werden. Diese ist die Gerade mit der Steigung $\beta$, die also zur $ct'$-Achse in bezug auf die Winkelhalbierende des 1. Quadranten symmetrisch liegt. Die Einheitsstrecke der $x'$-Achse ist durch den Schnitt $X'$ mit der Hyperbel $c^2 t^2 - x^2 = -1$ bestimmt. Zum Beweis zeigen wir, daß bei dieser Festsetzung der Übergang vom rechtwinkligen $ct$, $x$-System zum schiefwinkligen $ct'$, $x'$-System die LORENTZ-Transformation bedeutet. Zunächst bedeutet der Übergang zu schiefwinkligen Koordinaten bei gemeinsamem Nullpunkt eine lineare homogene Transformation der Koordinaten:

$$ct = \lambda ct' + \mu x' \qquad x = \nu ct' + \rho x' .$$

Zur Bestimmung der Koeffizienten gehen wir von den Einheitspunkten aus. Für $M'$ ergibt sich $ct' = 1$, $x' = 0$, also $ct = \lambda$. Andererseits folgt für die Ordinate des Schnittpunkts der Geraden $x = \beta ct$ mit der Hyperbel $c^2 t^2 - x^2 = 1$ der Wert $\dfrac{1}{\sqrt{1-\beta^2}}$. Es ist also $\lambda = \dfrac{1}{\sqrt{1-\beta^2}}$. Für die $x$-Koordinate desselben Punktes ist $x = v = \beta$

$ct = \dfrac{\beta}{\sqrt{1-\beta^2}}$. Ebenso erhält man aus den Koordinaten des Punktes $X'$

$$\mu = \frac{\beta}{\sqrt{1-\beta^2}} \quad \text{und} \quad \rho = \frac{1}{\sqrt{1-\beta^2}} .$$

Wir haben also

$$ct = \frac{ct' + \beta x'}{\sqrt{1-\beta^2}} \quad \text{oder} \quad t = \frac{t' + \frac{v}{c^2}x'}{\sqrt{1-\beta^2}}$$
$$x = \frac{x' + \beta ct'}{\sqrt{1-\beta^2}} \quad \text{oder} \quad x = \frac{x' + vt'}{\sqrt{1-\beta^2}} . \tag{29}$$

Diese Darstellung ergibt eine interessante Einteilung des $xt$-Kontinuums: Da die Höchstgeschwindigkeit für einen Ursache und Wirkung verknüpfenden Vorgang $c$ ist, kann die einen solchen Vorgang darstellende Gerade höchstens die Steigung 1 haben. In dem schraffierten Gebiet oberhalb von $O$, der *Gegenwart*, liegen daher alle die Ereignispunkte, welche durch $O$ kausal bedingt sind, d.h. *die Zukunft*. In dem unterhalb von $O$ liegenden schraffierten Teil befinden sich dagegen alle Ereignispunkte, welche $O$ selbst bedingt haben, d.h. die *Vergangenheit*. Ereignispunkte des unschraffierten Gebietes können mit $O$ in keinem Kausalzusammenhang stehen. Diese und nur diese Ereignispunkte lassen sich durch Übergang zu einem bewegten System mit $O$ gleichzeitig machen, da man durch sie eine $x'$-Achse legen und damit $ct'$ zu null machen kann. Nimmt man die Koordinaten $y$ und $z$ hinzu, so tritt an Stelle der beiden Geraden der Mantel des vierdimensionalen Kegels $x^2 + y^2 + z^2 - c^2t^2 = 0$, ohne daß sich an unseren Überlegungen etwas Wesentliches ändert.

## § 6. Vierer Vektoren

Weniger anschaulich, aber dafür in engerer formaler Verwandtschaft zu den bekannten Gesetzen der Vektorrechnung, ist eine andere Darstellung, die von komplexen Zahlen Gebrauch macht. Wir bezeichnen im Folgenden die drei räumlichen Richtungen durch die Indices 1, 2, 3 und führen eine vierte Koordinatenrichtung

$$x_4 = ict \tag{30}$$

ein. Die LORENTZ-Transformation (10) läßt die Größe

$$x_1^2 + x_2^2 + x_3^2 + x_4^2 = x_1'^2 + x_2'^2 + x_3'^2 + x_4'^2 \tag{31}$$

beim Übergang auf ein anderes Bezugssystem ungeändert. Die Größe in Gl. (31) ist das Quadrat eines vierdimensionalen Radiusvektors. Allgemein bezeichnen wir

$$s = \left( \sum_{\mu=1}^{4} (\Delta x_\mu)^2 \right)^{1/2} \tag{32}$$

als den vierdimensionalen Abstand zweier Ereignisse.

Das Quadrat des Abstandes kann positiv, negativ oder gleich null sein. Es ist in allen Inertialsystemen gleich, es ist also invariant bezüglich der LORENTZ-Transformation. Tatsächlich haben wir Gl. (10) hergeleitet, indem wir aus dem zweiten Postulat geschlossen haben, daß ein in einem Bezugssystem verschwindender Abstand auch in einem dagegen gleichförmig bewegten verschwindet. Die übrigen bei der Herleitung gemachten Voraussetzungen sind gleichbedeutend mit der Invarianz auch nichtverschwindender Abstände.

Die Unterscheidung nach dem Vorzeichen des Abstandsquadrates ist eine absolute, da sich das Vorzeichen beim Übergang auf ein anderes Inertialsystem nicht ändert. Man bezeichnet Abstände mit positivem Betragsquadrat als raumartig, mit negativem Betragsquadrat als zeitartig. Zwei Ereignisse können nur dann kausal miteinander verbunden sein, wenn der Abstand zwischen ihnen zeitartig ist. Das folgt aus der Forderung, daß sich keine Wirkung schneller als mit Lichtgeschwindigkeit ausbreiten kann. Bei zeitartigen Abständen kann man stets ein Bezugssystem finden, in dem die beiden Ereignisse am gleichen Ort stattfinden. Hingegen kann man bei raumartigen Abständen stets ein Bezugssystem finden, in dem die beiden Ereignisse gleichzeitig stattfinden.

Fragt man nun, welche Transformationen des vierdimensionalen Koordinatensystems den Abstand ungeändert läßt, so ergeben sich die gleichen Antworten wie im Dreidimensionalen: Parallelverschiebungen, Spiegelungen und Drehungen. Erstere betrachten wir hier nicht, da sie nur den Koordinatenursprung verschieben. Die Spiegelungen überführen ein Rechtssystem in ein Linkssystem, was wir ausschließen wollen. Damit bleiben die Drehungen.

In der Tat läßt sich leicht zeigen, daß eine Drehung des $x_1$, $x_4$-Achsenkreuzes die LORENTZ-Transformation ergibt. Bildet die $x_4'$-Achse mit der $x_4$-Achse den Winkel $\varphi$, so ist nach bekannten Beziehungen der analytischen Geometrie in einem ebenen $x_1$, $x_4$-Koordinatensystem

$$\begin{aligned} x_4' &= x_4 \cos\varphi + x_1 \sin\varphi, \\ x_1' &= -x_4 \sin\varphi + x_1 \cos\varphi. \end{aligned} \tag{33}$$

Setzen wir hierin

$$\tan\varphi = -i\beta\,, \tag{34}$$

also

$$\cos\varphi = \frac{1}{\sqrt{1-\beta^2}}\,, \qquad \sin\varphi = \frac{-i\beta}{\sqrt{1-\beta^2}}\,, \tag{35}$$

so erhalten wir

$$\begin{aligned} x_1' &= \frac{x_1 + i\beta x_4}{\sqrt{1-\beta^2}} = \frac{x_1 - vt}{\sqrt{1-\beta^2}} \\ x_4' &= \frac{x_4 - i\beta x_1}{\sqrt{1-\beta^2}} \quad \text{oder} \quad t' = \frac{t - \frac{v}{c^2}\,x_1}{\sqrt{1-\beta^2}}\,, \end{aligned} \tag{36}$$

also die LORENTZ-Transformation.

Wir haben somit die wichtige Beziehung, daß der Übergang von einem Bezugssystem zu einem gegenüber dem ersten mit der Geschwindigkeit $v$ bewegten in der vierdimensionalen $x, y, z, ict$-Welt einer Drehung des Koordinatensystems entspricht, wobei der Drehwinkel durch Gl. (34) gegeben ist.Dieser Umstand ermöglicht es, durch Ausbildung einer zur gewöhnlichen Vektorrechnung analogen vierdimensionalen Vektorrechnung allgemein gültige Gesetze in Form von Gleichungen zwischen vierdimensionalen oder auch Vierervektoren aufzustellen. Die Komponenten eines Vierervektors $x_\mu$ kennzeichnen wir durch griechische Buchstaben als Indices, die von 1 bis 4 laufen. Den Vierervektor schreiben wir im folgenden als die Menge seiner Komponenten $\{x_\mu\}$ oder einfach, wenn keine Verwechslungen vorkommen können, durch $x_\mu$.

Wie man die in Form von gewöhnlichen Vektorgleichungen gegebenen Gesetze der NEWTONschen Mechanik nach irgendwelchen Koordinaten zerlegen kann, so ergibt die Zerlegung von Vierervektorgleichungen nach Koordinaten eine Darstellung für ein bestimmtes Bezugssystem, die Zerlegung nach einem dagegen gedrehten Koordinatensystem die Darstellung für ein anderes gegen das erste bewegtes Bezugssystem.

Für Vierervektoren gelten die folgenden Rechenregeln: Addition und Subtraktion werden durch die Addition bzw. Subtraktion gleichartiger Komponenten definiert. Das skalare Produkt ist

$$\sum_\mu a_\mu b_\mu = a_1 b_1 + a_2 b_2 + a_3 b_3 + a_4 b_4 . \tag{37}$$

Etwas schwieriger wird die Definition des Vektorproduktes, da diese Verknüpfung eigentlich einen antimetrischen Tensor bedeutet und es mehr zufällig ist, daß im dreidimensionalen Raum ein antimetrischer Tensor durch einen Vektor dargestellt werden kann. Im Vierdimensionalen hat der antimetrische Tensor 6, der Vektor aber 4 Komponenten. Wir definieren daher als Vektorprodukt zweier Vierervektoren einen antimetrischen Tensor mit den Komponenten

$$A_{\mu\nu} = a_\mu b_\nu - a_\nu b_\mu . \tag{38}$$

Dem dreidimensionalen Nabla-Operator entspricht ein vierdimensionaler Operator mit den Komponenten

$$\partial_\mu = \vec{e}_\mu \frac{\partial}{\partial x_\mu} , \tag{39}$$

dessen Verknüpfung mit Vierervektoren oder Skalaren in ganz analoger Form folgende Differentiationen ergibt:

$$\partial_\mu u = \vec{e}_\mu \frac{\partial u}{\partial x_\mu} , \tag{40}$$

$$\partial_\mu v_\mu = \frac{\partial v_\mu}{\partial x_\mu} , \tag{41}$$

$$\partial_\mu \times v_\nu = \frac{\partial v_\nu}{\partial x_\mu} - \frac{\partial v_\mu}{\partial x_\nu} . \tag{42}$$

Dies sind die vierdimensionalen Entsprechungen zum dreidimensionalen Gradienten, zur Divergenz und zur Rotation. An die Stelle der Gleichung div rot $\vec{v} = 0$ tritt eine etwas kompliziertere Eigenschaft von antimetrischen Tensoren, die durch Rotationsbildung aus Vierervektoren hervorgegangen sind. Ist nämlich

$$A_{\mu\nu} = \frac{\partial v_\nu}{\partial x_\mu} - \frac{\partial v_\mu}{\partial x_\nu} ,$$

so ergibt sich

$$\frac{\partial A_{\kappa\mu}}{\partial x_\nu} + \frac{\partial A_{\mu\nu}}{\partial x_\kappa} + \frac{\partial A_{\nu\kappa}}{\partial x_\mu} = 0 , \qquad (43)$$

$$\kappa \neq \mu \neq \nu \neq \kappa .$$

## § 7. Die Veränderlichkeit der Masse und die Trägheit der Energie

Der NEWTONschen Mechanik liegt die GALILEI-Transformation zugrunde. Es ist unsere Aufgabe, die Mechanik so zu modifizieren, daß ihre Gesetze mit der experimentell als gültig erwiesenen LORENTZ-Transformation verträglich werden. Zwar sind in der Mechanik makroskopischer Körper die vorkommenden Geschwindigkeiten so klein, daß ein experimenteller Entscheid kaum durch irdische Versuche zu treffen ist, indes haben elektrisch geladene Elementarteilchen (z. B. Elektronen) oft Geschwindigkeiten, die so nahe an $c$ herankommen, daß die Rechnung mit der gewöhnlichen Mechanik zu ganz falschen Ergebnissen führt.

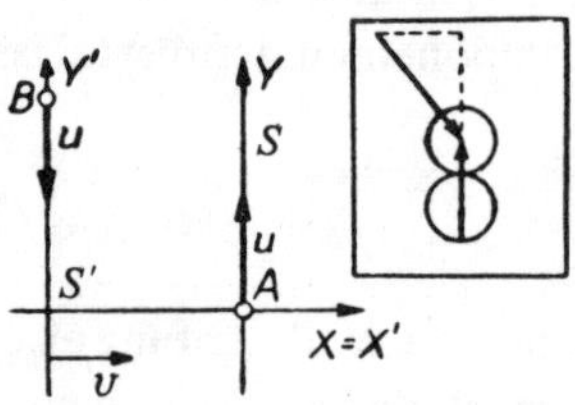

Fig. 78. TOLMANsches Gedankenexperiment. (Nebenfigur: Lage im Moment des Stoßes)

Wir suchen die Begriffe Impuls und Energie auch in die Mechanik der LORENTZ-Transformation einzuführen und die dafür geltenden mathematischen Ausdrücke so zu bestimmen, daß die Erhaltungssätze von Impuls und Energie bestehen bleiben. Der einfachste Vorgang, bei dem die Erhaltung von Impuls und Energie das Resultat bestimmt, ist der Stoß zweier gleicher Kugeln, den wir nach TOLMAN zu einem Gedankenexperiment benützen. Wir nehmen im System $S$ und $S'$ je einen Beobachter auf der $Y$-Achse an, die in Richtung der $Y$-Achse bzw. der $-Y'$-Achse je eine Kugel werfen, von denen in ein und demselben System festgestellt worden ist, daß sie gleiche Masse besitzen (Fig. 78). Die beiden Geschwindigkeiten sollen entgegengesetzt gleich sein, wenn sie jeder der beiden Beobachter in seinen Maßen mißt. Infolge der Bewegung des Systems $S'$ soll ein Zusammenstoß erfolgen, und zwar sollen die Abwurfzeiten so gewählt worden sein, daß der Stoßdurchmesser, d. h. die durch den Berührungspunkt gehende Verbindungsgerade der Kugeln im Augenblick des Zusammentreffens die Richtung der $Y$-Achse hat. Da die Kugeln als glatt angenommen sind, können sie keine tangentialen Kräfte aufeinander ausüben, und es bleiben daher die $X$-Komponenten der Geschwindigkeiten beim Stoß unverändert. Kennzeichnen wir die vom Beobachter $A$ in $S$ geworfene Kugel mit $a$, die andere mit $b$, so sind vor dem Stoß die Geschwindigkeitskomponenten nach dem Additionstheorem der Geschwindigkeiten gemäß (20):

von $S$ gesehen:

$$\begin{aligned} w_{ax} &= 0 \\ w_{ay} &= u \\ w_{bx} &= v \\ w_{by} &= -u\sqrt{1-\frac{v^2}{c^2}} \end{aligned}$$

von $S'$ gesehen:

$$\begin{aligned} w'_{ax} &= -v \\ w'_{ay} &= u\sqrt{1-\frac{v^2}{c^2}} \\ w'_{bx} &= 0 \\ w'_{by} &= -u. \end{aligned} \tag{44}$$

Nach dem Stoß seien alle Größen durch einen Querstrich gekennzeichnet. Um den Satz von der Erhaltung des Impulses anwenden zu können, machen wir jetzt den Ansatz, daß auch in der relativistischen Mechanik der Vektor des Impulses die Richtung des Geschwindigkeitsvektors hat, wobei wir aber den skalaren Faktor, der in der NEWTONschen Mechanik die konstante Masse der Kugel bedeutet, durch einen veränderlichen Faktor $\alpha$ ersetzen. Dieser kann als Skalar nur von einer skalaren Größe abhängen, als welche der Betrag $w$ der Geschwindigkeit in Frage kommt; wir schreiben also $\alpha(w)$ und setzen die jeweiligen Werte von $w$ in die Klammer. Die $X$- Komponente ergibt unter diesen Voraussetzungen im System $S$:

$$\alpha(\overline{u})\cdot 0+\alpha\left[\sqrt{v^2+\overline{u}^2\left(1-\frac{v^2}{c^2}\right)}\right]\cdot v=\alpha(u)\cdot 0+\alpha\left[\sqrt{v^2+u^2\left(1-\frac{v^2}{c^2}\right)}\right]\cdot v \tag{45}$$

oder

$$\overline{u}=\pm u\,. \tag{46}$$

Die NEWTONsche Mechanik fordert in dem hier behandelten Fall $\overline{u}=-u$. Da die relativistische Mechanik für kleine Geschwindigkeiten zur NEWTONschen zurückführen muß, kann auch hier nur das negative Zeichen in Frage kommen. Ferner ergibt sich für die $Y$-Komponente die Gleichung

$$\begin{aligned} &\alpha(\overline{u})\cdot\overline{u}-\alpha\left[\sqrt{v^2+\overline{u}^2\left(1-\frac{v^2}{c^2}\right)}\right]\cdot\overline{u}\sqrt{1-\frac{v^2}{c^2}} \\ &=\alpha(u)\cdot u-\alpha\left[\sqrt{v^2+v^2\left(1-\frac{v^2}{c^2}\right)}\right]\cdot u\sqrt{1-\frac{v^2}{c^2}}\,. \end{aligned} \tag{47}$$

Diese ist für $\overline{u}=-u$ erfüllt, wenn

$$\alpha\left[\sqrt{v^2+u^2\left(1-\frac{v^2}{c^2}\right)}\right]=\frac{\alpha(u)}{\sqrt{1-\frac{v^2}{c^2}}} \tag{48}$$

ist.
Lassen wir jetzt die Wurfgeschwindigkeit immer kleiner werden, so wird

$$\alpha(v) = \frac{\alpha(0)}{\sqrt{1 - \frac{v^2}{c^2}}} . \tag{49}$$

Für sehr kleine Geschwindigkeiten $v$ muß aber die NEWTONsche Mechanik herauskommen, in welcher der skalare Fektor $\alpha$ die Masse $m$ ist. Bezeichnen wir auch in der Relativitätstheorie den skalaren Faktor als *Masse,* so ergibt sich, daß die Masse mit zunehmender Geschwindigkeit wächst. Die Masse im Ruhezustand bezeichnen wir mit $m_0$ und erhalten damit die fundamentale Beziehung:

$$\boxed{m = \frac{m_0}{\sqrt{1 - \frac{v^2}{c^2}}}} . \tag{50}$$

Für den Impuls gilt

$$\vec{p} = \frac{m_0 \vec{v}}{\sqrt{1 - \frac{v^2}{c^2}}} . \tag{51}$$

Die Ableitung des Impulses nach der Zeit ist die Kraft. Wir haben jetzt zwei Fälle zu unterscheiden: Ändert sich nur die Richtung der Geschwindigkeit des Teilchens, wie es dann der Fall ist, wenn Kraftrichtung und Geschwindigkeitsrichtung senkrecht aufeinander stehen, so bleibt die Masse ungeändert und es gilt

$$\vec{F}_{\perp} = \frac{\mathrm{d}\vec{p}}{\mathrm{d}t} = \frac{m_0}{\sqrt{1 - \frac{v^2}{c^2}}} \cdot \frac{\mathrm{d}\vec{v}}{\mathrm{d}t} . \tag{52}$$

Ist hingegen nur der Betrag der Geschwindigkeit veränderlich, was bei gleicher Richtung von Kraft und Geschwindigkeit eintritt, so gilt

$$\vec{F}_{\parallel} = \frac{\mathrm{d}\vec{p}}{\mathrm{d}t} = \frac{m_0}{\left(1 - \frac{v^2}{c^2}\right)^{3/2}} \cdot \frac{\mathrm{d}\vec{v}}{\mathrm{d}t} . \tag{53}$$

In den beiden Fällen ist das Verhältnis von Kraft zu Beschleunigung unterschiedlich. Der Vektor der Kraft und der Vektor der Beschleunigung haben daher im allgemeinen verschiedene Richtung, und zwar bildet die Beschleunigung mit der Geschwindigkeit einen größeren Winkel als die Kraft.

Durch die Gleichung $\vec{F} = \frac{\mathrm{d}\vec{p}}{\mathrm{d}t}$ wird nicht der räumliche Anteil eines Vierervektors definiert, denn die Definition setzt ein bestimmtes Bezugssystem voraus. Für ein dagegen bewegtes System müßte man nach der LORENTZ-Transformation die in diese Gleichung eingehenden Größen umrechnen. Dies ist vom Standpunkt der Relativitätstheorie unbefriedigend. Eine allgemein gültige Beziehung muß die Form einer Gleichung zwischen

Vierervektoren haben, die wir dann nach irgendeinem vierdimensionalen Koordinatensystem zerlegen können, womit die Aussage des Gesetzes für irgendein System oder ein anderes dagegen bewegtes erhalten wird. Dies wollen wir nun versuchen. Zunächst ist uns ein ausgezeichnetes System in jedem Augenblick gegeben, nämlich dasjenige, welches gerade die Geschwindigkeit $\vec{v}$ des Massenpunktes hat und das wir das Ruhesystem nennen wollen. Die zu ihm gehörende Zeit bezeichnen wir als die Eigenzeit $\tau$. Für ein System, in welchem der Punkt die Geschwindigkeit $v$ hat und dessen Zeit wir mit $t$ bezeichnen wollen, gilt dann nach Gl. (13) in § 4

$$\frac{\mathrm{d}t}{\mathrm{d}\tau} = \frac{1}{\sqrt{1-\frac{v^2}{c^2}}} . \tag{54}$$

Gehen wir jetzt von dem vierdimensionalen Radiusvektor $x_\mu$ aus, durch den Ort und Zeit unseres Massenpunktes bestimmt sind, so erhalten wir durch Differenzieren nach der Eigenzeit einen neuen Vierervektor $u_\mu$, die Vierergeschwindigkeit.

$$u_\mu = \frac{\mathrm{d}x_\mu}{\mathrm{d}\tau} \tag{55}$$

Im Ruhesystem hat dieser Vektor wegen des Verschwindens der Differentialquotienten $\frac{\mathrm{d}x}{\mathrm{d}\tau}$, $\frac{\mathrm{d}y}{\mathrm{d}\tau}$ und $\frac{\mathrm{d}z}{\mathrm{d}\tau}$ den Wert $\{u_\mu\} = \{0, 0, 0, ic\}$. *Das Quadrat des Betrags der Vierergeschwindigkeit, das vom Koordinatensystem unabhängig ist, ist* $-c^2$, *also eine Konstante für alle Bewegungen.* In einem anderen vierdimensionalen Koordinatensystem mit der Zeit $t$, in welchem der Massenpunkt die Geschwindigkeit $\vec{v}$ hat, ist

$$\{u_\mu\} = \left\{\frac{\mathrm{d}x_\mu}{\mathrm{d}t} \cdot \frac{\mathrm{d}t}{\mathrm{d}\tau}\right\} = \{\vec{V}; ic\} \cdot \frac{1}{\sqrt{1-\frac{v^2}{c^2}}} . \tag{56}$$

Die räumlichen Komponenten des Vierervektors sind also in diesem System durch die Komponenten des gewöhnlichen Vektors $\frac{\vec{v}}{\sqrt{1-\frac{v^2}{c^2}}}$ gegeben, die zeitliche ($x_4$-)Komponente durch $\frac{ic}{\sqrt{1-\frac{v^2}{c^2}}}$. Wir können also in der obigen Definitionsgleichung für die Kraft statt $\frac{\vec{v}}{\sqrt{1-\frac{v^2}{c^2}}}$ die räumlichen Komponenten der Vierergeschwindigkeit $u_\mu$ setzen.

$$F_i = \frac{\mathrm{d}}{\mathrm{d}t}(m_0 u_i) = \sqrt{1-\frac{v^2}{c^2}} \, \frac{\mathrm{d}}{\mathrm{d}\tau}(m_0 u_i); \qquad i = 1, 2, 3 . \tag{57}$$

Führen wir jetzt weiter statt der Kraft $\vec{F}$ einen Vierervektor $P_\mu$, die Viererkraft, ein, dessen räumliche Komponenten im Ruhesystem mit den Komponenten von $\vec{F}$ identisch sind, für den aber in einem anderen Bezugssystem die Beziehung gilt

$$P_i = \frac{F_i}{\sqrt{1-\frac{v^2}{c^2}}} \quad ; \quad i = 1, 2, 3, \tag{58}$$

so erhält die Definitionsgleichung für die Kraft die gewohnte Form

$$P_\mu = \frac{\mathrm{d}}{\mathrm{d}\tau}\,(m_0 u_\mu). \tag{59}$$

Bilden wir in Analogie zur Ableitung des Energiesatzes der NEWTONschen Mechanik das skalare Produkt mit der Vierergeschwindigkeit $u_\mu$, so erhalten wir

$$\sum_\mu P_\mu u_\mu = \sum_\mu \frac{\mathrm{d}}{\mathrm{d}\tau}(m_0 u_\mu)\cdot u_\mu = \frac{1}{2}\sum_\mu \frac{\mathrm{d}}{\mathrm{d}\tau}(m_0 u_\mu^2) = 0\,. \tag{60}$$

Die rechte Seite verschwindet, da $u_\mu$ den konstanten Betrag $ic$ hat. Schreibt man die linke Seite in Komponenten und faßt die räumlichen Anteile in gewöhnlichen Dreiervektoren zusammen, so erhält man

$$\frac{\vec{F}}{\sqrt{1-\frac{v^2}{c^2}}}\cdot\frac{\vec{v}}{\sqrt{1-\frac{v^2}{c^2}}} + P_4\cdot\frac{ic}{\sqrt{1-\frac{v^2}{c^2}}} = 0\,. \tag{61}$$

Das Produkt $\vec{F}\cdot\vec{v}$ stellt die in der Zeit geleistete Arbeit dar. Auf der rechten Seite ersetzen wir $P_4$ durch den aus Gl. (59) folgenden Wert

$$P_4 = \frac{\mathrm{d}}{\mathrm{d}\tau}\left(\frac{m_0 ic}{\sqrt{1-\frac{v^2}{c^2}}}\right) = \frac{1}{\sqrt{1-\frac{v^2}{c^2}}}\,\frac{\mathrm{d}}{\mathrm{d}t}\left(\frac{m_0 ic}{\sqrt{1-\frac{v^2}{c^2}}}\right)$$

und erhalten

$$\vec{F}\cdot\vec{v} = \frac{\mathrm{d}}{\mathrm{d}t}\,\frac{m_0 c^2}{\sqrt{1-\frac{v^2}{c^2}}} = \frac{\mathrm{d}N}{\mathrm{d}t}\,.$$

Um die Bedeutung des Ausdrucks $N$ zu klären, entwickeln wir ihn in eine Reihe:

$$N = \frac{m_0 c^2}{\sqrt{1-v^2/c^2}} = m_0 c^2 + \frac{1}{2}\,m_0 v^2 + \frac{3}{8}\,m_0\,\frac{v^4}{c^2} + \cdots\,. \tag{62}$$

Man sieht, daß die Glieder die Dimension einer Energie haben und das 2. Glied die gewöhnliche kinetische Energie gibt, während die folgenden Glieder die Korrektur dieser Größe durch die Massenveränderlichkeit geben. Was aber bedeutet das erste konstante Glied? EINSTEIN erkannte in ihm eines der fundamentalsten Grundgesetze der Physik: Ist $v = 0$, so kommt der Masse die Energie $m_0 c^2$ zu, es soll also die träge Masse $m_0$ einer Energie

$$E_0 = m_0 c^2 \tag{63}$$

äquivalent sein. Dies ist das berühmte Gesetz der Äquivalenz von Masse und Energie. *Jeder Energie kommt auch träge Masse zu,* die man durch Division durch $c^2$ erhält.

Aus der Ableitung von Gl. (63) ist deutlich geworden, daß man zunächst nur schließen kann, die kinetische Energie trage zur Masse bei. Die gesamte Masse mit Energie gleichzusetzen, war eine Verallgemeinerung, die sich auf den Glauben an die Einfachheit und ästhetische Schönheit der physikalischen Gesetze stützte. Die Berechtigung zu dieser Verallgemeinerung ist inzwischen durch den Massendefekt im Zusammenhang mit der Bindungsenergie der Atomkerne, durch die Energiebilanz beim Zerstrahlen von Teilchen und Antiteilchen und viele andere Erfahrungen gesichert.

Durch Gl. (63) ist einem ruhenden Körper der Masse $m_0$ die Ruheenergie $E_0$ zugeordnet worden. In Gl. (62) steht auf der linken Seite die Masse eines mit der Geschwindigkeit $v$ bewegten Körpers, multipliziert mit $c^2$. Die auf der rechten Seite außer der Ruheenergie $m_0 c^2$ auftretenden Summanden sind die realtivistische Verallgemeinerung der kinetischen Energie.

$$E_k = (m - m_0)\, c^2 \tag{64}$$

Die Summe aus der Ruhenergie und der kinetischen Energie ist gleich der Gesamtenergie.

$$\boxed{E = m_0 c^2 + E_k = mc^2}\,. \tag{65}$$

Oder

$$E = \frac{m_0 c^2}{\sqrt{1 - \frac{v^2}{c^2}}}\,. \tag{66}$$

Den Zusammenhang zwischen Energie und Impuls finden wir, wenn wir

$$mc^2 = \frac{m_0 c^2}{\sqrt{1 - \frac{v^2}{c^2}}} \tag{67}$$

quadrieren und mit dem Nenner multiplizieren.

$$m^2 v^2 c^2 - m^2 c^4 = - m_0^2 c^4\,. \tag{68}$$

Führen wir hier den Impuls $\vec{p} = m\vec{v}$ ein, so folgt

$$\boxed{(pc)^2 + (m_0 c^2)^2 = E^2}\,. \tag{69}$$

Weiterhin können wir in Gl. (68) eine Beziehung erkennen, die den Betrag eines zeitartigen Vierervektors mit den Komponenten

$$\{p_\mu\} = \{\vec{p};\, icm\} = \{\vec{p};\, \frac{i}{c} E\} \tag{70}$$

bestimmt. Dieser Vektor heißt Viererimpuls. Diese Erkenntnis ist sehr nützlich, denn jeder Vierervektor transformiert sich beim Übergang in ein anderes Inertialsystem nach der LORENTZ-Transformation in der gleichen Weise:

$$p_x = \frac{p'_x + \frac{v}{c^2} E'}{\sqrt{1 - \frac{v^2}{c^2}}}\,; \quad p_y = p'_y; \quad p_z = p'_z; \quad E = \frac{E' + v p'_x}{\sqrt{1 - \frac{v^2}{c^2}}}\,. \tag{71}$$

Mit den oben eingeführten Vierervektoren der Viererkraft $P_\mu$ und der Vierergeschwindigkeit $u_\mu$ hängt der Viererimpuls in der folgenden Weise zusammen:

$$p_\mu = m_0 \cdot u_\mu\,; \qquad P_\mu = \frac{\mathrm{d}}{\mathrm{d}\tau} p_\mu\,. \tag{72}$$

Aufg. 67. Wie groß ist der jährliche Masseverlust der Sonne durch Strahlung, wenn die Erdoberfläche 1,4 kW m$^{-2}$ an Strahlung aufnimmt? (Entfernung Erde – Sonne rund 150 Millionen Kilometer.)

DRITTES BUCH

# Elektrodynamik und Optik

Zur Behandlung der elektromagnetischen Erscheinungen benutzen wir eine Methode, die von makroskopisch meßbaren Größen und Begriffen ausgeht und die aus der Erfahrung gewonnenen Beziehungen zwischen solchen Größen mathematisch darstellt. Es gelingt ihr, einen ungeheuren Erscheinungskomplex durch ein System von Differentialgleichungen zu beherrschen, durch deren dem Einzelfall angepaßte Integration sich dann eine große Zahl auch technisch wichtiger Fragen auf rechnerischem Weg beantworten läßt. Dieses Verfahren arbeitet nur mit Erfahrungsgesetzen und daraus auf mathematischem Weg abgeleiteten Folgerungen. Da dabei keinerlei Annahmen über die Struktur der elektrischen Ladungen und der Materie gemacht werden, nennen wir dies die Kontinuumstheorie. Jedoch zeigt sich, daß eine große Anzahl wichtiger Gesetze, wie z. B. die Gesetze der Elektrolyse, von dieser Betrachtungsweise überhaupt nicht erfaßt werden. Zur Erklärung dieser Erscheinungen muß man Annahmen über die Struktur der Materie und der Ladungen machen, die wir nicht durch direkte Beobachtung, sondern nur durch Prüfung der daraus folgenden Konsequenzen kontrollieren können. Diese andere Methode nennen wir die atomistische. Im folgenden werden wir weitgehend die Kontinuumstheorie benutzen, jedoch auch atomistische Bilder zur Veranschaulichung heranziehen.

Erstes Kapitel

## Das elektrostatische Feld im Vakuum (Luftraum)

### § 1. Grundbegriffe

a) Elektrische Ladung und elektrische Feldstärke

Um zu einer Definition der elektrischen Feldstärke zu gelangen, knüpfen wir an eine experimentelle Anordnung an.

Zwei gegeneinander isolierte horizontale Metallplatten werden im Abstand von einigen Zentimetern gegenübergestellt. Wenn in den Zwischenraum ein Nebel von feinen Öltröpfchen gesprüht wird, so kann man mit einem Mikroskop das Fallen der Tröpfchen beobachten. Unter dem Einfluß der Schwerkraft und der Luftreibung stellt sich eine gleichförmige Bewegung*) nach unten ein. Wird nun die obere Platte – z. B. durch einen geriebenen Glasstab – geladen und die untere leitend mit der Erde verbunden, so kann man fallende, schwebende und auch aufsteigende Tröpfchen beobachten. Durch das Aufladen der Platte erfahren die Tröpfchen eine zusätzliche Kraft. Diese Kraft hängt vom Zustand der Metallplatten und auch vom Zustand der Tröpfchen ab. Diese waren schon durch das Versprühen geladen worden. Man kann sie – etwa durch ein in die Nähe gebrachtes Radiumpräparat – umladen und bemerkt dann einen Wechsel ihrer Geschwindigkeit. Um die Erscheinung quantitativ zu beschreiben, werden zwei physikalische Größen benötigt. Die eine ist die elektrische Ladung $Q$, die den Zustand des Tröpf-

*) vgl. die gleichförmige Bewegung der Elektronen durch das Metall unter dem Einfluß des elektrischen Feldes.

chens kennzeichnet. Die zweite Größe quantifiziert den besonderen Zustand des Raumes, in dem Kräfte auf geladene Probekörper wie unsere Tröpfchen ausgeübt werden. Einen solchen Raum nennt man ein elektrisches Feld. In ihm ist jedem Punkt eine elektrische Feldstärke $\vec{E}$ zugeordnet, so daß für die Kraft auf eine Probeladung gilt

$$\boxed{\vec{F} = Q\,\vec{E}}\,. \tag{1}$$

Durch die Gleichung (1) sind die beiden Größen Ladung und Feldstärke noch nicht vollständig definiert. Hinzu kommt noch, daß es Ladungen verschiedenen Vorzeichens gibt und daß sich Ladungen algebraisch addieren. Weiterhin muß noch eine Maßeinheit für die Ladung festgelegt werden. Dieser letzte Schritt erfolgt durch eine willkürliche Konvention. Wir gehen später auf die Definition der Maßeinheit ein.

Die zur Einführung benutzte Versuchsanordnung enthält mit den geladenen Tröpfchen Probekörper im elektrischen Feld der beiden Metallplatten, die sehr kleine Ladungen von einigen elektrischen Elementarquanten enthalten. Würde man statt dessen einen Körper mit einer dagegen großen Ladung zwischen die Platten bringen, so hätte man zu beachten, daß die Ladung des Probekörpers die felderzeugenden Ladungen auf den Metallplatten verschiebt und damit das elektrische Feld verändert. Streng genommen müßte deshalb die Gleichung (1) für den Grenzfall verschwindender Probeladung formuliert werden. Dieser Grenzübergang ist physikalisch wegen der Existenz des elektrischen Elementarquantums streng nicht durchzuführen.

b) Feldlinien

Haben wir mit einem Probekörperchen, die an jedem Ort des Raums wirkende Feldstärke $\vec{E}$ bestimmt, so können wir sie von Punkt zu Punkt durch Vektoren kennzeichnen. Eine solche Zeichnung wird aber unübersichtlich. Wir zeichnen daher besser Kurven, deren Tangenten an jedem Punkt die Richtung des Feldes angeben. Die Stärke des Feldes müssen wir nun auf andere Weise kennzeichnen. Zunächst steht es uns noch frei, wie dicht wir die Kurven, die *Feldlinien* heißen, zeichnen. Nun treffen wir eine Festsetzung, welche die Dichte der Feldlinien als Maß der Feldstärke ergibt: Die Feldlinien des elektrostatischen Feldes bilden, was nicht bei allen Vektorfeldern der Fall ist, ein orthotomes System, d. h., sie sind die Orthogonaltrajektorien einer Flächenschar. In jedem Punkt des Raums läßt sich eine Ebene angeben, die die dort durchgehende Orthogonalfläche berührt. Wir setzen nun fest, daß die Zahl der die Flächeneinheit der Orthogonalflächen durchsetzenden Feldlinien proportional zur Feldstärke sein soll. Dadurch erhalten wir ein übersichtliches und anschauliches Feldlinienbild. Dabei ist jedoch zu beachten, daß die Feldlinien entsprechend der beschriebenen Konstruktion nur gedanklich Hilfsmittel zur Darstellung des Vektorfeldes sind.

## § 2. Die Ladung als Quelle des elektrischen Flusses

Bilden wir das Integral $\oint \vec{E} \cdot \mathrm{d}\vec{f}$ über eine geschlossene Fläche $A$, so ergibt dies den Überschuß der aus dem durch $A$ abgegrenzten Raumteil austretenden Feldlinien über die eintretenden. Wenn wir bei der Versuchsanordnung von § 1 die Fläche $A$ so legen, daß sie nirgends die Platten schneidet oder eine einzelne Platte umschließt, so finden wir daß das Integral unter allen Umständen verschwindet. Im ganzen Raum zwischen den Platten entspringen also keine Feldlinien. Anders, wenn wir mit unserer Fläche etwa die obere Platte umschließen. Wir bekommen jetzt einen bestimmten Wert unseres Oberflächenintegrals und bringen das Nichtverschwinden desselben in Zusammenhang damit, daß wir die Platte mit dem geriebenen Glasstab berührt hatten. Wir vermuten, daß wir ihr damit eine elektrische Ladung gegeben haben und können dies direkt nachweisen, wenn wir die Platte in ein ähnliches System größerer Dimension bringen würden; dann würden wir die Ladung an der Kraftwirkung ebenso erkennen, wie es bei den Öltröpfchen der Fall ist. Wir nehmen nun den Wert des Integrals als Maß der in dem umschlossenen Raumteil befindlichen Ladung an, setzen also, solange über das Maßsystem nicht verfügt ist

$$Q \sim \oint \vec{E} \cdot \mathrm{d}\vec{f}\,. \tag{2}$$

Die elektrische Ladung oder Elektrizitätsmenge spielt also eine doppelte Rolle: eine aktive als Felderzeugerin und eine passive als Angriffsobjekt der elektrischen Feldstärke. Als *Ladungsdichte* in einem Punkt $P$ des Raums bezeichnen wir den Grenzwert der in einem um $P$ gelegten Volumenelement befindlichen Ladung zu dessen Rauminhalt

$$\rho = \lim \frac{\Delta Q}{\Delta\tau} \sim \lim \frac{\oint \vec{E} \cdot \mathrm{d}\vec{f}}{\Delta\tau} = \operatorname{div} \vec{E}\,. \tag{3}$$

An jedem Punkt des Raums is also die Divergenz der elektrischen Feldstärke proportional zu der dort herrschenden Ladungsdichte. Der Grenzwert $\frac{\Delta Q}{\Delta\tau}$ ist nicht immer endlich. Es kommen nämlich in der Natur neben räumlichen Ladungen auch flächenhaft verteilte Ladungen vor. Legt man senkrecht zu einer geladenen Fläche einen Zylinder der Grundfläche $\Delta\vec{f}$, so kann man die Höhe des Zylinders von höherer Ordnung klein machen, ohne die von ihm umschlossene Ladung zu ändern. In diesem Fall definieren wir als *Flächenladungsdichte* $\sigma$ den Grenzwert $\frac{\Delta Q}{\Delta f}$. Bilden wir das Oberflächenintegral der elektrischen Feldstärke über einen solchen kleinen Zylinder (vgl. S. 41, Fig. 24), wobei wir die beiden Seiten der Fläche durch die Indices 1 und 2 unterscheiden und die Normale von 1 nach 2 zeigen lassen, so erhalten wir, da die Beiträge der Mantelflächen von höherer Ordnung klein sind

$$\Delta f\,(\vec{n} \cdot \vec{E}_2 - \vec{n} \cdot \vec{E}_1) \sim \Delta Q\,. \tag{4}$$

Soll der Grenzwert $\frac{\Delta Q}{\Delta f}$ nicht Null sein, so muß $\vec{n} \cdot \vec{E}_2 - \vec{n} \cdot \vec{E}_1$ von Null verschieden sein. Das bedeutet, daß zu beiden Seiten einer geladenen Fläche die Normalkomponente der Feldstärke, $\vec{n} \cdot \vec{E}$, verschiedene Werte annimmt, also einen Sprung erleidet. Den Ausdruck $\vec{n} \cdot (\vec{E}_2 - \vec{E}_1)$ bezeichnet man nach S. 41 als die Flächendivergenz von $\vec{E}$ (geschrieben $\operatorname{Div} \vec{E}$). Mit diesem Begriff können wir sagen: *Bei flächenhaft verteilter Ladung ist die Flächendichte proportional der Flächendivergenz von* $\vec{E}$.

$$\operatorname{Div} \vec{E} \sim \sigma\,. \tag{5}$$

Um eine Maßeinheit für die Ladung zu gewinnen, gehen wir aus von dem Feld einer einzigen in einem Punkt konzentrierten Ladung $Q$. Aus Symmetriegründen gehen von ihr die Feldlinien radial und nach allen Seiten gleich dicht aus. Die Orthogonalflächen sind in diesem Fall konzentrische Kugeln. Der Fluß durch eine Kugel vom Radius $r$ beträgt

$$\boxed{\Psi = \oint_{\text{Kugel}} \vec{E} \cdot \mathrm{d}\vec{f} = 4\pi r^2 \, |\vec{E}| \,,} \tag{6}$$

da die Dichte der Feldlinien auf der Kugel überall gleich groß ist.

Nach Gl. (2) ist der Wert des Integrals proportional der umschlossenen Ladung $Q$. Mit einem zunächst unbekannten Proportionalitätsfaktor $\gamma$ folgt

$$|\vec{E}| = \frac{\gamma \cdot Q}{4\pi r^2} \,. \tag{7}$$

Die Kraft auf eine zweite Ladung $Q'$ wird nach Gl. (1)

$$|\vec{F}| = \frac{\gamma Q \cdot Q'}{4\pi r^2} \,. \tag{8}$$

Dies ist das COULOMBsche Gesetz. Das Maßsystem ergibt sich durch Verfügen über den Proportionalitätsfaktor $\gamma$.

Im Bereich von Elektrizität und Magnetismus werden verschiedene Maßsysteme benutzt. Zunächst hat man die Freiheit, ob zu den aus der Mechanik bekannten Basiseinheiten für Länge, Masse und Zeit eine vierte Basiseinheit für eine elektrische Größe hinzukommen soll oder nicht. Das Internationale Einheitensystem (SI), das sich in der Technik und weiten Bereichen der Physik durchgesetzt hat, benutzt eine vierte Basisgröße für die Stromstärke. Dagegen beschränkt sich das CGS-System auf die drei Basiseinheiten Zentimeter, Gramm und Sekunde. Man schreibt mit diesen Einheiten das elektrostatische Gleichungssystem, bei dem der Proportionalitätsfaktor $\gamma$ im COULOMBschen Gesetz gleich $4\pi$ gesetzt wird. Das so erhaltene Gleichungssystem wird „nichtrational" genannt, weil Faktoren von der Form $4\pi$ oder $2\pi$ bei Gleichungen auftauchen, die Situationen ohne Kugel- oder Zylindersymmetrie beschreiben. Dagegen enthält das COULOMBsche Gesetz mit seiner Kugelsymmetrie im nichtrationalen elektrostatischen CGS-System keinen Faktor $4\pi$ mehr. Eine Rationalisierung wäre natürlich möglich, sie ist aber nicht gebräuchlich. Stattdessen wird die Rationalisierung durch die Verwendung des Internationalen Einheitensystems vorgenommen.

Im folgenden wird das Internationale Einheitensystem verwendet, also ein rationales Maßsystem mit vier Basisgrößen (Länge, Masse, Zeit, elektrische Stromstärke). Die Definition der Basiseinheit (Ampère) für die Stromstärke erfolgt über die magnetische Wirkung, so daß wir sie im Zusammenhang mit der in diesem Kapitel behandelten Elektrostatik noch nicht näher ausführen können. Mit der Maßeinheit für den elektrischen Strom ist dann auch die Einheit für die Ladung festgelegt: 1 C (Coulomb) = 1 As (Ampèresekunde). Das COULOMBsche Gesetz nimmt die Form

$$F = \frac{1}{4\pi\epsilon_0} \cdot \frac{Q \cdot Q'}{r^2} \quad \text{oder vektoriell} \quad \boxed{\vec{F} = \frac{1}{4\pi\epsilon_0} \, \frac{Q \cdot Q'}{r^3} \, \vec{r}} \tag{8a}$$

an, wobei als Proportionalitätsfaktor die elektrische Feldkonstante

$$\epsilon_0 = (8{,}854\,187\,82 \pm 7) \cdot 10^{-12}\, \mathrm{m^{-3}\, kg^{-1}\, s^4\, A^2}$$

auftritt. Ihr Zahlenwert muß experimentell bestimmt werden. Dazu kann der Zusammenhang mit der Lichtgeschwindigkeit $c$ dienen (vgl. S. 304):

$$\frac{1}{\epsilon_0} = 4\pi \cdot 10^{-7}\ \mathrm{m\, kg\, s^{-2}\, A^{-2}} \cdot c^2 \,.$$

Nachdem nun über das Maßsystem verfügt ist, können die Proportionalitäten in Gleichungen umgeschrieben werden.

$$Q = \epsilon_0 \oint \vec{E}\, \mathrm{d}\vec{f} \qquad (2a)$$

$Q = \varepsilon_0 \Psi$

$$\rho = \epsilon_0 \operatorname{div} \vec{E} \qquad (3a)$$

$$\sigma = \epsilon_0 \operatorname{Div} \vec{E} \qquad (5a)$$

Diese Gleichungen legen die Einführung einer weiteren Größe nahe. Wir definieren die elektrische Flußdichte

$$\vec{D} = \epsilon_0 \vec{E}\,,$$

die auch elektrische (oder dielektrische) Verschiebung genannt wird. In diesem Kapitel, das sich mit dem elektrischen Feld im Vakuum beschäftigt, erscheint die Einführung einer zweiten Vektorgröße im Zusammenhang mit dem Feld zunächst noch nicht zwingend. Ihr Nutzen wird im Zusammenhang mit dem Feld in Materie erkennbar.

$$Q = \oint \vec{D}\, \mathrm{d}\vec{f} \qquad (2b)$$

## § 3. Das elektrostatische Potential

Die Arbeit, die das Feld leistet, wenn wir die Ladung $Q$ um $\mathrm{d}\vec{s}$ verschieben, beträgt

$$\mathrm{d}W = \vec{F} \cdot \mathrm{d}\vec{s} = Q\vec{E} \cdot \mathrm{d}\vec{s}\,. \qquad (9)$$

Verschieben wir $Q$ um eine endliche Strecke längs einer Kurve von $P_0$ nach $P_1$, so erhalten wir für die Gesamtarbeit durch Summation der Teilbeträge

$$W = \int_{P_0}^{P_1} Q\vec{E} \cdot \mathrm{d}\vec{s} = Q \int_{P_0}^{P_1} \vec{E} \cdot \mathrm{d}\vec{s}\,. \qquad (10)$$

*Es zeigt sich nun, daß diese Arbeit unabhängig ist von dem Weg C, auf dem wir die Ladung von $P_0$ nach $P_1$ gebracht haben.* Wegen der Unabhängigkeit des Integrals $\int \vec{E} \cdot \mathrm{d}\vec{s}$ vom Weg erhalten wir null, wenn wir das Integral über eine geschlossene Kurve zum Ausgangspunkt zurückführen, es gilt also

$$\oint \vec{E} \cdot \mathrm{d}\vec{s} = 0\,, \qquad (10')$$

*d. h., das Feld der elektrostatischen Feldstärke $\vec{E}$ ist wirbelfrei.* Nun wissen wir aus der Vektorrechnung, daß sich jeder wirbelfreie Vektor als Gradient eines Skalarfeldes darstellen läßt. Dies bedeutet eine große Vereinfachung. Statt an jedem Ort die Werte der 3 Komponenten anzugeben, genügt es, an jedem Ort den Wert des einen Skalars zu kennen, aus dem sich dann durch Gradientenbildung, also reine Differentialoperationen, die Vektorkomponenten finden lassen. Als ein solches Skalarfeld könnten wir das oben beschriebene Feld der an der Ladung geleisteten Arbeit nehmen, denn es ist in diesem Feld

$$\mathrm{d}W = \operatorname{grad} W \cdot \mathrm{d}\vec{s}\,,$$

und nach Gl. (9) $\vec{E} = \frac{1}{Q} \operatorname{grad} W$. Es ist aber zweckmäßiger, in Analogie zur potentiellen Energie der Mechanik den negativen Wert, also die an der Ladung *gegen* das Feld zu leistende Arbeit einzuführen. Diese Größe dividieren wir noch durch die Größe der Ladung und nennen sie das elektrostatische Potential $V$. Es ist zu beachten, daß erst das Produkt $Q\,V$ die Dimension einer Arbeit hat. Mit diesem Begriff wird

$$\vec{E} = -\operatorname{grad} V; \qquad \int_{P_0}^{P_1} \vec{E} \cdot \mathrm{d}\vec{s} = V_0 - V_1 \tag{11}$$

Aus der Definition des elektrostatischen Potentials als Arbeit pro Ladung folgt seine Maßeinheit. Wegen seiner Bedeutung erhält der Quotient Joule pro Ampèresekunde den eigenen Namen Volt.

Bilden wir die Divergenz der Feldstärke, so erhalten wir

$$\epsilon_0 \cdot \operatorname{div} \operatorname{grad} V = \epsilon_0 \Delta V = -\rho \qquad \text{(POISSONsche Gleichung).} \tag{12}$$

Dies ist die Differentialgleichung des elektrostatischen Potentials. Insbesondere muß im ladungsfreien Raum überall

$$\Delta V = 0 \tag{13}$$

sein.

Aufg. 68. Kann man ein elektrostatisches Feld konstanter Richtung erzeugen, in dem der Betrag der Feldstärke senkrecht zu $\vec{E}$ zunimmt?

Aufg. 69. An der Erdoberfläche beträgt das luftelektrische Erdfeld 100 Volt/m, in 1500 m Höhe 25 Volt/m. Die Richtung des Feldes ist diejenige auf den Erdmittelpunkt zu. Wie groß ist die Oberflächenladung der Erde und die mittlere Raumladung der Atmosphäre zwischen 0 und 1500 m Höhe?

Aufg. 70. In einer Gasentladung zwischen parallelen Platten sei mit Hilfe von Sonden das Potential als Funktion des Abstands $x$ von der Kathode gemessen. Wie findet man daraus die Feldstärke und die Verteilung der Raumladungen?

## § 4. Einfache Fälle des elektrostatischen Feldes im Vakuum

### Vorbemerkung

Die Aufgabe der Berechnung eines elektrostatischen Feldes ist als gelöst zu betrachten, wenn die Verteilung des Potentials aufgefunden ist, denn aus ihr erhält man das Feld durch Gradientenbildung, also reine Differentiation. Es handelt sich daher darum, Lösungen der Potentialgleichung aufzufinden, welche mit den besonderen Bedingungen des speziellen Problems vereinbar sind. Diese Aufgabe ist ohne weiteres zu lösen, wenn die Verteilung der Ladungen im ganzen Raum vorgegeben ist. Dies ist aber im allgemeinen gerade nicht der Fall. Wir haben nämlich als Erfahrungstatsache hinzunehmen, daß es Stoffe gibt (die Leiter), innerhalb derer sich kein elektrostatisches Feld aufrechterhalten läßt, auf denen aber die Ladungen frei beweglich sind. Jede Leiteroberfläche muß daher Niveaufläche des Feldes sein, und wir haben eine Lösung der Gleichung $\Delta V = 0$ zu suchen, welche den durch die Verteilung der Leiter gegebenen Grenzbedingungen genügt, während die Ladungsverteilung erst nachträglich durch Bildung von Div grad $V$ bestimmt wird. Unter diesen Voraussetzungen ist die Aufgabe wesentlich schwieriger zu lösen.

### *A. Keine Leiter im Feld*

#### a) Potential von Punktladungen

Wir beginnen mit dem einfachsten Fall der gegebenen Ladungsverteilung, nämlich dem einer ~~einfachen~~ Punktladung. Ihr Feld ist kugelsymmetrisch und bereits in § 2 berechnet. Es läßt sich ohne Schwierigkeit das dazugehörige Potential angeben, wir wollen aber einen etwas allgemeineren Weg einschlagen. Bei Kugelsymmetrie wird die Differentialgleichung des Potentials im ladungsfreien Raum: Laplace-Operator in Kugelkoordinaten!

$$\Delta V = \frac{d^2 V}{dr^2} + \frac{2}{r}\frac{dV}{dr} = 0. \tag{14}$$

(vgl. Joos 6. Aufl. S. 238 u. Sirk-Rang S. 196)

Das Integral lautet:

$$V = \frac{A}{r} + B. \tag{15}$$

$B$ ist der Wert des Potentials im Unendlichen, wir normieren das zunächst nur bis auf eine additive Konstante festgelegte Potential durch die Bedingung, daß $V$ im Unendlichen verschwindet, und zwar können wir diese Forderung allgemein aussprechen, da vom Unendlichen gesehen alle Ladungssysteme, die im Endlichen liegen, zu einer Punktladung werden. Wir setzen also als eine Randbedingung der Differentialgleichung fest, daß $V$ im $\infty$ mindestens wie $1/r$ verschwinden muß. Die Konstante $A$ finden wir durch Bildung des Oberflächenintegrals über eine die Punktladung als Mittelpunkt einschließende Kugel vermöge Gl. (2a) zu $\frac{Q}{4\pi\epsilon_0}$. $= \oint \vec{E}\cdot d\vec{f}$

Haben wir mehrere Punktladungen fest gegeben, so superponieren sich ihre Felder ungestört, damit ergibt sich auch das Potential als Summe der von den Einzelladungen herrührenden Potentiale zu

$$V = \sum \frac{Q_i}{4\pi\epsilon_0 r_i} \tag{15'}$$

und bei stetiger Raum- bzw. Oberflächenladung geht die Formel über in

$$V = \int \frac{\rho \, \mathrm{d}\tau}{4\pi\epsilon_0 r} + \int \frac{\sigma \, \mathrm{d}f}{4\pi\epsilon_0 r} . \tag{16}$$

Diese das Gesetz der ungestörten Superposition darstellende Formel läßt sich aus der Differentialgleichung des Potentials mit Hilfe des GREENschen Satzes ableiten. Wir führen den Beweis für den Anteil der Raumladung durch: Sind $V$ und $\Psi$ zwei in einem Raumbereich samt ihren räumlichen Differentialquotienten erster und zweiter Ordnung stetige Ortsfunktionen, so erhalten wir durch Anwendung des GAUSSschen Satzes auf die Vektoren $V$ grad $\Psi$ und $\Psi$ grad $V$ und Subtraktion

$$\oint V \operatorname{grad} \Psi \cdot \mathrm{d}\vec{f} - \oint \Psi \operatorname{grad} V \cdot \mathrm{d}\vec{f} = \int V \Delta\Psi \, \mathrm{d}\tau - \int \Psi \Delta V \, \mathrm{d}\tau. \tag{17}$$

$V$ soll nun die Differentialgleichung $\Delta V = -\frac{1}{\epsilon_0}\rho$ befriedigen. Nehmen wir jetzt versuchsweise als Funktion $\Psi$ die Funktion $\frac{1}{r}$, wobei $r$ den Abstand der Ladung $\rho \, \mathrm{d}\tau$ vom Punkt $P_0$, in welchem wir das Potential suchen, bedeutet (vgl. Fig. 79), so ist diese Funktion am Ort $P_0$ unstetig. Wir müssen also den Punkt $P_0$ aus dem Integrationsgebiet ausschließen. Dies tun wir, indem wir eine kleine Kugel vom Radius $a$ um $P_0$ als Mittelpunkt herumlegen. Diese Kugel bildet einen Teil der Oberfläche des Integrationsgebiets. Die Normalen der Flächenelemente zeigen nach den beim GAUSSschen Satz getroffenen Festsetzungen aus dem Integrationsgebiet heraus, also in das Kugelinnere. Als äußere Begrenzung wählen wir eine Kugel von unendlich großem Radius. Das Integral über die unendliche große Kugel verschwindet, weil zwar das Oberflächenelement $r^2 \sin\vartheta \, \mathrm{d}\vartheta \, \mathrm{d}\varphi$ mit $r^2$ unendlich wird, aber nach oben $V$ wie $\frac{1}{r}$ und damit grad $V$ wie $\frac{1}{r^2}$, also die Produkte $V$ grad $\Psi$ und $\Psi$ grad $V$ wie $\frac{1}{r^3}$ verschwinden. Es bleibt also das Integral über die kleine Kugel vom Radius $a$, auf der $V$ im Grenzfall den Wert $V_0$ vom Punkt $P_0$ besitzt. Dies Integral wird, wenn wir mit $\vec{n}$ einen ins Kugelinnere zeigenden Einheitsvektor bezeichnen

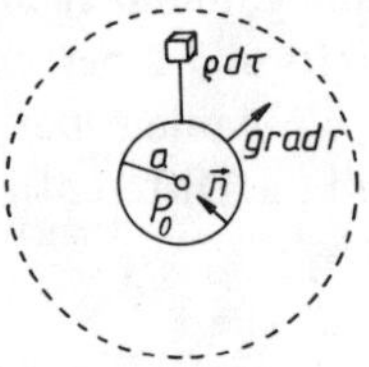


Fig. 79. Zum GREENschen Satz in der Elektrostatik

$$\oint_{\text{Kugel}} = + \int_0^{\pi} \int_0^{2\pi} \left( V \operatorname{grad} \frac{1}{r} - \frac{1}{r} \operatorname{grad} V \right) \cdot \vec{n} \, a^2 \sin\vartheta \, \mathrm{d}\vartheta \, \mathrm{d}\varphi = 4\pi a^2 \cdot \frac{V_0}{a^2} . \tag{18}$$

(Da grad $V$ ebenso wie $V$ in $P_0$ endlich ist, verschwindet für $r = a$, $a \to 0$ der zweite Beitrag.) Es wird daher nach Gl. (17) wegen $\Delta V = -\frac{1}{\epsilon_0}\rho$ und $\Delta \frac{1}{r} = 0$

$$V_0 = -\frac{1}{4\pi} \int \frac{\Delta V}{r} \, \mathrm{d}\tau = \frac{1}{4\pi\epsilon_0} \int \frac{\rho \, \mathrm{d}\tau}{r} . \tag{19}$$

In gleicher Weise erhalten wir den Beitrag der Flächenladungen, wenn wir Unstetigkeitsflächen durch eng anschließende Umhüllungen ausschließen.

b) Potential einer Kugel vom Radius $a$, welche homogen mit Raumladung der Dichte $\rho$ erfüllt ist

Wir haben zu unterscheiden zwischen dem Außenraum, in dem die Gleichung $\Delta V = 0$ gilt, und dem Innenraum, in dem $\Delta V = -\frac{1}{\epsilon_0}\rho$ ist. Im Außenraum gilt wieder *die* kugelsymmetrische Lösung von $\Delta V = 0$:

$$V = \frac{A}{r},$$

wobei $A$ durch $\oint \vec{E} \cdot d\vec{f} = \frac{Q}{\epsilon_0} = \frac{4\pi a^3 \rho}{3\epsilon_0}$ bestimmt ist, also

$$V = \frac{a^3 \rho}{3\epsilon_0 r}. \tag{20}$$

*Für einen außerhalb gelegenen Punkt wirkt also die Kugel so, als wäre die gesamte Ladung im Mittelpunkt vereinigt.* Diese Lösung muß auch noch für $r = a$ gelten:

$$V_a = \frac{a^2 \rho}{3\epsilon_0}. \tag{21}$$

Bei dem Ansatz für den Innenraum, der natürlich wieder nur von $r$ abhängen darf, ist zu beachten, daß über die additive Konstante des Potentials durch den Ansatz im Außenraum bereits verfügt ist. Denn die beiden Lösungen müssen sich in $r = a$ stetig aneinanderschließen, da ein Sprung von $V$ unendlich große Feldstärke bedeuten würde. Die Feldstärke im Innern ist wieder nach Gl. (2a) bestimmt zu

$$\vec{E}_J = \frac{\rho r^3}{3\epsilon_0 r^2} \cdot \vec{e}_r \tag{22}$$

Das Potential erhalten wir mit der richtigen Konstanten, wenn wir von der Gleichung

$$V_J - V_a = \int_{r<a}^{r=a} \vec{E} \cdot d\vec{s} = \int_{r<a}^{r=a} \frac{r\rho}{3\epsilon_0}\, dr$$

ausgehen. Die Ausrechnung ergibt mit (21)

$$V_J = \frac{a^2 \rho}{3\epsilon_0} + \frac{a^2 \rho}{2 \cdot 3\epsilon_0} - \frac{r^2 \rho}{2 \cdot 3\epsilon_0} = \frac{\rho}{\epsilon_0}\left(\frac{a^2}{2} - \frac{r^2}{6}\right). \tag{23}$$

Es ist zu beachten, daß die Abhängigkeit von $r$ dem Betrag nach dieselbe ist wie in der Mechanik beim Potential elastischer Bindung. Nehmen wir in $P$ eine negative Ladung an, so ist auch das Vorzeichen dasselbe und diese Ladung führt im Innern bei einem Anstoß harmonische Schwingungen aus.

c) Potential eines Dipols

Unter einem Dipol versteht man ein Ladungssystem, das aus einer negativen Ladung $-Q$ und einer um den Vektor $d\vec{s}$ verschobenen ebenso großen Ladung $+Q$ besteht.

Das Produkt $Q\,\mathrm{d}\vec{s}$ soll einen endlichen Wert $\vec{p}$ haben, der das *Moment* des Dipols heißt, es soll also bei Verkleinerung des Abstandes $\mathrm{d}\vec{s}$ die Ladung so wachsen, daß das Produkt $Q\,\mathrm{d}\vec{s}$ endlich bleibt. Das Dipolmoment ist, wie aus seiner Definition hervorgeht, eine vektorielle Größe. Bezeichnen wir den Abstand des Punktes $P$ von der negativen Ladung mit $r_-$, den von der positiven Ladung mit $r_+$, so wird

$$V = \frac{Q}{4\pi\epsilon_0}\left(-\frac{1}{r_-} + \frac{1}{r_+}\right). \tag{24}$$

Die Änderung der Ortsfunktion $\frac{1}{r}$ erhält man durch Gradientenbildung. Es ist aber zu beachten, daß bei der Bildung des Gradienten der „Aufpunkt" $P$ verschoben wird, während die Äquipotentialflächen fest gegeben sind. Wir dürfen also nicht etwa die Ladung verschieben, sondern wir erhalten nach Fig. 80 durch Verschiebung des *Aufpunkts* um $-\mathrm{d}\vec{s}$, wenn wir in der Differenz für $r_-$ einfach $r$ schreiben

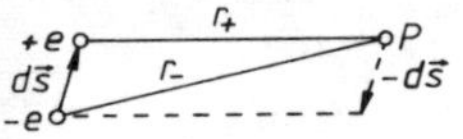


Fig. 80. Dipol

$$\frac{1}{r_+} = \frac{1}{r_-} - \mathrm{d}\vec{s}\cdot\operatorname{grad}\frac{1}{r} = \frac{1}{r_-} + \frac{\mathrm{d}\vec{s}\cdot\vec{r}}{r^3}, \tag{25}$$

somit

$$V = \frac{Q\,\mathrm{d}\vec{s}\cdot\vec{r}}{4\pi\epsilon_0 r^3} = \frac{\vec{p}\cdot\vec{r}}{4\pi\epsilon_0 r^3}. \tag{26}$$

Das Potential eines Dipols nimmt also mit $\frac{1}{r^2}$ ab und hängt von dem Winkel ab, den der Radiusvektor mit der Dipolachse bildet. Das Feld ist also nicht mehr kugel- , sondern nur noch rotationssymmetrisch. Der Vektor $\vec{r}$ hat dabei wie in allen hier auftretenden Formeln die Richtung zum Aufpunkt hin.

### d) Potential einer Doppelschicht

Unter einer Doppelschicht versteht man eine Fläche, die mit Dipolen belegt ist, deren Achsen die Richtung der Normalen haben. Das auf die Fläche bezogene Dipolmoment (Dipolbedeckung) sei $\vec{p}''$. Das Potential im Aufpunkt $P$ ist dann nach (26)

$$V = \int \frac{|\vec{p}''|\cos(\vec{n}\,\vec{r})}{4\pi\epsilon_0 r^2}\,\mathrm{d}f. \tag{27}$$

Ist die Schicht homogen, d. h. ist $|\vec{p}''|$ konstant, so wird

$$V = \frac{|\vec{p}''|}{4\pi\epsilon_0}\int\frac{\cos(\vec{n}\,\vec{r})\,\mathrm{d}f}{r^2}. \tag{28}$$

Nun ist der räumliche Winkel $\mathrm{d}\Omega$, unter dem ein Flächenelement $\mathrm{d}f$ von $P$ aus erscheint definiert durch das Flächenelement, welches der von $P$ nach der Berandung gezogene Kegel auf der Einheitskugel um $P$ ausschneidet. Dieses Element ist aber seinem Betrag nach gleich dem Integranden in (28). Durch Integration ergibt sich also

$$V = \frac{1}{4\pi\epsilon_0} \, |\vec{p}\,''| \, \Omega. \tag{29}$$

$V$ ist nach unserer Festsetzung über die Richtung von $\vec{r}$ positiv, wenn $P$ auf der positiven Seite der Fläche liegt. Während wir bisher nur Sprünge der Feldstärke betrachtet hatten, erleidet an einer Doppelschicht das Potential selbst eine Unstetigkeit, die Feldstärke würde also *in* der Schicht selbst unendlich, wenn sie tatsächlich die Dicke null hätte (was in Wirklichkeit aber nie zutrifft!). Betrachten wir zunächst eine geschlossene Doppelschicht, etwa in Form einer Kugel. Ziehen wir von einem außerhalb gelegenen Punkt die Elementarkegel, so schneiden diese die Schicht zweimal, wobei der Cosinus des Winkels zwischen $\vec{n}$ und $\vec{r}$ entgegengesetztes Vorzeichen hat ($\vec{n}$ soll wie immer überall nach außen zeigen). Die Beiträge heben sich also paarweise auf. Im Außenraum ist das Potential null. Für einen inneren Punkt geben alle Kegel nur einen Schnitt (unter Kegel sind hier immer die Halbkegel zu verstehen, nicht die durch rückwärtige Verlängerung der Mantellinien entstehenden Vollkegel), und es wird bei der Integration die ganze Einheitskugel überdeckt. Das Vorzeichen ist dabei negativ, weil $\vec{n}$ und $\vec{r}$ entgegengesetzt sind. Somit wird

$$V_a - V_i = \frac{1}{\epsilon_0} \, |\vec{p}\,''| \, . \tag{30}$$

Unter Verwendung des Flächengradienten läßt sich schreiben

$$\operatorname{Grad} V = \frac{1}{\epsilon_0} \, \vec{p}\,'' \, . \tag{31}$$

Diese Gleichung gilt nun auch für nicht geschlossene Oberflächen. Wir können uns nämlich jede nichtgeschlossene Fläche zu einer geschlossenen ergänzt denken. Das Potential des zugefügten Teils erleidet beim Durchtritt durch die gegebene Fläche keine Unstetigkeit, es trägt also zu (31) nichts bei. Doppelschichten treten z. B. auf, wenn eine Metallplatte in eine Salzlösung taucht, der ihr entsprechende Potentialsprung wird in etwas altertümlicher Ausdrucksweise als „elektromotorische Kraft“ bezeichnet.

### *B. Leiter im Feld*

a) Kugelkondensator

Zwei konzentrische leitende Kugeln von Radien $a$ und $b$ seien gegeben. Vermöge einer isolierten Durchführung sei auf die innere die Ladung $Q$ gebracht. Die äußere sei etwa durch leitende Verbindung mit der Erde auf einem Potential $V_b$ gehalten, das wir gleich null setzen können. Es gilt natürlich wieder die kugelsymmetrische Lösung der Potentialgleichung, die Konstanten werden aber andere als oben. Es ist

$$V = \frac{A}{r} + B \, . \tag{15}$$

$A$ wird wieder durch den Kraftfluß zu $Q$ bestimmt, dagegen wird für $B$ der Wert dadurch bestimmt, daß für $r = b$ $V = V_b$ sein soll. Somit

$$V = \frac{Q}{4\pi\epsilon_0 r} - \frac{Q}{4\pi\epsilon_0 b} + V_b \,. \tag{32}$$

Auf der inneren Kugel wird damit

$$V_a = V_b + \frac{Q}{4\pi\epsilon_0}\left(\frac{1}{a} - \frac{1}{b}\right) . \tag{33}$$

Nun nennt man *Kapazität* eines Systems das Verhältnis der Ladung zu der Potentialdifferenz der begrenzenden Leiterflächen. Für den Kugelkondensator wird also

$$C = \frac{Q}{V_a - V_b} = \frac{4\pi\epsilon_0 a b}{b - a} \tag{34}$$

Läßt man den Radius der einen Kugel ins Unendliche rücken, so wird

$$C = 4\pi\epsilon_0 a \,. \tag{35}$$

Gl. (35) ist – wie alle Gleichungen im Dritten Buch – im Internationalen Einheitensystem geschrieben. Die Maßeinheit der Kapazität ist das Farad, d. i. gleichbedeutend mit dem Quotienten Ampèresekunde pro Volt.

Im früher gebräuchlichen elektrostatischen Maßsystem hat der Faktor $4\pi\epsilon_0$ die Größe 1. In diesem System ist die Kapazität einer Kugel gleich ihrem Radius. Eine Kugel vom Radius 1 cm hat demnach im elektrostatischen Maßsystem die Kapazität 1 cm, das entspricht 1,11 pF (Pikofarad).

### b) Ein geladener Punkt gegenüber einer unendlich ausgedehnten leitenden Ebene vom Potential null

Durch die leitende Ebene, welche wir (vgl. Fig. 81) zur *XY*-Ebene machen, ist der Raum in zwei Hälften geteilt. Im Raum $z > 0$ gilt für das Potential die Forderung, daß $V$ auf der *XY*-Ebene verschwindet, und daß, wenn der geladene Punkt, wie wir annehmen wollen, in diesem Raum liegt ($z = a$), für jede den Punkt umschließende Fläche

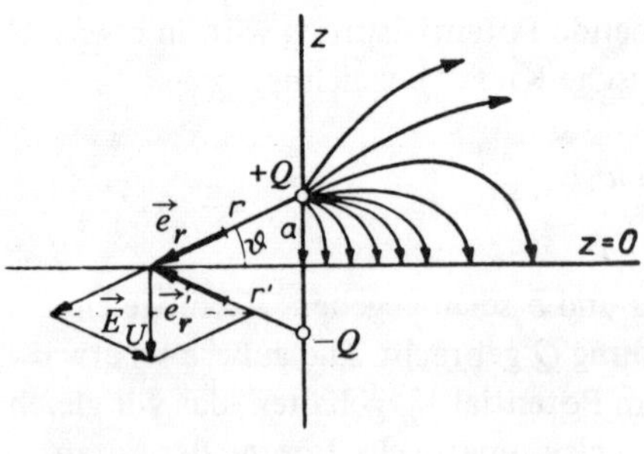


Fig. 81. Feld einer Punktladung, die sich gegenüber einer leitenden Ebene befindet

$$\oint \operatorname{grad} V \cdot d\vec{f} = -\frac{Q}{\epsilon_0}$$

ist. Im Raum $z < 0$ wird verlangt, daß am Rand $V$ verschwindet und außerdem, da in diesem Raum keine Ladung liegt, das Integral $\oint \operatorname{grad} V \cdot d\vec{f}$ für jede geschlossene Fläche verschwindet. Diese Forderungen sind nur erfüllt, wenn wir überall für $z \leqq 0$ $V$ gleich null setzen. Im positiven Halbraum muß gleichfalls für $z = 0$ $V$ verschwinden, doch muß außerdem für jede den geladenen Punkt umschließende Fläche $\oint \vec{E} \cdot d\vec{f} = \dfrac{Q}{\epsilon_0}$ werden. In diesem

Fall läßt sich die Lösung leicht angeben. Bringen wir nämlich in dem Spiegelbild des Punktes die Ladung $-Q$ an, so erfüllt das von diesen beiden Ladungen hervorgerufene Feld im Raum $z > 0$ alle oben aufgestellten Forderungen, es gilt also für diesen Raum

$$V = \frac{Q}{4\pi\epsilon_0}\left(\frac{1}{r} - \frac{1}{r'}\right) . \tag{36}$$

Dieser Ansatz stellt als Summe von Punktladungspotentialen sicher eine Lösung der Potentialgleichung dar, ferner ist auf der $XY$-Ebene $r = r'$, also verschwindet hier das Potential. Endlich können geschlossene Flächen im Raum $z > 0$ nur derart gelegt werden, daß sie entweder $Q$ oder keine Ladung enthalten, da die Ladung $-Q$ gar nicht in diesem Raum liegt. Alle von $Q$ ausgehenden Feldlinien münden auf der $XY$-Ebene. Da auf der negativen Seite kein Feld mehr vorhanden ist, erleidet die Feldstärke an der $XY$-Ebene einen Sprung, auf ihr muß also eine Oberflächenladung vorhanden sein. Um sie zu bestimmen, berechnen wir zunächst die Feldstärke an der Oberfläche des Leiters:

$$\vec{E} = -\operatorname{grad} V = \frac{1}{4\pi\epsilon_0}\left(\frac{Q}{r^2}\,\vec{e}_r - \frac{Q}{r'^2}\,\vec{e}_{r'}\right) . \tag{37}$$

Da an der Trennfläche $r = r'$ ist, erhält man als Resultante einen Vektor $\vec{E}_0$, der senkrecht auf der $XY$-Ebene steht, die Richtung der negativen $Z$-Achse hat und nach der Fig. 81 den Betrag

$$|\vec{E}_0| = \frac{1}{4\pi\epsilon_0}\,\frac{2Q}{r^2}\,\sin\vartheta = \frac{1}{4\pi\epsilon_0}\,\frac{2Q}{r^3}\,a \tag{37'}$$

besitzt. Damit wird nach § 2 Gl. (5a) die Flächenladungsdichte

$$\sigma = -\frac{2\epsilon_0 Q a}{r^3} . \tag{38}$$

Durch Bildung des Integrals $\oint \sigma\, \mathrm{d}\vec{f}$ verifiziert man leicht, daß die gesamte auf der Leiterfläche „influenzierte", Ladung $-Q$ ist, entsprechend der Tatsache, daß der gesamte von $+Q$ ausgehende Kraftfluß auf der $XY$-Ebene endet.

Aufg. 71. Man berechne in elementarer Weise die Kraft, mit der sich 2 Platten eines Plattenkondensators, auf denen die Ladungen $Q$ und $-Q$ sitzen, anziehen. (Man benütze dazu das Feldlinienbild. Dabei berücksichtige man, daß beide Platten zu den Feldlinien eines Kondensators beitragen, für die Kraftwirkung auf eine Platte jedoch nur der Beitrag der anderen Platte bestimmend ist. Die Randstörungen seien vernachlässigt.)

Aufg. 72. Man berechne nach dem Muster des Kugelkondensators die Kapazität eines Zylinderkondensators der Länge $l$ mit Radien $a$ und $b$ und ebenso die Kapazität eines Plattenkondensators, bestehend auf zwei Metallflächen $A$ im Abstand $d$. (Die Randstörungen seien vernachlässigt.)

Aufg. 73. Eine Punktladung $Q$ befindet sich gegenüber einer leitenden, auf dem Potential null gehaltenen Kugel im Abstand $R$ vom Mittelpunkt. Man suche den Potentialverlauf auf. (Auch in diesem Fall kann man die Wirkung der Kugel durch die einer virtuellen Punktladung im Innern ersetzen.)

Aufg. 74. Wie verhalten sich die Äquipotentialflächen in einem singulären Punkt, in dem $\vec{E} = 0$ ist? (Man lege den Ursprung eines Koordinatensystems in den singulären Punkt und entwickle das Potential in eine Potenzreihe nach den Koordinaten; man behandle insbesondere den Fall der Rotationssymmetrie.)

Zweites Kapitel

# Das elektrostatische Feld in Isolatoren

## § 1. Feldstärke und Flußdichte im Dielektrikum. Grenzbedingungen an der Trennfläche zweier Dielektrika

Wir gehen von folgender Versuchsanordnung aus: Ein geladener Plattenkondensator sei mit einem Elektrometer verbunden, das die Spannung (Potentialdifferenz) zwischen den Platten anzeigt. Zunächst befinde sich Luft zwischen den Platten. Schieben wir jetzt eine isolierende Hartgummi- oder Glasplatte dazwischen, so sinkt die Spannung, wogegen sie bei Entfernung der Platte wieder auf ihren alten Wert steigt. Nach der Definition der Kapazität ist diese also durch das Einführen des Mediums vergrößert worden. Da sich durch das Einführen der Platte die auf den Belegen sitzende Ladung nicht geändert haben kann, so müssen wir schließen, daß der in Kap. I, § 2 gefundene Zusammenhang zwischen Feldstärke und Ladung modifiziert wird, wenn der Raum des Feldes mit einem andern Medium als Luft gefüllt ist. Ja, wir finden auch einen kleinen Einfluß der Luft auf die Potentialdifferenz und damit das Feld, wenn wir den Raum zwischen den Platten evakuieren. Allerdings ist dieser Einfluß so gering, daß wir im allgemeinen von ihm absehen können. Wir wollen aber prinzipiell die Ausführungen des Kap. I dahin präzisieren, daß wir die dort getroffenen Festsetzungen nur für das Vakuum als streng richtig gelten lassen.

Das Verhältnis der Feldstärke im Vakuum zu der bei gleicher Ladungsverteilung im Isolator (Dielektrikum) vorhandenen heißt (relative) Dielektrizitätszahl $\epsilon_r$ des Mediums, also

$$\boxed{\vec{E}_v = \epsilon_r \vec{E}} \quad . \tag{1}$$

Der mit Gl. (2b) des Kap. I eingeführte Zusammenhang

$$Q = \oint \vec{D}\, d\vec{f}; \quad \rho = \operatorname{div} \vec{D}; \quad \sigma = \operatorname{Div} \vec{D} \tag{2}$$

zwischen Ladung und elektrischer Flußdichte soll weiterhin gültig sein. Dann muß zwischen Flußdichte und Feldstärke im Dielektrikum gelten

$$\boxed{\vec{D} = \epsilon_r \epsilon_0 \vec{E} = \epsilon \vec{E}} \; . \tag{3}$$

Der vom Material des Dielektrikums abhängige Faktor $\epsilon = \epsilon_r \cdot \epsilon_0$ heißt Dielektrizitätskonstante oder Permittivität.

Der einfache Zusammenhang zwischen $\vec{D}$ und $\vec{E}$ gilt aber nur für isotrope Stoffe, also amorphe Körper und reguläre Kristalle. Für nichtreguläre Kristalle ist schon die Beziehung (1) zu modifizieren. In solchen Stoffen wird die Feldstärke $\vec{E}$ eine lineare Funktion der Vakuumfeldstärke, d. h., die Dielektrizitätskonstante ist kein Skalar, sondern ein Tensor. Wir wollen indes uns zunächst auf isotrope Stoffe beschränken.

Man kann das im Isolator etwa durch die Kraftwirkung auf einen Probekörper wirklich gemessene Feld entstanden denken als Feld fiktiver Ladungen, die im Vakuum dasselbe Feld hervorrufen würden. Diese Ladungen heißen „freie" oder „scheinbare" Elektrizitätsmenge. Für sie, die wir mit einem Strich bezeichnen wollen, gilt demnach

$$\oint \vec{E} \cdot d\vec{f} = \frac{Q'}{\epsilon_0}, \quad \operatorname{div} \vec{E} = \frac{\rho'}{\epsilon_0}, \quad \operatorname{Div} \vec{E} = \frac{\sigma'}{\epsilon_0} . \tag{4}$$

Wahre Ladungen kommen entweder als Raumladungen oder als Flächenladungen auf Leiteroberflächen vor. Freie Ladung tritt dagegen auch an der Trennfläche zweier Isolatoren auf, wie wir sogleich sehen werden. Da nämlich an der Grenzfläche zweier Isolatoren keine wahren Ladungen sitzen, gilt

$$\operatorname{Div} \vec{D} = \epsilon_1 \vec{E}_n^{(1)} - \epsilon_2 \vec{E}_n^{(2)} = 0. \tag{5}$$

Dies bedeutet aber, daß $\operatorname{Div} \vec{E}$ von null verschieden ist, da erst die mit $\epsilon_i$ multiplizierten Normalkomponenten von $\vec{E}$ gleich sind. *Die Trennfläche zweier Dielektrika ist also der Sitz von felderzeugenden scheinbaren Ladungen.* Um das Verhalten der Tangentialkomponenten von $\vec{E}$ kennenzulernen, ziehen wir die Erfahrungstatsache heran, daß das elektrostatische Feld, auch wenn im Raum verschiedene Dielektrika aneinandergrenzen, überall wirbelfrei ist. Führen wir also die Ladung 1 entlang der Trennfläche zweier verschiedener Dielektrika in einem Medium hin und im andern zurück (vgl. Fig. 82), so muß das Linienintegral verschwinden. Das bedeutet aber, daß die Tangentialkomponenten von $\vec{E}$, die allein Beiträge zu dem Linienintegral liefern, auf beiden Seiten gleich sein müssen:

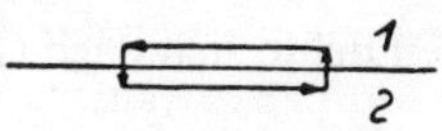


Fig. 82. Linienintegral entlang einer Trennfläche

$$\vec{E}_{tg}^{(1)} = \vec{E}_{tg}^{(2)} . \tag{6}$$

Diese Gleichung läßt sich auch so schreiben:

$$\vec{n} \times (\vec{E}_2 - \vec{E}_1) = \operatorname{Rot} \vec{E} = 0. \tag{6'}$$

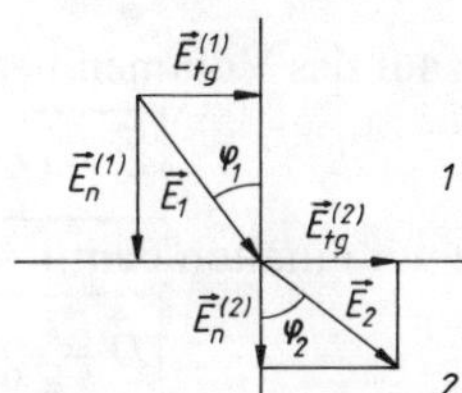


Fig. 83. Brechung der elektrischen Feldstärke an der Trennfläche zweier Dielektrika

Die Stetigkeit der Tangentialkomponenten der elektrischen Feldstärke an der Trennfläche zweier Isolatoren beschränkt sich nicht auf elektrostatische Felder, sie ist eine allgemeine Eigenschaft des elektrischen Feldes und wird später (vgl. Kap. VIII) eine viel allgemeinere Begründung erfahren.

Die beiden Grenzbedingungen (5) und (6) liefern uns das Brechungsgesetz für die elektrischen Feldlinien. Betrachten wir (Fig. 83) eine Ebene, die durch die Tangente an die Feldlinienrichtung im ersten Medium und durch die Normale der Trennfläche gegeben ist, so folgt aus (6), daß $\vec{E}_2$ ebenfalls in dieser Ebene liegen muß und weiter ergibt sich, wenn $\varphi$ der Winkel zwischen Feldlinientangenten und Trennflächennormale ist, aus

$$\operatorname{Div}(\epsilon \vec{E}) = 0 \text{ die Gleichung } \epsilon_1 E_1 \cos \varphi_1 = \epsilon_2 E_2 \cos \varphi_2$$

und aus

$$\operatorname{Rot} \vec{E} = 0 \text{ die Gleichung } E_1 \sin \varphi_1 = E_2 \sin \varphi_2 .$$

Durch Division erhält man als Brechungsgesetz der Feldlinien

$$\frac{\tan \varphi_1}{\tan \varphi_2} = \frac{\epsilon_1}{\epsilon_2} . \tag{7}$$

## § 2. Die Polarisation der Dielektrika

Wir gehen aus von einem homogenen Dielektrium, in dem ein homogenes Feld $\vec{E}$ herrsche. Die elektrische Flußdichte $\vec{D}$ beträgt $\epsilon \cdot \vec{E}$. Wir versuchen nun zunächst in einem kleinen Zylinder, dessen Mantellinien parallel $\vec{E}$ sind, die Materie der Dielektrizitätskonstante $\epsilon$ zu entfernen und dafür an den Endflächen Ladungen anzubringen, derart, daß das Feld nicht verändert wird. In dem materiefreien Raum ist jetzt $\vec{D} = \epsilon_0 \cdot \vec{E}$, während außerhalb des Zylinders nach wie vor $\vec{D} = \epsilon \vec{E}$ ist. Da $\vec{E}$ überall denselben Wert haben soll, entspringen bzw. münden auf den Endflächen des Zylinders Feldlinien der Flußdichte, die Endflächen werden zum Sitz wahrer Ladungen, deren Flächendichte sich nach Gl. (2) berechnet. Es ist an der oberen Fläche in Fig. 84

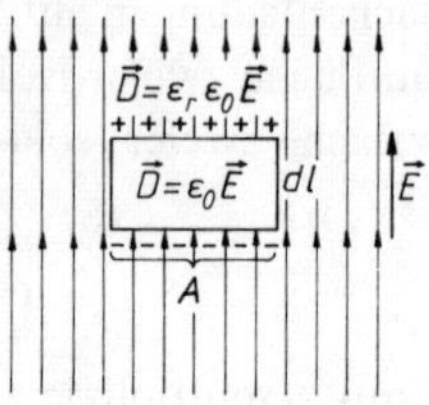


Fig. 84. Die Polarisation des Dielektrikums

$$\sigma_+ = (\epsilon - \epsilon_0) \, |\vec{E}| = (\epsilon_r - 1) \, \epsilon_0 \, |\vec{E}| ,$$

an der unteren dagegen

$$\sigma_- = - \sigma_+ .$$

Das herausgeschnittene Volumenelement $d\tau = A \; dl$ besitzt damit ein Dipolmoment

$$d\vec{p} = (\epsilon - \epsilon_0) \vec{E} \; d\tau \quad . \tag{8}$$

Das auf das Volumen bezogene Dipolmoment heißt die *Polarisation* $\vec{P}$

$$\boxed{\vec{P} = (\epsilon - \epsilon_0) \vec{E} = \epsilon_0 (\epsilon_r - 1) \vec{E} = \epsilon_0 \cdot \chi_e \vec{E}} , \tag{9}$$

und wir erhalten damit

$$\boxed{\vec{D} = \epsilon_0 \cdot \vec{E} + \vec{P} = \epsilon_0 (1 + \chi_e) \cdot \vec{E}} . \tag{10}$$

Die neu eingeführte Materialkonstante $\chi_e$, welche nach Gl. (9) mit $\epsilon$ in einfacher Weise zusammenhängt, heißt die elektrische *Suszeptibilität* des Mediums. Wir können auf diese Weise alle Volumenelemente des Dielektrikums ersetzen durch Dipole des Moments $\epsilon_0 \chi_e \vec{E} \, d\tau$.

Die atomistische Deutung der Dielektrizitätskonstante läßt nun den Vektor $\vec{P}$ als das eigentlich physikalisch Reale erscheinen, während $\vec{D}$ eine reine Rechengröße wird. Wie später im Kapitel X erörtert werden wird, entsteht in einem physikalischen Volumenelement, das immer noch sehr viel Atome oder Moleküle enthält, ein resultierendes Dipolmoment auf zweierlei Weise: Wenn die Elementarteilchen selbst Dipole sind (Moleküle mit positivem und negativem Teil), so heben sich ohne Feld deren Momente infolge der Unordnung auf; das Feld sucht dagegen die Dipole in seine Richtung zu stellen, während die Wärmebewegung dieser Ordnung entgegenwirkt. Je größer das Feld, um so größer wird bei derselben Temperatur die dem Feld parallele Resultante. Andererseits ist klar, daß diese Resultante bei gleichem Feld mit steigender Temperatur immer kleiner wird. Diese Art von Suszeptibilität heißt in Analogie zu den geläufigeren Bezeichnungen beim Magnetismus „parelektrisch". Haben dagegen die Elementarteilchen kein Dipolmoment, so entsteht ein solches im Feld durch Verlagerung der Elektronenhülle. Dieser temperaturunabhängige Effekt tritt natürlich auch neben der parelektrischen Suszeptibilität auf. Wird das Dipolmoment des Einzelteilchens erst im Feld erzeugt, so spricht man von „dielektrischer" Suszeptibilität.

Wenn außer der Verteilung der wahren Ladungen auch noch die Polarisation als Funktion des Ortes bekannt ist, läßt sich das elektrostatische Potential durch Integration über die Volumen- bzw. Flächenelemente angeben; da nach Gl. (26) des I. Kapitels das Potential eines Dipols vom Moment $\vec{P}\,\mathrm{d}\tau$ durch

$$V = \frac{1}{4\pi\epsilon_0}\,\frac{\vec{P}\cdot\vec{r}}{r^3}\,\mathrm{d}\tau$$

gegeben ist, wird bei Anwesenheit von Dielektrika:

$$V = \frac{1}{4\pi\epsilon_0}\left(\int\frac{\rho\,\mathrm{d}\tau}{r} + \int\frac{\sigma\,\mathrm{d}f}{r} + \int\frac{\vec{P}\cdot r}{r^3}\,\mathrm{d}\tau\right). \tag{11}$$

Das von den Dipolen des polarisierten Dielektrikums herrührende Volumenintegral läßt sich, solange wir es mit homogenen Körpern einheitlicher Dielektrizitätskonstante zu tun haben, in denen bei Abwesenheit von Raumladungen nach Gl. (3) und (10) $\mathrm{div}\,\vec{P}$ verschwindet, in ein Oberflächenintegral verwandeln: Es ist nämlich

$$\oint\frac{\vec{P}\cdot\mathrm{d}\vec{f}}{r} = \int\frac{1}{r}\,\mathrm{div}\,\vec{P}\,\mathrm{d}\tau + \int\vec{P}\cdot\mathrm{grad}_q\,\frac{1}{r}\,\mathrm{d}\tau = \int\frac{\vec{P}\cdot\vec{r}}{r^3}\,\mathrm{d}\tau\,. \tag{12}$$

Bei der Integration ist der Aufpunkt fest, und die Integration erfolgt über die einzelnen Volumenelemente des Raumes. Infolgedessen ist bei der Gradientenbildung der Aufpunkt festzuhalten, während die Quellpunkte verschoben werden. Nach Fig. 85 ist der so erhaltene, durch den Index $q$ gekennzeichnete Gradient von $r$ dem bei Verschiebung des Aufpunkts entstehenden entgegengesetzt gleich. Mit $\vec{r}$ ist wie immer der Vektor von der Ladung zum Aufpunkt bezeichnet[1)].

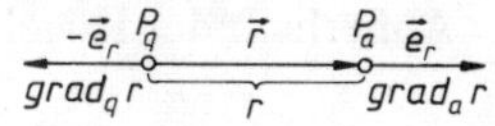


Fig. 85. Gradientenbildung bei Verschiebung des Quellpunktes und des Aufpunktes

Auch dem Oberflächenintegral in Gl. (12) kann noch eine andere Deutung gegeben werden: Grenzt ein Dielektrikum ans Vakuum ($\vec{P} = 0$), so ist

$\vec{P}\cdot\mathrm{d}\vec{f} = -\,\mathrm{Div}\,\vec{P}\,\mathrm{d}f$ und nach (10) wird

$$\epsilon_0\cdot\mathrm{Div}\,\vec{E}\,\mathrm{d}f = \sigma'\,\mathrm{d}f\,. \tag{13}$$

---

1) Koordinatenmäßig läßt sich sofort zeigen, daß jede Differentiation einer Funktion von $r$ nach den Koordinaten des Quellpunkts entgegengesetzt gleiche Werte ergibt wie eine Differentiation nach den Koordinaten des Aufpunkts. Denn hat der Quellpunkt die Koordinaten $\xi, \eta, \zeta$, der Aufpunkt $x, y, z$, so ist

$$r = \sqrt{(x-\xi)^2 + (y-\eta)^2 + (z-\zeta)^2}, \quad \text{also} \quad \frac{\partial r}{\partial x} = -\frac{\partial r}{\partial \xi} \quad \text{usf.}$$

An der Oberfläche der Dielektrika sitzen also infolge der dort herrschenden Polarisation freie Ladungen und man kann das Zusatzfeld entstanden denken durch die Wirkung der freien Ladungen, deren Größe durch Gl. (13) gegeben ist.

## § 3. Einfache Fälle des elektrostatischen Feldes in Dielektrika

Gl. (11) in § 2 gibt das Potential, aus dem sich das elektrostatische Feld ableitet, wenn die Verteilung der Ladungen und die Verteilung der Polarisation gegeben ist. Aber ebensowenig wie nach Kap. I, § 4 die Verteilung der Ladungen im allgemeinen bekannt ist, ist die Polarisation als Funktion des Ortes gegeben. Da nämlich $\vec{P} = \epsilon_0 \chi_e \vec{E}$ ist, müßte man die durch die Anwesenheit des Dielektrikums modifizierte Feldstärke $\vec{E}$ bereits kennen. Nur in wenigen Fällen ist das Problem streng lösbar. Es handelt sich beim Fehlen von Raumladungen darum, eine Lösung von $\Delta V = 0$ zu finden, die den Bedingungen genügt, daß 1. $V$ auf den Leiteroberflächen konstante Werte besitzt, 2. an den Trennflächen zweier Dielektrika Rot $\vec{E} = 0$ (Stetigkeit der Tangentialkomponenten) und Div $(\epsilon \vec{E}) = 0$ (vorgeschriebener Sprung der Normalkomponenten von $\vec{E}$) ist. Als ein Beispiel für die streng lösbaren Fälle betrachten wir die Veränderung eines ursprünglich homogenen Feldes $\vec{E}_0$ durch das Einbringen einer dielektrischen Kugel. Wir versuchen den naheliegenden Ansatz, daß die Polarisation *in* der Kugel homogen und parallel $\vec{E}_0$ ist, lassen aber den Betrag der Polarisation $P$ noch offen. Wir können zeigen, daß bei geeigneter Verfügung über den Wert von $P$ das durch die Dipole der polarisierten Kugel bedingte Zusatzfeld zusammen mit dem ursprünglichen die Grenzbedingungen erfüllt. Das Feld der homogen polarisierten Kugel kann entstanden gedacht werden durch Zusammenwirken einer homogenen mit Ladung der Dichte $-\rho$ erfüllten Vollkugel und einer zweiten mit Raumladung der Dichte $+\rho$ erfüllten, deren Mittelpunkt um die Strecke $\mathrm{d}\vec{s}$ gegen die erste verschoben ist. Damit jedes Volumenelement das Dipolmoment $\vec{P}\,\mathrm{d}\tau$ bekommt, muß

$$\vec{P}\,\mathrm{d}\tau = \rho\,\mathrm{d}\tau\,\mathrm{d}\vec{s}\,, \tag{14}$$

also $\mathrm{d}\vec{s} = \dfrac{\vec{P}}{\rho}$ sein.

Außerhalb der Kugel ($r > a$) ist das Zusatzpotential $V_K$ nach S. 255:

$$V_K^{(a)} = -\frac{a^3}{3\epsilon_0 r}\rho + \frac{a^3}{3\epsilon_0}\rho\left(\frac{1}{r} + \frac{\mathrm{d}\vec{s}\cdot\vec{r}}{r^3}\right) = \frac{a^3}{3\epsilon_0}\frac{\vec{P}\cdot\vec{r}}{r^3}\,. \tag{15}$$

Das Gesamtfeld wird damit im Außenraum, da grad $\vec{P}\cdot\vec{r}$ bei konstantem Vektor $\vec{P}$ gleich $\vec{P}$ ist[1])

$$\vec{E}^{(a)} = \vec{E}_0 - \frac{a^3}{3\epsilon_0}\,\mathrm{grad}\,\frac{\vec{P}\cdot\vec{r}}{r^3} = \vec{E}_0 - \frac{a^3}{3\epsilon_0 r^3}\vec{P} + \frac{a^3\,\vec{P}\cdot\vec{r}}{\epsilon_0 r^5}\,\vec{r}\,. \tag{16}$$

Das Feld ist damit nicht mehr homogen, denn es tritt eine Komponente in Richtung

---

1) Dies folgt anschaulich aus der Bedeutung des Gradienten oder formal aus $\vec{P}\cdot\vec{r} = P_x x + P_y y + P_z z = u$ durch Bildung der Komponenten $\dfrac{\partial u}{\partial x}$ usf.

des Radiusvektors vom Kugelmittelpunkt zum Aufpunkt $P$ hinzu (vgl. Fig. 86).

Im Innenraum wird das Zusatzpotential nach Gl. (23) von S. 255

$$V_K^{(i)} = -\frac{1}{2\epsilon_0}\rho\left(a^2 - \frac{r^2}{3}\right) + \frac{1}{2\epsilon_0}\rho\left(a^2 - \frac{r^2}{3} + \frac{2\vec{P}\cdot\vec{r}}{3\rho}\right) = \frac{1}{3\epsilon_0}\vec{P}\cdot\vec{r}\,. \tag{17}$$

Damit wird wegen (9)

$$\vec{E}^{(i)} = \frac{1}{\epsilon - \epsilon_0}\vec{P} = \vec{E}_0 - \frac{1}{3\epsilon_0}\vec{P}\,. \tag{18}$$

Das Feld im Innenraum bleibt – vorausgesetzt, daß unser Ansatz die Grenzbedingungen erfüllt – homogen, da ja $\vec{P}$ die Richtung von $\vec{E}$ haben soll. Zu dem Vakuumfeld $\vec{E}_0$ tritt ein Gegenfeld $-\frac{1}{3\epsilon_0}\vec{P}$ hinzu, dessen Quellen man in den freien Oberflächenladungen zu sehen hat gemäß der Beziehung (13)

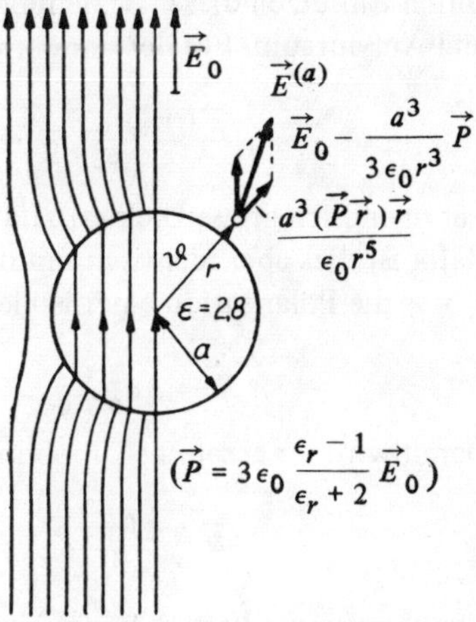


Fig. 86. Dielektrische Kugel im homogenen Feld

$$\sigma' = -\operatorname{Div}\vec{P} \tag{19}$$

(in dem analogen Fall der Magnetisierung spricht man von der „entmagnetisierenden Wirkung" der Grenzflächen und nennt den für den Fall der Kugel geltenden Faktor $\frac{1}{3}$ den „Entmagnetisierungsfaktor").

Wir müssen nun zeigen, daß die Grenzbedingungen erfüllt sind. Für die Tangentialkomponenten gilt, wenn wir den Winkel zwischen $\vec{r}$ und $\vec{E}_0$ (vgl. Fig. 86) mit $\vartheta$ bezeichnen, an der Stelle $r = a$:

$$\vec{E}_{\text{tg}}^{(a)} = \vec{E}_0 \sin\vartheta - \frac{a^3}{3\epsilon_0 a^3}\vec{P}\sin\vartheta = \vec{E}_{\text{tg}}^{(i)} = \vec{E}_0\sin\vartheta - \frac{1}{3\epsilon_0}\vec{P}\sin\vartheta\,. \tag{20}$$

Die Stetigkeit der Tangentialkomponenten ist also von selbst erfüllt. Für die Normalkomponenten ist die Gleichung

$$\epsilon_a\vec{E}_n^{(a)} = \epsilon_a\vec{E}_0\cos\vartheta - \epsilon_a\cdot\frac{a^3}{3\epsilon_0 a^3}\vec{P}\cos\vartheta + \epsilon_a\frac{a^3}{\epsilon_0 a^3}\vec{P}\cos\vartheta \tag{21}$$
$$= \epsilon_i\vec{E}_n^{(i)} = \epsilon_i E_0\cos\vartheta - \frac{\epsilon_i}{3\epsilon_0}P\cos\vartheta$$

zu erfüllen. Dies gibt für den hier betrachteten Fall, daß $\epsilon_a = \epsilon_0$, $\epsilon_i = \epsilon$ ist, die Beziehung, welche wir, da $\vec{E}_0$ und $\vec{P}$ gleichgerichtet sind, gleich in Vektorform schreiben,

$$\vec{P} = 3\epsilon_0\vec{E}_0\frac{\epsilon_r - 1}{\epsilon_r + 2}\,. \tag{22}$$

Durch Einsetzen dieser Beziehung in Gl. (16) und (18) erhält man das Feld im Innen- und Außenraum. Für den Innenraum sei es wegen seiner einfachen Form angegeben:

$$\vec{E}^{(i)} = \frac{3}{\epsilon_r + 2} \vec{E}_0 \quad . \tag{23}$$

Für unendlich große Dielektrizitätskonstante $\epsilon_i$ verschwindet $\vec{E}^{(i)}$. Für die Elektrostatik ist dies aber identisch mit dem Fall einer leitenden Kugel. Gl. (22) gibt daher für $\epsilon_r = \infty$ die Polarisation einer isolierten ins Vakuumfeld $\vec{E}_0$ gebrachten leitenden Kugel

$$\vec{P} = 3\epsilon_0 \vec{E}_0 \quad .$$

Damit wird ihr gesamtes Dipolmoment

$$\vec{p} = \frac{4\pi a^3}{3} \vec{P} = 4\pi a^3 \epsilon_0 \vec{E}_0 \quad . \tag{24}$$

Die Polarisierbarkeit, d. h. das Verhältnis von Dipolmoment zu Feldstärke ist also bei einer leitenden Kugel proportional zur dritten Potenz des Radius.

Aufg. 75. Aus einem homogenen polarisierten Dielektrikum sei im Bereich einer Kugel vom Radius $a$ die Materie entfernt, ohne daß im übrigen die homogene Polarisation gestört sei. Wie groß ist das vom polarisierten Dielektrikum im Kugelmittelpunkt erzeugte Feld? (Man beachte, daß man das Zusatzfeld auf die freien Ladungen an der Grenze der Kugel zurückführen kann!)

Aufg. 76. Man berechne die Kapazität eines Kugelkondensators, dessen Dielektrikum von $r = a$ bis $r = b$ die Dielektrizitätskonstante $\epsilon_1$ und von $r = b$ bis $r = c$ die Dielektrizitätskonstante $\epsilon_2$ hat.

Aufg. 77. Eine Punktladung befindet sich gegenüber einem durch die Ebene $z = 0$ begrenzten dielektrischen Halbraum. Man berechne das Feld in beiden Teilen. (Auch hier kann man durch im Spiegelbild angebrachte Ladungen von geeigneten Beträgen eine allen Grenzbedingungen genügende Lösung finden.)

Drittes Kapitel

# Energie und Kräfte im elektrostatischen Feld

## § 1. Potentielle Energie von Ladungssystemen im gegebenen Feld

Wir sehen das elektrostatische Feld $\vec{E}$ als fest gegeben an und bringen in dieses Ladungen, die so klein sein sollen, daß sie die Verteilung der felderzeugenden Ladungen nicht beeinflussen.

Die potentielle Energie einer einfachen Punktladung wird am Ort des Potentials $V$

$$U = Q \cdot V \quad . \tag{1}$$

Haben wir einen Dipol, so beträgt die potentielle Energie, wenn wir das Potential am Ort der negativen Ladung mit $V$ bezeichnen

$$U_d = -QV + Q(V + \mathrm{d}\vec{s} \cdot \operatorname{grad} V) = -Q\,\mathrm{d}\vec{s} \cdot \vec{E} = -\vec{p} \cdot \vec{E} \quad . \tag{2}$$

Im homogenen Feld kann sich die potentielle Energie nur dadurch ändern, daß der Winkel zwischen $\vec{p}$ und $\vec{E}$ verändert wird. Bei einer reinen Translation bleibt die Energie dagegen dieselbe, d. h., es wird bei einer Parallelverschiebung im homogenen Feld keine Arbeit geleistet. Da aber die Arbeit durch das skalare Produkt von Kraft und Weg dargestellt wird, bedeutet dies, daß auf einen Dipol im homogenen Feld keine Kraft wirkt, die eine Verschiebung des Dipols bewirkt. Andererseits ist die bei einer Drehung um $\delta\vartheta$ geleistete Arbeit gleich $M\,\delta\vartheta$, wenn wir mit $M$ den Betrag des Drehmoments bezeichnen, das auf den Dipol wirkt. Somit ist

$$M\,\delta\vartheta = -\,\delta U_d = -\,E\,|\vec{p}\,|\,\sin\vartheta\,\delta\vartheta\,.$$

Damit wird das Drehmoment, das an dem Dipol angreift,

$$M = -\,|\vec{p}\,|\,E\sin\vartheta\,. \tag{3}$$

Das negative Zeichen bedeutet, daß das Drehmoment den Winkel $\vartheta$ zu verkleinern sucht.

Bisher haben wir das Dipolmoment als fest betrachtet. Ebenso wichtig ist aber der Fall, daß der Dipol dem Feld proportional, also gleich $\alpha\vec{E}$ ist. An der positiven Ladung greift die Kraft $Q\vec{E}$ an, welche sie von der (fest gedachten) negativen wegzieht. Im Gleichgewicht hält ihr eine entgegengesetzt gleiche innere Kraft die Waage. Wächst das Feld um $\mathrm{d}\vec{E}$, so ist die Änderung der Energie gleich der Änderung der Dipolenergie (2) vermehrt um die bei der Ladungsverschiebung $\mathrm{d}\vec{r}$ gegen die innere Kraft *aufgewandte* Arbeit, also wegen $Q\,\mathrm{d}\vec{r} = \mathrm{d}\vec{p}$

$$dU'_d = -\vec{p}\cdot\mathrm{d}\vec{E} - \vec{E}\cdot\mathrm{d}\vec{p} + Q\vec{E}\cdot\mathrm{d}\vec{r} = -\vec{p}\cdot\mathrm{d}\vec{E} = -\,\alpha\vec{E}\cdot\mathrm{d}\vec{E}\,.$$

Die gesamte Energie des im Feld gebildeten Dipols erhält man bei der Feldstärke $\vec{E}$ durch Integration von Null bis zu $\vec{E}$ zu

$$U'_d = -\frac{\alpha}{2}\,\vec{E}^{\,2} = -\frac{\vec{p}\cdot\vec{E}}{2}\,. \tag{4}$$

Aufg. 78. Welche Translationskraft wirkt auf einen Dipol von vorgegebener Einstellung zum Feld in einem inhomogenen elektrostatischen Feld?

## § 2. Die Gesamtenergie des elektrostatischen Feldes

Wenn wir jetzt die gesamte Energie des Feldes berechnen wollen, so gibt es in der Elektrostatik zwei verschiedene, an sich vollkommen äquivalente Betrachtungsweisen: Die ältere, die wir die Fernwirkungstheorie nennen wollen, betrachtet nur die Ladungen und die zwischen ihnen wirkenden Kräfte. Die Nahwirkungstheorie verlegt dagegen die Energie auch in den Raum zwischen den Ladungen; wo eine elektrische Feldstärke vorhanden ist, besteht auch eine gewisse kontinuierlich verteilte Energie. Die Überlegenheit der Nahwirkungstheorie zeigt sich erst im Gebiet rasch wechselnder Felder, wo nur sie zur Existenz elektromagnetischer Wellen führt.

Wir stellen uns zunächst auf den Boden der Fernwirkungstheorie und beginnen mit der potentiellen Energie zweier Punktladungen $Q_1$ und $Q_2$ im Vakuum, die als Potential der COULOMBschen Kraft sofort anzugeben ist:

$$U = \frac{Q_1 \cdot Q_2}{4\pi\epsilon_0 r_{12}} . \tag{5}$$

Haben wir weitere Punktladungen, so können wir die Gesamtenergie in der Weise berechnen, daß wir zunächst von der Ladung 1 ausgehen, dieser aus dem Unendlichen die Ladung 2 auf den Abstand $r_{12}$ nähern, dann an diese beiden Ladungen 1 und 2 aus dem Unendlichen die Ladung 3 in die Entfernungen $r_{13}$ bzw. $r_{23}$ heranführen usw. Die Gesamtarbeit, die bei diesem Aufbau des Feldes zu leisten ist, d. h. die potentielle Energie beträgt

$$U = \frac{1}{2} \sum_i{}' \sum_k{}' \frac{1}{4\pi\epsilon_0} \frac{Q_i \cdot Q_k}{r_{ik}} . \tag{6}$$

Bei der Schreibweise mit Summenzeichen ist der Faktor $\frac{1}{2}$ hinzuzufügen, weil bei der Ausführung der Doppelsumme jede Kombination von $i$ und $k$ zweimal vorkommt. Ferner soll durch den Strich am Summenzeichen ausgedrückt werden, daß die Kombinationen $i = k$ auszuschließen sind. Nun bedeutet $\sum_i{}' \frac{Q_i}{4\pi\epsilon_0 r_{ik}}$ das elektrostatische Potential, das alle anderen Ladungen am Ort der Ladung $k$ hervorrufen. Wir können also auch schreiben:

$$U = \frac{1}{2} \sum V_k Q_k . \tag{7}$$

Dies läßt sich auf kontinuierliche Ladungsverteilung übertragen. Bei räumlicher Ladungsdichte ist $Q = \rho\, \mathrm{d}\tau$, bei flächenhaft verteilter Ladung $= \sigma\, \mathrm{d}f$. Somit wird die Energie bei Vorhandensein von Raum- und Flächenladungen

$$\boxed{U = \frac{1}{2} \int V \rho\, \mathrm{d}\tau + \frac{1}{2} \int V \sigma\, \mathrm{d}f} . \tag{7'}$$

In der Nahwirkungstheorie müssen wir jedem Volumenelement des Raumes, in dem ein elektrisches Feld herrscht, einen bestimmten Energieinhalt geben. Der nächstliegende Ansatz ist der, daß wir die Energie*dichte* $u$, d. h. die auf das Volumen bezogene Energie des Feldes proportional dem Quadrat der elektrischen Feldstärke setzen. Denn das Quadrat des Vektors $\vec{E}$ ist die einfachste skalare Größe, die mit dem Energieskalar in Verbindung zu bringen ist. Der Proportionalitätsfaktor ist so zu bestimmen, daß dimensions- und zahlenmäßige Übereinstimmung mit dem Fernwirkungsansatz herauskommt. Die Äquivalenz der beiden Ansätze läßt sich leicht zeigen: Wenden wir den GAUSS-schen Satz auf das Produkt $\vec{E}\, V$ an und beachten wir, daß $\vec{E}$ im Unendlichen wie $\frac{1}{r^2}$, $V$ wie $\frac{1}{r}$ verschwindet, so ergibt das Integral über die unendlich große Kugel

$$0 = \oint_\infty \vec{E} \cdot V \mathrm{d}\vec{f} = \int \vec{E} \cdot \operatorname{grad} V \mathrm{d}\tau + \int V \operatorname{div} \vec{E}\, \mathrm{d}\tau \tag{8}$$

und wegen

$$\vec{E} = -\operatorname{grad} V, \quad \operatorname{div} \vec{E} = \frac{\rho}{\epsilon_0},$$

wird

$$\int \vec{E}^2 \, d\tau = \frac{1}{\epsilon_0} \int V \rho \, d\tau . \tag{(9)}$$

Andererseits ist, wenn nur Raumladungen vorhanden sind, nach Gl. (7′) die gesamte Feldenergie

$$U = \frac{1}{2} \int V \rho \, d\tau .$$

Wir erhalten also zahlenmäßige Übereinstimmung, wenn wir im Vakuum die Energiedichte

$$u = \frac{dU}{d\tau} = \frac{1}{2} \epsilon_0 \vec{E}^2 \tag{10}$$

setzen. Sind Flächenladungen und damit Unstetigkeitsflächen von $\vec{E}$ vorhanden, so sind diese bei der Anwendung des GAUSSschen Satzes durch anliegende geschlossene Flächen aus dem Feld auszuschneiden, dadurch erhält man dann den Beitrag $\frac{1}{2} \int V \sigma \, df$ der Flächenladungen in Gl. (7′).

In dem von einem Medium der Dielektrizitätszahl $\epsilon_r$ erfüllten Raum ist die Kraft zwischen zwei Punktladungen auf den $\epsilon_r$-ten Teil reduziert, somit ergibt die Fernwirkungstheorie

$$U = \frac{1}{2} \sum_i{}' \sum_k{}' \frac{Q_i \cdot Q_k}{4\pi \epsilon_0 \epsilon_r r_{ik}} . \tag{11}$$

Die Feldstärke $\vec{E}$ ist nach Gl. (1) des 2. Kapitels ebenfalls gegenüber dem Vakuum um den Faktor $\epsilon_r$ reduziert. Setzt man jetzt wieder im Nahwirkungsansatz $u$ proportional $\vec{E}^2$, so ergibt dieselbe Umformung, wie sie in Gl. (8) ausgeführt ist, für die Energiedichte

$$\boxed{u = \frac{dU}{d\tau} = \frac{\epsilon_r \cdot \epsilon_0}{2} \vec{E}^2 = \frac{1}{2} \vec{E} \cdot \vec{D}} . \tag{12}$$

In der zweiten Form gilt die Gleichung auch noch für anisotrope Körper, in welchen $\vec{E}$ und $\vec{D}$ verschieden gerichtet sind.

Wir wollen nun noch die Änderung betrachten, die die Energie eines Feldes durch Einbringen eines dielektrischen Körpers erfährt. Dabei soll der Körper so klein sein, daß er die Verteilung der felderzeugenden Ladungen nicht wesentlich ändert. Zunächst sei ein Vakuumfeld $\vec{D}_0 = \epsilon_0 \vec{E}_0$ gegeben. Durch Einbringen des dielektrischen Körpers erhalten wir an jedem Ort eine andere Feldstärke $\vec{E}$ und Flußdichte $\vec{D}$. Die Energieänderung ist daher gegeben durch

$$U - U_0 = \frac{1}{2} \int (\vec{E} \cdot \vec{D} - \vec{E}_0 \cdot \vec{D}_0) \, d\tau . \tag{13}$$

Dieser Ausdruck läßt sich folgendermaßen umformen: Es ist

$$\vec{E}\cdot\vec{D}-\vec{E}_0\cdot\vec{D}_0=\vec{E}\cdot(\vec{D}-\vec{D}_0)+(\vec{E}-\vec{E}_0)\cdot\vec{D}_0\,.$$

$\vec{E}$ ist im ganzen Raum wirbelfrei (Grundeigenschaft des elektrostatischen Feldes), also gleich $-\operatorname{grad} V$ zu setzen, $\vec{D}-\vec{D}_0$ überall quellenfrei, da nach Voraussetzung durch das Einbringen des dielektrischen Körpers die wahren Ladungen, die Quellen von $\vec{D}$, nicht verändert wurden. Ferner verschwinden $\vec{E}$ und $\vec{D}$ im Unendlichen wie $\frac{1}{r^2}$, $V$ wie $\frac{1}{r}$, somit ergibt der GAUSS sche Satz bei Integration über die unendlich große Kugel

$$0=\oint_\infty V(\vec{D}-\vec{D}_0)\cdot\mathrm{d}\vec{f}=-\int\vec{E}\cdot(\vec{D}-\vec{D}_0)\,\mathrm{d}\tau+\int V\operatorname{div}(\vec{D}-\vec{D}_0)\,\mathrm{d}\tau\,.$$

Da nach oben $\operatorname{div}(\vec{D}-\vec{D}_0)$ überall verschwindet, wird damit

$$\int\vec{E}\cdot(\vec{D}-\vec{D}_0)\,\mathrm{d}\tau=0$$

und

$$U-U_0=\frac{1}{2}\int(\vec{E}-\vec{E}_0)\cdot\vec{D}_0\,\mathrm{d}\tau\,. \qquad (14)$$

Aus dem gleichen Grund verschwindet aber auch das Integral $\int\vec{E}_0\cdot(\vec{D}-\vec{D}_0)\,\mathrm{d}\tau$. Addiert man dieses nach Multiplikation mit $-\frac{1}{2}$ zu dem Ausdruck (14), so erhält man, da nach Voraussetzung $\vec{D}_0=\epsilon_0\vec{E}_0$ ist:

$$U-U_0=\frac{1}{2}\int(\vec{E}\cdot\vec{D}_0-\vec{E}_0\cdot\vec{D}_0)\,\mathrm{d}\tau=-\frac{1}{2}\int\epsilon_0(\epsilon_r-1)\vec{E}\cdot\vec{E}_0\,\mathrm{d}\tau \qquad (15)$$

und nach der Definition von Suszeptibilität und Polarisation wird damit

$$U-U_0=-\frac{1}{2}\int\chi_e\cdot\epsilon_0\vec{E}\cdot\vec{E}_0\,\mathrm{d}\tau=-\frac{1}{2}\int\vec{P}\cdot\vec{E}_0\,\mathrm{d}\tau\,. \qquad (16)$$

Würde unter dem Integralzeichen $\vec{E}_0^2$ statt $\vec{E}\cdot\vec{E}_0$ stehen – bei kleinen Suszeptibilitäten darf man ohne wesentlichen Fehler $\vec{E}\cdot\vec{E}_0$ durch $\vec{E}_0^2$ ersetzen, d.h. die Veränderung des Feldes vernachlässigen –, so würde man die Bedeutung dieses Ausdrucks leicht erkennen: Im Feld $\vec{E}_0$ erhält jedes Volumenelement des Dielektrikums das Dipolmoment $\chi_e\cdot\epsilon_0\vec{E}_0$ und nach § 1 ist die Energie eines im Feld gebildeten Dipols gegeben durch $-\frac{\chi_e\cdot\epsilon_0}{2}\vec{E}_0^2$. Die Veränderung des Feldes im Innern des Dielektrikums, wie sie auf S. 265 für die Kugel berechnet wurde, hat zur Folge, daß an Stelle von $\vec{E}_0^2$ das skalare Produkt $\vec{E}\cdot\vec{E}_0$ tritt.

Von dieser *Verminderung* der Feldenergie bei *festen* felderzeugenden Ladungen, die man leicht am Beispiel des Plattenkondensators mit und ohne Dielektrikum sehen kann, ist wohl zu unterscheiden die *Erhöhung* des Energieinhalts eines dielektrischen Körpers bei Anlegen des Feldes. Hier werden nämlich die felderzeugenden Ladungen erhöht. Nach Gl. (12) ist die Änderung der Energiedichte

$$du = \epsilon \vec{E}\, d\vec{E} = \epsilon_0(\chi_e + 1)\vec{E}\, d\vec{E} = \epsilon_0 \vec{E}\, d\vec{E} + \vec{P}\, d\vec{E} = \epsilon_0 \vec{E}\, d\vec{E} + \vec{E}\, d\vec{P}\,. \qquad (17)$$

In der letzten Form sieht man, daß der 2. Teil die Änderung der Energie des materiellen Körpers, in dem $\vec{P} \neq 0$ ist, darstellt, während der 1. Teil die Energieänderung des Vakuums gibt.

Aufg. 79. Man zeige, daß die Energie eines geladenen Kondensators $\frac{1}{2}\,CV^2$ beträgt, und berechne für diesen einfachen Fall die Energieänderung durch Einbringen eines Dielektrikums, einmal bei festgehaltener Ladung, das andere Mal bei festgehaltener Spannung.

Aufg. 80. Man berechne die Arbeit, die aufzuwenden ist, um aus unendlich entfernten Ladungen eine homogen mit Ladung erfüllte Kugel von Halbmesser $a$ und Raumladungsdichte $\rho$ aufzubauen.

## § 3. Berechnung von Gleichgewichtslagen und Kraftwirkungen im elektrostatischen Feld; die Steighöhenmethode

In der Mechanik läßt sich die Gleichgewichtslage eines Systems dadurch bestimmen, daß die potentielle Energie ein Minimum haben muß. Nun ist nach § 1 die elektrostatische Feldenergie zufolge der Äquivalenz mit der potentiellen Energie der Ladungen gleichzusetzen der potentiellen Energie der Mechanik. Wir finden daher die Gleichgewichtslage eines Systems aus der Bedingung, *daß die Summe der elektrischen Feldenergie und der mechanischen potentiellen Energie,* z.B. der potentiellen Energie der Schwerkraft ein Minimum ist. Als Beispiel wählen wir die Steighöhenmethode, die besonders in dem analogen magnetischen Fall wichtig ist. Ein $U$-Rohr von Querschnitt $A$ sei mit einer dielektrischen Flüssigkeit gefüllt. Der eine Schenkel befinde sich in einem elektrischen Feld, das senkrecht zur Achse des Rohrs gerichtet ist, und dessen Feldlinien die in Fig. 87 gezeichneten Spurpunkte in der Zeichenebene ergeben. Durch Anlegen des Feldes wird der Meniskus des im Feld befindlichen Schenkels angehoben. Sei $s$ die Dichte der Flüssigkeit und $h_0$ die Gleichgewichtshöhe ohne Feld, so beträgt die gegen die Schwerkraft geleistete Arbeit $A\,s(h-h_0)^2 g$. (Denn es ist die rechts befindliche Masse $A\,s(h-h_0)$ nach links gesetzt worden, wobei der Schwerpunkt um $h-h_0$ gehoben wurde.) Die Gesamtenergie beträgt nach Einbringen der dielektrischen Flüssigkeit bei kleinen Suszeptibilitäten, bei denen $\vec{E} = \vec{E}_0$ gesetzt werden kann (vgl. § 2):

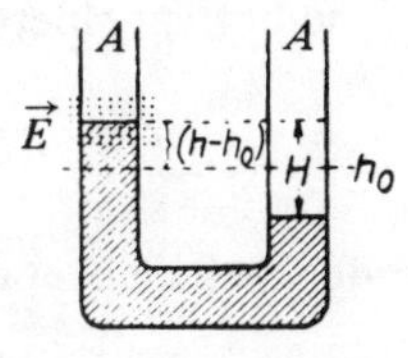

Fig. 87. Zur Steighöhenmethode

$$U = U_0 - \frac{1}{2}\int_0^h \chi_e \cdot \epsilon_0 \vec{E}_0^2 A\, dh + A\,s(h-h_0)^2 g\,. \qquad (16')$$

Die Gesamtenergie hängt damit lediglich von $h$ ab. Die Minimumbedingung ergibt damit

$$0 = \frac{dU}{dh} = -\frac{1}{2}\chi_e \cdot \epsilon_0 (\vec{E})_0^2 A + 2A\,s(h-h_0)g\,, \qquad (18)$$

und die Niveaudifferenz der Menisken wird

$$H = 2(h-h_0) = \frac{\chi_e \cdot \epsilon_0 \vec{E}_0^2}{2sg}\,. \qquad (19)$$

Wie aus der Ableitung hervorgeht, bedeutet $\vec{E}_0$ den Wert des ursprünglichen Feldes, der am Ort des linken Meniskus gilt, an anderen Orten braucht die Feldstärke gar nicht gemessen zu werden.

In manchen Fällen möchte man nicht die Gleichgewichtslage kennen, sondern die wirklich an dem System angreifende Kraft. Wir wollen zum Beispiel die Bewegung eines ungeladenen Öltröpfchens im inhomogenen Feld berechnen und müssen dazu die angreifende Kraft kennen. Wir nehmen die Abmessungen des Kügelchens so klein an, daß wir für seinen Bereich (Radius $a$) das Feld als homogen betrachten können. Dann ist nach Gl. (22) des 2. Kapitels die Polarisation im Innern der Kugel

$$\vec{P} = \frac{3(\epsilon_r - 1)}{\epsilon_r + 2} \epsilon_0 \vec{E}_0 .$$

Und die elektrostatische Energie wird

$$U = U_0 - \frac{1}{2} \int \vec{P} \cdot \vec{E}_0 \, \mathrm{d}\tau = U_0 - \frac{1}{2} \cdot \frac{4\pi}{3} a^3 \vec{P} \cdot \vec{E}_0 = U_0 - \frac{a^3}{2} \frac{\epsilon_r - 1}{\epsilon_r + 2} 4\pi\epsilon_0 \vec{E}_0^2 . \quad (20)$$

Wir nahmen nun an, daß das Feld $\vec{E}_0$ zwar von Ort zu Ort variiere, daß aber die Abmessungen der Kugel so klein sind, daß wir in ihrem Bereich mit einem einheitlichen Wert von $\vec{E}_0$ rechnen dürfen. Die Energie des Systems hängt damit ab von der Lage des Mittelpunkts der Kugel. Ist das Feld $\vec{E}_0$ gegeben, so gehört zu jedem Punkt des Raumes als Ort des Kugelmittelpunktes ein bestimmter Wert der Energie. Die Punkte gleicher Werte können wir wieder durch Niveauflächen verbinden. Verrücken wir die Kugel um $\mathrm{d}\vec{s}$, so beträgt einerseits die Änderung der potentiellen Feldenergie

$$\mathrm{d}U = \operatorname{grad} U \cdot \mathrm{d}\vec{s} = -\frac{a^3}{2} \frac{\epsilon_r - 1}{\epsilon_r + 2} 4\pi\epsilon_0 \operatorname{grad} \vec{E}_0^2 \cdot \mathrm{d}\vec{s} . \quad (21)$$

Andererseits leistet die auf die Kugel wirkende Kraft die Arbeit

$$\mathrm{d}W = \vec{F} \cdot \mathrm{d}\vec{s} .$$

Da diese gleich der *Ab*nahme der potentiellen Energie sein muß, ergibt sich

$$\vec{F} = \frac{a^3}{2} \frac{\epsilon_r - 1}{\epsilon_r + 2} 4\pi\epsilon_0 \operatorname{grad} \vec{E}_0^2 . \quad (22)$$

Die Richtung der Kraft ist, da $\epsilon_r > 1$ ist, diejenige des Anstiegs von $\vec{E}_0^2$. Die Kugel wird also nach Orten größerer Feldstärke gezogen. Beim Magnetismus, wo wir weitgehende Analogien zur Elektrostatik finden werden (vgl. Kap. V), kommen Werte der $\epsilon_r$ entsprechenden Größe, der Permeabilität $\mu_r$ vor, die je nach der Art des Stoffs größer oder kleiner als 1 sind. Für die zweite Art ergibt sich ein Herausdrängen des Kügelchens aus dem Feld, und dieser Unterschied hat zu Einteilung der magnetischen Körper in para- und diamagnetische geführt.

Aufg. 81. Auf der einen Seite einer gleicharmigen Waage befindet sich eine ebene Metallplatte von Fläche $A$, der im Abstand $a$ eine ebenso große Metallplatte gegenüber liegt. Welches Zusatzgewicht muß auf die andere Seite der Waage gelegt werden, damit bei Aufladung der Gegenplatte auf das Potential $V$ (gegenüber der Waage) Gleichgewicht besteht a) in Luft, b) im Medium der Dielektrizitätskonstante $\epsilon_r$?

Viertes Kapitel

# Das stationäre elektrische Feld

## § 1. Das OHMsche Gesetz

In Leitern kann nach dem Bisherigen kein elektrostatisches Feld aufrechterhalten werden. Wohl aber kann in Leitern bei dauernder Energiezufuhr ein zeitlich konstantes Feld bestehen, das sich von dem elektrostatischen äußerlich einmal dadurch unterscheidet, daß es mit dauernder Wärmeentwicklung verknüpft ist. Aber noch in einem anderen Punkt unterscheidet es sich von dem elektrostatischen Feld: Wie z. B. bei Elektrolyten direkt nachweisbar, findet in ihm ein Transport elektrischer Ladung statt. Diese dauernde Bewegung von elektrischen Ladungen, die wir kurz einen elektrischen *Strom* nennen, macht sich weiter in dem gleichzeitigen Bestehen eines magnetischen Feldes bemerkbar, das in Kap. V besprochen werden soll.

Als *Stromstärke* $I$ definieren wir die den Querschnitt eines Leiters pro Zeit durchsetzende Elektrizitätsmenge:

$$I = \frac{\mathrm{d}Q}{\mathrm{d}t} . \tag{1}$$

Als *Stromdichte* $\vec{j}$ definieren wir einen Vektor, der die Richtung der Bewegung der Ladung hat und einen Betrag, der gleich dem Quotienten aus der senkrecht durch einen ebenen Querschnitt tretenden Ladung und dem Produkt aus der Querschnittsfläche und der Zeit ist. Der Strom durch eine beliebige Fläche ist dadurch gegeben zu

$$I = \int \vec{j} \cdot \mathrm{d}\vec{f} = \int |\vec{j}\,| \cdot \cos(\vec{j}, \vec{n})\, \mathrm{d}f . \tag{2}$$

Aus der Experimentalphysik ist bekannt, daß bei Metallen und Elektrolyten der Strom proportional ist der angelegten Potentialdifferenz $V$. Den Proportionalitätsfaktor schreiben wir $\frac{1}{R}$ und nennen $R$ den Widerstand. $R$ selbst kann wieder von der Temperatur abhängen; das OHMsche Gesetz

$$I = \frac{V}{R} , \tag{3}$$

bei dem der Faktor $R$ konstant sein soll, setzt daher voraus, daß durch besondere Maßnahmen die Temperatur trotz der durch den Strom hervorgerufenen Wärmeentwicklung konstant gehalten ist. In vielen Fällen sagt die Schreibweise

$$\boxed{V = I R} \tag{4}$$

physikalisch mehr aus: Haben wir irgendeinen stromdurchflossenen Leiter, so beträgt die Potentialdifferenz zwischen zwei Punkten, zwischen welchen der Widerstand $R$ liegt, $IR$. Haben wir einen unverzweigten, aus verschiedenen Widerständen bestehenden Stromkreis, so sagt die 1. KIRCHHOFFsche Regel, daß die Summe aller Potentialdifferenzen, die an den Enden der Widerstände bestehen, gleich der Summe der eingeprägten Spannungen (Maschinen-, Batteriespannungen) sein muß. Dies gilt auch für jede geschlossene

Masche eines Netzes, die in einheitlichem Sinn durchlaufen wird. Die 2. KIRCHHOFF-sche Regel, daß bei Verzweigungsstellen die Summe der wegfließenden Ströme gleich der Summe der zufließenden sein muß, ist ein Sonderfall der Eigenschaft der Quellenfreiheit des elektrischen Stromes, der fast selbstverständlich erscheint.

Für die Nahwirkungstheorie brauchen wir eine Formulierung des OHMschen Gesetzes, die nur die an einem bestimmten Ort geltenden Größen miteinander verknüpft. Bei einem zylindrischen Leiter ist der Widerstand $R$ proportional seiner Länge und umgekehrt proportional seinem Querschnitt. Das Produkt aus dem Widerstand eines Leiters und seiner Querschnittsfläche, dividiert durch dessen Länge, heißt der spezifische Widerstand $\rho$, sein reziproker Wert die Leitfähigkeit $\sigma$. Der Strom drückt sich damit folgendermaßen aus:

$$I = \frac{V \cdot A}{l}\,\sigma\,. \tag{5}$$

Nun ist $V/l$ gleich dem Betrag des parallel zu den Erzeugenden des Zylinders gerichteten Feldes, $I/A$ der Betrag der Stromdichte, und da in einem isotropen Körper der Strom in Richtung des Feldes fließt, gilt unsere Überlegung für jeden aus einem stromdurchflossenen Leiter herausgegriffenen kleinen Zylinder, wir können also Gl. (5) die Vektorform geben

$$\boxed{\vec{j} = \sigma\,\vec{E}}\,. \tag{6}$$

Der eigentliche Inhalt des OHMschen Gesetzes ist, daß bei einem Leiter, der ihm gehorcht (Metall, Elektrolyt), $\sigma$ nicht von der Feldstärke abhängt.

Die elektrische Feldstärke ist auch im stromdurchflossenen Leiter ein wirbelfreier Vektor. Auch an der Trennfläche zweier Leiter bestehen keine Flächenwirbel:

$$\operatorname{Rot}\vec{E} = \vec{n} \times (\vec{E}_2 - \vec{E}_1) = 0 \quad \text{oder} \quad \vec{E}^{(2)}_{\text{tg}} = \vec{E}^{(1)}_{\text{tg}}\,. \tag{7}$$

Dagegen erleidet die Normalkomponente von $\vec{E}$ an der Trennfläche einen Sprung. Denn es muß die Flächendivergenz von $\vec{j}$ verschwinden, weil, was in die Fläche an Ladung auf der einen Seite eintritt, auch an der anderen Seite wieder herauskommen muß, also

$$\operatorname{Div}\vec{j} = \vec{n} \cdot (\vec{j}_2 - \vec{j}_1) = \vec{n} \cdot (\sigma_2 \vec{E}_2 - \sigma_1 \vec{E}_1) = 0 \quad \text{oder} \quad \sigma_2 \vec{E}^{(2)}_n = \sigma_1 \vec{E}^{(1)}_n\,. \tag{8}$$

Der Knick der Stromlinien an der Trennfläche zweier Leiter ist also derselbe wie der der Feldlinien bei zwei verschiedenen Dielektrika.

$$\frac{\tan\alpha_1}{\tan\alpha_2} = \frac{\sigma_1}{\sigma_2}\,. \tag{9}$$

Auch im Innern der Leiter können keine Stromlinien entspringen, es ist also

$$\operatorname{div}\vec{j} = \operatorname{div}\sigma\vec{E} = -\,\sigma \operatorname{div}\operatorname{grad} V = -\,\sigma\Delta V = 0, \tag{10}$$

d.h. $V$ gehorcht im Innern homogener Leiter derselben Differentialgleichung wie im elektrostatischen Fall und an den Trennflächen gelten dieselben Grenzbedingungen, nur mit anderer Bedeutung der Konstanten.

Diese Eigenschaft stationärer Felder läßt sich zur experimentellen Aufnahme des Feldverlaufs nutzbar machen. Will man das Feld um einen geladenen Körper beliebiger Form ermitteln, so kann man ein Modell aus Metall in ein großes mit Elektrolytlösung gefülltes metallisches Becken setzen und mit Hilfe einer Brückenschaltung leicht die Äquipotentialflächen ermitteln, wenn man den Körper mit dem einen, das Gefäß mit dem anderen Pol einer Spannungsquelle verbindet. Da die Leitfähigkeit der Elektrolytlösung klein ist gegen die metallische Leitfähigkeit, ist praktisch die Bedingung, daß der Körper-Äquipotentialfläche sei, auch im stationären Feld erfüllt.

Aufg. 82. Ein Kondensator von Kapazität $C$ befindet sich zur Zeit $t = 0$ auf dem Potential $V_0$ und wird nun über einen Widerstand $R$ entladen. Man berechne den zeitlichen Stromverlauf.

Aufg. 83. Ein Kondensator $C$ wird über einen großen Widerstand $R$ durch eine Gleichspannungsquelle von Spannung $V_0$ aufgeladen. Parallel zum Kondensator liegt eine Glimmlampe mit Zündspannung $V_z$. Welches ist die Frequenz des dabei entstehenden pulsierenden Stroms?

## § 2. Die Wärmeentwicklung im stationären elektrischen Feld

Wenn eine elektrische Ladung $Q$ von einem Punkt, an dem das elektrische Potential $V_1$ herrscht, nach einem Punkt mit Potential $V_2$ verschoben wird, so wird nach S. 252 die Arbeit

$$W = Q(V_1 - V_2) \tag{11}$$

geleistet. Diese Arbeit, die bei einem frei beweglichen Ladungsträger in kinetische Energie verwandelt wird, findet sich im stationären elektrischen Feld als JOULEsche Stromwärme wieder. In einem von Strom $I$ durchflossenen Leiter wird demnach in einem von zwei Äquipotentialflächen mit den Potentialen $V_1$ und $V_2$ begrenzten Abschnitt pro Zeit die Wärmemenge

$$W = I(V_1 - V_2) \tag{12}$$

erzeugt, da $I$ diejenige Elektrizitätsmenge ist, die pro Zeit die Potentialdifferenz $V_1 - V_2$ durchläuft.

Für die Nahwirkungstheorie ist eine differentielle Fassung erforderlich. Wählen wir ein Volumenelement in Gestalt eines Zylinders, dessen Mantellinien Stromlinien und dessen Endflächen Äquipotentialflächen sind, so ist bei einer Höhe $h$ und einem Querschnitt $A$ die Potentialdifferenz zwischen den Endflächen

$$V_1 - V_2 = h \,|\operatorname{grad} V| = h\,|\vec{E}| \qquad (V_1 \text{ ist} > V_2 \text{ vorausgesetzt}).$$

Der Strom beträgt $I = A\,|\vec{j}\,|$. Somit wird die in dem Volumenelement $\mathrm{d}\tau$ erzeugte Wärme pro Zeit

$$\mathrm{d}W = |\vec{j}\,|\,|\vec{E}\,|\,A\,h = \sigma E^2\,\mathrm{d}\tau = \frac{\vec{j}^{\,2}}{\sigma}\,\mathrm{d}\tau\ . \tag{13}$$

Es läßt sich leicht zeigen, daß diese Beziehung für beliebige Volumenelemente gültig bleibt.

Fünftes Kapitel

# Das magnetostatische Feld

## § 1. Magnetische Feldstärke und Flußdichte

Neben den elektrischen Erscheinungen gibt es eine zweite Art nichtmechanischer Wirkungen, deren enge Verwandtschaft mit den elektrischen man bald erkannt hatte, die *magnetischen*. Wie wir ein elektrostatisches Feld ohne Zufuhr von Energie aufrechterhalten können, so gibt es auch Magnetfelder, z. B. das Feld zwischen den Polen eines permanenten Eisenmagneten, welche ohne Energiezufuhr bestehen können und die wir als *magnetostatische* Felder bezeichnen. Zu ihnen rechnen wir auch die Felder stationärer elektrischer Ströme. Bei ihnen wird zwar in den Leitern elektrische Energie verzehrt, aber dieser Energieverbrauch ist eine Folge des endlichen Widerstands der Leiter und hat mit dem Magnetfeld, dessen Stärke lediglich von der Stromstärke abhängt, gar nichts zu tun. Könnte man – und die Existenz der Supraleiter bietet eine Möglichkeit zur Realisierung – den Widerstand beliebig klein machen, so wären auch diese Magnetfelder ohne Energieverbrauch aufrechtzuerhalten.

Wenn wir nun in Analogie zum elektrostatischen Feld versuchen wollen, das Feld mit Hilfe eines magnetischen Probekörperchens auszumessen, so stoßen wir auf einen ersten Unterschied zwischen dem elektrostatischen und dem magnetostatischen Feld: Es gibt keinen Probekörper mit einer überschüssigen magnetischen Ladung. Auch das kleinste Bruchstück eines Stahlmagneten stellt einen magnetischen Dipol dar, der sich im Magnetfeld so verhält wie ein elektrischer Dipol im elektrostatischen Feld. Wir können daher das Feld nur ausmessen durch das Drehmoment, das auf ein Magnetchen von bekanntem Moment $\vec{m}$ ausgeübt wird und das nach den für den elektrischen Fall durchgeführten Rechnungen von S. 267 beträgt:

$$\vec{M} = -|\vec{m}||\vec{B}| \sin\vartheta, \text{ in Vektorform } \vec{M} = \vec{m} \times \vec{B}\ . \tag{1}$$

Die Gleichgewichtslage entspricht dem Winkel $\vartheta = 0$, bei kleiner Auslenkung tritt ein $\vartheta$ proportionales Drehmoment auf und das Richtmoment wird

$$D = |\vec{m}||\vec{B}|\ . \tag{1'}$$

Bei bekanntem Trägheitsmoment läßt sich $D$ experimentell nach Gl. (20), S. 142 aus der Schwingungsdauer bestimmen. Dies ist die berühmte GAUSSsche Methode zur Messung der Horizontalintensität des magnetischen Erdfeldes.

Die hier eingeführte Größe $\vec{B}$ heißt magnetische Flußdichte. Wie auch beim elektrischen Feld benötigt man zur Beschreibung eine zweite Vektorgröße, die magnetische Feldstärke oder Erregung $\vec{H}$. Wir werden sie unten einführen. Die Namensgebung läßt Entsprechungen zwischen der magnetischen Flußdichte $\vec{B}$ und der elektrischen Flußdichte $\vec{D}$ vermuten. Tatsächlich sind aber die Namen historisch zu erklären. Verwandtschaft besteht eher zwischen $\vec{E}$ und $\vec{B}$. Beide sind Intensitätsgrößen (dagegen sind $\vec{D}$ und $\vec{H}$ Quantitätsgrößen), beide sind Elemente des relativistischen Feldstärketensors $F_{\mu\nu}$ (siehe Kapitel XIII).

Um aus dem Drehmoment $\vec{M}$ das Feld $\vec{B}$ zu bestimmen, muß noch das Moment $\vec{m}$ des Probekörpers bekannt sein. Man könnte unter der Annahme, daß die Felder magnetischer Ladungssysteme die gleichen Gesetze befolgen wie die elektrischen Ladungen, das Feld eines magnetischen Dipols berechnen. Daraus würde sich die Kraft, die er auf einen zweiten Hilfsmagneten ausübt, berechnen lassen. Auf diese Weise ließe sich für die magnetische Flußdichte eine abgeleitete Maßeinheit ergeben, die direkt an die mechanischen Einheiten angeschlossen wäre. So gelangte man zu der früher gebräuchlichen Maßeinheit „Gauß".

Ein anderer Weg zu einer Definition der magnetischen Flußdichte führt über die Betrachtung von elektrischen Ladungen im Magnetfeld. Auf ruhende Ladungen übt ein Magnetfeld keine Kräfte aus, wohl aber auf bewegte. Diese Kräfte sind proportional zur Geschwindigkeit der bewegten Ladung und stehen senkrecht auf dem Geschwindigkeitsvektor und der Feldlinienrichtung (die man z. B. mit Eisenfeilspänen sichtbar machen kann). Man definiert daher die magnetische Flußdichte durch die Beziehung

$$\vec{F} = Q\,(\vec{v} \times \vec{B}). \tag{2}$$

Damit ist auch über die Maßeinheit verfügt. $\vec{B}$ wird gemessen in Tesla, dabei gilt $1\,\mathrm{T} = 1\,\mathrm{Vs/m^2} = 10^4$ Gauß.

Das Fehlen magnetischer Einzelladungen hat zur Folge, daß überall

$$\operatorname{div} \vec{B} = 0 \tag{3}$$

ist. *Das magnetostatische Feld ist im Vakuum überall quellenfrei.* Das elektrostatische Feld, das auch im Vakuum Quellen besitzen kann, hat als wesentliche Eigenschaft die völlige Wirbelfreiheit. Diese ist beim magnetostatischen Fall durchaus nicht immer vorhanden, wie das einfache Beispiel des Magnetfelds eines geraden stromdurchflossenen Drahtes zeigt. Hier sind, wie aus den Elementen der Experimentalphysik bekannt, die Feldlinien Kreise, deren Ebenen senkrecht auf dem Draht stehen und deren Mittelpunkte in die Drahtachse fallen. Bilden wir das Linienintegral $\oint \vec{B} \cdot \mathrm{d}\vec{s}$, so kann dies nicht verschwinden, wenn wir es entlang einem dieser Kreise führen, weil wir fortwährend Größen eines Vorzeichens addieren. Die Wirbelfreiheit des magnetostatischen Feldes ist also nicht mehr erfüllt, wenn wir einen Stromfaden umschlingen. *Während also das elektrostatische Feld ein überall wirbelfreies Quellenfeld ist, stellt das magnetostatische Feld ein überall quellenfreies Wirbelfeld dar.*

Das Magnetfeld in der Umgebung eines geraden Leiters und die dadurch entstehenden Kraftwirkungen auf bewegte Ladungen – z. B. in Form eines parallelen stromführenden Leiters – hat man zur Festlegung der Einheit für die Stromstärke benutzt. Das Linienintegral $\oint \vec{B} \cdot \mathrm{d}\vec{s}$ ist beim Umfahren eines Leiters dem darin fließenden Strom proportional.

$$\oint \vec{B}\,\mathrm{d}\vec{s} = \mu_0 \cdot \boldsymbol{I}_1 \quad . \tag{4}$$

Ist der Weg ein Kreis mit Mittelpunkt im Leiter und dazu senkrechter Ebene, so folgt aus der Geometrie des Problems

$$B = \frac{\mu_0 \cdot \boldsymbol{I}_1}{2\pi r} \quad . \tag{4'}$$

Nach (2) ist die Kraft auf den parallelen Leiter 2 pro Länge

$$F/l = \frac{\mu_0 I_1 I_2}{2\pi r} \quad . \tag{5}$$

Die gesetzliche Definition des Ampère besagt nun, daß diese Kraft pro Meter gleich $2 \times 10^{-7}$ $N$ bei einem Leiterabstand von 1 m ist. Damit ergibt sich der Wert der Proportionalitätskonstanten

$$\mu_0 = 4\pi \cdot 10^{-7} \text{ Vs/Am} \; . \tag{6}$$

Sie wird magnetische Feldkonstante genannt. Ihre Rolle entspricht der von $\epsilon_0$ beim elektrischen Feld: $\mu_0$ verknüpft die beiden zur Beschreibung des magnetischen Feldes benötigten Größen im Vakuum.

$$\vec{B} = \mu_0 \cdot \vec{H} \quad . \tag{7}$$

Damit können wir (4) umschreiben.

$$\int \vec{H}\, d\vec{s} = I = \int \vec{j} \cdot d\vec{f} \quad . \tag{4'}$$

In dieser Form soll die Beziehung (4') auch noch gelten, wenn der Leiter von Materie umgeben ist. Die Kraftwirkung auf den zweiten Leiter kann durch die Materie verändert werden. Daher führt man als Materialkonstante die Permeabilitätszahl $\mu_r$ und die Permeabilität $\mu = \mu_r \cdot \mu_0$ ein. Damit gilt in Materie

$$\vec{B} = \mu \vec{H} = \mu_r \mu_0 \vec{H} \; . \tag{7'}$$

Wie im elektrischen Fall läßt sich auch hier die Wirkung des Mediums darstellen durch eine Polarisation des Mediums. Die der elektrischen Größe $\vec{P}$ entsprechende magnetische heißt die Magnetisierung

$$\vec{M} = \chi_m \vec{H} = (\mu_r - 1)\,\vec{H} = \frac{1}{\mu_0}\vec{B} - \vec{H} \; . \tag{8}$$

Hinsichtlich der Zahlenwerte der magnetischen Suszeptibilität $\chi_m$ besteht ein großer Unterschied gegenüber den elektrischen: Es gibt Stoffe mit positivem $\chi_m$ und Stoffe mit negativem $\chi_m$. Im Gegensatz zur elektrischen Polarisation, die stets die Richtung des Feldes hat, ist die Magnetisierung je nach der Natur des Stoffes entweder dem Feld gleich- oder ihm entgegengerichtet. Aber auch im elektrischen Fall hatten wir auf S. 262 zwei verschiedene Arten des Zustandekommens der Polarisation unterschieden. Genau dieselben beiden Möglichkeiten gibt es auch im magnetischen Fall. Nur ist der Unterschied hier viel augenfälliger, insofern als die eine Art (Ausrichtung vorhandener Dipole) nach wie vor positives $\chi_m$ (paramagnetische Stoffe), die andere Art (Erzeugung von Dipolen) aber negatives $\chi_m$ (diamagnetische Stoffe) ergibt. Während die elektrische Suszeptibilität bei flüssigen und festen Stoffen etwa zwischen 0,1 und 10 liegt, beträgt die magnetische Suszeptibilität mit Ausnahme einiger weniger Stoffe nur $10^{-4}$ und weniger. Bei den ferromagnetischen Stoffen dagegen, die in der Mehrzahl Metalle der Eisengruppe sind, nimmt $\chi_m$ ungeheure Werte an, bleibt aber nicht konstant, sondern ist von der Feldstärke abhängig. Auch dies läßt sich aus der Art des Zustandekommens der paramagnetischen Suszeptibilität verstehen: Wenn das resultierende Dipolmoment durch Ausrichten vorhandener Dipole entsteht, so kann dieses Moment nicht bis zu beliebig großen Feldstärken $\vec{H}$ proportional sein; denn es ist eine obere Grenze für dieses Moment dadurch gezogen, daß schließlich alle elementaren Dipole parallel stehen.

Nach diesem Exkurs zur atomistischen Deutung der Suszeptibilität kehren wir zur phänomenologischen Beschreibung des magnetostatischen Feldes zurück, die ganz der des elektrostatischen analog ist. Wegen des Fehlens wahrer Ladungen gilt stets

$$\operatorname{div} \vec{B} = \operatorname{div} \mu \vec{H} = 0 \quad \text{und} \quad \operatorname{Div} \vec{B} = \mu_1 H_n^{(1)} - \mu_2 H_n^{(2)} = 0. \tag{9}$$

Dagegen leitet sich $\vec{H}$ aus scheinbaren (freien) magnetischen Ladungen ab, deren Sitz die Inhomogenitäten der Medien sind:

$$\operatorname{div} \vec{H} = \rho_m\,, \qquad \operatorname{Div} \vec{H} = \sigma_m\,. \tag{10}$$

Wenn in der Trennfläche zweier Medien nicht gerade ein endlicher („Flächen"-) Strom fließt, was wir ausschließen, gilt $\operatorname{Rot} \vec{H} = 0$. Für die Brechung der Feldlinien an der Trennfläche zweier Medien gilt dann das Tangensgesetz

$$\frac{\tan \alpha_1}{\tan \alpha_2} = \frac{\mu_1}{\mu_2}\,.$$

Wie es keine wahren Einzelladungen des Magnetismus gibt, so fehlen auch Leiter des Magnetismus. Allerdings bedingt der hohe Wert der Permeabilität ferromagnetischer Stoffe, daß zufolge des Tangensgesetzes die Feldlinien praktisch senkrecht auf ihnen aufsitzen, daß sich diese Stoffe also in bezug auf das statische Feldlinienbild praktisch wie Leiter verhalten.

Auch der Ausdruck für die magnetische Energiedichte entspricht dem der elektrischen:

$$\boxed{u_m = \frac{1}{2} \vec{B} \cdot \vec{H}} \tag{11}$$

Es lassen sich daher die Rechnungen des § 3 von Kap. III auf den Magnetismus übertragen, wie dort bereits erwähnt wurde.

Aufg. 84. Die Erde kann in erster Näherung als homogen magnetisierte Kugel betrachtet werden. Man berechne die Inklination als Funktion der magnetischen Breite $\varphi_m$.

## § 2. Berechnung des magnetostatischen Feldes im Vakuum bei gegebener Verteilung der Ströme

Das Gesetz (4′) wollen wir in eine der Nahwirkungstheorie konforme Fassung bringen. Denken wir uns einen ausgedehnten Leiter gegeben, in dem der Vektor der Stromdichte $j$ als Funktion des Ortes bekannt sei. Ziehen wir in diesem Leiter eine kleine geschlossene Kurve $C$, so beträgt der Strom, der durch diese Kurve hindurchtritt,

$$I = \vec{j} \cdot \mathrm{d}\vec{f}\,,$$

wenn wir das gerichtete Ebenenstück, das von der Kurve begrenzt ist, durch den Vektor $\Delta\vec{f}$ kennzeichnen. Nach der Definition der Rotation gilt nun für dieses Flächenelement

$$\oint_C \vec{H} \cdot d\vec{s} = \operatorname{rot} \vec{H} \cdot \Delta \vec{f},$$

und dieser Ausdruck muß nach dem oben als Ausgangspunkt genommenen Gesetz gleich $\vec{j}\,\Delta\vec{f}$ sein. Da diese Beziehung für jedes beliebige Flächenelement gelten muß, ist für stationäre und langsam veränderliche Felder

$$\boxed{\operatorname{rot} \vec{H} = \vec{j} = \sigma \vec{E}}\,, \tag{12}$$

die der Nahwirkungstheorie entsprechende differentielle Form des Gesetzes. Diese Gleichung besagt als Vektorgleichung, daß die Feldlinien des Vektors der Stromdichte zusammenfallen mit den Feldlinien des Vektors rot $\vec{H}$. Da stets die Divergenz der Rotation verschwindet, können die Stromfäden nirgends entspringen oder münden, sie müssen entweder im Endlichen oder über das Unendliche geschlossene Kurven sein.

Beim elektrostatischen Feld war die Aufgabe, wenn die Verteilung der Ladungen vorgegeben war, ein *wirbelfreies* Vektorfeld aus seinen Quellen zu berechnen. Diese Aufgabe wurde erleichtert durch die Einführung des elektrostatischen Potentials, das sich durch Integration über die Quellen leicht berechnen läßt. In dem hier vorliegenden dualen Fall der Berechnung eines *quellenfreien* Feldes aus der Verteilung der Wirbel, nämlich der Ströme, erleichtern wir uns die Aufgabe ebenfalls durch Einführung einer Hilfsgröße, die aber jetzt kein Skalar, sondern ein Vektor ist und die wir daher das *Vektorpotential* nennen. Wir setzen nämlich

$$\boxed{\vec{B} = \operatorname{rot} \vec{A}}\,. \tag{13}$$

Dadurch ist die Quellenfreiheit des Magnetfeldes bereits gewährleistet. Dann ist

$$\operatorname{rot} \vec{B} = \operatorname{rot} \operatorname{rot} \vec{A} = \operatorname{grad} \operatorname{div} \vec{A} - \Delta \vec{A} = \mu \vec{j}\,.$$

Wir können nun ohne Beschränkung der Allgemeingültigkeit annehmen, daß div $\vec{A}$ verschwindet. Denn ist dies nicht der Fall, so können wir, ohne $\vec{B}$ zu ändern, zu $\vec{A}$ einen wirbelfreien Vektor hinzufügen, der dieselben Quellen wie $\vec{A}$, jedoch mit dem entgegengesetzen Vorzeichen besitzt. Wir bekommen daher für das Vektorpotential dieselbe Gleichung wie in der Elektrostatik für das skalare Potential:

$$\Delta \vec{A} = -\mu \vec{j}\,. \tag{14}$$

In Komponenten:

$$\Delta A_x = -\mu \vec{j}_x, \quad \Delta A_y = -\mu \vec{j}_y, \quad \Delta A_z = -\mu \vec{j}_z\,. \tag{14'}$$

Die Lösung der Komponentengleichung ist aber aus der Elektrostatik bekannt: Wenn wir es nur mit räumlich verteilten Strömen zu tun haben – die den Flächenladungen entsprechenden Flächenströme schließen wir zunächst aus –, so lautet die Lösung:

$$A_x = \frac{\mu}{4\pi}\int \frac{j_x\,d\tau}{r}, \quad A_y = \frac{\mu}{4\pi}\int \frac{j_y\,d\tau}{r}, \quad A_z = \frac{\mu}{4\pi}\int \frac{j_z\,d\tau}{r}\,.$$

Fassen wir die Komponentengleichung wieder zu einer Vektorgleichung zusammen, so erhalten wir:

$$\boxed{\vec{A} = \frac{\mu}{4\pi}\int \frac{\vec{j}\,\mathrm{d}\tau}{r}} . \tag{15}$$

Mit dieser Gleichung können wir sogleich das Feld eines linearen Leiters berechnen. In ihm hat der Vektor $\vec{j}$ die Richtung der Achse. Wenn wir daher die Richtung in die Linienelemente $\mathrm{d}\vec{s}$ legen, wird bei einem Querschnitt $q$:

$$\vec{j}\,\mathrm{d}\tau = \frac{I}{q} \cdot q \cdot \mathrm{d}\vec{s} . \tag{16}$$

Somit wird, da $I$ im ganzen Leiter denselben Wert hat,

$$\vec{A} = \frac{\mu I}{4\pi}\int \frac{\mathrm{d}\vec{s}}{r} . \tag{17}$$

Die Integration ist über alle Elemente $\mathrm{d}\vec{s}$ des Leiters zu erstrecken und hat mit der nun auszuführenden Berechnung der Rotation, bei der die Koordinaten des Aufpunkts $P$ differenziert werden, nichts zu tun. Es ist daher

$$\vec{B} = \frac{\mu I}{4\pi} \operatorname{rot} \int \frac{\mathrm{d}\vec{s}}{r} = \int \frac{\mu I}{4\pi} \operatorname{rot} \frac{\mathrm{d}\vec{s}}{r} = \int \frac{\mu I}{4\pi} \left(\operatorname{grad} \frac{1}{r} \times \mathrm{d}\vec{s}\right)$$

$$= \int \frac{\mu I}{4\pi} \frac{\mathrm{d}\vec{s} \times \vec{e}_r}{r^2} . \tag{18}$$

Darin bedeutet $\vec{e}_r$ einen Einheitsvektor in der Richtung vom Leiterelement $\mathrm{d}\vec{s}$ nach dem Aufpunkt hin. Diese Gleichung kann so interpretiert werden, daß jedes Leiterelement zum Feld den Beitrag $\frac{\mu I}{4\pi} \frac{\mathrm{d}\vec{s} \times \vec{e}_r}{r^2}$ liefert. Dies ist aber gerade *das* BIOT-SAVART*sche Gesetz,* nach dem das von einem Leiterelement $\mathrm{d}\vec{s}$ am Ort $P$ erzeugte Magnetfeld senkrecht steht auf der Ebene von $\mathrm{d}\vec{s}$ und dem Radiusvektor von $\mathrm{d}\vec{s}$ nach $P$ und den Betrag $\frac{\mu I}{4\pi} \frac{\mathrm{d}s \sin\vartheta}{r^2}$ hat.

Es läßt sich weiter nicht allzu schwer zeigen, daß ein geschlossener linearer Strom (Kreisstrom) dasselbe Magnetfeld erzeugt, wie eine von der Stromschleife begrenzte, beliebig geformte magnetische Membran, die mit magnetischen Dipolen belegt ist, die die Richtung der Flächennormalen haben und pro Fläche das magnetische Moment $\frac{I}{4\pi}$ besitzen. Wir müssen dazu nur von einigen Transformationen der Vektorrechnung Gebrauch machen, wobei wir darauf zu achten haben, ob dabei der Aufpunkt oder das felderzeugende Leiterstück variiert wird. Wir bezeichnen alle auf eine Verschiebung des Aufpunkts bezüglichen Differentiationen durch den Index $a$, alle auf eine Verschiebung des Leiterelements bezüglichen durch den Index $q$, und beachten, daß (vgl. S. 263)

$$\operatorname{grad}_a f(r) = -\operatorname{grad}_q f(r)$$

ist. Zunächst formen wir den Ausdruck für das Vektorpotential im Punkt $P$ nach einer Verallgemeinerung des STOKESschen Satzes um. Es sei $u$ eine skalare Ortsfunktion und das Linienintegral $\oint u\,\mathrm{d}\vec{s}$ sei in ein Oberflächenintegral zu verwandeln. Wir multiplizieren mit einem beliebigen konstanten Vektor $\vec{a}$ und erhalten nach dem STOKESschen Satz und Gl. (101) von S. 36

$$\vec{a}\cdot\oint u\,\mathrm{d}\vec{s} = \oint u\,\vec{a}\cdot\mathrm{d}\vec{s} = \int \mathrm{rot}\,(u\vec{a})\cdot\mathrm{d}\vec{f} = \int(\mathrm{grad}\,u\times\vec{a})\cdot\mathrm{d}\vec{f}$$
$$= \vec{a}\cdot\int\mathrm{d}\vec{f}\times\mathrm{grad}\,u\,.$$

Da $\vec{a}$ ganz willkürlich ist, muß allgemein gelten

$$\oint u\,\mathrm{d}\vec{s} = \int\mathrm{d}\vec{f}\times\mathrm{grad}\,u\,.$$

Wenden wir diese Gleichung auf das Vektorpotential (17) an, so ist zu beachten, daß der Aufpunkt fest ist, alle Differentiationen sich daher auf die Veränderung der Leiterelemente beziehen. Somit wird

$$\vec{A} = \frac{\mu I}{4\pi}\oint\frac{\mathrm{d}\vec{s}}{r} = \frac{\mu I}{4\pi}\int\mathrm{d}\vec{f}\times\mathrm{grad}_q\frac{1}{r} = \frac{\mu I}{4\pi}\int\left(\vec{n}\times\mathrm{grad}_q\frac{1}{r}\right)\mathrm{d}f\,. \tag{19}$$

Bilden wir jetzt das Feld $\vec{B}$, so bezieht sich die Berechnung der Rotation auf eine Veränderung des Aufpunkts, also

$$\begin{aligned}\vec{B} &= \frac{\mu I}{4\pi}\,\mathrm{rot}_a\int\left(\vec{n}\times\mathrm{grad}_q\frac{1}{r}\right)\mathrm{d}f = \frac{\mu I}{4\pi}\int\mathrm{rot}_a\left(\vec{n}\times\mathrm{grad}_q\frac{1}{r}\right)\mathrm{d}f\\ &= -\frac{\mu I}{4\pi}\int\mathrm{rot}_a\left(\vec{n}\times\mathrm{grad}_a\frac{1}{r}\right)\mathrm{d}f\,.\end{aligned} \tag{20}$$

Der Ausdruck unter dem Integralzeichen läßt sich durch Einführung des $\nabla$-Operators folgendermaßen umformen:

$$\begin{aligned}\mathrm{rot}_a\left(\vec{n}\times\mathrm{grad}_a\frac{1}{r}\right) &= \nabla_a\times\left(\vec{n}\times\nabla_a\frac{1}{r}\right)\\ &= \vec{n}\left(\nabla_a\cdot\nabla_a\frac{1}{r}\right) - \nabla_a\left(\vec{n}\cdot\nabla_a\frac{1}{r}\right).\end{aligned}$$

Da aber $\nabla_a\cdot\nabla_a\frac{1}{r} = \Delta_a\frac{1}{r} = 0$ ist, bleibt

$$\vec{B} = +\int\mathrm{grad}_a\left(+\frac{\mu I}{4\pi}\,\vec{n}\cdot\mathrm{grad}_a\frac{1}{r}\right)\mathrm{d}f = -\,\mathrm{grad}_a\int\left(\frac{\mu I}{4\pi}\,\frac{\vec{n}\cdot\vec{r}}{r^3}\right)\mathrm{d}f\,. \tag{21}$$

Das Magnetfeld leitet sich in diesem Fall also aus einem Potential $V_m$ ab

$$V_m = \int\frac{\mu I}{4\pi}\,\frac{\vec{n}\cdot\vec{r}}{r^3}\,\mathrm{d}f = \frac{\mu I}{4\pi}\int\frac{\cos(\vec{n}\,\vec{r})\,\mathrm{d}f}{r^2} \tag{22}$$

($\vec{r}$ Radiusvektor vom Flächenelement zum Aufpunkt).

Der Vergleich mit dem Potential einer Doppelschicht [S. 256, Gl. (28)] zeigt, daß das auf die Fläche bezogene Dipolmoment $\vec{m}''$ durch $I$ gegeben ist und daß die Richtung der Dipole diejenige der Flächennormalen $\vec{n}$ ist, wobei der Sinn derart ist, daß in Richtung $\vec{n}$ gesehen der Strom im Uhrzeigersinn fließt. Bei diesem Vergleich zwischen elektrischen und magnetischen Größen sehen wir, daß nicht $\mu_0$, sondern $\frac{1}{\mu_0}$ die $\epsilon_0$ entsprechende Größe ist.

Das Potential hat aber zu beiden Seiten der Fläche verschiedene Werte, da bei einem ganzen Umlauf um den stromführenden Draht das Integral $\oint \vec{B} \cdot d\vec{s}$ den Wert $\mu I$ erhalten muß und der Beitrag des beliebig kleinen Stücks in der Fläche $A$ verschwindet. Dies bestätigt das auf S. 257 gefundene Ergebnis, daß an einer Doppelschicht das Potential selbst um $\mu\,|\vec{m}''|$ springt. Weiter läßt sich das in (21) gefundene Resultat allgemein so aussprechen:

*Das Feld einer Stromschleife ist außerhalb der von ihr berandeten Fläche äquivalent dem einer magnetischen Doppelschicht, mit der diese Fläche belegt ist.* Der Fläche selbst kann dabei jede beliebige Form gegeben werden, sie stellt eine Sperrfläche dar, bei deren Überschreitung das Potential um $\mu\,|\vec{m}''|$ erhöht werden muß.

Aufg. 85. Bei erdmagnetischen Messungen wurde auf der Strecke New York – England – New York eine Fläche von $13{,}1 \cdot 10^6\,\mathrm{km}^2$ umlaufen, und zwar in Richtung zum Erdmittelpunkt gesehen, entgegen dem Uhrzeigersinn. Es ergab sich $\oint \vec{B} \cdot d\vec{s} = 500\,\mathrm{kA}$. Was bedeutet dies?

Aufg. 86. Man berechne das Magnetfeld eines geradlinigen unendlich langen zylindrischen Leiters von Radius $R$ im Innern und außen.

Aufg. 87. Man zeige, daß das Vektorpotential $\vec{A}$, aus dem sich das homogene Magnetfeld $\vec{B} = B\,\vec{e}_z$ ableitet, gegeben ist durch $\vec{A} = -\frac{B}{2}\,(y\,\vec{e}_x - x\,\vec{e}_y)$.

## § 3. Berechnung des Magnetfeldes von Strömen bei Anwesenheit von Körpern mit von 1 wesentlich verschiedener Permeabilität (Ferromagnetika)

Füllen wir die Umgebung eines stromdurchflossenen Leiters mit Körpern verschiedener Permeabilität, so zeigt die Erfahrung, daß das Linienintegral $\oint \vec{H}\, d\vec{s}$, genommen über einen beliebigen geschlossenen Integrationsweg, nach wie vor den Wert $I$ annimmt. Daraus folgt, *daß die Gl.* (12) *unabhängig ist von der Permeabilität des Mediums.* Dies hat zur Folge, daß im Gegensatz zur Elektrostatik, wo das Feld geladener Körper durch Füllen des Raumes mit einem Medium der Dielektrizitätszahl $\epsilon_r$ auf den $\epsilon_r$-ten Teil reduziert wird, das von Strömen hervorgerufene Magnetfeld $\vec{H}$ unverändert bleibt, wenn der ganze Raum mit einem Medium der Permeabilität $\mu$ gefüllt wird. Dies gilt aber nur für die Füllung des gesamten Raums (vgl. unten).

Wenn wir dagegen nur einzelne Raumteile mit ferromagnetischem Material füllen, so tritt auch im magnetischen Fall eine Veränderung des Feldes ein und diese wird wegen der hohen Werte der Permeabilität sogar sehr beträchtlich. Da nun das modifizierte Feld $\vec{H}$ und das Vakuumfeld $\vec{H}_0$ wegen der Unabhängigkeit der Gl. (12) vom Medium dieselben Wirbellinien besitzen, nämlich die Stromfäden, d. h. die Feldlinien des Vektors $\vec{j}$, ist das zu $\vec{H}_0$ hinzukommende Zusatzfeld $\vec{H} - \vec{H}_0$ wirbelfrei, also aus einem skalaren Potential ableitbar. Wir vermuten, daß dieses skalare Potential einfach das Potential der Dipole der magnetisierten Körper ist. Dies läßt sich folgendermaßen beweisen: Nehmen wir gleich den Normalfall an, daß es sich um einzelne ferromagnetische Körper mit einheitlichen Permeabilitäten handelt, die an Luft grenzen, so existiert nach § 1 zwar kleine räumliche Divergenz von $\vec{H}$, wohl aber eine *Flächen*divergenz an den Grenzflächen, welche flächenhaft verteilte freie magnetische Ladungen der Flächendichte $\sigma'_m$ bedingt, gemäß der Beziehung

$$\operatorname{Div} \vec{H} = \operatorname{Div} (\vec{H} - \vec{H}_0) = \sigma'_m .$$

(Denn das Vakuumfeld hat keinerlei Quellen, also ist $\operatorname{Div} \vec{H}_0$ sicher null.)

Andererseits ist wegen des Fehlens räumlicher Quellen

$$\operatorname{div} \vec{H} = \operatorname{div} (\vec{H} - \vec{H}_0) = - \operatorname{div} \operatorname{grad} V = - \Delta V = 0.$$

Die Lösung dieser Gleichung ist aus der Elektrostatik bekannt. Sie lautet, wenn nur flächenhaft verteilte Quellen vorhanden sind:

$$V = \int \frac{\sigma_m}{r} \, \mathrm{d}f .$$

Nun ist, da $\operatorname{Div} \vec{B}$ stets verschwindet (Fehlen wahrer magnetischer Ladungen!)

$$\operatorname{Div} \vec{M} = - \operatorname{Div} \vec{H} = - \sigma'_m .$$

Somit wird das Potential, aus dem sich das Zusatzfeld ableitet

$$V = - \int \frac{\operatorname{Div} \vec{M}}{r} \, \mathrm{d}f.$$

Die Integration ist zu erstrecken über die Oberflächen aller Ferromagnetika. Da diese aus einzelnen geschlossenen Oberflächen bestehen müssen, haben wir das Zusatzpotential in der Form, wie es für den elektrostatischen Fall am Schluß des § 2 von Kap. II angegeben ist. Unter Anwendung des GAUSSschen Satzes können wir nach Formel (12) und (13) von S. 263, den dortigen Gedankengang rückwärts gehend, das Potential auch durch ein Integral über die mit Ferromagnetika erfüllten Volumina darstellen:

$$V = - \sum \oint \frac{\operatorname{Div} \vec{M}}{r} \, \mathrm{d}f = \sum \oint \frac{\vec{M} \cdot \mathrm{d}\vec{f}}{r} = \sum \int \frac{\vec{M} \cdot \vec{r}}{r^3} \, \mathrm{d}\tau . \tag{24}$$

Der letzte Ausdruck stellt aber gerade das Potential der Dipole des magnetisierten Körpers dar.

Würde das Feld, das die Magnetisierung $\vec{M}$ erzeugt, nicht durch die Anwesenheit der Ferromagnetika selbst verändert, so wäre die Feldberechnung eine einfache Angelegenheit. Man könnte dann aus der Verteilung der Ströme zunächst das Vakuumfeld $\vec{H}_0$ berechnen, dann aus diesem die Magnetisierung der eingebrachten Körper bestimmen und das Zusatzfeld der Dipole daraus berechnen. Wie grundfalsch das Resultat würde, zeigt aber das in der Elektrostatik durchgerechnete Beispiel der Kugel im ursprünglich homogenen Feld. Nach S. 266, Gl. (23) ist das für die Magnetisierung maßgebene Feld im Innern nicht mehr $\vec{H}_0$, sondern

$$\vec{H}_i = \frac{3}{\mu_r + 2} \vec{H}_0 , \tag{25}$$

also bei $\mu_r = 2000$ nur $1{,}5\,^0/_{00}$ von $\vec{H}_0$!

Die strenge Lösung der Berechnung des Feldes ist, wie wir schon im elektrostatischen Fall sahen, nur für einfache Körperformen möglich. Ein praktisch wichtiger Fall, nämlich das Feld zwischen den Polen eines ringförmigen Elektromagneten, soll *näherungsweise* auf einem anderen Weg berechnet werden. Wir gehen von einer speziellen Form aus, nämlich einem gleichmäßig mit stromdurchflossenem Draht bewickelten Ring aus ferromagnetischem Material (Fig. 88). Aus Symmetriegründen können die magnetischen Feldlinien nur Kreise sein, deren Mittelpunkte auf der Rotationsachse des Rings liegen. Bilden wir längs eines solchen Kreises $K_1$, der außerhalb der Wicklungen liegt, das Integral $\oint \vec{H} \cdot d\vec{s}$, so verschwindet dieses, da kein Stromfaden umschlungen ist, ebenso für einen Integrationsweg $K_2$ im inneren Luftraum. Bei einem Umlauf innerhalb der Windungen wird dagegen jede der $N$ Windungen einmal umschlungen, das Linienintegral beträgt daher $N \cdot I$. Das Feld beschränkt sich also auf den Raum, der umwickelt ist und hat dort den Wert

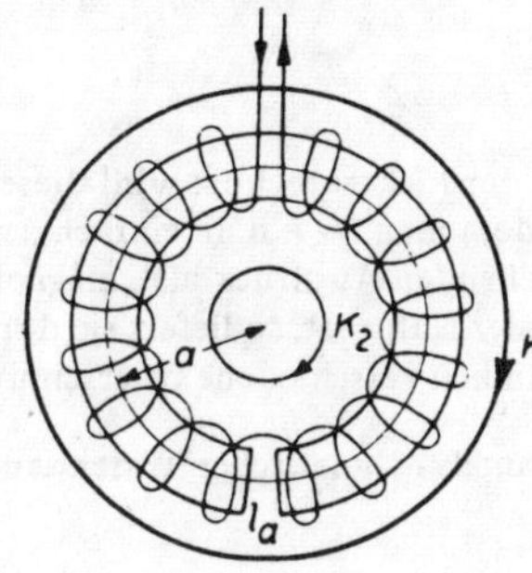


Fig. 88. Ringmagnet

$$H = \frac{NI}{2\pi a} . \tag{26}$$

(Mit $a$ sei ein mittlerer Kreisradius bezeichnet.) Hier sieht man besonders anschaulich die Bedeutung des Feldmaßes im SI-System; $N \cdot I/2\pi a$ sind die Amperewindungen pro Länge. Wenn der Querschnitt des Rings klein gegen seinen Durchmesser ist, was wir annehmen wollen, wird das Feld im Ring annähernd homogen. Jetzt schneiden wir aus dem Eisenring einen Spalt der Länge $l_a$ aus. Wie groß ist das Feld $H_a$ in diesem Spalt? Wenn wir annehmen, daß die Feldlinien ihre Kreisform beibehalten, können wir $H_a$ leicht berechnen. In Wirklichkeit tritt aber eine erhebliche Streuung ein, d. h., das Feld beschränkt sich in der Nähe des Spaltes nicht mehr auf den Ring, sondern greift in die Umgebung über. Wenn wir von dieser Streuung absehen, ist wegen der Stetigkeit der Normalkomponenten von $\vec{B}$ an der Grenzfläche Eisen-Luft

$$\mu_r H_i = H_a . \tag{27}$$

Andererseits ist das Linienintegral der magnetischen Feldstärke, wenn wir dem im Eisen verlaufenden Teil des Kreises mit $l_i$ bezeichnen:

$$l_i H_i + l_a H_a = \frac{l_i H_a}{\mu_r} + l_a H_a = N \cdot I , \quad \text{also}$$

$$H_a = \frac{N \cdot I}{l_a + \frac{l_i}{\mu_r}} \tag{28}$$

Das tatsächlich gemessene Feld $\overline{H}_a$ ist wegen der Streuung kleiner als das nach dem Näherungsverfahren berechnete. Man nennt das Verhältnis $H_a : \overline{H}_a$ den *Streuungskoeffizienten.*

Der magnetische Fluß im Luftspalt wird bei Querschnitt $A$

$$\phi_a = B_a \cdot A = \mu H_a \cdot A = \frac{\mu N \cdot I}{\dfrac{l_a}{A} + \dfrac{l_i}{\mu_r \cdot A}}\,.$$

In der Elektrotechnik wird diese Formel in eine formale Analogie zum OHMschen Gesetz gebracht, indem man $N \cdot I$, d. h. einfach die Ampere-Windungen als „magnetische Spannung", den im Nenner stehenden Ausdruck als „magnetischen Widerstand" bezeichnet. Wenn diese Analogie auch nur formaler Natur ist, so liefert sie doch eine Faustregel zur Berechnung „magnetischer Kreise". Haben wir nämlich verschiedene Querschnitte, so erhält man den Fluß in der richtigen Größenordnung, wenn man als magnetischen Widerstand den Ausdruck $\sum \frac{l_j}{\mu_j A_j}$ einsetzt.

## § 4. Kräfte auf stromdurchflossene Leiter im Magnetfeld

Die Berechnung der an stromdurchflossenen Leitern im Magnetfeld angreifenden Kräfte wird wesentlich erleichtert durch den in §§ 2 und 3 abgeleiteten Satz, daß sich eine Stromschleife verhält wie eine magnetische Membran, die mit Dipolen der Stärke $I$ und der Richtung der Flächennormalen (in dem üblichen Zuordnungssinn zur Richtung des Stromumlaufs) belegt ist. Nach den in der Elektrostatik abgeleiteten Formeln kann man die Kraft auf die Membran als Kraft auf eine Summe von Dipolen im Feld ausrechnen. Man kann diese Kraft sogar aus einem Potential ableiten, obwohl, wie wir unten sehen werden, dieses Potential nichts mit der gesamten Feldenergie zu tun hat. Wir wenden das Verfahren auf zwei wichtige Fälle an:

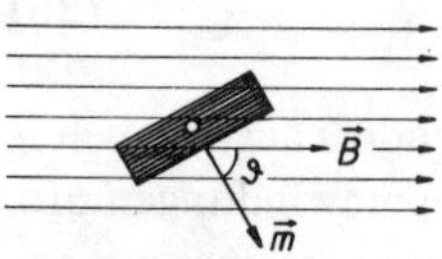

Fig. 89. Stromdurchflossene Spule im Magnetfeld

1. Drehmoment an einer im homogenen Feld drehbar beweglichen Spule von $N$ Windungen (Drehspulengalvanometer, Fig. 89). Fließt in der Spule der Strom $I$, so beträgt das magnetische Moment $\vec{m}$ der Spule in Luft, wenn wir die Fläche einer Windung mit $A$ bezeichnen, $N \cdot I \cdot A$. Die Richtung des magnetischen Moments steht senkrecht auf den Ebenen der Windungen. Bildet diese Richtung mit dem Feld $\vec{B}$ den Winkel $\vartheta$, so tritt nach Kap. III, § 1, ein Drehmoment auf vom Betrag

$$M = -N \cdot I \cdot A \cdot B \cdot \sin\vartheta\,, \tag{29}$$

das so gerichtet ist, daß die stabile Gleichgewichtslage $\vec{m} \parallel \vec{B}$ angestrebt wird. Als Gegenkraft kommt die Torsion des Aufhängefadens in Frage. Befindet sich die stromlose Spule in der Ruhelage bei $\vartheta = \pi/2$, so hat das Drehmoment ein Maximum. Bei der Ablenkung aus dieser Lage kann, solange die Ausschläge klein sind, $\sin\vartheta = 1$ gesetzt werden. Da das Drehmoment der Torsion proportional der Auslenkung $\varphi = \pi/2 - \vartheta$ ist, erhält man für die Gleichgewichtslage

$$D\varphi = NAB \cdot I \qquad (D \text{ Richtmoment}). \tag{29'}$$

Unter den gemachten Voraussetzungen ist also der Ablenkungswinkel dem Strom proportional.

2. Kraft auf ein im Magnetfeld befindliches bewegliches Leiterstück. Wir denken uns in einem Stromkreis ein kleines Gleitstück $\mathrm{d}\vec{s}$ verschiebbar und fragen nach der Kraft, die durch ein Magnetfeld $\vec{B}$, das wir als homogen annehmen, auf dieses Gleitstück ausgeübt wird. Das Ergebnis folgt direkt aus Gl. (2), wenn man beachtet, daß der Durchgang der Ladung $\mathrm{d}Q$ durch das Leiterstück $\mathrm{d}\vec{s}$ mit der Geschwindigkeit $\vec{v}$ einem Strom $I$ entspricht.

$$\mathrm{d}Q\,\vec{v} = I\,\mathrm{d}\vec{s}\ . \tag{30}$$

Somit wird die Kraft

$$\boxed{\vec{F} = I(\mathrm{d}\vec{s} \times \vec{B})} \tag{31}$$

Diese Kraft, die die Schleifenfläche je nach dem Sinn der Stromrichtung zu vergrößern oder zu verkleinern sucht, ist natürlich stets vorhanden, gleichgültig, ob sie durch die Bewegung eines Teiles des Kreises wahrgenommen werden kann oder nicht. Bei sehr starken Strömen treten daher in Spulen schon wegen des eigenen Magnetfeldes erhebliche Druckkräfte auf.

Aufg. 88. Durch ein Drehspulgalvanometer werde zur Zeit $t = 0$ ein kurzer Stromstoß gesandt, bei dem die Elektrizitätsmenge $Q$ durch das Galvanometer fließt. Wie groß ist der maximale Ausschlag? (Man wende das Zeitintegral der Kraft für den ersten Augenblick an und berechne die Amplitude der Galvanometerschwingung bei der so gefundenen Anfangsgeschwindigkeit.) (Theorie des ballistischen Galvanometers.)

Sechstes Kapitel

# Zeitlich langsam veränderliche (quasistationäre) Felder

## Definition der quasistationären Felder:

Alle bisher betrachteten elektrischen und magnetischen Felder waren von der Zeit unabhängig. Wir gehen jetzt einen Schritt weiter und betrachten zeitlich veränderliche Felder, beschränken uns aber zunächst wegen der großen Bedeutung der so abgesonderten Felder auf verhältnismäßig langsam wechselnde Felder. Wie wir später sehen werden, breiten sich die elektrischen Felder mit Lichtgeschwindigkeit aus. Wenn wir nun einerseits nicht allzu schnelle Änderungen, andererseits nicht zu große Dimensionen der Systeme in Betracht ziehen, so können wir annehmen, daß an jedem Punkt des Feldes der Zustand herrscht, der einer zeitlosen Ausbreitung entspricht. Die unter dieser Voraussetzung abgeleiteten Beziehungen gelten unter allen Umständen für den Bereich der technischen Wechselströme.

## § 1. Das Induktionsgesetz. (Die 2. Hauptgleichung des elektromagnetischen Feldes)

Wir denken uns einen geschlossenen linearen Leiter in einem Magnetfeld. Die Permeabilität des umgebenden Mediums sei $\mu$. Ändert sich das Feld $\vec{B}$, so fließt in dem Leiter ein „Induktionsstrom". Es existiert daher im Leiter ein elektrisches Feld $\vec{E}$. Da wir einen linearen Leiter annehmen, hat $\vec{E}$ die Richtung der Linienelemente $\mathrm{d}\vec{s}$. Bilden wir nun das Linienintegral $\oint \vec{E} \cdot \mathrm{d}\vec{s}$ etwa in der Umlaufrichtung $\vec{E}$, so kann es nicht mehr verschwinden, da ja lauter Beträge gleichen Vorzeichens addiert werden. Wir lernen damit zum erstenmal ein nichtwirbelfreies elektrisches Feld kennen. Der Wert des Integrals $\oint \vec{E} \cdot \mathrm{d}\vec{s}$ heißt die induzierte elektrische Spannung, und zwar aus folgendem Grund: Denken wir uns den Leiter zwischen zwei benachbarten Punkte $P_1$ und $P_2$ aufgetrennt, so beträgt die Arbeit, die aufzuwenden ist, um die Ladung $Q$ gegen das Feld von $P_2$ nach $P_1$ zu schaffen,

$$-W = Q \oint \vec{E} \cdot \mathrm{d}\vec{s},$$

da der Beitrag der Trennstelle $P_1 P_2$ verschwindend klein ist. Zwischen den beiden Punkten $P_1$ und $P_2$ besteht daher eine elektrische Potentialdifferenz (Spannung) von dem oben angegebenen Betrag, die sich zum Beispiel durch einen Funkenüberschlag zwischen den beiden Punkten bemerkbar macht. Das Induktionsgesetz (Erfahrungsgesetz!) sagt nun, daß die *induzierte Spannung gleich der zeitlichen Abnahme des durch die Fläche des Leiters tretenden Induktionsflusses ist.* Dabei ist die übliche Orientierung von Flächennormale und Umlaufssinn vorausgesetzt. Die mathematische Formulierung des Induktionsgesetzes lautet demnach:

$$\oint \vec{E} \cdot \mathrm{d}\vec{s} = -\frac{\partial}{\partial t} \int \mu_0 \mu_r \vec{H} \cdot \mathrm{d}\vec{f} = -\frac{\partial}{\partial t} \int \vec{B}\, \mathrm{d}\vec{f}\,. \tag{1}$$

Verwandelt man das Randintegral $\oint \vec{E} \cdot \mathrm{d}\vec{s}$ mittels des STOKESschen Satzes in ein Flächenintegral, so ergibt sich:

$$\oint \vec{E} \cdot \mathrm{d}\vec{s} = \int \operatorname{rot} \vec{E} \cdot \mathrm{d}\vec{f} = -\frac{\partial}{\partial t} \int \mu \vec{H} \cdot \mathrm{d}\vec{f}\,. \tag{2}$$

Für ruhende Körper ist die Integration nach dem Ort und die Differentiation nach der Zeit unabhängig, es ist also

$$\int \operatorname{rot} \vec{E} \cdot \mathrm{d}\vec{f} = -\int \frac{\partial}{\partial t} (\mu \vec{H}) \cdot \mathrm{d}\vec{f}\,. \tag{3}$$

Da diese Gleichung für jede Fläche erfüllt sein muß, müssen die Integranden der Flächenintegrale gleich sein und wir haben die II. Feldgleichung gewonnen:

$$\boxed{\operatorname{rot} \vec{E} = -\mu_r \mu_0 \frac{\partial \vec{H}}{\partial t} = -\frac{\partial \vec{B}}{\partial t}}\,. \tag{II}$$

Die MAXWELLsche Theorie nimmt nun an, daß dieses induzierte elektrische Feld auch dann vorhanden ist, wenn es nicht gerade durch die an den Enden eines Leiters entstehende Spannung nachweisbar ist, daß also (II) allgemeine Gültigkeit zukommt.

Aufg. 89. Man berechne den in der Spule eines Drehspulengalvanometers bei der Bewegung induzierten Strom und die dadurch bedingte Dämpfung der Spulenschwingung.

## § 2. Wechsel- und Selbstinduktion

### a) Berechnung von Wechselinduktionskoeffizienten

Gegeben seien zwei Stromkreise 1 und 2. Fließt im Kreis 1 ein Strom, so erzeugt dieser ein Magnetfeld $\vec{B}_1$, dessen Feldlinien den Kreis 2 durchsetzen; ändert sich der Strom $I_1$, so wird im Kreis 2 eine Spannung induziert, die gegeben ist durch

$$V_2 = \oint \vec{E}_2 \cdot \mathrm{d}\vec{s}_2 = -\int \frac{\partial \vec{B}_1}{\partial t} \cdot \mathrm{d}\vec{f}_2 = -\frac{\partial}{\partial t}\int \vec{B}_1 \cdot \mathrm{d}\vec{f}_2 \,. \tag{4}$$

$\vec{B}_1$ leitet sich aber, wenn im ganzen Raum eine einheitliche Permeabilität $\mu$ vorhanden ist, nach Kap. V, § 2, aus einem Vektorpotential ab:

$$\vec{B}_1 = \operatorname{rot} \vec{A}_1 ; \quad \vec{A}_1 = \frac{\mu}{4\pi}\int \frac{\vec{j}_1 \,\mathrm{d}\tau}{r_{12}} = \frac{\mu I_1}{4\pi}\int \frac{\mathrm{d}\vec{s}_1}{r_{12}} \,.$$

Somit wird nach dem STOKESschen Satz

$$\int \vec{B}_1 \cdot \mathrm{d}\vec{f}_2 = \int \operatorname{rot} \vec{A}_1 \cdot \mathrm{d}\vec{f}_2 = \oint_2 \vec{A}_1 \cdot \mathrm{d}\vec{s}_2 = \frac{\mu I_1}{4\pi} \oint_1 \oint_2 \frac{\mathrm{d}\vec{s}_1 \cdot \mathrm{d}\vec{s}_2}{r_{12}}, \tag{5}$$

also wird die in Kreis 2 induzierte Spannung

$$V_2 = \oint \vec{E}_2 \cdot \mathrm{d}\vec{s}_2 = -\frac{\mu}{4\pi} \cdot \frac{\partial I_1}{\partial t} \oint \oint \frac{\mathrm{d}\vec{s}_1 \cdot \mathrm{d}\vec{s}_2}{r_{12}} \,. \tag{6}$$

Die nur von den geometrischen Verhältnissen und der Permeabilität des Zwischenstoffs abhängige Größe $\frac{\mu}{4\pi} \oint \oint \frac{\mathrm{d}\vec{s}_1 \cdot \mathrm{d}\vec{s}_2}{r_{12}}$ heißt der Koeffizient der gegenseitigen Induktion (*Wechselinduktionskoeffizient*) $L_{12}$. Mit dieser Abkürzung wird

$$V_2 = \oint \vec{E}_2 \cdot \mathrm{d}\vec{s}_2 = -L_{12} \frac{\mathrm{d}I_1}{\mathrm{d}t} \,. \tag{6'}$$

Da in dem Ausdruck für $L_{12}$ die beiden Stromkreise vollkommen symmetrisch eingehen, erhält man denselben Ausdruck, wenn man die im Kreis 1 bei einer Änderung eines im Kreis 2 fließenden Stroms induzierte Spannung berechnet, d. h. es ist

$$L_{12} = L_{21} \,. \tag{7}$$

### b) Selbstinduktion

Auch bei einem einzelnen Stromkreis bedingt eine Änderung des Stromes eine Änderung des durch die Fläche des Kreises tretenden Induktionsflusses, wodurch nach der zweiten Grundgleichung des elektromagnetischen Feldes eine elektrische Spannung induziert wird. Wir definieren in gleicher Weise wie oben bei der Wechselinduktion als *Selbstinduktionskoeffizient* eine von der geometrischen Form und der Permeabilität der Umgebung abhängige positive Größe $L_{11}$ durch die Gleichung

$$\oint \vec{E} \cdot \mathrm{d}\vec{s} = -L_{11} \frac{\mathrm{d}I}{\mathrm{d}t}. \tag{8}$$

Wir müssen auch hier das negative Zeichen schreiben, da die Richtung des induzierten Feldes bei Zunahme des Stromes $I$ dem vorhandenen Strom entgegengerichtet ist. (Wäre es umgekehrt, so würde durch eine Selbstinduktion der ursprüngliche Strom verstärkt, dadurch wieder eine größere Spannung induziert und so der Strom immer mehr anwachsen.)

Wenn man die Berechnung der Selbstinduktion eines Kreises in analoger Weise angreift wie die oben durchgeführte Berechnung der Wechselinduktion, indem man für ein herausgegriffenes Leiterelement $\mathrm{d}\vec{s}$ das Feld berechnet, das die anderen Stromelemente an seinem Ort erzeugen, und dann unter Integration über alle Leiterelemente die gesamte bei einer Stromänderung induzierte Spannung bestimmt, so kommt den so erhaltenen Formeln nur sehr beschränkte Gültigkeit zu. Bei Berechnung der Wechselinduktion durften wir nämlich aus dem Grund mit linearen Leitern rechnen, weil die Entfernung des zweiten Kreises vom ersten groß war gegen den Querschnitt des Leiters 1. Bei der Selbstinduktion ist dies aber nicht mehr der Fall. Wir müssen daher den im Kreis 1 fließenden Strom in einzelne Fäden zerlegen und die gegenseitige Beeinflussung dieser Fäden berücksichtigen. Die Berechnung der Selbstinduktion wird daher im allgemeinen etwas mühsamer als die der Wechselinduktion, so daß hier auf ausführliche Bearbeitungen verwiesen werden muß.

Bei Spulen kommt es in der Hauptsache auf das von den anderen Windungen am Ort einer herausgegriffenen Windung erzeugte Magnetfeld an, so daß die Zerlegung in Stromfäden nicht erforderlich ist. Hier läßt sich auf etwas anderem Weg die Selbstinduktion mit guter Näherung einfach berechnen. Wir gehen aus von einer ringförmigen Spule mit $N$ Windungen, deren Querschnitt $A$ klein sei gegen den Ringradius $a$. In diesem Fall wird das Feld im Innern nach S. 285 $H = N \cdot I/l$.

Ändert sich der Strom, so wird der gesamte durch die $N$ Windungen tretende Induktionsfluß verändert, und zwar beträgt diese Änderung pro Zeit

$$\frac{\partial}{\partial t} \int \mu \vec{H} \cdot \mathrm{d}\vec{f} = \frac{\partial \Phi}{\partial t} = \mu N A \frac{\partial H}{\partial t} = \mu N A \cdot \frac{N}{l} \frac{\partial I}{\partial t}.$$

(Die Integration bedeutet hier und in der folgenden Formel die Summierung über alle $N$ Windungen!)

Somit wird die induzierte Spannung

$$V = \oint \vec{E} \cdot \mathrm{d}\vec{s} = -\frac{N^2 A \mu}{l} \frac{\partial I}{\partial t},$$

also beträgt die Selbstinduktion der ringförmigen Spule

$$L_{11} = \frac{\mu_r \mu_0 N^2 A}{l} . \tag{9}$$

Dies Resultat läßt sich näherungsweise auf eine sehr lange Spule ausdehnen. Die Näherung besteht darin, daß man die Störung des homogenen Feldes durch die Enden vernachlässigt.

c) Umformung des Ausdrucks für die magnetische Feldenergie

Haben wir ein System stromdurchflossener linearer Leiter, so ist dessen Energie in der Hauptsache durch die von den einzelnen Leitern erzeugte magnetische Feldenergie gegeben. Die elektrostatische Energie ist bei den geringen elektrischen Feldstärken, um die es sich in solchen Fällen handelt, demgegenüber zu vernachlässigen. Der Ausdruck für die magnetische Energie läßt sich nun mit Hilfe der Selbst- und Wechselinduktion in eine für viele Zwecke sehr nützliche Form bringen. Zunächst ist nach S. 279

$$U_m = \frac{1}{2} \int \vec{B} \cdot \vec{H} \, \mathrm{d}\tau = \frac{1}{2} \int \mu \vec{H}^2 \, \mathrm{d}\tau . \tag{10}$$

Wir wollen voraussetzen, daß der Raum mit einem einheitlichen Medium der Permeabilität $\mu$ erfüllt ist. (Der gewonnene Schlußausdruck gilt übrigens auch für den Fall, daß die Permeabilität örtlich variiert.) $\vec{H}$ ist nur im einheitlichen Medium ($\mu\vec{H}$ aber überall) quellenfrei; wir können also schreiben

$$\vec{H} = \frac{1}{\mu} \operatorname{rot} \vec{A} .$$

Nun ist nach S. 37 $\vec{H} \cdot \operatorname{rot} \vec{A} = \vec{A} \cdot \operatorname{rot} \vec{H} + \operatorname{div} (\vec{A} \times \vec{H})$. Setzen wir dies in Gl. (10) ein, so können wir das zweite Integral in ein Oberflächenintegral verwandeln, das über die unendlich ferne Kugel zu erstrecken ist. Da aber nach S. 280 $\vec{A}$ wie $\frac{1}{r}$, also rot $\vec{A}$ wie $\frac{1}{r^2}$ abnimmt, verschwindet dieses Integral. Infolgedessen wird

$$U_m = \frac{1}{2} \int \vec{A} \operatorname{rot} \vec{H} \, \mathrm{d}\tau = \frac{1}{2} \int \vec{A} \cdot \vec{j} \, \mathrm{d}\tau . \tag{11}$$

Wenn wir nun nur lineare Leiter haben, die, wenn überhaupt ein Strom fließen soll, geschlossen sein müssen, so wird aus Gl. (11)

$$U_m = \frac{1}{2} \sum_k I_k \oint \vec{A} \, \mathrm{d}\vec{s}_k \qquad (I_k \text{ Strom im Leiter } k) . \tag{11'}$$

Zerlegen wir jetzt das am Ort der Stromschleife $k$ herrschende Vektorpotential $\vec{A}$ in die Anteile $\vec{A}_1, \vec{A}_2, \ldots$, die von den einzelnen Leitern stammen (zu denen auch der eigene zum Index $k$ gehörende Kreis gehört), so wird nach Gl. (5) und der Definition der Induktionskoeffizienten

$$\oint \vec{A}_i \, \mathrm{d}\vec{s}_k = L_{ik} I_i \quad \text{und} \quad \vec{A}_k \, \mathrm{d}\vec{s}_n = L_{kk} I_k \,. \tag{12}$$

Somit haben wir

$$\begin{aligned} U_{\text{magn}} = \frac{1}{2} (L_{11} I_1^2 + 2 L_{12} I_1 I_2 + \cdots 2 L_{1n} I_1 I_n \\ + L_{22} I_2^2 + 2 L_{23} I_2 I_3 + \cdots L_{nn} I_n^2) \end{aligned} \,. \tag{13}$$

**Aufg. 90.** Eine Ladung $-e$ umkreist eine feste Ladung $+e$ in einem Kreis von Radius $a$. Welche Energie nimmt das System beim Anlegen eines Magnetfelds $\vec{H}$ auf, wenn der Winkel zwischen Feld und Bahnnormale $\vartheta$ ist? (Zur Erleichterung der Rechnung gehe man von der Annahme $\frac{\partial \vec{H}}{\partial t} = \text{const}$ aus.)

**Aufg. 91.** Man berechne die Wechselinduktion zweier koaxialer Drahtkreise von Radien $a_1$ und $a_2$, deren Mittelpunkte den Abstand $z$ voneinander haben.

**Aufg. 92.** Man zeige, daß für 2 Leiter stets $L_{11} L_{22} > L_{12}^2$ ist.

## § 3. Stationäre Wechselstromkreise

Für den nach einiger Zeit sich in Wechselstromkreisen mit periodischer „eingeprägter" Spannung (Maschinenspannung) einstellenden stationären Zustand gleichmäßiger Periodizität lassen sich mit Hilfe von komplexen Widerstandsoperatoren Beziehungen ableiten, welche die formale Erweiterung der für Gleichstromkreise geltenden Gesetze von OHM und KIRCHHOFF ermöglichen.

Es sei ein Kreis mit hintereinander geschalteter Maschinenspannung $V$, OHMschen Widerstand $R$ und Selbstinduktion $L$ gegeben. Zu der Maschinenspannung kommt nun als weitere Spannung die durch die Selbstinduktion hervorgerufene, also

$$V - L \frac{\mathrm{d}I}{\mathrm{d}t} = IR \,. \tag{14}$$

Ist $R$ zu vernachlässigen, so ist

$$V = L \frac{\mathrm{d}I}{\mathrm{d}t} \,. \tag{14'}$$

Wenn wir nun rein periodische Vorgänge annehmen:

$$V = V_0 \, e^{i\omega t} \,, \qquad I = I_0 \, e^{i\omega t} \,, \tag{15}$$

so wird

$$\frac{\mathrm{d}I}{\mathrm{d}t} = i\omega I_0 \, e^{i\omega t} = i\omega I \,,$$

somit

$$V = i\omega L I \,. \tag{16}$$

Vergleichen wir diese Beziehung mit dem OHMschen Gesetz, so sehen wir, daß wir eine formale Analogie erhalten, wenn wir den Wechselstromwiderstand der Selbstinduktion gleich $i\omega L$ setzen. Was bedeutet nun dieser imaginäre Widerstand der Selbstinduktion physikalisch? Legen wir im Zeigerdiagramm (vgl. S. 53) den Zeiger des Stromes in die positive reelle Achse, so fällt nach Gl. (16) der Zeiger der Spannung in die positive imaginäre Achse. Das heißt, daß in einem außer der Maschinenspannung nur Selbstinduktion enthaltenden Kreis die Phase der Spannung gegenüber der Phase des Stroms um $\pi/2$ vorauseilt. Die Amplitude des Stroms ist nach Gl. (16) bei gegebener Spannungsamplitude

$$\boldsymbol{I}_0 = \frac{V_0}{L\omega} \,. \tag{17}$$

Wenn an die Maschine statt der Selbstinduktion eine Kapazität $C$ angeschlossen ist, würde bei Gleichspannung außer dem einmaligen Aufladestrom beim Einschalten kein Strom mehr fließen. Bei Wechselspannung entsteht dagegen durch das periodische Aufladen und Entladen der Kapazität ein Wechselstrom, für den wir einen ähnlichen imaginären Widerstand der Kapazität angeben können. Da der Strom $\boldsymbol{I}$ gleich der in der Zeit durch einen Querschnitt fließende Elektrizitätsmenge ist, ist die auf der Kapazität sitzende Ladung $Q$ gegeben durch das Zeitintegral $\int_0^t \boldsymbol{I}\,\mathrm{d}t$, wenn wir den Beginn der Zeitrechnung in den Moment der Ladungsfreiheit der Kapazität verlegen. Damit wird die Spannung an der Kapazität, die in jedem Augenblick (bei Vernachlässigung des Widerstands der Zuleitung) gleich der Maschinenspannung sein muß,

$$V = \frac{1}{C}\int_0^t \boldsymbol{I}\,\mathrm{d}t \quad \text{oder} \quad \frac{\mathrm{d}V}{\mathrm{d}t} = \frac{\boldsymbol{I}}{C} \,. \tag{18}$$

Bei rein periodischer Maschinenspannung wird, da $\frac{\mathrm{d}V}{\mathrm{d}t} = i\omega V$

$$V = \frac{\boldsymbol{I}}{i\omega C} \,. \tag{19}$$

Der Wechselstromwiderstand einer Kapazität ist daher gegeben durch $\frac{1}{i\omega C}$. In diesem Fall bleibt wegen des $i$ im Nenner, das einem $-i$ im Zähler gleich ist, die Spannung hinter dem Strom um $\frac{\pi}{2}$ zurück.

Mit diesen Widerstandsoperatoren für Selbstinduktion und Kapazität lassen sich alle Wechselstromschaltungen wie Gleichstromschaltungen behandeln. Man hat nur am Schluß der Rechnung das Zeigerdiagramm für Strom und Spannung aufzuzeichnen und daraus Amplituden- und Phasenbeziehungen zwischen Strom und Spannung zu entnehmen. Als Beispiel sei ein Kreis gewählt, der an der Maschine hintereinander OHMschen Widerstand, Selbstinduktion und Kapazität enthält. Nach dem KIRCHHOFFschen Gesetz ist

$$V = V_R + V_L + V_C = \boldsymbol{I}\left(R + i\omega L + \frac{1}{i\omega C}\right) . \tag{20}$$

Legen wir im Zeigerdiagramm $\boldsymbol{I}$ in die Richtung der positiven reellen Achse, so erhält $V_L$ die Richtung der positiven, $V_C$ die Richtung der negativen imaginären Achse. Die resultierende Spannung erhält nach der Fig. 90 einen Betrag von

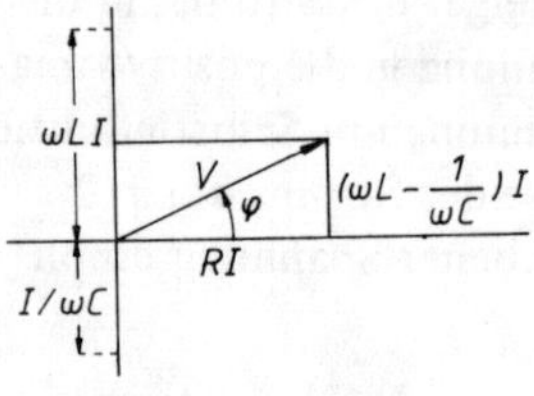


Fig. 90. Zeigerdiagramm für Strom und Spannung im Wechselstromkreis

$$V_0 = I_0 \sqrt{R^2 + \left(\omega L - \frac{1}{\omega C}\right)^2} . \tag{21}$$

Die Phase der Spannung eilt der des Stromes um einen Winkel $\varphi$ voraus, der gegeben ist durch

$$\tan \varphi = \frac{\omega L - \dfrac{1}{\omega C}}{R} . \tag{22}$$

Die Amplitude des Stromes wird bei gegebener Maschinenspannung $V_0$

$$I_0 = \frac{V_0}{\sqrt{R^2 + \left(\omega L - \dfrac{1}{\omega C}\right)^2}} . \tag{23}$$

Berücksichtigt man nur die Amplitude, so hat also das System einen Widerstand der Größe

$$\sqrt{R^2 + \left(\omega L - \frac{1}{\omega C}\right)^2} .$$

Dieser Widerstand erreicht einen Mindestwert für

$$\omega L = \frac{1}{\omega C} \quad \text{oder} \quad \omega^2 = \frac{1}{LC} . \tag{24}$$

In diesem Fall verschwindet auch die Phasenverschiebung zwischen $V$ und $\boldsymbol{I}$. Dies entspricht der Resonanz. Wir werden nämlich im nächsten Paragraphen sehen, daß dabei die Frequenz der Maschinenspannung übereinstimmt mit der Frequenz der Eigenschwingung des aus Selbstinduktion und Kapazität bestehenden Kreises.

Zur Berechnung der Leistung, d. h. der pro Zeit geleisteten elektrischen Arbeit gehen wir zweckmäßigerweise zum Realteil der Gleichungen über und schreiben

$$V = V_0 \cos \omega t, \quad I = I_0 \cos(\omega t - \varphi) . \tag{25}$$

Die in einem bestimmten Augenblick $t$ geltende Leistung $W_t$ wird

$$W_t = VI = V_0 I_0 \cos \omega t \cos(\omega t - \varphi) . \tag{26}$$

Wichtiger ist aber die im Zeitmittel geltende Leistung $\overline{W}$. Dazu brauchen wir nur den Durchschnittswert für eine Periode zu berechnen. Es ist

$$\overline{\cos \omega t \cos(\omega t - \varphi)} = \frac{\omega}{2\pi} \int_0^{\frac{2\pi}{\omega}} (\cos \omega t \cos \omega t \cos \varphi + \cos \omega t \sin \omega t \sin \varphi) \, dt = \frac{1}{2} \cos \varphi . \tag{27}$$

Somit erhalten wir für die durchschnittliche Leistung

$$\boxed{\overline{W} = \frac{1}{2} V_0 I_0 \cos\varphi} \quad . \tag{28}$$

Bei rein induktivem oder rein kapazitivem Wechselstromwiderstand $\left(|\varphi| = \frac{\pi}{2}\right)$ wird also keine elektrische Energie verbraucht; aus diesem Grund ist es zweckmäßig, Wechselströme statt durch Widerstände durch Selbstinduktionen (Drosseln) zu regulieren.

Aufg. 93. Man berechne den Wechselstromwiderstand von parallel geschalteter Selbstinduktion und Kapazität.

Aufg. 94. Man zeige, daß ein Schwingungskreis, der als Selbstinduktion eine eisengefüllte Spule enthält, ein anharmonisches System darstellt, auf das sich die Ausführungen von S. 106ff. anwenden lassen.

## § 4. Nichtstationäre Zustände (Einschaltvorgänge) in Wechselstromkreisen

Die an Hand des Zeigerdiagramms abgeleiteten Beziehungen zwischen Strom und Spannung in Wechselstromkreisen beziehen sich auf den Dauerzustand, der sich nach längerer Zeit einstellt. Für die Berechnung der Einschaltvorgänge, die von den Anfangsbedingungen abhängen, läßt sich die Rechenweise von § 3 nicht anwenden, weil ja in ihr überhaupt keine Integrationskonstanten vorkommen, durch die den Anfangsbedingungen Genüge getan wird. Mathematisch gesprochen sind die dem Dauerzustand entsprechenden Lösungen partikuläre Integrale, und wir müssen jetzt die Ableitung der allgemeinen Integrale in Angriff nehmen. Wir betrachten schrittweise von Einfacherem zu Komplizierterem vorgehend folgende Systeme:

a) Freier Schwingkreis aus Selbstinduktion und Kapazität mit verschwindendem OHMschen Widerstand

Wir müssen jetzt für die Spannung an Selbstinduktion und Kapazität die in § 3 ursprünglich abgeleiteten Ausdrücke mit Differentialquotienten bzw. Integralen einsetzen und erhalten für unseren Fall

$$L \frac{\mathrm{d}I}{\mathrm{d}t} + \frac{1}{C} \int I \,\mathrm{d}t = 0. \tag{29}$$

Durch Differentiation erhalten wir die aus der Mechanik wohlbekannte Schwingungsdifferentialgleichung

$$L \frac{\mathrm{d}^2 I}{\mathrm{d}t^2} + \frac{1}{C} I = 0, \tag{30}$$

deren Integral lautet

$$I = a\, e^{i\omega_0 t} + b\, e^{-i\omega_0 t} \tag{31}$$

mit

$$\boxed{\omega_0 = \frac{1}{\sqrt{LC}}} \tag{32}$$

oder mit reellen Funktionen

$$I = A \cos \omega_0 t + B \sin \omega_0 t \quad \text{oder} \quad I = I_0 \cos(\omega_0 t - \varphi)\,. \tag{31'}$$

b) Freier Schwingkreis mit OHMschem Widerstand (Dämpfung)

Aus der für dieses System geltenden Differentialgleichung folgt durch Differenzieren wie oben

$$\boxed{L \frac{\mathrm{d}^2 I}{\mathrm{d} t^2} + R \frac{\mathrm{d} I}{\mathrm{d} t} + \frac{1}{C} I = 0}\,. \tag{33}$$

Auch diese Differentialgleichung ist aus der Mechanik wohlbekannt. Die dort abgeleitete allgemeine Lösung lautet in der reellen Form für $\frac{1}{LC} > \frac{R^2}{4L^2}$:

$$I = A\, e^{-\frac{Rt}{2L}} \cos(\omega_0' t - \varphi)\,. \tag{34}$$

Die Amplituden der Schwingung nehmen nach einer Exponentialfunktion ab, weshalb man die Schwingung *gedämpft* nennt. Die Frequenz der Eigenschwingung der gedämpften Schwingung $\omega_0'$ ist kleiner als die der ungedämpften:

$$\omega_0' = \sqrt{\frac{1}{LC} - \frac{R^2}{4L^2}} < \omega_0 = \frac{1}{\sqrt{LC}}\,. \tag{35}$$

Das Verhältnis zweier aufeinanderfolgender Amplituden, die der Zeitdifferenz einer Schwingung entsprechen, ist wegen der Grundeigenschaft der Exponentialfunktion konstant und heißt das Dekrement. Gewöhnlich rechnet man mit seinem natürlichen Logarithmus, der das logarithmische Dekrement $\delta$ heißt:

$$\delta = \ln \frac{e^{-\frac{R}{2L} t}}{e^{-\frac{R}{2L}(t+\tau)}} = \frac{R}{2L}\tau = \frac{R \cdot 2\pi}{2L \cdot \omega_0'}\,. \tag{36}$$

Ist die Dämpfung nicht allzu groß, so kann man für die Schwingungsdauer diejenige der ungedämpften Schwingung setzen und erhält für das Dekrement den einfachen Näherungsausdruck

$$\delta \approx \pi R \sqrt{\frac{C}{L}}\,. \tag{37}$$

Ist dagegen $\frac{1}{LC} < \frac{R^2}{4L^2}$, so tritt überhaupt kein periodischer Anteil auf, als Lösung ergibt sich eine rein exponentiell abklingende Funktion

$$I = A e^{-\left(\frac{R}{2L} + \sqrt{\frac{R^2}{4L^2} - \frac{1}{LC}}\right)t} + B e^{-\left(\frac{R}{2L} - \sqrt{\frac{R^2}{4L^2} - \frac{1}{LC}}\right)t} \tag{38}$$

(aperiodischer Kreis).

Der Grenzfall $\frac{1}{LC} = \frac{R^2}{4L^2}$ ist ebenfalls aperiodisch und entspricht dem auf S. 102 behandelten mechanischen aperiodischen Grenzfall.

c) Gedämpfter Schwingkreis mit periodischer eingeprägter Spannung

Die Differentialgleichung lautet:

$$L \frac{\mathrm{d}\boldsymbol{I}}{\mathrm{d}t} + R\boldsymbol{I} + \frac{1}{C} \quad \boldsymbol{I}\,\mathrm{d}t = V_0\, e^{i\omega t} . \tag{39}$$

Durch Differentiation ergibt sich

$$L \frac{\mathrm{d}^2\boldsymbol{I}}{\mathrm{d}t^2} + R \frac{\mathrm{d}\boldsymbol{I}}{\mathrm{d}t} + \frac{1}{C}\boldsymbol{I} = i\,\omega\, V_0\, e^{i\omega t} . \tag{40}$$

Das allgemeine Integral der Gl. (40) ergibt sich aus dem S. 103 bewiesenen Satz, daß das allgemeine Integral der inhomogenen Differentialgleichung (40) gleich ist der Summe aus dem allgemeinen Integral der zugehörigen homogenen Gleichung, bei der die rechte Seite null ist, also der Gl. (33) und einem partikulären Integral der inhomogenen Gleichung. Das allgemeine Integral der Gl. (33) ist oben abgeleitet. Aber auch ein partikuläres Integral ist uns bereits bekannt, nämlich das dem Dauerzustand entsprechende, das in § 3 abgeleitet wurde. Die Lösung lautet also für $1/LC > R^2/4L^2$

$$I = e^{-\frac{R}{2L}t}\,(A \cos\omega_0' t + B \sin\omega_0' t) + \frac{V_0 \cos(\omega t - \varphi)}{\sqrt{R^2 + \left(L\omega - \frac{1}{\omega C}\right)^2}} ;$$

$$\tan\varphi = \frac{L\omega - \frac{1}{\omega C}}{R} . \tag{41}$$

Die Bedeutung dieser Gleichung ist folgende: Die ersten beiden Glieder stellen einen Schwingungsvorgang dar, der die Frequenz der Eigenschwingung des freien gedämpften Kreises $\omega_0'$ hat, der zweite eine ungedämpfte periodische Funktion mit der Periode der erregenden Spannung $\omega$. Anfangs kommt durch Überlagerung der beiden Schwingungen ein komplizierter Vorgang zustande, der aber wegen des Dämpfungsfaktors im ersten Glied allmählich in den dem zweiten Glied entsprechenden Dauerzustand übergeht.

d) Gekoppelte freie Schwingkreise

Von den vielen Möglichkeiten mehrerer aufeinander einwirkender Kreise, die von großer technischer Bedeutung sind, sei nur der einfachste Fall betrachtet, derjenige zweier Kreise, die induktiv gekoppelt sind, bei denen also die Selbstinduktionsspulen $L_{11}$ und $L_{22}$ so angeordnet sind, daß eine Wechselinduktion $L_{12}$ besteht. Auch dieses System wollen wir nur soweit durchrechnen als erforderlich ist, um das prinzipiell Neue bei derartigen Koppelschwingungen zu erkennen:

Die Differentialgleichung des ersten Kreises lautet nach einmaligem Differenzieren:

$$L_{11} \frac{\mathrm{d}^2 \boldsymbol{I}_1}{\mathrm{d}t^2} + L_{12} \frac{\mathrm{d}^2 \boldsymbol{I}_2}{\mathrm{d}t^2} + \frac{\boldsymbol{I}_1}{C_1} = 0 . \tag{42}$$

Diejenige des zweiten Kreises

$$L_{12}\frac{d^2 I_1}{dt^2}+L_{22}\frac{d^2 I_2}{dt^2}+\frac{I_2}{C_2}=0\,. \tag{43}$$

Um $I_2$ zu eliminieren, differenzieren wir Gl. (43) zweimal nach $t$ und erhalten

$$L_{12}\frac{d^4 I_1}{dt^4}+L_{22}\frac{d^4 I_2}{dt^4}+\frac{1}{C_2}\frac{d^2 I_2}{dt^2}=0\,. \tag{44}$$

Andererseits folgt aus Gl. (42)

$$\frac{d^2 I_2}{dt^2}=-\frac{1}{L_{12}}\left(L_{11}\frac{d^2 I_1}{dt^2}+\frac{1}{C_1}I_1\right) \tag{45}$$

und nach zweimaliger Differentiation

$$\frac{d^4 I_2}{dt^4}=-\frac{1}{L_{12}}\left(L_{11}\frac{d^4 I_1}{dt^4}+\frac{1}{C_1}\frac{d^2 I_1}{dt^2}\right). \tag{46}$$

Setzt man dies in Gl. (44) ein, so erhält man mit den Abkürzungen

$$a=L_{11}L_{22}-L_{12}^2,\qquad b=\frac{L_{11}}{C_2}+\frac{L_{22}}{C_1}\,,\qquad c=\frac{1}{C_1C_2} \tag{47}$$

die Differentialgleichung vierter Ordnung

$$a\frac{d^4 I_1}{dt^4}+b\frac{d^2 I_1}{dt^2}+cI_1=0. \tag{48}$$

Wir machen auch hier den Ansatz

$$I_1=A\,e^{\lambda t} \tag{49}$$

und erhalten als charakteristische Gleichung

$$a\lambda^4+b\lambda^2+c=0\,. \tag{50}$$

Von den 4 Wurzeln sind zwei wesentlich verschieden

$$\lambda_1=i\sqrt{\frac{b}{2a}+\sqrt{\frac{b^2}{4a^2}-\frac{c}{a}}}=i\,\omega_1\,, \tag{51}$$

$$\lambda_2=i\sqrt{\frac{b}{2a}-\sqrt{\frac{b^2}{4a^2}-\frac{c}{a}}}=i\,\omega_2 \tag{52}$$

(die anderen beiden Wurzeln unterscheiden sich von $\lambda_1$ und $\lambda_2$ nur im Vorzeichen). $a$ ist stets positiv (vgl. Aufg. 91), $b$ und $c$ sind wesentlich positive Größen. Infolgedessen und nach der Bedeutung von $a$, $b$ und $c$ ist immer für $L_{12} \neq 0$

$$0<\frac{b^2}{4a^2}-\frac{c}{a}<\frac{b^2}{4a^2}\,, \tag{53}$$

die beiden Frequenzen $\omega_1$ und $\omega_2$ sind also stets reell. Es treten somit für $I_1$ und, wie man sofort durch Einsetzen von Gl. (49) in (45) sieht, auch für $I_2$ gleichzeitig zwei verschiedene Frequenzen $\omega_1$ und $\omega_2$ auf, von denen keine mit den Eigenfrequenzen der Einzelkreise übereinstimmt. Die Lösung für $I_1$ hat also die Form

$$I_1 = A\, e^{i\omega_1 t} + B\, e^{-i\omega_1 t} + C e^{i\omega_2 t} + D\, e^{-i\omega_2 t} \,. \tag{54}$$

Das Zusammenwirken zweier verschiedenperiodischer Schwingungen bedeutet das Auftreten von *Schwebungen*, d. h. von langsamperiodischen Schwankungen der Amplitude, wie folgende einfache trigonometrische Umformung erkennen läßt:

$$\cos\omega_1\, t + \cos\omega_2\, t = 2\cos\left(\frac{\omega_1 - \omega_2}{2}\right) t \cos\left(\frac{\omega_1 + \omega_2}{2}\right) t \,.$$

Die zweite Form bedeutet eine Schwingung der Kreisfrequenz $\dfrac{\omega_1 + \omega_2}{2}$ deren Amplitude mit der Kreisfrequenz $\omega_1 - \omega_2$ „moduliert" ist. Da die beiden Kreise als ungedämpft angenommen sind, kann die Energie des Kreises 1, wenn seine Amplitude auf null gesunken ist, nicht vernichtet sein, sie muß auf den Kreis 2 übergegangen sein. Die Schwebungen, die in den beiden Kreisen auftreten, müssen also eine Phasenverschiebung von $\dfrac{\pi}{2}$ haben, derart, daß dem Minimum der Amplitude im ersten Kreis ein Maximum der Amplitude im zweiten Kreis entspricht und die Summe der Energien (Quadrate der Amplituden) konstant bleibt. Dies zeigt in der Tat die weitere Durchrechnung, auf die hier verzichtet wird.

## § 5. Die Stromverdrängung bei Wechselströmen in geraden, kreiszylindrischen Drähten

Die Gleichung des Induktionsgesetzes bestimmt zusammen mit der bereits für stationäre Ströme abgeleiteten Gl. (12) von S. 280, die den Zusammenhang zwischen Stromverteilung und Magnetfeld ausdrückt, alle niederfrequenten elektromagnetischen Vorgänge in einheitlichen Medien. Bei verschiedenen Medien sind noch die Grenzbedingungen der Stetigkeit der Tangentialkomponenten von $\vec{E}$ und $\vec{H}$ hinzuzufügen. Die beiden Gleichungen stellen wegen der Bedeutung der Rotation in Wirklichkeit ein System von sechs partiellen Differentialgleichungen erster Ordnung für die sechs Komponenten von $\vec{E}$ und $\vec{H}$ dar. Unter der ungeheuren Mannigfaltigkeit der Lösungen eines solchen Systems ist im Einzelfall diejenige auszusuchen, die dem gegebenen physikalischen Problem entspricht. Darin, nicht im Aufsuchen der Integrale, liegt die Hauptschwierigkeit. Wir betrachten einen sehr einfachen Fall: Gegeben sei ein sehr langer dicker gerader Draht, in dem durch eine an den Enden angelegte Wechselspannung ein Wechselstrom fließt. Bei Gleichstrom wäre die Stromdichte im Innern überall gleich, wenn der Draht aus einheitlichem Material besteht, bei Wechselstrom wird infolge der Induktionswirkung die Stromdichte nach außen größer. Diese Abhängigkeit der Stromdichte vom Achsenabstand $\rho$ läßt sich mit Hilfe der beiden Differentialgleichungen ohne große Schwierigkeiten berechnen. Schreiben wir sie

$$\operatorname{rot}\vec{H} = \vec{j}\,, \qquad \operatorname{rot}\vec{E} = \frac{1}{\sigma}\operatorname{rot}\vec{j} = -\mu\frac{\partial\vec{H}}{\partial t}\,, \tag{55}$$

so läßt sich $\vec{H}$ folgendermaßen eliminieren: Wir bilden von der zweiten Gleichung nochmals die Rotation, während wir die erste nach $t$ differenzieren. Da wir es mit ruhenden Körpern zu tun haben, sind die Differentiationen nach den Koordinaten und nach der Zeit ganz unabhängig. Es ist daher

$$\frac{\partial}{\partial t}\,\mathrm{rot}\,\vec{H} = \mathrm{rot}\,\frac{\partial \vec{H}}{\partial t}\,.$$

Multiplizieren wir dann noch die erste Gleichung mit $-\mu$ und addieren wir beide, so wird

$$\mathrm{rot}\,\mathrm{rot}\,\vec{j} = \mathrm{grad}\,\mathrm{div}\,\vec{j} - \Delta\vec{j} = -\sigma\mu\,\frac{\partial \vec{j}}{\partial t}\,.$$

Wegen $\mathrm{div}\,\vec{j} = 0$ reduziert sich diese Gleichung auf

$$\Delta\vec{j} = \sigma\mu\,\frac{\partial \vec{j}}{\partial t}\,. \tag{56}$$

Nun hat aus Symmetriegründen in dem „unendlich" langen Draht $\vec{j}$ die Richtung der zur $Z$-Achse gewählten Drahtachse, also können wir schreiben:

$$\vec{j} = u\,(\rho, t)\,\vec{e}_z\,.$$

Damit erhalten wir eine skalare Gleichung, die in Zylinderkoordinaten lautet

$$\frac{\partial^2 u}{\partial \rho^2} + \frac{1}{\rho}\,\frac{\partial u}{\partial \rho} - \sigma\mu\,\frac{\partial u}{\partial t}\,. \tag{58}$$

$u$ ist jedenfalls eine periodische Funktion der Zeit, daher setzen wir

$$u = f(\rho)\,e^{i\omega t} \tag{59}$$

und erhalten für $f$ die gewöhnliche Differentialgleichung

$$\frac{\mathrm{d}^2 f}{\mathrm{d}\rho^2} + \frac{1}{\rho}\,\frac{\mathrm{d}f}{\mathrm{d}\rho} - i\cdot\sigma\mu\omega f = 0\,. \tag{60}$$

Wir setzen in ihr

$$-\,i\,\sigma\mu\omega = \alpha^2 \tag{61}$$

und führen eine neue Variable ein: $x = \alpha\rho$

$$\frac{\mathrm{d}f}{\mathrm{d}\rho} = \frac{\mathrm{d}f}{\mathrm{d}x}\cdot\alpha, \text{ usw.} \tag{62}$$

Damit erhalten wir

$$\frac{\mathrm{d}^2 f}{\mathrm{d}x^2} + \frac{1}{x}\,\frac{\mathrm{d}f}{\mathrm{d}x} + f = 0\,. \tag{63}$$

Dies ist aber gerade die Differentialgleichung für die Zylinderfunktionen nullter Ordnung. Die hier allein brauchbare, im Nullpunkt stetige der beiden Funktionen wird mit

$J_0(x)$ bezeichnet. Es ist also

$$u = AJ_0(\alpha\rho)e^{i\omega t} = A\,J_0(\sqrt{-i}\,\sqrt{\sigma\mu\omega}\,\rho)\,e^{i\omega t} \quad (A \text{ Amplitudenfaktor}). \tag{64}$$

Der Realteil und der Imaginärteil der Funktion $J_0(\sqrt{-i}\,x)$, die bei verschiedenen Problemen auftreten, sind als neue Funktionen tabelliert und werden mit ber$(x)$ bzw. bei$(x)$ bezeichnet:

$$\begin{aligned} Re[J_0(\sqrt{-i}\,x)] &= \mathrm{ber}\,(x) \\ Im[J_0(\sqrt{-i}\,x)] &= \mathrm{bei}\,(x)\;. \end{aligned} \tag{65}$$

Mit diesen Funktionen schreibt sich unsere Lösung

$$u = A\,[\mathrm{ber}(\sqrt{\sigma\mu\omega}\,\rho) + i\,\mathrm{bei}\,(\sqrt{\sigma\mu\omega}\,\rho)]\,e^{i\omega t} \tag{66}$$

oder

$$u = A\,\sqrt{\mathrm{ber}^2(\sqrt{\sigma\mu\omega}\,\rho) + \mathrm{bei}^2(\sqrt{\sigma\mu\omega}\,\rho)}\;e^{i(\omega t+\varphi)} \tag{66'}$$

$$\text{mit } \tan\varphi = \frac{\mathrm{bei}(\sqrt{\sigma\mu\omega}\,\rho)}{\mathrm{ber}(\sqrt{\sigma\mu\omega}\,\rho)}\;.$$

Es hängt also nicht nur die Amplitude, sondern auch die Phase vom Radius ab. Bei großen Werten von $\mu$ (Eisendrähten) läßt sich beides schon bei ganz langsamen Wechselströmen (1 Periode/s) zeigen. Ein Bild von dem Verlauf kann man sich an Hand der Kurve der Fig. 91 machen, in der der Zeiger der Stromdichte, die zu den beigeschriebenen Entfernungen von der Achse gehört, eingetragen ist. Zur Bestimmung des Amplitudenfaktors $A$ muß man $\vec{j}$ über den Querschnitt integrieren, wodurch man den Gesamtstrom $I$ als Funktion von $A$ erhält, so daß man umgekehrt $A$ durch $I$ ausdrücken kann.

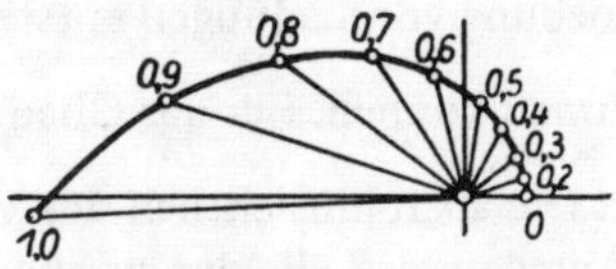

Fig. 91. Verteilung von Amplitude und Phase des Stromes in einem zylindrischen Leiter aus Kupfer von 1 cm Radius bei $\omega = 2\pi \cdot 583\ \mathrm{s}^{-1}$

Siebentes Kapitel

# Rasch wechselnde elektromagnetische Felder (elektromagnetische Wellen). I. Teil Ausbreitung in einheitlichen isotropen Medien

## § 1. Das elektrische Analogon zum Induktionsgesetz (Die 1. Hauptgleichung des elektromagnetischen Feldes)

Das Induktionsgesetz sagt, daß im Vakuum jede Änderung des magnetischen Flusses durch eine von einer Kurve $C$ begrenzte Fläche einen elektrischen Wirbel, d. h. einen endlichen Wert des Linienintegrals $\oint \vec{E} \cdot d\vec{s}$ längs $C$ zur Folge hat. Die schon vielfach gefundene Reziprozität elektrischer und magnetischer Vorgänge läßt vermuten, daß auch eine Änderung des elektrischen Flusses einen magnetischen Wirbel bedingt. (Bisher hatten wir nur magnetische Wirbel kennengelernt, wenn Leitungsströme vorlagen.) Wir schreiben also für das Vakuum versuchsweise

$$\operatorname{rot} \vec{H} = \epsilon_0 \frac{\partial \vec{E}}{\partial t} . \tag{1}$$

Diese Gleichung ist von MAXWELL aus der Vorstellung abgeleitet worden, daß beim Anlegen des Feldes die Volumenelemente des Raumes in gleicher Weise polarisiert werden, wie die Volumenelemente eines Dielektrikums (vgl. S. 262). Daß bei der Polarisation eines Volumenelements elektrische Ladungen verschoben werden und damit während der Entstehung der Dipole ein elektrischer Strom fließt, läßt sich leicht einsehen:

Denken wir uns einen kleinen Zylinder vom Querschnitt 1 und der Höhe $\mathrm{d}h$, in dem eine Polarisation $\vec{P}$ parallel zur Mantelfläche erzeugt wird. Die freien Flächenladungen betragen nach den Ausführungen von S. 262 an der Oberseite $\sigma_+ = +|\vec{P}|$, an der Unterseite $\sigma_- = -|\vec{P}|$. Ändert sich $\vec{P}$ um $\mathrm{d}\vec{P}$, so ändert sich die Ladungsdichte um $+|\mathrm{d}\vec{P}|$ bzw. $-|\mathrm{d}\vec{P}|$. Damit diese Ladung auf die Grenzfläche gelangt, muß sie durch den darunter bzw. darüber liegenden Querschnitt gehen. Es fließt daher in der oberen Hälfte bei einer Änderung ein positiver Strom $\frac{\mathrm{d}\vec{P}}{\mathrm{d}t}$, in der unteren Hälfte ein negativer Strom $-\frac{\mathrm{d}\vec{P}}{\mathrm{d}t}$, aber in entgegengesetzter Richtung, so daß überall ein „Polarisationsstrom" $\vec{j}_p = \frac{\mathrm{d}\vec{P}}{\mathrm{d}t}$ während der Änderung der Polarisation fließt. Im Gegensatz zu MAXWELL ist aber heute ein polarisierbarer Raum indiskutabel, so daß wir einen echten durch Verschiebung von Ladungen entstehenden „Verschiebungsstrom" nur im Dielektrikum annehmen können. Für das Glied $\frac{\partial \vec{E}}{\partial t}$ fehlt daher zunächst die strenge Begründung, insbesondere auch hinsichtlich des Vorzeichens. Wir wollen es deshalb vorerst nur dadurch begründen, daß alle daraus abgeleiteten Folgerungen von der Erfahrung bestätigt werden. (Später werden wir eine auf ganz wenigen Voraussetzungen aufgebaute Ableitung der Feldgleichungen kennenlernen.) Wir haben also in einem leitenden Dielektrikum drei Beiträge zum Magnetismus, so daß wir im allgemeinen Fall schreiben müssen

$$\operatorname{rot} \vec{H} = \vec{j} + \epsilon_0 \frac{\partial \vec{E}}{\partial t} + \frac{\partial \vec{P}}{\partial t} = \sigma \vec{E} + \epsilon_0 \frac{\partial \vec{E}}{\partial t} + \chi \frac{\partial \vec{E}}{\partial t} . \tag{2}$$

Gewöhnlich faßt man die beiden letzten Glieder zusammen zu $\epsilon \frac{\partial \vec{E}}{\partial t}$, schreibt also

$$\operatorname{rot} \vec{H} = \epsilon \frac{\partial \vec{E}}{\partial t} + \sigma \vec{E} \tag{I}$$

und nennt den Term $\epsilon \frac{\partial \vec{E}}{\partial t}$ im Anschluß an die MAXWELLschen Gedanken den Verschiebungsstrom im Gegensatz zum echten Leitungsstrom.

## § 2. Die Wellengleichung in Isolatoren als Folge der Feldgleichungen

Für ruhende isotrope Isolatoren gelten nach dem Bisherigen die beiden Hauptgleichungen

$$\operatorname{rot} \vec{H} = \epsilon \frac{\partial \vec{E}}{\partial t} \tag{I}$$

und $$\operatorname{rot} \vec{E} = -\mu \frac{\partial \vec{H}}{\partial t}. \tag{II}$$

Zu diesen treten noch, wenn keine Raumladungen vorhanden sind – von derartigen Sonderfällen sehen wir vorderhand ab –, die Gleichungen, die Freiheit von elektrischen und magnetischen Quellen ausdrücken:

$$\operatorname{div} \vec{E} = 0 \tag{III}$$

$$\operatorname{div} \vec{H} = 0. \tag{IV}$$

Aus (I) und (II) läßt sich nach dem auf S. 300 angewandten Verfahren entweder $\vec{E}$ oder $\vec{H}$ eliminieren. Wollen wir $\vec{H}$ eliminieren, so bilden wir von (II) die Rotation, während wir (I) nach $t$ differenzieren. Unter Berücksichtigung von (III) ergibt sich damit wegen $\operatorname{rot}\operatorname{rot} \vec{E} = \operatorname{grad}\operatorname{div} \vec{E} - \Delta \vec{E}$:

$$\Delta \vec{E} = \epsilon \mu \frac{\partial^2 \vec{E}}{\partial t^2}. \tag{3}$$

Dies stellt die Differentialgleichung einer wellenförmigen Ausbreitung der Komponenten von $\vec{E}$ dar. Eine analoge Gleichung erhalten wir durch Elimination von $\vec{E}$ für den Vektor $\vec{H}$. Von der ungeheuren Mannigfaltigkeit von Erscheinungen, die durch diese Differentialgleichung beschrieben wird, betrachten wir jetzt den einfachsten Fall, den einer homogenen ebenen Welle. Unter einer solchen verstehen wir einen Ausbreitungsvorgang, bei dem alle Größen nur von einer Ortskoordinate, wir wählen dafür die $x$-Richtung, abhängen. Eine solche ebene Welle im unendlich ausgedehnten Medium ist bereits S. 58 behandelt worden. In allen Ebenen senkrecht zur $X$-Achse haben die Komponenten von $\vec{E}$ konstante Werte. Mathematisch bedeutet dies das Verschwinden aller Differentialquotienten $\frac{\partial}{\partial y}$ und $\frac{\partial}{\partial z}$. Wegen der Gleichung

$$\operatorname{div} \vec{E} = \frac{\partial E_x}{\partial x} + \frac{\partial E_y}{\partial y} + \frac{\partial E_z}{\partial z} = 0 \tag{III}$$

wird

$$\frac{\partial E_x}{\partial x} = 0. \tag{4}$$

Es kann also das vom Ort abhängige Feld keine Komponente in Richtung der $X$-Achse haben. Da uns ein darüber gelagertes Feld, das im ganzen Raum überall den gleichen Wert annimmt, hier nicht weiter interessiert, können wir von $\frac{\partial E_x}{\partial x} = 0$ auf $E_x = 0$ schließen. Ebenso ergibt sich $H_x = 0$. *Das Verschwinden der Divergenz von $\vec{E}$ und $\vec{H}$ hat also die Transversalität der homogenen ebenen Welle zur Folge.*

Für die Komponenten $E_y$ und $E_z$ erhalten wir die Gleichungen

$$\frac{\partial^2 E_y}{\partial x^2} = a^2 \frac{\partial^2 E_y}{\partial t^2} \quad \text{und} \quad \frac{\partial^2 E_z}{\partial x^2} = a^2 \frac{\partial^2 E_z}{\partial t^2} \tag{5}$$

mit $a^2 = \epsilon\mu$.

Nehmen wir eine einfach periodische Zeitabhängigkeit an:

$$E_y = f(x)e^{i\omega t} \quad \text{und} \quad E_z = g(x)e^{i(\omega t+\delta)} \tag{6}$$

(die Phasenkonstante $\delta$ ist zur Wahrung der Allgemeinheit zuzufügen), so erhalten wir für die Ortsabhängigkeit

$$\frac{d^2 f}{dx^2} + \omega^2 a^2 f = 0 \quad \text{und} \quad \frac{d^2 g}{dx^2} + \omega^2 a^2 g = 0\,. \tag{7}$$

Das Integral dieser wohlbekannten Schwingungsdifferentialgleichungen ist

$$f = A\,e^{\pm i\omega a x} \quad \text{und} \quad g = B\,e^{\pm i\omega a x}. \tag{8}$$

Damit wird, wenn wir das negative Vorzeichen der Wurzel wählen,

$$E_y = A\,e^{i\omega(t-ax)} \quad \text{und} \quad E_z = B\,e^{i\omega(t-ax)+i\delta}\,. \tag{9}$$

Dies ist die Gleichung einer ebenen Welle, die sich in Richtung der positiven *X*-Achse (das positive Zeichen würde die entgegengesetzte Richtung bedeuten) fortpflanzt mit einer Phasengeschwindigkeit

$$v = \frac{1}{a} = \frac{1}{\sqrt{\epsilon\mu}} = \frac{1}{\sqrt{\epsilon_r \epsilon_0 \mu_r \mu_0}}\,. \tag{10}$$

Setzt man in (10) den experimentell bekannten Wert von $\epsilon_0$ und den aus den Vereinbarungen über das Maßsystem folgenden Wert von $\mu_0$ ein, so ergibt sich als Phasengeschwindigkeit im Vakuum gerade der Vakuumwert der Lichtgeschwindigkeit *c*. (Da heutzutage die Lichtgeschwindigkeit *c* eine definierte Größe ist, genügt eine Angabe von $\epsilon_0$ um $\mu_0$ eindeutig festzulegen.)

$E_y$ und $E_z$ sind voneinander unabhängig, also ist die Phasendifferenz $\delta$ beliebig. Die allgemeinste Form ist die elliptisch polarisierte Welle, bei der an einem festen Ort der Endpunkt des Vektors $\vec{E}$ auf einer Ellipse umläuft. Führt dagegen der Vektor in einer Geraden Schwingungen aus, entsprechend $\delta = 0$, so haben wir eine linear polarisierte Welle.

Um die Komponenten von $\vec{H}$ zu berechnen, dürfen wir nun nicht etwa von der Wellengleichung für $\vec{H}$ ausgehen. In diesem Fall würden wir überzählige Konstanten erhalten. Wir müssen vielmehr beachten, daß $\vec{E}$ und $\vec{H}$ durch die Feldgleichungen verknüpft sind. Die zweite liefert für $E_z = 0$

$$\frac{\partial H_y}{\partial t} = 0, \quad \mu\frac{\partial H_z}{\partial t} = -\frac{\partial E_y}{\partial x} = \sqrt{\epsilon\mu}\, i\omega A e^{i\omega(t-\sqrt{\epsilon\mu}\,x)} \tag{11}$$

und durch Integration

$$H_y = 0, \quad H_z = \sqrt{\frac{\epsilon}{\mu}} A e^{i\omega(t-\sqrt{\epsilon\mu}\,x)} = \sqrt{\frac{\epsilon}{\mu}} E_y\,. \tag{12}$$

Da uns ein zeitlich konstantes Feld ebensowenig wie ein örtlich konstantes Feld interessiert, können wir die zeitunabhängigen Integrationskonstanten in Gl. (12) (Funktionen von $x$) gleich null setzen. In der linear polarisierten Welle steht also $\vec{H}$ senkrecht auf $\vec{E}$ und bildet mit der Fortpflanzungsrichtung, die wir allgemeiner durch den Einheitsvektor $\vec{n}$ kennzeichnen wollen, ein Koordinatensystem, das in der Reihenfolge $\vec{E}, \vec{H}, \vec{n}$ den Achsen eines Rechtssystems entspricht.

Die elektromagnetischen Wellen umfassen ein ungeheures Erscheinungsgebiet der Physik, dessen einheitliches Wesen erst nach langem erkannt wurde, zumal die Erzeugung und Wirkung je nach der Frequenz $\nu$ $\left(\text{oder der Vakuumwellenlänge } \lambda = \frac{c}{\nu}\right)$ ganz verschieden sind.

In der Optik bezeichnet man das Verhältnis der Phasengeschwindigkeit im Vakuum $c$ zu derjenigen in einem anderen Medium als Brechungsindex $n$. Nach Gl. (10) gilt dann

$$\boxed{\epsilon_r \mu_r = n^2} \tag{13}$$

Diese Beziehung ist unter dem Namen MAXWELLsche Relation bekannt. Wie aber schon das Beispiel des Wassers (($\epsilon_r = 80$, $\mu_r \approx 1$, $n = 1{,}33$) zeigt, ist die MAXWELLsche Relation mitunter ganz und gar nicht erfüllt, wenn man für $n$ den optischen Brechungsindex nimmt.

In Wirklichkeit hat man links und rechts die Werte für die gleiche Frequenz zu nehmen, da die Polarisation des Mediums, die $\epsilon_r$ und $n$ bestimmt, von der Frequenz abhängt. Bis zu Wellen von einigen dm kann man für $\epsilon_r$ den statischen Wert der Dielektrizitätskonstante nehmen. Daß diese für manche Stoffe doch ganz gut mit dem für Na-Licht gemessenen Wert von $n^2$, für andere wieder gar nicht übereinstimmt, hat zur Entdeckung des Unterschieds Dielektrizität – Parelektrizität geführt. (Vgl. Kap. X.)

## § 3. Der POYNTINGsche Vektor der Energieströmung

Die Energiedichte im Feld der elektromagnetischen Wellen beträgt

$$u = \frac{1}{2}(\epsilon \vec{E}^2 + \mu \vec{H}^2) \tag{14}$$

Da in einer ebenen Welle

$$|\vec{H}| = \sqrt{\frac{\epsilon}{\mu}}\, |\vec{E}|$$

ist, wird

$$\epsilon \vec{E}^2 = \mu \vec{H}^2. \tag{15}$$

Die Energie ist also in diesem Fall zur Hälfte elektrischer, zur anderen Hälfte magnetischer Natur. Nun weiß man, daß mit jeder elektromagnetischen Welle Energie transportiert wird. Um sie nachzuweisen, braucht man nur an einer Stelle die Energie in Wärme zu verwandeln und die pro Zeit zugeführte Energiemenge kalorimetrisch zu bestimmen. Während die Welle mit der Geschwindigkeit $v$ fortschreitet, strömt im Zeitelement $dt$ durch die Fläche einer zur Fortpflanzungsrichtung senkrechten Ebene die

Energie, die in einem darauf errichteten Parallelepiped der Länge $v\,\mathrm{d}t$ enthalten ist, also die Energie

$$\mathrm{d}U = \frac{v\,\mathrm{d}t}{2}(\epsilon \vec{E}^2 + \mu \vec{H}^2) = \frac{c\,\mathrm{d}t}{\sqrt{\epsilon\mu}} \cdot \epsilon \vec{E}^2 = c\,\mathrm{d}t\,|\vec{E}| \cdot |\vec{H}| \;. \tag{16}$$

Wir können daher die Energieströmung darstellen durch einen Vektor, der die Richtung der Fortpflanzungsrichtung $\vec{n}$ hat und einen Betrag, der dem auf die Zeiteinheit bezogenen Energiefluß entspricht; dies leistet der nach seinem Entdecker POYNTINGscher Vektor genannte Strömungsvektor

$$\boxed{\vec{S} = \vec{E} \times \vec{H}}\;. \tag{17}$$

Da $\vec{E}$ und $\vec{H}$ periodische Funktionen der Zeit sind, unterliegt der Vektor $\vec{S}$ gleichfalls an einem festen Ort periodischen Schwankungen zwischen null und einem Maximalwert. Eine Vorzeichenumkehr kommt aber wegen des Produkts der Vektoren $\vec{E}$ und $\vec{H}$, die stets in Phase sind, nicht vor. Die Energieströmung hat auch in ihren Momentanwerten stets die Richtung der Fortpflanzung der Welle.

Aufg. 95. Die Sonne strahlt der Erde etwa 1400 W/m² zu. Wie groß sind die Amplituden der elektrischen und der magnetischen Feldstärke?

## § 4. Die Ausbreitung elektromagnetischer Wellen in Leitern

Für Medien mit nicht verschwindender Leitfähigkeit lauten die Feldgleichungen

$$\text{(I)} \quad \operatorname{rot} \vec{H} = \epsilon\, \frac{\partial \vec{E}}{\partial t} + \sigma \vec{E}\,, \qquad \text{(II)} \quad \operatorname{rot} \vec{E} = -\mu\, \frac{\partial \vec{H}}{\partial t}\,,$$

$$\text{(III)} \quad \operatorname{div} \vec{E} = 0\,, \qquad \text{(IV)} \quad \operatorname{div} \vec{H} = 0\,.$$

Eliminiert man wieder nach dem in § 2 angewandten Verfahren $\vec{H}$, so ergibt sich für $\vec{E}$ die Gleichung

$$\Delta \vec{E} = \epsilon\mu\, \frac{\partial^2 \vec{E}}{\partial t^2} + \mu\, \frac{\partial \vec{E}}{\partial t}\, \sigma. \tag{18}$$

Wir betrachten wieder ebene Wellen, die sich entlang der positiven $X$-Achse ausbreiten, setzen also

$$\frac{\partial}{\partial y} = 0, \quad \frac{\partial}{\partial z} = 0\,,$$

woraus $E_x = H_x = 0$ folgt. Für $E_y$ und $E_z$ nehmen wir wieder einfach periodische Abhängigkeit von der Zeit an:

$$E_y = f(x)\, e^{i\omega t} \quad \text{und} \quad E_z = g(x)\, e^{i\omega t + i\delta} \tag{19}$$

und beschränken uns im folgenden der einfacheren Schreibweise wegen auf linear polarisierte Wellen, deren elektrischer Vektor in die $XY$-Ebene falle, setzen also $E_z$ gleich null. Für die Ortsfunktion $f$ erhalten wir durch Einsetzen in die Wellengleichung die Differentialgleichung

$$\frac{d^2 f}{dx^2} + (\epsilon\mu\omega^2 - i\cdot \sigma\mu\omega) f = 0. \tag{20}$$

Dies ist die Differentialgleichung der einfachen Schwingung, jedoch mit einem komplexen Koeffizienten. Die Lösung ist

$$f(x) = A\, e^{\pm i\sqrt{\epsilon\mu\omega^2 - i\cdot \sigma\mu\omega}\, x}. \tag{21}$$

Für $\sigma = 0$ kommen wir zur ungedämpften Welle zurück, bei der wir für die Ausbreitung in der positiven $X$-Richtung das negative Vorzeichen wählen mußten. Aus diesem Grund müssen wir auch hier das negative Vorzeichen nehmen. Wir führen jetzt zur besseren Übersicht folgende Abkürzung ein

$$\sqrt{\epsilon\mu\omega^2 - i\cdot \sigma\mu\omega} = \omega(n - i\kappa)/c. \tag{22}$$

Durch Gleichsetzen des reellen und imaginären Teils erhalten wir für $n$ und $\kappa$ die Gleichungen

$$\frac{n^2 - \kappa^2}{c^2} = \epsilon\mu = \frac{\epsilon_r \mu_r}{c^2},$$

$$n\kappa = \frac{c^2 \sigma\mu}{2\omega}, \tag{23}$$

aus denen durch Auflösen folgt

$$\begin{aligned} n &= \sqrt{\frac{\mu_r}{2}\left(\sqrt{\epsilon_r^2 + \mu_0^2 c^4 \sigma^2/\omega^2} + \epsilon_r\right)} \\ \kappa &= \sqrt{\frac{\mu_r}{2}\left(\sqrt{\epsilon_r^2 + \mu_0^2 c^4 \sigma^2/\omega^2} - \epsilon_r\right)}. \end{aligned} \tag{24}$$

Mit diesen Abkürzungen wird

$$E_y = A\, e^{i\omega t}\, e^{-i\omega \frac{n}{c} x}\, e^{-\frac{\omega\kappa x}{c}} = A\, e^{-\frac{\omega}{c}\kappa x}\, e^{i\omega(t - \frac{n}{c}x)}. \tag{25}$$

Das imaginäre Glied $-i\kappa$ bedingt also eine reelle Exponentialfunktion, somit einen Dämpfungsfaktor, während die Fortpflanzungsgeschwindigkeit der Phase durch die Größe $n$ bestimmt ist. (Die mit dem Brechungsindex in Isolatoren übereinstimmende Bezeichnung ist dadurch gerechtfertigt.) Die Bedeutung von $\kappa$ ist folgende: Da $\frac{\omega}{c} = \frac{2\pi}{\lambda_{vac}}$ ist, wird der Dämpfungsfaktor $e^{-\frac{2\pi\kappa x}{\lambda_{vac}}}$. Für $x = \lambda_{vac}$ wird der Faktor $e^{-2\pi\kappa}$. In der Entfernung einer Vakuumwellenlänge ist also die Amplitude auf den $e^{2\pi\kappa}$-ten Teil gesunken.

Wir wollen nun unter Benutzung der zweiten Hauptgleichung den Vektor $\vec{H}$ berechnen. Wieder bleibt wie bei den Isolatoren nur eine $Z$-Komponente von $\vec{H}$. Für diese erhält man

$$\frac{\partial H_z}{\partial t} = -\frac{1}{\mu}\frac{\partial E_y}{\partial x} = \frac{\omega}{\mu \cdot c}(\kappa + i n) A\, e^{-\frac{\omega\kappa}{c}x}\, e^{i\omega(t-\frac{nx}{c})}, \tag{26}$$

also

$$H_z = \frac{1}{\mu \cdot c}(n - i\kappa) A\, e^{-\frac{\omega\kappa x}{c}}\, e^{i\omega(t-\frac{nx}{c})} = \frac{1}{\mu \cdot c}(n - i\kappa) E_y . \tag{27}$$

Nun ist

$$n - i\kappa = \sqrt{n^2 + \kappa^2}\, e^{-i\gamma}, \quad \tan\gamma = \kappa/n . \tag{28}$$

Somit

$$H_z = \frac{1}{\mu \cdot c}\sqrt{n^2+\kappa^2} \cdot E_y\, e^{-i\gamma} = \frac{1}{\mu \cdot c}\sqrt{n^2+\kappa^2}\, A\, e^{-\frac{\omega\kappa}{c}x}\, e^{i\omega(t-\frac{nx}{c})-i\gamma} . \tag{29}$$

Es besteht also in Leitern eine Phasenverschiebung zwischen dem elektrischen und dem magnetischen Vektor, wobei $\vec{H}$ um den Winkel $\gamma$ hinter $\vec{E}$ zurückbleibt.

Nach den Ausführungen dieses Paragraphen müßte jeder Leiter elektromagnetische Wellen absorbieren, jeder Isolator durchlässig sein. Doch lassen sich sofort Beispiele angeben, die dem widersprechen: Eine NaCl-Lösung ist trotz guter elektrischer Leitfähigkeit für das sichtbare Licht vollkommen durchsichtig, während umgekehrt Hartgummi trotz gutem Isoliervermögen schwarz aussieht. Die Lösung liegt auch hier wie beim Brechungsindex wieder darin, daß die Leitfähigkeit von der Frequenz abhängt. Mit der statischen Leitfähigkeit kann man bei allen Stoffen bis herab zu etwa 1 cm Wellenlänge rechnen. Die Theorie der Frequenzabhängigkeit wird im 10. Kapitel behandelt.

### § 5. Die HERTZsche Lösung als Prototyp einer Strahlungsquelle

Bisher haben wir ebene Wellen betrachtet, ohne uns um deren Herkunft zu kümmern. In Wirklichkeit gehen die Wellen von eng begrenzten Zentren aus, seien es nun die im Vergleich zu den überbrückten Entfernungen als klein anzusehenden Antennen oder die in einer gasförmigen Lichtquelle strahlenden Atome oder Moleküle der Materie. Aus diesem Grund können die elektromagnetischen Wellen erst in größerer Entfernung vom Ursprung die Form ebener Wellen annehmen. H. HERTZ hat eine Lösung der Feldgleichungen gefunden, die eine einheitliche Darstellung von Strahlungsquelle und Wellenfeld im ganzen Raum gibt. Wir beschränken uns aufs Vakuum. Dafür gilt:

$$\text{(I)}\quad \operatorname{rot}\vec{H} = \epsilon_0 \frac{\partial \vec{E}}{\partial t}, \qquad \text{(II)}\quad \operatorname{rot}\vec{E} = -\mu_0 \frac{\partial \vec{H}}{\partial t},$$

$$\text{(III)}\quad \operatorname{div}\vec{E} = 0, \qquad \text{(IV)}\quad \operatorname{div}\vec{H} = 0 .$$

Bei der Bestimmung des Magnetfelds stationärer Ströme erwies es sich als zweckmäßig, $\vec{H}$ durch Bildung der Rotation aus einem Hilfsvektor $\vec{A}$, dem Vektorpotential, abzuleiten, dessen Zusammenhang mit der Stromverteilung einfach war. Ähnlich verfahren wir jetzt. Die Formeln werden wesentlich einfacher, wenn wir als Vektorpotential den zeitlichen Differentialquotienten eines Hilfsvektors $\vec{Z}$ nehmen. Wir setzen also

$$\vec{H} = \text{rot}\,\frac{\partial \vec{Z}}{\partial t} = \frac{\partial}{\partial t}\,\text{rot}\,\vec{Z}\;. \tag{30}$$

(Vertauschbarkeit der zeitlichen und örtlichen Differentiation!)

Setzen wir dies in (I) ein, so wird nach Integration nach $t$

$$\epsilon_0\,\vec{E} = \text{rot rot}\,\vec{Z} = \text{grad div}\,\vec{Z} - \Delta\vec{Z}\;. \tag{31}$$

Um (II) zu befriedigen, muß sein

$$\text{rot}\,\vec{E} = -\mu_0\,\text{rot}\,\frac{\partial^2\vec{Z}}{\partial t^2}\;, \tag{32}$$

woraus durch Integration folgt

$$\vec{E} = -\mu_0\,\frac{\partial^2\vec{Z}}{\mathrm{d}t^2} + \text{grad}\,\varphi. \tag{33}$$

Der willkürliche Vektor grad $\varphi$ tritt statt einer Integrationskonstanten hinzu, da aus der Gleichheit der Rotation zweier Vektoren nur geschlossen werden darf, daß sie sich nur um einen wirbelfreien Vektor grad $\varphi$ unterscheiden. Damit die beiden Ausdrücke (31) und (33) für $\vec{E}$ miteinander verträglich sind, muß

$$\varphi = \frac{1}{\epsilon_0}\,\text{div}\,\vec{Z} \tag{34}$$

gesetzt werden und $\vec{Z}$ der Wellengleichung

$$\Delta\vec{Z} = \frac{1}{c^2}\,\frac{\partial^2\vec{Z}}{\partial t^2} \tag{35}$$

gehorchen. Wir suchen jetzt nicht mehr die einer ebenen Welle entsprechende Lösung (diese könnte ja keine Singularität im Ursprung geben), sondern die einer Kugelwelle, bei der die Flächen gleicher Phasen Kugelflächen sind. Wir schreiben zu diesem Zweck $\Delta\vec{Z}$ in räumlichen Polarkoordinaten und erhalten unter Berücksichtigung des Umstands, daß lediglich eine Abhängigkeit von $r$ zugelassen wird:

$$\frac{\partial^2\vec{Z}}{\partial r^2} + \frac{2}{r}\,\frac{\partial\vec{Z}}{\partial r} = \frac{1}{c^2}\,\frac{\partial^2\vec{Z}}{\partial t^2}. \tag{36}$$

Für eine einfache periodische Zeitabhängigkeit von $\vec{Z}$ setzen wir an:

$$\vec{Z} = \vec{F}(r)\,e^{i\omega t} \tag{37}$$

und erhalten für den ortsabhängigen Vektor $\vec{Z}$ die Gleichung

$$\frac{\mathrm{d}^2\vec{F}}{\mathrm{d}r^2} + \frac{2}{r}\,\frac{\mathrm{d}\vec{F}}{\mathrm{d}r} + \frac{\omega^2}{c^2}\vec{F} = 0. \tag{38}$$

Ihr Integral ist

$$\vec{F} = \frac{\vec{p}_0}{4\pi r}\,e^{-\frac{i\omega r}{c}} = \frac{\vec{p}_0}{4\pi}\,f(r)\,, \tag{39}$$

wie man sich durch Einsetzen sofort überzeugt. Das negative Vorzeichen entspricht einer sich vom Zentrum $r = 0$ ausbreitenden Welle. Damit wird

$$\vec{Z} = \frac{\vec{p}_0}{4\pi} \frac{e^{i\omega\left(t - \frac{r}{c}\right)}}{r} = \frac{\vec{p}(t)}{4\pi r} e^{-\frac{i\omega r}{c}}, \tag{40}$$

wenn wir $\vec{p}_0 e^{i\omega t} = \vec{p}(t)$ setzen. Von der ebenen Welle unterscheidet sich unsere Kugelwelle dadurch, daß ihre Amplitude entsprechend ihrer Ausbreitung über immer größere Kugelflächen nicht konstant bleibt, sondern mit $\frac{1}{r}$ abnimmt. Aus diesem Hilfsvektor bekommen wir mit einiger Rechenarbeit durch einfache Differentiationen die Feldvektoren $\vec{E}$ und $\vec{H}$. Beginnen wir mit dem einfacheren, mit $\vec{H}$, so ergibt sich

$$4\pi \cdot \operatorname{rot} \vec{Z} = \operatorname{rot} \vec{p}(t) f(r) = \operatorname{grad} f(r) \times \vec{p}(t) = \frac{\mathrm{d}f}{\mathrm{d}r} \vec{e}_r \times \vec{p} = \frac{\mathrm{d}f}{\mathrm{d}r} e^{i\omega t} \vec{e}_r \times \vec{p}_0 \tag{41}$$

wobei nach Gl. (39)

$$\frac{\mathrm{d}f}{\mathrm{d}r} = \left(-\frac{i\omega}{cr} - \frac{1}{r^2}\right) e^{-\frac{i\omega r}{c}} \tag{42}$$

ist. Somit wird

$$\vec{H} = \frac{1}{4\pi} \frac{\partial}{\partial t} \operatorname{rot} \vec{Z} = \frac{i\omega}{4\pi} \left(\frac{1}{r^2} + \frac{i\omega}{cr}\right) e^{i\omega\left(t - \frac{r}{c}\right)} \vec{p}_0 \times \vec{e}_r \,. \tag{43}$$

Der Vektor $\vec{H}$ setzt sich also aus zwei gleichgerichteten Teilen zusammen, die mit verschiedenen Potenzen von $\frac{1}{r}$ abnehmen. In welcher Entfernung der eine und in welcher der andere Term überwiegt, erkennen wir, wenn wir schreiben:

$$\frac{1}{r^2} + \frac{i\omega}{cr} = \frac{1}{r}\left(\frac{1}{r} + \frac{i \cdot 2\pi\nu}{c}\right) = \frac{1}{r}\left(\frac{1}{r} + \frac{2\pi i}{\lambda}\right). \tag{44}$$

Der Maßstab des Vergleichs ist also durch die Wellenlänge gegeben. In der *Nahzone* ($r \ll \lambda$) überwiegt das erste Glied, in der Fernzone ($r \gg \lambda$) (der eigentlichen *Wellenzone*) dagegen das zweite. Dazwischen liegt ein Gebiet, in dem beide Beiträge annähernd gleich werden. Wir untersuchen zuerst die Nahzone. Hier ist

$$\vec{H}_N = \frac{i\omega}{4\pi} e^{i\omega\left(t - \frac{r}{c}\right)} \cdot \frac{1}{r^2} \vec{p}_0 \times \vec{e}_r = \frac{e^{-\frac{i\omega r}{c}}}{4\pi r^2} \frac{\partial \vec{p}}{\partial t} \times \vec{e}_r \,. \tag{45}$$

Vergleichen wir diesen Ausdruck mit dem BIOT-SAVARTschen Ausdruck für das Magnetfeld eines Stromelements (S. 281), so sehen wir, daß das Magnetfeld bis auf den Faktor $e^{-\frac{i\omega r}{c}}$ in der Nahzone das eines Stromelements

$$I\,\mathrm{d}\vec{s} = \frac{\partial \vec{p}}{\partial t} = i\,\omega \vec{p}_0\, e^{i\omega t} \tag{46}$$

ist. Der Faktor $e^{-\frac{i\omega r}{c}}$ entspricht der endlichen Ausbreitungsgeschwindigkeit des Magnetfeldes, die eine zunehmende Phasenverschiebung mit wachsender Entfernung gegenüber dem Momentanwert des Stroms im Mittelpunkt bedingt („retardiertes Feld"). Um eine Vorstellung von einem solchen Wechselstromelement zu gewinnen, betrachten wir einen Dipol der Länge und Richtung $\vec{l}$, dessen Enden eine zeitlich periodische Aufladung haben:

$$Q = Q_0\, e^{i\omega t} . \tag{47}$$

Sein Moment wird ebenfalls eine periodische Funktion der Zeit

$$\vec{p} = Q\vec{l} = Q_0\, e^{i\omega t}\vec{l} , \tag{47'}$$

und es wird

$$\frac{\partial \vec{p}}{\partial t} = \frac{\partial Q}{\partial t}\vec{l} . \tag{48}$$

$\frac{\partial Q}{\partial t}$ stellt aber gerade den bei der Umladung fließenden Strom dar. Unsere Lösung gibt also das Magnetfeld eines Dipols fester Achse mit periodischem Moment $\vec{p}$. Einen solchen Dipol nennt man *einen elektrischen Oszillator.* Wir werden später sehen, daß auch das elektrische Feld in der Nahzone dem elektrostatischen Feld eines Dipols mit periodisch wechselndem Moment entspricht.

Ein solcher Dipol wird realisiert durch eine kurze lineare Antenne, in der etwa durch induktive Koppelung mit einem Schwingungskreis hochfrequente Wechselströme hin- und herpulsieren. Im Gegensatz zu dem Gebiet stationärer Ströme, wo wir das BIOT-SAVARTsche Elementargesetz wegen der Unmöglichkeit, einzelne Stromelemente zu isolieren, als Grundlage ablehnten, sind im Gebiet der schnellen Schwingungen Strom-„elemente" experimentell realisierbar. Ihr Feld wird aber nur in der nächsten Umgebung durch das BIOT-SAVARTsche Elementargesetz und auch hier nur in erster Näherung wiedergegeben. Die Fernwirkungstheorie würde mit diesem Gesetz bis zu beliebig großen Entfernungen arbeiten und damit zu völligem Widerspruch mit der Erfahrung kommen. Denn in großer Entfernung, der „Wellenzone", ist das zweite Glied ausschlaggebend und dieses gibt nach Gl. (43)

$$\vec{H}_W = -\frac{\omega^2}{4\pi c}\cdot\frac{1}{r}\, e^{i\omega\left(t-\frac{r}{c}\right)}\vec{p}_0 \times \vec{e}_r = +\frac{e^{-\frac{i\omega r}{c}}}{4\pi c r}\frac{\partial^2 \vec{p}}{\partial t^2}\times \vec{e}_r . \tag{49}$$

Dieses mit $\frac{1}{r}$ abnehmende Magnetfeld ist also nicht mehr dem ersten Differentialquotienten von $\vec{p}$ – nach Gl. (48) dem Antennenstrom –, sondern dem zweiten, also der Änderung des Antennenstroms, proportional.

Um $\vec{E}$ zu berechnen, gehen wir am besten von der Gleichung

$$\epsilon_0 \vec{E} = \text{grad div}\,\vec{Z} - \Delta\vec{Z} \tag{31}$$

aus und berücksichtigen, daß $\vec{Z}$ der Wellengleichung gehorcht, also

$$\vec{E} = \frac{1}{\epsilon_0}\left(\operatorname{grad}\operatorname{div}\vec{Z} - \frac{1}{c^2}\frac{\partial^2\vec{Z}}{\partial t^2}\right) \tag{31'}$$

ist. Nun ist

$$\operatorname{div}\vec{Z} = e^{i\omega t}\operatorname{div}\vec{p}_0\,\frac{e^{-i\omega\frac{r}{c}}}{4\pi r} = e^{i\omega t}\operatorname{div}\vec{p}_0\,\frac{f(r)}{4\pi} = e^{i\omega t}\vec{p}_0\cdot\operatorname{grad}\frac{f(r)}{4\pi} \tag{50}$$

$$= e^{i\omega t}\,\frac{1}{4\pi r}\,\frac{\mathrm{d}f}{\mathrm{d}r}\,\vec{p}_0\cdot\vec{r}.$$

Somit

$$\operatorname{grad}\operatorname{div}\vec{Z} = \frac{e^{i\omega t}}{4\pi}\left\{\vec{p}_0\cdot\vec{e}_r\left(\frac{\mathrm{d}^2 f}{\mathrm{d}r^2} - \frac{1}{r}\frac{\mathrm{d}f}{\mathrm{d}r}\right)\vec{e}_r + \frac{1}{r}\frac{\mathrm{d}f}{\mathrm{d}r}\vec{p}_0\right\},\,^{1)} \tag{51}$$

wobei

$$\frac{\mathrm{d}f}{\mathrm{d}r} = \left(-\frac{i\omega}{cr} - \frac{1}{r^2}\right)e^{-\frac{i\omega r}{c}} \tag{52}$$

und

$$\frac{\mathrm{d}^2 f}{\mathrm{d}r^2} = \left(-\frac{\omega^2}{c^2 r} + \frac{2i\omega}{cr^2} + \frac{2}{r^3}\right)e^{-\frac{i\omega r}{c}}\quad. \tag{53}$$

Ferner ist

$$\frac{1}{c^2}\frac{\partial^2\vec{Z}}{\partial t^2} = -\frac{\omega^2}{c^2}\cdot\frac{1}{4\pi r}\vec{p}_0\,e^{i\omega(t-\frac{r}{c})}\quad. \tag{54}$$

Für das Feld in der Nahzone kommt nur die höchste Potenz von $\frac{1}{r}$ in Betracht. Diese ist, da $\vec{e}_r$ einen Einheitsvektor darstellt, die dritte. Sie kommt in dem Glied $\frac{1}{c^2}\frac{\partial^2\vec{Z}}{\partial t^2}$ nicht vor, also leitet sich in der Nahzone das elektrische Feld aus einem skalaren Potential

$$V_N = -\frac{1}{\epsilon_0}\operatorname{div}\vec{Z} \tag{55}$$

ab, und diese Größe wird unter Vernachlässigung der niedrigeren Potenzen von $\frac{1}{r}$ in (Gl. 50):

$$V_N = \frac{\vec{p}_0\cdot\vec{r}}{4\pi\epsilon_0 r^3}\,e^{i\omega(t-\frac{r}{c})} = \frac{\vec{p}\cdot\vec{e}_r}{4\pi\epsilon_0 r^2}\,e^{-i\omega\frac{r}{c}}\quad. \tag{56}$$

Dies ist aber nach S. 256 gerade das Potential eines Dipols vom Moment $\vec{p}$ mit Berücksichtigung der durch die endliche Ausbreitungsgeschwindigkeit bedingten Phasenverschiebung mit zunehmender Entfernung $r$ („retardiertes Potential").

Um $\vec{E}$ in der Wellenzone anzugeben, müssen wir die Glieder mit $\frac{1}{r}$ sammeln. Dies

---

1) Dabei ist zur Gewinnung der Übersicht über die Potenzen von $r$ im 1. Glied $\vec{p}_0\cdot\vec{r} = \vec{p}_0\cdot\vec{e}_r\,r$ gesetzt und mit $r$ gekürzt.

gibt nach den Gl. (51) bis (54) wegen $\vec{e}_r^{\,2} = 1$

$$\vec{E}_W = \frac{1}{4\pi\epsilon_0}\frac{\omega^2}{c^2 r}\, e^{i\omega\left(t-\frac{r}{c}\right)} \left(\vec{e}_r^{\,2}\vec{p}_0 - (\vec{e}_r\cdot\vec{p}_0)\vec{r}\right) = \frac{\omega^2}{4\pi\epsilon_0 c^2 r}\, e^{i\omega\left(t-\frac{r}{c}\right)}\,\vec{e}_r\times(\vec{p}_0\times\vec{e}_r). \tag{57}$$

In der Wellenzone hat also nach Gl. (49) und (57), wenn wir die Achse des Dipols zur Polarachse machen, $\vec{H}$ die Richtung der Breitenkreise, $\vec{E}$ diejenige der Meridiane. $\vec{E}$ und $\vec{H}$ bilden mit der Fortpflanzungsrichtung $\vec{e}_r$ wieder ein Rechtssystem (vgl. Fig. 92). Die *Amplitude* von $\vec{E}$ und $\vec{H}$ ist aber im Gegensatz zur Phase auf einer Kugelfläche wegen des Vektorprodukts $\vec{p}_0 \times \vec{e}_r$ nicht konstant, sondern nimmt in Richtung der Pole ($\vartheta = 0$) wie $\sin\vartheta$ ab. Das bedeutet, daß *ein linearer Oszillator in Richtung seiner Achse nicht ausstrahlt.* Dies bedingt weiter, daß in der Nähe von $\vartheta = 0$ wegen des Verschwindens des Strahlungsglieds der Beitrag des Nahzonenglieds trotz Abnahme mit $\frac{1}{r^3}$ nicht ganz zu vernachlässigen ist, da dies für $\vartheta = 0$ nicht verschwindet. Man darf daher die meridionale Richtung von $\vec{E}$ nicht bis an die Pole zeichnen. Durch den Beitrag des ersten Glieds entstehen dann die Abrundungen an den Polen, wie sie auf den berühmten von H. HERTZ entworfenen Feldlinienbildern der elektrischen Feldstärken, die „Momentaufnahmen" der Feldlinien entsprechen, auffallen (Fig. 93).

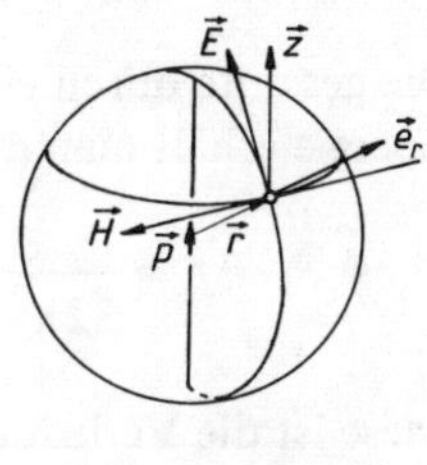


Fig. 92. Lage der Vektoren im Wellenfeld eines Dipolstrahlers

Betrachten wir noch den Strahlungsvektor $\vec{S}$, der die Richtung von $\vec{e}_r$ hat, so berechnet sich dessen Momentanwert aus dem Produkt der Beträge der aufeinander senkrechten Vektoren $\vec{E}_W$ und $\vec{H}_W$. Diese sind, wenn wir zu reellen Funktionen übergehen

$$|\vec{E}_W| = \frac{1}{4\pi\epsilon_0}\frac{\omega^2}{c^2 r}\, p_0 \sin\vartheta\cos\omega\left(t-\frac{r}{c}\right), \quad |\vec{H}_W| = \frac{\omega^2}{4\pi c r}\, p_0 \sin\vartheta\cos\omega\left(t-\frac{r}{c}\right). \tag{58}$$

Somit wird

$$|\vec{S}| = \frac{\omega^4}{16\pi^2\epsilon_0 c^3 r^2}\, p_0^2 \sin^2\vartheta\cos^2\omega\left(t-\frac{r}{c}\right). \tag{59}$$

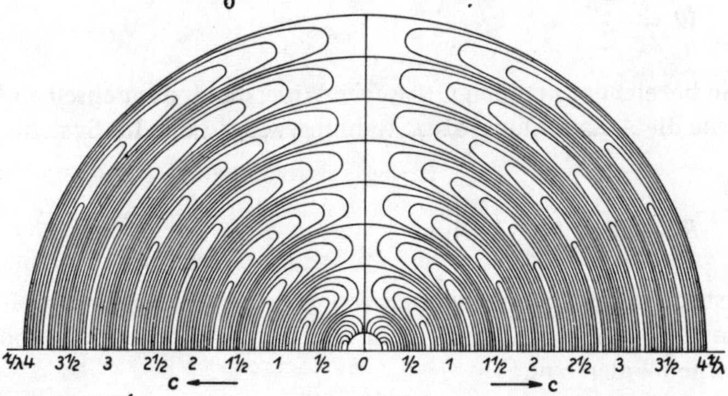


Fig. 93. Momentbild der elektrischen Kraftlinien eines strahlenden Dipols

Der zeitliche Mittelwert wird, da $\overline{\cos^2 \varphi} = \frac{1}{2}$

$$|\overline{S}| = \frac{c}{32\pi^2 \epsilon_0} \frac{\omega^4}{c^4 r^2} p_0^2 \sin^2 \vartheta . \tag{60}$$

In der Funktechnik stellt man die in den verschiedenen Richtungen ausgestrahlte Energie übersichtlich durch ein Polardiagramm dar, in dem die Länge des Radiusvektors $\rho$ gleich der ausgestrahlten Energie in irgendeinem Maßstab genommen wird. Die Gleichung dieser Kurve wird für den linearen Oszillator nach obigem

$$\rho = \rho_0 \sin^2 \vartheta. \tag{61}$$

Die gesamte durch eine Kugelfläche vom Radius $r$ im Mittel pro Zeit hindurchtretende Energie erhält man durch Bildung des Oberflächenintegrals

$$\oint \overline{S} \cdot \mathrm{d}\vec{f} = \frac{c}{32\pi^2 \epsilon_0} \frac{\omega^4}{c^4 r^2} p_0^2 \cdot 2\pi r^2 \int_0^\pi \sin^2 \vartheta \sin \vartheta \, \mathrm{d}\vartheta = \frac{c}{32\pi^2 \epsilon_0} \frac{\omega^4}{c^4} 2\pi \cdot \frac{4}{3} p_0^2 . \tag{62}$$

Diese ist die Verlustleistung $P_S$ der Strahlungsquelle

$$\boxed{P_S = \frac{1}{4\pi\epsilon_0} \frac{16\pi^4 c}{3\lambda^4} p_0^2} . \tag{63}$$

Man kann diesem Ausdruck eine andere Form geben, wenn man statt der Amplitude des Dipolmoments die Stromamplitude $I_0$ einsetzt, die nach (48) ihrem Betrag nach gleich $\omega p_0 / \mathrm{d}s$ ist. Setzen wir dabei die Länge des Leiterelements (der „Antenne") $\mathrm{d}s = l$, so wird nach Gl. (46)

$$\boxed{P_S = \frac{\pi}{3c\epsilon_0} I_0^2 \left(\frac{l}{\lambda}\right)^2} . \tag{64}$$

Dieser Energieverlust durch Ausstrahlung ist wie die JOULEsche Stromwärme dem Stromquadrat proportional. Bei einem OHMschen Widerstand $R$ würde derselbe Wechselstrom einen mittleren Energieverlust durch Erwärmung von

$$\overline{W} = \frac{R I_0^2}{2} \tag{65}$$

hervorrufen. Man bezeichnet nun den OHMschen Widerstand, der denselben Energieverlust bedingt wie die Ausstrahlung, als „Strahlungswiderstand des Systems $R_S$". Danach wird

$$R_S = 80\pi^2 \left(\frac{l}{\lambda}\right)^2 \text{ Ohm}. \tag{66}$$

Wie man sieht, ist schon bei Antennenlängen von $^1/_{10}$ Wellenlänge der Strahlungswiderstand bereits von der Größenordnung 10 Ohm, also durchaus nicht klein, sondern groß gegen den OHMschen Widerstand.

Aufg. 96. Man zeige für $\vec{H}$, daß im Übergangsgebiet zwischen Nah- und Wellenzone die Phasengeschwindigkeit $> c$ wird.

Achtes Kapitel

# Elektromagnetische Wellen. II. Teil

## Vorgänge in zwei aneinanderstoßenden, sonst unbegrenzten Medien

### § 1. Einheitliche Ableitung der Feldgleichungen und der Grenzbedingungen; die MAXWELL-Gleichungen

Bei der Aufstellung der elektromagnetischen Feldgleichungen gingen wir von geläufigen Erfahrungstatsachen aus. Eine strenge Begründung der I. Gleichung konnte indes nicht gegeben werden (vgl. S. 302), auch wurden die Grenzbedingungen bisher nur für statische bzw. stationäre Felder abgeleitet. Wir wollen deshalb, ehe wir weiter gehen, eine bessere Ableitung geben, die sich auf 5 Ansätze stützt, die allerdings nicht so unmittelbar aus der Erfahrung der einfachsten Versuche zu entnehmen sind, wie die Erfahrungsgrundlagen, auf denen die alte Ableitung aufgebaut ist. Dafür hat die Ableitung den Vorzug der Übersichtlichkeit und zwingenden Logik. Diese 5 Ansätze sind:

1. der Ausdruck für die elektrische Energiedichte

$$u_{\mathrm{el}} = \frac{\epsilon}{2}\vec{E}^2\,, \tag{1}$$

2. der Ausdruck für die magnetische Energiedichte

$$u_{\mathrm{magn}} = \frac{\mu}{2}\vec{H}^2\,, \tag{2}$$

3. der Ausdruck für die Energieströmung

$$\vec{S} = \vec{E} \times \vec{H}\,, \tag{3}$$

4. der Ausdruck für die pro Zeit und pro Volumen in JOULE sche Wärme verwandelte elektrische Energie

$$-\frac{\mathrm{d}u_{\mathrm{el}}}{\mathrm{d}t} = \sigma\vec{E}^2\,, \tag{4}$$

5. die Erfahrungstatsache der linearen Superposition der elektromagnetischen Felder, die verlangt, daß die Feldgleichungen in $\vec{E}$ und $\vec{H}$ linear und homogen sind[1)].

Diese 5 Annahmen lassen sich aus allgemeinen Überlegungen als die nächstliegenden dimensionsmäßig richtigen Verknüpfungen plausibel machen, wie es für die Energiedichte geschah.

Daraus folgen die Feldgleichungen für ein einheitliches Medium sofort aus folgender Energiebilanz: Die Abnahme der in einem beliebigen Volumen $V$ enthaltenen elektromagnetischen Energie ist gleich der Summe der in Wärme verwandelten und der aus dem Volumen durch seine Oberfläche ausgeströmten Energie:

---

1) Von dem Sonderfall der ferromagnetischen Körper, bei denen durch die Feldabhängigkeit von $\mu$ eine Nichtlinearität der Gleichungen entsteht, sehen wir hier ab.

$$-\frac{\partial}{\partial t}\int\left(\frac{\epsilon\vec{E}^2}{2}+\frac{\mu\vec{H}^2}{2}\right)\mathrm{d}\tau=\int\left(-\epsilon\vec{E}\cdot\frac{\partial\vec{E}}{\partial t}-\mu\vec{H}\cdot\frac{\partial\vec{H}}{\partial t}\right)\mathrm{d}\tau$$
$$=\int\sigma\vec{E}^2\,\mathrm{d}\tau+\oint(\vec{E}\times\vec{H})\cdot\mathrm{d}\vec{f}\,. \tag{5}$$

Verwandelt man das Oberflächenintegral mit Hilfe des GAUSSschen Satzes in ein Raumintegral, so ergibt sich, da $\operatorname{div}\vec{E}\times\vec{H}=\vec{H}\cdot\operatorname{rot}\vec{E}-\vec{E}\cdot\operatorname{rot}\vec{H}$,

$$\int\left(\epsilon\vec{E}\cdot\frac{\partial\vec{E}}{\partial t}+\mu\vec{H}\cdot\frac{\partial\vec{H}}{\partial t}+\sigma\vec{E}^2+\vec{H}\cdot\operatorname{rot}\vec{E}-\vec{E}\cdot\operatorname{rot}\vec{H}\right)\mathrm{d}\tau=0\,. \tag{6}$$

Da das Integral für jedes beliebige Volumen verschwinden muß, muß der Integrand verschwinden. Dies erreichen wir unter gleichzeitiger Erfüllung der Forderung 5, wenn wir nach Ausklammern die Summen mit denen die Vektoren $\vec{E}$ und $\vec{H}$ skalar multipliziert sind, gleich null setzen, woraus sofort folgt:

$$\boxed{\operatorname{rot}\vec{H}=\epsilon\frac{\partial\vec{E}}{\partial t}+\sigma\vec{E}=\frac{\partial\vec{D}}{\partial t}+\vec{j}}\,, \tag{I}$$

$$\boxed{\operatorname{rot}\vec{E}=-\mu\frac{\partial\vec{H}}{\partial t}=-\frac{\partial\vec{B}}{\partial t}}\,. \tag{II}$$

Zusammen mit den beiden bereits oben gefundenen Gleichungen

$$\boxed{\operatorname{div}\vec{D}=\rho}\,, \tag{III}$$

$$\boxed{\operatorname{div}\vec{B}=0} \tag{IV}$$

werden die Gleichungen I bis (IV) die *MAXWELL-Gleichungen* genannt.

Die Grenzbedingungen für die elektromagnetischen Felder erhält man aus der einleuchtenden Forderung, daß an einer Trennfläche das, was aus dem einen Medium pro Zeit an Energie hinströmt, auch im anderen Medium wegströmen muß, da bei endlicher Leitfähigkeit in der mathematischen Trennfläche keine elektrische Energie verlorengehen (d. h. in Wärme verwandelt werden) kann. Wählen wir die Normale der Trennfläche zur $Z$-Achse eines Koordinatensystems, so bedeutet dies

$$\vec{S}_z^{(1)}=(\vec{E}^{(1)}\times\vec{H}^{(1)})_z=\vec{S}_z^{(2)}=(\vec{E}^{(2)}\times\vec{H}^{(2)})_z\,. \tag{7}$$

Oder

$$E_x^{(1)}H_y^{(1)}-H_x^{(1)}E_y^{(1)}=E_x^{(2)}H_y^{(2)}-H_x^{(2)}E_y^{(2)}\,. \tag{8}$$

Da diese Stetigkeit des Energiestroms für ganz beliebige elektromagnetische Felder gelten muß, muß sein

$$E_x^{(1)}=E_x^{(2)}\qquad H_x^{(1)}=H_x^{(2)}$$
$$E_y^{(1)}=E_y^{(2)}\qquad H_y^{(1)}=H_y^{(2)} \tag{9}$$

oder

$$E_{\tan}^{(1)}=E_{\tan}^{(2)}\quad\text{und}\quad H_{\tan}^{(1)}=H_{\tan}^{(2)} \tag{9'}$$

oder unter Benützung des Begriffs der Flächenrotation

$$\operatorname{Rot}\vec{E}=\vec{n}\times(\vec{E}_2-\vec{E}_1)=0,\quad \operatorname{Rot}\vec{H}=0\,. \tag{9''}$$

Durch diese Bedingung der Stetigkeit der Tangentialkomponenten von $\vec{E}$ und $\vec{H}$ ist das Verhalten der Normalkomponenten bereits festgelegt, da $\vec{E}$ und $\vec{H}$ außerdem in jedem der beiden Medien die Feldgleichungen erfüllen müssen. Wie man sich durch Nachrechnen leicht überzeugt, folgt aus (9') und den Feldgleichungen die Allgemeingültigkeit der in der Elektrostatik gefundenen Stetigkeit der Normalkomponenten von $\vec{D} = \epsilon \vec{E}$ und $\vec{B} = \mu \vec{H}$, die einen Sprung der Normalkomponenten von $\vec{E}$ und $\vec{H}$ bedeutet.

## § 2. Grenzschichtwellen

Die einer Antenne samt Strahlungsfeld entsprechende HERTZsche Lösung stellt bei langen Wellen insofern noch nicht die tatsächlichen Verhältnisse dar, als sich der Sender nicht im leeren Raum, sondern an der Grenze zweier Medien mit ganz verschiedenen elektrischen Eigenschaften befindet. Wir müssen daher zwei Lösungen angeben, die eine für den Luftraum, die andere für die Erde, die neben den Feldgleichungen noch die Grenzbedingungen erfüllen muß. Diese Aufgabe führt auf erhebliche mathematische Schwierigkeiten, die von SOMMERFELD in einer Reihe von Arbeiten überwunden wurden. Wir wollen uns hier auf den einfachsten Fall beschränken, auf den Nachweis der Möglichkeit einer Art ebenen Welle, die ihre größte Amplitude an der Grenze hat und daher als Oberflächen- oder Grenzschicht- oder gebundene Welle bezeichnet wird. Die Abtrennung dieser Welle vom Gesamtvorgang, von dem sie nur ein Teil ist, stellt eine gewisse Willkür dar.

Wir legen die Trennfläche in die $X\,Y$-Ebene eines rechtwinkligen Koordinatensystems, als Fortpflanzungsrichtung nehmen wir die positive $X$-Achse. In einem einheitlichen Medium wäre eine ebene Welle so beschaffen, daß sowohl $\vec{E}$ als auch $\vec{H}$ senkrecht auf der Fortpflanzungsrichtung stehen. Mit einem solchen Ansatz in beiden Medien sind aber die Grenzbedingungen nicht zu erfüllen. Wir verallgemeinern deshalb den Ansatz in zwei Richtungen: Einmal nehmen wir inhomogene Wellen an, deren Amplitude eine Funktion von $z$, also vom Abstand von der Trennfläche sein soll, zum anderen versuchen wir zwar für den Vektor $\vec{H}$, den wir in die $Y$-Richtung legen, eine reine Transversalwelle; dagegen wird sich zeigen, daß wir $\vec{E}$ auch eine $X$-Komponente geben müssen. Unser Ansatz lautet also zunächst für $\vec{H}$:

$$\vec{H} = H_y \vec{e}_y, \qquad H_y = f(z)\, e^{i\omega\left(t - \frac{x}{v}\right)}. \tag{10}$$

Die Phasengeschwindigkeit unserer Welle lassen wir auch noch offen; es ist zu erwarten, daß sie durch die elektrischen Daten *beider* Medien bestimmt wird. Die erste Feldgleichung ergibt mit diesem Ansatz für die Komponenten von $\vec{E}$

$$-\frac{\mathrm{d}f}{\mathrm{d}z}\, e^{i\omega\left(t - \frac{x}{v}\right)} = \epsilon \frac{\partial E_x}{\partial t} + \sigma E_x \tag{11}$$

$$0 = \epsilon \frac{\partial E_y}{\partial t} + \sigma E_y \tag{12}$$

$$-\frac{i\omega}{v} f e^{i\omega\left(t - \frac{x}{v}\right)} = \epsilon \frac{\partial E_z}{\partial t} + \sigma E_z\,. \tag{13}$$

Aus Gl. (12) ersieht man, daß $E_y = 0$ gesetzt werden kann. Dagegen verschwindet die $X$-Komponente von $\vec{E}$ nicht.

Die zweite MAXWELLsche Gleichung ergibt auch für $\vec{E}$ die Unabhängigkeit von der $Y$-Koordinate. Ferner ergibt die $Y$-Komponente die Gleichung

$$\frac{\partial E_x}{\partial z} - \frac{\partial E_z}{\partial x} = -i\mu\omega f(z)\, e^{i\omega\left(t-\frac{x}{v}\right)}. \tag{14}$$

Wir setzen jetzt für $E_x$ und $E_z$ ebenfalls inhomogene Wellen an, die sich in der $X$-Richtung fortpflanzen:

$$E_x = g(z)\, e^{i\omega\left(t-\frac{x}{v}\right)}, \tag{15}$$

$$E_z = h(z)\, e^{i\omega\left(t-\frac{x}{v}\right)}. \tag{16}$$

Setzen wir dies in Gl. (11) bis (14) ein, so erhalten wir aus (11):

$$g = \frac{-\frac{\mathrm{d}f}{\mathrm{d}z}}{\sigma + \epsilon\omega i}, \tag{17}$$

aus (13):

$$h = \frac{-\frac{\omega}{v} f i}{\sigma + \epsilon\omega i} \tag{18}$$

und endlich aus (14) mit Berücksichtigung von (11) und (13)

$$\frac{\mathrm{d}^2 f}{\mathrm{d}z^2} = \left[\omega^2\left(\frac{1}{v^2} - \epsilon\mu\right) + \sigma\mu\omega i\right] f. \tag{19}$$

Die Lösung ist

$$f = A\, e^{\rho z} \tag{20}$$

mit

$$\rho = \pm\sqrt{\omega^2\left(\frac{1}{v^2} - \epsilon\mu\right) + \sigma\mu\omega i}\,. \tag{20'}$$

Diese Lösung ist für beide Medien von derselben Form. Da aber exponentiell mit $z$ wachsende Lösungen keinen Sinn haben, müssen wir das Vorzeichen der Wurzel so wählen, daß im Luftraum, also für $z > 0$, der Realteil negativ wird, während für den Erdraum das Vorzeichen so bestimmt werden muß, daß der Realteil positiv ist. Kennzeichnen wir alle auf den Luftraum bezogenen Größen durch den Index $l$, so wird die Lösung für den Luftraum

$$H_y^{(l)} = A_l\, e^{-\rho_l z}\, e^{i\omega\left(t-\frac{x}{v_l}\right)}, \tag{21}$$

für den Erdraum, also $z < 0$,

$$H_y = A\, e^{+\rho z}\, e^{i\omega\left(t-\frac{x}{v}\right)}, \tag{22}$$

wobei nach Gl. (20)

$$\begin{aligned} \frac{\omega^2}{v_l^2} - \rho_l^2 &= \epsilon_l \mu_l \omega^2 - \sigma_l \mu_l \omega i \\ \frac{\omega^2}{v^2} - \rho^2 &= \epsilon \mu \omega^2 - \sigma \mu \omega i \end{aligned} \tag{23}$$

ist. Die Grenzbedingungen der Stetigkeit der Tangentialkomponenten von $\vec{E}$ und $\vec{H}$, die für jeden Augenblick gelten müssen, können nur dann erfüllt sein, wenn die Phasengeschwindigkeit zu beiden Seiten der Trennfläche dieselbe ist, also

$$v = v_l\,. \tag{24}$$

Weiter erhält man für $z = 0$ aus $H_y^{(l)} = H_y$ die Beziehung

$$A = A_l\,. \tag{25}$$

Die Tangentialkomponente von $\vec{E}$ erhält man aus Gl. (15), (17) und (20) zu

$$E_x^{(l)} = + \frac{\rho_l A\, e^{-\rho_l z}\, e^{i\omega\left(t-\frac{x}{v}\right)}}{\sigma_l + \epsilon_l \omega i}\,; \qquad E_x = \frac{-\rho A\, e^{+\rho z}\, e^{i\omega\left(t-\frac{x}{v}\right)}}{\sigma + \epsilon \omega i}\,. \tag{26}$$

Die Grenzbedingung liefert die Gleichung

$$\frac{\rho_l}{\sigma_l + \epsilon_l \omega i} = - \frac{\rho}{\sigma + \epsilon \omega i}\,. \tag{27}$$

Diese Gleichung reicht mit Gln. (23) und (24) zur Bestimmung der noch bleibenden 3 Unbekannten $\rho_l$, $\rho$ und $v$. Kürzen wir die rechte Seite von Gl. (23) ab durch die Bezeichnungen

$$\epsilon_l \mu_l \omega^2 - \sigma_l \mu_l \omega i = \alpha_l + \beta_l i = b_l \tag{28}$$

und die analogen für die auf den Erdraum bezüglichen Größen und benützen wir weiter die Abkürzung

$$\frac{\sigma + \epsilon \omega i}{\sigma_l + \epsilon_l \omega i} = q\,, \tag{29}$$

so erhalten wir

$$\begin{aligned} \frac{\omega^2}{v^2} - \rho_l^2 &= b_l\,, \\ \frac{\omega^2}{v^2} - \rho_l^2 q^2 &= b\,. \end{aligned} \tag{30}$$

Hieraus folgt

$$\rho_l = \pm \sqrt{\frac{b - b_l}{1 - q^2}} \tag{31}$$

und aus Gl. (27) damit auch

$$\rho = -\rho_l q\,. \tag{32}$$

Endlich ergibt sich aus Gl. (30) und (31)

$$\frac{1}{v} = \pm\frac{1}{\omega}\sqrt{\frac{b-q^2 b_l}{1-q^2}}\,. \tag{33}$$

Zu bedenken ist, daß alle 3 Größen $\rho_l$, $\rho$ und $v$ wegen der Bedeutung der Abkürzungen komplex sind. Durch Trennung der reellen Teile der Exponentialfunktion von den imaginären erhält unsere Lösung die Form

$$H_y^{(l)} = A\,e^{-r_l z}\,e^{-wx}\,e^{i\omega\left(t-\frac{x}{u}-\frac{s_l z}{\omega}\right)}\,. \tag{34}$$

Daraus lesen wir ab:

1. Die Wellen nehmen mit dem Abstand $z$ von der Trennfläche an Amplitude ab.
2. Die Wellen erleiden auch in der $X$-Richtung eine räumliche Dämpfung.
3. Die Ebenen gleicher Phase sind nicht die Ebenen $x = \text{const}$, sondern schräg liegende Ebenen $\frac{x}{u}+\frac{s_l z}{\omega} = \text{const}$.

Setzen wir die Lösung in Gln. (15) und (16) ein, so erkennen wir weiter, daß die $X$- und die $Z$-Komponente von $\vec{E}$ eine Phasendifferenz haben, daß sich also der Endpunkt des Vektors nicht auf einer Geraden, sondern auf einer Ellipse bewegt, deren Ebene aber nicht wie bei elliptisch polarisierten freien Wellen senkrecht zur Fortpflanzungsrichtung liegt, sondern diese Richtung enthält.

Die vorliegende Rechnung trifft die Wirklichkeit insofern noch nicht ganz, als mit ebenen Wellen gerechnet wird, ohne daß die Quelle der Wellen in Betracht gezogen wird. Die naturgemäße Weiterführung der Theorie besteht daher darin, daß eine der HERTZschen Lösung entsprechende Lösung für beide Medien unter Berücksichtigung der Grenzbedingungen aufgesucht wird.

## § 3. Das optische Reflexions- und Brechungsgesetz für Isolatoren als Folge der Stetigkeitsbedingungen

Für die kurzen elektromagnetischen Wellen des Lichts kommen die in § 2 behandelten Grenzschichtwellen aus *dem* Grund nicht in Betracht, weil in dem natürlichen Maß der Wellenlänge jedes leuchtende Atom von etwa vorhandenen Grenzflächen so weit weg ist, daß man es als freien Strahler im einheitlichen Medium behandeln kann. Wenn aber die von einem Atom ausgesandten Wellen auf die Trennfläche zweier verschiedener Medien gelangen, so wird ein Teil reflektiert, ein anderer Teil durchgelassen. Wir denken uns die Entfernung von der Quelle so groß, daß wir die Welle als eben ansehen können. Auch rechnen wir vorerst ausschließlich mit unbegrenzten Wellenfronten.

Wir wählen die Trennebene der beiden Medien, die frei von Absorption, also Isolatoren sein sollen, als $XY$-Ebene eines rechtwinkligen Koordinatensystems. Die Richtung $\vec{n}$ des einfallenden Strahls falle in die $XZ$-Ebene. Über die Richtung $\vec{n}'$ des reflektierten und die Richtung $\vec{n}''$ des gebrochenen Strahls wollen wir aber noch nichts Spezielles voraussetzen, die durch diese Strahlen und die $Z$-Achse bestimmten Ebenen sollen vielmehr mit der $XZ$-Ebene die Winkel $\varphi'$ bzw. $\varphi''$ bilden. Es ist dann, wenn wir die Winkel der Strahlen mit dem Einfallslot, d. h. der $Z$-Achse mit $\vartheta$ bzw. $\vartheta'$ bzw. $\vartheta''$ bezeichnen (vgl. auch Fig. 94 auf der nächsten Seite)

$$\begin{aligned} \vec{n} &= \sin\vartheta\,\vec{e}_x + \cos\vartheta\,\vec{e}_z\,, \\ \vec{n}' &= \sin\vartheta'\cos\varphi'\,\vec{e}_x + \sin\vartheta'\sin\varphi'\,\vec{e}_y - \cos\vartheta'\,\vec{e}_z\,, \\ \vec{n}'' &= \sin\vartheta''\cos\varphi''\,\vec{e}_x + \sin\vartheta''\sin\varphi''\,\vec{e}_y + \cos\vartheta''\,\vec{e}_z\,, \end{aligned} \tag{35}$$

und die elektrischen Vektoren der 3 Wellen werden wegen $v = \dfrac{c}{n}$

$$\begin{aligned} \vec{E} &= \vec{A}\, e^{i\omega\left(t - \frac{\vec{n}\cdot\vec{r}\,n_1}{c}\right)} = \vec{A}\, e^{i\omega\left(t - \frac{n_1}{c}(x\sin\vartheta + z\cos\vartheta)\right)} \\ \vec{E}' &= \vec{A}'\, e^{i\omega'\left(t - \frac{\vec{n}'\cdot\vec{r}\,n_1}{c}\right) + i\delta'} = \vec{A}'\, e^{i\omega'\left(t - \frac{n_1}{c}(x\sin\vartheta'\cos\varphi' + y\sin\vartheta'\sin\varphi' - z\cos\vartheta')\right) + i\delta'} \\ \vec{E}'' &= \vec{A}''\, e^{i\omega''\left(t - \frac{\vec{n}''\cdot\vec{r}\,n_2}{c}\right) + i\delta''} \\ &= \vec{A}''\, e^{i\omega''\left(t - \frac{n_2}{c}(x\sin\vartheta''\cos\varphi'' + y\sin\vartheta''\sin\varphi'' + z\cos\vartheta'')\right) + i\delta''}\,, \end{aligned} \tag{36}$$

während die magnetischen Vektoren durch

$$\vec{H} = \sqrt{\frac{\epsilon_1}{\mu_1}}\,\vec{n}\times\vec{E}\,,\quad \vec{H}' = \sqrt{\frac{\epsilon_1}{\mu_1}}\,\vec{n}'\times\vec{E}'\,,\quad \vec{H}'' = \sqrt{\frac{\epsilon_2}{\mu_2}}\,\vec{n}''\times\vec{E}'' \tag{37}$$

bestimmt sind. Wenn wir von ferromagnetischen Stoffen absehen, können wir $\mu_r \approx 1$, ferner $\sqrt{\epsilon_r} = n$ setzen.

Für die Trennfläche $z = 0$ muß nun für jeden Wert von $x$ und $y$ in jedem Augenblick

$$\begin{aligned} E_x + E'_x &= E''_x \\ E_y + E'_y &= E''_y \end{aligned} \quad (38) \qquad \begin{aligned} H_x + H'_x &= H''_x \\ H_y + H'_y &= H''_y \end{aligned} \quad (39)$$

sein. Dies ist nur dann möglich, wenn die Exponenten der $e$-Funktionen in allen 3 Gliedern übereinstimmen. Dies führt zu den Beziehungen

$$\omega' = \omega'' = \omega, \tag{40}$$

d. h. es findet bei der Reflexion und Brechung an der ruhenden Trennfläche keine Frequenzänderung statt; ferner zu

$$\delta' = \delta'' = 0 \quad \text{oder} \quad \pi, \tag{41}$$

d. h. eine etwa mögliche Phasendifferenz muß die Werte 0 oder $\pi$ haben, weiter zu

$$\varphi' = \varphi'' = 0,$$

d. h. sowohl der reflektierte als auch der gebrochene Strahl fallen in die durch die Einfallsrichtung und die Normale der Grenzfläche bestimmte Einfallsebene, in unserem Fall die $XZ$-Ebene. Endlich zu

$$\sin\vartheta = \sin\vartheta' \quad \text{(Reflexionsgesetz)} \tag{42}$$

$$n_1 \sin\vartheta = n_2 \sin\vartheta'' \tag{43}$$

oder

$$\frac{\sin\vartheta}{\sin\vartheta''} = \frac{n_2}{n_1} = n \quad \text{(Brechungsgesetz)}\,. \tag{43'}$$

## § 4. Die Polarisations- und Intensitätsverhältnisse bei Reflexion und Brechung

Während die in § 3 abgeleiteten Gesetze bereits aus ganz elementaren Wellenbetrachtungen folgen, versagen diese Betrachtungen, sobald man die naheliegende Frage stellt: Welcher Bruchteil der einfallenden Intensität wird reflektiert? Dagegen gibt die elektromagnetische Theorie durch die Grenzbedingungen sofort die Antwort. Die Stetigkeit der Tangentialkomponenten ergibt bei Gleichheit der Exponenten, die durch Reflexions- und Brechungsgesetz erfüllt wird, die Beziehungen

$$A_x + A'_x = A''_x \quad (44) \qquad (\vec{n}\times\vec{A})_x + (\vec{n}'\times\vec{A}')_x = n(\vec{n}''\times\vec{A}'')_x \tag{46}$$

$$A_y + A'_y = A''_y \quad (45) \qquad (\vec{n}\times\vec{A})_y + (\vec{n}'\times\vec{A}')_y = n(\vec{n}''\times\vec{A}'')_y\,. \tag{47}$$

In Komponenten wird

$$(\vec{n}\times\vec{A})_x = -A_y\cos\vartheta;\quad (\vec{n}'\times\vec{A}')_x = A'_y\cos\vartheta,\quad (\vec{n}''\times\vec{A}'')_x = -A''_y\cos\vartheta'' \tag{48}$$

$$(\vec{n}\times\vec{A})_y = -A_z\sin\vartheta + A_x\cos\vartheta;\quad (\vec{n}'\times\vec{A}')_y = -A'_z\sin\vartheta - A'_x\cos\vartheta;$$

$$(\vec{n}''\times\vec{A}'')_y = -A''_z\sin\vartheta'' + A'_z\cos\vartheta''. \tag{49}$$

Diese Zerlegung ist aber nicht die dem physikalischen Problem angemessene. Die natürliche Zerlegung ist diejenige in eine Komponente *in* der Einfallsebene und eine Komponente senkrecht dazu. Wir setzen im folgenden linear polarisiertes Licht voraus, d. h. Licht, dessen elektrischer Vektor in einer bestimmten Ebene schwingt, die wir die *Schwingungsebene* des Lichts nennen wollen. Das Wort „Polarisationsebene" wollen wir dagegen tunlichst vermeiden, weil in der herkömmlichen Bezeichnung die Polarisationsebene die Ebene des magnetischen Vektors bedeutet und diese für die Wirkungen des Lichts (z. B. lichtelektrischer Effekt) an Bedeutung derjenigen von $\vec{E}$ nachsteht. Der senkrecht zur Einfallsebene schwingenden Komponente geben wir in allen 3 Strahlen die Richtung der positiven $Y$-Achse:

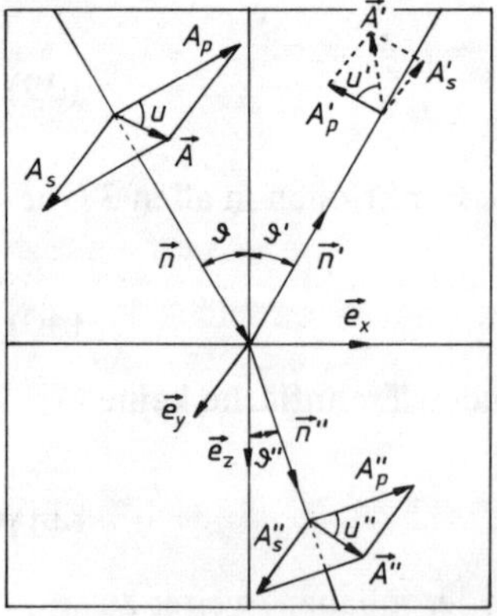


Fig. 94. Reflexion und Brechung am Isolator

$$A_s = A_y,\quad A'_s = A'_y,\quad A''_s = A''_y\,. \tag{50}$$

Die positive Richtung der parallel schwingenden

Komponenten wollen wir so festlegen, daß, in Richtung des Strahls gesehen, die Drehung dieser Komponente in die positive $Y$-Richtung eine Uhrzeigerdrehung ist. Damit wird (vgl. Fig. 94):

$$A_x = A_p \cos\vartheta; \qquad A'_x = -A'_p \cos\vartheta; \qquad A''_x = A''_p \cos\vartheta'' \tag{51}$$

$$A_z = -A_p \sin\vartheta; \qquad A'_z = -A'_p \sin\vartheta; \qquad A''_z = -A''_p \sin\vartheta''. \tag{52}$$

Setzt man dies in Gl. (44) bis (49) ein, so erhält man

$$(A_p - A'_p)\cos\vartheta = A''_p \cos\vartheta'' \quad (53) \qquad A_s + A'_s = A''_s \tag{54}$$

$$(A_s - A'_s)\cos\vartheta = n A''_s \cos\vartheta'' \quad (55) \qquad A_p + A'_p = n A''_p. \tag{56}$$

Dies sind 4 Gleichungen für die 4 Unbekannten $A'_p, A'_s, A''_p$ und $A''_s$. Ihre Auflösung ist sehr einfach. Aus Gl. (53) und (56) folgt sofort

$$A'_p = A_p \frac{n\cos\vartheta - \cos\vartheta''}{n\cos\vartheta + \cos\vartheta''} = A_p \frac{\dfrac{\sin\vartheta}{\sin\vartheta''}\cos\vartheta - \cos\vartheta''}{\dfrac{\sin\vartheta}{\sin\vartheta''}\cos\vartheta + \cos\vartheta''} = A_p \frac{\sin 2\vartheta - \sin 2\vartheta''}{\sin 2\vartheta + \sin 2\vartheta''} \tag{57}$$

oder

$$\boxed{A'_p = A_p \frac{\tan(\vartheta - \vartheta'')}{\tan(\vartheta + \vartheta'')}}\,. \tag{57'}$$

Ebenso aus Gl. (54) und (55)

$$\boxed{A'_s = -A_s \frac{\sin(\vartheta - \vartheta'')}{\sin(\vartheta + \vartheta'')}}\,. \tag{58}$$

Ferner durch Einsetzen dieser Werte in Gl. (54) und (56)

$$\boxed{A''_p = A_p \frac{\sin\vartheta''}{\sin\vartheta}\left\{1 + \frac{\sin\vartheta\cos\vartheta - \sin\vartheta''\cos\vartheta''}{\sin\vartheta\cos\vartheta + \sin\vartheta''\cos\vartheta''}\right\} = A_p \frac{2\sin\vartheta''\cos\vartheta}{\sin(\vartheta+\vartheta'')\cos(\vartheta-\vartheta'')}} \tag{59}$$

und

$$\boxed{A''_s = A_s\left\{1 - \frac{\sin(\vartheta-\vartheta'')}{\sin(\vartheta+\vartheta'')}\right\} = A_s \frac{2\sin\vartheta''\cos\vartheta}{\sin(\vartheta+\vartheta'')}}\,. \tag{60}$$

Gl. (57) bis (60) heißen nach ihrem Entdecker die FRESNELschen Formeln.

Das negative Vorzeichen in Gl. (58) bedeutet folgendes: Ist $\vartheta > \vartheta''$ (Reflexion am „optisch dichteren" Medium mit $n > 1$), so kehrt $A_s$ bei der Reflexion seine Richtung um. $A'_p$ hat zwar für $\vartheta + \vartheta'' < \pi/2$ dasselbe Vorzeichen wie $A_p$, die positive Richtung ist aber (siehe oben) entgegengesetzt, so daß in Wirklichkeit beide Komponenten bei der Reflexion am dichteren Medium ihr Vorzeichen wechseln, d. h. der elektrische Vektor erleidet einen Phasensprung um $\pi$. Dieser Phasensprung ist von Bedeutung bei verschiedenen Interferenzerscheinungen, bei denen es auf den optischen Wegunterschied zweier Strahlen ankommt. Der Phasensprung ist hierbei durch Addition (oder Subtraktion) einer halben Wellenlänge in Rechnung zu ziehen. Das Verhältnis der Amplitude der senkrecht zu der der parallel der Einfallsebene schwingenden Komponente gibt den Tangens des Azimuts $u$ der Schwingungsebene. Durch Division von Gl. (58) durch (57′) erhält man

$$|\tan u'| = \tan u \, \frac{\cos(\vartheta - \vartheta'')}{\cos(\vartheta + \vartheta'')} \tag{61}$$

und ebenso aus Gl. (60) und (59)

$$\tan u'' = \tan u \cos(\vartheta - \vartheta'') \,. \tag{62}$$

Aus diesen Formeln lesen wir folgendes ab:

Zunächst zeigt Gl. (61), daß für $\vartheta + \vartheta'' = \frac{\pi}{2}$ stets

$$|\tan u'| = \infty, \quad u' = \frac{\pi}{2} \text{ wird} \,. \tag{61′}$$

Stehen also reflektierter und gebrochener Strahl aufeinander senkrecht, so ist die Schwingungsebene des reflektierten Lichts stets senkrecht zur Einfallsebene gelegen, weil, wie aus Gl. (57′) hervorgeht, die parallel zur Einfallsebene schwingende Komponente überhaupt nicht reflektiert wird. Lassen wir daher natürliches Licht auffallen, das ist Licht, dessen Schwingungsebene nach Zufall alle möglichen Orientierungen annimmt, so erhalten wir bei der Reflexion polarisiertes Licht mit der Schwingungsebene senkrecht zur Einfallsebene. In der älteren Literatur wird die Einfallsebene als Polarisationsebene bezeichnet, diese stimmt überein mit der Ebene des magnetischen Vektors.

Kombinieren wir das Brechungsgesetz mit der Beziehung $\vartheta_p + \vartheta_p'' = \pi/2$, so erhalten wir für den Polarisationswinkel $\vartheta_p$, d. h. den Winkel, für den aus natürlichem Licht rein linearpolarisiertes Licht wird, das BREWSTERsche Gesetz:

$$\boxed{\tan \vartheta_p = n} \,. \tag{63}$$

Für alle anderen Winkel erhalten wir aus natürlichem Licht bei der Reflexion nur partiell polarisiertes Licht, weil auch die parallel der Einfallsebene schwingende Komponente reflektiert wird, wenn auch in anderem Maß als die senkrecht schwingende Komponente. Da $\vartheta$ und $\vartheta''$ nicht größer als $\pi/2$ werden können, ist im reflektierten Licht stets

$$|\tan u'| > \tan u, \tag{64}$$

d. h. die Schwingungsebene von linearpolarisiertem Licht wird bei der Reflexion stets von der Einfallsebene weggedreht.

Für den durchgehenden Strahl ergibt sich aus (62), daß die Schwingungsebene zur Einfallsebene hingedreht wird, daß aber nie ein Zusammenfallen mit der Einfallsebene stattfindet. Immerhin kann man, da beim Austritt aus einem dichteren Medium der Drehsinn sich nicht ändert (denn $\cos(\vartheta - \vartheta'')$ ist unabhängig davon, ob $\vartheta$ oder $\vartheta''$ größer ist), durch den Durchgang des Lichts durch eine Anzahl planparalleler Platten, die durch Luftschichten getrennt sind (Plattensatz), einen hohen Polarisationsgrad von ursprünglich natürlichem Licht erreichen.

Für senkrechten Einfall geben die FRESNELschen Formeln unbestimmte Werte. In diesem Fall ist aber die direkte Auflösung des Gleichungssystems (53) bis (56) selbst besonders einfach; es ergibt sich

$$
\begin{aligned}
A'_p &= A_p \frac{n-1}{n+1} \qquad & A''_p &= \frac{2A_p}{n+1} \\
A'_s &= -A_s \frac{n-1}{n+1} \qquad & A''_s &= \frac{2A_s}{n+1} \,.
\end{aligned}
\tag{65}
$$

Wie es sein muß, darf für senkrechten Einfall kein Unterschied zwischen $|A_p|$ und $|A_s|$ herauskommen, da ja in diesem Fall die Einfallsebene ganz unbestimmt ist. Als *Relexionsvermögen R* bezeichnen wir das Verhältnis der reflektierten zur einfallenden Intensität bei senkrechtem Einfall:

$$
R = \frac{I'}{I} = \frac{A'^2}{A^2} = \frac{(n-1)^2}{(n+1)^2} \,. \tag{66}
$$

Aufg. 97. Als Polarisationsgrad definiert man das Verhältnis $P = \frac{I_s - I_p}{I_s + I_p}$. Wie groß ist bei der Relexion an Glas ($n = 1{,}5$) bei einem Einfallswinkel von 45° der Polarisationsgrad?

Aufg. 98. Man zeige, daß bei der Reflexion und Brechung am Isolator die Energieströmungsbilanz erfüllt ist.

## § 5. Totalreflexion

Das Brechungsgesetz

$$
\sin \vartheta'' = \frac{1}{n} \sin \vartheta
$$

kann beim Übergang von einem optisch dichteren in ein optisch dünneres Medium, also für $n < 1$ zu Werten von $\sin \vartheta''$ führen, die größer als 1 sind, also zu imaginären Werten von $\vartheta''$. In der elementaren Theorie begnügt man sich mit dieser Feststellung und folgert daraus, daß überhaupt kein Licht ins dünnere Medium übertritt, die Reflexion vielmehr total wird. Da wir aber von vornherein mit komplexen Schwingungsfunktionen rechnen, brauchen wir uns durch komplexe Werte von $\vartheta''$ nicht abschrecken zu lassen, und in der Tat gewinnen wir sehr wichtige Ergebnisse, wenn wir die FRESNELschen Formeln auf diesen Fall ausdehnen. Wir setzen in ihnen

$$
\sin \vartheta'' = \frac{1}{n} \sin \vartheta, \qquad \cos \vartheta'' = \frac{i}{n} \sqrt{\sin^2 \vartheta - n^2} \tag{67}
$$

und erhalten

$$
A'_p = A_p \frac{\sin \vartheta \cos \vartheta - \sin \vartheta'' \cos \vartheta''}{\sin \vartheta \cos \vartheta + \sin \vartheta'' \cos \vartheta''} = A_p \frac{\cos \vartheta - \frac{i}{n^2} \sqrt{\sin^2 \vartheta - n^2}}{\cos \vartheta + \frac{i}{n^2} \sqrt{\sin^2 \vartheta - n^2}} \,. \tag{68}
$$

Die komplexe Größe, mit der $A_p$ multipliziert ist, ist von der Form

$$\frac{\rho e^{-i\varphi}}{\rho e^{+i\varphi}} = e^{-2i\varphi} \tag{69}$$

mit

$$\tan\varphi = \frac{\sqrt{\sin^2\vartheta - n^2}}{n^2\cos\vartheta}\ . \tag{70}$$

Dies bedeutet, wie aus der Gleichung

$$E'_p = A_p\, e^{i\omega\left(t - \frac{\vec{n}'\cdot\vec{r}}{c} n_1\right) - 2i\varphi} \tag{71}$$

ersichtlich ist, daß bei der Totalreflexion die parallel der Einfallsebene schwingende Komponente eine Phasenverschiebung um den Phasenwinkel $-2\varphi$ erleidet. Ebenso findet man

$$A'_s = A_s\,\frac{\cos\vartheta - i\sqrt{\sin^2\vartheta - n^2}}{\cos\vartheta + i\sqrt{\sin^2\vartheta - n^2}} = A_s\, e^{-2i\psi} \tag{72}$$

mit

$$\tan\psi = \frac{\sqrt{\sin^2\vartheta - n^2}}{\cos\vartheta}\ . \tag{73}$$

Die Phasenverschiebung der beiden Komponenten ist also nicht dieselbe, folglich sind sie *gegeneinander* phasenverschoben. Dies bedeutet aber, daß das ursprünglich linear polarisierte Licht, in dem der elektrische Vektor in einer senkrecht zur Strahlrichtung gelegten Ebene auf einer Geraden bleibt, nun elliptisch polarisiert ist, d. h. so beschaffen, daß der Endpunkt von $\vec{E}$ auf einer Ellipse umläuft. Die Phasendifferenz $\delta$ der beiden Komponenten ist nach oben gegeben durch

$$\delta = 2(\varphi - \psi). \tag{74}$$

Zur Bestimmung von $\delta$ gehen wir aus von der Beziehung

$$\tan\frac{\delta}{2} = \tan(\varphi - \psi) = \frac{\tan\varphi - \tan\psi}{1 + \tan\varphi\tan\psi} = \frac{\sqrt{\sin^2\vartheta - n^2}\left(\frac{1}{n^2} - 1\right)}{\cos\vartheta\left(1 + \frac{\sin^2\vartheta - n^2}{n^2\cos^2\vartheta}\right)}\,, \tag{75}$$

die nach leichter Umrechnung ergibt

$$\boxed{\tan\frac{\delta}{2} = \frac{\cos\vartheta\sqrt{\sin^2\vartheta - n^2}}{\sin^2\vartheta}}\ . \tag{76}$$

Da die komplexen Zahlen, mit denen $A_p$ und $A_s$ multipliziert werden, den Betrag 1 haben, wird die Amplitude nicht vermindert, und die Bezeichnung „*Totalreflexion*" ist gerechtfertigt.

Recht merkwürdig erscheinen auf den ersten Blick die Resultate, die man erhält, wenn man die FRESNELschen Formeln auch noch auf das zweite Medium anwendet, wo nach der elementaren Theorie überhaupt nichts passieren sollte. Wir setzen den Winkel $\vartheta''$, der ja beim Überschreiten des Wertes $\frac{\pi}{2}$ ins Komplexe gerät, gleich $\frac{\pi}{2} + i\beta$ und wenden die Formeln

$$\cos i\beta = \cosh\beta; \qquad \sin i\beta = i\sinh\beta; \qquad \cosh^2\beta - \sinh^2\beta = 1, \tag{77}$$

also

$$\sin\vartheta'' = \cosh\beta = \frac{\sin\vartheta}{n},$$

$$\cos\vartheta'' = -i\sinh\beta = -\frac{i}{n}\sqrt{\sin^2\vartheta - n^2} \tag{78}$$

an. Damit erhalten wir

$$\begin{aligned}\vec{E}'' &= \vec{A}''\, e^{i\omega\left(t - \frac{x\cosh\beta}{c/n_2} + \frac{iz\sinh\beta}{c/n_2}\right)}\\ &= \vec{A}''\, e^{-\frac{\omega z\sinh\beta}{c/n_2}}\, e^{i\omega\left(t - \frac{x\cosh\beta}{c/n_2}\right)}.\end{aligned} \tag{79}$$

Aus den FRESNELschen Formeln ersieht man ohne weitere Rechnung, daß für die obigen Werte von $\sin\vartheta''$ und $\cos\vartheta''$ die Amplitude $\vec{A}''$ nicht verschwindet. Gl. (79) bedeutet also eine inhomogene Welle, deren Amplitude mit Eindringen in das zweite Medium außerordentlich rasch abnimmt. (Ein Zahlenbeispiel für Glas/Luft $n = \frac{3}{2}$ zeigt, daß bei $\vartheta = 60^\circ$ auf der Strecke einer Wellenlänge die Amplitude bereits auf $\frac{1}{180}$ gesunken ist.) Diese Wellen pflanzen sich längs der $X$-Achse mit der Phasengeschwindigkeit $\frac{c}{n_2\cosh\beta}$ fort. Daß wir im zweiten Medium eine der Trennfläche entlang laufende Welle haben, erscheint einleuchtender, wenn man bedenkt, daß auch im ersten Medium bei unbegrenzter Ausdehnung aus der Superposition der einfallenden und der reflektierten Welle ein Zustand resultiert, den man als eine sinusförmig modulierte Wellenfront, die ebenfalls der Trennfläche entlang läuft, bezeichnen kann, wie folgende Umformung zeigt:

$$\begin{aligned}E_p + E'_p &= A_p\, e^{i\omega\left(t - \frac{x\sin\vartheta + z\cos\vartheta}{c/n_1}\right)} + A_p\, e^{i\omega\left(t - \frac{x\sin\vartheta - z\cos\vartheta}{c/n_1}\right) + i\delta_p}\\ &= 2A_p\cos\left(\frac{\omega z\cos\vartheta}{c/n_1} + \frac{\delta_p}{2}\right) e^{i\omega\left(t - \frac{x\sin\vartheta}{c/n_1}\right) + \frac{i\delta_p}{2}}.\end{aligned} \tag{80}$$

Der Vorgang in beiden Medien läßt sich also durch eine Zeichnung nach Art der Fig. 95 darstellen, in welcher der Vorgang im zweiten Medium als Ausläufer der Welle im ersten erscheint. Gegen alle experimentellen Versuche, die „Lichthaut" im 2. Medium nachzuweisen, läßt sich der Einwand erheben, daß mit jedem derartigen Versuch die Welle gestört wird und damit die Reflexion im ersten Medium nicht mehr total ist, doch ist es eine berechtigte Extrapolation, wenn man von einer sehr geringen Störung und damit Wirkung im 2. Medium auf die Störung null schließt. Ein anderer Beweis

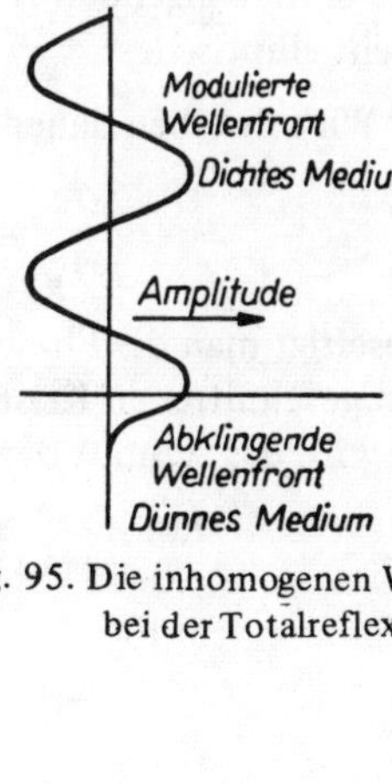


Fig. 95. Die inhomogenen Wellen bei der Totalreflexion

liegt in einer nachweisbaren Parallelversetzung des reflektierten Strahls gegenüber einer rein geometrischen Reflexion an der Oberfläche. Ein Übergang von Energie ins 2. Medium findet, solange keine Störung da ist, im Zeitmittel nicht statt. Rechnet man nämlich den Vektor $\vec{S}$ aus, so sieht man, daß in jedem Augenblick Stellen, an denen Energie eintritt, abwechseln mit Stellen, an denen Energie austritt und daß diese Orte selbst periodisch wechseln.

Aufg. 99. Welchen Brechungsindex müßte ein Stoff gegen Luft haben, damit man mit einmaliger Totalreflexion zirkulares Licht erhalten kann? Unter welchem Winkel muß das Licht auf die Trennfläche Glas/Luft auftreffen, damit man durch 2 Totalreflexionen zirkulares Licht erhält?

## § 6. Absorbierende Medien (Metalloptik)

Bei der Ausbreitung von ebenen Wellen in leitenden einheitlichen Medien erwies es sich (Kap. VII, § 4) notwendig, einen komplexen Brechungsindex einzuführen, wobei die Größen $n$ und $\kappa$ Funktionen von $\epsilon$ und $\sigma$ sind. Für optische Frequenzen darf man aber nicht die Werte für Gleichstrom einsetzen, da diese Größen für kurze Wellen in hohem Grad frequenzabhängig sind. Aus diesem Grund charakterisiert man im optischen Gebiet einen Leiter durch $n$ und $\kappa$ statt durch $\epsilon$ und $\sigma$. (Diese Größen könnte man, wenn man wollte, nach der Formel (23) von S. 307 aus $n$ und $\kappa$ berechnen, doch ist damit für das eigentliche optische Gebiet nichts Neues gewonnen.) Der Anschluß an die elektrischen Werte wird dagegen bei den langen ultraroten Wellen erreicht.

In den FRESNELschen Formeln ist also jetzt zu setzen:

$$\sin\vartheta'' = \frac{\sin\vartheta}{n-i\kappa}\,, \tag{81}$$

$$\cos\vartheta'' = \frac{1}{n-i\kappa}\sqrt{(n-i\kappa)^2-\sin^2\vartheta}\;. \tag{82}$$

Wieder wird das Verhältnis $\frac{A_s'}{A_p'}$ komplex, d.h. es entsteht wieder wie bei der Totalreflexion eine Phasendifferenz zwischen der parallel und der senkrecht zur Einfallsebene schwingenden Komponente, es entsteht bei der Reflexion aus linear polarisiertem Licht elliptisches.

Wir schreiben daher

$$\frac{A_s'}{A_p'} = -\frac{A_s\cos(\vartheta-\vartheta'')}{A_p\cos(\vartheta+\vartheta'')} = -\frac{A_s}{A_p}\rho e^{i\delta}\;. \tag{83}$$

Beseitigt man die Phasendifferenz durch Einschalten eines Kompensators (einer geeignet geschnittenen Kristallplatte), die den entgegengesetzten Phasenunterschied erzeugt, so wird das Azimut der wiederhergestellten Schwingungsebene nach Gl. (83)

$$|\tan u'| = \frac{A_s'}{A_p'} = \rho\frac{A_s}{A_p}\;. \tag{84}$$

Dadurch, daß man die komplexe Zahl $\frac{\cos(\vartheta-\vartheta'')}{\cos(\vartheta+\vartheta'')}$ auf die Form $\rho\, e^{i\delta}$ bringt, kann man für jeden Einfallswinkel sowohl die Phasendifferenz $\delta$, als auch das reelle Verhältnis $\frac{A_s'}{A_p'} = \rho$ angeben, wodurch die Schwingungsellipse bestimmt ist. Diese Ellipse wird im allgemeinen irgendwie in der zu $\vec{n}\,'$ senkrechten Ebene liegen. Es gibt indes einen ausgezeichneten Winkel, den *Haupteinfallswinkel* $\vartheta^*$, bei dem die Schwingungsellipse so liegt, daß die eine Achse in die Einfallsebene fällt. In diesem Fall beträgt die Phasendifferenz zwischen $A_s'$ und $A_p'$ gerade $\frac{\pi}{2}$. Das nach Einschalten eines die Phasendifferenz $\frac{\pi}{2}$ aufhebenden Kompensators (sogenanntes $\frac{\lambda}{4}$-Blättchen, meist aus Glimmer) festzustellende Azimut der wiederhergestellten Schwingungsebene heißt das *Hauptazimut* $u'^*$, wobei das Azimut des einfallenden Lichts der Schwingungsebene zu 45° vorausgesetzt ist. Es ist dann nach (83)

$$-\frac{A_s'}{A_p'} = i\rho = +\frac{1+\tan\vartheta^*\tan\vartheta^{*\prime\prime}}{1-\tan\vartheta^*\tan\vartheta^{*\prime\prime}}\,. \tag{85}$$

Hieraus folgt

$$\tan\vartheta^*\tan\vartheta^{*\prime\prime} = \frac{\rho+i}{\rho-i} = e^{2i\kappa} \tag{86}$$

mit

$$\tan\eta = \frac{1}{\rho} = \cot u'^* \quad \text{[vgl. Gl. (84)]}$$

$$\eta = \frac{\pi}{2} - u'^*. \tag{87}$$

Der hier als Rechengröße eingeführte Hilfswinkel $\eta$ ist also mit dem Komplement des Hauptazimuts $u'^*$ identisch. Da aber in der klassischen Optik als Polarisationsebene die Ebene des magnetischen Vektors bezeichnet wird, *ist* $\eta$ *gleich dem in den Tabellen angegebenen Wert des Hauptazimuts.* Setzen wir in $\tan\vartheta^*\tan\vartheta^{*\prime\prime}$ die Werte von $\sin\vartheta^{*\prime\prime}$ und $\cos\vartheta^{*\prime\prime}$ nach Gl. (81) und (82) ein, so ergibt sich

$$\frac{\tan\vartheta^*\sin\vartheta^*}{\sqrt{(n-i\kappa)^2-\sin^2\vartheta^*}} = e^{2i\eta}\,. \tag{88}$$

Trennung von Reellem und Imaginärem ergibt zwei Gleichungen für die Unbekannten $n$ und $\kappa$ als Funktion der beobachtbaren Größen $\vartheta^*$ und $\eta$. Die tatsächlichen Werte von $n$ und $\kappa$ sind nun derart, daß $|(n^2-i\kappa)^2| \gg \sin^2\vartheta^*$. Vernachlässigt man daher $\sin^2\vartheta^*$ unter der Wurzel, so erhält man sehr einfache, praktisch in den meisten Fällen genügende Näherungsformeln:

$$\frac{\tan\vartheta^*\sin\vartheta^*}{n-i\kappa} = e^{2i\eta}\,. \tag{89}$$

Hieraus durch Vergleich von Betrag und Winkel der komplexen Zahlen:

$$\tan \vartheta^* \sin \vartheta^* = \sqrt{n^2 + \kappa^2}$$

$$\kappa / n = \tan 2\eta \; ; \tag{90}$$

daraus folgt

$$\boxed{\begin{aligned} n &= \tan \vartheta^* \sin \vartheta^* \cos 2\eta \\ \kappa &= n \tan 2\eta \end{aligned}} \; . \tag{91}$$

Für das Reflexionsvermögen der Metalle ergibt sich aus Gl. (65)

$$\frac{A'}{A} = \frac{n - 1 - i\kappa}{n + 1 - i\kappa} = \frac{a\, e^{i\alpha}}{b\, e^{i\beta}} = \frac{a}{b}\, e^{i(\alpha - \beta)} \; . \tag{92}$$

Für die Intensität kommt es nur auf das Verhältnis der Amplitudenquadrate an, wir erhalten also für das Reflexionsvermögen

$$R = \left(\frac{a}{b}\right)^2 = \frac{(n-1)^2 + \kappa^2}{(n+1)^2 + \kappa^2} = \frac{n^2 + \kappa^2 + 1 - 2n}{n^2 + \kappa^2 + 1 + 2n} \; . \tag{93}$$

Je größer $\kappa$ wird, um so mehr nähert sich der Wert des Bruchs der Einheit. Es werden also alle *die* Wellenlängen stark reflektiert, die stark absorbiert werden. Reflexionsfarbe und Durchsichtsfarbe erscheinen daher komplementär, z. B. ist ein dünnes Goldhäutchen in der Durchsicht blau gefärbt.

Fällt eine Planwelle schräg auf die Trennebene Vakuum-Metall, so ist die gebrochene Welle inhomogen, d. h. die Ebenen gleicher Amplitude sind nicht mehr identisch mit den Ebenen gleicher Phase, weil die einzelnen Teile der Wellenfront, d. h. der Ebene gleicher Phase, verschiedene Schichtdicken des absorbierenden Stoffs durchsetzt haben. Betrachtet man die Ableitung des Brechungsgesetzes S. 321, so sieht man, daß dies auch noch für einen komplexen Brechungsindex gelten muß, wie wir ja die FRESNELschen Formeln, die das Brechungsgesetz enthalten, formal auf Metalle übertragen haben. Wenn man dagegen ohne Rücksicht auf die Absorption das beobachtbare Sinusverhältnis für einfallenden und gebrochenen Strahl ins Auge faßt, so gibt eine längere Rechnung, daß dieses Verhältnis vom Winkel zwischen den Ebenen gleicher Phase und den Ebenen gleicher Amplitude und damit vom Einfallswinkel abhängt. Für die Brechung allein gilt also das gewohnte Gesetz nicht mehr. Indes lassen sich wegen der großen Absorption nur schwach inhomogene Wellen herstellen, so daß die praktische Bedeutung dieses merkwürdigen Ergebnisses nicht groß ist.

Neuntes Kapitel

# Elektromagnetische Wellen. III. Teil
# Ausbreitung in anisotropen Medien (Kristalloptik)

## § 1. Die Feldgleichungen für anisotrope Körper

Bei anisotropen Medien, das sind in erster Linie Kristalle, die nicht dem regulären System angehören, treten dadurch verwickeltere Verhältnisse ein, daß die Polarisierbarkeit der Atome nicht wie bei einem freien Atom, bei dem sie im Mittel über alle Orientierungen in jeder Richtung gleich groß ist, durch eine einfache Skalargröße ausgedrückt werden kann. Der Einbau in das Kristallgitter verhindert die freie Drehbarkeit und damit die Möglichkeit, über alle Orientierungen zu mitteln, und außerdem kann zu einer schon vorhandenen Anisotropie des freien Atoms eine neue durch die Nachbarn hervorgerufene hinzukommen. Ist aber für die verschiedenen Komponenten von $\vec{E}$ der Betrag der Polarisation verschieden, so bekommt der Vektor $\vec{P}$ nicht mehr die Richtung von $\vec{E}$. Was aber gewahrt werden muß, ist der lineare Zusammenhang zwischen $\vec{P}$ und $\vec{E}$; es wird also $\vec{P}$ eine lineare Vektorfunktion von $\vec{E}$ und damit die Suszeptibilität ein Tensor:

$$\vec{P} = \epsilon_0 \cdot \chi_e \cdot \vec{E} \quad . \tag{1}$$

Damit wird aber auch der Vektor der dielektrischen Verschiebung $\vec{D}$ eine lineare Funktion von $\vec{E}$ und auch die Dielektrizitätskonstante zum Tensor:

$$\vec{D} = \epsilon_0 \vec{E} + \vec{P} = \epsilon_0 \vec{E} + \epsilon_0 \chi_e \vec{E} = \epsilon \vec{E} \tag{2}$$

oder in Komponenten

$$\begin{aligned} D_x &= \epsilon_0 \cdot (\epsilon_{11} E_x + \epsilon_{12} E_y + \epsilon_{13} E_z), \\ D_y &= \epsilon_0 \cdot (\epsilon_{21} E_x + \epsilon_{22} E_y + \epsilon_{23} E_z), \\ D_z &= \epsilon_0 \cdot (\epsilon_{31} E_x + \epsilon_{32} E_y + \epsilon_{33} E_z) . \end{aligned} \tag{3}$$

Wir wollen ferromagnetische Körper ausschließen und können daher $\mu_r = 1$ setzen. Unter dieser Voraussetzung bleibt die zweite Feldgleichung unverändert. Wie müssen wir die erste für unseren Fall schreiben? Da jede Änderung der Polarisation eine Bewegung elektrischer Ladung und damit einen Strom der Dichte $\dfrac{\partial \vec{P}}{\partial t}$ bedeutet, gilt allgemein für alle Medien

$$\operatorname{rot} \vec{H} = \epsilon_0 \frac{\partial \vec{E}}{\partial t} + \frac{\partial \vec{P}}{\partial t} = \frac{\partial \vec{D}}{\partial t} \quad . \tag{4}$$

Betrachten wir die Herleitung der Feldgleichungen auf S. 315, die auf ganz allgemeinen Prinzipien beruht, so machen wir, um die Form (4) zu erhalten, für die elektrische Energiedichte allgemein, also auch für anisotrope Körper den Ansatz

$$u_{\mathrm{el}} = \frac{1}{2} \vec{E} \cdot \vec{D} \quad , \tag{5}$$

während der Strahlungsvektor, der ja nur $\vec{E}$ und $\vec{H}$ enthält, durch $\vec{E} \times \vec{H}$ gegeben bleibt. Die Energiebilanz wird damit

$$\oint (\vec{E} \times \vec{H}) \cdot \mathrm{d}\vec{f} = -\frac{\partial}{\partial t} \frac{1}{2} \int (\vec{E} \cdot \vec{D} + \vec{H} \cdot \vec{B}) \, \mathrm{d}\tau \tag{6}$$

oder

$$\begin{aligned} \int (\vec{H} \cdot \operatorname{rot} \vec{E} - \vec{E} \cdot \operatorname{rot} \vec{H}) \, \mathrm{d}\tau &= -\frac{\partial}{\partial t} \frac{1}{2} \int (\vec{E} \cdot \vec{D} + \vec{H} \cdot \vec{B}) \, \mathrm{d}\tau \\ &= -\frac{1}{2} \int \left( \vec{E} \cdot \frac{\partial \vec{D}}{\partial t} + \vec{D} \cdot \frac{\partial \vec{E}}{\partial t} + 2 \mu \vec{H} \cdot \frac{\partial \vec{H}}{\partial t} \right) \mathrm{d}\tau \, . \end{aligned} \tag{7}$$

Man erhält die Feldgleichungen wieder wie auf S. 316, indem man einzeln die Faktoren, mit denen $\vec{E}$ und $\vec{H}$ multipliziert sind, gleich setzt; bei der zweiten Gleichung macht es keine Schwierigkeiten. Die erste Gleichung in der oben abgeleiteten Form (4) ergibt sich aber nur, wenn

$$\vec{E} \cdot \frac{\partial \vec{D}}{\partial t} = \vec{D} \cdot \frac{\partial \vec{E}}{\partial t} \tag{8}$$

ist. Dies bedeutet aber, daß $\chi_e$ ein symmetrischer Tensor ist. Denn soll die in Komponenten geschriebene Bedingung

$$\left.\begin{array}{l} \epsilon_{11} E_x \frac{\partial E_x}{\partial t} + \epsilon_{12} E_x \frac{\partial E_y}{\partial t} + \epsilon_{13} E_x \frac{\partial E_z}{\partial t} \\ + \epsilon_{21} E_y \frac{\partial E_x}{\partial t} + \epsilon_{22} E_y \frac{\partial E_y}{\partial t} + \epsilon_{23} E_y \frac{\partial E_z}{\partial t} \\ + \epsilon_{31} E_z \frac{\partial E_x}{\partial t} + \epsilon_{32} E_z \frac{\partial E_y}{\partial t} + \epsilon_{33} E_z \frac{\partial E_z}{\partial t} \end{array}\right\} \\ = \left\{\begin{array}{l} \epsilon_{11} E_x \frac{\partial E_x}{\partial t} + \epsilon_{12} E_y \frac{\partial E_x}{\partial t} + \epsilon_{13} E_z \frac{\partial E_x}{\partial t} \\ + \epsilon_{21} E_x \frac{\partial E_y}{\partial t} + \epsilon_{22} E_y \frac{\partial E_y}{\partial t} + \epsilon_{23} E_z \frac{\partial E_y}{\partial t} \\ + \epsilon_{31} E_x \frac{\partial E_z}{\partial t} + \epsilon_{32} E_y \frac{\partial E_z}{\partial t} + \epsilon_{33} E_z \frac{\partial E_z}{\partial t} \end{array}\right. \tag{8'}$$

für alle Werte $E_x$, $E_y$ und $E_z$ gelten, so muß

$$\boxed{\epsilon_{ik} = \epsilon_{ki}} \tag{9}$$

sein. Dann läßt sich aber der Zusammenhang zwischen $\vec{D}$ und $\vec{E}$ durch das Tensorellipsoid veranschaulichen. Setzen wir $\vec{E} = \vec{r}$[1]) und zeichnen die Fläche

$$\frac{1}{\epsilon_0} \cdot \vec{D} \cdot \vec{r} = \epsilon_{11} x^2 + 2\epsilon_{12} xy + \epsilon_{22} y^2 + 2\epsilon_{23} yz + \epsilon_{33} z^2 + 2\epsilon_{31} zx = 1, \tag{10}$$

so erhält man nach S. 32 die Richtung von $\vec{D}$ als Richtung der Normalen der Fläche und den Betrag als reziproken Wert der Projektion von $\vec{r}$ auf die Normale. Wir wollen nun im folgenden ausschließlich das Koordinatensystem der Hauptachsen dieses Ellipsoids zugrunde legen, in dem seine Gleichung lautet

$$\epsilon_{\mathrm{I}} x'^2 + \epsilon_{\mathrm{II}} y'^2 + \epsilon_{\mathrm{III}} z'^2 = 1. \tag{11}$$

$\epsilon_{\mathrm{I}}$, $\epsilon_{\mathrm{II}}$, $\epsilon_{\mathrm{III}}$ heißen die *Hauptdielektrizitätszahlen des Kristalls.* Die Achsen sind propor-

---

1) Natürlich muß irgendein Maßfaktor festgesetzt werden, der dimensioniert ist, da man nicht einfach eine Länge gleich einer elektrischen Feldstärke setzen kann. Dieser Faktor wird stillschweigend seinem Betrag nach gleich 1 angenommen.

tional den Größen $\frac{1}{\sqrt{\epsilon_I}}, \frac{1}{\sqrt{\epsilon_{II}}}, \frac{1}{\sqrt{\epsilon_{III}}}$. Nun ist in einem isotropen Körper die Lichtgeschwindigkeit $\frac{c}{\sqrt{\epsilon_r}}$, analog nennen wir die Größen $\frac{c}{\sqrt{\epsilon_I}}, \frac{c}{\sqrt{\epsilon_{II}}}, \frac{c}{\sqrt{\epsilon_{III}}}$ die Hauptlichtgeschwindigkeiten des Kristalls. Die Achsen unseres Ellipsoids, das das FRESNEL-sche Ellipsoid heißt, sind also den Hauptlichtgeschwindigkeiten proportional. In dem System der Hauptachsen gelten die einfachen Beziehungen:

$$D_{x'} = \epsilon_0 \cdot \epsilon_I E_{x'}, \quad D_{y'} = \epsilon_0 \cdot \epsilon_{II} E_{y'}, \quad D_{z'} = \epsilon_0 \cdot \epsilon_{III} E_{z'}. \tag{12}$$

Weil aber $\epsilon_I$, $\epsilon_{II}$, und $\epsilon_{III}$ verschieden sind, wird der resultierende Vektor $\vec{D}$ nicht mehr parallel zu $\vec{E}$.

Im gleichen Koordinatensystem gilt nach Gl. (12) auch

$$E_{x'} = \frac{1}{\epsilon_0 \cdot \epsilon_I} D_{x'}, \quad E_{y'} = \frac{1}{\epsilon_0 \cdot \epsilon_{II}} D_{y'}, \quad E_{z'} = \frac{1}{\epsilon_0 \cdot \epsilon_{III}} D_{z'}, \tag{13}$$

d. h. die Hauptachsen des FRESNELschen Ellipsoids sind auch die Hauptachsen für *das* Tensorellipsoid, das umgekehrt $\vec{E}$ als Funktion von $\vec{D}$ gibt. Seine Gleichung lautet

$$\frac{x'^2}{\epsilon_I} + \frac{y'^2}{\epsilon_{II}} + \frac{z'^2}{\epsilon_{III}} = 1, \tag{14}$$

die Achsen sind also den Wurzeln aus den Hauptdielektrizitätszahlen, d. h. den Hauptbrechungsindices proportional. Es heißt daher das *Index*ellipsoid. Den zugehörigen Tensor bezeichnen wir mit $\boldsymbol{\epsilon}^{-1}$; also

$$\vec{E} = \boldsymbol{\epsilon}^{-1} \cdot \vec{D}. \tag{15}$$

## § 2. Ebene elektromagnetische Wellen in anisotropen Medien

Wir setzen für den elektrischen Vektor eine ebene Welle an, deren Ebenen gleicher Phase senkrecht zum Einheitsvektor $\vec{n}$ liegen sollen. In der Richtung von $\vec{n}$ breite sich die Phase mit der Geschwindigkeit $v$ aus. Es gilt also

$$\vec{E} = \vec{E}_0 \, e^{i\omega\left(t - \frac{\vec{r}\cdot\vec{n}}{v}\right)}. \tag{16}$$

Aus der zweiten Feldgleichung folgt dann

$$\mu \frac{\partial \vec{H}}{\partial t} = -\operatorname{rot} \vec{E}_0 \, e^{i\omega\left(t - \frac{\vec{r}\cdot\vec{n}}{v}\right)} = \vec{E}_0 \times \operatorname{grad} e^{i\omega\left(t - \frac{\vec{r}\cdot\vec{n}}{v}\right)}. \tag{17}$$

Da grad $(\vec{r} \cdot \vec{n}) = \vec{n}$, erhält man nach Integration nach $t$[1])

---

1) Denn setzt man $\vec{r} \cdot \vec{n} = u$, so wird grad $u = \vec{n}$ und

$$\operatorname{grad} e^{i\omega\left(t - \frac{u}{v}\right)} = -\frac{i\omega}{v} e^{i\omega\left(t - \frac{u}{v}\right)} \operatorname{grad} u,$$

also

$$\vec{E}_0 \times \operatorname{grad} e^{i\omega\left(t - \frac{\vec{r}\cdot\vec{n}}{v}\right)} = \frac{i\omega}{v} e^{i\omega\left(t - \frac{\vec{r}\cdot\vec{n}}{v}\right)} \vec{n} \times \vec{E}_0.$$

$$\mu\vec{H} = \frac{1}{v} e^{i\omega\left(t - \frac{\vec{r}\cdot\vec{n}}{v}\right)} \vec{n} \times \vec{E}_0 = \mu \vec{H}_0 \, e^{i\omega\left(t - \frac{\vec{r}\cdot\vec{n}}{v}\right)} \tag{18}$$

mit

$$\vec{H}_0 = \frac{1}{\mu v} \vec{n} \times \vec{E}_0 \, . \tag{19}$$

Es steht also der magnetische Vektor senkrecht auf der Ebene von $\vec{E}$ und $\vec{n}$. Über den Winkel zwischen $\vec{E}$ und $\vec{n}$ wissen wir aber zunächst noch nichts.

Für den Vektor $\vec{D}$ folgt aus der ersten Feldgleichung

$$\frac{\partial \vec{D}}{\partial t} = \operatorname{rot} \vec{H} = \operatorname{rot} \vec{H}_0 \, e^{i\omega\left(t - \frac{\vec{r}\cdot\vec{n}}{v}\right)} = -\frac{i\omega}{v} e^{i\omega\left(t - \frac{\vec{r}\cdot\vec{n}}{v}\right)} \vec{n} \times \vec{H}_0 \, , \tag{20}$$

und durch Integration und Einsetzen von (19)

$$\vec{D} = -\frac{1}{\mu v^2} e^{i\omega\left(t - \frac{\vec{r}\cdot\vec{n}}{v}\right)} \vec{n} \times (\vec{n} \times \vec{E}_0) = \vec{D}_0 \, e^{i\omega\left(t - \frac{\vec{r}\cdot\vec{n}}{v}\right)} \, . \tag{21}$$

Danach steht $\vec{D} \perp$ auf $\vec{n}$. In bezug auf $\vec{D}$ und $\vec{H}$ haben wir also reine Transversalwellen. Aus (21) folgt durch Entwicklung des doppelten Vektorprodukts die für das Weitere grundlegende Gleichung[1])

$$\vec{D} = \epsilon_0 \frac{c^2}{v^2} (\vec{E} - \vec{n}\,(\vec{n} \cdot \vec{E})) \tag{22}$$

oder

$$\boxed{\frac{v^2}{c^2} \vec{D} - \epsilon_0 \vec{E} + \epsilon_0 (\vec{n} \cdot \vec{E}) \vec{n} = 0} \, .$$

Aus ihr ist abzulesen, daß $\vec{D}$, $\vec{E}$ und $\vec{n}$ in einer Ebene liegen, auf der $\vec{H}$ senkrecht steht. In derselben Ebene liegt aber auch der Vektor $\vec{S} = \vec{E} \times \vec{H}$, und zwar bildet er mit $\vec{n}$ denselben Winkel $\vartheta$ wie $\vec{E}$ mit $\vec{D}$ (vgl. Fig. 96). $\vec{S}$ gibt die Richtung der Energieströmung; das bedeutet, daß in dieser Richtung ein begrenztes Stück der Wellenfront wandert, wobei seine Normale stets die Richtung von $\vec{n}$ behält. Die Geschwindigkeit der Energieströmung wird, wie aus der Figur abzulesen ist

$$V = \frac{v}{\cos\vartheta} \, . \tag{23}$$

$V$ heißt auch die Strahlgeschwindigkeit.

Aus unserer Grundgleichung (22) folgt, wenn wir zu Komponenten nach dem ausgezeichneten Koordinatensystem der Hauptachsen des Tensorellipsoids übergehen und im zweiten Glied $\vec{E}$ durch $\vec{D}$ ausdrücken

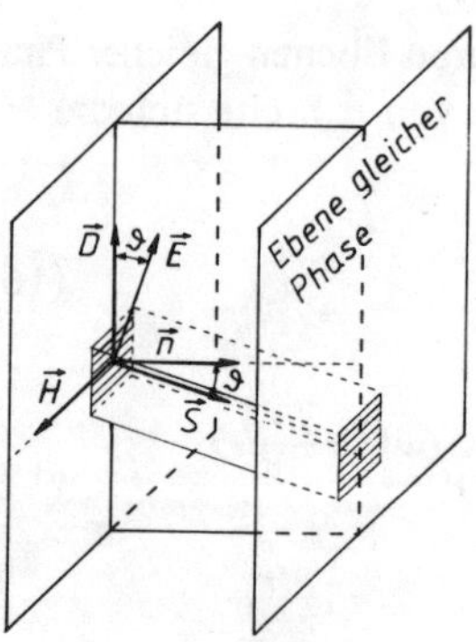


Fig. 96. Die Lage der Vektoren $\vec{D}$, $\vec{E}$, $\vec{H}$, $\vec{n}$ und $\vec{S}$ in einem anisotropen Medium

1) Die Indices 0 sind jetzt weggelassen, da die Gleichung ebensogut für die Momentanwerte $\vec{E}$, $\vec{H}$ und $\vec{D}$ gilt wie für die Amplituden $\vec{E}_0$, $\vec{H}_0$ und $\vec{D}_0$.

$$\left(\frac{1}{\epsilon_{\mathrm{I}}}-\frac{v^2}{c^2}\right)D_x = \epsilon_0 \cdot n \cdot \vec{E}\cos\alpha \quad \text{oder} \quad D_x = \epsilon_0 \cdot \frac{\vec{n}\cdot\vec{E}\cos\alpha}{\dfrac{1}{\epsilon_{\mathrm{I}}}-\dfrac{v^2}{c^2}},$$

$$D_y = \epsilon_0 \cdot \frac{\vec{n}\cdot\vec{E}\cos\beta}{\dfrac{1}{\epsilon_{\mathrm{II}}}-\dfrac{v^2}{c^2}}, \tag{24}$$

$$D_z = \epsilon_0 \cdot \frac{\vec{n}\cdot\vec{E}\cos\gamma}{\dfrac{1}{\epsilon_{\mathrm{III}}}-\dfrac{v^2}{c^2}}.$$

Drücken wir nun das skalare Produkt $\vec{D}\cdot\vec{n}$, das verschwindet, weil $\vec{D}$ senkrecht $\vec{n}$ ist, durch die Komponenten aus, die in Gl. (24) abgeleitet sind, so ergibt sich nach Division durch das nichtverschwindende Produkt $\vec{E}\cdot\vec{n}$ die Beziehung

$$\frac{\cos^2\alpha}{\dfrac{1}{\epsilon_{\mathrm{I}}}-\dfrac{v^2}{c^2}}+\frac{\cos^2\beta}{\dfrac{1}{\epsilon_{\mathrm{II}}}-\dfrac{v^2}{c^2}}+\frac{\cos^2\gamma}{\dfrac{1}{\epsilon_{\mathrm{III}}}-\dfrac{v^2}{c^2}}=0. \tag{25}$$

Dies stellt eine quadratische Gleichung für $v^2$ als Funktion der Komponenten von $\vec{n}$ dar. Zu jeder Wellennormalen gehören also im allgemeinen zwei Phasengeschwindigkeiten. Zur Richtung der $X$-Achse ($\cos\alpha = 1$, $\cos\beta = \cos\gamma = 0$) gehört

$$v'^2 = \frac{c^2}{\epsilon_{\mathrm{II}}} \quad \text{und} \quad v''^2 = \frac{c^2}{\epsilon_{\mathrm{III}}}.$$

Wir können daher für $\dfrac{c}{\sqrt{\epsilon_{\mathrm{I}}}}, \ldots$ die Hauptlichtgeschwindigkeiten $v_{\mathrm{I}}, v_{\mathrm{II}}, v_{\mathrm{III}}$ einsetzen und erhalten die schönere Form

$$\boxed{\frac{\cos^2\alpha}{v_{\mathrm{I}}^2-v^2}+\frac{\cos^2\beta}{v_{\mathrm{II}}^2-v^2}+\frac{\cos^2\gamma}{v_{\mathrm{III}}^2-v^2}=0}\;. \tag{25'}$$

Haben wir für eine bestimmte Richtung die zugehörigen Werte von $v$, die wir mit $v'$ und $v''$ bezeichnen, gefunden, so erhalten wir die Richtung der zugehörigen Vektoren $\vec{D}'$ bzw. $\vec{D}''$, wenn wir in die aus Gl. (24) folgende Beziehung

$$D_x : D_y : D_z = \frac{\cos\alpha}{v_{\mathrm{I}}^2-v^2} : \frac{\cos\beta}{v_{\mathrm{II}}^2-v^2} : \frac{\cos\gamma}{v_{\mathrm{III}}^2-v^2} \tag{26}$$

entweder $v'$ oder $v''$ einsetzen. Diese beiden Richtungen stehen aufeinander senkrecht. Denn es ist

$$\vec{D}'\cdot\vec{D}'' = \epsilon_0^2\cdot(\vec{n}\cdot\vec{E}')(\vec{n}\cdot\vec{E}'')\,c^4\left\{\frac{\cos^2\alpha}{(v_{\mathrm{I}}^2-v'^2)(v_{\mathrm{I}}^2-v''^2)}+\frac{\cos^2\beta}{(v_{\mathrm{II}}^2-v'^2)(v_{\mathrm{II}}^2-v''^2)}\right.$$
$$\left.+\frac{\cos^2\gamma}{(v_{\mathrm{III}}^2-v'^2)(v_{\mathrm{III}}^2-v''^2)}\right\}. \tag{27}$$

Nun gilt aber die Identität

$$\frac{\cos^2\alpha}{v_{\mathrm{I}}^2 - v'^2} - \frac{\cos^2\alpha}{v_{\mathrm{I}}^2 - v''^2} \equiv \frac{(v'^2 - v''^2)\cos^2\alpha}{(v_{\mathrm{I}}^2 - v'^2)(v_{\mathrm{I}}^2 - v''^2)}. \tag{28}$$

Somit

$$\vec{D}'\cdot\vec{D}'' = \epsilon_0^2 \frac{(\vec{n}\cdot\vec{E}')(\vec{n}\cdot\vec{E}'')}{v'^2 - v''^2} c^4 \left\{ \frac{\cos^2\alpha}{v_{\mathrm{I}}^2 - v'^2} - \frac{\cos^2\alpha}{v_{\mathrm{I}}^2 - v''^2} + \frac{\cos^2\beta}{v_{\mathrm{II}}^2 - v'^2} - \frac{\cos^2\beta}{v_{\mathrm{II}}^2 - v''^2} + \frac{\cos^2\gamma}{v_{\mathrm{III}}^2 - v'^2} - \frac{\cos^2\gamma}{v_{\mathrm{III}}^2 - v''^2} \right\}. \tag{27'}$$

Da aber $v'$ und $v''$ die Wurzeln der Gl. (25') sind, verschwinden die Summen der positiven und der negativen Glieder für sich.

Geometrisch läßt sich die Richtung von $\vec{D}$ mit Hilfe des Indexellipsoids folgendermaßen finden: Man schneide das Indexellipsoid mit einer Ebene senkrecht $\vec{n}$. Die Hauptachsen der Schnittellipse sind die beiden Richtungen von $\vec{D}'$ und $\vec{D}''$. Beweis: Die Hauptachsen sind dadurch gekennzeichnet, daß für sie $\vec{r}^{\,2}$ einen Extremwert hat mit der Nebenbedingung, daß $\vec{r}$ sowohl der Ebene $\vec{r}\cdot\vec{n} = 0$ als auch dem Ellipsoid $\vec{r}\cdot\epsilon^{-1}\cdot\vec{r} = 1$ angehört. Die Extremalbedingung gibt

$$\vec{r}\cdot\delta\vec{r} = 0 \tag{29}$$

und die Variationen der Nebenbedingungen ergeben

$$\vec{n}\cdot\delta\vec{r} = 0 \quad \text{und} \quad \delta\vec{r}\cdot\epsilon^{-1}\cdot\vec{r} = 0^{1)}. \tag{30}$$

Führen wir die LAGRANGEschen Multiplikatoren $\lambda$ und $\mu$ ein, so erhalten wir die Gleichung

$$\vec{r} + \lambda\vec{n} + \mu\,\epsilon^{-1}\cdot\vec{r} = 0. \tag{31}$$

Skalare Multiplikation mit $\vec{r}$ bzw. $\vec{n}$ ergibt wegen $\vec{r}\cdot\vec{n} = 0$ und $\vec{r}\cdot\epsilon^{-1}\vec{r} = 1$

$$\vec{n} = -r^2,$$

$$\lambda = r^2\vec{n}\cdot\epsilon^{-1}\cdot\vec{r}.$$

Somit

$$\frac{\vec{r}}{r^2} + \vec{n}(\vec{n}\cdot\epsilon^{-1}\cdot\vec{r}) - \epsilon^{-1}\cdot\vec{r} = 0. \tag{32}$$

Da im Indexellipsoid $\vec{r} = \dfrac{\vec{D}}{p}$ ist ($p$ Maßfaktor)[2], erhalten wir

$$\frac{p^2}{D^2}\vec{D} - \epsilon^{-1}\cdot\vec{D} + \vec{n}(\vec{n}\cdot\epsilon^{-1}\cdot\vec{D}) = \frac{p^2}{D^2}\vec{D} - \epsilon_0\cdot\vec{E} + \epsilon_0\vec{n}(\vec{n}\cdot\vec{E}) = 0. \tag{33}$$

Dies ist aber, wenn wir $\dfrac{p^2}{D^2}$ mit $\dfrac{v^2}{c^2}$ identifizieren, gerade die Gl. (22), die die Grundlage für alle weiteren Entwicklungen darstellt.

---

1) Denn gemäß der Einführung des Indexellipsoids hat $\vec{E} = \epsilon^{-1}\vec{r}$ die Richtung der Normalen und die Bedingung, daß die Variation $\delta\vec{r}$ auf dem Ellipsoid bleibt, bedeutet, daß $\delta\vec{r}\perp\vec{E}$ sein muß.

2) Für den Vergleich von Gl. (33) und (22) ist die Einführung des Maßfaktors $p$ erforderlich, da man bei Gleichsetzung von $\vec{r} = \vec{D}$ durch Vergleich von Gl. (22) und (33) zu dem unsinnigen Schluß $D^2 = \dfrac{c^2}{v^2}$ käme.

Hat man so die beiden zu einer Normalen $\vec{n}$ gehörenden Vektoren $\vec{D}'$ und $\vec{D}''$ gefunden, so ergeben sich die Richtungen der damit verbundenen Vektoren $\vec{E}'$ und $\vec{E}''$ als die Richtungen der Ellipsoidnormalen in den Endpunkten der Vektoren $\vec{D}'$ und $\vec{D}''$. Diese stehen im allgemeinen *nicht* aufeinander senkrecht. Die Vektoren $\vec{H}'$ und $\vec{H}''$ erhält man als die Senkrechten auf den Ebenen von $\vec{D}'$ und $\vec{n}$ bzw. $\vec{D}''$ und $\vec{n}$. Da $\vec{E}'$ und $\vec{E}''$ nicht aufeinander senkrecht stehen, ergeben sich zu einer Wellennormalen zwei Strahlrichtungen $\vec{S}' = \vec{E}' \times \vec{H}$ und $\vec{S}'' = \vec{E}'' \times \vec{H}''$. Die zugehörigen Einheitsvektoren wollen wir mit $\vec{s}'$ bzw. $\vec{s}''$ bezeichnen.

Während also die Richtung von $\vec{n}$ eine Zweideutigkeit ergibt, ist durch die Richtung von $\vec{D}$ sowohl $\vec{n}$ als auch $\vec{E}$ und $\vec{S}$ als auch der Betrag von $v$ eindeutig festgelegt. Denn $\vec{n}$ muß einerseits in der Ebene $\perp \vec{D}$ liegen, andererseits ist durch das Indexellipsoid bei gegebenem $\vec{D}$ der Vektor $\vec{E}$ eindeutig bestimmt und $\vec{n}$ muß auch in der Ebene von $\vec{D}$ und $\vec{E}$ liegen, so daß der Schnitt der beiden genannten Ebenen die Richtung von $\vec{n}$ ergibt. Der Betrag von $v$ folgt bei vorgegebenem Vektor $\vec{D}$ am einfachsten aus Gl. (22): Multipliziert man diese Gleichung skalar mit $\vec{D}$, so wird

$$v = \frac{c\sqrt{\epsilon_0 \cdot \vec{E} \cdot \vec{D}}}{\sqrt{\vec{D}^2}} = c\,\frac{\sqrt{\vec{D} \cdot \epsilon^{-1} \cdot \vec{D}}}{\sqrt{\vec{D}^2}}\,. \tag{34}$$

Gehen wir andererseits von der Strahlrichtung $\vec{s}$ aus, so erhalten wir ganz analoge Beziehungen, in denen die Vektoren $\vec{D}$ und $\vec{E}$ ihre Rolle getauscht haben. Da $\vec{D}$, $\vec{E}$ und $\vec{s}$ in einer Ebene liegen, gilt die Gleichung (vgl. Aufg. 2):

$$\vec{D} + \alpha\vec{E} + \beta\vec{s} = 0. \tag{35}$$

Die Koeffizienten $\alpha$ und $\beta$ erhalten wir durch skalare Multiplikation mit $\vec{s}$ bzw. $\vec{n}$: Da $\vec{s}$ senkrecht zu $\vec{E}$ steht, ergibt sich durch Multiplikation mit $\vec{s}$:

$$\beta = -\vec{D} \cdot \vec{s}\,,$$

und da $\vec{n}$ senkrecht $\vec{D}$ ist, erhält man durch Multiplikation mit $\vec{n}$ und Einsetzen des Wertes von $\beta$

$$\alpha = \frac{(\vec{D} \cdot \vec{s})(\vec{s} \cdot \vec{n})}{\vec{E} \cdot \vec{n}}\,.$$

Andererseits folgt aus Gl. (22)

$$\vec{D} \cdot \vec{s} = -\epsilon_0 \cdot \frac{c^2}{v^2}(\vec{n} \cdot \vec{s})(\vec{E} \cdot \vec{n})\,,$$

also

$$\alpha = -\epsilon_0 \cdot \frac{c^2}{v^2}(\vec{n} \cdot \vec{s})^2 = -\epsilon_0 \cdot \frac{c^2}{v^2}\cos^2\vartheta = -\epsilon_0 \cdot \frac{c^2}{V^2}\,.$$

Damit ergibt sich

$$\boxed{\frac{c^2}{V^2}\epsilon_0 \cdot \vec{E} - \vec{D} + (\vec{s} \cdot \vec{D})\vec{s} = 0}\,. \tag{36}$$

Vergleichen wir diese Beziehung mit der Gl. (22), so sehen wir, daß $\vec{D}$ und $\vec{E}$ vertauscht sind und daß an Stelle von $\frac{v^2}{c^2}$ das Verhältnis $\frac{c^2}{V^2}$ tritt.

Bezeichnen wir die Komponenten von $\vec{s}$, das sind die Richtungskosinusse des *Strahls*, mit $\cos A$, $\cos B$, $\cos \Gamma$ und drücken wir im zweiten Glied $\vec{D}$ durch $\vec{E}$ aus, so erhalten wir die Komponentengleichungen

$$\epsilon_0 \cdot E_x = \frac{\vec{D} \cdot \vec{s} \cos A}{\epsilon_\mathrm{I} - \frac{c^2}{V^2}}, \quad \epsilon_0 \cdot E_y = \frac{\vec{D} \cdot \vec{s} \cos B}{\epsilon_\mathrm{II} - \frac{c^2}{V^2}}, \quad \epsilon_0 \cdot E_z = \frac{\vec{D} \cdot \vec{s} \cos \Gamma}{\epsilon_\mathrm{III} - \frac{c^2}{V^2}}. \tag{37}$$

Drückt man durch diese Komponenten das verschwindende skalare Produkt $\vec{E} \cdot \vec{s}$ aus, nachdem man im Nenner für $\epsilon_\mathrm{I}, \ldots$ das Verhältnis $\frac{c^2}{v_\mathrm{I}}, \ldots$ eingesetzt hat, so gelangt man zu der Gleichung

$$\frac{v_\mathrm{I}^2 \cos^2 A}{v_\mathrm{I}^2 - V^2} + \frac{v_\mathrm{II}^2 \cos^2 B}{v_\mathrm{II}^2 - V^2} + \frac{v_\mathrm{III}^2 \cos^2 \Gamma}{v_\mathrm{III}^2 - V^2} = 0 \quad , \tag{38}$$

welche eine quadratische Gleichung für $V^2$ als Funktion der Strahlrichtung darstellt. Die Richtungen der zugehörigen Vektoren $\vec{E}'$ und $\vec{E}''$ erhält man ganz analog zu der Bestimmung von $\vec{D}'$ und $\vec{D}''$ entweder rechnerisch mit Hilfe der Gl. (37) oder geometrisch als die Hauptachsen der Schnittellipse zwischen dem FRESNELschen Ellipsoid und der durch seinen Mittelpunkt gelegten Ebene senkrecht $\vec{s}$. Aus dem Ellipsoid findet man dann in bekannter Weise die zugehörigen Vektoren $\vec{D}'$ und $\vec{D}''$, die nicht senkrecht aufeinander sind. Wie oben für $\vec{D}$ abgeleitet wurde, läßt sich zeigen, daß auch durch $\vec{E}$ die Welle eindeutig bestimmt ist.

## § 3. Normalenfläche und Strahlen(Wellen)fläche. Die optischen Achsen

Wir betrachten jetzt die Lichterregung, die sich von einem punktförmigen Zentrum aus ausbreitet. Dies braucht nicht eine wirkliche Licht*quelle* zu sein, sondern nach dem in der Beugungstheorie viel angewandten HUYGENSschen Prinzip darf man mit einem gewissen Recht – Näheres im übernächsten Kapitel – jeden Punkt der Welle als Zentrum neuer Wellen ansehen. Die von $O$ ausgehende Lichterregung können wir so darstellen, daß in jeder Richtung ein Flächenelement, das einen Teil einer ebenen Wellenfront darstellt, hindurchwandert. Nach der Zeit $\Delta t$ haben sich diese Wellenfronten in der Richtung der Normalen um die Strecke $v \cdot \Delta t$ fortgepflanzt. Tragen wir auf den Normalen die zugehörigen Strecken $OP = r = v \cdot \Delta t$ ab, so erfüllen die Endpunkte eine Fläche, die *Normalenfläche*. Der wirklich ausgebildete Teil der Wellenfront liegt aber nach $\Delta t$ nicht auf der Normalen, sondern irgendwo seitlich vom Endpunkt $P$ auf der Front (vgl. Fig. 97).

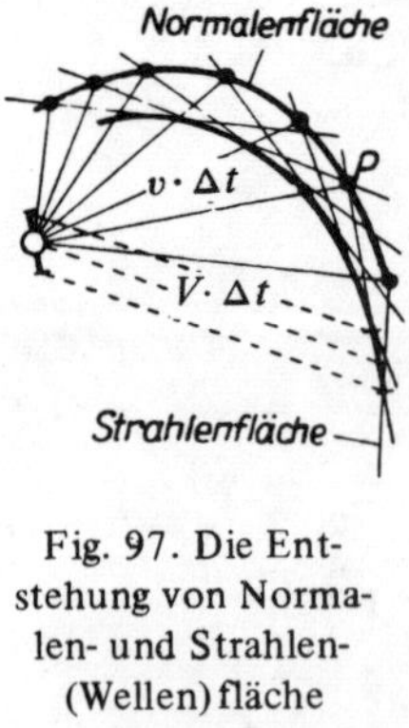


Fig. 97. Die Entstehung von Normalen- und Strahlen-(Wellen)fläche

Alle Wellenfronten umhüllen nämlich eine neue Fläche, an deren Oberfläche die einzelnen Teile der Wellenfronten liegen, die durch $O$ hindurchgegangen sind. Diese Fläche heißt *Strahlen-* oder auch *Wellen*fläche. Zunächst wollen wir uns mit der Normalenfläche befassen. Wir erhalten ihre Gleichung, wenn wir in Gl. (25′) für $v$ die Größe $r/\Delta t$ und $\frac{x}{r}$, ... für $\cos\alpha$, ... setzen. Weiterhin wollen wir $\Delta t = 1$ setzen, d.h. unter $v$ den während $\Delta t$ zurückgelegten Weg verstehen. Das ermöglicht eine geometrische Interpretation von Gl. 39.

$$(v_{\rm II}^2 - r^2)(v_{\rm III}^2 - r^2)x^2 + (v_{\rm III}^2 - r^2)(v_{\rm I}^2 - r^2)y^2 + (v_{\rm I}^2 - r^2)(v_{\rm II}^2 - r^2)z^2 = 0. \tag{39}$$

Dies stellt eine Fläche sechsten Grads dar, die entsprechend der Tatsache, daß zu jeder Normalenrichtung zwei Fortpflanzungsgeschwindigkeiten der Phase gehören, aus zwei Mänteln besteht. Wir wollen die Schnittkurven dieser Fläche mit den Koordinatenebenen, die ja als Symmetrieebenen des Tensorellipsoids besonders ausgezeichnet sind, betrachten. Der Schnitt mit der Ebene $y = 0$ ergibt z. B.

$$(v_{\rm II}^2 - r^2)(v_{\rm III}^2 - r^2)x^2 + (v_{\rm I}^2 - r^2)(v_{\rm II}^2 - r^2)z^2 = 0 . \tag{39′}$$

Diese Kurve zerfällt in den Kreis

$$r^2 = v_{\rm II}^2$$

und das Oval vierter Ordnung

$$(v_{\rm III}^2 - r^2)x^2 + (v_{\rm I}^2 - r^2)z^2 = 0 .$$

Nehmen wir jetzt an, daß

$$v_{\rm I} < v_{\rm II} < v_{\rm III},$$

so erkennt man, daß in der Ebene $y = 0$, und nur in dieser, Kreis und Oval reelle Schnittpunkte haben. Denn setzt man in der Gleichung des Ovals $r = v_{\rm II}$, so erhalten die Koeffizienten von $x$ und $z$ verschiedenes Vorzeichen, die Gleichung ist also durch reelle Werte von $x$ und $z$ zu befriedigen. Die Richtungen vom Mittelpunkt der Fläche nach diesen Schnittpunkten, in denen die beiden Mäntel der $F_6$ zusammenhängen, sind gegeben durch

$$\frac{z}{x} = \tan\alpha = \pm\sqrt{(v_{\rm III}^2 - v_{\rm II}^2)/(v_{\rm II}^2 - v_{\rm I}^2)} . \tag{40}$$

Diese Richtungen heißen die *optischen Achsen,* da in diesen Richtungen zur Normalenrichtung nur *eine* Phasengeschwindigkeit $v$ existiert. Die Richtungscosinusse der Wellennormalen, die mit einer der Achsen, – nehmen wir die zum positiven Zeichen der Wurzel gehörende – zusammenfällt, sind demnach

$$\cos\alpha = \frac{1}{\sqrt{1+\tan^2\alpha}} = \sqrt{(v_{\rm II}^2 - v_{\rm I}^2)/(v_{\rm III}^2 - v_{\rm I}^2)} , \qquad \cos\beta = 0$$
$$\cos\gamma = \sin\alpha = \sqrt{(v_{\rm III}^2 - v_{\rm II}^2)/(v_{\rm III}^2 - v_{\rm I}^2)} . \tag{41}$$

Setzt man diese Werte in (25′) ein, so erhält man als einzige Phasengeschwindigkeit in der Achsenrichtung $v' = v'' = v_{II}$. Damit wird die $Y$-Komponente von $\vec{D}$ unbestimmt, da in (24) sowohl $\cos\beta$, als auch $\frac{1}{\epsilon_{II}} - \frac{v_{II}^2}{c^2}$ verschwinden. Für $D_z/D_x$ erhält man $-\cot\alpha$, wie es sein muß, da ja $\vec{D}$ stets senkrecht auf $\vec{n}$ steht. Welchen Wert wir auch der $Y$-Komponente geben, stets bleibt der Vektor $\vec{D}$ senkrecht auf $\vec{n}$. $\vec{D}$ kann also alle möglichen Richtungen in der zu $\vec{n}$ senkrechten Ebene annehmen.

Andererseits gibt die geometrische Konstruktion scheinbar immer 2 Achsen der Schnittellipse des Indexellipsoids. Der Widerspruch wird dadurch gelöst, daß die Schnittellipse in diesem Fall ein Kreis wird und die Richtung von $\vec{D}$ unbestimmt bleibt. *Die optischen Achsen stehen also senkrecht auf den Ebenen der Kreisschnitte des Indexellipsoids.*

Mit $\vec{D}$ wird aber auch der zugeordnete Strahl unbestimmt. Man darf aber nicht etwa weiter schließen, daß man die verschiedenen möglichen Strahlrichtungen erhält, wenn man in Fig. 97 das ganze Vektorgerüst um $\vec{n}$ als Achse rotieren läßt. Denn der Winkel zwischen $\vec{D}$ und $\vec{E}$ und damit zwischen $\vec{n}$ und $\vec{s}$ hängt ganz von der Lage von $\vec{D}$ ab. $\vec{n}$ ist vielmehr nicht die Achse des von den verschiedenen Strahlrichtungen erfüllten Kegels, sondern selbst eine Erzeugende. Da nämlich die $Y$-Achse zu den Durchmessern des Schnittkreises gehört, sie also eine zulässige Richtung von $\vec{D}$ darstellt, in ihr aber $\vec{D}$ und $\vec{E}$ dieselbe Richtung haben, fällt für diese Lage von $\vec{D}$ auch $\vec{s}$ mit $\vec{n}$ zusammen.

Nähert sich der Betrag von $v_{III}$ dem von $v_{II}$, so wird der Winkel, den die beiden Achsen miteinander bilden, immer kleiner und im Grenzfall $v_{III} = v_{II}$ fallen beide Achsen mit der $X$-Achse zusammen, wobei der Kreis das Oval in den Endpunkten der zusammenfallenden Achsen berührt. In diesem Fall des *optisch einachsigen Kristalls* ist sowohl das FRESNELsche als das Indexellipsoid ein Rotationsellipsoid und es zerfällt, wie aus (39) ersichtlich, die Normalenfläche in die Kugel $r^2 = v_{II}^2$ und die Rotationsfläche vierter Ordnung

$$(v_{II}^2 - r^2)\,x^2 + (v_I^2 - r^2)(y^2 + z^2) = 0 \; . \tag{39''}$$

Praktisch wichtiger als die Normalenfläche ist die Strahlen- oder Wellenfläche, die man erhält, wenn man in Richtung des Strahls die Strahlgeschwindigkeit abträgt. In den so erhaltenen Punkten sind die wirklichen Teile der Wellenfront zu suchen, die in ihrer ganzen Ausdehnung durch die Tangentenebene an die so konstruierte Fläche gegeben ist. Fällt man von $O$ aus auf eine solche Tangentenebene das Lot, so erhält man wieder einen Punkt der Normalenfläche. Es ist also die Normalenfläche die Fußpunktsfläche der Strahlen- oder Wellenfläche. Ihre Gleichung erhält man, wenn man in Gl. (38) $r$ für $V$ und $\frac{x}{r}, \ldots$ für $\cos A, \ldots$ setzt. Sie lautet demnach

$$v_I^2(v_{II}^2 - r^2)(v_{III}^2 - r^2)x^2 + v_{II}^2(v_{III}^2 - r^2)(v_I^2 - r^2)y^2 + v_{III}^2(v_I^2 - r^2)(v_{II}^2 - r^2)z^2 = 0. \tag{42}$$

Das Glied niedrigster Potenz heißt $v_{\mathrm{I}}^2\, v_{\mathrm{II}}^2\, v_{\mathrm{III}}^2\, (x^2+y^2+z^2)$. Da alle andern Glieder $r^2$ enthalten, können wir durch $r^2$ dividieren und der Grad der Strahlenfläche ist nicht 6, sondern 4. Dementsprechend sind die Schnittkurven mit den Ko-Ellipsen (vgl. Fig. 98). Wieder gibt es eine Ebene, in der Kreis und Ellipse reelle Schnittpunkte haben, deren Verbindungsgeraden die optischen Strahlenachsen heißen. Hat der Strahl die Richtung einer der optischen Strahlenachsen, so gehören zu einer Strahlrichtung unendlich viele Normalenrichtungen, die die Oberfläche eines Kegels erfüllen. Bei einachsigen Kristallen zerfällt die Strahlen- (Wellen)-Fläche in die Kugel $r^2 = v_{\mathrm{II}}^2$ und das Rotationsellipsoid

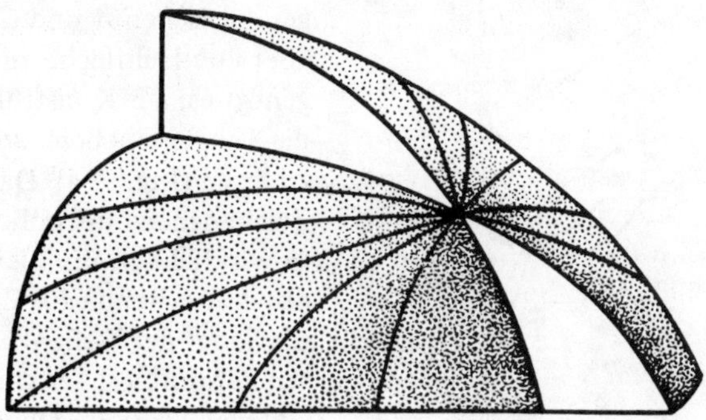

Fig. 98. Die beiden Mäntel der Strahlenfläche eines zweiachsigen Kristalls

$$\frac{x^2}{v_{\mathrm{II}}^2} + \frac{y^2+z^2}{v_{\mathrm{I}}^2} - 1 = 0. \tag{43}$$

## § 4. Brechung von Planwellen an ebenen Grenzflächen anisotroper Körper

Da die Forderungen der Stetigkeit der Tangentialkomponenten von $\vec{E}$ und $\vec{H}$ natürlich auch für anisotrope Medien erfüllt sein müssen, können wir die Ableitungen von S. 320ff., die zum Brechungs- und Reflexionsgesetz führen, ohne weiteres übertragen. Nur ist zu beachten, daß die auch dort mit $\vec{n}$ bezeichnete Richtung diejenige der Wellennormalen ist, wie aus der Gleichung der Planwelle für anisotrope Medien in § 2 hervorgeht. Es bleibt also an der Grenze eines anisotropen Mediums die *Wellennormale* in der Einfallsebene und gehorcht dem Brechungsgesetz. Mit dieser Erkenntnis ist aber für die Konstruktion der gebrochenen Wellennormalen nicht viel gewonnen. Denn zum Unterschied von den isotropen Medien hängt ja der Brechungsindex jetzt von der Richtung der Normalen ab. Man müßte also die Richtung der gebrochenen Normalen schon im voraus kennen, wenn man den richtigen Wert des Brechungsindex einsetzen will. Hier führt nun immer eine Konstruktion zum Ziel, die auch gelegentlich bei isotropen Körpern zur schnellen Herleitung des Brechungsgesetzes benützt wird und die auf dem HUYGENSschen Prinzip beruht, nach welchem man jeden Punkt einer Welle als Zentrum sekundärer Wellen betrachten kann, wobei man die nach Ablauf einer bestimmten Zeit erreichte Wellenfront als Hüllfläche der Sekundärwellen erhält. (Näheres hierüber im übernächsten Kapitel.) Wenden wir dieses Prinzip auf den Fall an, daß eine ebene Welle auf die ebene Oberfläche eines Kristalls auffalle (Fig. 99). Wir haben dann die von den Oberflächenpunkten ausgehenden Sekundärwellen zu betrachten unter Berücksichtigung des Umstandes, daß die Ankunft der primären Erregung zu verschiedenen Zeiten erfolgt, da ja die Punkte gleicher Phase durch die Ebene $AB$ dargestellt werden. Bei Eintreffen der Erregung in $C$ ist die vom Punkt $A$ ausgehende Erregung bereits auf eine Wellenfläche fortgeschritten, die der Zeit $\frac{BC}{c}$ – das erste Medium sei Vakuum – entspricht. Im entsprechenden Verhältnis verkleinert wären die Wellenflächen zu zeichnen, die zu den übrigen zwischen $A$ und $C$ liegenden Punkten gehören. Da aber ihre Hüllfläche eine Ebene ist, die durch $C$ geht, genügt es, zur Konstruktion der neuen Wellenfront von $C$ die Tangentenebene an die zu $A$ gehörende Wellenfläche zu legen (Fig. 99a). Da die Wellenfront senkrecht zur Zeichenebene unendlich ausgedehnt ist, handelt es sich in Wirklichkeit um die Tangentenebene, die durch eine durch $C$ gehende zur Zeichenebene senkrechte Gerade an die Schar der Wellenflächen gelegt wird, die zu den Punkten der durch $A$ senkrecht zur Zeichenebene gezogenen Geraden gehören. Denken wir uns jetzt einen Strahl dadurch gegeben, daß nur ein kleines Flächenelement in der Umgebung von $A$ wirklich realisiert ist, so muß dieses Element der Wellenfront nach der Brechung den Berührpunkt der Wellenfront mit der zum Punkt $A$ gehörenden Wellenfläche enthalten. In Fig. 99b sind die für eine Wellenfläche die Verhältnisse in einem zur Zeichenebene der Fig. 99a senkrechten Schnitt (Seitenriß) gezeichnet. Die obere Gerade projiziert sich in Fig. 99a als Punkt $A$. Diese beiden Berührpunkte (zu jedem Mantel gehört einer) liegen im allgemeinen nicht in der Zeichenebene der Fig. 99a, d. h. nicht in der Einfallsebene. *Der gebrochene Strahl gehorcht daher im allgemeinen nicht dem Brechungsgesetz.*

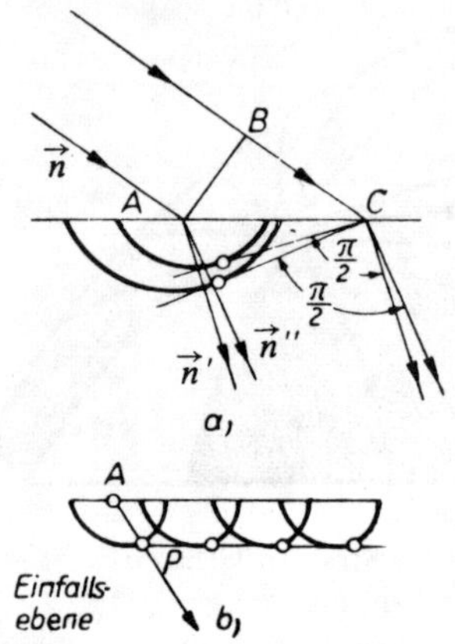


Fig. 99. Zur Konstruktion von gebrochener Wellenfront und gebrochenem Strahl

Man muß bei praktisch vorkommenden Fällen also unterscheiden, ob es sich um die Brechung der Normalen oder des Strahls, d. h. eines begrenzten Bündels einer Wellenfront, handelt. Dieser Unterschied kommt schon zur Geltung in dem einfachsten Fall des Durchgangs des Lichts durch eine planparallele Platte aus anisotropem Material. Fällt eine Planwelle senkrecht auf eine solche Platte auf, so wird die Normale nicht gebrochen. Es existieren aber entsprechend den beiden zu einer Normalenrichtung gehörenden Fortpflanzungsgeschwindigkeiten im Innern zwei zur Normalenrichtung senkrechte Wellenebenen. Stellt man eine plane Kristallplatte in den parallelen Strahlengang zwischen Kollimator und Fernrohr eines Spektralapparates, so beobachtet man keinerlei Doppelbrechung, weil es hier offenkundig nur auf die Normalenrichtung ankommt. Anders aber, wenn man ein begrenztes Bündel aus der Wellenfront ausblendet. Ein solches Bündel erfährt eine Doppelbrechung, weil ja im allgemeinen zu einer Normalen zwei Strahlrichtungen gehören.

Besonders merkwürdige Verhältnisse treten dann auf, wenn bei einem zweiachsigen Kristall die Wellennormale die Richtung einer der optischen Achsen hat. In diesem Fall gehören zur Normalen unendlich viele Strahlrichtungen und es ergibt sich in Übereinstimmung mit dem Experiment beim Durchgang eines feinen Bündels ein Kreisring, eine Erscheinung, die „innere konische Refraktion“ genannt wird, weil beim Eintritt des Strahls im Innern des Kristalls aus dem (unendlich dünnen) Bündel ein Kegelmantel wird, der beim Austritt zu einem Kreiszylinder gebrochen wird.

Den dualen Effekt zur Doppelbrechung des *Strahls* erhält man, wenn man an der Oberfläche der Platte einen Punkt $O$ Licht nach allen Richtungen senden läßt (zu realisieren z. B. durch eine auf die Platte aufgelegte diffus beleuchtete Lochblende). Durch eine auf der andern Seite anzubringende Lochblende kann man nun einen bestimmten Strahl ausblenden. Dieser erfährt aber beim Austritt aus der Platte eine Doppelbrechung, weil zu ihm zwei verschiedene Normalenrichtungen gehören und für jede ein anderer Brechungsindex gilt. Hat der so fixierte Strahl die Richtung einer der optischen Strahlenachsen, so gehören unendlich viele Normalen zu einer Strahlrichtung, infolge deren Brechung die Strahlen nach dem Austritt einen Kegelmantel erfüllen – *äußere konische Refraktion.*

Bei den bisherigen Ausführungen war stillschweigend angenommen, daß das einfallende Licht unpolarisiert sei, d. h. daß keine bestimmte Schwingungsebene von $\vec{E}$ existiere. Kehren wir nun nochmals zu dem senkrechten Einfall einer Planwelle auf eine planparallele Platte zurück. Zur Normalen gehören zwei aufeinander senkrechte Richtungen von $\vec{D}$, die, da sie auf $\vec{n}$ senkrecht stehen, in die Oberfläche der Platte fallen und die wir wie bisher mit $\vec{D}'$ und $\vec{D}''$ bezeichnen. Durch $\vec{D}$ und $\vec{n}$ ist auch die Schwingungsebene von $\vec{E}$ bestimmt (vgl. Fig. 96). Lassen wir jetzt linear polarisiertes Licht auffallen, dessen elektrischer Vektor mit dem einen der beiden Vektoren $\vec{D}$ den Winkel $u$ bilde, so können wir ihn in zwei Komponenten nach Richtungen von $\vec{D}'$ und $\vec{D}''$ zerlegen. Jede der beiden Komponenten hat aber eine verschiedene Phasengeschwindigkeit entsprechend den beiden zu $\vec{n}$ gehörenden Geschwindigkeiten. Infolgedessen besteht beim Austritt aus der Platte eine Phasendifferenz, das ursprünglich linear polarisierte Licht ist elliptisch geworden. Umgekehrt kann man durch Hinzufügen der entgegengesetzten Phasendifferenz auf diese Weise elliptisch polarisiertes Licht zu linearem machen (Prinzip der Kompensatoren für elliptisches Licht).

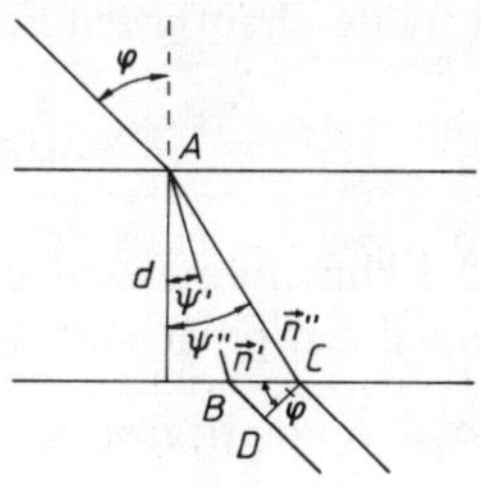

Fig. 100. Doppelbrechung an Planplatte

Zum Schlusse wollen wir noch kurz auf die schönen Kurvenbilder eingehen, die Planplatten aus anisotropen Stoffen zwischen gekreuzten Polarisationsfiltern zeigen. Lassen wir polarisiertes Licht auf die Oberfläche einer Kristallplatte unter dem Einfallswinkel $\varphi$ fallen, so gibt es im Kristall zwei verschiedene Normalenrichtungen mit je einer[1] Schwingungsebene von $\vec{D}$ und damit von $\vec{E}$. Das auffallende Licht wird im allgemeinen mit seiner Schwingungsebene nicht gerade in eine dieser Richtungen fallen, es wird also im allgemeinen nach jeder dieser Richtungen eine Komponente besitzen. An der Austrittsstelle bekommen die beiden Wellennormalen wieder dieselbe Richtung, da ja hier dieselben Konstruktionen wie an der Eintrittsstelle ausgeführt werden können (Umkehrbarkeit des Strahlengangs!). Da aber die beiden Wellen im Kristallinnern verschiedene

1) Man darf nicht annehmen, daß zu jeder der gebrochenen Normalen wieder 2 Schwingungsebenen existieren. Die Konstruktion der gebrochenen Wellenfront zeigt vielmehr, daß zu jeder der beiden Normalen eine ganz bestimmte Normalengeschwindigkeit $v$ und damit nach Gl. (26) auch eine ganz bestimmte Richtung von $\vec{D}$ gehört.

Wege zurückgelegt haben, werden sie eine Phasendifferenz besitzen, die bewirkt, daß das Licht nach dem Austritt im allgemeinen elliptisch polarisiert ist (vgl. den oben behandelten Sonderfall des senkrechten Eintritts). Die Phasendifferenz ist nach Fig. 100 gegeben durch

$$\delta = \omega\left(\frac{AB}{v'} + \frac{BD}{c} - \frac{AC}{v''}\right).$$

Bezeichnen wir den Winkel zwischen dem Einfallslot und den gebrochenen Normalen mit $\psi'$ bzw. $\psi''$, so wird bei einer Plattendicke $d$:

$$AB = \frac{d}{\cos\psi'}; \quad AC = \frac{d}{\cos\psi''}; \quad BD = BC\sin\varphi = d\,(\tan\psi'' - \tan\psi')\sin\varphi,$$

also ist

$$\delta = \omega d\left\{\left(\frac{\sin\psi''\sin\varphi}{c} - \frac{1}{v''}\right)\frac{1}{\cos\psi''} - \left(\frac{\sin\psi'\sin\varphi}{c} - \frac{1}{v'}\right)\frac{1}{\cos\psi'}\right\}.$$

Da für die Wellennormale das Brechungsgesetz gilt, ist

$$\frac{\sin\varphi}{c} = \frac{\sin\psi''}{v''} = \frac{\sin\psi'}{v'},$$

also

$$\delta = \omega d\left\{\frac{\cos\psi'}{v'} - \frac{\cos\psi''}{v''}\right\} \tag{44}$$

und für den häufigsten Fall des nahezu senkrechten Einfalls

$$\delta \approx \omega d\left(\frac{1}{v'} - \frac{1}{v''}\right). \tag{44'}$$

Ist der Phasenunterschied $2n\pi$, so ist die austretende Welle wieder in der ursprünglichen Ebene linear polarisiert, kann also durch ein zweites Polarisationsfilter, das gegen das erste, den Polarisator, um $\frac{\pi}{2}$ gedreht ist, ausgelöscht werden. Lassen wir konvergentes Licht auftreffen, so ergeben alle solche Richtungen $\varphi$ Dunkelheit, für die die Brechungswinkel $\psi'$ und $\psi''$ nach (44) $\delta = 2n\pi$ geben. Diese Richtungen ergeben also in der Brennebene einer Linse für eine bestimmte Wellenlänge (Farbe) schwarze Kurven, die *Isochromaten* heißen. Dies sind aber nicht die einzigen dunklen Kurven. Es gibt nämlich noch eine zweite Möglichkeit: Die Schwingungsebene der einfallenden Welle kann für bestimmte Einfallswinkel gerade mit einer der im Kristall möglichen Schwingungsebenen zusammenfallen. In diesem Fall gibt es gar keine zweite Welle, die die Elliptizität bewirken könnte. Die so entstehende dunkle Kurve heißt *Isogyre*.

Aufg. 100. Man zeige, daß eine senkrecht zur Achse geschnittene Planplatte eines einachsigen Kristalls zwischen gekreuzten Polarisationsfiltern ein von einem Achsenkreuz durchzogenes Kreisringsystem liefert.

Zehntes Kapitel

# Die Grundgedanken der klassischen Theorie der Materialkonstanten

## § 1. Das OHMsche Gesetz für Metalle

Die hohe Leitfähigkeit der Metalle wird durch Elektronen bewirkt. Der experimentelle Nachweis dafür gelang TOLMAN durch eine Bestimmung des Verhältnisses $e/m$ für die Leitungselektronen. Aus der Gültigkeit des OHMschen Gesetzes können wir auf eine Wechselwirkung zwischen den Leitungselektronen und den Gitterbestandteilen schließen. Diese Wechselwirkung beschreiben wir zunächst formal durch einen Reibungswiderstand.

$$-e\vec{E} = r \cdot \vec{v}\,. \tag{1}$$

(Das negative Zeichen steht wegen der negativen Elektronenladung.)
Um nun Näheres über die Reibungskonstante $r$ zu erfahren, gehen wir von der Vorstellung aus, jedes Atom habe größenordnungsmäßig ein Elektron als Leitungselektron verloren. Diese bewegen sich zwischen den positiv geladenen Hindernissen der Atomrümpfe, die die Gitterstruktur bilden.

Infolge des Wärmeinhalts des Metalls vollführen die Leitungselektronen im Innern gleich Gasatomen eine *ungeordnete* Wärmebewegung. Die mittlere Geschwindigkeit dieser Bewegung sei $v_w$. Wir rechnen der Einfachheit halber mit einer einheitlichen, dem Durchschnitt entsprechenden Geschwindigkeit, während in Wirklichkeit eine Geschwindigkeits*verteilung* vorliegen wird. Legen wir ein äußeres Feld an, so überlagert sich der ungeordneten Bewegung eine für alle Elektronen gleiche Komponente *in* Richtung des Feldes. Die Energieaufnahme aus dem Feld wird aber nicht unbegrenzt fortgehen, vielmehr wird ein Elektron bald durch Zusammenstoß mit einem Atomrest die gewonnene zusätzliche kinetische Energie wieder verlieren. Wir wollen als *wirksamen* Zusammenstoß einen solchen bezeichnen, bei dem die gesamte gewonnene Energie an den Atomrest abgegeben wird. Daneben kann es auch noch elastische Zusammenstöße geben, die wir gar nicht zu beachten brauchen. Als freie Weglänge $l$ wollen wir die Strecke zwischen 2 unelastischen Zusammenstößen bezeichnen. Die Zeit zwischen 2 unelastischen Stößen ist, solange wir die zusätzlich aus dem Feld gewonnene Geschwindigkeit als klein gegen die vorhandene Wärmebewegung betrachten können:

$$\tau = \frac{l}{v_w}\,. \tag{2}$$

Die im Feld nach der Zeit $\tau$ erreichte Geschwindigkeit beträgt nach der Grundgleichung der Mechanik

$$v_f = -\frac{eE \cdot \tau}{m}\,, \tag{3}$$

die mittlere *gerichtete* Geschwindigkeitskomponente zwischen 2 Zusammenstößen also

$$v_f = -\frac{eE \cdot \tau}{2m} = -\frac{eE \cdot l}{2v_w m}\,. \tag{4}$$

Die Wärmebewegung bewirkt wegen der völligen Unordnung der Geschwindigkeitsrichtungen im Mittel keinen Ladungstransport. Für die Stromdichte kommt daher nur die im Feld erreichte Zusatzgeschwindigkeit in Betracht. Beträgt die Zahl der freien Elektronen pro Volumen $N$, so erhalten wir für den Betrag der Stromdichte:

$$j = -N e v_f = \frac{e^2 N l E}{2 m v_w} = \sigma E. \tag{5}$$

Da keiner der Faktoren, aus denen $\sigma$ zusammengesetzt ist, vom Feld $E$ abhängt, haben wir damit die Proportionalität von Stromdichte und Feldstärke, d. h. das OHMsche Gesetz gewonnen.

Über die Temperaturabhängigkeit der Größen $N$, $l$, $v_w$ läßt sich folgendes aussagen: $N$ ist nach den Vorstellungen vom Aufbau der Metalle jedenfalls temperaturunabhängig. Erfahrungsgemäß ist $\sigma \sim \frac{1}{T}$. Im Rahmen der klassischen Physik hätte man zu vermuten, $v_w$ würde nach dem Gleichverteilungssatz (vgl. 4. Buch) mit der Temperatur ansteigen, da die mittlere kinetische Energie der Elektronen proportional zu $T$ wachsen sollte. Solange man über die Temperaturabhängigkeit von $l$ keine unabhängige Information hat, ist diese klassische Vorstellung nicht zu widerlegen. Im fünften Buch, Kapitel I, werden wir jedoch sehen, daß in diesem Fall der Gleichverteilungssatz versagt und daß $v_w$ als praktisch temperaturunabhängig angenommen werden muß.

## § 2. Die Wärmeleitung in Metallen; das WIEDEMANN-FRANZsche Gesetz

Das hohe Wärmeleitvermögen der Metalle, das das Wärmeleitvermögen fester Isolatoren um viele Zehnerpotenzen übertrifft, läßt vermuten, daß auch dieses Wärmeleitvermögen durch die freien Elektronen bedingt ist. Unter dieser Voraussetzung können wir die Wärmeleitfähigkeit der Metalle auf Grund derselben Vorstellung des Elektronengases berechnen und mit der elektrischen Leitfähigkeit in Zusammenhang bringen. Der Einfachheit halber vernachlässigen wir wieder die statistische Verteilung der Geschwindigkeiten und freien Weglängen und rechnen mit einem einheitlichen Betrag $v$, der mit $v_w$ bezeichneten Größe von § 1 entspricht, sowie einem einheitlichen Wert $l$. Die *Komponenten* von $\vec{v}$ können wir dagegen wegen des gleich häufigen Vorkommens aller Richtungen nicht für alle Elektronen als gleich groß ansehen. Es bestehe nun ein Temperaturgradient in Richtung der $Z$-Achse. In der Höhe $z = 0$ betrachten wir die durch den Querschnitt nach beiden Richtungen fliegenden Elektronen. Von diesen nehmen wir an, daß ihre Energie der Schicht entspricht, in der sie den letzten Zusammenstoß erlitten haben. Bezeichnen wir die in der Höhe $z = 0$ herrschende Energie mit $u_0$, die Temperatur mit $T_0$, so ist

$$u(z) = u_0 + \left(\frac{\mathrm{d}u}{\mathrm{d}z}\right)_0 z = \frac{3}{2} k T_0 + \frac{3}{2} k \frac{\mathrm{d}T}{\mathrm{d}z} z \quad . \tag{6}$$

Durch die den Querschnitt $z_0$ durchsetzenden Elektronen wird insgesamt pro Zeit und Fläche die Energie

$$S = \sum n_{v_z} v_z \left[ u_0 + \left(\frac{\mathrm{d}u}{\mathrm{d}z}\right)_0 z \right] \tag{7}$$

($n_{v_z}$ Zahl der Elektronen pro Volumen mit $z$-Komponente der Geschwindigkeit $v_z$) transportiert. Dabei ist in der Summe über alle vorkommenden $v_z$ und über alle möglichen Schichten $z$ zu summieren. Diese sind aber nicht unabhängig voneinander: Bei einheitlicher Geschwindigkeit $\vec{v}$ wird, wenn wir die Strecke zwischen der Ebene $z = 0$ und dem Ort des letzten Zusammenstoßes durch die mittlere freie Weglänge ersetzen:

$$\cos(\vec{e}_z \vec{v}) = \cos\vartheta = \frac{v_z}{v} = \frac{z}{l}\,. \tag{8}$$

Weiter verschwindet der Ausdruck $\Sigma\, n_{v_z} v_z$, da andernfalls ein elektrischer Strom $-e\, \Sigma\, n_{v_z} v_z$ durch den Querschnitt $z = z_0$ fließen würde. Wir bekommen also für den zeitlichen Transport von Wärmeenergie

$$S = \sum n_{v_z} v \frac{z^2}{l} \frac{\mathrm{d}u}{\mathrm{d}z} = \sum \frac{3}{2} \frac{k n_{vz} v z^2}{l} \frac{\mathrm{d}T}{\mathrm{d}z} = \frac{3}{2} kNvl \frac{\mathrm{d}T}{\mathrm{d}z} \overline{\cos^2\vartheta}\,. \tag{9}$$

Nun ist der räumliche Mittelwert $\overline{\cos^2\vartheta} = 1/3$. Wir haben also für die Wärmeströmung

$$S = \frac{1}{2} kNlv \frac{\mathrm{d}T}{\mathrm{d}z} \tag{10}$$

und nach der Definition der Wärmeleitfähigkeit $S = \sigma_w \frac{\mathrm{d}T}{\mathrm{d}z}$

$$\sigma_w = \frac{1}{2} kNlv. \tag{11}$$

Auch hier gilt für Temperaturabhängigkeit der einzelnen Faktoren das in § 1 Gesagte. Bilden wir aber das Verhältnis zur elektrischen Leitfähigkeit, so ergibt sich ein einfacher Ausdruck

$$\boxed{\frac{\sigma_w}{\sigma_{\mathrm{el}}} = \frac{1}{2} \frac{kNlv \cdot 6kT}{e^2 Nlv} = 3\left(\frac{k}{e}\right)^2 T}\,. \tag{12}$$

Dies ist das WIEDEMANN-FRANZsche Gesetz, nach dem das *Verhältnis von Wärme- und elektrischer Leitfähigkeit der absoluten Temperatur proportional ist.* Das Gesetz ist innerhalb gewisser Grenzen empirisch gut bestätigt.

## § 3. Das Zustandekommen der elektrischen und magnetischen Polarisation

Während in der Kontinuumstheorie die Dielektrizitätskonstante und die Permeabilität bzw. die Vektoren der elektrischen Verschiebung $\vec{D}$ und der magnetischen Induktion $\vec{B}$ die Größen sind, mit denen gerechnet wird, kommt ihnen vom atomistischen Standpunkt keine anschauliche physikalische Bedeutung zu. Hier ist es die Polarisation, d.h. das resultierende Dipolmoment pro Volumen, dessen Zustandekommen wir atomistisch verstehen. Die Polarisation $\vec{P}$, im magnetischen Fall Magnetisierung $\vec{M}$ genannt, hängt nach S. 262 mit $\vec{D}$ und $\vec{E}$ bzw. $\vec{B}$ und $\vec{H}$ zusammen gemäß der Beziehung

$$\vec{D} = \epsilon_0 \vec{E} + \vec{P}, \quad \vec{B} = \mu_0 (\vec{H} + \vec{M})\,.$$

Für isotrope Körper ist der Vektor der Polarisation der Feldstärke parallel gerichtet. Für anisotrope Körper (nichtreguläre Kristalle) ist $\vec{P}$ eine lineare Vektorfunktion von

$\vec{E}$. Wir wollen uns hier auf isotrope Körper beschränken, für die demnach der Zusammenhang zwischen $\vec{P}$ und $\vec{E}$ bzw. $\vec{M}$ und $\vec{H}$ durch eine einfache Skalargröße, die Suszeptibilität $\chi$, gegeben ist.

Ein resultierendes Dipolmoment kann nun sowohl im elektrischen als im magnetischen Fall auf zweierlei Weise entstehen: Es können einmal die Moleküle des betreffenden Stoffs Träger eines elektrischen bzw. magnetischen Moments sein. Dann liegen ohne Feld die Achsen der Dipole vollkommen ungeordnet, so daß keine Resultante entsteht. Bei Anlegen des Feldes tritt eine gewisse Ordnung ein, indem sich die Moleküle in die Richtung kleinster Energie, das ist die dem Feld parallele, einzustellen suchen. Dieser Einstellung wirkt aber die Wärmebewegung entgegen, so daß die Ordnung erst für unendlich großes Feld oder für den absoluten Nullpunkt vollkommen werden kann. Wie man sieht, ist diese Art von Suszeptibilität stark von der Temperatur abhängig. Im magnetischen Fall hat sich dafür schon lange die Bezeichnung „paramagnetisch" eingebürgert. Im elektrischen Fall ist die Unterscheidung äußerlich nicht so augenfällig. Die hier benutzte Bezeichnung „parelektrisch" hat sich daher noch nicht allgemein durchgesetzt.

Die andere Möglichkeit besteht darin, daß das Dipolmoment im Einzelmolekül erst durch das Feld erzeugt wird. Im elektrischen Fall ist diese Entstehung leicht einzusehen. Die Elektronenhülle ist nicht starr um den Kern herumgelegt, vielmehr ruft ein elektrisches Feld eine Verschiebung des elektrischen Schwerpunkts der Elektronenhülle gegen den Kern hervor, wobei die Richtung der Verschiebung wegen des negativen Vorzeichens der Elektronenladung dem Feld entgegengesetzt ist. Das so entstehende Dipolmoment hat nach seiner Definition als dem mit dem Grenzwert Ladung × Abstand multiplizierten Einheitsvektor der Richtung von der negativen zur positiven Ladung die Richtung von $\vec{E}$. Die so entstehende „dielektrische Polarisation" hat also die Richtung von $\vec{E}$. Im elektrischen Fall unterscheiden sich dielektrische und parelektrische Polarisation nicht im Vorzeichen. *Wohl aber besteht für die dielektrische Polarisation, da ja keine Einstellung stattfindet, keine Temperaturabhängigkeit.* Die dielektrische Polarisation ist auch bei parelektrischen Substanzen vorhanden, da natürlich auch bei ihnen eine solche Verlagerung der Schwerpunkte von positiver und negativer Ladung stattfindet. Die Trennung der beiden Anteile fällt indes auf Grund der in den folgenden Paragraphen gewonnenen Erkenntnisse nicht schwer.

Die Entstehung des „Diamagnetismus" ist etwas verwickelter. Die Wirkung eines Magnetfelds auf die Elektronen eines Atoms besteht darin, daß eine zusätzliche Rotationsbewegung um die Richtung des Feldes als Achse als Induktionswirkung entsteht. Diese Rotation elektrischer Ladung erzeugt ein magnetisches Moment, das, wie die genaue Rechnung zeigt, dem Feld entgegengerichtet ist. Die diamagnetische Suszeptibilität hat also das umgekehrte Vorzeichen wie die paramagnetische, daher ist die Unterscheidung der beiden Arten beim Magnetismus schon alt. Das paramagnetische Moment eines Atoms muß nach der Quantentheorie ein Vielfaches einer Grundgröße, des Magnetons, sein, und dieses ist so groß, daß bei paramagnetischen Substanzen die stets vorhandene diamagnetische Suszeptibilität nur die Rolle einer kleinen Korrekturgröße spielt

## § 4. Dielektrische Polarisation, optischer Brechungsindex und Dispersion

Wir nehmen an, der betrachtete Stoff enthalte pro Volumen $N$ Atome oder Moleküle, die selbst kein Dipolmoment besitzen. Weiter wollen wir zunächst voraussetzen, daß die Abstände der Einzelteilchen so groß sind, daß wir ihre gegenseitige Beeinflussung vernachlässigen können. Im Feld $\vec{E}$ nimmt jedes Einzelteilchen ein Moment an, das wir dem Feld proportional setzen können. Denn es handelt sich um die Störung der Gleichgewichtslage des Elektronensystems, wobei rücktreibende Kräfte auftreten, die in erster Näherung der Elongation proportional sind. Diese rücktreibenden Kräfte halten der angreifenden Feldstärke das Gleichgewicht, die Elongation und damit das Dipolmoment wird so der Feldstärke proportional. Es gilt also

$$\vec{p} = \alpha \vec{E} \tag{13}$$

und die Polarisation wird

$$\vec{P} = \epsilon_0 \chi_e \vec{E} = N\alpha \vec{E} \,. \tag{14}$$

Für die Dielektrizitätszahl erhält man damit

$$\epsilon_r = n^2 = 1 + \frac{1}{\epsilon_0} N\alpha \,. \tag{15}$$

Unter Benutzung der MAXWELLschen Relation, die als *Definitionsgleichung* natürlich immer gilt, haben wir $\epsilon_r = n^2$ gesetzt. Darin darf aber $\epsilon_r$ nicht als die statische Dielektrizitätszahl betrachtet werden. Da wir uns zunächst auf sehr verdünnte Materie beschränken, können wir für $n^2 - 1$ setzen: $(n - 1) \cdot 2$ und erhalten damit für den Brechungsindex als Näherungsformel

$$n - 1 \approx \frac{1}{2\epsilon_0} N\alpha \,. \tag{15'}$$

Wenn nun ein Wechselfeld angelegt wird, so muß, da ja eine „quasi-elastische" Bindung an die Gleichgewichtslage angenommen wird, die Amplitude der Verschiebung der Elektronenhülle von der Frequenz abhängen. Nehmen wir weiter an, daß ein einzelnes Elektron durch die Verschiebung aus der Gleichgewichtslage die Polarisation erzeuge, so haben wir für dieses die Bewegungsgleichung der erzwungenen harmonischen Schwingung:

$$m \frac{d^2 s}{dt^2} + ks = -eE_0 \, e^{i\omega t} \,, \tag{16}$$

deren stationäre Lösung lautet

$$s = -\frac{eE_0 \, e^{i\omega t}}{k - m\omega^2} \,, \tag{17}$$

oder unter Einführung der Eigenfrequenz $\omega_0 = \sqrt{k}/m$

$$s = -\frac{eE_0 \, e^{i\omega t}}{m(\omega_0^2 - \omega^2)} \,. \tag{18}$$

Damit wird das Dipolmoment

$$\vec{p} = \vec{p}_0 e^{i\omega t} = \frac{e^2 \vec{E}_0 e^{i\omega t}}{m(\omega_0^2 - \omega^2)} \tag{19}$$

und die Polarisierbarkeit demnach

$$\alpha = \frac{e^2/m}{\omega_0^2 - \omega^2} . \tag{20}$$

Beträgt die Zahl der beteiligten Elektronen nicht 1, sondern $f$ ($f$ heißt die Oszillatorstärke), so erhält man den $f$-fachen Wert und es ergibt sich für den Brechungsindex, wenn man noch $\omega$ durch $2\pi\nu$ ersetzt:

$$n - 1 = \frac{fNe^2/m}{8\pi^2 \epsilon_0 (\nu_0^2 - \nu^2)} . \tag{21}$$

In dieser einfachsten Dispersionsformel sind schon alle wesentlichen Eigenschaften des optischen Brechungsindex enthalten: Als Eigenfrequenz $\nu_0$ ist die *Absorptionsfrequenz* des Atoms anzusprechen. Denn für diese wird das Mitschwingen so groß, daß dem Primärstrahl alle Energie entzogen und nach allen Richtungen zerstreut wird. Die Absorptionslinien der freien Atome liegen nun fast ausschließlich im ultravioletten Teil des Spektrums. Betrachten wir daher den Gang des Brechungsindex im Sichtbaren, so ist $\nu < \nu_0$, der Brechungsindex also stets $> 1$. Mit abnehmender Wellenlänge, d. h. zunehmender Frequenz $\nu$ nähert man sich der Eigenfrequenz, die Differenz $\nu_0^2 - \nu^2$ wird immer kleiner und der Brechungsindex steigt nach dem kurzwelligen Teil stark an. Dies ist das von Gläsern und Flüssigkeiten her geläufige Verhalten, daher nennt man dies die *normale* Dispersion. Jenseits der Absorptionsstelle wird dagegen der Brechungsindex nach Gl. (21) kleiner als 1, die dort liegenden Wellen werden daher weniger gebrochen als die längeren. Diese zuerst bei Fuchsin von CHRISTIANSEN beobachtete Umordnung der gewohnten Farbenfolge im prismatischen Spektrum heißt *anomale* Dispersion, obwohl im Sinne der Theorie durchaus keine Anomalie vorliegt.

Die Dispersionsformel läßt sich in verschiedener Hinsicht verfeinern. Zunächst ist dem Umstand Rechnung zu tragen, daß ein Atom oder Molekül nicht eine, sondern eine große Anzahl von Absorptionslinien besitzt. Jede trägt mit einer ihrer Intensität proportionalen Oszillatorstärke zum Brechungsindex bei, so daß wir schreiben:

$$\boxed{n - 1 = \frac{Ne^2/m}{8\pi^2 \epsilon_0} \sum_i \frac{f_i}{\nu_{0i}^2 - \nu^2}} . \tag{22}$$

Weiter ist die Schwingung des quasielastisch gebundenen Elektrons nicht ungedämpft: Die mit der Schwingung verknüpfte Ausstrahlung (vgl. S. 313) bedingt eine gewisse Dämpfung, durch die das Unendlichwerden des Brechungsindex an der Absorptionsstelle, die hier noch als Schönheitsfehler der Formel (22) anhaftet, verhindert wird. Unter Berücksichtigung der Dämpfung wird der Brechungsindex komplex, und der Stoff verhält sich in der Nähe der Absorptionsstelle wie ein Metall, doch wollen wir hierauf nicht weiter eingehen.

Wichtiger ist die Berücksichtigung der Wechselwirkung der Dipole, die wir nicht mehr vernachlässigen dürfen, wenn wir zu dichteren Stoffen, also Flüssigkeiten oder Festkörpern übergehen. In diesen Fällen wirkt am Ort eines herausgegriffenen Atoms ein mikroskopisches Feld $\vec{F}$, das nicht identisch ist mit dem makroskopisch definierten Feld $\vec{E}$, das wir z. B. bei einem Kondensator aus der angelegten Spannung berechnen. Als Suszeptibilität ist aber nach wie vor das Verhältnis der Polarisation zur *makroskopischen* Feldstärke definiert. Der Unterschied zwischen $\vec{E}$ und $\vec{F}$ besteht darin, daß zur makroskopischen Feldstärke *alle* Ladungen mitwirken, bei der auf den herausgegriffenen Dipol wirkenden Feldstärke $\vec{F}$ dieser aber nicht mitzählt. Um das zum äußeren Feld hinzutretende Feld der Nachbardipole zu berechnen, schlagen wir um den Ort des betrachteten Atoms eine kleine Kugel und betrachten zuerst den Beitrag der außerhalb der Kugel liegenden Dipole, d. h. wir denken uns aus der kleinen Kugel die Materie weggeschafft. Dann hat die Kugel eine Flächenladung und das Zusatzfeld erhält nach S. 265, wo dieselbe Flächenladung mit umgekehrtem Vorzeichen vorlag, den Wert $+\frac{1}{3\epsilon_0}\vec{P}$ (vgl. auch Aufg. 75). Der Beitrag der innerhalb der Kugel liegenden Teilchen verschwindet nach einer Rechnung von LORENTZ dann, wenn entweder völlige Unordnung herrscht oder das herausgegriffene Atom ein Punkt eines regulären Kristallgitters ist, also bei allen isotropen Körpern. Das Dipolmoment des Einzelatoms oder -moleküls wird damit

$$\vec{p} = \alpha\left(\vec{E} + \frac{1}{3\epsilon_0}\vec{P}\right), \tag{23}$$

und für die Polarisation erhält man die Gleichung

$$\vec{P} = N\alpha\left(\vec{E} + \frac{1}{3\epsilon_0}\vec{P}\right). \tag{24}$$

Löst man nach $\vec{P}$ auf, so ergibt sich

$$\vec{P} = \epsilon_0\chi_e\vec{E} = (\epsilon - \epsilon_0)\vec{E} = \frac{N\alpha\vec{E}}{1 - \frac{1}{3\epsilon_0}N\alpha}. \tag{25}$$

An Stelle des durch Gl. (15) gegebenen einfachen Zusammenhangs zwischen $N$, $\alpha$ und $\epsilon$ bzw. $n^2$ tritt, wie man durch Auflösen von (25) nach $N\alpha$ erkennt,

$$\frac{1}{3\epsilon_0}N\alpha = \frac{\epsilon_r - 1}{\epsilon_r + 2} = \frac{n^2 - 1}{n^2 + 2}, \tag{26}$$

bei dichteren Stoffen lautet daher die Dispersionsformel

$$\boxed{\frac{n^2 - 1}{n^2 + 2} = \frac{Ne^2/m}{12\pi^2\epsilon_0}\sum_i \frac{f_i}{\nu_{0i}^2 - \nu^2}}\ . \tag{27}$$

Wie man sich sofort überzeugen kann, geht für $n \approx 1$ diese Formel in Gl. (22) über.

Extrapoliert man Gl. (27) auf unendlich lange Wellen, d. h. $\nu = 0$, so erhält man die statische Dielektrizitätszahl aus der Gleichung

$$\frac{\epsilon_r - 1}{\epsilon_r + 2} = \frac{Ne^2/m}{12\pi^2\epsilon_0}\sum_i \frac{f_i}{\nu_{0i}^2}\ . \tag{28}$$

Bei vielen Stoffen erhält man so in der Tat aus dem Gang des optischen Brechungsindex die statische Dielektrizitätszahl, bei andern, wie beim Wasser, dagegen einen gänzlich falschen Wert. Der Grund liegt darin, daß man auf diese Weise nur den dielektrischen Anteil der Polarisation ermittelt, da der parelektrische Anteil, wie wir im nächsten Abschnitt sehen werden, wegen der Trägheit des Einstellvorgangs für optische Frequenzen verschwindet. Substanzen, für die man aus (28) den richtigen Wert von $\epsilon_r$ erhält, sind also dipolfrei.

Aufg. 101. Man zeige unter Verwendung von Gl. (19) von S. 350 und Gl. (63) von S. 314, daß die von einem atomaren Dipol aus einer einfallenden Welle durch Mitschwingen nach allen Seiten gestreute Energie bei sichtbarem Licht zu $1/\lambda^4$ proportional, bei Röntgenstrahlen dagegen unabhängig von der Wellenlänge ist. Die Eigenfrequenzen der Atome oder Moleküle liegen im Gebiet des kurzwelligen Ultraviolett. (Die erste Art von Streuung, die die blaue Farbe des Himmels verursacht, heißt RAYLEIGH-, die zweite Art THOMSON-Streuung).

Aufg. 102. Man berechne Phasen- und Gruppengeschwindigkeit elektromagnetischer Wellen in einem Medium, das pro Volumen $N$ freie Elektronen enthält (HEAVISIDE-Schicht der Atmosphäre = Ionosphäre).

## § 5. Die parelektrische Suszeptibilität

Wie in § 3 auseinandergesetzt wurde, entsteht in Stoffen, deren Moleküle Träger eines elektrischen Moments sind, bei Anlegen des Feldes eine resultierende Polarisation durch Ausrichten dieser Momente. Diese Erscheinung tritt nur dann auf, wenn die Moleküle frei beweglich sind, also in erster Linie in Gasen und Flüssigkeiten, und wenn der Wechsel des äußeren Feldes so langsam erfolgt, daß die Trägheit der Moleküle ein Zustandekommen der Gleichgewichtsverteilung zuläßt, ehe das Feld seine Richtung ändert. Der die hohe Dielektrizitätszahl des Wassers bedingende parelektrische Anteil verschwindet daher beim Übergang zu Frequenzen, die der Wellenlänge einiger Zentimeter entsprechen entsprechen.

Um nun den Grad der Ordnung der Dipole als Funktion von Temperatur und Feldstärke zu finden, gehen wir aus von dem in der Statistik (vgl. 4. Buch, Kap. IX) abgeleiteten Satz, daß die Zahl der Teilchen eines Systems, die sich in einem Zustand mit der Energie $u$ befindet, proportional zu $e^{-\frac{u}{kT}}$ ist ($k$ BOLTZMANNsche Konstante). Nun ist die potentielle Energie eines Dipols $\vec{p}$ im Feld $\vec{E}$ gegeben durch

$$u = -\vec{p}\cdot\vec{E} = -pE\cos\vartheta. \tag{29}$$

Markieren wir die Richtungen der Dipolachse durch Punkte auf der Einheitskugel, so ist die Zahl dieser Punkte, die in die zwischen den Poldistanzen $\vartheta$ und $\mathrm{d}\vartheta$ liegende Zone fallen, dem Zoneninhalt $2\pi\sin\vartheta\,\mathrm{d}\vartheta$ und außerdem $e^{-\frac{u}{kT}}$ proportional. Wir können also setzen

$$\mathrm{d}N = Ce^{\frac{pE\cos\vartheta}{kT}}\sin\vartheta\,\mathrm{d}\vartheta\,. \tag{30}$$

Dabei ist der Faktor $2\pi$ in den Proportionalitätsfaktor hereingenommen. Diesen erhalten wir sofort aus der Zahl $N$ aller Teilchen pro Volumen

$$N = C \int_0^\pi e^{\frac{pE\cos\vartheta}{kT}} \sin\vartheta \, d\vartheta \, . \tag{31}$$

Setzen wir in diesem Integral

$$\frac{pE\cos\vartheta}{kT} = x,$$

so wird

$$N = C \frac{kT}{pE} \int_{-\frac{pE}{kT}}^{+\frac{pE}{kT}} e^x \, dx = \frac{2CkT}{pE} \sinh \frac{pE}{kT} \, . \tag{32}$$

Löst man nach $C$ auf und setzt den Wert in Gl. (30) ein, so ergibt sich

$$dN = \frac{NpE}{2kT \sinh \frac{pE}{kT}} \, e^{\frac{pE\cos\vartheta}{kT}} \sin\vartheta \, d\vartheta \, . \tag{33}$$

Bildet die Achse eines Dipols mit $\vec{E}$ den Winkel $\vartheta$, so wird sein Beitrag zu der dem Feld parallel gerichteten Resultante $p \cos\vartheta$. Die zum Feld senkrechten Komponenten heben sich bei der Summierung über alle Dipole weg, und wir erhalten das resultierende Dipolmoment pro Volumen, d. h. die Polarisation durch Integration über alle Richtungen:

$$P = \frac{Np^2E}{2kT \sinh \frac{pE}{kT}} \int_0^\pi e^{\frac{pE\cos\vartheta}{kT}} \cos\vartheta \sin\vartheta \, d\vartheta \, . \tag{34}$$

Vermöge derselben Substitution wie oben ergibt sich

$$P = \frac{NpkT}{2pE \sinh \frac{pE}{kT}} \int_{-\frac{pE}{kT}}^{+\frac{pE}{kT}} e^x \, x \, dx = \frac{NpkT[xe^x - e^x]_{-\frac{pE}{kT}}^{+\frac{pE}{kT}}}{2pE \sinh \frac{pE}{kT}}$$

oder

$$P = Np \left\{ \coth\left(\frac{pE}{kT}\right) - \frac{1}{\left(\frac{pE}{kT}\right)} \right\} = Np \, L\left(\frac{pE}{kT}\right) . \tag{35}$$

Dabei haben wir die Funktion $\coth x - \frac{1}{x}$ nach LANGEVIN, von dem die Theorie entwickelt wurde, mit $L(x)$ bezeichnet. Für große $x$ nähert sich, wie man aus der Definition sofort sieht, $L(x)$ dem Wert 1, für kleine $x$ verhält sich die Funktion, wie man sich durch Reihenentwicklung leicht überzeugen kann, wie $\frac{x}{3}$. Da $Np$ den Höchstwert (Sättigungswert) der Polarisation darstellt, der dann erreicht ist, wenn alle Dipole in die

Feldrichtung eingestellt sind, ist, wenn das Resultat überhaupt einen Sinn haben soll, der Grenzwert 1 für großes Argument notwendig. Für kleine Feldstärken und nicht zu tiefe Temperaturen genügt die Näherung durch $\frac{x}{3}$, und wir erhalten, da $\vec{P}$ stets die Richtung von $\vec{E}$ hat:

$$\boxed{\vec{P} = \frac{Np^2}{3kT}\vec{E}}, \quad \chi_e = \frac{1}{\epsilon_0}\frac{Np^2}{3kT}. \tag{36}$$

Innerhalb gewisser Grenzen ist also auch die parelektrische Suszeptibilität vom Feld unabhängig, und wir können die Formeln des § 4 übertragen, wenn wir in ihnen $\alpha$ durch $\frac{p^2}{3kT}$ ersetzen. So ergibt sich für den parelektrischen Anteil der Dielektrizitätszahl unter Berücksichtigung der Wechselwirkung der Dipole aus (26)

$$\boxed{\frac{\epsilon_r - 1}{\epsilon_r + 2} = \frac{Np^2}{9\epsilon_0 kT}}. \tag{37}$$

Während bei der Ableitung der Formel für die parelektrische Polarisation die fast selbstverständliche Voraussetzung gemacht wurde, daß alle Orientierungen der Dipole gegen das Feld erlaubt sind, kommt nach den Prinzipien der Quantentheorie nur eine diskrete Folge von Einstellwinkeln vor. Indes ergibt die strenge quantenmechanische Rechnung gerade im elektrischen Fall nur geringe Abweichungen von der klassischen LANGEVINschen Formel. Von viel größerer Bedeutung wird die „Richtungsquantelung" im magnetischen Fall, der im folgenden behandelt wird.

Aufg. 103. Man berechne aus der Dielektrizitätszahl $\epsilon_r = 80$ für $T = 290$ K und dem optischen Brechungsindex 1,33 das Dipolmoment der Wassermoleküle unter der Voraussetzung, daß dielektrische und parelektrische Polarisation sich additiv verhalten.

## § 6. Die paramagnetische, ferromagnetische und antiferromagnetische Suszeptibilität

In Kristallen, die aus Ionen aufgebaut sind, gibt es einen weiteren Beitrag zur Polarisation und damit zur Dielektrizitätszahl dadurch, daß die Ionen als ganze gegeneinander verlagert werden. Wegen der großen Masse der Ionen verschwindet aber dieser Beitrag bei optischen Frequenzen.

Endlich gibt es Kristalle mit sehr hohen Werten der Dielektrizitätszahl (bis 70000!), die wegen der Ähnlichkeit mit den ferromagnetischen Stoffen als ferroelektrisch bezeichnet werden. Die Erklärung der Ferroelektrizität wird im Anschluß an den Ferromagnetismus am Schluß dieses Abschnitts behandelt werden.

Während als Träger von elektrischen Momenten nur Moleküle in Frage kommen, da bei allen Atomen der Schwerpunkt der negativen Ladung mit der positiven zusammenfällt, können freie Atome sehr wohl magnetische Momente besitzen. Noch in einem zweiten Punkt unterscheidet sich der Paramagnetismus von der Parelektrizität. Wie aus den geringen Änderungen zu schließen ist, die die paramagnetische Suszeptibilität von Salzen bei der Lösung erleidet, *bildet der feste Aggregatzustand kein Hindernis für die Einstellung der Dipole.* Nimmt man zunächst alle Orientierungen als gleichberechtigt an so braucht man nur die Formeln von § 5 ins Magnetische zu übersetzen. Anstelle des elektrischen Dipolmomentes $\vec{p}$ tritt das magnetische $\vec{m}$. In Entsprechung zu $\epsilon_0$ tritt $\frac{1}{\mu_0}$. Damit erhalten wir aus (36) die paramagnetische Suszeptibilität unter Vernachlässigung der Wechselwirkung der Dipole für schwache Felder

$$\chi_m = \mu_0 \cdot \frac{Nm^2}{3kT} = \frac{C}{T}\,. \tag{38}$$

Dieses Gesetz fand P. CURIE 1892. $C$ heißt deshalb CURIE-Konstante. Die Magnetisierung wird

$$\vec{\mu} = \mu_0 \cdot \frac{N \cdot m^2}{3kT} \cdot \vec{H}\,, \tag{39}$$

wenn wir bei der Übertragung auf den magnetischen Fall die Definitionsgleichungen $\vec{D} = \epsilon_0 \vec{E} + \vec{P}$ sowie $\vec{B} = \mu_0 (\vec{H} + \vec{M})$ beachten.

Bei der Ableitung von (38) ist vorausgesetzt, daß alle Einstellungen der Dipole zum Feld erlaubt sind. Nun ist es ein wesentliches Moment der Quantentheorie, daß sie nur einige wenige Orientierungen der Dipolachse zum Feld zuläßt. Näheres hierüber wird im 5. Buch ausgeführt werden. Wir wollen hier nun den besonders wichtigen Fall untersuchen, daß nur die parallele und die antiparallele Einstellung eines Moments zum Feld zugelassen sei. Das BOLTZMANNsche Prinzip regelt auch hier die Verteilung: Sei $N_+$ die Zahl der parallel, $N_-$ die der antiparallel eingestellten Momente, so ist, wegen $N_+ + N_- = N$

$$N_+ = \frac{N e^{\frac{m \cdot B}{kT}}}{e^{\frac{m \cdot B}{kT}} + e^{-\frac{m \cdot B}{kT}}}\,, \qquad N_- = \frac{N e^{-\frac{m \cdot B}{kT}}}{e^{\frac{m \cdot B}{kT}} + e^{-\frac{m \cdot B}{kT}}}\,, \tag{40}$$

also wird

$$M = N_+ m - N_- m = Nm \tanh \frac{m \cdot B}{kT}\,. \tag{41}$$

An Stelle der Funktion $\coth x - 1/x$ tritt $\tanh x$. Der Verlauf ist wieder der für eine Sättigungskurve typische, jedoch ist die Steigung im Anfang 1 statt $1/3$. In den folgenden Ausführungen brauchen wir nur anstatt $L(x)$ die Funktion $L_{1/2}(x) = \tanh x$ zu setzen, und das Resultat entspricht dem quantentheoretischen Spezialfall von 2 erlaubten Einstellungen. Die Funktion $L_{1/2}$ heißt BRILLOUIN-Funktion. Der Index weist auf den Spin $1/2$ hin.

*Ferromagnetismus:* Wenn man die Wechselwirkung der Dipole in Rechnung zieht, indem man für das wirksame mikroskopische Feld $\vec{H}^* = \vec{H} + \nu \vec{M}$ die Summe aus dem makroskopischen Feld und einer der Magnetisierung proportionalen Größe setzt, so kommt man für das Zusatzglied nicht mehr mit dem in § 4 abgeleiteten Proportionalitätsfaktor $\frac{1}{3}$ aus, wenn man den Beobachtungen gerecht werden will. Wir setzen daher allgemeiner eine empirische Konstante $\nu$ ein. Für die Magnetisierung ergibt sich ohne Richtungsquantelung, solange wir $L_{1/2}(x)$ durch $x/3$ ersetzen können, die Gleichung

$$\vec{M} = \mu_0 \frac{Nm^2}{3kT} (\vec{H} + \nu \vec{M})\,. \tag{42}$$

Daraus erhalten wir

$$\vec{\mu} = \frac{\mu_0 N m^2 \cdot \vec{H}}{3k\left(T - \nu \dfrac{\mu_0 N m^2}{3k}\right)} = \frac{\mu_0 N m^2 \cdot \vec{H}}{3k(T-\Theta)}, \tag{43}$$

wenn wir setzen

$$\Theta = \frac{\nu \cdot \mu_0 N m^2}{3k}.$$

Für die Suszeptibilität ergibt sich das CURIE-WEISSsche Gesetz.

$$\chi_m = \nu \cdot \frac{\mu_0 N m^2}{3k(T-\Theta)}. \tag{44}$$

Trägt man $1/\chi$ als Funktion der Temperatur auf, so erhält man eine Gerade, deren Schnitt mit der Abszissenachse die charakteristische Temperatur $\Theta$ ergibt. Erhält man einen positiven Wert von $\Theta$, so müßte es eine reelle Temperatur geben, bei der die Suszeptibilität außerordentlich große Werte annimmt. Dies ist in der Tat bei einer kleinen Gruppe von Stoffen, den Ferromagnetika bereits bei höherer Temperatur der Fall, während viele andere Stoffe erst in der Nähe des absoluten Nullpunkts ähnliches Verhalten zeigen. Die charakteristische Temperatur $\Theta$, *oberhalb* derer Ferromagnetika sich wie einfache paramagnetische Stoffe verhalten, heißt der CURIE-*Punkt*. Für die hohen Werte der ferromagnetischen Suszeptibilität darf aber unsere Näherungsformel nicht mehr angewandt werden, hier müssen wir auf (41) zurückgreifen. Dabei ist zu beachten, daß für die Einstellenergie der Dipole nicht das makroskopische (gemittelte) $\vec{B}$ zu setzen ist, sondern die mikroskopische Feldstärke $\vec{B}^*$ am Ort des Dipols

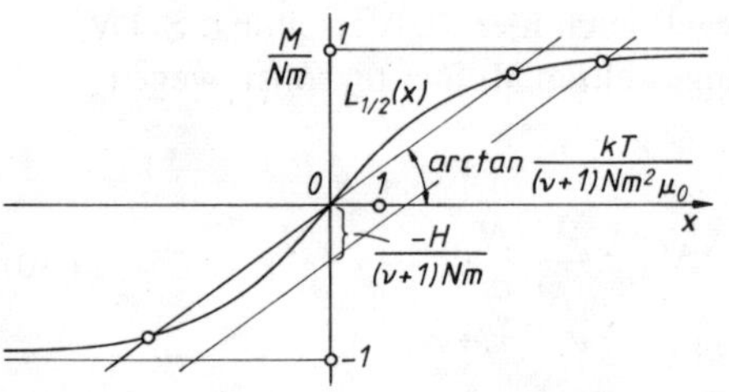

Fig. 101. Zur Auffindung der Magnetisierung ferromagnetischer Stoffe

$$|\vec{M}| = N \cdot m\, L_{1/2}\left(\frac{m B^*}{kT}\right), \tag{45}$$

wobei

$$\vec{B}^* = \vec{B} + \mu_0 \cdot \nu \cdot \vec{M}. \tag{46}$$

Weiterhin gilt immer

$$\vec{B} = \mu_0 (\vec{H} + \vec{M}). \tag{47}$$

Der gesamte Zusammenhang zwischen $\vec{M}$ und $\vec{H}$ ist

$$|\vec{M}| = N \cdot m \cdot L_{1/2}\left[\frac{m\mu_0}{kT}\,(H + (\nu+1)M)\right]. \tag{48}$$

Die Lösung suchen wir grafisch. Wir tragen als Abszisse die Größe

$$x = \frac{\mu_0 \cdot m}{kT}\,(H + (\nu+1)M),$$

und als Ordinate $y = \frac{|\vec{M}|}{N \cdot m}$ auf (Fig. 101) und erhalten den zu einer bestimmten Feldstärke $H$ gehörenden Wert der Magnetisierung als Schnittordinate der Kurve

$$y = L_{1/2}(x) \text{ und der Geraden } y = \frac{kTx}{(\nu+1)\,\mu_0\, m^2 N} - \frac{H}{(\nu+1)mN}$$

(der Ordinatenmaßstab ist dabei dadurch gegeben, daß der Einheit die Sättigungsmagnetisierung $Nm$ entspricht). Das Merkwürdige ist nun, daß wir für $H = 0$ unter Umständen außer dem Schnittpunkt $O$ noch zwei weitere zu $O$ symmetrisch gelegene Schnittpunkte erhalten, die einem hohen Wert der Magnetisierung entsprechen, nämlich dann, wenn die Steigung der Schnittgeraden kleiner ist als die der BRILLOUINschen Kurve. Dies gibt für die Grenztemperatur wieder den CURIE-Punkt. *Unterhalb* des CURIE-Punkts ist in ferromagnetischen Substanzen auch ohne makroskopisches Feld $H$ eine spontane Magnetisierung möglich. Damit haben wir die Erscheinung der Remanenz auf das innere Feld zurückgeführt. Ganz rätselhaft bleibt aber der hohe Wert der Konstante $\nu$, der bei ferromagnetischen Stoffen statt $\frac{1}{3}$ von der Größenordnung 10000 wird.

Erst die Quantenmechanik hat in den „Austauschenergien" einen Weg zur Erklärung gefunden. In den meisten Fällen wird $\nu$ negativ, was zu dem unten behandelten Antiferromagnetismus führt.

Aber auch wenn das Wesen von $\nu$ geklärt ist, bleibt die tatsächliche ferromagnetische Magnetisierungskurve, die bekanntlich die Form einer Schleife („Hysteresis-Schleife") hat (Fig. 102), noch abzuleiten. Aus ihr geht hervor, daß zu einem gegebenen $\vec{H}$ je nach der Vorgeschichte sehr verschiedene Werte von $\vec{M}$ gehören. Man wird als erste Frage aufwerfen: Warum springt nicht die Magnetisierung beim kleinsten Feld auf den einen der beiden von $O$ verschiedenen Schnittpunkten der Schnittgeraden mit der $L_{1/2}$-Kurve in Fig. 101? Diese sind, wie man aus einer Stabilitätsbetrachtung ersieht, die stabilen Zustände, während die Magnetisierung null labil ist. Tatsächlich entspricht aber die aus Fig. 101 ermittelte spontane Magnetisierung erst der bei den technisch höchsten Feldern erreichbaren Magnetisierung, der sogenannten „technischen Sättigung". Die äußeren Felder sind im Verhältnis zum innern so klein, daß man durch sie in Fig. 101 im richtigen Maßstab nur minimale Verschiebungen der Geraden erreichen kann, sie dienen offenbar nur dazu, gewisse Hemmungen zu überwinden, die sich der Einstellung des schon fürs Feld 0 geltenden großen Werts der Magnetisierung entgegenstellen, und da die Hemmungen außerordentlich vom Material und seiner Bearbeitung abhängen, erhält man die große Mannigfaltigkeit von Magnetisierungskurven. Die technische Sättigung läßt sich aber durch Temperaturerniedrigung, d.h. durch Drehung der Schnittgeraden verändern. Nimmt man so die Temperaturabhängigkeit der Spontanmagnetisierung auf, so ergibt sich bei Eisen und Nickel gute Übereinstimmung. Dies bedeutet, zusammen mit dem im

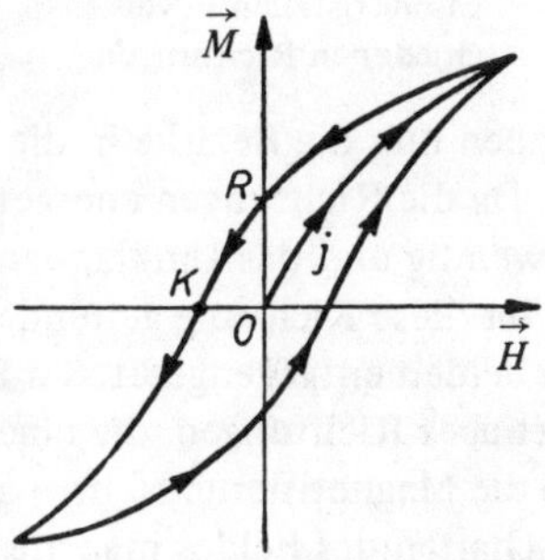

Fig. 102. Hysteresis-Schleife ($j$ jungfräuliche Kurve, $RO$ Remanenz, $KO$ Koerzitivkraft)

nächsten Abschnitt erklärten gyromagnetischen Anomaliefaktor 2, daß die für den Ferromagnetismus verantwortlichen Elektronen kein Bahnmoment haben. Man kann aber daraus noch nicht schließen, daß es die Leitungselektronen sind, denn auch bei den Salzen der ganzen Eisengruppe ist durch die gegenseitige Störung der Elektronenbahnen das magnetische Verhalten so, als wären die Elektronen frei.

Die oben aufgeworfene Grundfrage, warum nun überhaupt ein erhebliches Feld zur Erzeugung der spontanen Magnetisierung erforderlich ist, wird durch die Untersuchungen an Einkristallen zu einem guten Teil geklärt, deren Magnetisierungskurven in verschiedenen Richtungen bei Eisen in Fig. 103 wiedergegeben sind. Diese Kurven kann man auf Grund folgender Vorstellungen verstehen: In dem Kristall sind offenbar Vorzugsrichtungen der Magnetisierung gegeben, z. B. bei dem kubischen Gitter des Eisens die Würfelkanten [100]. Dabei ist aber kein Unterschied zwischen einer Richtung und der ihr entgegengesetzten. Offenbar sind nun ohne Feld größere Bezirke einheitlich in einer der 6 Vorzugsrichtungen ausgerichtet. Wegen der Gleichberechtigung der einander entgegengesetzten Richtungen merkt man aber nach außen nichts von Magnetisierung. Bei Anlegen des Feldes klappen nun die Bezirke in die Feldrichtungen um, sofern diese die Richtung einer Kante hat. Da die Richtungen energetisch gleichwertig sind, ist hierzu kein Arbeitsaufwand notwendig und das Umklappen wird sehr leicht gehen, wie man aus dem steilen Verlauf der für diese Richtung geltenden Magnetisierungskurve ersieht. Allerdings kann zwischen den beiden entgegengesetzten Richtungen ein Potentialwall liegen, d. h. das Umklappen führt über Richtungen, die einer größeren Energie entsprechen. Dieser Wall bewirkt es, daß die Magnetisierungskurve am Anfang nicht streng senkrecht verläuft und daß nach Abschalten des Feldes manche Bezirke noch in der alten Richtung liegen bleiben, da die Wärmeenergie zur Überwindung des Potentialwalls nicht hinreicht. So erklärt sich die Remanenz. Hat das Feld eine andere Richtung, z. B. die der Würfeldiagonale [111], so klappen zunächst alle Bezirke in die der Feldrichtung am nächsten kommende Kantenrichtung um. Eine weitere Verstärkung der resultierenden Magnetisierung kann nun nur noch durch Herausdrehen aus der Kantenrichtung erfolgen, was unter Arbeitsaufwand geschieht. Daher wird die Magnetisierung bis $M_S\sqrt{3}$ leicht gehen, dann aber muß die Kurve viel weniger steil ansteigen. Dies ist tatsächlich in Fig. 103 der Fall. Bei Abschalten werden die herausgedrehten Richtungen ohne weiteres in die kleinster potentieller Energie entsprechenden Kantenrichtungen zurückgehen, d. h. die Drehprozesse sind im Gegensatz zu den Umklapp-Prozessen hysteresefrei. Ebenso biegt die Kurve bei Feldrichtung in der Flächendiagonale [110] bei $M_S\sqrt{2}$ ab.

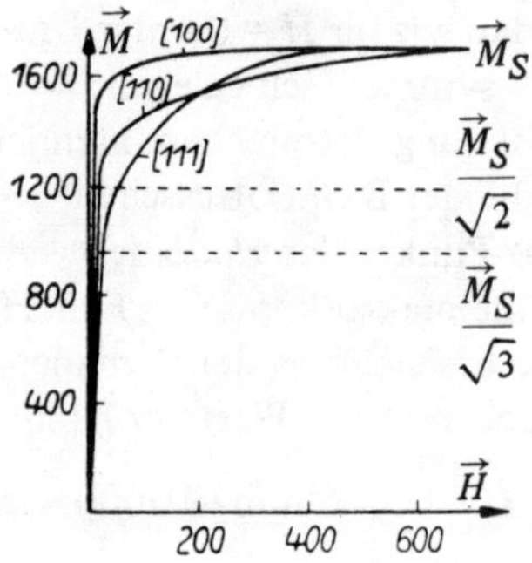


Fig. 103. Magnetisierung von Eisenkristallen in verschiedenen Richtungen

Bei technischem polykristallinen Material kommt nun die wirkliche Magnetisierungskurve nicht einfach durch Überlagerung der verschiedenen Kristalleffekte zustande, sondern es kommt noch ein neuer Umstand hinzu, der ebenfalls eine Vorzugsrichtung bestimmt: Innere Spannungen. In einem gedehnten Eisendraht ist die Vorzugsrichtung die des Zugs. Der wirkliche Vektor der Magnetisierung stellt sich nun in einem Bereich einheitlicher innerer Spannung so ein, daß die Summe der 3 Energien: Feldenergie, Kristallenergie und Zugrichtungsenergie den kleinsten Wert annimmt. Da die Spannungen örtlich schwanken, grenzen Bereiche verschiedener Magnetisierung aneinander und das äußere Feld hat noch die weitere Wirkung, daß einzelne Bereiche auf Kosten anderer wachsen („Wandverschiebung"). Diese Verschiebung WEISSscher Bezirke kann man im Mikroskop mit Hilfe der BITTERschen Streifen sehen. Die kleinen magnetischen Teilchen einer kolloidalen $Fe_2O_3$-Lösung schlagen sich nämlich infolge des Streufeldes bevorzugt an den Grenzen der WEISSschen Bezirke nieder.

*Antiferromagnetismus:* Wie bereits erwähnt, ist der Fall viel häufiger, daß $\nu$ negative Werte annimmt, d. h. daß die Wechselwirkungsenergie eine Antiparallelstellung benachbarter magnetischer Momente begünstigt. Diese als „Antiferromagnetismus" bezeichnete Eigenschaft äußert sich in einem negativen Wert der CURIE-Temperatur $\Theta$. Da aber diese ja nur ein Ausdruck dafür ist, daß die ordnenden Kräfte größer werden als die Wärmeenergie, ist bei $T = |\Theta|$ eine Besonderheit zu erwarten. Dieser Punkt heißt nach seinem Entdecker „NÉEL Punkt". Im antiferromagnetischen Kristall hat man nun zwei ineinandergestellte Gitter mit entgegengesetzt gerichteter Magnetisierung. Jedes Teilgitter hat die doppelte Gitterkonstante wie beim Ferromagnetismus und diese Verdoppelung der Gitterkonstante unterhalb des NÉEL-Punkts ist experimentell durch Beugungsaufnahmen nachgewiesen, allerdings geht dies nur mit Neutronen, da diese Teilchen infolge ihrer elektrischen Neutralität und ihres magnetischen Moments im wesentlichen nur magnetisch beeinflußt werden. Wir können die wichtigsten Züge des Antiferromagnetismus einfach ableiten, wenn wir uns auf den linearen Teil der LANGEVIN-Funktion beschränken. Wir führen die Magnetisierung der beiden Teilgitter $A$ und $B$ ein, die entgegengesetzt gleich sind und nehmen an, daß die $A$-Momente nur von ihren nächsten Nachbarn, also den $B$-Momenten beeinflußt werden. (Diese Annahme vereinfacht die Verhältnisse zu sehr und ist die Ursache für quantitative Diskrepanzen zwischen der vereinfachten Theorie und der Beobachtung.) Wir setzen also in Analogie zu Gl. (42) an:

$$\vec{M}_A = \frac{C}{2T}(\vec{H} + \nu \vec{M}_B)$$
$$\vec{M}_B = \frac{C}{2T}(\vec{H} + \nu \vec{M}_A) \qquad (49)$$

mit $C = \dfrac{\mu_0 N m^2}{3k}$ wie bisher.

Durch Addition der beiden Gleichungen und Auflösung nach $\vec{M} = \vec{M}_A + \vec{M}_B$ ergibt sich

$$\vec{M} = \chi \vec{H} = \vec{M}_A + \vec{M}_B = \frac{C\vec{H}}{T - \nu C/2} \qquad (50)$$

oder

$$\chi = \frac{C}{T - \Theta} \qquad (51)$$

mit

$$\Theta = \frac{C}{2}\nu\ (< 0)\,. \qquad (52)$$

Als NÉEL-Punkt wird man *die* Temperatur $T_N$ bezeichnen, bei der ohne Feld eine Magnetisierung in den Teilgittern besteht. Für $\vec{H} = 0$ erhält man aus (49)

$$\vec{M}_A = \frac{\Theta}{T_N} \vec{M}_B \quad \text{und} \quad \vec{M}_B = \frac{\Theta}{T_N} \vec{M}_A . \tag{53}$$

Die beiden Gleichungen sind nur verträglich für

$$T_N = -\Theta \, (>0) . \tag{54}$$

Der NÉEL-Punkt ist in unserem idealisierten Fall gleich dem Betrag der (negativen) CURIE-Temperatur. In Wirklichkeit ist $T_N$ meist um einen Faktor 1,5 bis 2 kleiner als $|\Theta|$. Der Grund ist bereits oben erwähnt. Da sich bei $T = T_N$ und $\vec{H} = 0$ eine Magnetisierung der Teilgitter ergibt ($\vec{M}_A = -\vec{M}_B$), gilt das CURIEsche Gesetz (51) nur für Temperaturen *oberhalb* des NÉEL-Punktes.

Das Verhalten antiferromagnetischer Einkristalle für Temperaturen *unterhalb* des NÉEL-Punktes läßt sich durch einige einfache Überlegungen beschreiben. Die Orientierung der beiden Teilgitter muß nach einer Achse des Kristalls ausgerichtet sein. Bei $T = 0$ sind sie entgegengesetzt gleich groß, ein Feld parallel zu dieser Richtung kann daran nichts mehr ändern, also muß $\chi$ mit sinkender Temperatur von dem für den NÉEL Punkt geltenden Wert auf null gehen. Bei einem senkrecht zur Achse gerichteten Feld sucht dieses die Richtung des einen Moments $\vec{M}_B$ aus der des andern herauszudrehen (Fig. 104), dies Moment ist annähernd gleich $|\vec{M}_B|\,|\vec{H}|$, ihm entgegengesetzt wirkt das Moment der von $\vec{M}_A$ ausgehenden Koppelungskräfte $\nu \vec{M}_A$, das bei einem kleinen Ablenkungswinkel $\varphi$ den Betrag $|\nu \vec{M}_A|\,|\vec{M}_B|\varphi$ hat. Im Gleichgewicht ist daher

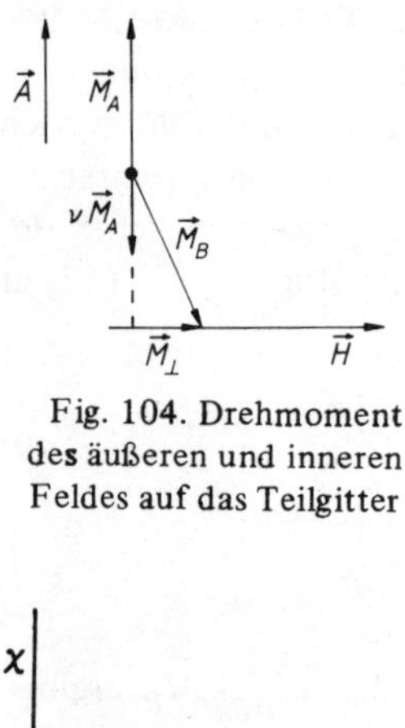

Fig. 104. Drehmoment des äußeren und inneren Feldes auf das Teilgitter

$$\varphi = \frac{|\vec{H}|}{|\nu \vec{M}_A|}$$

und die Magnetisierung senkrecht zur Achse ist

$$\vec{M}_\perp = \chi_\perp \vec{H} = |\vec{M}_B|\,\varphi .$$

Es wird also wegen $|\vec{M}_A| = |\vec{M}_B|$

$$\chi_\perp = \frac{1}{|\nu|}$$

unabhängig von $T$ unterhalb $T_N$. Dies Verhalten ist z.B. bei $MnF_2$ nachgewiesen (vgl. Fig. 105).

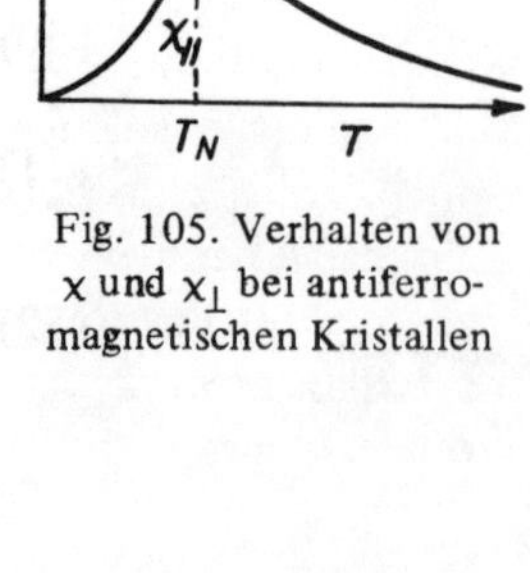

Fig. 105. Verhalten von $\chi$ und $\chi_\perp$ bei antiferromagnetischen Kristallen

Eine technisch wichtige Abart von Antiferromagnetika stellen die Ferrite dar. Das sind reguläre Kristalle vom Typ $M^{II}OFe_2O_3$ mit $M^{II}$ = Co, Ni, Fe, Mn. Sie werden als Ferrimagnetika bezeichnet. Man kann etwas summarisch Ferrimagnetika als Antiferromagnetika definieren, bei denen die Momente der entgegengesetzt gerichteten Teilgitter nicht gleich groß sind, die also auch bei $T = 0$ einen Überschuß an Magnetisierung in der einen Richtung haben. Sie verhalten sich also praktisch wie Ferromagnetika, haben aber vor diesen den Vorteil geringer Leitfähigkeit voraus.

## § 7. Die diamagnetische Suszeptibilität

Bereits AMPÈRE vermutete Kreisströme als Ursache des atomaren Magnetismus. Wir wollen diese Vorstellung mit einem klassischen Atommodell präzisieren. In diesem Modell umkreisen die Elektronen den Atomkern. Beträgt die Umlaufzeit eines Elektrons $\tau$, so stellt seine Bahn einen Kreisstrom der Stärke $-\frac{e}{\tau}$ dar. Das zugehörige magnetische Moment ist

$$\vec{m} = -\frac{e\vec{f}}{\tau} ,$$

wobei $\vec{f}$ normal auf der Bahnebene steht.
Da die Bewegung der Elektronen unter dem Einfluß von Zentralkräften erfolgt, gilt der Flächensatz und wir können statt $\frac{\vec{f}}{\tau}$ auch $\frac{\mathrm{d}\vec{f}}{\mathrm{d}t}$ schreiben. Die Flächengeschwindigkeit ist aber nach Größe und Richtung gleich dem durch $2m_e$ (Elektronenmasse) geteilten mechanischen Drehimpuls $\vec{L}$; wir erhalten also für das magnetische Moment die Gleichung

$$\boxed{\vec{m} = -\frac{e}{2m_e}\vec{L}} . \tag{55}$$

Diese Beziehung wird der *magnetomechanische Parallelismus* genannt. Zu jedem magnetischen Moment gehört ein mechanischer Drehimpuls, der von der trägen Masse der Elektronen herrührt. Dies läßt sich experimentell nachweisen: Da nach dem Satz von der Erhaltung des Drehimpulses eines Systems dieser bei Abwesenheit äußerer Kräfte konstant bleibt, so muß, wenn wir durch Magnetisierung eine Resultante des Drehimpulses hervorrufen oder durch Entmagnetisieren, z. B. durch Erwärmen über den CURIE-Punkt, vernichten, der betreffende Körper als Ganzes eine Drehbewegung ausführen, deren Drehimpuls dem der Elektronen entgegengesetzt gleich ist. Diese RICHARDSON EINSTEIN-DE HAAS-Effekt genannte Erscheinung ist in der Tat beobachtbar. Aus dem Betrag des mechanischen Drehimpulses und der Magnetisierung läßt sich die Beziehung (55) kontrollieren. Überraschenderweise ergibt sich aber für den Faktor von $\vec{L}$ bei allen Ferromagnetika anstelle von $\frac{e}{2m_e}$ der doppelte Wert. Auf diese bedeutsame Anomalie kommen wir später ausführlich zu sprechen. Hier sei nur erwähnt, daß sie dazu zwingt, dem Elektron selbst auch ohne Umlauf einen Drehimpuls (Spin) und ein magnetisches Moment zu geben.

Der inverse Effekt (Magnetisierung durch Rotation) ist als erster gyromagnetischer Effekt im Jahre 1914 von S. J. BARNETT nachgewiesen worden.

Besitzt ein Atom mehrere Elektronen, so können die mechanischen Drehimpulse und damit die magnetischen Momente sich gegenseitig kompensieren. In einem solchen von Hause aus unmagnetischen Atom ruft das Magnetfeld ein dem Feld entgegengerichtetes Moment hervor, das wir sogleich berechnen werden. Dieses induzierte Moment tritt natürlich auch bei paramagnetischen Atomen auf, es ist aber klein gegen das vorhandene Moment und kann daher im allgemeinen gegen dieses vernachlässigt werden. Zur Berechnung der diamagnetischen Suszeptibilität benutzen wir eine Tatsache, die zuerst von LARMOR entdeckt wurde. Danach bewirkt das Anlegen eines Magnetfeldes in erster Näherung eine gleichmäßige Rotation des ganzen Elektronensystems. Während des Einschaltens des Magnetfeldes wird infolge

$$-\dot{\vec{B}} = \operatorname{rot} \vec{E}$$

ein elektrisches Wirbelfeld an der Elektronenhülle angreifen. Die Elektronenhülle wird Energie aufnehmen, die in der gleichmäßigen Rotation enthalten ist.

Um die Winkelgeschwindigkeit der Rotation zu bestimmen, gehen wir in das mitrotierende Bezugssystem. Dort treten als Trägheitskräfte auf:

die CORIOLIS-Kraft $\vec{F}_C = -2m_e \vec{\omega} \times \vec{v}_{\mathrm{rel}}$

und die Zentrifugalkraft $\vec{F}_Z = -m_e \vec{\omega} \times (\vec{\omega} \times \vec{r})$.

Die Zentrifugalkraft ist hier klein gegen die CORIOLIS-Kraft, da

$$|\vec{\omega} \times \vec{r}\,| \ll \vec{v}_{\mathrm{rel}} .$$

Wir können die Zentrifugalkraft daher vernachlässigen. Die LORENTZ-Kraft auf die Elektronen ist

$$\vec{F}_L = -e(\vec{v} \times \vec{B}) \approx -e(\vec{v}_{\mathrm{rel}} \times \vec{B}) .$$

Gleichgewicht zwischen CORIOLIS-Kraft und LORENTZ-Kraft bewirkt

$$\vec{F}_C + \vec{F}_L = -e(\vec{v}_{\mathrm{rel}} \times \vec{B}) + 2m_e(\vec{v}_{\mathrm{rel}} \times \vec{\omega}) = 0,$$

oder

$$\vec{\omega} = \frac{e}{2m_e} \cdot \vec{B} . \tag{56}$$

Dies ist die LARMOR-Präzession. Sie bedingt einen zusätzlichen Drehimpuls

$$\vec{L} = m_e \sum \vec{r}_i \times \vec{v}_i = m_e \sum \vec{r}_i \times (\vec{\omega} \times \vec{r}_i) = m_e \sum (r_i^2 \vec{\omega} - (\vec{r}_i \cdot \vec{\omega})\vec{r}_i) . \tag{57}$$

Hierin ist über alle Elektronen des Atoms zu summieren. $\vec{r}_i$ bedeutet den Radiusvektor des $i$-ten Elektrons in bezug auf den Kern als Ursprung. Legen wir die $Z$-Achse eines rechtwinkligen Koordinatensystems in die Feldrichtung, so wird die $Z$-Komponente dieses Drehimpulses, die allein im Zeitmittel eine nicht verschwindende Resultante ergibt,

$$L_z = m_e \omega \sum (r_i^2 - r_i^2 \cos^2 \vartheta_i) = m_e \omega \sum (x_i^2 + y_i^2) . \tag{58}$$

Da das Feld keine Richtwirkung ausübt, kommen im Mittel alle Orientierungen des Atoms gleich häufig vor, und es ist wegen $x^2 + y^2 + z^2 = r^2$

$$\overline{x_i^2} = \overline{y_i^2} = \overline{z_i^2} = \frac{\overline{r_i^2}}{3} . \tag{59}$$

Wir erhalten also für das durchschnittliche induzierte magnetische Moment nach Gl. (55)

$$|\overline{\vec{m}}| = \overline{m_z} = \frac{-\mu_0 e^2}{6m_e} \cdot \sum \overline{r_i^2} \cdot H . \tag{60}$$

Daraus entnehmen wir die Suszeptibilität

$$\boxed{\chi = -\frac{\mu_0 e^2}{6m_e} \cdot \sum \overline{r_i^2}}\,. \tag{61}$$

Wie erwartet, wird das Vorzeichen negativ. Die mit (61) bestimmten mittleren Bahnradien stimmen größenordnungsmäßig. Eine genauere Rechnung müßte analog zu den Überlegungen im vorigen Paragraphen berücksichtigen, daß in (56) die mikroskopische Feldstärke, zu der auch die Magnetisierung der übrigen Atome beiträgt, einzusetzen wäre.

Elftes Kapitel

# Elektromagnetische Wellen. IV. Teil
# Der Einfluß der Begrenzung (Theorie der Beugung)

## § 1. Das allgemeine Beugungsproblem und die Versuche zu seiner Lösung, die KIRCHHOFFsche Formel

In den letzten Abschnitten des Kapitels IX handelte es sich fast immer um unbegrenzt gedachte Wellenfronten von elektromagnetischen Wellen. Dort wo wir, wie z. B. in der Kristalloptik, mit begrenzten Strahlenbündeln zu rechnen hatten, nahmen wir an, daß die begrenzte Welle sich so fortpflanze wie die unbegrenzte, wobei der ihr einmal durch eine Blende gegebene Querschnitt erhalten bleibe. In Wirklichkeit ist dies nicht streng der Fall. Ganz einfache Versuche zeigen, daß auch in den Teil, der nach den obigen Annahmen von der Lichtwelle nicht getroffen werden könnte, den wir den *geomtrischen Schattenraum* nennen wollen, Licht gelangt, eine Erscheinung, die als *Beugung des Lichts* bezeichnet wird.

Mathematisch ist das Problem der Beugung einer Welle an einem Hindernis so zu formulieren: Es ist eine Lösung der Wellengleichung für $\vec{E}$ und $\vec{H}$ gesucht, die für die *beiden* Gebiete, Hindernis und übriger Raum, je die Differentialgleichung befriedigt und außerdem noch an den Grenzen die Forderung der Stetigkeit der Tangentialkomponenten von $\vec{E}$ und $\vec{H}$ erfüllt. Dabei ist zu bedenken, daß die elektrischen Eigenschaften ($\epsilon$, $\mu$, $\sigma$) für beide Gebiete verschieden sind. Gelänge es, eine solche Lösung zu finden, so müßte sie über alle Fragen wie Intensität, Polarisation usf. des Lichts hinter dem Hindernis Aufschluß geben. Die mathematischen Schwierigkeiten einer solchen Lösung sind aber so groß, daß es bisher nur in besonders einfachen Fällen (Beugung einer ebenen Welle an einer Kugel oder einem Zylinder oder an einem Schirm) gelang, Lösungen zu entwickeln.

Für die große Zahl der praktisch wichtigen Beugungsprobleme bleibt nur ein Näherungsverfahren, das sich abgesehen von extrem ungünstigen Verhältnissen gut bewährt und das im Grund nur die mathematische Durchführung des schon in Kap. IX benützten Prinzips darstellt, nach dem jeder Punkt einer Welle wieder als Zentrum sekundärer Kugelwellen aufzufassen ist. Während aber in der ursprünglichen HUYGENSschen Formulierung die nach Ablauf einer gewissen Zeit erreichte Wellenfront als Hüllfläche der Elementarwellen gefunden wird – in dieser einfachsten Form haben wir ja das Prinzip bei der Brechung des Lichts an Kristallen angewandt –, verbesserte FRESNEL das Verfahren dadurch, daß er, um die Lichterregung an einem Beobachtungspunkt $P$ zu finden, die in einem bestimmten Augenblick dort eintreffenden Sekundärwellen unter Berücksichtigung der Phasendifferenz superponierte. Dieser Gedanke findet seine mathematische Formulierung in der von KIRCHHOFF stammenden Formel, die wir nun ableiten wollen. Dabei wollen wir die Lichterregung durch eine Skalargröße $U$ darstellen, worunter man eine der beiden zur Wellennormalen senkrechten Komponenten von $\vec{E}$ verstehen mag. Wesentlich ist nur, daß die Intensität $U^2$ proportional ist. $U$ hat der Wellengleichung

$$\Delta U = \frac{n^2}{c^2} \frac{\partial^2 U}{\partial t^2} \tag{1}$$

zu genügen. Für die Zeitabhängigkeit machen wir wie immer den Ansatz einer monochromatischen Schwingung:

$$U = u(x, y, z)\, e^{i\omega t} \tag{2}$$

und erhalten für die allein interessierende Ortsabhängigkeit die Differentialgleichung

$$\Delta u + k^2 u = 0 \tag{3}$$

mit

$$k = \frac{n\omega}{c} = \frac{2\pi}{\lambda}\,. \tag{4}$$

Wir nehmen nun an, wie hätten zwei Funktionen $u$ und $v$, die der Wellengleichung gehorchen, dann ergibt der GAUSSsche Satz, angewandt auf die Vektorgröße $u \operatorname{grad} v - v \operatorname{grad} u$ bei der Integration über ein beliebiges Raumgebiet, in dem der Integrand stetig ist, den GREENschen Satz

$$\oint (u \operatorname{grad} v - v \operatorname{grad} u) \cdot \mathrm{d}\vec{f} = \int (u\Delta v - v\Delta u)\, \mathrm{d}\tau = \int k^2 (vu - uv)\, \mathrm{d}\tau = 0\,. \tag{5}$$

Als die eine Funktion $v$ wählen wir nun die von einem Punkt $P$ des Integrationsgebiets ausgehende Kugelwelle, die nach Abspaltung des Zeitfaktors dargestellt wird durch

$$v = \frac{e^{-ikr}}{r}\,. \tag{6}$$

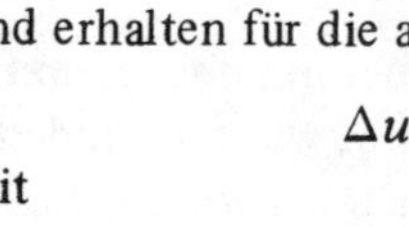


Fig. 106. Zur Ableitung der KIRCHHOFFschen Formel

Diese Funktion hat aber die Eigenschaft, im Punkt $P$ selbst unendlich zu werden. Wir müssen daher, wenn wir die Beziehung (5) anwenden wollen, diesen Punkt durch eine kleine Kugel ausschließen und die Oberfläche dieser Kugel mit zur Oberfläche des Integrationsgebiets rechnen. Da die Normale stets in den Außenraum des Integrationsgebietes zeigen soll, zeigt hier die Normale auf den Mittelpunkt der Kugel hin (vgl. Fig. 106). Es gilt also jetzt die Gleichung

$$\oint_F \left(u \operatorname{grad} \frac{e^{-ikr}}{r} - \frac{e^{-ikr}}{r} \operatorname{grad} u\right) \cdot \mathrm{d}\vec{f} + \oint_{\text{Kugel}} \left(u \operatorname{grad} \frac{e^{-ikr}}{r} - \frac{e^{-ikr}}{r} \operatorname{grad} u\right) \cdot \mathrm{d}\vec{f} = \tag{7}$$

Das Integral über die kleine Kugel läßt sich aber leicht berechnen. Zunächst verschwindet wegen der Stetigkeit von $u$ und grad $u$ beim Übergang zu einer unendlich kleinen Kugel der Beitrag des Glieds $\frac{e^{-ikr}}{r}$ grad $u$, da $d\vec{f}$ wie $r^2$ abnimmt, im Nenner aber die erste Potenz von $r$ steht. Weiter können wir ebenfalls wegen der Stetigkeit von $u$ bei der Integration über die kleine Kugel $u$ durch den Wert $u_p$ ersetzen, den die Funktion im Mittelpunkt annimmt. Endlich ist

$$\operatorname{grad} \frac{e^{-ikr}}{r} = -\left(\frac{1}{r^2} + \frac{ik}{r}\right) e^{-ikr} \vec{e}_r \,, \tag{8}$$

wobei $\vec{e}_r$ einen Einheitsvektor darstellt, der vom Mittelpunkt der Kugel wegzeigt. Es ist daher

$$d\vec{f} = -\vec{e}_r \, df = -\vec{e}_r \, r^2 \sin\vartheta \, d\vartheta \, d\varphi \,, \tag{9}$$

und wir erhalten im Grenzfall $r = 0$ als Wert des Integrals $u_P \oint\limits_{\text{Kugel}} \operatorname{grad} \frac{e^{-ikr}}{r} \cdot d\vec{f}$ die Größe $4\pi u_P$. Damit ergibt sich

$$\boxed{u_P = \frac{1}{4\pi} \oint\limits_F \left( \frac{e^{-ikr}}{r} \operatorname{grad} u - u \operatorname{grad} \frac{e^{-ikr}}{r} \right) \cdot d\vec{f}} \,. \tag{10}$$

Dies stellt die berühmte KIRCHHOFFsche Formel dar. Sie gibt die Erregung in einem Punkt $P$ als Integral der Lichterregung über die *Begrenzung* eines den Punkt $P$ enthaltenden Gebiets. Handelt es sich z. B. um die Beugung des Lichts an einer kleinen Öffnung, so wird man den Schirm mit der Öffnung als Begrenzung des Gebiets wählen. Um aber die Formel anwenden zu können, müßte das Beugungsproblem eigentlich bereits gelöst sein, denn man müßte die Erregung in der Öffnung und an der Oberfläche des Schirms bereits kennen. Hier machte nun KIRCHHOFF die naheliegende und durch den Erfolg gerechtfertigte Näherungsannahme, daß er in der freien Öffnung *die* Erregung ansetzte, die ohne Vorhandensein des Schirms herrschen würde, und $u$ sowie grad $u$ auf dem Schirm selbst gleich null setzte. Es ist klar, daß man mit dieser Annahme, die nichts von den Materialeigenschaften des Schirms enthält, die feineren Fragen wie die Polarisation nicht erfassen kann, doch hat sich der KIRCHHOFFsche Ansatz, wenn man die Lichtverteilung nicht gerade in nächster Nähe der Ränder haben will, gut bewährt.

## § 2. Reziprozitätssätze der Beugungstheorie, Einteilung der Beugungserscheinungen

Wir wenden die KIRCHHOFFsche Formel auf den Spezialfall an, daß die primäre Erregung von einer punktförmigen Lichtquelle $Q$ stamme, also durch

$$u = \frac{e^{-ikr_q}}{r_q} \tag{11}$$

gegeben sei. Damit wird

$$\begin{aligned} \operatorname{grad} u &= -\left(\frac{1}{r_q^2} e^{-ikr_q} + \frac{ik}{r_q} e^{-ikr_q}\right) \vec{e}_{r_q}, \\ \operatorname{grad} \frac{e^{-ikr}}{r} &= -\left(\frac{1}{r^2} e^{-ikr} + \frac{ik}{r} e^{-ikr}\right) \vec{e}_r, \end{aligned} \tag{12}$$

wobei $\vec{r}_q$ der von $Q$ zu einem Punkt der Öffnung gezogene Radiusvektor ist, während $\vec{r}$ den vom Beobachtungspunkt $P$ aus gezogenen Radiusvektor bedeutet und $\vec{e}_{r_q}$ sowie $\vec{e}_r$ die zugehörigen Einheitsvektoren sind (Fig. 106), und wir erhalten wegen $\vec{e}_{r_q}\, d\vec{f} = \cos(\vec{n}\,\vec{r}_q)\, d\vec{f}$

$$u_P = \frac{1}{4\pi} \int\limits_{\text{Öffnung}} \frac{e^{-ik(r+r_q)}}{r\,r_q} \left\{\left(\frac{1}{r} + ik\right) \cos(\vec{n}\,\vec{r}) - \left(\frac{1}{r_q} + ik\right) \cos(\vec{n}\,\vec{r})\right\} df. \tag{13}$$

Wir nehmen nun an – was in allen praktisch vorkommenden Fällen erfüllt ist –, daß der Abstand der Lichtquelle und des Beobachtungspunkts von der Öffnung groß gegen die Wellenlänge ist, können daher $\frac{1}{r}$ bzw. $\frac{1}{r_q}$ gegen $k = \frac{2\pi}{\lambda}$ vernachlässigen und erhalten

$$u_P = \frac{i}{2\lambda} \int \frac{e^{-ik(r+r_q)}}{r\,r_q} \left\{\cos(\vec{n}\,\vec{r}) - \cos(\vec{n}\,\vec{r}_q)\right\} df. \tag{14}$$

Nehmen wir weiter an, was gleichfalls immer erfüllt ist, daß $\vec{r}$ und $\vec{r}_q$ auch groß gegen die Dimensionen der beugenden Öffnung sind, so können wir bei der Integration im Nenner und in den Winkelgrößen, nicht aber im Exponenten $\left(\text{wegen des großen Faktors } k = \frac{2\pi}{\lambda}\right)$ $\vec{r}$ und $\vec{r}_q$ als konstant ansehen und vor das Integralzeichen ziehen, so daß wir die noch einfachere Beziehung bekommen:

$$u_P = \frac{i\,[\cos(\vec{n}\,\vec{r}) - \cos(\vec{n}\,\vec{r}_q)]}{2\lambda\, r\, r_q} \int e^{-ik(r+r_q)}\, df. \tag{15}$$

Die Formeln (13) bis (15) sind in den Koordinaten von Lichtquelle und Beobachtungspunkt symmetrisch. Vertauschung beider ändert lediglich das Vorzeichen. Das bedeutet: Erzeugt eine Lichtquelle $Q$ in einem Punkt $P$ eine bestimmte Intensität, so erzeugt diese Lichtquelle nach $P$ gebracht, dieselbe Intensität im Punkt $Q$. Dies darf aber nicht etwa als eine Umkehrbarkeit des Lichtverlaufs bei der Beugung gedeutet werden in dem Sinne, daß eine der bei punktförmiger Lichtquelle geltenden Beugungsintensität entsprechende Lichtverteilung in der Umgebung von $P$ nun rückwärts die einer punktförmigen Lichtquelle entsprechende Intensität erzeuge, die Öffnung also als Linse wirke. Der Satz sagt nämlich nichts aus über die in der Nachbarschaft von $Q$ erzeugte Intensität.

Ein zweites auf den ersten Blick sehr merkwürdiges Theorem entdeckte BABINET. Denken wir uns aus einem Schirm irgendwelche Öffnungen ausgeschnitten und andererseits dieselben Figuren als Schirme in einer großen Öffnung angebracht, so nennen wir die beiden Schirme komplementär. Das BABINETsche Theorem behauptet nun, daß die Beugungsintensität außerhalb des direkten Bildes der Lichtquelle für die komplementären Schirme gleich ist. Zum Beweis denken wir uns etwa durch eine Linse sehr großer Öffnung ein Bild der Lichtquelle $Q$ erzeugt. Im Grenzfall der vollen Öffnung würde außerhalb des geometrischen Bildes kein Licht hingelangen. In einem in der Nähe des Bildes liegenden Punkt $P$ wäre also die Erregung $u$ gleich null. Jetzt bringen wir einen Schirm mit kleiner Öffnung zwischen Lichtquelle und Bild, was zur Folge hat, daß in $P$ die Erregung $u_1$ herrscht. Der komplementäre Schirm gibt die Erregung $u_2$. Berechnen wir die bei voller Öffnung herrschende Erregung null nach der KIRCHHOFFschen Formel, so setzt sich das Integral über die volle Öffnung aus den beiden über die komplementären Schirme erstreckten Integralen zusammen, es ist daher

$$0 = u_1 + u_2$$

und

$$u_1^2 = u_2^2 \tag{16}$$

was zu beweisen war.

Wir wollen nun für das Folgende einen ebenen Schirm mit einer Öffnung voraussetzen (Fig. 107). In der Ebene dieses Schirms zeichnen wir ein rechtwinkliges Koordinatensystem $x, y$, dessen Mittelpunkt in die Öffnung falle. Senkrecht zur Ebene, in der Richtung zum Beobachtungspunkt ziehen wir die $Z$-Achse. In diesem System hat die Lichtquelle die Koordinaten $x_q, y_q, z_q$, der Beobachtungspunkt $x, y, z$. Die Koordinaten eines Flächenelements der Öffnung bezeichnen wir mit $\xi$ und $\eta$. Dann sind die Entfernungen $r$ und $r_q$ gegeben durch

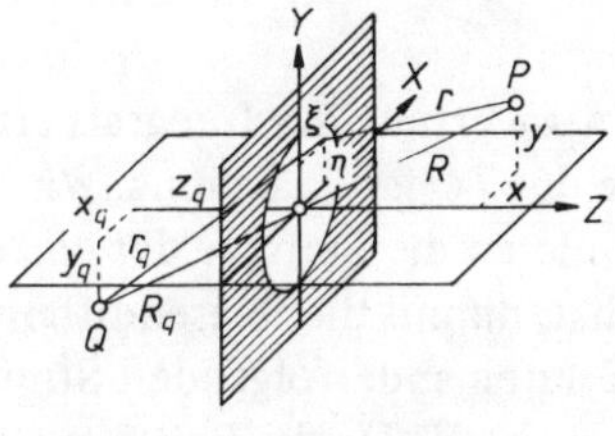

Fig. 107. Zur Beugung an einer Schirmöffnung

$$\begin{aligned} r^2 &= (x-\xi)^2 + (y-\eta)^2 + z^2, \\ r_q^2 &= (x_q-\xi)^2 + (y_q-\eta)^2 + z_q^2. \end{aligned} \tag{17}$$

Wir bezeichnen weiter den Abstand der Lichtquelle bzw. des Beobachtungspunkts vom Mittelpunkt des Koordinatensystems mit $R_q$ bzw. $R$ und die Richtungskosinusse der Geraden $QO$ und $OP$ mit $\alpha_0 = -\dfrac{x_q}{R_q}$, $\beta_0 = -\dfrac{y_q}{R_q}$ bzw. $\alpha = \dfrac{x}{R}$, $\beta = \dfrac{y}{R}$. Dann ergibt eine Entwicklung nach Potenzen von $\eta$ und $\xi$

$$\begin{aligned} r + r_q &= R + R_q + \xi(\alpha_0 - \alpha) + \eta(\beta_0 - \beta) + \frac{1}{2}\,\frac{\xi^2+\eta^2}{R_q} + \frac{1}{2}\,\frac{\xi^2+\eta^2}{R} \\ &\quad - \frac{1}{2}\,\frac{(\alpha_0\xi + \beta_0\eta)^2}{R_q} - \frac{1}{2}\,\frac{(\alpha\xi+\beta\eta)^2}{R} + \cdots \\ &= R + R_q + \varphi(\xi,\eta). \end{aligned} \tag{18}$$

Diese Potenzentwicklung gibt uns eine Einteilung der Beugungserscheinungen: Liegen Quelle und Beobachtungspunkt so weit vom Schirm weg, daß die quadratischen Glieder in $\varphi(\xi,\eta)$ vernachlässigt werden können, so spricht man von FRAUNHOFERschen, im andern Fall von FRESNELschen Beugungserscheinungen. Setzt man diese Entwicklung in das KIRCHHOFFsche Integral ein, so ergibt sich

$$u_P = \frac{i[\cos(\vec{n}\,\vec{r}) - \cos(\vec{n}\,\vec{r}_q)]}{2\lambda R R_q} e^{-ik(R+R_q)} \int e^{-ik\varphi(\xi,\eta)}\, df\,. \tag{19}$$

## § 3. FRAUNHOFERsche Beugungserscheinungen an Spalt-, Strich-, Kreuz- und Raumgitter

Entsprechend unserer Einteilung denken wir uns im folgenden sowohl Lichtquelle als Beobachtungspunkt sehr weit von der beugenden Öffnung entfernt, so daß die beugende Öffnung von parallelen Strahlen durchsetzt wird. Wir können diesen Fall dadurch realisieren, daß wir – vgl. die Ausführungen in Kap. XII – die Lichtquelle in den Brennpunkt einer Linse setzen und das Beugungsbild wiederum in der Brennebene einer Linse studieren. Als erstes betrachten wir die Beugung an einem in der $\eta$-Richtung unendlich ausgedehnten Spalt der Breite $a$. In diesem Fall besteht Unabhängigkeit von der $Y$-Koordinate und unser Beugungsintegral reduziert sich auf

$$u_P = \text{const} \int_0^a e^{-ik(\alpha_0-\alpha)\xi}\, d\xi\,. \tag{20}$$

Die Auswertung des Integrals erfolgt am übersichtlichsten auf graphischem Weg mit Hilfe des Zeigerdiagramms. Wir teilen den Spalt in schmale Zonen von Breite $d\xi$ ein und summieren die Beiträge der einzelnen Streifen. Während $\xi$ von 0 bis $a$ in Schritten $d\xi$ wächst, nimmt die Phasendifferenz ebenfalls in Schritten $k(\alpha_0 - \alpha)\, d\xi$ zu, d.h. die zu zwei aufeinanderfolgenden Streifen gehörenden Zeiger bilden einen Winkel der Größe $k(\alpha_0 - \alpha)\, d\xi$. Da die Beiträge aller Streifen von gleicher Breite $d\xi$ gleich groß sind, erhält man einen regulären Polygonzug, der im Grenzfall sehr kleiner Unterteilung in einen Kreisbogen (vgl. S. 54) übergeht. Der Polygonzug schließt sich zum erstenmal, ergibt also die Resultante null und damit Dunkelheit, wenn die Phasendifferenz zwischen dem ersten und letzten Streifen $2\pi$ beträgt, wir erhalten allgemein ein Minimum

für $\quad k(\alpha_0 - \alpha)\, a = n\, 2\pi, \quad n = 1, 2, 3, \ldots$

oder

$$\boxed{(\alpha_0 - \alpha)\, a = n\lambda} \text{ (Minimumbedingung bei Beugung am Einzelspalt)}\,. \tag{21}$$

Zwischen diesen Minimis liegen wieder relative Maxima, die dann eintreten, wenn im Zeigerdiagramm die Resultante ein Durchmesser des Kreises geworden ist, also für

$$k(\alpha_0 - \alpha)\, a = (2n + 1)\,\pi, \quad n = 1, 2, 3, \ldots$$

oder

$$\boxed{(\alpha_0 - \alpha)\, a = \frac{2n+1}{2}\lambda} \text{ (Maximumbedingung bei Beugung am Einzelspalt)}\,. \tag{22}$$

Bei vorgegebener Einfallsrichtung, die wir z. B. senkrecht zur $X$-Achse wählen können, wird die Amplitude der Lichterregung in einer bestimmten Richtung eine Funktion des zugehörigen Gangunterschieds zwischen den Rändern, die wir aus dem Zeigerdiagramm nach S. 54 finden und die in Fig. 108 gezeichnet ist (gestrichelte Kurve: Amplitude, ausgezogene Kurve: Intensität).

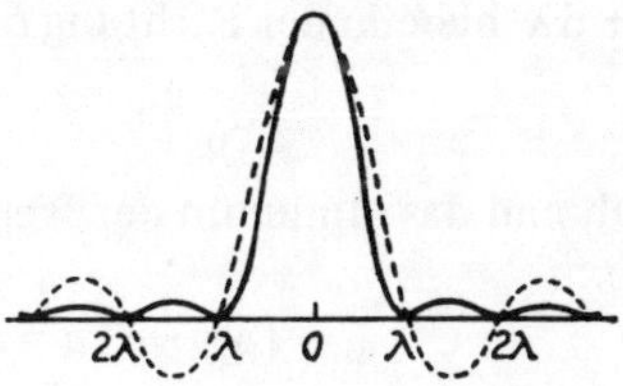

Fig. 108. Intensitätsverteilung bei Beugung am Einzelspalt

Würde man die Hälfte des Spaltes bedecken, so wäre bei ungeradem $n$ in den Richtungen der bisherigen Minima gerade Helligkeit, da ja die zweite Hälfte der sich schließenden Kreise nicht realisiert ist. Setzen wir nun eine große Reihe derartiger Spalte nebeneinander, so erhalten wir das lineare, eindimensionale Strichgitter. Der Abstand entsprechender Punkte zweier Spalte sei wieder $a$. Die Gesamtwirkung erhalten wir durch Addition der von den einzelnen Spalten erzeugten Erregung. In den Fällen, in denen

$$\boxed{(\alpha_0 - \alpha)\, a = h\lambda} \text{ (Maximumbedingung bei Beugung am Strichgitter)} \quad , \tag{23}$$

haben diese Erregungen offenkundig gleiche Phase, geben also ein Maximum der Helligkeit (vgl. Fig. 109).

Da der Beugungswinkel für ein Maximum bei vorgegebener Einfallsrichtung von der Wellenlänge abhängt, eignet sich ein solches Gitter in hervorragendem Maß zur spektralen Zerlegung des Lichts. $h$ bezeichnet man als die Ordnung des Spektrums. In welcher

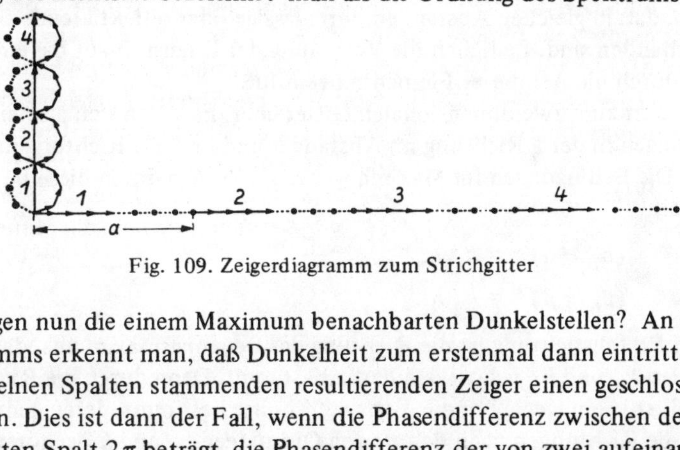

Fig. 109. Zeigerdiagramm zum Strichgitter

Richtung liegen nun die einem Maximum benachbarten Dunkelstellen? An Hand des Zeigerdiagramms erkennt man, daß Dunkelheit zum erstenmal dann eintritt, wenn die von den einzelnen Spalten stammenden resultierenden Zeiger einen geschlossenen Polygonzug bilden. Dies ist dann der Fall, wenn die Phasendifferenz zwischen dem ersten und dem letzten Spalt $2\pi$ beträgt, die Phasendifferenz der von zwei aufeinanderfolgenden Spalten kommenden Erregung muß also bei $N$ Spalten in der Nähe des Maximums $h$-ter Ordnung $h\,2\pi + \dfrac{2\pi}{N}$ betragen. Wir erhalten also für die Richtung des nächsten Minimums in der Nähe des $h$-ten Maximums die Bedingung

$$\boxed{(\alpha_0 - \alpha) a = h\lambda + \frac{\lambda}{N}} \text{ (Minimumbedingung bei Beugung am Strichgitter)} \quad . \tag{24}$$

Damit erhalten wir eine Möglichkeit, das Auflösungsvermögen eines Gitters zu berechnen, d.h. den kleinsten eben noch trennbaren relativen Wellenlängenunterschied. Erfahrungsgemäß vermag man zwei Wellenlängen noch als getrennt zu erkennen, wenn das Maximum der einen mit dem Minimum der anderen zusammenfällt. Die Wellenlänge

$\lambda + d\lambda$ habe in der Richtung $\alpha$ ein Maximum, es sei also

$$(\alpha_0 - \alpha)\, a = h(\lambda + d\lambda),$$

während das Minimum der Wellenlänge $\lambda$ an dieselbe Stelle fallen soll, es gilt also

$$(\alpha_0 - \alpha)\, a = h\,\lambda + \frac{\lambda}{N}\,.$$

Hieraus

$$\frac{d\lambda}{\lambda} = \frac{1}{hN}\,.$$

Als Auflösungsvermögen eines Spektralapparats $A$ bezeichnet man üblicherweise den reziproken Wert $\frac{\lambda}{d\lambda}$, für den also gilt:

$$\boxed{A = \frac{\lambda}{d\lambda} = hN = \text{Ordnungszahl} \times \text{Gesamtstrichzahl}}\,. \tag{25}$$

Für die Richtungen der Maxima und Minima ist es offenbar ganz belanglos, wie die Resultante der vom *einzelnen* Gitterelement herrührenden Erregung entsteht. Es kommt nur darauf an, daß in gleichen Abständen durchlässige oder reflektierende oder streuende Elemente vorhanden sind. Lediglich die Verteilung der Intensität auf die einzelnen Ordnungen wird durch die Art dieser Elemente beeinflußt.

Wir gehen jetzt zum zweidimensionalen Gitter über. Es sollen sich also eine große Anzahl Öffnungen in der $\xi$-Richtung im Abstand $a$ und in der $\eta$-Richtung im Abstand $b$ wiederholen. Die Bedingungen für Maxima werden, wie man durch dieselbe Konstruktion wie oben erhält,

$$\begin{aligned}(\alpha_0 - \alpha)\, a &= h_1\,\lambda,\\ (\beta_0 - \beta)\, b &= h_2\,\lambda\,.\end{aligned} \tag{26}$$

Bei gegebener Einfallsrichtung ist die Richtung des Beugungsmaximums, das zu den Ordnungszahlen $h_1$ und $h_2$ gehört, eindeutig bestimmt. Denn durch die Richtungskosinusse $\alpha, \beta$ ist je ein Kegel um die $X$- bzw. $Y$-Achse bestimmt, deren gemeinsame Mantellinien die Richtungen nach den zu den Ordnungen $h_1$ und $h_2$ gehörenden Maximis geben. Die Hinzufügung einer dritten Bedingung (beim Raumgitter) würde auch noch einen Kegel um die $Z$-Achse definieren, der aber *nicht* gerade durch die gemeinsamen Mantellinien der beiden andern Kegel geht.

Während das Kreuzgitter keine praktische Bedeutung hat, ist das Raumgitter wieder von größter Wichtigkeit. Da nämlich für sehr kurzwelliges Licht (Röntgenstrahlen) bei den technisch möglichen Gitterkonstanten künstlich geteilter Gitter die Beugungswinkel verschwindend klein werden – sofern man nicht besondere Kunstgriffe anwendet –, benutzt man für die Untersuchung von Röntgenstrahlen zweckmäßigerweise andere Gitter, deren Gitterkonstante viel kleiner ist und die die Natur uns fertig liefert, nämlich die Kristalle. In ihnen sind die Atome in regelmäßigen Abständen voneinander angeordnet, aber diese Gitter sind dreidimensionale Raumgitter. Wir wollen uns auf rhombische

Gitter beschränken, in denen die Gitterpunkte drei aufeinander *senkrechte* Richtungen mit den Abständen $a$, $b$ und $c$ haben. Natürlich umgreift dies noch einfachere Gitter, in denen zwei oder drei der Abstände gleich sind. Die Atome wirken, da sie durch die einfallende Welle zum Mitschwingen gebracht werden, als Zentren sekundärer Wellen. Diese sekundären Lichtquellen sind also in diesem Fall nicht mehr wie bei der Anwendung des HUYGENSschen Prinzips im leeren Raum Interpretationen einer mathematischen Formel, sondern physikalische Realitäten. Da sie durch die einfallende Welle angeregt sind, schwingen sie in Phase und sind die von ihnen ausgehenden Sekundär-(Streu-) Wellen in gleicher Weise in Phase wie die bisherigen fiktiven sekundären Lichtquellen, so daß die Behandlung dieselbe wird. Wir haben jetzt für die Richtungen der Maxima drei Bedingungen

$$\begin{aligned}
(\alpha_0-\alpha)a &= h_1\lambda & (\alpha_0-\alpha) &= \frac{h_1\lambda}{a} & \alpha &= \alpha_0-\frac{h_1\lambda}{a}\\
(\beta_0-\beta)b &= h_2\lambda \quad (27) \text{ oder } & (\beta_0-\beta) &= \frac{h_2\lambda}{b} \quad (27') \text{ oder } & \beta &= \beta_0-\frac{h_2\lambda}{b} \qquad (27'')\\
(\gamma_0-\gamma)c &= h_3\lambda & (\gamma_0-\gamma) &= \frac{h_3\lambda}{c} & \gamma &= \gamma_0-\frac{h_3\lambda}{c}\,.
\end{aligned}$$

Durch hinzufügen der dritten Bedingung wird die Aufgabe, wie schon aus der oben angegebenen Kegelkonstruktion hervorgeht, überbestimmt. Rechnerisch zeigt sich dies darin, daß bei beliebiger Wahl von $\alpha_0, \beta_0, \gamma_0$ im allgemeinen die aus Gl. (27″) zu berechnenden Richtungskosinusse $\alpha, \beta, \gamma$ nicht der Gleichung $\alpha^2+\beta^2+\gamma^2=1$ genügen. Es muß also eine Beziehung zwischen der Richtung der einfallenden Welle und der Wellenlänge bestehen, wenn man überhaupt ein Beugungsmaximum erhalten will. Quadriert und addiert man die Gl. (27″), so ergibt sich als die gesuchte Beziehung

$$\lambda = 2\,\frac{\frac{h_1}{a}\alpha_0+\frac{h_2}{b}\beta_0+\frac{h_3}{c}\gamma_0}{\frac{h_1^2}{a^2}+\frac{h_2^2}{b^2}+\frac{h_3^2}{c^2}}\,. \tag{28}$$

Nur wenn diese Beziehung erfüllt ist, erhält man ein Beugungsmaximum.

Eine einer anschaulichen Deutung zugängliche Formel ergibt sich, wenn wir die Gitterbedingungen in der Form (27′) quadrieren und addieren. Bezeichnen wir den Winkel zwischen ursprünglicher und gebeugter Richtung mit $\vartheta$, so wird wegen

$$\cos\vartheta = \alpha\alpha_0+\beta\beta_0+\gamma\gamma_0\,,$$

$$2(1-\cos\vartheta) = \lambda^2\left(\frac{h_1^2}{a^2}+\frac{h_2^2}{b^2}+\frac{h_3^2}{c^2}\right),$$

oder

$$2\sin\frac{\vartheta}{2} = \lambda\sqrt{\frac{h_1^2}{a^2}+\frac{h_2^2}{b^2}+\frac{h_3^2}{c^2}}\,. \tag{29}$$

Falls die 3 Ordnungszahlen einen gemeinsamen Faktor $m$ besitzen, wollen wir ihn vor die Wurzel ziehen und erhalten

$$2 \sin\frac{\vartheta}{2} = \lambda m \sqrt{\frac{h_1^{*2}}{a^2} + \frac{h_2^{*2}}{b^2} + \frac{h_3^{*2}}{c^2}}\,, \tag{30}$$

worin $h_1^*, h_2^*, h_3^*$ teilerfremd sind.

Wir bezeichnen nun als *Netzebene* eine Ebene, die mit Gitterpunkten besetzt ist (vgl. Fig. 110). Eine Netzebenenschar wird gekennzeichnet durch die teilerfremden kleinsten ganzen Zahlen, die den reziproken im Maßstab der zugehörigen Gitterkonstanten gemessenen Achsenabschnitten proportional sind. Z. B. bedeutet 010 eine Ebenenschar $y = b, 2b, 3b$ usw. Diese mit $h_1^*, h_2^*, h_3^*$ bezeichneten Zahlen heißen die ***Indices*** der Netzebenenschar. Die teilerfremden ganzen Zahlen $h_1^*, h_2^*, h_3^*$ stellen die wirklichen – immer im Maßstab $a, b, c$ gemessenen – reziproken Achsenabschnitte derjenigen Ebene der Schar dar, die dem Ursprung am nächsten gelegen ist. Dies ist folgendermaßen einzusehen: Seien die wirklichen in Zentimeter gemessenen Achsenabschnitte einer der Ebenen $l, m, n$, dann ist

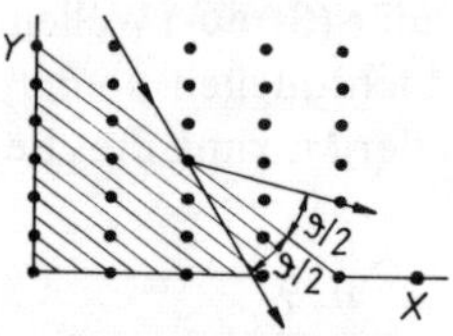


Fig. 110. Die Netzebenenschar 320

$$h_1^* : h_2^* : h_3^* = \frac{a}{l} : \frac{b}{m} : \frac{c}{n}$$

oder nach Einführung eines Proportionalitätsfaktors $t$

$$l = \frac{ta}{h_1^*}, \quad m = \frac{tb}{h_2^*}, \quad n = \frac{tc}{h_3^*}.$$

Die Gleichung der Ebene mit den Achsenabschnitten $l, m, n$ lautet bekanntlich

$$\frac{x}{l} + \frac{y}{m} + \frac{z}{n} = \frac{xh_1^*}{ta} + \frac{yh_2^*}{tb} + \frac{zh_3^*}{tc} = 1.$$

Wenn diese Ebene eine Netzebene sein soll, so muß die Gleichung durch ganzzahlige Werte der Koordinaten, also durch $x = pa,\ y = qb,\ z = rc$ befriedigt werden. Setzt man dies ein, so erhält man

$$ph_1^* + qh_2^* + rh_3^* = t.$$

Da links eine Summe von ganzen Zahlen steht, muß auch $t$ ganzzahlig sein. Der kleinste Wert von $t$ ist daher 1. Der Ursprungsabstand der Ebene mit den Achsenabschnitten $\frac{a}{h_1^*}, \frac{b}{h_2^*}, \frac{c}{h_3^*}$ ist aber nach den Regeln der analytischen Geometrie

$$d = \frac{1}{\sqrt{\frac{h_1^{*2}}{a^2} + \frac{h_2^{*2}}{b^2} + \frac{h_3^{*2}}{c^2}}}\,. \tag{31}$$

Dies ist gleichzeitig der Abstand irgend zweier benachbarter Ebenen der Schar. Damit kommen wir zu einer ganz neuen Interpretation der Gl. (30). In ihr bedeuten die $h_i^*$ zunächst die nach Abspaltung eines gemeinsamen Faktors bleibenden Ordnungszahlen der Beugungsrichtungen. Deuten wir sie aber als die Indices einer Ebenenschar, so können wir die Wurzelgröße durch den Abstand der Ebenen ausdrücken und erhalten die Maximumbedingung für Raumgitter:

$$\boxed{2d \sin\frac{\vartheta}{2} = m\lambda}. \tag{32}$$

Welcher Art diese Ebenen sind, ergibt sich sofort aus folgendem: Es läßt sich leicht zeigen, daß die Mittelebene zwischen der einfallenden und der gebeugten Richtung (Fig. 111) der durch $h_1^*, h_2^*, h_3^*$ gekennzeichneten Netzebenenschar angehört. Denn ihre Gleichung ist $(\vec{s}_0 - \vec{r})^2 = (\vec{s} - \vec{r})^2$ oder $(\vec{s}_0 - \vec{s}) \cdot \vec{r} = 0$. Setzt man für die Komponenten von $\vec{s}_0 - \vec{s}$ die Werte aus (27′) ein und kürzt mit den gemeinsamen Faktoren, so erhält man

$$\frac{h_1^* x}{a} + \frac{h_2^* y}{b} + \frac{h_3^* z}{c} = 0 .$$

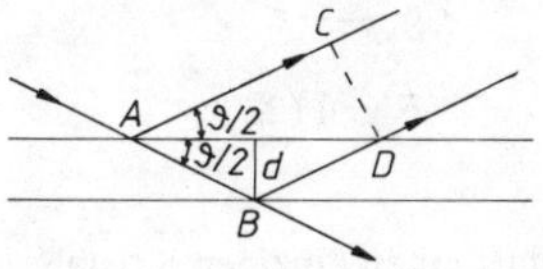


Fig. 111. Beugung am Raumgitter als Interferenz der von den einzelnen Netzebenen reflektierten Wellen

Wir können daher wegen der Gleichheit der beiden Winkel den Beugungsvorgang formal als eine Reflexion an der Netzebene ansehen. Der Gangunterschied des Teil der Welle, der an der nächsten Netzebene reflektiert wird, ist gegeben durch die Differenz

$$AB + BD - AC = \frac{2d}{\sin\frac{\vartheta}{2}} - 2d \cot\frac{\vartheta}{2} \cos\frac{\vartheta}{2} = 2\,d \sin\frac{\vartheta}{2} . \tag{33}$$

Die Gl. (32) bedeutet also, daß bei der Reflexion an den einzelnen Netzebenen Einfallswinkel $\frac{\pi}{2} - \frac{\vartheta}{2}$, Netzebenenabstand $d$ und Wellenlänge $\lambda$ die Bedingung erfüllen müssen, daß die Phasendifferenz der Teilwellen $2m\pi$ ist. Derartige Winkel, für die (32) erfüllt ist, heißen *Glanzwinkel*. Um bei monochromatischem Licht eine solche „Tiefenreflexion" zu erhalten, muß man also durch Drehen des Kristalls dafür sorgen, daß jeder Winkel zwischen den Netzebenen und der einfallenden Wellennormalen vorkommt.

Da in der bisherigen Ableitung mit einem ganz bestimmten Einfallswinkel $\vartheta$ gerechnet wurde, sollte man glauben, daß bei der praktischen Ausführung ein Bündel von einheitlicher Richtung verwandt werden müßte, dessen Herstellung im Röntgengebiet bei der Unmöglichkeit einer Abbildung durch Linsen nur durch Ausblenden mittels zweier enger Spalte erfolgen könnte. Indes entdeckten BRAGG und DE BROGLIEeine Art Fokussierungsbedingung, durch die auch ein divergentes Büschel, das *einen* Spalt durchsetzt, für jede Wellenlänge eine scharfe Linie gibt. Es muß bei Drehung um $O$ (vgl. Fig. 112) der Abstand Drehachse $O$ – Beobachtungsort $B$ gleich dem Abstand Spalt $S$ – Drehachse $O$ sein, d. h. das Spektrum liegt auf dem um die Achse $O$ mit Halbmesser $SO$ beschriebenen Kreis. In der symmetrischen Kristallstellung $KK$ gelangt nach $B$ eine bestimmte im Punkt $O$ reflektierte Wellenlänge. In jeder anderen Kristallstellung $K'K'$ wird ebenfalls diese und nur diese nach $B$ reflektiert. Beschreibt man einen Kreis durch $S$, $O$ und $B$, der nur, wenn $SO = OB$ ist, $KK$ berührt, so gibt sein Schnitt mit der Kristalloberfläche den Reflexionspunkt $R$. Daß $SR$ und $RB$ wieder mit

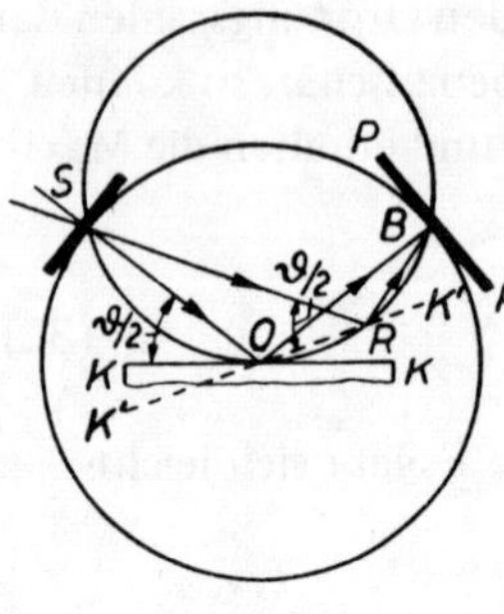


Fig. 112.

der Kristalloberfläche den Winkel $\vartheta/2$ bilden, sieht man leicht ein: Es ist

$$\sphericalangle SOB = \sphericalangle SRB \quad \text{(Peripheriewinkel über } SB\text{)};$$

ferner

$$\sphericalangle SOK = \sphericalangle SRO = \vartheta/2 \quad \text{(Peripheriewinkel bzw. Tangentensehnenwinkel zu } SO = \vartheta/2\text{)},$$

also ist auch

$$\sphericalangle BOK = \sphericalangle BRK' .$$

Es sei bemerkt, daß der Vorteil dieser Anordnung nicht in einer Intensitätssteigerung besteht, sondern in dem Umstand, daß verschiedene Stellen des Kristalls nacheinander reflektieren, wodurch zufällige Baufehler unschädlich werden.

Statt einen einzigen Kristall nacheinander in verschiedene Stellungen zum Strahl zu bringen, kann man auch durch Verwendung kleiner ungeordnet gelagerter Kristalle erreichen, daß Netzebenen in Glanzwinkelstellung vorkommen (Pulvermethode von DEBYE-SCHERRER-HULL).

Aufg. 104. Man gebe die Intensitätsverhältnisse der Beugungsspektren verschiedener Ordnung für ein Gitter an, das aus abwechselnd vollkommen durchsichtigen und vollkommen undurchsichtigen gleich breiten Streifen besteht.

Aufg. 105. (MICHELSONsches Sterninterferometer.) Ein Schirm enthält 2 parallele Spalte im Abstand $b$. Wie sieht das Beugungsbild aus, wenn ein Parallelstrahlenbündel a) senkrecht, b) unter dem kleinen Winkel $\epsilon$ gegen die Schirmnormale einfällt? Wie hängt bei gleichzeitigem Vorhandensein beider Parallelstrahlenbündel die Sichtbarkeit der Beugungsfigur von $\epsilon$ und $b$ ab?

Aufg. 106. Ein würfelförmiger KCl-Kristall ist begrenzt durch die Ebenen 100, 010 und 001. Es wird um eine zur Schnittlinie der Ebenen 100 und 010 parallele Achse gedreht. Senkrecht zu dieser Achse fällt Kupfer-$K_\alpha$-Strahlung ($\lambda = 1{,}54 \cdot 10^{-10}$ m) ein. Welche Netzebenen mit Indices $\leqslant 2$ kommen zur Reflexion und welches sind die zugehörigen Glanzwinkel $\frac{\delta}{2}$? (Ohne Unterscheidung zwischen K und Cl wird die Gitterkonstante des kubischen Gitters 3,13 Å = $3{,}13 \cdot 10^{-10}$ m.)

## § 4. FRESNELsche Beugungserscheinungen an Spalt und kreisförmiger Öffnung, Zonenplatten

Wir betrachten zunächst einen zweidimensionalen Fall: Wir denken uns die Lichtquelle senkrecht zur Zeichenebene von Fig. 113 unendlich ausgedehnt, so daß Unabhängigkeit von der $Y$-Koordinate besteht. Weiter soll die Verbindungsgerade Lichtquelle-Beobachtungspunkt senkrecht auf der Ebene der Öffnung stehen und durch die eine Kante des Spaltes hindurchgehen. Da in diesem Fall $\alpha_0 = \alpha = 0$ ist, beginnt unsere Entwicklung von $\varphi(\xi, \eta)$ mit $\frac{\xi^2}{2}\left(\frac{1}{R} + \frac{1}{R_q}\right)$ und wir erhalten für die Erregung in $P$, wenn wir für $k$ gleich $\frac{2\pi}{\lambda}$ schreiben:

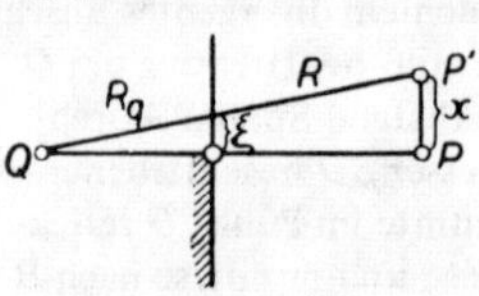


Fig. 113. Zur zweidimensionalen Beugung am Schirm

$$u_P = \frac{i}{\lambda R R_q} e^{-i\frac{2\pi}{\lambda}(R+R_q)} \int_0^a e^{-i\frac{\pi}{\lambda}\xi^2\left(\frac{1}{R}+\frac{1}{R_q}\right)} \mathrm{d}\xi . \qquad (34)$$

Wenn wir das Integral wieder durch Summation der von den einzelnen Spaltelementen gelieferten Zeiger auswerten, so sehen wir, daß im Gegensatz zu dem in § 3 behandelten Fall gleiche Elemente $d\xi$ nicht mehr Zeiger liefern, die gleiche Winkel miteinander bilden. Denn wegen des quadratischen Gliedes nimmt der Winkel zweier konsekutiver Zeiger mit $\xi\, d\xi$ proportional zu. Die Krümmung unserer Kurve wächst also mit zunehmender Bogenlänge. Eine solche Kurve hat das Aussehen einer Spirale. Um von den speziellen Werten $\lambda$, $R$, $R_g$ unabhängig zu werden, machen wir die Substitution

$$\xi \sqrt{\frac{2}{\lambda}\left(\frac{1}{R}+\frac{1}{R_q}\right)} = s; \qquad A = a \sqrt{\frac{2}{\lambda}\left(\frac{1}{R}+\frac{1}{R_q}\right)} \tag{35}$$

und erhalten

$$\int_0^a e^{-i\frac{\pi}{\lambda}\xi^2\left(\frac{1}{R}+\frac{1}{R_q}\right)}\, d\xi = \frac{1}{\sqrt{\frac{2}{\lambda}\left(\frac{1}{R}+\frac{1}{R_q}\right)}} \int_0^A e^{-i\frac{\pi}{2}s^2}\, ds\,. \tag{36}$$

Die spezielle Kurve $z = \int_0^A e^{-\frac{i\pi}{2}s^2}\, ds$, deren Parameterdarstellung in rechtwinkligen Koordinaten $x$, $y$ lautet

$$x = \int_0^A \cos\left(\frac{\pi}{2}s^2\right) ds, \qquad y = -\int_0^A \sin\left(\frac{\pi}{2}s^2\right) ds\,, \tag{37}$$

heißt die CORNUsche Spirale (Fig. 114). Liegt diese Spirale gezeichnet vor, so lassen sich mit ihrer Hilfe eine Reihe von Fragen lösen.

Zunächst gibt der von $O$ nach dem zu $a$ gemäß Gl. (35) gehörenden Punkt $A$ der Spirale gezogene Radiusvektor die in $P$ herrschende Erregung als Funktion der Spaltbreite wieder. Wie man aus der Figur sieht, durchläuft dieser Radiusvektor unendlich viele Extrema, deren Differenz immer kleiner wird und nähert sich bei $\infty$ großer Öffnung, d. h. im Fall des Schirms dem Wert, der dem asymptotischen Windungspunkt $J$ entspricht. Öffnen wir jetzt die symmetrische Hälfte des Spaltes ebenfalls, so ist dieselbe Lichterregung hinzuzufügen. Zweckmäßigerweise zeichnet man für die andere Hälfte die Spirale ein zweitesmal, und zwar spiegelbildlich zum Ursprung. Für die Zusammensetzung der Zeiger ist aber darauf zu achten, daß für diese Hälfte die Richtung von den Punkten der Spirale zum Ursprung hin zu nehmen ist. Jetzt können wir auch die Erregung angeben, die in $P$ herrscht, wenn der Spalt ganz beliebig auf der $\xi$-Achse liegt, wenn seine Kanten z.B. durch $\xi = a$ und $\xi = b$ gegeben sind. Wir müssen nur von der für $\xi = a$ geltenden Erregung den zu $\xi = b$ gehörenden Zeiger abziehen, d. h. auf der Spirale die Verbindungsstrecke der zu $a$ und $b$ gehörenden Punkte ziehen.

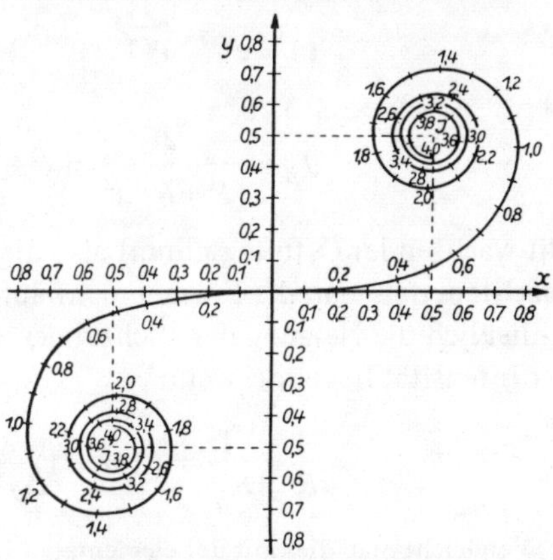


Fig. 114. Die CORNUsche Spirale. (Die angeschriebenen Zahlen bedeuten den Wert des Parameters)

Weiter kann man mit guter Näherung die Lichtverteilung in einer durch $P$

parallel zum Schirm gelegten Ebene untersuchen. Wenn wir uns nicht allzu weit von $P$ entfernen, so kann die kleine Neigung der Geraden $QP'$ vernachlässigt werden und wir erwarten in $P'$ dieselbe Erregung, die in $P$ herrschen würde, wenn der Schirm nicht bei $\xi = 0$, sondern bei $\xi = -\dfrac{xR_q}{R+R_q}$ enden würde (vgl. Fig. 113). Mit nach negativen Werten wachsendem $x = PP'$ durchläuft man also die Punkte der oberen Spirale, und die vom Windungspunkt nach innen gezogenen Strecken nehmen monoton ab. Wir haben also im Schattenraum eine gleichmäßige Abnahme der Helligkeit. Eine Verschiebung von $P$ um positive $x$ entspricht einer Zurückziehung der Schirmkante in negativer Richtung, es kommen also noch Radienvektoren der unteren Spirale hinzu, was im Lichtraum eine Folge von Maximis und Minimis ergibt. Der Grenzwert für großen Abstand vom geometrischen Schatten entspricht der Verbindungsstrecke der beiden Windungspunkte, also der doppelten Amplitude oder vierfachen Intensität in Punkt $P$. Diese Verteilung stimmt mit der Beobachtung gut überein.

Wir wollen jetzt noch die bei *punktförmiger* Lichtquelle auf der zur Schirmebene senkrechten Geraden herrschende Verteilung untersuchen. Da wieder $\alpha_0 = \alpha = 0$, erhalten wir für die Erregung in $P$

$$u_P = \frac{i}{\lambda R R_q}\, e^{-ik(R+R_q)} \iint e^{-i\frac{k}{2}(\xi^3+\eta^2)\left(\frac{1}{R}+\frac{1}{R_q}\right)}\, d\xi\, d\eta\,. \tag{38}$$

Bei kreisförmiger Begrenzung der Öffnung (Radius $a$) läßt sich das Integral in Polarkoordinaten auswerten, und wir erhalten

$$u_P = \frac{1}{R+R_q}\, e^{-ik(R+R_q)} \left\{1 - e^{-\frac{i\pi}{\lambda}a^2\left(\frac{1}{R}+\frac{1}{R_q}\right)}\right\}. \tag{39}$$

Die Intensität ist durch das Quadrat des Betrags der komplexen Zahl gegeben und dieses erhalten wir durch Multiplikation mit der konjugiert komplexen Größe wegen

$$(1-e^{-ix})(1-e^{+ix}) = 2(1-\cos x) = 4\sin^2\frac{x}{2}$$

zu

$$J_P = \frac{4}{(R+R_q)^2}\sin^2\frac{\pi}{2\lambda}a^2\left(\frac{1}{R}+\frac{1}{R_q}\right). \tag{40}$$

Mit wachsender Öffnung nimmt also die Helligkeit periodisch zu und ab. Es ist aber zu beachten, daß man die Formel nicht auf beliebig große Öffnungen ausdehnen darf, da schließlich die Neigung der Richtungen von $\vec{r}_0$ und $\vec{r}$ eine Rolle spielt. Ein Maximum der Intensität liegt vor, wenn

$$\frac{1}{R} + \frac{1}{R_q} = (2m+1)\frac{\lambda}{a^2}\,. \tag{41}$$

Vergleicht man dies mit der elementaren Linsenformel, so sieht man, daß man die Öffnung mit einer Linse der Brennweite $f = \dfrac{a^2}{(2m+1)\lambda}$ in Parallele setzen kann. Indes findet in den Maximis keine wesentliche Verstärkung der Beleuchtung statt. Dies erreicht man erst, wenn man in der Öffnung diejenigen Zonen ausblendet, welche durch ihre Phase eine Verminderung der resultierenden Amplitude bewirken. Dies entspricht der Wirkung der Ausschaltung einzelner Zonen beim Spalt und dem Übergang zum Strichgitter. Wir müssen die Einteilung in Zonen so treffen, daß die Ränder konsekutiver Zonen, von denen die Hälfte bedeckt wird, einen Phasenunterschied von $2m\pi$ geben; es muß also

$$\frac{\pi\rho_{n+1}^2}{\lambda}\left(\frac{1}{R}+\frac{1}{R_q}\right)=\frac{\pi\rho_n^2}{\lambda}\left(\frac{1}{R}+\frac{1}{R_q}\right)+2m\pi$$

oder

$$\rho_{n+1}^2-\rho_n^2=\frac{2m\lambda}{\dfrac{1}{R}+\dfrac{1}{R_q}} \tag{42}$$

sein. Damit ist gleichzeitig die zur vollen Wirkung der Anordnung notwendige Bedingung erfüllt, daß die Zonen gleichen Flächeninhalt haben, da ja der Inhalt eines Ringes durch $\pi(\rho_{n+1}^2-\rho_n^2)$ gegeben ist. Der Radius des innersten Kreises, von dem die Hälfte der Fläche zu bedecken ist, ist also bestimmt durch

$$\rho_1^2=\frac{2m\lambda}{\dfrac{1}{R}+\dfrac{1}{R_q}}\,.$$

Mit einer so geteilten Platte kann man nun in der Tat eine beträchtliche Lichtsteigerung in den durch die Gleichung

$$\frac{1}{R}+\frac{1}{R_q}=\frac{2m\lambda}{\rho_1^2}$$

gegebenen Punkten erreichen, weshalb man derart geteilte Platten auch als *Zonenlinsen* bezeichnet.

Zwölftes Kapitel

# Elemente der geometrischen Optik und der Interferenzoptik

## § 1. Die Grundlagen der geometrischen Optik. Die Sätze von FERMAT und MALUS

Für die Bedürfnisse der praktischen Optik hat sich die „geometrische Optik" als ein besonderer Zweig entwickelt. Ihr Zweck ist, den Gang des Lichts in optischen Instrumenten zu berechnen und die Grundlagen für die günstigste Konstruktion solcher Instrumente zu liefern. Ihre Grundannahmen bedeuten eine starke Vereinfachung der Wirklichkeit, sie sind nämlich

1. die geradlinige Ausbreitung eines Lichtstrahls im einheitlichen Medium,
2. die Unabhängigkeit verschiedener Strahlenbündel,
3. die Umkehrbarkeit des Strahls,
4. das Reflexionsgesetz und
5. das Brechungsgesetz.

Die Annahmen 1. bis 3. zeigen, daß die geometrische Optik von den Beugungserscheinungen abstrahiert, ja nicht einmal die Wellennatur des Lichts enthält. Im Gebiet der Beugungserscheinungen verliert ja auch der Begriff des Lichtstrahls seinen Sinn: Wenn man auch einer auf eine Öffnung auftreffenden ebenen Welle einen Strahl in der

Richtung der Wellennormalen zuordnen kann, so gehören doch nach der Beugung zu den seitlich abgebeugten Wellenteilen die verschiedensten Normalen. Bei der Berechnung optischer Instrumente mit den Hilfsmitteln der geometrischen Optik sind also die durch die Beugung an den verschiedenen Blenden bedingten Erscheinungen nicht berücksichtigt. Sie müssen daher z. B. für die Bestimmung des Auflösungsvermögens gesondert in Rechnung gezogen werden, wozu die Beugungstheorie die Mittel liefert.

Aus den Annahmen 1, 4 und 5 folgen zwei wichtige allgemeine Sätze, deren erster von FERMAT entdeckt wurde und der lautet: die Ausbreitung des Lichts erfolgt stets so, daß der Lichtweg (geometrischer Weg mal Brechungsindex des Mediums) gegenüber benachbarten, nicht den Gesetzen der Optik gehorchenden Wegen ein Extremum hat, also

$$\sum n_i s_i = \text{Extremum}, \tag{1}$$

oder für Medien mit stetig variablem Brechungsindex

$$\int_{P_1}^{P_2} n \, \mathrm{d}s = \text{Extremum} . \tag{1'}$$

Zum Beweis zeigen wir, daß die erste Variation des Lichtwegs verschwindet. Für die Ausbreitung im einheitlichen Medium ist der Satz selbstverständlich, da ja die gerade Linie die kürzeste Verbindung zwischen zwei Punkten ist. Für die Reflexion läßt sich der Beweis auf den ersten Fall dadurch zurückführen, daß bei Gültigkeit der geometrischen Optik das nach $P_2$ gelangende Licht vom Spiegelbild $P_1'$ herkommt und der Weg $P_1 P_2$, der dem wirklichen Weg gleich ist, als Gerade wieder ein Extremum darstellt. Für die Brechung wollen wir den Beweis durchführen. Wir machen die brechende Ebene zur $XY$-Ebene eines Koordinatensystems, die Einfallsebene sei die $YZ$-Ebene. Neben dem wirklichen Strahlengang betrachten wir einen variierten, der die $XY$-Ebene in den Punkten $\delta x$ und $\delta y$ durchsetzt, während der „optische" Strahl durch $O$ geht. Dann ist (vgl. Fig. 115)

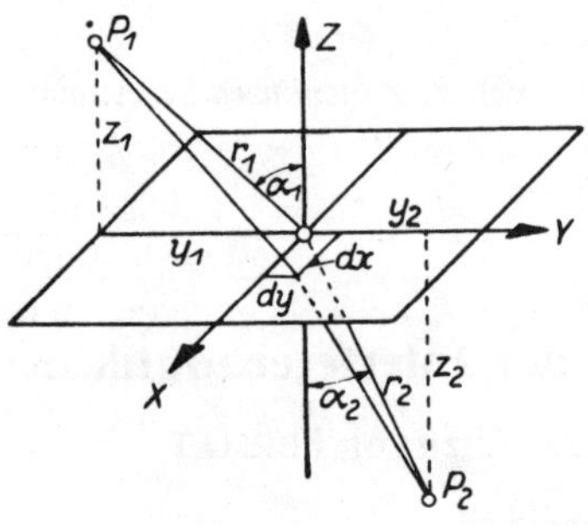


Fig. 115. Zum FERMATschen Satz bei der Brechung

$$\begin{aligned} \delta L &= n_1 (r_1 + \delta r_1) + n_2 (r_2 + \delta r_2) - (n_1 r_1 + n_2 r_2) \\ &= n_1 \sqrt{z_1^2 + (y_1 + \delta y)^2 + \delta x^2} + n_2 \sqrt{z_2^2 + (y_2 - \delta y)^2 + \delta x^2} \\ &\quad - n_1 \sqrt{z_1^2 + y_1^2} - n_2 \sqrt{z_2^2 + y_2^2} \end{aligned} \tag{2}$$

und bei Vernachlässigung von Größen zweiter Ordnung

$$\delta L = \left( \frac{n_1 y_1}{\sqrt{z_1^2 + y_1^2}} - \frac{n_2 y_2}{\sqrt{z_2^2 + y_2^2}} \right) \delta y \; ;$$

wegen des Bestehens des Berechnungsgesetzes wird aber

$$\frac{n_1 y_1}{\sqrt{z_1^2 + y_1^2}} - \frac{n_2 y_2}{\sqrt{z_2^2 + y_2^2}} = n_1 \sin\alpha_1 - n_2 \sin\alpha_2 = 0.$$

Da sich im Bereich der geometrischen Optik jeder Strahlengang aus Brechung und Reflexion zusammensetzen läßt, ist der Satz damit allgemein bewiesen.

Erfolgt eine Abbildung eines Punktes $P$ in einem anderen Punkt $P'$, so vereinigen sich im Bild viele Strahlen, die alle nach den Gesetzen der geometrischen Optik laufen. Jeder der Strahlen muß gegenüber einem nichtoptischen benachbarten einen Extremwert des Lichtwegs liefern, das ist aber nur möglich, wenn für alle optischen Strahlen der Lichtweg konstant ist. Vom Standpunkt der Wellenoptik ist die Konstanz des Lichtwegs bei der Abbildung schon aus dem Grund zu fordern, weil die im Bildpunkt zusammenlaufenden Wellen alle in gleicher Phase ankommen müssen.

Um den Satz von MALUS, den zweiten wichtigen allgemeinen Satz, zu verstehen, sei daran erinnert, daß in der Liniengeometrie solche Strahlenbündel unterschieden werden, bei denen die Geraden die Normalen der Punkte einer Fläche darstellen (orthotome Strahlensysteme), und solche, die keine Orthogonalflächen haben (nichtorthotome Systeme). Die von einem Punkt ausgehenden Strahlen sind sicher orthotom, denn die um den Punkt beschriebenen Kugeln sind sicher Orthogonalflächen. Der Satz von MALUS behauptet nun, daß durch Brechung und Reflexion die Eigenschaft der Orthotomie nicht verlorengeht, wenngleich die ursprüngliche Kugelform der Orthogonalfläche verändert wird. Vom Standpunkt der Wellenoptik ist der Satz von MALUS eine Selbstverständlichkeit, denn zu den Lichtstrahlen gehören selbstverständlich immer Wellenfronten. Wir wollen daher auf einen rein geometrisch-optischen Beweis des MALUSschen Satzes hier verzichten. Von Bedeutung ist noch folgende Konsequenz des MALUSschen Satzes: Betrachten wir die Stücke zweier Strahlen, die durch 2 Wellenflächen begrenzt sind, so muß der Lichtweg zwischen ihnen gleich groß sein. Dies gilt offenbar auch dann, wenn sich Strahlen, die auf einer Wellenfläche senkrecht stehen, später schneiden. In diesem Fall geht die 2. Wellenfläche durch den Schnittpunkt und hat dort einen singulären Punkt.

## § 2. Die Eigenschaften der kollinearen Abbildung (GAUSSschen Abbildung)

Das Ideal einer optischen Abbildung bestünde darin, daß alle von einem Punkt ausgehenden Lichtstrahlen sich wieder in einem Punkt vereinigen, daß Geraden als Verbindungsstrecken zweier Punkte wieder Geraden werden und Ebenen wieder Ebenen entsprechen. Ob eine solche Abbildung mit optischen Mitteln möglich ist, kann man von vornherein nicht sagen. Wir wollen es einmal annehmen und zunächst, ohne weiter auf die Frage der Realisierung einzugehen, die Eigenschaften einer solchen Zuordnung der Punkte des Objekt- oder Dingraums und der Punkte des Bildraums, die sich durch eine sehr einfache mathematische Transformation darstellen läßt, untersuchen. Mathematisch wird eine solche Zuordnung der Koordinaten $\xi, \eta, \zeta$ von $P$ und $\xi', \eta', \zeta'$ von $P'$ durch linear gebrochene Substitutionen mit gleichen Nennern ausgedrückt

$$\xi' = \frac{a_1 \xi + b_1 \eta + c_1 \zeta + d_1}{a_0 \xi + b_0 \eta + c_0 \zeta + d_0}, \qquad \eta' = \frac{a_2 \xi + b_2 \eta + c_2 \zeta + d_2}{a_0 \xi + b_0 \eta + c_0 \zeta + d_0},$$
$$\zeta' = \frac{a_3 \xi + b_3 \eta + c_3 \zeta + d_3}{a_0 \xi + b_0 \eta + c_0 \zeta + d_0}. \tag{3}$$

Wie man sich sofort überzeugt, ergibt die Gleichung einer Ebene $l\xi' + m\eta' + n\xi' - p = 0$ auch im Objektraum eine Ebene. Der Schnitt zweier Ebenen im Bildraum entspricht dem Schnitt zweier Ebenen im Objektraum und dem Schnitt dreier Ebenen, also einem Punkt, entspricht wieder ein Punkt als Schnitt dreier Ebenen. Wir wollen uns jetzt auf axialsymmetrische (zentrierte) Abbildungen beschränken. Ist die $\xi$-Achse die Symmetrieachse, so brauchen wir nur die Abbildung in einem Meridianschnitt mit den Koordinaten $\xi$ und $\eta$ zu untersuchen. Die Symmetrie der Abbildung erfordert nun, daß bei Vertauschung von $\eta$ mit $-\eta$ die $\xi'$-Koordinate nicht verändert wird, während die $\eta'$-Koordinate ihr Vorzeichen wechseln muß. Infolgedessen müssen bei einer zentrierten Abbildung die Koeffizienten $b_0$, $b_1$, $a_2$ und $d_2$ verschwinden, so daß wir die einfacheren Beziehungen

$$\xi' = \frac{a_1\xi + d_1}{a_0\xi + d_0}, \qquad \eta' = \frac{b_2\eta}{a_0\xi + d_0}, \tag{3'}$$

oder nach $\xi$ und $\eta$ aufgelöst,

$$\xi = \frac{d_0\xi' - d_1}{-a_0\xi' + a_1}, \qquad \eta = \frac{(a_1 d_0 - a_0 d_1)\eta'}{b_2(-a_0\xi' + a_1)} \tag{3''}$$

erhalten. Der Ebene $a_0\xi + d_0 = 0$ ist die unendlich ferne Ebene des Bildraums, der Ebene $a_0\xi' - a_1 = 0$ die unendlich ferne Ebene des Objektraums zugeordnet. Diese Ebenen heißen die *Brennebenen* von Objekt- bzw. Bildraum. Ihre Schnitte mit der Achse werden die *Brennpunkte* $F$ und $F'$ der Abbildung genannt. Die Abbildungsformeln werden nun noch einfacher, wenn wir die Nullpunkte der $\xi$- und $\xi'$-Achse geeignet festlegen. Wir wollen sie in die Brennpunkte legen und die positive Richtung der Achsen in Objekt- und Bildraum in die Richtung der Lichtfortpflanzung zeigen lassen. Diese Festsetzung entspricht der rechnenden Optik, desgleichen die der Vorzeichen von $f$ und $f'$ sowie der Winkel $u$ und $u'$ auf der nächsten bzw. übernächsten Seite. Die Koordinaten des so festgelegten Systems bezeichnen wir mit $x$ und $y$ bzw. $x'$ und $y'$. Wir haben dann die Transformation

$$x = \xi + \frac{d_0}{a_0}, \quad y = \eta; \quad x' = \xi' - \frac{a_1}{a_0}, \quad y' = \eta'. \tag{4}$$

Führen wir noch die Abkürzungen ein

$$\frac{b_2}{a_0} = -f, \qquad \frac{a_0 d_1 - a_1 d_0}{a_0^2} = ff', \tag{5}$$

so ergeben sich aus (3″) die Abbildungsformeln

$$\boxed{\begin{aligned} &x x' = ff' \\ &\frac{y'}{y} = -\frac{f}{x} = -\frac{x'}{f'} \end{aligned}} \;. \tag{6}$$

Die so eingeführten Längen $f$ und $f'$ heißen die *Brennweiten* von Objekt- bzw. Bildraum. Daß sie mit den in der elementaren Linsentheorie eingeführten Brennweiten identisch sind, werden wir sogleich sehen.

Das Verhältnis $\frac{y'}{y}$ bezeichnet man als *Seitenvergrößerung.* Für die Punkte der Ebene $x = -f$, denen die Ebene $x' = -f'$ entspricht, wird dies Verhältnis 1 (da im Normalfall der Fig. 116 $f$ selbst negativ ist, ist $x = -f$ positiv, die Hauptebene liegt also rechts von der Brennebene). Diese beiden Ebenen heißen die *Hauptebenen* des Objekt- bzw. Bildraums, ihre Schnittpunkte mit der Achse die *Hauptpunkte* $H$ bzw. $H'$. Durch Achse, Brennpunkte und Hauptpunkte läßt sich jedes optische Abbildungssystem schematisieren. $f$ und $f'$ werden positiv gezählt, wenn im Sinn der Lichtfortpflanzung die Brennebene nach der Hauptebene kommt. Rechnen wir als *Objektweite* die Entfernung $e$ zwischen Objektpunkt und Hauptebene des Objektraums, als Bildweite die Entfernung $e'$ zwischen Bildpunkt und Hauptebene des Bildraums, so ist (vgl. Fig. 116) bei unserer Vorzeichenfestsetzung

$$-e = -f - x, \qquad e' = f' + x',$$

und die erste Abbildungsbeziehung ergibt

$$(e-f)(e'-f') = ff' \quad \text{oder} \quad \frac{f}{e} + \frac{f'}{e'} = 1 . \tag{7}$$

Haben Bild- und Objektraum denselben Brechungsindex (vgl. S. 385), so ist $f = -f'$, und wir erhalten die elementare Linsenformel

$$\boxed{\frac{1}{e'} = \frac{1}{e} + \frac{1}{f'}} \; . \tag{7'}$$

Während für eine dünne Linse in der elementaren Optik die Objekt- und Bildweite von der Mittelebene aus gezählt werden, darf man dies bei einem komplizierten System wie einem photographischen Objektiv nicht mehr tun. Hier können die Hauptebenen weit auseinander und zum Teil außerhalb der Linsen liegen.

Zur Bildkonstruktion verwenden wir einen achsenparallelen und einen Brennpunktstrahl (Fig. 116). Der achsenparallele Strahl trifft die Hauptebene des Objektraums in $A$; diesem Punkt entspricht der in gleicher Höhe liegende Punkt $A'$ der Hauptebene des Bildraums; der durch ihn und den bildseitigen Brennpunktgezogene Strahl entspricht dem achsenparallelen Strahl des Objektraums. Der Brennpunktstrahl trifft andererseits die Hauptebenen des Objektraums in $B$. Ihm entspricht der durch den in gleicher Höhe gelegenen Punkt $B'$ gezogene achsenparallele Strahl des Bildraums. Der Schnitt der beiden Strahlen im Bildraum ergibt das Bild $P'$. Besonders wichtig ist der Fall, daß der Objektpunkt in der unendlich

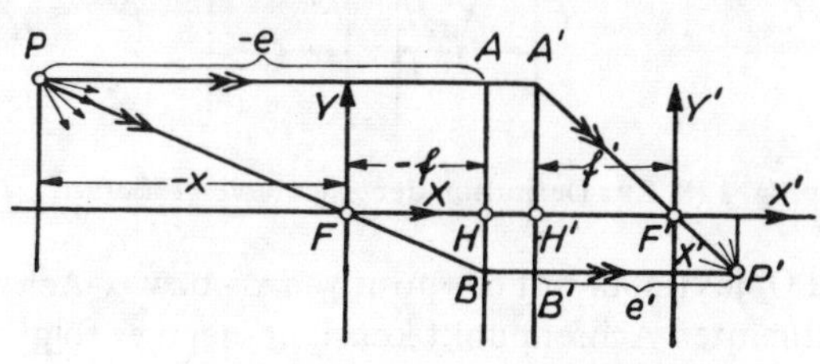

Fig. 116. Bildkonstruktion für im Endlichen gelegene Punkte

fernen Ebene des Objektraums liegt, d. h., daß eine *Richtung u* gegeben ist. Dieser Richtung entspricht ein Punkt der Brennebene des Bildraums, dessen Koordinate wir folgendermaßen finden: Der durch den objektseitigen Brennpunkt $F$ gezogene Strahl der Richtung $u$ trifft die Hauptebene des Objektraums in $A$. Diesem Punkt entspricht der in gleicher Höhe liegende Punkt der Hauptebene des Bildraums und dem Brennpunktstrahl durch $A$ der achsenparallele Strahl durch $A'$, der die Brennebene des Bildraums in $P'$ trifft. Es besteht dann nach Fig. 117 die Gleichung

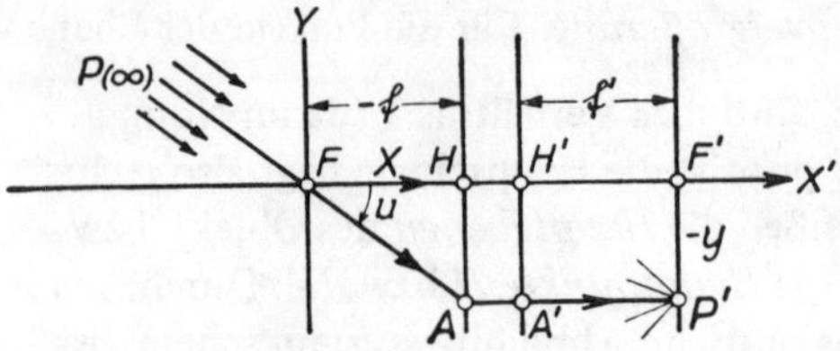


Fig. 117. Bildkonstruktion für unendlich ferne Punkte

$$\boxed{y' = f \tan u = -f' \tan u} \quad . \tag{8}$$

Diese Gleichung ermöglicht es, Winkeldistanzen (z. B. am Himmelsgewölbe gemessene Größen) in Längen in der Brennebene umzurechnen.

Als *Tiefenvergrößerung* führen wir in analoger Weise zur Seitenvergrößerung das Verhältnis der Abszissendifferenzen zweier Punkte in Bild- und Objektraum ein. Durch Differentiation von Gl. (6) erhalten wir für die so definierte Tiefenvergrößerung

$$\frac{dx'}{dx} = -\frac{ff'}{x^2} = -\frac{x'}{x} \ . \tag{9}$$

Da diese Größe selbst von $x$ abhängt, ist die kollineare Abbildung keine ähnliche Abbildung.

Haben, wie angenommen, $f$ und $f'$ verschiedenes Vorzeichen, so wandern Bild und Objekt im gleichen Sinn (rechtläufige Abbildung). Diese ist allein physikalisch realisierbar, auch bei der Spiegelung ist gemäß unserer Vorzeichenfestsetzung die Abbildung rechtläufig.

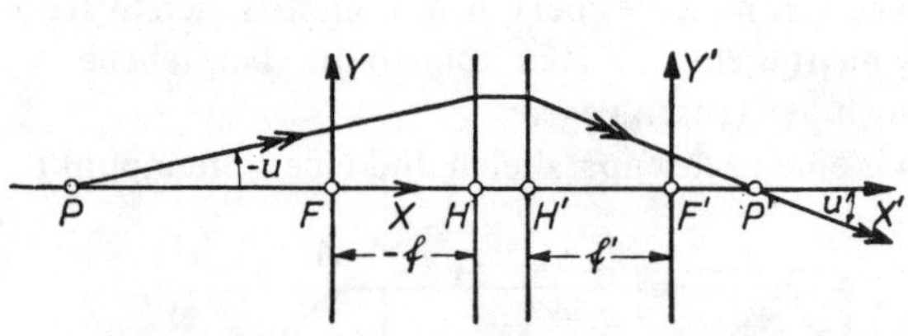


Fig. 118. Zur Definition der Angularvergrößerung

Als *Angularvergrößerung* (Konvergenzverhältnis) bezeichnen wir das Verhältnis der Tangenten der Winkel, die ein durch einen Achsenpunkt gehender Strahl in Bild- und Objektraum mit der positiven $x'$- bzw. $x$-Achse bildet. Dieses Verhältnis ist für einen bestimmten Achsenpunkt konstant, denn es folgt aus der Fig. 118

$$\frac{\tan u'}{\tan u} = \frac{f+x}{f'+x'} = \frac{f+x}{f' + \dfrac{ff'}{x}} = \frac{(f+x)x}{f'(x+f)} = \frac{x}{f'} \ . \tag{10}$$

Das Produkt aus der für eine bestimmte Ebene geltenden Seiten- und Angularvergrößerung wird, wie man durch Kombination der Gl. (10) und (6) erkennt, für die ganze Abbildung konstant. Denn es ergibt sich

$$\frac{y'}{y} \frac{\tan u'}{\tan u} = -\frac{f}{f'} \ . \tag{11}$$

*Zusammensetzung zweier Abbildungen:* Zwei Kollineationen geben wieder eine Kollineation, müssen sich also durch eine einzige ersetzen lassen. Wir stellen uns die Aufgabe, für die resultierende Abbildung die vier Kardinalpunkte: Brennpunkte und Hauptpunkte bzw. die zugehörigen Ebenen zu ermitteln. In Fig. 119 sind die Haupt- und Brennebenen der beiden Einzelabbildungen (Indices 1 und 2) eingezeichnet, dieselben

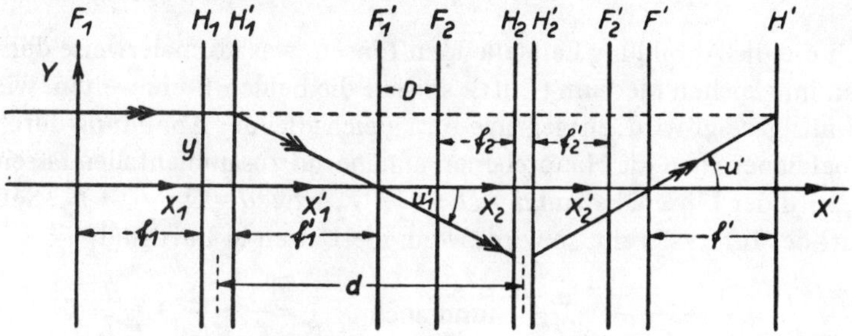


Fig. 119. Zusammensetzung zweier Abbildungen

Buchstaben wenden wir auch für die zugehörigen Schnittpunkte mit der Achse, die Brenn- und Hauptpunkte an. Wir zeichnen im Objektraum einen achsenparallelen Strahl, der $H_1$ und $H_1'$ im Abstand $y$ von der Achse trifft und dann durch den Brennpunkt $F_1'$ geht. Seine Neigung gegen die Achse ist im ersten Bildraum

$$\tan u_1' = y/f_1' . \tag{12}$$

Wir finden den resultierenden Brennpunkt $F'$, wenn wir den Schnitt dieses Strahls mit der Achse nach der Abbildung 2 aufsuchen. Dies ist aber der $F_1'$ zugeordnete Bildpunkt. Bezeichnen wir das sogenannte ***Intervall*** der Abbildungen 1 und 2, die Strecke $F_1' F_2$, mit $D$ – positiv gezählt, wenn $F_2$ rechts von $F_1'$ liegt –, so ist nach Gl. (6)

$$x_{2(F_1')} = -D, \quad x'_{2(F_1')} = \overline{F_2' F'} = -\frac{f_2 f_2'}{D} . \tag{13}$$

Die Lage der Hauptebene $H'$ findet man zeichnerisch aus folgender Überlegung: Wenn $H'$ die Hauptebene der resultierenden Abbildung ist, so muß ein achsenparallel in Höhe $y$ einfallender Strahl nach dem Brennpunkt $F'$ weitergehen. $H'$ geht also durch den Schnitt des achsenparallelen Strahls mit dem durch $F'$ gezogenen Strahl, der dem Strahl $\overline{F_1' H_1'}$ zugeordnet ist. Rechnerisch erhält man die Brennweite $f'$, d.h. den Abstand von $F'$ und $H'$ durch Anwendung der Formel (10) auf die Angularvergrößerung der 2. Abbildung, wobei zu beachten ist, daß $u_2 = u_1'$ ist. Es ist also

$$\tan u_2' = -\tan u_1' \cdot \frac{D}{f_2'} = -\frac{y}{f_1'} \cdot \frac{D}{f_2'} .$$

Andererseits ist nach Fig. 119, da $F'$ links von $H'$ liegt,

$$\tan u' = \tan u_2' = y/f' .$$

omit ergibt sich

$$\frac{1}{f'} = -\frac{D}{f_1' f_2'}. \tag{14}$$

In gleicher Weise findet man

$$F_1 F = \frac{f_1 f_1'}{D} \quad (13') \qquad \text{und} \qquad \frac{1}{f} = \frac{D}{f_1 f_2}. \tag{14'}$$

Befinden sich die die Abbildung herstellenden Linsen, was normalerweise der Fall ist, zu beiden Seiten im gleichen Medium (Luft), so sind die beiden Brennweiten, wie im nächsten Abschnitt gezeigt wird, entgegengesetzt gleich. Bei der Abbildung durch zwei dünne Linsen, bei denen man die Hauptebenen annähernd zusammenfallen lassen kann, (vgl. Fig. 119), wird der Linsenabstand $d = D + f_1' - f_2$ bzw. $d = D + f_1' + f_2'$. Setzt man diese Größe statt des Intervalls ein, so wird, wenn die Linsen in Luft sind,

$$\frac{1}{f'} = \frac{1}{f_1'} + \frac{1}{f_2'} - \frac{d}{f_1' f_2'} \qquad \text{und auch} \qquad \frac{1}{f} = \frac{1}{f_1} + \frac{1}{f_2} + \frac{d}{f_1 f_2}. \tag{15}$$

Liegen die Linsen dicht aufeinander, so wird einfach

$$\frac{1}{f} = \frac{1}{f_1} + \frac{1}{f_2}. \tag{16}$$

Bei dünnen Linsen in Luft addieren sich also einfach die Kehrwerte der Brennweiten, wenn sie unmittelbar aufeinander gelegt werden. Deshalb hat man diese Kehrwerte als *Brechkräfte* $\varphi$ eingeführt, die in Dioptrien gemessen werden (1 Dioptrie = Kehrwert von 1 m Brennweite). Diese Rechnung gilt aber nur, wenn die Medien zu beiden Seiten der abbildenden Systeme dieselben sind, da wir ja bei der Ableitung von (15) $f_2$ durch $-f_2'$ ersetzt haben.

Aufg. 107. Das Sonnenbild hat am Himmel einen Durchmesser von $1/2°$. Wie groß ist das von einer Linse von 2 m Brennweite erzeugte Bild?

Aufg. 108. Eine abzubildende Ebene liege nicht senkrecht, sondern schräg zur Achse. Wo liegt die Bildebene?

## § 3. Die physikalische Realisierung der optischen Abbildung Der ABBEsche Sinussatz. Ein von einem Punkt ausgehendes Elementarbüschel

### a) Abbildung achsennaher Punkte durch enge Büschel

Solange die Öffnung der von einem Achsenpunkt ausgehenden Strahlen so klein gehalten ist, daß man Sinus und Tangens der Winkel mit dem Bogen vertauschen darf und solange man Punkte betrachtet, die so nahe der Achse sind, daß man den Achsenabstand ebensogut durch die Länge von Kreisbögen, deren Mittelpunkte auf der Achse liegen, angeben kann, führt die Brechung an einer Kugelfläche, deren Mittelpunkt auf der Achse liegt, zu den Formeln der Kollineation. Da mehrere Kollineationen sich zu einer einzigen zusammensetzen lassen und da man innerhalb des oben umschriebenen Bereichs jede Rotationsfläche durch ihre Schmiegungskugel ersetzen kann, gilt dann allgemein der Satz, daß *innerhalb der angegebenen Grenzen jedes System von brechenden Rota-*

*tionsflächen mit gemeinsamer Achse zu einer kollinearen Abbildung führt.* (Dazu gehört auch der Fall, daß einzelne Flächen spiegeln, da man den Fall der Spiegelung durch den Brechungsindex $n = -1$ mit einbeziehen kann.) Wir zeigen dies für eine brechende Kugelfläche, von der links der Brechungsindex $n$, rechts der Brechungsindex $n'$ gilt. Für das Vorzeichen gilt, daß

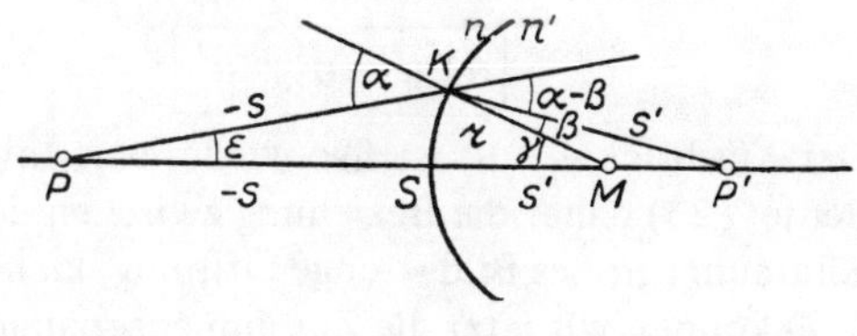

Fig. 120. Abbildung durch brechende Kugelfläche

alle Achsenabschnitte links negativ, rechts positiv gezählt werden und daß die Krümmung positiv ist, wenn die konvexe Seite dem Lichteinfall zugekehrt ist. Der Achsenpunkt $P$ habe (vgl. Fig. 120) vom Scheitel der Fläche $S$ den Abstand $-s$, der von $P$ unter dem Winkel $\epsilon$ abgehende Strahl treffe nach der Brechung die Achse im Abstand $s'$ in $P'$. Wir müssen nun zeigen, daß der Abstand $s'$ unabhängig vom Winkel $\epsilon$ ist, d.h., daß das Büschel, das von $P$ ausgeht, sich wieder in $P'$ vereinigt. Verbinden wir den Knickpunkt $K$ des Strahls mit dem Kugelmittelpunkt $M$ und bezeichnen wir den Winkel $SMK$ mit $\gamma$, so folgt aus Fig. 120 nach den elementaren Dreiecksformeln

$$\frac{r-s}{-s} = \frac{\alpha}{\gamma} \quad \text{und} \quad \frac{s'-r}{s'} = \frac{\beta}{\gamma}. \tag{17}$$

Da nach dem Brechungsgesetz $n\alpha = n'\beta$ ist, erhält man durch Division

$$\frac{(s-r)s'}{(s'-r)s} = \frac{n'}{n} \quad \text{oder} \tag{18}$$

$$n\left(\frac{1}{r} - \frac{1}{s}\right) = n'\left(\frac{1}{r} - \frac{1}{s'}\right). \tag{19}$$

Die Winkel $\alpha$ und $\beta$ sind also herausgefallen. Der Ausdruck $n_i\left(\frac{1}{r} - \frac{1}{s_i}\right)$ ändert sich also nicht, er ist, wie man sich ausdrückt, eine *Flächeninvariante*. In anderer Form geschrieben ergibt (19)

$$\frac{-n}{s} + \frac{n'}{s'} = \frac{n'-n}{r}, \tag{20}$$

was durch Vergleich mit (7) mit $e = s$, $e' = \frac{n}{n'} s'$ bzw. $e' = s'$, $e = \frac{n'}{n} s$ ergibt

$$f = -\frac{nr}{n'-n}, \quad f' = \frac{n'r}{n'-n} \quad \text{und} \tag{21}$$

$$\boxed{\frac{f'}{f} = -\frac{n'}{n}}. \tag{22}$$

Setzt man (22) in den Ausdruck (11) ein, so erhält man für $\tan u = u$ die wichtige

HELMHOLTZ-LAGRANGEsche Gleichung

$$\boxed{n y u = n' y' u'} \quad . \tag{23}$$

Der Ausdruck $n_i y_i u_i$ ist also wieder eine Invariante. Auch bei beliebig vielen Flächen bedeutet (23) daher die Beziehung zwischen den Größen und Winkeln von Objekt- und Bildraum (großes Bild – enge Öffnung, kleines Bild – weite Öffnung!). Mit Hilfe von (22) können wir jetzt die Zusammensetzung zweier Abbildungen für den allgemeinen Fall angeben, daß die Brechungsindices in Bild- und Objektraum verschieden sind. Bei Vernachlässigung des Abstands $d$ ergibt sich zunächst aus (14)

$$\frac{1}{f'} = \frac{f_1' - f_2}{f_1' f_2'} = \frac{1}{f_2'} - \frac{f_2}{f_1' f_2'} = \frac{1}{f_2'} + \frac{n_2}{n_2' f_1'}, \tag{24}$$

oder unter Einführung der Brechkräfte

$$n_2' \varphi' = n_2 \varphi_1' + n_2' \varphi_2' \, . \tag{25}$$

Haben wir z. B. eine dünne Linse, links von der der Brechungsindex $n_0$, rechts von der $n_2$ gelte, während sie selbst aus Material vom Brechungsindex $n_1$ bestehe, so ist gemäß (25)

$$n_2 \varphi' = n_1 \varphi_1' + n_2 \varphi_2' \, , \tag{26}$$

worin $\varphi_1'$ und $\varphi_2'$ die Brechkräfte von Vorder- und Hinterfläche bedeuten. Bisher haben wir erst gezeigt, daß die Abbildung durch Brechung an einer Kugelfläche auf die Form (7) gebracht werden kann, wenn wir $-\dfrac{nr}{n'-n}$ mit $f$ und $\dfrac{n'r}{n'-n}$ mit $f'$ identifizieren und sowohl Objekt- als Bildentfernung von der achsensenkrechten Ebene im Kugelscheitel aus zählen. In diesem Fall haben tatsächlich die Brennebenen von dieser Ebene den Abstand $f$ bzw. $f'$, diese Ebene entspricht also den Hauptebenen von Bild- und Objektraum, die zusammenfallen. Denn für $s = -\infty$ erhält man aus (20) und (21) $s' = f'$ und für $s' = \infty$ ergibt sich $s = -f$. Zählt man also $x$ und $x'$ von den Brennebenen ($s' = x + f$ und $-s = -x - f$), so ergibt sich die erste Gleichung der Kollineation (6). Wir müssen nun noch zeigen, daß auch die zweite Gleichung (6) erfüllt wird. Um die Zuordnung von Objekt und Bild für einen achsennahen Punkt $Q$ (Fig. 121) zu finden, drehen wir die Gerade $PP'$ samt den Strahlenbündeln um den Kugelmittelpunkt $M$ um einen kleinen Winkel Aus $P$ wird der Punkt $Q$, aus $P'$ der Punkt $Q'$. Die Bogen $PQ$ und $P'Q'$ kann man in der festgesetzten Näherung als die Achsenabstände $y$ und $y'$ ansehen. Dann ist nach Fig. 121 und Gl. (19)

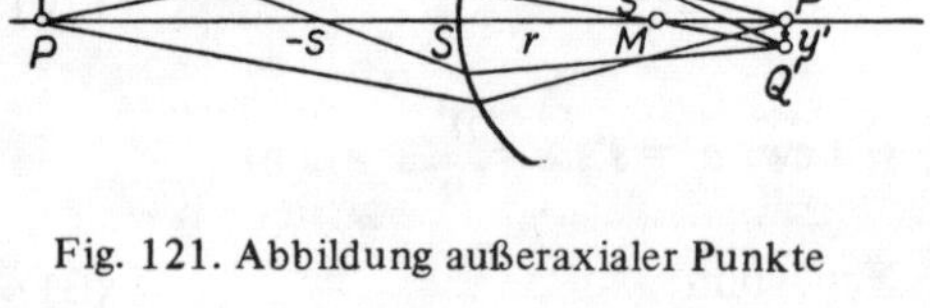

Fig. 121. Abbildung außeraxialer Punkte

$$\frac{y'}{y} = \frac{s' - r}{r - s} = \frac{s'(1/r - 1/s')}{s(1/s - 1/r)} = \frac{s'}{s}\,\frac{n}{n'} = -\frac{s'}{s}\,\frac{f}{f'} \, . \tag{27}$$

Zählen wir die Strecken $x$ und $x'$ von den Brennebenen, setzen also

$$-s = -x - f, \quad s' = x' + f',$$

so wird wegen $x\,x' = f f'$:

$$\frac{y'}{y} = -\frac{x'f + ff'}{xf' + ff'} = -\frac{x'(f + x)}{f'(f + x)} = -\frac{x'}{f'} = -\frac{f}{x}, \tag{28}$$

womit auch die zweite Gleichung der Kollineation erfüllt ist.

b) Abbildung achsennaher Punkte durch weite Büschel

Sobald man eine größere Öffnung der abbildenden Büschel zuläßt, man also nicht mehr Sinus und Bogen vertauschen kann, hängt die Schnittweite $s'$ vom Winkel $\epsilon$ ab. Die von $P$ ausgehenden Strahlen vereinigen sich nicht mehr in einem Achsenpunkt $P'$, sie umhüllen vielmehr eine Kurve bzw. im Raum eine Rotationsfläche, die als *Kaustik* bezeichnet wird. Man kann nun für jedes Punktepaar eine mathematische Fläche angeben, die so beschaffen ist, daß durch Brechung an ihr alle von $P$ ausgehenden Strahlen sich in $P'$ vereinigen. Man muß zur Ableitung der analytisch-geometrischen Gleichung nur die Bedingung der Konstanz des Lichtwegs ansetzen. Für die Reflexion ist diese Fläche bekanntlich das zu $P$ und $P'$ als Brennpunkten gehörende Rotationsellipsoid, das zum Rotationsparaboloid wird, wenn $P$ ins Unendliche rückt. Diese Abbildung eines Achsenpunkts hat aber keine große praktische Bedeutung, weil bereits die Nachbarschaft des Achsenpunktes in der zur Achse senkrechten Ebene sehr schlecht abgebildet wird. Soll nicht nur ein Achsenpunkt, sondern ein ganzes zur Achse senkrechtes Flächenelement mit weiten Büscheln abgebildet werden, so muß eine weitere Bedingung erfüllt sein, die von CLAUSIUS und unabhängig von ABBE gefunden, aber erst von diesem in ihrer grundlegenden Bedeutung erkannt worden war. Wir gehen zu ihrer Ableitung aus von der punktweisen Abbildung eines Geradenstückchens $d\vec{a}$ auf ein anderes $d\vec{a}'$ und betrachten zunächst eine einzige Brechung. Ein vom Endpunkt $P_1$ (Fig. 122) ausgehender Strahl habe die Richtung $\vec{s}$, treffe die brechende Fläche in $Q_1$ und gehe in Richtung $\vec{s}'$

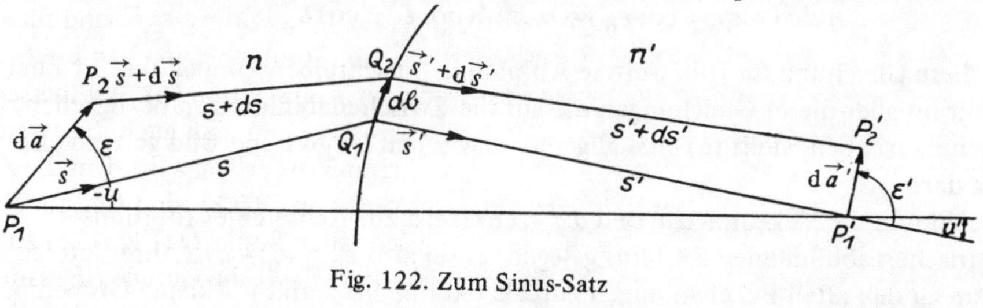


Fig. 122. Zum Sinus-Satz

nach dem Bildpunkt $P_1'$ weiter. Durch den andern Endpunkt $P_2$ betrachten wir einen Strahl, der durch den Nachbarpunkt $Q_2$ der brechenden Fläche geht, der Vektor $Q_1Q_2$ sei mit $d\vec{b}$ bezeichnet. Der Einfachheit halber sind in Fig. 122 die Vektoren $d\vec{a}$, $d\vec{a}'$ und $d\vec{b}$ in einer Ebene angenommen, wir werden aber sehen, daß dies nicht erforderlich ist. Wegen der Kleinheit der Strecken $d\vec{a}$, $d\vec{a}'$, $d\vec{b}$ können sich die Richtungen von $P_1Q_1$ und $P_2Q_2$ nur um eine kleine Größe $d\vec{s}$ unterscheiden, dasselbe gilt auf der Bildseite. Gilt links von der brechenden Fläche der Brechungsindex $n$, rechts davon $n'$ und bezeichnen wir die Längen der Strecken $P_1Q_1$ mit $s$, $P_2Q_2$ mit $s + ds$ usw., so sind die Lichtwege

$$L_1 = (P_1 P_1') = ns + n's' \,; \qquad L_2 = (P_2 P_2') = n(s+ds) + n'(s'+ds') \,. \tag{a}$$

Erfolgt die Abbildung durch Büschel, deren Mittelstrahlen die gezeichneten Richtungen sind, so sind die Lichtwege $L_1$ und $L_2$ für alle Strahlen des Büschels nach dem FERMATschen Satz konstant, also auch ihre Differenz $L_1 - L_2$. Diese Differenz läßt sich nun durch die Vektoren $\vec{s}$, $\vec{s}'$, $d\vec{a}$, $d\vec{a}'$ ausdrücken. Im geschlossenen Viereck $P_1\, P_2\, Q_2 Q_1$ ist

$$d\vec{a} + (s+ds)(\vec{s} + d\vec{s}) - d\vec{b} - s\vec{s} = 0 \,. \tag{b}$$

Skalare Multiplikation mit $\vec{s}$ ergibt wegen $\vec{s}^2 = 1$, $\vec{s} \cdot d\vec{s} = 0$

$$ds = \vec{s} \cdot d\vec{b} - \vec{s} \cdot d\vec{a} \,. \tag{c}$$

Ebenso wird

$$ds' = \vec{s}' \cdot d\vec{a}' - \vec{s}' \cdot d\vec{b} \,. \tag{d}$$

Damit ist

$$(L_1 - L_2) = n\vec{s} \cdot d\vec{a} - n\vec{s} \cdot d\vec{b} + n'\vec{s}' \cdot d\vec{b} - n'\vec{s}' \cdot d\vec{a}' \,. \tag{e}$$

Nach dem Brechungsgesetz ist aber

$$n\vec{s} \cdot d\vec{b} = n'\vec{s}' \cdot d\vec{b} \,, \tag{f}$$

und zwar gilt diese Gleichung auch noch, wenn $d\vec{b}$ nicht in der Einfallsebene von $\vec{s}$ bzw. $\vec{s}'$ liegt (vgl. Aufg. 109), also ist

$$L_1 - L_2 = \text{const} = n\vec{s} \cdot d\vec{a} - n'\vec{s}' \cdot d\vec{a} \,. \tag{g}$$

Ein Strahl des Büschels bilde mit $d\vec{a}$ ($d\vec{a}'$) den Winkel $\epsilon_0$ ($\epsilon_0'$), dann gilt für alle Strahlen

$$n\, da\,(\cos\epsilon - \cos\epsilon_0) = n'\, da'\,(\cos\epsilon' - \cos\epsilon_0') \,. \tag{h}$$

Da wir diese Gleichung für jede weitere Abbildung hinschreiben können und sich bei der Addition aller dieser Gleichungen die auf die Zwischenabbildungen bezüglichen Größen herausheben, stellt (g) eine allgemein zwischen Objekt und Bild geltende Beziehung dar.

Es seien nun die Vektoren $d\vec{a}$ und $d\vec{a}'$ senkrecht zur Achse eines rotationssymmetrischen abbildenden Systems gelegen, es sei also $\epsilon_0 = \epsilon_0' = \pi/2$, ihre Beträge seien, um zu den alten Bezeichnungen zurückzukommen, $y$ und $y'$ (kleine Größen!), dann ist wegen $\epsilon = \pi/2 + u$, $\epsilon' = \pi/2 + u'$

$$\boxed{n\, y \sin u = n'\, y' \sin u'} \tag{29}$$

Dies ist bereits die berühmte Sinus-Bedingung, die aussagt, daß bei punktweiser Abbildung eines achsensenkrechten Flächenelements das Verhältnis der sinus der Winkel, die die abbildenden Strahlen im Objekt- und Bildraum mit der Achse bildet, einen festen Wert $\beta n'/n$ haben muß, wobei die für die betreffenden Achsenpunkte geltende Vergrößerung $y'/y$ mit $\beta$ bezeichnet ist.

Hat andererseits $d\vec{a}$ und $d\vec{a}'$ die Richtung der Achse selbst, ist also $\epsilon_0 = \epsilon_0' = 0$,

$\epsilon = u$, $\epsilon' = u'$, $|d\vec{a}| = dx$, $|d\vec{a}'| = dx'$, so erhält man die HERSCHEL-Bedingung für die Tiefenschärfe in der Achse

$$n\,dx \sin^2 u/2 = n'\,dx' \sin^2 u'/2 \,. \tag{30}$$

(29) und (30) widersprechen sich. Daraus ersieht man, daß man nicht einmal ein Volumenelement punktweise mit weiten Büscheln streng scharf abbilden kann. Erst recht nicht läßt sich daher die kollineare Abbildung für einen großen Raum erzwingen, der Vergleich von (11) und (29) zeigt, daß nur für kleine Winkel $u$ Sinusbedingung und Tangensforderung vereinbar sind. Eine Ausnahme macht nur die Spiegelung an einer Ebene: Da $n = -n'$, $y = y'$, $u = -u'$, sind in diesem singulären Fall die physikalischen und die mathematischen Forderungen verträglich.

### c) Abbildung achsenferner Punkte durch enge Büschel

Selbst ein räumliches *Elementar*büschel, das von einem achsenfernen Punkt ausgeht, konvergiert nach Brechung an einer Kugelfläche nicht mehr auf einen Punkt hin. Vielmehr überzeugt man sich leicht, daß z. B. die Strahlen, die in der Meridianebene verlaufen, d.h. in der Ebene Punkt–Achse, einen andern Schnittpunkt ergeben als die in der dazu senkrechten Ebene. Jedes Elementarbüschel hat aber nach dem Satz von MALUS eine Orthogonalfläche.

Wir denken uns nun das Büschel so begrenzt, daß im Bildraum die Orthogonalfläche durch zwei Paare benachbarter Krümmungslinien begrenzt wird (Fig. 123). Längs der Krümmungslinien schneiden sich bekanntlich benachbarte Flächennormalen. Die Normalen in $A$ und $B$ schneiden einander in $E$, diejenigen in $C$ und $D$ haben ihren Schnittpunkt in $F$. Die Normalen längs der übrigen zu dieser Schar gehörenden Krümmungslinien haben daher ihre Schnittpunkte auf der Geraden $EF$. Ebenso gibt das andere Paar der Krümmungslinien die Gerade $GH$. $EF$ und $GH$ heißen Brennlinien. Diese stehen im allgemeinen nicht aufeinander und auch nicht auf dem Mittelstrahl senkrecht. Nur wenn die beiden Hauptkrümmungsradien zwar verschieden sind, aber sich langsam ändern, ist dies annähernd der Fall. Die Entfernungen $AE$ und $AG$ stellen die Hauptkrümmungsradien des Flächenelements dar. Nur wenn beide gleichgroß sind, vereinigen sich die Strahlen wieder in einem Punkt, andernfalls treten nur die zwei Brennlinien auf, deren Abstand die *astigmatische Differenz* $\Delta$ genannt wird.

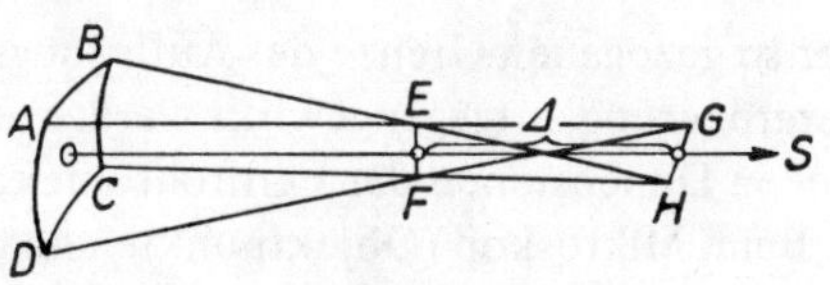

Fig. 123. Astigmatisches Elementarbüschel

Aufg. 109. Man zeige, daß Brechungs- und Reflexionsgesetz auch für die sinus der Winkel gelten, die einfallender und gebrochener (reflektierter) Strahl mit einer beliebigen Ebene durch das Einfallslot bilden, desgleichen für die cosinus der Winkel, die diese Strahlen mit einer beliebigen in der brechenden Ebene liegenden Geraden bilden.

Aufg. 110. Warum sind in einem Prismenspektrographen die Spektrallinien gekrümmt?

Aufg. 111. Man berechne die Brennweiten und Hauptebenen für eine dicke Linse vom Brechungsindex $n$.

Aufg. 112. Welche Form nimmt der Sinussatz für unendlich fernen Achsenobjektpunkt an? (Man führe die Einfallshöhe $h$ der Strahlen ein.)

## § 4. Das Auflösungsvermögen abbildender Systeme

Selbst wenn es der Kunst des geometrischen Optikers gelungen wäre, durch Kompensation der verschiedenen auftretenden Abweichungen von der punktförmigen Abbildung ein Objektiv zu konstruieren, das alle Strahlen eines mathematischen Punktes, z. B. eines fernen Fixsterns, nach der geometrischen Rechnung in einem Punkt vereinigen würde, würde die experimentelle Beobachtung ergeben, daß im Bildraum ein kleines von Ringen umgebenes Scheibchen vorliegt. Dieses Scheibchen entsteht durch die an der Begrenzung der Linsen auftretende Beugung. Wenn auch der Beobachtungsort im Endlichen – in unserem Beispiel in der Brennebene des Fernrohrobjektivs – liegt, so ist die Beugungserscheinung doch als FRAUNHOFERsche Beugungserscheinung zu behandeln, weil zunächst durch die Beugung an der Öffnung verschiedene Richtungen, also unendlich ferne Punkte, mit verschiedener Amplitude entstehen, die in der Brennebene abgebildet werden. Die Auswertung des Beugungsintegrals ist für eine kreisförmige Öffnung mit Hilfe BESSELscher Funktionen möglich. Qualitativ ist der Intensitätsverlauf nicht verschieden von dem für einen Spalt gefundenen. Das erste Minimum liegt aber bei senkrechtem Einfall in einer Richtung $\vartheta$, für die

$$r \sin \vartheta = 0{,}61\,\lambda \quad \text{ist} \quad (r \text{ Radius der Öffnung}).$$

Ein zweiter Punkt wird also von dem ersten noch getrennt erscheinen, wenn seine Winkeldistanz mindestens so groß ist, daß das zu ihm gehörende Maximum auf das erste Minimum fällt. Dies gibt für eine runde Öffnung

$$\Delta\vartheta = \frac{0{,}61\,\lambda}{r}. \tag{31}$$

Der so gezogenen Grenze des Auflösungsvermögens kann durch keine Steigerung der Vergrößerung entgegengewirkt werden. Dies ist neben der Lichtstärke der Vorteil der großen Dimensionen der Fernrohrobjektive. Denn je größer $r$, desto kleiner $\Delta\vartheta$.

Beim Mikroskop (Objektpunkte annähernd in der Brennebene des Objektivs) ergibt sich für den kleinsten auflösbaren Abstand $\Delta e$ zweier Punkte

$$\Delta e = 0{,}61\,\lambda / n \sin u\,,$$

wobei $u$ der Öffnungswinkel der abbildenden Strahlen, $n$ die Brechzahl des Mediums zwischen Objekt und Objektiv ist.

Aufg. 113. Man berechne das spektrale Auflösungsvermögen eines Prismas als Funktion seiner Dimensionen und der Dispersion der Prismensubstanz $\dfrac{dn}{d\lambda}$.

## § 5. Die Grundlagen der Interferenzoptik
## Kurven gleicher Dicke und Kurven gleicher Neigung

Bei der Konstruktion einer Gruppe von optischen Instrumenten, den Interferenzapparaten, wird die Wellennatur des Lichts insofern berücksichtigt, als man die Zusammensetzung mehrerer kohärenter Teilstrahlenbündel unter Berücksichtigung der Phasendifferenzen vornimmt, dagegen spielen die an den Begrenzungen auftretenden Beugungserscheinungen keine Rolle. Lassen wir eine Planwelle das eine Mal an der Vorderseite, das andere Mal an der Rückseite einer schwach keilförmigen Schicht reflektieren, so ergibt die Superposition der beiden Erregungen je nach der Phasendifferenz Verstärkung oder Schwächung. Die Phasendifferenz hängt aber nur ab von dem Lichtweg zwischen Vorder- und Hinterseite. Es wird also Stellen geben, an denen Verstärkung und solche, an denen Schwächung eintritt. Diese Stellen sehen wir aber bei einem exakt parallelen Strahlenbündel überhaupt nicht, da eine Abbildung verlangt, daß von einem Punkt ein Strahlenbündel mit einem gewissen Öffnungswinkel ausgeht. Nun läßt sich aber ein solches Bündel physikalisch gar nicht herstellen, denn dazu müßte eine streng punktförmige Lichtquelle – deren Leuchtdichte also unendlich sein müßte – im Brennpunkt einer Linse stehen. In Wirklichkeit hat die Lichtquelle stets eine gewisse Ausdehnung, und da jedem Punkt der Brennebene eine Richtung, d.h. ein bestimmtes Parallelstrahlenbündel entspricht, haben wir stets eine gewisse Öffnung unseres Strahlenbündels. Wir wollen nun aber annehmen, daß die Öffnung so gering und die Keil*dicke* gleichfalls so klein sei, daß an einem bestimmten Ort des Keils der Gangunterschied aller Strahlen gleich groß ist. Dann vermitteln die diesen Ort durchsetzenden Strahlen eine Abbildung und ihre Amplitude hängt davon ab, ob der Gangunterschied an der Vorderseite ein gerad- oder ungeradzahliges Vielfaches einer halben Wellenlänge ist (vgl. Fig. 124). Im ersten Fall haben wir intensive abbildende Strahlen, im zweiten Fall schwache. Ein auf die Vorderseite des Keils eingestelltes Auge oder photographisches Objektiv wird daher helle und dunkle Streifen als Kurven gleicher Dicke sehen. Mit wachsendem Öffnungswinkel und wachsendem Abstand der beiden Flächen bekommen aber auch die einen bestimmten Punkt durchsetzenden Strahlen verschiedenen Gangunterschied und die Sichtbarkeit dieser *Kurven gleicher Dicke* läßt auch bei streng monochromatischem Licht nach.

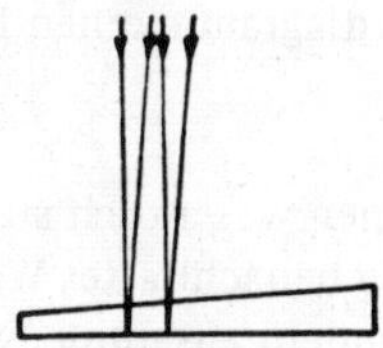

Fig. 124. Entstehung der Kurven gleicher Dicke

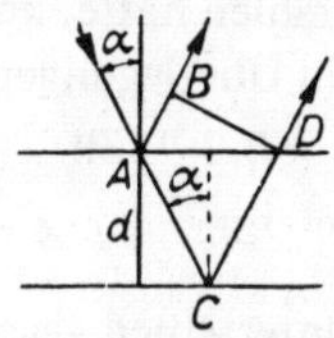


Fig. 125. Entstehung der Kurven gleicher Neigung

Lassen wir andererseits ein divergierendes Bündel auf eine streng planparallele Schicht auftreffen, so kommt jetzt ein Gangunterschied der an der Vorder- und Rückseite reflektierten Strahlen durch die verschiedene Neigung zustande. Der Gangunterschied beträgt, wenn, wie z.B. beim PÉROT-FABRY-Interferometer der Brechungsindex in der Platte derselbe ist wie außen, bei einem Einfallswinkel $\alpha$ nach Fig. 125

$$AC + CD - AB = \frac{2d}{\cos\alpha} - 2d \tan\alpha \sin\alpha = 2d\cos\alpha. \qquad (32)$$

Für solche Richtungen, in denen $2d\cos\alpha = m\lambda$ ist, haben wir also Helligkeit, für solche Richtungen, in denen $2d\cos\alpha = \frac{(2m+1)\lambda}{2}$, Dunkelheit. Da alle Strahlen, die mit dem Einfallslot denselben Winkel $\alpha$ bilden, in der Brennebene einer Linse einen Kreisring ergeben, erhält man als „*Kurven gleicher Neigung*" Ringe. Macht man den Abstand der Platten immer größer, so werden zwar die Ringe immer enger, ihrer Sichtbarkeit ist aber im Gegensatz zu den Kurven gleicher Dicke nur durch die unvollständige Monochromasie jeder Lichtquelle eine Grenze gezogen. Denn nehmen wir an, eine Spektrallinie bestehe in Wirklichkeit aus zwei streng monochromatischen Komponenten, so wird einmal der Zustand auftreten, in dem das Interferenzsystem der einen sich zwischen das Interferenzsystem der anderen schiebt und die Erscheinung verwaschen macht. In Wirklichkeit besteht aber keine Spektrallinie aus streng monochromatischem Licht, sondern es ergibt sich aus der endlichen Länge der von den leuchtenden Atomen ausgesandten Wellenzüge eine kontinuierliche Intensitätsverteilung um ein steiles Maximum herum und die von den einzelnen Wellenlängenbereichen stammenden Interferenzerscheinungen werden bei sehr großem Gangunterschied überlagert.

Wenn nur zwei interferierende Strahlen zusammenwirken, erhält man aus dem Zeigerdiagramm einen Intensitätsabfall nach dem Gesetz

$$I = I_{max} \cos^2 \varphi/2 \quad (\varphi \text{ Phasendifferenz}) . \tag{33}$$

Einen wesentlich steileren Abfall und damit eine Steigerung des Trennungsvermögens eng benachbarter Wellenlängen erhält man, wenn man eine größere Anzahl von Strahlenbündeln zusammenwirken läßt (vgl. S. 369). Dies erreicht man z. B. bei der bisher betrachteten Planplatte dadurch, daß man die beiden Flächen, an denen die interferierenden Strahlen reflektiert werden, so versilbert, daß sie eben noch Licht durchlassen. Beobachtet man in Durchsicht, so hat man eine größere Anzahl von Teilstrahlen (streng genommen sogar unendlich viele mit abnehmender Intensität), die mehr und mehr Reflexionen erlitten haben. Diese Anordnung findet als hochauflösendes Spektroskop (PÉROT-FABRY-Interferometer) Anwendung. Wenn man eine endliche Anzahl gleich intensiver Teilstrahlen hätte, könnte man die für das Gitter an Hand des Zeigerdiagramms angestellten Überlegungen ohne weiteres auf diesen Fall übertragen. Das Auflösungsvermögen ergab sich dort zu

$$A = N m . \tag{34}$$

Der Unterschied gegen das Gitter besteht nun darin, daß die Zahl $N$ der zusammenwirkenden Teilstrahlen von einiger Intensität klein, dagegen die Ordnungszahl, d. h. der Gangunterschied benachbarter Strahlen groß ist. Für eine Dicke von 0,25 cm und grünes Licht, $\lambda = 5 \cdot 10^{-5}$ cm, ergibt sich bei senkrechtem Einfall $m = \frac{2d}{\lambda} = 10^4$, während beim Beugungsgitter $m$ höchstens etwa 4 beträgt. Der Umstand, daß in Wirklichkeit unendlich viele Teilstrahlen mit in geometrischer Reihe abnehmender Intensität vorhanden sind, modifiziert die Betrachtung etwas. Es ergibt sich nämlich kein seitliches Minimum mehr, und man muß erst eine Festsetzung treffen, in welcher Entfernung ein zweites Maximum liegen darf, um noch getrennt wahrgenommen zu werden. Praktisch charakterisiert man aber ein solches Interferometer dadurch, daß man die äquivalente Anzahl gleich starker Strahlen angibt, die etwa 20 beträgt. In unserem Beispiel haben wir also bereits ein Auflösungsvermögen von $2 \cdot 10^5$. Um diese Zahl ermessen zu können, sei darauf hingewiesen, daß die relative Wellenlängendifferenz der beiden gelben Natriumlinien 5890/96 rund $10^{-3}$ beträgt. Mit dem oben angeführten Interferometer könnten also noch die Interferenzbilder, die von zwei um den 200sten Teil auseinanderliegenden Linien erzeugt werden, getrennt wahrgenommen werden.

Ein Nachteil dieser so einfach erscheinenden Interferenzspektroskope liegt in dem kleinen Dispersionsgebiet, das stets eine Vorzerlegung durch einen anderen Spektralapparat erforderlich macht. Enthält nämlich das einfallende Licht mehrere Wellenlängen, so werden sich die davon stammenden Interferenzringe zu einem unentwirrbaren Bild vermengen. Als *Dispersionsgebiet* $\Delta\lambda$ bezeichnet man diejenige Wellenlängendifferenz, bei der eine Deckung des Interferenzbilds $m$-ter Ordnung der einen mit dem Interferenzbild $(m+1)$-ter Ordnung der anderen stattfindet. Es ist dann

$$m(\lambda + \Delta\lambda) = (m+1)\lambda$$

oder

$$\Delta\lambda = \frac{\lambda}{m} \; . \tag{35}$$

Das Dispersionsgebiet beträgt also in dem angeführten Beispiel nur $^1/_{10}$ des Intervalls der $D$-Linien von Natrium.

Aufg. 114. Man berechne den Gangunterschied bei Reflexion an Vorder- und Hinterseite einer planparallelen Glasplatte, wenn ein Parallelstrahlenbündel aus Luft unter dem Winkel $\alpha$ gegen die Plattennormale einfällt.

Dreizehntes Kapitel

# Elektrodynamik und spezielle Relativitätstheorie

## § 1. D'ALEMBERTsche Gleichungen für die Potentiale

Die MAXWELLsche Elektrodynamik braucht nicht – wie die NEWTONsche Mechanik – aufgrund der Ergebnisse der speziellen Relativitätstheorie abgewandelt zu werden. Tatsächlich sind die LORENTZ-Transformationen gerade die Transformationen, unter denen die MAXWELL-Gleichungen beim Übergang zu einem mit konstanter Geschwindigkeit bewegten Bezugssystem ihre Form nicht ändern. Da dieses Verhalten der GALILEI-Transformation widerspricht, glaubte man früher, die MAXWELL-Gleichungen würden nur in einem ruhenden Koordinatensystem (dem „Äther") gelten. Als änderungsbedürftig stellte sich dann aber die GALILEI-Transformation heraus.

Wir werden nun nicht die MAXWELL-Gleichungen unmittelbar auf ihr Transformationsverhalten untersuchen (dies wäre mit längerer Schreibarbeit verbunden), sondern ausnutzen, daß die elektrische und die magnetische Feldstärke aus Potentialen abgeleitet werden können. Die Potentiale in Kap. I, § 4 und Kap. V, § 2 waren für stationäre Fälle definiert. Wir betrachten zunächst die Erweiterung für zeitabhängige Felder. Dies ist erforderlich, weil ein zeitlich veränderliches elektrisches Feld nicht mehr wirbelfrei ist. Vielmehr sind seine Wirbel durch die Änderung des $\vec{B}$-Feldes bestimmt. Auch im zeitabhängigen Fall gilt jedoch die Quellfreiheit des magnetischen Feldes, so daß wir immer noch setzen können

$$\vec{B}(\vec{r}, t) = \operatorname{rot} \vec{A}(\vec{r}, t) \; . \tag{1}$$

Dies können wir in die zweite MAXWELLsche Gleichung (S. 316) einsetzen und erhalten

$$\operatorname{rot} \vec{E}(\vec{r}, t) = -\operatorname{rot} \frac{\partial \vec{A}(\vec{r}, t)}{\partial t} \tag{2}$$

oder

$$\operatorname{rot}\left(\vec{E} + \frac{\partial \vec{A}}{\partial t}\right) = 0 . \tag{2'}$$

Wenn das zeitabhängige Feld $\vec{E} + \frac{\partial \vec{A}}{\partial t}$ demnach wirbelfrei ist, so kann es als Gradient eines Potentials $V(\vec{r}, t)$ geschrieben werden.

$$\vec{E}(\vec{r}, t) = -\operatorname{grad} V(\vec{r}, t) - \frac{\partial \vec{A}(\vec{r}, t)}{\partial t} \tag{3}$$

Die Gleichungen (1) und (3) geben an, wie die Feldstärken $\vec{E}$ und $\vec{B}$ aus den Potentialen berechnet werden. Die nächste Frage ist nun, wie die Potentiale mit den Quellen zusammenhängen. Aus

$$\operatorname{div} \vec{E} = \frac{\rho}{\epsilon_0} \tag{4}$$

erhalten wir durch Einsetzen von (3)

$$\Delta V(\vec{r}, t) + \operatorname{div} \frac{\partial \vec{A}(\vec{r}, t)}{\partial t} = -\frac{\rho}{\epsilon_0} . \tag{5}$$

Bis auf den zweiten Summanden entspricht dies der POISSONschen Gleichung aus Kap. I.

Schließlich haben wir noch die erste MAXWELLsche Gleichung (Seite 316)

$$\operatorname{rot} \vec{B} = \epsilon_0 \mu_0 \frac{\partial \vec{E}}{\partial t} + \mu_0 \vec{j} , \tag{6}$$

in die wir (1) und (3) einsetzen. Wir berücksichtigen $\epsilon\mu = c^{-2}$ und erhalten

$$\Delta \vec{A} - \frac{1}{c^2} \frac{\partial^2 \vec{A}}{\partial t^2} = -\mu_0 \vec{j} + \operatorname{grad} \operatorname{div} \vec{A} + \frac{1}{c^2} \operatorname{grad} \frac{\partial V}{\partial t} . \tag{7}$$

Die Gleichungen (5) und (7) haben den Nachteil, ein gekoppeltes System für die beiden Potentiale $\vec{A}$ und $V$ zu sein. Wir können dem begegnen, wenn wir die Potentiale geeigneten Eichtransformationen unterziehen. Gl. (1) läßt uns vermuten, daß zum Vektorpotential $\vec{A}$ der Gradient einer beliebigen skalaren Funktion hinzugefügt werden kann, denn rot grad $u = 0$. Also werden wir versuchsweise setzen

$$\vec{A}'(\vec{r}, t) = \vec{A}(\vec{r}, t) + \operatorname{grad} u(\vec{r}, t) . \tag{8}$$

Nun soll sich durch diese Umeichung das elektrische Feld nicht ändern. Aus Gl. (3) folgt

$$\vec{E} = -\operatorname{grad} V - \frac{\partial A'}{\partial t} + \operatorname{grad} \frac{\partial u}{\partial t} . \tag{9}$$

Offenbar kann die Bedingung erfüllt werden, wenn zugleich die Umeichung

$$V'(\vec{r}, t) = V(\vec{r}, t) - \frac{\partial u(\vec{r}, t)}{\partial t} \tag{10}$$

vorgenommen wird. Zusammen beschreiben die Gleichungen (8) und (10) die allgemeinste Eichtransformation.

Zum Entkoppeln der beiden Potentialgleichungen verhilft uns eine spezielle Eichung. Wenn die Potentiale die „LORENTZ-Bedingung"

$$\operatorname{div} \vec{A} + \frac{1}{c^2} \frac{\partial V}{\partial t} = 0 \tag{11}$$

erfüllen, so gehen die Gleichungen (5) und (7) über in die d'ALEMBERT-Gleichungen

$$\boxed{\Delta \vec{A} - \frac{1}{c^2} \frac{\partial^2 A}{\partial t^2} = -\mu_0 \vec{j}}, \tag{12}$$

$$\boxed{\Delta V - \frac{1}{c^2} \frac{\partial^2 V}{\partial t^2} = -\frac{1}{\epsilon_0} \rho}. \tag{13}$$

Wir müssen nun noch zeigen, daß die Erfüllung der LORENTZ-Bedingung durch Umeichen zu erreichen ist. Nehmen wir an, die Potentiale $\vec{A}$ und $V$ seien zunächst in einer Eichung gegeben, bei der die LORENTZ-Bedingung nicht erfüllt ist. Dann nehmen wir eine Eichtransformation nach Gl. (8) und (10) vor. Für die so erhaltenen Potentiale berechnen wir

$$\operatorname{div} \vec{A}' + \frac{1}{c^2} \frac{\partial^2 V'}{\partial t^2} = \operatorname{div} \vec{A} + \frac{1}{c^2} \frac{\partial V}{\partial t} + \operatorname{div} \operatorname{grad} u - \frac{1}{c^2} \frac{\partial^2 u}{\partial t^2} \quad . \tag{14}$$

Die rechte Seite wird zu Null, wenn

$$\boxed{\Delta u - \frac{1}{c^2} \frac{\partial^2 u}{\partial t^2} = -\operatorname{div} \vec{A} - \frac{1}{c^2} \frac{\partial V}{\partial t}}. \tag{15}$$

Die für die Eichtransformation verwendete Funktion $u$ muß diese Bedingung erfüllen. Dann erhalten wir die Potentiale in der erwünschten LORENTZ-Eichung. Man überzeugt sich durch Einsetzen leicht, daß durch die LORENTZ-Bedingung für die Glieder auf der rechten Seite der d'ALEMBERT-Gleichungen die Kontinuitätsgleichung

$$\operatorname{div} j + \frac{\partial \rho}{\partial t} = 0 \tag{16}$$

garantiert wird.

## § 2. Die Feldgleichungen der Potentiale in vierdimensionaler Form

Die spezielle Relativitätstheorie verlangt, daß die Gleichungen der Physik in allen Inertialsystemen in der gleichen Form gültig sind. Die Transformation von einem System in das andere leisten die LORENTZ-Transformationen. Die Invarianz der Gleichungen wird durch die Formulierung mit Vierervektoren in übersichtlicher Weise erreicht. Dies ist analog zur Formulierung der Gesetze der Physik mit Hilfe von gewöhnlichen Vektoren. Dadurch wird die Invarianz der Physik gegenüber räumlichen Drehungen des Koordinatensystems ausgedrückt.

Die Gleichungen (11), (12), (13) und (16) lassen vermuten, daß sie als Beziehungen von Vierervektoren geschrieben werden können. Die LORENTZ-Bedingung in der Form

$$\operatorname{div} \vec{A} + \frac{\partial \frac{i}{c} V}{\partial ict} = \sum_{\mu} \frac{\partial A_{\mu}}{\partial x_{\mu}} = 0 \tag{17}$$

kann als Viererdivergenz eines Vierervektors $\{A_{\mu}\} = \left\{A_1, A_2, A_3, \frac{i}{c} V\right\}$ verstanden werden. Dann ist das skalare Potential die vierte Komponente des Vektorpotentials

$$A_4 = \frac{i}{c} V. \tag{18}$$

Mit dieser Festsetzung erkennen wir Gl. (13) als Beziehung für die vierte Komponente, die der Gl. (12) für die räumlichen Komponenten entspricht. Beachten wir noch die Viererschreibweise des d'ALEMBERT-Operators

$$\Delta - \frac{1}{c^2} \frac{\partial^2}{\partial t^2} = \Box = \sum_{\mu=1}^{4} \frac{\partial^2}{\partial x_{\mu}^2}, \tag{19}$$

so lauten die Feldgleichungen der Potentiale

$$\boxed{\Box A_{\nu} = -\mu_0 j_{\nu}}. \tag{20}$$

Auf der rechten Seite tritt der Vektor „Viererstrom" auf. Die vierte Komponente folgt aus dem Vergleich von Gleichung (20) mit Gl. (13).

$$\{j_{\mu}\} = \{j_1, j_2, j_3, ic\rho\}. \tag{21}$$

Damit nimmt die Kontinuitätsgleichung die Form an

$$\boxed{\sum_{\mu} \frac{\partial j_{\mu}}{\partial x_{\mu}} = 0} \tag{22}$$

Um sicher zu sein, ob die Gleichungen (17), (20) und (22) tatsächlich Vierervektoren enthalten, müssen wir prüfen, ob sie das richtige Transformationsverhalten beim Übergang zu einem anderen Bezugssystem zeigen. Betrachten wir ein Bezugssystem, in dem eine Ladung mit der Ladungsdichte $\rho$ ruht. Der Viererstrom ist

$$\{j_{\mu}\} = \{0, 0, 0, ic\rho\}. \tag{23}$$

Ein Bezugssystem $S'$ soll sich mit der Geschwindigkeit $v$ längs der $x$-Achse bewegen. Entsprechend Gl. (10) aus Kap. VII des zweiten Buches liefert die LORENTZ-Transformation

$$\{j'_{\mu}\} = \left\{\frac{-v\rho}{\sqrt{1 - v^2/c^2}}, 0, 0, \frac{ic\rho}{\sqrt{1 - v^2/c^2}}\right\}. \tag{24}$$

Im gegenüber der Ladung bewegten System ergibt sich die größere Ladungsdichte

$$\rho' = \frac{\rho}{\sqrt{1 - v^2/c^2}}. \tag{25}$$

Dies können wir als Folge der Längenkontraktion verstehen. War die Ladung z. B. homogen in einem Würfel verteilt, so erfuhr der Würfel bei Bewegung parallel zu einer Seite eine Volumenverkleinerung auf das $\sqrt{1-v^2/c^2}$-fache, da seine Länge kontrahiert wird. Eine bewegte Ladung ändert ihre Größe aber nicht, sie ist ein Viererskalar. Das können wir aus der elektrischen Neutralität der Atome schließen. Wäre die Ladung der Elektronen vom Bewegungszustand abhängig, so könnte trotz der unterschiedlichen Elektronenzustände die Ladung der Protonen im Atomkern nicht immer exakt ausgeglichen werden. Die erste Komponente des Viererstroms $j'$ zeigt erwartungsgemäß, daß eine bewegte Ladung einen Strom liefert. Die Vermutung, $\{j_\mu\}$ sei ein Vierervektor, hat also zum richtigen Transformationsverhalten geführt.

## § 3. Der Tensor der elektromagnetischen Feldstärke

Aus dem Vierervektor des elektromagnetischen Potentials leiten wir die Feldstärke $\vec{E}$ und $\vec{B}$ ab und benutzen dabei die im zweiten Buch, Kapitel VII, beschriebene Vierervektoranalysis. Für $\vec{B}$ gilt

$$B_i = \frac{\partial A_j}{\partial x_k} - \frac{\partial A_k}{\partial x_j}\ , \tag{26}$$

wobei $i, j, k$ von 1 bis 3 laufen und zyklische Reihenfolge haben. Für $\vec{E}$ gilt

$$E_j = ic\,\frac{\partial A_u}{\partial x_j} - ic\,\frac{\partial A_j}{\partial x_u}\ . \tag{27}$$

Diese Ausdrücke erkennen wir als Komponenten eines antimetrischen Tensors zweiter Stufe $\boldsymbol{F}$, der durch Bildung der Rotation aus dem Potential $\{A_\mu\}$ hervorgeht.

$$\boxed{F_{\mu\nu} = \frac{\partial A_\nu}{\partial x_\mu} - \frac{\partial A_\mu}{\partial x_\nu}} \tag{28}$$

$$\boldsymbol{F} = \begin{pmatrix} 0 & B_z & -B_y & -\frac{i}{c}E_x \\ -B_z & 0 & B_x & -\frac{i}{c}E_y \\ B_y & -B_x & 0 & -\frac{i}{c}E_z \\ \frac{i}{c}E_x & \frac{i}{c}E_y & \frac{i}{c}E_z & 0 \end{pmatrix}$$

Diese Darstellung zeigt, daß das elektrische und das magnetische Feld zu einer Einheit verschmelzen, dem elektromagnetischen Feld. Die Zerlegung in elektrische und magnetische Komponenten hängt vom Bewegungszustand des Beobachters ab. Ein Feld, das für einen ruhenden Beobachter rein magnetisch erscheint, kann für einen bewegten Beobachter einen elektrischen Anteil haben. Die Umrechnung ist auf die formale Aufgabe der Transformation vierdimensionaler Tensorkomponenten zurückgeführt. Diese erfolgt analog zur Transformation von Vierervektoren

$$A'_\mu = \sum_{\nu=1}^{4} a_{\mu\nu} A_\nu \,, \tag{29}$$

wobei zur LORENTZ-Transformation auf ein mit der Relativgeschwindigkeit $v$ in $x$-Richtung bewegtes Bezugssystem $S'$ die Transformationsmatrix

$$a_{\mu\nu} = \begin{pmatrix} \frac{1}{\sqrt{1-v^2/c^2}} & 0 & 0 & \frac{iv/c}{\sqrt{1-v^2/c^2}} \\ 0 & 1 & 0 & 0 \\ 0 & 0 & 1 & 0 \\ \frac{-iv/c}{\sqrt{1-v^2/c^2}} & 0 & 0 & \frac{1}{\sqrt{1-v^2/c^2}} \end{pmatrix} \tag{30}$$

gehört.
Der Vierertensor zweiter Stufe transformiert sich nach

$$F'_{\mu\nu} = \sum_{\kappa,\lambda=1}^{4} a_{\mu\kappa}\, a_{\nu\lambda}\, F_{\kappa\lambda} \,. \tag{31}$$

Daraus folgt die Transformation für die Feldstärken

$$\begin{aligned} B'_x &= B_x \,, & E'_x &= E_x \,, \\ B'_y &= \frac{1}{\sqrt{1-v^2/c^2}} \left(B_y + \frac{v}{c^2} E_z\right), & E'_y &= \frac{1}{\sqrt{1-v^2/c^2}} \left(E_y - v B_z\right), \\ B'_z &= \frac{1}{\sqrt{1-v^2/c^2}} \left(B_z - \frac{v}{c^2} E_y\right), & E'_z &= \frac{1}{\sqrt{1-v^2/c^2}} \left(E_z + v B_y\right). \end{aligned} \tag{32}$$

Vernachlässigen wir hier Glieder in zweiter Ordnung von $\frac{v}{c}$, so können wir schreiben

$$\begin{aligned} \vec{E}' &= \vec{E} + \vec{v} \times \vec{B} \\ \vec{B}' &= \vec{B} - \frac{\vec{v}}{c^2} \times \vec{E} \,. \end{aligned} \tag{32'}$$

Betrachten wir eine im System $S$ bewegte Ladung und transformieren in das Ruhsystem $S'$ der Ladung, so erhalten wir gerade eine Kraftwirkung, die dem Ausdruck für die LORENTZ-Kraft im System $S$ entspricht. Die LORENTZ-Kraft hatten wir ursprünglich (Kapitel V) zur Definition der magnetischen Feldstärke benutzt. Jetzt erkennen wir das magnetische Feld als notwendige Konsequenz der LORENTZ-Transformation, also als Konsequenz des Relativitätsprinzips. In diesem Sinne ist das Magnetfeld ein relativistischer Effekt.

## § 4. Das Feld einer gleichförmig bewegten Ladung

Wir betrachten dieses Beispiel, um den Nutzen zu zeigen, den man aus der Kenntnis der Transformationsgleichungen für die Felder ziehen kann. Im Ruhsystem $S'$ der Ladung sind die Feldstärken bekannt:

$$\vec{E}' = \frac{Q\vec{r}'}{4\pi\epsilon_0 r'^3}\,; \quad \vec{B}' = 0\,; \quad r'^2 = x'^2 + y'^2 + z'^2\,. \tag{33}$$

Transformieren wir in ein System $S$, in dem sich die Ladung mit $v$ bewegt, so folgt

$$r'^2 = \frac{x^2}{1 - v^2/c^2} + y^2 + z^2 = \frac{r^2}{1 - v^2/c^2}\left(1 - \frac{v^2}{c^2}\sin^2\vartheta\right)$$

$$E_x = E'_x = \frac{Qx'}{4\pi\epsilon_0 r'^3} = \frac{Q}{4\pi\epsilon_0}\,\frac{x}{\sqrt{1 - v^2/c^2}}\cdot\frac{1}{r'^3}\,,$$

$$E_y = \frac{E'_y}{\sqrt{1 - v^2/c^2}} = \frac{Q}{4\pi\epsilon_0}\,\frac{y}{\sqrt{1 - v^2/c^2}}\,\frac{1}{r'^3}\,,$$

$$E_z = \frac{E'_z}{\sqrt{1 - v^2/c^2}} = \frac{Q}{4\pi\epsilon_0}\,\frac{z}{\sqrt{1 - v^2/c^2}}\cdot\frac{1}{r'^3}\,.$$

Zusammengefaßt

$$\vec{E} = \frac{Q}{4\pi\epsilon_0 r^3}\cdot\frac{\vec{r}\,(1 - v^2/c^2)}{(1 - (v^2/c^2)\sin^2\vartheta)^{3/2}}\,. \tag{34}$$

Auch im System $S$ sind die elektrischen Feldlinien zu jedem Zeitpunkt auf den Ort der Ladung hin gerichtet. Das ist wegen der endlichen Ausbreitungsrichtung der elektromagnetischen Wirkung erstaunlich, denn die ferneren Anteile des Feldes können vom gegenwärtigen Ort der Ladung keine Kenntnis haben.

In der Bewegungsrichtung ($\vartheta = 0$) ist die Feldstärke gegenüber der einer ruhenden Ladung um den Faktor $(1 - v^2/c^2)$ verkleinert, senkrecht dazu ist sie dagegen vergrößert. Die Feldverteilung erscheint durch die Bewegung der erzeugenden Ladung in Bewegungsrichtung komprimiert. Nähert sich die Geschwindigkeit der bewegten Ladung der Lichtgeschwindigkeit, so konzentriert sich das Feld auf eine flache Scheibe, die senkrecht zur Bahn steht.

Schließlich berechnen wir noch das Magnetfeld im System $S$.

$$B_x = 0\,,$$

$$B_y = \frac{-vE'_z}{c^2\sqrt{1 - v^2/c^2}} = -\frac{v}{c^2}E_z\,,$$

$$B_z = \frac{+vE'_y}{c^2\sqrt{1 - v^2/c^2}} = +\frac{v}{c^2}E_y\,.$$

Dies können wir zusammenfassen zu

$$\vec{B} = \frac{1}{c^2} (\vec{v} \times \vec{E}). \tag{35}$$

Mit den berechneten Feldstärken können wir die sog. Konvektionskraft bestimmen, die von bewegten Ladungen auf mitbewegte ausgeübt wird. Sei $F_0$ der Betrag der Kraft, den zwei Ladungen in ihrem Ruhsystem aufeinander ausüben. Dann ist die Konvektionskraft

$$\vec{F} = F_0 \left[ \vec{e}_r \left(1 - \frac{v^2}{c^2}\right) + \vec{e}_v \frac{v^2}{c^2} \cos\vartheta \right].$$

Die Konvektionskraft liegt daher nicht auf der Verbindungslinie der beiden Ladungen. Geometrische Überlegungen zeigen, daß die Kraft senkrecht auf einem Rotationsellipsoid mit der Gleichung

$$x^2 + \left(1 - \frac{v^2}{c^2}\right) (y^2 + z^2) = \text{const.}$$

steht, wobei die $x$-Achse in Richtung der Geschwindigkeit weist.

Zum Schluß dieses Paragraphen wollen wir noch darauf hinweisen, daß die hier verwendete einfache Rechnung nicht ohne weiteres auf Ladungen in beschleunigter Bewegung übertragen werden kann. Die für diesen Fall benötigte Methode zeigen wir im folgenden Paragraphen.

## § 5. Retardierte Potentiale

Wir wollen für beliebig bewegte Ladungen die Lösung der elektromagnetischen Potentialgleichung (20) suchen. Das Verfahren dazu ist analog zu der im Kapitel I beschriebenen Methode, mit der wir die Lösung im stationären Fall gefunden haben. Die Verallgemeinerung besteht darin, jetzt einen vierdimensionalen Raum zu betrachten und die Lösung in diesem Raum zu suchen. Dazu nehmen wir zunächst an, alle 4 Koordinaten $x_\mu$ in

$$\Box A_\nu = \sum_\mu \frac{\partial^2 A_\nu}{\partial x_\mu^2} = -\mu_0 j_\nu \tag{20}$$

seien reell, so daß wir eine Potentialgleichung in einem euklidischen vierdimensionalen Raum zu lösen haben. Analog zu dem im Kapitel I verwendeten GREENschen Satz können wir schreiben

$$\varphi \Box \psi - \psi \Box \varphi = \sum_\mu \frac{\partial}{\partial x_\mu} \left( \varphi \frac{\partial \psi}{\partial x_\mu} - \psi \frac{\partial \varphi}{\partial x_\mu} \right) \tag{36}$$

und einen Vierervektor

$$r_\mu = x_\mu - x_\mu(P_0); \quad r^2 = \sum_\mu r_\mu^2, \tag{37}$$

einführen. Dabei ist $P_0$ der Punkt, in dem wir das Potential suchen. Für alle Punkte außer $P_0$ gilt

$$\Box\psi = \Box \frac{1}{r^2} = 0 \,. \tag{38}$$

Daher muß der Raum innerhalb einer dreidimensionalen Kugelfläche um den Punkt $P_0$ mit dem Radius $a$ ausgeschlossen werden, wenn Gl. (38) mit dem $\psi$ nach Gl. (38) über den vierdimensionalen Raum integriert werden soll. Analoge Überlegungen wie im dreidimensionalen Fall führen zum Ergebnis

$$\varphi(P_0) = -\frac{1}{4\pi^2}\int \frac{1}{r^2}\,\Box\varphi\,\mathrm{d}^4 x \,. \tag{39}$$

Nun identifizieren wir $\varphi$ mit den Komponenten des Viererpotentials

$$A_\mu(P_0) = \frac{\mu_0}{4\pi^2}\int \frac{j_\mu}{r^2}\,\mathrm{d}^4 x \,. \tag{40}$$

Bei der Ableitung von (40) haben wir für die $x_\mu$ reelle Werte angenommen. Die Viererstromdichte $j_\mu$ ist jedoch nur für rein imaginäre $x_4 = ict$ definiert und außerdem nur für Zeitpunkte $t < t(P_0) = t_0$, d.h. für Zeiten vor dem Zeitpunkt der Beobachtung von $A_\mu$ im Punkt $P_0$. Den Integrationsweg längs der reellen Achse deformieren wir daher in einer komplexen $x_4$-Ebene, so daß die Integration über den Definitionsbereich von $j_\mu$ ausgeführt werden kann. Um zunächst über $x_4$ zu integrieren, schreiben wir

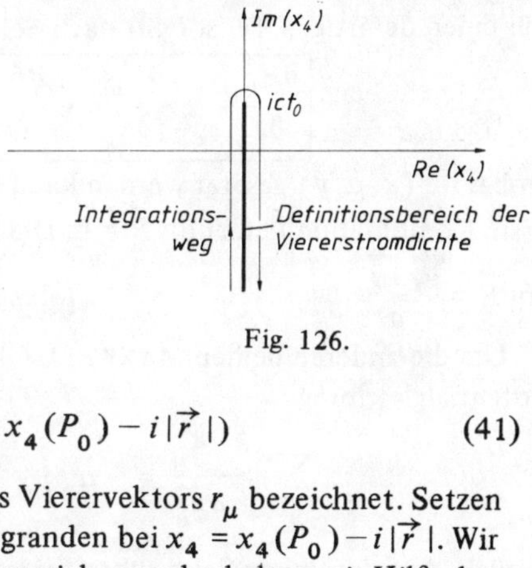


Fig. 126.

$$r^2 = \sum_{\mu=1}^{4} r_\mu^2 = \sum_{m=1}^{3} r_m^2 + (x_4 - x_4(P_0))^2$$

$$= (x_4 - x_4(P_0) + i|\vec{r}\,|)\cdot(x_4 - x_4(P_0) - i|\vec{r}\,|) \tag{41}$$

wobei $|\vec{r}\,|$ den Betrag des räumlichen Anteils des Vierervektors $r_\mu$ bezeichnet. Setzen wir (41) in (40), so finden wir einen Pol des Integranden bei $x_4 = x_4(P_0) - i|\vec{r}\,|$. Wir können den Integrationsweg um den Pol zusammenziehen und erhalten mit Hilfe des CAUCHYschen Satzes

$$A_\mu(P_0) = -\frac{\mu_0}{4\pi^2}\int \frac{2\pi i j_\mu \,\mathrm{d}V}{x_4 - x_4(P_0) - i|\vec{r}\,|}\Bigg|_{x_4 = x_4(P_0) - i|\vec{r}\,|} \,. \tag{42}$$

Das verbleibende Integral ist nur noch über das gewöhnliche dreidimensionale Volumen zu integrieren. Die Bedingung für $x_4$ lautet, wenn wir sie mit der reellen Zeitkoordinate formulieren

$$t = t(P_0) - \frac{|\vec{r}\,|}{c} \,. \tag{43}$$

Es ist also im Integranden nicht der Zeitpunkt einzusetzen, zu dem wir das Potential im Punkt $P_0$ bestimmen, sondern ein zurückliegender Zeitpunkt, der die Laufzeit eines elektromagnetischen Signals berücksichtigt. Es ergibt sich also ein retardiertes Potential

$$A_\mu(P_0) = \frac{\mu_0}{4\pi}\int \frac{j_\mu(\vec{r}, t - \frac{|\vec{r}|}{c})}{|\vec{r}|}\,\mathrm{d}V\,. \tag{44}$$

Dies ist eine Verallgemeinerung des Potentials, das wir im Kapitel VII beim HERTZschen Dipol benutzt haben. Formal gleichwertig zum retardierten Potential hätten wir auch ein avanciertes Potential erhalten können, wenn wir den Integrationsweg an der reellen $x_4$-Achse gespiegelt hätten. Dieses hätte die zukünftigen Strom- und Ladungsverteilungen enthalten, es ist also physikalisch sinnlos.

In praktischen Fällen ist der Umgang mit Gl. (44) wegen des komplizierten Zusammenhangs der Integrationsvariablen durch die Retardierung oft nicht einfach. Häufig empfiehlt es sich dann, auf die Gleichung (40) zurückzugehen und zuerst die räumlichen Integrationen durchzuführen.

## § 6. Die vierdimensionale Schreibweise der MAXWELL-Gleichungen

Aufgrund der Definition in Gleichung (28) ist der Feldstärke-Tensor antimetrisch. Für einen derartigen Tensor gilt nach Seite 240

$$\boxed{\frac{\partial F_{\kappa\mu}}{\partial x_\nu} + \frac{\partial F_{\mu\nu}}{\partial x_\kappa} + \frac{\partial F_{\nu\kappa}}{\partial x_\mu} = 0} \tag{45}$$

wobei für $(\kappa, \mu, \nu)$ gesetzt werden kann (1,2,3), (2,3,4), (1,2,4) und (1,3,4). Die erste Kombination liefert $\operatorname{div}\vec{B} = 0$. Die anderen drei lassen sich zusammenfassen zu

$\operatorname{rot}\vec{E} = -\frac{\partial \vec{B}}{\partial t}$.

Um die anderen beiden MAXWELL-Gleichungen zu erhalten, gehen wir auf die Potentialgleichung

$$\sum_\mu \frac{\partial^2 A_\nu}{\partial x_\mu^2} = -\mu_0 j_\nu \tag{20}$$

zurück. Auf der linken Seite subtrahieren wir einen nach der LORENTZ-Bedingung verschwindenden Ausdruck und erhalten

$$\sum_\mu \frac{\partial^2 A_\nu}{\partial x_\mu^2} - \sum_\mu \frac{\partial^2 A_\mu}{\partial x_\nu\,\partial x_\mu} = \sum_\mu \frac{\partial F_{\mu\nu}}{\partial x_\mu}\,.$$

Folglich gilt

$$\boxed{\sum_\nu \frac{\partial F_{\mu\nu}}{\partial x_\nu} = \mu_0 j_\mu}\,. \tag{46}$$

Die Anteile $\mu = 1, 2, 3$ lassen sich zusammenfassen zu

$$\operatorname{rot}\vec{B} = \mu_0 \vec{j} + \frac{1}{c^2}\frac{\partial \vec{E}}{\partial t}$$

die vierte Komponente liefert $\operatorname{div} E = \mu_0 c^2 \cdot \rho$. Die Gleichungen (45) und (46) stellen also die MAXWELL-Gleichungen in vierdimensionaler Schreibweise dar.

## § 7. Kraftdichte, Energie-Impuls-Tensor des elektromagnetischen Feldes

Für die Kraft, die pro Volumen auf eine Ladung mit der Dichte $\rho$ wirkt, gilt

$$\vec{f} = \rho(\vec{E} + \vec{v} \times \vec{B}) \,. \tag{47}$$

Im Kapitel VII des zweiten Buches haben wir die Erweiterung der Kraft zum Vierervektor kennengelernt. Damit stellt sich die Aufgabe, eine Formulierung der Gl. (47) mit Hilfe von Vierervektoren zu finden. Die Ladungsdichte $\rho$ und die Stromdichte $\rho\vec{v}$ sind Komponenten eines Viererstromes $\{j_\mu\}$, die Feldstärken sind Komponenten des elektromagnetischen Feldstärketensors $F_{\mu\nu}$. Damit können wir schreiben

$$f_\mu = \sum_\nu F_{\mu\nu} j_\nu \tag{47'}$$

wobei aus dem Vergleich mit (47) nur die 3 räumlichen Komponenten von $f_\mu$ folgen. Verallgemeinernd soll nun auch gelten

$$f_4 = \sum_\nu F_{4\nu} j_\nu = \frac{i}{c} \rho \vec{v} \cdot \vec{E} \,. \tag{48}$$

Bis auf den Faktor $\frac{i}{c}$ stellt $f_4$ die von der Kraftdichte $f$ pro Volumen und pro Zeit geleistete Arbeit (Leistungsdichte) dar. Ein entsprechendes Ergebnis hatten wir für die vierte Komponente der Viererkraft im zweiten Buch gefunden.

Wir wollen jetzt den Vierervektor $\{f_\mu\}$ als Divergenz eines Vierertensors zweiter Stufe schreiben.

$$f_\mu = \sum_\nu \frac{\partial T_{\mu\nu}}{\partial x_\nu} \,. \tag{49}$$

Dies wird uns Erkenntnisse über die Energie- und Impulsdichte des elektromagnetischen Feldes liefern. Wir gehen von Gl. (47′) aus und setzen $j_\nu$ nach (46) ein. Durch Umordnen der Summationsindices, Ausnutzung der Antimetrie von $F_{\mu\nu}$ und Verwendung der MAXWELL-Gleichungen (45) erhalten wir

$$f_\mu = \frac{1}{\mu_0} \sum_\nu \frac{\partial}{\partial x_\nu} \sum_\kappa F_{\mu\kappa} F_{\kappa\nu} + \frac{1}{4\mu_0} \frac{\partial}{\partial x_\mu} \sum_{\nu,\kappa} (F_{\nu\kappa})^2 \,. \tag{50}$$

Vergleich mit (49) liefert

$$\boxed{T_{\mu\nu} = \frac{1}{\mu_0} \sum_\kappa F_{\mu\kappa} F_{\kappa\nu} + \frac{1}{4\mu_0} \delta_{\mu\nu} \sum_{\kappa,\lambda} (F_{\kappa\lambda})^2} \,, \tag{51}$$

wobei $\delta_{\mu\nu} = 1$ für gleiche Indices und sonst null ist. Der symmetrische Tensor $T_{\mu\nu}$ wird Energie-Impuls-Tensor genannt. Um dies zu verstehen, schreiben wir ihn mit den gewöhnlichen Dreiervektoren des elektromagnetischen Feldes auf. Für den Anteil, der nur in den Diagonalgliedern auftritt, erhalten wir

$$\frac{1}{4\mu_0}\sum_{\kappa,\lambda}(F_{\kappa\lambda})^2 = \frac{1}{2}\left(\frac{1}{\mu_0}\vec{B}^2 - \epsilon_0\vec{E}^2\right). \tag{52}$$

Damit werden die Diagonalglieder

$$T_{44} = \frac{1}{2}\left(\frac{1}{\mu_0}\vec{B}^2 + \epsilon_0\vec{E}^2\right) = u \ , \tag{53}$$

$$T_{ii} = \epsilon_0 E_i^2 + \frac{1}{\mu_0}B_i^2 - u \, .$$

In $T_{44}$ erkennen wir nach S. 315 die Energiedichte $u$. Die nichtdiagonalen Glieder setzen sich wegen der Antimetrie von $F_{\mu\nu}$ nur aus zwei Summanden zusammen. Die rein räumlichen Anteile haben die Form

$$T_{ij} = \frac{1}{\mu_0}B_iB_j + \epsilon_0 E_iE_j \, . \tag{54}$$

Dies ist (wenn man noch die Diagonalglieder $T_{ii}$ hinzunimmt) ein dreidimensionaler Tensor, der sogenannte MAXWELLsche Spannungstensor

$$T_{ij} = \sigma_{ij} \, . \tag{55}$$

Spannungstensoren haben wir in der Elastomechanik (2. Buch, Kapitel IV) behandelt. Die Gleichung (35) von Seite 162 entspricht gerade dem räumlichen Anteil von Gl. (49). Damit ist die Bezeichnung Spannungstensor gerechtfertigt. MAXWELL hatte ihn eingeführt, um FARADAYs Gedanken über die Übertragung der Kraftwirkungen im Raum mathematisch zu fassen. FARADAY hatte sich die Feldlinien entsprechend elastischen Bändern vorgestellt, die in ihrer Richtung Zug ausüben, senkrecht dazu jedoch Druck. Wir prüfen dies an einem Beispiel. Dazu setzen wir $\vec{E} = E_x\vec{e}_x$ und $\vec{B} = 0$. Dann wird

$$\begin{pmatrix} \sigma_{xx} & \sigma_{xy} & \sigma_{xz} \\ \sigma_{yx} & \sigma_{yy} & \sigma_{yz} \\ \sigma_{zx} & \sigma_{zy} & \sigma_{zz} \end{pmatrix} = \begin{pmatrix} \frac{1}{2}\epsilon_0 E^2 & 0 & 0 \\ 0 & -\frac{1}{2}\epsilon_0 E^2 & 0 \\ 0 & 0 & -\frac{1}{2}\epsilon_0 E^2 \end{pmatrix}. \tag{56}$$

Es treten hier keine Schubspannungen auf. Die Verteilung von Druck- und Zugspannungen entspricht FARADAYs Vorstellungen. Trotzdem sind allzu realistische Vorstellungen von Feldlinien im Sinne von elastischen Bändern unerlaubt. Wir sehen dies schon daraus, daß sich durch eine LORENTZ-Transformation an einem bestimmten Ort und zu einer bestimmten Zeit stets erreichen läßt, daß $\vec{E}$ und $\vec{B}$ beliebige Werte annehmen. Bei einer solchen Transformation bleiben nur

$$\boxed{\frac{1}{\mu_0}\vec{B}^2 - \epsilon_0\vec{E}^2 \quad \text{und} \quad \vec{E}\cdot\vec{B}}$$

invariant.

Wir wenden uns jetzt den räumlich-zeitlich gemischten Komponenten zu. In

$$T_{14} = \frac{i}{c}(E_y H_z - E_z H_y)$$

(und entsprechend für die beiden anderen Komponeten) erkennen wir den Poynting-Vektor von Seite 306 wieder.

$$T_{i4} = -\frac{i}{c} S_i \,. \tag{57}$$

Die physikalische Bedeutung des Poynting-Vektors können wir hier direkt aus dem Zusammenhang zwischen Kraftdichte und Energie-Impuls-Tensor entnehmen. Dazu integrieren wir die vierte Komponente von Gl. (49) über ein dreidimensionales Volumen

$$\int f_4 \,\mathrm{d}V = \frac{i}{c}\int \rho\,\vec{v}\cdot\vec{E}\,\mathrm{d}V = \int\left(\frac{\partial T_{41}}{\partial x} + \frac{\partial T_{42}}{\partial y} + \frac{\partial T_{43}}{\partial z}\right)\mathrm{d}V + \frac{1}{ic}\frac{\partial}{\partial t}\int T_{44}\,\mathrm{d}V \,. \tag{58}$$

Für den Vektor $\vec{S} = \{icT_{41}, icT_{42}, icT_{43}\}$ folgt mit dem GAUSSschen Satz

$$\oint \vec{S}\,\mathrm{d}\vec{f} = -\int u\,\mathrm{d}V - Q\vec{v}\cdot\vec{E} \,. \tag{59}$$

Auf der rechten Seite steht die Abnahme der Energie in dem betrachteten Volumen sowie die vom Feld an eine Ladung abgegebene Leistung. Der Term auf der linken Seite muß dann als Energieströmung durch die Oberfläche interpretiert werden. Gl. (59) stellt also den Energiesatz dar. Entsprechende Überlegungen können wir für die räumlichen Komponenten der Kraftdichte anstellen. Betrachten wir z. B. die $x$-Komponente. Die resultierende Gesamtkraft in $x$-Richtung ist

$$\int f_1\,\mathrm{d}V = \int\left(\frac{\partial T_{11}}{\partial x} + \frac{\partial T_{12}}{\partial y} + \frac{\partial T_{13}}{\partial z}\right)\mathrm{d}V + \frac{1}{ic}\int\frac{\partial}{\partial t}T_{14}\,\mathrm{d}V \tag{60}$$

oder

$$\int f_x\,\mathrm{d}V = \int\left(\frac{\partial\sigma_{xx}}{\partial x} + \frac{\partial\sigma_{xy}}{\partial y} + \frac{\partial\sigma_{xz}}{\partial z}\right)\mathrm{d}V - \frac{1}{c^2}\int\frac{\partial S_x}{\partial t}\,\mathrm{d}V \,. \tag{60'}$$

Den ersten Summanden auf der rechten Seite können wir in ein Oberflächenintegral umschreiben und als Summe aller Oberflächenkräfte auf das Volumen verstehen. Der zweite Summand muß dann nach den Regeln der Mechanik als Änderung des Impulses verstanden werden. Die Impulsdichte ist

$$\boxed{\frac{\Delta\vec{P}}{\Delta V} = \frac{1}{c^2}\vec{S}} \,. \tag{61}$$

Damit erkennen wir das elektromagnetische Feld als Träger von Impuls. Auch eine Lichtwelle trägt folglich Impuls und übt beim Auftreffen auf einen absorbierenden Körper einen Druck aus. Dies ist der von MAXWELL entdeckte Lichtdruck. Eine seiner Wirkungen ist der von der Sonne weggerichtete Staubschweif der Kometen (daneben haben die Kometen einen Ionenschweif, der vom solaren Wind nach außen mitgenommen wird).

Durch die Impulsübertragung des elektromagnetischen Feldes wird auch verständlich, warum der Satz von der Gleichheit von Wirkung und Gegenwirkung (actio gleich reactio) nicht in jedem Zeitpunkt erfüllt sein kann. Wenn ein Körper eine Lichtwelle aussendet, so erfährt der Körper wegen des Lichtdruckes einen Rückstoß. Absorbiert später ein zweiter Körper die emittierte Lichtwelle, so erfährt er einen entgegengesetzt gleich großen Kraftstoß. Zwischen den beiden Körpern ist erst dann die Gleichheit von actio und reactio erfüllt. Zu jedem Zeitpunkt ist allerdings der Impulssatz erfüllt, wenn neben dem Impuls der Körper der Impuls des Feldes berücksichtigt wird.

Aufg. 115. Zwei gleiche Ladungen bewegen sich im Laborsystem parallel mit der Geschwindigkeit $v$ im Abstand $d$. Berechnen Sie die Kraft zwischen den Ladungen in deren Ruhsystem und transformieren Sie das Ergebnis ins Laborsystem. Vergleichen Sie mit dem Ergebnis aus § 4.

## § 8. Die LAGRANGE-Funktion und der kanonische Impuls für ein Teilchen im elektromagnetischen Feld

Im zweiten Buch haben wir die LAGRANGEsche Form der Bewegungsgleichung

$$\frac{\mathrm{d}}{\mathrm{d}t}\frac{\partial L}{\partial \dot{q}_k} - \frac{\partial L}{\partial q_k} = 0; \qquad k = 1, 2, 3 \tag{62}$$

und das diesen Gleichungen gleichwertige Prinzip der kleinsten Aktion

$$W = \int_{t_1}^{t_2} L(q_k \cdot \dot{q}_k)\,\mathrm{d}t = \text{Extremum} \tag{63}$$

kennengelernt. Wir wollen nun die LAGRANGE-Funktion für ein relativistisches Teilchen im elektromagnetischen Feld suchen. Dies wird ein Beispiel liefern, wie die Forderung nach dem richtigen Transformationsverhalten beim Wechsel des Bezugssystems bei der Aufstellung von Gleichungen helfen kann.

Zunächst betrachten wir ein freies Teilchen. Das Relativitätsprinzip fordert, daß $W$ in jedem Inertialsystem extremal wird, daher muß es sich gegenüber LORENTZ-Transformationen wie ein Skalar verhalten. Weiterhin können wir anstelle von $\mathrm{d}t$ das Differential $\mathrm{d}\tau$ der Eigenzeit des Teilchens einführen.

$$\mathrm{d}\tau = \sqrt{1 - \frac{v^2}{c^2}}\;\mathrm{d}t\ . \tag{64}$$

Da die Eigenzeit ein Skalar ist, muß in

$$W = \int_{\tau_1}^{\tau_2} \frac{1}{\sqrt{1 - v^2/c^2}}\,L\,\mathrm{d}\tau \tag{65}$$

der Integrand ebenfalls ein Skalar sein. Dies wird erreicht durch

$$L_{\text{freies T.}} = -m_0 c^2 \sqrt{1 - \frac{v^2}{c^2}}\ . \tag{66}$$

Gehen wir damit in Gl. (62), so folgt die Bewegungsgleichung

$$\frac{\mathrm{d}}{\mathrm{d}t}\frac{m_0 \vec{v}}{\sqrt{1-v^2/c^2}} = \frac{\mathrm{d}\vec{p}}{\mathrm{d}t} = 0 \,. \tag{67}$$

Wenn wir nun die LAGRANGE-Funktion für die Wechselwirkung zwischen einem geladenen Teilchen und dem elektromagnetischen Feld aufsuchen wollen, so haben wir wieder die Forderung zu erfüllen,

$$L_{Ww} \cdot \frac{1}{\sqrt{1-v^2/c^2}}$$

sei ein Skalar. Im nichtrelativistischen Grenzfall gilt

$$L_{Ww} \to -U = -QV = -icQA_4 \,. \tag{68}$$

Hier tritt eine Komponente des Vierervektors $A_\mu$ auf. Aus ihm wird ein Skalar durch Multiplikation mit einem weiteren Vierervektor gebildet, wofür hier nur die Vierergeschwindigkeit (vgl. S. 244) in Betracht kommt.

$$\{u_\mu\} = \left\{\frac{\vec{v}}{\sqrt{1-v^2/c^2}} \,; \quad \frac{ic}{\sqrt{1-v^2/c^2}}\right\} \,.$$

Wir setzen

$$\frac{1}{\sqrt{1-v^2/c^2}} L_{Ww} = Q\sum_\mu u_\mu A_\mu \tag{69}$$

oder

$$L_{Ww} = -QV + Q\vec{v}\cdot\vec{A} \,. \tag{69'}$$

Die vollständige LAGRANGE-Funktion für ein relativistisches Teilchen im elektromagnetischen Feld ist dann

$$\boxed{L = -m_0 c^2 \sqrt{1-\frac{v^2}{c^2}} - QV + Q\vec{v}\cdot\vec{A}} \,. \tag{70}$$

Den verallgemeinerten (oder kanonischen) Impuls $\vec{P}$ (vgl. § 6 des 2. Kap. des II. Buches) erhalten wir aus der LAGRANGE-Funktion durch die Bildung des Gradienten im Geschwindigkeitsraum:

$$\vec{P} = \mathrm{grad}_v L = \frac{m_0 \vec{v}}{\sqrt{1-v^2/c^2}} + Q\cdot\vec{A} = \vec{p} + Q\vec{A} \,. \tag{71}$$

Der erste Summand ist der bekannte kinetische Impuls $\vec{p}$. Um die Richtigkeit des Ansatzes (70) für die LAGRANGE-Funktion zu bestätigen, müssen wir die Bewegungsgleichung nach (62) ableiten. Die Koordinaten $q_k$ sind hier die gewöhnlichen kartesischen Koordinaten des Teilchens. Komponentengleichungen können wir zu Vektorgleichungen zusammenfassen. Dann gilt

$$\begin{aligned} \operatorname{grad} L &= -Q \operatorname{grad} V + Q \operatorname{grad} (\vec{v} \cdot \vec{A}) \\ &= -Q \operatorname{grad} V + Q (\vec{v} \cdot \operatorname{grad}) \vec{A} + Q (\vec{v} \times \operatorname{rot} \vec{A}) \ . \end{aligned} \tag{72}$$

Der erste Term in (62) ist die totale Zeitableitung des kanonischen Impulses $P$.

$$\frac{\mathrm{d}}{\mathrm{d}t} (\vec{p} + Q\vec{A}) = -Q \operatorname{grad} V + Q(\vec{v} \cdot \operatorname{grad}) \vec{A} + Q(\vec{v} \times \operatorname{rot} \vec{A}) \ . \tag{73}$$

Das vollständige Differential $\frac{\mathrm{d}\vec{A}}{\mathrm{d}t}\,\mathrm{d}t$ setzt sich aus zwei Teilen zusammen: aus der zeitlichen Änderung $\frac{\partial A}{\partial t}\,\mathrm{d}t$ des Vektorpotentials an einem festen Raumpunkt und der Änderung $(\mathrm{d}\vec{r} \operatorname{grad})\vec{A}$ beim Übergang zu einem benachbarten Raumpunkt.

$$\frac{\mathrm{d}\vec{A}}{\mathrm{d}t} = \frac{\partial \vec{A}}{\partial t} + (\vec{v} \operatorname{grad}) \vec{A} \ . \tag{74}$$

Damit wird (73)

$$\frac{\mathrm{d}\vec{p}}{\mathrm{d}t} = -Q \operatorname{grad} V - Q \frac{\partial \vec{A}}{\partial t} + Q(\vec{v} \times \operatorname{rot} \vec{A}) \ . \tag{75}$$

Nach Gl. (1) und (3) ist dies gleichbedeutend mit

$$\frac{\mathrm{d}\vec{p}}{\mathrm{d}t} = Q\vec{E} + Q(\vec{v} \times \vec{B}) \ . \tag{76}$$

Damit ist das Ziel, aus der LAGRANGE-Funktion mit Hilfe des Prinzips der kleinsten Aktion die Bewegungsgleichung abzuleiten, erreicht und der Ansatz für die LAGRANGE-Funktion gerechtfertigt.

VIERTES BUCH

# Thermodynamik und klassische Statistik

409-507

## Vorbemerkung

Wie die Elektrodynamik läßt sich auch die Thermodynamik von zwei verschiedenen Seiten her entwickeln, der phänomenologischen und der statistisch-atomistischen Betrachtungsweise. Die phänomenologische Betrachtungsweise arbeitet neben Größen aus der Mechanik mit Begriffen wie „Temperatur", „Wärmemenge", usw., die der makroskopischen Beobachtungswelt entnommen sind. Sie stützt sich auf einige wenige Postulate, die aus der Erfahrung stammen und nicht beweisbar sind. Diese sogenannten Hauptsätze der Thermodynamik spielen hier die gleiche Rolle wie etwa die NEWTONschen Axiome in der Mechanik. Diese Hauptsätze erfahren eine tiefere Interpretation und Begründung im Rahmen der statistischen, atomistischen Betrachtungsweise, die im zweiten Teil des Buches vorgestellt wird, wobei wir uns im Rahmen dieses 4. Buches auf die klassische Statistik beschränken. Quantenstatistische Probleme werden im 5. und 6. Buch angesprochen.

Die hier behandelte Thermodynamik befaßt sich im Allgemeinen nicht mit dem zeitlichen Ablauf von Vorgängen. Es werden nur Aussagen über Gleichgewichtsvorgänge gemacht, die sich nach hinreichend langer Zeit einstellen. Die klassische Ausnahme dazu bildet die Theorie der Wärmeleitung, die im zweiten Kapitel behandelt wird. Die Thermodynamik von Nicht-Gleichgewichtszuständen stellt eine moderne Entwicklung dar, die u. a. so wichtige Phänomene wie die Selbstorganisation von makroskopischen Mengen beschreiben kann, was z. B. für die Entwicklung höherer Ordnungsstrukturen in der Natur von größter Wichtigkeit ist. Diese moderne Entwicklung der Thermodynamik kann hier jedoch aus Platzgründen nicht dargestellt werden.

Erstes Kapitel

# Grundbegriffe

## § 1. Die Temperatur

Die Sinnesorgane unserer Haupt nehmen in gewissen Grenzen etwas wahr, was wir qualitativ mit Temperatur beschreiben. Wir können insbesondere leicht aussagen, welcher von zwei Körpern der wärmere bzw. der kältere ist. Wir können diese qualitative Aussage mit einer geeigneten Meßvorschrift, die wir weiter unten angeben, physikalisch meßbar machen. Mit einem derartigen Thermometer läßt sich z. B. leicht nachprüfen, daß zwei Körper die in thermischen Kontakt gebracht werden nach hinreichend langer Zeit gleich warm geworden sind, d. h. gleiche Temperatur besitzen. Sie sind dann im *thermischen Gleichgewicht* miteinander. Die Temperatur ist ferner unabhängig von der Methode mit der sie herbeigeführt wird. Sie charakterisiert den jeweiligen Zustand in dem sich der Körper gerade befindet. Deshalb wird die Temperatur eine *Zustandsgröße* genannt.

Aus der Erfahrung wissen wir ferner: Ist ein Körper 1 mit den Körpern 2 und 3 im thermischen Gleichgewicht, so sind auch die Körper 2 und 3 im thermischen Gleichgewicht miteinander. Oder anders ausgedrückt: für das thermische Gleichgewicht (d.h. Gleichheit der Temperatur) gilt das Gesetz der Transitivität; aus $\vartheta_1 = \vartheta_2$ und $\vartheta_1 = \vartheta_3$ folgt $\vartheta_2 = \vartheta_3$.

Diese Erfahrungen lassen sich in einem Satz mit axiomatischem Charakter zusammenfassen, den man manchmal auch Nullten Hauptsatz der Thermodynamik nennt: *Die Temperatur ist eine Zustandsgröße. Die Gleichheit der Temperatur zweier Körper ist durch das thermische Gleichgewicht definiert. Für diese Gleichheitsbeziehung gilt das Gesetz der Transitivität.*

Die Temperatur ist durch die thermodynamische Temperaturskala im Zusammenhang mit dem 2. Hauptsatz der Thermodynamik definiert. Aus diesem Grund können wir die theoretisch saubere Temperaturdefinition erst auf S. 447 diskutieren. Da die Temperatur aber die wohl wichtigste Grundgröße der Thermodynamik ist, und dieser Begriff dauernd benutzt wird, wollen wir uns hier kurz mit der technischen Realisierung der Messung von Temperatur beschäftigen. Benutzt werden dazu physikalische Größen, die sich möglichst monoton mit der Temperatur ändern.

Als solche Erscheinung bietet sich z.B. die mit steigender Temperatur eintretende Volumenvergrößerung irgendeines Körpers, z.B. des Quecksilbers, an. Wir bringen ein solches „Thermometer" das eine Mal in schmelzendes Eis, das andere Mal in Wasser, das unter Normaldruck siedet, markieren die beiden Stellungen des Quecksilberfadens und teilen das Intervall in 100 Teile. Damit haben wir eine erste Skala der Temperatur für diesen Bereich (Celsius Skala) von 0 °C bis 100 °C gewonnen. Wenn wir nun aber dasselbe Verfahren mit einer anderen Thermometersubstanz machen, kommen wir bei größeren Genauigkeitsansprüchen sofort in Schwierigkeiten: Da nämlich das Volumen keine streng lineare Funktion der Temperatur ist, werden zwei mit verschiedenen Substanzen gefüllte Thermometer, die in dieser Weise geeicht sind, in der Mitte durchaus nicht übereinstimmen, wenn man sie in denselben Stoff taucht und erst recht nicht, wenn man über die durch die beiden Fixpunkte gegebenen Grenzen hinausgeht. Wir erhalten aber nahezu vollkommene Übereinstimmung verschiedener Thermosubstanzen, wenn wir Gase nehmen, die möglichst weit von ihrem Siedepunkt entfernt sind (z.B. He). Aus Zweckmäßigkeitsgründen richtet man derartige Gasthermometer so ein, daß man nicht die Ausdehnung, sondern die bei festgehaltenem Volumen eintretende Druckzunahme zur Messung nimmt.

Wegen des noch genaueren monotonen Verhaltens elektrischer Größen von Edelmetallen mit der Temperatur ist die Meßvorschrift zur Messung einer Temperatur von ca. −260 °C bis ca. 630 °C durch die Temperaturabhängigkeit des Widerstandes eines geglühten Platindrahtes, darüber bis ca. 1064 °C durch die Thermospannung eines Pt-PtRh Thermoelementes gegeben. Oberhalb davon ist die Temperatur pyrometrisch durch die Planck'sche Strahlungsformel (siehe 5. Buch) zu bestimmen.

Die thermodynamische oder absolute Temperaturskala beginnt am absoluten Nullpunkt bei $\vartheta = -273{,}15\,°C$ und wird in Kelvin (K) angegeben. Im folgenden wollen wir als Abkürzung für die Temperatur stets T (gemessen in Kelvin) verwenden, es sei denn wir meinen explizit eine Angabe in °C, wobei $\vartheta$ geschrieben wird.

## § 2. Wärmemenge, Wärmekapazität und spezifische Wärmekapazität

Neben der Temperatur ist der zweite wichtige Begriff, die Wärmemenge $Q$, ebenfalls bereits durch die tägliche Erfahrung gegeben. Werfen wir 1 g Eisen von 100 °C, das andere Mal 10 g Eisen von ebenfalls 100 °C in 10 g Wasser von 10 °C, so beobachten wir nach Ausgleich der Temperaturdifferenz im zweiten Falle eine rund 10 mal so große Temperaturerhöhung des Wassers. Dies führt zu der Vorstellung, daß ein Körper einen bestimmten Wärmeinhalt besitzt, der gleich dem Produkt aus der Temperatur und einer der Masse proportionalen Größe, der Wärmekapazität $C$, gesetzt wird $Q = C \cdot T$.

Dabei ist zu beachten, daß es nur auf Differenzen des Wärmeinhalts, auf Wärmemengen ankommt, der Absolutwert also unbestimmt ist. Der Temperaturausgleich in dem angeführten Beispiel wird dann als ein Übergang einer bestimmten Wärmemenge von einem Körper zum anderen gedeutet, und ohne über das Wesen der Wärme bestimmte Vorstellungen zu entwickeln, wird man für derartige Ausgleichvorgänge die Erhaltung der Wärmemenge postulieren. Als Einheit der Wärmemenge wurde früher diejenige Wärmemenge gewählt, die erforderlich ist, um 1 g Wasser von 14,5 °C auf 15,5 °C zu erwärmen und man bezeichnet sie als Kalorie (cal.). Als Einheit der Wärmemenge oder Energie wird heute das Joule ($1\ \mathrm{J} = 1\ \mathrm{N} \cdot m$) verwendet. Es gilt der Zusammenhang $1\ \mathrm{cal} \approx 4{,}18\ \mathrm{J}$.

Wir machen nun weiter die Erfahrung, daß 1 g Aluminium von 100 °C in 10 g Wasser von 10 °C gebracht, eine größere Temperaturerhöhung hervorruft als 1 g Blei von 100 °C. Wir setzen daher die Wärmekapazität gleich dem Produkt aus der Masse und einem Materialkoeffizienten $c$

$$C = mc\,.$$

Man nennt $c$ die spezifische Wärmekapazität (früher: spezifische Wärme) des jeweils betrachteten Stoffes. Sie ist keine Materialkonstante, vielmehr ist sie temperatur- und druckabhängig. In gewissen Grenzen wird $c$ aber häufig als konstant benutzt. Beziehen wir die Wärmekapazität auf eine bestimmte Masse eines Stoffes, z. B. 1 Mol, so nennt man $C_m$ die molare Wärmekapazität (früher: Molwärme).

Die beiden angesprochenen Beispiele der Mischung verschiedener Stoffe mit verschiedenen Temperaturen wollen wir mit dem hier besprochenen Konzept der Wärmemenge etwas quantitativer behandeln. Zwei Stoffe der Temperatur $T_1$ und $T_2$ haben die Wärmemengen:

$$Q_1 = Q_1^0 + m_1 c_1 (T_1 - T_0)$$

und

$$Q_2 = Q_2^0 + m_2 c_2 (T_2 - T_0)$$

wobei $Q_1^0$ und $Q_2^0$ die unbekannten Wärmemengen bei der Temperatur $T_0$ sind. Nach dem Temperaturausgleich auf die Temperatur $\bar{T}$ sind die Wärmemengen der beiden Stoffe:

$$\bar{Q}_1 = Q_1^0 + m_1 c_1 (\bar{T} - T_0)$$
$$\bar{Q}_2 = Q_1^0 + m_2 c_2 (\bar{T} - T_0)\,.$$

Unter der Voraussetzung der Erhaltung der Gesamtwärmemenge (und der Temperaturunabhängigkeit der spezifischen Wärmekapazitäten) folgt aus diesen Gleichungen die Mischungstemperatur $\bar{T}$ zu:

$$\bar{T} = \frac{m_1 c_1 T_1 + m_2 c_2 T_2}{m_1 c_1 + m_2 c_2} .$$

Da diese Mischungsregel empirisch recht gut gilt, ist der Begriff der Wärmemenge eine geeignete Begriffsbildung.

Zweites Kapitel

# Theorie der Wärmeleitung

## § 1. Die Wärmeleitungsgleichung

Die tägliche Erfahrung zeigt, daß jede Temperaturdifferenz in einem Körper sich mit der Zeit ausgleicht, daß also eine Strömung der Wärme von den Orten höherer zu den Orten tieferer Temperatur stattfindet. Es liegt nahe, und dies wird durch die Erfahrung bestätigt, die Dichte des Wärmestroms, d. h. die pro Zeit durch eine senkrecht zu der Strömungsrichtung gelegte Fläche hindurchtretende Wärmemenge dem negativen Gradienten der Temperatur, also dem Temperatur*gefälle* proportional zu setzen. Den Proportionalitätsfaktor $\lambda$ nennen wir die *Wärmeleitfähigkeit* des betreffenden Stoffs. Grenzen wir jetzt in einem Körper ein Volumen ab, so beträgt bei einer Temperatur T und einer Dichte $\rho$ die zeitliche Abnahme des Wärmeinhalts

$$-\frac{\partial Q}{\partial t} = -\frac{\partial}{\partial t}\int \rho\, T c \,\mathrm{d}\tau . \tag{1}$$

Andererseits soll diese Abnahme durch Fortleitung bewirkt sein, also durch die durch die Oberfläche hindurchtretende Strömung, die gegeben ist durch

$$-\frac{\partial Q}{\partial t} = -\lambda \oint \operatorname{grad} T \cdot \mathrm{d}\vec{f} . \tag{2}$$

Die Gleichsetzung ergibt die Bilanz

$$\frac{\partial}{\partial t}\int \rho\, T c \,\mathrm{d}\tau = \lambda \oint \operatorname{grad} T \cdot \mathrm{d}\vec{f} = \lambda \int \operatorname{div} \operatorname{grad} T \,\mathrm{d}\tau . \tag{3}$$

Da dies für jedes Element gelten muß, haben wir die Wärmeleitungsgleichung

$$\boxed{\frac{\partial T}{\partial t} = \frac{\lambda}{\rho c}\,\Delta T = a\,\Delta T} . \tag{4}$$

Die hier als Abkürzung eingeführte Größe $a = \frac{\lambda}{\rho c}$ heißt die *Temperaturleitfähigkeit.* Wie bei allen partiellen Differentialgleichungen ist die Aufgabe erst durch Angabe der Anfangs- und Randbedingungen definiert. Es muß also zur Zeit $t = 0$ eine bestimmte Temperaturverteilung gegeben sein und weiter muß angegeben werden, was an den Grenzen des Körpers passiert. Z. B. kann die Oberfläche vollkommen isoliert sein. Im allgemeinen wird dies nicht der Fall sein, es wird vielmehr ein äußeres Wärmeleitvermögen existieren, das dadurch definiert ist, daß die Dichte des durch die Oberfläche senkrecht hindurchtretenden Wärmestroms der Temperaturdifferenz gegen die Umgebung proportional gesetzt wird, wobei der Proportionalitätsfaktor die *äußere Wärmeleitfähigkeit* darstellt.

## § 2. Ein einfaches Beispiel zur Integration der Wärmeleitungsgleichung: Das Eindringen der täglichen und jährlichen Temperaturschwankungen ins Erdinnere

Wir betrachten die Erde als eben und die Oberfläche durch die wechselnde Einstrahlung periodischen Temperaturschwankungen ausgesetzt. Die Randbedingungen sind hier insofern besonders einfach, als in einem senkrecht zur Erdoberfläche gelegten Zylinder keine Strömung durch die Seitenflächen stattfindet, da ja, wie unmittelbar aus der Anschauung folgt, die Flächen gleicher Temperatur die Parallelebenen zur Erdoberfläche sind. Die Strömung erfolgt daher ausschließlich senkrecht zur Erdoberfläche. Die nach innen zeigende Richtung senkrecht zur Oberfläche wollen wir als $X$-Achse wählen und erhalten damit die Differentialgleichung

$$\frac{\partial T}{\partial t} = a \frac{\partial^2 T}{\partial x^2} . \tag{4'}$$

Da $T$ an der Oberfläche eine periodische Funktion der Zeit ist, machen wir den Ansatz

$$T = T_0 + f(x) e^{i\omega t} . \tag{5}$$

Setzen wir dies ein, so erhalten wir für $f(x)$ die Gleichung

$$a \frac{d^2 f}{dx^2} - i\omega f = 0, \tag{6}$$

die wir durch den Ansatz $f = A\, e^{\mu x}$ zu lösen suchen. Die „charakteristische Gleichung" wird

$$a\mu^2 - i\omega = 0 . \tag{7}$$

Somit ergibt sich

$$\mu = \pm \sqrt{\frac{i\omega}{a}} = \pm \sqrt{\frac{\omega}{2a}}\,(1+i) . \tag{8}$$

Das negative Zeichen ist zu wählen, weil wir, solange wir uns auf das Eindringen der Oberflächenschwankungen beschränken, eine *Abnahme* nach dem Erdinnern zu fordern müssen. Es wird demnach

$$T = T_0 + A\, e^{-\sqrt{\frac{\omega}{2a}}\, x}\, e^{i\omega\left(t - \frac{x}{\sqrt{2a\omega}}\right)} . \tag{9}$$

Wir haben also eine gedämpfte Welle, welche sich mit der Geschwindigkeit $v = \sqrt{2a\omega}$ fortpflanzt. Die Geschwindigkeit ist somit für die täglichen Schwankungen größer als für die jährlichen. Dafür ist aber auch die Dämpfung mit zunehmender Tiefe für die täglichen Schwankungen größer.

Die für $x = 0$ geltenden zeitlichen Anfangsbedingungen sind ebenfalls sehr leicht zu erfüllen. Da sowohl der reelle als der imaginäre Teil von Gl. (9) eine Lösung darstellt, kann die Lösung für jeden Wert von $T_0$ und $\left(\frac{\partial T}{\partial x}\right)_0$ für $t = 0$ aus der allgemeinen, 2 Konstanten enthaltenden Lösung

$$T = T_0 + B e^{-\sqrt{\frac{\omega}{2a}}\,x} \cos\omega\left(t - \frac{x}{\sqrt{2a\omega}}\right) + C e^{-\sqrt{\frac{\omega}{2a}}\,x} \sin\omega\left(t - \frac{x}{\sqrt{2a\omega}}\right) \quad (10)$$

abgeleitet werden. Beginnt z. B. unsere Zeitrechnung mit dem Maximalwert ohne anfängliches Gefälle $\left(\frac{\partial T}{\partial x}\right)_0$, so gilt die Lösung

$$T = T_0 + T_{\max}\, e^{-\sqrt{\frac{\omega}{2a}}\,x} \cos\omega\left(t - \frac{x}{\sqrt{2a\omega}}\right). \quad (10')$$

Aufg. 116. Um wieviel tiefer dringen die jahreszeitlichen Temperaturschwankungen in den Erdboden ein, als die täglichen?

Drittes Kapitel

# Die Zustandsgleichung thermodynamischer Systeme

## § 1. Definition der Zustandsvariablen und ihre gegenseitigen Beziehungen

In der eigentlichen Thermodynamik, mit deren Behandlung wir jetzt beginnen, verwendet man das Wort „*System*“ als möglichst allgemeinen und farblosen Ausdruck für einen Komplex von Körpern, den wir von der übrigen Welt getrennt als Ganzes betrachten. Ein System kann aus mehreren physikalischen einheitlichen Teilen bestehen, die wir „*Phasen*“ nennen. Grenzen wir z. B. ein System dadurch ab, daß wir über eine gesättigte NaCl-Lösung, in der sich ein fester NaCl-Kristall befindet, eine Glasglocke decken, so haben wir ein System von 3 Phasen, einer festen, dem NaCl-Kristall, einer flüssigen, der Lösung, und einer gasförmigen, die in diesem Fall ein Gemisch von Luft und Wasserdampf ist. Da sich alle Gase mischen, kann ein System im Gleichgewicht nur *eine* gasförmige Phase besitzen, dagegen mehrere feste und flüssige. Wir könnten z. B. als weitere feste Phase einen Quarzkristall in die Lösung legen. Weiter ist für das thermodynamische Verhalten maßgebend die Zahl der „unabhängigen Bestandteile“ oder kurz „Stoffe“. Darunter versteht man die Anzahl der frei veränderlichen chemischen Verbindungen oder Grundstoffe, die das System enthält. Zu ihrer Abzählung ermittle man zunächst die Zahl der überhaupt vorhandenen Elemente und ziehe von ihr die Anzahl der durch Reaktionsgleichungen festgelegten Elemente ab. Z. B. ist Wasser – Eis ein 2phasiges Einstoffsystem, da durch die Menge von H auch die von O festgelegt ist. Dagegen stellt eine Lösung von NaCl in Wasser ein 1phasiges Zweistoffsystem dar. Der Zustand eines Systems ist im thermodynamischen Sinn bestimmt durch die Angabe von Masse und chemischer Zusammensetzung der einzelnen Phasen und von ihrer Temperatur, Druck und Volumen. Diese Größen sind aber nicht unabhängig voneinander, es besteht eine Beziehung, die man als *Zustandsgleichung* bezeichnet.

Wir wollen uns zunächst auf ein einphasiges System beschränken, dessen chemische Zusammensetzung unveränderlich sei, also z. B. auf ein System von 10 g flüssigem Benzol. Da also Masse und chemische Zusammensetzung festliegen, sind nur noch die drei Zustandsgrößen Temperatur $T$, Druck $p$ und Volumen $V$ eigentliche Zustandsvariable. Die Temperatur messen wir in Kelvin (oder Grad Celsius), das Volumen in $m^3$ und den Druck in Pascal ($1\,Pa = 1\,N/m^2$).

Nun besteht allgemein eine Zustandsgleichung

$$F(p, T, V) = 0\,, \tag{1}$$

vermöge der der Zustand eines einfachen Systems bereits durch zwei der Veränderlichen bestimmt ist. Eine in weitem Bereich gültige Zustandsgleichung läßt sich nur für Gase angeben. Für Flüssigkeiten und Festkörper haben Zustandsgleichungen mehr den Charakter von in beschränktem Bereich gültigen Interpolationsformeln. Aber bereits aus der Tatsache der Existenz einer Zustandsgleichung lassen sich wichtige Folgerungen ziehen, wie wir unten sehen werden.

Wir wollen jetzt solche Änderungen des Zustands betrachten, bei denen jeweils eine Veränderliche festgehalten wird. So kommen wir zur Definition von 3 Koeffizienten, nämlich den folgenden:

Als „*Volumenausdehnungskoeffizienten*" $\alpha$ bezeichnen wir die auf das Volumen bei einer festen Temperatur bezogene relative Volumenänderung pro Grad bei konstantgehaltenem Druck, also

$$\alpha = \frac{1}{V_0} \lim \frac{V(p, T + \Delta T) - V(p, T)}{\Delta T} = \frac{1}{V_0}\left(\frac{\partial V}{\partial T}\right)_p . \tag{2}$$

Durch den an den partiellen Differentialquotienten angehängten Index wollen wir die festgehaltene Variable kennzeichnen.

Der „*Spannungskoeffizient*" $\alpha_p$ ist definiert als die auf den Druck bei einer festen Temperatur bezogene relative Druckänderung pro Grad bei konstantem Volumen, also

$$\alpha_p = \frac{1}{p_0} \lim \frac{p(V, T + \Delta T) - p(V, T)}{\Delta T} = \frac{1}{p_0}\left(\frac{\partial p}{\partial T}\right)_V . \tag{3}$$

Endlich ist die „*Kompressibilität*" $\kappa$ definiert durch die auf das *vorhandene* Volumen bezogene Volumenänderung pro Druckeinheit bei konstanter Temperatur, also

$$\kappa = -\frac{1}{V} \lim \frac{V(T, p + \Delta p) - p(V, T)}{\Delta p} = -\frac{1}{V}\left(\frac{\partial V}{\partial p}\right)_T . \tag{4}$$

Das negative Zeichen ist zu schreiben, weil mit steigendem Druck das Volumen abnimmt und wir für $\kappa$ ein positives Zeichen haben wollen. Der reziproke Wert von $\kappa$ heißt der isotherme Volumenelastizitätsmodul $E_{is}$. Es ist zu beachten, daß man aus Zweckmäßigkeitsgründen die Koeffizienten so definiert, daß bei $\alpha$ und $\alpha_p$ die Änderung sich auf das bei 0 °C vorhandene Volumen bzw. den bei 0 °C herrschenden Druck bezieht, während sie bei $\kappa$ auf das jeweils vorhandene Volumen bezogen wird. Der Vorteil dieser Festsetzung zeigt sich bei der Anwendung auf Gase. Bei festen und flüssigen Körpern ist es praktisch belanglos, ob man die Änderung auf das bei 0 °C oder das bei der augenblicklichen Temperatur vorhandene Volumen bezieht. Weiter ist es in der Definition von $\alpha$ und $\alpha_p$ gleichgültig, ob wir $\vartheta$ oder $T$ schreiben, da es sich ja nur um Temperatur*differenzen* handelt. Aus der Existenz einer Zustandsgleichung folgt nun, daß die drei Koeffizienten nicht unabhängig voneinander sind. Denken wir uns z. B. die Zustandsgleichung nach $p$ aufgelöst, so ist

$$p = p(V,T)$$

$$\mathrm{d}p = \left(\frac{\partial p}{\partial V}\right)_T \mathrm{d}V + \left(\frac{\partial p}{\partial T}\right)_V \mathrm{d}T \,. \tag{5}$$

Halten wir $p$ konstant, so ergibt sich nach Division durch $\mathrm{d}T$

$$0 = \left(\frac{\partial p}{\partial V}\right)_T \left(\frac{\partial V}{\partial T}\right)_p + \left(\frac{\partial p}{\partial T}\right)_V .$$

Ersetzt man die Differentialquotienten durch die oben definierten Koeffizienten, so erhält man

$$\alpha_p = \frac{\alpha}{\kappa} \cdot \frac{V_0}{p_0 V} \,. \tag{6}$$

Aufg. 117. Ein Quecksilberthermometer, dessen Kapillare bei 45 °C gefüllt ist, wird auf 50 °C erwärmt. Wie groß ist der Druck in der Kapillare? (Ausdehnungskoeffizient $\alpha = 18 \cdot 10^{-5}$ $\mathrm{K}^{-1}$, Kompressibilität $\kappa = 39 \cdot 10^{-12}\ \mathrm{Pa}^{-1}$.)

## § 2. Die Zustandsgleichung idealer Gase

Für Gase, die weit von der Verflüssigung entfernt sind, wurden schon früh folgende Gesetzmäßigkeiten gefunden:

1. *Das* BOYLE-MARIOTTE*sche Gesetz,* nach welchem sich bei konstanter Temperatur die Volumina eines Gases umgekehrt wie die Drucke verhalten, das Produkt aus Volumen und Druck also einen nur von der Temperatur abhängigen Wert hat:

$$p\, V(p, \vartheta) = p_n\, V(p_n, \vartheta). \tag{7}$$

Mit $p_n$ sei ein konstanter Druck bezeichnet.

2. *Das* GAY-LUSSAC*sche Gesetz,* nach welchem der isobare Ausdehnungskoeffizient für alle Gase denselben konstanten, d. h. temperaturunabhängigen Wert

$\alpha = \frac{1}{273{,}15}\,\frac{1}{\mathrm{K}}$ hat. Es ist also gemäß der Definition (2)

$$V(p, \vartheta) = V(p, 0)\,(1 + \alpha\vartheta) \tag{8}$$

und insbesondere auch

$$V(p_n, \vartheta) = V(p_n, 0)\,(1 + \alpha\,\vartheta)\,. \tag{8'}$$

Durch Kombination der beiden Gesetze erhält man

$$p\,V(p,\vartheta) = p_n(1+\alpha\vartheta)\,V(p_n,0)\,. \tag{9}$$

Wir verschieben jetzt den Nullpunkt der Temperaturzählung vom Eispunkt um $-\frac{1}{\alpha} = -273{,}15\,\mathrm{K}$, setzen also

$$\vartheta\,(\text{in Grad Celsius}) = T\,(\text{in Kelvin}) - 273{,}15\,. \tag{10}$$

Dann wird, wenn wir für $V(p_n, 273{,}15)$ einfach $V_0$ schreiben:

$$p\,V = \frac{p_n\,V(p_n, 273{,}15)\,T}{273{,}15\,\mathrm{K}} = \frac{p_n\,V_0\,T}{273{,}15\,\mathrm{K}} = A\,T\,. \tag{11}$$

Die so eingeführte Temperaturzählung haben wir bereits als die absolute Temperatur bezeichnet. Die Konstante $A$, welche die Bedeutung des durch 273,15 geteilten Produkts aus Normaldruck und Volumen bei 0 °C unserer Gasmenge hat, ist natürlich von Fall zu Fall verschieden, insbesondere auch dann, wenn wir gleiche Massen, z. B. 1 g zweier verschiedener Gase betrachten. Eine universelle Gasgleichung erhalten wir aber, wenn wir weiter der Erfahrung entnehmen

3. *das* AVOGADRO*sche Gesetz,* nach welchem sich unter gleichem Druck und gleicher Temperatur die Dichten zweier verschiedener Gase wie die relativen Molekülmassen $M_r$ (früher: Molekulargewicht) verhalten. Ist $m$ die Masse des betrachteten Gases, so beträgt die Dichte $\frac{m}{V}$, es ist also

$$\frac{m_1}{V_1} : \frac{m_2}{V_2} = M_{r1} : M_{r2} \tag{12}$$

oder

$$\frac{M_{r1}\,V_1}{m_1} = \frac{M_{r2}\,V_2}{m_2}\,. \tag{12'}$$

Die Größe $\frac{M_r\,V}{m} = v$ stellt das Volumen eines Mols dar. Wir wollen sie, wie alle auf ein Mol bezogenen Zeichen mit *kleinen* lateinischen Buchstaben bezeichnen.

Schreiben wir die Gasgleichung für ein Mol, setzen also $V = v$, so wird die Konstante der rechten Seite, da nach dem AVOGADROschen Gesetz 1 Mol für jedes Gas bei derselben Temperatur und demselben Druck dasselbe Volumen hat, für alle Gase gleich. Wir erhalten dann

$$\boxed{p\,v = \frac{p_n\,v_0}{273{,}15}\,\frac{T}{\mathrm{K}} = R\,T}\,. \tag{13}$$

Der Zahlwert der so eingeführten allgemeinen Gaskonstante ist

$$R = 8{,}134\,\frac{J}{\mathrm{K}\cdot\mathrm{mol}}\,.$$

Für eine beliebige Masse $m$ erhalten wir durch Multiplikation mit $\frac{m}{M_r}$ unter Berücksichtigung der Definition des molaren Volumens

$$p\,V = \frac{m}{M_r} R\,T = n R\,T. \tag{13'}$$

$n$ stellt die Anzahl Mole dar, welche die betrachtete Gasmasse enthält.

Für $T = 0$ verschwindet das Produkt $p\,v$. Das würde bedeuten, daß dann ein der Gl. (13) gehorchendes „ideales" Gas bei endlichem Druck überhaupt kein Volumen mehr einnehmen oder bei endlichem Volumen keinen Druck mehr ausüben würde. Das erste erscheint der Anschauung unmöglich. Die atomistische Betrachtungsweise, die wir im nächsten Kapitel beginnen wollen, zeigt nun sofort die Vereinfachung auf, welche in der Definition des idealen Gases steckt und die zu so paradoxen Konsequenzen führt. Nach ihr kommt der Druck, den ein Gas auf die Wände ausübt und der dem äußeren etwa durch aufgelegte Gewichte realisierten Gegendruck das Gleichgewicht hält, durch den Aufprall der mit großer Geschwindigkeit durcheinanderfliegenden Moleküle zustande. Die Moleküle selbst werden als ausdehnungslose Massenpunkte angenommen, so daß jedem Molekül das ganze Volumen $v$ zur Verfügung steht. Infolgedessen hat ein solches Gas beim absoluten Nullpunkt, bei dem die Moleküle ruhen, auch kein Volumen mehr. In Wirklichkeit wissen wir aber, daß die Moleküle sich bei Zusammenstößen wie elastische Kugeln von einem Durchmesser der Größenordnung $10^{-8}$ cm verhalten, sie also einen wenn auch kleinen Raum einnehmen. Weiter ist bei der atomistischen Ableitung der Gasgleichung angenommen, daß diese Moleküle keine Kräfte aufeinander ausüben. Nun bestehen aber in Flüssigkeiten und Festkörpern große Anziehungskräfte zwischen den Molekülen, welche die Kohäsion bedingen, und es ist daher anzunehmen, daß auch im gasförmigen Zustand solche Kräfte existieren, die allerdings entsprechend dem größeren Abstand der Moleküle viel geringer sind.

Wir wollen nun noch die Zustandsgleichung einer Mischung idealer Gase ableiten. Im Volumen $V$ seien die Massen $m_1$, $m_2$, $m_3$ ... der Gase mit den relativen Molekülmassen $M_{r1}$, $M_{r2}$, ... vorhanden. Zur Gewinnung der Zustandsgleichung dieser Mischung brauchen wir

4. *das Gesetz von* DALTON, nach welchem der Gesamtdruck der Gasmischung gleich der Summe der Partialdrucke ist, die gelten würden, wenn jedes Gas einzeln das Volumen $V$ erfüllen würde. Vom gaskinetischen Standpunkt ist das DALTONsche Gesetz eine Selbstverständlichkeit, da die Gesamtwirkung der Stöße auf die Wand gleich der Summe der von den einzelnen Molekülarten herrührenden Wirkungen sein muß. Es gilt also für das Gas 1:

$$p_1\,V = \frac{m_1}{M_{r1}} R\,T = n_1\,R\,T$$

und ebenso

$$p_2\,V = \frac{m_2}{M_{r2}} R\,T = n_2\,R\,T\ .$$
$$\vdots \qquad\qquad \vdots \qquad\qquad \vdots$$

Addieren wir diese Gleichungen und wenden wir den DALTONschen Satz an, so ergibt sich

$$pV = \left(\frac{m_1}{M_{r1}} + \frac{m_2}{M_{r2}} + \cdots\right) RT = (n_1 + n_2 + n_3 \cdots) RT = nRT \tag{14}$$

und

$$p_i = \frac{n_i}{n_1 + n_2 + \cdots}\, p = \frac{n_i}{n}\, p\,. \tag{14a}$$

Auf Grund dieser Beziehung können wir die scheinbare relative Molekülmasse der Mischung definieren als die relative Molekülmasse $\overline{M}_r$ eines Gases, das bei gleicher Masse $m$ dieselbe Zustandsgleichung erfüllen würde, also der Gleichung

$$pV = \frac{m}{\overline{M}_r} RT = \frac{m_1 + m_2 + m_3 + \cdots}{\overline{M}_r} RT \tag{15}$$

genügt. Durch Vergleich von (14) und (15) folgt für die scheinbare relative Molekülmasse der Mischung

$$\overline{M}_r = \frac{m_1 + m_2 + m_3 + \cdots}{\dfrac{m_1}{M_{r1}} + \dfrac{m_2}{M_{r2}} + \dfrac{m_3}{M_{r3}} + \cdots}\,.$$

## § 3. Die Zustandsgleichung realer Gase

Die atomistische Betrachtungsweise zeigt uns, in welcher Richtung wir die Zustandsgleichung der Gase verbessern können. Wir müssen nur den bei der Gleichung des idealen Gases vernachlässigten Größen Rechnung tragen. Zunächst ist von dem beobachteten Volumen $v$ eine Größe $b$ abzuziehen, welche der eigenen Raumerfüllung der Moleküle Rechnung trägt. Diese Größe $b$ ist das Vierfache des Volumens, das die kugelförmig gedachten Moleküle wirklich einnehmen. Da wir nämlich Zusammenstöße von mehr als 2 Molekülen wegen ihrer Seltenheit außer acht lassen können, kommen die Mittelpunkte zweier Kugeln einander bis zur Entfernung eines Durchmessers nahe. Wir können daher so rechnen, als ob beim Zusammenstoß die Hälfte der Moleküle überhaupt keinen Raum, die andere Hälfte den achtfachen Raum beanspruchen würde, im Durchschnitt kommt also das vierfache Eigenvolumen heraus.

Die Anziehungskräfte, die auf ein herausgegriffenes Molekül wirken, heben sich im Innern wegen der allseitigen gleichen Stärke auf, dagegen wird ein gegen die Wand prallendes Molekül etwas ins Innere zurückgezogen, wenn wir zwischen Wand und Molekül keine Anziehungskräfte annehmen. Dies wirkt sich so aus, als wäre zu dem beobachteten Außendruck $p$ noch ein Zusatzdruck gekommen. Dieser Zusatzdruck ist dem Quadrat des Volumens umgekehrt proportional zu setzen. Denn die auf ein stoßendes Molekül wirkende Kraft wird der Zahl der im Innern befindlichen zurückziehenden Moleküle und damit der Dichte proportional sein. Die Druckkorrektur ist aber wiederum der Zahl der stoßenden Moleküle und damit abermals der Dichte proportional. Wir schreiben daher statt des BOYLE-MARIOTTEschen Gesetzes die Gleichung für 1 Mol

$$\left(p + \frac{a}{v^2}\right)(v - b) = \left(p_n + \frac{a}{v_0^2}\right)(v_0 - b)\,. \tag{17}$$

Das Produkt setzen wir wiederum der absoluten Temperatur proportional. Da für sehr hohe Temperaturen und damit große Werte von $p$ und $v$ das ideale Gasgesetz gelten soll, setzen wir den Proportionalitätsfaktor wieder für alle Gase gleich $R$. So erhalten wir die VAN DER WAALS*sche Gleichung*

$$\boxed{\left(p+\frac{a}{v^2}\right)(v-b)=RT}\ . \tag{18}$$

Sie ist eine Gleichung dritten Grades in $v$. Je nach dem Wert von $T$ gibt es für ein bestimmtes $p$ entweder eine oder drei reelle Lösungen für $v$.
Um einen Überblick über die durch diese Gleichung gegebenen Zusammenhänge zu gewinnen, zeichnen wir in der $v\,p$-Ebene die Schichtlinien $T$ = const der $p\,v\,T$-Fläche, die wir Isothermen nennen (Fig. 127). Für das ideale Gas sind die Isothermen gleichseitige Hyperbeln $v\,p$ = const. Je größer der Wert von $T$ ist, um so geringer fallen die Korrekturglieder der VAN DER WAALSschen Gleichung ins Gewicht. Für hohe Temperaturen bekommen wir also Kurven, die nicht wesentlich von den Hyperbeln des idealen Gases abweichen. Für kleine Werte von $T$ tritt indes ein wesentlich anderer Kurventyp auf, der ein Maximum und ein Minimum von $p$ besitzt. Den Übergang zwischen den beiden Typen bildet eine Kurve mit Wendepunkt und horizontaler Wendetangente, in dem die beiden Extrema zusammengerückt sind. Wenn wir nun auf einer für kleine $T$ geltenden Kurve von großem Volumen herkommen, so steigt zunächst mit Verkleinerung des Volumens auch der Druck. Dies ist zur Erzielung eines Gleichgewichtes notwendig, da wir ja das Volumen etwa durch Belastung eines abschließenden Stempels verkleinern können. Kommen wir aber an das Maximum, so sinkt von da an mit Verkleinerung des Volumens der Gegendruck. Das gibt aber einen labilen Zustand von $A$ an, da nun der Innendruck ja nicht mehr steigt, wenn wir durch Belasten des Stempels das Volumen verkleinern wollen.

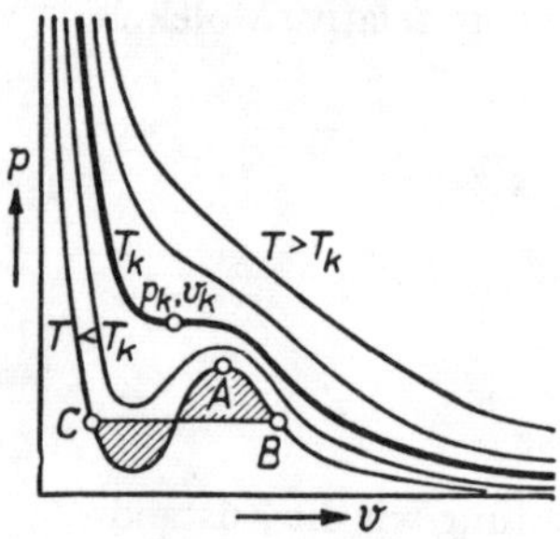


Fig. 127. Die Isothermen des VAN DER WAALSschen Gases

In Wirklichkeit wird dieser Kurventeil gar nicht durchlaufen, sondern es tritt schon vorher bei $B$ Verflüssigung eines Teils des Gases ein, und der Druck bleibt mit weiterer Verkleinerung des Volumens konstant, wobei mehr und mehr Gas flüssig wird, bis im Punkt $C$ alles verflüssigt ist und der weitere Teil der Kurve den Zusammenhang zwischen Volumen und Druck der Flüssigkeit wiedergibt. Wie wir später sehen werden, ist der Punkt, durch den die Horizontale zu ziehen ist, dadurch bestimmt, daß der Flächeninhalt der abgeschnittenen Bögen gleich sein muß (vgl. Aufg. 126).

Kurven ohne Extrema haben keine solche Gebiete, sie lassen daher auch keine Verflüssigungsmöglichkeit erkennen. So erklärt sich die Tatsache, daß Gase oberhalb einer gewissen kritischen Temperatur durch keinen noch so starken Druck in den flüssigen Aggregatzustand übergeführt werden können. Die Grenzkurve ist die Kurve mit dem Wendepunkt. Die zu ihm gehörenden Koordinaten $T_k, p_k, v_k$ heißen kritische Temperatur, kritischer Druck und kritisches Volumen. Für diese Größen gelten die Gleichungen

$$p_k = \frac{RT_k}{v_k - b} - \frac{a}{v_k^2}\,, \tag{19}$$

wegen der waagerechten Tangente:

$$\left(\frac{\partial p}{\partial v}\right)_k = 0 = -\frac{RT_k}{(v_k - b)^2} + \frac{2a}{v_k^3} \tag{20}$$

und wegen des Wendepunkts

$$\left(\frac{\partial^2 p}{\partial v^2}\right)_k = 0 = \frac{2RT_k}{(v_k - b)^3} - \frac{6a}{v_k^4}\,. \tag{21}$$

Diese Gleichungen lassen sich leicht nach den kritischen Daten auflösen. Man braucht z. B. nur die zweite durch die dritte zu dividieren und erhält

$$v_k = 3b\,, \tag{22}$$

womit aus der zweiten folgt

$$T_k = \frac{8a}{27Rb} \tag{23}$$

und aus der ersten

$$p_k = \frac{a}{27b^2}\,. \tag{24}$$

Durch Kombination der drei letzten Beziehungen ergibt sich für den kritischen Punkt

$$\frac{p_k v_k}{RT_k} = \frac{3}{8}\,. \tag{25}$$

(Das ideale Gas ergibt für den Ausdruck $\frac{pv}{RT}$ den Wert 1!)

Wir können nun auch umgekehrt die 2 Konstanten der VAN DER WAALSschen Gleichung und dazu noch die Gaskonstante $R$ durch die kritischen Daten ausdrücken:

$$b = \frac{v_k}{3}\,, \qquad a = 3p_k v_k^2\,, \qquad R = \frac{8}{3}\frac{p_k v_k}{T_k}\,. \tag{26}$$

Damit wird die Zustandsgleichung

$$\left(p + \frac{3p_k v_k^2}{v^2}\right)\left(v - \frac{v_k}{3}\right) = \frac{8}{3}\frac{p_k v_k T}{T_k}\,. \tag{27}$$

Führen wir jetzt als „reduzierte Zustandsgrößen“ die Verhältnisse ein:

$$\hat{p} = \frac{p}{p_k}\,, \qquad \hat{v} = \frac{v}{v_k}\,, \qquad \hat{T} = \frac{T}{T_k}\,, \tag{28}$$

so erhalten wir die von individuellen Konstanten freie Zustandsgleichung

$$\boxed{\left(\hat{p} + \frac{3}{\hat{v}^2}\right)(3\hat{v} - 1) = 8\hat{T}} . \tag{29}$$

Die Existenz einer reduzierten Zustandsgleichung hängt nur davon ab, daß man mit einer dreikonstantigen Zustandsformel auskommt.

Die hier diskutierte VAN DER WAALSsche Gleichung ist nur ein, allerdings sehr erfolgreicher, Vorschlag für eine Zustandsgleichung. Als ein Beispiel weiterer in der Literatur diskutierter Vorschläge sei hier noch die Zustandsgleichung von DIETERICI genannt

$$p(V-b) = R \cdot T\, e^{-\frac{a}{RVT}} . \tag{30}$$

Aufg. 118. Man gebe die Kompressibilität bzw. den Volumenelastizitätsmodul (S. 415) des idealen und des VAN DER WAALSschen Gases an.

Aufg. 119. Man bestimme die kritischen Größen der Zustandsgleichung von DIETERICI und schreibe diese in reduzierter Form.

Viertes Kapitel

# Grundlagen der kinetischen Gastheorie

## § 1. Das BOYLE-MARIOTTEsche Gesetz des idealen Gases

Vom atomistischen Standpunkt ist das ideale Gas als eine Ansammlung von ausdehnungslosen Massenpunkten definiert, zwischen denen keine Kräfte wirken. Diese Massenpunkte fliegen mit allen möglichen Geschwindigkeiten durcheinander und erzeugen durch die fortwährenden Stöße auf die Wand, von der sie elastisch reflektiert werden, den scheinbar kontinuierlichen Gasdruck. Zusammenstöße der Moleküle miteinander gibt es beim idealen Gas nicht, weil die Massenpunkte ja keine Ausdehnung haben. Wir wollen jetzt den Druck berechnen. Wir zerlegen die Geschwindigkeit $\vec{c}$ eines Moleküls in ihre Komponenten $c_x, c_y$ und $c_z$. (Wir benutzen hier $c$ für die Geschwindigkeit, da $v$ für das spezifische Volumen steht.) Wir betrachten ein Stück einer zur $X$-Achse senkrechten Wand. Bei jedem Aufprall auf diese Wand erfährt ein Molekül eine Änderung der $X$-Komponente des Impulses um $-2mc_x$, während die andern Komponenten bei der elastischen Reflexion nicht verändert werden. Ebenso groß ist aber nach dem Prinzip von Wirkung und Gegenwirkung der auf die Wand übertragene Impuls. Die Stöße folgen nun so außerordentlich häufig, daß wir eine konstante Kraft als Mittelwert aller Impulse wahrnehmen. Dauert ein Stoß die kleine Zeit $\Delta t$, so ist die durchschnittliche Kraft $\bar{F}'_x$, die die Wand auf das Molekül ausübt gegeben durch

$$\bar{F}'_x = \frac{1}{\Delta t} \int_0^{\Delta t} F'_x \,\mathrm{d}t = -\frac{1}{\Delta t}\, 2mc_x . \tag{1}$$

Die Kraft, die das Molekül auf die Wand ausübt, wird nach dem Prinzip von actio et reactio

$$\overline{F}_x = -\overline{F}'_x = +\frac{1}{\Delta t}\, 2mc_x \,. \tag{1'}$$

Stoßen in der Zeit $\Delta t$ nicht eine, sondern $\Delta \nu$ Moleküle, so wird die Kraft das $\Delta \nu$-fache. Den Druck erhalten wir als Kraft pro Fläche. Beträgt die Zahl der in der Zeit $\Delta t$ auf eine Fläche auftreffenden Moleküle $\Delta N$, so wird der Druck

$$p = \frac{\Delta N}{\Delta t}\, 2mc_x \,. \tag{2}$$

Es kommen nun alle möglichen Geschwindigkeiten sowohl in bezug auf den Betrag wie die Richtung vor. Was die Richtung betrifft, so ist keine Richtung des Raumes ausgezeichnet, wir können also im Mittel so rechnen, als ob je $\frac{1}{3}$ aller Moleküle in Richtung der $X$-, $Y$- und $Z$-Achse fliegen würde, von denen wieder je die Hälfte in Richtung der positiven und der negativen Achsen fliegen. Weiter wollen wir zunächst mit einem einheitlichen Betrag der Geschwindigkeit rechnen. Es kommen nun in der nächsten Sekunde alle diejenigen Moleküle zum Stoß, die in einem senkrecht zur Wand errichteten Zylinder der Grundfläche 1 und Höhe $c$ enthalten sind und die Richtung auf die Wand *zu* besitzen. Denn ein Molekül, das von der Wand die Entfernung $c$ hat und auf die Wand zufliegt, kommt gerade noch in der nächsten Sekunde zum Stoß, alle weiter entfernten dagegen nicht mehr. Sind im Kubikzentimeter $N$ Moleküle enthalten, so fliegen davon $\frac{N}{6}$ auf die zur $X$-Achse senkrechte Wand zu. Im ganzen kommen also pro Zeit $\frac{N}{6}c$ Moleküle zum Stoß und wir erhalten damit

$$p = \frac{Nmc^2}{3} \,. \tag{3}$$

Da nun alle möglichen Geschwindigkeiten vorkommen, tritt an Stelle von $c^2$ dessen Mittelwert $\overline{c^2}$, das mittlere Geschwindigkeitsquadrat, dessen Wurzel nur näherungsweise gleich der mittleren Geschwindigkeit gesetzt werden darf (vgl. S. 498).

Wir wollen nun noch eine genauere Begründung der Formel (3) geben, die auf die Geschwindigkeitsverteilung Rücksicht nimmt. In Wirklichkeit gibt es kein Molekül, das gerade eine exakt vorgegebene Geschwindigkeit und eine genau vorgegebene Richtung besitzt. Vielmehr müssen wir den Ansatz so machen, daß im $\mathrm{cm}^3$ $\mathrm{d}^3N$ Moleküle einen Geschwindigkeitsbetrag zwischen $c$ und $c + \mathrm{d}c$ und eine Richtung besitzen, die in den Raumwinkel $\mathrm{d}\Omega$ fällt. (Wir schreiben $\mathrm{d}^3N$, um anzudeuten, daß es sich um ein Differential handelt, das von 3. Ordnung klein ist.) Die Zahl der in den Raumwinkel $\mathrm{d}\Omega$ fallenden Moleküle wird, da alle Richtungen gleichberechtigt sind, der Größe des Raumwinkels proportional sein, während die Abhängigkeit der Zahl der in das Intervall $\mathrm{d}c$ fallenden Moleküle von $c$ durch eine noch unbekannte Verteilungsvunktion $f(c)\,\mathrm{d}c$ bestimmt ist. Wir schreiben also

$$\mathrm{d}^3N = f(c)\,\mathrm{d}c\,\mathrm{d}\Omega = f(c)\,\mathrm{d}c\,\sin\vartheta\,\mathrm{d}\vartheta\,\mathrm{d}\varphi \,. \tag{4}$$

Die Gesamtzahl der Moleküle im $\mathrm{cm}^3$ ergibt sich durch Integration über die Einheitskugel und über alle Geschwindigkeiten zu

$$N = 4\pi \int f(c)\,\mathrm{d}c \,. \tag{5}$$

Aus dem Raumwinkel $\mathrm{d}\Omega$ treffen in der Zeit $\Delta t$ soviel Moleküle auf die Einheit der Wand, als in einem Zylinder der Grundfläche 1 und der Länge $c\Delta t$ enthalten sind, also, da dieser Zylinder schräg zur Wand steht, $\mathrm{d}^3 N c \cos\vartheta\, \Delta t$. Jedes Molekül übt die Kraft $\frac{2mc\cos\vartheta}{\Delta t}$ aus, also wird der Druck durch Integration über alle Richtungen und Beträge der Geschwindigkeit:

$$p = \int_0^\infty \int_0^{\pi/2} \int_0^{2\pi} f(c)\,\mathrm{d}c \sin\vartheta \cdot 2mc^2 \cos^2\vartheta\,\mathrm{d}\vartheta\,\mathrm{d}\varphi = \frac{4\pi}{3} m \int_0^\infty f(c) c^2 \mathrm{d}c \ . \tag{6}$$

Haben wir andererseits irgendeine Funktion $\psi(c)$, so definieren wir als den Mittelwert $\overline{\psi}$ den Ausdruck

$$\overline{\psi} = \frac{\int_0^\infty \psi(c) f(c)\,\mathrm{d}c}{\int_0^\infty f(c)\,\mathrm{d}c} = \frac{4\pi}{N} \int_0^\infty \psi(c) f(c)\,\mathrm{d}c \ . \tag{7}$$

Also ergibt sich aus (6)

$$p = \frac{Nm\overline{c^2}}{3} \ . \tag{8}$$

Betrachten wir jetzt 1 Mol eines Gases, so wird die Zahl der Moleküle pro Volumen $v$ $N = \frac{L}{v}$. Setzt man dies in die Gleichung für den Druck ein, so erhält man wegen Gl. (8)

$$\boxed{pv = \frac{Lm\overline{c^2}}{3}} \ . \tag{9}$$

Dies ist das BOYLE-MARIOTTEsche Gesetz. Kombiniert man diese Beziehung mit der rechten Seite der Zustandsgleichung der Gase, so erhält man einen Zusammenhang zwischen Temperatur und mittlerem Geschwindigkeitsquadrat:

$$RT = \frac{Lm\overline{c^2}}{3} \qquad \text{oder} \qquad \overline{c^2} = \frac{3RT}{Lm} \ . \tag{10}$$

Das mittlere Geschwindigkeitsquadrat ist also der absoluten Temperatur direkt und der relativen Molekularmasse $Lm$ umgekehrt proportional.

Eine vollständig kinetische Herleitung der ganzen Zustandsgleichung kann erst im Kapitel 8 mit den Methoden der Statistik gegeben werden.

## § 2. Stoßzahl und mittlere freie Weglänge bei realen Gasen

Die Behandlung der Moleküle als ausdehnungslose Massenpunkte stellt natürlich eine starke Vereinfachung der Wirklichkeit dar. Wir erhalten eine bessere Darstellung, wenn wir den Molekülen eine gewisse Raumerfüllung zusprechen und sie als elastische Kugeln von endlichem Radius $r$, dem *gaskinetischen Wirkungsradius*, behandeln. Die dadurch für die Zustandsgleichung entstehende Korrektur haben wir auf S. 419 ausführlich kennengelernt. Wir wollen hier nun die Zusammenstöße betrachten, die zwischen den durcheinanderfliegenden Molekülen stattfinden. Wären alle Moleküle bis auf ein herausgegriffenes in Ruhe, so wäre es sehr einfach, die Zahl der Zusammenstöße zu berechnen, die dieses durchschnittlich erleidet. Wir wollen dies zunächst einmal durchführen. Ein Zusammenstoß liegt vor, wenn der Mittelpunkt eines zweiten Moleküls vom Mittelpunkt des herausgegriffenen weniger als $D = 2r$ entfernt ist. Die Kugel mit Radius $D$, innerhalb der kein zweiter Kugelmittelpunkt liegen darf, nennt man die „Deckungssphäre" des Moleküls. Ist die durchschnittliche Geschwindigkeit des herausgegriffenen Moleküls $\overline{c}$, so überstreicht dieses mit seiner Deckungssphäre in der Sekunde einen Zylinder vom Volumen $\pi D^2 \overline{c}$. Wenn im Kubikzentimeter $N$ Moleküle vorhanden sind, so entfallen auf diesen Zylinder $N\pi D^2 \overline{c}$ Moleküle, die Zahl der Zusammenstöße pro Zeit wird also unter den gemachten Annahmen

$$Z' = \pi N D^2 \overline{c} \; . \tag{11}$$

In Wirklichkeit bewegen sich aber die andern Moleküle ebenfalls, und wir müssen statt der mittleren Geschwindigkeit die mittlere Relativgeschwindigkeit der Moleküle $\overline{c}_r$ gegeneinander in Rechnung setzen. Ihre Berechnung fällt nicht schwer, wenn wir der Einfachheit halber wieder die Geschwindigkeitsverteilung vernachlässigen und mit einer einheitlichen Geschwindigkeit $\overline{c}$ rechnen. Da nun aber alle möglichen Winkel zwischen den Geschwindigkeitsrichtungen vorkommen, bekommen wir trotzdem eine Verteilung der Relativgeschwindigkeiten, deren Mittelwert wir berechnen wollen. Ist $\vartheta$ der Winkel zwischen den Geschwindigkeitsvektoren zweier Moleküle, so ist die Relativgeschwindigkeit

$$c_r = \sqrt{\overline{c}^2 + \overline{c}^2 - 2\overline{c}^2 \cos\vartheta} = 2\overline{c} \sin\frac{\vartheta}{2} \; . \tag{12}$$

Es ist nun der räumliche Mittelwert der Winkelfunktion $\sin\frac{\vartheta}{2}$ zu bestimmen. Allgemein erhält man den Mittelwert einer Funktion der Kugelkoordinaten, wenn man sie mit dem Flächenelement der Einheitskugel multipliziert, über die Kugel integriert und durch die Fläche der Einheitskugel, also durch $4\pi$ dividiert:

$$\overline{f}(\vartheta, \varphi) = \frac{1}{4\pi} \int_0^\pi \int_0^{2\pi} f(\vartheta, \varphi) \sin\vartheta \, d\vartheta \, d\varphi \; . \tag{13}$$

In unserem Fall ergibt sich so

$$\overline{\sin\frac{\vartheta}{2}} = \frac{2}{4\pi} \int_0^\pi \int_0^{2\pi} \sin\frac{\vartheta}{2} \sin\frac{\vartheta}{2} \cos\frac{\vartheta}{2} \, d\vartheta \, d\varphi = \frac{2}{3} \; . \tag{14}$$

Somit wird die Stoßzahl

$$\boxed{Z = \frac{4\pi}{3} N D^2 \overline{c} \quad (\text{genauer: } Z = \sqrt{2}\pi N D^2 \overline{c})} \; . \tag{15}$$

Die strengere Rechnung, die die Verteilung der Geschwindigkeitsbeträge berücksichtigt, ergibt statt des Zahlfaktors $\frac{4}{3} = 1{,}33$ den Zahlfaktor $\sqrt{2} = 1{,}41$. Der Unterschied von 6% ist bei den hier geltenden Genauigkeitsansprüchen, welche schon durch die atomphysikalisch reichlich unbestimmte Definition des gaskinetischen Wirkungsradius herabgesetzt sind, praktisch belanglos.

Als *mittlere freie Weglänge l* definiert man die Strecke, die ein Molekül im Durchschnitt zwischen zwei Zusammenstößen zurücklegt, also

$$\boxed{l = \frac{\bar{c}}{Z} = \frac{3}{4\pi N D^2}, \quad \text{genauer } l = \frac{1}{\sqrt{2}\pi N D^2}} \;. \tag{16}$$

Wir wollen die Bedeutung der mittleren freien Weglänge näher untersuchen. Die Wahrscheinlichkeit, daß ein Molekül den Weg $x$ ohne Zusammenstoß zurücklegt, sei $W(x)$. Die Wahrscheinlichkeit, daß die Strecke $x + \mathrm{d}x$ ohne Zusammenstoß zurückgelegt wird, sei $W(x + \mathrm{d}x)$. Diese setzt sich zusammen aus der Wahrscheinlichkeit, daß die Strecke $x$ frei zurückgelegt wird, und der Wahrscheinlichkeit, daß auch auf der zusätzlichen Strecke $\mathrm{d}x$ kein Zusammenstoß erfolgt. Nach der Wahrscheinlichkeitsrechnung ist aber die Wahrscheinlichkeit für das gleichzeitige Eintreffen beider Ereignisse durch das Produkt der Einzelwahrscheinlichkeiten gegeben. Es ist also

$$W(x + \mathrm{d}x) = W(x) + \frac{\mathrm{d}W}{\mathrm{d}x}\,\mathrm{d}x = W(x)\,W(\mathrm{d}x)\,. \tag{17}$$

Die Wahrscheinlichkeit, daß die Schicht $\mathrm{d}x$ frei durchlaufen wird, läßt sich aber leicht angeben. Denken wir uns einen zur Flugrichtung parallelen Zylinder mit bestimmter Querschnittsfläche, so ist die Wahrscheinlichkeit eines Zusammenstoßes innerhalb der Länge $\mathrm{d}x$ offenbar durch das Verhältnis der Flächenteile der Eintrittsfläche, nach deren Durchtritt ein Zusammenstoß erfolgt, zur Gesamtfläche gegeben. Die Gesamtfläche, die zu einem Zusammenstoß führt, ist aber gleich der Summe der Projektionen der in dem Zylinder liegenden Deckungssphären auf die Eintrittsfläche, also gleich $\pi N D^2\,\mathrm{d}x$[1]. Die Wahrscheinlichkeit, daß die Strecke $\mathrm{d}x$ ohne Zusammenstoß durchlaufen wird, ist also

$$W(\mathrm{d}x) = 1 - \pi N D^2\,\mathrm{d}x\;. \tag{18}$$

Somit wird

$$W(x) + \frac{\mathrm{d}W}{\mathrm{d}x}\,\mathrm{d}x = W(x) - W(x)\,\pi N D^2\,\mathrm{d}x\;.$$

Integriert:

$$W(x) = C\,e^{-\pi N D^2 x}\;. \tag{19}$$

Die Konstante $C$ bestimmt sich daraus, daß die Wahrscheinlichkeit für die Strecke Null 1 sein muß, zu 1, also

---

1) Diese Betrachtung gilt nur für unendlich dünne Schicht, weil bei endlicher Dicke sich die Projektionen der Deckungssphären überlagern.

$$W(x) = e^{-\pi N D^2 x} = e^{-\frac{x}{l'}} .$$

Der Ausdruck $\pi N D^2$ stellt nach Gl. (11) und (16) gerade den reziproken Wert der freien Weglänge $l'$ für den Fall dar, daß, wie hier angenommen wurde, alle Moleküle bis auf eines ruhen. Berücksichtigt man die Bewegung aller Moleküle, so tritt im Exponenten der Faktor 4/3 hinzu und die Beziehung

$$\boxed{W(x) = e^{-\frac{x}{l}}} \tag{20}$$

behält ihre Gültigkeit. Die mittlere freie Weglänge stellt also die Strecke dar, für die die Wahrscheinlichkeit, sie ohne Stoß zu durchlaufen, $e^{-1}$ ist. Die Verteilungsfunktion der freien Weglängen ist eine einfache $e$-Funktion, *die mittlere freie Weglänge ist also nicht etwa eine besonders häufig auftretende Weglänge, sondern nur der Mittelwert,* wovon man sich durch Mittelbildung über alle Weglängen, d. h. durch Ausrechnung des Ausdrucks

$$\frac{\int\limits_0^\infty x W(x)\,\mathrm{d}x}{\int\limits_0^\infty W(x)\,\mathrm{d}x} = \frac{\int\limits_0^\infty e^{-\frac{x}{l}} x\,\mathrm{d}x}{\int\limits_0^\infty e^{-\frac{x}{l}}\,\mathrm{d}x} = l \tag{21}$$

leicht überzeugt.

## § 3. Innere Reibung und Wärmeleitung in Gasen, Bestimmung der AVOGADRO-Konstante und der Größe der Moleküle

a) Innere Reibung bei höheren Drucken

Da die Verhältnisse sehr verschieden sind, je nachdem die freie Weglänge klein oder groß gegen die Gefäßdimensionen ist, teilen wir unsere Betrachtungen in solche für höhere und für tiefe Drucke, wobei aber zu beachten ist, daß das Gebiet der tiefen Drucke erst bei einigen Pascal (1 Pa = $10^{-5}$ bar) beginnt.

Ein Gas besitze eine sichtbare, allen Molekülen einer Schicht gemeinsame Strömungsgeschwindigkeit parallel zur $X$-Achse vom Betrag $u$. Senkrecht zur $X$-Achse in Richtung der $Z$-Achse bestehe ein Geschwindigkeitsgradient $\frac{\mathrm{d}u}{\mathrm{d}z}$. In der Hydrodynamik viskoser Flüssigkeiten machten wir nun für die Kraft, welche zwei Schichten, die in der Ebene $z = 0$ längs der Fläche $A$ aneinandergrenzen, aufeinander ausüben, den Ansatz:

$$F = \eta A \frac{\mathrm{d}u}{\mathrm{d}z} . \tag{22}$$

Wir wollen nun aus den Vorstellungen der kinetischen Gastheorie den Zähigkeitskoeffizienten $\eta$ berechnen. Nach der Grundgleichung der Mechanik ist die Kraft, welche die obere Schicht auf die untere ausübt, gleich der zeitlichen Änderung des Impulses der unteren Schicht. Diese Änderung des Impulses können wir aber molekulartheoretisch berechnen. Infolge der ungeordneten Wärmebewegung treten nämlich aus der oberen Schicht, in der eine größere Strömungsgeschwindigkeit herrscht, einzelne Moleküle in die untere Schicht über, wobei sie den Impuls mitbringen, der in *der* Schicht herrscht, in der sie den letzten Zusammenstoß erfahren haben. Umgekehrt erfolgt durch den Übertritt aus der unteren langsameren Schicht eine Verminderung des Impulses in der oberen Schicht. Man kann sich den Vorgang am Bild zweier langer mit etwas verschiedener Geschwindigkeit nebeneinander fahrender Eisenbahnzüge veranschaulichen. Wenn die Fahrgäste von einem Zug zum andern springen, so wird der schnellere dadurch gebremst, der langsamere beschleunigt. Diesen Gedanken wollen wir nun mathematisch darstellen. Sind im Volumen $\nu(w_x, w_z)$ Moleküle der Geschwindigkeitskomponenten $w_x$ und $w_z$ vorhanden, wobei $w$ die Resultante der gaskinetischen und der Strömungsgeschwindigkeit bedeute, so treten durch die Fläche $A$ der $XY$-Ebene pro Zeit $\nu \cdot w_z$ Moleküle und transportieren einen Impuls, dessen $X$-Komponente $\nu(w_x, w_z)\, w_z m w_x$ ist. Insgesamt wirkt also auf die Fläche $A$ die Kraft $F$

$$\frac{F}{A} = \sum \nu(w_x, w_z)\, w_z m w_x\,, \tag{23}$$

wobei über alle vorkommenden Werte von $w_x$ und $w_z$ zu summieren ist. Die Auswertung der Summe gestaltet sich folgendermaßen: Es ist zunächst

$$w_x = c_x + u\,, \quad w_z = c_z\,. \tag{24}$$

Hat ein Molekül in der Schicht $z$ den letzten Zusammenstoß erlitten, so ist

$$u(z) = u_0 + z\frac{\mathrm{d}u}{\mathrm{d}z} \quad (u_0 \text{ Geschwindigkeit in der Schicht } z = 0). \tag{25}$$

Setzt man dies ein, so erhält man

$$\sum \nu(w_x, w_z) m w_x w_z = \sum \nu(w_x, w_z) m \quad c_x + u_0 + z\frac{\mathrm{d}u}{\mathrm{d}z} \quad c_z\,. \tag{26}$$

In dieser Summe heben sich die Glieder $\Sigma \nu c_x c_z$ und $\Sigma \nu u_0 c_z$ weg, da es ebensoviel Moleküle mit positivem wie negativem $c_x$ bzw. $c_z$ gibt. Die Summe $\Sigma \nu(w_x, w_z)\, z\, c_z$ hebt sich aber nicht weg, wie man erkennt, wenn man $z = r\cos\vartheta$, $c_z = c\cos\vartheta$ einsetzt, wobei der Faktor $\cos^2\vartheta$ auftritt. Ersetzt man nun in

$$\sum \nu(w_x, w_z)\, m\, w_x w_z = \sum \nu(w_x, w_z)\, m r c \cos^2\vartheta\, \frac{\mathrm{d}u}{\mathrm{d}z} \tag{27}$$

$r$, $c$ und $\cos^2\vartheta$ durch ihre Mittelwerte $l$[1], $\overline{c}$ und $\frac{1}{3}$, so erhält man wegen $\Sigma\, \nu(w_x, w_z) =$

---

1) Es erscheint zunächst fraglich, ob man für den Mittelwert von $r$ die mittlere freie Weglänge $l$ setzen dar, weil ja die nächsten Zusammenstöße nicht gerade in der Ebene $z = 0$ erfolgen. Indes ist zu beachten, daß für die Zusammenstöße keine Wahrscheinlichkeitsnachwirkung existiert, daß also, von welchem Punkt der Bahn eines Moleküls wir auch zählen, die Wahrscheinlichkeit, daß die Strecke $r$ zurückgelegt wird, $e^{-r/l}$ beträgt, so daß $\overline{r} = l$ wird. Wenn wir daher umgekehrt nach dem Mittelwert $r$ aller Wege fragen, welche die Moleküle nach Passieren der Ebene $z = 0$ zurücklegen, so wird dieser $l$, und dasselbe gilt dann natürlich auch für die ursprünglich gestellte Frage.

$$\frac{F}{A} = \frac{N m l \bar{c}}{3} \frac{\mathrm{d}u}{\mathrm{d}z} \tag{28}$$

und damit

$$\eta = \frac{N m l \bar{c}}{3} . \tag{29}$$

Setzt man den in § 2 für die mittlere freie Weglänge gefundenen Wert ein, so erhält man

$$\boxed{\eta = \frac{m\bar{c}}{4\pi D^2} = \frac{M_r \bar{c}}{4\pi L D^2}} \quad \begin{array}{l}(M_r \text{ relative Molekülmasse,}\\ L \text{ AVOGADRO-Konstante}) .\end{array} \tag{30}$$

Diese Formel ist von größter Bedeutung durch die Größe, die *nicht* darin steht, nämlich $N$, die Zahl der Moleküle pro Volumen. Die innere Reibung ist also unabhängig von der Dichte und damit vom Druck. Dieses zunächst dem Gefühl widersprechende Ergebnis ist in der Tat experimentell bestätigt worden. Erst bei sehr kleinen Drucken, bei denen die freie Weglänge von der Größenordnung der Gefäßdimensionen wird, ist die Theorie zu modifizieren. Dann ergibt sich eine Abhängigkeit von der Dichte [vgl. c)]. Daß bei normalen Verhältnissen die innere Reibung von der Dichte unabhängig wird, kann man sich so plausibel machen, daß mit Steigerung der Dichte zwar die Zahl der Überträger des Impulses, damit aber auch ihre gegenseitige Behinderung wächst.

### b) Wärmeleitung bei höheren Drucken

Es bestehe jetzt in einem Gas in Richtung der $Z$-Achse statt eines Geschwindigkeits- ein Temperaturgradient. Der Wärmestrom, der durch die $XY$-Ebene hindurchtritt, ist nach S. 412 gegeben durch

$$-\varphi = \lambda \frac{\mathrm{d}T}{\mathrm{d}z} . \tag{31}$$

Den Koeffizienten der Wärmeleitung können wir nun in gleicher Weise wie den der inneren Reibung gaskinetisch berechnen. Statt Impuls wird durch den Übertritt von Molekülen aus einer Schicht in die andere Wärmeenergie transportiert, wobei wieder jedes Molekül diejenige Energie der Wärmebewegung besitzen soll, die in der Schicht herrscht, wo der letzte Zusammenstoß stattgefunden hat. Die Wärmeenergie beträgt pro Molekül:

$$u = \frac{c_v}{L} T = \frac{c_v}{L}\left(T_0 + \frac{\mathrm{d}T}{\mathrm{d}z} z\right) \quad \begin{array}{l}(c_v \text{ isochore spezifische Wärmekapazi-}\\ \text{tät (siehe nächstes Kapitel)).}\end{array} \tag{32}$$

Sind im Volumen $\nu(u, c_z)$ Moleküle mit der Geschwindigkeitskomponente $c_z$ und der Wärmeenergie $u$ enthalten, so beträgt der Wärmestrom

$$-\varphi = \sum \nu(u, c_z)\, c_z \frac{c_v}{L}\left(T_0 + \frac{\mathrm{d}T}{\mathrm{d}z} z\right) = \sum \nu(u, c_z) \cdot \frac{c\, c_v r}{L} \cos^2 \vartheta \frac{\mathrm{d}T}{\mathrm{d}z} . \tag{33}$$

Ersetzt man in der Summe wieder $c$, $r$ und $\cos^2 \vartheta$ durch ihre Mittelwerte, so erhält man

$$\frac{N l \bar{c}\, c_v}{3L} \frac{\mathrm{d}T}{\mathrm{d}z} = \frac{c_v \bar{c}}{4\pi L D^2} \frac{\mathrm{d}T}{\mathrm{d}z}, \tag{34}$$

also

$$\boxed{\lambda = \frac{c_v \bar{c}}{4\pi L D^2}}\,. \tag{35}$$

Die Wärmeleitung ist also bei höheren Drucken gleichfalls unabhängig vom Druck.

Die Ersetzung der Größen $c$, $r$ und $\cos^2 \vartheta$ bei der Summierung durch ihre Mittelwerte ist natürlich nicht korrekt. Aber wieder ergibt die strenge Theorie statt des Zahlenfaktors $\frac{1}{4}$ den nur wenig verschiedenen Zahlwert 0,247.

### c) Innere Reibung und Wärmeleitung bei niederen Drucken

Wir betrachten jetzt den für die Vakuumtechnik besonders wichtigen Fall sehr kleiner Drucke, bei denen die freie Weglänge groß gegen die Gefäßdimensionen ist, so daß praktisch nur Wandstöße vorkommen. (Für die Größenordnung merke man sich, daß bei Zimmertemperatur der Dampdruck des Quecksilbers nur ca 1 Pa beträgt und daß die freie Weglänge in diesem Fall rund 10 cm beträgt.) Wir denken uns jetzt das Gas zwischen zwei parallelen Wänden, von denen die eine sich mit der Geschwindigkeit $u$ gegen die andere bewegt. Auch jetzt übt die bewegte Platte eine Kraft auf die ruhende aus, da die Gasmoleküle, die die bewegte Platte treffen, deren Geschwindigkeit mitbekommen und sie an der ruhenden Platte wieder abgeben. Um den übertragenen Impuls auszurechnen, betrachten wir die Zahl der Moleküle, deren Geschwindigkeitsrichtung in einer Zone liegt, die mit der Wandnormalen die Winkel $\vartheta$ und $\vartheta + \mathrm{d}\vartheta$ bildet, und zwar kommt es uns nur auf die Moleküle an, die auf die Wand *zu*fliegen, also die Hälfte der vorhandenen. Ihre Zahl im Volumen beträgt

$$\mathrm{d}N = C \sin\vartheta \,\mathrm{d}\vartheta\,,$$

wobei sich der Proportionalitätsfaktor $C$ durch Integration über die Halbkugel zu $N/2$ ergibt. Ist die mittlere Geschwindigkeit $\bar{c}$, so wird die Zahl der Stöße pro Zeit und pro Fläche

$$Z = \frac{N\bar{c}}{2} \int_0^{\pi/2} \sin\vartheta \cos\vartheta \,\mathrm{d}\vartheta = \frac{N\bar{c}}{4}\,. \tag{36}$$

Die Impulsübertragung pro Zeit und damit die Reibungskraft pro Fläche wird, da jedes Molekül die Wandgeschwindigkeit $u$ mit auf den Weg bekommt,

$$F = \frac{N\bar{c}}{4} u m = \frac{\rho \bar{c}}{4} u \qquad \left(\rho \text{ Dichte} = \frac{M_r}{\frac{RT}{p}}\right) \tag{37}$$

und nach (10) annähernd

$$F = \frac{p}{4} \sqrt{\frac{3 M_r}{RT}}\, u\,. \tag{38}$$

Da im Gasraum selbst kein Geschwindigkeitsgefälle vorhanden ist, kann von einem *Koeffizienten* im Sinne von (22) nicht gesprochen werden. Die Impulsübertragung ist vielmehr unabhängig vom Wandabstand.

In gleicher Weise findet man bei sehr niedrigen Drucken für den Wärmestrom pro Fläche

$$\varphi = \frac{3}{8} p \sqrt{\frac{3R}{M_r T}} (T_1 - T_2), \tag{40}$$

wobei $T = \frac{1}{2}(T_1 + T_2)$ zu setzen ist.

Solange die freie Weglänge groß gegen die Gefäßdimensionen ist, sind also Wärmeleitung und innere Reibung druckproportional, aber unabhängig von den Gefäßdimensionen.

## d) Gaskinetische Bestimmung der AVOGADRO-Konstante und der Moleküldurchmesser

Die Gleichungen (30) und (35) enthalten, da wir $\bar{c}$ wenigstens näherungsweise durch $\sqrt{\overline{c^2}} = \sqrt{\frac{3RT}{M_r}}$ ersetzen können $\left(\text{genau ist, vgl. Kap. IX, § 5, } \bar{c} = \sqrt{\frac{8}{3\pi}} \sqrt{\overline{c^2}}\right)$, als Unbekannte nur $L$ und $D$. Da aber in beiden die Kombination $LD^2$ auftritt, brauchen wir eine weitere Beziehung zur Ermittlung der beiden Unbekannten. Als solche bietet sich die Größe $b$ in der VAN DER WAALSschen Gleichung, welche wir als das Vierfache des von den kugelförmigen Molekülen erfüllten Raums erkannten, für die also gilt:

$$b = \frac{4 \cdot 4\pi D^3 L}{3 \cdot 8} . \tag{41}$$

Durch Auflösung der beiden Gleichungen nach $L$ und $D$ erhält man für die Durchmesser der Moleküle Zahlen der Größenordnung $10^{-8}$ cm, für die von LOSCHMIDT auf diesem Weg zum erstenmal bestimmte Zahl $L$ die Größenordnung $6 \cdot 10^{23}$ pro mol. Die Genauigkeit der gaskinetischen Bestimmung kommt aber z. B. derjenigen der Messung der elektrischen Elementarladung $e = \frac{F}{L}$, aus der der heute allgemein angenommene Wert von $6{,}02 \cdot 10^{23}$ pro mol folgt, nicht gleich. Was den gaskinetischen Durchmesser betrifft, so muß man sich vor Augen halten, daß er nicht der wirkliche Durchmesser eines kleinen Balls ist, sondern seiner Definition nach der Radius der Deckungssphäre für gaskinetische Zusammenstöße. Infolge des elektrischen Aufbaus der Atome und Moleküle kommt diese Deckungssphäre nur durch das Wechselspiel der elektrischen Ladungen der Stoßpartner zustande. Es ist also nicht gesagt, daß man bei andern Methoden, die Dimensionen eines Atoms zu bestimmen, dieselben Werte erhalten muß. Wir werden sehen, daß die Größenordnung $10^{-8}$ cm der Lineardimension des von Elektronen erfüllten Raums ungefähr entspricht. Alle Versuche, bei denen es auf die Elektronenhülle ankommt, werden auf diese Größenordnung führen.

Fünftes Kapitel

# 1. Hauptsatz der Thermodynamik (Der Energiesatz)

## § 1. Formulierung des I. Hauptsatzes

Der erste Hauptsatz macht eine Aussage über das Wesen der Wärme. Er behauptet, *daß eine Wärmemenge eine Form von Energie darstellt und daß für ein abgeschlossenes System der gesamte Energievorrat, also die Summe aus Wärmeenergie und mechanischer oder elektrischer Energie konstant ist. (Prinzip der Erhaltung der Energie,* ROBERT MAYER 1842). Es können also in einem abgeschlossenen System wohl Umwandlungen der einen in eine andere Energieform stattfinden, stets muß aber die Summe konstant sein. In der atomistischen Behandlung der Wärmelehre haben wir bereits gesehen, daß die Wärme die Energie der Atome und Moleküle der Stoffe ist, wobei der Unterschied gegenüber der makroskopischen kinetischen Energie großer Körper in der Unordnung besteht. Wenn z. B. ein gasgefüllter Ballon mit einer gewissen Geschwindigkeit bewegt wird, so werden wir die allen Molekülen gemeinsame von uns wahrnehmbare kinetische Energie der Bewegung des Schwerpunkts als mechanische kinetische Energie zählen. Zu dieser kommt aber noch die kinetische Energie der durcheinanderfliegenden und auf die Wände aufprallenden Moleküle, die wir als Wärme ansprechen. Da das wesentliche Merkmal der als Wärme bezeichneten Energieform die Unordnung ist, kann man die Begriffe der Wärmelehre nur auf Systeme anwenden, die aus vielen Teilchen bestehen, ein einzelnes Atom hat keine Temperatur.

Wir können dem ersten Hauptsatz noch eine andere, negative Form geben, welche wegen der unmittelbaren Anschaulichkeit und der Analogie mit den weiteren Sätzen von Bedeutung ist. Da der Energievorrat eines abgeschlossenen Systems konstant ist, *ist es nicht möglich, eine Maschine zu konstruieren, welche Arbeit leistet, ohne die Energie aus einer äußeren Quelle zu schöpfen.* Diese Formulierung bezeichnet man als den Satz von der Unmöglichkeit eines Perpetuum mobile 1. Art.

Wir müssen nun einen mathematischen Ausdruck für den ersten Hauptsatz gewinnen. Zu diesem Zweck führen wir den gesamten Energieinhalt als eine Funktion $U$ der Zustandsvariablen ein. Diese Funktion muß eine eindeutige Funktion der unabhängigen Variablen, etwa von $T$ und $V$ sein. Denn wäre der Energieinhalt eines Körpers von der Art abhängig, wie der Körper in den Zustand gebracht wurde, wäre z. B. der Energieaufwand größer, wenn 100 cm³ Luft von 0 °C zuerst auf 100 °C erwärmt und dann auf 10 cm³ komprimiert worden wäre, als wenn dieselbe Luftmenge zuerst auf 10 cm³ komprimiert und dann auf 100 °C erwärmt worden wäre, so könnte man dadurch, daß man die Luft auf dem zweiten, weniger Energie erfordernden Weg in den alten Zustand zurückbringt, die Energiedifferenz gewinnen und hätte damit eine Maschine, die Arbeit aus Nichts schafft. Es gilt also

$$U = U(T, V) \quad \text{oder} \quad U(T, p) \quad \text{oder} \quad U(p, V). \tag{1}$$

Daher ist das Differential

$$\mathrm{d}U = \left(\frac{\partial U}{\partial T}\right)_V \mathrm{d}T + \left(\frac{\partial U}{\partial V}\right)_V \mathrm{d}V \tag{2}$$

das totale Differential einer Funktion der Zustandsvariablen. Im Gegensatz dazu ist die gesamte, einem System zugeführte Wärmemenge keine eindeutige Funktion der Zustandsvariablen. Denn der in Form von Wärme in dem System vorhandene Energieanteil braucht nicht als Wärme zugeführt worden zu sein, er kann zum Teil in Form mechanischer Energie, z. B. bei der Kompression zugebracht worden sein. Infolgedessen ist eine kleine Wärmemenge, die wir einem System zuführen, nicht das totale Differential einer Funktion der Zustandsvariablen. Kleine Größen, die nicht das totale Differential einer Funktion der Zustandsgrößen sind, wollen wir durch das Zeichen $\bar{d}$ kennzeichnen, also $\bar{d}\,Q$ schreiben.

Wir können nun die innere Energie eines Systems dadurch vermehren, daß wir ihm von außen Energie teils in Form von Wärme, teils durch Leistung mechanischer oder elektrischer Arbeit zuführen. *Rechnen wir jede zugeführte Energiemenge – gleichgültig in welcher Form – ein für allemal positiv,* so lautet der I. Hauptsatz:

$$\bar{\mathrm{d}}Q + \bar{\mathrm{d}}A = \mathrm{d}U\,. \tag{3}$$

Der häufigste Fall von Arbeitsleistung besteht nun in einer Volumenänderung unter der Wirkung des äußeren Drucks $p$. Verschieben wir jedes Element der Oberfläche $\mathrm{d}\vec{f}$ um ein Stück $\mathrm{d}\vec{s}$, so leisten wir dabei die Arbeit

$$\mathrm{d}A = -\oint p\,\mathrm{d}\vec{f}\cdot\mathrm{d}\vec{s} = -p\oint \mathrm{d}\vec{f}\cdot\mathrm{d}\vec{s}\,.$$

Das negative Vorzeichen ist zu nehmen, da Arbeit dem System zugeführt wird, wenn $\mathrm{d}\vec{s}$ mit $\mathrm{d}\vec{f}$ einen stumpfen Winkel bildet. Das Integral $\oint \mathrm{d}\vec{f}\cdot\mathrm{d}\vec{s}$ stellt aber die Volumenänderung $\mathrm{d}V$ dar, die bei dieser Verschiebung entsteht. In dieser speziellen Form lautet der I. Hauptsatz

$$\bar{\mathrm{d}}Q - p\,\mathrm{d}V = \mathrm{d}U \tag{5}$$

oder

$$\boxed{\bar{\mathrm{d}}Q = \mathrm{d}U + p\,\mathrm{d}V}\,. \tag{5'}$$

Diese letzte Formulierung (5′) kann auch so gedeutet werden, daß die Energie, die dem System als Wärme zugeführt wird, teils zur Vermehrung seiner inneren Energie $U$, teils zur Leistung (Abgabe) äußerer Arbeit führt.

Über den Druck $p$ ist noch folgendes zu bemerken. Ist bei einem gasgefüllten Zylinder der äußere Druck $p$ gleich dem Gasdruck, so bleibt ein beweglicher Kolben in Ruhe. Macht man ihn sehr viel kleiner ($p'$), so erfolgt eine rasche Expansion und das Gas gewinnt Strömungsenergie, die aber durch Turbulenz im Innern des Zylinders doch bald wieder in Wärme verwandelt ist. In diesem Fall ist also bei gleichem Hub die Arbeitsleistung kleiner. Man bekommt daher das Maximum, wenn der äußere Druck nur unendlich wenig verschieden ist, der Prozeß also unendlich langsam verläuft. In diesem Fall ist $p$ praktisch identisch mit dem Gasdruck und man spricht von *reversibler Leitung.* Wir wollen, wo nichts anderes angegeben, immer reversible Leitung annehmen.

## § 2. Die spezifische Wärmekapazität bei konstantem Volumen und bei konstantem Druck

### Die Innere Energie der Gase

Nach den Ausführungen von S. 411 stellt die spezifische Wärmekapazität pro Mol diejenige Wärmeenergie dar, die man einem Mol zuführen muß, um eine Temperaturerhöhung von 1 K zu erzielen. Man muß nun aber unterscheiden, ob man die Wärmemenge zuführt unter Konstanthaltung des Volumens oder des Druckes. Im ersten Fall wird keine Arbeit nach außen geleistet, während im zweiten Fall durch Wärmeausdehnung gegen den äußeren Druck mechanische Arbeit geleistet wird. Diese Unterscheidung ist in erster Linie bei Gasen wegen ihres großen thermischen Ausdehnungskoeffizienten von Wichtigkeit. Wenden wir auf die zugeführte Wärmemenge den ersten Hauptsatz an, so wird die spezifische Wärme pro Mol nach ihrer Definition

$$c = \frac{\bar{\mathrm{d}}q}{\mathrm{d}T} = \frac{\mathrm{d}u + p\,\mathrm{d}v}{\mathrm{d}T}\ . \tag{6}$$

Nun ist die Innere Energie $u$ eine Funktion der Zustandsvariablen, von denen wir $T$ und $v$ als die unabhängigen nehmen. Infolgedessen wird bei konstantem Volumen $v$

$$\mathrm{d}u = \left(\frac{\partial u}{\partial T}\right)_v \mathrm{d}T \tag{7}$$

und die isochore spezifische Wärmekapazität (früher: spezifische Wärme bei konstantem Volumen pro Mol)

$$\boxed{c_v = \left(\frac{\partial u}{\partial T}\right)_v}\ . \tag{8}$$

Im zweiten Fall ist $v$ nicht konstant und es ist

$$\bar{\mathrm{d}}q = \left(\frac{\partial u}{\partial T}\right)_v \mathrm{d}T + \left[\left(\frac{\partial u}{\partial v}\right)_T + p\right] \mathrm{d}v = c_v\,\mathrm{d}T + \left[\left(\frac{\partial u}{\partial v}\right)_T + p\right] \mathrm{d}v\ . \tag{9}$$

Wir drücken jetzt $v$ durch $T$ und $p$ aus und erhalten bei konstantem Druck

$$\mathrm{d}v = \left(\frac{\partial v}{\partial T}\right)_p \mathrm{d}T; \tag{10}$$

infolgedessen ergibt sich nach Division durch $\mathrm{d}T$

$$c_p = c_v + \left[\left(\frac{\partial u}{\partial v}\right)_T + p\right]\left(\frac{\partial v}{\partial T}\right)_p$$

oder

$$\boxed{c_p - c_v = \left[\left(\frac{\partial u}{\partial v}\right)_T + p\right]\left(\frac{\partial v}{\partial T}\right)_p}\ . \tag{11}$$

Diese Gleichung wird für ideale Gase besonders einfach. Für diese läßt sich nämlich die Innere Energie $u(T, v)$ leicht explizite angeben. Da zwischen den Molekülen des idealen Gases keine Kräfte wirken, kann die Energie auch nicht von der Entfernung der Moleküle voneinander abhängen, d. h. sie muß unabhängig sein von dem Volumen, das wir dem Gas geben. Es ist für ideale Gase also

$$\left(\frac{\partial u}{\partial v}\right)_T = 0 \,. \tag{12}$$

Dies gibt zusammen mit Gl. (8) die Innere Energie des idealen Gases zu

$$u = \int_0^T c_v \, \mathrm{d}T + u_0 \quad . \tag{13}$$

Darin bedeutet $u_0$ eine von $T$ und $v$ unabhängige, bei der Integration von Gl. (13) hereingekommene Konstante (Nullpunktsenergie), die in der klassischen Thermodynamik gleich null gesetzt wird. Experimentell wird die Unabhängigkeit der Inneren Energie eines idealen Gases vom Volumen durch den Überströmungsversuch von GAY-LUSSAC verifiziert. Zwei durch ein Verbindungsrohr mit Hahn kommunizierende Glasballone tauchen in ein als Kalorimeter dienendes Wasserbad. Zu Beginn des Versuchs ist der eine Ballon evakuiert, der andere mit Luft gefüllt. Öffnet man den Hahn, so gleichen sich natürlich die Drucke aus, das Kalorimetergefäß zeigt aber keine Temperaturänderung an, folglich hat sich die Innere Energie des Gases bei der Expansion nicht geändert. Es trat zwar bei der Expansion zunächst eine Verwandlung von Wärmeenergie, d. h. ungeordneter Energie, in kinetische Energie der Strömung, d. h. geordnete Energie ein, diese wird aber beim Aufprall auf die Wände des ursprünglich leeren Ballons wieder in Wärmeenergie zurückverwandelt. Insgesamt muß dabei die Wärmeenergie des Gases unverändert geblieben sein.

Mit dieser Energiefunktion wird dann unter Berücksichtigung der Zustandsgleichung, aus der

$$\left(\frac{\partial v}{\partial T}\right)_p = \frac{R}{p}$$

folgt,

$$\boxed{c_p - c_v = R} \quad \text{für ideale Gase} \quad . \tag{14}$$

Beim realen Gas ist die Innere Energie in gewissem Maß vom Volumen abhängig. Denn wenn man Anziehungskräfte zwischen den Molekülen annimmt, so leistet man bei der Expansion gegen diese Kräfte Arbeit. Je weiter also die Moleküle auseinander sind, je größer also das Volumen ist, um so größer ist die potentielle Energie, die zu diesen Kräften gehört. Es ist nun leicht, mit Hilfe der Zustandsgleichung von VAN DER WAALS einen Ausdruck für die Volumenabhängigkeit der Inneren Energie anzugeben. Bei einer kleinen positiven Volumenänderung d$v$ leisten wir nämlich gegen den inneren Druck (besser gesagt den Kohäsions*zug*) $\frac{a}{v^2}$ die Arbeit

$$\mathrm{d}A = + \frac{a}{v^2} \, \mathrm{d}v \,. \tag{15}$$

Wir setzen jetzt, was wir wegen der Kleinheit des beim realen Gas hinzukommenden

Gliedes stets machen dürfen, die Innere Energie gleich der Summe eines nur von der Temperatur und eines nur vom Volumen abhängigen Anteils:

$$u = u_1(T) + u_2(v), \quad \text{also} \quad \left(\frac{\partial u}{\partial v}\right)_T = \frac{\mathrm{d}u_2}{\mathrm{d}v} . \tag{16}$$

Wenn wir von außen keine Energie zuführen, ist die Änderung dieses zweiten Anteils gleich der am System geleisteten Arbeit

$$\mathrm{d}u_2 = \frac{\mathrm{d}u_2}{\mathrm{d}v}\,\mathrm{d}v = +\,\mathrm{d}A = +\frac{a}{v^2}\,\mathrm{d}v .$$

Es ist somit

$$u_2 = -\frac{a}{v} , \tag{17}$$

und wegen $\left(\frac{\partial u}{\partial T}\right)_v = c_v$ wird

$$u = \int_0^T c_v\,\mathrm{d}T - \frac{a}{v} + u_0 . \tag{18}$$

Ist die isochore spezifische Wärmekapazität temperaturunabhängig, was praktisch bis 1000 K für alle Gase außer Wasserstoff zutrifft, so wird

$$u = c_v T - \frac{a}{v} + u_0 . \tag{18'}$$

Über die Größe $u_0$ ist dasselbe wie beim idealen Gas auszusagen.

Für das VAN DER WAALSsche Gas wird damit

$$c_p - c_v = \left(p + \frac{a}{v^2}\right)\left(\frac{\partial v}{\partial T}\right)_p . \tag{19}$$

Aus der Zustandsgleichung folgt durch Differenzieren:

$$\left(\frac{\partial v}{\partial T}\right)_p = \frac{R}{p + \frac{a}{v^2} - \frac{2a}{v^3}(v-b)} .$$

Setzt man dies in Gl. (19) ein, so erhält man unter Benutzung der Zustandsgleichung

$$c_p - c_v = \frac{R}{1 - \frac{2a(v-b)^2}{v^3 RT}} ,$$

oder wegen der Kleinheit der Größen $a$ und $b$ näherungsweise

$$\boxed{c_p - c_v \approx R\left(1 + \frac{2a}{vRT}\right)} \quad \text{für VAN DER WAALSsches Gas} . \tag{20}$$

## § 3. Adiabatische Zustandsänderungen

Bisher betrachteten wir solche Änderungen, bei denen eine der primären Zustandsvariablen $T$, $p$ oder $v$ konstant gehalten wurde. Diese Prozesse hießen isotherm, isobar bzw. isochor. Statt dessen kann man einen Vorgang auch dadurch charakterisieren, daß man irgendeine *Funktion* der Zustandsvariablen konstant hält. Zu dieser Art von Zustandsänderungen gehören die adiabatischen Prozesse. Wir werden allerdings die bei diesen Zustandsänderungen konstant bleibende Funktion (die Entropie $S$) erst im folgenden Kapitel kennenlernen. Wir definieren daher die adiabatischen Prozesse ihrem Namen nach als solche, bei denen keine Wärme-Zu- oder -Abfuhr erfolgt. Dies wird praktisch entweder dadurch realisiert, daß das ganze System in eine wärmeundurchlässige Hülle eingeschlossen wird, oder dadurch, daß man die Prozesse so schnell vor sich gehen läßt, daß auch bei mangelhafter Wärmeisolierung praktisch kein Temperaturausgleich durch Wärmeleitung stattfinden kann.

Der erste Hauptsatz gibt sofort eine Differentialgleichung für den adiabatischen Prozeß:

$$\boxed{\mathrm{d}u + p\,\mathrm{d}v = 0} \quad \text{(Differentialgleichung der Adiabaten)} \; . \tag{21}$$

Wenn $u$ durch $p$ und $v$ ausgedrückt wird, ergibt sich daraus eine Kurvenschar im $p, v$-Diagramm, die *Adiabaten* genannt wird. Besonders einfach wird die Gleichung der Adiabaten für ideale Gase: Da

$$\mathrm{d}u = c_v\,\mathrm{d}T \quad \text{und} \quad \mathrm{d}T = \frac{p\,\mathrm{d}v + v\,\mathrm{d}p}{R}$$

ist, ergibt sich wegen $c_p - c_v = R$:

$$\frac{c_p}{c_v}\,\frac{\mathrm{d}v}{v} + \frac{\mathrm{d}p}{p} = 0 \; . \tag{22}$$

Führt man für das Verhältnis $\frac{c_p}{c_v}$ die Abkürzung $\gamma$ ein, so erhält man durch Integration

$$p\,v^{\gamma} = p_0 v_0^{\gamma} = \text{const.} \tag{23}$$

Da $\gamma > 1$ ist, verläuft im $p\,v$-Diagramm die Adiabate stets steiler als die Isotherme $p\,v = \text{const.}$ Veranschaulicht man die zwischen $T$, $p$ und $v$ geltende Beziehung in einem rechtwinkligen Koordinatensystem, so stellt die Gl. (23) die Projektion einer auf der Fläche $p\,v = R\,T$ gelegenen Raumkurve in die $p\,v$-Ebene dar. Durch Hinzunehmen der Zustandsgleichung erhält man für die anderen Projektionen die Gleichungen:

$$T\,v^{\gamma-1} = T_0 v_0^{\gamma-1} = \text{const} \quad \text{und} \tag{24}$$

$$T p^{\frac{1-\gamma}{\gamma}} = T_0 p_0^{\frac{1-\gamma}{\gamma}} = \text{const.} \tag{25}$$

Man kann also für ein ideales Gas aus der adiabatischen Volumenänderung $\gamma$ bestimmen. Allgemeiner, weil nicht an die Voraussetzung des idealen Gaszustands gebunden, ist die Methode der Schallgeschwindigkeit. Die auf S. 173 für Longitudinalwellen in stabförmigen festen Medien abgeleitete Beziehung

$$\text{Schallgeschwindigkeit} = \sqrt{\frac{\text{Elastizitätsmodul}}{\text{Dichte}}} \tag{26}$$

gilt auch für Gase und Flüssigkeiten, wenn man den Volumenelastizitätsmodul einsetzt (vgl. S. 200). Setzt man nun aber z. B. für Luft die Zahlenwerte von Dichte und Elastizitätsmodul, der für ein ideales Gas (vgl. Aufg. 121) gleich dem Druck ist, ein, so erhält man ein mit der Beobachtung unvereinbares Resultat (vgl. S. 200). Der Grund liegt darin, daß die Kompression so rasch erfolgt, daß die dabei auftretenden Temperaturänderungen sich nicht ausgleichen können, der Prozeß also als adiabatisch anzusehen ist, während der Elastizitätsmodul (der reziproke Wert der Kompressibilität $\kappa$) in der Definition von S. 415 gleiche Temperatur voraussetzt. Es läßt sich nun leicht zeigen, daß allgemein der adiabatische Elastizitätsmodul gleich dem $\gamma$-fachen des isothermen ist. Wählen wir nämlich $p$ und $v$ als unabhängige Variable, so lautet die Differentialgleichung der Adiabate

$$\left(\frac{\partial u}{\partial p}\right)_v \mathrm{d}p + \left[\left(\frac{\partial u}{\partial v}\right)_p + p\right] \mathrm{d}v = 0. \tag{27}$$

Hieraus folgt mit Gl. (8)

$$\left(\frac{\partial p}{\partial v}\right)_{ad} = -\frac{p + \left(\frac{\partial u}{\partial v}\right)_p}{\left(\frac{\partial u}{\partial p}\right)_v} = -\frac{p + \left(\frac{\partial u}{\partial T}\right)_p \left(\frac{\partial T}{\partial v}\right)_p}{\left(\frac{\partial u}{\partial T}\right)_v \left(\frac{\partial T}{\partial p}\right)_v} = -\frac{\left(\frac{\partial T}{\partial v}\right)_p \left[p\left(\frac{\partial v}{\partial T}\right)_p + \left(\frac{\partial u}{\partial T}\right)_p\right]}{c_v \left(\frac{\partial T}{\partial p}\right)_v}. \tag{28}$$

Wegen des Bestehens einer Zustandsgleichung ist aber

$$\frac{\left(\frac{\partial T}{\partial v}\right)_p}{\left(\frac{\partial T}{\partial p}\right)_v} = -\left(\frac{\partial p}{\partial v}\right)_T . \tag{29}$$

Es ist nun nur noch zu zeigen, daß die in der eckigen Klammer stehende Summe $c_p$ darstellt. Nehmen wir jetzt $T$ und $p$ als unabhängige Veränderliche, so ist nach dem ersten Hauptsatz bei konstantem Druck

$$\bar{\mathrm{d}}q = \left(\frac{\partial u}{\partial T}\right)_p \mathrm{d}T + p\left(\frac{\partial v}{\partial T}\right)_p \mathrm{d}T .$$

Somit

$$c_p = \frac{\bar{\mathrm{d}}q}{\mathrm{d}T} = p\left(\frac{\partial v}{\partial T}\right)_p + \left(\frac{\partial u}{\partial T}\right)_p . \tag{30}$$

Es wird also

$$\left(\frac{\partial p}{\partial v}\right)_{ad} = \gamma\left(\frac{\partial p}{\partial v}\right)_T \tag{31}$$

und damit auch nach Definition von $E$:

$$E_{ad} = \gamma E_{is} . \tag{31'}$$

Die Schallgeschwindigkeit gibt den adiabatischen, jeder statische Versuch den isothermen Elastizitätsmodul, so daß damit $\gamma$ bestimmt ist.

Ein adiabatischer Prozeß, der in der LINDEschen Luftverflüssigungsmaschine eine große technische Anwendung gefunden hat, ist die gedrosselte Entspannung eines realen Gases. Bei dem in § 2 beschriebenen Überströmungsversuch gewann das aus dem ersten Ballon ausströmende Gas unter Abkühlung kinetische Strömungsenergie, die aber bei dem Aufprall auf die Wände des zweiten Gefäßes wieder in Wärme verwandelt wird, so daß insgesamt nach völligem Ausgleich innerhalb der ziemlich großen Fehlergrenzen keine Temperaturänderung des Gases beobachtet wurde. Eine viel größere Beobachtungsgenauigkeit erhält man aber, wenn man nach THOMSON und JOULE die Entspannung so vornimmt, daß gar nicht erst eine kinetische Strömungsenergie entsteht. Dann braucht man nicht erst den Ausgleich abzuwarten, sondern kann die Temperatur des entspannten Gases, das keine wesentliche kinetische Energie erhalten hat, selbst messen und als Maß für die Änderung der inneren Energie mit der Volumenvergrößerung ansehen. Wir stellen uns den Versuch schematisch so vor, wie er in Fig. 128 gezeichnet ist. Durch kontinuierliches Eindrücken des Stempels 1 und ebensolches Herausziehen des Stempels 2 halten wir links von der Drosselstelle $D$ (im ursprünglichen Versuch durch einen Wattepfropf realisiert) den Druck $p_1$ rechts davon den Druck $p_2$ aufrecht. Haben wir in dieser Weise ein Mol Gas hindurchgepreßt, so haben wir links die Arbeit $p_1 v_1$ zugeführt, während rechts das Gas die Arbeit $p_2 v_2$ nach außen geleistet hat. Die Zunahme der inneren Energie dieses Mols ist also gegeben durch den Überschuß der zugeführten über die geleistete Arbeit. Es ist also

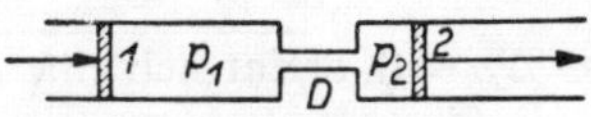


Fig. 128. Gedrosselte Entspannung eines Gases

$$u_2 - u_1 = p_1 v_1 - p_2 v_2$$

oder

$$u_2 + p_2 v_2 = u_1 + p_1 v_1 \,. \tag{32}$$

Die Größe, die bei diesem Prozeß konstant bleibt, heißt die *Enthalpie* $h = u + pv$. Diese ist, da die einzelnen Summanden Funktionen der Zustandsvariablen sind, gleichfalls eine reine Funktion der Zustandsvariablen. Für das VAN DER WAALSsche Gas läßt sich die bei einer Volumenänderung $\Delta v$ eintretende Temperaturänderung $\Delta T$ leicht angeben. Für dieses ist (aus (18′) und (32))

$$h = u_0 + c_v T - \frac{a}{v} + \left(\frac{RT}{v-b} - \frac{a}{v^2}\right) v \,, \tag{33}$$

woraus folgt

$$\begin{aligned}\Delta h = 0 &= c_v \Delta T + \frac{2a}{v^2}\,\Delta v + \frac{Rv}{v-b}\,\Delta T - \frac{RTv}{(v-b)^2}\,\Delta v + \frac{RT}{v-b}\,\Delta v \\ &= \left(c_v + \frac{Rv}{v-b}\right)\Delta T + \left(\frac{2a}{v^2} - \frac{RTb}{(v-b)^2}\right)\Delta v \,.\end{aligned} \tag{34}$$

Vernachlässigt man $b$ gegen $v$ und setzt näherungsweise $c_p$ für $c_v + R$, so ergibt die Auflösung nach $\Delta T$:

$$\Delta T \approx \frac{\Delta v}{v^2 c_p}(RTb - 2a). \tag{35}$$

Bei diesem Versuch entspricht also die auftretende Temperaturdifferenz dem Unterschied zweier entgegengerichteter Wirkungen. Die Anziehung der Moleküle muß bei Ausdehnung stets eine Abkühlung bewirken, da ja gegen diese Kräfte Arbeit geleistet wird. Im Gegensatz dazu bewirkt die Raumerfüllung, die durch $b$ charakterisiert ist, bei diesem Vorgang eine Erwärmung.

Wichtiger ist die Kenntnis der Temperaturänderung als Funktion der Druckdifferenz $\Delta p$. Um $v$ durch $p$ auszudrücken, dürfen wir mit demselben Grad von Genauigkeit, der Gl. (35) zukommt, für $v$ den aus der Gleichung des idealen Gases folgenden Ausdruck $\frac{RT}{p}$ setzen und erhalten damit

$$\boxed{\Delta T \approx \frac{\Delta p}{c_p}\left(\frac{2a}{RT} - b\right)}\,. \tag{36}$$

Wenn $\Delta p < 0$, ergibt sich eine Abkühlung, solange

$$T < \frac{2a}{Rb}\,.$$

Die Temperatur, die dem Gleichheitszeichen entspricht, bei der also der Effekt sein Zeichen umkehrt, heißt Umkehrtemperatur. Für Luft liegen die Zahlwerte so, daß schon bei 0 °C eine merkliche Abkühlung eintritt und dieser Effekt wird gerade bei der LINDEschen Maschine benützt, um im Gegenstrom die nachfolgenden Luftmengen weiter abzukühlen, wobei eine bedeutend größere Abkühlung eintritt. Bei Wasserstoff würde sich jedoch bei einer Ausgangstemperatur von 0 °C eine Erwärmung ergeben. Dieses Gas muß daher zuerst mit flüssiger Luft vorgekühlt werden.

In Wirklichkeit sind in der Nähe des Verflüssigungspunkts die oben gemachten Vernachlässigungen reichlich grob. Löst man aber (34) ohne Vernachlässigung nach $\Delta T$ auf, so ergibt der Faktor von $\Delta v$ gleich null gesetzt nicht mehr eine feste Umkehrtemperatur, sondern eine Gleichung zwischen $T$ und $v$, die Umkehr*kurve*. Diese zeigt, daß es auch bei tiefer Temperatur Drucke gibt, bei welchen der Effekt sein Zeichen umkehrt (vgl. Aufg. 122).

Aufg. 120. In einer WILSONschen Nebelkammer werden bei $\vartheta_1 = 20\,°C$ Teilchenspuren durch Kondensation sichtbar gemacht. Dies geschieht durch adiabatische Expansion des Volumens im Verhältnis 1,375 : 1. Wie hoch ist die Temperatur des Gases ($\kappa$ = 1,41) nach der Expansion?

Aufg. 121. Ein Mol eines idealen Gases dehnt sich reversibel auf doppeltes Volumen aus a) isobar b) isotherm c) adiabatisch. Wie groß sind in diesen drei Fällen die a) Ausdehnungsarbeiten b) die zuzuführenden Wärmemengen?

Aufg. 122. Man gebe die Umkehrkurve in reduzierten Zustandsgrößen an.

## § 4. Anwendung des I. Hauptsatzes in der Thermochemie

Bei allen chemischen Reaktionen beobachten wir eine „Wärmetönung", d. h. sie verlaufen entweder unter Wärmeentwicklung – exotherm – oder unter Wärmeaufnahme – endotherm. Läßt man die Reaktion in einem Kalorimetergefäß vor sich gehen, so kann man die Wärmetönung messen. Diese wird in der Thermochemie – entgegen unseren bisherigen Festsetzungen, nach denen die dem System zugeführte Wärmemenge positiv gezählt wird – bei exothermen Reaktionen positiv gerechnet. Wir wollen dies dadurch zum Ausdruck bringen, daß wir für die Wärmetönung den Buchstaben[1] $\underset{-}{Q} = -Q$ verwenden.

Wenn die Reaktion ohne Leistung äußerer Arbeit, also bei Gasen unter konstantem Volumen, verläuft, gibt die Wärmetönung die Änderung der Energie des Systems durch die Reaktion an. Verläuft dagegen die Reaktion unter konstantem Druck, so ist (praktisch nur bei Gasen) die nach außen geleistete Arbeit in Rechnung zu setzen. Ist das Volumen des Systems vor der Reaktion $V_1$, nach der Reaktion $V_2$, so beträgt diese $p(V_2 - V_1)$. Unterscheiden wir die beiden Wärmetönungen wie die spezifischen Wärmen durch die Indizes $v$ und $p$, so ist also bei konstantem Volumen

$$\underset{-}{Q}_v = U_1 - U_2 \,, \tag{37}$$

bei konstantem Druck

$$\underset{-}{Q}_p = U_1 - U_2 - p(V_2 - V_1) \tag{38}$$

oder

$$\underset{-}{Q}_p = U_1 + pV_1 - (U_2 + pV_2) = H_1 - H_2 \,.$$

Die Wärmetönung bei konstantem Druck gibt also den Unterschied der Enthalpie $H$ vor und nach der Reaktion. Da wir in der Thermochemie mit hinreichender Genauigkeit die Gase als ideal behandeln dürfen, ist

$$pV_1 = n_1 RT$$

und damit

$$\underset{-}{Q}_p = \underset{-}{Q}_v + (n_1 - n_2)RT = \underset{-}{Q}_v + \Delta n RT, \tag{39}$$

wenn wir mit $\Delta n$ die Differenz der vor und nach der Reaktion vorhandenen Anzahl Mole gasförmiger Bestandteile des Systems bezeichnen.

Für thermochemische Gleichungen wollen wir nun folgende Symbolik verwenden. Wir bezeichnen den Energieinhalt bzw. für Reaktionen unter konstantem Druck den Betrag der Enthalpie $H$ (der übrigens praktisch nicht sehr viel vom Energieinhalt differiert), des Mols eines Stoffs durch das chemische Symbol, wobei in Klammern dahinter angegeben wird, ob es sich um den festen (f), flüssigen (fl) oder gasförmigen (g) Aggregatzustand handelt. Die thermochemische Gleichung

$$\mathrm{Pb(f) + S(f) = PbS(f) + 77000\ J}$$

oder

$$\mathrm{Pb(f) + S(f) - PbS(f) = 77000\ J}$$

hat dann den Sinn: 1 Mol festen Bleis und 1 Mol festen Schwefels haben zusammen einen um 77000 Joule größeren Energieinhalt als 1 Mol Schwefelblei.

Die große Bedeutung des ersten Hauptsatzes liegt nun darin, daß Energieinhalt und Wärmefunktion reine Zustandsfunktionen sind, daß also die Energiedifferenzen immer

---

[1] Gelesen „$\underset{-}{Q}$ minus".

dieselben sein müssen, wie auch die Reaktion verläuft, ob direkt oder über Zwischenstufen. Dies wurde bereits vor der Aufstellung des ersten Hauptsatzes von HESS als Satz von der Konstanz der Wärmesummen ausgesprochen. Diese Tatsache erlaubt thermochemische Gleichungen miteinander zu kombinieren, wodurch man die Wärmetönung schwer der Messung zugänglicher oder ganz hypothetischer Reaktionen berechnen kann. In der organischen Chemie wird z. B. die Bildungswärme einer komplizierten Verbindung dadurch ermittelt, daß man das eine Mal die Verbindung, das andere Mal die Bestandteile verbrennt. Diese Verbrennung erfolgt gewöhnlich in der kalorimetrischen Bombe unter konstantem Volumen. Als Beispiel dafür, daß man auf diese Weise genügend Gleichungen zur Berechnung der Wärmetönung der Bildungswärme erhält, sei die Berechnung der Wärmetönung für die bei konstantem Druck erfolgende Bildung von flüssigem Benzol aus fester Kohle und gasförmigem Wasserstoff angeführt. Gemessen ist in der kalorimetrischen Bombe, also unter konstantem Volumen:

$$C_6H_6\,(\mathrm{fl}) + \frac{15}{2}\,O_2\,(\mathrm{g}) - 6\,CO_2\,(\mathrm{g}) - 3\,H_2O\,(\mathrm{fl}) = 3268{,}5\ \mathrm{kJ}\ .$$

Da die Daten der übrigen Reaktionen sich auf konstanten Druck beziehen, wollen wir dies ebenfalls nach Gl. (39) auf konstanten Druck umrechnen. Es verschwinden $\frac{3}{2}$ Mol Gas, so daß für Zimmertemperatur $T \approx 300\,\mathrm{K}$ noch ca. 3,8 kJ zuzuzählen sind, also ein relativ kleiner Betrag, der erkennen läßt, daß der Fehler nicht allzu groß ist, wenn man $Q_p$ durch $Q_v$ ersetzt. Weiter haben wir für die Verbrennung bei konstantem Druck die Daten

$$3\,H_2\,(\mathrm{g}) + \frac{3}{2}\,O_2\,(\mathrm{g}) - 3\,H_2O\,(\mathrm{fl}) = 858{,}8\ \mathrm{kJ}$$

und

$$6\,C\,(\mathrm{f}) + 6\,O_2\,(\mathrm{g}) - 6\,CO_2\,(\mathrm{g}) = 2370{,}4\ \mathrm{kJ}\ .$$

Durch Subtraktion der rechts um 3,8 kJ erhöhten ersten von der dritten Gleichung erhält man

$$6\,C(\mathrm{f}) + \frac{3}{2}\,O_2\,(\mathrm{g}) + 3\,H_2O(\mathrm{fl}) - C_6H_6\,(\mathrm{fl}) = -\,901{,}9\ \mathrm{kJ}\ .$$

Addiert man dazu die zweite, so ergibt sich

$$6\,C(\mathrm{f}) + 3\,H_2\,(\mathrm{g}) - C_6H_6\,(\mathrm{fl}) = -\,43{,}1\ \mathrm{kJ}\ .$$

Die Bildungswärme von Benzol aus Kohle und Wasserstoff ist also negativ. Es muß zur Herstellung der Verbindung Energie zugeführt werden; doch sei schon hier betont, daß die Bildungswärme noch kein geeignetes Maß dafür ist, daß der Prozeß von selbst eintritt, obwohl im allgemeinen, so wie es hier der Fall ist, die exothermen Reaktionen die leicht, die endothermen die schwer realisierbaren sind (historisch wurde dies BERTHELOTsches Prinzip genannt).

Der erste Hauptsatz gibt uns auch die Temperaturabhängigkeit der Wärmetönung. Es ist für die unter konstantem Volumen verlaufende Reaktion

$$\nu_a a + \nu_b b + \cdots = \nu_c c + \nu_d d + \cdots \quad (\nu_a, \nu_b \ldots \text{Molzahlen}; \; a, b \ldots \text{chemische Stoffe}) \tag{40}$$

bei der Temperatur $T$

$$(\nu_a a)_T + (\nu_b b)_T + \cdots - (\nu_c c)_T - (\nu_d d)_T = q_v(T) \tag{41}$$

und bei der Temperatur $T + \mathrm{d}T$

$$(\nu_a a)_{T+dT} + (\nu_b b)_{T+dT} + \cdots - (\nu_c c)_{T+dT} - (\nu_d d)_{T+dT} = q_v(T) + \frac{\mathrm{d}q_v}{\mathrm{d}T}\,\mathrm{d}T. \tag{42}$$

Nun ist bei konstantem Volumen

$$\mathrm{d}u = c_v\,\mathrm{d}T, \tag{43}$$

also ergibt sich

$$(\nu_a a)_T + \nu_a c_{va}\,\mathrm{d}T + (\nu_b b)_T + \nu_b c_{vb}\,\mathrm{d}T + \cdots - (\nu_c c)_T \nu_c c_{vc}\,\mathrm{d}T - (\nu_d d)_T - \nu_d c_{vd}\,\mathrm{d}T = q_v(T) + \frac{\mathrm{d}q_v}{\mathrm{d}T}\,\mathrm{d}T \tag{44}$$

oder

$$\boxed{\frac{\mathrm{d}q_v}{\mathrm{d}T} = \sum \nu_i c_{vi}}\,. \tag{44'}$$

In dieser Summe ist die Molzahl vor der Reaktion positiv, nach der Reaktion negativ zu zählen. Genau dieselben Gleichungen ergeben sich für Reaktionen unter konstantem Druck, nur ist zu beachten, daß auch die Wärmezufuhr unter konstantem Druck erfolgt, also anstatt $c_v$ die spezifische Wärmekapazität bei konstantem Druck zu setzen ist:

$$\boxed{\frac{\mathrm{d}q_p}{\mathrm{d}T} = \sum \nu_i c_{pi}}\,. \tag{45}$$

In kleinem Temperaturintervall kann $c_v$ bzw. $c_p$ als konstant angesehen werden. Dies gilt aber nicht mehr, wenn man ein großes Intervall betrachtet. Will man z. B. statt der bei Zimmertemperatur beobachteten Reaktionswärme die Reaktionswärme am absoluten Nullpunkt einführen, so muß man setzen

$$q_v(T) = q_{v_0} + \sum \nu_i \int_0^T c_{vi}\,\mathrm{d}T \quad \text{bzw.} \quad q_p(T) = q_{p_0} + \sum \nu_i \int_0^T c_{pi}\,\mathrm{d}T. \tag{46}$$

Die Integrale lassen sich ausrechnen, wenn der Verlauf der spezifischen Wärmekapazitäten bekannt ist.

Sechstes Kapitel

# 2. Hauptsatz der Thermodynamik (Der Entropiesatz)

## § 1. Der CARNOTsche Kreisprozeß als Idealform einer Wärmekraftmaschine

Der erste Hauptsatz macht eine Aussage über die Energiebilanz, die bei jeder Umwandlung von mechanischer oder einer anderen Energieform in Wärme und umgekehrt erfüllt sein muß. Ob eine solche Umwandlung unter gegebenen Bedingungen aber stattfindet und welcher Anteil umgewandelt wird, darüber sagt der erste Hauptsatz nichts aus. Nun hat man schon vor der Erkenntnis des ersten Hauptsatzes bemerkt, daß man zwar mechanische Energie z. B. durch Reibung beliebig und restlos in Wärme verwandeln kann, daß man aber bei der Verwandlung von Wärmeenergie in mechanische Arbeit mit Hilfe von Wärmekraftmaschinen immer nur eine teilweise Umwandlung von Wärme in Arbeit erreichen kann. Beim Studium dieser Verhältnisse schematisierte CARNOT die Vorgänge in einer Wärmekraftmaschine durch einen Kreisprozeß, der, wie wir sehen werden, die beste Wärmekraftmaschine darstellt. Unsere Maschine soll zwei große Wärmebehälter der

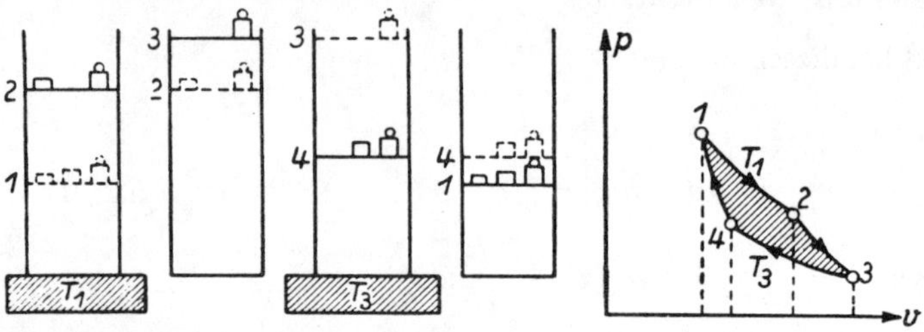


Fig. 129. Schema und Arbeitsdiagramm des CARNOTschen Kreisprozesses

Temperatur $T_1$ und $T_3$ besitzen. Als arbeitende Substanz dient ein Mol idealen Gases, das in einem mit Stempel versehenen Zylinder eingeschlossen ist. Dieser Zylinder soll nun durch reibungslose Steuerorgane, deren Betätigung also keine Arbeit erfordert, sowohl mit dem ersten als mit dem zweiten Wärmebehälter in Verbindung gebracht, als auch von ihnen thermisch isoliert werden können. Weiter setzen wir von den Zustandsänderungen unserer Arbeitssubstanz voraus, daß sie reversibel sind. Darunter verstehen wir folgendes: Wenn wir das Gas durch Verminderung des äußeren Drucks entspannen, soll dies nicht plötzlich durch eine endliche Druckänderung geschehen, sondern es soll der Außendruck stets nur unendlich wenig verschieden vom Innendruck sein, so daß der Stempel keine wesentliche kinetische Energie gewinnt, die nachher wieder durch Bremsen vernichtet werden müßte. Unter dieser Bedingung kann die Zustandsänderung ebenso gut rückwärts geführt werden, wenn der Außendruck ein wenig größer als der Innendruck ist, wobei sich die geleistete Arbeit nur dem Vorzeichen nach von der bei Entspannung geleisteten unterscheidet. Die rasch laufenden Motoren sind also vom CARNOTschen Idealprozeß weit entfernt.

Mit unserer Arbeitssubstanz machen wir nun folgenden Kreisprozeß (ein „*Kreis*“-prozeß, bei dem die Maschine wieder in den Anfangszustand zurückgebracht wird, gehört zu den wesentlichen Eigenschaften einer „Maschine“, die beliebig lang arbeiten soll):

1. Wir verbinden den Zylinder mit dem Wärmebehälter der Temperatur $T_1$ und lassen das Gas durch Verminderung des äußeren Drucks (in Fig. 129 durch Gewichte veranschaulicht) sich ausdehnen. Dabei wird gegen den äußeren Druck Arbeit geleistet und das Äquivalent an Energie aus dem Wärmebehälter entnommen. Da wir diesen als sehr groß angenommen haben, brauchen wir keine Abkühlung desselben in Rechnung zu

ziehen und können die Volumenänderung als isotherm ansehen. Entspannen wir vom Volumen $v_1$ auf das Volumen $v_2$, so ist die nach außen geleistete Arbeit[1])

$$\not{A}_{12} = \int_{v_1}^{v_2} p \, \mathrm{d}v = R T_1 \int_{v_1}^{v_2} \frac{\mathrm{d}v}{v} = R T_1 \ln \frac{v_2}{v_1} . \qquad (1)$$

2. Wir isolieren den Zylinder und entspannen das Gas adiabatisch so weit, daß es die Temperatur des Wärmebehälters der Temperatur $T_3$ annimmt. Gemäß Gl. (24), S. 437, ist das Volumen $v_3$, auf das entspannt werden muß, gegeben durch

$$v_3 = v_2 \left(\frac{T_3}{T_2}\right)^{\frac{1}{1-\gamma}} = v_2 \left(\frac{T_3}{T_1}\right)^{\frac{1}{1-\gamma}} \qquad (\text{da } T_2 = T_1). \qquad (2)$$

Die Arbeit bei dieser adiabatischen Entspannung ist

$$\not{A}_{23} = \int_{v_2}^{v_3} p \, \mathrm{d}v = p_2 v_2^{\gamma} \int_{v_2}^{v_3} \frac{dv}{v^{\gamma}} = \frac{p_2 v_2^{\gamma}}{1-\gamma} \left(v_3^{1-\gamma} - v_2^{1-\gamma}\right) = \frac{R T_2}{1-\gamma} \left\{ \left(\frac{v_3}{v_2}\right)^{1-\gamma} - 1 \right\} \qquad (3)$$

$$\text{oder wegen (2)} = \frac{R T_2}{1-\gamma} \left(\frac{T_3}{T_2} - 1\right) = \frac{R}{\gamma - 1} (T_2 - T_3) = \frac{R}{\gamma - 1} (T_1 - T_3) .$$

3. Wir setzen den Zylinder mit dem Wärmebehälter der Temperatur $T_3$ in Verbindung und komprimieren das Gas isotherm auf ein Volumen $v_4$, von dem aus durch adiabatische Kompression auf das Ausgangsvolumen $v_1$ die Ausgangstemperatur $T_1$ erreicht werden kann. Dieses Volumen ist durch

$$v_4 = v_1 \left(\frac{T_4}{T_1}\right)^{\frac{1}{1-\gamma}} = v_1 \left(\frac{T_3}{T_1}\right)^{\frac{1}{1-\gamma}} \qquad (4)$$

gegeben (da $T_4 = T_3$). Die bei dieser Kompression geleistete Arbeit ist negativ, da sie in Wirklichkeit dem System zugeführt ist, und beträgt

$$\not{A}_{34} = \int_{v_3}^{v_4} p \, \mathrm{d}v = R T_3 \ln \frac{v_4}{v_3} . \qquad (5)$$

Die dabei entstehende Wärme wird an den Behälter $T_3$ abgeführt. Da die Temperatur niedriger ist als bei der 1. Expansion, brauchen wir dabei geringere Drucke.

4. Wir isolieren den Zylinder und komprimieren adiabatisch auf $v_1$. Dabei wird die Arbeit

$$\not{A}_{41} = \int_{v_4}^{v_1} p \, \mathrm{d}v = \frac{R}{\gamma - 1} (T_4 - T_1) = \frac{R}{\gamma - 1} (T_3 - T_1) \qquad (6)$$

geleistet. Über das Vorzeichen ist dasselbe wie bei der dritten Phase unseres Prozesses zu sagen.

---

1) Wie bei der Wärmemenge rechnen wir die einem System zugeführte Arbeit $A$ positiv und führen für die nach außen geleistete Arbeit, wenn wir sie ausnahmsweise positiv zählen, das Zeichen $\not{A}$ („$A$ minus") ein, also $\not{A} = -A$.

Nun ist die Maschine selbst im Ausgangszustand, dem Wärmebehälter der Temperatur $T_1$ ist eine gewisse Menge Wärmeenergie entzogen, dem Wärmebehälter $T_3$ eine gewisse Wärmeenergie zugeführt und außerdem eine gewisse mechanische Arbeit geleistet. Diese ist gegeben durch die Summe der Arbeiten, also durch $A_{12} + A_{23} + A_{34} + A_{41}$ und wird im Diagramm durch den Flächeninhalt der bei unserem Kreisprozeß umlaufenen Fläche dargestellt. Dabei ist nach Fig. 129 Arbeit nach außen geleistet, wenn die Berandung der Fläche so durchlaufen wird, daß die Fläche zur Rechten liegt, wie man sofort am Beispiel der Ausdehnung von $v_1$ auf $v_2$ erkennt, bei der die geleistete Arbeit durch die von der Kurve $p = f(v)$, der Abszissenachse und den in $v_1$ und $v_2$ zur Ordinatenachse gezogenen Parallel begrenzt ist. Addiert man die bei den einzelnen Teilprozessen geleisteten Arbeiten, so sieht man zunächst, daß sich die auf den Adiabaten geleisteten Arbeitsbeträge aufheben, und es bleibt

$$A = RT_1 \ln \frac{v_2}{v_1} + RT_3 \ln \frac{v_4}{v_2} . \tag{7}$$

Aus Gl. (2) und (4) folgt aber, daß

$$\frac{v_4}{v_3} = \frac{v_1}{v_2} . \tag{8}$$

Es wird somit

$$A = R \ln \frac{v_2}{v_1} (T_1 - T_3) . \tag{9}$$

Andererseits ist dem ersten Behälter die Wärmemenge

$$Q_1 = RT_1 \ln \frac{v_2}{v_1} \tag{10}$$

als Äquivalent der beim ersten Teilprozeß geleisteten Arbeit entzogen und der CARNOT-Maschine zugeführt worden. Davon ist der Bruchteil

$$\boxed{\eta = \frac{A}{Q_1} = \frac{T_1 - T_3}{T_1} = 1 - \frac{T_3}{T_1}} \tag{11}$$

in mechanische Arbeit verwandelt worden, während die Wärmemenge

$$Q_3 = RT_3 \ln \frac{v_2}{v_1} = Q_1 \frac{T_3}{T_1} = Q_1 (1 - \eta) \tag{12}$$

an den zweiten Wärmebehälter überging. $\eta$ heißt der Wirkungsgrad unserer Wärmekraftmaschine. Da wir alle Zustandsänderungen auch im umbekehrten Sinn durchlaufen können, können wir die Maschine auch benützen, um unter Aufwand äußerer Arbeit eine Wärmemenge $Q_3$ von dem Behälter der niedrigeren Temperatur $T_3$ nach dem Behälter mit der höheren Temperatur $T_1$ hinaufzuschaffen. Dazu ist die Arbeit

$$A = \eta Q_1 = \frac{\eta Q_3}{1 - \eta} \tag{13}$$

aufzuwenden. Eine derartige Maschine heißt Wärmepumpe.

Der Wirkungsgrad der CARNOT-Maschine ist der größtmögliche. Nehmen wir einmal an, daß es eine „Über-CARNOT-Maschine" mit noch besserem Wirkungsgrad $\overline{\eta}$ geben würde. Dann können wir durch Kombination mit einer CARNOT-Maschine eine Wärmekraftmaschine herstellen, welche zwar kein Perpetuum mobile ist, da sie den ersten Hauptsatz nicht verletzt, aber vom wirtschaftlichen Standpunkt einem solchen gleichkäme, die wir daher als „Perpetuum mobile II. Art" bezeichnen. Die Über-CARNOT-Maschine entnehme dem ersten Wärmebehälter die Wärmemenge $Q$, von der sie $\overline{\eta}Q$ in Arbeit umwandle und $(1-\overline{\eta})Q$ an den zweiten Behälter abführe. Diese Wärmemenge schaffen wir aber sofort mit Hilfe einer CARNOT-Maschine zurück, wozu wir nach Gl. (13) die Arbeit $A = \frac{1-\overline{\eta}}{1-\eta}\,\eta Q$ aufwenden müssen. Insgesamt hat das Aggregat die Arbeit

$$A = \overline{\eta}Q - \frac{1-\overline{\eta}}{1-\eta}\,\eta Q = \frac{(\overline{\eta}-\eta)Q}{1-\eta} \tag{14}$$

geleistet, die positiv ist. Das Äquivalent dieser Arbeit ist dem ersten Behälter an Wärme entzogen, ohne daß etwas davon an den nun entbehrlichen zweiten Behälter übergegangen wäre. Unser Aggregat würde also mechanische Arbeit leisten und den Wärmespeicher abkühlen, ohne daß sonst eine Veränderung in irgendeinem Körper bestehen bliebe. Da ungeheure Wärmevorräte, z. B. im Weltmeer zur Verfügung stehen, stünde eine solche Maschine an Bedeutung einem Perpetuum mobile nicht nach. Die Erfahrung zeigt aber, daß es unmöglich ist, eine solche Maschine zu konstruieren, und dies ist gerade die Behauptung des zweiten Hauptsatzes.

Ehe wir diesen Satz formulieren, wollen wir darauf hinweisen, daß durch Gl. (11) eine einwandfreie Definition der Temperaturskala gegeben ist: Um die Temperatur zweier Wärmebehälter zu vergleichen, lassen wir zwischen ihnen eine CARNOT-Maschine laufen und bestimmen deren Wirkungsgrad. Der kältere Behälter befindet sich am absoluten Nullpunkt, wenn der Wirkungsgrad 1 beträgt. Diese Temperaturskala heißt die *thermodynamische*. Sie entspricht, wie aus der Herleitung hervorgeht, der durch die Zustandsgleichung des idealen Gases gegebenen Definition. Auf sie läßt sich durch geeignete thermodynamische Überlegungen und Messungen jedes Thermometer reduzieren, doch kann hier nicht näher darauf eingegangen werden. Bei nicht zu tiefen Temperaturen decken sich die Angaben des Heliumthermometers mit der thermodynamischen Skala.

Aufg. 123. Ein ideales Gas mit $T_1$ und $p_1$ wird durch adiabatische Kompression auf $T_2 = \alpha T_1$ erwärmt, wobei pro Mol die Arbeit $A_1$ zugeführt wird. Danach wird durch isobare Zufuhr der Wärmemenge $Q$ auf $T_3 = \beta T_2$ erhöht und danach das Gas in einer Turbine unter Gewinnung der Arbeit $|A_2|$ auf $p_1$ entspannt. Wie groß ist der Wirkungsgrad

$$\eta = \frac{|A_2| - |A_1|}{Q} \, ?$$

## § 2. Formulierung und Deutung des II. Hauptsatzes

Gemäß dem Ergebnis des vorhergehenden Paragraphen geben wir dem zweiten Hauptsatz die von THOMSON und PLANCK stammende Formulierung:

*Es ist nicht möglich, eine periodisch arbeitende Maschine zu bauen, die nichts anderes bewirkt als Erzeugung mechanischer Arbeit und Abkühlung eines Wärmespeichers.*

Dieser Satz ist ein Erfahrungssatz, wie es auch der erste Hauptsatz und in Wirklichkeit alle Naturgesetze sind und kann nur durch die Erfahrung bestätigt oder widerlegt werden. Wie wir sehen werden, sind seine Folgerungen außerordentlich zahlreich, und die experimentelle Bestätigung dieser Folgerungen ist zugleich ein Hinweis für die Gültigkeit des zweiten Hauptsatzes.

Die erste Folge ist, daß eine Reihe von Energieumwandlungen, bei denen die Wärme im Spiel ist, nicht umkehrbar sind. Dazu gehört z. B. die Verwandlung von Arbeit in Wärme durch Reibung. Haben wir z. B. in einem Gefäß eine rotierende Flüssigkeit, die wir sich selbst überlassen, so wird diese Bewegung bald zur Ruhe kommen unter Verwandlung der Bewegungsenergie in Wärme, die durch ein empfindliches Thermometer gemessen werden kann. Es widerspricht aber ganz dem physikalischen Gefühl, d. h. unserer Erfahrung, daß – was ohne Verletzung des ersten Hauptsatzes durchaus möglich ist – eine ruhende Flüssigkeit plötzlich anfängt, unter Abkühlung zu rotieren. Gäbe es den zur Erzeugung von Reibungswärme inversen Prozeß, so würde er gerade die Eigenschaft des Perpetuum mobile zweiter Art besitzen, er existiert also, wenn wir den zweiten Hauptsatz als richtig unterstellen, nicht.

Ein anderer irreversibler Vorgang ist die isotherme Expansion eines idealen Gases ohne äußere Arbeitsleistung, wie wir sie beim GAY-LUSSACschen Überströmungsversuch kennenlernten. Denn wäre es möglich, ohne Aufwand äußerer Arbeit ein Gas isotherm auf kleineres Volumen zu bringen, so könnten wir sofort ein Perpetuum mobile zweiter Art in der Weise konstruieren, daß wir ein Gas erst unter Leistung äußerer Arbeit sich isotherm entspannen lassen, wobei die benötigte Energie als Wärme einem Behälter entnommen wird und dann mit Hilfe des angenommenen Prozesses ohne Aufwand von Arbeit wieder auf das alte Volumen komprimieren.

Eine Expansion ohne äußere Arbeit stellt aber auch die Diffusion zweier Gase dar. Entfernen wir in einem Gefäß die Scheidewand, welche zwei Gase voneinander trennt, so dehnt sich jedes auf das Volumen des ganzen Gefäßes aus, indem den Molekülen jedes der beiden Gase nun der ganze Raum zur Verfügung steht. Dieser Vorgang ist nach dem zweiten Hauptsatz nicht rückgängig zu machen, ohne Arbeit aufzuwenden. Dabei ist bei den letzten beiden Prozessen die Wärme nur indirekt im Spiel, da ja gar keine Temperaturänderungen vorkommen. Aber gerade der letzterwähnte Prozeß der Diffusion wirft ein helles Licht auf den Sinn des zweiten Hauptsatzes. Machen wir uns nämlich ein Modell der beiden zuerst getrennten Gase, so brauchen wir nur in eine Urne unten eine große Anzahl weißer Kugeln, die die Moleküle des einen Gases darstellen, zu legen und darüber eine große Anzahl roter Kugeln, die den Molekülen des andern Gases entsprechen, zu schichten. Schütteln wir jetzt die Urne, so wird eine Mischung eintreten. Dagegen ist es in höchstem Maß unwahrscheinlich – und zwar um so unwahrscheinlicher, mit je mehr Kugeln wir den Versuch machen –, daß bei langem Schütteln wieder einmal eine Entmischung eintritt, daß oben wieder alle roten Kugeln liegen. Allerdings steht dieser Entmischung kein physikalisches Gesetz entgegen, ebensowenig wie dem Fall, daß beim Ausschütten eines Kastens von Lettern gerade der Bibeltext entsteht, aber die Wahrscheinlichkeitsrechnung sagt uns, daß eine solche „Ordnung von selbst" *praktisch* ausgeschlossen ist. So ist denn die merkwürdige Einseitigkeit der erwähnten Energieumwandlungen atomistisch dadurch zu verstehen, daß bei ihnen sich der Übergang von der Ordnung zur Unordnung und nicht umgekehrt vollzieht.

Wir suchen nun den zweiten Hauptsatz in eine mathematische Form zu bringen, mittels derer auf rechnerischem Weg weitere Folgerungen gezogen werden können. Den ersten Hauptsatz kennzeichnet die Innere Energie $U$, die nur von den Zustandsvariablen abhängt. Können wir vielleicht auch für den zweiten Hauptsatz eine charakteristische Funktion finden, die dieselben Eigenschaften besitzt? Einen Hinweis darauf gibt uns der CARNOTsche Kreisprozeß. Für diesen ist nach Beendigung, wenn also das arbeitende System wieder in seinen Ausgangspunkt zurückgekehrt ist, nach Gl. (10) und (12)

$$\frac{Q_1}{T_1} = \frac{Q_3}{T_3} \quad \text{oder} \quad \frac{Q_1}{T_1} + \frac{Q_3}{T_3} = 0. \tag{15}$$

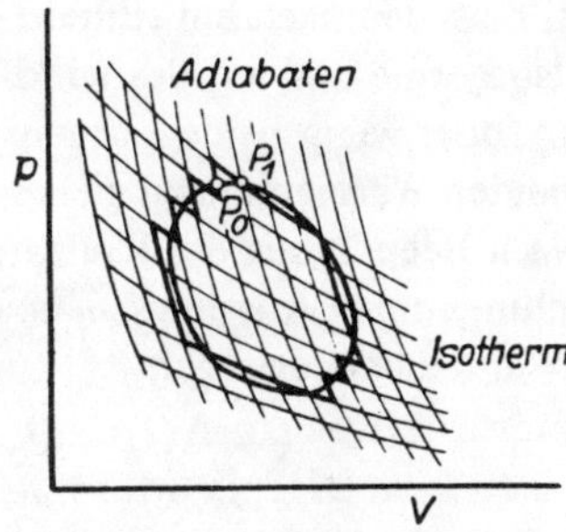

Fig. 130. Beliebiger Kreisprozeß

Diese Beziehung wollen wir für einen beliebigen Kreisprozeß verallgemeinern. Wir führen mit einem ganz beliebigen System einen Kreisprozeß aus, der im $pV$-Diagramm durch eine geschlossene Kurve dargestellt wird. Ihr Umlaufsinn sei derjenige, welcher nach außen geleisteter Arbeit entspricht. Die $pV$-Ebene überdecken wir nun mit einem dichten Netz von Isothermen und Adiabaten (vgl. Fig. 130). Wenn wir das Netz beliebig eng nehmen, können wir die geleistete Arbeit statt durch den Inhalt der ursprünglichen geschlossenen Kurve auch durch den Inhalt der zickzackberandeten Fläche angeben. Diese kommt so zustande, daß man von einem Punkt $P_0$ der Kurve nach einem Nachbarpunkt $P_1$ nicht auf der Kurve, sondern zunächst auf einer Adiabate bis zum Schnitt mit der durch $P_1$ gehenden Isotherme und dann auf dieser nach $P_1$ geht.

Wir setzen nun weiter voraus, daß alle Zustandsänderungen reversibel in dem beim CARNOT-Prozeß definierten Sinn vorgenommen werden. Weiter soll die auf den Isothermen zu- oder abgeführte Wärme nicht einfach durch Leitung mit einem Speicher ausgetauscht werden, sondern es soll die dabei gewinnbare Arbeit auch wirklich gewonnen werden, indem die Übertragung mit Hilfe einer CARNOT-Maschine, die zwischen einem Wärmespeicher der Temperatur $T_0$ und dem System arbeitet, erfolgt. Die CARNOT-Maschine schafft dann auch auf den Isothermen, auf denen Wärme entsteht, diese unter Aufwand äußerer Arbeit in den Wärmespeicher. Da von jeder Isotherme nur ein sehr kleines Stück durchlaufen wird, sind auch die jeweils dem System zugeführten Wärmemengen klein und sollen daher mit $\Delta Q_\sigma$ bezeichnet werden. Die dabei von der CARNOT-Maschine dem Wärmespeicher der Temperatur $T_0$ entnommenen Wärmemengen bezeichnen wir mit $\Delta Q_0$. Ein Teil dieser Wärmemenge wird in Arbeit verwandelt, während $\Delta Q_\sigma$ an unser System abgegeben wird, wobei nach Gl. (12):

$$\Delta Q_\sigma = \Delta Q_0 \frac{T_\sigma}{T_0} \quad \text{oder} \quad \Delta Q_0 = \Delta Q_\sigma \frac{T_0}{T_\sigma}. \tag{16}$$

Es ist nun noch zu zeigen, daß die Wärmemenge, die man beim Durchlaufen der Zickzackberandung zuführen muß, gleich derjenigen ist, die bei der wirklichen Kurve zugeführt wird. Zu diesem Zweck denken wir uns längs eines der infinitesimalen Dreiecke einen Kreisprozeß ausgeführt. Die Arbeit ist durch den Inhalt des Dreiecks gegeben und dieser verschwindet von höherer Ordnung als die Bogenlängen der Randkurve, wenn man das Maschennetz verfeinert. Da auf der Adiabate keine Wärme zugeführt wird, muß demnach bei einheitlichem Umlaufssinn des Dreiecks die Summe der auf der Isotherme und auf der wirklichen Randkurve zugeführten Wärmemengen Null ergeben, oder wenn beide Kurvenstücke im gleichen Sinn durchlaufen werden, müssen die beiden Wärmemengen gleich sein.

Nach Beendigung des Kreisprozesses ist das betrachtete System und die CARNOT-Maschine in den Ausgangszustand zurückgekehrt und man hat durch Summation über alle Wärmeübertragungen

$$\sum \frac{\Delta Q_\sigma}{T_\sigma} = \frac{Q_0}{T_0} \qquad \text{oder} \qquad Q_0 = T_0 \sum \frac{\Delta Q_\sigma}{T_\sigma}\,. \tag{17}$$

Im Grenzfall sehr kleiner Schritte tritt an Stelle der Summe das Integral $\oint \frac{\mathrm{d}Q_\sigma}{T_\sigma}$, so daß für einen geschlossenen Prozeß die Beziehung

$$\oint \frac{\mathrm{d}Q_\sigma}{T_\sigma} = \frac{Q_0}{T_0} \qquad \text{oder} \qquad Q_0 = T_0 \oint \frac{\mathrm{d}Q_\sigma}{T_\sigma} \tag{18}$$

gilt. Ist $Q_0$ negativ, so heißt dies, daß dem Wärmespeicher unter Vernichtung mechanischer Energie Wärme zugeführt wurde. Dies ist durchaus möglich. Dagegen würde ein positiver Wert von $Q_0$ bedeuten, daß dem Wärmespeicher Wärmeenergie entzogen und entweder in der CARNOT-Maschine oder bei dem Kreisprozeß des Systems in Arbeit verwandelt wurde. Damit wäre aber das Perpetuum mobile zweiter Art gefunden. Bestenfalls, d.h. bei vollkommen reversibler Leitung ist $Q_0$ null. Dann ist in der CARNOT-Maschine ebenso viel Arbeit aufgewandt worden, als das System beim Kreisprozeß geleistet hat. Es muß also bei einem reversiblen Prozeß zwischen zwei Zuständen das Integral $\int_1^2 \frac{\mathrm{d}Q_\sigma}{T_\sigma}$ vom Weg unabhängig sein. Denn schließt man zwei Kurven zwischen den Zuständen 1 und 2 durch Richtungsumkehr der einen zum Kreisprozeß zusammen, so muß das Integral verschwinden. Wir bezeichnen das von einem unbestimmten Anfang an gerechnete Integral $\int \frac{\mathrm{d}Q_{\sigma(\mathrm{rev})}}{T}$ als die Entropie $S$ des Systems:

$$\boxed{S = \int \frac{\mathrm{d}Q_{\sigma(\mathrm{rev})}}{T}}\,. \tag{19}$$

Ihre Maßeinheit ist J/kg.

Bei einem reversibel geführten Übergang des Systems aus einem Zustand 1 in einen Zustand 2 ist also

$$S_2 - S_1 = \int_1^2 \frac{dQ_{\sigma(\mathrm{rev})}}{T}. \tag{20}$$

Bei einer irreversiblen Zustandsänderung gilt das Gleichheitszeichen nicht mehr. Ob wir statt dessen ein >- oder <-Zeichen setzen müssen, finden wir, indem wir den Prozeß durch einen im umgekehrten Sinn verlaufenden reversiblen zum Kreisprozeß ergänzen. Da der gesamte Kreisprozeß irreversible Bestandteile enthält, so muß nach oben sein:

$$\oint \frac{dQ_\sigma}{T} = \int_1^2 \frac{dQ_{\sigma(\mathrm{irr})}}{T} + \int_2^1 \frac{dQ_{\sigma(\mathrm{rev})}}{T} = \int_1^2 \frac{dQ_{\sigma(\mathrm{irr})}}{T} + S_1 - S_2 < 0 \tag{21}$$

oder

$$S_2 - S_1 - \int_1^2 \frac{dQ_{\sigma(\mathrm{irr})}}{T} > 0. \tag{21'}$$

Die positive Differenz

$$S_2 - S_1 - \int_1^2 \frac{dQ_\sigma}{T}$$

stellt daher ein Maß für die Irreversibilität eines gegebenen Prozesses dar. Man kann sich leicht an einzelnen Beispielen klar machen, warum bei irreversiblen Kreisprozessen der Wert des Integrals $\oint \frac{dQ_\sigma}{T}$ negativ wird: Führen wir dem System mit Hilfe einer CARNOT-Maschine Wärme zu, die aber infolge von Reibungswiderständen in geringerem Maß in Arbeit verwandelt wird, oder entsteht im System selbst Reibungswärme, so muß bis zur Rückkehr in den Ausgangszustand mehr Wärme in den Speicher geschafft werden als beim reversiblen Kreisprozeß.

Für abgeschlossene Systeme, die in keinem Wärmeaustausch mit der Umgebung stehen, ist das Integral $\int \frac{dQ}{T}$ null; es ist also bei einer Zustandsänderung

$$S_2 - S_1 > 0.$$

*Alle in einem abgeschlossenen System auftretenden Zustandsänderungen verlaufen so, daß die Entropie zunimmt. Ein abgeschlossenes System wird daher so lange Zustandsänderungen unterworfen sein, bis die Entropie einen Höchstwert erreicht hat.*

Daß bei Vorgängen, bei denen infolge irreversiblen Verhaltens gar keine Wärme im Spiel ist, bei denen man also bei gedankenloser Anwendung von $dS = dQ/T$ auf $dS = 0$ kommen könnte, zur *reversiblen* Erzeugung der Zustandsänderung eine Wärmezufuhr nötig ist, wollen wir uns an dem oben schon erwähnten Beispiel der Diffusion zweier Gase klarmachen. Es seien gleiche Volumina der beiden Gase 1 und 2 übereinander gesetzt, die unter demselben Druck stehen sollen. Nimmt man die

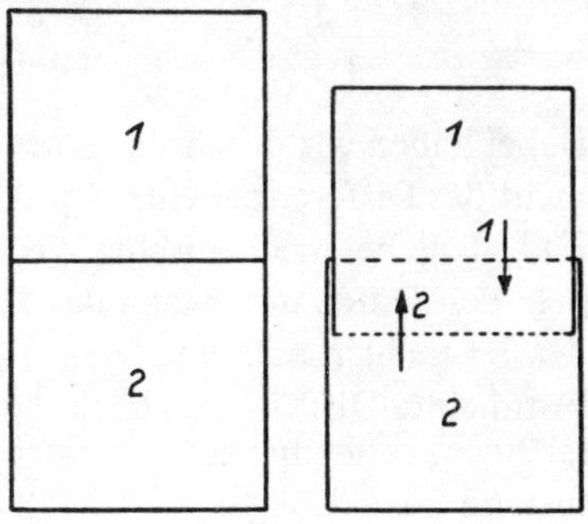


Fig. 131. Reversible Mischung zweier Gase. Umgebung sei Vakuum

Trennwand weg, so diffundieren sie einfach ineinander, ohne daß sonst irgend etwas passiert. Dieser von selbst verlaufende Prozeß ist irreversibel. Wir können aber etwas umständlicher, dafür aber in umkehrbarer Weise, denselben Endzustand herstellen, wenn wir von der Tatsache, daß es selektiv durchlässige Membrane gibt, Gebrauch machen. Gummi ist z. B. für Kohlensäure sehr gut durchlässig, für Wasserstoff nicht. Für ein Gas, das von der Membran durchgelassen wird, existiert die Wand nicht. Wir bringen jetzt die beiden Gase in 2 ineinander verschiebbare Gefäße, von denen das untere einen für 1 durchlässigen Deckel, das obere einen für 2 durchlässigen Boden hat (vgl. Fig. 131). Bei der Verschiebung der beiden Gefäße ineinander bewegt sich der Boden des oberen ohne Widerstand im Gas 2, da er ja für dieses Gas durchlässig ist und dasselbe gilt für das Durchstreichen des Gases 1 durch den Deckel des unteren Gefäßes. Es ist also keinerlei Arbeit zu leisten. Ist das obere Gefäß völlig in das untere eingeschoben, so sind die Gase gemischt, aber das Volumen ist nur die Hälfte des Volumens, das die Mischung bei irreversibler Diffusion annimmt. Wollen wir diesen Zustand auf umkehrbarem Weg herstellen, so lassen wir nun die Mischung unter äußerer Arbeitsleistung auf das doppelte Volumen expandieren, wobei wir das Äquivalent der Arbeit als Wärme der Gasmischung zuführen müssen, um gleiche Temperatur zu behalten. Diese Wärmemenge, geteilt durch $T$, gibt nach Gl. (20) die Entropieänderung bei der irreversiblen Mischung. Von dem auf reversiblem Weg erreichten Zustand kommen wir folgendermaßen zum Anfang zurück: Unter Aufwand der bei der Expansion gewonnenen Arbeit komprimieren wir das Gemisch, führen die erzeugte Wärme wieder an den Wärmebehälter ab und trennen die Gase mittels der selektiven Wände ohne Arbeitsaufwand.

Aufg. 124. Man berechne die Entropieänderung bei der Mischung von 10 g Wasser von 100°C mit 20 g Wasser von 15°C.

Aufg. 125. In wieviel Punkten kann eine Adiabate eine Isotherme schneiden?

Aufg. 126. Wie ist in Fig. 127, S. 420 die Gerade $BC$ zu zeichnen?

## § 3. Die Gleichgewichtsbedingungen für verschiedene thermodynamische Systeme. Die thermodynamischen Potentiale

Schreiben wir (21′) in differentieller Form und wenden wir für $\mathrm{d}Q$ den 1. Hauptsatz an, der natürlich immer, ob reversibel oder irreversibel, gelten muß, so wird

$$\mathrm{d}S - \frac{\mathrm{d}U + \bar{\mathrm{d}}A}{T} \geqq \quad (A \text{ äußere Arbeit, Gleichheitszeichen für reversible Prozesse}). \tag{21''}$$

Dabei haben wir durch das Zeichen $\bar{\mathrm{d}}A$ zum Ausdruck gebracht, daß die äußere Arbeit nicht das Differential einer Funktion der Zustandsgrößen zu sein braucht. Im reversiblen Fall ist sie bei mechanischer Arbeit $+p\,\mathrm{d}V$, wobei $p$ den Gleichgewichtsdruck bedeutet, d. h. den Druck unter dem das System in jedem Augenblick steht. Damit haben wir für den reversiblen Fall eine *Definition der Entropie als Funktion der Zustandsvariablen* in Form einer Differentialgleichung:

$$\boxed{\mathrm{d}S = \frac{\mathrm{d}U + p\,\mathrm{d}V}{T}} \,. \tag{22}$$

Um den Gleichgewichtszustand, den ein System unter gegebenen äußeren Bedingungen annimmt, zu berechnen, verfahren wir wie in der Mechanik nach dem Prinzip der virtuellen Verrückungen: Für ein abgeschlossenes System, das durch die Nebenbedingungen $U = \text{const}$, $V = \text{const}$ gekennzeichnet ist, ist auch $\delta A$ null, es ist also

$$\boxed{\delta S \geqq 0 \quad \text{bei den Nebenbedingungen} \quad \delta U = 0 \text{ und } \delta V = 0},$$

was ja nur den oben bereits ausgesprochenen Satz wiederholt, daß das abgeschlossene System im Gleichgewicht das Maximum der Entropie annimmt.

Im allgemeinen haben wir es aber nicht mit abgeschlossenen Systemen zu tun. Z. B. verlaufen im Laboratorium die meisten Prozesse infolge Wärmeaustausches mit der Umgebung bei konstanter Temperatur. Bei reversibler Prozeßführung ist dann wegen $T = \text{const}$ nach (21″)

$$\boxed{dA = -d(U - TS) = -dF}. \tag{23}$$

Die Funktion $F$ heißt die *freie Energie.* Ihre **Ab**nahme gibt bei konstanter Temperatur die maximal zu gewinnende äußere Arbeit, die *freie Energie* hat also eine sehr anschauliche Bedeutung: Vom gesamten Energieinhalt ist ein Teil für jede Verwandlung verfügbar, während der andere Teil festgelegt ist und in Wärme verwandelt wird. Denn allgemein ist nach (21″)

$$\delta A \leqq -dF. \tag{24}$$

Soll nun das System sein Volumen nicht ändern (isotherm-isochores System), so leistet es keine Arbeit und so wird wegen $\delta A = 0$

$$0 \leqq -\delta F \quad \text{oder}$$

$$\boxed{\delta F \leqq 0, \quad \text{bei den Nebenbedingungen} \quad \delta T = 0, \ \delta V = 0}. \tag{25}$$

*Ein isotherm-isochores System hat im Gleichgewicht das Minimum der freien Energie.* Für das Gleichgewicht gilt das Gleichheitszeichen, denn es werden so lange von selbst Veränderungen eintreten, bis dieser Kleinstwert erreicht ist und dieser ist wie jedes Extremum durch $\delta F = 0$ ausgezeichnet.

Wird der Druck in einem isothermen System konstant gehalten, so ist bei reversibler Prozeßführung

$$dA = p\,dV = -d(U - TS)$$

oder wegen $p = \text{const}$

$$d(U - TS + pV) = dG = 0. \tag{26}$$

Die hier eingeführte Funktion $G$ heißt die „*freie Enthalpie*"[1], da sie sich von der freien Energie dadurch unterscheidet, daß die Enthalpie an Stelle der Energie getreten ist. Nach (24) ist in jedem isothermen System

$$\delta A \leqq \delta(TS - U),$$

[1]) Für $G$ wird auch die Bezeichnung GIBBSsches Potential gebraucht.

da aber $\delta A \leqq \delta(pV)$ ist ($p$ ist konstant!), gilt

$$\delta(pV) \leqq \delta(TS - U)$$

oder

$$\boxed{\begin{array}{l}\delta(U - TS + pV) = \delta G \leqq 0, \\ \text{bei den Nebenbedingungen } \delta T = 0, \quad \delta p = 0\end{array}} \; . \tag{27}$$

*Ein isotherm-isobares System strebt einem Minimum der freien Enthalpie zu,* der das Gleichgewicht auszeichnet.

Die hier eingeführten Funktionen heißen *thermodynamische Potentiale.* Der Ausdruck kommt von einer formalen Analogie mit dem Potential der Mechanik. So, wie man nämlich dort die Kraftkomponenten durch Differentiation des Potentials nach den Koordinaten gewinnt, so bekommt man aus den thermodynamischen Potentialen alle andern Zustandsvariablen durch Differentiationsprozesse – also ohne die Einführung neuer, großer Schwierigkeiten bereitender Integrationskonstanten –, wenn die Potentiale als Funktionen zweier richtig gewählter unabhängiger Variablen gegeben sind. Die richtigen unabhängigen Variablen sind dabei gerade die, welche in den Nebenbedingungen zusammen mit den Variationen der betreffenden Potentiale auftreten.

Je nachdem, ob man neben $p$, $V$ und $T$ noch $U$ *oder* $S$ als Zustandsvariable nimmt, erhält man entweder aus $S = S(U, V)$

$$dS = \left(\frac{\partial S}{\partial U}\right)_V dU + \left(\frac{\partial S}{\partial V}\right)_U dV = \frac{dU + p\,dV}{T}$$

und durch Vergleich

$$\boxed{\frac{1}{T} = \left(\frac{\partial S}{\partial U}\right)_V \quad \text{und} \quad \frac{p}{T} = \left(\frac{\partial S}{\partial V}\right)_U}$$

oder aus $U = U(S, V)$

$$dU = \left(\frac{\partial U}{\partial S}\right)_V dS + \left(\frac{\partial U}{\partial V}\right)_S dV = T\,dS - p\,dV \tag{28}$$

und durch Vergleich

$$\boxed{T(S, V) = \left(\frac{\partial U}{\partial S}\right)_V \quad \text{und} \quad p(S, V) = -\left(\frac{\partial U}{\partial V}\right)_S} \; . \tag{29}$$

Eliminieren wir aus diesen Ausdrücken die Entropie $S$, erhalten wir die Zustandsgleichung in der Form $p = p(T, V)$.

Es hat sich inzwischen eingebürgert als Zustandsvariable die beiden Quantitätsgrößen $V$ und $S$ sowie die beiden Intensitätsgrößen $p$ und $T$ zu nehmen. Je zwei dieser Größen sind dann unabhängige Variable und die beiden anderen abhängige Variable.

Für die Innere Energie $U$ waren dies $S$ und $V$. $p$ und $T$ ergaben sich dann als abhängige Variable automatisch in Gl. (29).

Auf S. 439 haben wir bereits die Innere Enthalpie kennengelernt:

$$H = U + pV \ .$$

Aus dem Differential $\mathrm{d}H = \mathrm{d}U + p\,\mathrm{d}V + V\,\mathrm{d}p$ folgt mit Gl. (22)

$$\mathrm{d}H = T\,\mathrm{d}S + V\,\mathrm{d}p \ .$$

Damit ist $H = H(S, p)$ und

$$\mathrm{d}H = \left(\frac{\partial H}{\partial S}\right)_p \mathrm{d}S + \left(\frac{\partial H}{\partial p}\right)_S \mathrm{d}p = T\,\mathrm{d}S + V\,\mathrm{d}p \tag{30}$$

Durch Vergleich erhalten wir

$$\boxed{T(S, p) = \left(\frac{\partial H}{\partial S}\right)_p \quad \text{und} \quad V(S, p) = \left(\frac{\partial H}{\partial p}\right)_S} \ . \tag{31}$$

Eliminieren wir aus diesen Ausdrücken die Entropie $S$, erhalten wir wieder die Zustandsgleichung in der Form $V = V(p, T)$.
Ebenso folgt für die *freie Energie* $F = F(T, V) = U - TS$ (Gl. 23)

$$\mathrm{d}F = \left(\frac{\partial F}{\partial T}\right)_V \mathrm{d}T + \left(\frac{\partial F}{\partial V}\right)_T \mathrm{d}V = \mathrm{d}U - T\,\mathrm{d}S - S\,\mathrm{d}T$$

nach Gl. (22) $\qquad = \mathrm{d}U - \mathrm{d}U - p\,\mathrm{d}V - S\,\mathrm{d}T = -p\,\mathrm{d}V - S\,\mathrm{d}T$

und durch Vergleich

$$\boxed{S(T, V) = -\left(\frac{\partial F}{\partial T}\right)_V \quad \text{und} \quad p(T, V) = -\left(\frac{\partial F}{\partial V}\right)_T} \ . \tag{32}$$

In gleicher Weise folgt für die *freie Enthalpie* $G = G(T, p) = U - TS + pV$ (Gl. 26)

$$\mathrm{d}G = \left(\frac{\partial G}{\partial T}\right)_p \mathrm{d}T + \left(\frac{\partial G}{\partial p}\right)_T \mathrm{d}p = \mathrm{d}U - T\,\mathrm{d}S - S\,\mathrm{d}T + p\,\mathrm{d}V + V\,\mathrm{d}p$$

nach Gl. (22) $\qquad = -S\,\mathrm{d}T + V\,\mathrm{d}p$

und damit

$$\boxed{S(T, p) = -\left(\frac{\partial G}{\partial T}\right)_p \quad \text{und} \quad V(T, p) = \left(\frac{\partial G}{\partial p}\right)_T} \ . \tag{33}$$

Die jeweils letzten Ausdrücke in Gl. (32) und Gl. (33), $p(T, V)$ und $V(T, p)$, sind gerade wieder die Zustandsgleichung selbst.

Da alle vier thermodynamischen Potentiale in der Form $\mathrm{d}U$, $\mathrm{d}H$, $\mathrm{d}F$ und $\mathrm{d}G$ totale Differentiale von zwei unabhängigen Variablen sind, müssen die gemischten zweifachen Ableitungen identisch sein. Die sich so ergebenden thermodynamischen Relationen werden auch als MAXWELLrelationen bezeichnet. Sie lauten im Einzelnen:

$$\left(\frac{\partial T}{\partial V}\right)_S = -\left(\frac{\partial p}{\partial S}\right)_V \qquad \text{(aus Gl. (29))}$$

$$\left(\frac{\partial T}{\partial p}\right)_S = \left(\frac{\partial V}{\partial S}\right)_p \qquad \text{(aus Gl. (31))}$$

$$\left(\frac{\partial S}{\partial V}\right)_T = \left(\frac{\partial p}{\partial T}\right)_V \qquad \text{(aus Gl. (32))}$$

$$\left(\frac{\partial V}{\partial T}\right)_p = -\left(\frac{\partial S}{\partial p}\right)_T \qquad \text{(aus Gl. (33))} .$$

Da alle in die thermodynamischen Potentiale $U, H, F$ und $G$ eingehenden Ausdrücke so beschaffen sind, daß sie sich für das aus 2 nebeneinandergesetzten, im Gleichgewicht befindlichen Systeme bestehende Gesamtsystem einfach addieren, sind die Potentiale additive Größen, insbesondere erhalten sie für die $n$-fache Masse den $n$-fachen Wert.

## § 4. Der Zusammenhang zwischen Innerer Energie und der Zustandsgleichung

Der zweite Hauptsatz gibt auf rein thermodynamischem Weg die Abhängigkeit der Inneren Energie $u$ von $v$, die wir in Kap. V aus halbkinetischen Betrachtungen abgeleitet hatten. (Die Abhängigkeit von $T$ gibt Gl. (8), S. 434.) Wählen wir $T$ und $v$ als die unabhängigen Variablen, so ist für 1 Mol

$$\mathrm{d}s = \left(\frac{\partial s}{\partial T}\right)_v \mathrm{d}T + \left(\frac{\partial s}{\partial v}\right)_T \mathrm{d}v = \frac{1}{T}\left[\left(\frac{\partial u}{\partial T}\right)_v \mathrm{d}T + \left(\frac{\partial u}{\partial v}\right)_T \mathrm{d}v + p\,\mathrm{d}v\right] . \tag{34}$$

Durch Vergleich folgt

$$\left(\frac{\partial s}{\partial T}\right)_v = \frac{1}{T}\left(\frac{\partial u}{\partial T}\right)_v \tag{35}$$

$$\left(\frac{\partial s}{\partial v}\right)_T = \frac{1}{T}\left[\left(\frac{\partial u}{\partial v}\right)_T + p\right] . \tag{36}$$

Differenzieren wir Gl. (35) nach $v$ und Gl. (36) nach $T$, so ergibt sich durch Vergleich

$$\left(\frac{\partial u}{\partial v}\right)_T = T\left(\frac{\partial p}{\partial T}\right)_v - p = T^2\left(\frac{\partial\left(\frac{p}{T}\right)}{\partial T}\right)_v . \tag{37}$$

Diese Beziehung führt, wenn wir die Zustandsgleichung des idealen Gases einsetzen, auf die Unabhängigkeit der Inneren Energie vom Volumen, wenn wir die Zustandsgleichung VAN DER WAALSschen Gases nehmen, auf die auf S. 436 abgeleitete Gl. (18). Für die Differenz der spezifischen Wärmekapazitäten erhält man nach Gl. (11), S. 434 die allgemeine Beziehung:

$$\boxed{c_p - c_v = T\left(\frac{\partial p}{\partial T}\right)_v \left(\frac{\partial v}{\partial T}\right)_p} . \tag{38}$$

Aufg. 127. In einem galvanischen Element, das die Spannung $\Phi$ besitzt, wird bei Durchgang der Elektrizitätsmenge $\mathrm{d}Q$ die Arbeit $\Phi\,\mathrm{d}Q$ geleistet, die an Stelle der mechanischen Arbeit $p\,\mathrm{d}v$ tritt. Die Energieänderung bestimmt sich nach Durchgang von $F = 96\,494$ Coulomb aus der Wärmetönung der Reaktion pro Grammäquivalent. Welcher Zusammenhang besteht demnach zwischen dieser Wärmetönung, der Spannung und ihrem Temperaturkoeffizienten? (Man führe die Ladung $Q$ und die Temperatur $T$ als unabhängige Variable ein.)

Aufg. 128. Man zeige, daß für $T$ und $p$ als unabhängige Veränderliche $h$ an Stelle von $u$ tritt und daß es für $\left(\frac{\partial h}{\partial p}\right)_T$ eine zu (37) analoge Formel gibt.

## § 5. Thermodynamik elektrischer und magnetischer Prozesse

Bei den Energiebetrachtungen der Elektrizitätslehre haben wir die Wärmeenergie gar nicht in Rechnung gesetzt. Streng genommen handelt es sich bei der dort mit $U$ bezeichneten Größe, soweit sie sich auf materielle Körper bezog, um die *freie* Energie. Da aber freie Energie und innere Energie bei Zimmertemperatur an sich nur wenig verschieden sind (sie fallen bei $T = 0$ zusammen), so ist damit kein Fehler begangen. Nur wenn man die mit der Polarisierung verknüpften thermischen Effekte studieren will muß man natürlich diesen Unterschied beachten.

Wir gehen aus von der auf S. 270 abgeleiteten Gleichung (41), nach der einem Körper bei der Änderung der Polarisierung pro Volumen die Energie $\vec{E}\,\mathrm{d}\vec{P}$ zugeführt wird. Führen wir außerdem noch Wärme, aber keine mechanische Arbeit zu, so gibt der 1. Hauptsatz

$$\mathrm{d}u = \bar{\mathrm{d}}q + E\,\mathrm{d}P\,. \tag{39}$$

(Da $\vec{P}$ die Richtung von $\vec{E}$ hat, können wir mit den Beträgen rechnen.)
Vergleichen wir diese Formel mit der für mechanische Arbeit geltende, so sehen wir, daß $-E$ an Stelle von $p$ und $P$ an Stelle von $v$ getreten ist. $P$ wollen wir dabei als die Polarisation pro Mol betrachten. Dieselbe Gleichung gilt natürlich auch für den magnetischen Fall. Die Magnetisierung pro Mol wollen wir hier, um Verwechslungen mit anderen Größen zu vermeiden, mit $l$ bezeichnen. Da der magnetische Fall praktisch viel wichtiger ist, wollen wir die weiteren Entwicklungen mit diesen Bezeichnungen ($B$ Magnetfeld, $l$ Magnetisierung pro Mol) durchführen. Ersetzen wir in den Formeln des § 4 die mechanischen durch die magnetischen Größen, so erhalten wir sofort die Differenz der spezifischen Wärmen bei konstanter Magnetisierung und bei konstantem Feld. Dies bedeutet folgendes: Wir denken uns eine paramagnetische Substanz zwischen die Pole eines Magneten gebracht und erwärmt. Dabei sinkt die paramagnetische Suszeptibilität und damit bei konstanter Feldstärke die Magnetisierung. Statt dessen können wir aber auch durch Erhöhung der Feldstärke die Magnetisierung konstant halten. Die Durchrechnung überlassen wir dem Leser (vgl. Aufg. 129).

Von erheblicher experimenteller Bedeutung ist die bei adiabatischen Prozessen auftretende Temperaturänderung geworden, da man mit ihrer Hilfe dem absoluten Nullpunkt nahe kommt. Da bei adiabatischen Prozessen die Entropie konstant bleibt, müssen wir diese Funktion für einen magnetisierten Körper anschreiben. Die Übersetzung der Gl. (37) ergibt

$$\left(\frac{\partial u}{\partial l}\right)_T = -T^2\left(\frac{\partial (B/T)}{\partial T}\right)_l . \tag{40}$$

Nun fanden wir bei der Theorie der paramagnetischen Suszeptibilität, daß, solange keine gegenseitige Beeinflussung der Elementarmagnete stattfindet, d. h. das CURIE- und nicht das WEISS-Gesetz gilt, $l$ nur eine Funktion von $B/T$ ist, umgekehrt also $B/T$ eine Funktion von $l$ allein ist. Daher verschwindet der Differentialquotient auf der rechten Seite, und *die Innere Energie eines magnetisierten Körpers hängt dann ebensowenig von der Magnetisierung ab wie die Innere Energie eines idealen Gases von Volumen.* Es leuchtet ein, daß die *innere* Energie nicht von der Orientierung der Dipole abhängt, solange keine Wechselwirkung zwischen ihnen besteht. Ein Stoff, der dem CURIE-Gesetz gehorcht, entspricht daher dem idealen Gas und wie bei den Gasen fallen bei tiefen Temperaturen die Abweichungen vom CURIE-Gesetz, die sich in einem inneren Feld bemerkbar machen, immer mehr ins Gewicht. Damit wird für den idealmagnetischen Körper (34) ins Magnetische übersetzt

$$ds = \frac{1}{T}\left[\left(\frac{\partial u}{\partial T}\right)_l dT - B\,dl\right]. \tag{41}$$

Der zweite Teil stellt den magnetischen Anteil der Entropie dar. Im ersten Teil haben wir für $\left(\frac{\partial u}{\partial T}\right)_l$ die spezifische Wärme zu setzen, wobei wir, da wir es mit festen oder flüssigen Stoffen zu tun haben, nicht zwischen $c_p$ und $c_v$ zu unterscheiden brauchen. (Der Einfluß der Magnetisierung auf die Innere Energie und damit auf die spezifische Wärme fällt nach oben weg.) Für die Auswertung des magnetischen Anteils der Entropie gehen wir davon aus, daß die Magnetisierung $l$ eines paramagnetischen Körpers eine Funktion von $\frac{\mu B}{kT}$ ($\mu$ magnetisches Moment des betreffenden Atoms) ist.

Führen wir diese Größe als Variable $x$ ein, so ergibt sich der magnetische Anteil der Entropie durch Integration des zweiten Teils von (41) zu

$$s_m = -\int \frac{B}{T}\,dl = -\frac{k}{\mu}\int \frac{\mu B}{kT}\,dl = -\frac{k}{\mu}\int x f'(x)\,dx = -\frac{k}{\mu}\left[x f(x) - \int f(x)\,dx\right]. \tag{42}$$

Durch Einsetzen der für sehr viele Fälle gültigen Funktion $\mu L \tanh x$ erhalten wir wegen $kL = R$

$$s_m = -R(x \tanh x - \ln\cosh x) = \Phi\left(\frac{\mu B}{kT}\right). \tag{43}$$

Für einen adiabatischen Prozeß ist die Gesamtentropie konstant, also

$$s = \int \frac{c}{T}\,dT + \Phi\left(\frac{\mu B}{kT}\right) = \text{const}\,. \tag{44}$$

Die Funktion $\Phi$ ist wegen des Überwiegens des Terms $x \tanh x$ negativ. Schalten wir bei einer bestimmten Temperatur $T$ das Feld ein, so kommt das negative Glied hinzu, es muß also der 1. Term größer werden, damit die Entropie konstant gehalten wird, d. h., die Temperatur steigt auf einen Wert $T + \Delta T$, der gegeben ist durch

$$\int_T^{T+\Delta T} \frac{c}{T}\,dT = -\Phi\left(\frac{\mu B}{kT}\right) \tag{45}$$

(in dem kleinen Glied $\Phi\left(\frac{\mu B}{kT}\right)$ können wir mit der Ausgangstemperatur $T$ rechnen). Wenn wir eine konstante mittlere spezifische Wärme $\bar{c}$ für das Intervall $\Delta T$ nehmen, so erhalten wir aus (45):

$$\frac{\Delta T}{T} = -\frac{1}{c}\,\Phi\left(\frac{\mu B}{kT}\right). \tag{45'}$$

Umgekehrt muß bei Ausschalten des Feldes eine Temperaturerniedrigung eintreten, deren Betrag durch dieselbe Gleichung gegeben ist, und diese Temperaturerniedrigung kann in der Nähe des absoluten Nullpunkts, wo andere adiabatische Prozesse versagen, recht beträchtlich werden, solange noch $I$ nur von $B/T$ abhängt (vgl. oben). Durch Ausnutzen der adiabatischen Entmagnetisierung der magnetischen Momente der Elektronen erreicht man Temperaturen von einigen mK. Noch tiefere Temperaturen erreicht man, wenn man die adiabatische Entmagnetisierung der magnetischen Momente der Kerne zu Hilfe nimmt. Der derzeitige Weltrekord (1987) liegt bei 12 μK. Zur Messung dieser tiefen Temperaturen benutzt man magnetische oder kernphysikalische Eigenschaften oder die thermische Relaxation der benutzten Stoffe.

Aufg. 129. Man berechne die Differenz der spezifischen Wärmekapazitäten bei konstantem Feld und bei konstanter Magnetisierung in einem Gebiet, in welchem $I = \frac{C}{T} B$ ist.

Siebentes Kapitel

# Anwendung des 2. Hauptsatzes zur Berechnung des Gleichgewichts thermo-dynamischer Systeme

## § 1. GIBBSsche Phasenregel

Wir betrachten ein ganz allgemeines System, das $\alpha$ unabhängige Bestandteile (Stoffe) in $\beta$ Phasen enthalte. Wir werden sogleich sehen, daß die Anzahl der Phasen nicht beliebig groß ist, sondern daß die Höchstzahl durch die Anzahl der unabhängigen Bestandteile gegeben ist. Wir wollen die Phasen durch oben angehängte Striche bzw. obere Indices unterscheiden, die Bestandteile durch untere Indices. Die Masse des $i$-ten Bestandteils in der $k$-ten Phase drücken wir also durch $M_i^k$ aus.

Wir betrachten den Gleichgewichtszustand des Systems bei einer bestimmten Temperatur und einem bestimmten Druck, sehen es also nicht als abgeschlossen, sondern als isotherm-isobar an. In diesem Fall hat nach S. 455 die freie Enthalpie

$$G = U - TS + pV \tag{1}$$

ein Minimum. Da $G$ der Masse proportional ist, erhalten wir, wenn wir alle Massen mit derselben Zahl $q$ multiplizieren:

$$G(qM_1, qM_2, \ldots qM_\alpha) = qG(M_1, M_2, \ldots M_\alpha). \tag{2}$$

Dies ist aber die Definition einer homogenen Funktion ersten Grades der Massen. Für homogene Funktionen $n$-ten Grads gilt der EULERsche Satz

$$M_1 \frac{\partial G}{\partial M_1} + M_2 \frac{\partial G}{\partial M_2} + \cdots M_\alpha \frac{\partial G}{\partial M_\alpha} = n\,G(M_1, M_2, \ldots M_\alpha), \tag{3}$$

der in unserem Fall ergibt

$$M_1 \frac{\partial G}{\partial M_1} + M_2 \frac{\partial G}{\partial M_2} + \cdots M_\alpha \frac{\partial G}{\partial M_\alpha} = G(M_1, M_2 \ldots M_\alpha) \tag{4}$$

(zum Beweis braucht man nur beide Seiten von Gl. (2) nach $q$ zu differenzieren und $q = 1$ zu setzen). Rechts steht eine homogene Funktion 1. Grads der Massen. Damit auch links eine solche steht, müssen wegen der Faktoren $M_i$ die Differentialquotienten $\frac{\partial G}{\partial M_i}$ homogene Funktionen nullten Grads sein, d. h., die *Differentialquotienten dürfen nur von den Verhältnissen der Massen abhängen.*

Nach diesen Vorbereitungen, welche die Eigenschaften der Funktion $G$ betreffen, können wir zu unserer Fragestellung zurückkehren. Da $U$, $V$ und $S$ additive Größen sind, d. h., da z. B. die Energie eines Systems gleich der Summe der Energien seiner Teile ist, gilt für das Gesamtsystem, wenn wir die GIBBSschen Potentiale der einzelnen Phasen durch Striche unterscheiden

$$G = G' + G'' + \cdots G^\beta . \tag{5}$$

Die $G^{(k)}$ haben natürlich ebenfalls die oben abgeleiteten Eigenschaften. Sie hängen außerdem noch von $T$ und $p$ ab. Die Gleichgewichtsbedingung lautet nun

$$\delta G = \delta G' + \delta G'' + \cdots \delta G^\beta = 0 \tag{6}$$

mit den Nebenbedingungen $\delta T = 0$ und $\delta p = 0$. Außerdem muß aber die Masse eines jeden einzelnen unabhängigen Bestandteils im ganzen konstant bleiben, d. h. es dürfen wohl Verschiebungen der Massen von einer Phase zur andern stattfinden, diese müssen aber so sein, daß die Masse eines Stoffes im ganzen nicht verändert wird. Es kommen also noch die weiteren $\alpha$-Nebenbedingungen

$$\begin{aligned} \delta M_1' + \delta M_1'' + \cdots \delta M_1^\beta &= 0, \\ \delta M_2' + \delta M_2'' + \cdots \delta M_2^\beta &= 0, \\ \vdots \qquad \vdots \qquad\quad &\vdots \\ \delta M_\alpha' + \delta M_\alpha'' + \cdots \delta M_\alpha^\beta &= 0 \end{aligned} \tag{7}$$

hinzu. Führt man die Variation von $G$ unter Konstanthaltung von $T$ und $p$ aus, so ergibt sich die Gleichung

$$\begin{aligned} \delta G = 0 = {} & \frac{\partial G'}{\partial M_1'} \delta M_1' + \frac{\partial G'}{\partial M_2'} \delta M_2' + \cdots \frac{\partial G'}{\partial M_\alpha'} \delta M_\alpha' + \frac{\partial G''}{\partial M_1''} \delta M_1'' \\ & + \frac{\partial G''}{\partial M_2''} \delta M_2'' + \cdots \frac{\partial G''}{\partial M_\alpha''} \delta M_\alpha'' + \cdots \frac{\partial G^\beta}{\partial M_1^\beta} \delta M_1^\beta + \frac{\partial G^\beta}{\partial M_2^\beta} \delta M_2^\beta + \cdots \frac{\partial G^\beta}{\partial M_\alpha^\beta} \delta M_\alpha^\beta . \end{aligned} \tag{8}$$

Da die Variationen nicht beliebig sind, sondern den Bedingungen (7) unterliegen, wenden wir die LAGRANGEsche Multiplikatorenmethode (vgl. S. 120) an, indem wir die Bedingungen (7) mit den Multiplikatoren $\lambda_i$ multiplizieren und zu der Hauptgleichung (8) addieren. Da nunmehr die Koeffizienten der $\delta M_i^{(k)}$ einzeln verschwinden müssen, erhalten wir das Gleichungssystem

$$\begin{array}{llll} \frac{\partial G'}{\partial M_1'} + \lambda_1 = 0, & \frac{\partial G'}{\partial M_2'} + \lambda_2 = 0, & \cdots & \frac{\partial G'}{\partial M_\alpha'} + \lambda_\alpha = 0, \\ \frac{\partial G''}{\partial M_1''} + \lambda_1 = 0, & \frac{\partial G''}{\partial M_2''} + \lambda_2 = 0, & \cdots & \frac{\partial G''}{\partial M_\alpha''} + \lambda_\alpha = 0, \\ \vdots \quad \vdots & \vdots \quad \vdots & & \vdots \\ \frac{\partial G^\beta}{\partial M_1^\beta} + \lambda_1 = 0, & \frac{\partial G^\beta}{\partial M_2^\beta} + \lambda_2 = 0, & \cdots & \frac{\partial G^\beta}{\partial M_\alpha^\beta} + \lambda_\alpha = 0. \end{array} \tag{9}$$

Dies sind $\alpha\beta$-Gleichungen, die erfüllt sein müssen. Wieviel Variable stehen zur Verfügung? Wir haben zunächst die $\alpha$-Multiplikatoren, dann hängen die Differentialquotienten von $T, p$ und den $(\alpha - 1)$ Massenverhältnissen, also von je $\alpha + 1$ Veränderlichen ab. Insgesamt haben wir also, da $T$ und $p$ für alle Phasen gleich sind, $\alpha + \beta(\alpha - 1) + 2$ freie Variable. Da die Zahl der Gleichungen höchstens gleich der Zahl der Variablen sein kann, ist

$$\alpha\beta \leqq \alpha + \beta(\alpha - 1) + 2$$

oder

$$\beta \leqq \alpha + 2 \quad . \tag{10}$$

*Die Zahl der Phasen darf höchstens um 2 größer sein als die Zahl der unabhängigen Bestandteile.* In diesem Fall liegen auch die Werte von $T$ und $p$ vollkommen fest, da sich ja bei der Auflösung des Gleichungssystems ganz bestimmte Zahlwerte für diese Größen ergeben. Ein Einstoffsystem kann also höchstens 3 Phasen haben. Es können z. B. bei ganz bestimmten Werten von Temperatur und Druck Wasser, Wasserdampf und Eis im thermodynamischen Gleichgewicht nebeneinander bestehen, eine zweite Modifikation des Eises kann aber nicht außerdem noch zum System gehören. In diesem Fall wäre kein Gleichgewicht vorhanden, sondern es würden so lange Veränderungen eintreten, bis eine Phase ganz aufgezehrt ist.

Ist die Zahl der Phasen um eins kleiner, so haben wir eine Variable noch frei. Für das System Wasser – Wasserdampf ist z. B. die Temperatur noch verfügbar, der Druck ist aber eine eindeutige Funktion der Temperatur und nicht wie bei einem einphasigen System (z. B. Gas) eine zweite unabhängige Variable. Allgemein gibt die Differenz zwischen der möglichen Höchstzahl der Phasen und der Anzahl der wirklich vorhandenen die Zahl der Freiheitsgrade $f$:

$$f = \alpha + 2 - \beta \quad . \tag{11}$$

Als Beispiel eines Zweistoffsystems führen wir eine Lösung von Salmiak in Wasser an. Wir gehen von einer sehr verdünnten Lösung aus, über der sich als zweite Phase Wasserdampf befindet. Kühlen wir diese Lösung ab, so tritt knapp unter 0 °C Eisbildung ein. Wir haben jetzt eine dritte Phase, das feste Wasser. Nach der Phasenregel ist nun noch eine Variable frei, als die wir die Temperatur ansehen. Durch diese ist die Konzentration der Lösung bestimmt. Denn kühlen wir weiter ab, so wird durch weitere Abscheidung von Eis die Lösung immer konzentrierter und ihr Gefrierpunkt sinkt, da ja die Gefrierpunktserniedrigung einer Lösung erfahrungsgemäß – die thermodynamische Ableitung lernen wir S. 471 kennen – mit steigender Konzentration zunimmt. Schließlich wird aber die Lösung gesättigt, und es scheidet sich nun auch festes Salz aus. Die Temperatur, bei der dies eintritt, heißt der *eutektische Punkt*, es ist der tiefste Punkt, den das System erreichen kann. In diesem vierfachen Punkt stehen Dampf, Lösung, Eis und Salz im Gleichgewicht. Gehen wir andererseits von einer hochkonzentrierten Lösung aus, so scheidet sich mit sinkender Temperatur als dritte Phase festes Salz aus. Kühlen wir weiter ab, so nimmt die Konzentration der Lösung immer mehr ab. Die Kurve Konzentration-Temperatur stellt also die Löslichkeitskurve dar. Wird von dieser Seite her der eutektische Punkt erreicht, so tritt gleichzeitig wieder Abscheidung von Eis und Salz auf. Eine Lösung, welche die Konzentration des eutektischen Punkts hat, besitzt den tiefstmöglichen Gefrierpunkt.

## § 2. Die Dampfdruck- und die Schmelzdruckkurve

Das in § 1 angewandte Verfahren, thermodynamische Fragen zu lösen, besteht darin, daß man den Extremwert der für den betreffenden Fall geltenden Funktion $S$ oder $F$ oder $G$ aufsucht. Dies Verfahren erfordert weniger Denk- als Rechenarbeit. Man kann aber auch anders vorgehen, indem man sich für jeden Sonderfall einen Kreisprozeß ausdenkt und dann auf diesen die beiden Hauptsätze anwendet. Wir wollen die beiden Verfahren an der Berechnung der Dampfdruckkurve einander gegenüberstellen. Die Aufgabe formulieren wir so: In einem abgeschlossenen Volumen befindet sich Flüssigkeit und darüber ihr Dampf, dessen Druck wir mit einem Manometer messen. Da wir ein 2-Phasen-, aber 1-Stoff-System haben, gibt es nur 1 Freiheitsgrad, als den wir die Temperatur wählen. Das Volumen hat keinen Einfluß. Denn verkleinern wir das Volumen, so steigt nicht etwa, wie bei einem allein vorhandenen Gas, der Druck, sondern es kondensiert sich eben etwas mehr Flüssigkeit. Um nach dem 2. Verfahren den Zusammenhang zwischen $p$ und $T$ zu berechnen, denken wir uns folgenden Kreisprozeß (Fig. 132): Wir verdampfen bei der Temperatur $T + \mathrm{d}T$ 1 Mol Flüssigkeit und treiben dabei einen Kolben gegen den Druck $p + \mathrm{d}p$ vor. Jetzt entspannen wir das Gas unter verhinderter Wärmezufuhr und kommen dabei auf die Temperatur $T$. Bei dieser Temperatur verkleinern wir das Volumen wieder so lange, bis alles kondensiert ist, und bringen die Flüssigkeit durch eine geringe Wärmezufuhr wieder auf die Temperatur $T + \mathrm{d}T$. Wir vernachlässigen alle Größen 2. Ordnung, damit auch die kleine Wärmemenge, die zum Übergang zwischen den beiden benachbarten Temperaturen erforderlich ist. Dann ist die gewonnene Arbeit $\mathrm{d}p(v_1 - v_2)$ (Index 1 Gas, 2 Flüssigkeit). Bei der Verdampfung ist die Verdampfungswärme $q_{T+\mathrm{d}T} \approx q_T$

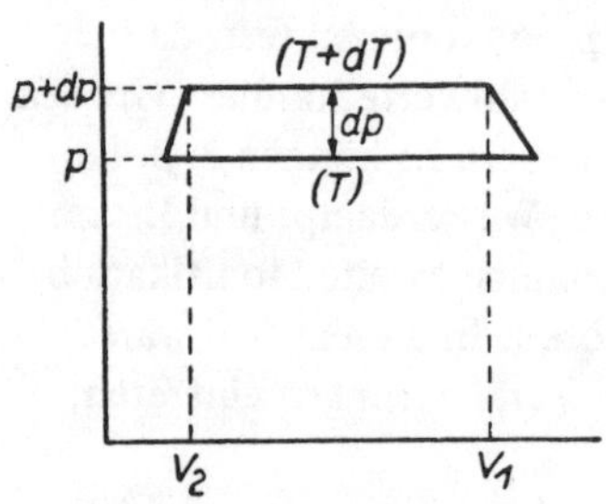


Fig. 132. Kreisprozeß zur Ableitung der Dampfdruckformel

zugeführt worden, von der nach dem II. Hauptsatz der Bruchteil $\mathrm{d}T/T$ in Arbeit verwandelt wurde, also

$$\mathrm{d}p(v_1 - v_2) = \frac{q_T\,\mathrm{d}T}{T} \quad \text{oder} \quad \boxed{\frac{\mathrm{d}p}{\mathrm{d}T} = \frac{q_T}{(v_1 - v_2)T}} \,. \tag{12}$$

Dies ist die CLAUSIUS-CLAPEYRON*sche Differentialgleichung der Dampfdruckkurve.* Sie gilt streng, dagegen wollen wir zu ihrer Integration folgende Vereinfachungen vornehmen: Wir vernachlässigen das Volumen $v_2$ der Flüssigkeit gegen das des Gases $v_1$, für das wir die Zustandsgleichung des idealen Gases ansetzen. Endlich rechnen wir mit konstanten spezifischen Wärmekapazitäten. Ferner tun wir so, als könnten wir die Temperatur $T = 0$ erreichen. Damit ergibt sich, wenn wir die Flüssigkeit einmal bei $T = 0, p = p$ verdampfen, dann das Gas auf $T$ erwärmen, das andere Mal erst die Flüssigkeit von 0 K auf $T$ bringen und dann verdampfen:

$$q_0 + c_p T = q_T + c_2 T \tag{13}$$

($q_0$ Verdampfungswärme bei $T = 0$)

und damit

$$\frac{\mathrm{d}p}{\mathrm{d}T} = \frac{[q_0 + (c_p - c_2)T]p}{RT^2} \,. \tag{14}$$

Integriert:

$$\ln p = -\frac{q_0}{RT} + \frac{(c_p - c_2)}{R} \ln T + \ln A \tag{15}$$

$$\boxed{p = A\, e^{-\frac{q_0}{RT}}\, T^{\frac{(c_p - c_2)}{R}}} \,. \tag{16}$$

Diese Gleichung zeigt, da der Faktor $T^{\frac{(c_p - c_2)}{R}}$ keine große Rolle spielt, den raschen einer $e$-Funktion nahekommenden Anstieg des Dampfdrucks.

Nun wollen wir nach der 2. Methode ebenfalls die Dampfdruckkurve berechnen. Um nicht genau dasselbe zu wiederholen, wollen wir jetzt die Temperaturveränderlichkeit der spezifischen Wärmekapazitäten in Rechnung setzen. Natürlich ist in dem System Flüssigkeit – Dampf die Temperatur im Gleichgewicht überall dieselbe. Da wir die Lage des Gleichgewichts bei einem bestimmten Wert von $T$ und von $p$ suchen, ist das Minimum von $G$ zu suchen. Bei $n_1$ Molen Gas und $n_2$ Molen Flüssigkeit ist die gesamte freie Enthalpie, wenn wir die auf 1 Mol Dampf (Flüssigkeit) bezüglichen Größen mit $g_1$ ($g_2$) bezeichnen

$$G = n_1 g_1 + n_2 g_2 \,. \tag{17}$$

Die Variation ist unter den Nebenbedingungen

$$T = \text{const}, \quad p = \text{const}, \quad n_1 + n_2 = \text{const} \tag{18}$$

vorzunehmen. Da die $g_i$ nur von $T$ und $p$ abhängen, müssen sie gemäß den Nebenbedingungen konstant bleiben. Wir haben also

$$0 = \delta n_1 g_1 + \delta n_2 g_2 \,. \tag{19}$$

Dazu kommt

$$0 = \delta n_1 + \delta n_2 . \tag{20}$$

Die Multiplikatorenmethode gibt

$$g_1 + \lambda = 0 \quad g_2 + \lambda = 0 \tag{21}$$

oder

$$g_1 - g_2 = u_1 - u_2 + p(v_1 - v_2) + T(s_2 - s_1) = 0. \tag{22}$$

Wir müssen jetzt versuchen, die einzelnen Posten der Gleichung auszurechnen. Dazu behandeln wir den Dampf als ideales Gas – was allerdings in der Nähe der Kondensation eine erhebliche Näherung bedeutet – und vernachlässigen in der Differenz $v_1 - v_2$ das Volumen der Flüssigkeit gegen dasjenige des Dampfes. Unter diesen Umständen wird

$$u_1 = u_{1,0} + \int_0^T c_{v1}\, \mathrm{d}T, \tag{23}$$

$$u_2 = u_{2,0} + \int_0^T c_2\, \mathrm{d}T. \tag{24}$$

(Wir gehen bei der Flüssigkeit gleichfalls von der Beziehung $\left(\frac{\partial u}{\partial T}\right)_v = c_v$ aus, dürfen aber bei flüssigen und festen Körpern die äußere Arbeit vernachlässigen, die beiden spezifischen Wärmekapazitäten also gleich setzen.) Weiter ist

$$pv_1 = RT = \int_0^T R\, \mathrm{d}T. \tag{25}$$

$u_{1,0} - u_{2,0}$ stellt die beim absoluten Nullpunkt bestehende Energiedifferenz zwischen Dampf und Flüssigkeit dar, d. h. die Energie, die wir der Flüssigkeit allein zur Überwindung der inneren Anziehungskräfte zuführen müssen. Wir bezeichnen sie als die Verdampfungsarbeit (oder auch Verdampfungswärme) am absoluten Nullpunkt $q_0$. Es wird also unter Benutzung von Gl. (25) und der Beziehung $c_p - c_v = R$

$$u_1 - u_2 + p(v_1 - v_2) = q_0 + \int_0^T c_p\, \mathrm{d}T - \int_0^T c_2\, \mathrm{d}T. \tag{26}$$

Um die Ausdrücke $Ts$ zu berechnen, gehen wir von der Differentialgleichung der Entropie aus

$$\mathrm{d}s = \frac{1}{T}(\mathrm{d}u + p\, \mathrm{d}v).$$

Bei der Flüssigkeit können wir wieder die durch die Volumenänderung geleistete äußere Arbeit vernachlässigen, wie wir ja bei flüssigen und festen Stoffen die beiden spezifischen Wärmekapazitäten meist nicht unterscheiden, und erhalten

$$\mathrm{d}s = c_2 \frac{\mathrm{d}T}{T}, \tag{27}$$

durch Integration zwischen 0 und $T$ ergibt sich

$$s_2 = \int_0^T \frac{c_2 \, \mathrm{d}T}{T} + s_{2,0} \,. \tag{28}$$

Die Größe $s_{2,0}$ bedeutet die in der „klassischen" Thermodynamik unbestimmte Entropie der Flüssigkeit am absoluten Nullpunkt (von der wir später sehen werden, daß sie für eine homogene Flüssigkeit gleich null gesetzt werden muß). Beim Dampf erhalten wir, wenn wir im Glied $p \, \mathrm{d}v$ den Druck durch $v$ ausdrücken

$$\mathrm{d}s_1 = \frac{c_v \, \mathrm{d}T}{T} + \frac{R \, \mathrm{d}v}{v} \,. \tag{29}$$

Unbestimmte Integration gibt

$$s_1 = \int \frac{c_v \, \mathrm{d}T}{T} + R \ln v + \text{const} = \int \frac{c_v \, \mathrm{d}T}{T} + R \ln T + R \ln R - R \ln p + \text{const.} \tag{30}$$

Wir setzen als untere Grenze den absoluten Nullpunkt und fassen alle nicht von $T$ und $p$ abhängigen Glieder zu einer Konstanten $s_{1,0}$ zusammen. Damit wird die Entropie wegen $\ln T = \int \frac{\mathrm{d}T}{T}$ und $c_p - c_v = R$:

$$s_1 = \int_0^T \frac{c_p \, \mathrm{d}T}{T} - R \ln p + s_{1,0} \,. \tag{31}$$

Nun verschwindet aber die spezifische Wärmekapazität des idealen Gases bei $T = 0$ nicht, es treten daher bei dem Integral Konvergenzschwierigkeiten auf. Um diese zu klären, zerlegen wir die spezifische Wärmekapazität $c_p$ in einen temperaturunabhängigen Anteil $c_{pc}$ und einen erfahrungsgemäß mit $T$ rasch gegen null gehenden Beitrag $c_{pT}$, der beim einatomigen Gas wegfällt, setzen also

$$c_p = c_{pc} + c_{pT} \,. \tag{32}$$

Für eine sehr niedrige untere Grenze $T_0$ wird dann bei $p = 1$:

$$s_1(T, 1) - s_1(T_0, 1) = \int_0^T \frac{c_{pT} \, \mathrm{d}T}{T} + c_{pc} \ln T - c_{pc} \ln T_0 \,. \tag{33}$$

Dabei ist im Integral als untere Grenze 0 geschrieben, was wegen des raschen Verschwindens von $c_{pT}$ statthaft ist. Da der Beitrag von $c_{pT}$ zum Integral bei $T_0 = 1$ K vernachlässigt werden kann, kann die Entropiekonstante $s_{1,0}$ näherungsweise gedeutet werden als die Entropie bei $T_0 = 1$ K und $p = 1$, streng als Grenzwert[1]) der Differenz $s_1(T_0, 1) - c_{pc} \ln T_0$ für $T_0 = 0$.

Setzt man die Ausdrücke (26), in welchem ebenfalls $c_p$ durch $c_{pc} + c_{pT}$ ersetzt sei (28) und (31), in Gl. (22) ein und löst nach $\ln p$ auf, so erhält man die Dampfdruck-

---

1) Daß diese Differenz einen *bestimmten* Grenzwert hat, ist eine Folge des durch die Erfahrung bestätigten NERNSTschen Wärmetheorems (vgl. Kap. VIII).

formel

$$\ln p = -\frac{q_0}{RT} + \frac{1}{RT}\int_0^T c_2\,\mathrm{d}T - \frac{1}{RT}\int_0^T c_{pT}\,\mathrm{d}T + \frac{1}{R}\int_0^T \frac{c_{pT}\,\mathrm{d}T}{T}$$
$$+ \frac{c_{pc}}{R}\ln T - \frac{1}{R}\int_0^T \frac{c_2\,\mathrm{d}T}{T} + \frac{s_{1,0} - s_{2,0} - c_{pc}}{R}\,. \tag{34}$$

Würden wir konstante spezifische Wärmekapazitäten annehmen, so erhielten wir wieder Gl. (15), nur mit anders geschriebener Integrationskonstante, und durch Differentiation kommt man natürlich wieder zur CLAUSIUS-CLAPEYRONschen Gleichung.

Die in Gl. (34) auftretende Konstante $\frac{1}{R}\,(s_{1,0} - s_{2,0} - c_{pc})$ heißt die „chemische Konstante" $i$ des Gases, da sie nicht nur hier, sondern auch beim chemischen Gleichgewicht auftritt. Sie läßt sich auf Grund der beiden Hauptsätze nicht bestimmen. Theoretisch folgt sie erst aus quantenstatistischen Rechnungen. Man kann aber die beobachteten Dampfdrucke zu ihrer experimentellen Bestimmung verwenden, da in Gl. (34) alle übrigen Daten hinreichend bekannt sind.

Die CLAUSIUS-CLAPEYRONsche Gleichung, die exakt ist, läßt sich auch für den Schmelzvorgang anwenden. Sie gibt, wenn man Zähler und Nenner vertauscht, die Druckabhängigkeit des Schmelzpunkts wieder:

$$\boxed{\frac{\mathrm{d}T}{\mathrm{d}p} = \frac{T(v_2 - v_3)}{q_T}}\,. \tag{12'}$$

$q_T$ ist die Energie, die man dem System zuführen muß, um es von dem Aggregatzustand mit dem höheren Index in den Aggregatzustand mit dem niedrigeren Index zu bringen, also in unserem Fall die zuzuführende Schmelzwärme. Da diese immer positiv ist, hängt das Vorzeichen von $\frac{\mathrm{d}T}{\mathrm{d}p}$ nur vom Vorzeichen der Differenz $v_2 - v_3$ ab. Ist, was normalerweise der Fall ist, der feste Körper dichter als die Flüssigkeit, also $v_2 > v_3$, so steigt die Schmelztemperatur mit dem Druck. Im umgekehrten Fall, z. B. beim Wasser, sinkt die Schmelztemperatur mit wachsendem Druck.

## § 3. Das chemische Gleichgewicht in einer Mischung idealer Gase Das Massenwirkungsgesetz

Wir betrachten jetzt ein System, das nur eine einzige Phase, die Gasphase, aber mehrere Stoffe, die wir als ideale Gase voraussetzen, enthält. Die Gase werden zum Teil miteinander reagieren, doch verläuft eine chemische Reaktion nie vollständig im Sinn der chemischen Formel. Wenn wir z. B. Wasserstoff und Sauerstoff zu Wasser vereinigen lassen, so ist doch immer ein mit wachsender Temperatur zunehmender Teil der Ausgangsstoffe $H_2$ und $O_2$ vorhanden. Wir stellen uns nun die Aufgabe, die Verteilung im Gleichgewichtszustand als Funktion von Druck und Temperatur zu ermitteln. Unser System habe das Volumen $V$ und enthalte $n_i$ Mole des $i$-ten Gases. Die mögliche Reaktion sei durch die Gleichung

$$\nu_1 A_1 + \nu_2 A_2 + \cdots \nu_m A_m \rightleftharpoons \nu_{m+1} A_{m+1} + \nu_{m+2} A_{m+2} + \cdots + q_0 \tag{35}$$

gegeben. Um Vorzeichenfehler zu vermeiden, wollen wir festsetzen, daß die Reaktion in der exothermen Form angeschrieben wird, bei der die Reaktionswärme $q_0$ positiv ist. Bei einer Änderung der Molzahlen müssen wir beachten, daß sie der Reaktionsgleichung genügen müssen, d. h. daß sie im Verhältnis der entstehenden oder verschwindenden Molzahl stehen müssen. Wegen des Vorzeichens treffen wir die Festsetzung, daß wir die vor der exothermen Reaktion vorhandenen Molzahlen (d. h. die links stehenden) positiv, die nachher vorhandenen, d. h. rechts stehenden, negativ zählen. Es ist also[1)]

$$\delta n_1 : \delta n_2 : \ldots \delta n_m : \delta n_{m+1} : \delta n_{m+2} : \ldots = +\nu_1 : +\nu_2 : \ldots + \nu_m : -\nu_{m+1} : -\nu_{m+2} : \ldots \tag{36}$$

Da wir das Gleichgewicht bei einer bestimmten Temperatur und einem bestimmten Druck suchen, muß wieder die Variation der Funktion $G = U + pV - TS$ verschwinden. Die einzelnen Posten berechnen sich folgendermaßen: Die Innere Energie der Mischung ist selbstverständlich gleich der Summe der Inneren Energien der Teilnehmer:

$$U = n_1 u_1 + n_2 u_2 + \cdots = \sum n_i u_i . \tag{37}$$

Ebenso gilt für das Volumen nach S. 418

$$V = \sum n_i \frac{RT}{p} . \tag{38}$$

Etwas schwieriger ist die Berechnung der Entropie der Mischung als Funktion von $T$ und $p$. Zwar kennen wir nach § 2 die Entropie eines einzelnen idealen Gases. Wenn wir 2 Gase unter dem Druck $p$ nebeneinandersetzen, so ist ihre Entropie natürlich gleich der Summe der Entropien der Einzelgase. Wenn wir sie aber sich miteinander mischen lassen, so stellt dies einen von selbst verlaufenden, mit einer Entropievermehrung verbundenen Vorgang dar, den wir als die Expansion beider Gase auf das Gesamtvolumen deuten, wobei die Partialdrucke sinken, der Gesamtdruck bleibt. Es ist vielmehr die Entropie der Mischung gleich der Summe der Entropien der unvermischten Einzelgase, wenn jedes das Volumen der Mischung mit seinem Partialdruck erfüllt. Denn der S. 451 geschilderte Mechanismus läßt die beiden Gase ohne Entropieänderung so vermischen, daß der Partialdruck vor und nach der Mischung derselbe bleibt. Wir wollen zur Vereinfachung der Rechnung mit konstanten spezifischen Wärmekapazitäten rechnen und erhalten nach Gl. (31) für die Entropie des $i$-ten Gases vom Partialdruck $p_i$

$$s_i = c_{pi} \ln T - R \ln p_i + s_{i,0} . \tag{39}$$

Drücken wir jetzt den Partialdruck wieder durch den Gesamtdruck aus, so wird daraus

$$\begin{aligned} s_i &= c_{pi} \ln T - R \ln n_i - R \ln p + R \ln \sum n_i + s_{i,0} \\ &= s_i(T,p) - R \ln n_i + R \ln \sum n_i \end{aligned} \tag{40}$$

---

[1)] Die Änderungen $\delta n_i$ bedeuten also bei dieser Vorzeichenfestsetzung die bei der *endo*thermen Reaktion *ent*stehenden Molzahlen.

und

$$S = \sum n_i s_i(T,p) - R \sum n_i \ln n_i + R \sum n_i \ln \sum n_i \,. \tag{41}$$

Mit $s_i(T,p)$ bezeichnen wir den Wert der Entropie des $i$-ten Gases, der für $T$ und $p$ gilt. Addieren wir zu Gl. (37) die mit $p$ multiplizierte Gleichung (38) und subtrahieren wir die mit $T$ multiplizierte Gleichung (41), so wird, da $RT = pv_i$ ist, die freie Enthalpie des Systems:

$$G = \sum n_i g_i(T,p) + RT \sum n_i \ln n_i - RT \sum n_i \ln \sum n_i \,. \tag{42}$$

Mit $g_i(T,p)$ bezeichnen wir die freie Enthalpie der Einzelgase bei der Temperatur $T$ und dem Druck $p$. Zur Bestimmung des Gleichgewichts müssen wir jetzt die Variation von $G$ mit der Nebenbedingung (36) sowie $\delta T = \delta p = 0$ bilden. Da die $g_i$ nur von $T$ und $p$ abhängen, verschwinden ihre Variationen und wir erhalten

$$\begin{aligned}\delta G = 0 = \sum \delta n_i g_i + RT \sum \delta n_i \ln n_i + RT \sum \delta n_i - RT \sum \delta n_i \ln \sum n_i \\ - RT \sum \delta n_i\end{aligned} \tag{43}$$

oder wegen der Nebenbedingungen (36)

$$\sum \nu_i \ln n_i - \sum \nu_i \ln \sum n_i = - \frac{\Sigma \nu_i g_i(p,T)}{RT} \tag{44}$$

oder wegen

$$p_i = \frac{n_i}{\Sigma n_i} p : \sum \nu_i \ln p_i = - \frac{\Sigma \nu_i g_i(p,T)}{RT} + \sum \nu_i \ln p = \ln K(p,T) \,.$$

Wir müssen jetzt nur noch die rechte Seite ausrechnen. Es wird bei konstanten $c_{vi}$ nach Gl. (23), (25) und (39)

$$\begin{aligned} - \sum \nu_i g_i(p,T) + RT \sum \nu_i \ln p &= - \sum \nu_i u_{i0} - \sum \nu_i c_{vi} T \\ &\quad - \sum \nu_i RT + T \ln T \sum \nu_i c_{pi} \\ &\quad - RT \ln p \sum \nu_i + T \sum \nu_i s_{i0} + RT \ln p \sum \nu_i \\ &= - \sum \nu_i u_{i0} - T \sum \nu_i c_{pi} + T \ln T \sum \nu_i c_{pi} \\ &\quad + T \sum \nu_i s_{i0} \,. \end{aligned}$$

$\sum \nu_i u_{i,0}$ stellt nach unserer Festsetzung über die Vorzeichen die bei $T = 0$ bestehende Energiedifferenz des Systems vor und nach der exotherm geschriebenen Reaktion, also die Reaktionswärme am absoluten Nullpunkt $q_0$ dar. Weiter kommt nach Division durch $RT$ wieder die Kombination $\frac{s_{i,0} - c_{pi}}{R}$, also die in der Dampfdruckformel auftretende „chemische Konstante“ $i_i$ der Einzelgase vor. Es wird damit in Analogie zu Gl. (16) mit einer nur von den $i_i$ abhängigen Konstanten $B$

$$\Pi\, p_i^{\nu_i} = \frac{p_1^{\nu_1}\, p_2^{\nu_2} \ldots}{p_{m+1}^{\nu_{m+1}}\, p_{m+2}^{\nu_{m+2}} \ldots} = B\, e^{-\frac{q_0}{RT}}\, T^{\frac{\Sigma \nu_i c_{pi}}{R}} = K_p(p, T) \quad . \tag{45}$$

Gl. (45) stellt das berühmte Massenwirkungsgesetz dar, das GULDBERG und WAAGE aus kinetischen Überlegungen abgeleitet hatten, freilich ohne einen Ausdruck für die Massenwirkungs„konstante" $K_p$, die in Wirklichkeit aber noch von $T$ und $p$ abhängt, also bloß für eine bestimmte Temperatur und einen bestimmten Druck eine Konstante ist, angeben zu können. Der Ausdruck „Massenwirkungsgesetz" kommt daher, daß eine Änderung der Masse und damit des Partialdrucks eines der Reaktionsteilnehmer sofort eine Änderung der Partialdrucke der andern zur Folge hat. Haben wir z. B. das Gleichgewicht einer exothermen Verbindung $1-2$ (Index 3) mit ihren beiden Zerfallsprodukten 1 und 2, so erhöht bei konstanter Temperatur und konstantem Druck der Zusatz eines der Zerfallsprodukte wegen der Konstanz des Bruchs $\frac{p_1 p_2}{p_3}$ sofort den Partialdruck der Verbindung, d. h. der Zusatz eines der Dissoziationsprodukte setzt den Dissoziationsgrad herab.

Für manche Zwecke ist es nützlicher, das Massenwirkungsgesetz nicht in Partialdrucken, sondern in *relativen* Konzentrationen $c_i$ zu schreiben, die durch

$$c_i = \frac{n_i}{\Sigma n_i} \tag{46}$$

definiert sind; aus $p_i = c_i p$ folgt mit $\nu = \sum \nu_i$

$$\boxed{\Pi\, c_i^{\nu_i} = \frac{c_1^{\nu_1}\, c_2^{\nu_2} \ldots}{c_{m+1}^{\nu_{m+1}}\, c_{m+2}^{\nu_{m+2}} \ldots} = B\, e^{-\frac{q_0}{RT}}\, T^{\frac{\Sigma \nu_i c_{pi}}{R}}\, p^{-\nu} = K_c(p, T)} \quad . \tag{47}$$

Bei Reaktionen, die ohne Änderung der Molzahl verlaufen, wird $\nu$ null und damit $K_c = K_p$ und das Gleichgewicht unabhängig vom Druck. Vergleicht man die Gl. (45) mit der unter denselben vereinfachenden Annahmen (Konstanz der spezifischen Wärmekapazitäten) abgeleiteten Dampfdruckformel (16), so fällt die Ähnlichkeit auf, die nicht zufällig ist. Wir werden im nächsten Paragraphen ein für mehrphasige Systeme verallgemeinertes Massenwirkungsgesetz ableiten, unter das auch der einfache Verdampfungsprozeß einer einheitlichen Substanz fällt. Wie bei der Dampfdruckformel können wir auch für das Massenwirkungsgesetz differentielle Beziehungen aufstellen, die frei von Vernachlässigungen sind. Unter Benützung der in Gl. (46) eingeführten Konzentrationen $c_i$ lautet Gl. (44):

$$\sum \nu_i \ln c_i = -\frac{1}{RT} \sum \nu_i g_i = +\ln K_c(p, T)\,. \tag{48}$$

Nun wird wegen $\left(\frac{\partial g_i}{\partial T}\right)_p = -s_i$ (vgl. S. 455):

$$\left(\frac{\partial \ln K_c}{\partial T}\right)_p = +\frac{1}{RT^2} \sum \nu_i g_i + \frac{1}{RT} \sum \nu_i s_i = \frac{1}{RT^2} \sum \nu_i (u_i + p v_i)\,. \tag{49}$$

Der Ausdruck $\Sigma \nu_i (u_i + p\, v_i)$ stellt aber nach Gl. (38), S. 441, die Reaktionswärme bei konstantem Druck $q_p$ dar. Es ist also

$$\left(\frac{\partial \ln K_c}{\partial T}\right)_p = \frac{q_p}{RT^2} \quad . \tag{49'}$$

Ebenso wird wegen

$$\left(\frac{\partial g}{\partial p}\right)_T = v,$$

wenn wir die Volumenänderung bei der Reaktion, welche durch die Konstanthaltung des Drucks bedingt ist, also $\Sigma \nu_i v_i$, kurz mit $v$ bezeichnen:

$$\left(\frac{\partial \ln K_c}{\partial p}\right)_T = -\frac{v}{RT} \quad . \tag{50}$$

## § 4. Chemisches Gleichgewicht in Systemen von verdünnten Lösungen und idealen Gasen

Von mehrphasigen Systemen sind solche einer weitgehenden Berechnung zugänglich, die außer der Gasphase verdünnte Lösungen enthalten, d. h. Phasen, in welchen ein Stoff (Index 0), das Lösungsmittel, an Menge die sonst noch vorhandenen weit übertrifft. Im thermodynamischen Sinn sehen wir eine Lösung dann als verdünnt an, wenn bei weiterem Zusatz von Lösungsmitteln die Volumina sich addieren, also keine Kontraktion mehr eintritt und wenn ebenso bei weiterer Verdünnung keine Wärmetönung (Verdünnungswärme) mehr wahrnehmbar ist. Je genauer diese Voraussetzungen erfüllt sind, um so besser werden auch unsere Folgerungen stimmen. Da wir wieder das Gleichgewicht bei einer bestimmten Temperatur und einem bestimmten Druck untersuchen, müssen wir wieder den Extremwert der Funktion $G$ aufsuchen. Die einzelnen Beiträge sind nun folgendermaßen zu berechnen. Es ist die Innere Energie

$$U = U(p, T, n_0, n_1, n_2 \ldots). \tag{51}$$

Wegen der Kleinheit der Molzahlen $n_1, n_2 \ldots$ können wir diese Funktion in eine TAYLORsche Reihe entwickeln und erhalten

$$U = U_0(p, T, n_0) + n_1 \frac{\partial U}{\partial n_1} + n_2 \frac{\partial U}{\partial n_2} + \cdots \; . \tag{51'}$$

Für die Größen $\frac{\partial U}{\partial n_i}$, die nur von den Molzahlen des Lösungsmittels abhängen, da ja die Differentialquotienten an der Stelle $n_1, n_2 \ldots = 0$ genommen sind, schreiben wir abkürzungsweise $u_i$, womit wir erhalten:

$$U = n_0 u_0 + n_1 u_1 + n_2 u_2 + \cdots \; . \tag{52}$$

Dadurch, daß wir unsere Reihe mit den linearen Gliedern abbrechen, vernachlässigen wir die Wechselwirkungsenergie zwischen den Molekülen der gelösten Stoffe, was unseren Voraussetzungen entspricht. Bei elektrisch geladenen Teilchen, wie sie bei elektrolytischen Lösungen vorkommen, ist die Wechselwirkungsenergie gemäß dem COULOMBschen Gesetz wegen des verhältnismäßig hohen Werts der Ladung auch noch bei sehr weit getrennten Teilchen sehr groß, so daß unsere Ableitungen für Elektrolyte nicht gelten können.

In gleicher Weise erhalten wir mit den analogen Abkürzungen $v_i = \dfrac{\partial V}{\partial n_i}$:

$$V = n_0 v_0 + n_1 v_1 + n_2 v_2 + \cdots \,. \tag{53}$$

Gemäß unseren Voraussetzungen bedeuten die Abkürzungen $u_i$ und $v_i$ die Partialenergien bzw. Partialvolumina der gelösten Stoffe pro Mol.

Wenn wir in gleicher Weise die Entropie entwickeln, so würde der Ausdruck

$$S = n_0 s_0 + n_1 s_1 + n_2 s_2 + \cdots \tag{54}$$

die Entropie eines Systems bedeuten, bei dem *neben* $n_0$ Molen Lösungsmittel $n_i$ Mole gelösten Stoffs sitzen würden. Die *Mischung* wäre aber darin nicht berücksichtigt. Es muß also noch eine von $T$ und $p$ unabhängige Funktion der Molzahlen hinzutreten. Diese ist bestimmt, wenn wir sie für *einen* Zustand des Systems kennen. Ein solcher Zustand ist aber das gasförmige, für welchen diese Funktion nach Gl. (41) und (47) den Wert $-R\,\Sigma n_i \ln c_i$ hat. Diesen Wert muß sie für alle Temperaturen und Drucke beibehalten. Wir erhalten also für verdünnte Lösungen in erster Näherung denselben Ausdruck, wie wir ihn in § 3 für Gase abgeleitet haben:

$$G = \sum n_i g_i(T, p) + RT \sum n_i \ln c_i \,. \tag{55}$$

Damit wird auch für das Gleichgewicht in einer verdünnten Lösung, wenn wir das Lösungsmittel an der Reaktion nicht teilnehmen lassen, also $\nu_0$ null setzen,

$$\Pi\, c_i^{\nu_i} = K_c(p, T)\,. \tag{56}$$

Für die Temperaturabhängigkeit der Gleichgewichtskonstanten $K_c$ gilt wieder die Beziehung (49′). Die Druckabhängigkeit verschwindet, da keine Volumenänderung auftritt. Der wichtigste Fall einer in der Lösung vor sich gehenden Reaktion ist der der elektrolytischen Dissoziation, doch sind hier gerade die Kräfte zwischen den Teilchen nicht zu vernachlässigen. Dies ist der Grund, daß starke, d. h. weit dissoziierte Elektrolyte nicht dem Massenwirkungsgesetz gehorchen. Bei diesen täuschen die Wechselwirkungskräfte eine unvollständige Dissoziation vor, während sie praktisch bei größeren Verdünnungen vollkommen dissoziiert sind. Dagegen gehorchen schwache, insbesondere organische Elektrolyte sehr gut dem Massenwirkungsgesetz.

Wir können jetzt auch das Gleichgewicht für mehrphasige Systeme berechnen, soweit sie aus idealen Gasen oder verdünnten Lösungen bestehen. Als Sonderfall können natürlich einzelne Phasen reine Stoffe enthalten. Dagegen sind flüssige und feste Phasen, die mehrere Stoffe in fast gleicher Konzentration enthalten, ausgeschlossen, da für diese unsere TAYLOR-Entwicklung nicht mit dem ersten Glied abgebrochen werden kann. Die Phasen unterscheiden wir wieder durch Striche und erhalten für die zum Gesamtsystem gehörende Funktion $G$

$$\begin{aligned}G &= \sum n_i' g_i'(p,T) + \sum n_i'' g_i''(p,T) + \cdots \\ &\quad + RT\left(\sum n_i' \ln c_i' + \sum n_i'' \ln c_i'' + \cdots\right) \\ &= \sum_k \sum_i n_i^{(k)} g_i^{(k)}(p,T) + RT \sum_k \sum_i n_i^{(k)} \ln c_i^{(k)} .\end{aligned} \tag{57}$$

Die Bestimmung des Extremwerts von $G$ unter den bekannten Nebenbedingungen führt genau wie oben zu der Gleichung des verallgemeinerten Massenwirkungsgesetzes, welche auch Umsätze zwischen einzelnen Phasen mitumfaßt:

$$\sum_k \sum_i \nu_i^{(k)} \ln c_i^{(k)} = -\frac{1}{RT} \sum_k \sum_i \nu_i^{(k)} g_i^{(k)}(p,T) = \ln K_c(p,T) . \tag{58}$$

Für die Differentialquotienten der Funktion $\ln K_c$ gelten dieselben Gleichungen wie beim speziellen Massenwirkungsgesetz einphasiger Systeme.

Wir betrachten jetzt ein zweiphasiges System, dessen flüssige Phase eine verdünnte Lösung, dessen feste Phase das reine Lösungsmittel darstellt. Es ist also, wenn wir dem Lösungsmittel den Index 0 geben, in der flüssigen Phase

$$c_1' = \frac{n_1'}{n_0' + n_1'} , \quad c_0' = \frac{n_0'}{n_0' + n_1'} = 1 - c_1' , \tag{59}$$

in der festen Phase

$$c_1'' = 0, \quad c_0'' = 1 . \tag{59'}$$

Die in Frage stehende Reaktion ist (exotherm formuliert) der Übertritt eines Mols Lösungsmittels von der Lösung in die feste Phase, wobei die Schmelzwärme als „Reaktionswärme" $q$ frei wird. Die Gleichgewichtsbedingung lautet demnach

$$\ln(1 - c_1') - \ln 1 = \ln K_c(p,T) . \tag{60}$$

Sie stellt bei gegebenem Druck eine Beziehung zwischen der Gleichgewichtstemperatur $T$, d.h. dem Schmelzpunkt, und der Konzentration der Lösung dar. Für reines Lösungsmittel, also für $c_1' = 0$, wird die rechte Seite null, da ja links nur ln 1 vorkommt. Entwickeln wir nun $\ln K_c(p,T)$ bei konstantem Druck in eine TAYLOR-Reihe, die wir mit dem ersten Glied abbrechen, und setzen wir links für $\ln(1 - c_1')$ näherungsweise $-c_1$, so erhalten wir wegen Gl. (49′)

$$-c_1' = (T - T_0)\left(\frac{\partial \ln K_c}{\partial T}\right)_p = (T - T_0)\frac{q_p}{RT_0^2} .$$

Oder

$$\boxed{T - T_0 = \frac{-n_1'}{n_0' + n_1'} \frac{RT_0^2}{q_p} \approx -\frac{n_1'}{n_0'} \frac{RT_0^2}{q_p}} . \tag{61}$$

Da beim Übertritt von 1 Mol Lösungsmittel in die feste Phase Wärme frei wird, ist $q_p$ positiv, es ergibt sich also eine Gefrierpunkts*erniedrigung*. Die Gefrierpunktserniedrigung einer Lösung ist also dem Verhältnis der Molzahlen von gelöstem Stoff und Lösungsmittel proportional (RAOULTsches Gesetz). Der Proportionalitätsfaktor ist durch den Schmelzpunkt $T_0$ des reinen Lösungsmittels und die Schmelzwärme $q_p$ bestimmt. Lösen wir mehrere Stoffe, so tritt an Stelle von $\frac{n'_1}{n'_0}$, wie sofort nachzurechnen, die Summe $\frac{\Sigma n'_i}{n'_0}$. Wenn wir z. B. einen Stoff auflösen, der in 2 Bestandteile zerfällt, wie es z. B. bei einem binären $z$-$z$-wertigen Elektrolyten (z. B. NaCl) der Fall ist, so müßte die Gefrierpunktserniedrigung doppelt so groß sein als bei einer unzersetzlichen Substanz (bei gleicher Molzahl des ursprünglich eingebrachten Stoffs). In Wirklichkeit wird der doppelte Wert erst bei sehr großer Verdünnung erreicht, woraus man früher schloß, daß ein Gleichgewicht zwischen Molekülen und Ionen vorliegt, zumal auch der so aus der Gefrierpunktserniedrigung ermittelte Dissoziationsgrad gut zu dem aus der Leitfähigkeit bestimmten paßt. In Wirklichkeit ist die Dissoziation bei den starken Elektrolyten viel größer, als man auf Grund dieses Befunds annahm, und die Abweichungen von dem Wert, der der vollen Dissoziation entspricht, sind zum größten Teil durch die elektrischen Kräfte zwischen den Teilchen bestimmt (vgl. den nächsten Paragraphen).

Bei Substanzen, die nicht zerfallen, erhält man aus der Gefrierpunktserniedrigung die relative Molekülmasse, da diese ja die Molzahl angibt, so daß man nur die Masse der eingebrachten Substanz kennen muß.

Dieselben Rechnungen gelten auch für die *Erhöhung* des Siedepunkts bei festem Druck. Das umgekehrte Vorzeichen von $(T - T_0)$ kommt dadurch heraus, daß jetzt die Lösung die energieärmere Phase ist.

Wir wollen nun noch den osmotischen Druck einer Lösung ableiten. Wir betrachten ein System, das aus zwei flüssigen Phasen, der Lösung und dem Lösungsmittel besteht. Beide müssen, da sie sich sonst vermischen würden, durch eine Wand getrennt sein. Diese sei für das Lösungsmittel selektiv durchlässig. Da nun für einen Stoff, den die Wand durchläßt, diese gar nicht existiert, muß, wie bei Gasen, auf beiden Seiten dieselbe Molzahl dieses Stoffs pro Volumen vorhanden sein. Dies ist aber in unserem System sicher nicht der Fall, weil auf der Lösungsseite ja auch noch die Mole des gelösten Stoffs im Volumen vorhanden sind. Es wird daher so lange Lösungsmittel durch die Membran hindurchtreten, bis keine Konzentrationsdifferenz mehr da ist. Bei einer endlichen Konzentration der Lösung kann also unter einheitlichem Druck des Systems gar kein Gleichgewicht existieren. Wir können aber dadurch, daß wir die Lösungsseite unter einen erhöhten Druck setzen, das Durchtreten von Lösungsmittel verhindern.

Die beiden Phasen stehen also unter verschiedenen Drucken. Für ein solches System, das in den bisherigen Betrachtungen nicht enthalten ist, müßten wir eigentlich die Gleichgewichtsbedingungen von vorne an ableiten. Da aber bei einer virtuellen Verschiebung des Gleichgewichts nur eine Verschiebung der Molzahlen zugelassen ist (wir wollen ja das Gleichgewicht bei einer bestimmten Temperatur, einem bestimmten Druck und einer bestimmten Druckdifferenz, die wir den osmotischen Druck nennen, berechnen), sehen wir, daß die Gleichgewichtsbedingung $\delta G = 0$ wieder auf die Gleichung

$$\sum \sum \nu_i^{(k)} \ln c_i^{(k)} = -\frac{1}{RT} \sum \sum \nu_i^{(k)} g_i^{(k)}$$

führt. Der Unterschied besteht nur darin, daß in die Funktionen $g_i^{(k)}$ verschiedene Drucke eingehen. In unserem Spezialfall besteht die Reaktion in dem Übertritt von 1 Mol Lösungsmittel auf die Seite der Lösung, die wir durch einen Strich vom Lösungsmittel unterscheiden. Es wird also

$$1 \ln c_0' - 1 \ln 1 = \ln(1 - c_1') \approx - c_1' = \frac{1}{RT} g_0(p, T) - \frac{1}{RT} g_0'(p + p_{\text{osm}}, T). \tag{62}$$

Entwickeln wir rechts in eine mit dem ersten Glied abgebrochene TAYLOR-Reihe, so ergibt sich unter Verwendung der Beziehung (33) von S. 455

$$c_1' \approx \frac{n_1'}{n_0'} = \frac{1}{RT}\left(\frac{\partial g}{\partial p}\right)_T p_{\text{osm}} = \frac{p_{\text{osm}}\, v}{RT}$$

oder

$$p_{\text{osm}} = \frac{n_1' RT}{n_0' v} \approx \frac{n_1' RT}{V'} . \tag{63}$$

*Der osmotische Druck ist also gleich dem Gasdruck, den dieselbe Molzahl des gelösten Stoffs bei gleicher Temperatur in dem Volumen V', das die Lösung einnimmt, hervorrufen würde.*

## § 5. Das thermodynamische Gleichgewicht verdünnter Lösungen starker Elektrolyte

Wie schon oben erwähnt, sah die ältere Theorie in den starken Elektrolyten ein Gleichgewicht zwischen Molekülen und Ionen. Dieses Gleichgewicht erfüllt indes bei den sogenannten starken, d. h. den gut leitenden Elektrolyten, nicht das Massenwirkungsgesetz. Der Grund liegt darin, daß man die elektrischen Kräfte zwischen den entgegengesetzt geladenen Ionen bei der Aufstellung der thermodynamischen Funktionen nicht vernachlässigen kann. Die bisher allen Rechnungen zugrunde gelegte Voraussetzung, daß man die Einzelteilchen wie die Moleküle eines idealen Gases behandeln darf, trifft also nicht zu. Wir müssen zu der bisherigen Energie $U_{\text{id}}$ noch einen elektrischen Anteil hinzufügen, der im Gleichgewichtsfall im Anschluß an DEBYE nicht allzu schwer zu berechnen ist. Auch die Entropie des Systems wird verändert. Infolgedessen erhält auch die Funktion $G$, die für alle Gleichgewichte bei fester Temperatur und festem Druck maßgebend ist, ein elektrisches Zusatzglied:

$$G = G_{\text{id}} + G_{\text{el}} = U + pV - TS . \tag{64}$$

Da bei kondensierten Systemen das Glied $pV$ belanglos ist und zwischen $\left(\frac{\partial G}{\partial T}\right)_p$ und $\left(\frac{\partial G}{\partial T}\right)_V$ nicht unterschieden zu werden braucht, gilt für $G$ nach Gl. (33) von S. 455 die Differentialgleichung

$$G = U + T \frac{\mathrm{d}G}{\mathrm{d}T} .$$

Da sie von $G_{id}$ erfüllt ist, muß ihr auch das elektrische Zusatzglied $G_{el}$ genügen, was zur Berechnung von $G_{el}$ aus $U_{el}$ dient. Denn aus

$$G_{el} = U_{el} + T \frac{dG_{el}}{dT} \tag{65}$$

folgt durch Integration[1])

$$G_{el} = -T \int \frac{U_{el}}{T^2} \, dT . \tag{66}$$

Die Hauptarbeit zur Aufstellung der Funktion $G$ ist also geleistet, wenn man die elektrische Energie $U_{el}$ als Funktion der Temperatur ermittelt hat. Dies wollen wir jetzt für einen binären $z$-$z$-wertigen Elektrolyten durchführen. (Die Erweiterung der Rechnung für kompliziertere Fälle macht keine Schwierigkeiten.) Wir greifen ein positives Ion heraus. In seiner nächsten Umgebung werden im Zeitmittel mehr negative als positive Ionen sein. Wir ersetzen nun die durchschnittliche Ladungsverteilung durch eine stetige Raumladung, die wir folgendermaßen ermitteln: Nach dem BOTZMANNschen Prinzip (vgl. S. 494) ist die Zahl der Teilchen, die eine Energie $u$ besitzen, proportional zu $e^{-\frac{u}{kT}}$ $\left(\text{darin bedeutet } k \text{ die aufs Molekül bezogene Gaskonstante } R, \text{ also } k = \frac{R}{L}\right)$. Am Ort, wo das Potential $\psi$ herrscht, hat die Ladung $Ze$ die Energie $Ze\psi$, es beträgt also die Anzahl der im Volumenelement $dV$, an dessen Ort das Potential $\psi$ besteht, enthaltenen positiven Ionen

$$dN_+ = Ce^{-\frac{Ze\psi}{kT}} dV . \tag{67}$$

Die Konstante $C$ erhalten wir daraus, daß für $\psi = 0$ die gleichmäßige Verteilung herauskommen muß; $C$ bedeutet also die durchschnittlich im Einheitsvolumen befindliche Anzahl von positiven Ionen, die wir mit $N_+$ bezeichnen wollen. Ebenso gilt für die Anzahl der negativen Ionen im gleichen Volumenelement

$$dN_- = N_- \, e^{+\frac{Ze\psi}{kT}} dV . \tag{68}$$

Für $z$-$z$-wertige Elektrolyte ist $N_+ = N_- = N$. Es beträgt also die Raumladungsdichte an einem Ort des Potentials $\psi$

$$\rho = -2NZe \sinh \frac{Ze\psi}{kT} . \tag{69}$$

Nun besteht zwischen $\rho$ und $\psi$ die POISSONsche Differentialgleichung

---

1) Die Integration gestaltet sich folgendermaßen: Wir gehen aus von der homogenen Gleichung $T \frac{dG_{el}}{dT} - G_{el} = 0$, deren Integral $G_{el} = aT$ ist. Nun variieren wir die Konstante, indem wir ansetzen $G_{el} = T \cdot v(T)$. Damit erhalten wir für $v$ die Differentialgleichung $T^2 \frac{dv}{dT} + U_{el} = 0$, deren Integral $v = -\int \frac{U_{el}}{T^2} \, dT$ ist.

$$\Delta\psi = -\frac{\rho}{\epsilon} = \frac{2NZe}{\epsilon}\sinh\frac{Ze\psi}{kT} \tag{70}$$

($\epsilon$ Dielektrizitätskonstante des Lösungsmittels).

Der Wert des Potentials in der Entfernung eines Ionenradius ist nun so, daß wir das Glied $\sinh\frac{Ze\psi}{kT}$ entwickeln und die höheren Potenzen weglassen dürfen. So erhalten wir

$$\Delta\psi = \frac{2NZ^2e^2}{\epsilon kT}\psi = \kappa^2\psi \quad \text{mit} \quad \kappa = \sqrt{\frac{2NZ^2e^2}{\epsilon kT}}\,. \tag{71}$$

Die Größe $\kappa$, welche die Dimension einer reziproken Länge hat, ist für alle weiteren Rechnungen charakteristisch. Ihre Bedeutung geht hervor, wenn wir einmal einen Augenblick von der vorliegenden Aufgabe der Ladungsverteilung um ein Ladungszentrum herum abschweifen und den einfacheren linearen Fall betrachten, daß eine auf Potential $\psi_0$ gehaltene Platte in eine elektrolytische Flüssigkeit tauche. Die Differentialgleichung lautet dann

$$\frac{d^2\psi}{dx^2} = \kappa^2\psi \tag{72}$$

und ihr Integral[1)]

$$\psi = \psi_0 e^{-\kappa x}\,. \tag{73}$$

$\frac{1}{\kappa}$ bedeutet also die Strecke, auf der das Potential und damit wegen der POISSONschen Gleichung auch die negative Raumladung auf den $e$-ten Teil gesunken ist, $\frac{1}{\kappa}$ *mißt also die Dicke der Kompensationsschicht.* Diese ist um so größer, je kleiner $N$ ist, d. h. je verdünnter die Lösung.

Für den uns hier beschäftigenden kugelsymmetrischen Fall wird die Differentialgleichung

$$\frac{d^2\psi}{dr^2} + \frac{2}{r}\frac{d\psi}{dr} = \kappa^2\psi\,. \tag{74}$$

Die allgemeine Lösung ist, wie man sich durch Einsetzen sofort überzeugt,

$$\psi = A\,\frac{e^{-\kappa r}}{r} + B\,\frac{e^{+\kappa r}}{r}\,. \tag{75}$$

Da das Potential im Unendlichen verschwinden soll, ist $B = 0$. Die Konstante $A$ bestimmt sich daraus, daß in nächster Nähe des herausgegriffenen Ions dessen Potential allein maß-

1) Der Buchstabe $e$ ist hier in doppelter Bedeutung gebraucht. Eine Verwechslung ist aber ausgeschlossen, da $e$ mit einem Exponenten stets die Basis der natürlichen Logarithmen, ohne Exponenten die elektrische Elementarladung bedeutet.

gebend sein muß, zu $\frac{Ze}{4\pi\epsilon}$. Unsere Lösung lautet also

$$\psi = \frac{Ze}{4\pi\epsilon} \cdot \frac{e^{-\kappa r}}{r} = \frac{Ze}{4\pi\epsilon r} - \frac{Ze}{4\pi\epsilon r}(1 - e^{-\kappa r}). \tag{76}$$

Durch die zweite Form haben wir eine Zerlegung in den Anteil des herausgegriffenen Ions und den Anteil der Umgebung, die wir im folgenden kurz die Ionenwolke nennen wollen, erreicht. Am Ort $r = 0$, also im Mittelpunkt des herausgegriffenen Ions erzeugt die Wolke das Potential

$$\psi_0 = -\lim_{r=0} \frac{Ze}{4\pi\epsilon r}(1 - e^{-\kappa r}) = -\frac{Ze\kappa}{4\pi\epsilon}. \tag{77}$$

Diese Arbeit ist aufzuwenden, um die Einheitsladung aus dem Unendlichen durch die Wolke hindurch in den Mittelpunkt der kugelförmigen Wolke zu bringen. Die potentielle Energie, welche das herausgegriffene positive Ion an seinem Platz besitzt, ist also

$$u_+ = +Ze\psi_0 = -\frac{Z^2 e^2 \kappa}{4\pi\epsilon}, \tag{78}$$

ebenso wird für ein negatives Ion

$$u_- = -\frac{Z^2 e^2 \kappa}{4\pi\epsilon}.$$

Und die Gesamtenergie wird, da jedes Ion einmal als Mittelpunkt, das andere Mal als Bestandteil der Wolke gezählt wird,

$$U_{\text{el}} = -\frac{1}{2} \cdot \frac{2NVZ^2 e^2 \kappa}{4\pi\epsilon} = -\frac{NVZ^2 e^2}{4\pi\epsilon} \sqrt{\frac{2NZ^2 e^2}{\epsilon kT}}. \tag{79}$$

Setzt man dies in Gl. (66) ein und führt die Integration aus, so erhält man

$$G_{\text{el}} = -\frac{2}{3} \frac{NVZ^2 e^2 \kappa}{4\pi\epsilon} \tag{80}$$

oder bei $n_1$ Molen gelösten Stoffs

$$G_{\text{el}} = -\frac{2}{3} \frac{n_1 L Z^2 e^2 \kappa}{4\pi\epsilon} \quad (L = \text{Avogadro-Konstante}). \tag{80'}$$

Damit wird die freie Enthalpie der Elektrolytlösung bei völliger Dissoziation:

$$G = n_0 g_0 + 2n_1 g_1 + RT n_0 \ln c_0 + 2RT n_1 \ln c_1 - \frac{2}{3} n_1 \frac{LZ^2 e^2 \kappa}{4\pi\epsilon} \tag{81}$$

mit

$$\kappa = \sqrt{\frac{2NZ^2 e^2}{\epsilon kT}} = \sqrt{\frac{2n_1 LZ^2 e^2}{V\epsilon kT}} \approx \sqrt{\frac{2n_1 LZ^2 e^2}{n_0 v_0 \epsilon kT}}. \tag{82}$$

Die letzte Form zeigt, daß $\kappa$ von der Molzahl des Lösungsmittels abhängt. Nachdem die charakteristische Funktion $G$ ermittelt ist, ist alles Weitere nur noch Rechenarbeit.

Wir wollen die Abweichungen der Gefrierpunktserniedrigung von dem für volle Dissoziation ohne elektrische Wechselwirkung geltenden Wert ausrechnen. Die Umsetzung besteht im Übertritt von 1 Mol Lösungsmittel von der flüssigen (einmal gestrichenen) Phase in die feste (zweimal gestrichene). Variiert werden nur die Molzahlen des Lösungsmittels in den beiden Phasen, wobei aber zu beachten ist, daß diese auch in die Größe $\kappa$ eingehen. Wir wollen aber in der Gleichgewichtsformel die Variationen $\delta n_i$ noch nicht durch die ihnen proportionalen Umsetzungszahlen $\nu_i$ ersetzen. So ergibt sich zunächst ganz so wie in § 4

$$\delta n_0'' \ln c_0'' + \delta n_0' \ln c_0' = -\frac{1}{RT}\left\{\delta n_0'' g_0'' + \delta n_0' g_0' - \frac{2}{3}\,\frac{n_1' L Z^2 e^2}{4\pi\epsilon}\,\frac{\partial \kappa}{\partial n_0'}\,\delta n_0'\right\}. \tag{83}$$

Beachtet man nun, daß

$$\delta n_0'' = -\delta n_0'; \quad c_0'' = 1; \quad c_0' = 1 - 2c_1'; \quad \ln c_0' \approx -2c_1', \tag{84}$$

so erhält man

$$-2c_1' = -\frac{1}{RT}\left\{g_0' - g_0'' - \frac{2}{3}\,\frac{n_1' L Z^2 e^2}{4\pi\epsilon}\,\frac{\partial \kappa}{\partial n_0'}\right\}. \tag{85}$$

Entwickelt man jetzt wie in § 4 die Funktionen $g_0'$ und $g_0''$ an der Stelle $T_0$, d. h. dem Gefrierpunkt des reinen Lösungsmittels, und beachtet, daß

$$\left(\frac{\partial g_0'}{\partial T}\right)_p = -s_0'; \quad \left(\frac{\partial g_0''}{\partial T}\right)_p = -s_0''; \quad s_0' - s_0'' = \frac{q_p}{T_0}, \tag{86}$$

so erhält man

$$2c_1' = -\frac{\Delta T q_p}{R T_0^2} - \frac{2}{3}\,\frac{n_1' L Z^2 e^2}{4\pi\epsilon R T_0}\,\frac{\partial \kappa}{\partial n_0'}. \tag{87}$$

Ohne Berücksichtigung der elektrischen Kräfte erhielte man bei völliger Dissoziation die Gefrierpunktserniedrigung

$$\Delta T_{\mathrm{id}} = -\frac{2c_1' R T_0^2}{q_p}, \quad \text{also} \quad 2c_1' = -\frac{\Delta T_{\mathrm{id}} q_p}{R T_0^2}. \tag{88}$$

Bildet man mit Hilfe dieses Ausdrucks die relative Abweichung von diesem Wert, so erhält man

$$\frac{\Delta T_{\mathrm{id}} - \Delta T}{\Delta T_{\mathrm{id}}} = 1 - \frac{\Delta T}{\Delta T_{\mathrm{id}}} = -\frac{1}{3}\,\frac{n_1' L Z^2 e^2}{4\pi\epsilon R T_0 c_1'}\,\frac{\partial \kappa}{\partial n_0'}. \tag{89}$$

Es ist nun nur noch $\dfrac{\partial \kappa}{\partial n_0'}$ auszurechnen. Aus dem Näherungsausdruck

$$\kappa = \sqrt{\frac{2 n_1' L Z^2 e^2}{n_0' v_0' \epsilon k T_0}}$$

ergibt sich sofort

$$\frac{\partial \kappa}{\partial n_0'} = -\frac{1}{2} \cdot \frac{\kappa}{n_0'} \tag{90}$$

und damit wegen $\frac{n_1'}{n_0'} = c_1'$ und $R = kL$

$$1 - \frac{\Delta T}{\Delta T_{\text{id}}} = \frac{1}{6} \frac{LZ^2 e^2 \kappa}{RT_0 4\pi\epsilon} = \frac{1}{12\pi\sqrt{2}} \left(\frac{n_1'}{V_0'}\right)^{1/2} \frac{L^2 Z^3 e^3}{\epsilon^{3/2} (RT_0)^{3/2}} \,. \tag{91}$$

Wir haben also das Ergebnis: Die relativen Abweichungen von dem für völlige Dissoziation ohne Berücksichtigung der elektrischen Kräfte geltenden Wert der Gefrierpunktserniedrigung sind der Wurzel aus der molaren Konzentration $\frac{n_1'}{V_0'}$ direkt, der $^3/_2$-ten Potenz der Dielektrizitätskonstanten umgekehrt und bei $z$-$z$-wertigen Elektrolyten der dritten Potenz der Ladung $Z$ proportional. Diese Beziehungen sind bei größeren Verdünnungen experimentell bestens bestätigt.

Eine Verfeinerung der Rechnung hat den endlichen Ionenradius zu berücksichtigen, was auch in der ausführlichen Rechnung von DEBYE und HÜCKEL geschehen ist.

Achtes Kapitel

# 3. Hauptsatz der Thermodynamik (Der Nernstsche Wärmesatz)

## § 1. Der Weg zum NERNSTschen Wärmesatz

In der „klassischen" Thermodynamik, die nur mit den beiden Hauptsätzen arbeitet, bleibt der Absolutwert der Entropie unbestimmt, infolgedessen sind die Funktionen $F$ und $G$ nur bis auf eine lineare Funktion von $T$ bestimmt. Diese Unbestimmtheit macht sich bei vielen Anwendungen sehr unangenehm bemerkbar. So sahen wir in § 2 Kap. VII, daß es nicht möglich ist, den Absolutwert des Logarithmus des Dampfdrucks aus spezifischer Wärme und der Verdampfungswärme zu berechnen, daß dazu vielmehr noch die Kenntnis der mit der Entropiekonstanten eng verbundenen „*chemischen Konstanten*" erforderlich ist. Die Entropiekonstante ist aber durch die beiden Hauptsätze nur insofern festgelegt, als man einen einmal gegebenen Wert bei allen Zustandsänderungen des Systems beibehalten muß. Dagegen führt das NERNSTsche Theorem zu einer ganz bestimmten Aussage über die Entropiekonstante fester und flüssiger Stoffe. Die *Berechnung* der chemischen Konstanten der Gase kann allerdings erst mit Hilfe der Quantentheorie erfolgen. Erst durch die Kenntnis der Entropiekonstante bzw. „*chemischen Konstante*" sind die in Kap. VII abgeleiteten Gleichgewichtsformeln von wirklicher praktischer Bedeutung, da man erst dann ein chemisches Gleichgewicht vollständig auf dem Papier bestimmen kann.

NERNST kam zu seinem Wärmesatz von der Frage nach einem Maß für die chemische Affinität. Von einem solchen Maß wird man vor allem verlangen, daß es die Frage beantwortet, in welcher Richtung die Reaktion verläuft. BERTHELOT nahm als Maß die Reaktionswärme. In der Tat verlaufen ja bei Zimmertemperatur die meisten Reaktionen unter Wärmeentwicklung. Doch gibt es ganz alltägliche Umsetzungen, die, wie das Auflösen der meisten Salze in Wasser, mit Abkühlung verknüpft sind, also die endotherme Richtung einschlagen. Erst VAN'T HOFF hat erkannt, daß für Reaktionen unter konstantem Volumen die freie Energie $F$, für Reaktionen unter konstantem Druck die freie Enthalpie $G$ das geeignete Maß darstellt. Diese Größen haben ja im Gleichgewichtsfall ein Minimum, je größer also die Werte dieser Funktionen gegenüber dem Minimalwert sind, um so weiter ist man vom Gleichgewicht entfernt, um so eher wird die Reaktion eintreten.

Experimentell läßt sich die freie Energie für eine chemische Reaktion, die unter konstantem Druck verläuft – bei kondensierten, d.h. keine Gasphase enthaltenden Systeme braucht man zwischen isochoren und isobaren Reaktionen und damit zwischen $F$ und $G$ nicht zu unterscheiden –, leicht bestimmen, wenn man die Reaktion zum Bau eines galvanischen Elements verwendet und die Spannung des Elements, in welchem die betreffende Reaktion den spannungserzeugenden Vorgang darstellt, mißt. Findet in diesem Element der Umsatz durch Wanderung eines $Z$-fach geladenen Ions statt, so ist bei Umsatz von 1 Mol die Ladung $ZA$ durchgeflossen, wenn wir die FARADAYsche Konstante hier – um Verwechslungen mit der freien Energie zu vermeiden – mit $A$ bezeichnen. Die geleistete Arbeit ist bei einer Spannung $\Phi$ gegeben durch $ZA\,\Phi$, diese ist gleich der Änderung der freien Energie

$$ZA\,\Phi = f_1 - f_2\,. \tag{1}$$

Nun genügt $f$ der Differentialgleichung

$$f = u + T\left(\frac{\partial f}{\partial T}\right)_v,$$

also wird

$$f_1 - f_2 = u_1 - u_2 + T\left(\frac{\partial f_1}{\partial T}\right)_v - T\left(\frac{\partial f_2}{\partial T}\right)_v \tag{2}$$

und damit wegen (1)

$$\Phi = \frac{q_v}{ZA} + T\left(\frac{\partial \Phi}{\partial T}\right)_v \qquad (q_v \text{ Reaktionswärme bei konstantem Volumen}). \tag{3}$$

Diese wichtige Beziehung zwischen der Spannung, der Reaktionswärme des chemischen Vorgangs und dem Temperaturkoeffizienten der Spannung läßt sich auch aus der Gleichung $T\,\mathrm{d}S = \mathrm{d}U + \bar{\mathrm{d}}A$ ableiten, wenn man die äußere Arbeit durch die elektrischen Größen ausdrückt (s. Aufg. 127).

Wenn man nun das empirische Material ansieht, so findet man, daß bei Zimmertemperatur die Spannung der meisten Elemente nicht allzu falsch herauskommt, wenn man die „naive" Formel

$$\Phi = \frac{q_v}{ZA} = \frac{u_1 - u_2}{ZA}$$

anwendet, d.h. die Differenz der freien Energie gleich der der inneren Energie setzt.

Dies stimmt um so besser, bei je tieferen Temperaturen die Messung ausgeführt wird. Man wird daraus schließen, daß am absoluten Nullpunkt die Differenzen $f_1 - f_2$ und $u_1 - u_2$ gleich sind, daß also dort das BERTHELOTsche Prinzip streng gilt. Dies bedeutet wegen Gl. (2), daß $\frac{\partial f_2}{\partial T} - \frac{\partial f_1}{\partial T}$ für $T = 0$ endlich bleibt oder wenigstens von so niederer Ordnung unendlich wird, daß der Grenzwert $T\left(\frac{\partial f_2}{\partial T} - \frac{\partial f_1}{\partial T}\right)$ verschwindet. Da aber bei relativ hohen Temperaturen die Annäherung immer noch gut ist, hat NERNST darüber hinaus die Hypothese aufgestellt, daß die Kurven $f_2(T) - f_1(T)$ und $u_2(T) - u_1(T)$ *sich bei* $T = 0$ *nicht nur treffen, sondern berühren.* Während nun NERNST entsprechend dem Weg, auf dem er zu seinem Satz gelangte, nur über die Differenz der Funktionen $f$ und $u$ vor und nach der Reaktion Aussagen machte, erweitere PLANCK die Hypothese noch in der Richtung, daß sie für $f_1$ und $f_2$ einzeln gilt, daß also

$$\begin{cases} \lim\limits_{T=0} f(T) = \lim\limits_{T=0} u(T) \\ \lim\limits_{T=0} \left(\frac{\partial f}{\partial T}\right)_v = \lim\limits_{T=0} \left(\frac{\partial u}{\partial T}\right)_v \end{cases} \tag{4}$$

ist. Dadurch ist aber, wie wir im nächsten Paragraphen sehen werden, die Entropiekonstante einheitlicher kondensierter Stoffe festgelegt.

## § 2. Formulierung des NERNSTschen Wärmesatzes

Zu einer neuen Form des NERNSTschen Satzes gelangt man, wenn man die freie Energie $f = u - Ts$ von S. 455 nach $s$ auflöst und durch dortige Gleichung (32) ersetzt:

$$\left(\frac{\partial f}{\partial T}\right)_v = \frac{f-u}{T} . \tag{5}$$

Da für $T = 0$ auch $f = u$ wird, ist der Wert von $\frac{\partial f}{\partial T}$ für $T = 0$ von der unbestimmten Form 0/0. Den Grenzwert erhält man, wenn man Zähler und Nenner nach $T$ differenziert und $T = 0$ einsetzt.

$$\left(\frac{\partial f}{\partial T}\right)_0 = \left(\frac{\partial f}{\partial T}\right)_0 - \left(\frac{\partial u}{\partial T}\right)_0 . \tag{6}$$

Da aber nach der NERNST-PLANCKschen Annahme die rechte Seite verschwindet, wird einzeln $\left(\frac{\partial f}{\partial T}\right)_0 = \left(\frac{\partial u}{\partial T}\right)_0 = 0$. Der Verlauf der Funktionen hat daher die in Fig. 133 gezeichnete Form.

Nun ist nach Gl. (32) von S. 455

$$\left(\frac{\partial f}{\partial T}\right)_v = -s . \tag{7}$$

Hieraus folgt, daß auch die Entropie $s$ am absoluten Nullpunkt verschwindet. Wir können also das NERNSTsche Theorem so aussprechen: *Am absoluten Nullpunkt hat die Entro-*

*pie eines einheitlichen festen oder flüssigen Körpers den Wert null.* Die Aussage trifft nur für einheitliche Körper zu, weil bei Mischkörpern noch ein der bei der Mischung auftretenden Entropievermehrung Rechnung tragendes Glied hinzukommt, und Gase müssen wir, solange wir die klassische Gasgleichung zugrunde legen, ausnehmen, weil sich unter der Voraussetzung ihrer Gültigkeit für $T = 0$ eine unendlich große Entropiekonstante, ergibt, wenn der Wert von $s$ endlich bleiben soll. In Wirklichkeit erfährt die Zustandsgleichung des Gases im Rahmen der Quantenstatistik eine Korrektur, welche die Allgemeingültigkeit des NERNSTschen Satzes ergibt. Insbesondere darf also am absoluten Nullpunkt kein Unterschied der Entropien zweier verschiedener Modifikationen bestehen. Dazu gehört auch, daß ein paramagnetischer Körper am abs. Nullpunkt dieselbe Entropie hat, ob er magnetisiert ist oder nicht, d. h. er muß sich dort bereits ohne Feld wie ein permanenter Magnet verhalten.

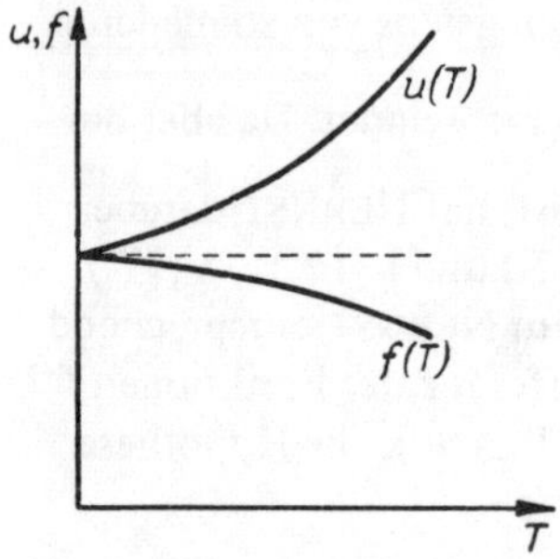

Fig. 133. Verlauf der Funktionen $u(T)$ und $f(T)$

In der statistischen Deutung der Thermodynamik sagt das NERNSTsche Wärmetheorem, daß am absoluten Nullpunkt ein Körper den größtmöglichen Grad von Ordnung haben muß. Darin liegt eine Begrenzung der praktischen Bedeutung des Satzes. Gewiß ist der Zustand größter Ordnung der für $T = 0$ geltende Gleichgewichtszustand. Wieviel Zeit aber die Einstellung des Gleichgewichts braucht, darüber kann die Thermodynamik nichts sagen. Da nun aber die Bewegungen der Ionen und Moleküle bei tiefen Temperaturen einfrieren, können Nichtgleichgewichtszustände beliebig lange existieren. Es gibt z. B. für Gläser einen Zustand höherer Ordnung, den kristallinen, und doch bleibt ein Stück Glas auch bei $T = 0$ noch Glas! Anders liegen die Dinge bei der Bewegung der Elektronen und der Einstellung der mit ihnen verknüpften magnetischen Momente, deren Bewegung nicht durch eine mit sinkender Temperatur zunehmende Reibung behindert ist. Deshalb sind die Folgerungen für die Magnetisierung besonders wichtig.

## § 3. Folgerungen für die spezifischen Wärmekapazitäten und die Temperaturkoeffizienten. Die chemische Konstante der Gase

Aus

$$\mathrm{d}s = \left(\frac{\partial s}{\partial T}\right)_v \mathrm{d}T + \left(\frac{\partial s}{\partial v}\right)_T \mathrm{d}v = \frac{1}{T}(\mathrm{d}u + p\,\mathrm{d}v) \tag{8}$$

folgt bei konstantem Volumen

$$\left(\frac{\partial s}{\partial T}\right)_v = \frac{1}{T}\left(\frac{\partial u}{\partial T}\right)_v = \frac{c_v}{T} \tag{9}$$

und (eine Gleichung, die wir später brauchen):

$$\frac{\partial^2 s}{\partial T\,\partial v} = \frac{1}{T}\,\frac{\partial c_v}{\partial v}\,. \tag{10}$$

Durch Integration von 0 bis $T$ erhält man nach dem NERNSTschen Theorem

$$s = \int_0^T \frac{c_v}{T} \, \mathrm{d}T . \tag{11}$$

Damit das Integral konvergiert, muß die spezifische Wärmekapazität – bei kondensierten Stoffen braucht zwischen $c_p$ und $c_v$ nicht unterschieden zu werden – mit abnehmender Temperatur so stark gegen null gehen, daß die Konvergenz gewährleistet ist. In der Tat ergibt die Theorie der spezifischen Wärmekapazität fester Körper (vgl. 5. Buch, Kap. I) einen Abfall mit der dritten Potenz von $T$. Für ideale Gase ergibt dagegen die klassische Statistik einen auch für $T = 0$ von null verschiedenen Wert der spezifischen Wärmekapazitäten, und deshalb müssen wir Gase aus unseren Betrachtungen ausschließen, solange wir die klassische Statistik als richtig ansehen.

Aus dem NERNSTschen Wärmesatz folgt weiter, daß bei kondensierten Stoffen alle Temperaturkoeffizienten am absoluten Nullpunkt verschwinden. Wir wollen dies für den isochoren Spannungskoeffizienten $\frac{1}{p_0}\left(\frac{\partial p}{\partial T}\right)_v$ beweisen. Aus den vielgebrauchten Gleichungen

$$s = -\left(\frac{\partial f}{\partial T}\right)_v, \quad p = -\left(\frac{\partial f}{\partial v}\right)_T \tag{12}$$

folgt mit Gl. (11) für $\left(\frac{\partial p}{\partial T}\right)_v$ die Beziehung

$$\left(\frac{\partial p}{\partial T}\right)_v = \left(\frac{\partial s}{\partial v}\right)_T = \int_0^T \frac{1}{T} \frac{\partial c_v}{\partial v} \, \mathrm{d}T \tag{13}$$

und wegen Gl. (10) und (13) wird

$$\left(\frac{\partial p}{\partial T}\right)_v = \int_0^T \frac{\partial^2 s}{\partial T \, \partial v} \, \mathrm{d}T = \int_0^T \left(\frac{\partial^2 p}{\partial T^2}\right)_v \mathrm{d}T = \left(\frac{\partial p}{\partial T}\right)_v - \left(\frac{\partial p}{\partial T}\right)_{v,\, T=0},$$

somit

$$\left(\frac{\partial p}{\partial T}\right)_{v,\, T=0} = 0. \tag{14}$$

Wir wollen hier noch die Entropiekonstante für tiefe Temperaturen festlegen. Wir betrachten zu diesem Zweck das Gleichgewicht mit dem Kondensat, für das die Dampfdruckformel (34) S. 466 gilt. In dieser ist die Entropiekonstante $s_{2,0}$ des Kondensats null zu setzen. Ferner denken wir uns die Messungen bei sehr tiefen Temperaturen ausgeführt, bei denen die Integrale keinen Beitrag geben. Denn die spezifischen Wärmekapazitäten des Kondensats verschwinden wie $T^3$ und auch der temperaturabhängige Anteil der spezifischen Wärmekapazität des Gases geht rasch gegen null und es bleibt für alle Gase die spezifische Wärmekapazität des einatomigen Gases als temperaturunabhängiger Anteil $c_{pc}$. Die Dampfdruckformel wird dann

$$\ln p = -\frac{q_0}{RT} + \frac{c_{pc}}{R} \ln T + \frac{s_{1,0} - c_{pc}}{R} . \tag{15}$$

Durch Messung des Dampfdrucks kann man also die chemische Konstante

$$i = \frac{s_{1,0} - c_{pc}}{R} \tag{16}$$

und damit die Entropiekonstante des Gases ermitteln. *Berechnen* läßt sie sich dagegen erst mit Hilfe der Quantenstatistik.

## § 4. Die Unerreichbarkeit des absoluten Nullpunkts

Der NERNSTsche Wärmesatz hat zur Folge, daß der absolute Nullpunkt der Temperatur ein asymptotischer Punkt wird, dem man zwar beliebig nahekommen, den man aber streng nicht erreichen kann. Da tatsächlich in dem kleinen Bereich zwischen etwa 1 K und dem Nullpunkt sehr viele interessante Erscheinungen auftreten, würde man den Verhältnissen besser gerecht, wenn man in diesem Gebiet eine logarithmische Temperaturskala verwenden würde, die dann die Unerreichbarkeit von selbst enthielte.

Um die Unerreichbarkeit zu zeigen, gehen wir von der zur Zeit wirksamsten Methode der Abkühlung, der adiabatisch-reversiblen Entmagnetisierung als Beispiel aus (vgl. S. 457). Nehmen wir an, die Entropie-Temperaturkurven hätten den in Fig. 134a gezeichneten, dem NERNSTschen Satz widersprechenden Verlauf. Auf alle Fälle muß die Entropiekurve des unmagnetisieren[1] Körpers $S_{um}$ bei höherer Temperatur über der des magnetisierten $S_m$ liegen, denn die Entropie ist ja, wie im nächsten Kapitel ausführlicher besprochen wird, das Unordnungsmaß und diese ist im unmagnetisierten Zustand, wo die Elementarmagnete durcheinanderliegen, sicher größer als im magnetisierten. Nun entmagnetisieren wir bei der Temperatur $T_a$ adiabatisch reversibel und damit isentropisch (denn wenn auch bei der reversiblen Führung $\bar{d}Q$ null ist, so muß d$S$ null sein!). Wir bewegen uns also auf einer Waagrechten. Der Schnitt mit $S_{um}$ gibt die erreichte Endtemperatur. Wären wir von $T_a'$ ausgegangen, so hätten wir auf $S_{um}$ den absoluten Nullpunkt erreicht und erst recht bei tieferen Ausgangstemperaturen. Nach dem NERNSTschen Satz darf aber am absoluten Nullpunkt keine Entropiedifferenz zwischen den

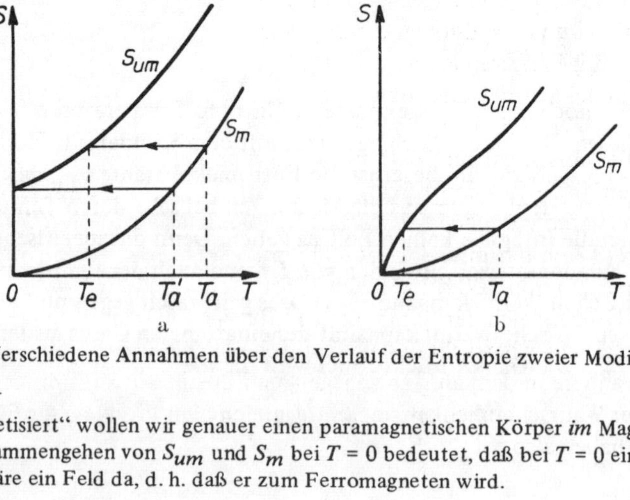


Fig. 134. Verschiedene Annahmen über den Verlauf der Entropie zweier Modifikationen

---

1) Unter „magnetisiert" wollen wir genauer einen paramagnetischen Körper *im* Magnetfeld verstehen. Das Zusammengehen von $S_{um}$ und $S_m$ bei $T = 0$ bedeutet, daß bei $T = 0$ ein Körper sich so verhält, als wäre ein Feld da, d. h. daß er zum Ferromagneten wird.

beiden Formen bestehen, die Kurven müssen so verlaufen, wie in Fig. 134b gezeichnet, und bei diesem Verlauf kann $T = 0$ nicht erreicht werden. Wie nahe man ihm von einer Ausgangstemperatur $T$ kommt, hängt davon ab, wie steil die Kurve $S_{um}$ nach $S = 0$ abfällt.

Was man auch für einen adiabatischen Prozeß zugrunde legt, immer kommt man auf diese Verhältnisse. Wenn man z. B. in Analogie zur Entspannung von Gasen versucht, durch plötzliche Entspannung eines festen Körpers – Gase gibt es bei den tiefen Temperaturen ja nicht mehr –, die Abkühlung zu erzwingen, so erhält man ähnliche Kurven für zwei verschiedene Drucke, da bei jedem Druck für $T = 0$ auch $s = 0$ sein muß.

Wenn so die Unerreichbarkeit des absoluten Nullpunkts eine Folge des NERNSTschen Satzes ist, so darf man sie doch nicht als eine äquivalente Formulierung aussprechen. Dies gilt nur dann, wenn man die Erfahrungstatsache hinzunimmt, daß die spezifischen Wärmekapazitäten aller Körper mindestens wie $T^3$ nach null abfallen (vgl. 5. Buch, Kap. 1, § 1).

Neuntes Kapitel

# Die klassische (Boltzmannsche) Statistik

## § 1. Entropie und Wahrscheinlichkeit

Wir wollen jetzt die molekularen Vorgänge etwas abstrakter behandeln, indem wir eine ganz allgemeine Beziehung, die die Brücke zwischen der Thermodynamik und der Statistik bildet, an die Spitze stellen und aus ihr deduktiv eine große Anzahl von Folgerungen ableiten.

Am Beispiel der mit einer Entropievermehrung verbundenen Diffusion zweier Gase ineinander erkennen wir, daß ein enger Zusammenhang bestehen muß zwischen der Entropie eines Systems in einem bestimmten Zustand und der Wahrscheinlichkeit, es in diesem Zustand anzutreffen. Füllen wir eine Urne mit gleich viel weißen wie roten Kugeln und schütteln wir sie durcheinander, so ist die Wahrscheinlichkeit, eine annähernd gleichmäßige Mischung vorzufinden, außerordentlich viel größer als die Wahrscheinlichkeit, in der unteren Hälfte nur weiße, in der oberen Hälfte nur rote Kugeln anzutreffen. Bei der Vermischung hat also die Wahrscheinlichkeit in hohem Maß zugenommen und dies ebensogut für die Diffusion zweier Gase, für die ja unser Bild bestimmt ist. Läßt sich nun dieser Zusammenhang mathematisch fassen? Die Entropie zweier Systeme, die *vollständig unabhängig* sind, z. B. eines Kubikzentimeters $O_2$ unter Normaldruck und 273 K in Berlin und eines Kubikmeters $H_2$ unter dem Druck von 10 Bar und einer Temperatur von 300 K in München, ist nach der Definition der Entropie als einer additiven Größe gleich der Summe der Entropien der Einzelsysteme, wenn wir die beiden Systeme als *eines* betrachten. Die Wahrscheinlichkeit dafür, das eine System in dem einen, das andere in dem andern angegebenen Zustand zu treffen, ist nach den Grundsätzen der Wahrscheinlichkeitsrechnung gleich dem Produkt der Einzelwahrscheinlichkeiten. Wir haben also

$$S_{12} = S_1 + S_2 , \tag{1}$$

$$W_{12} = W_1 W_2 . \tag{2}$$

Welche Funktion leistet nun diesen Zusammenhang, daß

$$f(x_1 x_2) = f(x_1) + f(x_2) \tag{3}$$

ist? Offenbar tut dies die Funktion $k \ln x$. Wir setzen daher

$$\boxed{S = k \ln W} . \tag{4}$$

Dies ist die berühmte BOLTZMANNsche Gleichung, die zu den wichtigsten Beziehungen der ganzen Physik gehört. Der Proportionalitätsfaktor $k$ wird sich später als „Gaskonstante pro Molekül", also zu $\frac{R}{L}$ ergeben.

Wie drücken wir nun aber die Wahrscheinlichkeit eines thermodynamischen Zustands aus? In der Wahrscheinlichkeitsrechnung wird als Wahrscheinlichkeit definiert das Verhältnis der Zahl der für das Eintreten des Ereignisses günstigen Fälle zur Gesamtzahl der Fälle. Diese Wahrscheinlichkeit hat also höchstens den Wert 1 (Gewißheit). In der Thermodynamik hat es sich nun als zweckmäßiger erwiesen, nicht erst durch die Zahl aller möglichen Fälle zu dividieren, sondern als Maß der thermodynamischen Wahrscheinlichkeit die Zahl der günstigen Fälle zu nehmen. Die thermodynamische Wahrscheinlichkeit ist also eine große Zahl.

Bei der Abzählung der Anzahl von Fällen, die für einen bestimmten thermodynamischen Zustand günstig sind, tritt wie immer in der Kombinatorik der Ausdruck $N!$ auf. Die Berechnung dieses Ausdrucks wäre bei sehr hohen Werten – es wird sich um Zahlen der Größenordnung von $L!$, also $10^{23}!$ handeln – hoffnungslos, gäbe es nicht eine Näherungsformel, die eben für große $N$ eine gute Annäherung gibt. Schreiben wir nämlich

$$\ln N! = \ln 1 + \ln 2 + \ln 3 + \ln 4 + \cdots \ln N ,$$

so können wir die Reihe auffassen als eine Summe von rechteckigen Flächenstreifen der Breite $\Delta x = 1$ und der Höhe $\ln x$. Bei sehr großen Werten von $x$ stellen nun die Intervalle von einer Einheit praktisch Differentiale dar, so daß wir unsere Summe durch das Integral

$$\int_1^N \ln x \, \mathrm{d}x = [x \ln x - x]_1^N = N \ln N - N + 1$$

ersetzen dürfen. Vernachlässigen wir noch 1 gegen $N$ und gehen wir zum Numerus über, so erhalten wir die überaus nützliche Näherungsformel für große $N$:

$$\boxed{N! \approx \left(\frac{N}{e}\right)^N} . \tag{5}$$

## § 2. Berechnung der wahrscheinlichsten Dichteverteilung in einem idealen Gas

Wir wollen die Berechnung der thermodynamischen Wahrscheinlichkeit und ihres dem

Gleichgewichtszustand entsprechenden Maximalwerts an einem an sich trivialen Fall erläutern, nämlich der Dichteverteilung in einem idealen Gas. Hier kennen wir das Resultat; es muß natürlich im Gleichgewicht überall dieselbe Dichte herrschen, aber eben wegen seiner Durchsichtigkeit ist dies Beispiel besonders geeignet, das Verfahren zur Berechnung der Wahrscheinlichkeit zu erläutern. Einen Zustand im thermodynamischen, makroskopischen Sinn kennzeichnen wir durch die Angabe der Dichte als Funktion des Ortes. Für einen Beobachter, der die einzelnen Moleküle sehen und unterscheiden könnte, wäre aber ein Zustand erst definiert durch Angabe der Koordinaten eines jeden Moleküls. Es ist klar, daß ein Makrozustand durch eine große Anzahl von Mikrozuständen realisiert werden kann, denn die Vertauschung zweier Moleküle ändert an der Dichteverteilung gar nichts. *Wir werden daher die Zahl der zu einem Makrozustand gehörenden Mikroverteilungen als Maß der Wahrscheinlichkeit des thermodynamischen Zustands ansehen.* Um diese zu berechnen, teilen wir unser Volumen in eine Anzahl gleich großer Zellen vom Rauminhalt $\Delta\tau$. Als Dichte ist dann das Verhältnis der in einer Zelle liegenden Moleküle $N_i$ zu ihrem Volumen anzusehen. Die Zellen sollen nun zwar klein, aber immer noch so groß sein, daß sie eine größere Anzahl von Molekülen enthalten, so daß die Dichte $\frac{N_i}{\Delta\tau}$ noch eine stetige Funktion des Ortes ist. (Würden wir die Zellen von der Größenordnung des durchschnittlich von einem Molekül beanspruchten Raums annehmen, so würden wir große relative Sprünge der Dichte von Zelle zu Zelle beobachten, je nachdem gerade 0 oder 1 oder 2 oder 3 Moleküle erfaßt werden.) Die Zellen und die Moleküle seien numeriert und die Moleküle sollen in das so unterteilte Volumen wie eine Hand voll Glaskugeln hineingeworfen werden. Da die Zellen gleich groß sein sollen, ist es von vornherein gleich wahrscheinlich, ob ein Molekül $X$ in die Zelle $y$ oder $z$ fällt. Durch unsere Einteilung in gleich große Zellen haben wir also, wie man sich ausdrückt, gleiche *a-priori-Wahrscheinlichkeit* der Zellen erreicht. Diese gleiche a-priori-Wahrscheinlichkeit wird auch nicht gestört, wenn in einer Zelle schon eine Anzahl von Molekülen sitzen, es ist genug Platz vorhanden. Wir brauchen also zur Berechnung der thermodynamischen Wahrscheinlichkeit nur abzuzählen, auf wievielerlei Arten man $N$ Moleküle in $Z$ Zellen verteilen kann, derart, daß in der $i$-ten Zelle $N_i$ Moleküle liegen. Wie oft man diesen Zustand herstellen kann, ersieht man am besten an einem Beispiel: Es sei folgende Belegung vorgegeben:

| | | | | | | |
|---|---|---|---|---|---|---|
| Zelle . . . . . . . . . . . . . | 1 | 2 | 3 | 4 | 5 | 6 |
| Zahl der Moleküle . . . . | 1 | 0 | 2 | 0 | 3 | 4 . |

Eine derartige Verteilung von 10 Molekülen auf 6 Zellen ist z. B. realisiert durch

| | | | | | | | | | | |
|---|---|---|---|---|---|---|---|---|---|---|
| Molekül Nr. . . . . . . . . | 1 | 2 | 3 | 4 | 5 | 6 | 7 | 8 | 9 | 10 |
| in Zelle Nr. . . . . . . . . | 6 | 1 | 6 | 5 | 6 | 5 | 3 | 3 | 5 | 6 . |

Es gibt nun offenbar soviel Mikrozustände, als man die Zellennummern der Moleküle vertauschen kann, wobei zu beachten ist, daß der Platzwechsel in einer Zelle keinen neuen Mikrozustand ergibt, da der Mikrozustand allein durch die Angabe der Zellennummern gekennzeichnet ist. Man erhält also als Wahrscheinlichkeit dieser Verteilung die Zahl der Permutationen der unteren Reihe. Wären alle Zellennummern verschieden, so wäre dies $N!$. Da aber z. B. die Nummer 6 viermal vorkommt, fallen alle Permutationen dieser 4 Ziffern untereinander aus. Man erhält wegen dieses viermaligen Auftretens der 6 nur den 4!-ten Teil. Allgemein wird daher

$$W = \frac{N!}{N_1!N_2!\ldots} = \frac{N!}{\Pi N_i!}\,. \tag{6}$$

Wenden wir unsere Näherungsformel an, so ergibt sich wegen $\Sigma N_i = N$:

$$W = \frac{N^N}{\Pi N_i^{N_i}}\,. \tag{6'}$$

Wir führen jetzt eine Dichtefunktion des Zellenindex $f(i)$ ein, die definiert wird durch

$$N_i = f(i)\,\Delta\tau_i = f(i)\,\Delta\tau\,. \tag{7}$$

(Solange die Zellen gleichen Inhalt $\Delta\tau$ haben, können wir an $\Delta\tau$ den Index weglassen.) Damit wird die Entropie

$$S = k(N\ln N - \sum N_i \ln N_i) = k(N\ln N - \sum f(i)\,\Delta\tau \ln f(i) - \sum f(i)\Delta\tau \ln\Delta\tau)\,. \tag{8}$$

Der Gleichgewichtswert ist durch das Verschwinden der ersten Variationen ausgezeichnet:

$$-\delta S/k = 0 = \sum \delta f(i)\Delta\tau \ln f(i) + \sum \delta f(i)\Delta\tau + \sum \delta f(i)\Delta\tau \ln\Delta\tau\,. \tag{9}$$

Dabei ist aber als Nebenbedingung zu beachten, daß die Zahl der Moleküle im ganzen nicht geändert werden darf:

$$\sum f(i)\Delta\tau = N, \quad \text{also} \quad \sum \delta f(i)\,\Delta\tau = 0. \tag{10}$$

Die Variationen der Verteilungsfunktion sind also nicht beliebig, sondern stets muß die Gl. (10) gewahrt bleiben. Wenden wir wieder das Multiplikatorenverfahren an und multiplizieren wir Gl. (10) mit $\alpha$ und addieren sie zu Gl. (9), so können jetzt die Koeffizienten der Variationen einzeln gleich null gesetzt werden (vgl. S. 120) und man erhält

$$\ln f(i) + \alpha + 1 + \ln\Delta\tau = 0 \quad \text{oder} \quad f(i) = \text{const.} \tag{11}$$

Wie zu erwarten, kommt als die wahrscheinlichste Verteilung die einer überall gleichmäßigen Dichte heraus. Die Konstante ergibt sich aus Gl. (10) zu $\frac{N}{V}$, wenn $V$ das Gesamtvolumen bedeutet.

Die Einteilung in Gebiete gleicher a-priori-Wahrscheinlichkeit ist eine zu enge Vorschrift. Vielfach, z. B. bei der Verteilung über die Oberfläche einer Kugel ist es gar nicht zweckmäßig, in gleichgroße Zonen einzuteilen, und außerdem kommt es in der Quantenstatistik vor, daß man den einzelnen Zellen verschiedene a-priori-Wahrscheinlichkeiten (*Gewichte*) geben muß, was natürlich auf dasselbe hinausläuft, als wenn wir ihre Größe verschieden machen würden. [In vielen Fällen sind die a-priori-Wahrscheinlichkeiten zunächst dadurch gewonnen worden, daß erst nach ihrer Einführung der Anschluß an die

Erfahrung erreicht wurde. Hier handelt es sich also in Wirklichkeit um aus der Erfahrung gewonnene Gewichte (a-posteriori-Wahrscheinlichkeiten), deren bessere theoretische Begründung (und damit Umwandlung in wahre a-priori Wahrscheinlichkeiten) einer weiteren Entwicklung überlassen wurde.] Wie müssen wir nun in diesem allgemeineren Fall verfahren, in dem jede Zelle ihr Volumen $\Delta\tau_i$ von a-priori-Wahrscheinlichkeit $g_i$ besitzen soll? Wir werden jedenfalls das Gesamtgewicht $G_i$ gleich dem Produkt aus Zellenvolumen und a-priori-Wahrscheinlichkeit $g_i$ setzen. Wenn nun bei unserer Verteilung eine Zelle das doppelte Volumen aller anderen gleich großen hat, so wird die Wahrscheinlichkeit, daß das Molekül $a$ in diese Zelle fällt, verdoppelt, ebenso die Wahrscheinlichkeit für die Moleküle $b$ und $c$. Die Wahrscheinlichkeit, daß sowohl $a$ als $b$ und $c$ in die ausgezeichnete Zelle fallen, erhält also, da sie gleich dem Produkt der Einzelwahrscheinlichkeiten ist den Faktor $2^3$. Allgemein erhält eine Kombination, bei der $N_i$ Moleküle in die Zelle mit dem Gewicht $G_i$ fallen, den Faktor $G_i^{N_i}$. Eine Kombination, bei der in der ersten Zelle $N_1$, in der zweiten Zelle $N_2$ Moleküle usw. sitzen, erhält also nun einen durch die Gewichte gegebenen Zusatzfaktor $G_1^{N_1} G_2^{N_2} \ldots$ und wir bekommen

$$W = \frac{N! \, \Pi G_i^{N_i}}{\Pi N_i!} = \frac{N^N \, \Pi G_i^{N_i}}{\Pi N_i^{N_i}} = \frac{N^N \, \Pi G_i^{f(i)\Delta\tau_i}}{\Pi (f(i)\,\Delta\tau_i)^{f(i)\Delta\tau_i}} \,. \tag{12}$$

$$S = k\,(N \ln N + \sum f(i)\,\Delta\tau_i \ln G_i - \sum f(i)\,\Delta\tau_i \ln f(i) - \sum f(i)\Delta\tau_i \ln \Delta\tau_i). \tag{13}$$

Die Berechnung der wahrscheinlichsten Verteilung erfolgt genauso wie oben: Zunächst wird

$$\begin{aligned} \delta S/k = 0 = {} & \sum \delta f(i)\,\Delta\tau_i \ln G_i - \sum \delta f(i)\,\Delta\tau_i \ln f(i) - \sum \delta f(i)\,\Delta\tau_i \\ & - \sum \delta f(i)\,\Delta\tau_i \ln \Delta\tau_i \end{aligned} \tag{14}$$

mit der Nebenbedingung

$$\delta N = \sum \delta f(i)\,\Delta\tau_i = 0. \tag{15}$$

Multiplizieren wir diese mit dem Multiplikator $-\alpha$ und addieren sie zu Gl. (14), so erhalten wir

$$\ln G_i - \ln f(i) - 1 - \ln \Delta\tau_i - \alpha = 0 \tag{16}$$

oder

$$f(i) = \text{const}\,\frac{G_i}{\Delta\tau_i}\,.$$

Die Konstante ergibt sich aus $\Sigma f(i)\,\Delta\tau_i = N$ zu $N/\Sigma G_i$, also wird die wahrscheinlichste Verteilung dargestellt durch die Verteilungsfunktion

$$f(i) = \frac{N G_i}{\Delta\tau_i \, \Sigma G_i} = \frac{N g_i}{\Sigma g_i \Delta\tau_i}\,. \tag{17}$$

Für gleiche a-priori-Wahrscheinlichkeiten $g_i = 1$ ergibt sich

$$f(i) = \frac{N}{\Sigma \Delta\tau_i} = \frac{N}{V}\,. \tag{17'}$$

Die wahrscheinlichste Verteilung ist also auch bei verschieden großen Zellen, wenn sie im übrigen keine besonderen a-priori-Wahrscheinlichkeiten haben, diejenige mit gleicher Dichte.

Aufg. 130. Aus den Formeln von S. 458 ergibt sich, daß, sofern der unmagnetisierte Zustand eines paramagnetischen Körpers am absoluten Nullpunkt existieren könnte (was nach dem NERNSTschen Wärmetheorem ausgeschlossen ist), seine Entropie im einfachsten Fall je Mol um $R \ln 2$ größer wäre als die des magnetisierten; man leite dies statistisch ab unter Beachtung des Umstands, daß im einfachsten Fall nur die zum Feld parallele und antiparallele Einstellung zugelassen ist.

## § 3. Der Phasenraum. Satz von LIOUVILLE

Wir wollen nicht nur die Lage, sondern auch die Geschwindigkeitsverteilung der Gasmoleküle im Gleichgewichtszustand kennen. Es liegt nahe, zur Berechnung der Wahrscheinlichkeit eines Zustandes das in § 2 dargelegte Verfahren auf diesen komplizierteren Fall zu übertragen. Wir brauchen ja nur statt des wirklichen Raums einen sechsdimensionalen Bildraum zu nehmen, in dem die rechtwinkligen Koordinaten eines Bildpunktes durch die 3 Lagekoordinaten und die 3 Geschwindigkeitskomponenten eines Moleküls gegeben sind[1]. Statt die Moleküle in das wirkliche Volumen zu verteilen, verteilen wir die Bildpunkte in diesen sechsdimensionalen Raum. Gegen dieses Verfahren ist aber ein Einwand zu erheben: Beim wirklichen Raum ist es unmittelbar evident, daß die a-priori-Wahrscheinlichkeit einer Zelle ihrer Größe proportional ist. Woher wissen wir etwas über die a-priori-Wahrscheinlichkeiten der Zellen unseres Bildraums? Wenn wir nun statt der Geschwindigkeitskomponenten die allgemeinen Impulskomponenten $p_k$ nehmen (vgl. S. 125), so nennen wir den aus Lagekoordinaten $q_k$ und Impulskoordinaten $p_k$ aufgebauten Raum den *Phasenraum*, und für diesen läßt sich beweisen, daß die Zellen gleicher a-priori-Wahrscheinlichkeit gleich groß sind, oder was dasselbe ist, daß die a-priori-Wahrscheinlichkeit einer Zelle des Phasenraums ihrer Größe proportional ist. Grenzen wir nämlich in diesem Phasenraum ein Volumenelement $\Delta\tau$ ab, so treten durch dessen Oberfläche Bildpunkte ein und aus und wir können für das Volumenelement genau wie im Dreidimensionalen die „Ergiebigkeit" (Divergenz) berechnen. Die Geschwindigkeit $\vec{C}$ eines Bildpunkts ist, wenn $\vec{r} = q_1\vec{e}_1 + q_2\vec{e}_2 + q_3\vec{e}_3 + p_1\vec{e}_4 + p_2\vec{e}_5 + p_3\vec{e}_6$ ist:

$$\vec{C} = C_1\vec{e}_1 + C_2\vec{e}_2 + C_3\vec{e}_3 + C_4\vec{e}_4 + C_5\vec{e}_5 + C_6\vec{e}_6 = \frac{dq_1}{dt}\vec{e}_1 + \frac{dq_2}{dt}\vec{e}_2 + \frac{dq_3}{dt}\vec{e}_3 + \frac{dp_1}{dt}\vec{e}_4 + \frac{dp_2}{dt}\vec{e}_5 + \frac{dp_3}{dt}\vec{e}_6 . \tag{18}$$

[1] Wir beschränken uns zunächst auf einatomige Moleküle, deren Zustand durch Lage und Geschwindigkeit des Schwerpunkts eindeutig festgelegt ist. Bei mehratomigen Molekülen kommen noch Winkelkoordinaten und Winkelgeschwindigkeiten hinzu.

Wählt man als Volumenelement einen kleinen sechsdimensionalen Würfel, so wird genau wie im dreidimensionalen Fall

$$\begin{aligned} \operatorname{div} \vec{C} &= \frac{\partial C_1}{\partial q_1} + \frac{\partial C_2}{\partial q_2} + \frac{\partial C_3}{\partial q_3} + \frac{\partial C_4}{\partial p_1} + \frac{\partial C_5}{\partial p_2} + \frac{\partial C_6}{\partial p_3} \\ &= \frac{\partial}{\partial q_1}\frac{\mathrm{d}q_1}{\mathrm{d}t} + \frac{\partial}{\partial q_2}\frac{\mathrm{d}q_2}{\mathrm{d}t} + \frac{\partial}{\partial q_3}\frac{\mathrm{d}q_3}{\mathrm{d}t} + \frac{\partial}{\partial p_1}\frac{\mathrm{d}p_1}{\mathrm{d}t} + \frac{\partial}{\partial p_2}\frac{\mathrm{d}p_2}{\mathrm{d}t} + \frac{\partial}{\partial p_3}\frac{\mathrm{d}p_3}{\mathrm{d}t}. \end{aligned} \tag{19}$$

Nun befolgen aber die Moleküle, deren Bildpunkte wir betrachten, die Grundgesetze der Mechanik, die wir in den HAMILTONschen Gleichungen schreiben:

$$\frac{\mathrm{d}p_k}{\mathrm{d}t} = -\frac{\partial H}{\partial q_k}, \qquad \frac{\mathrm{d}q_k}{\mathrm{d}t} = +\frac{\partial H}{\partial p_k}, \tag{20}$$

woraus folgt:

$$\frac{\partial}{\partial p_k}\frac{\mathrm{d}p_k}{\mathrm{d}t} + \frac{\partial}{\partial q_k}\frac{\mathrm{d}q_k}{\mathrm{d}t} = 0. \tag{21}$$

Dies bewirkt, daß in dem Ausdruck für $\operatorname{div}\vec{C}$ sich je zwei zum gleichen Index gehörende Glieder aufheben und damit der ganze Ausdruck verschwindet. Das Verschwinden der Divergenz der Geschwindigkeit ist aber das Charakteristikum für die Strömung einer inkompressiblen Flüssigkeit. Eine Anzahl von Teilchen (hier Bildpunkten), die zu einer gewissen Zeit ein Volumenelement $\Delta\tau_i$ erfüllen, werden später ein anderes erfüllen, dies muß aber gleich groß sein. Die beiden gleich großen Volumenelemente des Phasenraums stehen also in der Beziehung, daß die Erfüllung des einen mit $N_i$ Bildpunkten notwendig auch die Erfüllung des andern mit $N_i$ Bildpunkten zur Folge hat. Da mit der Zeit alle Phasenraumelemente von der Strömung getroffen werden, *so kommt allen gleich großen Elementen dieselbe a-priori-Wahrscheinlichkeit zu* (Satz von LIOUVILLE). Damit haben wir eine Basis gefunden für die Berechnung der Wahrscheinlichkeit einer Verteilung von Lage *und* Geschwindigkeit. Diese ist nicht auf den Fall beschränkt, daß der Phasenraum gerade 6 Dimensionen hat. Bei zweiatomigen Molekülen, die wir uns durch das Bild einer Hantel veranschaulichen – die in der elementaren Kinetik für *kugel*förmige Moleküle gefundenen Wirkungsradien stellen eben Mittelwerte für die verschiedenen Orientierungen der Stoßpartner dar –, kommt es z. B. noch auf die Orientierung der Hantelachse und auf die Rotationsgeschwindigkeit um eine zur Hantelachse senkrechte Achse an, so daß der Phasenraum noch mehr Dimensionen erhält. Da aber die HAMILTONsche Gleichung für je zwei kanonisch konjugierte Variable gilt, wieviel Freiheitsgrade auch ein System hat, so gilt der LIOUVILLEsche Satz von der Gleichwahrscheinlichkeit gleich großer Phasenraumelemente immer, solange die Teilchen, deren Bildpunkte im Phasenraum wandern, den Gesetzen der Mechanik gehorchen.

## § 4. Die MAXWELL-BOLTZMANNsche Energieverteilung

Wir können jetzt das in § 2 angewandte Verfahren wörtlich auf den Phasenraum übertragen. Damit können wir die Frage beantworten, wie sich die innere Energie $U$ eines

Systems auf die einzelnen Teilchen verteilt. Bei einem idealen einatomigen Gas besteht z. B. die innere Energie in der kinetischen Energie aller hin- und herfliegenden Atome. Wie verteilt sich diese Energie auf die einzelnen Atome? Fliegen etwa, wie wir in Kap. IV der Einfachheit halber öfters gerechnet haben, alle Atome gleich schnell? Jeder Zelle des Phasenraums kommt eine bestimmte Energie $u(i)$ zu, die ein Molekül besitzt, wenn sein Bildpunkt in diese Zelle fällt. Wir wollen der Allgemeinheit halber annehmen, daß die Zellen verschieden groß sind, ihre Gewichte $G_i$ sind nach dem LIOUVILLEschen Satz der Größe $\Delta\tau_i$ proportional. Die Wahrscheinlichkeit wird dann nach Gl. (12), wenn wir wieder eine Verteilungsfunktion $f(i)$ durch $N_i = f(i)\Delta\tau_i$ definieren,

$$W = \frac{N^N \Pi \Delta\tau_i^{f(i)\Delta\tau_i}}{\Pi(f(i)\Delta\tau_i)^{f(i)\Delta\tau_i}} \tag{22}$$

und die Entropie

$$S = kN \ln N - k \sum f(i)\Delta\tau_i \ln f(i). \tag{23}$$

Ihr Maximalwert ist zu bestimmen unter den Nebenbedingungen: Konstanz der Teilchenzahl und Konstanz der Energie $U$. Die Bedingung der Konstanz der Teilchenzahl lautet

$$N = \sum f(i)\Delta\tau_i, \quad \text{also} \quad \delta N = \sum \delta f(i)\Delta\tau_i = 0. \tag{24}$$

Die Energie der Teilchen, deren Bildpunkte in der $i$-ten Zelle mit der Energie $u(i)$ liegen, ist offenbar $N_i u(i)$, die Gesamtenergie also

$$\sum u(i) f(i)\Delta\tau_i, \quad \text{somit} \quad \delta U = \sum \delta f(i) u(i)\Delta\tau_i = 0. \tag{25}$$

Die Variation der Entropie führt nach (23) wieder zu dem Ausdruck

$$0 = \sum \delta f(i)\Delta\tau_i \ln f(i) + \sum \delta f(i)\Delta\tau_i. \tag{26}$$

Wenden wir wieder die Multiplikatorenmethode an, indem wir die erste Nebenbedingung mit $\alpha$, die zweite mit $\beta$ multiplizieren und zu Gl. (26) addieren, so erhält man

$$\ln f(i) + 1 + \alpha + \beta u(i) = 0 \tag{27}$$

oder mit $e^{-(1+\alpha)} = A$:

$$f(i) = A\, e^{-\beta u(i)}. \tag{28}$$

Die mit dem ersten Multiplikator verknüpfte Konstante $A$[1] erhält man wieder aus der Gesamtteilchenzahl. Denn es ist

---

[1] Vergleicht man diese Anwendung der Multiplikatorenmethode mit der von S. 120, wo die dort mit $\lambda$ bezeichneten Größen Funktionen von $x$ sind, so könnten Zweifel entstehen, ob die Größen $\alpha$ und $\beta$ konstant sind. Indes sind dort die Nebenbedingungen als Funktionen von $x$ gegeben, die für jedes $x$ erfüllt sein müssen, während hier 2 einfache Gleichungen, die den Zellenindex, der heraussummiert wird, gar nicht mehr enthalten, erfüllt sein sollen.

$$N = A \sum e^{-\beta u(i)} \Delta\tau_i, \tag{29}$$

also

$$f(i) = \frac{N e^{-\beta u(i)}}{\Sigma e^{-\beta u(i)} \Delta\tau_i}. \tag{30}$$

Die im Nenner stehende Summe heißt die *Zustandssumme* des Systems. Wir wollen diese außerordentlich wichtige Größe mit $\sigma$ abkürzen:

$$\boxed{\sigma = \sum e^{-\beta u(i)} \Delta\tau_i}. \tag{31}$$

Um den Multiplikator $\beta$ zu bestimmen, müssen wir auf die Entropie zurückgehen, die durch Einsetzen von

$$f(i) = \frac{N}{\sigma} e^{-\beta u(i)} \tag{32}$$

wird:

$$S = kN \ln N - k \sum \frac{N}{\sigma} e^{-\beta u(i)} \Delta\tau_i (\ln N - \beta u(i) - \ln \sigma). \tag{33}$$

Wegen Gl. (31) und da

$$\frac{N}{\sigma} \sum e^{-\beta u(i)} u(i) \Delta\tau_i = U \tag{34}$$

ist, vereinfacht sich unser Ausdruck zu

$$S = k\beta U + kN \ln \sigma. \tag{35}$$

Nun erhält man, wenn $S$ als Funktion von $U$ und $V$ gegeben ist, nach S. 454 $T$ durch Differentiation gemäß

$$\frac{1}{T} = \left(\frac{\partial S}{\partial U}\right)_V. \tag{36}$$

Weiter zeigt Gl. (34), daß $U$ jedenfalls eine Funktion von $\beta$, also auch $\beta$ eine Funktion von $U$ ist; es ist also

$$\left(\frac{\partial S}{\partial U}\right)_V = \frac{dS}{d\beta} \cdot \left(\frac{\partial \beta}{\partial U}\right)_V = \frac{dS}{d\beta} \cdot \frac{1}{(\partial U/\partial \beta)_V}. \tag{37}$$

Führt man die Differentiation aus, so erhält man aus Gl. (35)

$$\frac{dS}{d\beta} = kU + k\beta \frac{\partial U}{\partial \beta} + \frac{kN}{\sigma} \frac{\partial \sigma}{\partial \beta} \tag{38}$$

und aus Gl. (31) und (34)

$$\frac{\partial \sigma}{\partial \beta} = -\sum u(i) e^{-\beta u(i)} \Delta\tau_i = -\frac{U\sigma}{N}. \tag{39}$$

Es bleibt also nach Gl. (37) $\left(\frac{\partial S}{\partial U}\right)_V = k\beta = \frac{1}{T}$

oder

$$\boxed{\beta = \frac{1}{kT}} \quad . \tag{40}$$

Damit wird die Verteilungsfunktion

$$\boxed{f(i) = \frac{Ne^{-\frac{u(i)}{kT}}}{\Sigma e^{-\frac{u(i)}{kT}} \Delta\tau_i}} \quad . \tag{41}$$

Dies ist das berühmte MAXWELL-BOLTZMANNsche Verteilungsgesetz der Energie, von dem wir im nächsten Paragraphen einige Anwendungen kennenlernen werden. Für die Zustandssumme erhalten wir nach Bestimmung des Multiplikators $\beta$ eine einfache thermodynamische Deutung:

Setzen wir in Gl. (35) für $\beta$ die Größe $\frac{1}{kT}$, so ergibt sich

$$S = \frac{U}{T} + kN \ln \sigma \,. \tag{42}$$

In dieser Formel ist aber die Dimension noch nicht in Ordnung. Wie man aus Gl. (31) ersieht, hat die Zustandssumme die Dimension des Volumenelements des Phasenraums, andererseits darf unter einem Logarithmus natürlich nur eine dimensionslose Größe stehen (ebenso wie ein Exponent, z. B. $\frac{u(i)}{kT}$ in Gl. (41), dimensionslos sein muß). Nun ist ja in der klassischen Thermodynamik $S$ nur bis auf eine additive Konstante festgelegt, wir dürfen also rechts noch Konstante zufügen, durch welche die Dimensionslosigkeit erreicht wird. Eine solche Konstante ist $-kN \ln \Delta\tau$, wenn $\Delta\tau$ ein zunächst willkürliches Maß des Phasenraumvolumens bedeutet. Da das Produkt aus je einer Lage- und Impulskoordinate die Dimension Energie × Zeit hat, die wir als Wirkung $[h]$ bezeichnen, so hat $\Delta\tau$ bei $n$ Lagekoordinaten die Dimension $[h]^n$. Fassen wir das so zugefügte Glied mit dem Glied $kN \ln \sigma$ zusammen, so sehen wir, daß wir die Phasenraumvolumina im Maß $[h]^n$ messen müssen, wobei der Betrag von $[h]^n$ noch willkürlich ist. Die Quantentheorie wird uns aber zeigen, daß $[h]$ einen ganz bestimmten Zahlenwert hat. Wir müssen also schreiben

$$S = \frac{U}{T} + kN \ln \frac{\sigma}{[h]^n} \,. \tag{43}$$

Damit wird die freie Energie

$$\boxed{F = U - TS = -kNT \ln \frac{\sigma}{[h]^n}} \,. \tag{44}$$

## § 5. Anwendungen der MAXWELL-BOLTZMANNschen Energieverteilung

### a) Barometrische Höhenformel und Sedimentationsgleichgewicht

Die Energie eines Teilchens der Masse $m$ hänge nur von einer Lagekoordinate ab. Es befinde sich das Teilchen z. B. im Schwerefeld mit der potentiellen Energie $mgz$. Dann erhalten wir, wenn wir als Zellen Parallelepipede der Grundfläche 1 und Höhe $\Delta z$ nehmen, für die Zahl der Teilchen zwischen $z$ und $z + \Delta z$ nach (41)

$$\Delta N(z) = \frac{N}{\sigma}\, e^{-mgz/kT}\, \Delta z\,, \tag{45}$$

oder es wird die Dichte

$$\rho = \frac{\Delta N}{\Delta z} = \frac{N}{\sigma}\, e^{-mgz/kT}\,. \tag{46}$$

Statt der Zustandssumme führen wir hier einfacher die Dichte $\rho_0$ für $z = 0$ ein, womit sich ergibt

$$\rho = \rho_0\, e^{-mgz/kT}\,. \tag{47}$$

Diese Formel umfaßt die barometrische Höhenformel für eine isotherme Atmosphäre. Denn setzt man im Exponenten $-\frac{\rho_0}{p_0}\, gz$ der Gl. (4) von S. 181 für $\rho_0$ den Wert $\frac{M_r}{v_0}$ ($M_r$ relative Molekülmasse) ein und benützt die Gleichung $p_0 v_0 = RT$, so stimmen die Exponenten der beiden Formeln überein, da, wie später gezeigt wird, $\frac{M_r}{R} = \frac{m}{k}$ ist. (Da die Temperatur überall gleich sein soll, kann die Verteilung der Geschwindigkeiten auf die Höhenverteilung keinen Einfluß haben, wir dürfen also die statistische Betrachtung für die Koordinate $z$ getrennt durchführen.) Diese Formel gilt aber auch noch für sichtbare kolloide Teilchen. Wenn wir z. B. eine Mastixemulsion mit Teilchen einheitlicher Masse in Wasser haben, so ist für $m$ die um den Auftrieb verminderte Masse einzusetzen. In einer solchen Emulsion muß also die Teilchenzahl mit der Höhe exponentiell abnehmen, was auch beobachtet wird. Durch Auszählung der Teilchen kann man nun im Sedimentationsgleichgewicht, wenn man die Masse der Einzelteilchen irgendwie messen kann, die BOLTZMANNsche Konstante $k$ und damit wegen der später abzuleitenden Beziehung $k = \frac{R}{L}$ auch die AVOGADRO-Konstante bestimmen.

### b) Verteilung der Orientierungen der Achsen von Elementarmagneten im Magnetfeld

Wir können jetzt die auf S. 353 benützte Formel für die Verteilung der Winkel $\vartheta$, die die Achsen von Dipolen mit der Feldrichtung bilden, begründen. Die potentielle Energie eines Magnetchens vom Moment $m$ im Feld $B$ ist gegeben durch

$$u = -\, m\, B \cos\vartheta\,. \tag{48}$$

Der Phasenraum ist in diesem Fall die Oberfläche der Einheitskugel, auf der wir die verschiedenen Orientierungen durch Punkte kennzeichnen können. Die Einteilung erfolgt hier zweckmäßigerweise in Kugelzonen zwischen den Winkeln $\vartheta$ und $\vartheta + \Delta\vartheta$. Diese Zonen sind aber nicht gleich groß, weil der Inhalt bei gleichen Intervallen $\Delta\vartheta$ proportional zu $\sin\vartheta\, \Delta\vartheta$ ist. Wir erhalten so für die Zahl der Magnete, deren Achsen einen Winkel zwischen $\vartheta$ und $\vartheta + \Delta\vartheta$ mit der Feldrichtung bilden

$$f(i)\,\Delta\tau_i = \Delta N_\vartheta = \frac{2\pi N e^{mB\cos\vartheta/kT}\sin\vartheta\,\Delta\vartheta}{\sigma}\,. \tag{49}$$

Da über die Größe der Intervalle in der klassischen Statistik keine Vorschrift besteht, können wir sie so klein machen, daß wir die Summierung durch eine Integration ersetzen können. Es wird daher im Nenner

$$\sigma = 2\pi \int_0^\pi e^{mB\cos\vartheta/kT}\sin\vartheta\,\mathrm{d}\vartheta\,. \tag{50}$$

Die weitere Ausrechnung ist auf S. 353 bereits durchgeführt.

### c) Geschwindigkeitsverteilung in einem idealen Gase

Wir wollen nun die Verteilung der Geschwindigkeiten der Moleküle in einem idealen Gas untersuchen, und zwar wollen wir uns auf die translatorische Bewegung der Schwerpunkte der Moleküle beschränken, also auf etwa vorhandene Rotationsbewegungen mehratomiger Moleküle um den Schwerpunkt nicht eingehen. Diese können an der Verteilung der Translationsbewegung nichts ändern, infolgedessen gelten die Beziehungen nicht nur für einatomige Gase, wo es keine Rotationen um den Schwerpunkt gibt, sondern allgemein für beliebige Moleküle. In rechtwinkligen Koordinaten sind die Impulse

$$p_x = m\dot{x},\ p_y = m\dot{y},\ p_z = m\dot{z}, \quad \text{also} \quad p = m\sqrt{\dot{x}^2+\dot{y}^2+\dot{z}^2} = mc \tag{51}$$

und es wird

$$u = \frac{1}{2}mc^2 = \frac{1}{2m}(p_x^2+p_y^2+p_z^2) = \frac{p^2}{2m}\,. \tag{52}$$

Die Zahl der Moleküle, deren Schwerpunktskoordinaten zwischen $x$ und $x+\Delta x$, $y$ und $y+\Delta y$, $z$ und $z+\Delta z$ fallen und die die Impulse zwischen $p_x$ und $p_x+\Delta p_x$, $p_y$ und $p_y+\Delta p_y$, $p_z$ und $p_z+\Delta p_z$ besitzen, ist also gegeben durch

$$\Delta N = \frac{N}{\sigma}\, e^{\frac{-1}{2mkT}(p_x^2+p_y^2+p_z^2)}\,\Delta x\,\Delta y\,\Delta z\,\Delta p_x\,\Delta p_y\,\Delta p_z\,. \tag{53}$$

Dividieren wir auf beiden Seiten durch das Volumenelement, so erhalten wir die Zahl $\Delta n$ der Moleküle pro Volumen, die die angegebenen Grenzen der Impulskomponenten haben. Der Nenner wird, wenn wir wieder die Summation durch eine Integration ersetzen:

$$\begin{aligned}\sigma &= \int\int e^{\frac{-1}{2mkT}(p_x^2+p_y^2+p_z^2)}\,\mathrm{d}x\,\mathrm{d}y\,\mathrm{d}z\,\mathrm{d}p_x\,\mathrm{d}p_y\,\mathrm{d}p_z \\ &= V\int_{-\infty}^{+\infty}\int_{-\infty}^{+\infty}\int_{-\infty}^{+\infty} e^{\frac{-1}{2mkT}(p_x^2+p_y^2+p_z^2)}\,\mathrm{d}p_x\,\mathrm{d}p_y\,\mathrm{d}p_z = VJ^3\,.\end{aligned} \tag{54}$$

Das Integral $J$, das hier dreimal nur mit verschiedener Bezeichnung der Variablen auftritt, läßt sich in unbestimmter Form nicht auf elementare Funktionen zurückführen.

Das bestimmte Integral zwischen den Grenzen $-\infty$ und $+\infty$ läßt sich dagegen mit Hilfe eines kleinen Kunstgriffs berechnen. Wir setzen zunächst einmal

$$\frac{p_x}{\sqrt{2mkT}} = \xi, \qquad \mathrm{d}p_x = \sqrt{2mkT}\,\mathrm{d}\xi \tag{55}$$

und erhalten

$$J = \sqrt{2mkT}\int_{-\infty}^{+\infty} e^{-\xi^2}\,\mathrm{d}\xi\,. \tag{56}$$

Schreibt man dasselbe Integral nochmals mit der Integrationsvariablen $\eta$ und multipliziert es mit dem in $\xi$ geschriebenen Integral, so erhält man

$$J^2 = 2mkT\int_{-\infty}^{+\infty} e^{-\xi^2}\,\mathrm{d}\xi\int_{-\infty}^{+\infty} e^{-\eta^2}\,\mathrm{d}\eta = 2mkT\int_{-\infty}^{+\infty}\int_{-\infty}^{+\infty} e^{-(\xi^2+\eta^2)}\,\mathrm{d}\xi\,\mathrm{d}\eta\,. \tag{57}$$

Das Doppelintegral läßt sich nun in Polarkoordinaten leicht auswerten. Lassen wir den Polarwinkel von 0 bis $2\pi$ und den Radiusvektor von 0 bis $\infty$ gehen, so erhält man ebensogut eine vollständige Überdeckung der Ebene wie bei den rechtwinkligen Koordinaten $\xi$ und $\eta$ mit den Grenzen $-\infty$ und $+\infty$. Es wird daher

$$J^2 = 4\pi mkT\int_0^{\infty} e^{-\rho^2}\rho\,\mathrm{d}\rho = -2\pi mkT\left[e^{-\rho^2}\right]_0^{\infty} = 2\pi mkT\,. \tag{58}$$

Also

$$\sigma = V(2\pi mkT)^{3/2}\,. \tag{59}$$

Es interessiert uns nun weniger die Verteilung der *Komponenten* der Impulse und damit der Geschwindigkeiten als die der *Beträge*. Stellen wir uns die Impulse als Radienvektoren dar, so fragen wir, wieviel Endpunkte fallen in den Bereich zwischen $p$ und $p + \Delta p$. Die Zahl erhalten wir offenbar, wenn wir alle Punkte in den einzelnen von dieser Kugelschale erfaßten Elementen addieren. Diese Summierung wird deshalb sehr einfach, weil die Verteilungsdichte nach Gl. (53) nur von $p_x^2 + p_y^2 + p_z^2 = p^2$ abhängt, also auf einer Kugeloberfläche konstant ist. Wir erhalten also die Summe als die Verteilungsfunktion mal der Summe der in der Kugelschale dieses Impulsraums enthaltenen Elemente, d. h. mal dem Rauminhalt der Kugelschale:

$$\boxed{\Delta n = \frac{Ne^{-\frac{1}{2mkT}p^2}\cdot 4\pi p^2\,\Delta p}{V(2\pi mkT)^{3/2}}}\,. \tag{60}$$

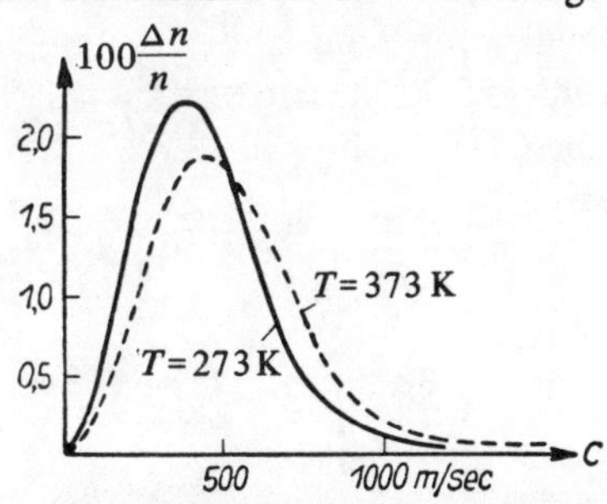

Fig. 135. Geschwindigkeitsverteilung für Stickstoff bei 273 K und 373 K. ($\Delta c$ = 11 m/sec)

Drücken wir jetzt $p$ durch $c$ aus und setzen noch

$$\frac{N}{V} = n\,,$$

so erhalten wir die Schlußformel

$$\frac{\Delta n}{n} = \frac{4c^2 e^{-\frac{mc^2}{2kT}} \Delta c}{\sqrt{\pi}\left(\frac{2kT}{m}\right)^{3/2}} = f(c)\Delta c \quad . \tag{61}$$

Der Verlauf der Verteilungsfunktion ist für Stickstoff in Fig. 135 wiedergegeben. Wie man sieht, verschwindet die Verteilungsfunktion für $c = 0$ und für $c = \infty$, sie muß also irgendwo dazwischen ein Maximum haben. Zur Berechnung des Maximums wollen wir, wie auch für die noch folgenden Rechnungen die Abkürzung

$$\sqrt{\frac{2kT}{m}} = \alpha \tag{62}$$

einführen und erhalten durch Differenzieren für die Stelle des Maximums von $f(c)$

$$\frac{\mathrm{d}f}{\mathrm{d}c} = 0 = \frac{8c}{\alpha^3\sqrt{\pi}}\, e^{-\frac{c^2}{\alpha^2}} - \frac{8c^3}{\alpha^5\sqrt{\pi}}\, e^{-\frac{c^2}{\alpha^2}},$$

hieraus

$$\boxed{c_m = \alpha = \sqrt{\frac{2kT}{m}}} \; . \tag{63}$$

Weiter wollen wir die mittlere Geschwindigkeit berechnen. Sie ergibt sich zu

$$\begin{aligned}\bar{c} &= \frac{1}{n}\sum c\,\Delta n = \frac{4}{\alpha^3\sqrt{\pi}}\int_0^\infty c^3 e^{-\frac{c^2}{\alpha^2}}\,\mathrm{d}c = \frac{4\alpha}{\sqrt{\pi}}\int_0^\infty x^3 e^{-x^2}\,\mathrm{d}x \\ &= \frac{2\alpha}{\sqrt{\pi}}\int_0^\infty x^2 e^{-x^2}\,\mathrm{d}(x^2) = -\frac{2\alpha}{\sqrt{\pi}}\left[x^2 e^{-x^2}\right]_0^\infty + \frac{2\alpha}{\sqrt{\pi}}\int_0^\infty e^{-x^2}\, 2x\,\mathrm{d}x \\ &= \frac{2\alpha}{\sqrt{\pi}} = \frac{2c_m}{\sqrt{\pi}} \; .\end{aligned} \tag{64}$$

Ebenso finden wir für das mittlere Geschwindigkeitsquadrat

$$\begin{aligned}\overline{c^2} &= \frac{1}{n}\sum c^2\,\Delta n = \frac{4}{\alpha^3\sqrt{\pi}}\int_0^\infty c^4 e^{-\frac{c^2}{\alpha^2}}\,\mathrm{d}c = \frac{2\alpha^2}{\sqrt{\pi}}\int_0^\infty x^3 e^{-x^2}\,\mathrm{d}(x^2) \\ &= -\frac{2\alpha^2}{\sqrt{\pi}}\left[x^3 e^{-x^2}\right]_0^\infty + \frac{3\alpha^2}{\sqrt{\pi}}\int_0^\infty x e^{-x^2}\,\mathrm{d}(x^2) = -\frac{3\alpha^2}{\sqrt{\pi}}\left[x e^{-x^2}\right]_0^\infty \\ &+ \frac{3\alpha^2}{\sqrt{\pi}}\int_0^\infty e^{-x^2}\,\mathrm{d}x = \frac{3\alpha^2}{2\sqrt{\pi}}\int_{-\infty}^{+\infty} e^{-x^2}\,\mathrm{d}x = \frac{3\alpha^2\sqrt{\pi}}{2\sqrt{\pi}} = \frac{3\alpha^2}{2} = \frac{3c_m^2}{2} \; .\end{aligned} \tag{65}$$

Damit sind die im Kap. IV ohne Beweis angegebenen Beziehungen zwischen mittlerer Geschwindigkeit und Wurzel aus dem mittleren Geschwindigkeitsquadrat abgeleitet.

### d) Zustandsgleichung des idealen Gases, Zusammenhang zwischen BOLTZMANNscher Konstante und Gaskonstante

Setzt man in die Gleichung für die freie Energie den oben abgeleiteten Wert der Zustandssumme des idealen Gases ein, so erhält man

$$F = -kNT \ln \frac{\sigma}{[h]^3} = -kNT \ln V(2\pi mkT)^{3/2} + kNT \ln [h]^3 . \tag{66}$$

Mit Hilfe der thermodynamischen Gleichung (vgl. S. 455)

$$p = -\left(\frac{\partial F}{\partial V}\right)_T \tag{67}$$

ergibt sich daraus

$$p = \frac{kNT}{V} \tag{68}$$

oder für ein Mol $N = L,\ V = v$

$$pv = kLT = RT, \tag{69}$$

also ist, wie schon erwähnt, $k$ die auf ein Molekül bezogene Gaskonstante:

$$\boxed{k = \frac{8{,}314\,J\,\mathrm{mol}^{-1}\,\mathrm{K}^{-1}}{6{,}022 \cdot 10^{23}\,\mathrm{mol}^{-1}} = 1{,}38 \cdot 10^{-23}\,J \cdot K^{-1}} . \tag{70}$$

### e) Der osmotische Druck

Während der Druck eines Gases sich unmittelbar anschaulich als Wirkung der Stöße auf die Wand ergibt, macht das Verständnis des osmotischen Drucks, d. h. des Überdrucks auf der Seite der Lösung, wenn Lösung und Lösungsmittel durch eine für den gelösten Stoff undurchlässige Membran getrennt sind, der Anschauung einige Schwierigkeiten. Wir fassen die Membran als ein Kraftfeld auf, das nur auf die Moleküle des gelösten Stoffs wirkt. Dies ist keineswegs eine künstliche Annahme, da ja auch die Wirkung der Wand einer Gasflasche in letzter Linie durch die Kraftfelder der Wandatome bedingt ist. Im Fall der Membran ist diese Auffassung aber besonders angebracht, weil die Membran eine gewisse Dicke haben muß, innerhalb der die selektive Undurchlässigkeit zustande kommt. Ein Teilchen des gelösten Stoffs, das sich der Wand nähert, erhält dann eine potentielle Energie $u$, die mit dem Eindringen rasch gegen Unendlich steigt. Die Kraft, die die Wand auf das Teilchen ausübt, ist gegeben durch

$$\vec{f} = -\operatorname{grad} u . \tag{71}$$

Da $u$ bei Annäherung an die Wand wächst, ist $\vec{f}$ ins Innere der Lösung gerichtet. Nach dem Prinzip von Wirkung und Gegenwirkung übt das Teilchen eine entgegengesetzte gleichgroße Kraft auf die Wand aus. Qualitativ ist also alles wie beim Gasdruck. Es ist nur noch abzuleiten, daß tatsächlich auch die Gasgesetze gelten. Zunächst sei das Gleichgewicht auf der Lösungsseite noch nicht eingetreten. In diesem Zustand, in dem also auf der Lösungsseite noch nicht der volle Überdruck herrscht, treibt das Kraftfeld der

Membran die Teilchen von der Wand weg. Nun wissen wir, daß bei der Bewegung eines Moleküls oder eines Ions in einer Flüssigkeit infolge deren Zähigkeit Lösungsmittel mitgeschleppt wird. Wir haben also zunächst eine Strömung von der Wand weg, die sich durch die Membran, die ja für das Lösungsmittel nicht vorhanden ist, auf die Seite des Lösungsmittels fortsetzt, d.h. es strömt Lösungsmittel ein, bis der dem osmotischen Druck entsprechende Überdruck erreicht ist. Im Gleichgewichtszustand gilt aber das BOLTZMANNsche Verteilungsgesetz, nach welchem die Zahl der Teilchen mit der Energie $u$ in Volumen gegeben ist, durch

$$n = n_0 e^{-u/kT} . \tag{72}$$

Dabei bedeutet $n_0$ die Zahl der Teilchen pro Volumen weitab von der Membran, also im Innern der Lösung. Die Kraft auf ein Volumenelement der Lösung, das $n$ Teilchen der Energie $u$ enthält, ist danach

$$\vec{F}\, dv = - n \operatorname{grad} u \, dv. \tag{73}$$

Aus (72) folgt

$$\operatorname{grad} n = - \frac{n_0}{kT} e^{-u/kT} \operatorname{grad} u = - \frac{n}{kT} \cdot \operatorname{grad} u . \tag{74}$$

Setzt man dies in (73) ein, so erhält man für die Volumenkraft $\vec{F}$ den Ausdruck

$$\vec{F} = kT \operatorname{grad} n. \tag{75}$$

Nun ist nach dem Grundgesetz der Hydrostatik (S. 180) im Gleichgewicht

$$\operatorname{grad} p = \vec{F} = kT \operatorname{grad} n . \tag{76}$$

Dies ergibt integriert

$$p = kTn + p_0 ; \tag{77}$$

$p_0$ ist der Druck für $n = 0$, also der Druck auf der Seite des Lösungsmittels, $p - p_0$ stellt den osmotischen Druck dar. Ist 1 Mol im Volumen $v$ gelöst, so ist $n = L/v$, also

$$p_{\text{osm}} = \frac{kL}{v} T = \frac{RT}{v} . \tag{78}$$

Damit ist das VAN'T HOFFsche Gesetz abgeleitet, daß der osmotische Druck gleich dem Gasdruck ist, der herrschen würde, wenn der gelöste Stoff allein als Gas das Volumen der Lösung erfüllen würde.

## § 6. Der Gleichverteilungssatz und seine Anwendungen auf die spezifischen Wärmekapazitäten

Die Energie eines Einzelteilchens ist in fast allen praktisch vorkommenden Fällen eine lineare homogene Funktion der Quadrate einer Anzahl von Lage- und Impulskoordinaten, die wir einheitlich mit $x_1, x_2 \ldots x_f$ bezeichnen wollen. Die Gesamtzahl $f$ der Parameter, von denen die Energie abhängt, nennt man die Zahl der Freiheitsgrade. (In der

Mechanik pflegt man dagegen die Zahl der Lagekoordinaten allein als Zahl der Freiheitsgrade eines Systems zu bezeichnen.) Unter dieser Voraussetzung einer homogenen quadratischen Energiefunktion gilt der EULERsche Satz:

$$x_1 \frac{\partial u}{\partial x_1} + x_2 \frac{\partial u}{\partial x_2} + \cdots x_f \frac{\partial u}{\partial x_f} = 2u. \tag{79}$$

Nun ist die Gesamtenergie des Systems, wenn wir gleich zur Integration statt Summation übergehen:

$$U = \int u \, dN = N \frac{\int\int \cdots e^{-\frac{u}{kT}} u \, dx_1 \, dx_2 \, dx_3 \cdots dx_f}{\int\int \cdots e^{-\frac{u}{kT}} dx_1 \, dx_2 \, dx_3 \cdots dx_f} = N \frac{Z}{\sigma}. \tag{80}$$

Den Zähler $Z$ können wir nun mit Hilfe des EULERschen Satzes umformen: Es ist

$$\begin{aligned} 2Z = & \int\int \cdots e^{-\frac{u}{kT}} x_1 \frac{\partial u}{\partial x_1} dx_1 \, dx_2 \cdots dx_f \\ & + \int\int \cdots e^{-\frac{u}{kT}} x_2 \frac{\partial u}{\partial x_2} dx_1 \, dx_2 \cdots dx_f \\ & + \cdots + \int\int \cdots e^{-\frac{u}{kT}} x_f \frac{\partial u}{\partial x_f} dx_1 \, dx_2 \cdots dx_f . \end{aligned} \tag{81}$$

In dem ersten Integral formen wir die Integration nach $x_1$ folgendermaßen um:

$$\int e^{-\frac{u}{kT}} x_1 \frac{\partial u}{\partial x_1} dx_1 = -kT \left[ x_1 e^{-\frac{u}{kT}} \right] + kT \int e^{-\frac{u}{kT}} dx_1 . \tag{82}$$

Die Grenzen sind in allen Fällen $-\infty$ und $+\infty$. Dann verschwindet aber der Klammerausdruck, weil $u$ mit $x_1^2$ wächst und die negative Exponentialfunktion bekanntlich von höherer Ordnung als jede Potenz verschwindet. Es bleibt also rechts das Integral. Setzen wir dies in Gl. (81) ein, so ergibt das erste Glied im Zähler $kT\sigma$, und wenn wir mit jedem Glied so verfahren, erhalten wir:

$$2Z = f kT \sigma . \tag{83}$$

Damit wird

$$\boxed{U = \frac{NfkT}{2} = Nf\bar{u}} \tag{84}$$

Dies ist der berühmte Gleichverteilungssatz der klassischen statistischen Mechanik:

*Jeder Freiheitsgrad, der in die Energie des Gesamtsystems quadratisch eingeht, trägt im Mittel dazu* $\frac{kT}{2}$ *bei.*

Dieser Satz läßt sich an den spezifischen Wärmekapazitäten einfach prüfen: Da

$$c_v = \left(\frac{\partial u}{\partial T}\right)_v, \tag{85}$$

so wird die molare Wärmekapazität nach dem Gleichverteilungssatz

$$\boxed{c_v = \frac{Lkf}{2} = \frac{f \cdot R}{2}} \;. \tag{86}$$

Das einatomige Gas hat die drei Komponenten der fortschreitenden Geschwindigkeit, seine spezifische Wärmekapazität wird pro Mol

$$c_v = \frac{3R}{2} \tag{87}$$

und damit

$$c_p = c_v + R = \frac{5R}{2} \tag{88}$$

und $$\frac{c_p}{c_v} = \frac{5}{3} \quad \text{(für einatomiges Gas).} \tag{89}$$

Diese Beziehungen sind für einatomige Gase von den tiefsten bis zu den höchsten erreichbaren Temperaturen bestätigt worden.

Das zweiatomige Gas schematisieren wir durch das Bild einer starren[1)] Hantel. Es besitzt außer der Translations- auch noch Rotationsenergie. Auch die Rotation ist nach 3 Achsen in Komponenten zu zerlegen. Die Rotation um die Hantelachse selbst trägt aber zur kinetischen Energie nichts bei, weil um diese Achse kein Trägheitsmoment existiert. Beim zweiatomigen Gas kommen also nur noch zwei Rotationsfreiheitsgrade hinzu, und es wird

$$c_v = \frac{5R}{2}, \quad \frac{c_p}{c_v} = \frac{7}{5} \quad \text{(für zweiatomiges Gas)}\,. \tag{90}$$

Auch dies gilt bei Zimmertemperatur allgemein. Indes ist insbesondere bei $H_2$ ein Abfallen der spezifischen Wärme mit sinkender Temperatur auf den Wert des einatomigen Gases festgestellt, was im Widerspruch zum Gleichverteilungssatz steht.

Bei Molekülen, die aus mehr als 2 Atomen bestehen, gibt es 3 Freiheitsgrade der Rotation, sofern sie nicht linear angeordnet sind. Er wird also, solange wir sie als starr behandeln,

$$c_v = \frac{6R}{2}, \quad \frac{c_p}{c_v} = \frac{4}{3} \quad \text{(für dreiatomiges Gas)}\,. \tag{91}$$

Die Atome des festen Körpers sind an Gleichgewichtslagen gebunden, bei deren Verlassen quasielastische rücktreibende Kräfte auftreten. Ein Atom besitzt also nicht nur kinetische, sondern auch potentielle Energie, die bei kleinen Amplituden ebenfalls eine

---

1) In Wirklichkeit können die beiden Atome noch gegeneinander Schwingungen ausführen. Warum diese Schwingungen bei den üblichen Laboratoriumstemperaturen nichts zur spezifischen Wärmekapazität beitragen, werden wir im nächsten Kapitel sehen.

quadratische Funktion der Lagekoordinaten ist. Die Zahl der Freiheitsgrade, die zur Energie beitragen, ist also beim festen Körper je Atom 6, somit

$$c_v = \frac{6R}{2} = 3R \quad \text{(für feste Körper).} \tag{92}$$

Dies ist das DULONG-PETITsche Gesetz der spezifischen Wärmekapazitäten. Es ist wieder bei Zimmertemperatur im allgemeinen gut erfüllt, nur die leichtesten Elemente (z. B. Diamant) weichen bei Zimmertemperatur bereits ab. Dagegen sinken die spezifischen Wärmekapazitäten mit abnehmender Temperatur sogar auf null herab, was ja auch das NERNSTsche Wärmetheorem verlangt. Auch *dieses* Absinken steht in Widerspruch zum Gleichverteilungssatz. Es scheint also, als ob der Gleichverteilungssatz zwar für hohe Temperaturen gültig ist, dagegen bei tieferen Temperaturen ein „Einfrieren von Freiheitsgraden" stattfindet. Dies weist darauf hin, daß die klassische Statistik irgendwie modifiziert werden muß, und hier greift nun die Quantentheorie ein (siehe dazu S. 512ff).

## § 7. Schwankungserscheinungen, Übergang von der mikroskopischen zur makroskopischen Bewegung

Wenn das thermodynamische Gleichgewicht, das dem Maximalwert der Entropie entspricht, nur statistischer Natur ist, so sind Abweichungen von den wahrscheinlichsten Werten zu erwarten, wenn wir sehr kleine Bereiche beobachten. Könnten wir z. B. noch ein Volumenelement beobachten, das nur 100 Moleküle enthält, so würden wir in diesem kleinen Bereich verhältnismäßig große Schwankungen der Dichte beobachten. Denn tritt nur 1 Molekül mehr ein, so ist die Dichte bereits um 1 % vergrößert. (Auf diesen Dichteschwankungen beruht z. B. die Streuung des Lichts in der Atmosphäre, und die Durchführung der Theorie dieser Streuung ermöglicht die Berechnung der AVOGADRO-Konstante aus der spektralen Intensitätsverteilung des Himmelsblaus.) Wenn wir ferner in der Wand eines Glasgefäßes ein kleines Flächenelement, das so klein ist, daß in der Sekunde nur einige hundert Moleküle auftreffen, beweglich machen könnten, so würde dieses zwar noch nicht alle Stöße einzeln anzeigen, die Wahrscheinlichkeit von größeren Schwankungen des Drucks auf dieses Element ist aber nicht mehr klein, so daß ein unregelmäßiges Zittern zu erwarten ist. Diese gewöhnlich nach dem Botaniker BROWN benannte Erscheinung ist bereits von LEEUWENHOEK (um 1650) beobachtet worden, aber in ihrem Wesen lange nicht erkannt worden. Wenn wir in einer Flüssigkeit sehr kleine, eben noch wahrnehmbare Partikel (kolloide Teilchen) haben, so zeigen diese ein unregelmäßiges Zittern, das dadurch zustande kommt, daß die Stöße der Flüssigkeitsmoleküle sich nicht in jedem Augenblick gerade aufheben, sondern daß einmal auf dieser, ein anderes Mal auf jener Seite eine größere Zahl von Molekülen auftrifft und sich das Teilchen einmal in dieser, einmal in jener Richtung in Bewegung setzt. Wenn man das Teilchen als ein besonders großes Molekül auffaßt, müßte seine kinetische Energie im Mittel nach dem Gleichverteilungssatz $\frac{3kT}{2}$ betragen. Was man aber im Mikroskop wahrnimmt, ist eine um viele Zehnerpotenzen geringere Geschwindigkeit, wenn man diese in der üblichen Weise als Quotienten Weg/Zeit bestimmt. In Wirklichkeit wechselt aber die Geschwindigkeit so ungeheuer oft ihre Richtung, daß die beobachtete Bewegung eine grob ausgeglichene Kurve der wahren Zickzackbewegung darstellt. Die Bahn eines solchen Teilchens stellt ein interessantes Beispiel dar für die sonst nur in der abstrakten Mathematik behandelten stetigen Kurven ohne Tangenten (Differentialquotienten). Es ist ganz hoffnungslos, etwa durch kinematographische Aufnahmen die Einzelheiten der Bewegung feststellen und so die wahre mittlere kinetische Energie bestimmen zu wollen. Wir müssen vielmehr statt der Geschwindigkeit die mittlere Verschiebung betrachten, wenn wir eine Theorie der Erscheinungen geben wollen, die der experimentellen Prüfung zugänglich ist. Wir beschränken unsere Betrachtungen auf die Verschiebungen in einer Dimension. Am Ort $x$ seien zur Zeit $t = 0$ zwischen $x$ und $x + \mathrm{d}x$ pro Volumen $N(x, 0)$ Teilchen vorhanden. Nach einer gewissen Zeit $\tau$ betrachten wir ein Volumenelement am Ort $x'$, das dieselbe Größe $\mathrm{d}x$ habe. Die in ihm befindlichen Teilchen sind in der Zwischenzeit, soweit sie nicht schon vorher in diesem Volumenelement waren, aus den Nachbarelementen eingewandert. Die Wahrscheinlichkeit, daß ein Teilchen aus einem Nachbarelement hereingekommen ist, ist natürlich eine Funktion des Abstandes $x'-x$ und der Zeitdifferenz $\tau$ unserer beiden Beobachtungen. Wir werden sie also mit $f_\tau(x'-x)$ bezeichnen. Die Funktion $f_\tau$ umfaßt auch den Fall, daß die Teilchen schon vorher in dem Element $x'$ waren, wenn wir $x'-x=0$ setzen. Da die Teilchen aus irgendeinem Volumenelement stammen *müssen*, wird die Dichte am Ort $x'$ zur Zeit $\tau$

$$N(x',\tau) = \int_{-\infty}^{+\infty} N(x,0)\, f_\tau(x'-x)\,\mathrm{d}x\,. \tag{93}$$

Führen wir die Verschiebung $X = x'-x$ ein, so wird wegen $\mathrm{d}x = -\mathrm{d}X$

$$N(x',\tau) = \int_{+\infty}^{-\infty} N(x'-X,0)\, f_\tau(X)\,\mathrm{d}X\,. \tag{94}$$

Die Funktion $f_\tau$ hat, da positive wie negative Verschiebungen gleich wahrscheinlich sind, jedenfalls die Eigenschaft

$$f_\tau(X) = f_\tau(-X)\,. \tag{95}$$

Wir entwickeln jetzt links nach $\tau$, rechts nach $X$ und erhalten

$$N(x',0) + \tau\frac{\partial N}{\partial t} + \cdots$$
$$= \int_{+\infty}^{-\infty} \left\{N(x',0) - X\frac{\partial N}{\partial x} + \frac{1}{2}X^2\frac{\partial^2 N}{\partial x^2} + \cdots\right\} f_\tau(X)\,\mathrm{d}X\,. \tag{96}$$

Die Differentialquotienten $\frac{\partial N}{\partial t}$, $\frac{\partial N}{\partial x}$ $\cdots$ sind feste Werte für die Zeit $t=0$ und den Ort $x'$. Wegen der Symmetrie der Funktion $f_\tau(X)$ verschwindet das Integral $\int_{+\infty}^{-\infty} X f_\tau(X)\,\mathrm{d}X$, und da weiter aus irgendeinem Element jedes eingewanderte Teilchen stammen muß, wird das Integral $\int\limits_{+\infty}^{-\infty} f_\tau(X)\,\mathrm{d}X = 1$. Dividieren wir noch durch $\tau$, so erhalten wir damit aus Gl. (96)

$$\frac{\partial N}{\partial t} = \frac{1}{2\tau}\frac{\partial^2 N}{\partial x^2}\int\limits_{+\infty}^{-\infty} X^2 f_\tau(X)\,\mathrm{d}X = \frac{1}{2\tau}\frac{\partial^2 N}{\partial x^2}\overline{X^2}\,. \tag{97}$$

Das rechts vorkommende Integral stellt das mittlere Verschiebungsquadrat $\overline{X^2}$ dar, weil es ja die Summe der Verschiebungsquadrate, jedes multipliziert mit der Wahrscheinlichkeit seines Vorkommens, bedeutet. Es läßt sich leicht zeigen, daß das mittlere Verschiebungsquadrat der Beobachtungszeit proportional, der Koeffizient von $\frac{\partial^2 N}{\partial x^2}$ also konstant ist. Beobachten wir nämlich in gleichen, nicht zu kurzen Intervallen $\tau$ die jeweilige Verschiebung, so können wir die einzelnen Verschiebungen wegen der Unregelmäßigkeit der Stöße als voneinander unabhängig ansehen (bei ganz rascher Folge der Beobachtungen könnte eine einmal angenommene Geschwindigkeit noch nicht abgeklungen sein und so das Resultat der nächsten Beobachtung beeinflussen, praktisch ist aber eine so rasche Folge nicht zu erreichen). Nach einer Serie von $p$ Beobachtungen ist die resultierende Verschiebung

$$X^{(p)} = X_1 + X_2 + X_3 \cdots + X_p \tag{98}$$

und deren Quadrat

$$(X^{(p)})^2 = (X_1 + X_2 + \cdots + X_p)^2 = \sum_{r=1}^{p} X_r^2 + 2\sum_{r=1}^{p}\sum_{s=1}^{p} X_r X_s\,. \tag{99}$$

Mitteln wir jetzt bei jeder Beobachtung über die Verschiebungen, die eine große Anzahl von Teilchen erleiden, so wird, da sich die doppelten Produkte wegen der gleichen Häufigkeit positiver wie negativer Verschiebungen wegheben und das durchschnittliche Verschiebungsquadrat in der Zeit $\tau$ jedesmal gleich ist

$$\overline{(X^{(p)})^2} = p\,\overline{X^2}\,. \tag{100}$$

Nach der Zeit $p\,\tau$ beobachtet man also das mittlere Verschiebungsquadrat $p\,\overline{X^2}$, also das $p$-fache des nach der Zeit $\tau$ gefundenen Werts, d.h. $\overline{X^2}$ ist der Beobachtungszeit proportional.

Die Gl. (97) stellt andererseits nichts anderes als die phänomenologische, der Wärmeleitungsgleichung analoge Gleichung der Diffusion dar. Haben wir nämlich eine örtlich veränderliche Konzentration, so wird ein Strom von Teilchen in Richtung der kleineren Konzentration fließen. Wir setzen die *Dichte* dieses Stroms proportional dem Konzentrationsgefälle, also gleich $-D\,\mathrm{grad}\,N$ oder im eindimensionalen Fall $-D\,\frac{\partial N}{\partial x}$. Die Änderung der Teilchenzahl, die in einem Volumenelement $\mathrm{d}x\,\mathrm{d}y$ vorhanden ist, erfolgt einerseits durch Zufließen von der einen, andererseits durch Abfließen nach der andern Seite. An der Stelle $x$ tritt pro Zeit der Strom $\left(+D\,\frac{\partial N}{\partial x}\right)_x \mathrm{d}y$ ein, an der Stelle $x + \mathrm{d}x$ der Strom $\left(-D\,\frac{\partial N}{\partial x}\right)_{x+\mathrm{d}x} \mathrm{d}y$ aus. Der Überschuß der eintretenden über die austretenden Teilchen gibt die zeitliche Änderung, also wird

$$\frac{\partial N}{\partial t}\,dx\,dy = D\,\frac{\partial^2 N}{\partial x^2}\,dx\,dy \quad \text{oder} \quad \frac{\partial N}{\partial t} = D\,\frac{\partial^2 N}{\partial x^2}\,. \tag{101}$$

Es stellt also

$$\boxed{D = \frac{\overline{X^2}}{2\tau}} \tag{102}$$

den Diffusionskoeffizienten der Teilchen dar. Befinden sich nun unsere Teilchen in einem Kraftfeld, z. B. dem Schwerefeld, so stellt sich die BOLTZMANNsche Gleichgewichtsverteilung ein, die gegeben ist durch

$$N = N_0\,e^{-\frac{u}{kT}}\,. \tag{103}$$

Ist die Kraft konstant, so ist die potentielle Energie gegeben durch $Fx$. Das Gleichgewicht können wir uns so entstanden denken, daß einerseits Teilchen unter dem Einfluß der Kraft wandern, andererseits ein Diffusionsstrom für Erfüllung von Gl. (103) sorgt. Ihre Geschwindigkeit $v$ wird bei Gleichgewicht zwischen wirkender Kraft und Reibung

$$v = \frac{F}{6\pi\eta a} \quad (a \text{ Teilchenradius, } \eta \text{ Viskosität des Lösungsmittels}). \tag{104}$$

Die Dichte dieses Stroms von Teilchen wird also

$$s = \frac{NF}{6\pi\eta a}\,. \tag{105}$$

Dem entgegen fließt aber ein Diffusionsstrom gleicher Stärke, der die Konzentrationsverteilung konstant hält, seine Dichte ist durch $-D\,\frac{\partial N}{\partial x}$ gegeben. Die Gleichsetzung der beiden Stromdichten ergibt

$$-D\,\frac{\partial N}{\partial x} = \frac{NF}{6\pi\eta a}\,. \tag{106}$$

Andererseits folgt aus der Gleichgewichtsverteilung (103) für $u = Fx$ durch Logarithmieren und Differenzieren

$$\frac{1}{N}\,\frac{\partial N}{\partial x} = -\,\frac{F}{kT}\,. \tag{107}$$

Setzt man diesen Ausdruck in Gl. (106) ein, so erhält man die wichtige Gleichung

$$\frac{D}{kT} = \frac{1}{6\pi\eta a} \tag{108}$$

oder wegen (102)

$$\boxed{\frac{\overline{X^2}}{2\tau} = \frac{kT}{6\pi\eta a}}\,, \tag{109}$$

womit ein allgemein gültiger Ausdruck für das mittlere Verschiebungsquadrat gewonnen ist.

FÜNFTES BUCH

# Einführung in die Grundzüge der Quantenmechanik

Erstes Kapitel

## Der Weg zur Quantenmechanik

### § 1. Das Versagen der klassischen Physik

Die klassische Physik hat sich seit NEWTON immer weiter entwickelt und als ungeheuer erfolgreiche Beschreibung der physikalischen Wirklichkeit erwiesen. Trotzdem war die klassische Physik am Ende des neunzehnten und Anfang des zwanzigsten Jahrhunderts an Grenzen gestoßen. Einige experimentelle Ergebnisse konnten mit den Begriffen der klassischen Physik nicht verstanden werden. In einem Wechselspiel zwischen vorläufigen theoretischen Ansätzen und experimentellen Resultaten entwickelte sich schließlich die Quantenmechanik. Es kann an dieser Stelle nicht darum gehen, diesen historischen Weg nachzuvollziehen. Vielmehr wollen wir hier die Notwendigkeit für das Aufgeben der klassischen Physik zeigen.

Im Verlauf ihrer Geschichte stand die Physik häufig vor der Aufgabe, neue Erscheinungen und experimentelle Befunde zu deuten. Dies war durch Anpassung des Systems der klassischen Physik, nicht durch fundamentale Änderungen des Begriffsgebäudes geschehen. So hätte man vielleicht hoffen können, die Frage nach der Stabilität der Atome, nach der Ursache für die diskreten Spektren, nach der Größe der Materialkonstanten (z. B. der elektrischen und der Wärmeleitfähigkeit) und vieles andere ebenfalls im Rahmen der klassischen Physik zu verstehen. Vielleicht müßte man neue Arten von Wechselwirkungen zulassen, doch die prinzipiellen Denkansätze sollten dabei erhalten bleiben. Diese Hoffnung erwies sich als falsch. Es war erforderlich mit der Quantenmechanik neue Konzepte in die Physik einzuführen, die der klassischen Physik vollständig fremd sind. Damit wurde der klassischen Physik ein neues Denkgebäude zur Seite gestellt, dessen innere Logik und formale Eleganz die klassische Physik womöglich sogar übertrifft.

Auf dem Weg zur Quantenmechanik spielten besonders drei experimentelle Ergebnisse, die sich nicht in die klassische Physik einordnen ließen, eine wichtige Rolle: die spektrale Energieverteilung der Strahlung eines schwarzen Körpers, der lichtelektrische Effekt und die inkohärente Streuung von Licht an Elektronen (COMPTON-Effekt).

#### a) Die Strahlung eines schwarzen Körpers

Das Spektrum der Strahlung eines absolut schwarzen Strahlers ist von großem theoretischen Interesse, da nach dem Satz von KIRCHHOFF das Spektrum eines beliebigen Temperaturstrahlers auf das des schwarzen Strahlers zurückgeführt werden kann. KIRCHHOFF hatte 1859 zeigen können, daß der Quotient aus dem Emissionsvermögen $\epsilon$ und Absorptionsvermögen $\alpha$ eines beliebigen Körpers unabhängig von dessen speziellen Eigenschaften ist und nur von der Temperatur des strahlenden Körpers und der Frequenz $\nu$ der emittierten Strahlung abhängt.

$$\frac{\epsilon_\nu}{\alpha_\nu} = K_\nu(T, \nu) \tag{1}$$

Dieser Quotient, die KIRCHHOFFsche Funktion $K_\nu$, ist gleich dem Emissionsvermögen des schwarzen Strahlers, da dessen Absorptionsvermögen bei allen Frequenzen definitionsgemäß gleich 1 ist. Man erhält also das thermische Emissionsvermögen eines beliebigen Körpers für jeden Spektralbereich aus dem des schwarzen Körpers durch Multiplikation mit dem spektroskopisch ermittelten Absorptionsvermögen. Experimentell läßt sich ein schwarzer Körper in guter Annäherung durch einen Hohlraum realisieren, in dessen Wandung ein kleines Loch ist.

Das Emissionsvermögen des schwarzen Strahlers $K_\nu \, \mathrm{d}\nu$ ist definiert als die Energiemenge des Frequenzintervalls $\mathrm{d}\nu$, die pro Zeit $\mathrm{d}t$, pro Fläche $\mathrm{d}f$ und pro Raumwinkel $\mathrm{d}\Omega$ ein Flächenelement senkrecht durchsetzt. Diese Größe wird auch Strahlungsflußdichte genannt.

$$\mathrm{d}^6 E = K_\nu \cos\vartheta \, \mathrm{d}f \, \mathrm{d}\Omega \, \mathrm{d}t \, \mathrm{d}\nu \, . \tag{2}$$

Die Lösung der Aufgabe, die KIRCHHOFFsche Funktion $K_\nu(T, \nu)$ zu bestimmen, erfolgt in drei Schritten. Zunächst wird ein Zusammenhang zwischen der Strahlungsflußdichte, die experimentell zugänglich ist, und der spektralen Energiedichte $u_\nu$ des Strahlungsfeldes im Hohlraum durch eine geometrische Betrachtung hergestellt. Sodann untersuchen wir, welche Schwingungsformen (Moden) das Strahlungsfeld im Hohraum annehmen kann. Als letztes ist dann noch zu klären, wie groß die mittlere Energie der einzelnen Moden ist. Die klassische Thermodynamik mit dem Gleichverteilungssatz führt zum Strahlungsgesetz von RAYLEIGH und JEANS, das nicht mit dem Experiment übereinstimmt. Hier muß die klassische Physik eine wesentliche Abänderung erfahren. Erst die PLANCKsche Quantenvorstellung führt auf das richtige Strahlungsgesetz. $K_\nu(T, \nu)$ ist der Energiedichte des Strahlungsfeldes direkt proportional.

Die Strahlungsenergie breitet sich mit der Geschwindigkeit $c$ aus. Sie erfüllt nach der Zeit $\mathrm{d}t$ das Volumenelement

$$\mathrm{d}^3 r = \cos\vartheta \cdot \mathrm{d}f \cdot c \cdot \mathrm{d}t \, . \tag{3}$$

Ganz allgemein ist die Stromdichte einer Größe gleich dem Produkt aus der Dichte dieser Größe und der Geschwindigkeit der Strömung.

$$\frac{\mathrm{d}^6 E}{\mathrm{d}^3 r} = \frac{K_\nu \cos\vartheta \, \mathrm{d}f \, \mathrm{d}\Omega \, \mathrm{d}t \, \mathrm{d}\nu}{c \cdot \cos\vartheta \, \mathrm{d}f \, \mathrm{d}t} = \frac{K_\nu \, \mathrm{d}\Omega \, \mathrm{d}\nu}{c} \, . \tag{4}$$

Bei isotroper Strahlung kann über den Raumwinkel integriert werden.

$$u_\nu \, \mathrm{d}\nu = \frac{\mathrm{d}^4 E}{\mathrm{d}^3 r} = \frac{4\pi}{c} K_\nu \, \mathrm{d}\nu \tag{5}$$

Damit ist die KIRCHHOFFsche Funktion $K_\nu$ in Zusammenhang mit der spektralen Energiedichte $u_\nu$ im Hohlraum gebracht. Die Energiedichte in dem strahlungserfüllten Hohlraum wird nun als das Produkt aus der Zahl der möglichen Schwingungsmoden (stehenden Wellen im Hohlraum) und der mittleren Energie dieser Moden aufgefaßt. Den ersten Faktor bestimmen wir mit einem von RAYLEIGH stammenden Abzählverfahren.

Der Einfachheit wegen betrachten wir einen Würfel der Kantenlänge $l$, der von elektromagnetischen Transversalwellen durchzogen wird. Aus den auf die Wände zulaufenden und den reflektierten Wellen bildet sich ein System stehender Wellen. Je nach der Natur der Wände erzwingen die Grenzbedingungen einen Wellenbauch oder Knoten. Bei elektromagnetischen Wellen zwischen metallenen Wänden muß der $E$-Vektor einen Knoten haben. Stehende Wellen sind dann von der Form

$$E = e^{i\omega t} \cdot \sin k_x x \cdot \sin k_y y \cdot \sin k_z z \tag{6}$$

Die Randbedingungen erzwingen $k_x l = n_x \cdot \pi$ und entsprechend für die anderen Komponenten, wobei $n_x$, $n_y$ und $n_z$ ganze Zahlen sein müssen. Nun gilt

$$k^2 = k_x^2 + k_y^2 + k_z^2 = \left(\frac{2\pi}{\lambda}\right)^2 = 4\pi^2 \nu^2/c^2 . \tag{7}$$

Folglich gibt jedes Tripel ganzer positiver Zahlen $(n_x, n_y, n_z)$ eine mögliche Frequenz einer stehenden Welle an.

$$n_x^2 + n_y^2 + n_z^2 = 4\nu^2 l^2/c^2 . \tag{8}$$

Wir untersuchen jetzt, wieviele Schwingungsmoden es im Bereich zwischen $\nu$ und $\nu + \mathrm{d}\nu$ gibt. Dazu sehen wir die $n_i$ als rechtwinklige Koordinaten an. Gl. (8) beschreibt dann eine Kugel mit Radius $2\nu l/c$. Da zu jedem Würfel der Kantenlänge 1 ein Punkt mit ganzzahligen Koordinaten gehört, ist die Zahl $\mathrm{d}Z$ der zulässigen Wellen in dem Frequenzbereich so groß wie der Rauminhalt des Kugelschalenoktanten (es sind nur positive $n_i$ zugelassen!) zwischen den Radien $2\nu l/c$ und $2(\nu + \mathrm{d}\nu)l/c$

$$\mathrm{d}Z = \frac{1}{8} 4\pi \cdot 4\nu^2 l^3 \cdot 2\,\mathrm{d}\nu/c^3 . \tag{9}$$

Die Anzahl der Moden pro Volumeneinheit ist

$$\frac{\mathrm{d}Z}{V} = \frac{4\pi\nu^2\,\mathrm{d}\nu}{c^3} \tag{10}$$

was unabhängig von der speziellen Form des Hohlraumes gilt, wie sich streng beweisen läßt.

Als nächstes ist zu klären, welche mittlere Energie mit den einzelnen Schwingungsmoden verbunden ist. Wir betrachten dazu ein einfaches Modell, in dem die Atome der den Hohlraum begrenzenden Wände durch eindimensionale harmonische Oszillatoren idealisiert werden. Diese Oszillatoren stehen untereinander und mit der elektromagnetischen Strahlung im Hohlraum im thermischen Gleichgewicht. Die mittlere kinetische Energie eines Oszillators ist nach dem Gleichverteilungssatz der statistischen Mechanik $kT/2$. Da die potentielle Energie eines Oszillators im Zeitmittel gleich der kinetischen Energie ist, folgt für die gesamte mittlere Anregungsenergie $kT$. (Der Gleichverteilungssatz besagt: Wenn eine Koordinate oder ein Impuls in dem Ausdruck für die Energie nur in einem Summanden quadratisch vorkommt, so hat der Mittelwert dieses Summanden im thermischen Gleichgewicht den Wert $kT/2$. Beim linearen harmonischen Oszillator gehen die Koordinate $x$ und der Impuls $p$ in dieser Weise in die Gesamtenergie ein.) So nahmen RAYLEIGH und JEANS an, daß jeder Schwingungsmodus einem harmonischen Oszillator mit der mittleren Energie $kT$ äquivalent sei. Damit folgt aus Gl. (10) und dem Gleichverteilungssatz, wenn man noch über die beiden Polarisationsrichtungen der elektromagnetischen Wellen summiert,

$$u_\nu \, \mathrm{d}\nu = 8\pi\nu^2 \, kT \, \mathrm{d}\nu / c^3 \, . \tag{11}$$

Dieses Ergebnis, das Strahlungsgesetz von RAYLEIGH und JEANS steht offenbar im Widerspruch zur Erfahrung. Selbst bei niedrigen Temperaturen wäre der Hohlraum vorzugsweise mit Strahlung sehr hoher Frequenz und kurzer Wellenlänge erfüllt. Darüberhinaus liefert (11) keinen endlichen Wert für die Energiedichte, wenn über alle Frequenzen integriert wird. Dies wird als „Ultraviolet-Katastrophe" bezeichnet. Die klassische Physik mit dem Gleichverteilungssatz ist nicht in der Lage, das Problem zu lösen.

Um Übereinstimmung mit dem Experiment zu erhalten, muß man die Vorstellung aufgeben, die in jeder Schwingungsmode des elektromagnetischen Feldes steckende Energie könnte jeden Wert aus einem Kontinuum annehmen. PLANCK stellte dagegen die Hypothese auf, daß ein linearer harmonischer Oszillator nur Energiebeträge aufnehmen oder abgeben kann, die ein Vielfaches der Größe $h\nu$ sind.

$$E_n = n \cdot h\nu \, . \tag{12}$$

Den Proportionalitätsfaktor $h$ nannte PLANCK Wirkungsquantum. Wir wenden das MAXWELL-BOLTZMANNsche Verteilungsgesetz der Energie zusammen mit PLANCKs Quantenhypothese an. Daraus erhalten wir die mittlere Energie für jeden Schwingungsmodus.

$$\bar{E} = \frac{\sum_n nh\nu e^{-nh\nu/kT}}{\sum_n e^{-nh\nu/kT}} = \frac{h\nu}{e^{h\nu/kT} - 1} \, . \tag{13}$$

Die Energiedichte im Hohlraum wird

$$u_\nu \, \mathrm{d}\nu = \frac{8\pi h\nu^3 \, \mathrm{d}\nu}{c^3 \, (e^{h\nu/kT} - 1)} \tag{14}$$

und das Emissionsvermögen des schwarzen Körpers für unpolarisierte Strahlung

$$\boxed{K_\nu(T, \nu) \, \mathrm{d}\nu = \frac{2h\nu^3}{c^2} \cdot \frac{\mathrm{d}\nu}{e^{h\nu/kT} - 1}} \, . \tag{15}$$

Dies ist das PLANCKsche Strahlungsgesetz.

Die Kurve $K_\nu(T, \nu)$ hat einen ähnlichen Verlauf wie das Geschwindigkeitsverteilungsgesetz (vgl. G. (61), S. 498): Erst steiler Anstieg zu einem Maximum, dann exponentieller Abfall nach hohen Frequenzen. Dieser exponentielle Abfall, der die Folge der Quantenhypothese ist, verhindert die „Ultraviolet-Katastrophe".

Wenn man das PLANCKsche Gesetz für die Skala der Wellenlängen aufschreiben will, muß man beachten, daß für ein Spektralintervall, das wir einmal in $d\nu$, das andere Mal in $d\lambda$ ausdrücken

$$K_\nu \, d\nu = K_\lambda \, d\lambda \tag{16}$$

und daß

$$|d\nu| = \frac{c}{\lambda^2} |d\lambda|$$

ist. Es folgt:

$$\boxed{K_\lambda \, d\lambda = \frac{2hc^2}{\lambda^5} \cdot \frac{d\lambda}{e^{hc/kT\lambda} - 1}}. \tag{18}$$

Diese Funktion ist für verschiedene Temperaturen in Fig. 136 dargestellt.

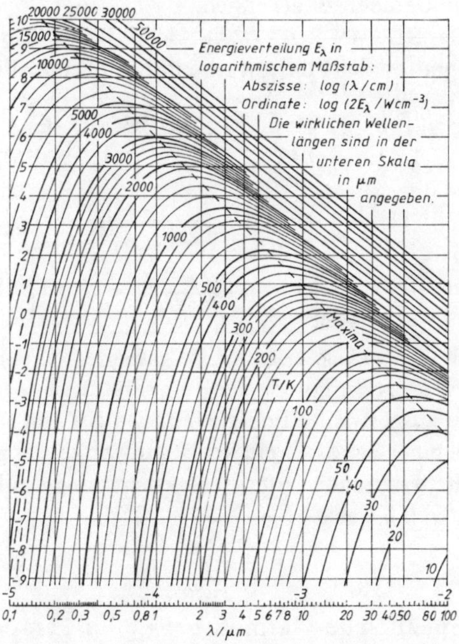


Fig. 136. PLANCKsches Strahlungsgesetz in doppellogarithmischer Auftragung für Temperaturen von 10 bis 50000 K. Die Gerade als Verbindung der Maxima ist Ausdruck des WIENschen Verschiebungsgesetzes.

Das PLANCKsche Strahlungsgesetz enthält alle anderen Strahlungsgesetze. Wir leiten zuerst daraus das WIENsche Verschiebungsgesetz ab, das sich auf die Lage des Maximums der Energieverteilungskurve bezieht. Es wird besonders einfach in der λ-Form:

Führen wir die dimensionslose Variable

$$\chi = \frac{hc}{kT\lambda} \tag{19}$$

ein, so erhalten wir nach Ausführung der Differentiation $\frac{dK_\lambda}{d\lambda}$, Nullsetzen der Ableitung und Kürzen der gemeinsamen Faktoren die transzendente Gleichung

$$\frac{x e^x}{e^x - 1} = 5 . \tag{20}$$

Die einzige reelle Wurzel ist $x = 4{,}965$. Es ist also

$$\lambda_{max} = \frac{hc}{4{,}965\, kT} \tag{21}$$

oder

$$\boxed{\lambda_{max} \cdot T = b = 2{,}898 \cdot 10^{-3} \text{ Kelvinmeter}} . \tag{22}$$

Dies ist das WIENsche Verschiebungsgesetz, nach welchem sich mit steigender Temperatur die Stelle maximaler Emission derart nach kürzeren Wellenlängen verschiebt, daß das Produkt $\lambda_{max} \cdot T$ konstant bleibt. Dies ist in Fig. 136 an der mit „Maxima" bezeichneten Geraden zu erkennen.

Das STEFAN-BOLTZMANNsche Gesetz über die Gesamtstrahlung erhalten wir durch Integration der PLANCKschen Formel über alle Frequenzen.

$$K = \int_0^\infty K_\nu \, d\nu = \frac{2h}{c^2} \int_0^\infty \frac{\nu^3 \, d\nu}{e^{h\nu/kT} - 1} = \frac{2k^4 T^4}{c^2 h^3} \int_0^\infty \frac{x^3 \, dx}{e^x - 1} . \tag{23}$$

Das Integral hat den Wert $\frac{\pi^4}{15}$. Es folgt

$$\boxed{K = \frac{2\pi^4 k^4}{15 c^2 h^9} T^4 = \sigma' T^4} . \tag{24}$$

Nach diesem Gesetz steigt die gesamte von einem schwarzen Körper emittierte Energie mit der vierten Potenz der Temperatur an. Gewöhnlich gibt man nicht wie hier die senkrecht ausgestrahlte Energie bezogen auf den Raumwinkel 1 an, sondern die insgesamt nach einer Seite, also in den Raumwinkel $2\pi$ gestrahlte Energie. Die so definierte Konstante $\sigma$ hat dann unter Berücksichtigung des LAMBERTschen Gesetzes den $\pi$-fachen Wert von $\sigma'$, also

$$\sigma = \frac{2\pi^5 k^4}{15 c^2 h^3} . \tag{25}$$

### b) Spezifische Wärmen bei tiefen Temperaturen

Neben der Strahlung des schwarzen Körpers gibt es einen weiteren Phänomenbereich, der nach der klassischen statistischen Mechanik mit Hilfe des Gleichverteilungssatzes beschreibbar sein sollte. Dabei handelt es sich um die spezifischen Wärmekapazitäten. Auch hier stehen die experimentellen Erfahrungen im Widerspruch zu den Vorhersagen der klassischen Physik.

Betrachten wir zunächst die spezifischen Wärmekapazitäten der Gase. Nach dem Gleichverteilungssatz trägt jeder Freiheitsgrad, der in die Energie des Gesamtsystems quadratisch eingeht, dazu im Mittel $\frac{kT}{2}$ bei. Daraus folgt für die molare Wärmekapazität bei konstantem Volumen

$$c_{V,m} = f \cdot L \cdot \frac{kT}{2} \qquad (f\text{: Zahl der Freiheitsgrade}) \qquad (26)$$

und bei konstantem Druck

$$c_{p,m} = c_{V,m} + R = (f+2) \cdot L \cdot \frac{kT}{2}\,. \qquad (27)$$

Das Verhältnis der Wärmekapazitäten ist

$$\gamma = \frac{c_p}{c_V} = \frac{f+2}{f}\,. \qquad (28)$$

Für einatomige Gase mit ihren drei Freiheitsgraden der Translation ist diese Beziehung in einem sehr weiten Temperaturbereich bestätigt worden.

Nimmt man an, daß zweiatomige Gase wie $H_2$ oder $O_2$ die Form einer Hantel haben, so kommen zu der Translationsenergie noch die Rotationsenergie. Auch die Rotation ist nach drei Achsen in Komponenten zu zerlegen. Die Rotation um die Hantelachse trägt zur Rotationsenergie nichts bei, weil um diese Achse kein Trägheitsmoment existiert. Es sollten demnach noch zwei Freiheitsgrade der Rotation hinzukommen, und es wird $\gamma = 7/5$. Dies gilt bei Zimmertemperatur recht genau. Bei tiefen Temperaturen sinkt dagegen der Wert der spezifischen Wärmekapazität. Das Verhältnis $\gamma$ steigt z.B. beim $H_2$ im Temperaturbereich von etwa $-180\,^\circ C$ auf den für einatomige Gase gültigen Wert (vgl. Fig. 137). Die mit der Rotation verknüpften Freiheitsgrade tragen dann an-

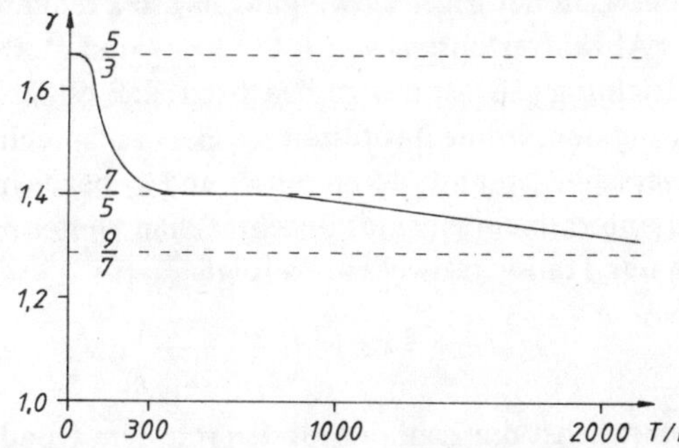


Fig. 137. Spezifische Wärmekapazität von $H_2$ als Funktion der Temperatur.

scheinend nicht mehr zur Energie bei. Umgekehrt beobachtet man bei einer Erhöhung der Temperatur auf $2000\,^\circ C$ eine Annäherung von $\gamma$ an den Wert $9/7$. Das könnte man verstehen, wenn das $H_2$-Molekül neben den Energieanteilen aus der Translation und der Rotation noch einen Schwingungsanteil hat. Eine Schwingung in der Richtung der Molekülachse würde an kinetischer und potentieller Energie je $\frac{1}{2}\,kT$ beitragen. Es erscheint sehr plausibel, daß in einem zweiatomigen Molekül die beiden Atome gegeneinander schwingen können. Doch nach dem Gleichverteilungssatz sollten dann sowohl Rotation als auch Schwingung bei jeder Temperatur stattfinden und der Wert von $\gamma$ sollte unabhängig von der Temperatur $9/7$ betragen.

Entsprechende Überlegungen kann man für den festen Körper anstellen. Dort sind die Atome an Gleichgewichtslagen gebunden, bei deren Verlassen quasielastische Kräfte auftreten. Ein Atom besitzt also nicht nur kinetische, sondern auch potentielle Energie, die bei kleinen Amplituden ebenfalls eine quadratische Funktion der Lagekoordinaten ist. Die Zahl der Freiheitsgrade, die zur Energie beitragen, ist also beim festen Körper je Atom 6, somit

$$\boxed{c_{V,m} = \frac{6}{2} L\,kT = 3R}. \tag{29}$$

Dies ist das DULONG-PETITsche Gesetz der molaren Wärmekapazitäten. Es ist wieder bei Zimmertemperatur im allgemeinen gut erfüllt, es gibt jedoch auch Ausnahmen wie z. B. Diamant. Dagegen sinken die molaren Wärmekapazitäten mit abnehmender Temperatur sogar auf Null herab, was ja auch das NERNSTsche Wärmetheorem verlangt. Auch dieses Absinken steht im Widerspruch zum Gleichverteilungssatz. Es scheint so, als ob der Gleichverteilungssatz zwar für hohe Temperaturen gültig ist, dagegen bei tieferen Temperaturen ein „Einfrieren von Freiheitsgraden" stattfindet. Dies weist daraufhin, daß die klassische Statistik modifiziert werden muß. Eine entsprechende Theorie der spezifischen Wärmekapazitäten fester Körper hat DEBYE angegeben. Seine Überlegungen verlaufen ähnlich denen, die wir bei der Ableitung der PLANCKschen Strahlungsformel nachvollzogen haben.

Danach erhalten wir den Energieinhalt eines festen Körpers aus der Zahl der Eigenschwingungen pro Frequenzintervall, wenn wir diese mit der mittleren Energie der Schwingungsmoden multiplizieren und über alle Frequenzen integrieren. Bei der Frage nach der Zahl der Eigenschwingungen pro Frequenzintervall können wir auf das Ergebnis des Abzählverfahrens von RAYLEIGH und JEANS zurückgreifen. Bei der Anwendung der Gleichung (10) ist nur zu beachten, daß es bei den elastischen Wellen, die der Wärmebewegung der Atome des festen Körpers entsprechen, sowohl Longitudinal- als auch Transversalwellen gibt, deren mit $c_l$ und $c_t$ bezeichnete Fortpflanzungsgeschwindigkeiten unterschiedlich sind. Beachtet man weiterhin die beiden Polarisationsmöglichkeiten der Transversalwellen, so folgt

$$\frac{\mathrm{d}Z}{V} = 4\pi\nu^2\left(\frac{1}{c_l^3} + \frac{2}{c_t^3}\right)\mathrm{d}\nu\,. \tag{30}$$

Danach wächst die Zahl der Moden mit dem Quadrat der Frequenz, die Integration über alle Frequenzen würde also unendlich werden, während doch ein Mol eines festen Körpers nur $3\,L$ Oszillatoren enthält. DEBYE machte nun die Näherungsannahme, daß die Gleichung (30) für kleine Frequenzen bis hin zu einer Grenzfrequenz gültig bleibt und oberhalb dieser Grenzfrequenz $\nu_g$ keine Schwingungsmoden mehr auftreten. Die Gesamtzahl aller Schwingungsmoden erhält man durch Integration von 0 bis zur Grenzfrequenz. Es bestimmt sich also $\nu_g$ aus der Gleichung:

$$\int_0^{\nu_g} 4\pi V\nu^2\left(\frac{1}{c_l^3} + \frac{2}{c_t^3}\right)\mathrm{d}\nu = \frac{4\pi V}{3}\left(\frac{1}{c_l^3} + \frac{2}{c_t^3}\right)\nu_g^3 = 3\,L \tag{31}$$

Die mittlere Energie für jede Schwingungsmode wird nach der PLANCKschen Quantenhypothese durch Gl. (13) gegeben. Auf unsere $\mathrm{d}Z$ Oszilatoren entfällt also die Energie

$$\mathrm{d}u = 4\pi V\left(\frac{1}{c_l^3} + \frac{2}{c_t^3}\right)\frac{h\nu^3\,\mathrm{d}\nu}{e^{h\nu/kT}-1} = \frac{9L}{\nu_g^3}\,\frac{h\nu^3\,\mathrm{d}\nu}{e^{h\nu/kT}-1}\;. \tag{32}$$

Und die Gesamtenergie eines Mols wird

$$u = \frac{9Lh}{\nu_g^3}\int_0^{\nu_g}\frac{\nu^3\,\mathrm{d}\nu}{e^{h\nu/kT}-1}\;. \tag{33}$$

Wir führen nun die DEBYEsche charakteristische Temperatur

$$\Theta = \frac{h\nu_g}{k} \tag{34}$$

ein. Mit der Substitution

$$x = \frac{h\nu}{kT}\,;\qquad x_g = \frac{h\nu_g}{kT} = \frac{\Theta}{T}$$

erhalten wir

$$u = 9RT\Psi\left(\frac{\Theta}{T}\right)\quad\text{mit}\quad \Psi\,|x| = \frac{1}{x^3}\int_0^x\frac{x'^3\,\mathrm{d}x'}{e^{x'}-1}\;. \tag{35}$$

Für kleine Werte von $x$, also für große Temperaturen, erhalten wir durch Reihenentwicklung des Nenners und Integration der Potenzreihe

$$\Psi\,|x| = \frac{1}{3} - \frac{x}{8} + \frac{x^2}{60} - + \cdots$$

und

$$u = 3RT - \frac{9R\Theta}{8} + \frac{3}{20}\,\frac{R\Theta^2}{T} - + \cdots\;. \tag{36}$$

Bricht man mit dem ersten Glied ab, so erhält man durch Differenzieren wieder die molare Wärmekapazität gemäß dem DULONG-PETITschen Gesetz. Die weiteren Glieder geben den Abfall für kleinere $T$ an.

Für tiefe Temperaturen, also für große $x$, können wir, da die hohen Werte von $x$ wegen der Exponentialfunktion im Nenner doch nichts zum Integral beitragen, als obere Grenze des Integrals $\infty$ schreiben. Damit erhalten wir das Integral

$$\int_0^\infty\frac{x^3\,\mathrm{d}x}{e^x-1} = \frac{\pi^4}{15}$$

das wir schon im Zusammenhang mit dem STEFAN-BOLTZMANNschen Gesetz (Gl. 23) gefunden haben. Für tiefe Temperaturen gilt also

$$u = \frac{3\pi^4}{5}\cdot RT\cdot\frac{T^3}{\Theta^3} \tag{37}$$

und für $c_V$ in der Nähe von $T = 0$

$$\boxed{c_V = \frac{12\pi^4}{5} \cdot R \cdot \left(\frac{T}{\Theta}\right)^3}. \tag{38}$$

Dies ist das erfahrungsgemäß für isolierende einfache Substanzen gut stimmende $T^3$-Gesetz der spezifischen Wärmekapazitäten der festen Körper. Für Metalle kommt noch ein der Temperatur proportionaler Anteil hinzu, der von den freien Elektronen herrührt.

Man kann von einem Näherungsverfahren wie dem hier angewandten nicht erwarten, daß es in allen Temperaturbereichen und für alle Substanzen quantitativ genaue Werte liefert. Der wesentliche Zug wird aber korrekt wiedergegeben: Bei tiefen Temperaturen gilt anstelle des mit dem Gleichverteilungssatz erklärbaren DULONG-PETITschen Gesetzes das $T^3$-Verhalten, zu dessen Erklärung die klassische Physik nicht mehr ausreicht. Erst durch Hinzunahme der PLANCKschen Quantenhypothese gelang die Aufstellung der DEBYEschen Theorie.

### c) Der lichtelektrische Effekt

Im Rahmen seiner Experimente zum Nachweis der elektromagnetischen Wellen hatte Heinrich HERTZ 1887 den lichtelektrischen Effekt entdeckt. Er benutzte zwei Schwingkreise mit Funkenstrecken als Nachweis für die elektromagnetischen Schwingungen. Dabei stellte er fest, daß der Funke im Primärkreis auf optischem Wege die Länge der im Sekundärkreis überspringbaren Funkenstrecke beeinflußte. Wenn die ultravioletten Strahlen des Primärkreisfunkens die Funkenstrecke des Sekundärkreises erreichen konnten, war die Überwindung einer längeren Funkenstrecke möglich als wenn eine Blende das Licht abschirmte.

Die experimentellen Befunde von HERTZ und LENARD ergaben:

1. Aus Metallplatten können durch Bestrahlung Elektronen herausgelöst werden. Positive Ladungen werden nicht frei.
2. Die Erscheinung hängt von der Wellenlänge des eingestrahlten Lichtes ab. Unterhalb einer (vom verwendeten Material der Metallplatte abhängigen) Grenzwellenlänge können Elektronen abgelöst werden. Mit längeren Wellenlängen führt auch eine hohe Bestrahlungsintensität nicht zum Ablösen von Elektronen.
3. Die Zahl der pro Zeit ausgelösten Elektronen ist der Intensität des einfallenden Lichtes proportional.
4. Die Geschwindigkeit der Elektronen hängt nicht von der Intensität des einfallenden Lichtes ab, wohl aber von dessen Farbe und dem bestrahlten Material.

Im Rahmen der Vorstellungen der klassischen Physik wäre das Herauslösen von Elektronen aus bestrahlten Metallplatten prinzipiell möglich gewesen. Die experimentellen Einzelresultate widersprechen jedoch den Vorstellungen der klassischen Physik. So ist die durch elektromagnetische Wellen übertragene Energie proportional zum Quadrat der Amplitude (der Intensität), sie hängt nicht von der Wellenlänge ab. Das Auftreten einer Grenzwellenlänge muß daher im Rahmen der klassischen Physik unverständlich bleiben. Weiterhin müßte erst eine gewisse Zeit vergehen, bis eine elektromagnetische Welle geringer Intensität in das Raumgebiet eines Atoms genügend Energie zum Ablösen eines

Elektrons geliefert hat. Der lichtelektrische Effekt setzt jedoch sofort nach Einschalten der Lichtquelle ein. Die Intensität beeinflußt nicht den Beginn der Erscheinung, sondern nur die Zahl der auftretenden Photoelektronen.

Noch bevor quantitative Ergebnisse über die Abhängigkeit der Elektronengeschwindigkeit von der Farbe des eingestrahlten Lichtes vorlagen, stellte EINSTEIN 1905 eine Deutung des lichtelektrischen Effektes auf der Basis der Lichtquantenvorstellung auf. Er gewann die Vorstellung von den Lichtquanten aus dem WIENschen Strahlungsgesetz. Dieses Strahlungsgesetz ist für den Grenzfall $h\nu \gg kT$ im PLANCKschen Strahlungsgesetz enthalten. Aus dem WIENschen Strahlungsgesetz folgt eine Energiefluktuation, die gerade durch die klassische Teilchenfluktuation erklärt wird. Die Wellenfluktuation ist im WIENschen Strahlungsgesetz nicht enthalten (vgl. § 2a)). Es ist daher nicht erstaunlich, daß EINSTEIN auf eine reine Teilchenvorstellung geführt wurde. Erst 1909 bei der Untersuchung der Schwankungserscheinungen nach dem PLANCKschen Strahlungsgesetz wurde der Welle-Teilchen-Dualismus deutlich.

Nach der Vorstellung von EINSTEIN besteht das auf die Metallplatte auftreffende Licht aus Quanten der Energie $h\nu$. Wird ein einzelnes Quant durch ein einzelnes Elektron absorbiert, so dient die Energie des Quants dazu, die Austrittsarbeit $W_{ab}$ des Elektrons zu verrichten. Der dann noch verbleibende Energierest wird von dem Elektron als kinetische Energie mitgenommen.

$$\boxed{h\nu = W_{ab} + \frac{1}{2} m v^2} \tag{39}$$

Für Licht jenseits der Grenzwellenlänge wird die Quantenenergie nicht mehr zum Aufbringen der Austrittsarbeit ausreichen. Dies erklärt, warum der lichtelektrische Effekt nur mit Licht funktioniert, das eine kürzere als die Grenzwellenlänge hat. EINSTEINs Energiebilanz beim lichtelektrischen Effekt konnte durch Messungen von MILIKAN (1915) in einem weiten Spektralbereich bestätigt werden. Bei diesen Versuchen ließ er die Elektronen gegen ein Bremspotential anlaufen. Der Photostrom wird dann gänzlich unterdrückt, wenn die kinetische Energie der Elektronen gerade gleich der Arbeit für das Durchlaufen des Bremspotentials $U_B$ ist.

$$h\nu = W_{ab} + e \cdot U_B \, . \tag{40}$$

Das Potential $U_B$ ist folglich eine lineare Funktion der Frequenz des eingestrahlten Lichtes. Durch Messungen kann man den Quotienten $h/e$ bestimmen.

### d) Der COMPTON-Effekt

Beim lichtelektrischen Effekt fällt ein Lichtquant auf ein Atom und entreißt diesem ein Elektron. Die dabei gültige Energiebilanz wird durch EINSTEINs Gleichung beschrieben. Die Impulserhaltung kann dabei ohne Schwierigkeiten durch das schwerere Atom gewährleistet werden, denn infolge seiner großen Masse kann es auch mit sehr kleinen Geschwindigkeitsbeträgen den Impuls von Lichtquant und Elektron kompensieren. Anders würde es sich bei der Streuung eines Lichtquants an einem freien Elektron verhalten. Wenn tatsächlich ein Lichtquant eine bestimmte Energie und einen bestimmten Impuls transportiert, dann müssen die beiden Partner im Streuprozeß (Lichtquant and Elektron) die Energie- und die Impulsbilanz allein erfüllen.

Aus der Energie-Masse-Äquivalenz errechnen sich die Masse und der Impuls eines Lichtquants zu

$$m_{\text{Photon}} = \frac{h\nu}{c^2} \quad \text{und} \quad p_{\text{Photon}} = \frac{h\nu}{c} . \tag{41}$$

Danach haben die Quanten des sichtbaren Lichtes sehr kleine Massen im Vergleich zur Elektronenmasse $m_e = 511\ \text{keV}/c^2$. Die Streuung von sichtbarem Licht an freien (oder schwach gebundenen) Elektronen entspricht daher im Bild klassischer Teilchen dem Zusammenstoß von einem leichten Teilchen mit einem nahezu unendlich schweren. In einem solchen Fall wird das leichte Teilchen abprallen, seine Richtung ändern und mit praktisch ungeändertem Impulsbetrag weiterfliegen. Man kann daher nicht erwarten, daß bei der Streuung von sichtbarem Licht an Elektronen die Änderung des Impulsbetrages des Lichtquantes beobachtbar ist. Anders verhält es sich bei der Streuung von Röntgenstrahlung. Dann kommt das Massenverhältnis von Elektron und Lichtquant viel näher an eins heran. Entsprechend ist mit einem großen Impulsübertrag zu rechnen. Nun kann sich der Impuls eines Lichtquants nicht durch eine Verkleinerung der Geschwindigkeit ändern (die Vakuumlichtgeschwindigkeit ist stets gleich). Impuls- und Energieänderungen eines Lichtquants rufen eine Änderung von Frequenz und Wellenlänge des Lichtes hervor. Eine solche Wellenlängenänderung von Röntgenstrahlung bei der Streuung an leichten Elementen hat COMPTON 1924 beobachtet und im Rahmen der Teilchenvorstellung erklärt. Dieses Ergebnis führte zur endgültigen Anerkennung der Lichtquantenvorstellung.

Wir können die Wellenlängenänderung der Röntgenstrahlung nach der Methode von COMPTON und DEBYE einfach berechnen, wenn wir die Streuung als Zusammenstoß von einem Elektron und einem Lichtquant unter Erhaltung von Energie und Impuls auffassen (Fig. 138). Bei dieser Rechnung können wir das Elektron als frei betrachten, wenn es zu den äußeren Elektronen eines Atoms gehört, denn im Gebiet der Röntgenstrahlen ist die Ablösearbeit dieser Elektronen in Höhe von einigen Elektronenvolt gegenüber der Energie des Quants von vielen Kiloelektronenvolt zu vernachlässigen. Da ein Lichtquant ein relativistisches Teilchen ist, rechnen wir relativistisch.

Vor dem Streuprozeß hatte das ruhende Elektron nur die Ruheenergie $m_e c^2$. Durch Übertragung von Energie vom stoßenden Lichtquant erhöht sie sich auf

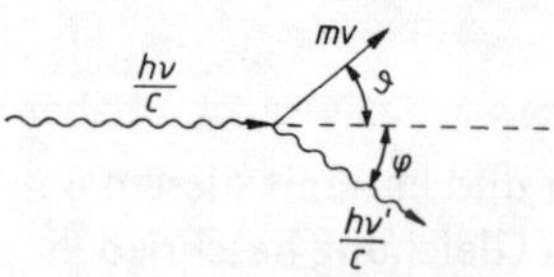


Fig. 138. Impulserhaltung beim COMPTON-Effekt.

$$E_e = m_e c^2 + h\nu - h\nu' . \tag{42}$$

Gleichzeitig erhält das Elektron einen Impuls

$$\vec{p}_e = \vec{p} - \vec{p}\,' , \tag{43}$$

der gleich der vektoriellen Differenz der Lichtquantenimpulse vor und nach dem Stoß ist. Jetzt wird Gl. (42) quadriert, Gl. (43) mit $c$ multipliziert, quadriert und dann die zweite von der ersten Gleichung subtrahiert.

$$E_e^2 - (p_e c)^2 = (m_e c^2 + h\nu - h\nu')^2 - (c\vec{p} - c\vec{p}\,')^2 . \qquad (44)$$

Die linke Seite der Gl. (44) kann durch das Quadrat der Ruheenergie ersetzt werden (vgl. S. 245). Die rechte Seite vereinfacht sich wegen des Zusammenhangs von Photonenimpuls und Frequenz (Gl. 41). Damit kann der zweite Summand geschrieben werden

$$-(c\vec{p} - c\vec{p}\,')^2 = -h^2\nu^2 - h^2\nu'^2 + 2h^2\nu\nu' \cdot \cos\vartheta .$$

Für Gl. (44) folgt dann

$$(m_e c^2)^2 = (m_e c^2)^2 + 2m_e c^2 (h\nu - h\nu') - 2h^2\nu\nu' (1 - \cos\vartheta);$$

nach der Frequenz des gestreuten Photons aufgelöst

$$\nu' = \frac{\nu}{1 + \frac{h\nu}{m_e c^2}(1 - \cos\vartheta)} . \qquad (45)$$

Rechnet man auf Wellenlängen um, so folgt

$$\boxed{\Delta\lambda = \lambda' - \lambda = \frac{h}{m_e c}(1 - \cos\vartheta)} . \qquad (46)$$

Der Faktor $\lambda_C = h/m_e c$ heißt COMPTON-Wellenlänge des Elektrons. Er gibt die Wellenlänge der Strahlung an, deren Quant die träge Masse eines Elektrons besitzt. Experimentell wurde sowohl die Winkelabhängigkeit (COMPTON) als auch das gleichzeitige Auftreten von Streuquant und Elektron (BOTHE und GEIGER) bestätigt.

Man muß sich klarmachen, daß durch die erfolgreiche Deutung des COMPTON-Effektes mit der Lichtquantenvorstellung die Lichtquanten keineswegs als Teilchen im Sinne der klassischen Physik bewiesen wurden. Zwar tragen sie wie diese offenbar diskrete Pakete von Energie und Impuls, doch andere wichtige Eigenschaften der klassischen Teilchen müssen den Lichtquanten nicht zukommen. Insbesondere ist bei der Argumentation mit den Erhaltungssätzen niemals die Vorstellung einer klassischen Teilchenbahn benutzt worden.

Man kann die Streuung von Röntgenstrahlung an einem freien Elektron auch mit der klassischen Elektrodynamik zu verstehen suchen. Die einfallende elektromagnetische Welle ist auch in der klassischen Elektrodynamik Träger von Energie und Impuls. Sie regt das Elektron zu Oszillationen an, so daß Sekundärstrahlung emittiert wird. Im Ruhesystem des Elektrons erfolgt die Ausstrahlung symmetrisch, so daß der Gesamtimpuls der emittierten Strahlung gleich null ist. Durch die Absorption der Strahlung wird aber kontinuierlich Impuls auf das Elektron übertragen. Die Folge ist eine Beschleunigung des Elektrons, die (im Gegensatz zu der quantenphysikalischen Aussage) kontinuierlich erfolgt. Im Ruhesystem des Elektrons wird die Strahlung mit der gleichen Frequenz emittiert, mit der sie auch absorbiert wurde. Vom Laborsystem aus, gegenüber dem das Elektron beschleunigt wird, beobachtet man bei der Sekundärstrahlung eine Dopplerverschiebung. Der Betrag der Wellenlängenänderung hängt von der Beobachtungsrichtung ab. Man erhält die gleiche Winkelabhängigkeit wie wir sie oben für den COMPTON-Effekt mit Hilfe der Lichtquantenvorstellung gefunden haben. Der Unterschied besteht jedoch darin, daß nach der klassischen Elektrodynamik eine kontinuierliche Wellenlängenverschiebung eintreten sollte. Zunächst hat das Elektron eine geringe Geschwindigkeit gegen das Laborsystem und damit eine kleine Wellenlängenverschiebung. Mit der Zeit wird es schneller und die Verschiebung größer. Ein gleiches Verhalten sagt die Quantenphysik als Folge vieler aufeinanderfolgender COMPTONstöße voraus. Doch auch in diesem Falle sollten die einzelnen Wellenlängenänderungen in diskontinuierlichen Portionen erfolgen, wie es auch im Experiment beobachtet wird.

### e) Stabilität und Identität der Atome

Die spektrale Energieverteilung in der Strahlung eines schwarzen Körpers, der lichtelektrische und der COMPTON-Effekt zeigen, daß die MAXWELLsche Theorie Licht mit dem Begriff des elektromagnetischen Wellenfeldes nicht in voller Übereinstimmung mit dem Experiment beschreiben kann. An entsprechende Grenzen stößt die klassische Mechanik bei der Frage nach der Stabilität und der Ausdehnung der Atome. Der RUTHERFORDsche Streuversuch (siehe 6. Buch, Kap. 3, § 1) hat gezeigt, daß die positive Ladung im Kern eines Atoms konzentriert ist und diese von einer Elektronenhülle umgeben ist. Die Analogie zwischen dem COULOMBschen und dem Gravitationsgesetz legt ein Planetenmodell für die Elektronenhülle nahe. In welchem Abstand vom Kern sollte ein Elektron auf einer solchen Planetenbahn laufen? Von den wirklichen Planeten wissen wir, daß deren Abstand von der Sonne nicht durch Gesetzmäßigkeiten, sondern durch Anfangsbedingungen festgelegt wird. Bemerkenswert ist dann, daß Atome auch nach wesentlichen Änderungen ihres Zustandes wie Ionisierung, Einbau in Moleküle usw. wieder zum gleichen Anfangszustand zurückkehren. Offenbar ist das Problem der Elektronenbewegung im Gegensatz zu dem der Planetenbewegung nicht skaleninvariant. In der klassischen Physik gibt es keine Naturkonstante, welche die charakteristische Ausdehnung der Atome wiedergibt. Zwar kann man den „klassischen Elektronenradius" als Naturkonstante mit der Dimension einer Länge angeben, doch dieser ist um fünf Größenordnungen kleiner als die Atomradien. Außerdem stößt man erst bei Einbeziehung der speziellen Relativitätstheorie auf den klassischen Elektronenradius und die Bewegung der äußeren Elektronen ist nichtrelativistisch. Daher kann der klassische Elektronenradius wohl kaum die Naturkonstante sein, deren Existenz den Atomradius größenordnungsmäßig festlegt.

Nach dem Planetenmodell aus der klassischen Mechanik bewegt sich ein Elektron beschleunigt um den Kern. Dann sollte pro Zeit die Energie

$$\frac{\mathrm{d}E}{\mathrm{d}t} = \frac{2}{3}\,\frac{e^2}{4\pi\epsilon_0}\,\frac{\dot{V}^2}{c^3} \tag{47}$$

abgestrahlt werden. Daraus kann man leicht abschätzen, daß ein Elektron innerhalb von ca. $10^{-10}$ s in den Kern stürzen müßte. Die Stabilität der Atome ist im Rahmen der klassischen Mechanik und Elektrodynamik vollständig unerklärbar.

Zur Beschreibung der Atome und der Vorgänge bei der Emission und Absorption von elektromagnetischer Strahlung sind völlig neue Konzepte erforderlich, die der klassischen Physik fremd sind.

Aufg. 131. Man leite das STEFAN-BOLTZMANNsche Gesetz (mit unbestimmtem Proportionalitätsfaktor) aus einem Kreisprozeß ab. Ein entsprechendes Verfahren wurde bei der Berechnung der Dampfdruckkurve (vgl. S. 462) angewandt. Zunächst zeige man die Proportionalität von Strahlungsdruck und Energiedichte.

Aufg. 132. Man berechne für den COMPTON-Effekt die Energie eines Rückstoßelektrons als Funktion des Streuwinkels. Geben Sie einen Zusammenhang zwischen den Streuwinkeln von Elektron und Photon an.

## § 2. Merkmale quantenmechanischer Teilchen

Im vorausgegangenen Paragraphen sahen wir, daß die klassische Wellentheorie des Lichtes ebenso wie klassische Vorstellungen von den Elektronen als Teilchen zu Widersprüchen mit experimentellen Resultaten führen. Wir haben auch schon Ansätze kennengelernt, wie die klassische Theorie der elektromagnetischen Wellen abgeändert werden muß, um Erscheinungen wie den COMPTON- oder den lichtelektrischen Effekt verstehen zu können. Wir stehen nun vor der Aufgabe, untersuchen zu müssen, worin die notwendigen Abänderungen der klassischen Physik bestehen, und weiterhin zu prüfen, ob für die Strahlung und die Materie (oder möglicherweise für jede Teilchenart wie Elektronen, Protonen usw.) unterschiedliche Konzepte erforderlich sind. Wir werden dabei sehen, daß die gleichen Konzepte der Quantenmechanik für jede Teilchenart und auch für die Strahlung gelten. In jeden dieser Teilgebiete tritt die gleiche PLANCKsche Konstante $h$ in gleicher Weise auf. Wir benötigen daher nicht eine Vielzahl von Theorien, sondern wenige fundamentale Konzepte der Quantenmechanik genügen, um eine Beschreibung von Materie und Strahlung zu erhalten. Allerdings müssen wir beachten, daß eine Theorie der Strahlung immer eine relativistische sein muß, während im Bereich der Materie wichtige Aussagen aus nichtrelativistischen Näherungen gewonnen werden können. Wir werden daher in den späteren Abschnitten die quantenmechanischen Konzepte hauptsächlich auf Materie (Elektronen) anwenden. Zunächst soll aber noch die elektromagnetische Strahlung dazu dienen, uns die Richtung zu zeigen, in der die Abänderung der klassischen Wellentheorie der Strahlung erfolgen muß.

### a) Wellen- und Teilchen-Eigenschaften der Strahlung

Bei der Ausbreitung der elektromagnetischen Strahlung war die Wellenvorstellung (Wellenoptik) eine erfolgreiche Theorie. Hingegen wurden Vorstellungen von Lichtquanten als diskreten Energie- und Impulsportionen im Zusammenhang mit der Absorption und Emission von Strahlung benötigt. Dies könnte den Eindruck erwecken, man könnte die Strahlung vollständig beschreiben, wenn man nur jeweils das „richtige“ Modell (Welle oder Quant) verwendete. Eine Untersuchung der PLANCKschen Strahlungsformel zeigt aber, daß man stets beides zugleich benötigt. Dazu betrachten wir die Schwankungserscheinungen bei der Energiedichte der Hohlraumstrahlung:

Die Energie der Hohlraumstrahlung hat zwar im Mittel den durch (18) angegebenen mittleren Wert der Dichte, doch wird die tatsächlich in einem Teilvolumen zu einem gegebenen Zeitpunkt auftretende Energiedichte um diesen Mittelwert schwanken. Entsprechende Schwankungserscheinungen z. B. in der Dichte eines Gases haben wir in der klassischen BOLTZMANN-Statistik schon besprochen. Die mittlere Energie der Oszillatoren beträgt

$$\bar{E} = \frac{h\nu}{e^{h\nu/kT} - 1} . \tag{13}$$

Die mittlere quadratische Abweichung der Energie $< \Delta E^2 >$ vom Mittelwert $\bar{E}$ ist

$$< \Delta E^2 > = \sum_{n=0}^{\infty} (nh\nu - \bar{E})^2 \cdot w_n .$$

$w_n$ bezeichnet die Wahrscheinlichkeit, daß sich der Oszillator im $n$-ten Zustand befindet. Nach dem MAXWELL-BOLTZMANNschen Verteilungsgesetz gilt

$$w_n = \text{konst.}\, e^{-nh\nu/kT} = (1 - e^{-h\nu/kT})\, e^{-nh\nu/kT} .$$

Die Konstante wurde durch die Forderung festgelegt, daß die Summe aller Wahrscheinlichkeiten gleich eins sein muß.
Damit können wir die mittlere quadratische Abweichung der Energie ausrechnen (vgl. Aufg. 133)

$$\boxed{< \Delta E^2 > = \bar{E}^2 + \bar{E} \cdot h\nu} . \tag{48}$$

Diese „Fluktuationsformel" stellte EINSTEIN 1909 auf. Nach ihr setzt sich die Schwankung additiv aus zwei Summanden zusammen. Der erste Summand wird Wellenfluktuation genannt. Er ist nach der klassischen Wellentheorie zu erwarten. In dem Hohlraum überlagern sich Wellen mit allen möglichen Phasen. Das führt zu Intensitätsschwankungen. Um den zweiten Summanden zu interpretieren, führen wir dimensionslose Größen

$$\bar{n} = \bar{E}/h\nu \quad \text{und} \quad < \Delta n^2 > = < \Delta E^2 > (h\nu)^2$$

ein. Es gilt dann

$$< \Delta n^2 > = \sum_{n=0}^{\infty} (n - \bar{n})^2 \cdot w_n = \bar{n}^2 + \bar{n} . \tag{49}$$

Bei einer mittleren Zahl $\bar{n}$ von Lichtquanten mit der Energie $h\nu$ ist die mittlere Energie $\bar{E} = \bar{n}\, h\nu$. Die mittlere quadratische Abweichung der Teilchenzahl bei einem Gas von unkorrelierten Teilchen beträgt

$$< \Delta n^2 >_{\text{unkorr.Teilchen}} = \bar{n} .$$

Dies entspricht dem zweiten Summanden in der Fluktuationsformel. Demnach ist die mittlere quadratische Abweichung der Energie die Summe aus einer Wellenfluktuation und einer Teilchenfluktuation. Beide Beiträge sind mit Hilfe der klassischen Physik verständlich, sie sind jedoch für ganz unterschiedliche Bereiche der klassischen Physik charakteristisch. Daß hier eine Wellenfluktuation und eine Teilchenfluktuation gleichzeitig auftreten, zeigt an, daß die Strahlung im Hohlraum klassisch weder als Wellenerscheinung, noch als Teilchenerscheinung verstanden werden kann. Wenn man die Vorstellungen der klassischen Physik weiterverwenden will, braucht man sowohl die Wellenvorstellung als auch die Teilchenvorstellung. Dies wird gelegentlich als der Dualismus von Welle und Korpuskel bezeichnet.

b) Wellen- und Teilcheneigenschaften bei Materie

In den Jahren 1923/24 versuchte L. DE BROGLIE, eine einheitliche Theorie von Strahlung und Materie zu formulieren. Dabei nahm er an, der Dualismus von Welle und Teilchen sei ein gemeinsames Merkmal, das sowohl bei der Beschreibung von Licht als auch von Materie kennzeichnend ist. Er versuchte, unter Berücksichtigung dieses Aspektes eine neue Mechanik zu formulieren. Diese neue Mechanik (die Quantenmechanik) sollte sich zu klassischen Mechanik verhalten wie die Wellenoptik zur geometrischen Optik. Wir folgen diesem Weg, um zu einer Abänderung der klassischen Teilchentheorie zu gelangen.

Beim Licht sind die Lichtstrahlen die Orthogonaltrajektorien der Wellenflächen. (Damit haben wir nicht behauptet, die Lichtstrahlen seien die Bahnen der Lichtquanten. Die klassische Vorstellung der Bahnkurve kann in der Quantenmechanik nicht erhalten werden. Vgl. § 5.) Im Gültigkeitsbereich der geometrischen Optik – solange alle Abmessungen groß gegen die Lichtwellenlänge sind – können wir die Lichtstrahlen durch das FERMATsche Prinzip

$$\delta \int_{P_0}^{P_1} n\,\mathrm{d}s = 0 \quad \text{oder} \quad \delta \int_{P_0}^{P_1} \frac{\mathrm{d}s}{u} = 0 \qquad (u = \text{Phasengeschwindigkeit}) \tag{50}$$

berechnen, wenn der Brechungsindex als Funktion des Ortes gegeben ist. Sobald aber das Lichtbündel Begrenzungen in der Größenordnung der Wellenlänge hat, verliert die einfache geometrische Optik ihre Berechtigung. Die mit der Beugung verknüpften Erscheinungen lassen sich nicht mehr durch Lichtstrahlen beschreiben. Wir müssen vielmehr auf die Wellenerregung, die auf einer Ausgangsfläche herrscht, zurückgehen und die Ausbreitung der Störung berechnen.

Für die Bahnen von Massenpunkten, die der klassischen Mechanik gehorchen, gilt ein ähnliches Extremalprinzip, das HAMILTONsche Prinzip der kleinsten Wirkung (vgl. S. 129). Wenn wir uns nur für die Bahnform und nicht für den zeitlichen Ablauf interessieren, können wir das Prinzip der kleinsten Wirkung in der Form des MAUPERTUISschen Prinzips verwenden. Dabei wird angenommen, daß die LAGRANGE-Funktion die Zeit nicht explizit enthält und die Gesamtenergie des Systems erhalten bleibt. Dann gilt

$$0 = \delta \int_{t_0}^{t_1} (2T - E)\,\mathrm{d}t = \delta \int_{t_0}^{t_1} 2T\,\mathrm{d}t = \delta \int_{t_0}^{t_1} m v^2\,\mathrm{d}t.$$

Jetzt wird statt der Zeit der Weg als Integrationsvariable eingeführt.

$$0 = \delta \int_{t_0}^{t_1} m v \frac{\mathrm{d}s}{\mathrm{d}t}\,\mathrm{d}t = \delta \int_{P_0}^{P_1} m v\,\mathrm{d}s \quad \text{oder} \quad \delta \int_{P_0}^{P_1} v\,\mathrm{d}s = 0. \tag{51}$$

Um den nach den Gesetzen der klassischen Mechanik bewegten Teilchen in gleicher Weise Wellen zuzuordnen, wie dies beim Übergang von der geometrischen zur Wellenoptik geschieht, müssen diese Wellen eine Phasengeschwindigkeit $u$ proportional $\frac{1}{v}$ besitzen, damit für diese Wellen das FERMATsche Prinzip gilt. Dies zeigt ein Vergleich von (50) und (51). Andererseits ist, wenn die potentielle Energie mit $U$ bezeichnet wird

$$v = \sqrt{\frac{2}{m}(E-U)} \quad \text{also} \quad u = \frac{\text{const.}}{\sqrt{(E-U)}} .$$

Für die Energie der gesuchten Wellenfunktion wird versuchsweise die PLANCKsche Beziehung $E = h\nu$ angenommen. Setzen wir dies in die Beziehung für die Phasengeschwindigkeit ein, so sehen wir, daß diese von der Frequenz abhängt. Es existiert also eine Dispersion der versuchsweise eingeführten Wellen.

$$u = \frac{\text{const.}}{\sqrt{h\nu - U}} \tag{52}$$

In einem dispergierenden Medium ist zwischen der Phasengeschwindigkeit $u$ und der Gruppengeschwindigkeit $u_g$ zu unterscheiden. Letztere ist die Ausbreitungsgeschwindigkeit eines Wellenpaketes. Wir können sie durch Auslösen irgendwelcher Registriervorrichtungen bestimmen. Von den einem materiellen Punkt zugeordneten Wellen ist daher zu fordern, daß ihre Gruppengeschwindigkeit mit der des Massenpunktes übereinstimmt.

Um einen Ausdruck für die Gruppengeschwindigkeit zu finden, betrachten wir ein Wellenpaket, das aus einer Gruppe von Wellen in einem kleinen Wellenzahlenbereich zusammengesetzt ist.

$$\psi(x,t) = \int_{k_0-\epsilon}^{k_0+\epsilon} a(k) e^{i(kx-\omega t)} \, \mathrm{d}k$$

Wir können eine Aufteilung vornehmen in einen schnellveränderlichen Anteil und einen langsamveränderlichen, der die Form des Wellenpaketes bestimmt.

$$\psi = e^{i(k_0 x - \omega_0 t)} \int_{k_0-\epsilon}^{k_0+\epsilon} a(k) e^{i[(k-k_0)\,x - (\omega-\omega_0)\,t]} \, \mathrm{d}k .$$

Durch das Integral wird eine orts- und zeitabhängige Amplitude bestimmt. Ihre Fortpflanzungsgeschwindigkeit ist die Gruppengeschwindigkeit.

$$u_g = \frac{\omega - \omega_0}{k - k_0} = \frac{\mathrm{d}\omega}{\mathrm{d}k} .$$

Für die Phasengeschwindigkeit gilt $u = \frac{\omega}{k}$. Damit folgt

$$\frac{1}{u_g} = \frac{\mathrm{d}\frac{1}{\lambda}}{\mathrm{d}\nu} = \frac{\mathrm{d}\frac{\nu}{u}}{\mathrm{d}\nu} .$$

Die Forderung nach der Gleichheit von Teilchengeschwindigkeit $v$ und Gruppengeschwindigkeit $u_g$ liefert

$$\frac{1}{u_g} = \frac{\mathrm{d}\frac{\nu}{u}}{\mathrm{d}\nu} = \frac{1}{v} = \frac{1}{\sqrt{\frac{2}{m}(E-U)}} = \frac{1}{\sqrt{\frac{2}{m}(h\nu - U)}} .$$

Durch Integration erhält man

$$\frac{\nu}{u} = \int \frac{\mathrm{d}\nu}{\sqrt{\frac{2}{m}(h\nu - U)}} = \frac{1}{h}\sqrt{2m(h\nu - U)}\,. \tag{53}$$

Vergleicht man den hieraus für $u$ folgenden Wert mit (52), so erkennt man, daß man ein Dispersionsgesetz angeben kann, welches einerseits die Forderung $\frac{1}{u} \sim v$, andererseits die Forderung $u_g = v$ erfüllt, wenn man nur in Gl. (52) const. $= \frac{h\nu}{\sqrt{2m}}$ ersetzt. (Die Konstante in Gl. (52) darf noch $E$ und damit $h\nu$ enthalten, da ja alle durch das MAUPERTUISsche Prinzip zugelassenen Bahnen diesselbe Energie $E$ enthalten sollen.) Es wird somit

$$u = \frac{h\nu}{\sqrt{2m(h\nu - U)}}\,. \tag{54}$$

Die Wellenlänge wird

$$\lambda = \frac{u}{\nu} = \frac{h}{\sqrt{2m(h\nu - U)}} = \frac{h}{\sqrt{2m(E - U)}}\,. \tag{55}$$

Im kräftefreien Raum ist

$$\lambda_0 = \frac{h}{\sqrt{2mE}} = \frac{h}{mv}\,. \tag{56}$$

Der Übergang von einem Raum, wo $U = 0$, zu einem anderen Gebiet mit dem Potential $U$ entspricht daher dem Übertritt in ein Gebiet, wo der Brechungsindex

$$n = \sqrt{\frac{E - U}{E}}$$

gilt. Ist $U$ eine Funktion des Ortes, so haben wir ein Medium mit veränderlichem Brechungsindex, in dem die Orthogonaltrajektorien der Wellenflächen (das sind die Bahnen) gekrümmt sind.

Wenn wir z. B. für $U$ das Potential der Schwerkraft nehmen und die von einem festen Punkt ausgehenden zu gleichem $E$ gehörenden Strahlen nach der geometrischen Optik konstruieren, so ergeben sich alle Wurfparabeln gleicher Anfangsgeschwindigkeit. Dies wäre jedoch nichts als eine müßige Spielerei. Tatsächlich gab es zu dem Zeitpunkt der Überlegungen DE BROGLIEs noch keine hinreichenden experimentellen Erfahrungen, die eindeutig auf Welleneigenschaften der Materie deuteten. Aus Gl. (56) folgt für die Wellenlänge bei Elektronen

$$\lambda \approx \sqrt{\frac{1{,}5\,V}{U}}\ \mathrm{nm}\,, \tag{57}$$

also für gebräuchliche Beschleunigungsspannungen ein Wellenlängenbereich, wie er im elektromagnetischen Spektrum der Röntgenstrahlung entspricht. Das Experimentieren mit Elektronen wird aber dadurch erschwert, daß diese weniger tief als Röntgenstrahlung in Materie eindringen. So zeigten zuerst Versuche von C. J. DAVISSON und C. H. KUNSMAN eine interferenzähnliche Winkelabhängigkeit der Intensität bei der Reflexion von langsamen Elektronen an Metalloberflächen. Überzeugend waren dann die Versuche von DAVISSON und L. H. GERMER aus dem Jahr 1927 mit deutlichen Interferenzmaxima bei der Reflexion von Elektronen an Nickeleinkristallen. Im gleichen Jahr wurde von G. P. THOMSON die Beziehung (57) beim Durchgang von Elektronen durch dünne Metallfolien überprüft und bestätigt. Versuche von O. STERN (1929) mit einem aus Heliumatomen bestehenden Atomstrahl zeigten Interferenzerscheinungen bei der Reflexion an Steinsalzkristallen. Die größere Masse der Atome gegenüber den Elektronen wird durch die viel kleinere (thermische) Geschwindigkeit kompensiert, so daß die DE BROGLIE-Wellenlänge wieder in das mit Kristallen meßbare Gebiet fällt.

Die experimentellen Resultate stützen DE BROGLIEs Hypothese, nach der die Dualität von Welle und Teilchen sowohl für Strahlung als auch für Materie charakteristisch ist. Sie zeigen weiterhin die universale Bedeutung der Größe $h$.

c) Ununterscheidbarkeit

Die Teilchen der klassischen Physik denken wir uns stets als voneinander wohl unterscheidbar. Selbst wenn zwei z. B. gleich aussehende Kugellagerkugeln zusammenstoßen, können wir immer sagen, welches die von rechts und die von links gekommene Kugel war, indem wir ihre Bahnkurven verfolgen. Diese Unterscheidbarkeit von sonst gleichen Teilchen wird in der BOLTZMANN-Statistik vorausgesetzt.

Bei den Objekten der Quantenphysik müssen wir davon ausgehen, daß identische Teilchen hingegen ununterscheidbar sind. Man kann daher nicht in einer korpuskularen Theorie das PLANCKsche Strahlungsgesetz erhalten, wenn man den Versuch macht, die Energieverteilung der Lichtquanten nach der BOLTZMANN-Statistik zu berechnen. Man würde ein falsches Strahlungsgesetz erhalten, bei dem die Energie in den kurzwelligen Teil geschoben ist. Tatsächlich wandte PLANCK bei der Ableitung seiner Strahlungsformel eine andere Statistik für die Verteilung der Energiequanten auf die Oszillatoren an. Gleichwahrscheinliche Fälle waren die Besetzungszahlen der Oszillatoren. Darin erkannte BOSE eine neue Statistik für Lichtquanten (die von EINSTEIN auf materielle Gase übertragen wurde), deren wesentliches Merkmal darin besteht, daß auch für den Mikrozustand eine individuelle Unterscheidung der Teilchen abgelehnt wird. Bei den Lichtquanten überrascht es nicht, daß eine Nummerierung der Partikel unmöglich ist, da man an sie nicht im Sinne klassischer Teilchen zu denken gewohnt ist. Dagegen hat es für Elektronen überraschende Konsequenzen, wenn deren prinzipielle Ununterscheidbarkeit berücksichtigt wird. Sie folgen der FERMI-Statistik, die im Einklang mit dem PAULIschen Ausschließungsprinzip steht. (Das PAULI-Prinzip wird in § 3c behandelt.)

Aufg. 133: Man vervollständige die im Text nur angedeutete Ableitung der EINSTEINschen Fluktuationsformel (Gl. (48)).

## § 3. Wahrscheinlichkeitsamplituden und das Superpositionsprinzip

In diesem Paragraphen wird auf Grund der Beziehung von DE BROGLIE ein Zusammenhang zwischen quantenmechanischen Teilchen und einer Wellenfunktion hergestellt.

Die Wellenfunktion hat andere Eigenschaften als eine Feldstärke der klassischen Physik. Dies wird besonders deutlich, wenn man ein System aus zwei identischen Teilchen betrachtet. Die komplexwertige Wellenfunktion kann als Wahrscheinlichkeitsamplitude interpretiert werden.

a) Materiewelle und Wellenfunktion

Sowohl bei Licht als auch bei Materie gelten die Gleichungen

$$\boxed{E = h\nu = \hbar\,\omega} \tag{58}$$

und

$$\boxed{p = h\,\frac{1}{\lambda} = \hbar\,k}\,. \tag{59}$$

Dabei haben wir eingeführt $\hbar = h/2\pi$. Die Gl. (59) haben wir in der Form von Gl. (56) für Materie kennengelernt. Für Licht folgt sie unmittelbar aus Gl. (58), da für Teilchen mit Vakuumlichtgeschwindigkeit $E = cp$ ist.

Die Gleichungen (58) und (59) verknüpfen Teilcheneigenschaften (Energie und Impuls) mit Welleneigenschaften (Frequenz und Wellenlänge bzw. Wellenzahl). Sie sind daher anschaulich nicht verstehbar. Einem freien Teilchen mit dem Impuls $p$ wird die ebene monochromatische Welle

$$e^{i(kr - \omega t)} \tag{60}$$

zugeordnet. Ihre Phasengeschwindigkeit ist $u = \omega/k$. Die Frequenz $\omega$ kann nach einem Dispersionsgesetz vom Betrag von $k$ abhängen. Der Ausdruck (60) kennzeichnet einen unendlich langen gleichförmigen Wellenzug. Er kann daher kein lokalisiertes Teilchen beschreiben. Einen Wellenzug begrenzter Ausdehnung (Wellenpaket) kann man aber durch Überlagerung monochromatischer Wellen herstellen. Es hat die Form

$$\psi(\vec{r}, t) = \int f(\vec{k})\, e^{i(\vec{k}\vec{r} - \omega t)}\, \mathrm{d}^3 k\,. \tag{61}$$

Das Wellenpaket bewegt sich mit der Gruppengeschwindigkeit

$$u_g = \frac{\mathrm{d}\omega}{\mathrm{d}k} \qquad \text{(oder dreidimensional: } \vec{u}_g = \mathrm{grad}_k\, \omega\text{)}.$$

Setzen wir für die Energie eines Elektrons $E = \frac{1}{2} m v^2$ und für seinen Impuls $p = mv$, so folgt mit (58) und (59), daß die Gruppengeschwindigkeit gerade der klassischen Teilchengeschwindigkeit entspricht.

Welche Bedeutung kommt der Größe $\psi(\vec{r}, t)$ zu? Man könnte sich vorstellen, daß es sich um eine Größe von der Art einer Feldstärke der klassischen Physik handelt. Ihrem Betragsquadrat sollte dann eine Intensität entsprechen. Da ein mit Masse behaftetes Teilchen wie z. B. ein Elektron beschrieben werden soll, könnte $|\psi|^2$ der Massendichte proportional sein. Das Elektron wäre dann als im Raum „verschmiert" vorzustellen. Man erkennt sofort, daß diese Deutung auf Schwierigkeiten führt, denn infolge der Dispersion läuft ein Wellenpaket mit der Zeit auseinander. Man findet aber experimentell niemals Teile von einem Elektron, sondern stets ganze Elektronen.

Eine Lösung der Frage, wie man die $\psi$-Funktion zu deuten habe, hat Max BORN 1926 gefunden: Das Betragsquadrat der Wellenfunktion ist der statistischen Wahrscheinlichkeit proportional, in dem betrachteten Volumenelement ein Teilchen zu finden. Demnach ist die Wahrscheinlichkeit, ein Teilchen bei einer Messung zu finden, immer dort groß, wo die $\psi$-Funktion eine große Amplitude aufweist. $\psi$ stellt nach dieser inzwischen allgemein akzeptierten Interpretation eine Wahrscheinlichkeitsamplitude dar.

### b) Überlagerung von Wellenfunktionen

Die Superposition von Wellen gehört auch in der klassischen Physik zu den grundlegenden Merkmalen. Aus dem Auftreten von Interferenzerscheinungen wird ja gerade auf das Zugrundeliegen von Wellen geschlossen. Dennoch hat das Superpositionsprinzip in der Quantenphysik eine weitergehende Bedeutung. Die Wellenfunktion, welche die Aufenthaltswahrscheinlichkeit eines einzigen Teilchens beschreibt, kann eine Überlagerung von Wellenfunktionen sein, die ihrerseits verschiedene Zustände des Teilchens beschreiben. Eine solche, durch Überlagerung darstellbare Wellenfunktion beschreibt ein Teilchen, das sozusagen teils in dem einen, teils in dem anderen Zustand ist. Erst durch eine Messung wird es gezwungen, einen bestimmten Zustand anzunehmen.

Wir wollen uns die Bedeutung dieser Aussage an einem Beispiel klarmachen. Zirkular polarisiertes Licht sehr geringer Intensität soll in einem Polarisationsapparat auf ein Filter für lineare Polarisation fallen. Wir wissen, daß dann ein Teil des Lichtes (im idealen Fall die halbe Intensität) durchgelassen wird, der Rest wird absorbiert. Ist nun die Intensität so gering, daß sich stets nur ein einzelnes Photon in dem Polarisationsapparat aufhält, so wird dieses Photon in der Hälfte der Fälle hindurchgelassen, sonst aber absorbiert. Über das Schicksal eines einzelnen Photons kann nur diese Wahrscheinlichkeitsaussage gemacht werden. Diese experimentelle Erfahrung wird mit Hilfe des Superpositionsprinzips theoretisch beschreibbar. Die $\psi$-Funktion des einfallenden zirkular polarisierten Photons stellt eine Überlagerung dar von Wellenfunktionen, die einzeln Photonen der beiden senkrecht aufeinander stehenden linearen Polarisationsrichtungen beschreiben würden. Beide Anteile kommen mit dem gleichen Gewicht zur Überlagerung. Die relative Phase zwischen beiden bestimmt, ob die Überlagerung ein rechts oder ein links zirkulares Photon beschreibt. In diesem Sinne befindet sich also ein Photon des zirkular polarisierten Lichtes zu gleichen Teilen in zwei Zuständen aufeinander senkrrecht stehender linearer Polarisation. Beim Durchgang durch den Polarisationsapparat wird es in einen der beiden Zustände gezwungen. Entspricht der durch die Wechselwirkung mit dem Apparat angenommene Zustand der Durchlassrichtung, so kann das Photon passieren. Im anderen Fall wird es absorbiert. In welchen der beiden überlagerten Zustände das Photon geht, kann im Einzelfall nicht vorhergesagt werden.

Umgekehrt muß man von einem Photon linearer Polarisation annehmen, daß es durch eine Überlagerung von Zuständen zirkularer Polarisation beschrieben werden kann. Die relative Phase bestimmt dann die lineare Polarisationsrichtung. Wenn wir hier von einem Photon linearer Polarisation sprechen, so meinen wir ein Photon, das einen linearen Polarisationsapparat ungehindert passieren kann.

Auch in der klassischen Elektrodynamik beschreiben wir eine zirkular polarisierte elektromagnetische Welle als Überlagerung von linear polarisierten Wellen geeigneter Phasendifferenz. Auf den entscheidenden Unterschied zwischen klassischer und quantenmechanischer Beschreibung stößt man erst, wenn man den Durchgang eines einzelnen Photons durch einen Polarisationsapparat betrachtet.

Als weiteres Beispiel zur Illustration des Superpositionsprinzips wird häufig der Durchgang eines Elektrons durch eine Doppelspaltöffnung behandelt. In älteren Lehrbüchern war dies noch als Gedankenexperiment dargestellt. Inzwischen hat 1961 C. JÖNNSON ein entsprechendes Experiment durchgeführt. Es wurden dabei Elektronen der Energie 50 keV auf zwei Spalten der Breite $3 \cdot 10^{-7}\ m$ mit Spaltabstand von 1 bis $2 \cdot 10^{-6}\ m$ geschossen. Man beobachtet hinter dem Doppelspalt eine Intensitätsverteilung der auftreffenden Elektronen, wie man sie vom Doppelspaltversuch mit Licht kennt, also eine typische Interferenzerscheinung. Nehmen wir wieder an, die Intensität sei so gering, daß während des Experiments immer nur ein Elektron gleichzeitig die Anordnung passiert. Nach dem Durchgang durch den Doppelspalt wird das Elektron durch eine Wellenfunktion beschrieben, die eine Überlagerung von zwei Wellenpaketen darstellt, die jeweils durch eine der beiden Öffnungen gegangen sind. Erst beide Wellenpakete phasenrichtig überlagert beschreiben das eine Elektron, welches hinter der Anordnung auf dem Schirm auftrifft. Wir müssen annehmen, daß das Elektron teils durch das eine Loch, teils durch das andere gegangen ist und die beiden Teile nach dem Hindernis interferieren. Trotzdem werden experimentell niemals Teile von Elektronen nachgewiesen, sondern stets nur ganze Elektronen. Macht man nun den Versuch, durch ein zusätzliches Experiment zu entscheiden, durch welche der beiden Öffnungen das Elektron gegangen ist, so benötigt man dazu irgend eine Art von Nachweis für das Elektron. Durch eine derartige Anordnung wird das Elektron gezwungen, einen der beiden Zustände (Durchgang durch die rechte oder die linke Öffnung) definitiv anzunehmen. Man erfährt dann zwar, ob das Elektron durch die betrachtete Öffnung gegangen ist, die Interferenzfigur wird aber dadurch zerstört.

Die Gültigkeit des Prinzips der linearen Superposition führt dazu, daß die Quantenmechanik mit Hilfe von linearen Differentialgleichungen formuliert werden kann. Es bestehen daher formale Analogien zur Wellenlehre der klassischen Physik. Diese Analogien der Entstehungszeit der Quantenmechanik im Rahmen der sog. Wellenmechanik versucht wurde.

### c) Die Wellenfunktion für ein System mit zwei identischen Teilchen; das PAULI-Prinzip

Die Betrachtungen in den Abschnitten a) und b) bezogen sich auf Ein-Teilchen-Probleme. Bewußt gingen wir davon aus, daß sich gleichzeitig nur ein Teilchen in Wechselwirkung mit der betrachteten Apparatur befand. So wurden Elektronen (oder auch z. B. Nukleonen) durch eine Wellenfunktion beschrieben, deren Betragsquadrat gleich der Aufenthaltswahrscheinlichkeit des Teilchens pro Volumenelement war. Aus der Sicherheit, das Teilchen irgendwo im Raum zu finden, folgt die Normierungsbedingung

$$\int |\psi|^2 \, d^3 r = 1 \,. \qquad (62)$$

Jetzt sollen Systeme betrachtet werden, bei denen sich zwei Teilchen im gleichen Feld bewegen (z. B. die Elektronen eines Helium-Atoms) oder Proton und Neutron eines Deuterons). Unterscheiden sich diese Teilchen in einer Eigenschaft, wie etwa Proton und Neutron, so läßt sich jedes dieser Teilchen mit einer eigenen Wellenfunktion beschreiben und für sich behandeln. So würde man auch in der klassischen Physik verfahren, um die beiden Elektronen zu erfassen, die den Kern eines Heliumatoms umgeben. Obwohl diese beiden Elektronen sich in allen Eigenschaften gleichen, könnte man sie als unterscheidbar ansehen. Man brauchte nur ihre Bahnkurven zu verfolgen. Auch nach einem Zusammenstoß könnte man noch entscheiden, welches der beiden Elektronen man betrachtet. In der Quantenphysik besteht diese Möglichkeit nicht mehr. Der klassische Begriff der Bahnkurve verliert seinen Sinn. Die Unbestimmtheitsrelation (vgl. § 5) verhindert eine genügend genaue Lokalisierbarkeit. Die beiden Elektronen im Heliumatom sind grundsätzlich ununterscheidbar. Diese mangelnde individuelle Erkennbarkeit der Elementarteilchen liefert den Schlüssel zum Verständnis des Aufbaues der Atome in Elektronen- und Nukleonenschalen.

Wäre die Quantenmechanik die Theorie eines klassischen Wellenfeldes, so würde das Hinzufügen eines weiteren Elektrons (weiterer Feldenergie) die Amplitude der Wellenfunktion vergrößern. Auf der rechten Seite der Normierungsgleichung müßte die 1 durch eine 2 ersetzt werden. Doch damit könnte nicht berücksichtigt werden, daß zwischen den beiden Elektronen elektrostatische Abstoßungskräfte wirken. Die beiden Elektronen stehen in Wechselwirkung miteinander. Die von dem einen Elektron herrührende Amplitude der Wellenfunktion muß von der des anderen unterschieden sein. Das erreicht man durch einen Produktansatz

$$\psi = \psi_1(x_1)\,\psi_2(x_2)\,. \tag{63}$$

Da $x_1$ und $x_2$ jeweils stellvertretend für die drei Ortskoordinaten der Teilchen 1 und 2 stehen, ist die Wellenfunktion des zusammengesetzten Systems von sechs Variablen abhängig.

Der Produktansatz (63) entspricht der Multiplikation von Wahrscheinlichkeiten, die bei unabhängigen Ereignissen die Wahrscheinlichkeit ergibt, daß sowohl Ereignis 1 als auch Ereignis 2 eintritt. Er geht von der falschen Voraussetzung aus, man könnte unterscheiden, ob sich Teilchen Nummer 1 oder Teilchen Nummer 2 in dem Zustand mit der Wellenfunktion $\psi_1$ befindet. Wegen der Ununterscheidbarkeit der beiden Teilchen kann man dies aber nicht. Eine völlig gleiche Situation wird somit auch beschrieben durch

$$\Phi = \psi_2(x_1)\,\psi_1(x_2).$$

Die beiden Wellenfunktionen unterscheiden sich nur durch den Austausch von Teilchen 1 und 2. Ein tatsächlich vorliegendes System durch einen der beiden Ansätze zu beschreiben, hieße eine Kenntnis vortäuschen, die man prinzipiell nicht haben kann.

Der Ansatz zur quantenmechanischen Beschreibung zweier ununterscheidbarer Teilchen muß so abgeändert werden, daß alle physikalisch beobachtbaren Größen, die mit seiner Hilfe berechnet werden, durch den in Gedanken vorgenommenen Austausch der beiden Teilchen unverändert bleiben. Eine Möglichkeit, diese Forderung zu erfüllen, besteht in der *symmetrischen* Kombination der beiden gleichberechtigten Ansätze.

$$\psi_{\text{sym}} = \psi_1(x_1)\,\psi_2(x_2) + \psi_2(x_1)\,\psi_1(x_2)\,. \tag{64}$$

Hierbei sind folgende Möglichkeiten *überlagert*:

a) Teilchen Nummer 1 im Zustand 1, Teilchen Nummer 2 im Zustand 2,

*und* b) Teilchen Nummer 2 im Zustand 1, Teilchen Nummer 1 im Zustand 2.

Damit wird ein Prinzip verwirklicht, das man schon beim Studium der Lichtbeugung am Doppelspalt erkennt: Wenn zwei Realisierungen des Experimentes in verschiedener Art nicht unterschieden werden können, so tritt Interferenz auf, die als eine Überlagerung der Wellenfunktion gedeutet werden kann. Beim Doppelspaltexperiment waren die beiden nicht unterscheidbaren Realisierungen die beiden Öffnungen, durch die ein Photon hindurchgehen kann.

Die symmetrische Wellenfunktion zeichnet sich dadurch aus, daß sie bei einem Austausch der beiden Teilchen völlig ungeändert bleibt. Es ist aber zu bedenken, daß die Wellenfunktion selbst nicht direkt beobachtbar ist. Vielmehr stellt nach der BORNschen Deutung erst das Quadrat eine physikalisch beobachtbare Größe dar. Dieses würde auch ungeändert bleiben, wenn die Wellenfunktion unter dem Austausch der beiden Teilchen ihr Vorzeichen wechseln würde. Genau das tritt bei der *antisymmetrischen* Kombination ein.

$$\psi_{\text{antisym}} = \psi_1(x_1)\,\psi_2(x_2) - \psi_2(x_1)\,\psi_1(x_2). \tag{65}$$

Auch sie stellt einen Ansatz dar, der die Ununterscheidbarkeit der Elementarteilchen berücksichtigt.

Welcher der beiden Ansätze ist der zutreffende? Diese Frage muß durch Experimente beantwortet werden. Sie erlauben eine Entscheidung, weil symmetrische oder antisymmetrische Wellenfunktionen zu völlig unterschiedlichem Verhalten der durch sie beschriebenen Teilchen gehören. Das ermöglicht eine Klasseneinteilung der Elementarteilchen:

Mikroobjekte, die durch *symmetrische Wellenfunktionen* beschrieben werden, heißen **Bosonen**. Sie tragen ihren Namen nach dem indischen Physiker N. S. BOSE, der 1924 ihre Eigenschaften erforschte.

Mikroobjekte, die durch *antisymmetrische Wellenfunktionen* beschrieben werden, heißen **Fermionen**. Sie tragen ihren Namen nach Enrico FERMI.

Aus der Antisymmetrie ihrer Wellenfunktionen folgt eine wichtige Eigenschaft der Fermionen: *Zwei Fermionen können sich nicht am gleichen Ort im gleichen Zustand befinden.* Ihre Wellenfunktion würde sonst gleich Null werden.

Dies ist der Inhalt des *Ausschließungsprinzips,* das nach seinem Entdecker meist kurz PAULI-Prinzip genannt wird. Es gilt nicht für Bosonen. Deren symmetrische Wellenfunktionen erlauben, daß zwei Teilchen gleicher Art sich im gleichen Zustand befinden.

Ob eine bestimmte Art von Elementarteilchen zu den Fermionen oder den Bosonen gehört, hängt von ihrem Spin (vgl. dazu das 4. Kap.) ab. Teilchen mit halbzahligen Spin sind Fermionen, Teilchen mit ganzzahligem Spin oder Spin Null sind Bosonen. So sind z. B. Elektronen, Protonen und Neutronen Fermionen. Sie befolgen daher das Ausschließungsprinzip. Lichtquanten haben einen Spin von $1\,\hbar$. Sie sind daher Bosonen und befolgen die BOSE-Statistik.

Aufg. 134. Man betrachte ein System, das aus zwei Teilchen und je zwei Zuständen $a$ und $b$ für diese Teilchen besteht. Das System sei im thermodynamischen Gleichgewicht mit einer hohen Temperatur. Man gebe an, mit welchen Wahrscheinlichkeiten die möglichen Zustände des Gesamtsystems angenommen werden, wenn die Teilchen Bosonen, Fermionen und klassische Teilchen sind.

## § 4. Ort und Impuls

In diesem Paragraphen werden einige Eigenschaften der Wellenfunktion besprochen, ohne daß hier schon auf die Form der Wellengleichung (Bewegungsgleichung) eingegangen wird. Die Betrachtungen hier sind etwas mehr formal, während die physikalische Interpretation stärker im nächsten Paragraphen erfolgt.

### a) Wahrscheinlichkeitsaussagen bei Impulsmessungen

Nach der Beziehung von DE BROGLIE besteht zwischen dem Impuls eines Elektrons und der Wellenlänge der dieses Teilchen beschreibenden Wellenfunktion die Gl. (59):

$$p = \frac{h}{\lambda} = \hbar k \quad \text{oder vektoriell} \quad \boxed{\vec{p} = \hbar \vec{k}}.$$

Zu einem Teilchen mit dem Impuls $p$ gehört die Wellenfunktion

$$\boxed{\psi(\vec{r}) = A\, e^{i(\vec{k}\vec{r} - \omega t)} = A\, e^{i(\vec{p}\vec{r} - Et)/\hbar}}. \tag{66}$$

Aus der vorgegebenen Wellenfunktion (66) kann man den Impuls des durch sie beschriebenen Teilchens durch Gradientenbildung bestimmen:

$$\boxed{\vec{p}\,\psi = \frac{\hbar}{i}\,\text{grad}\,\psi}.$$

Man nennt daher den Operator $\frac{\hbar}{i}$ grad den Impulsoperator.

Das durch (66) beschriebene Teilchen hat im ganzen Raum die gleiche Aufenthaltswahrscheinlichkeit, da $|\psi(\vec{r})|^2$ unabhängig vom Ort überall gleich ist. Wir haben hier einen Sonderfall der HEISENBERGschen Unbestimmtheitsrelation (§ 5) vor uns; einem Teilchen mit scharfem Impuls kann nicht gleichzeitig ein scharfer Wert der Ortskoordinaten zugeschrieben werden. Da die Aufenthaltswahrscheinlichkeit konstant ist, kann mit keiner Wahl der Konstanten $A$ in Gl. (66) die Normierungsbedingung (62) erfüllt werden. Dies ist jedoch keine wesentliche Einschränkung, denn der „ebenen Welle" kommt kaum Bedeutung bei der Beschreibung wirklicher Systeme zu. Man wird in allen experimentellen Anordnungen eine Situation haben, bei der die Aufenthaltswahrscheinlichkeit des zu beschreibenden Teilchens in der Nähe des Experimentators größer ist als in fernen Bezirken des Weltraumes. Zur Beschreibung solcher Teilchen muß man dann andere Wellenfunktionen benutzen. Der ebenen Welle kommt aber eine große Bedeutung als Grenzfall zu, der auf einfache Rechenoperationen führt.

Durch die Überlagerung von ebenen Wellen entsteht ein Wellenpaket.

$$\boxed{\psi(\vec{r}, t) = \int f(\vec{k})\, e^{i(\vec{k}\vec{r} - \omega t)}\, d^3 k}. \tag{61}$$

Jede einzelne der darin enthaltenen ebenen Wellen beschreibt ein Teilchen mit festem Wert des Impulses (und damit der Wellenzahl $k$). Über den Wert des Impulses, den man bei einer Messung erhalten würde, sind nur Wahrscheinlichkeitsaussagen möglich. Wir werden anschließend zeigen, daß die Wahrscheinlichkeit bei einer Impulsmessung einen Wert im Intervall $d\vec{p} = d^3 k \cdot \hbar^3 = dk_x \, dk_y \, dk_z \cdot \hbar^3$ zu erhalten, durch

$$P(\vec{p})\, d^3 p = (2\pi)^3 \hbar^3 \, |f(\vec{k})|^2 \, d^3 k \tag{67}$$

gegeben ist. Bis auf Proportionalitätsfaktoren stellt daher $f(\vec{k})$ eine Wahrscheinlichkeitsamplitude für Impulse dar. Nach (61) kann man daraus die räumliche Aufenthaltswahrscheinlichkeit berechnen. Für die Festlegung der Wellenfunktion eines Teilchens sind $\psi(\vec{r})$ und $f(\vec{k})$ in gleicher Weise geeignet. Man sagt, die Wahrscheinlichkeitsamplitude im Ortsraum und im Impulsraum sind verschiedene Darstellungen des gleichen quantenmechanischen Zustandes.

## b) Die Delta-Funktion

Wir zeigen nun, wie aus der Darstellung eines Wellenpaketes nach (61) und der Normierungsbedingung auf die Wahrscheinlichkeitsamplitude im Impulsraum geschlossen werden kann und begründen damit die Gl. (67). Dabei bedienen wir uns als Hilfsmittel der sog. „Delta-Funktion". Trotz des Namens handelt es sich nicht um eine Funktion im mathematischen Sinne, sondern um ein Funktional.

Der Einfachheit halber gehen wir von einem eindimensionalen Wellenpaket aus und verallgemeinern dann auf drei Dimensionen. Das eindimensionale Wellenpaket

$$\psi(x,t) = \int f(k)\, e^{i(kx-\omega t)}\, dk$$

sei normiert. Dann gilt

$$1 = \int_{-\infty}^{+\infty} \psi^* \psi \, dx = \int_{-\infty}^{+\infty} \int_{-\infty}^{+\infty} \int_{-\infty}^{+\infty} f^*(k') f(k)\, e^{-i(k'x-\omega' t)} e^{+i(kx-\omega t)}\, dk'\, dk\, dx .$$

Zuerst soll über $x$ integriert werden. Wir setzen die Integrationsgrenzen zunächst als endlichen Wert ein, der später in einem Grenzübergang gegen Unendlich geführt wird:

$$\int_{-\infty}^{+\infty} e^{i(kx-k'x)}\, dx = \lim_{L\to\infty} \int_{-L}^{+L} e^{i(k-k')x}\, dx = \lim_{L\to\infty} \frac{2\sin(k-k')L}{(k-k')} = 2\pi\, \delta(k-k') . \tag{68}$$

Hierbei haben wir gesetzt

$$\delta(x) = \lim_{L\to\infty} \frac{\sin Lx}{\pi x} .$$

Dies ist eine Möglichkeit zur Darstellung der von DIRAC eingeführten Delta-Funktion. Sie hat folgende Eigenschaften:

$$\delta(x) = 0 \quad \text{wenn} \quad x \neq 0, \qquad \int \delta(x)\, dx = 1 .$$

Bei dem Integral muß das Integrationsgebiet den Punkt $x = 0$ enthalten, sonst wird es zu null.

Die Bedeutung der Delta-Funktion wird an der Beziehung

$$\int f(x)\,\delta(x)\,\mathrm{d}x = f(0) \tag{69}$$

erkennbar, die man zugleich als allgemeine Definition auffassen kann. Hierbei ist $f(x)$ eine beliebige Funktion und das Integrationsgebiet muß wieder den Nullpunkt enthalten.

In grob anschaulicher Weise kann man sich die Delta-Funktion als singuläre Funktion vorstellen, deren Funktionswerte überall mit Ausnahme des Nullpunktes gleich null sind. Im Nullpunkt ist der Funktionswert so groß, daß eine Integration darüber den Wert eins liefert. Wenn auch diese Vorstellungen helfen können, so sind sie doch nicht notwendig. Delta-Funktionen treten immer im Zusammenhang mit Integrationen auf, so daß Gl. (69) zur Kennzeichnung ihrer Eigenschaften genügt.

Durch die Anwendung von Grenzprozessen kann man auch aus anderen Funktionen als in Gl. (68) eine Delta-Funktion erhalten. Ein Beispiel ist die GAUSSsche Normalverteilung mit einer Halbwertsbreite, die gegen Null geht (vgl. Aufg. 135).

Von DIRAC werden in seinem Buch “The Principles of Quantum Mechanics” (1. Aufl. 1930) die folgenden weiteren Gleichungen mit Delta-Funktionen angegeben.

$$\delta(-x) = \delta(x)\,,$$
$$x\delta(x) = 0\,,$$
$$\delta(ax) = \frac{1}{a}\,\delta(x), \qquad (a > 0)\,,$$
$$\delta(x^2 - a^2) = \frac{1}{2a}\,[\delta(x-a) + \delta(x+a)] \qquad (a > 0),$$
$$\int \delta(a-x)\,\delta(x-b)\,\mathrm{d}x = \delta(a-b),$$
$$f(x)\delta(x-a) = f(a)\delta(x-a)\,.$$

Praktische Bedeutung erhalten sie nur, wenn man beide Seiten mit einer beliebigen Funktion multipliziert und integriert. Das gilt auch für die Beziehungen, bei denen man formal eine Ableitung der Delta-Funktion benutzt:

$$x\,\delta'(x) = -\delta(x)$$
$$\delta'(x) = -\,\delta'(-x).$$

Bei dreidimensionalen Problemen verwendet man als Abkürzung die Bezeichnung

$$\delta(\vec{r}) = \delta(x)\cdot\delta(y)\cdot\delta(z)\,.$$

Nach der Einführung der Delta-Funktion können wir zum Ausgangsproblem, der Berechnung des Normierungsintegrals eines Wellenpaketes, zurückkehren. Setzen wir (68) ein, so folgt

$$1 = \int_{-\infty}^{+\infty}\int_{-\infty}^{+\infty} f^*(k')f(k)\cdot e^{-i(\omega-\omega')t}\cdot 2\pi\delta(k-k')\,\mathrm{d}k'\,\mathrm{d}k\,.$$

Beachten wir nun, daß $\omega$ und $\omega'$ in gleicher Weise von $k$ und $k'$ abhängen, so folgt wegen der Eigenschaft der Delta-Funktion nach Integration über $k'$

$$1 = \int_{-\infty}^{+\infty} f^*(k) f(k) \cdot 2\pi \, \mathrm{d}k$$

oder

$$\frac{1}{2\pi} \int_{-\infty}^{+\infty} |f(k)|^2 \, \mathrm{d}k = 1.$$

Eine dreidimensionale Rechnung liefert

$$\frac{1}{(2\pi)^3} \int |f(\vec{k})|^2 \, \mathrm{d}^3 k = 1 \, .$$

Daher können wir

$$(2\pi)^{-3/2} \cdot f(\vec{k})$$

als Wahrscheinlichkeitsamplitude interpretieren, wie wir es in Gl. (67) getan haben.

c) FOURIER-Transformation der Wellenfunktion

Die Aufgabe, aus einer gegebenen Wahrscheinlichkeitsamplitude im Ortsraum die Wahrscheinlichkeitsamplitude im Impulsraum (und umgekehrt) zu berechnen, wird durch eine FOURIER-Transformation gelöst. Um die Symmetrie des Problems stärker zu betonen, ändern wir die Darstellung des Wellenpaketes nach (61) ab und schreiben anstelle der Wellenzahl $\vec{k}$ den Impuls $\vec{p}$ als Integrationsvariable.

$$\psi(\vec{r}) = \frac{1}{(2\pi\hbar)^{3/2}} \int \varphi(\vec{p}) \, e^{i\vec{p}\,\vec{r}/\hbar} \, \mathrm{d}^3 p \, . \tag{70}$$

Die Variable $t$ wird hier nicht erwähnt, da es sich um die Wellenfunktion zu einem festen Zeitpunkt handeln soll. Wenn $\psi(\vec{r})$ im Ortsraum auf eins normiert ist, so gilt dies automatisch auch für $\varphi(\vec{p})$ im Impulsraum.

Für die FOURIERTransformierte $\varphi(\vec{p})$ der Wellenfunktion gilt

$$\varphi(\vec{p}) = \frac{1}{(2\pi\hbar)^{3/2}} \int \psi(\vec{r}) \, e^{-i\vec{p}\,\vec{r}/\hbar} \, \mathrm{d}^3 r \, . \tag{71}$$

Gl. (71) folgt aus Gl. (70), wenn man mit $\exp(-i\vec{p}\,'\vec{r}/\hbar)$ multipliziert und über $\vec{r}$ integriert. Auf der rechten Seite kann man die Integration über das Volumen ausführen und erhält eine dreidimensionale Delta-Funktion. Damit kann dann über den Impulsraum integriert werden.

Die Symmetrie zwischen Gl. (70) und (71) zeigt, warum man die Funktion $\varphi(\vec{p})$ auch als Wellenfunktion im Impulsraum bezeichnet. Genau wie die Wellenfunktion im Ortsraum ist auch diese prinzipiell nicht physikalisch beobachtbar. Experimentell kann man nur die Wahrscheinlichkeiten für das Auftreten bestimmter Meßwerte des Ortes oder des Impulse s bestimmen. Im Formalismus ist damit das Betragsquadrat der Wellenfunktion (oder Wahrscheinlichkeitsamplitude) verknüpft.

d) Erwartungswerte

Nach der BORNschen Deutung der Wellenfunktion ist die Wahrscheinlichkeit, ein Teilchen bei einer Ortsmessung im Volumen $d^3 r$ zu finden

$$P(\vec{r})\, d^3 r = |\psi(\vec{r})|^2\, d^3 r\,. \tag{72}$$

Nun kann man für eine große Zahl von Teilchen, die alle in der gleichen Weise präpariert wurden und durch die gleiche Wellenfunktion beschrieben werden, Messungen einer Größe $F$ vornehmen, die sich als eine Funktion des Ortes schreiben läßt. Aus allen Messungen kann man dann einen Mittelwert bilden. Für ihn gilt wegen Gl. (72)

$$<F(\vec{r})> = \int P(\vec{r}) F(\vec{r})\, d^3 r = \int \psi^*(\vec{r}) F(\vec{r}) \psi(\vec{r})\, d^3 r\,. \tag{73}$$

Ein derart gebildeter Mittelwert wird auch als Erwartungswert der Größe $F$ bezeichnet. Speziell gilt für den Erwartungswert des Ortes

$$<\vec{r}> = \int \psi^*(\vec{r})\, \vec{r}\, \psi(\vec{r})\, d^3 r\,. \tag{74}$$

In ähnlicher Weise kann man Gl. (67) in der Form

$$P(\vec{p})\, d^3 p = |\varphi(\vec{p})|^2\, d^3 p$$

benutzen, um Mittelwerte von Größen zu bestimmen, die Funktionen $G$ des Impulses sind.

$$<G(\vec{p})> = \int P(\vec{p}) G(\vec{p})\, d^3 p = \int \varphi^*(\vec{p}) G(\vec{p}) \varphi(\vec{p})\, d^3 r\,.$$

Speziell wird der Mittelwert des Impulses

$$<\vec{p}> = \int \varphi^*(\vec{p})\, \vec{p}\, \varphi(\vec{p})\, d^3 p\,.$$

Um den Mittelwert des Impulses direkt aus den Wellenfunktionen im Ortsraum berechnen zu können, ersetzen wir $\varphi^*(p)$ und $\varphi(p)$ aus Gl. (71).

$$<\vec{p}> = \iiint \frac{1}{(2\pi\hbar)^3}\, \psi^*(\vec{r}\,') e^{i\vec{p}\vec{r}\,'/\hbar}\, \vec{p}\, \psi(\vec{r}\,') e^{-i\vec{p}\vec{r}/\hbar}\, d^3\vec{r}\, d^3\vec{r}\,'\, d^3\vec{p}\,.$$

In dem nur von $\vec{r}$ abhängigen Teil können wir schreiben

$$\int \vec{p}\, \psi(\vec{r}) e^{-i\vec{p}\vec{r}/\hbar}\, d^3\vec{r} = \int \psi(\vec{r})\, i\hbar\, \text{grad}\, e^{-i\vec{p}\vec{r}/\hbar}\, d^3\vec{r}$$

$$= \int e^{-i\vec{p}\vec{r}/\hbar}\, \frac{\hbar}{i}\, \text{grad}\, \psi(\vec{r})\, d^3\vec{r}\,.$$

Dabei wurde der Differentialoperator Gradient auf den anderen Faktor durch partielle Integration übergewälzt. Von dem sich zusätzlich dabei ergebenden Oberflächenintegral nehmen wir an, daß es verschwindet, da die Wellenfunktion $\psi(\vec{r})$ im Unendlichen hinreichend schnell gegen Null gehen soll. Danach können wir die Integration über $d^3\vec{p}$ ausführen.

$$\int \frac{1}{(2\pi\hbar)^3}\, e^{i\vec{p}(\vec{r}\,'-\vec{r})/\hbar}\, d^3 p = \delta(\vec{r}\,'-\vec{r})\,.$$

Schließlich integrieren wir noch über $d^3\vec{r}\,'$ und erhalten

$$\boxed{\langle\vec{p}\rangle = \int \psi^*(\vec{r})\,\frac{\hbar}{i}\,\mathrm{grad}\,\psi(\vec{r})\,d^3\vec{r}}\,. \qquad (75)$$

Der Mittelwert des Impulses läßt sich also in der gleichen Weise durch die Wahrscheinlichkeitsamplituden im Ortsraum ausdrücken, wie wir sie schon mit Gl. (73) für Funktionen der Ortskoordinaten kennengelernt haben. Allerdings muß bei der Rechnung mit Funktionen im Ortsraum der Impuls durch den Impulsoperator $\vec{p} = \frac{\hbar}{i}$ grad ersetzt werden.

In ganz entsprechender Weise können die Mittelwerte mit Hilfe von Wahrscheinlichkeitsamplituden im Impulsraum berechnet werden. Anstelle von $\vec{r}$ tritt dann der Ortsoperator im Impulsraum

$$\boxed{\vec{r} = i\hbar\,\mathrm{grad}_p}\,. \qquad (76)$$

Damit zeigt sich wieder die schon im vorigen Abschnitt erwähnte Gleichberechtigung zwischen dem Orts- und dem Impulsraum bei der Beschreibung quantenmechanischer Systeme.

Aufg. 135. Jede Funktion geht in eine Delta-Funktion über, wenn sie ein Maximum aufweist, so normiert ist, daß sie mit der Abszisse die Fläche 1 einschließt, und in einem Grenzübergang die Breite der Funktionskurve gegen Null geht. Man gebe weitere Darstellungen für die Delta-Funktion an.

## § 5. Die HEISENBERGschen Unbestimmtheitsrelationen

Im März 1927 veröffentlichte HEISENBERG seine Arbeit „Über den anschaulichen Inhalt der quantentheoretischen Kinematik und Mechanik". Darin untersuchte er die Anwendbarkeit der Grundbegriffe der klassischen Mechanik: Ort, Geschwindigkeit, Impuls, Bahn und Energie eines Teilchens. Das Ergebnis waren die Unbestimmtheitsrelationen, nach denen es für jedes Paar kanonisch konjugierter Variablen (vgl. S. 127) ein Produkt ihrer Unbestimmtheiten gibt, das eine bestimmte, durch die PLANCKsche Konstante $h$ gegebene Größe nicht unterschreiten kann.

### a) Die Unbestimmtheitsrelation für Ort und Impuls

Man kann versuchen, die Lage eines Elektrons in einem bestimmten Zeitpunkt mit Hilfe eines Mikroskops festzustellen. Dessen Auflösungsvermögen ist gegeben durch $\frac{\lambda}{2A}$, wobei $A$ die numerische Apertur ist, die wir gleich eins annehmen wollen (d.h. wir setzen von der Öffnung des abbildenden Strahlenbündels einen Winkel von $\frac{\pi}{2}$ voraus).

Wenn wir nun verlangen, daß der Ort des Elektrons wenigstens auf 1 ‰ des Wasserstoffradius von $10^{-10}\,m$ genau erkannt werden soll, so müssen wir Licht anwenden, dessen Wellenlänge von der Größenordnung $10^{-13}\,m$ ist. Die relative Längenänderung durch COMPTON-Effekt ist für so kurze Wellen außerordentlich groß, wie man daran ermessen kann, daß für die COMPTON-Wellenlänge von $2{,}4 \cdot 10^{-12}\,m$ bei Beobachtung unter dem

Winkel $\frac{\pi}{2}$ bereits $\Delta\lambda = \lambda$ wird. Aus der Impulsbilanz beim COMPTON-Effekt folgt, daß sich der Impuls des Elektrons um (siehe § 1 d)

$$p = \frac{h}{c} \sqrt{\nu^2 + \nu' - 2\nu\nu' \cos\vartheta}$$

oder

$$p \approx \frac{2h\nu}{c} \sin\frac{\vartheta}{2} \quad \text{ändert.} \tag{77}$$

(Hier ist näherungsweise $\nu' = \nu$ gesetzt worden.)

Da wir für die Abbildung einen Winkelbereich von 0 bis $\frac{\pi}{2}$ voraussetzen, wird der Impuls des Elektrons durch Gl. 77 nur innerhalb eines gewissen Bereiches festgelegt, denn alles zur Abbildung beitragende Licht muß den COMPTON-Effekt verursachen. Es folgt also für den Impuls des Elektrons eine Unbestimmtheit

$$\Delta p \approx \frac{h\nu}{c} = \frac{h}{\lambda} .$$

Die Unbestimmtheit in der Ortsbestimmung ist wegen der Wellennatur des benutzten Lichtes

$$\Delta x \approx \lambda .$$

Die Unbestimmtheiten des Ortes und des Impulses sind daher durch

$$\Delta x \cdot \Delta p \approx h \tag{78}$$

miteinander verknüpft. Sie setzt eine prinzipielle Grenze, die nicht unterschritten werdan kann. Unsere ursprünglich gestellte Aufgabe, den Ort eines Elektrons innerhalb eines Wasserstoffatoms zu bestimmen, könnten wir nur erfüllen, wenn wir eine Unbestimmtheit des Impulses von der Größenordnung $\Delta p \approx h/10^{-13}$ $m$ oder eine Unsicherheit der Geschwindigkeit in der Größenordnung der Lichtgeschwindigkeit in Kauf nehmen würden. Auch eine Geschwindigkeitsmessung mit Hilfe der durch den Doppler-Effekt verursachten Wellenlängenänderung des abgebeugten Lichtes führt nicht zu einem anderen Ergebnis. Wir wissen wieder nicht, wie wir die Geschwindigkeitsänderung durch den COMPTONEffekt zu berücksichtigen haben. Da bei einem Elektron im Grundzustand des Wasserstoffatoms das Produkt aus der Größenordnung des Abstandes vom Kern und des Impulses bereits ungefähr $h$ entspricht, ist offenbar der Begriff der Bahn des Elektrons sinnlos geworden.

Die Analyse des Gammastrahl-Mikroskopes zeigt, daß es eine experimentell nicht zu unterschreitende Grenze gibt. Dies muß dann auch im quantenmechanischen Formalismus enthalten sein. Wir untersuchen dazu die Orts- und Impulsunbestimmtheit bei einem Wellenpaket. Das Wellenpaket minimaler Unbestimmtheit des Ortes wird durch die Wellenfunktion

$$\psi(x) = A \exp\left(\frac{-x^2}{4(\Delta x)^2}\right) \tag{79}$$

dargestellt. $\Delta x$ ist die Wurzel aus der mittleren quadratischen Abweichung von $x$, wobei als Gewichtsfunktion $|\psi(x)|^2$ benutzt wird, denn die Wellenfunktion ist eine Wahrscheinlichkeitsamplitude. Dies betrachten wir in Übereinstimmung mit der BORNschen Deutung der Wellenfunktion als die Unbestimmtheit des Ortes. Die Wellenfunktion (79) gilt nur für einen festen Zeitpunkt ($t = 0$). Das Wellenpaket läuft für Zeiten größer Null auseinander.

Das Wellenpaket (79) vergleichen wir nun mit der durch (61) gegebenen Form eines allgemeinen Wellenpaketes.

$$A \exp\left(\frac{-x^2}{4(\Delta x)^2}\right) = \int_{-\infty}^{+\infty} f(k) e^{ikx} \, \mathrm{d}k \; .$$

Die Funktion $f(k)$ gibt die Amplitude an, mit der eine monochromatische Welle mit der Wellenzahl $k$ zu dem Wellenpaket beiträgt. Aus einer FOURIER-Transformation erhalten wir für $f(k)$ wieder eine GAUSS-Kurve.

$$f(k) = \frac{1}{2\pi} \int_{-\infty}^{+\infty} e^{ikx} \, \psi(x) \, \mathrm{d}x$$

oder

$$f|k| = B \cdot \exp[-k^2 (\Delta x)^2] \; .$$

Mit (59) wird daraus

$$f(p) = B \exp\left(\frac{-p^2 (\Delta x)^2}{\hbar^2}\right) .$$

Berechnen wir daraus analog zur Unbestimmtheit des Ortes die des Impulses, so folgt

$$(\Delta p)^2 = \frac{\hbar^2}{4(\Delta x)^2}$$

oder

$$\Delta p \cdot \Delta x = \frac{1}{2} \hbar \; . \tag{80}$$

Dieses Produkt der Unbestimmtheiten gilt auch beim Wellenpaket minimaler Unbestimmtheit nur für einen festen Zeitpunkt. Vorher und nachher nimmt das Produkt einen größeren Wert an. Die Konstante $\frac{1}{2} \hbar$ stellt demnach die untere Schranke in einer Ungleichung dar.

$$\boxed{\Delta p \cdot \Delta x \geqslant \frac{1}{2} \hbar} . \tag{81}$$

### b) Die Unbestimmtheitsrelation für Energie und Zeit

Neben Ort und Impuls sind Zeit und Energie ein weiteres Paar kanonisch konjugierter Variablen. Daß auch für dieses Paar eine Unbestimmtheitsrelation gilt, zeigte HEISENBERG an einer Analyse des STERN-GERLACH-Versuches.

$$\boxed{\Delta E \cdot \Delta t \geqslant \frac{1}{2} \hbar} . \tag{82}$$

Das Ergebnis wird verständlich, wenn man sich daran erinnert, daß nach Gl. (60) der Energie eine Frequenz zugeordnet ist. Eine Welle fester Frequenz kann natürlich nicht zu einem festen Zeitpunkt gehören, sondern sie hat nur eine ideal scharfe Frequenz, wenn sie zeitlich unendlich ausgedehnt ist.

Trotz dieser formalen Ähnlichkeit zwischen den Unbestimmtheitsrelationen für Ort und Impuls einerseits sowie Zeit und Energie andererseits, bestehen doch in der physikalischen Interpretation erhebliche Unterschiede. Ort und Impuls, sowie auch die Energie sind an physikalischen Systemen meßbare Größen, hingegen geht die Zeit als Parameter in ganz anderer Weise in die Beschreibung eines Systems ein. Bereits bei HEISENBERGs Analyse des STERN-GERLACH-Versuches war die Zeit nicht eine am System zu messende Größe. Er zeigte vielmehr, daß die Unbestimmtheit bei der Messung der Energie umso kleiner wird, je größer die Zeit ist, die das Atom zum Durchqueren des Ablenkfeldes braucht. Durch die Gleichung (82) wird die Unbestimmtheit der Energie mit einem für die Veränderung des Systems charakteristischen Zeitintervall verknüpft.

Eine wichtige Anwendung ergibt sich bei der mittleren Lebensdauer zerfallender Systeme (z. B. angeregte Zustände der Atomhülle, radioaktive Übergänge im Atomkern). Die mittlere Lebensdauer ist das für das System charakteristische Zeitintervall. Solche Systeme besitzen daher keinen festen Energiewert, sondern ein Energiespektrum mit einer Breite $\Delta E$. Je länger die Lebensdauer eines angeregten Zustandes ist, desto schärfer ist die Energie der zugehörigen Spektrallinie.

Ganz entsprechend gilt, daß für eine Messung der Energie, deren Unschärfe nicht größer als $\Delta E$ sein soll, eine Meßdauer $\Delta t \approx \Delta E/\hbar$ erforderlich ist.

In einem anderen Zusammenhang allerdings kann die Energie-Zeit-Unbestimmtheitsrelation in ähnlicher Weise wie die Relation für Impuls und Ort interpretiert werden. Dies tritt auf, wenn man fragt, zu welchem Zeitpunkt ein durch ein Wellenpaket beschriebenes Teilchen einen bestimmten Ort passiert. Wenn dieser Zeitpunkt einigermaßen genau angebbar sein soll, so muß es sich um ein scharf lokalisiertes Wellenpaket handeln. Dieses hat eine große Unbestimmtheit des Impulses und damit auch der Energie. Man kann zeigen, daß die Unbestimmtheit $\Delta t$, mit der der Zeitpunkt des Passierens bekannt sein kann, mit der Unbestimmtheit der Frequenz rein wellenkinematisch verknüpft ist. Durch Multiplikation mit der PLANCKschen Konstanten erhält man daraus die Energie-Zeit-Unbestimmtheitsrelation.

Aufg. 136. Die Wahrscheinlichkeitsamplitude für ein quantenmechanisches Teilchen sei durch eine Rechteckfunktion der folgenden Form gegeben:

$$\psi(x) = \exp(ip_0 x/\hbar), \qquad \text{wenn } |x| < a\,,$$

$$\psi(x) = 0 \qquad , \qquad \text{wenn } |x| > a\,.$$

Für dieses Teilchen ist die Aufenthaltswahrscheinlichkeit im Bereich $|x| < a$ konstant und außerhalb dieses Intervalls gleich Null. Man schätze das Produkt aus der Unbestimmtheit des Ortes und des Impulses ab.

2. Kapitel

# Die Schrödinger Gleichung

## § 1. Die SCHRÖDINGERsche Wellengleichung

Im 1. Kapitel haben wir die Wellenfunktion angeben können, die die Bewegung eines freien Teilchens mit bestimmtem Impuls $\vec{p}$ beschreibt. Sie hat die Form einer ebenen DE BROGLIEschen Welle.

$$\psi(\vec{r}, t) = A\, e^{\frac{i}{\hbar}(\vec{p}\cdot\vec{r} - Et)} \quad . \tag{1}$$

Diese Wellenfunktion ist die Lösung einer Differentialgleichung, die sich sehr einfach bestimmen läßt. Dazu bilden wir die erste zeitliche Ableitung

$$\frac{\partial \psi}{\partial t} = -\frac{i}{\hbar} E \psi \tag{2}$$

und die 2. partielle Ortsableitung

$$\frac{\partial^2 \psi}{\partial x^2} + \frac{\partial^2 \psi}{\partial y^2} + \frac{\partial^2 \psi}{\partial z^2} = -\frac{1}{\hbar^2}(p_x^2 + p_y^2 + p_z^2)\psi \ . \tag{3}$$

Da die DE BROGLIEsche Welle (Gl. 1) ein freies Teilchen beschreibt, gilt

$$\frac{p_x^2 + p_y^2 + p_z^2}{2m} = E .$$

Ersetzen wir darin $p^2$ und $E$ durch die linken Seiten von Gl. (2) und (3), so wird daraus

$$\frac{\partial \psi}{\partial t} = \frac{i\hbar}{2m}\left(\frac{\partial^2 \psi}{\partial x^2} + \frac{\partial^2 \psi}{\partial y^2} + \frac{\partial^2 \psi}{\partial z^2}\right)$$

oder in anderer Form

$$i\hbar \frac{\partial \psi}{\partial t} = -\frac{\hbar^2}{2m} \nabla^2 \psi \ . \tag{4}$$

Diese lineare Differentialgleichung enthält keine Größe mehr, die den speziellen Zustand des Teilchens wie seinen Impuls oder die Energie festlegt. Dies heißt, daß Gl. (4) nicht nur die Wellenfunktion (1) zur Lösung hat, sondern eine beliebige Superposition aus Wellenfunktionen entsprechend Gl. (1) mit jeweils verschiedenen Impulsen $\vec{p}$. Diese Aussage ist wichtig, da sich freie Teilchen in der Quantenmechanik stets als Superposition DE BROGLIEscher Wellen (1) darstellen lassen. Davon ist bereits ausführlich im 1. Kapitel § 4 Gebrauch gemacht worden. Da ferner die Differentialgleichung (4) nur die erste zeitliche Ableitung und den Faktor $i$ enthält, muß die Wellenfunktion komplex sein.

Wir können auch direkt Gl. (1) in einen Orts- und einen Zeit-abhängigen Teil aufspalten

$$\psi(\vec{r},t) = \psi(\vec{r})\, e^{-\frac{i}{\hbar}Et} \quad . \tag{5}$$

Setzen wir diesen Ansatz in Gl. (4) ein, erhalten wir eine Gleichung, die nur noch von den Koordinaten des Teilchens abhängt.

$$\nabla^2 \psi(\vec{r}) + \frac{2mE}{\hbar^2}\, \psi(\vec{r}) = 0 \quad . \tag{6}$$

Diese Gleichung für die Wellenfunktion $\psi(\vec{r})$ eines freien Teilchens läßt sich für die Teilchenbewegung in einem Kraftfeld generalisieren. Die Größe $E$ in Gl. (6) ist die kinetische Energie des freien Teilchens, die in diesem Fall mit der totalen Energie identisch ist. Würde man für die Teilchenbewegung in einem Kraftfeld $E$ als totale Energie interpretieren, hinge die Wellenfunktion nicht von den Kräften ab, die auf das Teilchen wirken. Dies hätte keinen Sinn. Interpretieren wir $E$ in Gl. (6) aber als kinetische Energie des Teilchens, erhalten wir eine verallgemeinerte Gleichung, in der $V(\vec{r})$ die potentielle Energie und $E$ (wie ab jetzt immer) die totale Energie ist

$$\nabla^2 \psi(\vec{r}) + \frac{2m}{\hbar^2}\,[E - V(\vec{r})]\, \psi(\vec{r}) = 0 \,. \tag{7}$$

Dies ist die zeitunabhängige SCHRÖDINGER-Gleichung. Sie erlaubt es, die Abhängigkeit der Wellenfunktion von den Koordinaten zu bestimmen. Eine Zeitabhängigkeit ist aber nach wie vor durch den Phasenfaktor in Gl. (5) vorhanden, der aber bei der Berechnung physikalisch meßbarer Größen durch die Betragquadratbildung stets herausfällt.

Ersetzen wir entsprechend Gl. (2) die Größe $E\psi$ durch $i\hbar \frac{\partial \psi}{\partial t}$, erhalten wir die allgemeine Form der SCHRÖDINGER-Gleichung

$$\boxed{i\hbar \frac{\partial \psi}{\partial t} = -\frac{\hbar^2}{2m} \nabla^2 \psi + V\psi} \quad , \tag{8}$$

in der die Wellenfunktion von den 3 Raumkoordinaten und der Zeit $t$ abhängt.

Diese Gleichung (8) ist die fundamentale Gleichung der Quantenmechanik. Sie spielt hier eine analoge Rolle wie NEWTONs Gesetz der Dynamik in der Mechanik. Es sei an dieser Stelle aber ganz deutlich festgestellt, daß die SCHRÖDINGER-Gleichung (8) nicht im strengen Sinne „abgeleitet" wurde bzw. werden kann. Genauso wie die NEWTONschen Gesetze in der Mechanik oder die MAXWELL-Gleichungen in der Elektrodynamik, erscheint auch hier die SCHRÖDINGER-Gleichung (8) in der Quantenmechanik auf der einen Seite als eine Generalisierung experimenteller Befunde und auf der anderen Seite als große wissenschaftliche Voraussage. (Nicht umsonst tragen alle diese Gleichungen den Namen ihrer „Entdecker".) Erst die große Übereinstimmung der theoretischen Beschreibung mit Hilfe dieser Gleichungen mit den experimentellen Beobachtungen rechtfertigen ihre überragende Stellung in den einzelnen Teilgebieten der Physik. Diese Aussage gilt, wie wir noch an vielen Stellen sehen werden, auch für die SCHRÖDINGER-Gleichung.

Wir wollen uns klarmachen, an welcher Stelle auf dem Weg zu Gl. (7) bzw. (8) die Verallgemeinerung vorgenommen wurde, die nicht direkt aus experimentellen Erfahrungen gewonnen werden konnte, sondern erst durch den Erfolg gerechtfertigt wird. DE BROGLIEs Beziehung zwischen dem Impuls und der Wellenlänge eines Teilchens ist experimentell gesichert. Man kann bei der Beugung von Elektronenwellen entsprechende Interferenzerscheinungen beobachten. Die nicht beweisbare Verallgemeinerung tritt ein, wenn ortsveränderliche potentielle Energien der Elektronen zugelassen werden. Ändert sich das Potential über Abstände, die nicht mehr als groß gegenüber der Wellenlänge angesehen werden dürfen, so wird das Konzept der Wellenlänge fragwürdig. Man wird nicht mehr von einer Wellenlänge sprechen können, wenn die DE-BROGLIE-„Welle" auf so kleine Raumbereiche wie die inneren Schalen der Elektronenhülle beschränkt wird. Trotzdem wird gerade dann die Gleichung (7) bzw. (8) mit Erfolg verwendet werden können.

Die Größe $\psi$ ist nicht beobachtbar. Erst ihr Betragsquadrat $|\psi(\vec{r}, t)|^2$ wurde von BORN als die Wahrscheinlichkeit interpretiert, zur Zeit $t$ an der Stelle $\vec{r}$ ein Teilchen anzutreffen. Aus diesem Interpretationsansatz hat sich die sog. Kopenhagener Deutung der Quantenmechanik (BOHR, HEISENBERG u. a.) entwickelt, mit der heute wohl die meisten Physiker übereinstimmen. Die wesentlichen Züge dieser Interpretation sind:

- Durch die $\psi$-Funktion wird ein physikalisches System beschrieben (nicht ein Ensemble gleichartig präparierter Systeme).
- Die Beschreibung durch die $\psi$-Funktion ist vollständig, es gibt keine weiteren („verborgene") Parameter.
- Für die observablen Größen (z. B. Ort und Impuls) existieren keine „wirklichen" oder „objektiven" Werte. Erst durch eine Messung der jeweiligen Größe wird deren Wert existent.
- Die $\psi$-Funktion bestimmt, welches Spektrum von Werten die observablen Größen annehmen können und mit welcher Wahrscheinlichkeit die jeweiligen Werte gemessen werden.
- Observable Größen, die – wie Ort und Impuls – durch eine Unbestimmtheitsrelation miteinander verknüpft sind, heißen komplementär. Anordnungen zur Messung komplementärer Größen schließen einander aus. Es gibt daher keine Widersprüche im Sinne eines „Dualismus", denn Aussagen über komplementäre Größen beziehen sich auf unterschiedliche physikalische Situationen.

Da es sich bei der SCHRÖDINGER-Gleichung um eine Differentialgleichung zweiter Ordnung im Ort und erster Ordnung in der Zeit handelt, müssen zur vollständigen Lösung von $\psi(\vec{r}, t)$ zusätzlich die Anfangs- und Randbedingungen gegeben sein. Sind diese gegeben, läßt sich aus dem Wert von $\psi(\vec{r}, 0)$ eindeutig der Wert $\psi(\vec{r}, t)$ für $t > 0$, d.h. die zeitliche Entwicklung der Wellenfunktion, bestimmen. Die SCHRÖDINGER-Gleichung liefert also ein kausales Schema für die zeitliche Entwicklung eines quantenmechanischen Zustandes. Dies ist jedoch kein kausales Prinzip in Raum und Zeit, wie es die klassische Physik mit ihren Bewegungsgleichungen annimmt, denn zwischen der $\psi$-Funktion und den Werten der Observablen bestehen nur statistische Zusammenhänge.

Im Gegensatz zu (8) ist die zeitunabhängige SCHRÖDINGER-Gleichung (7), ähnlich wie die Wellengleichung (S. 59 bzw. S. 174) eine Eigenwertgleichung, die als Lösung ein Spektrum diskreter und/oder kontinuierlicher Eigenfunktionen und Eigenwerte besitzt. Im Unterschied zur Wellengleichung, in der die zweite partielle Ableitung nach der Zeit auftaucht, enthält die SCHRÖDINGER-Gleichung aber nur die erste Ableitung nach der Zeit.

Beim Vergleich mit der Wellengleichung ist noch anzumerken, daß wir auch bei ihren Lösungen mit komplexen Funktionen gearbeitet haben. Dies geschah jedoch nur aus Gründen der mathematischen Einfachheit. Die Größen der klassischen Physik wie die elektrische und magnetische Feldstärke sind reell. Tauchen diese in Rechnungen zur Elektrodynamik in komplexer Form auf, so kommt gewöhnlich nur ihrem Realteil physikalische Bedeutung zu. Im Gegensatz dazu sind die Lösungen der SCHRÖDINGER-Gleichung notwendig komplexwertig. Das erzwingt die Dispersionsrelation

$$\frac{\hbar^2 k^2}{2m} + V = \hbar\,\omega$$

die sich aus dem Zusammenhang

$$\frac{p^2}{2m} + V = E$$

unter Beachtung der DE BROGLIE-Gleichungen ergibt. Entsprechend der Dispersionsrelation ist die SCHRÖDINGER-Gleichung in der Zeit von erster und im Ort von zweiter Ordnung. Ansätze mit reellen Wellenfunktionen können die zweitabhängige SCHRÖDINGER-Gleichung im allgemeinen nicht erfüllen.

Aufg. 137. Genau wie die klassischen Bewegungsgleichungen der Mechanik, erlaubt die SCHRÖDINGER-Gleichung die Beschreibung des „zeitumgekehrten" Verhaltens. Man gebe das Verhalten der Wellenfunktion bei Zeitumkehr an.

## § 2. Quantenmechanische Wahrscheinlichkeitsstromdichte

Die Wellenfunktion, die quantenmechanisch ein Teilchen beschreibt, variiert in Ort und Zeit. Allerdings ist diese Veränderung nicht beliebig, denn die Wellenfunktion unterliegt noch dem Erhaltungssatz der Teilchenzahl. Um diesen Erhaltungssatz zu formulieren, betrachten wir das Integral

$$\int_V \psi^*\,\psi\,\mathrm{d}\tau\,, \tag{9}$$

das die Wahrscheinlichkeit angibt, bei einer Messung, das Teilchen im Volumen $V$ vorzufinden. Eine zeitliche Veränderung dieser Wahrscheinlichkeit muß sich durch einen Strom durch die Oberfläche des Volumens ausdrücken lassen. Bilden wir die partielle Zeitableitung des Integrals (9) und drücken die Zeitableitungen der Wellenfunktion durch die SCHRÖDINGER-Gleichung (8) aus, erhalten wir sofort

$$\begin{aligned}\frac{\partial}{\partial t}\int_V \psi^*\psi\,\mathrm{d}\tau &= \int_V\Big(\frac{\partial\psi^*}{\partial t}\,\psi + \psi^*\,\frac{\partial\psi}{\partial t}\Big)\,\mathrm{d}\tau\\ &= \frac{\hbar}{2mi}\int_V(\psi\,\nabla^2\,\psi^* - \psi^*\,\nabla^2\,\psi)\,\mathrm{d}\tau\end{aligned} \tag{10}$$

$$= \frac{\hbar}{2mi} \int_V \nabla \cdot (\psi \nabla \psi^* - \psi^* \nabla \psi)\, \mathrm{d}\tau \,.$$

Kürzen wir den negativen Integranden der rechten Seite durch $\nabla \cdot \vec{j}$ ab und überführen das Integral mit Hilfe des GAUSSschen Satzes in ein Oberflächenintegral, so wird daraus

$$\frac{\partial}{\partial t} \int_V (\psi^* \psi)\, \mathrm{d}\tau + \int_F \vec{j} \cdot \mathrm{d}\vec{f} = 0 \,. \tag{11}$$

In der differentiellen Formulierung lautet Gleichung (10)

$$\frac{\partial}{\partial t} (\psi^* \psi) + \operatorname{div} \vec{j} = 0 \,. \tag{12}$$

Dies ist die Kontinuitätsgleichung für die quantenmechanische Wahrscheinlichkeitsdichte $(\psi^* \psi)$. Folgerichtig heißt der Vektor

$$\boxed{\vec{j} = \frac{i\hbar}{2m} (\psi \nabla \psi^* - \psi^* \nabla \psi)} \,. \tag{13}$$

Wahrscheinleichkeitsstromdichte, weil er in der Interpretation der Gl. (11) den Strom der Wahrscheinlichkeitsdichte aus dem Volumen $V$ heraus (oder herein) beschreibt. Gehen wir bei der Volumenintegration in Gl. (10) und (11) zu unendlichem Volumen über mit $\psi \to 0$ für $r \to \infty$ und $\psi$ quadratintegrabel, folgt

$$\frac{\partial}{\partial t} \int \psi^* \psi \, \mathrm{d}\tau = 0, \quad \text{woraus sich}$$

$$\int \psi^* \psi \, \mathrm{d}\tau = \text{konst}, \tag{14}$$

die Erhaltung der Normierung ergibt. D. h., die Gesamtwahrscheinlichkeit, ein Teilchen irgendwo im Raum zu finden, hängt nicht von der Zeit ab. Mit $\rho_m = m \psi^* \psi$ und $\rho_e = e \psi^* \psi$ ist Gl. (14) auch der Erhaltungssatz für die Masse und die Ladung.

Einschränkend wollen wir hier gleich erwähnen, daß diese Aussagen nur gelten, solange keine Erzeugungs- oder Vernichtungsprozesse von Teilchen (z. B. Absorption oder Emission von Photonen) zur Diskussion stehen.

Vor dem Entstehen der Kopenhagener Deutung der Quantenmechanik wurde in der sog. Wellenmechanik versucht, die Größe $\rho_e = e \psi^* \psi$ als Ladungsdichte zu interpretieren. Durch die Wellenfunktion würde dann die Dichte einer im Raum verschmierten Ladung beschrieben. Diese Vorstellung führt auf Widersprüche. Man erkennt dies besonders bei Wellenfunktionen für Mehr-Teilchen-Systeme. Bei $N$ Teilchen ist die Wellenfunktion in einem $3N$-dimensionalen Konfigurationsraum definiert, nicht im Ortsraum, wie es von einer Ladungsdichte erwartet werden muß. Aber auch bei Ein-Teilchen-Systemen ist die Annahme einer verschmierten Ladung bei infolge von Dispersion auseinanderlaufenden Wellenpaketen im Widerspruch zur experimentellen Erfahrung.

Aufg. 138. Man leite die Ausdrücke für die Wahrscheinlichkeitsdichte und die Wahrscheinlichkeitsstromdichte ab, in dem man den Ansatz

$$\psi(\vec{r},t) = A(\vec{r},t)\cdot e^{\frac{i}{\hbar}S(\vec{r},t)}$$

in die SCHRÖDINGER-Gleichung einsetzt. Durch Trennung von Real- und Imaginärteil findet man eine Gleichung, die als Kontinuitätsgleichung verstanden werden kann.

Aufg. 139. Der Ansatz für die Wellenfunktion in Aufg. 138 kann benutzt werden, um eine klassische Näherung der SCHRÖDINGER-Gleichung zu finden. Durch Nullsetzen von $\hbar$ findet man eine Gleichung für $S$. Die Funktion $S$ kann mit der Wirkungsfunktion aus § 7 des zweiten Buches identifiziert werden.

## § 3. Die Behandlung einfacher rechteckiger Potentiale

Wir wollen hier die einfachsten ein- und dreidimensionalen Potentiale besprechen, für die die SCHRÖDINGER-Gleichung noch exakt (oder fast exakt) lösbar ist. Für die Behandlung quantenmechanischer Probleme sind diese Beispiele besonders instruktiv. Man lernt dabei nicht nur, mit der SCHRÖDINGER-Gleichung umzugehen, sondern man lernt auch besonders anschaulich die typisch quantenmechanischen Effekte wie den Tunneleffekt, quantenmechanische Reflexionen oder den Begriff der Parität kennen. Bei der Behandlung realer physikalischer Systeme (insbesondere im 6. Buch) werden wir sehen, daß hier gewonnene Lösungen, die mit idealisierten Potentialen berechnet sind, in vielen Fällen eine sehr brauchbare Ausgangsbasis für weitere Überlegungen darstellen. Aus der reichen Palette interessanter Potentiale wollen wir uns hier auf den unendlichen rechteckigen Potentialtopf, die Potentialstufe, die rechteckige Potentialbarriere und den endlich tiefen Potentialtopf beschränken. Andere Fälle sind als Übungsaufgaben geeignet.

### a) Der unendlich tiefe rechteckige Potentialkasten

Wir suchen die Lösung der SCHRÖDINGER-Gleichung (7) für das eindimensionale Potential

$$V(x) = \begin{cases} 0 & \text{für} \quad |x| < a \\ \infty & \text{sonst überall.} \end{cases}$$

Dies bedeutet, daß die Wellenfunktion für $|x| > a$ verschwinden muß, also $\psi(a) = \psi(-a) = 0$ ist. Eine genauere Begründung dafür folgt aus der Betrachtung einer endlichen Potentialstufe (vgl. b) durch einen Grenzübergang.

Innerhalb des Kastens gilt

$$\frac{d^2\psi(x)}{dx^2} + \frac{2mE}{\hbar^2}\psi(x) = 0\,. \tag{15}$$

Wäre $E$ negativ, würde daraus folgen

$$\frac{d^2\psi(x)}{dx^2} - \kappa^2\psi(x) = 0 \quad \text{mit} \quad \kappa^2 = \frac{2m|E|}{\hbar^2}\,.$$

Die allgemeinste Lösung dafür wäre eine Linearkombination von $e^{\kappa x}$ und $e^{-\kappa x}$, für die es aber keine Möglichkeit gibt, die Randbedingungen $\psi(a) = \psi(-a) = 0$ zu erfüllen. Also müssen die Eigenwerte $E$ positiv sein. Mit $k^2 = \frac{2mE}{\hbar^2}$ nimmt Gl. (15) die Form an

$$\frac{\mathrm{d}^2 \psi(x)}{\mathrm{d}x^2} + k^2 \psi(x) = 0\,, \tag{16}$$

und deren Lösungen sind $\sin kx$ und $\cos kx$. Die Randbedingungen erfordern, daß

$$\sin ka = 0 \quad \text{bzw.} \quad \cos ka = 0 \quad \text{ist.}$$

Für die Sinus-Lösungen, die wir mit $\psi_n^{(-)}(x)$ bezeichnen, folgt daraus

$$ka = n\pi \qquad n = 1, 2, \ldots$$

mit den Eigenwerten

$$E_n^{(-)} = \frac{n^2 \pi^2 \hbar^2}{2ma^2} \tag{17}$$

und den normierten Eigenfunktionen

$$\psi_n^{(-)}(x) = \frac{1}{\sqrt{a}} \sin \frac{n\pi}{a} x\,. \tag{18}$$

Ebenso folgt für die Cosinus-Lösungen, die wir mit $\psi_n^{(+)}(x)$ bezeichnen,

$$ka = \left(n - \frac{1}{2}\right)\pi \qquad n = 1, 2, 3, \ldots$$

und

$$E_n^{(+)} = \frac{\left(n - \frac{1}{2}\right)^2 \pi^2 \hbar^2}{2ma^2}\,. \tag{19}$$

Die normierten Eigenfunktionen sind

$$\psi_n^{(+)}(x) = \frac{1}{\sqrt{a}} \cos \frac{\left(n - \frac{1}{2}\right)\pi}{a} x\,. \tag{20}$$

Wir sehen, daß sich das Plus- und Minus-Zeichen auf die Vorzeichenerhaltung bzw. Vorzeichenumkehr bei der Reflexion $x \to -x$ bezieht. Diese Eigenschaft heißt Parität und kommt allen quantenmechanischen Eigenfunktionen zu, die Lösungen eines spiegelsymmetrischen Problems sind.

Die hier gefundenen Lösungen sind orthonormal (d. h. orthogonal und normiert)

$$\int_{-a}^{+a} (\psi_m^{(+)}(x))^* \, \psi_n^{(+)}(x)\,\mathrm{d}x = \int_{-a}^{+a} (\psi_m^{(-)}(x))^* \, \psi_n^{(-)}(x)\,\mathrm{d}x = \delta_{mn}$$

und

$$\int_{-a}^{+a} (\psi_m^{(+)}(x))^* \, \psi_n^{(-)}(x) = 0$$

$\delta_{mn}$ ist das Kronecker Symbol $\delta_{mn} = \begin{cases} 1 & \text{für } m = n \\ 0 & \text{für } m \neq n \end{cases}$.

Der Zustand mit der niedrigsten Energie, der Grundzustand, ist durch $\psi_1^{(+)}(x)$ beschrieben, dessen Energie

$$E_1^{(+)} = \frac{\pi^2 \hbar^2}{8ma^2} \quad \text{ist.}$$

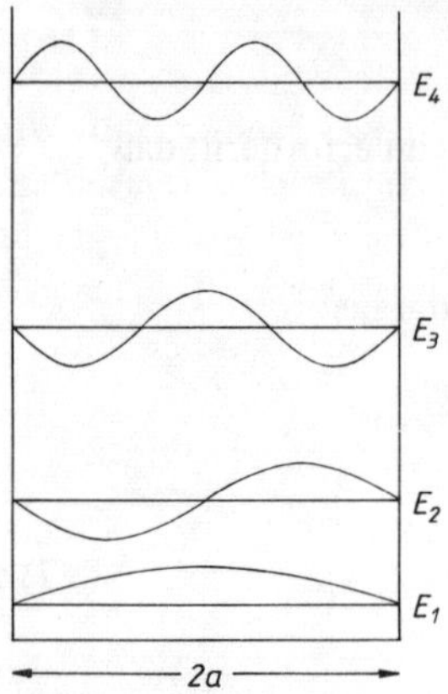


Fig. 139. Wellenfunktionen und energetische Lage der 4 untersten Eigenzustände eines unendlich tiefen Potentialtopfs.

Die vier untersten Zustände und deren Wellenfunktionen sind in Fig. 139 dargestellt. Charakteristisch für diesen Potentialtopf ist das quadratische Verhalten der Energieeigenwerte

$$E_n = n^2 \frac{\pi^2 \hbar^2}{8ma^2} \qquad n = 1, 2, 3, \ldots , \tag{21}$$

wobei der umdefinierte Index $n$ nun alle Energieeigenwerte durchnumeriert.

Diese Betrachtung des wohl einfachsten eindimensionalen quantenmechanischen Problems überhaupt läßt bereits eine Reihe von Schlußfolgerungen zu, die, wie sich später zeigen wird, ganz generelle Aussagen sind:

i) Die Energie eines mikroskopischen Teilchens nimmt in einem Potentialwall nur diskrete Werte an;
ii) sogar im niedrigsten Zustand, dem Grundzustand, ist das Teilchen nicht vollständig in Ruhe, es besitzt eine kinetische Energie ungleich Null;
iii) der diskrete Charakter der Energiezustände tritt um so deutlicher zutage, je kleiner die Masse des Teilchens oder je kleiner die Ausdehnung des Gebietes ist, in dem sich das Teilchen bewegen darf;
iv) ein bestimmter Zustand wird in Energie und Wellenfunktion durch die Angabe einer Zahl, der Quantenzahl, vollständig charakterisiert.

### b) Die Potentialstufe

In sehr vielen physikalischen Problemen tauchen Potentialsprünge oder Barrieren auf. Der einfachste Fall ist der einer eindimensionalen Potentialstufe (Fig. 140)




$$V(x) = \begin{cases} 0 & \text{für } x < 0 \\ V_0 & \text{für } x > 0 \end{cases}.$$

Fig. 140. Eindimensionale Potential-stufe.

In der klassischen Mechanik wird jedes Teilchen, das sich von links nach rechts mit einer kleineren kinetischen Energie als der Potentialhöhe $V_0$ bewegt, total reflektiert oder vollständig durchgelassen, je nachdem ob die kinetische Energie links kleiner oder größer als $V_0$ ist. In der Quantenmechanik gelten diese Aussagen in dieser Form nicht mehr.

Die Bewegung eines Teilchens in Richtung auf eine Potentialstufe, seine dort erfolgende Reflexion oder Transmission stellt im Prinzip ein zeitabhängiges Problem dar. Wir gehen hier jedoch von der zeitunabhängigen SCHRÖDINGER-Gleichung aus und lösen ein stationäres Problem. Die Lösung können wir im Sinne der klassischen Näherung (vgl. Aufg. 139) interpretieren: $\psi(x)$ beschreibt eine strömende Flüssigkeit von klassischen Teilchen ohne Wechselwirkung. Deren Stromdichte ist gleich der Wahrscheinlichkeitsstromdichte der Quantenteilchen.

Die zeitunabhängige SCHRÖDINGER-Gleichung für dieses Potential nimmt für die Bereiche $x < 0$ und $x > 0$ folgende Form an:

$$\begin{aligned} \frac{d^2\psi}{dx^2} + k^2\psi = 0, \quad x<0 \qquad &\text{und } k^2 = \frac{2mE}{\hbar^2} \\ \frac{d^2\psi}{dx^2} + q^2\psi = 0, \quad x>0 \qquad &\text{und } q^2 = \frac{2m}{\hbar^2}(E-V_0). \end{aligned} \tag{22}$$

Die Lösung der Gleichungen kann sofort angegeben werden

$$\begin{aligned} \psi(x) &= A_1\, e^{ikx} + B_1\, e^{-ikx} \qquad x<0 \\ \psi(x) &= A_2\, e^{iqx} + B_2\, e^{-iqx} \qquad x>0\,. \end{aligned} \tag{23}$$

Mit (13) berechnen wir daraus die Wahrscheinlichkeitsstromdichten. Die jeweils ersten Terme stellen einen Strom in $x$-Richtung dar, die jeweils zweiten Terme stellen Ströme in entgegengesetzter Richtung dar.

Die Amplituden $A_1$, $B_1$, $A_2$ und $B_2$ sind Integrationskonstanten. Trifft von links ein Teilchenstrom auf die Barriere, der durch die ebene Welle $\psi(x) = A_1\, e^{ikx}$ beschrieben wird, so ist die einfallende Teilchenstromdichte entsprechend Gleichung (13)

$$j_o = \frac{\hbar k}{m} |A_1|^2\,.$$

Der Einfachheit halber wählen wir $A_1 = 1$, so daß alle anderen Teilchenstromdichten darauf bezogen sind. Da für $E > V_0$ im Gebiet $x > 0$ physikalisch unter diesen Voraussetzungen nur eine nach rechts auslaufende Welle sinnvoll ist, muß $B_2 = 0$ angenommen werden. Ist hingegen $E < V_0$, wird $q$ rein imaginär. Dies hätte zur Folge, daß der Term $e^{-iqx}$ für $x \to \infty$ exponentiell ansteigen würde, wodurch die Bedingung der Endlichkeit der Wellenfunktion verletzt wäre. Deshalb ist auch für diesen Fall $B_2 = 0$ zu setzen.

Auf Grund der Struktur der SCHRÖDINGERschen Differentialgleichung erzeugt ein Sprung im Potential nur einen Sprung in der zweiten Ableitung der Wellenfunktion. Dies bedeutet, daß die Wellenfunktion selbst und ihre erste Ableitung an der Stelle des Potentialsprungs stetig sind. Wenden wir diese Aussage auf den hier vorliegenden Fall an, erhalten wir

$$\begin{aligned} \psi(+0) &= \psi(-0) \\ \psi'(+0) &= \psi'(-0) \end{aligned} \tag{24}$$

was er erlaubt, die Lösungsansätze in den beiden Bereichen miteinander zu verbinden. Für den Fall $E > V_0$ folgt aus (23) und (24)

$$1 + B_1 = A_2 \quad \text{und} \quad k(1 - B_1) = qA_2 \,. \tag{25}$$

Aus diesen beiden Gleichungen lassen sich sofort die beiden Amplituden $B_1$ und $A_2$ angeben

$$B_1 = \frac{k-q}{k+q}\,, \qquad A_2 = \frac{2k}{k+q}\,.$$

Im Gegensatz zum klassisch erwarteten Ergebnis $B_1 = 0$ wird hier die Amplitude der reflektierten Welle $B_1 \neq 0$, obwohl $E > V_0$ ist. Dies bedeutet, daß ein Teil der einlaufenden Welle reflektiert und der andere Teil durchgelassen wird. Da die Teilchenstromdichte der reflektierten Welle $j_R = \frac{\hbar k}{m}\,|B_1|^2$ und der durchlaufenden Welle $j_D = \frac{\hbar q}{m}\,|A_2|^2$ ist, wird der Reflexionskoeffizient

$$R = \frac{j_R}{j_0} = \left(\frac{k-q}{k+q}\right)^2 \tag{26}$$

und der Transmissionskoeffizient

$$D = \frac{j_D}{j_0} = \frac{4kq}{(k+q)^2}\,. \tag{27}$$

Das Gesetz der Erhaltung der Normierung ist automatisch erfüllt, da in jedem Fall

$$R + D = 1 \quad \text{ist.}$$

Wir können ferner an der Symmetrie der Gleichungen (26) und (27) bezüglich der Größen $k$ und $q$ feststellen, daß beide Relationen unabhängig von der Richtung der einfallenden Teilchen sind. Reflexions- und Transmissionsgrad haben für gleiches $E$ den gleichen Wert, unabhängig davon, ob die Teilchen von links oder rechts auf die positive bzw. negative Potentialbarriere treffen.

Für den Fall $E < V_0$ wird $q$ zu einer rein imaginären Größe. Schreiben wir deshalb $q = i\kappa$ mit $\kappa = \frac{1}{\hbar}\,(2m(V_0 - E))^{1/2}$, wird völlig analog zum vorher diskutierten Fall

$$B_1 = \frac{k - i\kappa}{k + i\kappa} \quad \text{und} \quad A_2 = \frac{2k}{k + i\kappa}\,. \tag{28}$$

Der Reflexionskoeffizient ist

$$R = |B_1|^2 = \left(\frac{k - i\kappa}{k + i\kappa}\right)^2 = 1$$

und der Transmissionskoeffizient $D = 1 - R = 0$.

Die reflektierte Wellenfunktion hat die Form

$$\psi_R(x) = \frac{k - i\kappa}{k + i\kappa}\, e^{-ikx} = e^{-i(kx+\delta)} \tag{29}$$

d. h., durch die Reflexion an der Potentialschwelle tritt eine Phasenverschiebung der Größe

$$\delta = \arc\tan \frac{2k\kappa}{k^2 - \kappa^2} \quad \text{auf.} \tag{30}$$

Obwohl die Reflexion vollständig ist, ist die Wellenfunktion im Bereich $x > 0$ verschieden von Null

$$\psi_D(x) = \frac{2k}{k - i\kappa}\, e^{-\kappa x} \qquad (x > 0).$$

Die Wahrscheinlichkeit, bei einer Messung dort ein Teilchen zu finden, ist also gegeben durch

$$|\psi_D(x)|^2 = \frac{k^2}{k^2 + \kappa^2}\, e^{-2\kappa x}\,. \tag{31}$$

Dieses Ergebnis steht im krassen Gegensatz zu den Aussagen der klassischen Physik, wonach dieser Bereich $x > 0$ für $E < V_0$ verboten ist. Das Eindringen von Teilchen in derartige klassisch verbotene Bereiche stellt einen spezifischen quantenphysikalischen Effekt dar. Er heißt „Tunneleffekt".

Allerdings ist die Eindringtiefe $\delta x$ auch nur mikroskopisch klein. Nehmen wir aufgrund der Gleichung (31) $\delta x \approx \kappa^{-1}$ an, wird daraus mit Gl. (22)

$$\delta x \approx \frac{\hbar}{\left(2m(V_0 - E)\right)^{1/2}}\,. \tag{32}$$

Für Elektronen, die ca. 1 eV unterhalb der Barriere einlaufen, liefert diese Abschätzung den mikroskopisch kleinen Wert $\delta x \approx 10^{-8}$ cm. Dies zeigt deutlich, daß der Tunneleffekt nur für mikroskopische Teilchen und Dimensionen beobachtet werden kann; für makroskopische Körper kann er, entsprechend den Gesetzen der klassischen Mechanik, nicht beobachtet werden.

### c) Die rechteckige Potentialbarriere

Mit dem eindimensionalen Potential (Fig. 141)

| | | |
|---|---|---|
| $V = 0$ | für $x < -a$ | Bereich I |
| $V = V_0$ | für $-a \leqslant x \leqslant a$ | Bereich II |
| $V = 0$ | für $x > a$ | Bereich III |

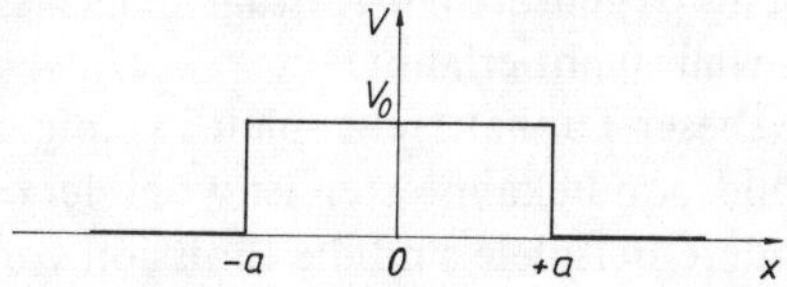


Fig. 141. Eindimensionale rechteckige Potentialbarriere.

erhalten wir sofort mit den Ergebnissen aus b) einen Ansatz für die Wellenfunktion in den drei Bereichen

$$\begin{aligned} \psi_{I}\ (x) &= e^{ikx} + B_1 e^{-ikx} && \text{Bereich I} \\ \psi_{II}\ (x) &= A_2 e^{iqx} + B_2 e^{-iqx} && \text{Bereich II} \\ \psi_{III}\ (x) &= A_3 e^{ikx} && \text{Bereich III}\ . \end{aligned}$$

Dabei ist die Stromdichte der von negativen $x$ her einlaufenden Welle wieder auf 1 normiert. Mit den Anschlußbedingungen an den Grenzen der Bereiche analog zu Gl. (24) erhalten wir

$$\begin{aligned} &e^{-ika} + B_1 e^{ika} = A_2 e^{-iqa} + B_2 e^{iqa} && A_2 e^{iqa} + B_2 e^{-iqa} = A_3 e^{ika} \\ &\frac{k}{q}\left(e^{-ika} - B_1 e^{ika}\right) = A_2 e^{-iqa} - B_2 e^{iqa} && A_2 e^{iqa} - B_2 e^{-iqa} = \frac{k}{q} A_3 e^{ika} \end{aligned} \tag{33}$$

Aus diesen 4 Gleichungen lassen sich sofort die 4 Unbekannten $B_1, A_2, B_2$ und $A_3$ angeben.

Da besonders die Amplituden der reflektierten und der auslaufenden Welle physikalisch interessant sind, wollen wir diese hier angeben

$$\begin{aligned} B_1 &= i e^{-2ika} \frac{(q^2 - k^2)\sin 2qa}{2kq\cos 2qa - i(q^2 + k^2)\sin 2qa} \\ A_3 &= e^{-2ika} \frac{2kq}{2kq\cos 2qa - i(q^2 + k^2)\sin 2qa}\ . \end{aligned} \tag{34}$$

Ihre Betragsquadrate geben den Anteil der reflektierten bzw. der in positiver $x$-Richtung weiterlaufenden Teilchen an.

Wird $E < V_0$, sollte klassisch alles reflektiert werden und die Transmission Null sein. Lösen wir jedoch das Gleichungssystem (33) mit $q = i\kappa = \frac{i}{\hbar}\left(2m(V_0 - E)\right)^{1/2}$ nach $A_3$ auf, erhalten wir

$$A_3 = \frac{2k\kappa\, e^{-2ika}}{2k\kappa\cosh 2\kappa a - i(k^2 - \kappa^2)\sinh 2\kappa a}\ . \tag{35}$$

Dieses Resultat zeigt, daß die Amplitude der auslaufenden Welle für $x > a$ ungleich Null ist, im Gegensatz zur Aussage der klassischen Physik, die das Durchdringen eines Potentialwalls nicht erlaubt.

Dieser Tunneleffekt spielt in einigen Bereichen der Physik eine äußerst wichtige Rolle. Am bekanntesten ist wohl der $\alpha$-Zerfall der Kerne (siehe 6. Buch, 3. Kapitel). Andere Beispiele sind die Emission von Elektronen aus kalten Metallen in starken elektrischen Feldern oder der Durchtritt von Elektronen aus einem Metall in ein zweites, wobei die Metalle noch durch einen schmalen Spalt getrennt sind. Mit Gl. (35) läßt sich der Transmissionskoeffizient $D$ angeben

$$D = \frac{j_D}{j_0} = |A_3|^2 = \frac{4k^2\kappa^2}{(k^2+\kappa^2)^2 \sinh^2 2\kappa a + 4k^2\kappa^2} . \tag{36}$$

Ist $2\kappa a \gg 1$, wird $\sinh 2\kappa a \approx \frac{1}{2} e^{2\kappa a}$ und

$$D \approx \frac{16k^2\kappa^2}{(k^2+\kappa^2)^2} e^{-4\kappa a} = D_0 \exp\left[-\frac{4}{\hbar}(2m(V_0-E))^{1/2} a\right] . \tag{37}$$

Im wesentlichen bestimmt also die Exponentialfunktion in Gl. (37), wie groß die Tunnelwahrscheinlichkeit für ein Teilchen ist.

Aufg. 140. Berechne die Tunnelwahrscheinlichkeit für ein Nukleon $m \approx 10^{-24}$ g mit $E \approx 10$ MeV durch einen Potentialwall der Breite $a \approx 10^{-13}$ cm und der Höhe $V_0 - E \approx 10$ MeV.

d) Der rechteckige endlich tiefe Potentialtopf

Das Potential (Fig. 142)

| | | |
|---|---|---|
| $V = 0$ | für $x < -a$ | Bereich I |
| $V = -V_0$ | für $-a \leqslant x \leqslant a$ | Bereich II |
| $V = 0$ | für $x > a$ | Bereich III |

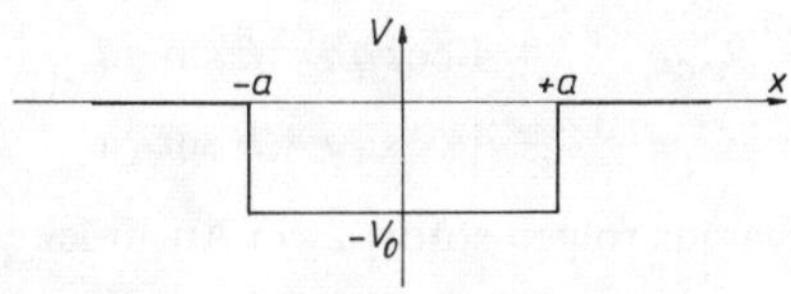


Fig. 142. Eindimensionaler rechteckiger endlich tiefer Potentialtopf.

ist die genaue Umkehrung der Potentialbarriere in Beispiel c) mit $V_0 \to -V_0$.

Für Teilchen, die in Richtung der positiven $x$-Achse mit $E > 0$ einlaufen, können wir deshalb direkt die Gleichungen (34) übernehmen.

Der Reflexionskoeffizient ist

$$R = |B_1|^2 = \frac{(q^2-k^2)^2 \sin^2 2qa}{4k^2q^2\cos^2 2qa + (q^2+k^2)^2 \sin^2 2qa} \tag{38}$$

und der Transmissionskoeffizient

$$D = |A_3|^2 \frac{4k^2q^2}{4k^2q^2\cos^2 2qa + (q^2+k^2)^2 \sin^2 2qa} . \tag{39}$$

Wie schon im vorhergehenden Beispiel gibt es auch hier für $E \gg |V_0|$ praktisch keine Reflexion, da $(q^2 - k^2) \ll 2kq$. Die Transmission verschwindet für $E \to 0$. Ein interessanter Spezialfall ergibt sich für $\sin 2qa = 0$, also für folgende Energien

$$E = -V_0 + \frac{n^2\pi^2\hbar^2}{2ma^2} . \tag{40}$$

Hierbei tritt keine Reflexion auf! Dies ist ein Modell für die Streuung langsamer Elektronen ($E \approx 0.1$ eV) an Edelgasatomen, wobei anomal große Transmission auftritt.

Dieser zuerst von RAMSAUER und TOWNSEND beobachtete Effekt ist zu beschreiben als eine bei der Transmission auftretende Resonanz. Er entsteht durch destruktive Interferenz zwischen der bei $x = -a$ reflektierten Welle und den anderen, die zum ersten Mal, zweiten Mal usw. bei $x = a$ reflektiert werden und nach links auslaufen.

Neben dem hier diskutierten Lösungskontinuum hat das Problem noch diskrete Lösungen für $E < 0$. Aus den Ergebnissen vorher können wir sofort die Lösungen in den 3 Bereichen ansetzen zu

$$\begin{aligned}
&\psi_{\mathrm{I}}(x) = C_1 e^{\kappa x} && \kappa = \frac{1}{\hbar}\sqrt{2m|E|} && x < -a \\
&\psi_{\mathrm{II}}(x) = A\cos qx + B\sin qx && q = \frac{1}{\hbar}\sqrt{2m(V_0 - |E|)} && -a \leqslant x \leqslant a \\
&\psi_{\mathrm{III}}(x) = C_2 e^{-\kappa x} && \kappa = \frac{1}{\hbar}\sqrt{2m|E|} && x > a.
\end{aligned} \tag{41}$$

Aus der Forderung der Stetigkeit von Wellenfunktion und Ableitung bei $x = -a$ und $x = a$ erhalten wir die 4 Gleichungen

$$\begin{aligned}
&C_1 e^{-\kappa a} = A\cos qa - B\sin qa && \kappa C_1 e^{-\kappa a} = q(A\sin qa + B\cos qa) \\
&C_2 e^{-\kappa a} = A\cos qa + B\sin qa && -\kappa C_2 e^{-\kappa a} = -q(A\sin qa - B\cos qa)\,.
\end{aligned}$$

Daraus folgen sofort zwei Ausdrücke für $\kappa$

$$\begin{aligned}
\kappa &= q\,\frac{A\sin qa + B\cos qa}{A\cos qa - B\sin qa} \\
\kappa &= q\,\frac{A\sin qa - B\cos qa}{A\cos qa + B\sin qa}\,.
\end{aligned} \tag{42}$$

Setzen wir beide Ausdrücke gleich, folgt die Bedingung $AB = 0$, d. h., die Lösungen entsprechen entweder $B = 0$ und sind damit in $x$ gerade (positive Parität), oder sie entsprechen $A = 0$ und sind damit in $x$ ungerade (negative Parität). Gehen wir damit in die Gleichungen (42) zurück, erhalten wir die Bedingungen zur Berechnung der Energie

$$\begin{aligned}
\kappa &= \phantom{-}q\tan qa && \text{für die geraden Lösungen} \\
\kappa &= -q\cot qa && \text{für die ungeraden Lösungen}\,.
\end{aligned} \tag{42a}$$

Um eine möglichst übersichtliche graphische Lösung dieser transzendenten Gleichungen (42a) zu erhalten, setzen wir $\xi = qa$ und $\eta = \kappa a$, so daß daraus

$$\eta = \xi\tan\xi \quad \text{und} \quad \eta = -\xi\cot\xi \quad \text{wird.} \tag{42b}$$

Eine zweite Beziehung zwischen $\xi$ und $\eta$ erhalten wir aus der Definition von $\kappa$ und $q$ in Gl. (41)

$$\xi^2 + \eta^2 = \frac{2m}{\hbar^2}(V_0 - |E|)a^2 + \frac{2m}{\hbar^2}|E|a^2 = \frac{2m}{\hbar^2}V_0 a^2\,. \tag{43}$$

Dies ist die Gleichung eines Kreises mit Radius $\sqrt{2mV_0}\,a/\hbar$.

Die Lösung für die beiden Unbekannten $\xi$ und $\eta$ aus Gl. (42b) und (43) sind in Fig. 143

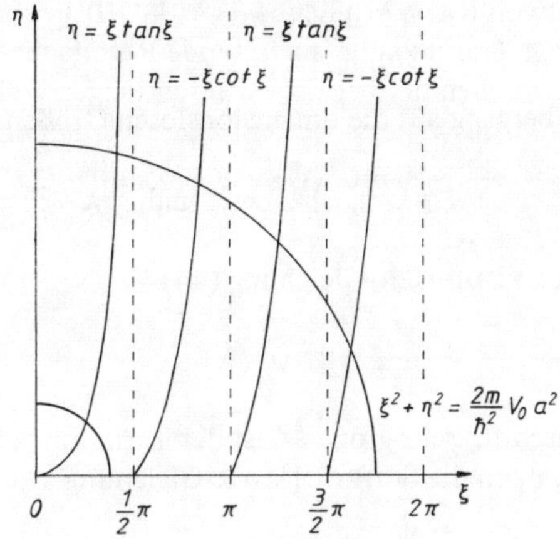


Fig. 143. Graphische Lösung der transzendenten Gleichung (42b) in Verbindung mit Gleichung (43) zur Bestimmung der Energieeigenwerte im endlich tiefen Kastenpotential.

als durchgezogene Linien für zwei verschiedene Werte von $V_0 a^2$ aufgetragen. Aus den Schnittpunkten ergeben sich die erlaubten Werte von $\kappa$ und $q$ und damit für die Energieeigenwerte $E$. Aus Fig. 143 sehen wir sofort, daß es für die geraden Lösungen in jedem Falle mindestens einen Eigenwert gibt, während die ungeraden Lösungen erst ab einem Wert $V_0 a^2 = \dfrac{\pi^2 \hbar^2}{8m}$ einen Eigenwert haben. Je kleiner die Potentialtopftiefe $V_0$ und je kleiner die Dimension des Potentialtopfes $a$ ist, desto weniger diskrete Zustände sind in dem Potentialtopf gebunden.

Aufg. 141. In einem eindimensionalen Potentialtopf der Tiefe $-V_0$ und der Breite $a$ kann für jeden Satz Werte dieser Parameter ein gebundener Zustand gefunden werden. Gilt dies auch für einen dreidimensionalen Potentialtopf?

## § 4. Quantenmechanik des harmonischen Oszillators

Wie wir an vielen Beispielen in der klassischen Mechanik gesehen haben, ist der lineare harmonische Oszillator (bei dem das Potential proportional zum Quadrat einer ist) oft eine ausgezeichnete Näherung der wirklichen Bewegung der Körper. Die gleiche wichtige Rolle kommt dem harmonischen Oszillator auch in der Quantenmechanik zu. Beispiele dafür sind die kleinen Oszillationen der Atome in einem Molekül, die thermischen Bewegungen der Atome im Festkörper, ja sogar die Bewegung der Nukleonen im Kern können in erster Näherung durch die Lösung des quantenmechanischen Problems des harmonischen Oszillators beschrieben werden. In der Verallgemeinerung in der Schreibweise der 2. Quantisierung stellt der quantenmechanische Oszillator gar die Grundlage der Feldquantisierung und der Beschreibung von Quasiteilchen dar, was weit über die Grenzen der mechanischen Systeme hinausführt. Wir werden darauf im Rahmen der Beschreibung der Phononen in der Festkörperphysik (6. Buch, 2. Kap.) etwas ausführlicher eingehen.

An dieser Stelle wollen wir die Lösung der SCHRÖDINGER-Gleichung für ein Potential der Form $V = \frac{1}{2} m \omega^2 x^2$ betrachten

$$-\frac{\hbar^2}{2m}\frac{d^2\psi}{dx^2}+\frac{m\omega^2 x^2}{2}\psi=E\psi\,. \tag{44}$$

Mit dem Übergang auf die dimensionslosen Größen

$$\xi=\left(\frac{m\omega}{\hbar}\right)^{1/2}x \quad \text{und} \quad \lambda=\frac{2E}{\hbar\omega} \tag{45}$$

wird die SCHRÖDINGER-Gleichung (44)

$$-\frac{d^2\psi}{d\xi^2}+\xi^2\psi=\lambda\psi\,. \tag{46}$$

Asymptotisch für sehr große $\xi^2$ ist der Term mit $\lambda$ für jeden Eigenwert vernachlässigbar, so daß dann die SCHRÖDINGER-Gleichung

$$\frac{d^2\psi_a}{d\xi^2}-\xi^2\psi_a=0 \tag{47}$$

gilt.

Multiplizieren wir Gl. (47) mit $2\frac{d\psi_a}{d\xi}$, läßt sie sich sofort auf die Form

$$\frac{d}{d\xi}\left(\frac{d\psi_a}{d\xi}\right)^2-\xi^2\frac{d}{d\xi}\psi_a^2=0 \quad \text{bzw.}$$
$$\frac{d}{d\xi}\left[\left(\frac{d\psi_a}{d\xi}\right)^2-\xi^2\psi_a^2\right]=-2\xi\psi_a^2 \tag{48}$$

bringen. Vernachlässigen wir vorerst einmal die rechte Seite von Gl. (48), die Berechtigung dazu prüfen wir gleich nach, erhalten wir

$$\frac{d\psi_a}{d\xi}=(C+\xi^2\psi_a^2)^{1/2}\,. \tag{49}$$

Da sowohl $\psi_a$ als auch $\frac{d\psi_a}{d\xi}$ im Unendlichen verschwinden müssen, ist $C=0$. Die Lösung der verbleibenden Gleichung

$$\frac{d\psi_a}{d\xi}=\pm\,\xi\psi_a$$

ist bei den gegebenen Randbedingungen

$$\psi_a=e^{-\frac{1}{2}\xi^2}\,.$$

Nun sehen wir, daß die rechte Seite von Gl. (48)

$$2\xi\psi_a^2=2\xi\exp(-\xi^2)$$

für große $\xi$ tatsächlich vernachlässigbar war, denn

$$\frac{d}{d\xi}(\xi^2\psi_a^2)=\frac{d}{d\xi}(\xi^2 e^{-\xi^2})\simeq-2\xi^3 e^{-\xi^2}\,.$$

Mit der Kenntnis des asymptotischen Verhaltens der zu lösenden Differentialgleichung (46) setzen wir als Lösungsansatz an

$$\psi = f(\xi)\, e^{-\frac{1}{2}\xi^2} .$$

Die zu lösende Differentialgleichung für $f(\xi)$ wird damit

$$\frac{d^2 f(\xi)}{d\xi^2} - 2\xi \frac{df}{d\xi} + (\lambda - 1) f = 0 . \tag{50}$$

Da der Punkt $\xi = 0$ kein singulärer Punkt ist, können wir die Lösung dieser Gleichung in der Form einer Potenzreihe suchen

$$f(\xi) = \sum_k a_k \xi^k . \tag{51}$$

Aus Gl. (50) wird dann

$$\sum k(k-1) a_k \xi^{k-2} - 2\xi \sum k a_k \xi^{k-1} + (\lambda - 1) \sum a_k \xi^k = 0 .$$

Diese Gleichung der Form $\Sigma C_n \xi^n$ kann nur dann Null sein, wenn alle Koeffizienten $C_n = 0$ sind. Diese Bedingung liefert die Rekursionsformel

$$a_{k+2} = \frac{2k + 1 - \lambda}{(k+2)(k+1)} a_k . \tag{52}$$

Mit der Kenntnis des ersten geraden und ungeraden Koeffizienten $a_0$ bzw. $a_1$ ist die Reihe eindeutig bestimmt. Da die Rekursionsformel (52) für sehr große $k$ die Form $a_{k+2} \simeq \frac{2}{k} a_k$ annimmt, divergiert $f(\xi)$, sofern nicht die Reihe Gl. (51) für einen endlichen Wert von $k = n$ abbricht. Aus Gl. (52) sehen wir, daß dies für

$$\lambda = 2n + 1$$

der Fall ist. $n$ ist dabei eine ganze positive Zahl $n \geqslant 0$.

Setzen wir diesen Wert von $\lambda$ in Gl. (45) ein, werden die Eigenwerte für den quantenmechanischen harmonischen Oszillator

$$\boxed{E_n = \hbar\omega \left(n + \frac{1}{2}\right)} . \tag{53}$$

Wir erhalten also diskrete gleichabständige Eigenzustände, die durch die Quantenzahl $n$ unterschieden werden. Die Eigenfunktionen sind

$$\psi_n = A_n f_n(\xi)\, e^{-\frac{1}{2}\xi^2}$$

und die Polynome $f_n(\xi)$ sind die bis auf den Normierungsfaktor $A_n$ durch die Gl. (51) und (52) festgelegten Hermiteschen Polynome $H_n(\xi)$, die oft auch in der Form

$$H_n(\xi) = (-1)^n e^{\xi^2} \frac{d^n e^{-\xi^2}}{d\xi^n} \tag{54}$$

geschrieben werden (vgl. Aufg. 145). Die ersten vier Hermiteschen Polynome lauten

$$\begin{aligned} H_0 &= 1 & H_1 &= 2\xi \\ H_2 &= 4\xi^2 - 2 & H_3 &= 8\xi^3 - 12\xi \end{aligned} \tag{55}$$

und der Normierungsfaktor, der die Wellenfunktion $\psi_n$ auf eins normiert, ist

$$A_n = \left(\frac{m\omega}{\pi\hbar}\right)^{1/4} \left(\frac{1}{n!\,2^n}\right)^{1/2} .$$

In Fig. 144 sind schematisch im Potential des harmonischen Oszillators die Energieeigenwerte für $n = 0, 1, 2, 3$ und die dazugehörenden Wellenfunktionen eingezeichnet.

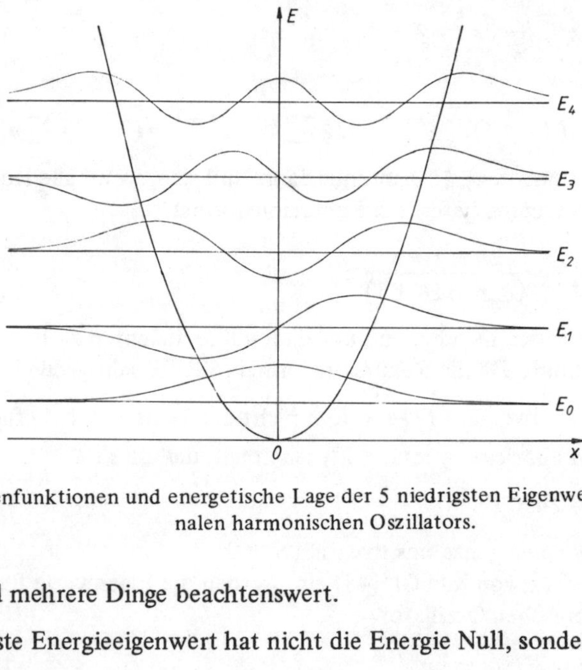


Fig. 144. Wellenfunktionen und energetische Lage der 5 niedrigsten Eigenwerte eines eindimensionalen harmonischen Oszillators.

Hierbei sind mehrere Dinge beachtenswert.

1) Der niedrigste Energieeigenwert hat nicht die Energie Null, sondern $\frac{1}{2}\hbar\omega$. Dieser über dem Nullpunkt der potentiellen Energie liegende Wert für den Grundzustand wird allgemein in der Quantenmechanik Nullpunktsenergie genannt. Er ist zum Beispiel der Grund dafür, warum sich die Atome im Gitter eines Festkörpers auch am absoluten Nullpunkt noch bewegen.
2) Wie bereits beim Potentialkasten können die Lösungen wieder in gerade Lösungen und ungerade Lösungen unterschieden werden; so tragen alle Lösungen mit geradem $n$ positive Parität und ungeradem $n$ negative Parität.
3) Der Abstand zwischen zwei Energieeigenwerten ist konstant gleich $\hbar\omega$. Dies ist ein Charakteristikum, das den harmonischen Oszillator vor allen anderen Potentialen auszeichnet. Damit hat PLANCKs Quantenhypothese, die er bei der Ableitung seines Strahlungsgesetzes (vgl. S. 510) benutzte, ihre theoretische Begründung gefunden.

Aufg. 142. Die SCHRÖDINGER-Gleichung des harmonischen Oszillators (44) nimmt eine besonders einfache Form an, wenn man die Operatoren

$$\hat{b} = \sqrt{\frac{m\omega}{2\hbar}}\, x - \sqrt{\frac{\hbar}{2m\omega}}\, \frac{\mathrm{d}}{\mathrm{d}x},$$

$$\hat{b}^{+} = \sqrt{\frac{m\omega}{2\hbar}}\, x + \sqrt{\frac{\hbar}{2m\omega}}\, \frac{\mathrm{d}}{\mathrm{d}x}$$

einführt. Welche Vertauschungsrelation gilt für $\hat{b}$ und $\hat{b}^{+}$? Man zeige, daß $E_0 = \frac{1}{2}\hbar\omega$ die Energie des Grundzustandes ist, gebe die zugehörige Wellenfunktion an und zeige weiterhin, wie durch die Anwendung des Operators $\hat{b}$ die Wellenfunktionen der höherenergetischen Zustände entstehen.

## § 5. Die SCHRÖDINGER-Gleichung für ein System vieler Teilchen

In diesem Kapitel haben wir bisher die SCHRÖDINGER-Gleichung für die Beschreibung eines einzelnen Teilchens in einem äußeren Potential kennengelernt. Die Lösung der SCHRÖDINGER-Gleichung für einige spezielle Potentiale war gefolgt. In Wirklichkeit ist aber jedes reale physikalische System komplizierter, ja sogar das allereinfachste System, das Wasserstoffatom (das wir im 1. Kapitel des 6. Buches genauer untersuchen wollen) besteht bereits aus 2 Teilchen. Um so mehr gilt diese Aussage der Komplexität für Vielelektronenatome, Moleküle, Atomkerne oder gar Festkörper. Wir wollen deshalb die in § 1 aufgestellte SCHRÖDINGER-Gleichung für ein System von $N$ Teilchen verallgemeinern. Sie hat die Form

$$-i\hbar\,\frac{\partial\psi}{\partial t} = \sum_{i=1}^{N}\left(-\frac{\hbar^2}{2m_i}\right)\nabla_i^2\,\psi + \sum_{i=1}^{N} V_i(\vec{r}_i)\,\psi + V_{\text{int}}(\vec{r}_1, \vec{r}_2, \ldots \vec{r}_N)\,\psi \tag{56}$$

Der LAPLACE-Operator $\nabla_i^2$ wirkt dabei auf die Koordinaten des $i$-ten Teilchens, $V_i(\vec{r}_i)$ ist die potentielle Energie des $i$-ten Teilchens im externen Feld, und $V_{\text{int}}$ ist die potentielle Energie der Wechselwirkung der Teilchen untereinander. Wie wir bereits in § 3 des 1. Kapitels gesehen haben, hängt die Wellenfunktion von allen Koordinaten $\vec{r}_i$ und der Zeit $t$ ab, $\psi = \psi(\vec{r}_1, \vec{r}_2, \ldots \vec{r}_N, t)$.

$\psi$ ist mithin eine Funktion im Konfigurationsraum und ist also nicht mit einer Feldstärke zu verwechseln.

Analog hat die stationäre SCHRÖDINGER-Gleichung für ein System von $N$ Teilchen die Form

$$\sum_{i=1}^{N}\left(-\frac{\hbar^2}{2m_i}\right)\nabla_i^2\,\psi + \sum_{i=1}^{N} V_i(\vec{r}_i)\,\psi + V_{\text{int}}(\vec{r}_1, \ldots \vec{r}_N)\,\psi = E\,\psi\,. \tag{57}$$

Diese beiden Gleichungen (56) bzw. (57) stellen im Prinzip die Grundlage zur Beschreibung aller komplizierteren quantenmechanischen Vielteilchensysteme dar. Exakt geschlossen lösbar sind diese Gleichungen jedoch nur für 2 Teilchensysteme und auch da nur für ganz bestimmte Wechselwirkungen, wie z. B. die elektromagnetische mit einem $\frac{1}{r}$-Potential.

Welche Näherungen im einzelnen für die Wechselwirkung $V_{\text{int}}$ oder welcher Ansatz für die Wellenfunktion $\psi$ gewählt wird, hängt stark vom jeweiligen physikalischen Problem und der verlangten Genauigkeit ab. Diese Fragen werden für die verschiedenen Gebiete: Atom-, Molekül-, Festkörper- und Kernphysik im 6. Buch im einzelnen wieder aufgegriffen und der Versuch einer Antwort unternommen. Wir wollen an dieser Stelle nur noch zwei spezielle Bemerkungen machen:

Für den Fall, daß die Teilchen im System nicht miteinander wechselwirken, wird $V_{\text{int}} = 0$, und Gl. (57) reduziert sich zu

$$\sum \left( -\frac{\hbar^2}{2m_i} \nabla_i^2 + V_i(\vec{r}_i) \right) \psi = E\psi \,. \tag{58}$$

Setzen wir die Wellenfunktion $\psi$ als ein Produkt aus Funktionen an, die nur von den Koordinaten der einzelnen Teilchen abhängen,

$$\psi = \psi_1(\vec{r}_1) \cdot \psi_2(\vec{r}_2) \cdots \psi_N(\vec{r}_N) \tag{59}$$

wird die stationäre SCHRÖDINGER-Gleichung

$$\sum_{i=1}^{N} \frac{1}{\psi_i(\vec{r}_i)} \left( -\frac{\hbar^2}{2m_i} \nabla_i^2 + V_i(\vec{r}_i) \right) \psi_i(\vec{r}_i) = E \,. \tag{60}$$

Da rechts eine Konstante steht und links eine Summe von Termen, in denen jeder nur von einer, aber jeweils anderen unabhängigen Variablen abhängt, kann dieser Ausdruck Gl. (60) nur unter den Bedingungen

$$-\frac{\hbar^2}{2m_i} \nabla_i^2 \psi_i(\vec{r}_i) + V_i(\vec{r}_i)\, \psi_i(\vec{r}_i) = E_i\, \psi_i(\vec{r}_i) \qquad i = 1, 2, \ldots N$$

und
$$E = \sum_{i=1}^{N} E_i$$

erfüllt werden. Dies sind die stationären Einteilchen SCHRÖDINGER-Gleichungen für alle Teilchen $i$, wobei die $E_i$ die totalen Energien der einzelnen unabhängigen Teilchen sind.

Dieses Beispiel zeigt, daß die SCHRÖDINGER-Gleichung im Falle nicht-wechselwirkender Teilchen durch einen Produktansatz Gl. (59) in eine Summe von Einteilchen-SCHRÖDINGER-Gleichungen separiert wird. Im Falle wechselwirkender Teilchen nimmt die Wellenfunktion kompliziertere Strukturen an. In § 3 c des 1. Kapitels haben wir dafür bereits ein Beispiel zweier identischer Teilchen gesehen. Zu weiteren Diskussionen verweisen wir auf das 6. Buch.

Als 2. Bemerkung sei hier noch erwähnt, daß im Spezialfall zweier Teilchen, die durch die Koordinaten $\vec{r}_1$ und $\vec{r}_2$ beschrieben werden und deren Wechselwirkung nur vom Relativabstand $r$ abhängt, durch eine Transformation auf Schwerpunkts- und Relativkoordinaten

$$\vec{R} = \frac{m_1\vec{r}_1 + m_2\vec{r}_2}{M} \quad \text{mit } M = m_1 + m_2 \quad \text{und} \quad \vec{r} = \vec{r}_1 - \vec{r}_2$$

eine Reduktion auf zwei Einteilchengleichungen möglich ist. Aus

$$\left[-\frac{\hbar^2}{2m_1}\nabla_1^2-\frac{\hbar^2}{2m_2}\nabla_2^2+V(\vec{r}_1,\vec{r}_2)\right]\psi(\vec{r}_1,\vec{r}_2)=E\psi(\vec{r}_1,\vec{r}_2)$$

wird durch Transformation der LAPLACE-Operatoren auf die neuen Koordinaten $\vec{R}$ und $\vec{r}$

$$\left[-\frac{\hbar^2}{2M}\nabla_R^2-\frac{\hbar^2}{2\mu}\nabla_r^2+V(r)\right]\psi(\vec{r},\vec{R})=E\psi(\vec{r},\vec{R}) \; . \tag{61}$$

Dabei ist $\mu$ die reduzierte Masse des Systems

$$\mu=\frac{m_1\cdot m_2}{m_1+m_2} \; . \tag{62}$$

Da $V(r)$ nur von der einen Koordinate $\vec{r}$ abhängt, gilt genau die vorangegangene Bemerkung: ein Produktansatz

$$\psi(\vec{r},\vec{R})=f(\vec{R})\cdot\psi(\vec{r})$$

separiert die SCHRÖDINGER-Gleichung (61) in zwei „Einteilchen"-Gleichungen

$$-\frac{\hbar^2}{2M}\nabla_R^2 f(\vec{R})=E_R f(\vec{R}) \tag{63}$$

und

$$-\frac{\hbar^2}{2\mu}\nabla_r^2\psi(\vec{r})+V(r)\psi(\vec{r})=E_r\psi(\vec{r}) \tag{64}$$

mit $E_r+E_R=E$.

Gleichung (63) beschreibt die Bewegung des Schwerpunkts des Systems (es ist dies eine ebene Welle), während Gl. (64) die SCHRÖDINGER-Gleichung für das System selbst ist, das nur von der Relativkoordinate $\vec{r}$ abhängt. Die Gesamtenergie $E$ ist dabei die Summe aus Relativenergie und Schwerpunktsenergie. Wird für $V(r)$ in Gl. (64) das COULOMB-Potential eingesetzt, haben wir die SCHRÖDINGER Gleichung für das Wasserstoffproblem vor uns, das im 6. Buch im 1. Kapitel explizit gelöst wird.

Aufg. 143. Gl. (64) ist eine Ein-Teilchen-SCHRÖDINGER-Gleichung für das „Relativteilchen" mit der reduzierten Masse $\mu$. Wie groß ist dessen Impuls? Wie hängt der Drehimpuls des Relativteilchens mit dem Drehimpuls der Einzelteilchen zusammen?

Drittes Kapitel

# Grundlagen des Formalismus

## § 1. Erwartungswerte und Operatoren

Im 1. Kapitel haben wir bereits die Interpretation der Größe $|\psi(\vec{r},t)|^2$ als Wahrscheinlichkeitsdichte kennengelernt bei einer Ortsmessung zur Zeit $t$, das durch die Wellenfunktion $\psi$ beschriebene Teilchen am Ort $\vec{r}$ zu finden. Andererseits haben wir aber auch schon im 1. Kapitel gesehen, daß wir statt der Beschreibung im Ortsraum das System ebenso vollständig durch die Amplituden $a(\vec{k})$ im Impulsraum angeben können, wobei ihr gegenseitiger Zusammenhang durch die Fouriertransformierte gegeben war:

$$\psi(\vec{r},t) = \frac{1}{(2\pi)^{3/2}} \int a(\vec{k},t)\, e^{i(\vec{k}\vec{r}-\omega t)}\, \mathrm{d}^3 k$$

und
$$a(\vec{k},t) = \frac{1}{(2\pi)^{3/2}} \int \psi(\vec{r},t)\, e^{-i(\vec{k}\vec{r}-\omega t)}\, \mathrm{d}^3 r \;. \tag{1}$$

Dieser direkte Zusammenhang der Beschreibung im Orts- und Impulsraum führte ferner zur Aussage, daß der Erwartungswert der Impulskoordinate $\vec{p}$ sowohl durch die Wellenfunktion im Ortsraum als auch durch die Amplituden im Impulsraum direkt zugänglich sind. Der Zusammenhang war

$$<\vec{p}> = \int a^* \vec{p}\, a\, \mathrm{d}^3 p = \int \psi^* (-i\hbar\; \nabla_r)\, \psi\, \mathrm{d}^3 r \,. \tag{2}$$

Ebenso ergibt sich analog für den Erwartungswert der Ortskoordinate $\vec{r}$

$$<\vec{r}> = \int \psi^* \vec{r}\; \psi\, \mathrm{d}^3 r = \int a^* (-i\hbar\; \nabla_p)\, a\, \mathrm{d}^3 p \;. \tag{3}$$

Dabei wird die Ortskoordinate $\vec{r}$ durch den Operator $-i\hbar\; \nabla_p$ im Impulsraum bzw. der Impuls $\vec{p}$ durch den Operator $-i\hbar\; \nabla_r = -i\hbar \sum_{j=1}^{3} \vec{e}_j \frac{\partial}{\partial x_j}$ im Ortsraum ersetzt.

Dieses Ergebnis kann man verallgemeinern auf Funktionen des Ortes bzw. Impulses. Sei z. B. $G(\vec{p})$ ein Polynom oder eine absolut konvergente Reihe in den Komponenten von $\vec{p}$, so gilt

$$<G(\vec{p})> = \int \psi^*(\vec{r})\, G\!\left(\frac{\hbar}{i}\; \nabla_r\right) \psi(r)\, \mathrm{d}^3 r \tag{4}$$

Damit haben wir für die Mittelwerte von Funktionen des Ortes oder/und des Impulses bei der Berechnung im Ortsraum Ausdrücke der Form

$$\boxed{<F> = \int \psi^* \hat{F}\; \psi\, \mathrm{d}^3 r} \tag{5}$$

mit $\hat{F} = \hat{F}(\hat{r}, \hat{p})$ und $\hat{p} = -i\hbar\; \nabla_r$ . (6)

$\hat{F}$ ist dabei ein linearer Operator, der auf die rechts von ihm stehende Wellenfunktion $\psi$ anzuwenden ist.

Wenden wir dieses Ergebnis z. B. auf die kinetische Energie $\frac{p^2}{2m}$ an, so wird der Erwartungswert dafür (im Ortsraum gerechnet)

$$<\frac{p^2}{2m}> = \int \psi^* \left(-\frac{\hbar^2}{2m}\; \nabla^2\right) \psi\, \mathrm{d}^3 r \;.$$

Addieren wir zu diesem Ausdruck den Erwartungswert der potentiellen Energie $<V(\vec{r})>$, ergibt dies den Erwartungswert der totalen Energie, die im stationären Fall zeitlich konstant ist.

$$<\left(\frac{\vec{p}^{\,2}}{2m}+V(\vec{r})\right)> = \int \psi^* E \psi \, \mathrm{d}^3 r = \int \psi^* \left(-\frac{\hbar^2}{2m}\,\Delta + \hat{V}(\vec{r})\right) \psi \, \mathrm{d}^3 r \,. \tag{7}$$

Diese Gleichung können wir uns auch entstanden denken aus der von links mit $\psi^*$ multiplizierten und über den Raum integrierten Gleichung

$$\left(-\frac{\hbar^2}{2m}\,\Delta + \hat{V}(\vec{r})\right)\psi = E\psi \,.$$

Diese Betrachtung über die physikalische Größe „Totale Energie“ hat uns also auf die stationäre SCHRÖDINGER-Gleichung geführt.

Wir können diese Art des Vorgehens als Konzept zusammenfassend formulieren: „Mit den physikalisch beobachtbaren Größen (Observablen), wie z. B. Ort, Impuls, kinetische oder totale Energie, korrespondieren in der Quantenmechanik Operatoren, die auf die Zustandsfunktion wirken.“ Beispiele, die wir bereits kennengelernt haben, sind die Impulskoordinate $p_j$, die mit dem Differentialoperator $\frac{\hbar}{i}\,\frac{\partial}{\partial x_j}$ korrespondiert, die Ortskoordinate $x_j$ wird durch den Operator $\hat{x}_j$ (d. h. Multiplikation der Wellenfunktion mit $x_j$) ersetzt, und der kinetischen Energie, die klassisch durch den Ausdruck $\frac{p^2}{2m}$ gegeben ist, entspricht in der Quantenmechanik der Operator $-\frac{\hbar^2}{2m}\,\Delta$. Ist in der klassischen Mechanik eine Größe durch $F = F(p_j, x_j)$ gegeben, so ordnet dieses Konzept dieser Größe den Operator $\hat{F}(\frac{\hbar}{i}\,\frac{\partial}{\partial x_j}, x_j)$ zu. So ist z. B. der Drehimpuls klassisch $\vec{L} = \vec{r} \times \vec{p}$, was quantenmechanisch $\hat{\vec{L}} = \hat{\vec{r}} \times \frac{\hbar}{i}\,\nabla$ bedeutet. Die totale Energie ist die HAMILTON-Funktion $H = \frac{p^2}{2m} + V(\vec{r})$. Quantenmechanisch wird daraus der HAMILTON-Operator $\hat{H} = -\frac{\hbar^2}{2m}\,\Delta + \hat{V}(\hat{\vec{r}})$. Das hier gegebene Rezept, Terme aus Gleichungen der klassischen Physik in Operatorausdrücke der Quantenmechanik zu übersetzen, ist jedoch nicht vollständig. Bei Ausdrücken, die Produkte von Operatoren enthalten, ist in der Quantenmechanik die Reihenfolge im allgemeinen von Bedeutung, da sie nichtvertauschbar sein können (vgl. b). Über die Reihenfolge kann man aus den Gleichungen der klassischen Physik keine Aussagen entnehmen.

### a) Forderungen an die Operatoren

Zwei wichtige physikalische Forderungen an die Operatoren fehlen jedoch noch. Die erste Forderung ist die, daß die Erwartungswerte als physikalisch meßbare Größen reelle Zahlen sein müssen. Ein Operator $\hat{F}$, der einer physikalischen Observablen $F$ zugeordnet wird, muß deshalb hermitesch (oder selbstadjungiert) sein. Diese Eigenschaft der Hermitezität ist dann gegeben, wenn gilt

$$\int u_i^* \hat{F}\, u_k \, \mathrm{d}\tau = \int u_k \hat{F}^*\, u_i^* \, \mathrm{d}\tau \,. \tag{8}$$

Damit wird der Erwartungswert des Operators $\hat{F}$

$$<F> = \int \psi^* F \psi \, d\tau = \int \psi \hat{F}^* \psi^* \, d\tau = \left\{ \int \psi^* \hat{F} \psi \, d\tau \right\}^* = <F>^*$$

reell. Da die Integrale in Gl. (8) Zahlen sind, die von den Funktionen $u_i$ und $u_k$ sowie vom Operator $\hat{F}$ abhängen, läßt sich Gl. (8) auch verkürzt als

$$F_{ik} = F^*_{ki} \tag{9}$$

schreiben. Dies ist die im 1. Buch bereits eingeführte Matrixschreibweise für Operatoren, die einer diskreten Folge eine diskrete Folge zuordnen (vgl. S. 45 ff.).

Die Funktionalgleichung Gl. (8) zur Definition der Selbstadjungiertheit des Operators $\hat{F}$ kann auch in der kurzen Operatorschreibweise

$$\hat{F} = \hat{F}^+ \tag{10}$$

formuliert werden. Dabei bedeutet das Symbol „+" die Operation der hermiteschen Konjugation; diese Operation ist der Übergang vom Integral auf der linken Seite zum Integral auf der rechten Seite von Gl. (8) (siehe dazu auch S. 50).

Die zweite Forderung an die Operatoren ist ihre Linearität. Dies wird deshalb gefordert, weil das Superpositionsprinzip gelten soll, über das im Rahmen der Quantenmechanik in Kapitel 1 § 3b bereits ausführlich gesprochen wurde.

Ein Operator $\hat{F}$ heißt linear, wenn gilt

$$\hat{F}(c_1 u_1 + c_2 u_2) = c_1 \hat{F} u_1 + c_2 \hat{F} u_2 \tag{11}$$

wobei $c_j$ komplexe Konstanten und $u_j$ beliebige Funktionen sind. Linear sind also z. B. die Operatoren $\hat{x}_j$ und $\frac{\partial}{\partial x_j}$, nicht linear ist hingegen z. B. der Wurzelausdruck $\sqrt{\phantom{xxx}}$.

Sind $\hat{A}$ und $\hat{B}$ zwei lineare Operatoren, so ist ihre Summe definiert als

$$\hat{C} = \hat{A} + \hat{B} \quad \text{bzw.} \quad \hat{C}\psi = \hat{A}\psi + \hat{B}\psi .$$

Das Produkt $\hat{A} \cdot \hat{B}$ wird durch Hintereinanderausführen erklärt.

### b) Kommutatoren und Hermitezität

Im allgemeinen sind Operatoren nicht kommutativ (nicht vertauschbar), d. h. $\hat{A} \cdot \hat{B} \neq \hat{B} \cdot \hat{A}$. Betrachten wir beispielsweise die oben diskutierten Operatoren $\hat{x}$ und $\frac{\partial}{\partial x}$, so läßt sich leicht ausrechnen, daß ihr Produkt nicht kommutativ ist.

$$\frac{\hbar}{i} \frac{\partial}{\partial x}(x\psi) = \frac{\hbar}{i}\psi + \frac{\hbar}{i} x \frac{\partial \psi}{\partial x} \neq x\left(\frac{\hbar}{i}\frac{\partial}{\partial x}\psi\right) = \frac{\hbar}{i} x \frac{\partial \psi}{\partial x} . \tag{12}$$

Da die Aussage, ob zwei Operatoren vertauschbar sind, im Rahmen der Quantenmechanik sehr wichtig ist, wurde dafür die Abkürzung

$$\boxed{[\hat{A}, \hat{B}] =: \hat{A} \cdot \hat{B} - \hat{B} \cdot \hat{A}} \tag{13}$$

eingeführt; sie heißt Vertauschungsklammer oder Kommutator. Nehmen wir unser Beispiel aus Gl. (12), erhalten wir für alle drei Komponenten (wir wollen für $\frac{\hbar}{i}\frac{\partial}{\partial x_j} = \hat{p}_j$

schreiben)

$$\boxed{[\hat{p}_j, \hat{x}_k] = \frac{\hbar}{i}\,\delta_{jk}} \,. \tag{14}$$

Dieser Ausdruck heißt auch HEISENBERGsche Vertauschungsrelation.

Um die mit dem Kommutator verbundenen Eigenschaften genauer zu untersuchen, betrachten wir zwei beliebige lineare hermitesche Operatoren $\hat{A}$ und $\hat{B}$.

Wenden wir Gleichung (8) auf das Produkt $\hat{A}\cdot\hat{B}$ an, erhalten wir unter Ausnutzung der Hermitezität jedes einzelnen der beiden Operatoren

$$<\hat{A}\cdot\hat{B}> = \int \psi^* \hat{A}\cdot\hat{B}\,\psi\,\mathrm{d}\tau = \int (\hat{B}\psi)\hat{A}^*\,\psi^*\,\mathrm{d}\tau = \int \psi\hat{B}^*\cdot\hat{A}^*\,\psi^*\,\mathrm{d}\tau = <\hat{B}\cdot\hat{A}>^*$$

oder in Operatorschreibweise $\hat{A}\cdot\hat{B} = (\hat{B}\cdot\hat{A})^+$.

Dieses Resultat legt die Aufspaltung des Operators $\hat{A}\cdot\hat{B}$ in zwei Anteile nahe

$$\hat{A}\cdot\hat{B} = \frac{1}{2}\,(\hat{A}\cdot\hat{B} + \hat{B}\cdot\hat{A}) + \frac{1}{2}\,(\hat{A}\cdot\hat{B} - \hat{B}\cdot\hat{A})\,. \tag{15}$$

Der erste Anteil wird durch Gl. (8) in den Ausdruck $\frac{1}{2}\,(\hat{B}\cdot\hat{A} + \hat{A}\cdot\hat{B})^+$ überführt, womit seine Hermitezität gezeigt ist. Der zweite Anteil in Gl. (15) wird zu $\frac{1}{2}\,(\hat{B}\cdot\hat{A} - \hat{A}\cdot\hat{B})^+$ und ist somit nicht hermitesch. Das Produkt $\hat{A}\cdot\hat{B}$ ist also nur dann hermitesch, wenn $\hat{A}$ und $\hat{B}$ vertauschen, d.h. wenn

$$[\hat{A}, \hat{B}] = 0 \tag{16}$$

ist. Daraus folgt natürlich sofort, daß auch $\hat{A}^n$ hermitesch ist. (Beispiel: Der Operator $\hat{p}$ ist hermitesch, dann ist auch die kinetische Energie $\dfrac{\hat{p}^2}{2m}$ hermitesch.)

Angemerkt sei hier noch, daß auch die Linearkombination $\hat{C} = i\,(\hat{A}\cdot\hat{B} - \hat{B}\cdot\hat{A})$ hermitesch ist.

Die Vertauschungsrelation (Gl. 14) zwischen dem Orts- und Impulsoperator zeigt, daß der Produktoperator $\hat{x}\cdot\hat{p}_x$ nicht hermitesch ist. Da aber nur hermitesche Operatoren physikalische Observable repräsentieren können, entspricht der Operator $\hat{x}\cdot\hat{p}_x$ keiner Observablen. Auf den allgemeinen Zusammenhang zwischen dem Kommutator und der gleichzeitigen Meßbarkeit werden wir im nächsten Paragraphen zurückkommen.

Aufg. 144. Welche Vertauschungsrelationen gelten für die Orts- und Impulsoperatoren der Schwerpunkts- und Relativbewegung des Zwei-Körper-Problems?

## § 2. Eigenfunktionen und Eigenwerte von Operatoren

In einem durch die Funktion $\psi$ beschriebenen Zustand gehöre zur Observablen $F$ der Operator $\hat{F}$. Nach den Überlegungen des vorangegangenen Paragraphen können wir den Erwartungswert $<F>$ berechnen, womit auch die mittlere Abweichung $\Delta F = F - <F>$ gegeben ist. Der dazugehörige hermitesche Operator ist $\Delta\hat{F} = \hat{F} - <\hat{F}>$. Den Erwartungswert der mittleren quadratischen Abweichung vom Mittelwert $F$ können wir mit Hilfe der Gl. (8) umformen

$$<(\Delta\hat{F})^2> = \int \psi^* \, \Delta\hat{F} \, \Delta\hat{F} \, \psi \, d\tau = \int (\Delta\hat{F} \, \psi)(\Delta\hat{F} \, \psi)^* \, d\tau = \int |\Delta\hat{F} \, \psi|^2 \, d\tau . \qquad (17)$$

Mit dieser Gleichung lassen sich die unbekannten Zustände bestimmen, in denen die mittlere quadratische Abweichung gleich Null ist. Da der Integrand in Gl. (17) eine positiv definite Größe ist, muß für diese Zustände

$$\Delta\hat{F} \, \psi = 0$$

gelten. In einem Zustand, der diese Gleichung erfüllt, hat die Größe $F$ bei einer Messung den scharfen Wert $F = <F>$. Damit wird daraus

$$\boxed{\hat{F}\psi = F\psi}. \qquad (18)$$

Dies ist eine Eigenwertgleichung. Zum Operator $\hat{F}$ gehören also gewisse reelle Zahlen $F$, die man Eigenwerte nennt und Funktionen $\psi$, die Eigenfunktionen heißen.

Die Eigenwerte bilden entweder einen diskreten Satz $F_1, F_2, F_3, \ldots$ oder eine kontinuierliche Folge von Werten in einem gewissen Intervall. Die Gesamtheit der Eigenwerte des Operators $\hat{F}$ wird Spektrum genannt. Für diskrete bzw. kontinuierliche Eigenwerte heißt das Spektrum diskret bzw. kontinuierlich. Den Eigenwerten $F_i$ zugeordnet sind die Eigenfunktionen $\psi_i$.

Da die Eigenfunktionen Zustände physikalischer Systeme darstellen sollen, müssen sie nicht verschwindende stetige und eindeutige sowie normierbare Funktionen sein. (Zur Frage der Normierung ist in § 4 des 1. Kapitels bereits einiges gesagt.) Gehören zu einem Eigenwert $s$ linear unabhängige Eigenfunktionen, so sagt man, die Eigenwerte seien $s$-fach entartet. Da die SCHRÖDINGER-Gleichung, die wir im 2. Kapitel genauer behandelt haben, die Eigenwertgleichung für die totale Energie ist, haben wir bereits viele Beispiele kennengelernt. Der harmonische Oszillator und der Potentialkasten mit unendlich hohen Wänden besitzen rein diskrete Spektren, und der Potentialkasten endlicher Tiefe besitzt für $E < 0$ ein diskretes und $E > 0$ ein kontinuierliches Spektrum. Ein rein kontinuierliches Spektrum erhalten wir auch aus der Eigenwertgleichung für den Impuls

$$\hat{p}\,\psi = p\,\psi \qquad \frac{\hbar}{i}\nabla\psi = p\,\psi$$

mit der Lösung

$$\psi_{\vec{p}}(\vec{r}) = \frac{1}{(2\pi\hbar)^{3/2}} \exp\left(\frac{i}{\hbar}\,\vec{p}\cdot\vec{r}\right) \qquad (19)$$

wobei die Normierung auf die $\delta$-Funktion

$$\int \psi^*_{\vec{p}\,'} \, \psi_{\vec{p}} \, d\tau = \delta(\vec{p} - \vec{p}\,') \qquad (20)$$

benutzt wurde, da eine Normierung auf Eins im unendlichen Integrationsvolumen nicht möglich ist. Man kann jedoch mit der „Box-Normierung" eine andere Normierungsbedingung wählen: Dazu beschränkt man den Bereich der Wellenfunktion auf eine kubische Box vom Volumen $L^3$, in deren Mittelpunkt der Koordinatenursprung liegt. Die

Wände der Box erfüllen periodische Randbedingungen. Die box-normierten Eigenfunktionen des Impulses sind

$$\psi_{\vec{p}}(\vec{r}) = L^{-3/2} \exp\left(\frac{i}{\hbar}\vec{p}\cdot\vec{r}\right). \tag{19'}$$

Hierbei ist (im Gegensatz zu Gl. 19) das Spektrum der Impulseigenwerte nicht mehr kontinuierlich, sondern diskret.

$$p_x = \frac{2\pi\hbar\, n_x}{L}, \quad p_y = \frac{2\pi\hbar\, n_y}{L}, \quad p_z = \frac{2\pi\hbar\, n_z}{L}.$$

Der Abstand zwischen benachbarten Eigenwerten kann durch Wahl einer entsprechend großen Box beliebig klein gemacht werden.

a) Orthogonalität und Vollständigkeit

Die Normierung auf die $\delta$-Funktion Gl. (20) zeigt bereits, daß die ebene Welle mit Eigenwert $\vec{p}$, die ja Eigenfunktion zum Impulsoperator ist, orthogonal und normiert (orthonormiert) zu allen anderen Eigenfunktionen mit Eigenwert $\vec{p}\,'$ ist. Auch die box-normierten Eigenfunktionen des Impulses bilden ein orthonormiertes System, denn es gilt

$$\int_{L^3} \psi^*_{\vec{p}}(\vec{r})\, \psi_{\vec{p}\,'}(\vec{r})\, \mathrm{d}^3 r = \delta_{n_x n_x'} \cdot \delta_{n_y n_y'} \cdot \delta_{n_z n_z'} = \delta_{\vec{p}\,\vec{p}\,'}\,.$$

Was hier für den Impulsoperator ausgeführt wurde, gilt ganz allgemein. Die Eigenfunktionen zu verschiedenen Eigenwerten eines hermiteschen Operators sind orthogonal zueinander (sofern keine Entartung vorliegt). Zum Beweis ist die Eigenwertgleichung

$\hat{F}\psi_n = F_n \psi_n$ und die dazu komplex konjugierte Gleichung

$\hat{F}^* \psi^*_m = F_m \psi^*_m$,

von links mit $\psi^*_m$ bzw. $\psi_n$ zu multiplizieren, zu integrieren und dann zu subtrahieren. Wir erhalten

$$\int \psi^*_m \hat{F}\, \psi_n\, \mathrm{d}\tau - \int \psi_n \hat{F}^*\, \psi^*_m\, \mathrm{d}\tau = (F_n - F_m) \int \psi^*_m \psi_n\, \mathrm{d}\tau\,.$$

Da links genau die Definitionsgleichung der Hermitezität Gl. (8) steht, ist

$$(F_n - F_m) \int \psi^*_m \psi_n\, \mathrm{d}\tau = 0\,.$$

Das verbleibende Integral ist gerade die Normierungsbedingung. Die Eigenfunktionen bilden also ein orthonormiertes Funktionensystem, das im Falle eines diskreten Spektrums durch die Aussage

$$\int \psi^*_m \psi_n\, \mathrm{d}\tau = \delta_{mn} \tag{21}$$

beschrieben wird.

Besitzt das Spektrum $f$ (endlich viele) entartete Zustände zu einem Eigenwert $F_n$, dann sind die Eigenfunktionen $\psi_{n1}, \psi_{n2}, \ldots \psi_{nf}$ im allgemeinen nicht orthogonal. Die $f$ linear unabhängigen Funktionen können aber in diesem $f$-dimensionalen Unterraum immer zueinander orthogonal gemacht werden, so daß wir die Ortho-Normalität des Funktionensystems jetzt vollständig schreiben können

$$\boxed{\int \psi^*_{ml}\, \psi_{nk}\, \mathrm{d}\tau = \delta_{mn}\, \delta_{lk}}\,. \tag{22}$$

Eine weitere wichtige Eigenschaft der Eigenfunktionen $\{\psi_n\}$ eines hermiteschen Operators ist ihre Vollständigkeit. Die Vollständigkeit besagt, daß man jede Funktion $\varphi$, die den gleichen Randbedingungen genügt wie die Funktionen $\{\psi_n\}$ und die von den gleichen Veränderlichen, z. B. $x, y$ und $z$, abhängen, in eine Reihe entwickeln kann. Im Falle von diskreten Eigenfunktionen $\{\psi_n\}$ gilt deshalb

$$\varphi(\vec{r}\,) = \sum_n a_n\, \psi_n(\vec{r}\,) \tag{23}$$

wobei die Entwicklungskoeffizienten durch

$$a_n = \int \varphi(\vec{r}\,)\, \psi^*_n(r)\, \mathrm{d}\tau \tag{24}$$

gegeben sind. (Dieses Ergebnis erhalten wir sofort, wenn Gleichung (23) mit $\psi^*_n$ multipliziert und integriert wird.) Setzen wir Gleichung (24) zurück in Gl. (23) ein, wird daraus

$$\varphi(\vec{r}\,) = \sum_n \left\{ \int \varphi(\vec{r}\,')\, \psi^*_n(\vec{r}\,')\, \mathrm{d}\tau' \right\} \psi_n(r) = \int \varphi(\vec{r}\,') \left\{ \sum_n \psi^*_n(\vec{r}\,')\, \psi_n(\vec{r}\,) \right\} \mathrm{d}\tau'\,. \tag{25}$$

Da $\varphi(r)$ eine beliebige kontinuierliche Funktion von $\vec{r}$ ist, muß der Term in den eckigen Klammern in Gl. (25) für $\vec{r} \neq \vec{r}\,'$ verschwinden, und für $\vec{r} = \vec{r}\,'$ muß das Integral darüber gleich 1 sein. Der Ausdruck

$$\sum_n \psi^*_n(\vec{r}\,')\, \psi_n(\vec{r}\,)\, \mathrm{d}\tau = \delta(\vec{r} - \vec{r}\,') \tag{26}$$

ist die Vollständigkeitsrelation des orthonormalen Satzes der Eigenfunktionen $\{\psi_n\}$.

Die Aussagen über Normierbarkeit, Vollständigkeit und Entwickelbarkeit, die wir hier für diskrete Spektren gemacht haben, gelten völlig analog auch für kontinuierliche Spektren. Dabei sind der diskrete Laufindex $n$ an den Wellenfunktionen durch den kontinuierlichen Index, z. B. $\psi_F$, und die Summen durch Integrale zu ersetzen. In der nachfolgenden Tabelle sind die wichtigsten Relationen zusammengestellt.

| | diskretes Spektrum | kontinuierliches Spektrum |
|---|---|---|
| Orthonormalität | $\int \psi^*_m(\xi)\, \psi_n(\xi)\, \mathrm{d}\xi = \delta_{mn}$ | $\int \psi^*_{F'}(\xi)\, \psi_F(\xi)\, \mathrm{d}\xi = \delta(F' - F)$ |
| Vollständigkeit | $\sum_n \psi_n(\xi')\, \psi^*_n(\xi) = \delta(\xi - \xi')$ | $\int \psi_F(\xi)\, \psi^*_F(\xi')\, \mathrm{d}F = \delta(\xi - \xi')$ |
| Entwickelbarkeit | $\psi(\xi) = \sum_n a_n\, \psi_n(\xi)$ | $\psi(\xi) = \int a_F\, \psi_F(\xi)\, \mathrm{d}F$ |

b) Gleichzeitige Meßbarkeit

Ein Zustand kann Eigenfunktion mehrerer Operatoren gleichzeitig nur dann sein, wenn die Operatoren vertauschbar sind, d. h., wenn $[\hat{A}, \hat{B}] = 0$ ist. Der Beweis läuft folgendermaßen: Sind $\hat{A}$ und $\hat{B}$ zwei hermitesche Operatoren und $\{\psi_n\}$ die Eigenfunktionen beider Operatoren, gelten die Eigenwertgleichungen

$$\hat{A}\,\psi_n = A_n\,\psi_n$$

und

$$\hat{B}\,\psi_n = B_n\,\psi_n \tag{27}$$

mit $A_n$ und $B_n$ reelle Zahlen.

Multiplizieren wir die erste Gleichung von links mit $\hat{B}$ und die zweite mit $\hat{A}$, wird daraus nach der Subtraktion der ersten von der zweiten

$$(\hat{A}\hat{B} - \hat{B}\hat{A})\,\psi_n = (B_n A_n - A_n B_n)\,\psi_n = 0\,. \tag{28}$$

Da die Eigenfunktionen $\{\psi_n\}$ ein vollständiges System bilden, gilt für die beliebige Funktion $\varphi$

$$\varphi = \sum_n a_n\,\psi_n\,.$$

Mit Gl. (28) erhalten wir damit

$$(\hat{A}\hat{B} - \hat{B}\hat{A})\,\varphi = \sum_n a_n\,(\hat{A}\hat{B} - \hat{B}\hat{A})\,\psi_n = 0\,. \tag{29}$$

Bei Anwendung des Operators $\hat{A}\hat{B} - \hat{B}\hat{A} = [\hat{A}, \hat{B}]$ auf die Funktion $\varphi$, erhalten wir stets Null. Unter der Voraussetzung gemeinsamer Eigenfunktionen der Operatoren $\hat{A}$ und $\hat{B}$ folgt also, daß ihr Kommutator

$$[\hat{A}, \hat{B}] = 0 \tag{30}$$

ist. Der umgekehrte Schluß gilt ebenso. Die Konsequenz dieser Aussage ist sehr weitreichend. Es genügt demnach, die Vertauschungsrelation zweier Operatoren auszurechnen, um zu wissen, ob sie gemeinsame Eigenfunktionen besitzen. Ist dies der Fall, dann können die physikalischen Observablen, für die die Operatoren $\hat{A}$ und $\hat{B}$ stehen, gleichzeitig scharf gemessen werden, denn die Messung der Größe $A_n$ reduziert das System auf die Eigenfunktion $\psi_n$. Ist $\psi_n$ gleichzeitig Eigenfunktion zu $\hat{B}$ ist $B_n$ der dazu scharfe Eigenwert. Ist $\psi_n$ keine Eigenfunktion zu $\hat{B}$, läßt sich $\psi_n$ nur als eine Superposition aller Eigenfunktionen zu $\hat{B}$ mit allen möglichen $B_n$ darstellen.

Der Kommutator macht also eine klare Aussage darüber, ob zwei Operatoren gemeinsame Eigenfunktionen besitzen und damit gleichzeitig scharf meßbar sind. Direkt damit verknüpft ist auch die Aussage, ob der Produktoperator hermitesch ist (Gl. 15)).

Bekanntes Beispiel sind die HEISENBERGschen Vertauschungsrelationen Gl. (14), die zeigen, daß z. B. der Impuls in $x$-Richtung und der Ort auf der $x$-Achse nicht gleichzeitig scharf gemessen werden können.

Aufg. 145. Im zweiten Kapitel haben wir die Eigenfunktionen der Energie für einen linearen harmonischen Oszillator

$$\psi_n(x) = \left(\frac{\alpha}{\pi^{1/2}\, 2^n\, n!}\right)^{1/2} H_n(\alpha x) \cdot \exp\left(-\frac{1}{2}\alpha^2 x^2\right)$$

kennengelernt. Dabei sind die HERMITEschen Polynome durch

$$H_n(\xi) = (-1)^n e^{\xi^2} \frac{\partial^n}{\partial \xi^n} e^{-\xi^2}$$

definiert. Man zeige, daß die Eigenfunktionen ein orthonormales System bilden.

## § 3. Zeitliche Entwicklung der Erwartungswerte

Der Erwartungswert einer physikalischen Größe $F$ war definiert durch

$$<F> = \int \psi^* \hat{F}\, \psi\, \mathrm{d}\tau\,. \tag{31}$$

Im allgemeinen ist dieser Erwartungswert zeitabhängig, da entweder der Operator eine explizite Zeitabhängigkeit aufweist oder die Wellenfunktion sich selbst zeitlich ändert. Um Aussagen über die zeitliche Entwicklung des Erwartungswertes zu gewinnen, müssen wir $<F>$ nach der Zeit differenzieren. Dabei dürfen Differentiation und Integration miteinander vertauscht werden, da die Grenzen des Integrals von der Zeit unabhängig sind. Wir erhalten

$$\frac{\mathrm{d}}{\mathrm{d}t} <F> = \frac{\mathrm{d}}{\mathrm{d}t} \int \psi^* \hat{F}\, \psi\, \mathrm{d}\tau = \int \left\{ \frac{\partial \psi^*}{\partial t} \hat{F} \psi + \psi^* \frac{\partial \hat{F}}{\partial t} \psi + \psi^* \hat{F} \frac{\partial \psi}{\partial t} \right\} \mathrm{d}\tau\,. \tag{32}$$

Da $\psi$ Lösung der SCHRÖDINGER-Gleichung ist, lassen sich die Ableitungen der Wellenfunktion in Gl. (32) ersetzen durch

$$i\hbar \frac{\partial \psi}{\partial t} = \hat{H} \psi \qquad \text{und} \qquad -i\hbar \frac{\partial \psi^*}{\partial t} = (\hat{H}\psi)^*\,.$$

Da der HAMILTON-Operator $\hat{H}$ ein hermitescher Operator ist, folgt

$$\begin{aligned} \frac{\mathrm{d}}{\mathrm{d}t} <F> &= \int \left\{ \psi^* \frac{\partial \hat{F}}{\partial t} \psi + \psi^* \frac{\hat{F}\hat{H}}{i\hbar} \psi - \psi^* \frac{\hat{H}\hat{F}}{i\hbar} \psi \right\} \mathrm{d}\tau \\ &= \int \psi^* \left\{ \frac{\partial \hat{F}}{\partial t} + \frac{1}{i\hbar} [\hat{F}, \hat{H}] \right\} \psi\, \mathrm{d}\tau \end{aligned} \tag{33}$$

oder

$$i\hbar \frac{\mathrm{d}}{\mathrm{d}t} <F> = <[\hat{F}, H]> + i\hbar < \frac{\partial \hat{F}}{\partial t} >\,.$$

Definieren wir die zeitliche Ableitung des Operators durch

$$\frac{\mathrm{d}}{\mathrm{d}t} <F> = < \frac{\mathrm{d}\hat{F}}{\mathrm{d}t} > \tag{34}$$

erhalten wir die Operatorbeziehung

$$\boxed{\frac{\mathrm{d}\hat{F}}{\mathrm{d}t} = \frac{\partial \hat{F}}{\partial t} + \frac{1}{i\hbar} [\hat{F}, \hat{H}]}\,. \tag{35}$$

Sie wird auch als HEISENBERGsche Form der Bewegungsgleichung bezeichnet. Hängt $\hat{F}$ nicht explizit von der Zeit ab, verbleibt

$$\frac{d\hat{F}}{dt} = \frac{i}{\hbar}[\hat{H}, \hat{F}]. \tag{36}$$

Als wohl wichtigstes Beispiel wollen wir die quantenmechanischen Bewegungsgleichungen für die Operatoren des Ortes $\hat{x}$ und des Impulses $\hat{p}_x$ betrachten. Da sie nicht explizit zeitabhängig sind, gilt entsprechend Gl. (36)

$$\frac{d\hat{x}}{dt} = \frac{i}{\hbar}[\hat{H}, \hat{x}] \tag{37a}$$

und

$$\frac{d\hat{p}_x}{dt} = \frac{i}{\hbar}[\hat{H}, \hat{p}_x]. \tag{37b}$$

Diese Gleichungen haben eine Struktur, die den klassischen HAMILTONschen Gleichungen (in der Schreibweise mit Poisson-Klammern) völlig analog ist. Sie heißen deshalb auch quantenmechanische HAMILTONsche Gleichungen.

Wir wollen hier die Kommutatoren aus Gl. (37) explizit ausrechnen. Der HAMILTON-Operator hat die Form

$$\hat{H} = \frac{1}{2m}(\hat{p}_x^2 + \hat{p}_y^2 + \hat{p}_z^2) + \hat{V}(\hat{x}, \hat{y}, \hat{z}, t).$$

Da wir den Kommutator $[\hat{p}_j, \hat{x}_k] = i\hbar\,\delta_{jk}$ aus Gl. 14 bereits kennen, bleibt anzurechnen

$$[\hat{H}, \hat{x}] = \frac{1}{2m}[\hat{p}_x^2, \hat{x}]$$

da $\hat{x}$ mit $\hat{V}, \hat{p}_y$ und $\hat{p}_z$ kommutiert.

$$[\hat{H}, \hat{x}] = \frac{1}{2m}\left\{\hat{p}_x^2\hat{x} - \hat{x}\hat{p}_x^2\right\} = \frac{1}{2m}\left\{\hat{p}_x(\hat{x}\hat{p}_x - i\hbar) - \hat{x}\hat{p}_x\hat{p}_x\right\}$$

$$= \frac{1}{2m}\left\{\hat{p}_x\hat{x}\hat{p}_x - i\hbar\,\hat{p}_x - \hat{x}\hat{p}_x\hat{p}_x\right\} = \frac{1}{2m}\left\{(\hat{x}\hat{p}_x - i\hbar)p_x - i\hbar\,\hat{p}_x - \hat{x}\hat{p}_x\hat{p}_x\right\}$$

$$= -\frac{i\hbar}{m}\hat{p}_x.$$

Gl. (37a) läßt sich mit diesem Ergebnis in der Form schreiben

$$\boxed{\frac{d\hat{x}}{dt} = \frac{\hat{p}_x}{m}} \tag{38}$$

Nach völlig analoger Rechnung wird Gl. (37b) zu

$$\boxed{\frac{d\hat{p}_x}{dt} = -\frac{\partial\hat{V}}{\partial x}}. \tag{39}$$

Dies sind die NEWTONschen Gleichungen der klassischen Mechanik in Operatorform!

Gehen wir bei beiden Gleichungen (38) und (39) zu den Mittelwerten, den physikalischen Meßgrößen, über, erhalten wir die EHRENFESTschen Sätze.

$$\frac{\mathrm{d}}{\mathrm{d}t}<x> \;= \frac{1}{m}<p_x> \qquad \text{1. EHRENFESTscher Satz} \qquad (40)$$

und

$$\frac{\mathrm{d}}{\mathrm{d}t}<p_x> = -<\frac{\partial V}{\partial x}> \qquad \text{2. EHRENFESTscher Satz} \quad . \qquad (41)$$

Diese Sätze erlauben folgende Aussage:
Klassische Mechanik und Quantenmechanik stimmen überein, wenn die Mittelwerte von Ort und Impuls betrachtet werden. Oder anders ausgedrückt: Die Mittelwerte quantenmechanischer Größen bewegen sich nach den klassischen Gleichungen.

Da diese Gleichungen formal analog zu den klassischen Gleichungen sind, gelten auch die gleichen Integrale der Bewegungsgleichungen. Vertauscht in Gl. (36) der Operator $\hat{F}$ mit $\hat{H}$, gilt (falls $\hat{F}$ nicht explizit zeitabhängig ist)

$$\frac{\mathrm{d}\hat{F}}{\mathrm{d}t} = 0$$

womit $<F>$ dann eine Erhaltungsgröße ist.
Beispiele sind: Die totale Energie $E$, da $\hat{H}$ mit sich selbst vertauscht, der Impuls $p$, falls $\frac{\partial V}{\partial x} = 0$ ist, also wenn keine Kraft wirkt, sowie für Zentralkraftprobleme der Drehimpulserhaltungssatz. (Dies wird im 4. Kapitel genauer untersucht.)

## § 4. Darstellung von Zuständen und Operatoren

Bis jetzt haben wir bei der Beschreibung eines quantenmechanischen Systems in einem bestimmten Zustand $\mu$ meist die Wellenfunktion im Ortsraum $\psi_\mu(x)$ benutzt. Wir wollen hier eine abstrakte Beschreibung der Zustände kennenlernen, die nicht nur allgemeiner, sondern auch sehr viel übersichtlicher ist; sie stammt von DIRAC und wird deshalb auch DIRAC-Schreibweise genannt.

Ein Zustand ist bestimmt durch die gleichzeitig meßbaren Eigenschaften $\alpha$ des physikalischen Objektes. Beschrieben wird dieser Zustand durch den Zustandsvektor „ket“ $|\mu>$ oder durch den Zustandsvektor „bra“ $<\mu|$. Diese Namen erklären sich aus den ersten drei bzw. letzten drei Buchstaben des englischen Wortes „bracket“ (Klammer). Zwischen dem bra-Vektor und dem ket-Vektor besteht für ein und denselben Zustand die Beziehung

$$<\mu| = |\mu>^* = |\mu>^+ \; .$$

(Die Bezeichnung $|\mu>^+$ entspricht der Auffassung des bra-Raumes als Dualraum des ket-Raumes.)

Hermitesche Operatoren $\hat{F} = \hat{F}^+$ wirken auf ket-Vektoren von links und auf bra-Vektoren von rechts und überführen sie in andere Zustandsvektoren ket bzw. bra.

$$<\nu| = <\mu|\hat{F} \qquad \text{oder} \qquad \hat{F}|\mu> = |\nu> \; .$$

Die Zustandsvektoren sind Vektoren eines linearen und normierbaren Vektorraumes über den komplexen Zahlen, der auch HILBERT-Raum genannt wird.

Zur Einführung einer Metrik sei ein Skalarprodukt $<\mu|\nu>$ mit folgenden Eigenschaften definiert

$$\begin{aligned} <\mu|\nu> &= <\nu|\mu>^* \\ <\mu|c\nu> &= c<\mu|\nu> \\ <\mu+\nu|\gamma> &= <\mu|\gamma> + <\nu|\gamma> \\ <\mu|\mu> &= r \geqslant 0\,, \end{aligned} \tag{42}$$

wobei $c$ komplex und $r$ reell sein soll. Das Skalarprodukt $<\mu|\nu>$ selbst wird in der physikalischen Interpretation als Wahrscheinlichkeitsamplitude gedeutet, nach Präparation des Zustandes $|\nu>$ den Zustand $<\mu|$ zu finden. Fragen wir z. B. nach der Wahrscheinlichkeitsamplitude, den Zustand $|\psi>$ bei einer Messung im Zustand $<x|$ (d. h. am Ort $x$) zu finden, erkennen wir im Ausdruck

$$<x|\psi> = \psi(x) \quad \text{und} \quad <\psi|x> = \psi^*(x)$$

die uns gut bekannte Wellenfunktion $\psi(x)$ wieder. Daraus sehen wir, daß z. B. das Normierungsintegral in folgenden Formen geschrieben werden kann

$$\int \psi^*(x)\,\psi(x)\,\mathrm{d}x = \int <\psi|x><x|\psi>\mathrm{d}x = <\psi|\psi>\,. \tag{43}$$

Benutzt haben wir dabei die Vollständigkeitsrelation in der DIRAC-Schreibweise

$$\int |x><x|\,\mathrm{d}x = 1.$$

Durch die Eigenwertgleichung in der abstrakten DIRACschen Schreibweise

$$\hat{A}\,|\alpha> = A\,|\alpha> \tag{44}$$

ist entsprechend den Überlegungen in § 2 ein vollständiges und orthogonales Vektorsystem von Zuständen gegeben

mit $$<\alpha|\alpha'> = \delta(\alpha-\alpha') \tag{45}$$

und $$\sum\!\!\!\!\!\!\int |\alpha><\alpha| = 1\,. \tag{46}$$

Das Zeichen $\sum\!\!\!\!\!\!\int$ bedeutet dabei Summation über den diskreten Teil des Spektrums und Integration über den kontinuierlichen Teil.

a) Darstellung von Vektoren (Zuständen)

Seien $|\psi>$ und $|\varphi>$ zwei beliebige Vektoren in diesem funktionalen Vektorraum, so können wir sie unter Ausnutzung der Vollständigkeitsrelation Gl. (46) nach Komponenten der Basis $|\alpha>$ entwickeln

$$|\psi> = 1\cdot|\psi> = \sum\!\!\!\!\!\!\int |\alpha><\alpha|\psi>$$

und

$$|\varphi> = \sum\!\!\!\!\!\!\int |\alpha><\alpha|\varphi>\,.$$

Das Skalarprodukt beider Zustände

$$<\psi\,|\,\varphi> = \mathop{\displaystyle\sum\!\!\!\!\!\!\int}_{\alpha} \mathop{\displaystyle\sum\!\!\!\!\!\!\int}_{\alpha'} <\psi\,|\,\alpha><\alpha\,|\,\alpha'><\alpha'\,|\,\varphi>$$

wird mit der Orthogonalitätsrelation Gl. (45) zu

$$<\psi\,|\,\varphi> = \mathop{\displaystyle\sum\!\!\!\!\!\!\int}_{\alpha} <\psi\,|\,\alpha><\alpha\,|\,\varphi>\,. \tag{47}$$

Zur Verdeutlichung der Schreibweise die gleichen Ausdrücke noch einmal für ein diskretes Spektrum $|\,\alpha_n> = |\,n>$

$$|\,\varphi> = \sum_n |\,\alpha_n><\alpha_n\,|\,\varphi> = \sum_n |\,n>\varphi_n$$

$$<\psi\,| = \sum_n <\psi\,|\,\alpha_n><\alpha_n\,| = \sum_n \psi_n^*<n\,|$$

$$<\psi\,|\,\varphi> = \sum_n \psi_n^*\varphi_n\,, \tag{47a}$$

wobei $\psi_n^*$ als Zeilenvektor und $\varphi_n$ als Spaltenvektor angesehen werden können. Die gleichen Ausdrücke für ein kontinuierliches Spektrum lauten

$$|\,\varphi> = \int d\alpha\,|\,\alpha><\alpha\,|\,\varphi> = \int d\alpha\,|\,\alpha>\varphi(\alpha)$$

$$<\psi\,| = \int d\alpha<\psi\,|\,\alpha><\alpha\,| = \int d\alpha<\alpha\,|\,\psi^*(\alpha)$$

$$<\psi\,|\,\varphi> = \int d\alpha\,\psi^*(\alpha)\,\varphi(\alpha)\,. \tag{47b}$$

Im Unterschied zu dem üblichen endlich-dimensionalen Vektorraum ist der hier betrachtete Vektorraum unendlich-dimensional, und außerdem ist der Skalarkörper komplex.

Je nachdem, welcher Satz von Eigenfunktionen $|\,\alpha>$ als Basis benutzt wird, spricht man von Ortsdarstellung ($<x\,|\,\psi>$), Energiedarstellung ($<E_n\,|\,\psi>$), Impulsdarstellung ($<p\,|\,\psi>$) etc. des Zustandsvektors $|\,\psi>$ im HILBERT-Raum, der in der Schreibweise $|\,\psi>$ darstellungsfrei geschrieben ist. Jede mögliche Entwicklung in eine vollständige orthonormierte Basis ist eine mögliche Darstellung des Zustandes.

### b) Darstellung von Operatoren

Die Wirkung eines hermiteschen, linearen Operators $\hat{F}$ auf einen Zustand $|\,\psi>$ überführt diesen Zustand in den Zustand $|\,\varphi>$, der ebenfalls dem HILBERT-Raum angehört.

$$\hat{F}\,|\,\psi> = |\,\varphi>\,. \tag{48}$$

Wählen wir speziell für $|\,\psi>$ einen Basisvektor $|\,\alpha_m>$ eines orthonormierten diskreten Spektrums, wird aus (48)

$$\hat{F}\,|\,\alpha_m> = |\,\varphi_m> = |\,\hat{F}\,\alpha_m>\,. \tag{49}$$

Zerlegen wir den Vektor $|\varphi_m>$ in die Komponenten der Basis $|\alpha_n>$, erhalten wir

$$\begin{aligned} |\varphi_m> &= \sum_n |\alpha_n><\alpha_n|\varphi_m> \\ &= \sum_n |\alpha_n><\alpha_n|\hat{F}\alpha_m> = \sum_n |\alpha_n><\alpha_n|\hat{F}|\alpha_m> \\ &= \sum_n |\alpha_n> F_{nm} , \end{aligned}$$

wobei der doppelt indizierte Ausdruck $<\alpha_n|\hat{F}|\alpha_m> = F_{nm}$ Matrixelement genannt wird.
Gl. (49) wird damit

$$\hat{F}|\alpha_m> = \sum_n |\alpha_n><\alpha_n|\hat{F}|\alpha_m> = \sum_n |\alpha_n> F_{nm} . \tag{50}$$

Wählen wir für $|\psi>$ speziell einen Basisvektor $|\alpha'>$ eines orthonormierten kontinuierlichen Spektrums, erhalten wir analog zu Gl. (50)

$$\begin{aligned} \hat{F}|\alpha'> &= \int d\alpha\, |\alpha><\alpha|\hat{F}|\alpha'> \\ &= \int d\alpha\, |\alpha> \cdot\ F(\alpha,\alpha') . \end{aligned} \tag{51}$$

Nach dieser Vorüberlegung können wir nun Gl. (48) für den Fall eines beliebigen HILBERT-Vektors betrachten. Wählen wir eine kontinuierliche Basis $|\alpha'>$, wird aus Gl. (48)

$$\begin{aligned} \hat{F}|\psi> &= \hat{F}\int d\alpha'\, |\alpha'><\alpha'|\psi> = \hat{F}\int d\alpha'\, |\alpha'>\psi(\alpha') \\ &= \iint d\alpha\, d\alpha'\, |\alpha> F(\alpha,\alpha')\, \psi(\alpha') \\ &= \int d\alpha\, |\alpha> \int d\alpha'\, F(\alpha,\alpha')\, \psi(\alpha') \end{aligned}$$

oder in reiner bra-ket-Schreibweise

$$\hat{F}|\psi> = \iint |\alpha> d\alpha <\alpha|\hat{F}|\alpha'> d\alpha' <\alpha'|\psi> .$$

Multiplizieren wir von links mit einem beliebigen anderen Zustandsvektor, wird das allgemeine Matrixelement

$$\begin{aligned} <\varphi|\hat{F}|\psi> &= <\varphi|1\cdot\hat{F}\cdot 1|\psi> \\ &= \iint <\varphi|\alpha> d\alpha <\alpha|\hat{F}|\alpha'> d\alpha' <\alpha'|\psi> \\ &= \iint \varphi^*(\alpha)\, d\alpha\, F(\alpha,\alpha')\, d\alpha'\, \psi(\alpha') . \end{aligned} \tag{52}$$

Für den Fall einer diskreten Basis wird daraus

$$<\varphi|\hat{F}|\psi> = \sum_n \sum_m \varphi_n^* F_{nm} \psi_m = \sum_n \sum_m <\varphi|\alpha_n><\alpha_n|\hat{F}|\alpha_m><\alpha_m|\psi> \tag{53}$$

Die rechte Seite entspricht gerade der Rechenvorschrift der Multiplikation eines Zeilenvektors mit einer Matrix und einem Spaltenvektor. Die Gesamtheit der Zahlen $F_{nm}$ bildet eine Matrix $(F_{nm})$. Ihre Elemente $F_{nm} = <\alpha_n|\hat{F}|\alpha_m>$ heißen Matrixelemente des Operators $\hat{F}$ in der $\alpha$-Darstellung.

Für das Produkt zweier Operatoren läßt sich das Matrixelement in der $\alpha$-Darstellung schreiben

$$\hat{C} = \hat{F} \cdot \hat{G}$$

$$\begin{aligned} C(\alpha, \alpha') &= <\alpha|\hat{C}|\alpha'> = <\alpha|\hat{F} \cdot 1 \cdot \hat{G}|\alpha'> \\ &= \int d\alpha'' <\alpha|\hat{F}|\alpha''><\alpha''|\hat{G}|\alpha'> \\ &= \int d\alpha'' F(\alpha, \alpha'') \cdot G(\alpha'', \alpha') \end{aligned} \tag{54}$$

bzw. $C_{mn} = \sum_l F_{ml} \cdot G_{ln}$ im Falle einer diskreten Basis.

Nach dieser mehr formalen Beschreibung der Darstellung von Zuständen und Operatoren wollen wir einige Beispiele explizit angeben.
Ortsdarstellung:

$$\hat{F} = \hat{x}; \qquad |\alpha> = |x>.$$

Die Zustände sind dann

$$<x|\psi> = \psi(x),$$

die normale „Orts"-Wellenfunktion.
Das Skalarprodukt ist

$$\begin{aligned} <\varphi|\psi> &= \int dx <\varphi|x> <x|\psi> \\ &= \int dx\, \varphi^*(x)\, \psi(x). \end{aligned}$$

Der Ortsoperator in der Ortsdarstellung ist diagonal (Speziallfall von Gl. (50) für $\hat{F} = \hat{x}$)

$$\begin{aligned} <x|\hat{x}|x'> &= <x|x'|x'> \\ &= x' <x|x'> \\ &= x\, \delta(x - x'). \end{aligned} \tag{55}$$

Analoges gilt für eine Funktion des Ortsoperators $f(\hat{x})$, wobei wir die Spektralzerlegung

$$f(\hat{x}) = \int dx''\, f(x'')\, |x''> <x''|$$

benutzen

$$\begin{aligned} <x|f(\hat{x})|x'> &= <x|\int dx'' f(x'')|x''> <x''|x'> \\ &= <x|\int dx'' f(x'')|x''> \delta(x''-x') \\ &= <x|f(x')|x'> = f(x)\,\delta(x-x') \;. \end{aligned} \tag{56}$$

Allgemein gelten diese Aussagen analog Gl. (55) und Gl. (56) für alle Operatoren in ihrer Eigendarstellung.

Aufg. 146. Wie lautet der Impulsoperator a) in der Ortsdarstellung und b) in der Impulsdarstellung?

### c) Eigenwertgleichung in Matrixform

Die allgemeine Eigenwertgleichung (44)

$$\hat{A}\,|\alpha> = A\,|\alpha>$$

können wir z. B. in der Basis des diskreten Spektrums $|n>$ darstellen.

$$\sum_{m,n} |m> <m|\hat{A}|n> <n|\alpha> = A \sum_{m} |m> <m|\alpha>$$

$$\sum_{m,n} |m> A_{mn} <n|\alpha> = A \sum_{m} |m> <m|\alpha> \;.$$

Da diese Gleichung für jedes beliebige $|m>$ gilt, bleibt

$$\sum_{n} A_{mn} <n|\alpha> = A <m|\alpha> \;.$$

Dies ist ein unendliches homogenes, lineares Gleichungssystem für die unbekannten Funktionen $<n|\alpha>$

$$\sum_{n} (A_{mn} - A\,\delta_{mn}) <n|\alpha> = 0 \;. \tag{57}$$

Dieses System hat nur dann von Null verschiedene Lösungen, wenn die Koeffizientendeterminante verschwindet

$$\| A_{mn} - A\,\delta_{mn} \| = 0 \;.$$

Die Wurzeln des Gleichungssystems sind die Eigenwerte $A_i$ des Operators $\hat{A}$ für die physikalische Größe $A$. Die Entwicklungskoeffizienten $<n|\alpha>$ zu einem Eigenwert $A_i$ erhält man durch Einsetzen von $A_i$ in das Gleichungssystem (57). Die Eigenfunktionen sind dann $|\alpha_i> = \sum_n <n|\alpha>|n>$. Auf diese Weise ist es möglich, Eigenwerte und Eigenfunktionen zu bestimmen, obwohl wir nur die Matrixelemente des Operators $\hat{A}$ in der $|n>$-Darstellung kennen, die nicht die Eigendarstellung von $\hat{A}$ ist. Dieses hier skizzierte Verfahren wird im Sprachgebrauch auch „Bestimmung von Eigenwerten und Eigenfunktionen durch Diagonalisierung" genannt.

Aufg. 147. Die Matrixelemente des HAMILTON-Operators bei einem zweidimensionalen Problem sind $\begin{pmatrix} H_{11} & H_{12} \\ H_{21} & H_{22} \end{pmatrix}$. Man bestimme die Eigenwerte und die Eigenfunktionen, wenn $H_{11} = H_{22} = E_0$ und $H_{12} = H_{21} = -A$ ist.

## § 5. Wechsel der Darstellung; unitäre Transformation

Sind die $\psi_n$-Eigenfunktionen zum Operator $\hat{L}$ und die $\varphi_\nu$-Eigenfunktionen zum Operator $\hat{M}$ mit jeweils diskretem Spektrum, so ist der Operator $\hat{F}$ in diesen beiden Basissystemen durch Angabe der Matrixelemente

$$F_{mn} = \langle m \mid \hat{F} \mid n \rangle = \int d\alpha \langle m \mid \alpha \rangle \hat{F} \langle \alpha \mid n \rangle = \int \psi_m^*(\alpha) \hat{F} \psi_n(\alpha)\, d\alpha \tag{58}$$

bzw.

$$F_{\mu\nu} = \langle \mu \mid \hat{F} \mid \nu \rangle = \int d\alpha \langle \mu \mid \alpha \rangle \hat{F} \langle \alpha \mid \nu \rangle = \int \varphi_\mu^*(\alpha) \hat{F} \varphi_\nu(\alpha)\, d\alpha \tag{59}$$

gegeben.

Wie sieht nun die Transformationsmatrix aus, die die $(F_{mn})$ in die $(F_{\mu\nu})$ überführt? Dazu entwickeln wir die $\varphi_\mu$ nach dem $\psi_n$

$$\mid \mu \rangle = \varphi_\mu = \sum_n S_{n\mu} \psi_n = \sum_n S_{n\mu} \mid n \rangle . \tag{60}$$

Multiplizieren wir von links mit $\psi_m^*$ (und integrieren über die Variable $\alpha$), wird aus (60)

$$\langle m \mid \mu \rangle = \int \psi_m^*(\alpha)\, \varphi_\mu(\alpha)\, d\alpha = \sum_n S_{n\mu}\, \delta_{mn} = S_{m\mu} . \tag{61}$$

Wir setzen diese Entwicklung in Gl. (59) ein und erhalten

$$\begin{aligned} F_{\mu\nu} = \langle \mu \mid \hat{F} \mid \nu \rangle &= \sum_n S_{n\mu}^* \langle n \mid \hat{F} \sum_m S_{m\nu} \mid m \rangle \\ &= \sum_{n,m} S_{n\mu}^* F_{nm} S_{m\nu} . \end{aligned}$$

Da $(S_{n\mu})^* = (S_{\mu n})^+$ ist, folgt für die Matrix $(F_{\mu\nu})$

$$(F_{\mu\nu}) = (S_{\mu n})^+ \cdot (F_{nm}) \cdot (S_{m\nu}) , \tag{62}$$

wobei auf der rechten Seite eine doppelte Matrixmultiplikation auszuführen ist. Gl. (62) hat in Kurzschreibweise die Gestalt

$$\boldsymbol{F}_M = \boldsymbol{S}^+ \boldsymbol{F}_L \boldsymbol{S} . \tag{63}$$

Daß $S$ eine unitäre Matrix sein muß, folgt aus

$$\begin{aligned} \delta_{\mu\nu} = \langle \mu \mid \nu \rangle &= \sum_m S_{m\mu}^* \langle m \mid \sum_n S_{n\nu} \mid n \rangle \\ &= \sum_{m,n} S_{m\mu}^* S_{n\nu}\, \delta_{mn} = \sum_m S_{m\mu}^* S_{m\nu} \\ &= \sum_m S_{\mu m}^+ S_{m\nu} = (S^+ S)_{\mu\nu} . \end{aligned} \tag{64}$$

Der Ausdruck $S^+ \cdot S$ ist also die Einheitsmatrix $I = S^{-1} S$, d.h. $S$ ist unitär. Die Matrixelemente sind die $m$-Darstellung von $| \mu >$ nach Gl. (61). Wollen wir umgekehrt die Matrix $(A_{nm})$ durch die $(A_{\mu\nu})$ ausdrücken, läßt sich dies am einfachsten in der Form der Gl. (63) angeben

$$F_M = S^+ F_L S$$

$$S F_M S^+ = S S^+ F_L S S^+ = F_L \ .$$

Derartige unitäre Transformationen erhalten: a) die Normierung eines Zustandes, b) algebraische Ausdrücke, c) Kommutatoren, d) das Eigenwertspektrum sowie e) Matrixelemente.

Als Beispiel zu d) wollen wir die Eigenwertgleichung von $\hat{L}$ umschreiben

$$\hat{L} \,| \psi_n > = L \,| \psi_n >$$

$$S \hat{L} \,| \psi_n > = S L \,| \psi_n >$$

$$\underbrace{S \hat{L} S^+}_{\hat{L}_t} \ \underbrace{S \,| \psi_n >}_{\psi_t} = L \ \underbrace{S \,| \psi_n >}_{\psi_t} \ . \tag{65}$$

Die Eigenwerte $L$ bleiben also trotz unitärer Transformation des Operators und der Eigenfunktionen unverändert.

Zum Schluß noch die Nomenklatur, falls wir eine Darstellung in Eigenfunktionen eines Operators mit kontinuierlichem Spektrum betrachten: Sind $\mu$ und $n$ kontinuierliche Indices, wird Gleichung (62) zu

$$F(\mu, \mu') = \iint \mathrm{d}n \, \mathrm{d}n' \, S^*(n, \mu) F(n, n') S(n', \mu')$$

und Gleichung (64) zu

$$\int \mathrm{d}n \, S^*(n, \mu) S(n, \mu') = \delta(\mu - \mu') \ .$$

Formal läßt sich die Matrixschreibweise auch hier noch aufrechterhalten, doch ist $S(n, \mu)$ eine Funktion zweier Veränderlicher.

## § 6. Darstellungen für die zeitliche Änderung von Zuständen

Zeitliche Änderungen von Zuständen lassen sich mit unitären Transformationen beschreiben. SCHRÖDINGER-Bild, HEISENBERG-Bild und Wechselwirkungsbild sind verschiedene solcher Darstellungen.

a) SCHRÖDINGER-Bild

Ein zeitabhängiger Zustand $\psi(x, t)$ erfüllt die SCHRÖDINGER-Gleichung

$$\hat{H} \, \psi(x, t) = -\frac{\hbar}{i} \frac{\partial}{\partial t} \psi(x, t).$$

Unter der Voraussetzung $\frac{\partial \hat{H}}{\partial t} = 0$ folgt als formale Lösung

$$\psi(x,t) = e^{-\frac{i}{\hbar}\hat{H}t}\,\psi(x,0)\,. \tag{66}$$

Fassen wir die Exponentialfunktion als zeitabhängigen Operator $\hat{S}(t)$ auf, so ist der Zustand $\psi(x,t)$ als Produkt eines zeitabhängigen unitären Operators mit einer nur ortsabhängigen Wellenfunktion $\psi(x,0)$ dargestellt.

$$\psi(x,t) = \hat{S}(t)\,\psi(x)\,. \tag{67}$$

$\hat{S}(t)$ ist unitär, weil

$$\hat{S}^{+}S = e^{+\frac{i}{\hbar}\hat{H}t}\,e^{-\frac{i}{\hbar}\hat{H}t} = 1.$$

Um zu sehen, wie der Operator $\hat{S}(t) = \exp\left(-\frac{i}{\hbar}\hat{H}t\right)$ auf $\psi(x)$ wirkt, entwickeln wir diese nach Eigenfunktionen des HAMILTON-Operators

$$\psi(x) = \sum a_n\varphi_n(x) \quad \text{mit} \quad \hat{H}\varphi_n(x) = E_n\varphi_n(x) \ \text{und} \ \frac{\partial\hat{H}}{\partial t} = 0.$$

Wir setzen in Gl. (66) ein:

$$\begin{aligned}\psi(x,t) &= e^{-\frac{i}{\hbar}\hat{H}t}\,\psi(x)\\ &= \sum_k \frac{1}{k!}\left(-\frac{i}{\hbar}\hat{H}t\right)^k \sum_n a_n\,\varphi_n(x)\\ &= \sum_{k,n} \frac{a_n}{k!}\left(-\frac{i}{\hbar}\hat{H}t\right)^k \varphi_n(x)\,.\end{aligned}$$

Da $(\hat{H})^k\,\varphi_i = (E_i)^k\,\varphi_i$ ist, wird

$$\begin{aligned}\psi(x,t) &= \sum_{k,n} \frac{a_n}{k!}\left(-\frac{i}{\hbar}E_n t\right)^k \varphi_n(x)\\ &= \sum_n a_n\,e^{-\frac{i}{\hbar}E_n t}\,\varphi_n(x)\,.\end{aligned}$$

Diese Lösung ist identisch mit der allgemeinen Lösung der SCHRÖDINGER-Gleichung mit zeitunabhängigem HAMILTON-Operator.
Die Darstellung $\psi(x,t) = \hat{S}(t)\cdot\psi(x)$ heißt SCHRÖDINGER-Bild.

b) HEISENBERG-Bild

Im Gegensatz zum SCHRÖDINGER-Bild, in dem die Zustände zeitabhängig und die Operatoren zeitunabhängig sind, werden im HEISENBERG-Bild die Wellenfunktionen zeitunabhängig gewählt, statt dessen wird die dynamische Entwicklung der Zustände durch zeitabhängige Operatoren beschrieben. Beide Beschreibungsweisen sind völlig äquivalent, da sie auf die gleichen Erwartungswerte, Spektren etc. führen.
Betrachten wir z. B. den Erwartungswert von $\hat{F}$:

$$< \hat{F} > = \int \psi_m^*(x,t) \hat{F} \psi_n(x,t)\,\mathrm{d}x \,. \qquad (68)$$

Die Wellenfunktion $\psi_m(x,t)$ ist in der Energiedarstellung des SCHRÖDINGER-Bildes

$$\psi_n(x,t) = \psi_n(x) e^{-\frac{i}{\hbar} E_n t} \,,$$

wobei die Zeitabhängigkeit allein im Exponentialfaktor steckt.
Setzen wir dies in Gl. (68) ein, erhalten wir

$$< \hat{F} > = \int \psi_m^*(x) e^{\frac{i}{\hbar} E_m t} \hat{F} e^{-\frac{i}{\hbar} E_n t} \psi_n(x)\,\mathrm{d}x$$

$$= \int \psi_m^*(x) \hat{F}_{\mathrm{Hei}} \psi_n(x)\,\mathrm{d}x \,.$$

In der Beschreibungsweise der letzten Zeile ist die Zeitabhängigkeit von den Zuständen auf den Operator übergegangen. $\hat{F}_{\mathrm{Hei}}$ ist der Operator in der HEISENBERG-Darstellung. Ganz allgemein ausgedrückt erfolgt der Übergang vom SCHRÖDINGER- zum HEISENBERG-Bild durch die unitäre Transformation $\hat{S}(t)^{-1}$.

$$\hat{S}^{-1}(t) \psi_{\mathrm{Sch}}(x,t) = \hat{S}^{-1} \hat{S} \psi(x) = \psi_{\mathrm{Hei}}(x) \,.$$

Gleichzeitig transformieren die Operatoren nach der Vorschrift

$$\hat{F}_{\mathrm{Hei}}(t) = \hat{S}^{-1}(t) \hat{F}_{\mathrm{Sch}} \hat{S}(t) \,.$$

Damit gilt für die Eigenwertgleichung

$$\hat{F}_{\mathrm{Sch}} \psi_{\mathrm{Sch}} = F \psi_{\mathrm{Sch}}$$
$$\hat{S}^{-1} \hat{F}_{\mathrm{Sch}} \psi_{\mathrm{Sch}} = \hat{S}^{-1} F \psi_{\mathrm{Sch}}$$
$$\hat{S}^{-1} \hat{F}_{\mathrm{Sch}} \hat{S} \hat{S}^{-1} \psi_{\mathrm{Sch}} = F \hat{S}^{-1} \psi_{\mathrm{Sch}}$$
$$\hat{F}_{\mathrm{Hei}} \psi_{\mathrm{Hei}} = F \psi_{\mathrm{Hei}} \,.$$

Die beiden Betrachtungsweisen, SCHRÖDINGER-Bild auf der einen und HEISENBERG-Bild auf der anderen Seite, können wir auch etwas formaler im HILBERT-Raum betrachten. Im SCHRÖDINGER-Bild wird die zeitliche Entwicklung eines Zustandes durch Veränderung des Zustandes im gleichbleibenden HILBERT-Raum, der durch die Eigenfunktionen zeitunabhängiger Operatoren aufgespannt wird, dargestellt. Im HEISENBERG-Bild dagegen wird der Zustand gleich gelassen, dagegen verändern sich mit der Zeit die Eigenfunktionen (Basisvektoren), die den HILBERT-Raum aufspannen.

### c) Wechselwirkungsbild

In der Quantenmechanik hat man häufig Systeme zu untersuchen, die aus mehreren miteinander wechselwirkenden Teilen bestehen. Der HAMILTON-Operator ist in diesen Fällen als

$$\hat{H} = \hat{H}_0 + \hat{V}$$

darstellbar, wobei $\hat{V}$ der Operator der Wechselwirkung ist. Zur Beschreibung eines zeitabhängigen Zustandes verwendet man häufig das Wechselwirkungsbild. Dieses erhält man aus dem SCHRÖDINGER-Bild durch die unitäre Operation

$$\hat{S}(t) = \exp\left(\frac{i}{\hbar}\hat{H}_0 t\right).$$

Operatoren $\hat{F}_{\text{Sch}}$ transformieren sich damit zu zeitabhängigen Operatoren

$$\hat{F}_w(t) = \hat{S}^{-1}(t)\cdot\hat{F}_{\text{Sch}}\cdot\hat{S}(t).$$

Im Wechselwirkungsbild sind sowohl die Zustandsfunktionen als auch die Operatoren zeitabhängig.

Aufg. 148. Der Zusammenhang zwischen $\psi(t)$ und $\psi(t_0)$ ist durch den zeitlichen Entwicklungsoperator $\hat{S}(t, t_0)$ in der Form

$$\psi(t) = \hat{S}(t, t_0)\cdot\psi(t_0)$$

gegeben. Man zeige, daß $\hat{S}$ die Integralgleichung

$$\hat{S}(t, t_0) = 1 - \frac{i}{\hbar}\int_{t_0}^{t}\hat{H}\,\hat{S}(t', t_0)\,\mathrm{d}t'$$

erfüllt.

Viertes Kapitel

# Drehimpulse in der Quantenmechanik

## § 1. Der Bahndrehimpulsoperator

Klassisch ist der Bahndrehimpuls $\vec{L}$ durch

$$\vec{L} = \vec{r}\times\vec{p}$$

gegeben. Übersetzen wir diesen Ausdruck in die Quantenmechanik, erhalten wir den Drehimpulsoperator

$$\hat{\vec{L}} = \hat{\vec{r}}\times\hat{\vec{p}}$$

mit seinen kartesischen Komponenten

$$\begin{aligned}
\hat{L}_x &= \hat{y}\hat{p}_z - \hat{z}\hat{p}_y = -i\hbar\left(\hat{y}\frac{\partial}{\partial z} - \hat{z}\frac{\partial}{\partial y}\right)\\
\hat{L}_y &= \hat{z}\hat{p}_x - \hat{x}\hat{p}_z = -i\hbar\left(\hat{z}\frac{\partial}{\partial x} - \hat{x}\frac{\partial}{\partial z}\right)\\
\hat{L}_z &= \hat{x}\hat{p}_y - \hat{y}\hat{p}_x = -i\hbar\left(\hat{x}\frac{\partial}{\partial y} - \hat{y}\frac{\partial}{\partial x}\right).
\end{aligned}\tag{1}$$

Das Quadrat des Drehimpulsoperators in kartesischen Komponenten ist

$$\hat{\vec{L}}^2 = \hat{\vec{L}}\cdot\hat{\vec{L}} = \hat{L}_x^2 + \hat{L}_y^2 + \hat{L}_z^2.$$

Durch einfaches Ausmultiplizieren finden wir die Vertauschungsregeln der Drehimpulskomponenten untereinander

$$[\hat{L}_x, \hat{L}_y] = i\hbar\, \hat{L}_z \qquad \text{sowie zyklische Permutationen.} \tag{2}$$

Der Kommutator der Komponenten mit dem Quadrat des Drehimpulses ist

$$[\hat{L}_x, \hat{L}^2] = [\hat{L}_y, \hat{L}^2] = [\hat{L}_z, \hat{L}^2] = 0\ . \tag{3}$$

Ebenso leicht können wir die Kommutatoren zwischen Bahndrehimpuls und Koordinate bzw. Impulsoperator berechnen

$$\begin{aligned} [\hat{L}_x, \hat{y}] &= i\hbar\, \hat{z} \\ [\hat{L}_x, \hat{p}_y] &= i\hbar\, \hat{p}_z \qquad \text{sowie zyklische Permutationen .} \end{aligned}$$

Da aber

$$\begin{aligned} [\hat{L}_i, r] &= 0 \\ [\hat{L}_i, p^2] &= 0 \end{aligned} \qquad i = x, y, z$$

ist, gilt auch

$$[\hat{L}_i, \hat{H}] = \left[\hat{L}_x, \frac{\hat{p}^2}{2m} + V(r)\right] = 0 \qquad i = 1, 2, 3\ . \tag{4}$$

Weil der Drehimpuls eine Erhaltungsgröße für kugelsymmetrische Systeme ist, wollen wir die Eigenfunktionen und Eigenwerte in Kugelkoordinaten berechnen. Führen wir die Gleichungen (1) in Kugelkoordinaten über, ergibt sich

$$\begin{aligned} \hat{L}_z &= -i\hbar \frac{\partial}{\partial\varphi} \\ \hat{L}_x &= -i\hbar \left(\sin\varphi \frac{\partial}{\partial\vartheta} + \cot\vartheta \cos\varphi \frac{\partial}{\partial\varphi}\right) \\ \hat{L}_y &= -i\hbar \left(\cos\varphi \frac{\partial}{\partial\vartheta} - \cot\vartheta \sin\varphi \frac{\partial}{\partial\varphi}\right) \end{aligned} \tag{5}$$

und

$$\hat{L}^2 = -\hbar^2 \left[\frac{1}{\sin\vartheta} \frac{\partial}{\partial\vartheta} \left(\sin\vartheta \frac{\partial}{\partial\vartheta}\right) + \frac{1}{\sin^2\vartheta} \frac{\partial^2}{\partial\varphi^2}\right] = -\hbar^2\, \nabla^2_{\vartheta,\varphi}$$

wobei $\nabla^2_{\vartheta,\varphi}$ der Winkelanteil des LAPLACE-Operators in Kugelkoordinaten ist. Interpretieren wir die Ergebnisse der Kommutatoren (2) bis (4) physikalisch, bedeutet dies, daß einzig das Quadrat des Drehimpulses sowie eine (beliebig wählbare) Komponente des Drehimpulses und die totale Energie gleichzeitig scharf meßbar sind.

Wählen wir die $z$-Achse als ausgezeichnete Richtung, können wir Eigenfunktionen und Eigenwerte der Drehimpulskomponente in dieser Richtung angeben. Wir erhalten als Eigenwertgleichung

$$\frac{\hbar}{i} \frac{\partial \psi(\varphi)}{\partial\varphi} = L_z\, \psi(\varphi) \tag{6}$$

für die wir sofort die Lösung

$$\psi(\varphi) = e^{\frac{i}{\hbar} L_z \varphi} \tag{7}$$

angeben können.
Da $\varphi$ eine zyklische Variable im Wertebereich 0 bis $2\pi$ ist, muß

$$\psi(\varphi) = \psi(\varphi + 2\pi) \quad \text{bzw.} \quad e^{\frac{i}{\hbar} L_z \varphi} = e^{\frac{i}{\hbar} L_z (\varphi + 2\pi)}$$

sein. Dies ist nur erfüllt, wenn

$$L_z = m\hbar$$

ist, mit $m$ positiv oder negativ ganzzahlig.
Mit der Orthonormierung

$$\int_0^{2\pi} \psi_m^*(\varphi)\, \psi_{m'}(\varphi)\, d\varphi = \delta_{mm'}$$

wird

$$\psi_m(\varphi) = \frac{1}{\sqrt{2\pi}}\, e^{im\varphi} . \tag{8}$$

$m$ wird magnetische Quantenzahl genannt.
Die Eigenwertgleichung für das Quadrat des Bahndrehimpulses lautet

$$\hat{L}^2 \psi = L^2 \psi . \tag{9}$$

Setzen wir hier den Ausdruck aus den Gleichungen (5) ein, erhalten wir die Differentialgleichung für die Kugelfunktionen

$$\frac{1}{\sin\vartheta} \frac{\partial}{\partial\vartheta}\left(\sin\vartheta \frac{\partial\psi}{\partial\vartheta}\right) + \frac{1}{\sin^2\vartheta} \frac{\partial^2\psi}{\partial\varphi^2} + \frac{L^2}{\hbar^2}\psi = 0 \tag{10}$$

die im 1. Buch (S. 78) bereits besprochen wurde. Dabei zeigte sich, daß der Operator des Quadrates des Bahndrehimpulses $\hat{L}^2$ ein diskretes Eigenwertspektrum mit

$$L^2 = \hbar^2\, l\,(l+1) , \qquad l = 0, 1, 2, \ldots \tag{11}$$

hat. $l$ heißt Bahndrehimpulsquantenzahl.
Die Eigenfunktionen der Eigenwertgleichung (10) sind die Kugelfunktionen

$$Y_{lm}(\vartheta,\varphi) = (-1)^k \left[\frac{(l-|m|)!}{(l+|m|)!}\, \frac{2l+1}{4\pi}\right]^{1/2} P_l^m(\cos\vartheta)\, e^{im\varphi} \tag{12}$$

mit $m = 0, \pm 1, \pm 2, \ldots \pm l$, $k = m$ für $m \geqslant 0$ und $k = 0$ für $m < 0$.
Die Funktionen $P_l^m$ sind die zugeordneten LEGENDRE-Polynome (vgl. S. 80)

$$P_l^m(u) = \frac{1}{2^l l!}\,(1-u^2)^{1/2|m|}\, \frac{d^{|m|+l}}{du^{|m|+l}}\,(u^2-1)^l . \tag{13}$$

Die Kugelfunktionen in (12) sind dabei orthogonal und auf 1 normiert

$$\int_0^{\pi}\int_0^{2\pi} Y^*_{lm}(\vartheta,\varphi)\, Y_{l'm'}(\vartheta,\varphi)\sin\vartheta\, d\vartheta\, d\varphi = \delta_{ll'}\delta_{mm'} .$$

Am $\varphi$-abhängigen Teil in Gl. (12) sehen wir sofort, daß die Kugelfunktionen $Y_{lm}$ auch gleichzeitig Eigenfunktionen zum Operator $\hat{L}_z$ sind, so daß beide Eigenwertgleichungen (6) und (10) in der Form

$$\boxed{\begin{aligned} \hat{L}_z\, Y_{lm}(\vartheta,\varphi) &= \hbar m\, Y_{lm}(\vartheta,\varphi) \\ \hat{L}^2\, Y_{lm}(\vartheta,\varphi) &= \hbar^2 l(l+1)\, Y_{lm}(\vartheta,\varphi) \end{aligned}} \tag{14}$$

geschrieben werden können.

Zu jedem Wert von $l$ gibt es $(2l+1)$ Eigenfunktionen $Y_{lm}$, die sich nur in der Quantenzahl $m$ unterscheiden. $\hbar m$ gibt dabei den Wert der Projektion des Drehimpulses auf die $z$-Achse an. Der maximale Wert von $|m|$ ist $l$, das Quadrat der maximalen Projektion des Drehimpulses also $\hbar^2 l^2$. Dieser Wert ist stets kleiner als der Eigenwert des Quadrates des Drehimpulses $\hbar^2 l(l+1)$. (Ausnahme: $l = 0$!) Wären diese beiden Größen gleich, hieße dies, daß im Zustand mit maximaler Projektion auf die $z$-Achse die beiden anderen Projektionen auf die $x$- und $y$-Achse Null wären, womit alle drei Projektionen des Drehimpulses gleichzeitig scharf wären. Dies widerspricht aber den Vertauschungsrelationen (2) und (3). Anschaulich sind die Verhältnisse für das Beispiel mit $l = 2$ in Fig. 145 dargestellt. Natürlich könnte als ausgezeichnete Achse auch jede andere Richtung gewählt werden, nur sind dann entsprechend in den anderen Richtungen die Projektionen des Drehimpulses nicht gleichzeitig scharf meßbar.

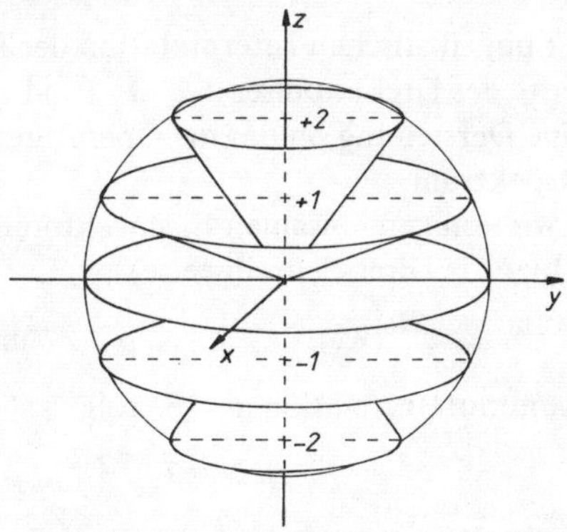


Fig. 145. Veranschaulichung der Richtungsquantisierung des Drehimpulses für das Beispiel $l = 2$. Die Projektion auf die Quantisierungsachse $z$ hat die festen Werte $m_l = 2, 1, 0, -1, -2$; die Projektionen auf die $x$- und $y$-Achse sind unbestimmt.

## § 2. Matrixelemente der Drehimpulsoperatoren

Im vorangegangenen Paragraphen sind wir bei der Behandlung des Bahndrehimpulsoperators direkt von den Gleichungen (1), dem quantenmechanischen Analogon zum klassischen Bahndrehimpuls, ausgegangen. Hier wollen wir uns allgemein mit den Eigenschaften der Drehimpulsoperatoren beschäftigen, unabhängig davon, ob es sich um einen Bahndrehimpuls, einen intrinsischen Drehimpuls (Spin) (siehe nächsten Paragraphen) oder um einen irgendwie zusammengesetzten Gesamtdrehimpuls handelt. Ausgangspunkt für diese Verallgemeinerung sind die Kommutatorrelationen Gl. (2). Das Charakteristische der drei Drehimpulskomponenten $\hat{L}_i$ nach Gl. (2) ist, daß sie eine in sich geschlossene Algebra bilden, in der die Vertauschung zweier Drehimpulskomponenten wieder auf eine solche führt.

Um die Verallgemeinerung deutlich werden zu lassen, benutzen wir für den allgemeinen Drehimpulsoperator die Bezeichnung $\hat{J}$ und gehen von den Kommutatorrelationen

$$[\hat{J}_x, \hat{J}_y] = i\hbar \hat{J}_z \qquad \text{und zyklische Permutation} \tag{15}$$

aus. Wir definieren ferner die Operatoren

$$\begin{aligned} \hat{J}^2 &= \hat{J}_x^2 + \hat{J}_y^2 + \hat{J}_z^2 \\ \hat{J}_+ &= \hat{J}_x + i\hat{J}_y \\ \text{und} \qquad \hat{J}_- &= \hat{J}_x - i\hat{J}_y \;. \end{aligned} \tag{16}$$

Analog wie im vorangegangenen Paragraphen ergibt sich sofort

$$[\hat{J}_i, \hat{J}^2] = 0 \qquad i = x, y, z \tag{17}$$

sowie

$$[\hat{J}^2, \hat{J}_\pm] = 0 \quad \text{und} \quad [\hat{J}_z, \hat{J}_\pm] = \pm\hbar \hat{J}_\pm \;. \tag{18}$$

Ferner gilt

$$(\hat{J}_+)^+ = \hat{J}_- \quad \text{und} \quad \hat{J}^2 = \hat{J}_+\hat{J}_- + \hat{J}_z^2 - \hbar\hat{J}_z = \hat{J}_-\hat{J}_+ + \hat{J}_z^2 + \hbar\hat{J}_z \;. \tag{19}$$

Gemäß der physikalischen Interpretation der Kommutatorrelationen sind $\hat{J}^2$ und eine Komponente des Drehimpulses z. B. $\hat{J}_z$ (und $\hat{H}$) gleichzeitig scharf meßbar. Wir wählen deshalb eine Darstellung, in der die Operatoren diagonal sind und suchen nach ihrem Eigenwertspektrum.

Gehen wir von gemeinsamen Eigenvektoren $|\lambda, \mu\rangle$ zu $\hat{J}^2$ und $\hat{J}_z$ aus, so gilt (wir benutzen hier die Dirac-Schreibweise)

$$\hat{J}^2 |\lambda, \mu\rangle = \lambda |\lambda, \mu\rangle \quad \text{und} \quad \hat{J}_z |\lambda, \mu\rangle = \mu |\lambda, \mu\rangle \,.$$

Mit den Kommutatorrelationen (18) folgt

$$\hat{J}^2 \hat{J}_\pm |\lambda, \mu\rangle = \hat{J}_\pm \hat{J}^2 |\lambda, \mu\rangle = \lambda \hat{J}_\pm |\lambda, \mu\rangle \tag{20}$$

was bedeutet, daß auch $(\hat{J}_\pm |\lambda, \mu\rangle)$ Eigenfunktionen zu $\hat{J}^2$ mit dem Eigenwert $\lambda$ sind. Andererseits finden wir

$$\hat{J}_z \hat{J}_\pm |\lambda, \mu\rangle = (\hat{J}_\pm \hat{J}_z \pm \hbar \hat{J}_\pm) |\lambda, \mu\rangle = (\mu \pm \hbar) \hat{J}_\pm |\lambda, \mu\rangle \tag{21}$$

d. h. $(\hat{J}_\pm |\lambda, \mu\rangle)$ sind auch Eigenfunktionen von $\hat{J}_z$, wobei allerdings der $\mu$-Wert um eine Einheit von $\hbar$ erhöht bzw. erniedrigt wird. Da die Norm der Eigenfunktionen $\hat{J}_\pm |\lambda, \mu\rangle$ größer Null ist, gilt wegen $(\hat{J}_+)^+ = \hat{J}_-$

$$\langle \lambda, \mu | \hat{J}_\mp \hat{J}_\pm | \lambda, \mu \rangle \geqslant 0 \,.$$

Drücken wir nun die Operatoren $\hat{J}_+\hat{J}_-$ und $\hat{J}_-\hat{J}_+$ durch die Gleichungen (19) aus, wird daraus

$$<\lambda,\mu|\hat{J}^2-\hat{J}_z^2\mp\hbar\,\hat{J}_z|\lambda,\mu> = (\lambda-\mu^2\mp\mu\hbar)<\lambda,\mu|\lambda,\mu>\geqslant 0\,. \tag{22}$$

Wenden wir auf die Eigenfunktionen $(\hat{J}_\pm|\lambda,\mu>)$ den Operator $\hat{J}_+$ $n$-mal an, erhalten wir neue Eigenfunktionen, für die, analog zu (20) und (21), wegen Gl. (18) gilt

$$\hat{J}^2\,(\hat{J}_+^{n+1}|\lambda,\mu>) = \lambda\,(\hat{J}_+^{n+1}|\lambda,\mu>)$$

und

$$\hat{J}_z\,(\hat{J}_+^{n+1}|\lambda,\mu>) = (\mu+(n+1)\hbar)(\hat{J}_+^{n+1}|\lambda,\mu>)\,. \tag{23}$$

Die Norm des Vektors $(\hat{J}_+^{n+1}|\lambda,\mu>)$ ist gegeben zu

$$[\lambda-(\mu+n\hbar)^2-(\mu+n\hbar)\hbar][\lambda-(\mu+(n-1)\hbar)^2-(\mu+(n-1)\hbar)\hbar]\cdot\cdot$$
$$\cdots[\lambda-\mu^2-\mu\hbar]<\lambda,\mu|\lambda,\mu>\,. \tag{24}$$

Da die Eigenwerte $\lambda$ und $\mu$ für den bestimmten Eigenvektor $|\lambda,\mu>$, für den wir uns interessieren, feste endliche Werte sind, ist es klar, daß für irgendeinen Wert von $n$, der ja eine positive ganze Zahl ist, der Ausdruck

$$\lambda-(\mu+n\hbar)^2-(\mu+n\hbar)\hbar = 0 \tag{25}$$

ist. Genau die gleiche Überlegung können wir mit dem Operator $\hat{J}_-$ durchführen und erhalten für irgendein ganzes positives $n'\geqslant 0$

$$\lambda-(\mu-n'\hbar)^2+(\mu-n'\hbar)\hbar = 0\,. \tag{26}$$

Aus den beiden Gleichungen (25) und (26) folgt

$$\mu = \frac{n-n'}{2}\hbar = m\hbar \qquad \text{und} \qquad \lambda = \frac{n+n'}{2}\hbar^2\left(\frac{n+n'}{2}+1\right) = \hbar^2 j(j+1)\,.$$

Je nachdem, von welchem Eigenvektor $|\lambda,\mu>$ mit festem $\lambda$ wir ausgegangen waren, sind $n$ und $n'$ verschieden. Ihre Summe aber, $\frac{n+n'}{2} = j$, ist für festes $\lambda$ konstant, und die Größe $\frac{n-n'}{2} = m$ durchläuft alle Werte von $m = j,\ j-1\ \ldots -j+1,\ -j$.

Ferner ist dadurch $\hat{J}_+^n|\lambda,\mu>\neq 0$ und $\hat{J}_+^{n+1}|\lambda,\mu> = 0$

sowie $\hat{J}_-^{n'}|\lambda,\mu>\neq 0$ und $\hat{J}_-^{n+1}|\lambda,\mu> = 0$ .

Als Ergebnis dieser Überlegungen erhalten wir:

a) Die möglichen Eigenwerte des Operators $\hat{J}^2$ sind von der Form $j(j+1)$, wobei $j$ die Werte 0, 1/2, 1, 3/2, ... annehmen kann.
b) Bei jedem Wert von $j$ besitzt der Operator $\hat{J}_z$ Eigenzustände mit den $2j+1$ Eigenwerten $m = j, j-1, \ldots -j+1, -j$.

Genauso wie wir es im vorangegangenen Kapitel bei der Behandlung des Bahndrehimpulses getan haben, wird nicht der Eigenwert $j(j+1)$, sondern nur $j$ zur Charakterisierung benutzt, wodurch die Eigenvektoren die Gestalt $|j,m>$ annehmen. Wir wählen ferner normierte Eigenvektoren, also

$$\langle j, m \mid j, m \rangle = 1 .$$

Aus Formel (22) wird mit diesem Ergebnis

$$\langle j, m \mid \hat{J}_{\mp} \hat{J}_{\pm} \mid j, m \rangle = \hbar^2 j(j+1) - \hbar^2 m^2 \mp m\hbar^2 = \hbar^2 (j \pm m + 1)(j \mp m)$$

und bis auf einen beliebig wählbaren Phasenfaktor wird daraus

$$\hat{J}_+ \mid j, m \rangle = \sqrt{(j+m+1)(j-m)}\, \hbar \mid j, m+1 \rangle$$

und (27)

$$\hat{J}_- \mid j, m \rangle = \sqrt{(j-m+1)(j+m)}\, \hbar \mid j, m-1 \rangle .$$

Damit und mit Gl. (16) erhalten wir auch die Darstellung von $\hat{J}_x$ und $\hat{J}_y$ zu

$$\langle j, m+1 \mid \hat{J}_x \mid j, m \rangle = \langle j, m \mid \hat{J}_x \mid j, m+1 \rangle = \frac{\hbar}{2} \sqrt{(j+m+1)(j-m)}$$

und (28)

$$\langle j, m+1 \mid \hat{J}_y \mid j, m \rangle = -\langle j, m \mid \hat{J}_y \mid j, m+1 \rangle = -i\frac{\hbar}{2} \sqrt{(j+m+1)(j-m)} .$$

Wir wollen hier noch einmal darauf hinweisen, daß wir einzig und allein von den Vertauschungsrelationen (15) ausgegangen sind und daraus konstruiert haben, wie ein Vektorraum aussehen kann, der aus Eigenfunktionen von $\hat{J}^2$ besteht und wie in ihm die Wirkungsweise der drei Operatoren $\hat{J}_x, \hat{J}_y, \hat{J}_z$ bzw. $\hat{J}_+, \hat{J}_-$ und $\hat{J}_z$ konkret beschaffen ist. Der Raum, in dem die Drehimpulsoperatoren dargestellt sind, ist durch die Zahl $j$ charakterisiert, die einen der Werte 0, 1/2, 1, 3/2, . . . haben kann. Dieser Raum ist $2j+1$ dimensional und wird aufgespannt durch $2j+1$ orthogonale Einheitsvektoren, die wir z. B. als Eigenvektoren $\mid j, m \rangle$ von $\hat{J}_z$ wählen können.

Für die Bahndrehimpulsoperatoren haben wir im vorausgegangenen Paragraphen die Eigenvektoren mit $j = 0, 1, 2, \ldots$ in der Ortsdarstellung (genauer: $\vartheta$, $\varphi$-Darstellung) kennengelernt. Sie sind durch die Kugelfunktionen $Y_{lm}$ gegeben. Den Fall halbzahliger Drehimpulse werden wir beim Spin im nächsten Paragraphen betrachten. Die Eigenvektoren können dann nicht mehr im Ortsraum dargestellt werden, denn der Spin der Teilchen wird durch eine innere Variable beschrieben. Man benötigt daher $(2j+1)$-komponentige Größen. Zur Darstellung der Drehimpulsoperatoren dienen Matrizen mit $(2j+1)$ Zeilen und $(2j+1)$ Spalten. Sie nehmen z. B. für $j = \frac{1}{2}$ die folgende Form an:

$$\hat{J}_x = \frac{\hbar}{2}\begin{pmatrix} 0 & 1 \\ 1 & 0 \end{pmatrix} \qquad \hat{J}_y = \frac{\hbar}{2}\begin{pmatrix} 0 & -i \\ i & 0 \end{pmatrix}$$

$$\hat{J}_z = \frac{\hbar}{2}\begin{pmatrix} 1 & 0 \\ 0 & -1 \end{pmatrix} \qquad \hat{J}^2 = \frac{3}{4}\hbar^2 \begin{pmatrix} 1 & 0 \\ 0 & 1 \end{pmatrix} . \qquad (29)$$

Im § 4 werden wir die zugehörigen Eigenvektoren und die Wirkung der Operatoren auf diese näher untersuchen.

In entsprechender Weise kann man eine Darstellung der Drehimpulsoperatoren für $j = 1$ angeben:

$$\hat{J}_x = \frac{\hbar}{\sqrt{2}}\begin{pmatrix} 0 & 1 & 0 \\ 1 & 0 & 1 \\ 0 & 1 & 0 \end{pmatrix} \qquad \hat{J}_y = \frac{\hbar}{\sqrt{2}}\begin{pmatrix} 0 & -i & 0 \\ i & 0 & -i \\ 0 & i & 0 \end{pmatrix}$$

$$\hat{J}_z = \hbar\begin{pmatrix} 1 & 0 & 0 \\ 0 & 0 & 0 \\ 0 & 0 & -1 \end{pmatrix} \qquad J^2 = \hbar^2 \cdot 2\begin{pmatrix} 1 & 0 & 0 \\ 0 & 1 & 0 \\ 0 & 0 & 1 \end{pmatrix} . \tag{30}$$

Aufg. 149. Man verifiziere, daß die in (29) und (30) angegebenen Darstellungen der Drehimpulsoperatoren in Übereinstimmung stehen mit den Eigenschaften der Drehimpulsoperatoren nach den Gleichungen (15) bis (19).

## § 3. Der Spin

Es gibt eine große Zahl experimenteller Befunde, die (mehr oder weniger direkt) die Existenz des Spins des Elektrons oder anderer Elementarteilchen oder zusammengesetzter quantenmechanischer Systeme zeigen. Es handelt sich beim Spin um einen Eigendrehimpuls, der neben dem Bahndrehimpuls zum totalen Drehimpuls eines Systems beiträgt. Als klassische Experimente, in denen der Spin des Elektrons gezeigt werden konnte, sind insbesondere das STERN-GERLACH-Experiment und der EINSTEIN-DE HAAS-Versuch zu nennen.

### a) STERN-GERLACH-Experiment

Ein gut kollimierter Atomstrahl (Silber, Wasserstoff) durchläuft ein inhomogenes Magnetfeld und wird von einem Detektor (z. B. Fotoplatte) nachgewiesen (Fig. 146). Besitzen

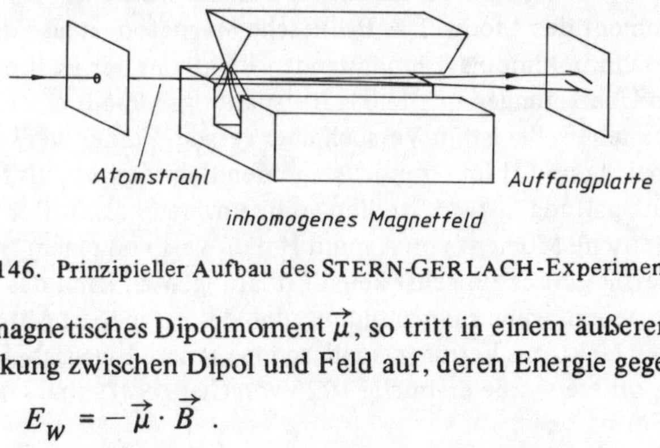


Fig. 146. Prinzipieller Aufbau des STERN-GERLACH-Experimentes.

die Atome ein magnetisches Dipolmoment $\vec{\mu}$, so tritt in einem äußeren Magnetfeld $\vec{B}$ eine Wechselwirkung zwischen Dipol und Feld auf, deren Energie gegeben ist durch

$$E_W = -\vec{\mu} \cdot \vec{B} .$$

Die ablenkende Kraft auf den Dipol im inhomogenen Feld ist

$$\vec{F} = \nabla(\vec{\mu} \cdot \vec{B}) = (\vec{\mu}\ \nabla)\vec{B} .$$

Da im STERN-GERLACH-Versuch im wesentlichen nur $B_z$ und $\frac{\partial B_z}{\partial z}$ von Null verschieden sind, wird die Kraft

$$F = F_z = \mu_z \frac{\partial B_z}{\partial z} . \tag{31}$$

Klassisch kann der magnetischer Dipol jede beliebige Stellung zur $z$-Achse einnehmen, weshalb STERN und GERLACH in ihrem Experiment eine kontinuierliche Auffächerung des Atomstrahls mit $\mu_z$-Werten zwischen $|\mu|$ und $-|\mu|$ erwarteten. Der Versuch ergab aber eine Reihe deutlich getrennter Flecke mit gleichen Abständen, im Fall von Ag und H genau zwei. Führt man den Versuch unmittelbar mit Elektronen aus, so ist das Aufspaltungsbild wegen der größeren Ortsunschärfe verschmiert und schwieriger zu interpretieren.

Der STERN-GERLACH-Versuch zeigt also zunächst, daß die Komponente des magnetischen Moments eines Atoms längs einer gegebenen Achse nur gewisse diskrete Werte annehmen kann, also „gequantelt" ist. Dies wäre nach der bisher behandelten Quantenmechanik auch verständlich, wenn man annimmt, daß das magnetische Moment $\mu$ des Atoms vom Bahnumlauf seiner (geladenen) Elektronen herrührt. Ist nur ein Elektron vorhanden (Wasserstoff) oder wirksam (Silber) und hat es den Bahndrehimpuls $l\hbar$, so würde sich gemäß der Quantelung des Bahndrehimpulses ein Aufspaltungsbild von $2l+1$ Flecken ergeben.
Entsprechend wäre

$$\mu_z = \mu_B \cdot m \qquad m = -l, -l+1, \ldots, l-1, l\,.$$

Dabei heißt die Proportionalitätskonstante $\mu_B$ das BOHRsche Magneton. Es hat den Wert

$$\mu_B = \frac{e\hbar}{2m_e}\,,$$

wobei $m_e$ die Elektronenmasse ist. Die maximale $z$-Komponente $\mu := \mu_B \cdot l$ nennt man das magnetische Moment des Atoms. Das BOHRsche Magneton ist also das magnetische Moment eines mit Bahndrehimpuls $\hbar$ umlaufenden Elektrons der Ladung $e$.

Nach den obigen Überlegungen müßte das Aufspaltungsbild aus einer ungeraden Zahl von Streifen bestehen. Sie ist im Versuch aber gerade. Ferner weiß man, daß das (äußere) Elektron bei Ag und H im Grundzustand den Bahndrehimpuls $l = 0$ besitzt. Danach wäre die Aufspaltung in zwei Streifen völlig unverständlich. Der Versuch ergibt ferner für das magnetische Moment von Ag und H den Wert von einem BOHRschen Magneton. Auch hierfür gibt es zunächst keine Erklärung. Man kann das Ergebnis des Versuchs jedoch verstehen, wenn man annimmt, daß das magnetische Moment gar nicht vom Bahnumlauf des Elektrons herrührt, sondern eine innere Eigenschaft des Elektrons selbst ist. Diese Hypothese wurde erstmalig 1925 von GOUDSMIT und UHLENBECK ausgesprochen in der Form:

> Das Elektron besitzt ein inneres magnetisches Moment von einem BOHRschen Magneton und einem inneren Drehimpuls (Spin) von $\frac{1}{2}\hbar$.

Diese Annahme erklärt das beobachtete magnetische Moment von Silber und Wasserstoff. Sie erklärt aber auch die Aufspaltung in zwei Teilstrahlen, wenn man noch voraussetzt, daß die beobachtbaren Komponenten des Spins längs einer gegebenen Achse sich wie beim Bahndrehimpuls um $\hbar$ unterscheiden. Dann sind nämlich beim Spin von $\frac{1}{2}\hbar$ nur die beiden Komponenten $\pm\frac{1}{2}\hbar$ möglich.

Das Auftreten eines an das magnetische Moment des Elektrons gekoppelten mechanischen Drehimpulses ist zwar plausibel, da bewegte (rotierende) Ladungen Magnetfelder erzeugen, aber erst der EINSTEIN-DE HAAS-Versuch liefert einen starken Hinweis darauf, daß er wirklich existiert.

b) EINSTEIN-DE HAAS-Versuch

Ein Eisenstäbchen hängt im Inneren einer Spule und kann sich um seine Längsachse drehen, wobei der Aufhängefaden rücktreibend wirkt (Abb. 147). Schickt man einen Stromstoß durch die Spule, so wird durch deren Magnetfeld die Magnetisierung des Eisens geändert. Die Änderung ist meßbar. Wenn nun mit dem Magnetismus der Eisen-Elektronen ein Drehimpuls verknüpft ist, muß sich dieser während des Stromstoßes ändern. Die Summe der Drehimpuls-Änderung aller Elektronen ist tatsächlich so groß, daß sie sich makroskopisch bemerkbar macht und eine kleine Drehung des Stäbchens bewirkt. Der Versuch liefert als Wert des Verhältnisses von magnetischem Moment und Drehimpuls pro Elektron

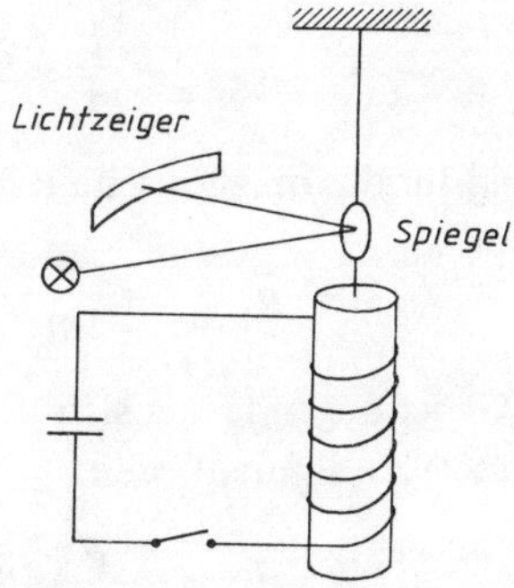

Fig. 147. Prinzipieller Aufbau des EINSTEIN-DE HAAS-Versuches.

$$\frac{\mu}{L} = \frac{e}{m_e}.$$

Käme nun $\mu$ durch den Bahndrehimpuls des Elektrons zustande, so wäre $L = l\hbar$, und nach dem vorher Gesagten wäre

$$\frac{\mu}{L} = \frac{e}{2m_e},$$

während der Versuch das Doppelte ergibt. Es muß sich also um Spinmagnetismus handeln, verknüpft mit einem Spin $\frac{1}{2}\hbar$.

Zusammenfassend läßt sich folgendes sagen:

Das Elektron ist keine geladene, strukturlose „Punktmasse". Es kann durch Ortskoordinaten allein nicht ausreichend beschrieben werden. Es besitzt einen konstanten Eigendrehimpuls (Spin) $\frac{1}{2}\hbar$ und ein magnetisches Dipolmoment von einem BOHRschen Magneton. Der Spin ist wie der Bahndrehimpuls eine Vektorgröße mit dem Betrag

$|\vec{S}| = \sqrt{\frac{1}{2}\left(\frac{1}{2}+1\right)}\,\hbar$. (Die Angabe „Spin $\frac{1}{2}$" bedeutet wie beim Bahndrehimpuls die Quantenzahl und nicht den Betrag.) Nur eine Komponente ist jeweils beobachtbar mit dem Wert $\pm\frac{1}{2}\hbar$. Sie wird auch mit „Spin auf" bzw. „Spin ab" bezeichnet.

Der Spin hat also (von seiner unveränderlichen Größe abgesehen) alle Eigenschaften eines Drehimpulses. Er ist aber eine rein quantenmechanische Größe und besitzt kein klassisches Analogon. Vorstellungen des Elektrons wie etwa „rotierende geladene Kugel" führen zu Widersprüchen, wenn sie auch vielleicht heuristischen Wert haben.

Das magnetische Spinmoment des Elektrons hängt mit dem Spin zusammen über

$$\vec{\mu}_{\text{Spin}} = \frac{e}{m_e} \cdot \vec{S}\,, \tag{32}$$

während für das magnetische Bahnmoment gilt

$$\vec{\mu}_{\text{Bahn}} = \frac{e}{2m_e} \cdot \vec{L}\,. \tag{33}$$

Beide Gleichungen lassen sich mit Hilfe des LANDÉ-Faktors $g$ (mehr dazu 6. Buch 1. Kapitel) zusammenfassen:

$$\vec{\mu} = g \cdot \frac{e}{2m_e} \cdot \vec{J}\,. \tag{34}$$

Dabei ist $\vec{J}$ der Gesamtdrehimpuls. Für reinen Bahnmagnetismus ist $g = 1$ und für reinen Spinmagnetismus ist $g = 2$ (Magneto-mechanische Anomalie des Spins). Treten beide Arten gleichzeitig auf, wird $g$ komplizierter.

Der Spin ist zwar eine Eigenschaft, die am Elektron entdeckt und zuerst untersucht wurde, er ist aber eine Eigenschaft aller Elementarteilchen. Sein Wert ist ein Vielfaches von $\frac{1}{2}\hbar$. So hat z. B. das $\pi$-Meson den Spin $s = 0$, das Neutron, Proton und Elektron $s = \frac{1}{2}\hbar$ und das Photon $s = 1\hbar$.

## § 4. Beschreibung des Spins

Zur quantenmechanischen Beschreibung des Elektronenspins wird offensichtlich die Darstellung der Drehimpulsoperatoren zu $j = 1/2$ gebraucht, die in Gl. (29) gegeben sind. Der allgemeinste Vektor dieses Raumes für $j = 1/2$ wird durch die beiden Basisvektoren $\chi_+ = |\,1/2, +1/2>$ und $\chi_- = |\,1/2, -1/2>$ aufgespannt.

$$\chi = \alpha\,|\,1/2, 1/2> + \beta\,|\,1/2, -1/2> = \alpha\,\chi_+ + \beta\chi_-\,. \tag{35}$$

Analog der für dreidimensionale Vektoren gebräuchlichen Schreibweise (siehe auch 1. Buch, § 12) wird der allgemeine Vektor im $j = 1/2$ Raum Gl. (35) auch als zweikomponentiger Spaltenvektor geschrieben.

$$\chi = \begin{pmatrix}\alpha\\ \beta\end{pmatrix} \quad \text{mit} \quad \chi_+ = \begin{pmatrix}1\\0\end{pmatrix} \quad \text{und} \quad \chi_- = \begin{pmatrix}0\\1\end{pmatrix}. \tag{36}$$

Einen derartigen komplexen Zweiervektor zur Beschreibung des Elektronenspins nennt man Spinor. Die Zahlen $|\alpha|^2$ und $|\beta|^2$ geben die Wahrscheinlichkeit an, das Teilchen mit „Spin auf" bzw. „Spin ab" bei einer Messung vorzufinden. Ihre Normierung sei $|\alpha|^2 + |\beta|^2 = 1$. Definieren wir den zu $\chi$ adjungierten Spinor als

$$\chi^+ = (\alpha^*, \beta^*)\,, \tag{37}$$

läßt sich die Normierung auch in der Form schreiben

$$<\chi|\chi> = (\alpha^*, \beta^*) \cdot \begin{pmatrix} \alpha \\ \beta \end{pmatrix} = \alpha^* \alpha + \beta^* \beta = 1\,. \tag{38}$$

Die Darstellung der Drehimpulsoperatoren in diesem Raum aus Gl. (29) wollen wir hier noch einmal wiederholen, benutzen dabei aber statt des allgemeinen $\hat{J}$ die Bezeichnung $\hat{s}$ (für Spin)

$$\begin{aligned} \hat{S}_x &= \frac{\hbar}{2}\begin{pmatrix} 0 & 1 \\ 1 & 0 \end{pmatrix} \qquad \hat{S}_y = \frac{\hbar}{2}\begin{pmatrix} 0 & -i \\ i & 0 \end{pmatrix} \qquad \hat{S}_z = \frac{\hbar}{2}\begin{pmatrix} 1 & 0 \\ 0 & -1 \end{pmatrix} \\ \hat{S}^2 &= \frac{3}{4}\hbar^2 \begin{pmatrix} 1 & 0 \\ 0 & 1 \end{pmatrix}. \end{aligned} \tag{39}$$

Mit der Abkürzung

$$\hat{\vec{S}} = \frac{\hbar}{2}\,\hat{\vec{\sigma}}^P$$

erhalten wir die sogenannten PAULIschen Spinmatrizen

$$\hat{\sigma}^P_x = \begin{pmatrix} 0 & 1 \\ 1 & 0 \end{pmatrix} \qquad \hat{\sigma}^P_y = \begin{pmatrix} 0 & -i \\ i & 0 \end{pmatrix} \qquad \hat{\sigma}^P_z = \begin{pmatrix} 1 & 0 \\ 0 & -1 \end{pmatrix}, \tag{40}$$

die üblicherweise bei der Beschreibung des Spins benutzt werden. Für sie gelten die Beziehungen

$$(\hat{\sigma}^P_i)^+ = \hat{\sigma}^P_i \qquad (\hat{\sigma}^P_i)^2 = 1 \qquad i = x, y, z$$

sowie die zu Gl. (15) analogen Kommutatorrelationen

$$[\hat{\sigma}^P_i, \hat{\sigma}^P_j] = i\,\hat{\sigma}^P_k \qquad (i, j, k) = \text{zyklisch}\,(x, y, z).$$

Für das Quadrat des Spin-Operators folgt mit der Einheitsmatrix **1**

$$\begin{aligned} (\hat{\sigma}^P)^2 &= \hat{\vec{\sigma}}^P \cdot \hat{\vec{\sigma}}^P = (\hat{\sigma}^P_x)^2 + (\hat{\sigma}^P_y)^2 + (\hat{\sigma}^P_z)^2 = 3 \cdot \begin{pmatrix} 1 & 0 \\ 0 & 1 \end{pmatrix} = 3 \cdot \mathbf{1} \\ \hat{\vec{S}}^2 &= \frac{3}{4}\hbar^2 \cdot \mathbf{1} = \frac{1}{2}\left(\frac{1}{2} + 1\right)\hbar^2 \cdot \mathbf{1}\,. \end{aligned}$$

Die experimentelle Beobachtung des Elektronenspins hat für die Theorie die Konsequenz, daß die bisher benutzte Beschreibung durch z. B. die Zustandsfunktion in der Ortsdarstellung $\psi(\vec{r})$ nicht vollständig war. Erst die zusätzliche Angabe der Spinstellung $m_s$ (bezogen auf eine willkürliche Achse im Raum) ergibt eine vollständige Beschreibung.

Die Wellenfunktion mit Angabe der Spinprojektion kann in Spinorform geschrieben werden

$$\psi(x,y,z,m_s) = \begin{pmatrix} \psi(x,y,z,+1/2) \\ \psi(x,y,z,-1/2) \end{pmatrix} = \begin{pmatrix} \psi_+(x,y,z) \\ \psi_-(x,y,z) \end{pmatrix} \tag{41}$$

$$= \psi_+(x,y,z)\cdot\chi_+ + \psi_-(x,y,z)\cdot\chi_- .$$

Die Normierung ist dabei

$$\int \psi^+ \psi \, \mathrm{d}\tau = \int \mathrm{d}\tau \, [\,|\psi_+(x,y,z)|^2 + |\psi_-(x,y,z)|^2\,] .$$

Die wichtigsten Observablen, wie Orts-, Impuls- und Spinkomponenten, wirken wir folgt

$$\hat{Q}_j \psi = \begin{pmatrix} r_j \psi_+(\vec{r}) \\ r_j \psi_-(\vec{r}) \end{pmatrix} \qquad \hat{P}_j \psi = \begin{pmatrix} \frac{\hbar}{i} \frac{\partial}{\partial r_j} \psi_+(\vec{r}) \\ \frac{\hbar}{i} \frac{\partial}{\partial r_j} \psi_-(\vec{r}) \end{pmatrix} \qquad \begin{matrix} \text{mit } r_j = x, y, z \\ \text{für } j = 1, 2, 3 \end{matrix}$$

$$\hat{\sigma}_x^P \psi = \begin{pmatrix} \psi_-(\vec{r}) \\ \psi_+(r) \end{pmatrix} \quad \hat{\sigma}_y^P \psi = \begin{pmatrix} -i\,\psi_-(\vec{r}) \\ i\,\psi_+(r) \end{pmatrix} \quad \hat{\sigma}_z^P \psi = \begin{pmatrix} \psi_+(\vec{r}) \\ -\psi_-(\vec{r}) \end{pmatrix} .$$

So ist beispielsweise der Erwartungswert für eine Messung der $z$-Komponente des Spins

$$\int \psi^+ \hat{S}_z \psi \, \mathrm{d}\tau = \frac{\hbar}{2} \int (\psi_+ \, \psi_-) \begin{pmatrix} 1 & 0 \\ 0 & -1 \end{pmatrix} \begin{pmatrix} \psi_+ \\ \psi_- \end{pmatrix} \mathrm{d}\tau = \frac{\hbar}{2} \int \mathrm{d}\tau \, [\,|\psi_+|^2 - |\psi_-|^2\,] . \tag{42}$$

Interessieren wir uns für die Eigenzustände des Operators $\hat{S}_x \cos\phi + \hat{S}_y \sin\phi$ bezüglich der Spinwellenfunktionen, so gilt die Eigenwertgleichung

$$(\hat{S}_x \cos\phi + \hat{S}_y \sin\phi) \begin{pmatrix} \alpha \\ \beta \end{pmatrix} = \frac{\hbar}{2} \lambda \begin{pmatrix} \alpha \\ \beta \end{pmatrix}$$

also

$$\begin{pmatrix} 0 & \cos\phi - i \sin\phi \\ \cos\phi + i \sin\phi & 0 \end{pmatrix} \begin{pmatrix} \alpha \\ \beta \end{pmatrix} = \lambda \begin{pmatrix} \alpha \\ \beta \end{pmatrix} .$$

Dies bedeutet $\beta e^{-i\phi} = \lambda\alpha$

$\alpha e^{i\phi} = \lambda\beta$

mit den Eigenwerten $\lambda = \pm 1$.

Die zu $\lambda = +1$ und $\lambda = -1$ gehörenden, auf 1 normierten Eigenvektoren sind

$$\frac{1}{\sqrt{2}} \begin{pmatrix} e^{-i\phi/2} \\ e^{i\phi/2} \end{pmatrix} \quad \text{und} \quad \frac{1}{\sqrt{2}} \begin{pmatrix} e^{-i\phi/2} \\ -e^{i\phi/2} \end{pmatrix} . \tag{43}$$

Es ist interessant, hier festzustellen, daß beim Übergang von $\phi$ nach $\phi + 2\pi$ die Lösungen einen Vorzeichenwechsel erfahren. Dies ist charakteristisch für Wellenfunktionen, die Teilchen mit ungerade halbzahligem Drehimpuls (Spin) beschreiben (Fermionen-Zustände). Da $-1$ nur ein Phasenfaktor ist, wird quantenmechanisch nichts verändert, aber es bedeutet immerhin, daß ein klassisches makroskopisches Wellenpaket mit ungerade halbzahligem Drehimpuls nicht konstruiert werden kann. Dies untermauert noch einmal die Aussage aus dem vorangegangenen Paragraphen, daß der Spin ein rein quantenmechanisches Phänomen ist und kein klassisches Analogon besitzt. Da in der klassischen Physik $\hbar = 0$ ist, geht der Ausdruck $\hbar^2 s(s+1)$ für $\hbar \to 0$ ebenfalls gegen Null, da $s$ für jedes Teilchen einen festen endlichen Wert besitzt. Dies ist für den Ausdruck $\hbar^2 l(l+1)$ anders, denn wenn $\hbar \to 0$ geht, kann die Drehimpulsquantenzahl gleichzeitig sehr groß werden, so daß insgesamt der klassische Drehimpuls resultiert. Der Übergang von der Quantenmechanik zur klassischen Mechanik ist also für den Grenzfall großer Drehimpulsquantenzahl möglich, nicht jedoch für den Spin.

Die zeitliche Entwicklung der Zustände (mit Spin) wird selbstverständlich weiter durch die zeitabhängige SCHRÖDINGER-Gleichung

$$-\frac{\hbar}{i}\,\dot{\psi} = \hat{H}\psi \tag{44}$$

beschrieben. Berücksichtigen wir jetzt allerdings die Tatsache, daß mit dem Spin ein magnetisches Moment verbunden ist, das mit anderen magnetischen Momenten oder einem äußeren Magnetfeld wechselwirkt, treten spinabhängige Terme im HAMILTON-Operator auf. So wird zum Beispiel bei einem äußeren angelegten Magnetfeld der HAMILTON-Operator zu

$$\boxed{\hat{H} = \frac{1}{2m}\left(\hat{p} - \frac{e}{c}\hat{\vec{A}}\right)^2 - \hat{V}(\vec{r}) - \frac{e\hbar}{2mc}\,\hat{\vec{\sigma}}^P \cdot \vec{B}}\,. \tag{45}$$

Dabei ist der kanonische Impuls aus der Elektrodynamik (S. 407) in die Quantenmechanik mitübernommen.
Setzt man diesen Operator in die SCHRÖDINGER-Gleichung (44) ein, erhält man die sogenannte PAULI-Gleichung. Da $\vec{\sigma}^P$ die PAULI-Matrizen Gl. (40) sind, haben die Wellenfunktionen ebenfalls Spinorform. Die PAULI-Gleichung ist nur im nicht-relativistischen Grenzfall gültig, solange die Spin- und Bahnbewegung des Elektrons voneinander separiert werden können. Die DIRAC-Gleichung schließlich, die im 6. Buch, 1. Kapitel behandelt wird, liefert eine voll-relativistische Beschreibung des Elektrons, die auch automatisch den $g$-Faktor 2 liefert.

## § 5. Addition von Drehimpulsen

Wir wollen hier die möglichen Eigenwerte und Eigenfunktionen des Drehimpulsoperators $\hat{J}$ berechnen, der sich aus der Addition zweier Drehimpulse $\hat{J}_1$ und $\hat{J}_2$ zusammensetzt. Die Eigenwerte von $\hat{J}_1^2$ und $\hat{J}_{1z}$ seien durch $j_1$ und $m_1$ charakterisiert, und die Eigenfunktionen sind $\psi_{j_1 m_1} = |j_1 m_1\rangle$. Analoges gilt für $\hat{J}_2$. Jeder der beiden Operatoren $\hat{J}_1$ und $\hat{J}_2$ allein wirkt auf die Variablen in seinem eigenen System. Aus diesem Grunde kommutieren die beiden Drehimpulsoperatoren

$$[\hat{\vec{J}}_1, \hat{\vec{J}}_2] = 0.$$

Da jeder der beiden Drehimpulsoperatoren aber die Kommutatorrelationen Gl. (15) erfüllt, erfüllt sie auch der Operator des Gesamtdrehimpulses

$$\hat{\vec{J}} = \hat{\vec{J}}_1 + \hat{\vec{J}}_2\,. \tag{46}$$

Daraus folgt, daß die orthonormierten Eigenzustände $\psi_{jm} = |jm>$ zu $\hat{J}^2$ und $\hat{J}_z$ mit den Quantenzahlen $j$ und $m$ den Zustand des Systems vollständig darstellen. Andererseits wird das Gesamtsystem genauso gut durch die Produktzustände $\psi_{j_1 m_1} \cdot \psi_{j_2 m_2} = |j_1 m_1> \cdot |j_2 m_2> = |j_1 m_1 j_2 m_2>$ und die Quantenzahlen $j_1, j_2, m_1, m_2$ vollständig beschrieben. Für vorgegebene $j_1$ und $j_2$ läuft jede der Quantenzahlen $m_1$ und $m_2$ über $(2j_1 + 1)$ bzw. $(2j_2 + 1)$ Werte; die Gesamtzahl der Zustände ist also $(2j_1 + 1)(2j_2 + 1)$.

Da beides vollständige Darstellungen des gleichen $(2j_1 + 1)(2j_2 + 1)$ dimensionalen HILBERT-Raumes sind, bedeutet der Übergang von einer zur anderen Darstellung eine Rotation der Achsen im HILBERT-Raum. Dies ist eine unitäre Transformation, die durch den Ausdruck

$$\psi_{jm}(1,2) = \sum_{m_1, m_2} (j_1 j_2 j \mid m_1 m_2 m)\, \psi_{j_1 m_1}(1)\, \psi_{j_2 m_2}(2) \tag{47}$$

beschrieben wird. In der sehr viel übersichtlicheren DIRAC-Schreibweise ist dies

$$|jm> = \sum_{m_1, m_2} |j_1 m_1 j_2 m_2> <j_1 m_1 j_2 m_2 | jm> \,. \tag{48}$$

Die Entwicklungskoeffizienten

$$(j_1 j_2 j \mid m_1 m_2 m) = <j_1 m_1 j_2 m_2 | jm> = \iint \psi^*_{j_1 m_1}(1)\, \psi^*_{j_2 m_2}(2)\, \psi_{jm}(1,2)\, d\tau_1\, d\tau_2 \tag{49}$$

heißen CLEBSCH–GORDAN-Koeffizienten.

Lassen wir auf beide Seiten der Gl. (48) den Operator $\hat{J}_z = \hat{J}_{1z} + \hat{J}_{2z}$ wirken, ergibt sich

$$\begin{aligned}\hat{J}_z |jm> = m\,|jm> &= \hat{J}_z \sum_{m_1, m_2} <j_1 m_1 j_2 m_2 | jm> |j_1 m_1 j_2 m_2> \\ &= (\hat{J}_{1z} + \hat{J}_{2z}) \sum_{m_1, m_2} <j_1 m_1 j_2 m_2 | jm> |j_1 m_1 j_2 m_2> \\ &= \sum_{m_1, m_2} (m_1 + m_2) <j_1 m_1 j_2 m_2 | jm> |j_1 m_1 j_2 m_2> \,.\end{aligned}$$

Wegen der linearen Unabhängigkeit der Basis erhalten wir

$$(m - m_1 - m_2) <j_1 m_1 j_2 m_2 | jm> = 0 \,. \tag{50}$$

Daraus folgt, daß der CLEBSCH-GORDAN-Koeffizient für $m \neq m_1 + m_2$ verschwindet. Die Doppelsumme in Gl. (48) reduziert sich dadurch zu einer Einfachsumme

$$|jm> = \sum_{m_1} <j_1 m_1 j_2\, m - m_1 | jm> \,|j_1 m_1 j_2\, m - m_1> \tag{51}$$

da entweder der Koeffizient verschwindet oder $m_2$ sich durch $m_2 = m - m_1$ ausdrücken läßt.

Die physikalische Aussage hinter der Beziehung $m = m_1 + m_2$ ist natürlich die, daß sich die Projektionen der Einzeldrehimpulse auf die $z$-Achse zur Projektion des Gesamtdrehimpulses aufaddieren. Wählen wir die maximalen Werte von $m_1 = j_1$ und $m_2 = j_2$, erhalten wir den maximalen Wert von $m = j_1 + j_2 = j$. Dieser $m$-Wert kommt in Gl. (51) nur einmal vor. Den Wert $m = j_1 + j_2 - 1$ können wir bereits auf zwei verschiedene Weisen erreichen; einmal durch die Kombination $m_1 = j_1$ und $m_2 = j_2 - 1$ sowie durch $m_1 = j_1 - 1$ und $m_2 = j_2$. Das bedeutet, daß zwei unabhängige Zustände für den Wert $m = j_1 + j_2 - 1$ existieren. Dies ist wiederum nur für zwei Werte für $j$ möglich. Da aber der größte Wert $j = j_1 + j_2$ und $m \leqslant j$ ist, sind die beiden Zustände für den Wert $m = j_1 + j_2 - 1$ durch $j = j_1 + j_2$ und $j = j_1 + j_2 - 1$ gegeben. Für $m = j_1 + j_2 - 2$ erhält man drei Zustände durch die Kombinationen

$$\begin{aligned} m_1 &= j_1; & m_2 &= j_2 - 2 \\ m_1 &= j_1 - 1; & m_2 &= j_2 - 1 \\ m_1 &= j_1 - 2; & m_2 &= j_2 \quad , \end{aligned}$$

die zu den drei $j$-Werten $j = j_1 + j_2$, $j = j_1 + j_2 - 1$ und $j = j_1 + j_2 - 2$ gehören. Führen wir diese Überlegungen bis zum Ende weiter, erhalten wir folgende $(2j_2 + 1)$ Werte für $j$ (für $j_2 \leqslant j_1$)

$$j = j_1 + j_2; \quad j_1 + j_2 - 1; \quad j_1 + j_2 - 2; \ldots \quad j_1 - j_2 \ . \tag{52}$$

Da jeder dieser $j$-Werte $(2j + 1)$ $m$-Werte besitzt, ist die Gesamtzahl der Zustände

$$\sum_{j=j_1-j_2}^{j=j_1+j_2} (2j+1) = (2j_1 + 1)(2j_2 + 1) \ .$$

Die Zahl der Zustände in der $j_1 j_2 j m$ Darstellung stimmt also mit der Zahl der Zustände in der $j_1 m_1 j_2 m_2$ Darstellung überein. Genau dieses hier mit Worten geschilderte Verfahren wird bei der Diskussion der Multiplett-Struktur im 6. Buch, 1. Kapitel in den Tabellen und für 2 Beispiele der Kopplung von Drehimpulsen benutzt.

Den größten und kleinsten in Gl. (52) vorkommenden $j$-Wert erhält man noch anschaulicher, wenn man sich $\vec{j}_1$ und $\vec{j}_2$ als Vektoren vorstellt. Der maximale Wert entspricht der parallelen Addition und der minimale Wert der antiparallelen Addition.

Nachdem wir explizit festgestellt haben, daß die Zahl der Basiszustände in beiden Darstellungen gleich ist, wollen wir an die Berechnung der CLEBSCH-GORDAN-Koeffizienten gehen. Da die allgemeinen Formeln aber sehr kompliziert sind und außerdem Tabellen dafür existieren, wollen wir uns lediglich Klarheit über die Berechnungsmethode verschaffen. Wir beschränken uns ferner auf die Methode, die auf Rekursionsformeln beruht. Zuvor jedoch noch zwei Beziehungen der CLEBSCH-GORDAN-Koeffizienten, die direkt aus der Orthonormalität der beiden Basen im HILBERT-Raum folgen

$$\delta_{jj'}\,\delta_{mm'} = \langle jm \mid j'm' \rangle = \sum_{m_1, m_2} \langle jm \mid j_1 m_1 j_2 m_2 \rangle \langle j_1 m_1 j_2 m_2 \mid j'm' \rangle \tag{53}$$

$$\delta_{m_1 m_1'} \delta_{m_2 m_2'} = \langle j_1 m_1' j_2 m_2' | j_1 m_1 j_2 m_2 \rangle$$
$$= \sum_{j=|j_1-j_2|}^{j=j_1+j_2} \sum_{m=-j}^{m+j} \langle j_1 m_1' j_2 m_2' | jm \rangle \langle jm | j_1 m_1 j_2 m_2 \rangle . \tag{54}$$

(Daraus resultiert übrigens auch die Unitarität der Matrix der CLEBSCH-GORDAN-Koeffizienten.)

Da der Operator des Gesamtdrehimpulses sich additiv aus den Einzeldrehimpulsen zusammensetzt, gilt auch die Beziehung

$$\hat{J}_\pm = \hat{J}_{1\pm} + \hat{J}_{2\pm} = \hat{J}_x \pm i \hat{J}_y = (\hat{J}_{1x} + \hat{J}_{2x}) \pm i (\hat{J}_{1y} + \hat{J}_{2y}). \tag{55}$$

Wir wenden nun $J_+$ auf Gl. (48) an

$$\hat{J}_+ | jm \rangle = \sum_{m_1, m_2} \langle j_1 m_1 j_2 m_2 | jm \rangle (\hat{J}_{1+} | j_1 m_1 j_2 m_2 \rangle + \hat{J}_{2+} | j_1 m_1 j_2 m_2 \rangle) .$$

Verwenden wir die Beziehung Gl. (27), wird daraus

$$\sqrt{(j+m+1)(j-m)} | j\, m+1 \rangle = \sum_{m_1 m_2} \langle j_1 m_1 j_2 m_2 | jm \rangle \sqrt{(j_1+m_1+1)(j_1-m_1)}$$
$$| j_1 m_1{+}1\, j_2 m_2 \rangle + \sum_{m_1 m_2} \langle j_1 m_1 j_2 m_2 | jm \rangle \sqrt{(j_2+m_2+1)(j_2-m_2)} | j_1 m_1 j_2\, m_2+1 \rangle .$$

Da die Summationen auf der rechten Seite über alle überhaupt möglichen Werte von $m_1$ und $m_2$ laufen, kann ohne Veränderung des ersten Summanden $m_1$ durch $m_1 - 1$ und ohne Veränderung des zweiten Summanden $m_2$ durch $m_2 - 1$ ersetzt werden. Ersetzen wir ferner auf der linken Seite den Vektor $| jm+1 \rangle$ durch seine Entwicklung in die andere Basis nach Gl. (48), erhalten wir

$$\sum_{m_1' m_2'} \sqrt{(j+m+1)(j-m)} \langle j_1 m_1' j_2 m_2' | j\, m+1 \rangle | j_1 m_1' j_2 m_2' \rangle$$
$$= \sum_{m_1, m_2} \langle j_1\, m_1 - 1\, j_2 m_2 | jm \rangle \sqrt{(j_1+m_1)(j_1-m_1+1)} | j_1 m_1 j_2 m_2 \rangle$$
$$+ \sum_{m_1, m_2} \langle j_1 m_1 j_2\, m_2 - 1 | jm \rangle \sqrt{(j_2+m_2)(j_2-m_2+1)} | j_1 m_1 j_2 m_2 \rangle .$$

Wegen der Orthonormalität der Basis Gl. (54) folgt daraus die Rekursionsformel

$$\sqrt{(j+m+1)(j-m)} \langle j_1 m_1 j_2 m_2 | j\, m+1 \rangle$$
$$= \sqrt{(j_1+m_1)(j_1-m_1+1)} \langle j_1\, m_1 - 1\, j_2 m_2 | jm \rangle \tag{56}$$
$$+ \sqrt{(j_2+m_2)(j_2-m_2+1)} \langle j_1 m_1 j_2\, m_2 - 1 | jm \rangle .$$

Wiederholt man die gleiche Prozedur mit dem Operator $\hat{J}_-$, erhält man die Rekursionsformel

$$
\begin{aligned}
&\sqrt{(j-m+1)(j+m)}\,<j_1 m_1 j_2 m_2 \mid j\, m-1> \\
&= \sqrt{(j_1-m_1)(j_1+m_1+1)}\,<j_1\, m_1+1\, j_2 m_2 \mid j m> \\
&+ \sqrt{(j_2-m_2)(j_2+m_2+1)}\,<j_1 m_1 j_2\, m_2+1 \mid j m> \;.
\end{aligned}
\tag{57}
$$

Mit diesen beiden Rekursionsformeln (56) und (57) läßt sich nun sukzessive die $(2j_1+1)\cdot(2j_2+1)$ dimensionale quadratische CLEBSCH-GORDAN-Matrix berechnen. Diese Matrix zerfällt aber in unverbundene quadratische Matrizen, die durch $m = m_1 + m_2$ gekennzeichnet sind, da alle anderen CLEBSCH-GORDAN-Koeffizienten wegen Gl. (50) Null sind. Für den Wert $m = j_1 + j_2$ gibt es nur einen Wert $j = j_1 + j_2$, also eine $1\times 1$ Untermatrix; für den Wert $m = j_1 + j_2 - 1$ gibt es zwei Möglichkeiten $j = j_1 + j_2$ und $j = j_1 + j_2 - 1$ und zwei Zahlenkombinationen $m_1 = j_1$; $m_2 = j_2 - 1$ und $m_1 = j_1 - 1$; $m_2 = j_2$, also eine $2\times 2$ Untermatrix usw. Der Rang der Untermatrizen wird zunächst in Einerschritten immer größer, bis er für einen Wert von $m$ ein Maximum erreicht hat und dann in Einerschritten wieder abnimmt. Weil die gesamte Matrix unitär ist, muß auch jede dieser in der Hauptdiagonalen stehende Untermatrix unitär sein. Schon daraus folgt, daß die $1\times 1$ Untermatrizen eine Zahl von Betrag 1 sein müssen. Durch Konvention (von CONDON und SHORTLEY) wurde $+1$ gewählt, d. h.

$$<j_1 j_1 j_2 j_2 \mid j_1+j_2, j_1+j_2> = 1 \;.$$

Mit Hilfe der Rekursionsformeln können wir damit sehr einfach die Elemente der daran anschließenden $2\times 2$ Matrix berechnen. Mit Gl. (57) erhalten wir

$$<j_1 j_1 j_2\, j_2-1 \mid j_1+j_2;\, j_1+j_2-1> = \sqrt{\frac{j_2}{j_1+j_2}} \tag{58}$$

und mit Gleichung (56) folgt

$$<j_1\, j_1-1\, j_2 j_2 \mid j_1+j_2\, j_1+j_2-1> = \sqrt{\frac{j_1}{j_1+j_2}} \;.$$

Damit sind zwei Elemente der $2\times 2$ Untermatrix bestimmt. Die fehlenden 2 Matrixelemente zum gleichen $m = j_1 + j_2 - 1$, und zwar $<j_1 j_1 j_2\, j_2-1 \mid j_1+j_2-1, j_1+j_2-1>$ und $<j_1\, j_1-1\, j_2 j_2 \mid j_1+j_2-1, j_1+j_2-1>$ können wir aus der Orthogonalitätsrelation (53) bestimmen. Wir erhalten mit Hilfe der bereits berechneten Matrixelemente (58)

$$
\begin{aligned}
&\sqrt{\frac{j_2}{j_1+j_2}}\,<j_1 j_1 j_2\, j_2-1 \mid j_1+j_2-1, j_1+j_2-1> \\
&+ \sqrt{\frac{j_1}{j_1+j_2}}\,<j_1\, j_1-1\, j_2 j_2 \mid j_1+j_2-1, j_1+j_2-1> = 0
\end{aligned}
$$

und (59)

$$|\langle j_1 j_1 j_2 j_2 - 1 \,|\, j_1 + j_2 - 1, j_1 + j_2 - 1\rangle|^2$$
$$+ |\langle j_1 j_2 - 1 j_2 j_2 \,|\, j_1 + j_2 - 1, j_1 + j_2 - 1\rangle|^2 = 1 .$$

Die Lösung dieser beiden Gleichungen ist bis auf einen Phasenfaktor vom Betrag 1 eindeutig. Konvention ist jeweils, das Matrixelement $\langle j_1 j_1 j_2 j - j_1 \,|\, jj\rangle$ reell und positiv zu wählen. Wir erhalten damit aus den Gleichungen (59) die fehlenden beiden CLEBSCH-GORDAN-Koeffizienten zur Untermatrix mit $m = j_1 + j_2 - 1$ zu

$$\langle j_1 j_1 j_2 j_2 - 1 \,|\, j_1 + j_2 - 1, j_1 + j_2 - 1\rangle = \sqrt{\frac{j_1}{j_1 + j_2}} \tag{60}$$

und
$$\langle j_1 j_1 - 1 j_2 j_2 \,|\, j_1 + j_2 - 1, j_1 + j_2 - 1\rangle = -\sqrt{\frac{j_2}{j_1 + j_2}} \,.$$

Bei den hier vorgenommenen Phasenwahlen wird die gesamte Matrix reell.

Völlig analog läßt sich mit diesen Ergebnissen die nächste Untermatrix usw. bestimmen. Allerdings wird dies für den allgemeinen Fall sehr aufwendig. Wir wollen uns deshalb darauf beschränken, die CLEBSCH-GORDAN-Matrix für die beiden Fälle, die wir mit den Ergebnissen (58) und (60) bereits angeben können, hinzuschreiben

$$\begin{array}{cc|cccc}
\multicolumn{6}{l}{j_1 = 1/2 \quad j_2 = 1/2} \\
 & j & 1 & 1 & 0 & 1 \\
 & m & 1 & 0 & 0 & -1 \\
m_1 & m_2 & & & & \\
1/2 & 1/2 & 1 & & & 0 \\
1/2 & -1/2 & & \sqrt{1/2} & \sqrt{1/2} & \\
-1/2 & 1/2 & & \sqrt{1/2} & -\sqrt{1/2} & \\
-1/2 & -1/2 & 0 & & & 1
\end{array}
\qquad
\begin{array}{cc|cccccc}
\multicolumn{8}{l}{j_1 = 1 \quad j_2 = 1/2} \\
 & j & 3/2 & 3/2 & 1/2 & 3/2 & 1/2 & 3/2 \\
 & m & 3/2 & 1/2 & 1/2 & -1/2 & -1/2 & -3/2 \\
m_1 & m_2 & & & & & & \\
1 & 1/2 & 1 & & & & & \\
1 & -1/2 & & \sqrt{1/3} & \sqrt{2/3} & & 0 & \\
0 & 1/2 & & \sqrt{2/3} & -\sqrt{1/3} & & & \\
0 & -1/2 & & & & \sqrt{2/3} & \sqrt{1/3} & \\
-1 & 1/2 & & 0 & & \sqrt{1/3} & -\sqrt{2/3} & \\
-1 & -1/2 & & & & & & 1
\end{array} \tag{61}$$

Diese hier angedeutete Addition der Drehimpulse ist deshalb so wichtig, weil die beiden Drehimpulse über ihre magnetischen Momente miteinander wechselwirken. In diesem Fall ist die Darstellung in der Basis der $j_1 m_1 j_2 m_2$ zwar immer noch vollständig, die Quantenzahlen $j_1 m_1$ und $j_2 m_2$ verlieren aber bei zunehmender Wechselwirkung immer mehr ihre physikalische Qualität. Diese Quantenzahlen sind dann keine „guten" Quantenzahlen mehr. Einzig der Gesamtdrehimpuls und seine $z$-Komponente sind scharf meßbare Größen. Anders ausgedrückt: Die HILBERT-Vektoren $|j_1 m_1\rangle$ und $|j_2 m_2\rangle$ führen, bedingt durch ihre Wechselwirkung, eine Präzession um den HILBERT-Vektor $|jm\rangle$ aus. Dieser Zustand ist deshalb der einzig gute Zustand, der das System physikalisch richtig beschreibt. So koppeln beispielsweise der Bahndrehimpuls und der Spin des Elektrons im Atom. Im Falle schwacher Wechselwirkung (z. B. bei Wasserstoff) sind die Quantenzahlen des Bahndrehimpulses $l$ und $s = 1/2$ zwar noch relativ gute Quantenzahlen, trotzdem sind die einzig scharfen Drehimpulsquantenzahlen der Gesamtdrehimpuls

$j$ und seine Projektion $m$. Die dazugehörenden Wellenfunktionen werden durch eine Linearkombination aus Bahndrehimpulswellenfunktionen $Y_{lm_l}$ und Spinwellenfunktionen $\chi_{sm_s}$ zu guten $j$ und $m_j$ gegeben. Mit Hilfe der CLEBSCH-GORDAN-Koeffizienten aus (61) können wir sofort für $l = 1$ und $s = 1/2$ die 6 möglichen Winkelanteile der Gesamtwellenfunktion angeben

$$\left.\begin{aligned}
\psi_{3/2\,3/2} &= Y_{11}\,\chi_{1/2\,1/2} && m_j = 3/2\\
\psi_{3/2\,1/2} &= \sqrt{\tfrac{1}{3}}\,Y_{11}\,\chi_{1/2\,-1/2} + \sqrt{\tfrac{2}{3}}\,Y_{10}\,\chi_{1/2\,1/2} && m_j = 1/2\\
\psi_{3/2\,-1/2} &= \sqrt{\tfrac{2}{3}}\,Y_{10}\,\chi_{1/2\,-1/2} + \sqrt{\tfrac{1}{3}}\,Y_{1\,-1}\,\chi_{1/2\,1/2} && m_j = -1/2\\
\psi_{3/2\,-3/2} &= Y_{1\,-1}\,\chi_{1/2\,-1/2} && m_j = -3/2
\end{aligned}\right\}\; j = 3/2;$$

$$\left.\begin{aligned}
\psi_{1/2\,1/2} &= \sqrt{\tfrac{2}{3}}\,Y_{11}\,\chi_{1/2\,-1/2} - \sqrt{\tfrac{1}{3}}\,Y_{10}\,\chi_{1/2\,1/2} && m_j = 1/2\\
\psi_{1/2\,-1/2} &= \sqrt{\tfrac{1}{3}}\,Y_{10}\,\chi_{1/2\,-1/2} - \sqrt{\tfrac{2}{3}}\,Y_{1\,-1}\,\chi_{1/2\,1/2} && m_j = -1/2\,.
\end{aligned}\right\}\; j = 1/2;$$

Zum Schluß noch eine Bemerkung. Hat man mehr als 2 Drehimpulse in einem quantenmechanischen System, so lassen sie sich im Prinzip sukzessive jeweils einer nach dem anderen mit den hier gegebenen Regeln zum Gesamtdrehimpuls zusammensetzen. Allerdings gibt es auch Koeffizienten, die die Konstruktion dreier oder mehr Drehimpulse und ihrer Wellenfunktionen in einem Zuge ermöglichen (6$j$-Symbole; 9$j$-Symbole etc), über die hier aber nichts weiter ausgeführt werden soll.

5. Kapitel

# Störungsrechnung

## § 1. Zeitunabhängige Störungsrechnung

Die SCHRÖDINGER-Gleichung ist exakt nur für einige wenige spezielle Fälle lösbar, die zumeist noch physikalisch idealisiert sind. Dazu gehören z. B. der harmonische Oszillator (2. Kap. § 4) und das Wasserstoffproblem (siehe 6. Buch, 1. Kapite l). Um dagegen physikalisch realistische Probleme zu lösen, muß man Näherungsverfahren verwenden. Ein Verfahren, das auf stationäre Systeme anwendbar ist, die nicht allzusehr von einem idealen lösbaren Fall abweichen, ist die stationäre Störungsrechnung.

Wir gehen dabei von der SCHRÖDINGER-Gleichung des Systems, das wir beschreiben wollen,

$$\hat{H}\psi = E\psi \tag{1}$$

aus und nehmen an, daß der HAMILTON-Operator $\hat{H}$ so in zwei Anteile

$$\hat{H} = \hat{H}_0 + \hat{H}' \tag{2}$$

zerlegt werden kann, daß erstens die Lösung der SCHRÖDINGER-Gleichung

$$H_0\, \psi^{(0)} = E^{(0)}\, \psi^{(0)} \tag{3}$$

als bekannt angenommen werden darf und zweitens $< \psi^{(0)} \,|\, H' \,|\, \psi^{(0)} >$ klein im Vergleich zu $E^{(0)} = < \psi^{(0)} \,|\, H^{(0)} \,|\, \psi^{(0)} >$ sei. Im folgenden werden $\hat{H}_0$, $E^{(0)}$ und $\psi^{(0)}$ als ungestörte Größen bezeichnet, während der Operator $\hat{H}'$ als Störoperator bezeichnet wird. Die relative Kleinheit von $<\hat{H}'>$ gegenüber $<\hat{H}_0>$ bedeutet, daß sich die Zustände des Systems unter der Wirkung von $\hat{H}'$ nur relativ wenig ändern.

Wir suchen die Lösung von Gl. (1), indem wir die Eigenfunktionen $\psi$ nach dem vollständigen orthogonalen Satz der ungestörten Wellenfunktion $\psi^{(0)}$ entwickeln:

$$\psi = \sum_k a_k\, \psi_k^{(0)} \,. \tag{4}$$

(Besitzt der Operator $\hat{H}_0$ noch ein kontinuierliches Spektrum, ist das entsprechende Integral zu Gl. (4) hinzuzuaddieren.)

Gehen wir mit diesem Ansatz in die SCHRÖDINGER-Gleichung (1) ein und berücksichtigen Gl. (2) und (3), erhalten wir

$$\sum_k \hat{H}'\, a_k\, \psi_k^{(0)} = \sum_k a_k\, (E - E_k^{(0)})\, \psi_k^{(0)} \,. \tag{5}$$

Durch Multiplikation von links mit $\psi_m^{(0)\,*}$ und Integration über die unabhängigen Variablen erhalten wir

$$a_m (E - E_m^{(0)}) = \sum_k H'_{mk}\, a_k \qquad m = 1, 2, 3, \ldots \tag{6}$$

mit dem Matrixelement des Störoperators zwischen den ungestörten Wellenfunktionen

$$H'_{mk} = \int \psi_m^{(0)*}\, \hat{H}'\, \psi_k^{(0)}\, \mathrm{d}\tau \,.$$

Das Gleichungssystem (6) ist die SCHRÖDINGER-Gleichung in der Energiedarstellung und noch ebenso exakt wie Gleichung (1).

Wir wollen jetzt von der Aussage Gebrauch machen, daß die Störung klein sei, was heißt, daß die Energieeigenwerte und Wellenfunktionen nahe bei den ungestörten liegen. Wir entwickeln deshalb die Energie $E$ und die Koeffizienten $a_m$ in eine Reihe. Da wir uns für die Änderung des $n$-ten Zustandes (der nicht-entartet sein soll) interessieren, wird

$$\begin{aligned} E &= E_n^{(0)} + E_n^{(1)} + E_n^{(2)} + \cdots \\ a_m &= a_m^{(0)} + a_m^{(1)} + a_m^{(2)} + \cdots \,, \end{aligned} \tag{7}$$

wobei $E_n^{(0)}$ und $a_m^{(0)}$ die ungestörten Werte sind. Die Korrekturen mit dem Index$^{(1)}$ sind von gleicher „Kleinheit" wie die Störung selbst, die Größen mit dem Index$^{(2)}$ sind quadratisch in der Störung usw. In nullter Ordnung sind die Wellenfunktionen gleich den ungestörten Wellenfunktionen

$$\psi = \sum_k a_k^{(0)}\, \psi_k^{(0)} = \psi_n^{(0)} \,; \quad \text{d. h. } a_k^{(0)} = \delta_{kn} \,.$$

Gehen wir mit dem Ansatz Gl. (7) in die exakte Gleichung (6) ein, erhalten wir

$$\begin{aligned}&(\delta_{mn} + a_m^{(1)} + a_m^{(2)} + \cdots)\cdot(E_n^{(0)} - E_m^{(0)} + E_n^{(1)} + E_n^{(2)} + \cdots)\\ &\quad = \sum_k H'_{mk}(\delta_{kn} + a_k^{(1)} + a_k^{(2)} + \cdots)\,.\end{aligned} \tag{8}$$

Multiplizieren wir diese Gleichung aus und sortieren nach Termen gleicher Größe, erhalten wir als Gleichung in 1. Ordnung

$$(E_n^{(0)} - E_m^{(0)})\,a_m^{(1)} + E_n^{(1)}\,\delta_{mn} = \sum_k H'_{mk}\,\delta_{kn} = H'_{mn}\ . \tag{9}$$

Für $m = n$ erhalten wir die Energieverschiebung des $n$-ten Niveaus zu

$$E_n^{(1)} = H'_{nn} \tag{10}$$

und für $m \neq n$ erhalten wir die Korrekturen für die Amplituden, die die Wellenfunktionen bestimmen zu

$$a_m^{(1)} = \frac{H'_{mn}}{E_n^{(0)} - E_m^{(0)}} \qquad m \neq n\ . \tag{11}$$

Da die Ergebnisse (10) und (11) aus der Gleichung für die 1. Ordnung bestimmt wurden, heißen sie Ergebnisse der Störungsrechnung 1. Ordnung.

Als Gleichung der Terme in 2. Ordnung, die bei der Ausmultiplikation der Gl. (8) entsteht, erhalten wir

$$(E_n^{(0)} - E_m^{(0)})\,a_m^{(2)} + a_m^{(1)}E_n^{(1)} + E_n^{(2)}\,\delta_{mn} = \sum_k H'_{mk}\,a_k^{(1)}\ . \tag{12}$$

Für $m = n$ ergibt sich zusammen mit den Ergebnissen in 1. Ordnung die Energieverschiebung des $n$-ten Zustandes in 2. Ordnung sofort zu

$$E_n^{(2)} = \sum_{k \neq n} \frac{H'_{nk}\,H'_{kn}}{E_n^{(0)} - E_k^{(0)}}\ . \tag{13}$$

Diese Korrektur ist für den Grundzustand unabhängig von der Art der Störung stets negativ. Die Werte für $a_n^{(1)}$ und $a_n^{(2)}$ erhält man aus der Normierungsbedingung für Gl. (4):

$$\sum_k |a_k|^2 = 1\ .$$

Setzen wir die Entwicklung Gl. (7) hier ein, wird die Summe (bis zur 2. Ordnung)

$$\sum_k |\delta_{kn} + a_k^{(1)} + a_k^{(2)}|^2 = 1.$$

Wenn wir beide Seiten jeweils wieder bis zur gleichen Ordnung ausmultiplizieren, erhalten wir die beiden Gleichungen

$$a_n^{(1)} + a_n^{(1)*} = 0 \quad \text{und} \quad a_n^{(2)} + a_n^{(2)*} + \sum_k |a_k^{(1)}|^2 = 0. \tag{14}$$

Sie zeigen, daß die Imaginärteile der Amplituden $a_n^{(1)}$ und $a_n^{(2)}$ beliebig sind. Der Grund dafür ist die Tatsache, daß die Wellenfunktion nur bis auf einen beliebigen Phasenfaktor $e^{i\alpha}$ bestimmt ist. Ohne Beschränkung der Allgemeinheit erhalten wir deshalb aus den beiden Gleichungen (14) in Verbindung mit Gl. (11)

$$a_n^{(1)} = 0 \quad \text{und} \quad a_n^{(2)} = -\frac{1}{2} \sum_{k \neq n} \frac{|H'_{kn}|^2}{(E_n^{(0)} - E_k^{(0)})^2} \,. \tag{15}$$

Aus Gl. (12) wird für $m \neq n$

$$a_m^{(2)} = \sum_{k \neq n} \frac{H'_{mk} H'_{kn}}{(E_n^{(0)} - E_k^{(0)})(E_n^{(0)} - E_m^{(0)})} - \frac{H'_{mn} H'_{nn}}{(E_n^{(0)} - E_m^{(0)})^2} \,. \tag{16}$$

Die höheren Ordnungen ergeben sich völlig analog ebenfalls aus Gl. (8). Fassen wir die hier bis zur Störungsrechnung 2. Ordnung angegebenen Glieder zusammen, wird die Energie des $n$-ten Niveaus als Näherungslösung der SCHRÖDINGER-Gleichung (1)

$$\boxed{E_n = E_n^{(0)} + H'_{nn} + \sum_{k \neq n} \frac{|H'_{nk}|^2}{E_n^{(0)} - E_k^{(0)}}} \,. \tag{17}$$

Die Wellenfunktion bis zur 1. Ordnung ist

$$\boxed{\psi_n = \psi_n^{(0)} + \sum_{k \neq n} \frac{H'_{kn}}{E_n^{(0)} - E_k^{(0)}} \psi_k^{(0)}} \,. \tag{18}$$

An dieser Gl. (18) sehen wir auch sehr deutlich, daß die Störung genau dann klein ist, wenn

$$|H'_{kn}| \ll (E_n^{(0)} - E_k^{(0)}) \tag{19}$$

ist. Diese Art Störungsrechnung ist also prinzipiell verboten bei entarteten Zuständen. Die Näherung ist ferner nur anwendbar, wenn die Zustände für $\hat{H}' \to 0$ zu den ungestörten Zuständen werden. Die Störung darf also die Struktur des Spektrums nicht qualitativ ändern.

Aufg. 150. Ein harmonischer Oszillator wird durch ein Zusatzpotential $V' = bx$ gegenüber dem im zweiten Kapitel betrachteten System verändert. Man berechne die Verschiebung der Energieniveaus in erster und zweiter Ordnung der Störungsrechnung. Man vergleiche mit dem Ergebnis der exakten Rechnung.

## § 2. Störungsrechnung für entartete Zustände

Sind die Eigenwerte des HAMILTON-Operators $\hat{H}_0$ für den $n$-ten Zustand $f$-fach entartet, sind die Eigenfunktionen durch eine beliebige, wiederum orthogonale Linearkombination der orthogonalen Wellenfunktion $\psi_{n1}^{(0)} \cdots \psi_{nf}^{(0)}$ darstellbar. Wirkt auf dieses System entarteter Zustände eine Störung $\hat{H}'$, wird die Entartung ganz oder teilweise aufgehoben. Da die Entartung der Zustände stets Ausdruck der Symmetrie des HAMILTON-Operators bezüglich einer Klasse von Koordinatentransformationen ist und in aller Regel der Störoperator die Symmetrie herabsetzt, werden im gestörten System weniger Zustände entartet sein. Z. B. sind in einem Zentralfeld auf Grund der Kugelsymmetrie die

Zustände $(2l+1)$-fach entartet. Wird ein äußeres Feld angelegt und damit eine Richtung ausgezeichnet, wird die Entartung zumindest herabgesetzt.

Genau wie im Paragraphen vorher wird als Ansatz für die Wellenfunktion des gestörten Systems eine Linearkombination der ungestörten Wellenfunktionen angesetzt

$$\psi = \sum_{m,r} a_{mr}\, \psi^{(0)}_{mr}\,, \tag{20}$$

nur läuft hier eine zweite Summe jeweils über alle entarteten Zustände $r = 1 \ldots f$. Setzen wir diesen Ansatz wieder in die SCHRÖDINGER-Gleichung (1) ein, erhalten wir den zu Gl. (6) analogen Ausdruck

$$a_{mp}\,(E - E^{(0)}_m) = \sum_{k,r} H'_{mp;kr}\, a_{kr} \tag{21}$$

mit

$$H'_{mp;kr} = \int \psi^{(0)*}_{mp}\, \hat{H}'\, \psi^{(0)}_{kr}\, \mathrm{d}\tau\ .$$

Ist die energetische Aufspaltung der Zustände mit Index $n$ auf Grund der Störung klein gegenüber dem Abstand zu den nächsten dazu nichtentarteten Zuständen, können wir uns auf die 1. Ordnung und damit auf die $f$-entarteten Zustände $\psi^{(0)}_{nr}$ in den Gleichungen (20) und (21) beschränken. Mit $m = n$, $k = n$ und $E = E^{(0)}_n + E^{(1)}_n$ reduziert sich Gleichung (21) zu

$$\sum_{r=1}^{f} (H'_{pr} - E^{(1)}\,\delta_{pr})\, a_r = 0\ . \tag{22}$$

(In dieser Gleichung ist der Index $n$ einfachheitshalber weggelassen.)

Dieses Gleichungssystem (22) hat nur dann nichttriviale Lösungen, wenn die Koeffizientendeterminante verschwindet

$$\begin{vmatrix} H'_{11} - E^{(1)} & H'_{12} & \cdots & H'_{1f} \\ H'_{21} & H'_{22} - E^{(1)} & \cdots & H'_{2f} \\ \vdots & & & \vdots \\ H'_{f1} & \cdots & \cdots & H'_{ff} - E^{(1)} \end{vmatrix} = 0\ . \tag{23}$$

Sie heißt Säkulargleichung, ist $f$-ten Grades und hat $f$ Wurzeln für $E^{(1)}$. Der hier behandelte Zustand $n$ spaltet also in $f$ Unterzustände der Energie $E^{(0)}_n + E^{(1)}_1$, $E^{(0)}_n + E^{(1)}_2, \ldots, E^{(0)}_n + E^{(1)}_f$ auf. Je nach Problem können natürlich auch einige Wurzeln gleich sein, so daß die Entartung nur teilweise aufgehoben wird.

Setzt man die hier gefundenen Energien in Gl. (22) ein, lassen sich die Koeffizienten $a_r$ und damit die Wellenfunktionen bestimmen.

Die hier geschilderte Methode ist nicht nur auf exakt entartete Zustände beschränkt, sie ist auch anwendbar, solange eng benachbarte Zustände beschrieben werden, für die Gl. (19) nicht erfüllt ist. Einfachstes Beispiel ist die Abstoßung zweier nahe beieinanderliegender Niveaus, für die die Säkulargleichung lautet

$$\begin{vmatrix} H'_{11} - E^{(1)} & H'_{12} \\ H'_{21} & H'_{22} - E^{(1)} \end{vmatrix} = 0 \,.$$

Die beiden Wurzeln dieses Gleichungssystems sind

$$E^{(1)}_{1,2} = \frac{1}{2}(H'_{11} + H'_{22}) \pm \frac{1}{2}\sqrt{(H'_{11} - H'_{22})^2 + 4\,|H'_{12}|^2} \,. \tag{24}$$

Ist die Störung klein, d.h. $|H'_{12}|^2 \ll (H'_{11} - H'_{22})^2$, erhalten wir aus Gl. (24) genau die Formeln für die Energieverschiebung zweier unabhängiger Zustände entsprechend Gl. (17)

$$E_1 = E^{(0)} + H'_{11} + \frac{|H'_{12}|^2}{H_{11} - H_{22}}$$

und (25)

$$E_2 = E^{(0)} + H'_{22} - \frac{|H'_{12}|^2}{H'_{11} - H'_{22}} \,.$$

Ist dagegen $|H'_{12}|^2 \gg (H'_{11} - H'_{22})^2 = \delta^2$, erhalten wir für den Extremfall völliger Entartung im ungestörten Fall, d.h. $H'_{11} - H'_{22} = 0$, die beiden Werte

$$\boxed{E_1 = E^{(0)} + H'_{11} + |H'_{12}| \quad \text{und} \quad E_2 = E^{(0)} + H'_{11} - |H'_{12}|} \,.$$

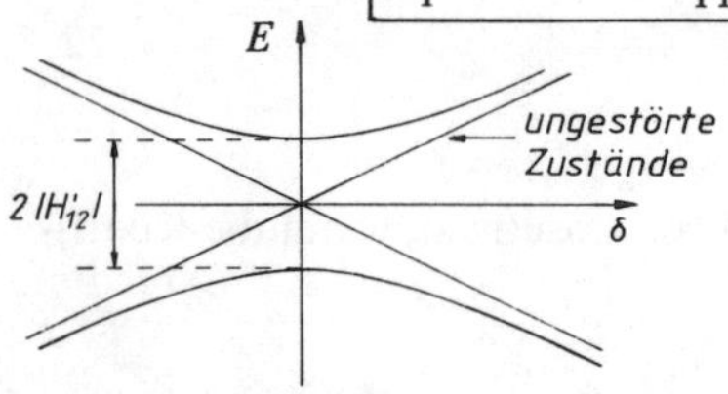


Fig. 148. Abstoßung zweier nah beieinanderliegender Niveaus als Funktion des Abstandes im ungestörten Zustand.

Trägt man Gleichung (24) als Funktion von $\delta$ auf, siehe Fig. 148, werden die beiden Niveaus zu Hyperbeln, wobei die Abstoßung für $\delta = 0$ am größten ist.

## § 3. Zeitabhängige Störungsrechnung

Ein ungestörtes quantenmechanisches System, dessen Wellenfunktion durch

$$\psi_n^{(0)}(\vec{x}, t) = \varphi_n^{(0)}(\vec{x})\, e^{-\frac{i}{\hbar} E_n t} \tag{26}$$

beschrieben wird, erfüllt die SCHRÖDINGER-Gleichung

$$i\hbar \frac{\partial}{\partial t} \psi_n^{(0)}(\vec{x}, t) = \hat{H}_0\, \psi_n^{(0)}(\vec{x}, t) \,.$$

Wird zum Zeitpunkt $t = 0$ ein zeitabhängiger Störoperator $\hat{H}'(t)$ eingeschaltet, folgt das System der SCHRÖDINGER–Gleichung

$$i\hbar \frac{\partial}{\partial t} \psi = (\hat{H}_0 + \hat{H}')\,\psi \,. \tag{27}$$

Zur Beschreibung der gestörten Wellenfunktion entwickeln wir nach den ungestörten

Wellenfunktionen $\psi_k^{(0)}$ aus Gl. (26)

$$\psi = \sum_k a_k(t)\, \psi_k^{(0)} . \tag{28}$$

(Hat das Spektrum des Operators $\hat{H}_0$ noch einen kontinuierlichen Anteil, ist das entsprechende Integral zu Gl. (28) dazuzuaddieren.) Gehen wir mit dem Ansatz Gl. (28) in die SCHRÖDINGER-Gleichung (27) ein, erhalten wir

$$i\hbar \sum_k (\dot{a}_k\, \psi_k^{(0)} + a_k\, \dot{\psi}_k^{(0)}) = \sum_k a_k (\hat{H}_0 + \hat{H}')\, \psi_k^{(0)} . \tag{29}$$

Multiplizieren wir von links mit $\psi_m^{(0)*}$ und integrieren über $d\tau$, folgt ein Gleichungssystem für die Änderung der Zeitentwicklungskoeffizienten

$$i\hbar\, \dot{a}_m = \sum_k H'_{mk}\, e^{\frac{i}{\hbar}(E_m - E_k)t}\, a_k \qquad m = 1, 2, 3, \ldots \tag{30}$$

mit

$$H'_{mk} = \int \psi_m^{(0)*}\, \hat{H}'\, \psi_k^{(0)}\, d\tau .$$

Das Gleichungssystem (30) ist exakt, aber genauso schwer zu lösen wie die SCHRÖDINGER-Gleichung (27) selbst.

Ist jedoch die Störung so kurz, daß in der Hauptsache der alte Zustand erhalten bleibt, kann der Koeffizient $a_k$ analog wie in Gl. (7) entwickelt werden

$$a_k(t) = a_k^{(0)}(t) + a_k^{(1)}(t) + a_k^{(2)}(t) + \ldots , \tag{31}$$

wobei $a_k^{(0)}(t) = a_k^{(0)}(0) = \delta_{nk}$ ist, da die Störung zur Zeit $t = 0$ erst beginnt. Die Veränderungen der Koeffizienten $a_m$ in 1. Ordnung erhalten wir, indem in Gl. (30) rechts die Koeffizienten in 0. Ordnung eingesetzt werden.

$$i\hbar\, \dot{a}_m^{(1)}(t) = \sum_k H'_{mk}\, e^{\frac{i}{\hbar}(E_m - E_k)t}\, a_k^{(0)} = H'_{mn}\, e^{\frac{i}{\hbar}(E_m - E_n)t} .$$

Nach Integration folgt

$$\boxed{a_m^{(1)}(t) = \frac{1}{i\hbar} \int_0^t H'_{mn}\, e^{\frac{i}{\hbar}(E_m - E_n)t'}\, dt'} . \tag{32}$$

Völlig analog ergeben sich die Koeffizienten in 2. Ordnung

$$a_m^{(2)}(t) = \frac{1}{i\hbar} \sum_k \int_0^t dt'\, H'_{mk}\, e^{\frac{i}{\hbar}(E_m - E_k)t'} \cdot a_k^{(1)}(t') \tag{33}$$

und mit $a_k^{(1)}(t)$ aus Gl. (32) eingesetzt

$$a_m^{(2)}(t) = \frac{1}{i\hbar} \sum_k \int_0^t dt'\, H'_{mk}\, e^{\frac{i}{\hbar}(E_m - E_k)t'} \left[ \frac{1}{i\hbar} \int_0^{t'} dt''\, H'_{kn}\, e^{\frac{i}{\hbar}(E_k - E_n)t''} \right] . \tag{34}$$

Für fast alle praktischen Anwendungen reichen die Ausdrücke (32) und (34) völlig aus. An der Struktur der Gleichung (34) sieht man aber bereits, wie das allgemeine Glied aussieht. Gehen wir dafür in die Wechselwirkungsdarstellung über, in der $\hat{H}'_w = e^{\frac{i}{\hbar}\hat{H}_0 t}\,\hat{H}'\,e^{\frac{i}{\hbar}\hat{H}_0 t}$ ist, und setzen voraus, daß die Ortsintegrationen mit den Zeitintegrationen vertauschbar sind, erhalten wir als Ausdruck für den Koeffizienten $a_m(t)$ in allen Ordnungen

$$a_m(t) = \langle m|\delta_{mn} + \frac{1}{i\hbar}\int_0^t dt' H'_w(t') + \left(\frac{1}{i\hbar}\right)^2 \int_0^t dt' H'_w(t') \int_0^{t'} dt'' H'_w(t'') + \ldots |n\rangle .$$

Die Summen über die Zwischenzustände sind dabei durch Ausnutzen der Vollständigkeitsreaktion weggefallen.

## § 4. Berechnung von Übergangswahrscheinlichkeiten

Befand sich ein quantenmechanisches System vor Beginn einer zeitabhängigen Störung im Zustand $\varphi_n$, so geben die Koeffizienten $a_m(t)$ in Gl. (35) die zeitliche Entwicklung in die stationären Zustände $\varphi_m$ nach der Zeit $t$ an. Die Größe

$$W_{mn} = |a_m(t)|^2 \tag{36}$$

ist die Übergangswahrscheinlichkeit für den Übergang aus dem Anfangszustand $|n\rangle$ in den Zustand $|m\rangle$ auf Grund des zeitlichen Störoperators $\hat{H}'(t)$. Um im Einzelfall die Übergangswahrscheinlichkeit bestimmen zu können, ist es notwendig, Größe und zeitlichen Verlauf des Matrixelementes $H'_{mn}(t)$ zu kennen. So kann man zwischen adiabatischer, d. h. sehr langsamer Änderung des Matrixelementes, verglichen mit der charakteristischen Frequenz und sehr plötzlichen Veränderungen des Matrixelementes, unterscheiden. Beides wollen wir aber nicht weiter behandeln. Vielmehr wollen wir die Übergangswahrscheinlichkeit für eine harmonische Zeitabhängigkeit des Störmatrixelementes berechnen, wobei die Störung zur Zeit $t = 0$ an- und bei $t = T$ abgeschaltet werde.

Das Matrixelement habe die Form

$$H'_{mn}(t) = 2H'_{mn}(0)\sin\omega t \quad , \tag{37}$$

wobei $H'_{mn}(0)$ zeitunabhängig ist. (Die 2 taucht auf, weil der zeitliche Mittelwert von $\sin^2\omega t$ nur 1/2 ist.)

Da wir annehmen, daß die Störung klein ist, genügt es, den Ausdruck der Störungsrechnung 1. Ordnung Gl. (32) in Gl. (36) einzusetzen. Mit $E_m - E_n = \hbar\,\omega_{mn}$ erhalten wir

$$W_{mn}(t \geqslant T) = \frac{1}{\hbar^2}\left|\int_0^T H'_{mn}(t')\,e^{i\omega_{mn}t'}\,dt'\right|^2 . \tag{38}$$

Setzen wir den Ansatz Gl. (37) in Gl. (38) ein, wird daraus nach der Integration

$$W_{mn}(t \geqslant T) = \frac{|H'_{mn}(0)|^2}{\hbar^2}\left|\frac{e^{i(\omega_{mn}+\omega)T}-1}{\omega_{mn}+\omega} - \frac{e^{i(\omega_{mn}-\omega)T}-1}{\omega_{mn}-\omega}\right|^2 . \tag{39}$$

Die Struktur dieser Gleichung zeigt, daß eine nennenswerte Übergangswahrscheinlichkeit nur dann auftritt, wenn ein Nenner nahe bei Null ist. Es ist dies der erste Term in der Klammer, wenn $\omega_{mn} \approx -\omega$, d.h. für $E_m \approx E_n - \hbar\omega$, bzw. der zweite Term, wenn $\omega_{mn} \approx \omega$, d. h. für $E_m \approx E_n + \hbar\omega$. Dies bedeutet entweder Emission oder Absorption eines Quants der Energie $\hbar\omega$ aus dem Störfeld mit der Frequenz $\omega$. Dieses Konzept wird deshalb auch bei der Emission bzw. Absorption von Strahlungsprozessen benutzt.

Da Übergänge aus gebundenen Zuständen durch Absorption eines Quants aus dem Störfeld in Kontinuumszustände besonders wichtig sind, wollen wir uns hier darauf beschränken. In Gl. (39) trägt deshalb nur der zweite Term bei, und die Übergangswahrscheinlichkeit wird

$$W_{mn}(t \geqslant T) = \frac{4\,|H'_{mn}(0)|^2}{\hbar^2(\omega_{mn}-\omega)^2} \sin^2\left(\frac{1}{2}(\omega_{mn}-\omega)T\right). \tag{40}$$

Diese Funktion ist bis auf ihre konstanten Anteile in Fig. 149 dargestellt. Das Hauptmaximum ist $\sim T^2$ und die Breite $\sim T^{-1}$, so daß die Fläche unter der Kurve $\sim T$ geht.

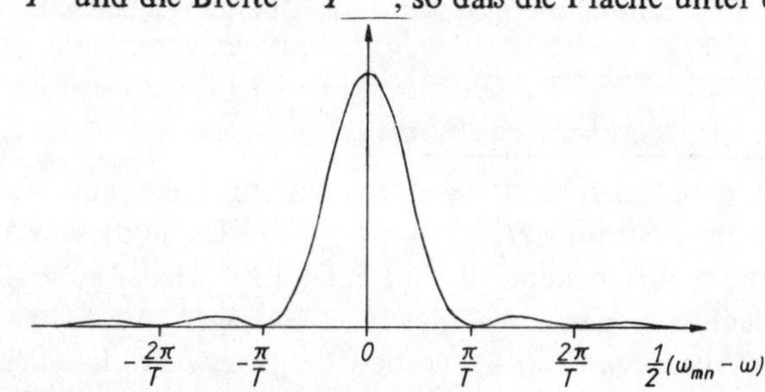


Fig. 149. Übergangswahrscheinlichkeit (Gl. 40) als Funktion der Frequenzdifferenz $\omega_{mn} - \omega$.

Für $T \to \infty$ ist die Funktion

$$\lim_{T\to\infty} \frac{\sin^2\left\{(\omega_{mn}-\omega)\frac{T}{2}\right\}}{\pi(\omega_{mn}-\omega)^2\frac{T}{2}} = \delta\left((\omega_{mn}-\omega)\frac{1}{2}\right) \tag{41}$$

eine Darstellung der $\delta$-Funktion, so daß aus Gl. (40) schließlich wird

$$\frac{1}{T}\cdot W_{mn}(t \geqslant T)\Big|_{T\to\infty} = \frac{2\pi}{\hbar}\,|H'_{mn}(0)|^2\,\delta(E_m - E_n - \hbar\omega). \tag{42}$$

Diese Diskussion des Grenzfalles $T \gg (\omega_{mn} - \omega)^{-1}$ zeigt, daß die physikalisch vernünftige Größe hier die Übergangsgeschwindigkeit, d. h. Übergangswahrscheinlichkeit pro Zeit, ist, die deshalb auf der linken Seite von Gl. (42) bereits angegeben ist. Die Breite des Hauptmaximums in Fig. 149 ist Ausdruck der HEISENBERGschen Unschärferelation, denn je mehr Zeit $T$ für den Übergang zur Verfügung steht, desto kleiner wird die Energieunschärfe für den Übergang $E_m \approx E_n + \hbar\omega$. Dieser Zusammenhang ist hier ein Ergebnis dieser Rechnung, wobei die Unschärferelation aber nicht hineingesteckt werden mußte.

Die Übergangswahrscheinlichkeit pro Zeit für die hier betrachteten Übergänge ins Kontinuum erhält man durch Integration über die Dichte der Endzustände $\rho(m)\,\mathrm{d}E_m$ im Energieintervall zwischen $E_m$ und $E_m + \mathrm{d}E_m$ mit der Übergangswahrscheinlichkeit Gl. (40)

$$w = \frac{1}{T}\int W_{mn}(t \geqslant T)\,\rho(m)\,\mathrm{d}E_m\,. \tag{43}$$

Da das Hauptmaximum in Fig. 149 für nicht zu kleine Zeiten $T$ sehr schmal ist und zugleich den größten Teil der Fläche einschließt, darf man annehmen, daß sowohl das Matrixelement $H_{mn}(0)$ als auch $\rho(m)$ ziemlich unabhängig von der Energie $E_m$ wird, so daß man sie vor das Integral (43) ziehen kann

$$w \approx \frac{1}{T}\,\frac{4\,|H'_{mn}(0)|^2}{\hbar^2}\,\rho(m)\frac{\hbar T}{2}\int \frac{\sin^2\left\{(\omega_{mn}-\omega)\frac{T}{2}\right\}}{(\omega_{mn}-\omega)^2\left(\frac{T}{2}\right)^2}\,d\left((\omega_{mn}-\omega)\frac{T}{2}\right).$$

Da das Integral in dieser Gleichung $\pi$ ergibt, wird die Übergangswahrscheinlichkeit pro Zeit

$$\boxed{w \approx \frac{2\pi}{\hbar}\,|H'_{mn}(0)|^2\,\rho(m)}\,. \tag{44}$$

Den gleichen Ausdruck erhält man für den anderen wichtigen Fall einer für die Zeit $T$ dauernden zeitunabhängigen Störung $H'_{mn}(t) = H'_{mn}(0)$. Die in diesem Ausdruck im Vergleich zu Gl. (37) nicht auftauchende 2 wird in Gl. (39) wieder ausgeglichen, da beide Summanden in der Klammer wegen $\omega = 0$ gleichviel beitragen. Ansonsten ist die Rechnung völlig analog. Der Ausdruck Gl. (44) für die Übergangswahrscheinlichkeit pro Zeit hat den Namen „Fermis 2. Goldene Regel" und findet an vielen Stellen Anwendung.

Voraussetzungen für ihre Gültigkeit sind:

1) Die Störung darf nur sehr klein sein, so daß trotz der relativ langen Zeit $T$ die Störungsrechnung in 1. Ordnung noch eine gute Näherung ist.
2) $(\omega_{mn} - \omega)\,T \gg 1$, d.h., die Störung muß im Vergleich zur charakteristischen Frequenz lange dauern.

Sechstes Kapitel

# Grundzüge der Streutheorie

## § 1. Streuamplitude und Wirkungsquerschnitt

Ganz allgemein versteht man unter Streuung die Richtungs- und / oder Intensitätsveränderung eines Teilchenstromes bzw. einer Welle, die durch die Wechselwirkung mit einem streuenden physikalischen Objekt verursacht wird. Die Untersuchung der Streuung geladener und ungeladener Teilchen an anderen geladenen oder ungeladenen Teilchen ist eine der grundlegenden experimentellen Methoden, um die Struktur der Atome, der Atomkerne und der Elementarteilchen aufzuklären.

Die Streuung eines Teilchenstromes wird durch den differentiellen Streuquerschnitt $\mathrm{d}\sigma$ charakterisiert. Die Größe ist definiert als

$$
\boxed{\begin{aligned} d\sigma(\vartheta,\varphi) &= \frac{\text{Zahl der auslaufenden Teilchen im Raumwinkel } d\Omega \text{ pro Zeit}}{\text{Zahl der einfallenden Teilchen pro Fläche und Zeit}} \\ &= \frac{\text{auslaufender Strom in } d\Omega}{\text{einfallende Stromdichte}} = \frac{j_{st}(\vartheta,\varphi)\, r^2\, d\Omega}{j_0} \;. \end{aligned}} \tag{1}
$$

Oft wird auch $\frac{d\sigma}{d\Omega}$ als differentieller Wirkungsquerschnitt bezeichnet. Die Dimension ist die einer Fläche, und als Einheit wird das barn $= 10^{-24}\ \text{cm}^2$ benutzt.

Die Gesamtwahrscheinlichkeit der Streuung wird durch den totalen Wirkungsquerschnitt beschrieben, der durch die Größe

$$
\sigma_{tot} = \frac{d\sigma(\vartheta,\varphi)}{d\Omega}\, d\Omega \tag{2}
$$

definiert ist. In der Quantenmechanik sind mit den Stromdichten in Gl. (1) die Wahrscheinlichkeitsstromdichten gemeint, die ja durch die Wellenfunktionen und damit von der Lösung der SCHRÖDINGER-Gleichung für das Streuproblem

$$
(\nabla^2 + k^2)\,\psi = \frac{2m}{\hbar^2}\, V(r)\,\psi \quad \text{mit} \quad k^2 = \frac{2mE}{\hbar^2} \tag{3}
$$

abhängen. Dabei haben wir den Potentialterm als inhomogenen Anteil der Differentialgleichung auf die rechte Seite genommen.

Da der Bereich, in dem das streuende und gestreute Teilchen miteinander wechselwirken, üblicherweise sehr klein ist, kann ohne Beschränkung der Allgemeinheit die
Asymptotische
asymptotische Form der Wellenfunktion der Lösung der SCHRÖDINGER-Gleichung (3) zu

$$
\boxed{\psi \underset{r\to\infty}{\Longrightarrow} e^{i\vec{k}\vec{r}} + f(\vartheta,\varphi)\,\frac{e^{ikr}}{r}} \tag{4}
$$

angesetzt werden. Dies ist die Superposition einer entlang der durch $\vec{k}$ gegebenen Richtung (meist die $z$-Richtung) einfallenden ebenen Welle und einer vom Streuzentrum auslaufenden Kugelwelle (Fig. 150). Die Amplitude $f(\vartheta,\varphi)$ heißt Streuamplitude; sie allein bestimmt den Wirkungsquerschnitt. Rechnen wir nämlich die Stromdichte der einfallenden Welle $e^{i\vec{k}\vec{r}}$ (2. Kap., § 2) aus, erhalten wir

$$
j_0 = \frac{\hbar \vec{k}}{(2\pi)^3 m} \tag{5}
$$

und für die auslaufende Kugelwelle aus (4)

$$
|j_{st}| = \frac{\hbar k}{(2\pi)^3 m} \cdot \frac{|f(\vartheta,\varphi)|^2}{r^2} \,. \tag{6}
$$

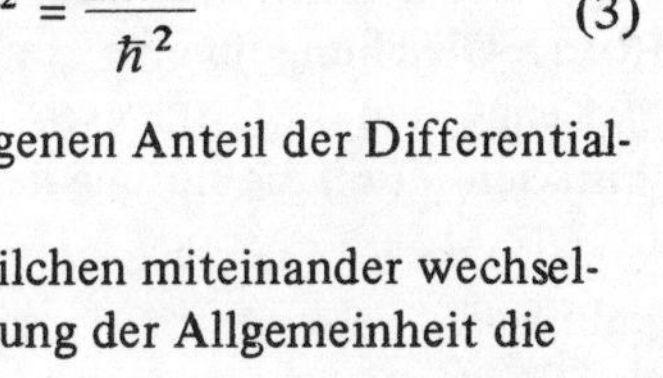

Fig. 150. Prinzip eines Streuexperimentes: Ein Teil der einfallenden ebenen Welle wird gestreut und wird als auslaufende Kugelwelle in Abhängigkeit vom Streuwinkel ϑ im Detektor registriert.

Gl. (5) und Gl. (6) in Gl. (1) eingesetzt, liefert sofort

$$\boxed{\frac{d\sigma}{d\Omega} = |f(\vartheta,\varphi)|^2}. \tag{7}$$

Ziel jeder theoretischen Behandlung wird es also sein, Aussagen über die Streuamplitude aus der SCHRÖDINGER-Gleichung (3) zu erhalten, da sie den Wirkungsquerschnitt vollständig bestimmt.

## § 2. Lösung durch GREENsche Funktionen

Eine Methode zur Lösung der SCHRÖDINGER-Gleichung für Potentialstreuung ist die mit Hilfe GREENscher Funktionen. Die GREENschen Funktionen sind für die SCHRÖDINGER-Gleichung (3) durch die Gleichung

$$(\nabla^2_{\vec{r}} + k^2)\cdot G(\vec{r},\vec{r}\,') = \delta(\vec{r}-\vec{r}\,') \tag{8}$$

sowie zusätzlich durch die Randbedingungen des Problems (hier auslaufende Streuwellen) definiert. Der Index $\vec{r}$ am Operator soll dabei andeuten, daß er auf die Koordinate $\vec{r}$ wirkt. Die GREENsche Funktion $G(\vec{r},\vec{r}\,')$ ist also die Lösung der inhomogenen HELMHOLTZ-Gleichung für eine „punktförmige" Inhomogenität. Sie hängt natürlich von $k$ ab.

Kennt man die GREENsche Funktion $G(\vec{r},\vec{r}\,')$, so kann man für beliebige Inhomogenitäten $F(\vec{r})$ die Lösung der inhomogenen Differentialgleichung

$$(\nabla^2 + k^2)\,u(\vec{r}) = F(\vec{r}) \tag{9}$$

angeben zu

$$u(\vec{r}) = \varphi(\vec{r}) + \int G(\vec{r},\vec{r}\,')\cdot F(\vec{r}\,')\,d\tau' , \tag{10}$$

wobei $\varphi(\vec{r})$ die Lösung der homogenen Differentialgleichung (9) ist. Daß Gl. (10) eine Lösung ist, sehen wir durch Einsetzen in Gl. (9)

$$\begin{aligned}(\nabla^2 + k^2)\,u(\vec{r}) &= (\nabla^2 + k^2)\,\varphi(\vec{r}) + \int (\nabla^2 + k^2)\,G(\vec{r},\vec{r}\,')\,F(\vec{r}\,')\,d\tau' \\ &= \int \delta(\vec{r}-\vec{r}\,')\,F(\vec{r}\,')\,d\tau' = F(\vec{r}),\end{aligned}$$

wobei nur ohne Beweis die Vertauschbarkeit von Differentiation und Integration angenommen wurde.

Die SCHRÖDINGER-Gleichung (3), die wir mit diesem Ansatz lösen wollen, ist zwar formal gesehen „homogen", weil die „Inhomogenität" der rechten Seite die gesuchte Lösung $\psi$ noch als Faktor enthält, aber die Methode der GREENschen Funktionen ist auch hier nützlich. In Analogie zur letzten Rechnung wird dann aus der SCHRÖDINGER-Differentialgleichung (3) eine Integralgleichung für das Streuproblem

$$\psi(\vec{r}) = \varphi(\vec{r}) + \frac{2m}{\hbar^2}\int G(\vec{r},\vec{r}\,')\,V(\vec{r}\,')\,\psi(\vec{r}\,')\,d\tau' . \tag{11}$$

Die Randbedingungen der Differentialgleichung sind hier als Randbedingung für $G$ enthalten. In dieser Form ist das Streuproblem vielfach leichter zu behandeln als in der Form der Differentialgleichung.

Wir wollen nun die GREENsche Funktion aus Gl. (8) bestimmen. Da $G(\vec{r},\vec{r}\,')$ in beiden Variablen symmetrisch ist und die $\delta$-Funktion nur von $\vec{r}-\vec{r}\,'$ abhängt, gilt

$$G(\vec{r},\vec{r}\,')=G(\vec{r}-\vec{r}\,')\,.$$

Führen wir für die Funktionen $G(\vec{r}-\vec{r}\,')$ und $\delta(\vec{r}-\vec{r}\,')$ eine FOURIERdarstellung ein, wird aus Gleichung (8)

$$(\nabla_{\vec{r}}^2+k^2)\int a(\vec{q})\,e^{i\vec{q}(\vec{r}-\vec{r}\,')}\,\mathrm{d}\tau_q=\frac{1}{(2\pi)^3}\int e^{i\vec{q}(\vec{r}-\vec{r}\,')}\,\mathrm{d}\tau_q\,.$$

Vertauschen wir Differentiation und Integration, wird daraus

$$\int a(\vec{q})\,(k^2-q^2)\,e^{i\vec{q}(\vec{r}-\vec{r}\,')}\,\mathrm{d}\tau_q=\frac{1}{(2\pi)^3}\int e^{i\vec{q}(\vec{r}-\vec{r})}\,\mathrm{d}\tau_q$$

und schließlich

$$\int \mathrm{d}\tau_q\cdot e^{i\vec{q}(\vec{r}-\vec{r}\,')}\left[a(\vec{q})\,(k^2-q^2)-\frac{1}{(2\pi)^3}\right]=0\,.$$

Wegen der Eindeutigkeit und Vollständigkeit der FOURIER-Zerlegung muß die eckige Klammer selbst Null sein, wodurch die Entwicklungskoeffizienten $a(\vec{q})$ für die GREENsfunktion

$$a(\vec{q})=-\frac{1}{(2\pi)^3}\,\frac{1}{q^2-k^2}\qquad(\vec{q}\neq\vec{k})$$

werden und die GREENsfunktion selbst die Gestalt erhält

$$G(\vec{r}-\vec{r}\,')=-\frac{1}{(2\pi)^3}\int\frac{1}{q^2-k^2}\,e^{i\vec{q}(\vec{r}-\vec{r}\,')}\,\mathrm{d}\tau_q\,.$$

Es bleibt eine Integration über $\vec{q}$ in Kugelkoordinaten, wobei die Polarachse durch die Richtung $\vec{x}=\vec{r}-\vec{r}\,'$ ausgezeichnet sei

$$G(\vec{r}-\vec{r}\,')=-\frac{1}{(2\pi)^3}\int_0^\infty \mathrm{d}q\,q^2\int_0^\pi \sin\vartheta_q\,\mathrm{d}\vartheta_q\int_0^{2\pi}\mathrm{d}\varphi_q\,\frac{e^{iqx\cos\vartheta_q}}{q^2-k^2}\,.$$

Nach Integration über $\mathrm{d}\vartheta_q$ und $\mathrm{d}\varphi_q$ bleibt

$$G(\vec{r}-\vec{r}\,')=-\frac{i}{4\pi^2x}\int_{-\infty}^{+\infty}\mathrm{d}q\,\frac{q}{k^2-q^2}\,e^{iqx}\,.$$

Der Integrand besitzt zwei Pole erster Ordnung bei $\pm k$. Mit Hilfe der Residuenmethode (die im 1. Buch, 3. Kap. kurz angesprochen ist) kann dieses Integral durch Erweiterung in die komplexe $q$-Ebene auf zwei verschiedenen Integrationswegen ausgewertet werden, wodurch sich zwei GREENsfunktionen, die durch + und − unterschieden werden, als Lösung ergeben

$$G_\pm(\vec{r}-\vec{r}\,')=-\frac{1}{4\pi}\,\frac{\exp(\pm ik\,|\vec{r}-\vec{r}\,'|)}{|\vec{r}-\vec{r}\,'|}\,.\qquad(12)$$

Daß beides Lösungen sind, läßt sich durch Einsetzen in die Differentialgleichung (8) nachprüfen. $G_+$ liefert asymptotisch auslaufende Kugelwellen und $G_-$ asymptotisch einlaufende Kugelwellen. Setzen wir die GREENsfunktion $G_+$ als die physikalisch richtige auslaufende Kugelwelle in die Integralgleichung (11) ein, wird daraus

$$\psi^+(\vec{r}) = e^{i\vec{k}\vec{r}} - \frac{m}{2\pi\hbar^2}\int \frac{\exp(+ik|\vec{r}-\vec{r}'|)}{|\vec{r}-\vec{r}'|} V(\vec{r}')\,\psi^+(\vec{r}')\,d\tau' . \tag{13}$$

Da der Wirkungsquerschnitt durch die asymptotische Streuamplitude Gl. (7) festgelegt ist, soll Gl. (13) für $\vec{r} \gg \vec{r}'$ entwickelt werden. Weil

$$k|\vec{r}-\vec{r}'| = k(\vec{r}^2 - 2\vec{r}\vec{r}' + \vec{r}'^2)^{1/2} \approx kr - k\frac{\vec{r}\cdot\vec{r}'}{r} + \cdots$$

ist, wird mit $\vec{k}' = k\dfrac{\vec{r}}{r}$ aus Gl. (13)

$$\psi^+(\vec{r}) \underset{r\to\infty}{\Longrightarrow} e^{i\vec{k}\vec{r}} - \frac{m}{2\pi\hbar^2}\frac{e^{+ikr}}{r}\int e^{-i\vec{k}'\vec{r}'} V(\vec{r}')\,\psi^+(\vec{r}')\,d\tau' \tag{14}$$

Durch direkten Vergleich mit der asymptotischen Lösung Gl. (4) erhalten wir sofort die Streuamplitude.

$$f(\vartheta,\phi) = -\frac{m}{2\pi\hbar^2}\int e^{-i\vec{k}'\vec{r}'} V(\vec{r}')\,\psi^+(\vec{r}')\,d\tau' . \tag{15}$$

Die Winkelabhängigkeit von $f$ steckt in $\vec{k}'$, denn dieser Vektor enthält den Einheitsvektor $\dfrac{\vec{r}}{r}$. Da $(2\pi)^{-3}\, e^{-i\vec{k}'\vec{r}'} = \varphi^*_{k'}$ eine ebene Welle mit Wellenvektor $\vec{k}'$ darstellt, die auf die $\delta$-Funktion normiert ist, kann $f$ auch geschrieben werden als

$$f(\vartheta,\phi) = -4\pi^2\frac{m}{\hbar^2}\int \varphi^*_{k'}\, V(\vec{r}')\,\psi^+(\vec{r}')\,d\tau' = -4\pi^2\,\frac{m}{\hbar^2} < \varphi_{k'}\,|V|\,\psi^+ > . \tag{16}$$

(Um Doppeldeutigkeiten zu vermeiden, wird der Azimutwinkel von jetzt an mit $\phi$ bezeichnet.)

Nach Gl. (7) wird der Wirkungsquerschnitt damit

$$\boxed{\frac{d\sigma}{d\Omega} = |f(\vartheta,\phi)|^2 = \frac{(2\pi)^4 m^2}{\hbar^4}\,|<\varphi_{k'}\,|\,V\,|\,\psi^+>|^2} . \tag{17}$$

Leider enthält dieser Ausdruck noch die nach wie vor unbekannte exakte Lösung der Streuwellenfunktion $\psi^+$.

## § 3. BORNsche Näherung

Die Integralgleichung (13) für das Streuproblem läßt sich in normierter, etwas umgeschriebener Form folgendermaßen angeben

$$\psi^+_k(r) = \varphi_k + (2\pi)^{-3/2}\,\frac{2m}{\hbar^2}\int G_+(\vec{r}-\vec{r}')\,V(\vec{r}')\,\psi^+_k(\vec{r}')\,d\tau' . \tag{18}$$

Dabei ist der Index $k$ sowohl an die ungestörte ebene einfallende Welle als auch an die gesamte Streuwelle angefügt, da $k$ für den hier behandelten elastischen Stoß die Energie beider Wellen festlegt. Ist diese Energie im Vergleich zum Streupotential groß, kann die Integralgleichung (18) iterativ gelöst werden. Dazu setzt man als 0. Näherung

$$\psi_k^{+(0)} = \varphi_k \,. \tag{19}$$

Durch Einsetzen in die rechte Seite von Gl. (18) ergibt sich die 1. Näherung

$$\psi_k^{+(1)} = \varphi_k + (2\pi)^{-3/2} \frac{2m}{\hbar^2} \int G_+ (\vec{r} - \vec{r}\,') \, V(\vec{r}\,') \, \varphi_k (\vec{r}\,') \, \mathrm{d}\tau' . \tag{20}$$

Setzt man das Verfahren iterativ nach dem Schema fort

$$\psi_k^{+(n+1)} = \varphi_k + (2\pi)^{-3/2} \frac{2m}{\hbar^2} \int G_+ (\vec{r} - \vec{r}\,') \, V(\vec{r}\,') \, \psi_k^{+(n)} (\vec{r}\,') \, \mathrm{d}\tau'$$

so erhält man (bei Konvergenz) die Lösung als Reihe

$$\begin{aligned} \psi_k^+ = \varphi_k &+ \text{const.} \int G_+ (\vec{r} - \vec{r}\,') \, V(\vec{r}\,') \, \varphi_k (\vec{r}\,') \, \mathrm{d}\tau' \\ &+ (\text{const})^2 \iint G_+ (\vec{r} - \vec{r}\,') \, V(\vec{r}\,') \, G_+ (\vec{r}\,' - \vec{r}\,'') \, V(\vec{r}\,'') \, \varphi_k (\vec{r}\,'') \, \mathrm{d}\tau' \, \mathrm{d}\tau'' \\ &+ \cdots \end{aligned} \tag{21}$$

Bricht man die Lösung nach dem $n$-ten Glied ab, heißt die erreichte Lösung *n-te BORNsche Näherung.*

Meist begnügt man sich mit dem ersten Glied, die dann auch oft einfach *BORNsche Näherung* heißt. Dafür lautet die Streuamplitude

$$\boxed{\begin{aligned} f(\vartheta, \phi) &= - \frac{m}{2\pi\hbar^2} \int e^{-i \vec{k}\,' \vec{r}\,'} \, V(\vec{r}\,') \, e^{i \vec{k} \vec{r}\,'} \, \mathrm{d}\tau' \\ &= - \frac{m}{2\pi\hbar^2} \int V(\vec{r}\,') \, e^{i \vec{q} \vec{r}\,'} \, \mathrm{d}\tau' \end{aligned}} \tag{22}$$

Dabei ist der Vektor $\vec{q} = \vec{k} - \vec{k}\,'$ der Impulsübertragvektor, denn $\hbar \vec{q}$ ist die Impulsänderung bei der Streuung. In 1. BORNscher Näherung ist mithin die Streuamplitude $f = f(\vec{q}\,)$ proportional zur FOURIERtransformierten des Potentials. Im Fall der elastischen Streuung ist $|\vec{k}| = |\vec{k}\,'|$. Das Teilchen ändert nur seinen Impuls, nicht aber seine Energie. Zwischen $q$ und $k$ gilt dann die Beziehung (siehe Fig. 151)

$$q = 2\,k \sin \frac{\vartheta}{2} \,. \tag{23}$$

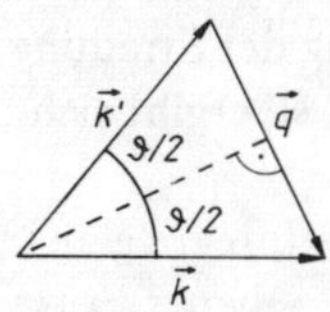

Fig. 151. Impulsdiagramm für elastische Streuung.

Im Falle eines kugelsymmetrischen Potentials $V(\vec{r}\,) = V(r)$ läßt sich das Integral in Gl. (22) in Kugelkoordinaten mit der Polarachse in Richtung des Vektors $\vec{q}$ schreiben

$$\int V(r) e^{i\vec{q}\,\vec{r}}\,\mathrm{d}\tau = \int_0^\infty \mathrm{d}r\, r^2 V(r) \int_0^{2\pi} \mathrm{d}\phi \int_{-1}^{+1} \mathrm{d}(\cos\vartheta)\, e^{iqr\cos\vartheta}$$
$$= 4\pi \int_0^\infty V(r) \frac{\sin qr}{qr} r^2\,\mathrm{d}r\,. \tag{24}$$

Damit wird der differentielle Streuquerschnitt

$$\boxed{\frac{\mathrm{d}\sigma}{\mathrm{d}\Omega} = \left(\frac{2m}{\hbar^2}\right)^2 \left| \int_0^\infty V(r) \frac{\sin qr}{qr} r^2\,\mathrm{d}r \right|^2}\,. \tag{25}$$

Für $q \to 0$ d.h. $\vartheta \to 0$ erhält man

$$\left.\frac{\mathrm{d}\sigma}{\mathrm{d}\Omega}\right|_{q \to 0} = \left(\frac{2m}{\hbar^2}\right)^2 \left| \int_0^\infty V(r) r^2\,\mathrm{d}r \right|^2 \tag{26}$$

der zugleich der maximale Wert ist, falls $V(r)$ nur ein Vorzeichen hat.

Das Verhältnis der Streuamplitude aus den beiden Ausdrücken (25) und (26) bezeichnet man als Formfaktor

$$F(q) = \frac{\displaystyle\int_0^\infty V(r) \frac{\sin qr}{qr} r^2\,\mathrm{d}r}{\displaystyle\int_0^\infty V(r) r^2\,\mathrm{d}r}\,, \tag{27}$$

der eine Meßgröße ist und aus dem man bei unbekanntem Potential $V(r)$ eine Aussage darüber erhalten kann. Dies ist gewöhnlich das Ziel von Streuexperimenten.

Man kann auch den umgekehrten Weg beschreiten und mit einem angenommenen Potential $V(r)$ den Wirkungsquerschnitt berechnen und das Resultat mit dem Experiment vergleichen. Die Unterschiede müssen durch verbesserte Annahmen über das Potential weiter verkleinert werden. Dieser Weg ist meist der einzig praktikable, denn um aus Gleichung (27) $V(r)$ eindeutig herausrechnen zu können, müßte $F(q)$ für alle $q$ gemessen sein, was praktisch unmöglich ist. Wir demonstrieren hier das Prinzip dieses Lösungsweges, indem wir nach Gl. (25) den Wirkungsquerschnitt für das Streupotential

$$V(r) = \frac{Z_1 \cdot Z_2}{4\pi\epsilon_0 r} \cdot \exp\left(-\frac{r}{a}\right)$$

berechnen. Dieses Potential mit einem Abschirmradius $a$ dient als Ansatz zur Beschreibung der Streuung von einem Ion an einem Atom. Führen wir die Integration in Gl. (25) aus, so ergibt sich

$$\frac{\mathrm{d}\sigma}{\mathrm{d}\Omega} = \frac{2mZ_1 Z_2 e^2}{4\pi\epsilon_0} \cdot \frac{1}{4p^2 \sin^2\frac{\vartheta}{2} + \frac{\hbar^2}{a^2}}\,. \tag{28}$$

Für $a \to \infty$ ist keine Abschirmung wirksam, und der Ausdruck (28) geht in die RUTHERFORDsche Streuformel (vgl. auch 6. Buch, 3. Kap.) über

$$\left.\frac{\mathrm{d}\sigma}{\mathrm{d}\Omega}\right|_{\text{Rutherford}} = \left(\frac{Z_1 Z_2 e^2}{4\pi\epsilon_0 \cdot 4E \cdot \sin^2 \frac{\vartheta}{2}}\right)^2 . \tag{29}$$

Dabei ist $E$ die kinetische Energie des gestreuten Teilchens. Im Gegensatz zu (29) wird der RUTHERFORDsche Streuquerschnitt für $\vartheta \to 0$ singulär.

Vergleicht man nun gemessene Wirkungsquerschnitte der Ion-Atom-Streuung mit der Aussage der Gl. (28), so läßt sich durch Variation des Abschirmradius $a$ eine möglichst gute Anpassung finden. Der so gefundene Parameter $a$ beschreibt dann das Streupotential für die Ion-Atom-Streuung relativ wirklichkeitsnah.

## § 4. Lösung durch Partialwellenzerlegung

Bei der Streuung an einem kugelsymmetrischen Potential $V(\vec{r}) = V(r)$ ist der Drehimpuls ein Integral der Bewegung. In diesem Fall kann man die Lösung der etwas umgeschriebenen SCHRÖDINGER-Gleichung (3)

$$\left[-\frac{\hbar^2}{2m}\nabla^2 - \frac{(\hbar k)^2}{2m} + V(r)\right]\psi = 0$$

nach Eigenfunktionen $Y_{lm}$ des Drehimpulses entwickeln. Das Potential habe endliche Reichweite, und es gelte $\lim_{r\to 0}(r^2 V(r)) = 0$. Für $r \to \infty$ wollen wir als Lösung wieder Gl. (4) (in der normierten Form) annehmen.

$$\psi \xrightarrow[r\to\infty]{} (2\pi)^{-3/2}\left[e^{i\vec{k}\vec{r}} + f(\vartheta)\frac{e^{ikr}}{r}\right] . \tag{30}$$

Dabei ist die $z$-Achse in Richtung von $\vec{k}$ gelegt, so daß $\vec{k}\cdot\vec{r} = kz$ und die Streuamplitude $f = f(\vartheta)$ ist. Da der Streuvorgang rotationssymmetrisch um die $z$-Achse ist, enthält die Entwicklung von $\psi$ nur die Kugelfunktionen mit $m = 0$.

$$Y_{l0}(\vartheta) = \sqrt{\frac{2l+1}{4\pi}}\, P_l(\cos\vartheta) .$$

Mit dem Ansatz für $\psi$

$$\psi = (2\pi)^{-3/2}\sum_{l=0}^{\infty}(2l+1)\, i^l\, \frac{R_l(r)}{kr} P_l(\cos\vartheta) \tag{31}$$

erhält man die Differentialgleichung für die Radialfunktion $R_l(r)$ zu

$$\left\{\frac{\mathrm{d}^2}{\mathrm{d}r^2} - \frac{l(l+1)}{r^2} + k^2 - \frac{2m}{\hbar^2}V(r)\right\} R_l(r) = 0 .$$

Da wir uns nur für die asymptotische Lösung interessieren, wo $V = 0$ ist, erhalten wir eine Linearkombination von sphärischen NEUMANN- und BESSELfunktionen (siehe 1. Buch, S. 74 ff.)

$$R_l(r) = N_l\, kr(\cos\delta_l \cdot j_l(kr) - \sin\delta_l n_l(kr)) \tag{32}$$

mit den freien Konstanten $N_l$ und $\delta_l$. Für große Abstände hat $R_l$ die asymptotische Form

$$R_l(r) \xrightarrow[r\to\infty]{} N_l \sin\left(kr - \frac{\pi}{2} l + \delta_l\right). \tag{33}$$

Wäre das Potential $V(r) \equiv 0$ für alle Abstände, wäre $\delta_l = 0$. Die Wirkung des Potentials wird also beschrieben durch eine Phasenverschiebung der asymptotischen Wellenfunktion. Deshalb heißt $\delta_l$ = *Streuphase.* In Fig. 152 ist schematisch das Verhalten der Funktion $R_l$ für die drei Fälle (ohne Beweis) dargestellt, (a) ohne Potential: $\delta_l = 0$,

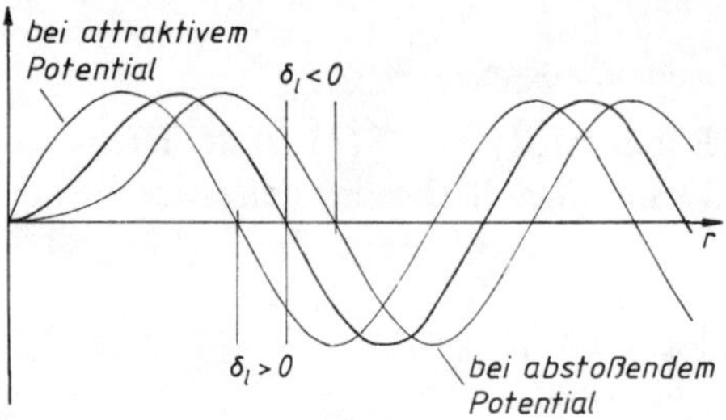


Fig. 152. Schematische Darstellung der Veränderung der Streuphasen durch Einfluß des Potentials am Streuzentrum.

(b) attraktives Potential: $\delta_l > 0$ und (c) abstoßendes Potential: $\delta_l < 0$.

## Zusammenhang zwischen Streuphase und Streuamplitude

Um $f(\vartheta)$ aus einem Vergleich der beiden Gleichungen (30) und (31) entnehmen zu können, benötigen wir die Entwicklung der ebenen Welle nach Kugelfunktionen

$$e^{ikz} = \sum_{l=0}^{\infty} (2l+1)\, i^l j_l(kr) P_l(\cos\vartheta). \tag{34}$$

Dabei ist $j_l(kr)$ die sphärische BESSELfunktion (vgl. S. 77) mit dem asymptotischen Verhalten

$$j_l(kr) \xrightarrow[r\to\infty]{} \frac{1}{2ikr}\left(e^{i(kr - \frac{\pi}{2} l)} - e^{-i(kr - \frac{\pi}{2} l)}\right).$$

Setzen wir das asymptotische Verhalten der Gleichungen (30) und (31) zusammen mit (34) ein, so wird

$$\frac{1}{2ikr} \sum_{l=0}^{\infty} (2l+1) i^l \left[e^{i(kr - \frac{\pi}{2} l)} - e^{-i(kr - \frac{\pi}{2} l)}\right] P_l + f(\vartheta)\frac{e^{ikr}}{r}$$

$$= \frac{1}{2ikr} \sum_{l=0}^{\infty} (2l+1)\, i^l N_l \left[e^{i(kr - \frac{\pi}{2} l + \delta_l)} - e^{-i(kr - \frac{\pi}{2} l + \delta_l)}\right] P_l .$$

Durch Vergleich der Koeffizienten für $e^{-ikr}$ erhalten wir wegen der linearen Unabhängigkeit der $P_l$

$$N_l = e^{i\delta_l} .$$

Durch Vergleich der Koeffizienten für $e^{ikr}$ erhalten wir die Streuamplitude

$$f(\vartheta) = \frac{1}{2ik} \sum_{l=0}^{\infty} (2l+1)(e^{2i\delta_l} - 1) P_l(\cos\vartheta).$$

Damit wird der differentielle Wirkungsquerschnitt für elastische Streuung

$$\boxed{\frac{d\sigma}{d\Omega} = |f(\vartheta)|^2 = \frac{1}{k^2} \left| \sum_{l=0}^{\infty} (2l+1) e^{i\delta_l} \sin\delta_l P_l(\cos\vartheta) \right|^2} . \tag{35}$$

Integration über den ganzen Raumwinkel liefert den totalen Wirkungsquerschnitt für elastische Streuung

$$\begin{aligned} \sigma_{\text{total}} &= \int \frac{d\sigma}{d\Omega} d\Omega \\ &= \frac{1}{k^2} \sum_{l'=0}^{\infty} \sum_{l=0}^{\infty} (2l'+1)(2l+1) e^{i(\delta_l - \delta_{l'})} \sin\delta_l \sin\delta_{l'} \int P_l P_{l'} \, d\Omega . \end{aligned}$$

Mit

$$\int P_l P_{l'} \, d\Omega = \frac{4\pi}{2l+1} \delta_{ll'}$$

wird daraus

$$\sigma_{\text{total}} = \frac{4\pi}{k^2} \sum_{l=0}^{\infty} (2l+1) \sin^2\delta_l . \tag{36}$$

Sowohl der differentielle als auch der totale Wirkungsquerschnitt werden durch die Phasen der gestreuten Wellen bestimmt.

Der Teil

$$\sigma_l = \frac{4\pi}{k^2} (2l+1) \sin^2\delta_l \tag{37}$$

des Gesamtquerschnitts ist der Wirkungsquerschnitt für die Teilchen, die das Quadrat des Drehimpulses $\hbar^2 l(l+1)$ in bezug auf das Streuzentrum besitzen. Der Wirkungsquerschnitt $\sigma_2$ wird häufig auch „Partialquerschnitt" genannt. Man spricht dann auch von „*s*"-Wellen-Streuung ($l = 0$) oder „*p*"-Wellen-Streuung ($l = 1$). Die „*s*"-Streuung besitzt Kugelsymmetrie, die „*p*"-Streuung Dipolsymmetrie. In Analogie zur klassischen Mechanik kann man sagen, daß die Streuung der $l$-ten Ordnung den Teilchen entspricht, die im Abstand $r_l$ vom Stoßzentrum vorbeigehen, wobei

$$r_l = \frac{\hbar\sqrt{l(l+1)}}{p} = \frac{\lambda}{2\pi} \sqrt{l(l+1)}$$

und $p$ der Teilchenimpuls und $\lambda$ die Wellenlänge sind. In der Quantenmechanik gibt es zwar keine eindeutige Beziehung zwischen Stoßparameter und Drehimpuls, die radiale Wellenfunktion $R_l(r)$ besitzt aber bei $r = r_l$ ein Maximum.

Ist die Zahl der wesentlichen Phasen klein, so ist es vernünftig, den experimentellen Wirkungsquerschnitt durch die Phasen darzustellen. Eine solche Auswertung wird als Phasenanalyse bezeichnet.

Zum Schluß dieses Kapitels wollen wir nur noch einen Begriff kurz andeuten, der in der Spezialliteratur eine große Bedeutung hat: die Streumatrix. Dazu schreiben wir uns die $l$-te Wellenfunktion in der Asymptotik für $r \to \infty$ mit $S_l = \exp(2i\delta_l)$ hin

$$\psi(r, \vartheta)|_{r\to\infty} = \frac{(2l+1)P_l(\cos\vartheta)}{2ik} i^l \left[\frac{1}{r} e^{-i(kr - \frac{\pi}{2}l)} - \frac{S_l}{r} e^{i(kr - \frac{\pi}{2}l)}\right].$$

Offensichtlich bestimmt die Größe $S$ das Verhältnis der Amplitude der auslaufenden Welle zur Amplitude der einlaufenden primären Welle. Die Größe $S$, die Streumatrix, ist in diesem Fall in Diagonalform gegeben. Im allgemeinen Fall ist $S$ eine unitäre Matrix, deren Matrixelemente $S_{ba}$ die Übergangsamplituden von einem Eingangskanal $a$ zu einem Ausgangskanal $b$ darstellen.

SECHSTES BUCH

# Anwendungen der Quantenmechanik

Erstes Kapitel

## Auszüge aus der Atom- und Molekülphysik

Die einfachste und zugleich grundlegende Aufgabenstellung der Atomphysik ist die Lösung des Wasserstoffproblems. Allgemeiner spricht man besser noch vom Einteilchenproblem, da dessen Lösung nicht nur auf das Wasserstoffatom oder andere Atome mit nur einem Elektron angewandt werden kann, sondern auch auf Atome, in denen das Elektron durch ein anderes negativ geladenes Teilchen ersetzt worden ist, wie z. B. die Myonenatome.

Die Lösung des Einteilchenproblems und seine Anwendung auf Wasserstoff hat zusätzlich noch einen prinzipiellen Aspekt. Es ist das einzige in der Natur wirklich existierende System, das im Rahmen der nichtrelativistischen (SCHRÖDINGER-Gleichung) und relativistischen (DIRAC-Gleichung) Beschreibungsweise exakt lösbar ist. Auf diese beiden Beschreibungen wird deshalb in den ersten Kapiteln ausführlich eingegangen. Der Vergleich dieser Lösungen mit dem Experiment ist aus diesem Grunde von besonderer Bedeutung. Am Beginn der Quantenmechanik (1925) war dies der entscheidende Test für die Qualität dieser neuen Theorie. 1947 hat die Beobachtung der Lamb-Shift am Wasserstoffatom, die eine sehr kleine Differenz zwischen der relativistischen DIRAC-Theorie und dem Experiment ist, Anlaß zur Entwicklung der überaus erfolgreichen Quantenelektrodynamik gegeben, die jedoch über den Rahmen dieses Buches hinausgeht.

### § 1. Nicht-relativistisches atomares Einteilchenproblem

Die SCHRÖDINGER-Gleichung für das stationäre Einteilchenproblem im Coulomb-Potential eines Punktkernes $V(r) = -\dfrac{Ze^2}{4\pi\epsilon_0 r}$ lautet

$$\left(-\frac{\hbar^2}{2\mu}\nabla^2 - \frac{Ze^2}{4\pi\epsilon_0 r}\right)\Psi = E\Psi \qquad (1)$$

wobei $\mu$ die reduzierte Masse des Systems ist (s. S. 561).

In Kugelkoordinaten $\{r, \vartheta, \varphi\}$ ist

$$\nabla^2 = \frac{1}{r^2}\frac{\partial}{\partial r}r^2\frac{\partial}{\partial r} + \frac{1}{r^2}\nabla^2_{\vartheta,\varphi}$$

mit $\nabla^2_{\vartheta,\varphi} = \dfrac{1}{\sin\vartheta}\dfrac{\partial}{\partial\vartheta}\left(\sin\vartheta\dfrac{\partial}{\partial\vartheta}\right) + \dfrac{1}{\sin^2\vartheta}\dfrac{\partial^2}{\partial\varphi^2}$ .

Damit folgt die SCHRÖDINGER-Gleichung (1) für das Einteilchenproblem in Kugelkoordinaten zu

$$\frac{\partial^2 \Psi}{\partial r^2} + \frac{2}{r}\frac{\partial \Psi}{\partial r} + \frac{1}{r^2}\nabla^2_{\vartheta,\varphi}\Psi + \frac{2\mu}{\hbar^2}\left(E + \frac{Ze^2}{4\pi\epsilon_0 r}\right)\Psi = 0\,. \tag{2}$$

Mit dem Separationssatz $\Psi(r, \vartheta, \varphi) = R(r)\,Y(\vartheta, \varphi)$ folgt nach Trennung der Variablen

$$\frac{r^2}{R}\left(\frac{\mathrm{d}^2 R}{\mathrm{d}r^2} + \frac{2}{r}\frac{\mathrm{d}R}{\mathrm{d}r}\right) + \frac{2\mu}{\hbar^2}\left(E + \frac{Ze^2}{4\pi\epsilon_0 r}\right)r^2 = -\frac{1}{Y}\nabla^2_{\vartheta,\varphi}\cdot Y\,.$$

Da die linke Seite nur von $r$ und die rechte nur von $\vartheta$ und $\varphi$ abhängt, können beide Seiten nur gleich einer Konstanten $\lambda$ sein. Damit folgt die Radialgleichung

$$\frac{\mathrm{d}^2 R}{\mathrm{d}r^2} + \frac{2}{r}\frac{\mathrm{d}R}{\mathrm{d}r} + \frac{2\mu}{\hbar^2}\left(E + \frac{Ze^2}{4\pi\epsilon_0 r}\right)R - \frac{\lambda}{r^2}R = 0 \tag{3}$$

und die Winkelgleichung

$$\nabla^2_{\vartheta,\varphi}Y + \lambda Y = 0\,. \tag{4}$$

Die Winkelgleichung ist identisch mit der Eigenwertgleichung für den Bahndrehimpuls von S. 583ff., so daß wir direkt den Eigenwert $\lambda = l\,(l+1)$ und die Eigenfunktionen

$$Y_{lm}(\vartheta, \varphi) = (-1)^{\frac{m+|m|}{2}}\sqrt{\frac{(2l+1)}{4\pi}\frac{(l-|m|)!}{(l+|m|)!}}\,P_l^m(\cos\vartheta)\,e^{im\varphi} \tag{5}$$

übernehmen können. $l$ ist die Quantenzahl des Bahndrehimpulses und $m$ seine Komponente in Bezug auf eine ausgezeichnete Richtung (Quantisierungsachse).

Lösung der Radialgleichung:

Mit dem für $\lambda = l(l+1)$ gegebenen Wert und der Substitution $R(r) = \frac{1}{r}u(r)$ erhalten wir die Radialgleichung (3) in der Form

$$\frac{\mathrm{d}^2 u}{\mathrm{d}r^2} + \frac{2\mu}{\hbar^2}\left(E + \frac{Ze^2}{4\pi\epsilon_0 r} - \frac{\hbar^2 l(l+1)}{2\mu r^2}\right)u = 0\,. \tag{6}$$

Um die Struktur des Lösungsansatzes herauszufinden, betrachten wir erst die beiden Grenzfälle $r \to 0$ und $r \to \infty$.

a) $r \to 0$

Für $r \to 0$ wird der Term $\sim r^{-2}$, der sogenannte Drehimpulsterm, dominant. Damit folgt als genäherte Radialgleichung

$$\frac{\mathrm{d}^2 u}{\mathrm{d}r^2} - \frac{l(l+1)}{r^2}u = 0 \quad \text{für } r \to 0\,.$$

Mit dem Potenzreihen-Ansatz $u = r^\alpha \cdot (1 + a_1 r + a_2 r^2 + \cdots)$ wird

$$u'' = \alpha(\alpha-1)r^{\alpha-2} + a_1(\alpha+1)\alpha r^{\alpha-1} + \cdots\,.$$

Da $r$ sehr klein ist, setzen wir nur die niedrigste Potenz von $r$ in die Radialgleichung ein. Damit erhalten wir

$$\alpha(\alpha-1)r^{\alpha-2}-\frac{l(l+1)}{r^2}r^{\alpha}=0$$

$$\alpha(\alpha-1)=l(l+1)\,.$$

Die Lösungen dieser Gleichung sind $\alpha_1 = l+1$ und $\alpha_2 = -l$.
Die bei $r \to 0$ mathematisch richtige Lösung hat damit die Form

$$u(r)|_{r\to 0}=A_1 r^{l+1}(1+a_1 r+\cdots)+A_2 r^{-l}(1+b_1 r+\cdots)\,.$$

Da der zweite Teil der Lösung mit gegebenem ganzzahligem positivem $l$ divergiert, muß $A_2 = 2$ sein, sodaß als physikalisch richtige Lösung bleibt

$$\begin{aligned} u(r)|_{r\to 0} &= A_1 r^{l+1}(1+a_1 r+a_2 r^2+\cdots)=A_1 r^{l+1} g(r)\\ &= A_1 f(r)\,. \end{aligned} \tag{7}$$

b) $r \to \infty$

Die in diesem Bereich sehr großer $r$ genäherte Radialgleichung

$$\frac{d^2 u}{dr^2}+\frac{2\mu}{\hbar^2}Eu=0$$

hat mit $\qquad k^2=\frac{2\mu E}{\hbar^2}$ für $E>0$

und $\qquad \lambda^2=-\frac{2\mu E}{\hbar^2}$ für $E<0$

die Lösungen

$$u(r)|_{r\to\infty}=C_1 e^{ikr}+C_2 e^{-ikr} \qquad \text{für } E>0$$

$$u(r)|_{r\to\infty}=C_3 e^{-\lambda r}+C_4 e^{\lambda r} \qquad \text{für } E<0\,.$$

Für $E>0$ haben wir es bei der Funktion $R(r)=u(r)/r$ mit einer ein- und auslaufenden Kugelwelle zu tun, die selbst bei großem $r$ nicht verschwindet.

Bei den gebundenen Lösungen mit $E<0$ ist $C_4=0$ zu setzen, da sonst $R(r)\to\infty$ für $r\to\infty$ gehen würde. Als physikalisch vernünftige Lösung bleibt deshalb für $E<0$ allein

$$u(r)|_{r\to\infty}=Ce^{-\lambda r}\,. \tag{8}$$

Mit Hilfe dieser Überlegungen können wir für die Lösung der Radialgleichung (6) einen aus Gl. (7) und (8) kombinierten Ansatz machen

$$u(r)=Ar^{l+1}e^{-\lambda r}g(r)=Ae^{-\lambda r}f(r)\,. \tag{9}$$

Bevor wir diesen Ansatz jedoch einsetzen, wollen wir Gl. (6) der Einfachheit halber auf dimensionslose Koordinaten umschreiben. Mit der Koordinatentransformation

$$r = a \cdot \rho \quad \text{und} \quad E = Ha \cdot \epsilon$$

wird die Radialgleichung (6) für $u(\rho)$

$$\frac{d^2 u}{d\rho^2} + \left(2\epsilon + \frac{2Z}{\rho} - \frac{l(l+1)}{\rho^2}\right) u = 0 . \tag{10}$$

Dabei ist $Ha = \hbar^2/ma^2$ ( = 27,2 eV für Elektronen) die natürliche Einheit der Energie, die auch Hartree-Energie genannt wird; und $a = \hbar^2 4\pi\epsilon_0/me^2$ (= 0,0529 nm für Elektronen) ist die natürliche Längeneinheit. (Wir haben hier an Stelle der reduzierten Masse $\mu$ die Teilchenmasse $m$ gesetzt.)
Mit dem Lösungsansatz (9) in transformierter Form

$$u(\rho) = A\rho^{l+1} e^{-\alpha\rho} g(\rho) = A e^{-\alpha\rho} f(\rho) \tag{11}$$

und

$$\alpha = \lambda a = \sqrt{-2\epsilon} \tag{12}$$

folgt nach dem Einsetzen in (10)

$$\frac{d^2 f}{d\rho^2} - 2\alpha \frac{df}{d\rho} + \left(\frac{2Z}{\rho} - \frac{l(l+1)}{\rho^2}\right) f = 0 . \tag{13}$$

Setzen wir den aus Gl. (7) bereits bekannten Ansatz für $f$

$$f(\rho) = \rho^{l+1} \sum_{\nu=0}^{\infty} a_\nu \rho^\nu = \sum_{\nu=0}^{\infty} a_\nu \rho^{l+\nu+1}$$

und dessen erste und zweite Ableitung

$$f'(\rho) = \sum_{\nu=0}^{\infty} (l+\nu+1) a_\nu \rho^{l+\nu}$$

$$f''(\rho) = \sum_{\nu=0}^{\infty} (l+\nu+1)(l+\nu) a_\nu \rho^{l+\nu-1}$$

in Gl. (13) ein und fassen alle Glieder mit gleichen Potenzen in $\rho$ zusammen, ergibt sich

$$\sum_\nu [(l+\nu+2)\cdot(l+\nu+1) a_{\nu+1} - 2\alpha\cdot(l+\nu+1)\cdot a_\nu + 2a_\nu \cdot Z - a_{\nu+1}\, l(l+1)]\, \rho^{l+\nu} = 0. \tag{14}$$

Im allgemeinen Fall kann die Summe nur Null sein, wenn jedes Glied selbst Null ist.

Daraus folgt sofort die Rekursionsformel für die $a_\nu$

$$a_{\nu+1} = \frac{2\alpha(l+\nu+1) - 2Z}{(l+\nu+2)(l+\nu+1) - l(l+1)}\, a_\nu \qquad \nu = 0, 1, 2, \cdots \tag{15}$$

wobei $a_0$ noch frei gewählt werden kann.

Falls im Ansatz für $f(\rho)$ beliebig viele Glieder beitragen, wächst $f(\rho)$ über alle Maßen; d.h., wir erhalten nur dann endliche physikalische Lösungen, wenn die Reihenentwicklung abbricht. Dies kann nur geschehen, falls der Zähler in der Rekursionsformel (15) für ein bestimmtes $\nu = n_r$ zu Null wird.

$$2\alpha(l + n_r + 1) - 2Z = 0 .$$

Wir erhalten dadurch $\alpha = \dfrac{Z}{n_r + l + 1}$. (16)

Mit der Abkürzung $n = n_r + l + 1$ folgen aus Gl. (16) und (12) die Energieeigenwerte in natürlichen Energieeinheiten

$$\epsilon_n = -\frac{1}{2}\frac{Z^2}{n^2} \qquad n = 1, 2, \cdots \tag{17}$$

bzw. in den "normalen" Energieeinheiten

$$E_n = -\frac{\mu e^4}{32\pi^2 \epsilon_0^2 \hbar^2}\frac{Z^2}{n^2} \qquad n = 1, 2, \cdots . \tag{18}$$

Die hier auftauchende positive ganze Zahl $\boldsymbol{n}$ heißt *Hauptquantenzahl*.
Die Funktion $f(\rho)$, die sich dadurch bei gegebener Hauptquantenzahl $n$ und Bahndrehimpulsquantenzahl $l$ eindeutig aus der umgeschriebenen Rekursionsformel (15)

$$a_{\nu+1} = -\frac{2Z}{n}\frac{n - (l + \nu + 1)}{(\nu + 1)(2l + \nu + 2)} a_\nu$$

ergibt, lautet

$$f(\rho) = A\rho^{l+1} F\left[-(n - l - 1), 2l + 2;\ \frac{2Z\rho}{n}\right]$$

wobei $F$ die konfluente hypergeometrische Reihe ist:

$$F\left[-(n-l-1), 2l+2;\ \frac{2Zr}{na}\right] = 1 - \frac{n-l-1}{1!(2l+2)}\left(\frac{2Zr}{na}\right) + \frac{(n-l-1)(n-l-2)}{2!(2l+2)(2l+3)}\left(\frac{2Zr}{na}\right)^2$$

$$+ \cdots + (-1)^{n_r}\frac{(n-l-1)(n-l-2)\cdots 1}{n_r!(2l+2)(2l+3)\cdots(2l+n_r)}\left(\frac{2Zr}{na}\right)^{n_r} . \tag{19}$$

Die Gesamtwellenfunktion für das nicht-relativistische Einteilchenproblem wird damit

$$\boxed{\begin{aligned}\Psi_{nlm}(r, \vartheta, \varphi) &= C\left(\frac{r}{a}\right)^l e^{-\frac{Z}{n}\frac{r}{a}} F\left[-(n - l - 1), 2l + 2;\ \frac{2Zr}{na}\right] Y_{lm}(\vartheta, \varphi)\\ &= R_{nl}(r)\, Y_{lm}(\vartheta, \varphi)\end{aligned}} \tag{20}$$

wobei sich der Nominierungsfaktor bei der Normierung

$$\int \Psi^* \Psi \, d\tau = 1 \qquad \text{zu}$$

$$C = \frac{1}{(2l+1)!}\sqrt{\frac{(n+l)!}{(n-l-1)!\,2n}} \cdot \left(\frac{2Z}{n}\right)^{\frac{3}{2}+l} \tag{21}$$

ergibt.

## § 2. Das Wasserstoffatom (nicht-relativistisch)

Die in den Gleichungen (18), (20) und (21) des vorangegangenen Paragraphen angegebenen Lösungen für die Energieeigenwerte und die Wellenfunktionen für das nicht-relativistische Einteilchenproblem haben folgende Eigenschaften:

1. Die Energieeigenwerte Gl. (18) hängen außer von Universalkonstanten nur von der Ladung des das Potential erzeugenden Kerns, der Masse des gebundenen Teilchens und einer einzigen Quantenzahl, der Hauptquantenzahl $n$, ab.
2. Für einen festen Wert von $n$ gibt es genau $n^2$ verschiedene Eigenfunktionen, so daß die Energieeigenwerte $n^2$-fach entartet sind.
3. Die drei Quantenzahlen $n$, $l$ und $m$ beschreiben das System vollständig. Ihr Wertbereich ist folgender:
   $n = 1, 2, \cdots$ genannt Hauptquantenzahl
   $l = 0, 1, 2, \cdots (n-1)$ genannt Bahndrehimpulsquantenzahl
   $m = -l, -l+1, \cdots (l-1), l$ genannt magnetische Quantenzahl.
4. Den drei Quantenzahlen $n$, $l$ und $m$ entsprechen drei physikalische Größen, die gleichzeitig an diesem quantenphysikalischen System scharf meßbar sind:
   Die Energie $E_n$, gegeben durch die Hauptquantenzahl $n$.
   Das Quadrat des Drehimpulses, gegeben durch die Bahndrehimpulsquantenzahl $l$.
   Die $z$-Komponente des Drehimpulses, gegeben durch die magnetische Quantenzahl $m$.

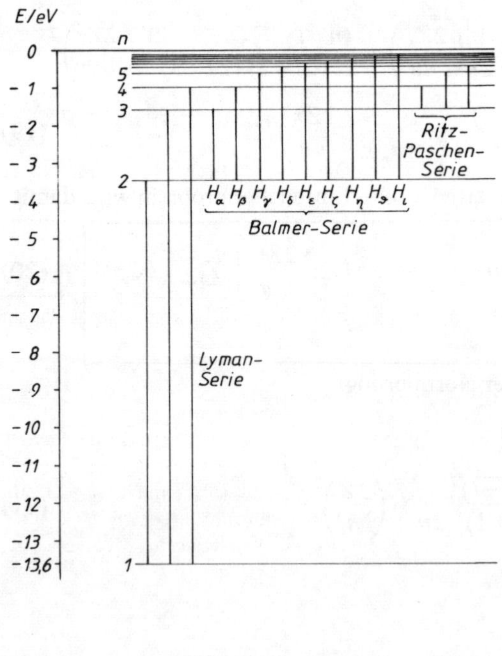


Fig. 153. Termschema von Wasserstoff mit den wichtigsten Übergängen.

Führt man an dieser Stelle den in der nicht-relativistischen Beschreibung nicht enthaltenen Spin ein (s. 5. Buch, 4. Kap.), sind die Gesamtwellenfunktionen noch von einer 4. Quantenzahl, der Projektion des Spins, abhängig.

Damit können wir nun jedes atomare Ein-Teilchen-Problem behandeln. Natürlich ist das Wasserstoffatom dafür das wichtigste Beispiel. Anhand der Figuren 153–155 erhalten wir am schnellsten einen Überblick. Fig. 153 zeigt das Termschema von Wasserstoff, in dem maßstabsgerecht die Energieniveaus sowie die wichtigsten Übergänge eingezeichnet sind. Fig. 154 a zeigt die radiale Wellenfunktion $R_{nl}(r)$ für die *s*-, *p*- und *d*-Zustände bis zur Hauptquantenzahl $n = 3$ wobei die Buchstaben *s, p, d*... stellver-

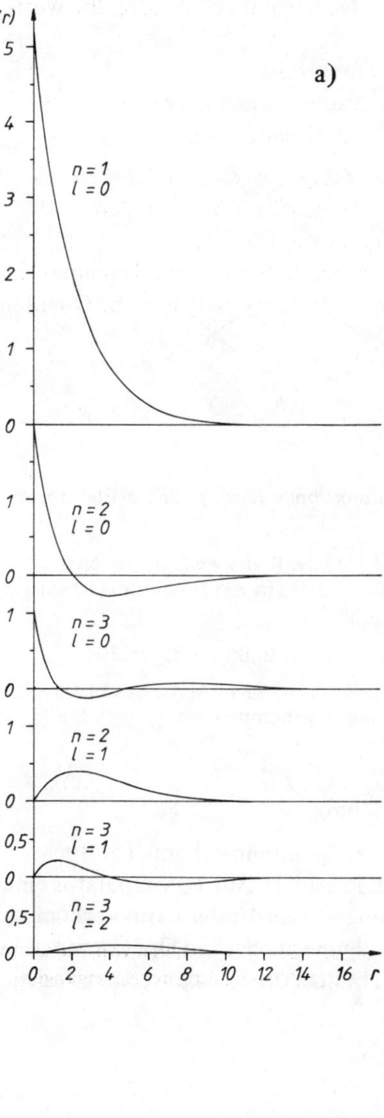


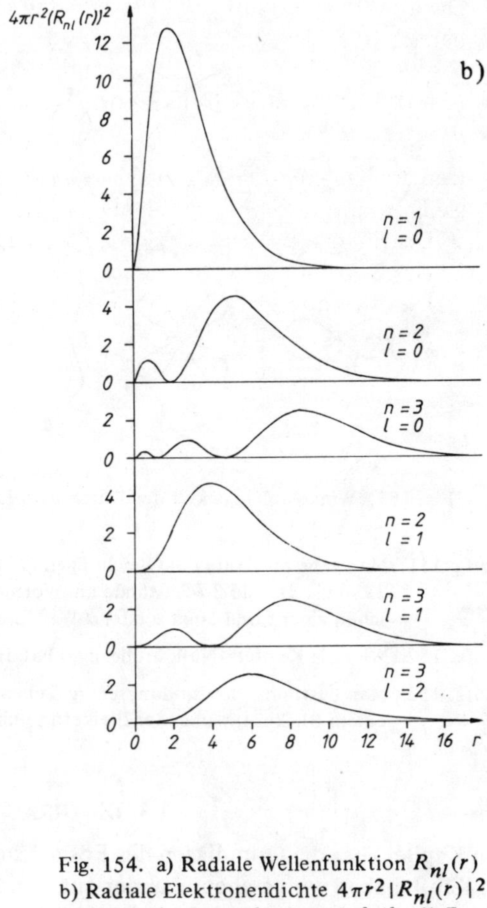


Fig. 154. a) Radiale Wellenfunktion $R_{nl}(r)$
b) Radiale Elektronendichte $4\pi r^2|R_{nl}(r)|^2$ für die *s*-($l = 0$), *p*-($l = 1$) und *d*-($l = 2$) Zustände bis zur Hauptquantenzahl $n = 3$ für Wasserstoff.

tretend für $l = 0, 1, 2, \ldots$ stehen und Fig. 154b die Elektronendichte $4\pi r^2 \, |R_{nl}(r)|^2$. Fig. 155 schließlich zeigt für die *s*-, *p*- und *d*-Zustände die Winkelabhängigkeit der Eigenfunktionen für $-l \leqslant m \leqslant l$.

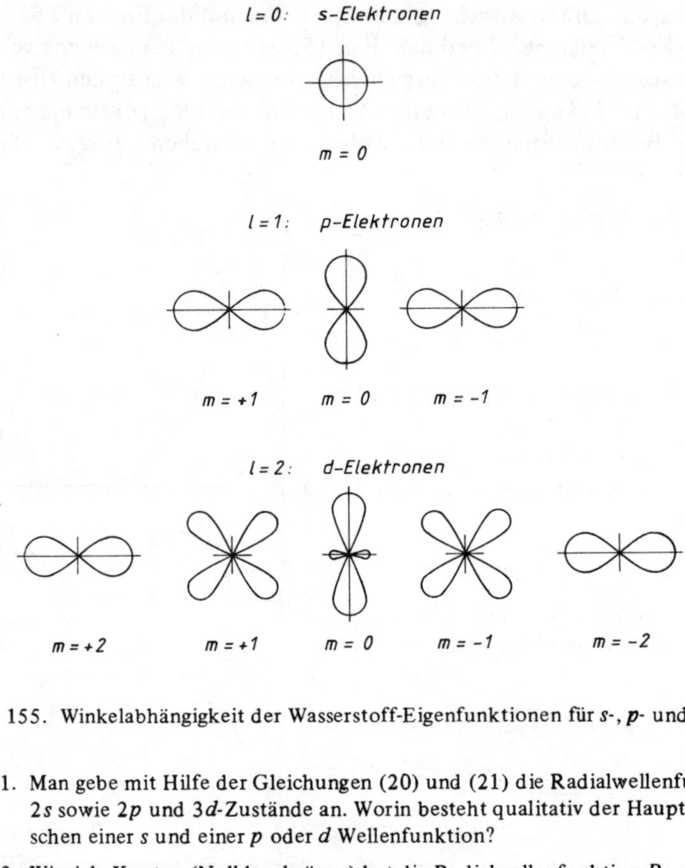


Fig. 155. Winkelabhängigkeit der Wasserstoff-Eigenfunktionen für *s*-, *p*- und *d*-Elektronen.

Aufg. 151. Man gebe mit Hilfe der Gleichungen (20) und (21) die Radialwellenfunktion der $1s$, $2s$ sowie $2p$ und $3d$-Zustände an. Worin besteht qualitativ der Hauptunterschied zwischen einer *s* und einer *p* oder *d* Wellenfunktion?

Aufg. 152. Wieviele Knoten (Nulldurchgänge) hat die Radialwellenfunktion $R_{nl}(r)$?

Aufg. 153. Man bestimme die Bindungsenergie eines $\mu$-Mesons (207-fache Masse des Elektrons) an einem Bleikern, wobei der Bleikern punktförmig angenommen sei.

## § 3. Die DIRAC-Gleichung

Im Kapitel über die Grundlagen des Formalismus der Quantenmechanik (5. Buch, 3. Kap.) haben wir gesehen, daß der quantenmechanische HAMILTON-Operator eines Systems durch die quantenmechanische Übersetzungsvorschrift der darin vorkommenden klassischen kanonischen Variablen in die quantenmechanischen Operatoren gefunden werden kann. So war die nicht-relativistische HAMILTON-Funktion eines Teilchens in einem Zentralfeld

$$H = E_{\text{kin}} + E_{\text{pot}} = \frac{p^2}{2m} + V(r),$$

woraus direkt der quantenmechanische HAMILTON-Operator

$$\hat{H} = -\frac{\hbar^2}{2m}\,\Delta + \hat{V}(r)$$

folgte.

Im Kapitel über die spezielle Relativitätstheorie (S. 245) haben wir die relativistische Energie eines freien Teilchens

$$E^2 = (pc)^2 + (mc^2)^2$$

kennengelernt.
Daraus ergibt sich die HAMILTON-Funktion

$$H = \pm\sqrt{c^2 p^2 + m^2 c^4}\,. \tag{22}$$

Da der Wurzelausdruck aber eine nicht-lineare Rechenvorschrift ist, läßt sich mit der oben angesprochenen Übersetzungsvorschrift in die Quantenmechanik nichts anfangen. DIRAC kam die Idee, den Wurzelausdruck (22) zu linearisieren, um dann die Übersetzung in die Quantenmechanik vornehmen zu können. Er setzte an Stelle der HAMILTON-Funktion Gl. (22)

$$H = c\,\vec{\alpha}\cdot\vec{p} + \beta m c^2. \tag{23}$$

Quadrieren wir die rechte Seite dieser Gleichung und benutzen dabei als Abkürzung den „Plus"-Kommutator, der folgendermaßen definiert ist $\{a, b\} = ab + ba$, so wird daraus

$$\begin{aligned}(c\vec{\alpha}\cdot\vec{p} + \beta mc^2)^2 &= c^2(\vec{\alpha}\cdot\vec{p})(\vec{\alpha}\cdot\vec{p}) + mc^3((\vec{\alpha}\cdot\vec{p})\beta + \beta(\vec{\alpha}\cdot\vec{p})) + m^2c^4\beta^2\\ &= c^2[\alpha_1^2 p_1^2 + \alpha_2^2 p_2^2 + \alpha_3^2 p_3^2 + \{\alpha_1, \alpha_2\}\, p_1 p_2\\ &\quad + \{\alpha_2, \alpha_3\}\, p_2 p_3 + \{\alpha_1, \alpha_3\}\, p_1 p_3] + mc^3\cdot\{\vec{\alpha}, \beta\}\cdot\vec{p} + m^2 c^4 \beta^2.\end{aligned}$$

Da dies aber identisch sein muß mit dem Quadrat der rechten Seite von Gl. (22) $c^2\cdot p^2 + m^2\cdot c^4$, müssen folgende Kommutatorrelationen gelten:

$$\{\alpha_i, \alpha_k\} = 2\delta_{ik} \qquad \{\alpha_i, \beta\} = 0 \quad \text{und} \quad \{\beta, \beta\} = 2 \qquad i, k = 1, 2, 3\,.$$

Setzen wir $\beta = \alpha_4$, lassen sich diese Kommutatorrelationen sogar noch einfacher schreiben

$$\{\alpha_i, \alpha_k\} = 2\delta_{ik} \qquad i, k = 1, 2, 3, 4\,. \tag{24}$$

Um diese Kommutatorrelationen im allgemeinen Fall erfüllen zu können, müssen die $\alpha_i$ selbst $4\times 4$ Matrizen sein.
Die üblicherweise benutzte Darstellung dieser Matrizen ist

$$\alpha_i = \begin{pmatrix} 0 & \sigma_i^P \\ \sigma_i^P & 0 \end{pmatrix} \qquad i = 1, 2, 3 \quad \text{und}$$
$$\beta = \alpha_4 = \begin{pmatrix} I & 0 \\ 0 & -I \end{pmatrix} \tag{25}$$

wobei die $\sigma_i^P$ die PAULIschen Spinmatrizen (Gl. (40), S. 593) sind und $I$ die Einheitsmatrix

$$\sigma_1^P = \begin{pmatrix} 0 & 1 \\ 1 & 0 \end{pmatrix}; \quad \sigma_2^P = \begin{pmatrix} 0 & -i \\ i & 0 \end{pmatrix}; \quad \sigma_3^P = \begin{pmatrix} 1 & 0 \\ 0 & -1 \end{pmatrix}; \quad I = \begin{pmatrix} 1 & 0 \\ 0 & 1 \end{pmatrix}. \tag{26}$$

Wie man sich in Aufgabe 154 überzeugen kann, erfüllt diese Darstellung die Kommutatorrelationen (24). Die somit gefundene linearisierte HAMILTON-Funktion kann nun sehr einfach in die quantenmechanische Form eines Operators gebracht werden

$$\hat{H} = c\,\hat{\vec{\alpha}} \cdot \hat{\vec{p}} + \hat{\beta} mc^2 = -i\hbar\, c\hat{\vec{\alpha}} \cdot \nabla + \hat{\beta} mc^2 \,. \tag{27}$$

Da die Matrizen $\hat{\alpha}_i$ $(i = 1, 2, 3, 4)$ hermitesch sind, z. B. gilt

$$\hat{\alpha}_2 = \begin{pmatrix} 0 & 0 & 0 & -i \\ 0 & 0 & i & 0 \\ 0 & -i & 0 & 0 \\ i & 0 & 0 & 0 \end{pmatrix} = \begin{pmatrix} 0 & 0 & 0 & i \\ 0 & 0 & -i & 0 \\ 0 & i & 0 & 0 \\ -i & 0 & 0 & 0 \end{pmatrix}^* = \begin{pmatrix} 0 & 0 & 0 & -i \\ 0 & 0 & i & 0 \\ 0 & -i & 0 & 0 \\ i & 0 & 0 & 0 \end{pmatrix}^+ = \hat{\alpha}_2^+,$$

folgt sofort auch die Hermitezität des relativistischen HAMILTON-Operators Gl. (27).

Ersetzt man in der SCHRÖDINGERgleichung den bisher benutzten nicht-relativistischen HAMILTON-Operator durch den in Gl. (27) angegebenen relativistischen HAMILTONoperator, wobei die potentielle Energie ebenso wie im nicht-relativistischen Fall additiv hinzugefügt wird, so erhält man die DIRAC-Gleichung. Im speziellen Fall des zeitunabhängigen Problems erhält man die zeitunabhängige DIRAC-Gleichung

$$\boxed{[c \cdot \hat{\vec{\alpha}} \cdot \hat{\vec{p}} + \hat{\beta} mc^2 + \hat{V}(\vec{r})]\, \Psi = E\Psi \,.} \tag{28}$$

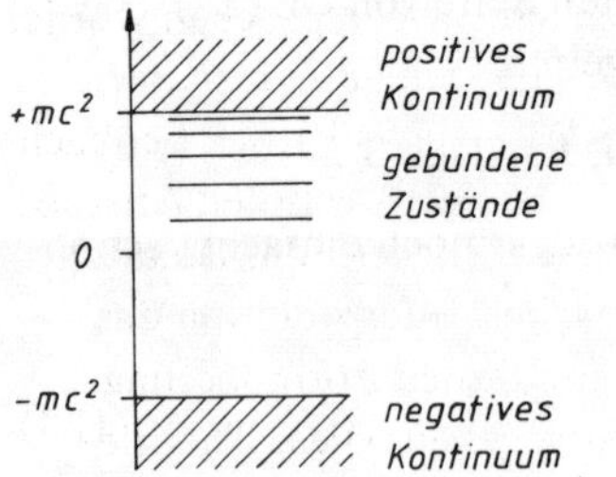

Fig. 156. Spektrum der möglichen Lösungen der relativistischen DIRAC-Gleichung.

Da bereits die relativistische Energie-Impuls-Beziehung (22) wegen des positiven und negativen Vorzeichens vor der Wurzel formal zwei Lösungen hat, hat die DIRAC-Gleichung ebenfalls beide Lösungen mit $+E$ und $-E$. In Fig. 156 ist das Spektrum der möglichen Lösungen dargestellt. Oberhalb der totalen Energie $+mc^2$ befindet sich das positive Kontinuum, das spiegelbildlich für $E < -mc^2$ durch das negative Kontinuum ergänzt wird. In dem Bereich zwischen diesen beiden Kontinua liegen die gebundenen Zustände (falls vorhanden).

Das negative Kontinuum, scheint auf den ersten Blick unphysikalisch zu sein. Befindet sich z. B. ein Elektron im positiven Kontinuum dann sollte es möglich sein, daß es unter Emission eines Photons in einen Zustand des negativen Kontinuums übergeht und von dort aus in einen noch negativeren usw. Ein derartiger Prozeß wird aber nicht beobachtet! DIRAC führte deswegen das Konzept des physikalischen Vakuums ein, das er als den Zustand definierte, in dem alle Zustände mit negativer Energie besetzt und alle mit positiver Energie unbesetzt sind. Nach dem PAULI-Prinzip ist dann jeder Zustand mit negativer Energie genau mit einem Elektron besetzt. Wenn man weiter annimmt, daß unter einem äußeren Einfluß (z. B. Absorption eines Photons) ein Elektron von einem solchen Zustand mit negativer Energie ins positive Kontinuum angehoben wird, entsteht neben dem freien Elektron ein Loch im negativen Kontinuum. Dieses Loch manifestiert sich als ein physikalisches Objekt mit positiver Energie, denn das Vakuum mit dem Loch hat insgesamt eine kleinere negative Energie als das reine Vakuum, das ja ein Elektron mit negativer Energie mehr hat.

Dieses Bild impliziert zwar, daß die Energie und die Ladung divergieren, da aber physikalisch nur Differenzen beobachtbar sind, stört dies vorerst nicht.

Als schließlich das Positron, das Antiteilchen des Elektrons, entdeckt wurde, stellte sich heraus, daß dieses Bild des Vakuums von DIRAC physikalische Realität hatte. Im folgenden sind die physikalischen Größen eines Elektrons und eines Loches im Vakuum (Positron) zusammengestellt:

| | Ladung | Geschwindigkeit | Impuls | Masse | Energie |
|---|---|---|---|---|---|
| Elektron | $-e$ | $v$ | $p$ | $m = \frac{p}{v}$ | $E = mc^2$ |
| Positron | $+e$ | $-v$ | $-p$ | $m = \frac{-p}{-v}$ | $E = mc^2$ |

Die Erzeugung eines Elektron-Loch-Paares durch ein $\gamma$-Quant (wegen der Impulserhaltung muß dabei noch ein anderes Teilchen anwesend sein) oder besser noch die Elektron-Positron Paarvernichtung in Ruhe, unter Emission zweier $\gamma$-Quanten mit je der Energie (511 keV) eines Elektrons bzw. Positrons, und der Tatsache, daß der Wirkungsquerschnitt für diese beiden Prozesse mit der DIRAC-Theorie sehr gut wiedergegeben wurden, war der letzte Nachweis für die Richtigkeit dieser Überlegungen. Einige Zeit später stellte sich heraus, daß das von DIRAC postulierte Vakuum selbst physikalisch beobachtbare Effekte impliziert (z. B. die Lamb-Verschiebung im Wasserstoff), was den Anstoß zur Entwicklung einer über die DIRAC-Theorie hinausgehenden Theorie, der Quantenelektrodynamik, gab. Das Problem, daß in der alten DIRACschen Interpretation das Vakuum divergente Energie und Ladung besitzt, ist in der modernen Formulierung durch Erzeugungs- und Vernichtungsoperatoren nicht mehr gegeben. Diese Theorie wird hier nicht behandelt, da sie weit über das Konzept dieses Buches hinausgeht.

Da der HAMILTON-Operator in Gleichung (28) Matrizen der Größe 4 × 4 enthält, müssen die Eigenfunktionen selbst 4er-Spinoren sein

$$\Psi = \begin{pmatrix} u_1 \\ u_2 \\ u_3 \\ u_4 \end{pmatrix} \qquad \Psi^+ = \overset{\frown}{u_1 \quad u_2 \quad u_3 \quad u_4} \; .$$

Damit nimmt die DIRAC-Gleichung, in kartesischen Koordinaten explizit ausgeschrieben, folgende Form an

$$-i\hbar c\left\{\begin{pmatrix} 0 & 0 & 0 & 1 \\ 0 & 0 & 1 & 0 \\ 0 & 1 & 0 & 0 \\ 1 & 0 & 0 & 0 \end{pmatrix}\frac{\partial}{\partial x} + \begin{pmatrix} 0 & 0 & 0 & -i \\ 0 & 0 & i & 0 \\ 0 & -i & 0 & 0 \\ i & 0 & 0 & 0 \end{pmatrix}\frac{\partial}{\partial y} + \begin{pmatrix} 0 & 0 & 1 & 0 \\ 0 & 0 & 0 & -1 \\ 1 & 0 & 0 & 0 \\ 0 & -1 & 0 & 0 \end{pmatrix}\frac{\partial}{\partial z}\right\}\begin{pmatrix} u_1 \\ u_2 \\ u_3 \\ u_4 \end{pmatrix} +$$

$$\left\{\begin{pmatrix} 1 & 0 & 0 & 0 \\ 0 & 1 & 0 & 0 \\ 0 & 0 & -1 & 0 \\ 0 & 0 & 0 & -1 \end{pmatrix} mc^2 + V - E\right\}\begin{pmatrix} u_1 \\ u_2 \\ u_3 \\ u_4 \end{pmatrix} = 0 \qquad (29)$$

Dies sind folgende 4 gekoppelte lineare Differential-Gleichungen erster Ordnung:

$$\frac{i}{\hbar c}(mc^2 + V - E)\,u_1 + \frac{\partial u_4}{\partial x} - i\,\frac{\partial u_4}{\partial y} + \frac{\partial u_3}{\partial z} = 0$$

$$\frac{i}{\hbar c}(mc^2 + V - E)\,u_2 + \frac{\partial u_3}{\partial x} + i\,\frac{\partial u_3}{\partial y} - \frac{\partial u_4}{\partial z} = 0$$

$$\frac{i}{\hbar c}(-mc^2 + V - E)\,u_3 + \frac{\partial u_2}{\partial x} - i\,\frac{\partial u_2}{\partial y} + \frac{\partial u_1}{\partial z} = 0$$

$$\frac{i}{\hbar c}(-mc^2 + V - E)\,u_4 + \frac{\partial u_1}{\partial x} + i\,\frac{\partial u_1}{\partial y} - \frac{\partial u_2}{\partial z} = 0 \; .$$

Der HAMILTON-Operator der DIRAC-Gleichung (29) läßt sich für $V = 0$ in etwas komprimierterer Form schreiben

$$\hat{H} = \begin{pmatrix} mc^2 I & c(\vec{\hat{\sigma}}^P \vec{\hat{p}}) \\ c(\vec{\hat{\sigma}}^P \vec{\hat{p}}) & -mc^2 I \end{pmatrix}$$

wodurch die DIRAC-Gleichung die Form annimmt

$$\begin{pmatrix} mc^2 I & c(\vec{\hat{\sigma}}^P \vec{\hat{p}}) \\ c(\vec{\hat{\sigma}}^P \vec{\hat{p}}) & -mc^2 I \end{pmatrix}\begin{pmatrix} \Psi_1 \\ \Psi_2 \end{pmatrix} = \epsilon E \begin{pmatrix} \Psi_1 \\ \Psi_2 \end{pmatrix}$$

mit $E > 0$ und $\epsilon = \pm 1$

sowie $\Psi_1 = \begin{pmatrix} u_1 \\ u_2 \end{pmatrix}$ und $\Psi_2 = \begin{pmatrix} u_3 \\ u_4 \end{pmatrix}$ .

Damit folgt sofort durch Ausmultiplizieren

$$\Psi_2 = \frac{c(\hat{\vec{\sigma}}^P \hat{\vec{p}})}{E + mc^2} \Psi_1 \qquad \text{für } \epsilon = +1 \quad \text{und}$$

$$\Psi_1 = \frac{-c(\hat{\vec{\sigma}}^P \hat{\vec{p}})}{E + mc^2} \Psi_2 \qquad \text{für } \epsilon = -1 \ .$$

Für die Lösung $\epsilon = +1$ ist das Verhältnis der Normen der unteren zur oberen Komponente ($v \ll c$)

$$\frac{|\Psi_2|^2}{|\Psi_1|^2} = \frac{p^2 c^2}{(E + mc^2)^2} \approx \frac{p^2 c^2}{4m^2 c^4} = \frac{1}{4}\left(\frac{p}{mc}\right)^2 \simeq \frac{1}{4}\left(\frac{v}{c}\right)^2 ,$$

wobei $v$ die Teilchengeschwindigkeit ist. Da für langsame Elektronen, wie z. B. auch für Elektronen, die in Atomen mit sehr kleiner Kernladungszahl gebunden sind, das Verhältnis $\left(\frac{v}{c}\right)^2 \approx 10^{-4}$ ist, nennt man auch oft $\Psi_1$ die große Komponente und $\Psi_2$ die kleine Komponente.

Aufg. 154. Man zeige, daß mit der in Gl. (25) bzw. (26) gegebenen Darstellung der $\alpha_i$ die Kommutatorrelationen Gl. (24) erfüllt werden.

## § 4. Relativistisches atomares Einteilchenproblem

Der relativistische HAMILTON-Operator mit einem kugelsymmetrischen Potential lautet

$$\hat{H} = c\,\hat{\vec{\alpha}} \cdot \hat{\vec{p}} + \hat{\beta} mc^2 + \hat{V}(r) \ . \tag{30}$$

Um herauszufinden, welche physikalischen Größen neben der Energie an einem durch die DIRAC-Gleichung $H\Psi = E\Psi$ mit diesem HAMILTON-Operator beschriebenem System gleichzeitig scharf meßbar sind, wollen wir die Operatoren aufsuchen mit denen $\boldsymbol{H}$ kommutiert. Da es sich hier um ein kugelsymmetrisches Problem handelt, sind dies mit Sicherheit Drehimpulsoperatoren. Zu untersuchen ist insbesondere der Bahndrehimpulsoperator $\hat{\vec{l}} = \frac{1}{\hbar}(\hat{\vec{r}} \times \hat{\vec{p}})$; daneben gibt es den DIRACschen Spinoperator $\hat{\vec{\sigma}}$ dessen kartesische Komponente definiert wird durch $\hat{\vec{\sigma}}_k = -i\hat{\alpha}_l \hat{\alpha}_m$ ($k, l, m$ = zykl. Permutation von 1, 2, 3) was äquivalent ist zu

$$\hat{\vec{\sigma}} = \begin{pmatrix} \hat{\vec{\sigma}}^P & 0 \\ 0 & \hat{\vec{\sigma}}^P \end{pmatrix} \tag{31}$$

mit $\hat{\vec{\sigma}}^P$ den PAULIschen Spinmatrizen (siehe Gl. (26)). Der damit verknüpfte Drehimpulsoperator ist $\hat{\vec{J}}_{\text{spin}} = \hbar\hat{\vec{s}}$ und $\hat{\vec{s}} = \frac{1}{2}\hat{\vec{\sigma}}$. Aus diesen beiden läßt sich dann der Gesamtdrehimpulsoperator bilden $\hat{\vec{J}}_{\text{tot}} = \hbar\hat{\vec{j}}$ und $\hat{\vec{j}} = \hat{\vec{l}} + \hat{\vec{s}}$.

Daneben gibt es noch den relativistischen Paritätsoperator.

$$\hat{K} = (\hat{\vec{\sigma}} \cdot \hat{\vec{l}} + 1)\,\hat{\beta}\;, \tag{32}$$

der hier vorerst ohne Begründung eingeführt wird.
Im einzelnen muß nun geprüft werden, welcher dieser Operatoren mit dem HAMILTON-Operator kommutiert. Da dies teilweise nicht ganz einfach ist, werden einige dieser Kommutatoren in der Aufgabe 155 durchgerechnet.

Hier nun die Ergebnisse:

$$[\hat{l}_1, \hat{\vec{\alpha}} \cdot \hat{\vec{p}}] = i\,(\hat{\alpha}_2 \hat{p}_3 - \hat{\alpha}_3 \hat{p}_2) \qquad \text{(zyklisch)}$$

$$[\hat{\vec{l}}, \hat{\vec{\alpha}} \cdot \hat{\vec{p}}] = i\,\hat{\vec{\alpha}} \times \hat{\vec{p}} \tag{33}$$

$$[\hat{\vec{l}}, \hat{\beta}] = 0; \qquad [\hat{\vec{l}}, \hat{V}(r)] = 0;$$

daraus folgt $[\hat{\vec{l}}, \hat{H}] \neq 0$, was im Gegensatz zum nichtrelativistischen atomaren Problem bedeutet, daß der Bahndrehimpuls $l$ *keine* gute Quantenzahl ist. Ferner gilt

$$[\hat{\vec{s}}, \hat{\vec{\alpha}} \cdot \hat{\vec{p}}] = -i\,(\hat{\vec{\alpha}} \times \hat{\vec{p}})$$

$$[\hat{\vec{s}}, \hat{\beta}] = 0 \qquad [\hat{\vec{s}}, \hat{V}(r)] = 0 \tag{34}$$

$$[\hat{\vec{s}}, \hat{H}] \neq 0\,.$$

Auch der Spinoperator $\hat{\vec{s}}$ liefert mithin *keine* gute Quantenzahl.

Wie man am Ergebnis der Kommutatoren Gl. (33) und Gl. (34) sieht, gibt es aber zum Gesamtdrehimpuls $\hat{\vec{j}} = \hat{\vec{l}} + \hat{\vec{s}}$ eine gute Quantenzahl, denn

$$[\hat{\vec{j}}, \hat{\vec{\alpha}} \cdot \hat{\vec{p}}] = [\hat{\vec{l}} + \hat{\vec{s}}, \hat{\vec{\alpha}} \cdot \hat{\vec{p}}] = 0\,.$$

Damit werden in der relativistischen Beschreibungsweise die Eigenfunktionen des Problems gute Eigenfunktionen zu $\hat{j}^2$ und $\hat{j}_z$ (s. 5. Buch, 4. Kap.).
Etwas schwierig auszurechnen ist der Kommutator

$$[\hat{K}, \hat{\vec{\alpha}} \cdot \hat{\vec{p}}] = [(\hat{\vec{\sigma}} \cdot \hat{\vec{l}})\,\hat{\beta}, \hat{\vec{\alpha}} \cdot \hat{\vec{p}}] + [\hat{\beta}, \hat{\vec{\alpha}} \cdot \hat{\vec{p}}] = 0\,,$$

woraus dann auch

$$[\hat{K}, \hat{H}] = 0 \quad \text{folgt.}$$

Da ferner

$$[\hat{K}, \hat{\vec{j}}] = 0$$

ist, sind somit die Eigenfunktionen der Lösung der DIRAC-Gleichung mit dem HAMILTON-Operator (30) gleichzeitig gute Eigenfunktionen für die Operatoren

$$\hat{H}, \hat{K}, \hat{\vec{j}}^{\,2} \text{ und } \hat{j}_z\,.$$

Die Eigenwerte dieser Operatoren sind die Energie $E$,
die Quantenzahl $\kappa$ (auch DIRACsche Quantenzahl genannt),
$j\,(j+1)$, charakterisiert durch die Quantenzahl $j$
sowie $m_j$.

Da sich $j$ aus der Addition von $l$ und $s$ ergibt, setzen wir den winkelabhängigen Anteil der Eigenfunktionen der DIRAC-Gleichung als eine Linearkombination aus den Kugelfunktionen $Y_{lm_l}$ und den 2-er Spinoren $\chi_{sm_s}$ an und benennen sie $\chi_\kappa^{m_j}$

$$\chi_\kappa^{m_j} = \sum_{m_l,\,m_j} < lm_l sm_s \mid jm_j > Y_{lm_l} \chi_{sm_s} \,.$$

Der Index $\kappa$ an $\chi$ wird deshalb genommen, weil er, wie wir gleich sehen, implizit die Information über das $j$ mitenthält. Da wir aber auf Grund der DIRAC-Matrizen 4-er Spinoren als Wellenfunktionen benötigen, setzen wir für den gesamten Winkelanteil an

$$\begin{pmatrix} \chi_\kappa^{m_j} \\ \chi_{-\kappa}^{m_j} \end{pmatrix} . \tag{35}$$

In den beiden 2-er Spinoren tauchen unterschiedliche Vorzeichen für $\kappa$ auf, weil der Operator $\hat{K}$ auf diese Eigenfunktionen angewandt den gleichen Eigenwert liefern soll

$$\hat{K}\begin{pmatrix} \chi_\kappa^{m_j} \\ \chi_{-\kappa}^{m_j} \end{pmatrix} = (\hat{\sigma}\cdot\hat{l}+1)\,\beta \begin{pmatrix} \chi_\kappa^{m_j} \\ \chi_{-\kappa}^{m_j} \end{pmatrix} = \begin{pmatrix} \hat{\sigma}^P\cdot\hat{l}+1 & 0 \\ 0 & -(\hat{\sigma}^P\cdot\hat{l}+1) \end{pmatrix} \begin{pmatrix} \chi_\kappa^{m_j} \\ \chi_{-\kappa}^{m_j} \end{pmatrix} . \tag{36}$$

Es bleibt also auszurechnen:

$$(\hat{\sigma}^P\cdot\hat{l}+1)\,\chi_\kappa^{m_j} = (2\hat{s}\cdot\hat{l}+1)\,\chi_\kappa^{m_j} = (\hat{j}^2-\hat{l}^2-\hat{s}^2+1)\,\chi_\kappa^{m_j}$$

wobei $\hat{s}$ der auf S. 593 definierte normale Spinoperator (ohne $\hbar$) ist. Die Wirkung der drei Operatoren $\hat{j}^2, \hat{l}^2$ und $\hat{s}^2$ ist aber bekannt, so daß wir sofort erhalten

$$\begin{aligned}(\hat{j}^2-\hat{l}^2-\hat{s}^2+1)\,\chi_\kappa^{m_j} &= [\,j\,(j+1) - l\,(l+1) - s(s+1) + 1\,]\,\chi_\kappa^{m_j} \\ &= [\,j\,(j+1) - l\,(l+1) - \frac{3}{4} + 1\,]\,\chi_\kappa^{m_j} \\ &= \left\{(j+\frac{1}{2}) - l\,(l+1)\right\}\chi_\kappa^{m_j} \\ &= -\,\kappa\,\chi_\kappa^{m_j} \,.\end{aligned}$$

Da die Gleichung $-(\hat{\sigma}^P\cdot\hat{l}+1)\,\chi_{-\kappa}^{m_j}$ ebenfalls den Eigenwert $-\kappa$ hat, gilt insgesamt für die Eigenwertgleichung (36)

$$\hat{K}\begin{pmatrix} \chi_\kappa^{m_j} \\ \chi_{-\kappa}^{m_j} \end{pmatrix} = -\,\kappa \begin{pmatrix} \chi_\kappa^{m_j} \\ \chi_{-\kappa}^{m_j} \end{pmatrix} . \tag{37}$$

In der folgenden Tabelle sind die möglichen Werte für $\kappa$ sowie die Nomenklatur der dazugehörenden Zustände aufgetragen. Die Angabe von $l$ erfolgt nur, da nach wie vor die Parität dieser Zustände durch $(-1)^l$ gegeben ist. Ferner lebt $l$ in den Buchstaben, die den Zustand bezeichnen, fort, an den als Index der Wert für $j$ angehängt wird.

| Zustand | $s_{1/2}$ | $p_{1/2}$ | $p_{3/2}$ | $d_{3/2}$ | $d_{5/2}$ | $f_{5/2}$ | |
|---|---|---|---|---|---|---|---|
| $l$ | 0 | 1 | 1 | 2 | 2 | 3 | |
| $j$ | 1/2 | 1/2 | 3/2 | 3/2 | 5/2 | 5/2 | etc. |
| $\kappa$ | −1 | 1 | −2 | 2 | −3 | 3 . | |

$\kappa$ trägt sowohl Information von $l$ als auch von $j$. Allgemein ist

$$\kappa = \begin{cases} l & \text{für } j = l - 1/2 \\ -l-1 & \text{für } j = l + 1/2 \, . \end{cases}$$

Nachdem wir den Winkelanteil der Lösung der DIRAC-Gleichung für den Fall des kugelsymmetrischen Potentials durch viel Kommutatoralgebra gefunden haben, gilt es die DIRAC-Gleichung so umzuschreiben, daß wir nur noch den Radialanteil lösen müssen. Um dahin zu gelangen, müssen wir erst einige Vektoridentitäten vorausschicken ($\vec{e}_r$ ist der Einheitsvektor in $r$-Richtung).

$$\begin{aligned} \nabla &= \vec{e}_r \cdot (\vec{e}_r \cdot \nabla) - \vec{e}_r \times (\vec{e}_r \times \nabla) \\ &= \vec{e}_r \frac{\partial}{\partial r} - i \frac{\vec{e}_r}{r} \times \hat{\vec{l}} \, , \quad \text{da} \quad \hat{\vec{l}} = -ir(\vec{e}_r \times \nabla) \, . \end{aligned}$$

Damit wird der Ausdruck $\hat{\vec{\alpha}} \cdot \hat{\vec{p}}$ im HAMILTON-Operator

$$\hat{\vec{\alpha}} \cdot \hat{\vec{p}} = -i\hbar \hat{\vec{\alpha}} \cdot \nabla = -i\hbar\, \hat{\alpha}_r \frac{\partial}{\partial r} - \frac{\hbar}{r} \hat{\vec{\alpha}} \cdot (\vec{e}_r \times \hat{\vec{l}}) \tag{38}$$

mit $\hat{\alpha}_r = \hat{\vec{\alpha}} \cdot \vec{e}_r$.
Ferner gilt die Identität

$$(\hat{\vec{\alpha}} \cdot \vec{A}) \cdot (\hat{\vec{\alpha}} \cdot \vec{B}) = \vec{A} \cdot \vec{B} + i \hat{\vec{\sigma}} \cdot (\vec{A} \times \vec{B}) \, ,$$

wobei $\hat{\vec{\sigma}}$ die in Gl. (31) angesprochenen Spin-Matrizen sind.
Mit $\vec{A} = \vec{e}_r$ und $\vec{B} = \hat{\vec{l}}$ folgt

$$(\hat{\vec{\alpha}} \cdot \vec{e}_r)(\hat{\vec{\alpha}} \cdot \hat{\vec{l}}) = \vec{e}_r \cdot \hat{\vec{l}} + i \hat{\vec{\sigma}} (\vec{e}_r \times \hat{\vec{l}}) \, .$$

Da $\vec{e}_r \cdot \hat{\vec{l}} = 0$ ist, wird daraus

$$\hat{\alpha}_r \cdot (\hat{\vec{\alpha}} \cdot \hat{\vec{l}}) = i \hat{\vec{\sigma}} (\vec{e}_r \times \hat{\vec{l}}) \, ,$$

was identisch ist mit

$$\hat{\alpha}_r \cdot (\hat{\vec{\sigma}} \cdot \hat{\vec{l}}) = i \hat{\vec{\alpha}} (\vec{e}_r \times \hat{\vec{l}}) \, . \tag{39}$$

Setzen wir die Identität (38) in Verbindung mit (39) ein, wird der HAMILTON-Operator

$$\hat{H} = c\hat{\vec{\alpha}} \cdot \hat{\vec{p}} + \hat{\beta} mc^2 + \hat{V}(r)$$

$$= -i\hbar c\,\hat{\alpha}_r \left(\frac{\partial}{\partial r} - \frac{1}{r}\,\hat{\vec{\sigma}} \cdot \hat{\vec{l}}\right) + \hat{\beta} m c^2 + \hat{V}(r)\,.$$

Gleichung (32) für den Operator $\hat{K}$ können wir auflösen zu

$$\hat{\vec{\sigma}} \cdot \hat{\vec{l}} = \beta \hat{K} - 1\,.$$

Damit wird der HAMILTON-Operator

$$\hat{H} = -i\hbar c\,\hat{\alpha}_r \left(\frac{\partial}{\partial r} + \frac{1}{r} - \frac{\hat{\beta}}{r}\,\hat{K}\right) + \hat{\beta} mc^2 + \hat{V}(r)\,.$$

Diesen HAMILTON-Operator haben wir nun auf die Wellenfunktionen anzuwenden, deren Winkelanteil wir ja bereits in Gl. (35) kennengelernt haben. Setzen wir für die zu suchenden Radialteile ganz allgemein die Funktionen $g(r)$ und $f(r)$ an, (wobei wir der Einfachheit halber bei $f(r)$ gleich ein $i$ abspalten) erhalten wir die DIRAC-Gleichung

$$\left[-i\hbar c\,\hat{\alpha}_r \left(\frac{\partial}{\partial r} + \frac{1}{r} - \frac{\hat{\beta}}{r}\,\hat{K}\right) + \hat{\beta} mc^2 + \hat{V}(r) - E\right] \begin{pmatrix} g(r) & \chi_{\kappa}^{m_j} \\ if(r) & \chi_{-\kappa}^{m_j} \end{pmatrix} = 0\,.$$

Mit Hilfe der Gl. (37) und den Beziehungen

$$\alpha_r = \begin{pmatrix} 0 & 1 \\ 1 & 0 \end{pmatrix} \sigma_r \qquad \text{sowie} \qquad \sigma_r \chi_{\kappa}^{m_j} = -\chi_{-\kappa}^{m_j}$$

folgen die gekoppelten Differentialgleichungen für $f(r)$ und $g(r)$

$$\hbar c \left(\frac{\partial}{\partial r} + \frac{1+\kappa}{r}\right) g + (-mc^2 + V - E) f = 0$$

$$-\hbar c \left(\frac{\partial}{\partial r} + \frac{1-\kappa}{r}\right) f + (mc^2 + V - E) g = 0\,.$$

Nach der Transformation $P = rg$ und $Q = rf$ sowie der Verschiebung des Nullpunktes auf die Ruheenergie des gebundenen Teilchens $+mc^2$ erhalten wir mit $\epsilon = E - mc^2$ die radialen DIRAC-Gleichungen

$$\boxed{\begin{aligned} \frac{dP}{dr} + \frac{\kappa}{r} P + \frac{1}{\hbar c}(V - 2mc^2 - \epsilon) Q = 0 \\ \frac{dQ}{dr} - \frac{\kappa}{r} Q + \frac{1}{\hbar c}(V - \epsilon) P = 0. \end{aligned}} \tag{40}$$

Setzt man in diese gekoppelte Differentialgleichungen erster Ordnung als Potential das Coulombpotential $-\dfrac{Ze^2}{4\pi\epsilon_0 r}$ ein, lassen sie sich analytisch ähnlich lösen wie die SCHRÖDINGER-Gleichung.

Als Ergebnis sei hier nur die Gleichung für die Energieeigenwerte in Einheiten der

Ruheenergie des gebundenen Teilchens $mc^2$ angegeben

$$\epsilon_\kappa = \left[\frac{1}{\sqrt{1+\left(\dfrac{Z\alpha}{n-|\kappa|+\sqrt{\kappa^2-Z^2\alpha^2}}\right)^2}} - 1\right] mc^2 \,. \tag{41}$$

Dabei ist $\alpha$ die SOMMERFELDsche Feinstrukturkonstante

$$\alpha = \frac{e^2}{4\pi\epsilon_0 \hbar c} \approx \frac{1}{137} \,.$$

Diese Formel zeigt, daß die Bindungsenergie für gleiche $n$ nur von $\kappa$ bzw. von $j$ abhängt. Außerdem ist sie unabhängig von Vorzeichen von $\kappa$ (vgl. dazu die Tabelle nach Gl. (37)).

Aufg. 155. Man verifiziere den ersten Kommutator aus Gl. (33).

Aufg. 156. Man berechne mit Hilfe der Formel (41) die Bindungsenergie des 1 $s$-Zustandes im Wasserstoff sowie des 1 $s$-Zustandes eines am Blei gebundenen $\mu$-Mesons ($m_\mu = 207\, m_e$). Vergleiche dabei mit dem nichtrelativistischen Wert aus Aufgabe 153.

## § 5. Das Wasserstoffatom (relativistisch)

Im § 2 sind die Energieeigenwerte sowie die Wellenfunktionen für den Fall des nichtrelativistischen Wasserstoffatoms bereits an Hand der Fig. 153 bis 155 diskutiert worden. Der Vergleich der Energieeigenwerte mit dem Experiment zeigt zwar eine recht gute Übereinstimmung, doch gibt es im Detail deutliche Diskrepanzen. Diese wurden erst (fast vollständig) beseitigt als die DIRAC-Gleichung gelöst und insbesondere die relativistische Energieeigenwertgleichung (41) bekannt war. Da die relativistischen Einflüsse beim Wasserstoffatom aber insgesamt sehr klein sind, läßt sich Gleichung (41) nach der für kleine $Z$ sehr kleinen Größe $Z\alpha$ entwickeln.

$$\epsilon = -\frac{1}{2}\frac{Z^2}{n^2}\left\{1 + \frac{(Z\alpha)^2}{n}\left(\frac{1}{|\kappa|} - \frac{3}{4n}\right) + \mathcal{O}\left((Z\alpha)^4\right) \ldots\right\} . \tag{42}$$

Durch Division mit $\alpha^2$ ist $\epsilon$ hier in natürlicher Energieeinheit (HARTREE-Einheit (s. S. 624)) gegeben.

Das erste Glied auf der rechten Seite ist gerade der nichtrelativistische Ausdruck für die Energieeigenwerte Gl. (17), wonach alle Zustände mit gleicher Hauptquantenzahl energetisch entartet sind. Im zweiten Term sind in gewisser Näherung die Wechselwirkung des spinmagnetischen Moments und des bahnmagnetischen Moments, der Einfluß der relativistischen Massenveränderlichkeit des gebundenen Teilchens sowie der Einfluß durch die kleine Komponente der Wellenfunktion gegeben, die in Wasserstoff entsprechend der Abschätzung auf S. 633 bereits ca. $10^{-2}$ der großen Komponente ausmacht.

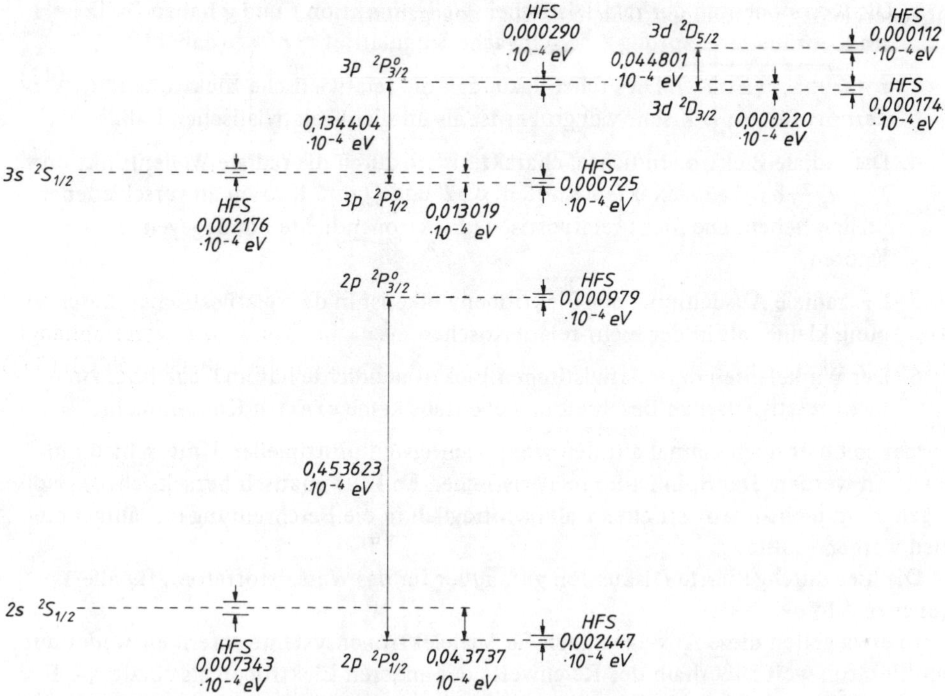


Fig. 157. Energetische Aufspaltung der $n = 2$ und $n = 3$ Zustände im Wasserstoff durch Feinstruktur, Hyperfeinstruktur (HFS) und LAMB-Shift.

In Fig. 157 ist die energetische Lage der Niveaus für $n = 2$ und 3 im Wasserstoff aufgetragen, die die DIRAC-Theorie sehr gut wiedergibt. Erst 1947 beobachtete LAMB, daß die $2s_{1/2}$ und $2p_{1/2}$ Zustände nicht entartet sind, sondern ca. 1050 MHz $= 4{,}3 \cdot 10^{-6}$ eV aufgespalten sind. Diese Aufspaltung, die sogenannte LAMB-Shift, war Anstoß zur Weiterentwicklung der Theorie über die DIRAC-Theorie hinaus. Die sich daraus entwickelnde Quantenelektrodynamik, auf die hier nicht eingegangen werden kann, ist heutzutage die genaueste Theorie, die wir überhaupt kennen. Abweichungen von ihr sind bisher noch nicht festgestellt worden.

Ohne ins Detail einzelner Systeme gehen zu wollen, lassen sich generell folgende Unterschiede zwischen der nicht-relativistischen und relativistischen Rechnung für Einteilchensysteme feststellen:

1. Die relativistische Bindungsenergie ist größer als die nicht-relativistische Bindungsenergie. Dies gilt insbesondere für die $s_{1/2}$ und $p_{1/2}$ Zustände mit gleichen $n$.
2. Die Zustände mit gleichem $l$, aber verschiedenem $j$ haben im relativistischen Fall verschiedene Energie. Im Falle eines Bleikernes ($Z = 82$) mit 1 Elektron ist z. B. die Aufspaltung zwischen den $6p_{1/2}$ und $6p_{3/2}$ Zustand 100 eV. Im Vielelektronenatom bleibt davon noch 1,5 eV.

3. Die Komponenten der relativistischen Wellenfunktion $f$ und $g$ haben für $|\kappa| = 1$ am Koordinatenursprung eine schwache Singularität $\sim r^{\gamma-1}$ (dabei ist $\gamma = \sqrt{\kappa^2 - (Z\alpha)^2}$). Dies führt dazu, daß die relativistische Elektronendichte am Kernort für große $Z$ sehr viel größer ist als im nicht-relativistischen Fall.
4. Die radiale Elektronendichte, charakterisiert durch die radiale Wellenfunktion $P^2 + Q^2$, hat *keine* exakten Knoten, da $P$ und $Q$ ihre Knoten an verschiedenen Stellen haben. Die nicht-relativistische Elektronendichte hat dagegen $n - l - 1$ Knoten.
5. Die radiale Ausdehnung der Elektronenwolke ist in der relativistischen Beschreibung kleiner als in der nicht-relativistischen.
6. Der Winkelanteil der relativistischen Elektronendichte hat im Gegensatz zur nicht-relativistischen Beschreibung ebenfalls keine exakten Knoten mehr.

Ferner soll hier noch einmal auf den wohl wichtigsten prinzipiellen Unterschied hingewiesen werden. Der Spin ist im relativistischen Fall automatisch berücksichtigt, wohingegen er im nicht-relativistischen Fall nachträglich in die Beschreibung mit aufgenommen werden mußte.

Die hier durchgeführte Diskussion gilt, außer für das Wasserstoffatom, für alle 1-Teilchen Atome.

In etwa gelten diese Aussagen auch für Vielelektronensysteme sofern entweder nur ein Elektron weit außerhalb der Reichweite der anderen Elektronen als einziges z. B. optische Übergänge durchgeführt (Alkaliatome und dabei besonders Übergänge zwischen großen Hauptquantenzahlen) oder aber für Röntgenübergänge zwischen inneren Schalen, insbesondere für große $Z$, wo die Elektronen die fast unabgeschirmte Kernladung spüren.

## § 6. Das Heliumatom

Da bei der quantenmechanischen Behandlung der Mehrelektronensysteme prinzipiell neue Effekte auftreten, wollen wir das Heliumatom vor der allgemeinen Beschreibung anderer komplizierterer Atome gesondert behandeln.

Der HAMILTON-Operator des Heliumatoms lautet

$$\hat{H} = \sum_{i=1}^{2} \left( \frac{\hbar^2}{2m} \Delta_i - \frac{2e^2}{4\pi\epsilon_0 r_i} \right) + \frac{e^2}{4\pi\epsilon_0 |r_1 - r_2|} + \begin{matrix}\text{magnetische} \\ \text{Wechselwirkung}\end{matrix} \quad . \tag{43}$$

Dabei ist der erste Term die kinetische Energie plus Elektron-Kernwechselwirkung der beiden Elektronen und der zweite Term ist die Elektron-Elektron Wechselwirkungsenergie. Da die magnetische Wechselwirkung sehr klein ist, kann sie in 1. Näherung weggelassen werden. Da dadurch keine Spinoperatoren im HAMILTON-Operator mehr vorkommen, lassen sich Orts- und Spinanteil der Wellenfunktion separieren und die Gesamtwellenfunktion hat die Struktur

$$\Psi(\vec{r}_1, \vec{r}_2, s_{1z}, s_{2z}) = \psi(\vec{r}_1, \vec{r}_2) \cdot \chi(s_{1z}, s_{2z}).$$

Entsprechend den Überlegungen im Kapitel 1, § 3 des 5. Buches hat die Gesamtwellenfunktion dieses Fermionensystems antisymmetrisch zu sein, weshalb entweder $\psi(\vec{r}_1, \vec{r}_2)$ antisymmetrisch und $\chi(s_{1z}, s_{2z})$ symmetrisch oder umgekehrt zu sein hat.

Wir erhalten also zwei Sätze von möglichen Lösungen, die auch beide in Wirklichkeit vorkommen

$$\boxed{\begin{aligned} \Psi_{\mathrm{I}} &= \psi_s(\vec{r}_1, \vec{r}_2) \cdot \chi_a(s_{1z}, s_{2z}) \quad \text{Parahelium} \\ \Psi_{\mathrm{II}} &= \psi_a(\vec{r}_1, \vec{r}_2) \cdot \chi_s(s_{1z}, s_{2z}) \quad \text{Orthohelium} \end{aligned}}$$

a) Überlegungen zur Spinfunktion

Wie wir aus den Betrachtungen über die Addition von Drehimpulsen wissen, bilden zwei Drehimpuls-1/2-Funktionen (hier die beiden Spins der Elektronen) vier Zustände, die wir auf Grund der CLEBSCH-GORDON Matrix (Gl. (61) S. 600) sofort hinschreiben können. Wir sehen sofort, daß eine davon antisymmetrisch ist:

$$\chi_a(s_{1z}, s_{2z}) = \frac{1}{\sqrt{2}} (\chi_{+1/2}(s_{1z}) \chi_{-1/2}(s_{2z}) - \chi_{-1/2}(s_{1z}) \chi_{+1/2}(s_{2z})) . \tag{44}$$

Sie wird durch den Gesamtspin $S = 0$ und $M_s = 0$ charakterisiert, während die anderen drei Gesamtspinfunktionen symmetrisch sind und einen Gesamtspin $S = 1$ mit $M_s = +1, 0, -1$ besitzen:

$$\begin{aligned} \chi_s'(s_{1z}, s_{2z}) &= \chi_{+1/2}(s_{1z}) \chi_{+1/2}(s_{2z}) , && M_s = +1; \\ \chi_s''(s_{1z}, s_{2z}) &= \frac{1}{\sqrt{2}} (\chi_{+1/2}(s_{1z}) \chi_{-1/2}(s_{2z}) + \chi_{-1/2}(s_{1z}) \chi_{+1/2}(s_{2z})) , && M_s = 0; \quad (45) \\ \chi_s'''(s_{1z}, s_{2z}) &= \chi_{-1/2}(s_{1z}) \chi_{-1/2}(s_{2z}) , && M_s = -1. \end{aligned}$$

Die antisymmetrische Gesamtspinfunktion gehört zum Parahelium und die symmetrische zum Orthohelium. Da ein Übergang zwischen diesen beiden „Sorten" nur durch einen Spin-Umklapp-Prozeß (magnetischer Übergang) zustande kommen kann, der im Helium um ca. $10^4$ gegenüber dem elektrischen Übergang unterdrückt ist, kommen im Experiment praktisch zwei verschiedene Heliumspektren vor, was auch zu den zwei verschiedenen Namen ein und desselben Atoms geführt hat.

b) Näherungsweise quantitative Behandlung durch Störungsrechnung

Der HAMILTON-Operator (43) des Helium-Atoms hat die Struktur

$$\hat{H}(\vec{r}_1, \vec{r}_2) = \hat{H}_0(\vec{r}_1) + \hat{H}_0(\vec{r}_2) + \frac{e^2}{4\pi\epsilon_0 r_{12}} = \hat{H}_0(\vec{r}_1, \vec{r}_2) + \frac{e^2}{4\pi\epsilon_0 r_{12}}$$

wobei die Elektron-Elektron Wechselwirkung $e^2/4\pi\epsilon_0 r_{12}$ relativ klein ist. Wir können deshalb die Lösung von $\hat{H}_0(r_1, r_2)$ als Basis für eine stationäre Störungsrechnung benutzen (s. 5. Buch, 5. Kap.). Da der Winkelanteil der Wellenfunktionen bereits bekannt ist, müssen wir als 0. Näherung die SCHRÖDINGER-Gleichung

$$\hat{H}_0(\vec{r}_1, \vec{r}_2) \, \psi(\vec{r}_1, \vec{r}_2) = E \, \psi(\vec{r}_1, \vec{r}_2)$$

lösen. Für sie können wir den allgemeinsten Produktansatz

$$\psi(\vec{r}_1,\vec{r}_2) = a\cdot\psi_n(\vec{r}_1)\cdot\psi_m(\vec{r}_2) + b\cdot\psi_m(\vec{r}_1)\cdot\psi_n(\vec{r}_2) \tag{46}$$

mit $E = E_n + E_m$ machen. $a$ und $b$ sind noch zu bestimmen.

Berücksichtigen wir nun für diesen zweifach entarteten Zustand die zusätzliche Wechselwirkung $e^2/4\pi\epsilon_0 r_{12}$ erhalten wir in Störungsrechnung 1. Ordnung die Säkulargleichung (Gl. (22) und (23) S. 605).

$$\sum_{k=1}^{2} (H_{mk} - E\delta_{mk})\,a_k = 0 \quad m = 1,2 \quad a_1 = a \quad \text{und} \quad a_2 = b$$

mit den Matrixelementen

$$\begin{aligned}
&H_{11} = E_m + E_n + W_{11} \qquad H_{22} = E_n + E_m + W_{22}\\
&H_{12} = W_{12} \qquad\qquad\qquad\quad H_{21} = W_{21}\\
&W_{11} = W_{22} = \left\langle \psi_n(\vec{r}_1)\,\psi_m(\vec{r}_2) \left| \frac{e^2}{4\pi\epsilon_0 r_{12}} \right| \psi_n(\vec{r}_1)\,\psi_m(\vec{r}_2)\right\rangle = J\\
&W_{12} = W_{21} = \left\langle \psi_n(\vec{r}_1)\,\psi_m(\vec{r}_2) \left| \frac{e^2}{4\pi\epsilon_0 r_{12}} \right| \psi_n(\vec{r}_2)\,\psi_m(r_1)\right\rangle = K.
\end{aligned} \tag{47}$$

Das Integral $J$ stellt physikalisch die COULOMB-Wechselwirkung zweier Ladungen $e|\psi_n(r_1)|^2$ und $e\,|\psi_m(r_2)|^2$ dar. $K$ ist das sogenannte Austauschintegral, für das es *kein* klassisches Analogon gibt. Es ist eine Folge des Prinzips der quantenmechanischen Ununterscheidbarkeit zweier identischer Teilchen, die durch den Ansatz Gl. (46) mit eingebracht wurde (siehe auch 5. Buch, 1. Kap. § 3).
Mit diesen Definitionen lautet die Säkulardeterminante

$$\begin{vmatrix} E_m + E_n + J - E & K \\ K & E_m + E_n + J - E \end{vmatrix} = 0\,,$$

die als Lösungen

$$E_1 = E_m + E_n + J + K \qquad \text{Parahelium}$$

und

$$E_2 = E_m + E_n + J - K \qquad \text{Orthohelium}$$

liefert.

Für $E_1$ folgen ferner die Koeffizienten $a_1 = a_2 = \frac{1}{\sqrt{2}}$, und für $E_2$ ist $a_1 = \frac{1}{\sqrt{2}}$ und $a_2 = -\frac{1}{\sqrt{2}}$.

Damit lautet die symmetrische Ortswellenfunktion mit der Energie $E_1$

$$\psi_s(\vec{r}_1,\vec{r}_2) = \frac{1}{\sqrt{2}}\left(\psi_n(\vec{r}_1)\,\psi_m(\vec{r}_2) + \psi_n(\vec{r}_2)\,\psi_m(\vec{r}_1)\right), \tag{48}$$

die zusammen mit der antisymmetrischen Spinwellenfunktion, Gl. (44), das Parahelium beschreibt, und die antisymmetrische Ortswellenfunktion mit der Energie $E_2$

$$\psi_a(\vec{r}_1, \vec{r}_2) = \frac{1}{\sqrt{2}} (\psi_n(\vec{r}_1)\, \psi_m(\vec{r}_2) - \psi_n(\vec{r}_2)\, \psi_m(\vec{r}_1)) \tag{49}$$

bildet zusammen mit den drei symmetrischen Spinwellenfunktionen, Gl. (45), das Orthohelium.

Fig. 158 zeigt die prinzipielle Lage der Niveaus des Ortho- und Paraheliums.

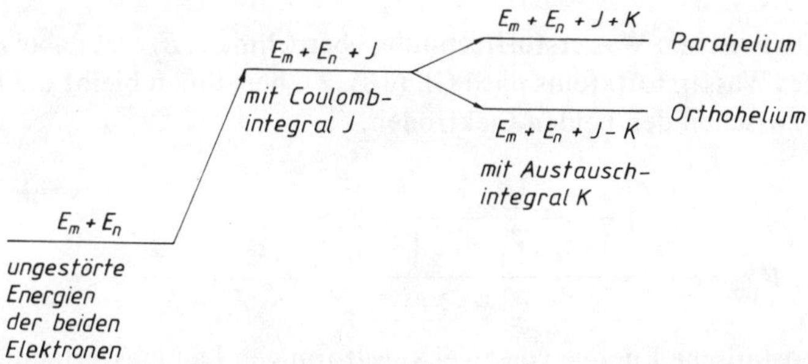


Fig. 158. Prinzipielle Zusammensetzung der Energiebeiträge im 2-Elektronen-Atom Helium zu Parahelium bzw. Orthohelium.

Der energetisch niedrigste Zustand des Systems ist durch $m = n = 1$ gegeben, wobei sich beide Elektronen im 1 $s$-Zustand befinden. Da sich wegen des PAULI-Prinzips die beiden Elektronen aber mindestens in einer Quantenzahl unterscheiden müssen, muß ihr Spin antiparallel sein. Der Heliumgrundzustand ist mithin Parahelium. Ist ein Elektron z. B. in den 2 $s$-Zustand angeregt, unterscheidet sich der Ortho- vom Parazustand energetisch um ca. 1 eV, d. h. $K$ ist in diesem Zustand ca. 1/2 eV, wobei der Orthozustand entsprechend der Fig. 158 der energetisch günstigere von beiden ist. Sicherlich ist die hier gemachte Näherung sehr grob, sie gibt aber bereits ein semiquantitatives Verständnis für die Struktur des Heliumspektrums.

Unter den vielen der möglichen Näherungen, die noch denkbar sind, wollen wir aber nur noch kurz die RITZsche Variationsmethode diskutieren.

### c) Variationsmethode

Der Grundgedanke der Variationsmethode besteht darin, in dem Ausdruck

$$E[\psi] = \frac{\langle \psi | \hat{H} | \psi \rangle}{\langle \psi | \psi \rangle} \tag{50}$$

den Mittelwert $E$ der Energie als Funktional der Zustandsvektoren aufzufassen. Für $|\psi\rangle$ werden dabei nicht alle möglichen Zustandsvektoren zugelassen, sondern eine eingeschränkte Untermenge, die möglichst geschickt erraten wird. Durch Variation dieser Zustandsvektoren sucht man einen stationären Wert von $E$. Beim Heliumatom gehen wir vom Ergebnis der nullten Ordnung der Störungsrechnung aus,

$$\psi(\vec{r}_1, \vec{r}_2) = \frac{1}{b^3}\, e^{-(r_1+r_2)/b} , \tag{51}$$

und betrachten $b$ als Variationsparameter. Dies ist ein Produkt von zwei Wellenfunktionen, die wir vom Grundzustand des Wasserstoffatoms kennen, wobei dort allerdings anstelle von $b$ die feste Größe $a = \hbar^2 4\pi\epsilon_0/me^2$ (der BOHR-Radius) steht. Damit können wir

$$E^{(0)}[\psi] = \frac{<\psi|\hat{H}_0(\vec{r}_1,\vec{r}_2)|\psi>}{<\psi|\psi>} = \left(\left(\frac{a}{b}\right)^2 - 4\left(\frac{a}{b}\right)\right)\cdot 2\cdot E_H \tag{52}$$

aus der nichtrelativistischen Wasserstoffrechnung übernehmen. $E_H$ ist dabei die Grundzustandenergie des Wasserstoffatoms nach Gl. (18). Zu berechnen bleibt die Energie der Wechselwirkung zwischen den beiden Elektronen.

$$V_{12} = \frac{<\psi|\dfrac{e^2}{4\pi\epsilon_0|\vec{r}_1 - \vec{r}_2|}|\psi>}{<\psi|\psi>} .$$

Das ist die elektrostatische Energie von zwei kugelförmigen Ladungsverteilungen, deren Ladungsdichten proportional $\exp(-2r/b)$ sind.

Im Integral

$$I = \int e^{-2r_1/b}\cdot e^{-2r_2/b}\cdot\frac{1}{|\vec{r}_1 - \vec{r}_2|}\, d\tau_1\, d\tau_2$$

kann mit Hilfe der Entwicklung (Vgl. 1. Buch, S. 79)

$$\frac{1}{|\vec{r}_1 - \vec{r}_2|} = \sum_{l=0}^{\infty} \frac{r_<^l}{r_>^{l+1}} P_l(\cos\vartheta)$$

der Winkelanteil ausgewertet werden. Wir legen die $z$-Achse in Richtung von $\vec{r}_1$. Dann wird $d\tau_2 = 2\pi r_2^2\, dr_2\, d(\cos\vartheta)$. Da die LEGENDRE-Polynome orthonormiert sind,

$$\int_{-1}^{+1} P_m(x)P_l(x)\, dx = \frac{2}{2l+1}\,\delta_{ml},$$

trägt von der Reihe nur der Anteil $l = 0$ bei. Es folgt

$$I = 16\pi^2 \int e^{-2r_1/b}\cdot e^{-2r_2/b}\cdot r_1^2\cdot r_2^2\cdot\frac{1}{r_>}\, dr_1\, dr_2 .$$

Hier spaltet man in die Anteile $r_1 < r_2$ und $r_1 > r_2$ auf. Es folgt für die Wechselwirkungsenergie $\frac{5}{4}\left(\frac{a}{b}\right)E_H$ und damit

$$E[\psi] = \left(\left(\frac{a}{b}\right)^2 - 4\left(\frac{a}{b}\right) + \frac{5}{8}\left(\frac{a}{b}\right)\right)\cdot 2E_H .$$

Als Funktion von $b$ wird $E$ extremal für $b = \frac{16}{27}a$. Dann nimmt $E$ die Größe

$$E = -\frac{729}{128} E_H \tag{53}$$

an, was dicht beim experimentellen Wert von −78,6 eV liegt (Abweichung etwa 2 eV).

## § 7. THOMAS-FERMI-Modell des Atoms

Neben der rein quantenmechanischen Beschreibung des Atoms durch die SCHRÖDINGER-Gleichung existiert eine sehr erfolgreiche Beschreibung der totalen Elektronendichte und totalen Energie der Atome, THOMAS FERMI-Modell genannt, die auch heute noch oft als 1. Näherung bei quantenmechanischen Rechnungen (siehe § 8) benutzt wird.

Es ist dies ein quantenstatistisches Modell, das davon ausgeht, daß Elektronen ein FERMI-Gas darstellen, in dem das PAULI-Prinzip nur jeweils einen Zustand mit einem Elektron zu besetzen gestattet.

a) Das FERMI-Gas

Wir betrachten ein großes Volumen $V = a \cdot b \cdot c$, das periodisch fortgesetzt ist. Die Eigenfunktionen sind ebene Wellen in den drei Raumrichtungen

$$\varphi = \frac{1}{\sqrt{V}} e^{\frac{i}{\hbar} \vec{p} \cdot \vec{r}} .$$

Die Periodizitätsbedingung wird erfüllt, wenn die Komponenten des Impulses $\vec{p}$ die Eigenwerte

$$p_x = \frac{h}{a} n_x \quad p_y = \frac{h}{b} n_y \quad p_z = \frac{h}{c} n_z \quad n_x, n_y, n_z = 0, \pm 1, \pm 2 \ldots \text{ besitzen.}$$

Die Gesamtenergie eines FERMI-Gases mit $N$ Teilchen ist gegeben durch

$$E = \sum_{i=1}^{N} \frac{\vec{p}_i^{\,2}}{2m} . \tag{54}$$

Im Grundzustand nehmen die Teilchen die $N$ energetisch niedrigsten Zustände ein, wobei dies im 3-dimensionalen die Zustände mit $|\vec{p}| < P$ sind. $P$ heißt oft Radius der FERMI-Kugel.

Da die Zahl der Teilchen $N$ groß sein soll, kann die Summation in Gl. (54) durch eine Integration über die $n_i$ ersetzt werden. Ist $g$ der Entartungsgrad der Zustände (für Elektronen ist $g = 2$), folgt

$$N = \int g \, d\vec{n} = \int g \, dn_x \, dn_y \, dn_z = \int g \frac{abc}{h^3} \, dp_x \, dp_y \, dp_z$$

$$= \int_0^P g \frac{V}{h^3} \, d\vec{p} = \frac{gV}{h^3} \frac{4\pi}{3} P^3 .$$

Lösen wir nach dem Radius der FERMI-Kugel auf, finden wir

$$P = \left(\frac{N}{V}\right)^{1/3} \cdot \left(\frac{3}{4\pi g}\right)^{1/3} h$$

oder

$$P = h\left(\frac{3}{4\pi g}\right)^{1/3} \rho^{1/3}, \text{ da } \frac{N}{V} \text{ die Teilchendichte } \rho \text{ ist.}$$

Die Summation bzw. Integration für die totale Energie wird dann

$$E = \sum_{i=1}^{N} \frac{\vec{p}_i^{\,2}}{2m} = \frac{gV}{h^3} \int_0^P \mathrm{d}\vec{p}\, \frac{\vec{p}^{\,2}}{2m} = \frac{gV}{h^3} \int_0^P \frac{p^2}{2m} p^2 \,\mathrm{d}p \,\mathrm{d}\Omega_p$$

$$= \frac{gV}{h^3} \frac{1}{5} \frac{4\pi}{2m} P^5 . \tag{55}$$

Mit $\frac{gV}{h^3} 4\pi P^3 = 3N$ folgt die totale Energie zu

$$E = N \cdot \frac{3}{5} \frac{P^2}{2m} , \tag{56}$$

wobei $\frac{P^2}{2m}$ die maximale vorkommende kinetische Energie eines Teilchens ist.
Wir können den Maximalimpuls auch noch anders schreiben

$$P = h\left(\frac{3}{4\pi g} \cdot \frac{N}{V}\right)^{1/3} = 0{,}385\, g^{-1/3} \frac{h}{r_s} \qquad \text{mit } \frac{4\pi}{3} r_s^3 = \frac{N}{V} .$$

$r_s$ kann dabei als Maß für den Raum angesehen werden, der dem Maximalimpuls $P$ zur Verfügung steht.

b) Das statistische Atommodell

Die totale Energie eines Atoms ist die Summe der totalen kinetischen und potentiellen Energien. Ist die Ladungsdichte $\rho(r)$ im Atom bekannt, folgt die potentielle Energie sofort zu

$$E_{\text{pot}} = -\frac{Ze^2}{4\pi\epsilon_0} \int \frac{\rho(r)}{r} \,\mathrm{d}\tau + \frac{e^2}{2 \cdot 4\pi\epsilon_0} \iint \frac{\rho(r)\rho(r')}{|\vec{r} - \vec{r}'|} \,\mathrm{d}\tau \,\mathrm{d}\tau' , \tag{57}$$

wobei der erste Term die Wechselwirkung der Ladungswolke mit dem Kern und der zweite Term die innere elektrostatische Wechselwirkung der Ladungswolke mit sich selbst darstellt.

Zur Berechnung der kinetischen Energie denkt man sich das Volumen des Atoms unterteilt in Einzelvolumina $\Delta\vec{r}_i$, in denen das Potential als konstant angesehen werden kann, die aber dennoch so viele Elektronen enthalten müssen, daß statistische Methoden anwendbar sind. Diese Voraussetzungen sind bei sehr kleinen sowie sehr großen $r$ sehr schlecht erfüllt. Der Erfolg rechtfertigt aber das Verfahren.
Mit dem Ansatz analog Gl. (55)

$$E_{\text{kin}} = \sum_i \frac{g\,\Delta\vec{r}_i}{h^3} \int_0^{P_i} \mathrm{d}\tau_p \frac{\vec{p}^{\,2}}{2m}$$

erhalten wir

$$E_{\text{kin}} = \sum_i \Delta\vec{r}_i \frac{\Delta N_i}{\Delta\vec{r}_i} \cdot \frac{3}{5} \frac{P_i^2}{2m} ,$$

was völlig analog zu Gl. (56) ist. Geht man (etwas inkonsistenterweise) von der Summation zur Integration über das Volumen über, erhält man

$$E_{\text{kin}} = \int \mathrm{d}\tau \, \rho \, \frac{3}{5} \frac{P^2}{2m} .$$

Mit $P^2 = \hbar^2 (2\pi)^2 \left(\frac{3}{4\pi g}\right)^{2/3} \rho^{2/3} = \hbar^2 \kappa_F \rho^{2/3}$ folgt

$$E_{\text{kin}} = \int \mathrm{d}\tau \frac{\hbar^2}{2m} \frac{3}{5} \kappa_F \rho^{5/3} .$$

Der Ausdruck für die totale Energie im Atom (57) wird damit

$$E = \int \mathrm{d}\tau \frac{\hbar^2}{2m} \frac{3}{5} \kappa_F \rho^{5/3} - \frac{Ze^2}{4\pi\epsilon_0} \int \frac{\rho(\vec{r})}{r} \mathrm{d}\tau + \frac{e^2}{2 \cdot 4\pi\epsilon_0} \iint \frac{\rho(\vec{r})\,\rho(\vec{r}\,')}{|\vec{r} - \vec{r}\,'|} \mathrm{d}\tau \, \mathrm{d}\tau' . \quad (58)$$

Ist $\rho(r)$ bekannt, ist die totale Energie vollständig bestimmt. Umgekehrt kann man aus dieser Gleichung $\rho(\vec{r})$ mit Hilfe der Variationsrechnung bestimmen, da ja die totale Energie für ein Atom im Grundzustand ein Minimum annimmt.

Unter Wahrung der Nebenbedingung, der Erhaltung der Teilchenzahl,

$$\int \rho(\vec{r}) \, \mathrm{d}\tau = N$$

lautet die Variation

$$\delta \left\{ E - V_0 \int \rho(\vec{r}) \, \mathrm{d}\tau \right\} = 0$$

mit $V_0$ als LAGRANGEschem Parameter (siehe 1. Buch: Variationsrechnung). Explizit liefert die Variation

$$\int \mathrm{d}\tau \, \delta\rho \left\{ \frac{\hbar^2}{2m} \kappa_F \rho^{2/3} - \frac{Ze^2}{r 4\pi\epsilon_0} + \frac{e^2}{4\pi\epsilon_0} \int \mathrm{d}\tau' \frac{\rho(\vec{r}\,')}{|\vec{r} - \vec{r}\,'|} - V_0 \right\} = 0 .$$

Da der gesamte Ausdruck bei willkürlicher Variation von $\delta\rho$ verschwinden muß, ist die geschweifte Klammer gleich Null.
Mit der Abkürzung

$$V = -\frac{Ze^2}{4\pi\epsilon_0 r} + \frac{e^2}{4\pi\epsilon_0} \int \mathrm{d}\tau' \frac{\rho(\vec{r})}{|\vec{r} - \vec{r}\,'|} - V_0$$

folgt

$$\frac{\hbar^2}{2m} \kappa_F \rho^{2/3} = -V ,$$

wobei $V$ das auf ein einzelnes Elektron wirkende Potential ist.

Wenden wir auf beiden Seiten den LAPLACE-Operator an und ersetzen den Ausdruck $-\Delta V$ mit Hilfe der POISSON-Gleichung, erhalten wir die THOMAS-FERMI-Gleichung

$$\boxed{\frac{\hbar^2}{2m}\kappa_F\,\Delta\rho^{2/3} = \frac{1}{\epsilon_0}e^2\rho\quad.} \tag{59}$$

Die Rand- und Nebenbedingungen sind: $V(r) = -\dfrac{Ze^2}{4\pi\epsilon_0 r}$ für $r \to 0$ und $\int \rho(r)\,\mathrm{d}\tau = N$.

Als ein Beispiel ist in Fig. 159 die aus Gl. (59) gewonnene THOMAS-FERMI-Ladungsdichte für das Vielelektronenatom Blei mit 82 Elektronen neben anderen theoretischen Berechnungen aufgetragen. Man sieht, daß die Grobstruktur (verglichen mit der nichtrelativistischen Rechnung) recht gut wiedergegeben sind, allerdings kann die Schalenstruktur nur durch eine quantenmechanische Rechnung theoretisch beschrieben werden.

Zum Schluß sei noch der Ausdruck für die Totale Energie in HARTREE-Einheiten in der THOMAS-FERMI-Näherung angegeben

$$E = -\,0{,}772 \cdot Z^{1/3}\ ,$$

der natürlich ebenso wie die Berechnung der Elektronendichte nur als 0. Näherung anzusehen ist.

## § 8. HARTREE-FOCK-Rechnungen

### a) Die HARTREE-FOCK-Gleichungen

Der HAMILTON-Operator eines atomaren Vielelektronensystems kann (bei Beschränkung auf die elektrostatische Wechselwirkung) allgemein als die Summe der Operatoren der kinetischen Energie, der potentiellen Energie und der Wechselwirkung der Elektronen untereinander geschrieben werden

$$\hat{H} = \sum_{i=1}^{N}\hat{T}_i + \sum_{i=1}^{N}\hat{V}_i + \sum_{i<j}^{N}\frac{e^2}{4\pi\epsilon_0 r_{ij}}\ . \tag{60}$$

Damit ist die stationäre SCHRÖDINGER-Gleichung

$$\hat{H}\Psi = E\Psi$$

im Prinzip lösbar. Multiplizieren wir von links mit $\Psi^*$ und integrieren über das Volumen, läßt sich die totale Energie des Systems $E$ auch durch den Erwartungswert des HAMILTON-Operators (bei normierter Eigenfunktion $\Psi$) ausdrücken

$$E = \langle\Psi\,|H|\,\Psi\rangle\ . \tag{61}$$

Für die praktische Lösung dieses Problems muß man einen Ansatz für die Wellenfunktion machen. Da die Elektronen ein Fermionensystem darstellen, muß die Wellenfunktion antisymmetrisch sein, damit das PAULI-Prinzip erfüllt ist. Bei der Diskussion des Heliumatoms haben wir in Gl. (46) bereits einen Ansatz gemacht, der (mit den Koeffizienten $a_1 = 1/\sqrt{2}$ und $a_2 = -1/\sqrt{2}$) die Bedingungen erfüllte. Schreiben wir diesen

Ansatz als Determinante, so hatte er die Struktur

$$\Psi = \frac{1}{\sqrt{2}} \begin{vmatrix} \psi_1(\vec{r}_1) & \psi_1(\vec{r}_2) \\ \psi_2(\vec{r}_1) & \psi_2(\vec{r}_2) \end{vmatrix}$$

Dieser Ansatz ist antisymmetrisch, da sich bei Vertauschung zweier Spalten (d. h. Vertauschung der beiden Elektronenkoordinaten) oder Zeilen (d. h. Vertauschung der Nummerierung der beiden Elektronen) das Vorzeichen der Determinante automatisch ändert. Ebenso ist das PAULI-Prinzip erfüllt, da die Determinante Null wird, wenn zwei Zeilen oder Spalten identisch sind.
Verallgemeinern wir diesen Ansatz für ein $N$-Elektronensystem erhalten wir die nach SLATER benannte SLATER-Determinante.

$$\Psi = \frac{1}{\sqrt{N!}} \begin{vmatrix} \psi_1(\vec{r}_1, s_1) & \psi_1(\vec{r}_2, s_2) & \cdots & \psi_1(\vec{r}_N, s_N) \\ \psi_2(\vec{r}_1, s_1) & \psi_2(\vec{r}_2, s_2) & \cdots & \psi_2(\vec{r}_N, s_N) \\ \vdots & \vdots & & \vdots \\ \psi_N(\vec{r}_1, s_1) & \psi_N(\vec{r}_2, s_2) & \cdots & \psi_N(\vec{r}_N, s_N) \end{vmatrix} \tag{62}$$

Setzen wir diese SLATER-Determinante in Gl. (61) ein, wird die totale Energie

$$E = \sum_{i=1}^{N} H_i + \sum_{i<j}^{N} (J_{ij} - K_{ij}) \tag{63}$$

mit

$$H_i = \langle \psi_i(\vec{r}, s) \mid T_i + V_i \mid \psi_i(\vec{r}, s) \rangle ,$$

den COULOMB-Integralen

$$J_{ij} = \langle \psi_i(\vec{r}_1, s_1)\, \psi_j(\vec{r}_2, s_2) \left| \frac{e^2}{4\pi\epsilon_0 r_{ij}} \right| \psi_i(\vec{r}_1, s_1)\, \psi_j(\vec{r}_2, s_2) \rangle \tag{64}$$

und den Austauschintegralen

$$K_{ij} = \langle \psi_i(\vec{r}_1, s_1)\, \psi_j(\vec{r}_2, s_2) \left| \frac{e^2}{4\pi\epsilon_0 r_{ij}} \right| \psi_i(\vec{r}_2, s_2)\, \psi_j(\vec{r}_1, s_1) \rangle . \tag{65}$$

Im allgemeinen läßt sich mit diesen Ausdrücken sehr wenig anfangen, da wir die Einelektronenwellenfunktionen $\psi_i(r)$ noch beliebig wählen können. Dies wird anders, wenn wir uns für die Minima in der hochdimensionalen Energiefläche des Systems, die durch Gl. (63) gegeben ist, interessieren. Das Problem lautet dann: Es ist ein Satz der $\{\psi_i\}$ zu finden, mit dem die totale Energie minimal wird. Die Antwort gibt die Variationsrechnung: Man variiere die $\{\psi_i\}$ in den erlaubten Grenzen mit den Zusatzbedingungen der Orthonormiertheit

$$\langle \psi_i \mid \psi_j \rangle = \delta_{ij} \qquad i, j = 1 \ldots n . \tag{66}$$

Damit wird die Variation der Gl. (63) mit der Nebenbedingung (66)

$$\delta \left\{ E + \sum_{ij} \epsilon_{ij} < \psi_i \mid \psi_j > \right\} = \delta E' = 0$$

wobei die $\epsilon_{ij}$ LAGRANGEsche Multiplikatoren sind.

Die Variation der totalen Energie $E$ wird

$$\delta E = \sum_i \delta H_i + \sum_{i<j} (\delta J_{ij} - \delta K_{ij})$$

$$= \sum_i < \delta \psi_i \mid \left\{ T_i + V_i + \sum_j (\hat{J}_j - \hat{K}_j) \right\} \mid \psi_i > + \text{konj. kompl.},$$

wobei gilt:

$$\hat{J}_j \mid \psi_i(\vec{r}_1, s_1) > = < \psi_j(\vec{r}_2, s_2) \mid \frac{e^2}{4\pi\epsilon_0 r_{ij}} \mid \psi_j(\vec{r}_2, s_2) > \mid \psi_i(\vec{r}_1, s_1) >$$

$$\hat{K}_j \mid \psi_i(\vec{r}_1, s_1) > = < \psi_j(\vec{r}_2, s_2) \mid \frac{e^2}{4\pi\epsilon_0 r_{ij}} \mid \psi_i(\vec{r}_2, s_2) > \mid \psi_j(\vec{r}_1, s_1) > .$$

Der gesamte variierte Ausdruck wird dann

$$\delta E' = \sum_i < \delta \psi_i \mid \left\{ (T_i + V_i + \sum_j (\hat{J}_j + \hat{K}_j)) \mid \psi_i > - \sum_j \epsilon_{ij} \mid \psi_j > \right\} + \text{konj.kompl.} = 0.$$

Die Bedingung $\delta E' = 0$ kann im allgemeinen nur erfüllt werden, wenn stets der Ausdruck in der geschweiften Klammer gleich Null ist. (Der identische, allerdings konjugiert komplexe Ausdruck folgt aus dem konjugiert komplexen Anteil der Variation.) Als Bedingungsgleichung für die $\psi_i$ erhalten wir damit ein gekoppeltes System von $n$-gekoppelten Integrodifferentialgleichungen, den sogenannten *HARTREE-FOCK-Gleichungen*

$$\boxed{\left\{ \hat{T}_i + \hat{V}_i + \sum_j (\hat{J}_j - \hat{K}_j) \right\} \mid \psi_i > = \sum_j \epsilon_{ij} \mid \psi_j >; \qquad i = 1, 2, \ldots N.} \tag{67a}$$

Kürzen wir die geschweifte Klammer durch $\hat{F}$, den FOCK-Operator, ab, bleibt

$$\hat{F} \mid \psi_i > = \sum_j \epsilon_{ij} \mid \psi_j > \qquad i = 1, 2, \ldots N. \tag{67b}$$

Um diese Gleichung physikalisch interpretieren zu können, wollen wir sie explizit ausschreiben. Außerdem lassen wir die Spinvariable im Argument fort und schreiben statt dessen die Spinorthogonalität explizit hin.

$$\hat{T}_i \psi_i(\vec{r}_i) + \hat{V}_i \psi_i(\vec{r}_i) + \left\{ \sum_{j=1}^{N} \int \psi_j^*(\vec{r}_2) \frac{e^2}{4\pi\epsilon_0 |\vec{r}_1 - \vec{r}_2|} \psi_j(\vec{r}_2) \, d\tau_2 \right\} \psi_i(\vec{r}_1)$$

$$- \sum_{j=1}^{N} \left\{ \delta_{s_1 s_2} \int \psi_j^*(\vec{r}_2) \frac{e^2}{4\pi\epsilon_0 |\vec{r}_1 - \vec{r}_2|} \psi_i(\vec{r}_2) \, d\tau_2 \right\} \psi_j(\vec{r}_1)$$

$$= \sum_{j=1}^{N} \epsilon_{ij} \psi_j(\vec{r}_1) \qquad i = 1 \ldots N. \tag{68}$$

Der erste und zweite Term stellen die kinetische und potentielle Energie des *i*-ten Elektrons mit dem Kern dar. Der Ausdruck in der geschweiften Klammer im dritten Term ist das Potential, das das *i*-te Elektron durch die Wechselwirkung mit allen Elektronen spürt. Dabei enthalten ist auch die Wechselwirkung mit sich selbst, die sogenannte Selbstwechselwirkung. Der nächste Term ist der sogenannte Austauschterm, der in der folgenden umgeschriebenen Form besser interpretierbar wird:

$$\left\{ \sum_{j=1}^{N} \delta_{s_1 s_2} \int \frac{\psi_i^*(\vec{r}_1)\, \psi_j^*(\vec{r}_2)\, \psi_i(\vec{r}_2)\, \psi_j(\vec{r}_1)}{\psi_i^*(\vec{r}_1)\, \psi_i(\vec{r}_1)} \frac{e^2}{4\pi\epsilon_0 |\vec{r}_1 - \vec{r}_2|} \, d\tau_2 \right\} \psi_i(\vec{r}_1). \tag{69}$$

Der Ausdruck

$$\sum_{j=1}^{N} \delta_{s_1 s_2} \frac{\psi_i^*(\vec{r}_1)\, \psi_j^*(\vec{r}_2)\, \psi_i(\vec{r}_2)\, \psi_j(\vec{r}_1)}{\psi_i^*(\vec{r}_1)\, \psi_i(\vec{r}_1)} \tag{70}$$

wird als *Austauschladungsdichte* bezeichnet. Sie hat folgende 3 Eigenschaften:

1. Ihre totale Ladung ist eins. Dadurch wird die im 3. Term der Gl. (68) zuviel mitgenommene Selbstwechselwirkung wieder subtrahiert.

2. Diese Ladung hat den gleichen Spin wie das Orbital $\psi_i$.

3. Falls $\vec{r}_1 = \vec{r}_2$ ist, geht der Ausdruck über in $\sum_j \psi_j^*(\vec{r}_1)\, \psi_j(\vec{r}_1)$; das ist die totale Dichte aller Elektronen des gleichen Spins wie das *i*-te an der Stelle $\vec{r}_1$. Dies heißt, an der Stelle $\vec{r}_1$ wird die totale Elektronendichte für das *i*-te Elektron mit gleichem Elektronenspin zu Null, da sich dieser Term an der Stelle $\vec{r}_1$ gegen die geschweifte Klammer aus dem 3. Ausdruck in Gl. (68) weghebt. Diese Tatsache ist Ausdruck des PAULI-Prinzips. Dieses so entstehende Loch der Ladung 1 wird *FERMI-Loch* genannt. Schreiben wir diesem „Loch" einen Radius $R$ zu und sei $\rho$ die Ladungsdichte in diesem Bereich, so gilt $\frac{4\pi}{3} R^3 \rho = 1$, d.h. $R \sim \rho^{-1/3}$. Da die potentielle Energie im Zentrum eines derartigen Loches $\sim R^{-1}$ ist, kann die gesamte Klammer in Gl. (69) in recht guter Näherung durch einen Ausdruck $\sim \rho^{+1/3}$ ersetzt werden. Diese Näherung, die das nichtlokale Austauschpotential durch ein lokales annähert, heißt SLATER-Näherung. Es ist in einer wirklichen Rechnung sehr viel einfacher zu handhaben und liefert zugleich recht gute Resultate.

### b) Berechnung der totalen Energie

Bei der Berechnung der totalen Energie des Systems Gl. (63) sind die Matrixelemente $J_{ij}$ und $K_{ij}$ (Gl. 64 und 65) zu berechnen. Da die Wellenfunktionen eine Struktur entsprechend Gl. (20) haben

$$\Psi(\vec{r}, s) = R_{nl} \cdot Y_{lm} \cdot \chi_s$$

ist es angebracht, den Operator $e^2/r_{ij}$, der sowohl in $J_{ij}$ als auch $K_{ij}$ auftaucht, folgendermaßen zu entwickeln

$$\frac{e^2}{r_{ij}} = e^2 \sum_{k=0}^{\infty} \sum_{n=-k}^{+k} \frac{4\pi}{2k+1} \frac{r_<^k}{r_>^{k+1}} Y_{kn}^* (\vartheta_i, \varphi_i) Y_{kn} (\vartheta_j, \varphi_j). \tag{71}$$

Setzt man diese Entwicklung in Gl. (64) und (65) ein dann spalten diese Matrixelemente in einen Winkelanteil und einen Radialanteil auf. Der Winkelanteil besteht aus Summanden und Produkten der Struktur

$$\sqrt{\frac{4\pi}{2k+1}} \int_\Omega Y_{lm}^* (\vartheta, \varphi) Y_{kn} (\vartheta, \varphi) Y_{l'm'} (\vartheta, \varphi) \, \mathrm{d}\Omega . \tag{72}$$

Dieses Integral ist nur dann ungleich Null, wenn $|l - l'| < k < l + l'$ und $n = m - m'$ ist. Die Summen über die Spins reduzieren sich zu einem Produkt von Kronecker $\delta$, die die Zahl der Integrale weiter einschränken. Diese Bedingungen beschränken die Entwicklung (71) auf nur sehr wenige Glieder, so daß sie auch in der Praxis äußerst sinnvoll ist. Allerdings ist das Ergebnis des Integrals (72) im allgemeinen Fall ein sehr länglicher Ausdruck, so daß man dabei Tabellen zu Hilfe nimmt.

Der Radialteil spaltet für das Matrixelement $J_{ij}$ bzw. $K_{ij}$ in Summen von 2 Typen von Integralen auf, die die Struktur haben:

$$F^k (i,j) = \frac{e^2}{4\pi\epsilon_0} \int_{r_1} \int_{r_2} \frac{r_<^k}{r_>^k} [R_{n_i l_i}^* (r_1) R_{n_j l_j} (r_2)]^2 r_1^2 \, \mathrm{d}r_1 \, r_2^2 \, \mathrm{d}r_2 \tag{73}$$

$$G^k (i,j) = \frac{e^2}{4\pi\epsilon_0} \int_{r_1} \int_{r_2} \frac{r_<^k}{r_>^k} R_{n_i l_i}^* (r_1) R_{n_j l_j}^* (r_2) R_{n_i l_i} (r_2) R_{n_j l_j} (r_1) \cdot r_1^2 \, \mathrm{d}r_1 \, r_2^2 \, \mathrm{d}r_2 . \tag{74}$$

Die $F^k$ werden üblicherweise SLATERsche COULOMB-Integrale und $G^k$ die SLATERschen Austauschintegrale genannt. Damit reduziert sich die Berechnung der Totalen Energie auf die Berechnung und Summation über die $F^k$ und $G^k$ multipliziert mit dem jeweiligen Ergebnis der Winkelintegration aus Gl. (72).

### c) Ergebnisse atomarer HARTREE-FOCK-Rechnungen

Da die HARTREE-FOCK-Gleichungen (67) von der Struktur sind, daß die Lösungen $\Psi_i$ selbst im FOCK-Operator $\hat{F}$ auftauchen, lassen sich diese $N$-gekoppelten Integro-Differentialgleichungen nur iterativ lösen. Man beginnt mit einem möglichst guten, aber einfach zu bestimmenden Satz der $\{\Psi_i\}^0$, wobei sehr oft die Lösungen aus einer THOMAS-FERMI-Rechnung (s. § 7) genommen werden. Mit diesem Satz der $\{\Psi_i\}^0$ werden die $N$ HARTREE-FOCK-Gleichungen gelöst, wobei man einen neuen Satz $\{\Psi_i\}^1$ gewinnt. Wiederholt man dieses Verfahren mit dem jeweils neuen Satz genügend oft, erhält man (sofern das Verfahren konvergiert) die selbstkonsistenten Lösungen $\{\Psi_i\}$, die $\{\epsilon_i\}$ sowie die Totale Energie $E$.

Derartige HARTREE-FOCK-Rechnungen stellen in den meisten Fällen eine sehr gute Ausgangsbasis für die Interpretation einer Vielzahl von physikalischen Größen dar, da in der Quantenmechanik stets Wellenfunktionen, Energieeigenwerte bzw. Totale Energien benötigt werden. Als Beispiel für Ergebnisse dieser HARTREE-FOCK-Rechnungen wollen wir zwei Figuren diskutieren. Fig. 159 zeigt die Elektronendichte $\rho(r)$ für das

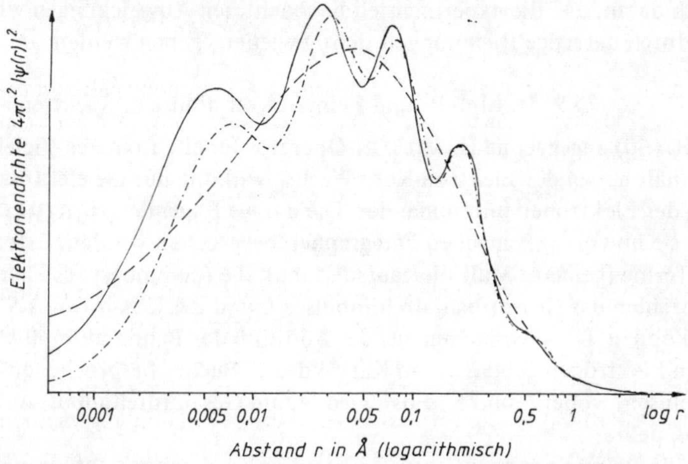


Fig. 159. Radiale Elektronendichte $\rho(r) = 4\pi r^2 |\psi(r)|^2$ im Blei-Atom. Durchgezogene Linie: relativistische Rechnung; strich-punktierte Linie: nicht-relativistische Rechnung; gestrichelte Linie: Ergebnis einer THOMAS-FERMI-Rechnung.

Element Blei, wobei die strichpunktierte Linie das Ergebnis einer nicht-relativistischen, die durchgezogene Linie eine relativistische Rechnung zeigt, und die gestrichelte Linie das Ergebnis der THOMAS-FERMI-Rechnung wiedergibt. Da Blei ein schweres Element ist, sind die relativistischen Einflüsse deutlich zu sehen. Andererseits ist eine simple THOMAS-FERMI-Rechnung bereits eine recht gute Näherung zur nicht-relativistischen HARTREE-FOCK-Rechnung.

Fig. 160 zeigt die zu Fig. 159 gehörenden Energieeigenwerte. Wieder gibt es deutliche Unterschiede zwischen der nicht-relativistischen und relativistischen Rechnung, wobei insbesondere die innersten Elektronen im relativistischen Fall stärker gebunden sind und die Spin-Bahn-Aufspaltung die nicht-relativistischen Zustände zu gutem $l$ in die Zustände mit $l + 1/2$ und $l - 1/2$ aufspaltet.

HARTREE-FOCK-Rechnungen liefern als wohl wichtigste Größe die Totale Energie eines Systems. Rechnet man für jede Kernladung alle möglichen Elektronenkonfigurationen durch, erhält man für jedes $Z$ die energetisch niedrigste Konfiguration.

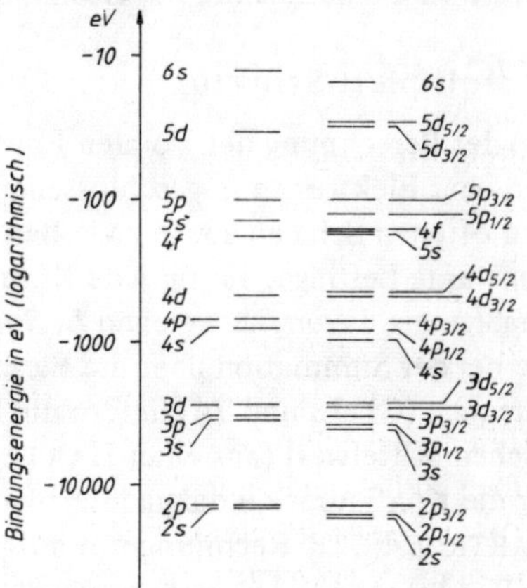


Fig. 160. Energetische Lage der Elektronen im Blei-Atom; links in nicht-relativistischer und rechts in relativistischer Rechnung.

Das Resultat rechtfertigt die einfache Erklärung der sukzessiven Auffüllung der einzelnen Elektronenschalen und liefert damit gleichzeitig eine theoretische Erklärung für den Aufbau des Periodischen Systems der Elemente. Die Qualität dieser Rechnungen sieht man auch daran, daß die experimentell beobachteten Abweichungen wie z. B. in La, Pd oder Pt durch derartige Rechnungen richtig wiedergegeben werden.

## § 9. Multiplett- und Feinstruktur atomarer Spektren

Der in Gl. (60) angegebene HAMILTON-Operator für ein atomares Vielelektronenproblem enthält neben der Elektron-Kern Wechselwirkung nur die elektrostatische Wechselwirkung der Elektronen untereinander. Die daraus folgenden HARTREE-FOCK-Gleichungen, wie sie im vorangegangenen Paragraphen besprochen wurden, liefern eine Aufspaltung in Terme (genannt Multiplettaufspaltung), die (zumindest für kleine $Z$) durch die Quantenzahlen des Gesamtbahndrehimpulses $L$ und des Gesamtspins $S$ charakterisiert werden können. Diese entstehen aus der Addition der Bahndrehimpulse und Spins der einzelnen Elektronen gemäß der in Kap. 4 des 5. Buches besprochenen Additionen von Drehimpulsen, wobei $L$ und $S$ selbst wieder zum Gesamtdrehimpuls mit der Quantenzahl $J$ koppeln.

Man könnte nun argumentieren, daß damit alles getan sei, sofern man sich bei der Berechnung der Totalen Energie (Gl. (63)) auf ein bestimmtes $L$ und $S$ festgelegt hat. Diese Aussage ist im Prinzip zwar richtig, doch geht dabei die Physik in der formalen Beschreibung unter. Wir wollen deshalb in diesem Paragraphen die Multiplettaufspaltung für ein einfaches Beispiel in zwei verschiedenen Kopplungsschemata diskutieren.

Eine energetische Aufspaltung für verschiedene $J$ bei gleichen $L$ und $S$ tritt physikalisch allerdings erst bei Einführung der magnetischen Wechselwirkung, der mit den Drehimpulsen verbundenen magnetischen Momente, im HAMILTON-Operator (60) auf. Dies liefert die Feinstrukturaufspaltung, die daran anschließend behandelt werden soll.

### a) Multiplett-Struktur

Bei der Berechnung der Totalen Energie eines atomaren Systems erhält man Summationen über Elektronen in geschlossenen Schalen, über Elektronenpaare aus geschlossenen und offenen Schalen sowie zwischen offenen Schalen. Die ersten beiden Summen liefern konstante Beiträge, die für jede Konfiguration nur eine Verschiebung als Ganzes ergeben, unabhängig davon, zu welchen $L$, $S$ und $J$ die Drehimpulse im einzelnen koppeln. Nur die bei der Summation über die Elektronen in offenen Schalen auftretenden $F^k$- und $G^k$-Integrale (Gl. 73 und 74) liefern die Multiplettaufspaltung, die dann relativ zum energetischen Mittelwert (aus einer HARTREE-FOCK-Rechnung ohne Drehimpulskopplung) für die Konfiguration dazuaddiert werden oder bei selbstkonsistenter Behandlung in die HARTREE-FOCK-Rechnung mit aufgenommen werden müssen.

Das Beispiel der Kopplung zweier $p$-Elektronen in äußeren Schalen soll diese Aussagen verdeutlichen.

Unabhängig davon, auf welche Weise die Kopplung der hier zur Diskussion stehenden 4 Drehimpulse, dies sind 2 Bahndrehimpulse $l_i = 1$ und 2 Spins $s_i = 1/2$ vorgenommen wird, muß man natürlich die gleiche Anzahl von möglichen Zuständen, hier meist Term genannt, erhalten.

Die bekannteste und am häufigsten benutzte Kopplungsmöglichkeit ist die $L-S$ (oder RUSSEL-SAUNDERS)-Kopplung, bei der zuerst die beiden Bahndrehimpulse $l_1$ und $l_2$ zu $L$ und die beiden Spins $s_1$ und $s_2$ zu $S$ gekoppelt werden. Je nachdem, ob man zur Beschreibung des Gesamtsystems die Quantenzahlen $LSM_LM_S$ oder $LSJM_J$ benutzt, können wir unsere Zustände

$$|(l_1 s_1)(l_2 s_2) LSM_L M_S> \quad \text{oder} \quad |(l_1 s_1)(l_2 s_2) LSJM_J>$$

nennen. Diese Kopplung ist in der Natur bei allen Elementen mit kleinen und mittleren $Z$ verwirklicht.

Die zweite wichtige Kopplungsart ist die $j-j$-Kopplung, bei der zuerst $l_1$ mit $s_1$ und $l_2$ mit $s_2$ zu $j_1$ bzw. $j_2$ gekoppelt werden. Diese Zustände lassen sich dann schreiben als

$$|(l_1 s_1)(l_2 s_2) j_1 j_2 JM_J>.$$

Diese $jj$-Kopplung ist bei Elementen mit sehr großem $Z$ besonders wichtig. In der $LS$-Darstellung ist der Energiebeitrag zur Totalen Energie in erster Ordnung Störungsrechnung (sofern diese zusätzlichen Integrale nicht in der selbst-konsistenten Rechnung mit aufgenommen werden)

$$\Delta E = <(l_1 s_1)(l_2 s_2) LSM_L M_S \left| \frac{e^2}{4\pi\epsilon_0 r_{12}} \right| (l_1 s_1)(l_2 s_2) LSM_L M_S>. \tag{75}$$

Da dabei $\Delta E$ unabhängig von $M_L$ und $M_S$ sein muß, weil die Energieverschiebung nicht von der willkürlichen Orientierung des Koordinatensystems abhängig sein darf, ist das System $(2L+1)\cdot(2S+1)$-fach in $M_L$ und $M_S$ entartet.

Für das Beispiel zweier $p$-Elektronen erhält man unter Berücksichtigung des PAULI-Prinzips folgende Kopplungsmöglichkeiten. (Die Nomenklatur ist übernommen aus dem Buch: E. U. CONDON und G. H. SHORTLEY, The Theory of Atomic Spectra (University Press, Cambridge 1935).) Dabei sind links die möglichen Werte von $M_L$ und oben von $M_S$ angegeben. In den runden Klammern sind alle möglichen Kombinationen von $m_l$ und $m_s$ für beide Elektronen angegeben, wobei zur besseren Unterscheidung $m_s = 1/2$ mit + und $m_s = -1/2$ mit − bezeichnet sind.

| | $p^2$ | $M_S$: 1 | 0 | −1 |
|---|---|---|---|---|
| | 2 | | $(1^+\ 1^-)$ | |
| | 1 | $(1^+\ 0^+)$ | $(1^+\ 0^-)(1^-\ 0^+)$ | $(1^-\ 0^-)$ |
| $M_L$ | 0 | $(1^+\ -1^+)$ | $(1^+\ -1^-)(1^-\ -1^+)(0^+\ 0^-)$ | $(1^-\ -1^-)$ |
| | −1 | $(0^+\ -1^+)$ | $(0^+\ -1^-)(0^-\ -1^+)$ | $(0^-\ -1^-)$ |
| | −2 | | $(-1^+\ -1^-)$ | |

So bedeutet beispielsweise $(1^- - 1^+)$, daß das eine Elektron die Quantenzahlen $m_l = 1$ und $m_s = -1/2$ und das andere Elektron die Quantenzahlen $m_l = -1$ und $m_s = +1/2$ hat. Zusammen bedeutet dies $M_L = 0$ und $M_S = 0$ und ist deshalb als eine der Kombinationsmöglichkeiten für diese Quantenzahlen aufgeführt. Auf Grund des PAULI-Prinzips (keine zwei Elektronen dürfen in allen Quantenzahlen identisch sein) bleiben von insgesamt 36 möglichen Kombinationen nur 15 Terme übrig.

So muß der oben in der Mitte stehende Term mit $M_L = 2$ und $M_S = 0$ zu einem Zustand mit $L = 2$ gehören, von dem wir aus der Definition der magnetischen Quantenzahl wissen, daß er 5 Terme mit $M_L = 2$, $M_L = 1$, $M_L = 0$, $M_L = -1$ und $M_L = -2$ besitzen muß. Ebenso gehört z. B. der Term bei $M_L = 1$ zu einem Zustand mit $L = 1$ und $S = 1$. Da dieser Zustand insgesamt $(2L + 1)(2S + 1)$ d. h. 9 Terme besitzen muß, sind bereits $5 + 9 = 14$ vergeben. Bleibt also noch der Term mit $M_L = 0$ und $M_S = 0$. Es hat sich dafür eine besondere Symbolik eingebürgert, wobei $^{2S+1}L_J$ mit $S$ für $L = 0$, $P$ für $L = 1$, $D$ für $L = 2$, etc. geschrieben wird. Unsere 15 Terme können also geschrieben werden als $^1D_2$, $^3P_{2,1,0}$ und $^1S_0$. Die 2, 1 und 0 können am $^3P$-Zustand gemeinsam geschrieben werden, weil sie, wie bereits oben ausgeführt, im Rahmen der Multiplettaufspaltung energetisch entartet bleiben. (Erst die Feinstruktur verursacht hier eine Aufspaltung.)

Wegen dieser energetischen Entartung der einzelnen Terme eines Zustandes genügt es, die Energieverschiebung $\Delta E$ für eine ganz spezielle $M_L$-, $M_S$-Kombination entsprechend Gl. 75 über die Integrale Gl. 72 mit Hilfe von Tabellen auszurechnen. Verwenden wir der Einfachheit halber die für die Terme eingeführte Symbolik auch hier, folgt $\Delta E$ für den $^3P$-Zustand eindeutig bereits mit den $m_l$ und $m_s$ Werten: $(1^+\ 0^+)$. Gleiches gilt für den $^1D$-Zustand, dessen Energieverschiebung bei der Berechnung mit den Werten $(1^+\ 1^-)$ eindeutig folgt. Da der $^1S$-Zustand aber eine Linearkombination aller drei Terme $(1^+\ -1^-)$, $(1^-\ -1^+)$ und $(0^+\ 0^-)$ ist, hat man alle drei Erwartungswerte auszurechnen, zu addieren und die Ergebnisse für die $^3P$ und $^1D$-Zustände abzuziehen. Als Ergebnis erhalten wir

$$\Delta E(^3P) = (1^+\ 0^+) \quad = +F^0(np, np) - \frac{5}{25} F^2(np, np)$$

$$\Delta E(^1D) = (1^+\ 1^-) \quad = +F^0(np, np) + \frac{1}{25} F^2(np, np)$$

$$\Delta E(^1S) = (1^+\ -1^-) + (1^-\ -1^+) + (0^+\ 0^-) - (1^+\ 0^+) - (1^+\ 1^-)$$

$$= +F^0(np, np) + \frac{10}{25} F^2(np, np)$$

Unabhängig von der Größe der Radialintegrale (die im Rahmen dieser Überlegungen hier nicht bestimmt werden können), kann man jetzt bereits sagen, daß das Verhältnis der Aufspaltungen

$$(^1S - {}^1D) : (^1D - {}^3P) = 3 : 2$$

ist.

Vergleichen wir mit dem Experiment, z. B. neutrales Germanium, mit $4p^2$ in Fig. 161, erhalten wir als Verhältnis 3,003 : 2, was gut stimmt. Allerdings ist für den $^3P$-Zustand dabei der energetische Schwerpunkt eingesetzt worden, da diese Aufspaltung Feinstrukturaufspaltung ist, die hier bisher nicht berücksichtigt ist. HUND hat gegen Ende der zwanziger Jahre eine empirische Regel aufgestellt, die besagt, daß der Grundzustand eines Atoms den größten Wert von $S$ besitzt (maximale Multiplizität), der auf Grund des PAULI-Prinzips möglich ist. Gibt es mehrere solcher Terme, dann liegt derjenige mit dem größten Wert von $L$ am niedrigsten (HUNDsche Regel).

Diese Regel gilt auch in unserem Beispiel. Sie ist Ausdruck der Tatsache, daß es energetisch am günstigsten ist, wenn sich die Spins parallel (zu größtem $S$) orientieren können.

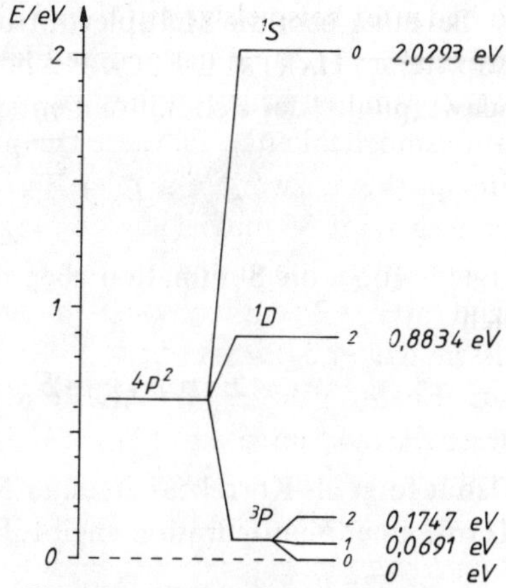


Fig. 161. Energetische Lage der aus den $4p^2$-Elektronen des Germaniums entstehenden Multiplettniveaus. (Die Feinstrukturaufspaltung des $^3P$-Niveaus ist ebenfalls eingetragen).

Der prinzipiell gleiche Effekt wird in den Kernen beobachtet. Nur ist es dort energetisch besonders günstig, wenn sich die Spins der Nukleonen antiparallel addieren. Aus diesem Grunde haben (fast) alle Kerne mit einer geraden Nukleonenzahl im Grundzustand den Spin $S = 0$.

Den winkelabhängigen Teil der Eigenfunktionen erhält man im allgemeinen Fall aus der Diagonalisierung der Energiematrix. Einige wichtige Zusammenhänge werden aber bereits deutlich, wenn man sich die Eigenfunktionen zu den Zuständen durch Anwendung der Auf- und Absteigeoperatoren anschaut

$$j_\pm \; |jm> = \{j(j+1) - m(m \pm 1)\}^{1/2} \; |j\, m \pm 1> .$$

In unserem Beispiel ist der $^1D$-Zustand mit $M_L = 2$ und $M_S = 0$, abgekürzt $|^1D; 20>$, gegeben durch

$$|^1D; 20> = (1^+ \; 1^-).$$

Wenden wir den Absteigeoperator $L_- = l_{1-} + l_{2-}$ auf die linke bzw. rechte Seite an, erhalten wir

$$L_- \; |^1D; 20> = 2\, |^1D; 10> = (l_{1-} + l_{2-})(1^+ \; 1^-) = \sqrt{2}(0^+ \; 1^-) + \sqrt{2}(1^+ \; 0^-).$$

Die Eigenfunktion $|^1D; 10>$ ergibt sich damit zu

$$|^1D; 10> = \frac{1}{\sqrt{2}}(0^+ \; 1^-) + \frac{1}{\sqrt{2}}(1^+ \; 0^-) .$$

Mit Hilfe dieses Verfahrens läßt sich dann der gesamte Satz von Eigenfunktionen bestimmen.

Bei einer über die Multiplett-Struktur einer Konfiguration (in unserem Beispiel $p^2$) gemittelten HARTREE-FOCK-Rechnung erhält man als totale Energie den energetischen Schwerpunkt, der sich mit den entsprechenden Gewichten zu

$$E_{\text{Av}} = E_0 + \frac{\sum (2L+1)(2S+1)\, E_{\text{Term}}}{\sum (2L+1)(2S+1)} \tag{76}$$

ergibt, wobei die Summation über alle Terme zu laufen hat. In unserem Beispiel ergibt sich

$$E(p,p)_{\text{Av}} = E_0 + F^0(p,p) - \frac{2}{25} F^2(p,p) .$$

Damit folgt als Korrektur zu einer Rechnung, die bereits die gemittelte Energie für alle Terme einer Konfiguration angibt, für unser Beispiel

$$\begin{aligned} E(^3P) &= E_0 + (p,p)_{\text{Av}} - \frac{3}{25} F^2(p,p) \\ E(^1D) &= E_0 + (p,p)_{\text{Av}} + \frac{3}{25} F^2(p,p) \\ E(^1S) &= E_0 + (p,p)_{\text{Av}} + \frac{12}{25} F^2(p,p) . \end{aligned}$$

Völlig analoge Überlegungen lassen sich auch den Fall der $j-j$-Kopplung anstellen, die eine etwas andere Multiplettstruktur liefert. Durch Vergleich mit experimentellen Spektren läßt sich dann jeweils feststellen, in welchem Bereich man sich im Einzelfall befindet.

### b) Feinstruktur

Im nicht-relativistischen Fall muß die magnetische Wechselwirkung des spin- und bahnmagnetischen Moments im Gegensatz zur relativistischen Behandlung explizit im HAMILTON-Operator mit aufgenommen werden. Da spin- und bahnmagnetisches Moment proportional zu den Spin- und Bahndrehimpulsen sind, ergibt sich als Ansatz für den Spin-Bahn-Wechselwirkungsoperator im Vielelektronenfall

$$\hat{H}_{LS} = \sum_{i=1}^{N} \xi(r_i)\, \hat{l}_i \cdot \hat{s}_i . \tag{77}$$

Dabei ist $\xi(r_i)$ vorerst ein Parameter, der weiter unten bestimmt wird.

Da der Operator $\hat{l}_i \cdot \hat{s}_i$ mit $\hat{J}$ kommutiert, nicht aber mit $\hat{L}$ und $\hat{S}$, verlieren $L$ und $S$ bei der Mitnahme der Spin-Bahn-Wechselwirkung ihre Eigenschaft als gute Quantenzahlen. Allein $J$ und $M_J$ bleiben gute Quantenzahlen. Die Energieverschiebung durch diesen Operator $\hat{H}_{LS}$ ergibt sich in erster Ordnung Störungsrechnung durch die Diagonalterme mit den nicht-relativistischen Eigenfunktionen zu

$$\Delta E = \langle \gamma LSJM_J | \sum \xi(r_i)\, \hat{l}_i \cdot \hat{s}_i | \gamma LSJM_J \rangle . \tag{78}$$

($\gamma$ steht hier stellvertretend für alle anderen, hier nicht benötigten, Quantenzahlen.)

Da $\hat{L} \cdot \hat{S} = \sum_i \hat{l}_i \cdot \hat{s}_i + \sum_{j,k \neq j}^{i} \hat{l}_j \cdot \hat{s}_k$ ist, die Funktionen $|\gamma LSJM_J>$ Linearkombinationen von Produkten von Einelektronenfunktionen sind, kann das Diagonalelement auch als $<\gamma LSJM_j | \xi(r) \hat{L} \cdot \hat{S} | \gamma LSJM_J>$ geschrieben werden. Dann folgt die Energieverschiebung in erster Ordnung Störungsrechnung

$$\Delta E_{LS}^{(1)} = \sum_i \zeta(\gamma LS) \cdot \frac{1}{2} \left\{ J(J+1) - L(L+1) - S(S+1) \right\} , \tag{79}$$

da $\hat{L} \cdot \hat{S} = \frac{1}{2}(\hat{J}^2 - \hat{L}^2 - \hat{S}^2)$ gilt und die verwendeten Funktionen Eigenfunktionen zu allen drei Operatoren sind. Die Größe,

$$\zeta(\gamma LS) = \hbar^2 \int_0^\infty r^2 R_{nl}^2(r) \cdot \xi(r) \cdot \mathrm{d}r \tag{80}$$

in der die radialen Eigenfunktionen $R_{nl}$ des betrachteten Zustandes stehen, hängt nicht von $J$ ab. Der Abstand zwischen zwei Termen mit $J$ und $J-1$, aber gleichen $L$ und $S$, ergibt sich daraus sofort zu $J \cdot \zeta(\gamma LS)$. In unserem oben erwähnten Beispiel für neutrales Germanium mit der Konfiguration $p^2$ war der Abstand der Zustände mit $J = 2$ und 1 $({}^3P_2 - {}^3P_1) = 852\ \mathrm{cm}^{-1}$, was (ungefähr wenigstens) doppelt so groß ist wie der Abstand $({}^3P_1 - {}^3P_0) = 557\ \mathrm{cm}^{-1}$, wobei $J = 1$ und 0 ist. Diese Regel heißt die *LANDÉsche Intervallregel.* Der sich dabei empirisch aus den Spektren ergebende Faktor (in unserem Beispiel ist $\zeta_p \approx 500\ \mathrm{cm}^{-1}$) heißt der *LANDÉ-Faktor.* Die relative energetische Lage für die ${}^3P_{2,1,0}$-Zustände in unserem Beispiel ist $+1$, $-1$ und $-2$ in Einheiten von $\zeta_p$.

In zweiter Ordnung Störungsrechnung ergibt sich zusätzlich eine Energieverschiebung der Zustände mit gleichem $J$

$$\Delta E_{LSJ}^{(2)} = \sum_{S'L'} \frac{<LSJ| \sum_i \xi_i \hat{l}_i \cdot \hat{s}_i | L'S'J> <L'S'J| \sum_i \xi_i \hat{l}_i \cdot \hat{s}_i | LSJ>}{E_{LS} - E_{L'S'}} . \tag{81}$$

Das bedeutet in unserem Beispiel, daß auf Grund der Spin-Bahn-Wechselwirkung nicht nur der ${}^3P_{2,1,0}$-Zustand nach $J$ aufspaltet, sondern daß sich darüber hinaus die Zustände ${}^1S_0$ und ${}^3P_0$ sowie ${}^1D_2$ und ${}^3P_2$ abstoßen.

Ein anderes Beispiel für die Feinstrukturaufspaltung zwischen dem ${}^2P_{1/2}$ und ${}^2P_{3/2}$ Zustand haben wir bereits bei der Diskussion des Wasserstoffatoms in Fig. 157 kennengelernt, da im relativistischen Fall die Spin-Bahnaufspaltung bereits in der DIRAC-Gleichung automatisch enthalten ist.

## § 10. Hyperfeinstruktur, ZEEMAN- und STARK-Effekt

a) Hyperfeinstruktur

Bei der genauen Vermessung optischer Spektren an isolierten Atomen finden sich weitere Strukturen, die man unter dem Begriff der Hyperfeinstruktur zusammenfaßt. Insbesondere lassen sich dabei folgende physikalische Einflüsse unterscheiden:

Erstens die Wechselwirkung des magnetischen Kernmoment $\mu_N$ (das proportional zum Kernspin $\vec{I}$ ist) mit dem Magnetfeld, das von der Bahnbewegung des Elektrons (beschrieben durch den Bahndrehimpuls $l$) erzeugt wird. Dieser Anteil ist proportional $\hat{\vec{I}} \cdot \hat{\vec{l}}$.

Zweiter Anteil ist die (magnetische) Dipol-Dipol-Wechselwirkung von Kern- und Elektronenspin, der in wesentlichen Teilen proportional $\hat{\vec{I}} \cdot \hat{\vec{s}}$ geht.

Diese beiden Anteile ergeben in der Hauptsache zusammen einen Operator der Form $\hat{\vec{I}} \cdot (\hat{\vec{l}} + \hat{\vec{s}}) = \hat{\vec{I}} \cdot \hat{\vec{j}}$. Da der Gesamtdrehimpuls des Systems Kern plus Elektron $\hat{\vec{F}} = \hat{\vec{I}} + \hat{\vec{j}}$ ist, wird der Operator $\hat{\vec{I}} \cdot \hat{\vec{j}} = 1/2(\hat{\vec{F}}^2 - \hat{\vec{I}}^2 - \hat{\vec{j}}^2)$ so daß die Hyperfeinverschiebung auf Grund dieses Operators in 1. Ordnung Störungsrechnung die Form analog Gl. (79) annimmt

$$\boxed{E_{hfs} = 1/2\, a\, [F(F+1) - I(I+1) - j(j+1)]}\,. \qquad (82)$$

Diese Formel läßt sich in 1. Ordnung auch auf ein Vielelektronensystem übertragen, weshalb dafür $j$ durch $J$ und $a$ durch $A$ ersetzt werden darf.

Man erhält für die magnetische Hyperfeinstruktur folgende Regeln:

- Die Terme spalten in Hyperfeinstrukturniveaus auf, die durch $F$ klassifiziert und $(2F+1)$-fach entartet sind.
- Auch hier gilt die LANDÉsche Intervallregel $\Delta E(F) - \Delta E(F-1) = A \cdot F$.
- $F$ hat $2I+1$ Werte für $I < J$ und $2J+1$ Werte für $J \leqslant I$. Ein Beispiel dafür ist in Fig. 162 aufgetragen.

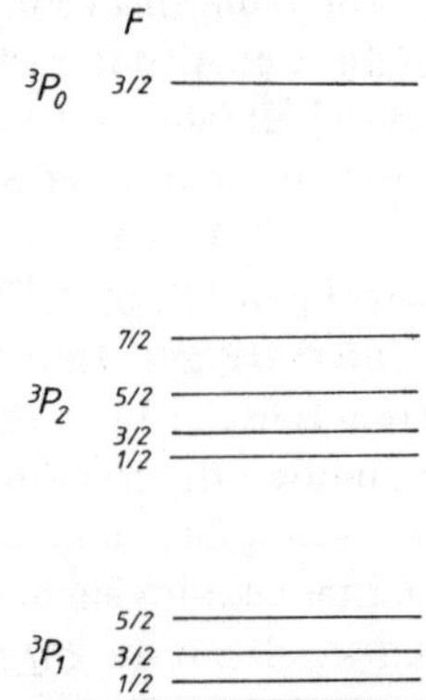


Fig. 162. Hyperfeinstrukturaufspaltung der $^3P$ Niveaus mit $J = 0$, 1 und 2 durch den Kernspin $I = 3/2$ zu den möglichen totalen Drehimpulsen, die durch $F$ gegeben sind (im Falle von $Li^+$).

Zusätzlich zu dieser magnetischen Hyperfeinstrukturwechselwirkung gibt es noch die elektrische Hyperfeinstruktur, die die Wechselwirkung der höheren elektrischen Momente des Kernes und der Elektronen beinhaltet, wobei der Hauptbeitrag von der Quadrupol-Quadrupolwechselwirkung herrührt. Meist ist ihr Beitrag gegenüber der magnetischen $Hfs$ aber klein.

Zu nennen ist darüber hinaus noch der Einfluß der Kernmitbewegung, da der Kern, verglichen mit den Elektronen, nicht unendlich schwer ist.

Als letztes bleibt noch der Volumeneffekt zu erwähnen. Da zwei Isotope etwas unterschiedliche Kernradien haben und damit ihr Kernpotential im Kerninnern etwas verschieden ist, hat die Elektronendichte in Kernnähe $|\psi(r=0)|^2$ eine etwas unterschiedliche Monopolwechselwirkung mit dem Potential der Kerne. Ist dieser Potentialunterschied $\delta V(r)$, ergibt sich eine Energieverschiebung zwischen den Spektrallinien zweier Isotope zu

$$\Delta E = \int |\psi(r)|^2 \, \delta V(r) \, \mathrm{d}\tau . \tag{83}$$

Dieser Feldeffekt, meist Volumen-Isotopieverschiebung genannt, ist in der Verschiebung der Spektrallinien von Isotopen gut meßbar. Er gestattet es, die Unterschiede der Kernradien zwischen zwei Isotopen zu bestimmen.

b) ZEEMAN-Effekt

Legt man ein äußeres Magnetfeld $\vec{B}$ an Atome an, tritt das magnetische Dipol-Moment der Elektronenhülle in Wechselwirkung mit dem Magnetfeld. Der Operator der Wechselwirkung lautet in 1. Näherung

$$\hat{H}' = \frac{e}{2m} \cdot \hat{\vec{B}} \cdot (\hat{\vec{L}} + 2\hat{\vec{S}}) = \frac{e}{2m} \hat{\vec{B}} \cdot (\vec{J} + \vec{S})$$

wobei die 2 vor dem $\hat{\vec{S}}$ wegen des anomalen magnetischen Moments der Elektronen auftritt. Nehmen wir an, daß $\hat{H}'$ eine kleine Störung ist, haben wir Störungsrechnung für entartete Zustände durchzuführen. Da der Störoperator aber in Diagonalform auftritt, sofern wir das von außen angelegte Magnetfeld in die übliche Quantisierungsrichtung, die $z$-Richtung legen, genügt es, die Diagonalelemente des Störoperators

$$\hat{H}' = \frac{e}{2m} B \cdot (\hat{J}_z + \hat{S}_z) \tag{84}$$

zu berechnen. Die Zustände sind durch $J$ und $M_J$ charakterisiert, so daß direkt $<\hat{J}_z> = \hbar M_j$ gilt. Auszurechnen bleibt das Matrixelement $<J, M | S_z | J, M>$. Dazu wollen wir in der Hauptsache die Kommutatorrelation benutzen, die im 5. Buch, 4. Kap., abgeleitet wurde. Mit deren Hilfe sieht man schnell ein, daß z. B. gilt

$$[J_-, S_+] = \hat{J}_- \hat{S}_+ - \hat{S}_+ \hat{J}_- = -2\hbar \hat{S}_z .$$

Bilden wir damit das Matrixelement zwischen den Zuständen $|J, M>$ (wir wollen in der Zwischenrechnung $M = M_J$ benutzen)

$$<J, M | \hat{J}_- \hat{S}_+ | J, M> - <J, M | \hat{S}_+ \hat{J}_- | J, M> = -2\hbar <J, M | \hat{S}_z | J, M>$$

erscheint rechts bereits der Ausdruck, den wir berechnen wollen. Wenden wir nun die Wirkung der Operatoren $\hat{J}_- | J, M>$ und $<J, M | \hat{J}_-$ entsprechend der Gl. (27) S. 588 an, erhalten wir

$$\begin{aligned} &\hbar \sqrt{(J+M+1)(J-M)} <J, M+1 | \hat{S}_+ | J, M> - <J, M | \hat{S}_+ | J, M-1> \\ &\cdot \sqrt{(J-M+1)(J+M)}\, \hbar = -2\hbar <J, M | \hat{S}_z | J, M> . \end{aligned} \tag{85}$$

Um die Matrixelemente auszudrücken, führen wir die identische Überlegung mit dem Kommutator $[J_+, S_+] = 0$ durch.
Bilden wir die Matrixelemente $<J, M+1 | J_+ S_+ - S_+ J_+ | J, M-1> = 0$, folgt wieder mit Gl. (27) S. 588

$$\begin{aligned} \hbar \sqrt{(J-M)(J+M+1)} <J, M | \hat{S}_+ | J, M-1> = <J, M+1 | S_+ | J, M> \hbar \\ \cdot \sqrt{(J+M)(J-M+1)} . \end{aligned}$$

Damit erhalten wir eine Relation, die wir $A$ nennen wollen

$$\frac{<J,M|\hat{S}_+|J,M-1>}{\sqrt{(J+M)(J-M+1)}} = \frac{<J,M+1|\hat{S}_+|J,M>}{\sqrt{(J+M+1)(J-M)}} = A\,. \tag{86}$$

Da wir auch jedes andere Matrixelement hätten berechnen können folgt, daß $A$ unabhängig von $M$ ist.

Setzen wir nun die Matrixelemente aus (86) in (85) ein, reduziert sich Gl. 85 zu

$$<J,M|\hat{S}_z|J,M> = \frac{1}{2}\left[-(J+M+1)(J-M)A + (J-M+1)(J+M)A\right] = M\cdot A\,. \tag{87}$$

Um einen Ausdruck für $A$ zu finden, betrachten wir die Matrixelemente des Operators $\hat{\vec{J}}\cdot\hat{\vec{S}}$, den wir auf zwei verschiedene Arten ausdrücken können

$$\hat{\vec{J}}\cdot\hat{\vec{S}} = \frac{1}{2}(\hat{\vec{J}}^2 + \hat{\vec{S}}^2 - \hat{\vec{L}}^2) = \frac{1}{2}\hat{S}_+\hat{J}_- + \frac{1}{2}\hat{S}_-\hat{J}_+ + \hat{J}_z\hat{S}_z\,.$$

Bilden wir von beiden Umformungen die Matrixelemente zwischen den Zuständen $|JM>$ so wird einerseits

$$<J,M|\vec{J}\cdot\vec{S}|J,M> = \frac{1}{2}\hbar^2\left\{J(J+1)+S(S+1)-L(L+1)\right\} \tag{88}$$

und andererseits

$$<J,M|\hat{\vec{J}}\cdot\hat{\vec{S}}|J,M> = \frac{1}{2}<J,M|\hat{S}_+\hat{J}_-|J,M> + \frac{1}{2}<J,M|\hat{S}_-\hat{J}_+|J,M> + M\hbar<J,M|\hat{S}_z|J,M>\,.$$

Drücken wir wieder die Wirkung der Operatoren $J_+$ und $J_-$ durch Gl. (27) S. 588 aus, wird aus der rechten Seite

$$\frac{1}{2}<J,M|\hat{S}_+|J,M-1>\sqrt{(J-M+1)(J+M)}\,\hbar + \frac{1}{2}<J,M|\hat{S}_-|J,M+1>\sqrt{(J+M+1)(J-M)}\,\hbar + M\hbar<J,M|\hat{S}_z|J,M>\,. \tag{89}$$

Da wir aus Gl. (87) wissen, daß $A$ reell sein muß, können wir das Matrixelement mit $S_-$ durch Adjunktion aus (86) sofort bilden

$$<J,M|\hat{S}_-|J,M+1> = <J,M+1|\hat{S}_+|J,M>\,.$$

Setzen wir diese Beziehung in (89) ein, drücken die Matrixelemente durch Gl. (86) bzw. (87) aus und setzen den so gefundenen Ausdruck der rechten Seite von (88) gleich, erhalten wir

$$A = \hbar\,\frac{J(J+1)+S(S+1)-L(L+1)}{2J(J+1)}\,.$$

Setzen wir diesen Wert für $A$ in Gl. (87) ein wird der Erwartungswert des Störoperators (84) insgesamt

$$\boxed{\langle H' \rangle = E' = \frac{e\hbar B}{2m}\left[1 + \frac{J(J+1) + S(S+1) - L(L+1)}{2J(J+1)}\right] M_J} \quad (90)$$

$$= \frac{e\hbar B}{2m}\, g \cdot M_J$$

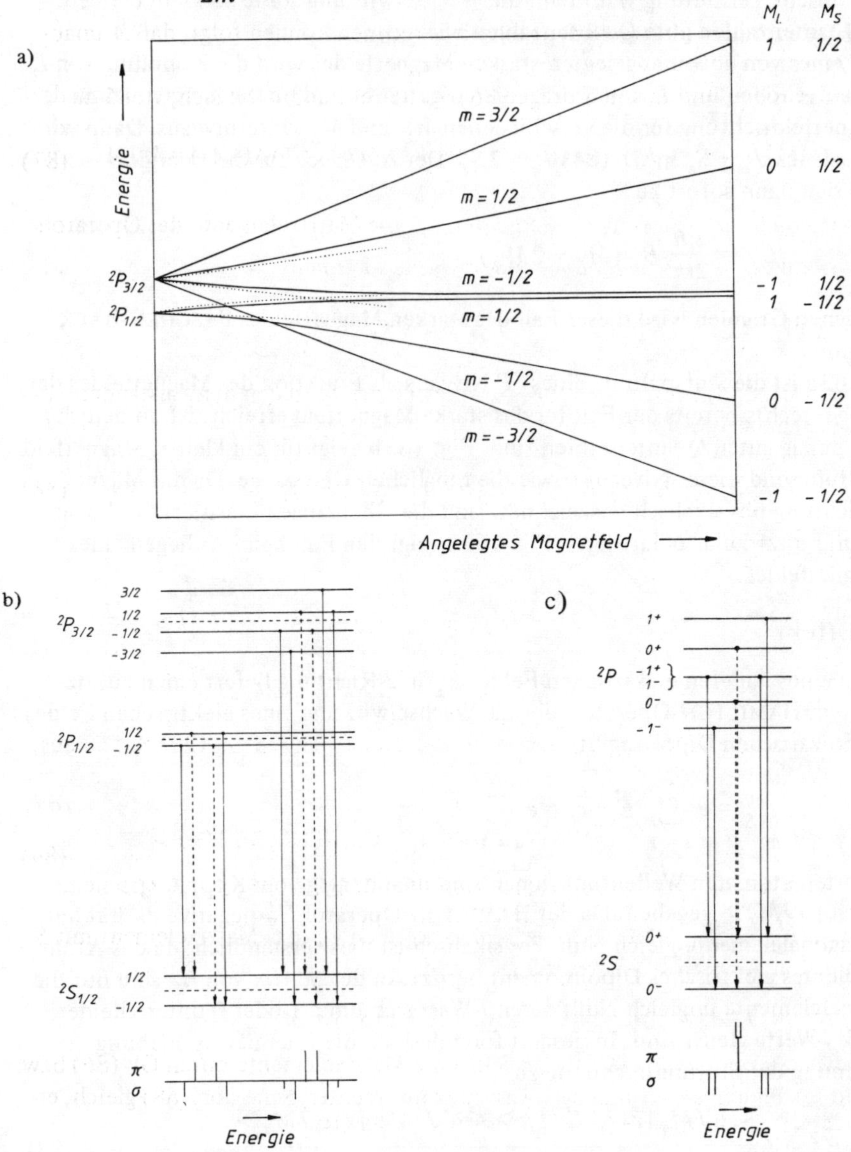


Fig. 163. a) Aufspaltung eines Feinstrukturdubletts $^2P_{3/2}$ und $^2P_{1/2}$ im äußeren Magnetfeld. b) Aufspaltung und Übergänge zwischen den $^2P_{3/2}$- und $^2P_{1/2}$-Niveaus zum $^2S$-Niveau im schwachen Magnetfeld. Gestrichelte Übergänge sind linear, die durchgezogenen Übergänge zirkular polarisiert. c) Gleicher Fall wie in b) im starken Magnetfeld.

wobei $g$ der von LANDÉ bereits 1923 empirisch aus den Spektren gefundene und nach ihm benannte $g$-Faktor ist. Diese für ein schwaches Magnetfeld abgeleitete Formel zeigt eine recht komplizierte Abhängigkeit von allen 4 Quantenzahlen $L$, $S$, $J$ und $M_J$ was ja genau auch unsere Vermutung war, denn die Wechselwirkung sollte so klein bleiben, daß alle 4 Quantenzahlen gute Quantenzahlen blieben.

Im Falle eines von außen angelegten starken Magnetfeldes wird die Kopplung von $L$ und $S$ zu $J$ aufgehoben und $L$ und $S$ präzedieren getrennt und unabhängig voneinander um die Magnetfeldrichtung für die verschiedenen $M_L$ und $M_S$ Unterniveaus. Dann wird aus dem Ausdruck $\hat{J}_z + \hat{S}_z$ in Gl. (84) $\hat{L}_z + 2\hat{S}_z$. Der Ausdruck für die Energieverschiebung ergibt sich dann sofort zu

$$E' = \frac{e\hbar}{2m} B \cdot (M_L + 2M_S) .$$

Aus historischen Gründen wird dieser Fall des starken Magnetfeldes PASCHEN-BACK-Effekt genannt.

In Fig. 163 a ist die Aufspaltung eines $^2P$ Niveaus als Funktion des Magnetfeldes dargestellt, wobei rechts bereits der Fall für das starke Magnetfeld erreicht ist, in dem $M_L$ und $M_S$ die einzig guten Quantenzahlen sind. Fig. 163 b zeigt für ein kleines Magnetfeld das Aufspaltungsbild dieses Niveaus sowie die möglichen Übergänge. Da das Magnetfeld eine Richtung physikalisch auszeichnet, sind die Übergänge polarisiert ($\pi$: linear polarisiert und $\sigma$: zirkular polarisiert). Fig. 163 c zeigt den Fall beim Anliegen eines starken Magnetfeldes.

### c) Stark-Effekt

Das Anlegen eines äußeren elektrischen Feldes $\vec{E}_z$ in $z$-Richtung liefert einen zusätzlichen Term im HAMILTON-Operator, der die Wechselwirkung eines elektrischen Feldes mit einem Elektrischen Dipol angibt

$$\hat{H}'_S = e \sum_{i=1}^{N} \vec{E} \cdot \hat{\vec{r}}_i = e \sum_{i=1}^{N} \vec{E}_z \cdot \hat{z} . \tag{92}$$

Die ungestörten atomaren Wellenfunktionen sind unabhängig vom Kopplungsschema wieder durch $|\alpha J M_J\rangle$ gegeben. Da der HAMILTON-Operator $\hat{H}'_S$ negative Parität hat, sind alle Diagonalelemente gleich Null. Physikalisch ist dies verständlich, da das Atom kein permanentes elektrisches Dipolmoment besitzt. In der Matrix von $\hat{H}'_S$ sind nur die Nichtdiagonalelemente ungleich Null, deren $J$-Wert sich um ± 1 oder 0 unterscheidet und deren $M_J$ Werte gleich sind. Insgesamt folgt deshalb die Energieverschiebung in zweiter Ordnung der Störungsrechnung zu

$$E'_S = e^2 \vec{E}_z^2 \sum_{\alpha' J'} \frac{\langle \alpha J M_J |\hat{z}| \alpha' J' M_{J'} \rangle \langle \alpha' J' M_{J'} |\hat{z}| \alpha J M_J \rangle}{E(\alpha J) - E(\alpha' J')} . \tag{93}$$

Nach Berechnung der Matrixelemente erhält man

$$E'_S = e^2 E_z^2 (a + b M_J^2).$$

$a$ und $b$ sind sehr vom Detail der Wellenfunktion $|\alpha J M_J>$ abhängig, so daß sich kein allgemeinerer Ausdruck angeben läßt.

Dieser quadratische Stark-Effekt kommt anschaulich dadurch zustande, daß das angelegte elektrische Feld ein elektrisches Dipolmoment proportional zu $E_z$ induziert, das dann mit dem Feld $E$ selbst in Wechselwirkung tritt.

Ein Spezialfall ist der lineare Stark-Effekt, der nur dann auftritt, wenn die Niveaus $E(\alpha J)$ und $E(\alpha' J')$, die über den Operator $\hat{z}$ koppeln, entartet (oder fast entartet) sind, so daß Gl. (93) nicht mehr anwendbar ist. Dann muß die Säkulargleichung exakt gelöst werden. Im Beispiel zweier entarteter Niveaus, die von allen anderen Niveaus weit genug wegliegen, genügt es völlig, die Unterdeterminante der entarteten Niveaus mitzunehmen. (Siehe dazu 5. Buch, 5. Kapitel, § 2.)

$$\begin{vmatrix} E(\alpha' J') - E' & eE_z <\alpha' J' M_J | \hat{z} | \alpha J M_J> \\ eE_z <\alpha J M_J | \hat{z} | \alpha' J' M_J> & E(\alpha J) - E' \end{vmatrix} .$$

Dies liefert eine Aufspaltung der beiden (fast) entarteten Niveaus von

$$E_s' = \pm\, 2 e E_z \, |<\alpha' J' M_{J'} | \hat{z} | \alpha J M_J>| . \tag{94}$$

Das wichtigste Beispiel für diese im elektrischen Feld $\vec{E}$ lineare Aufspaltung (linearer Stark-Effekt) ist das Wasserstoffatom, dessen Niveaus mit verschiedenem $l$ aber gleichem $j$ (fast) entartet sind.

## § 11. Generelles zur Beschreibung von Molekülen

In den vorangegangenen Paragraphen haben wir gesehen, daß die Berechnung atomarer Systeme trotz vieler Näherungen bereits kein sehr einfaches Unterfangen ist. Diese Aussage gilt natürlich umso mehr, wenn man sich der Berechnung von Molekülen zuwendet. Dabei spiel aber nicht nur die größere Zahl der Elektronen und Kerne, die Aufhebung der Kugelsymmetrie und das Auftreten neuer Symmetrien und der damit verbundenen Quantenzahlen eine entscheidende Rolle; das prinzipiell Neue gegenüber dem Atom ist die Tatsache, daß jedes Molekül ein dynamisches System darstellt, in dem die Elektronenbewegungen mit den Kernbewegungen gekoppelt sind. Experimentell drückt sich diese Tatsache in dem für Moleküle typischen Auftreten von Rotations- und Vibrationsspektren aus.

Der nicht-relativistische HAMILTON-Operator der stationären SCHRÖDINGER-Gleichung $\hat{H}\Psi = E\Psi$ für ein molekulares System lautet

$$\hat{H} = -\frac{\hbar^2}{2}\left(\sum_\gamma \frac{\nabla_\gamma^2}{M_\gamma} + \sum_i \frac{\nabla_i^2}{m_i}\right) + V \tag{95}$$

mit der totalen potentiellen Energie

$$V = \sum_{i,j} \frac{e^2}{4\pi\epsilon_0 |\vec{r}_i - \vec{r}_j|} + \sum_{\gamma,\nu} \frac{Z_\gamma Z_\nu e^2}{4\pi\epsilon_0 |\vec{r}_\gamma - \vec{r}_\nu|} - \sum_{i,\gamma} \frac{Z_\gamma e^2}{4\pi\epsilon_0 |\vec{r}_i - \vec{r}_\gamma|} = V_{ij} + V_{\gamma\nu} + V_{i\gamma} ,$$

wobei $i$ und $j$ die Summation über die Elektronen und $\gamma$ und $\nu$ die Summation über die Kerne darstellt. Damit nimmt die SCHRÖDINGER-Gleichung die Form an:

$$\sum_\gamma \frac{\nabla_\gamma^2}{M_\gamma} \Psi + \sum_i \frac{\nabla_i^2}{m_i} \Psi + \frac{2}{\hbar^2} (E - V_{ij} - V_{\gamma\nu} - V_{i\gamma}) \Psi = 0. \tag{96}$$

BORN und OPPENHEIMER haben bereits 1927 den Ansatz für die Gesamtwellenfunktion

$$\Psi(r, s) = \psi_e(r, s) \cdot \psi_{n,e}(r) \tag{97}$$

untersucht.

Die Funktion $\psi_e(r, s)$, die man *elektronische Wellenfunktion* nennt und die durch den Satz der elektronischen Quantenzahlen $e$ charakterisiert sind, sind im Falle des angegebenen Produktansatzes unabhängig von den Quantenzahlen $n$, die die Kernbewegung charakterisieren. Dafür sind sie aber von $\boldsymbol{r}$, den Koordinaten der $N$ Kerne, sowie $s$, den Koordinaten der Elektronen, abhängig. Die nur von den Kernkoordinaten $\boldsymbol{r}$ abhängenden *Kernwellenfunktionen* $\psi_{n,e}(r)$ werden aber von den elektronischen und Kernquantenzahlen charakterisiert. Mit diesem Produktansatz wird die SCHRÖDINGER-Gleichung

$$\frac{1}{\psi_e} \sum_i \frac{\nabla_i^2 \psi_e}{m_i} + \frac{1}{\psi_{n,e}} \sum_\gamma \frac{\nabla_\gamma^2 \psi_{n,e}}{M_\gamma} + \frac{2}{\hbar^2} (E - V_{ij} - V_{\gamma\nu} - V_{i\gamma})$$

$$+ \frac{1}{\psi_e \psi_{n,e}} \sum_\gamma \frac{1}{M_\gamma} (2 \nabla_\gamma \psi_{n,e} \cdot \nabla_\gamma \psi_e + \psi_{n,e} \nabla_\gamma^2 \psi_e) = 0.$$

Als Teil der sogenannten BORN-OPPENHEIMER-Näherung wird der letzte Term zu Null gesetzt. Physikalisch ist dies in sehr vielen Fällen gerechtfertigt, da sich die elektronischen Wellenfunktionen $\psi_e$ meist nur sehr langsam mit den Kernkoordinaten $\boldsymbol{r}$ ändern. Es bleiben zwei gekoppelte Gleichungen, die die Separationskonstante $-E_e(\boldsymbol{r})$ enthalten. Die eine ist die Wellengleichung für die Elektronen, bei der die Kerne in bestimmten Abständen festgehalten sind

$$\boxed{\sum_i \frac{\hbar^2}{2m_i} \nabla_i^2 \psi_e(r,s) + [E_e(r) - V_{ij} - V_{\gamma i}] \psi_e(r,s) = 0}. \tag{98}$$

Die andere ist die Wellengleichung für die Kernbewegungen

$$\boxed{\sum_\gamma \frac{\hbar^2}{2} \frac{\nabla_\gamma^2}{M_\gamma} \psi_{n,e}(r) + [E - E_e(r) - V_{\gamma\nu}(r)] \psi_{n,e}(r) = 0}. \tag{99}$$

Diese beiden Gleichungen stellen die Grundlage der Beschreibung von Molekülen dar. Im Prinzip ist dabei folgendermaßen vorzugehen: Gl. (98) ist für alle internuklearen Abstände $\boldsymbol{r}$ zu lösen, wodurch gleichzeitig die elektronische Systemenergie $E_e(\boldsymbol{r})$ bestimmt wird. Mit bekanntem $E_e(\boldsymbol{r})$ kann nun Gl. (99) gelöst werden, die die Vibration und Rotation der Kerne beschreibt. Da $E_e(\boldsymbol{r})$ das elektronische und $V_{\gamma\nu}(\boldsymbol{r})$ das reine Kern-Kern Potential ist, faßt man normalerweise beide in der Funktion $U_e(\boldsymbol{r}) = E_e(\boldsymbol{r})$

$+ V_{\gamma\nu}(r)$ zusammen. Im Normalfall ist dies eine hochdimensionale Potentialenergiefläche, die im Fall eines zweiatomigen Moleküls zur Potentialenergiekurve wird.

Die hier gefundenen beiden Grundgleichungen zur Beschreibung von Molekülen separieren das Gesamtproblem in die Lösung der Elektronenbewegungen, das wir in § 13 kurz aufgreifen wollen, und die Berechnung der Rotation und Vibration von Molekülen, die im nächsten Paragraphen für zweiatomige Moleküle durchgeführt werden soll.

## § 12. Rotation und Vibration zweiatomiger Moleküle

Wie im vorangegangenen Paragraphen gezeigt wurde, beschreibt Gleichung (99)

$$\sum_{\gamma} \frac{\nabla_{\gamma}^{2}}{M_{\gamma}} \psi_{n,e}(r) + \frac{2}{\hbar^{2}} [E - U_{e}(r)] \psi_{n,e}(r) = 0 \tag{99a}$$

quantenmechanisch im Rahmen der BORN-OPPENHEIMER-Näherung die Bewegung der Kerne in einem Molekül. Da die Potentialenergiefläche $U_e(r)$ explizit in der Praxis nur sehr schwer zu berechnen ist (es erfordert die volle Lösung der elektronischen Wellengleichung (98)), haben sich für den speziellen Fall zweiatomiger Moleküle eine ganze Reihe von empirischen analytischen Ansätzen für $U_e(r)$ als besonders brauchbar erwiesen. Es gelingt, $U_e(r)$ mit wenigen Parametern so gut anzunähern, daß sich damit die experimentell beobachteten Spektren recht gut beschreiben lassen. Fig. 164 zeigt als Beispiel einige der Potentialenergiekurven, die sich aus dem Grundzustand zweier Sauerstoffatome als Funktion des internuklearen Abstandes ergeben können. Im Grundzustand des Moleküls bindet es sich auf der untersten Potentialenergiekurve $U_0(r)$ und oszilliert um den Gleichgewichtsabstand $r_0$. $D$ ist die Dissoziationsenergie, die mindestens aufgebracht werden muß, um die beiden Atome zu separieren. Ebenso zeigt der steile Potentialanstieg für kleinere $r$ an, daß zur Kompression ebenfalls Energie in das System gesteckt werden muß. Der Anstieg für kleinere $r$ hat seine Hauptursache in der Abstoßung der Kerne. In der Nähe des Gleichgewichtsabstandes wird $U_0(r)$ gut durch den Ansatz eines harmonischen Oszillators dargestellt (wir lassen der Einfachheit halber jetzt den Index an der Funktion $U$ weg).

$$U(r) \approx \frac{1}{2} k \cdot (r - r_0)^2 .$$

Noch besser ist das sogenannte MORSE-Potential

$$U(r) \approx D\,[1 - \exp(-\beta(r - r_0))]^2 , \tag{100}$$

das für viele Systeme erstaunlich gute Resultate liefert. Dabei sind insgesamt nur die drei freien Parameter $D$, $\beta$ und $r_0$ anzupassen.

Mit einem der so gefundenen Ansätze für das Potential $U(r)$, wie z. B. dem MORSE-Potential (Gl. (100), kann man nun in die SCHRÖDINGER-Gleichung für die Kernbewegung eingehen.

Gl. (99a) ist bis auf die analytische Form von $U(r)$ völlig analog zum Wasserstoffatomproblem (§ 1) nur haben wir es statt mit einem Elektron und einem Proton mit zwei

Kernen zu tun. Mit der reduzierten Masse $\mu = \dfrac{M_1 M_2}{M_1 + M_2}$ wird Gleichung (99a)

$$\nabla_\gamma^2 \psi_n + \frac{2\mu}{\hbar^2} (E - U(r)) \psi_n = 0. \tag{101}$$

Völlig analog zum Wasserstoffproblem läßt sich diese Gleichung durch den Ansatz

$$\psi_n = R(r) \cdot \theta(\vartheta) \cdot \phi(\varphi)$$

separieren. Wir erhalten als Winkelfunktionen (vergleiche Gl. (5) auf S. 622)

$$\theta_{KM}(\vartheta) \cdot \phi_M(\varphi) = (-1)^{\frac{M+|M|}{2}} \sqrt{\frac{(2K+1)}{2} \frac{(K-|M|)!}{(K+|M|)!}}\, P_K^M(\cos\vartheta) \cdot \sqrt{\frac{1}{2\pi}}\, e^{iM\varphi} \tag{102}$$

mit $K = 0, 1, 2 \ldots$ und $M = 0, \pm 1, \ldots \pm K$.

Dabei repräsentieren die Quantenzahlen $K$ und $M$ den Drehimpuls der Rotation (die dabei formal völlig analog zu $l$ und $m_l$ für die Elektronen im Atom sind). Das Quadrat des totalen Rotationsdrehimpulses des Moleküls ist $K \cdot (K+1)\hbar^2$ und die $z$-Komponente $M\hbar$.

Als Auswahlregeln für elektrische Dipolübergänge gilt

$$\Delta K = \pm 1 \quad \text{sowie} \quad \Delta M = 0, \pm 1\,.$$

Die mit der Rotation verbundene Rotationsenergie für Kerne, die im Gleichgewichtsabstand $r_0$ festgehalten sind, ist

$$E_{\text{rot}} = \frac{\hbar^2 K(K+1)}{2\mu r_0^2}\,. \tag{103}$$

Die verbleibende Gleichung für $R(r)$ lautet nach der Transformation $S(r) = rR(r)$

$$\frac{d^2 S}{dr^2} + \left[\frac{2\mu}{\hbar^2}(E - U(r)) - \frac{K(K+1)}{r^2}\right] S(r) = 0\,.$$

Je nachdem, welcher Ansatz für $U(r)$ hier eingesetzt wird, erhält man mehr oder weniger komplizierte Lösungen für die Vibrationswellenfunktion $S$. Da aber in jedem Falle in der Nähe des Gleichgewichtsabstandes ein Oszillatorpotential den Hauptanteil darstellt, muß die Energie im Hauptbeitrag die auf S. 557 angegebene Struktur $(n + 1/2)\hbar\omega$ haben, wobei $n$ die Vibrationsquantenzahl ist. Für den Fall des rotierenden harmonischen Oszillators $U(r) = \frac{1}{2} k (r - r_0)^2$ lautet die Lösung (bis auf kleine Restglieder)

$$\boxed{E_{n,K} = \left(n + \frac{1}{2}\right)\hbar\omega_0 + \frac{K(K+1)\hbar^2}{2\mu r_0^2} - \frac{K^2(K+1)^2\hbar^4}{8\pi^2\mu^3 r_0^6 \omega_0^2}} \tag{104}$$

mit $\omega_0 = \dfrac{1}{2\pi}\sqrt{k/\mu}\,.$

Der erste Term ist die bereits angesprochene Vibrationsenergie des harmonischen Oszillators, der zweite Term die in Gl. (103) ebenfalls bereits angegebene ungestörte Rotationsenergie zweier im Gleichgewichtsabstand $r_0$ rotierender Kerne, während der dritte Term die Rotation mit der Vibration koppelt, da es die Streckung des Moleküls infolge der Rotation berücksichtigt.

In Fig. 164 sind die Energieniveaus der Vibrationszustände zusammen mit der Vibrationsquantenzahl $n$ in der Grundzustands-Potentialenergiekurve eingetragen. Man sieht deutlich ihre fast äquidistante Lage. Verglichen mit der rein elektronischen Energieaufspaltung (einige eV) ist ihr energetischer Abstand aber sehr viel kleiner (einige Zehntel eV). Der Abstand zweier Rotationszustände ist im Vergleich dazu nocheinmal um etwa einen Faktor 100 kleiner. Die untersten Rotationsniveaus auf dem untersten Vibrationsniveau sind in Fig. 164 mit diesem Faktor 100 separat herausgezeichnet. Ihr relativer Abstand folgt dabei dem in Gl. 103 bzw. 104 gegebenen $K(K+1)$-Verhalten.

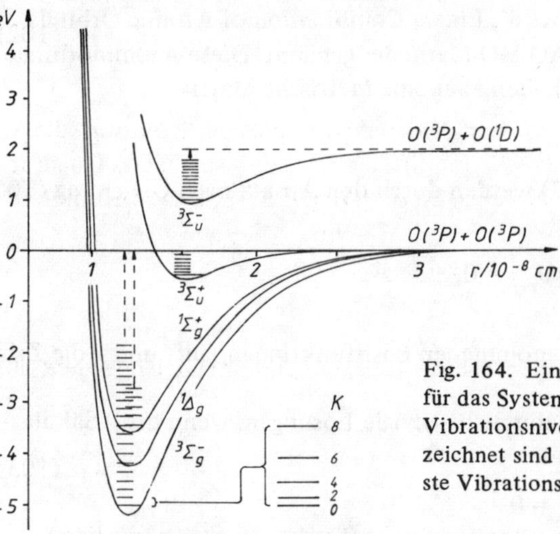


Fig. 164. Einige ausgewählte Potentialenergiekurven für das System $O-O$. In den Potentialminima sind die Vibrationsniveaus eingetragen. Vergrößert herausgezeichnet sind die ersten Rotationsniveaus für das unterste Vibrationsniveau der Grundzustandspotentialenergiekurve.

Auf Grund dieser unterschiedlichen energetischen Abstände lassen sich die Übergänge zwischen den verschiedenen hier diskutierten Niveaus in den Spektren meist doch eindeutig interpretieren.

## § 13. Übersicht über einige Näherungen zur Lösung der elektronischen Wellengleichung für Moleküle

Die in § 11 im Rahmen der BORN-OPPENHEIMER-Näherung für die Beschreibung der Elektronen in Molekülen abgeleitete Gleichung (98) lautet

$$\sum_i \nabla_i^2 \psi_e(r,s) + \frac{2}{\hbar^2} m_i [E_e(r) - V_{ij}(r,s) - V_{\gamma i}(r,s)]\, \psi_e(r,s) = 0. \qquad (98a)$$

Betrachtet man die internuklearen Abstände $r$ als freie Parameter, enthält diese Gleichung nur noch die Elektronenkoordinaten $s$ als Variable.

Zur Lösung für diese Gleichung bietet sich insbesondere auch hier die im § 8 besprochene HARTREE-FOCK-Methode an. Die dort durchgeführte Ableitung im Rahmen des Variationsverfahrens war bis zur Gleichung (67) unabhängig davon, ob es sich um ein Atom oder ein kompliziertes Molekül handelte. Im molekularen Fall besteht der Satz der Wellenfunktionen $\{\psi_e\}$ natürlich aus molekularen Orbitalen, abgekürzt MO. Diese MO's sind direkt nicht angebbar, sondern werden üblicherweise ihrerseits wieder durch einen Satz von Basisfunktionen $\{\chi_p\}$ dargestellt

$$|\psi_\nu> = \sum_p c_{p\nu} \chi_p \,, \tag{105}$$

wobei die $c_{p\nu}$ Entwicklungskoeffizienten sind. Die Basisfunktionen $\chi_p$ sind beliebig wählbar, sofern die Entwicklung Gl. (105) vollständig ist. Es ist jedoch physikalisch vernünftig, sie als einen Satz von Atomwellenfunktionen der am Molekül beteiligten Atome anzusetzen. Dieses Verfahren wird „Linear Combination of Atomic Orbitals – Molecular Orbitals", abgekürzt LCAO-MO-Methode, genannt. Diese Atommorbitale sind im Normalfall nicht orthogonal, haben aber eine metrische Matrix

$$S_{pq} = <\chi_p | \chi_q> .$$

Die HARTREE-FOCK-Gleichungen (67) werden durch den Ansatz nach Gleichung (105) zu einem Matrix-Gleichungssystem

$$\sum_q (H_{pq} - \epsilon_\nu S_{pq})\, c_{\nu q} = 0,$$

wobei $p$ und $q$ über die Zahl der mitgenommenen Basisfunktionen läuft und $\nu$ die Zahl der MO's kennzeichnet.

Dieses Gleichungssystem hat nur dann nicht-triviale Lösungen, wenn die $\nu$-Säkulargleichungen

$$\det \left\{ H_{pq} - \epsilon_\nu S_{pq} \right\} = 0 \quad ,$$

erfüllt sind. Dies liefert die Energieeigenwerte $\epsilon_\nu$. In explizit ausgeschriebener Form ist $H_{pq}$ gegeben durch

$$H_{pq} = \int \chi_p^*(s_1) \left\{ \frac{p_1^2}{2m} - \frac{e^2}{4\pi\epsilon_0} \sum_\gamma \frac{Z_\gamma}{r_{1\gamma}} \right\} \chi_q(s_1)\, ds_1 \tag{106}$$

$$+ \frac{e^2}{4\pi\epsilon_0} \sum_j \sum_{l,n} c_{lj}^+ c_{nj} \int \frac{\chi_p^*(s_1)\chi_l^*(s_2)\chi_q(s_1)\chi_n(s_2) - \chi_p^*(s_1)\chi_l^*(s_2)\chi_n(s_1)\chi_q(s_2)}{s_{12}}\, ds_1\, ds_2 .$$

Diese explizite Form soll deutlich machen, daß die Integrale in $H_{pq}$ für die Dauer der gesamten Rechnung gleich sind, so daß es genügt, sie am Anfang der Rechnung einmal zu bestimmen. Einzig die $c_{p\nu}$ werden so lange variiert, bis die totale Energie zu einem Minimum geworden ist.

In vielen der semi-empirischen Verfahren, wie z. B. beim HÜCKEL-Verfahren, werden die Matrixelemente $H_{pq}$ als Parameter angenommen.

Es hat sich als fast typisch herausgestellt, daß diese einfachen halb-empirischen Verfahren oft mit wenigen Parametern sehr erfolgreich sein können, während ab initio Rechnungen einen sehr großen Aufwand treiben müssen, um besser als diese einfachen Verfahren zu werden.

Bei der praktischen Durchführung einer ab initio-LCAO-MO-Rechnung gibt es im wesentlichen wieder drei Lösungsvorschläge, um die Integrale in Gl. (106) wirklich zu berechnen:

(a) Die atomaren Basisfunktionen $\chi_p$ werden ihrerseits durch einen vollständigen Satz von GAUSSfunktionen der Struktur $n_i \sim A\, e^{-\alpha_j r^2}$ oder (b) durch SLATERsche Basisfunktionen $\zeta_{nlm} \sim r^{n-1} e^{-\xi r}\, Y_{lm}(\vartheta, \varphi)$ dargestellt. Der Vorschlag (c) nimmt direkt numerische Wellenfunktionen aus separaten Atomstrukturrechnungen. Die meisten in der Literatur existierenden Rechnungen sind entweder mit GAUSS- oder SLATERfunktionen durchgeführt.

Wie wir gesehen haben, erhält man als Lösung der SCHRÖDINGER-Gleichung für die Elektronen im Molekül neben der totalen Energie für eine bestimmte Konfiguration auch die Energieeigenwerte $\epsilon_i$, die den Einelektronenwellenfunktionen zugeordnet sind. Trägt man z. B. für ein zweiatomiges Molekül die Energieeigenwerte als Funktion des internuklearen Abstandes auf, erhält man ein sogenanntes Korrelationsdiagramm (Fig. 165). Es verbindet die Energieeigenwerte der Elektronen in den getrennten Atomen mit denen des vereinigten Atoms. Bei der Behandlung von Stoßproblemen, bei denen die Geschwindigkeiten der beteiligten Elektronen sehr viel größer sind als die der Kerne, so daß sie sich bei jedem Abstand rearrangieren können, stellen sie eine große Hilfe dar. Natürlich ist ein derartiges Korrelationsdiagramm auf der Basis der $\epsilon_i$ nur eine Näherung. Besser wäre es, die totale Energie als Funktion des Abstandes für jede mögliche Kon-

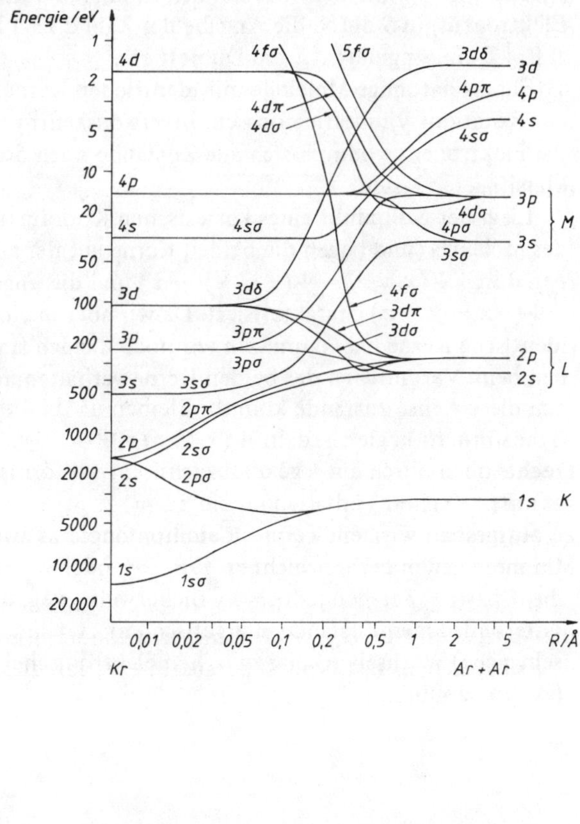


Fig. 165. Schematisches Ein-Elektronen-Korrelationsdiagramm für das System Ar-Ar. Die Nomenklatur ist so gewählt, daß zuerst das atomare Niveau genannt ist, in das der Zustand im vereinigten System endet, die Buchstaben $\sigma$, $\pi$, $\delta$ . . . symbolisieren den Wert der Projektion des Drehimpulses aus die internukleare Verbindungsachse 0, 1, 2, . . . .

figuration getrennt aufzutragen, was allerdings in so komplizierten Vielelektronensystemen, wie es das in Fig. 165 dargestellte System Ar-Ar ist, schier unmöglich ist. Im Falle des $O_2$ in Fig. 164 sieht man bereits andeutungsweise die große Fülle der möglichen Potentialenergiekurven.

Jeder dieser Zustände $\nu$ mit seiner Potentialenergiekurve $E_\nu$ wird durch einen gewissen Satz von Quantenzahlen charakterisiert, die in der in Fig. 164 mit angegebenen Nomenklatur der Zustände enthalten sind. Über diese Nomenklatur wollen wir uns im folgenden klar werden.

Die molekularen Wellenfunktionen besitzen je nach der Symmetrie der Anordnung der Kerne Symmetrieeigenschaften, die nicht nur zur Klassifizierung der Wellenfunktionen, sondern auch bei der Berechnung von Matrixelementen oder der Konstruktion z. B. einer optimal angepaßten Basis von großer, auch praktischer Bedeutung sind.

Für das Beispiel zweiatomiger Moleküle sei dies hier kurz diskutiert.

Wegen der Rotationssymmetrie des 2-atomigen Moleküls um die internukleare Verbindungsachse, beschrieben durch den Winkel $\varphi$, kann als einziger Teil der elektronischen Wellenfunktionen der $\varphi$-abhängige Teil sofort hingeschrieben werden (Gl. (102)). Wegen dieser Rotationssymmetrie muß die potentielle Energie von $\varphi$ unabhängig sein. $\varphi$ ist also eine zyklische Koordinate und erscheint in der Wellenfunktion nur in dem Faktor $e^{\pm i\Lambda\varphi}$, wobei $\Lambda$ die Werte 0, 1, 2, ... annehmen kann. Diese Quantenzahl $\Lambda$ bestimmt die Größe der Komponente des elektronischen Bahndrehimpulses entlang der internuklearen Verbindungsachse. Als Symbol für $\Lambda = 0$ wird $\Sigma$, für $\Lambda = \pm 1$ wird $\Pi$, für $\Lambda = \pm 2$ wird $\Delta$ etc. geschrieben. Wie bei den atomaren Termen wird die Multiplizität durch den Elektronenspin $S$ durch die Angabe der Zahl $2S + 1$ links oben angegeben. So bedeutet z. B. ${}^1\Sigma$ ein Singulett, ${}^2\Sigma$ ein Dublett etc.

Für zweiatomige Moleküle mit identischen Kernen (homopolar) existiert zusätzlich zur Rotationssymmetrie noch ein Inversionszentrum im Schwerpunkt des Moleküls für die Elektronen, wodurch sich alle Zustände noch durch $g$ (für gerade) oder $u$ (ungerade) klassifizieren lassen.

Liegt der Nullpunkt eines kartesischen Koordinatensystems $x, y, z$ im Schwerpunkt des Moleküls (und liegen die beiden Kerne auf der $z$-Achse) sind diese geraden Funktionen durch $\Psi(x, y, z) = \Psi(-x, -y, -z)$ und die ungeraden durch $\Psi(x, y, z) = -\Psi(-x, -y, -z)$ charakterisiert. Da wir aber in einem homopolaren System auch zwei identische Kerne haben, müssen wir noch danach fragen, wie sich die Elektronenfunktionen beim Vertauschen der beiden Kerne verhalten, das z. B. durch Drehung um 180° um die $x$-Achse zustande kommt. Bleiben die Elektronenwellenfunktionen bei dieser Transformation gleich, d. h. $\Psi(x, y, z) = \Psi(x, -y, -z)$, werden sie am Termsymbol rechts oben durch ein + gekennzeichnet, transformieren sie hingegen wie $\Psi(x, y, z) = -\Psi(x, -y, -z)$ erhalten sie ein $-$.

Insgesamt wird ein Term für ein homopolares zweiatomiges Molekül durch alle drei Quantenzahlen gekennzeichnet, z. B. $\Sigma_u^+$ oder $\Sigma_g^-$. Für Zustände mit $\Lambda \neq 0$ läßt man das + bzw. $-$ Zeichen jedoch überlicherweise weg, da die beiden durch das + bzw. $-$ unterschiedenen Zustände energetisch entartet sind, es sei denn, sie sind durch die (sehr schwache) Wechselwirkung zwischen elektronischer und Kernbewegung aufgespalteten ($\Lambda$-type doubling).

Zweites Kapitel

# Auszüge aus der Festkörperphysik

## § 1. Der Festkörper als quantenmechanisches System

Jeder makroskopische Festkörper stellt ein System mit einer enorm großen Zahl von Atomen dar, die elektromagnetisch miteinander wechselwirken. Um dafür eine theoretische Beschreibung zu finden, ist es nicht nur notwendig, die Quantenmechanik anzuwenden, sondern noch wichtiger ist es, Modellvorstellungen zu entwickeln, die die Wechselwirkung zwischen den Atomen des Festkörpers vereinfachen, schematisieren und damit überhaupt einer Beschreibung erst zugänglich machen. Derartige Modelle müssen die wichtigsten Eigenschaften in etwa richtig beschreiben, wobei die unwichtigen Details (vorerst) nicht enthalten zu sein brauchen. Ein sehr bekanntes Modell ist das folgende: Ein Festkörper besteht aus Ionen mit abgeschlossenen Elektronenschalen und Valenzelektronen. Treten die Elektronen in den Ionen nur mit sich selbst und mit dem Kern in Wechselwirkung, können die Ionen als strukturlose Teilchen der Masse $M$ angenommen werden.

Wenn Atome in Abstände zueinander gebracht werden, die in der Größenordnung der eigenen Radien liegen, beginnen die Valenzelektronen der Atome miteinander in Wechselwirkung zu treten. Diese im Prinzip einfache Aussage ist die Grundlage der chemischen Bindung zwischen den Atomen, die im Falle von Kristallen auch Kohäsionskraft genannt wird. Dabei sind die Valenzelektronen meist nicht mehr an den Atomen lokalisiert, sondern sie bewegen sich im ganzen Kristall. Allerdings sind die Valenzelektronen nicht in jedem Fall notwendig, um einen Festkörper zu bilden. So sind die Kristalle der (neutralen) Edelgase allein durch die VAN DER WAALschen Kräfte gebunden, die durch Polarisation der Ladungswolken der Atome untereinander entstehen, wodurch eine Dipol-Dipol-Wechselwirkung resultiert. Die Valenzelektronen spielen jedoch in der überwiegenden Mehrheit der an Festkörpern beobachteten Effekte eine fundamentale Rolle.

Nehmen wir das Modell des Festkörpers wieder auf, das die Beschreibung durch (strukturlose) Ionen und Valenzelektronen annimmt, dann läßt sich der HAMILTON-Operator dieses Systems in der Form

$$\hat{H} = -\sum_i \frac{\hbar^2}{2M} \nabla_i^2 - \sum_k \frac{\hbar^2}{2m} \nabla_k^2 + \frac{1}{2} \sum_{k \neq l} \frac{e^2}{4\pi\epsilon_0 \, |\vec{r}_k - \vec{r}_l|} + \\ + \sum_{i>j} U(\vec{R}_i - \vec{R}_j) + \sum_{k>j} U(\vec{r}_k - \vec{R}_j) \tag{1}$$

schreiben, wobei $\vec{R}_i$ die Koordinaten der Ionen (Summationsindex $i$ und $j$) und $\vec{r}_k$ die der Valenzelektronen angibt (Summationsindex $k$ und $l$).

Neben den beiden Termen der kinetischen Energie für Ionen und Valenzelektronen folgen die Wechselwirkungen der Valenzelektronen und der Ionen jeweils untereinander sowie als letzter Term die der Ionen und Valenzelektronen. (Würden wir die Summation über alle Kerne $i$ und alle Elektronen $k$ vornehmen, wäre dieser HAMILTON-Operator ebenso „exakt" wie der eines einzelnen Atoms.)

Da in den meisten Problemen die Valenzelektronen als ein schnelles Untersystem, verglichen mit der Bewegung der Ionen, angesehen werden dürfen, separiert in dieser adiabatischen Näherung die Wellenfunktion des Gesamtsystems in ein Produkt aus der Wellenfunktion des ionischen Systems und dem System der Valenzelektronen.

$$\psi(\vec{r}_1,\vec{r}_2,\ldots;\vec{R}_1,\vec{R}_2,\ldots) = \psi_J(\vec{R}_1,\vec{R}_2,\ldots\vec{R}_N)\cdot\psi_{\text{el}}(\vec{r}_1,\vec{r}_2,\ldots;\vec{R}_1,\vec{R}_2,\ldots\vec{R}_N).$$

Die daraus folgenden gekoppelten SCHRÖDINGER-Gleichungen lauten:

$$\left\{-\frac{\hbar^2}{2m}\sum_k \nabla_k^2 + \frac{1}{2}\sum_{k\neq l}\frac{e^2}{4\pi\epsilon_0|\vec{r}_k-\vec{r}_l|} + \sum_{k>j} U(\vec{r}_k-\vec{R}_j)\right\}\psi_{\text{el}} = E_{\text{el}}(\vec{R}_1,\ldots\vec{R}_N)\,\psi_{\text{el}} \tag{2}$$

$$\left\{-\frac{\hbar^2}{2M}\sum_i \nabla_i^2 + \sum_{i>j} U(\vec{R}_i-\vec{R}_j) + E_{\text{el}}(\vec{R}_1,\vec{R}_2,\ldots\vec{R}_N)\right\}\psi_J = E\,\psi_J\,. \tag{3}$$

Dies stellt genau die BORN-OPPENHEIMER Näherung im Vielteilchenfall dar. (Vergleiche dazu den analogen Fall im Molekül S. 666).

Im Prinzip ließe sich durch Lösung der Gleichung (2) die Energie $E_{\text{el}}$ des Valenzelektronensystems bestimmen, wobei die Ionenkoordinaten nurmehr als Parameter auftauchen. Mit diesen Werten $E_{\text{el}}$ wäre dann Gleichung (3) zu lösen.

Da in der Praxis dieses Verfahren bereits beim zweiatomigen Molekül nur sehr schwer durchzuführen war, ist die Lösung dieser Gleichungen (2) und (3) hier als absolut aussichtslos zu bezeichnen.

Aus diesem Grund hat sich die Festkörpertheorie in der Praxis weit einfacheren Modellen und Beschreibungen zugewandt, die mit physikalisch begründeten Konzepten – wie dem Kristallgitter, den Gitterschwingungen oder dem periodischen Potential – sehr große Erfolge erzielen konnte. Diese Konzepte wollen wir deshalb als Richtschnur bei der Behandlung der Festkörperphysik in diesem Kapitel benutzen.

## § 2. Kristallgitter und reziprokes Gitter

Wir wollen uns zuerst mit dem System der Ionen genauer beschäftigen, das in Gl. (3) bereits formal vollständig beschrieben ist. Praktikable Näherungen für deren Beschreibung lassen sich nur angeben, wenn man eine regelmäßige Anordnung der Ionen zueinander annimmt. Zum Glück ist es so, daß eine Vielzahl fester Stoffe in kristalliner Form auftreten, in der die Ionen in periodisch wiederkehrender Weise, dem Kristallgitter, angeordnet sind. (Die Beschreibung der großen Zahl amorpher bzw. nicht-kristalliner Stoffe ist hingegen sehr viel schwieriger und steckt erst in den Anfängen.) Diese regelmäßige Anordnung der Ionen bestimmt eine ganze Reihe von physikalischen Eigenschaften eines Festkörpers. Geometrische Grundeigenschaft eines jeden Kristallgitters ist die Translations-Symmetrie. Für einen (unendlich) großen Kristall führt die Translation, im Raum beschrieben durch einen Vektor

$$\vec{l} = l_1\vec{a}_1 + l_2\vec{a}_2 + l_3\vec{a}_3\,, \tag{4}$$

den Kristall in sich selbst über. Dabei sind $l_1$, $l_2$ und $l_3$ ganze Zahlen und $\vec{a}_1$, $\vec{a}_2$ und $\vec{a}_3$ drei Basisvektoren, die in den Hauptkristallachsen liegen. Das durch $\vec{a}_1$, $\vec{a}_2$ und $\vec{a}_3$ aufgespannte Parallelepiped ist die sogenannte Einheitszelle. Die Längen der Basisvektoren sind die Gitterkonstanten. In dieser Beschreibung ergibt sich der ganze Kristall durch unendliche Reproduktion der Einheitszelle.

Allerdings ist die Wahl der Basisvektoren und damit der Einheitszelle nicht ganz eindeutig, wie man an Fig. 166 am Beispiel eines kubischen Kristalls sieht. Sowohl $\vec{a}_1$, $\vec{a}_2$ und $\vec{a}_3$ als auch $\vec{a}_1'$, $\vec{a}_2'$ und $\vec{a}_3'$ stellen eine mögliche Wahl der Einheitsvektoren dar. Enthält das Gitter nur eine Atomsorte, so daß das Gitter vollständig durch die Wahl der Zahlen $l_1$, $l_2$ und $l_3$ aufgebaut werden kann, spricht man von einem BRAVAIS-Gitter, in dem sich nur ein Atom pro Einheitszelle befindet. Enthält die Einheitszelle zwei oder mehr Atome, spricht man von einem Kristallgitter mit einer Basis, d.h., der Kristall kann als eine Summe von einfachen Kristallgittern mit verschiedenen Atomsorten aufgefaßt werden, die gegeneinander verschoben sind.

Das Volumen der Einheitszelle des BRAVAIS-Gitters ist gerade das Kristallvolumen pro Atom, was manchmal (in Ermangelung anderer Möglichkeiten) als Atomvolumen definiert wird. Verschiebt man die Einheitszelle des BRAVAIS-Gitters so, daß das Atom im Mittelpunkt zu liegen kommt, dann heißt diese so gebildete Zelle „WIGNER-SEITZ-Zelle". Sie ist deshalb oft vorteilhaft, weil sie sich meist gut durch eine ihr eingeschriebene Kugel approximieren läßt.

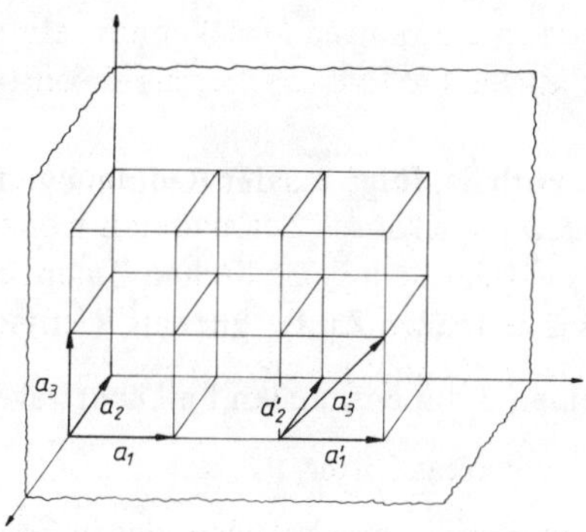


Fig. 166. Verschiedene Wahl der Basisvektoren einer Einheitszelle im Falle eines kubischen Kristalls.

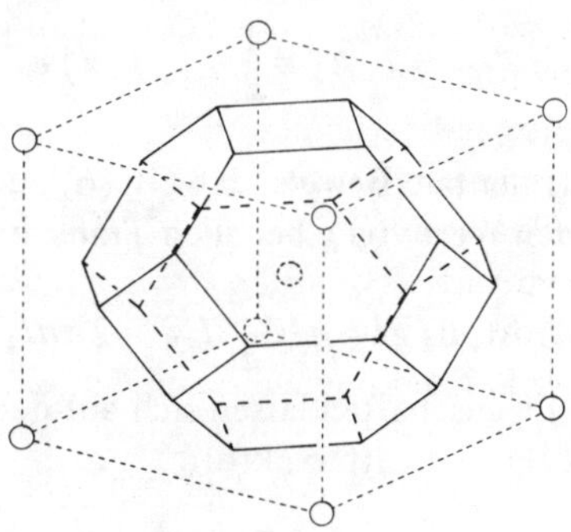

Fig. 167. WIGNER-SEITZ-Zelle eines kubisch raumzentrierten Gitters.

In Fig. 167 ist ein kubisch raumzentriertes Gitter abgebildet mit der BRAVAIS-Zelle und der WIGNER-SEITZ-Zelle, die in diesem Fall ein Vierzehnflach mit 8 sechseckigen und 6 quadratischen Flächen ist.

Aufgrund ihrer Translationssymmetrie hat BRAVAIS 14 verschiedene „Translationsgitter" aufgestellt. Diese sind den sieben Kristallsystemen (triklin, monoklin, rhombisch, tetragonal, hexagonal, rhomboedrisch und kubisch) zugeordnet. So hat z.B. das kubische System drei verschiedene BRAVAIS-Gitter (kubisch einfach primitiv, kubisch raumzentriert, kubisch flächenzentriert). Benutzt man noch weitere Symmetrietransformationen wie Spiegelung oder Rotation um 2, 3, 4 oder 6zählige Achsen, so kann man die 32 kristallographischen Punktgruppen formulieren, die eine gleiche Zahl von Kristallklassen charakterisieren.

Besonders wichtig für die Beschreibung des Kristallgitters ist das sogenannte reziproke Gitter, das Analogon zum normalen Raumgitter im Impuls-Raum, der in der Festkörperphysik meist $k$-Raum genannt wird. Die physikalische Begründung dafür liegt in der Tatsache, daß alle physikalisch relevanten Größen, wie z. B. die lokale Elektronendichte, das elektronische Potential usw., die den Kristall beschreiben, periodische Funktionen im Ortsraum sind. D. h., es gilt

$$f(\vec{r}+\vec{l}) = f(\vec{r}), \tag{5}$$

wobei $\vec{l}$ alle Gittertranslationen entsprechend Gl. (4) bedeuten.

Derartige periodische Funktionen, wie sie in Gl. (5) im Prinzip angedeutet sind, lassen sich in FOURIER-Reihen darstellen, die im einfachsten eindimensionalen Falle lauten

$$f(x) = \sum_n A_n e^{2\pi i n x/a} = \sum_g A_g e^{igx}$$

mit $g_n = n\dfrac{2\pi}{a}$ $n = 1, 2 \ldots$. Dabei ist $a$ die Periodizitätslänge im Ortsraum und $g_n$ der Satz der Längen des auf diese Weise definierten reziproken Gitters.
Die Koeffizienten $A_g$ sind gegeben durch

$$A_g = \frac{1}{a} \int_{\text{Zelle}} f(x)\, e^{-igx}\, \mathrm{d}x \ . \tag{6}$$

Der elementare Beweis, daß Gl. (6) auch Gl. (5) enthält, folgt aus der Bedingung, daß für jeden Wert von $g$ bei allen Translationen $l = l_1 a$

$e^{igl} = 1$ ist, da $gl = n \cdot \dfrac{2\pi}{a} l_1 a = 2\pi n l_1 = 2\pi N = 2\pi \cdot \text{(ganze Zahl)}$ gilt.

Diese Eigenschaften lassen sich auf den allgemeinen 3-dimensionalen Fall übertragen. Der reziproke Gittervektor

$$\vec{g} = n_1\vec{b}_1 + n_2\vec{b}_2 + n_3\vec{b}_3 \tag{7}$$

wird durch die Einheitsvektoren $\vec{b}_1, \vec{b}_2, \vec{b}_3$ im reziproken Raum aufgespannt, die durch die Einheitsvektoren im Ortsraum $\vec{a}_1$, $\vec{a}_2$ und $\vec{a}_3$ in folgender Weise definiert sind:

$$\vec{b}_1 = \frac{2\pi}{V}(\vec{a}_2 \times \vec{a}_3), \quad \vec{b}_2 = \frac{2\pi}{V}(\vec{a}_3 \times \vec{a}_1), \quad \vec{b}_3 = \frac{2\pi}{V}(\vec{a}_1 \times \vec{a}_2)$$

mit $V = \vec{a}_1 \cdot (\vec{a}_2 \times \vec{a}_3)$.
$n_1$, $n_2$ und $n_3$ sind wieder ganze Zahlen. Da $\vec{b}_i \cdot \vec{a}_j = 2\pi\delta_{ij}$ ist, gilt

$$\begin{aligned}\vec{g}\cdot\vec{l} &= (n_1\vec{b}_1 + n_2\vec{b}_2 + n_3\vec{b}_3)(l_1\vec{a}_1 + l_2\vec{a}_2 + l_3\vec{a}_3)\\ &= 2\pi(n_1 l_1 + n_2 l_2 + n_3 l_3) = 2\pi \cdot \text{(ganze Zahl)}.\end{aligned}$$

Somit gilt auch im allgemeinen Fall

$$e^{i\vec{g}\,\vec{l}} = 1 \tag{8}$$

für alle Gittervektoren $\vec{l}$ und alle Vektoren $\vec{g}$ des reziproken Gitters.

Dieses so definierte reziproke Gitter hat folgende Eigenschaften, die wir hier ohne Beweis wiedergeben:

a) Jeder Vektor des reziproken Gitters liegt senkrecht zu einem Satz von Gitterebenen des direkten Gitters (und umgekehrt).
b) Wenn die Komponenten von $\vec{g}$ keinen gemeinsamen Faktor haben, ist $|\vec{g}|$ umgekehrt proportional zum Abstand der Gitterebenen, die senkrecht zu $\vec{g}$ liegen.
c) Das Volumen der Elementarzelle des reziproken Gitters ist umgekehrt proportional zum Volumen der Elementarzelle des direkten Gitters.
d) Das direkte Gitter ist das reziproke seines eigenen reziproken Gitters.
e) Die Elementarzelle des reziproken Gitters braucht kein Parallelepiped zu sein. Tatsächlich arbeitet man fast stets mit der WIGNER-SEITZ-Zelle des reziproken Gitters. Diese wird BRILLOUIN-Zone genannt.

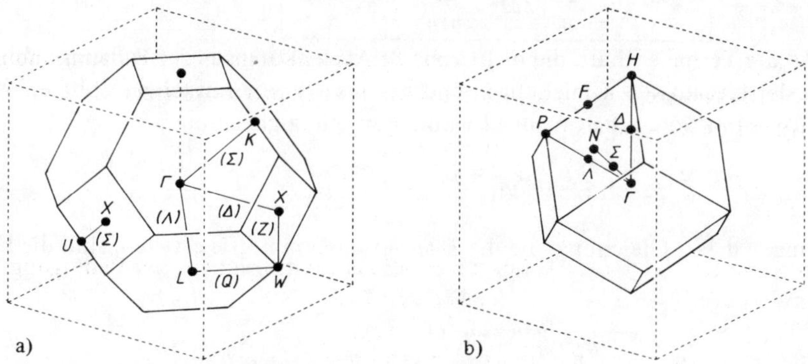


Fig. 168. BRILLOUIN-Zone
a) eines kubisch flächenzentrierten Gitters
b) eines kubisch raumzentrierten Gitters.

In Fig. 168 sind als zwei Beispiele die BRILLOUIN-Zonen a) eines kubisch flächenzentrierten und b) eines kubisch raumzentrierten Gitters dargestellt. Beide sind in einen Würfel der Kantenlänge $\frac{4\pi}{a}$ eingeschrieben, wobei $a$ die Kantenlänge der kubischen Einheitszelle dieser Gitter im Ortsraum bedeutet. Im Fall von a) ist das Zonenvolumen die Hälfte und im Fall von b) ein Viertel des Würfelvolumens $\left(\frac{4\pi}{a}\right)^3$.

## § 3. Gitterschwingungen (Phononen)

Die Ionen oder Atome, die an den Gitterpunkten eines Kristalls sitzen, oszillieren im Rahmen der thermischen Bewegung um ihre Ruhelagen. In normalen Kristallen ist die Amplitude dieser Oszillationen, verglichen mit den Gitterkonstanten, klein, solange man unter dem Schmelzpunkt bleibt. Bezeichnet man die Lage des $n$-ten Gitteratoms in

Ruhelage mit $\vec{n}$ und dessen thermische Auslenkung mit $\xi_n$, wird der Ortsvektor zum $n$-ten Atom

$$\vec{R}_n = \vec{n} + \vec{\xi}_n .$$

Die potentielle Energie $V(\vec{R}_n - \vec{R}_{n'})$ zweier um die Ruhelage oszillierender Ionen ist in erster Näherung stets ein Oszillatorpotential plus Korrekturen höherer Ordnung. Setzen wir der Einfachheit halber ein einfaches BRAVAIS-Gitter mit gleichen Atomen voraus und lassen die Vektorindizierung fallen, wodurch die Beschreibung eindimensional wird, wird dieses Potential

$$V(\vec{R}_n - \vec{R}_{n'}) = V(\vec{n} - \vec{n}') + \frac{1}{2} \sum_{n,n'} \frac{\partial^2 V}{\partial R_n \partial R_{n'}} \xi_n \xi_{n'} + \text{höhere Glieder.}$$

Berücksichtigen wir nur die ersten beiden Terme, läßt sich die HAMILTON-Funktion, die die Gitterschwingungen des Kristalls beschreibt, in der Form schreiben

$$\boxed{H = H_0 + \sum_n \frac{p_n^2}{2M} + \sum_{n,n'} b_{nn'} \xi_n \xi_{n'}} \tag{9}$$

wobei $H_0$ alle Terme enthält, die nicht von der Auslenkung aus der Ruhelage abhängen. Mit Hilfe der LAGRANGE-Gleichungen und der aus (9) sehr einfach angebbaren LAGRANGE-Funktion, erhält man sofort die Bewegungsgleichung

$$M\ddot{\xi}_n + \sum_{n'} b_{nn'} \xi_{n'} = 0. \tag{10}$$

Die Lösungen dieser Gleichung, die die Translationssymmetrie erfüllen, sind die Funktionen

$$\xi_n = \sum_n q_n \, e^{i(fn - \omega_f \cdot t)} . \tag{11}$$

Setzen wir die beiden letzten Gleichungen (11) und (10) ineinander ein, erhalten wir

$$M \omega_f^2 = \sum_{n'} b_{nn'} e^{if(n-n')} . \tag{12}$$

Die Größe $f$ wird durch die Randbedingungen festgelegt.
Da die Periodizität über die Länge des Kristalls $L = Na$ geht, erhält man

$$f = \pm \frac{\pi m}{aN} \qquad (m = 1, 2, \ldots N) .$$

Diese Wellenzahl $f$ genannte Größe ist im Kristall nur bis auf ein Vielfaches von $\frac{2\pi}{a}$ bestimmt. Die Ersetzung $f \to f + \frac{2\pi}{a}$ ändert nichts an der Beschreibung, so daß $f$ auf das Intervall

$$-\frac{\pi}{a} \leqslant f \leqslant \frac{\pi}{a}$$

beschränkt werden kann. Wie wir aus den Überlegungen in § 2 wissen, entspricht dieses Intervall genau dem reziproken Gittervektor von $2\pi/a$ eines ein-dimensionalen Kristalles.

a) Harmonischer Oszillator in 2. Quantisierung

Im Folgenden soll die weitere Beschreibung quantenmechanisch in 2. Quantisierung fortgeführt werden. Bevor in Gleichung (9) der Übergang zum HAMILTON-Operator durchgeführt wird, soll diese Gleichung auf Normalkoordinaten $p_f$ und $q_f$ gebracht werden. Diese Transformation wird von den Beziehungen

$$p_n = \left(\frac{M}{N}\right)^{1/2} \sum_f e^{ifn} p_f \qquad \text{und} \qquad \xi_n = \frac{1}{(MN)^{1/2}} \sum_f e^{ifn} q_f \tag{13}$$

geleistet. Da $p_f$ und $\xi_f$ reelle Größen sind, gilt ferner

$$p_{-f} = p_f^* \quad \text{und} \quad q_{-f} = q_f^* .$$

Setzt man nun die Gleichung (13) in die HAMILTON-Funktion (9) ein und beachtet Gl. (12) wird daraus

$$\boxed{H = H_0 + \frac{1}{2} \sum_f (p_f^2 + \omega_f^2 q_f^2)} . \tag{14}$$

Der 2. Term beschreibt ein System von unabhängigen Oszillatoren der Frequenz $\omega_f$. Der Übergang zum quantenmechanischen HAMILTON-Operator erfolgt wie üblich durch die Ersetzung der Größen $p_f$ und $q_f$ durch ihre quantenmechanischen Operatoren $\hat{p}_f$ und $\hat{q}_f$.

$\hat{p}_f$ und $\hat{q}_f$ erfüllen folgende Vertauschungsrelationen

$$[\hat{q}_f^*, \hat{p}_{f'}] = i\hbar\, \delta_{ff'} \quad \text{bzw.} \quad [\hat{q}_f, \hat{p}_{f'}^*] = -i\hbar\, \delta_{ff'} . \tag{15}$$

Alle anderen Kommutatoren verschwinden.

Führen wir nun die Operatoren $\hat{b}_k$ und $\hat{b}_k^+$ durch die Beziehung ein

$$\hat{b}_f = \sqrt{\frac{\omega_f}{2\hbar}}\, \hat{q}_f + i \frac{1}{\sqrt{2\hbar\omega_f}}\, \hat{p}_f \tag{16}$$

$$\hat{b}_f^+ = \sqrt{\frac{\omega_f}{2\hbar}}\, \hat{q}_f^* - i \frac{1}{\sqrt{2\hbar\omega_f}}\, \hat{p}_f^* ,$$

gelten auch die umgekehrten Relationen

$$\hat{q}_f = \sqrt{\frac{\hbar}{2\omega_f}}\, (\hat{b}_f + \hat{b}_{-f}^+) ,$$

$$\hat{p}_f = \frac{1}{i} \sqrt{\frac{\hbar\omega_f}{2}}\, (\hat{b}_f - \hat{b}_{-f}^+) , \tag{17}$$

und $\hat{b}_f$ und $\hat{b}_f^+$ erfüllen ihrerseits die Vertauschungsrelationen

$$[\hat{b}_f, \hat{b}_{f'}^+] = \delta_{ff'} \quad \text{sowie} \quad [b_f, b_{f'}] = [b_f^+, b_{f'}^+] = 0 \,. \tag{18}$$

Da wir es ab jetzt bei dieser Zwischenüberlegung stets mit dem gleichen $f$ zu tun haben und außerdem diese Überlegungen ganz allgemein für jeden harmonischen Oszillator der Struktur

$$\hat{H}_{HO} = \frac{1}{2}(\hat{p}^2 + \omega^2 \hat{q}^2)$$

gelten, wollen wir den Index $f$ der Einfachheit halber weglassen. Setzen wir Gleichung (17) in $\hat{H}_{HO}$ ein, wird

$$\hat{H}_{HO} = (\hat{b}^+\hat{b} + \hat{b}\hat{b}^+)\frac{\hbar\omega}{2} = \left(\hat{b}^+\hat{b} + \frac{1}{2}\right)\hbar\omega \,. \tag{19}$$

Ersetzen wir

$$\hat{n} = \hat{b}^+\hat{b}, \tag{20}$$

wird aus (19)

$$\boxed{\hat{H}_{HO} = \left(\hat{n} + \frac{1}{2}\right)\hbar\omega} \,. \tag{21}$$

Aus Gl. (18) und (20) erhalten wir auch sofort die wichtigen Beziehungen

$$\begin{aligned} \hat{n}\hat{b} &= \hat{b}(\hat{n} - 1) \\ \hat{n}\hat{b}^+ &= \hat{b}^+(\hat{n} + 1) \,. \end{aligned} \tag{22}$$

Die Eigenvektoren und Eigenwerte zum Operator $\hat{n}$ können wir schreiben

$$\hat{n}\,|\,n> = n\,|\,n> \quad \text{mit} \quad <n\,|\,n> \,> 0 \,. \tag{23}$$

Mit Hilfe der Gl. (20) und den Kommutatorrelationen (18) werden die Matrixelemente

$$\begin{aligned} <n\,|\,\hat{b}^+\hat{b}\,|\,n> &= <n\,|\,\hat{n}\,|\,n> = n <n\,|\,n> \\ <n\,|\,\hat{b}\hat{b}^+\,|\,n> &= <n\,|\,\hat{n}+1\,|\,n> = (n+1) <n\,|\,n> \,. \end{aligned} \tag{24}$$

Da die Norm eines Eigenvektors nicht-negativ ist, und das Verschwinden der Norm eine notwendige und hinreichende Bedingung für das Verschwinden des Eigenvektors ist, folgt $n \geqslant 0$. Das Verschwinden von $\hat{b}\,|\,n>$ ist also ein Sonderfall der ersten der beiden Gleichungen (24). Aus (22) erhalten wir mit (24) die Gleichungen

$$\begin{aligned} \hat{n}\hat{b}\;|\,n> &= \hat{b}\;(\hat{n} - 1)\;|\,n> = (n-1)\,\hat{b}\;|\,n> \\ \hat{n}\hat{b}^+\,|\,n> &= \hat{b}^+(\hat{n} + 1)\;|\,n> = (n+1)\,\hat{b}^+\,|\,n> \,. \end{aligned} \tag{25}$$

Da also auch $\hat{b}\,|\,n>$ ein Eigenvektor von $\hat{n}$, allerdings mit dem Eigenwert $(n-1)$, ist, können wir durch Vergleich mit (23) schreiben $\hat{b}\,|\,n> \sim |\,n-1>$. (Wir müssen hier ein Proportionalitätszeichen setzen, da die Eigenvektoren noch nicht normiert sind.) Diese Überlegungen können wir durch vielfache Anwendungen von $\hat{b}$ so lange fortsetzen bis $n$ Null geworden ist. Durch nochmaliges Anwenden von $\hat{b}$ verschwindet dann der Eigenvektor. Die gleichen Überlegungen gelten auch für $\hat{b}^+ \mid n> \sim \mid n+1>$. Das bedeutet, daß das Spektrum der Eigenwerte des Operators $\hat{n}$ aus den nicht-negativen ganzen Zahlen besteht. Darüber hinaus erhält man durch wiederholte Anwendung von $b$ und $b^+$ auf einen beliebigen Eigenvektor den gesamten Satz der Eigenvektoren, wobei jeder zu einem Eigenwert gehört. Diese Eigenvektoren bilden einen vollständigen Satz.

Die Eigenvektoren

$$\mid 0>, \mid 1>, \mid 2>, \ldots$$

gehören also zu den folgenden Eigenwerten von $n$

$$0,\ 1,\ 2,\ \ldots$$

In orthonormierter Form $<n \mid n'> = \delta_{nn'}$ können wir schreiben

$$\begin{aligned} \hat{b}^+ \mid n> &= \sqrt{n+1} \mid n+1> \\ \hat{b} \mid n> &= \sqrt{n} \mid n-1> \qquad (n \neq 0) \\ \hat{b} \mid 0> &= 0 \end{aligned}$$

wobei alle Eigenvektoren aus $\mid 0>$ hergeleitet werden können

$$\mid n> = \frac{1}{\sqrt{n!}}\, \hat{b}^n \mid 0>.$$

Wegen dieser Eigenschaften wird der Operator $\hat{n}$ Anzahl-Operator genannt, da er durch Anwendung auf einen Zustand $\mid n>$ die Zahl der in diesem Zustand befindlichen Teilchen als Eigenwert besitzt. Da andererseits der Operator $\hat{b}^+$ den Zustand in den sich $n$ Teilchen befunden haben in einen Zustand mit $(n+1)$ Teilchen überführt, wird $\hat{b}^+$ Erzeugungs-Operator genannt. Der Operator $\hat{b}$, der den Zustand von $n$ auf $n-1$ Teilchen verringert, heißt Vernichtungs-Operator.

### b) Phononen

Kehren wir nach dieser Zwischenüberlegung zum HAMILTON-Operator Gl. 14 zurück, den wir in der diskutierten Formulierung (allerdings ohne den physikalisch hier uninteressanten Term $H_0$) folgendermaßen schreiben können

$$\hat{H} = \sum_f (\hat{b}_f^+ \hat{b}_f + 1/2)\, \hbar\, \omega_f = \sum_f (\hat{n}_f + 1/2)\, \hbar\, \omega_f. \tag{26}$$

Als Energieeigenwert erhalten wir dann sofort

$$E = \sum_f (n_f + 1/2)\, \hbar\, \omega_f. \tag{27}$$

Die Erzeugungs- und Vernichtungs-Operatoren $b_f^+$ bzw. $b_f$ erzeugen bzw. vernichten nach der oben gegebenen allgemeinen Interpretation in diesem Fall ein Schwingungsquant der Energie $\hbar\omega_f$ mit gegebener Wellenzahl $f$. Der Operator $\hat{n}_f$ zählt mit seinem Eigenwert $n_f$ die Zahl der in einem Zustand befindlichen Schwingungsquanten der Wellenzahl $f$ ab. Ein derartiges Schwingungsquant der Wellenzahl $f$ mit der Energie $\hbar\omega_f$ heißt „Phonon". Die Schwingungsenergie unseres hier diskutierten eindimensionalen Gitters setzt sich also aus derartigen Phononen zusammen, wobei noch die Summe über alle möglichen Wellenzahlen $f$ zu nehmen ist.

Gehen wir zur dreidimensionalen Behandlung über, wird die Beschreibung nur um ein geringes komplexer. Die Auslenkung analog Gl. (11) kann in der Vektorform

$$\vec{\xi}_n = \frac{1}{\sqrt{MN}} \sum_f \sum_{j=1}^{3} \vec{e}_{fj}\, e^{i(\vec{f}\cdot\vec{n} - \omega_f t)} \tag{28}$$

geschrieben werden. Die zusätzlich auftretenden Größen $\vec{e}_{fj}$ sind die drei Polarisationsvektoren; eine longitudinale und zwei transversale Polarisationsrichtungen.
Die HAMILTON-Funktion nimmt dann die Form an

$$H = \frac{1}{2} \sum_f \sum_{j=1}^{3} (p_{fj}^* - \omega_{fj}^2\, q_{fj}^*\, q_{fj}) \quad . \tag{29}$$

Für einen gegebenen Wert des Wellenvektors $\vec{f}$ existieren drei Phononen mit den Frequenzen $\omega_{f_1}$, $\omega_{f_2}$ und $\omega_{f_3}$. Im Gegensatz zu Photonen, für die eine lineare Beziehung zwischen Frequenz $\omega$ und Wellenzahl $f$ besteht, ist die Dispersionsrelation für Phononen stets komplex. Für den Fall der linearen Kette ist sie durch Gl. (12) gegeben. Im allgemeinen Fall ist der Zusammenhang sehr kompliziert: $\omega_{f_j} = \omega(\vec{f}, j)$. Der Übergang zur Quantenmechanik in der Form der 2. Quantisierung geschieht hier völlig analog zum eindimensionalen Fall. Die Energie des Gitters ergibt sich zu

$$E = \sum_f \sum_j \left(\hat{b}_{f_j}^+ \hat{b}_{f_j} + \frac{1}{2}\right) \hbar\,\omega_{f_j} = \sum_f \sum_j \left(n_{f_j} + \frac{1}{2}\right) \hbar\,\omega_{f_j} \quad . \tag{30}$$

In dieser Form der Beschreibung wird die thermische Anregung des Gitters durch ein System voneinander unabhängiger „Teilchen", den Phononen, beschrieben. An dieser Stelle sei erwähnt, daß das theoretische Konzept, ein elektromagnetisches Feld durch Photonen zu quantisieren, genau das gleiche ist. Hier wie dort beschreiben wir die Gitterschwingungen bzw. die Schwingungen des elektromagnetischen Feldes durch „Teilchen", hier Phononen dort Photonen, wobei jedes dieser Teilchen die Energie $\hbar\omega$ hat, und der Anzahl-Operator im HAMILTON-Operator deren Zahl abzählt. Trotz dieser formalen Ähnlichkeit, muß jedoch klar gesagt werden, daß Photonen reale Teilchen wie Protonen oder Mesonen sind. Phononen hingegen sind fiktiv, nur formal mit Hilfe des gleichen Konzeptes eingeführt zur Beschreibung der Gitterschwingungen. Einen Hinweis dafür sehen wir bereits an der HAMILTON-Funktion Gl. (9), die nicht exakt ist. Die dort benutzte Näherung, die nur das Glied 2. Ordnung in der Entwicklung des Potentials mitnahm, erlaubte erst die Einführung der generalisierten Koordinaten und die zweite Quantisierung. Wären Glieder höherer Ordnung mitgenommen worden, so wäre es unmöglich gewesen, die HAMILTON-Funktion in eine Summe quadratischer Glieder zu überführen.

Dies bedeutet, daß das Konzept der Beschreibung in Form von Phononen direkt von der oben durchgeführten quadratischen Näherung abhängt. Im Gegensatz zu einem realen BOSE-Teilchen – wie z. B. dem Photon – sind Phononen sogenannte Quasiteilchen. Der Unterschied zwischen den Quasiteilchen (Phononen) und realen Teilchen (Photonen) drückt sich besonders dadurch aus, daß Phononen kein wohldefinierter Wert des Impulses zugeschrieben werden kann. Für reale freie Teilchen stellt der Wert für den Impuls und die Energie ein Kontinuum dar, das in keiner Weise eingeschränkt ist. Ferner sind diese beiden physikalischen Größen bei jeder Wechselwirkung Erhaltungsgrößen. Für das Phonon übernimmt die Größe $\hbar\vec{f}$ formal die Rolle eines Impulses. Allerdings ist sein Wert auf ein Intervall zwischen $-\pi/a$ und $\pi/a$ eingeschränkt. Darüber hinaus ist der Wert des Vektors $\hbar\vec{f}$ nicht eindeutig bestimmt, sondern nur bis auf $\hbar\vec{g}$, wobei $\vec{g}$ der reziproke Gittervektor ist. Deshalb wird die Größe $\hbar\vec{f}$ nur Quasi-Impuls genannt. Bei einer Wechselwirkung des Phonons mit dem Gitter kann in beliebiger Weise der Wert $\hbar\vec{g}$ hinzugefügt oder weggenommen werden.

Trotz aller dieser Vorbehalte hat sich das Konzept der Quasiteilchen, hier der Phononen, als sehr fruchtbar erwiesen, da es die Basis für eine übersichtliche (wenn auch nicht völlig exakte) Beschreibung der Prozesse, die sich im Festkörper abspielen, darstellt.

c) Allgemeine Bemerkung zum Quasiteilchenkonzept

Dieses hier am Beispiel der Phononen kurz vorgestellte Konzept der Quasiteilchen ist eine für die moderne Physik typische Vorgehensweise, um Anregungen in Systemen mit vielen Teilchen zu beschreiben. Voraussetzung dafür ist, daß sich die Anregung kollektiver Bewegungen im System durch eine HAMILTON-Funktion der Form

$$H = \sum_i H_i \quad \text{mit} \quad H_i = aP_i^2 + f(x_i)$$

beschreiben läßt. Die Energie des Systems wird damit $E = \sum_i E_i$. Wenn dann noch eine Transformation der Koordinaten und geeignete Näherungen in einer Form analog zum harmonischen Oszillator gefunden werden können, ist damit eine Zerlegung der kollektiven Bewegung in ein System elementarer Anregungen möglich: die Quasiteilchen. Diese Form der Beschreibung wird in vielen Bereichen der theoretischen Physik durchgeführt, insbesondere aber in der Festkörperphysik. Neben den oben besprochenen Phononen gibt es noch die Polaronen (Elektronen in polaren Kristallen, die von einer „Wolke" aus Phononen umgeben sind), Exzitonen (Elektronen-Loch-Paare, die in einem Halbleiter gebildet werden), Magnonen (Anregungen in Ferromagneten), Plasmonen (Plasmaschwingungen der Elektronen im Festkörper) etc.

Das Konzept der Phononen ist grundlegend wichtig für die Beschreibung der Elektronen im Kristallgitter. So ist z. B. die Wechselwirkung der Elektronen mit den Vibrationen des Gitters sowie die Streuung an den Gitteratomen der Grund für den elektrischen Widerstand. Diese Wechselwirkung kann formal als Streuung der Elektronen an den Phononen, die als ein „Gas" das Volumen des Festkörpers ausfüllen, aufgefaßt werden.

Eine wichtige Voraussetzung für das Konzept der Quasiteilchen muß allerdings noch angeführt werden. Die mittlere Energie des Quasiteilchens $\overline{\epsilon}$ muß groß sein gegenüber seiner Energieunschärfe $\Delta\epsilon$, die durch die Unschärferelation mit seiner Lebensdauer $\tau$ verknüpft ist

$$\overline{\epsilon} > \Delta\epsilon \approx \frac{\hbar}{\tau} .$$

Die Lebensdauer wird im Fall der Phononen durch Absorption und Streuung bestimmt, wobei die Unreinheiten im Festkörper sowie die anharmonischen Anteile der interatomaren Wechselwirkung die wichtigste Rolle spielen. Für genügend reine Kristalle und niedrige Temperaturen spielen die Phononen jedenfalls eine sehr wichtige Rolle in der Beschreibung des Festkörpers.

## § 4. Struktur der Elektronenwellenfunktion im Kristall

Nachdem wir im vorangegangenen Paragraphen ein erstes Verständnis des Kristallgitters und seiner Schwingungen bekommen haben, wollen wir uns im folgenden den Elektronen in diesem Gitter zuwenden, die formal exakt ja bereits in Gl. (2) beschrieben waren. Die wichtigste Eigenschaft, die in der Beschreibung von allergrößtem Nutzen ist, ist die Tatsache, daß sich die Elektronen eines Kristalls in einem periodischen Potential bewegen. Die einfachste Näherung zur Lösung der Gl. (2) ist das Ein-Teilchenbild. Darin suchen wir die Lösung $\Psi = \Psi_e$ für ein Elektron im effektiven Potential $V(\vec{r})$

$$\hat{H}_e \Psi = \left(-\frac{\hbar^2}{2m} \nabla^2 + V\right)\Psi = E\Psi . \tag{31}$$

$V$ besitzt dabei die Periodizität des Kristallgitters

$$V(\vec{r} + \vec{l}) = V(\vec{r})$$

wobei $\vec{l}$ durch Gleichung (4) gegeben ist.
Der mit

$$\hat{T}_n \psi(r) = \psi(\vec{r} + \vec{l})$$

definierte Translationsoperator $\hat{T}_n$ kommutiert wegen der Periodizität von $V$ mit dem HAMILTON-Operator. Daraus folgt, daß die stationären Eigenfunktionen so gewählt werden können, daß sie Eigenfunktionen beider Operatoren $\hat{H}$ und $\hat{T}_n$ sind, d. h., es gilt

$$\hat{T}_n \psi(\vec{r}) = \alpha_n \psi(\vec{r})$$
$$\hat{H} \psi(\vec{r}) = E_n \psi(\vec{r}) .$$

Da wegen der Periodizität

$$|\psi(\vec{r} + \vec{l})|^2 = |\psi(\vec{r})|^2$$

sein muß, folgt sofort

$$|\alpha_n \psi(\vec{r})|^2 = |\psi(r)|^2 ,$$

wodurch sich ohne Beschränkung der Allgemeinheit

$$\alpha_n = e^{i\vec{k}\cdot\vec{l}}$$

ergibt. Dabei wird $\vec{k}$ der effektive Wellenvektor des Elektrons genannt, das sich im periodischen Kristallpotential $V$ bewegt.
Die Eigenfunktionen haben also die Struktur

$$\psi(\vec{r}+\vec{l}) = e^{i\vec{k}\cdot\vec{l}}\ \psi(\vec{r})\,. \tag{32}$$

Im allgemeinsten Fall kann die Funktion $\psi(r)$, die diese Bedingung erfüllt, in der Form

$$\boxed{\psi(\vec{r}) = e^{i\vec{k}\cdot\vec{r}}\ u_{\vec{k}}(\vec{r})} \tag{33}$$

geschrieben werden, wobei $u_{\vec{k}}(\vec{r})$ wiederum periodisch ist

$$u_{\vec{k}}(\vec{r}) = u_{\vec{k}}(\vec{r}+\vec{l}).$$

$e^{i\vec{k}\cdot\vec{r}}$ ist dabei eine ebene Welle und die Funktion $u_k(\vec{r})$ wird BLOCH-Funktion genannt.
Gehen wir mit diesem Ansatz in die SCHRÖDINGER-Gleichung (31) ein, erhalten wir

$$\left[-\frac{\hbar^2}{2m}(\nabla+i\vec{k})^2+(V-E)\right]u_{\vec{k}}(\vec{r}) = 0\,. \tag{34}$$

Diese Gleichung zeigt bereits, daß die Energie des Elektrons neben anderen Quantenzahlen auch vom Wellenvektor $\vec{k}$ abhängt.

Da man es in der Festkörperphysik im Normalfall, verglichen mit der Periodizitätslänge, mit sehr großen Kristallen zu tun hat, wird der Vektor $\vec{k}$ trotz gegebener Randbedingungen (s. § 3) zu einer fast kontinuierlich variierenden Größe. Eine weitere Eigenschaft des Vektors $\vec{k}$ ist seine Vieldeutigkeit. Addiert man den reziproken Gittervektor $\vec{g}$ zu $\vec{k}$, kann man in Gl. (32), die $\vec{k}$ definiert, schreiben

$$\psi(\vec{r}+\vec{l}) = e^{i(\vec{k}+\vec{g})\cdot\vec{l}}\ \psi(\vec{r}) = e^{i\vec{k}\cdot\vec{l}}\ \psi(\vec{r})\,,$$

wobei wir die Beziehung Gl. (8) $e^{i\vec{g}\cdot\vec{l}} = 1$ ausgenutzt haben. Die Ersetzung $\vec{k}$ durch $\vec{k}+\vec{g}$ hatte also keinen Einfluß. Die Analogie mit der Wellenfunktion eines freien Teilchens rechtfertigt auch die Bezeichnung „effektiver Wellenvektor" für $\vec{k}$. Natürlich handelt es sich im Falle des Elektrons im periodischen Potential um ein gebundenes und kein freies Teilchen. Sein Impuls hat deshalb auch keinen wohldefinierten konstanten Wert.

Fassen wir nochmal zusammen: Die Wellenfunktion $\psi(\vec{r})$ des Elektrons Gl. (33) im periodischen Potential $V(\vec{r})$ hat die Form einer ebenen Welle, wobei die Amplitude durch die BLOCH-Funktion $u_k(\vec{r})$ im Raum moduliert ist. In Fig. 169 haben wir in eindimensionaler Auftragung schematisch die hier vorkommenden Funktionen aufgetragen, wobei die schwarzen Punkte die Lage der Kerne markieren. Ganz oben ist das Potential, darunter der Realteil der Wellenfunktion $\psi(\vec{r})$, darunter der gitterperiodische Anteil, die BLOCH-Funktion $u_k(r)$ und ganz unten der Realteil der ebenen Welle dargestellt.

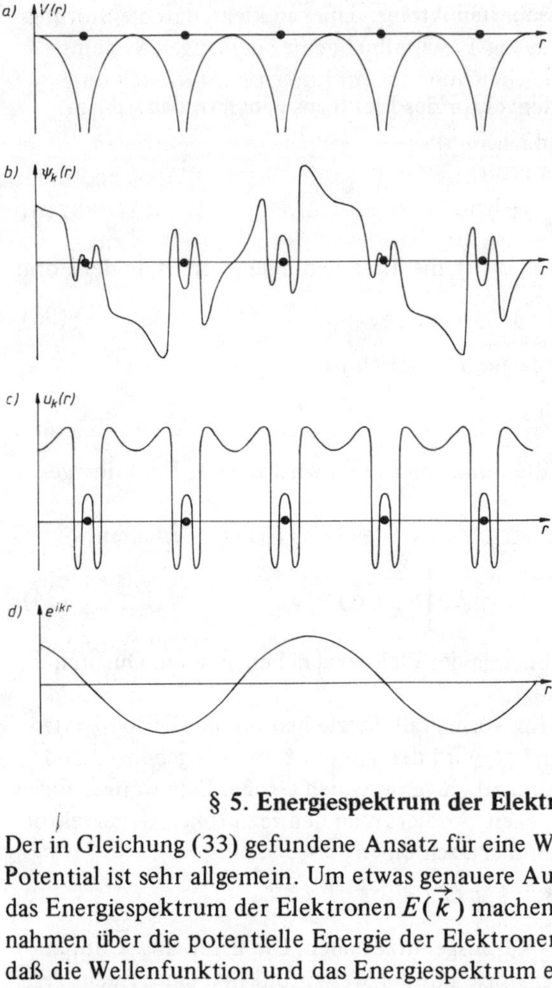


Fig. 169. Struktur der Elektronenwellenfunktionen im Kristall (eindimensional aufgetragen)
a) periodisches Potential $V(r)$
b) Realteil der Wellenfunktion $\psi_k(r)$
c) BLOCH-Funktion $u_k(r)$
d) Realteil der ebenen Welle $e^{ikr}$.

## § 5. Energiespektrum der Elektronen im Kristall

Der in Gleichung (33) gefundene Ansatz für eine Wellenfunktion in einem periodischen Potential ist sehr allgemein. Um etwas genauere Aussagen über die Funktion $u_{\vec{k}}$ und das Energiespektrum der Elektronen $E(\vec{k})$ machen zu können, müssen noch einige Annahmen über die potentielle Energie der Elektronen gemacht werden. Nehmen wir an, daß die Wellenfunktion und das Energiespektrum eines Elektrons in einem isolierten Atom $j$ im Kristall bekannt sind, bedeutet dies, daß wir die SCHRÖDINGER-Gleichung

$$\left[-\frac{\hbar^2}{2m}\nabla_j^2 + (V_j - E(s))\right]\varphi_j = 0 \tag{35}$$

und ihre Lösungen kennen. $s$ steht stellvertretend für die atomaren Quantenzahlen. Bilden viele Atome einen Kristall, wird der Einfluß aller anderen Atome auf das $j$-te Atom dessen Wellenfunktionen und Energien abändern. Nehmen wir an, daß dieser Einfluß relativ klein ist, genügt es völlig, die Wirkung der nächsten Nachbarn zu berücksichtigen. Bildlich können wir uns das an Hand der Fig. 170 verdeutlichen in dem die fast nicht überlappenden Wellenfunktionen der einzelnen Atome (mit beliebiger Phase) eindimensional schematisch aufgetragen sind. Die Punkte geben dabei die Lage der Atomkerne an. Ferner wird die dadurch bedingte Energieverschiebung, verglichen mit den Energieabständen der Elektronenzustände eines isolierten Atoms, dabei so klein, daß die Störungstheorie sicherlich eine geeignete Methode zur Beschreibung eines derartigen Systems darstellt. Die Lösung der SCHRÖDINGER-Gleichung für ein Elektron im Kristall unter den hier skizzierten Annahmen ist die Näherung stark gebundener Elektronen (tight-binding approximation). Im Gegensatz dazu steht die Näherung freier Elektronen, in der angenommen wird, daß sich die Valenzelektronen von den einzelnen Atomen lösen und in einen delokalisierten Zustand übergehen, der über den ganzen Kristall verteilt ist. Diese beiden Näherungen wollen wir im folgenden im einzelnen diskutieren.

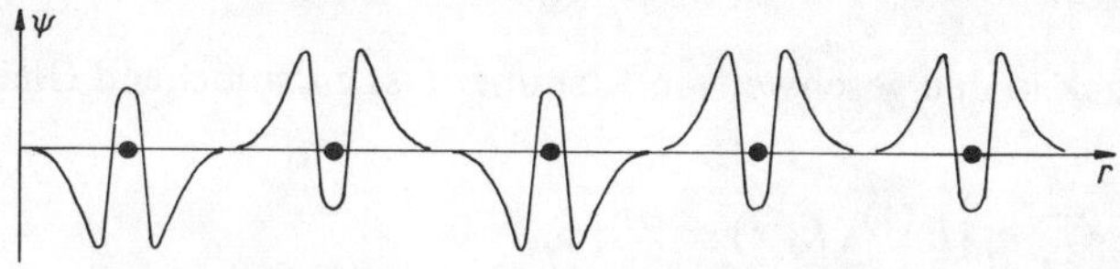


Fig. 170. Struktur der Elektronenwellenfunktion im Kristall (eindimensional) im Fall fast nicht überlappender atomarer Wellenfunktionen.

## a) Näherung stark gebundener Elektronen

Setzen wir einen Kristall aus $N$ gleichen Atomen zusammen und vernachlässigen deren Wechselwirkungen völlig, wird dieses System von $N$ Wellenfunktionen beschrieben, die alle Lösungen der SCHRÖDINGER-Gleichung (35) sind. Damit wird jeder Elektronenzustand $N$-fach entartet. Da die Wechselwirkung der Elektronen mit den Nachbaratomen in der hier diskutierten Näherung zwar klein aber nicht Null ist, wird diese Entartung der atomaren Niveaus aufgehoben.

Wie dies in Störungsrechnungen üblich ist, setzen wir die gesuchte Wellenfunktion $\psi$ in 1. Näherung als eine Überlagerung der atomaren Lösungen $\varphi_j$ der SCHRÖDINGER-Gleichung (35) an

$$\psi = \sum_j c_j \varphi_j, \tag{36}$$

wobei die Summation über alle Atome des Kristalls läuft. Die später in der Rechnung auftauchenden Radiusvektoren vom Ursprung zu den Kernen seien $\vec{r}_j$. Um den Gang der Rechnung zu vereinfachen, wollen wir annehmen, daß sich alle Elektronen in nichtentarteten Zuständen mit Drehimpuls null befinden. Ist $E(s)$ die Energie der entarteten atomaren Zustände, wird die Energie nach Aufhebung der Entartung im Kristall in erster Näherung

$$E(\vec{k}, s) = E(s) + E^{(1)}(\vec{k}, s), \tag{37}$$

wobei $\vec{k}$ der Wellenvektor ist. Setzen wir den Ansatz für die Energie (37) und Wellenfunktion (36) in die SCHRÖDINGER-Gleichung, erhalten wir

$$\sum_j c_j \nabla_j^2 \varphi_j + \frac{2m}{\hbar^2}\left[E(s) + E^{(1)}(\vec{k}, s) - \sum_l V_l(\vec{r})\right] \sum_j c_j \varphi_j = 0 . \tag{38}$$

Unter der oben gemachten Annahme der schwachen Wechselwirkung läßt sich für diese Gleichung eine approximative Lösung angeben. Da das Elektron im ungestörten Zustand am $j$-ten Atom lokalisiert ist, kann der Term der potentiellen Energie in zwei Anteile aufgespalten werden

$$\sum_l V_l(\vec{r}) = V_j(\vec{r}) + \sum_{l \neq j} V_l(\vec{r}) = V_j(\vec{r}) + V'(\vec{r})\,.$$

Gleichung (38) separiert dadurch in zwei Anteile

$$\sum_j c_j \left\{ \nabla_j^2 \varphi_j + \frac{2m}{\hbar^2} [E(s) - V_j] \varphi_j \right\} + \sum_j (E^{(1)}(\vec{k}, s) - V') c_j \varphi_j = 0\,.$$

Der erste Ausdruck in den geschweiften Klammern ist entsprechend Gleichung (35) null, und es bleibt

$$\sum_j c_j [E^{(1)}(\vec{k}, s) - V'] \varphi_j = 0\,. \tag{39}$$

Wegen der hier angenommenen geringen Wechselwirkung kann ferner in guter Näherung der Überlapp der atomaren Wellenfunktionen vernachlässigt werden, d. h., es gilt in etwa

$$\int \varphi_j^* \varphi_h \, \mathrm{d}\tau = \delta_{jh}\,.$$

Multiplizieren wir Gleichung (39) von links mit $\varphi_h^*$ und integrieren über den ganzen Kristall, bleibt

$$c_h (E^{(1)}(\vec{k}, s) + \alpha_{hh}) + \sum_{h \neq j} \beta_{hj} c_j = 0 \tag{40}$$

$$\text{mit } \alpha_{hh} = -\int \varphi_h^* V' \varphi_h \, \mathrm{d}\tau \text{ und } \beta_{hj} = -\int \varphi_h^* V' \varphi_j \, \mathrm{d}\tau\,. \tag{41}$$

Da auch die Matrixelemente $\beta$ in ihrer Größe sehr vom Überlapp der Wellenfunktionen abhängen, kann man sich auf die nächsten Nachbarn $n$ um das Atom $j$ herum beschränken. Gleichung (40) wird dann zu

$$c_h (E^{(1)}(\vec{k}, s) + \alpha_{hh}) + \sum_n \beta_{hn} c_{h+n} = 0\,.$$

Da $h$ als Index über alle Atome des Kristalls läuft, handelt es sich um einen unendlich großen Satz linearer gekoppelter Gleichungen. Mit dem Ansatz $c_h = e^{i\vec{k} \cdot \vec{r}_h}$ erhalten wir für das Beispiel eines kubischen Kristalls mit 6 nächsten Nachbarn um das Atom $h$ herum (den Index $h$ lassen wir jetzt weg)

$$\begin{aligned} E^{(1)}(\vec{k}, s) &= -\alpha - \sum_n \beta_n e^{i\vec{k} \cdot \vec{r}_n} \\ &= -\alpha - 2\beta \cdot (\cos k_x \cdot a + \cos k_y \cdot b + \cos k_z \cdot c)\,. \end{aligned} \tag{42}$$

Die Wellenfunktion wird dann

$$\psi = \sum c_j \varphi_j = \sum e^{i\vec{k} \cdot \vec{r}_j} \varphi_j = e^{i\vec{k} \cdot \vec{r}} \sum e^{-i\vec{k}(\vec{r} - \vec{r}_j)} \varphi_j\,.$$

Da für innere atomare Zustände $\varphi_j(\vec{r}) = \varphi_s(\vec{r} - \vec{r}_j)$ gilt, wobei der Index $s$ dem atomaren $s$-Charakter des Zustandes andeutet, erhalten wir für die Funktion $u_k(\vec{r})$ aus Gleichung (33)

$$u_{\vec{k}}(\vec{r}) = \sum_j e^{i\vec{k}(\vec{r}-\vec{r}_j)} \varphi_s(\vec{r}-\vec{r}_j) .$$

Diese Funktion besitzt die im § 4 geforderte notwendige Eigenschaft der Periodizität.

Die für den Energieausdruck (42) wichtigen Größen sind die Matrixelemente $\alpha$ und $\beta$. Da die von den Nachbaratomen wirkenden Potentiale für das Elektron am Zentralatom alle bindenden Charakter besitzen (negativ sind), hat $V'$ negatives Vorzeichen. Damit werden $\alpha$ und $\beta$ entsprechend Gleichung (41) positiv. Somit wird der durch die Wechselwirkung mit den anderen Atomen herrührende Energiebeitrag insgesamt negativ, d. h., das Elektron im Kristallverband ist stärker gebunden.

Entwickelt man Gl. (42) für kleine $\vec{k}$ in eine Reihe, folgt

$$\begin{aligned} E(\vec{k}, s) &= E(s) - \alpha - 6\beta + \beta a^2 k^2 = E_{\text{min}} + \beta a^2 k^2 \\ &= E_{\text{min}} + \frac{p^2}{2m^*} = E_{\text{min}} + \frac{\hbar^2 k^2}{2m^*} , \end{aligned} \tag{43}$$

wobei $E_{\text{min}}$ die von $\vec{k}$ unabhängige Energie ist und die effektive Masse

$$m^* = \frac{\hbar^2}{2\beta a^2} = \frac{\hbar^2}{\dfrac{\partial^2 E}{\partial k^2}} \tag{44}$$

eingeführt wurde, um den von $\vec{k}$ abhängigen Term analog dem Ausdruck für die kinetische Energie eines freien Teilchens mit Impuls $\vec{p}$ zu schreiben. Natürlich ist auch hier die Größe $\vec{p} = \hbar\vec{k}$ Impuls des Teilchens zu nennen. So wie in § 4 bereits diskutiert, ist $\vec{p}$ aber kein echter Impuls, sondern nur ein effektiver Impuls. Sowohl $\vec{k}$ als auch $\vec{p}$ sind nur bis auf additive reziproke Gittervektoren definiert, weshalb $\vec{p}$ auch als Quasi-Impuls bezeichnet wird. Für ein im periodischen Gitterpotential gebundenes Elektron ist $\vec{p}$ allerdings eine Erhaltungsgröße. Für große Werte von $\vec{k}$ verliert die Entwicklung (43) ihre Gültigkeit.

Falls

$$k_x \cdot a = \pi, \quad k_y \cdot a = \pi \quad \text{und} \quad k_z \cdot a = \pi$$

sind, werden die $\cos k_i a = -1$, so daß die Elektronen eine maximale Energie

$$E_{\text{max}} = E\left(\frac{\pi}{a}, \frac{\pi}{a}, \frac{\pi}{a}, s\right) = -\alpha + 6\beta$$

annehmen. Fig. 171 zeigt schematisch den Energieverlauf $E(\vec{k}, s)$ in einer Dimension. Man sieht dabei deutlich, daß aus dem hier diskutierten $s$-Zustand in einem Atom durch die Wechselwirkung mit den anderen Atomen im Kristall ein ganzes Band (z. B. das unterste der in Fig. 171 gezeichneten Bänder) mit einer Breite $\Delta E$ wird. Da die Zahl der Atome im Kristall sehr groß ist, kann in sehr guter Näherung von einem kontinuierlichen Band erlaubter Energiezustände gesprochen werden. Die Breite des Bandes ist $\Delta E = E_{\text{max}} - E_{\text{min}} = 12\beta$.

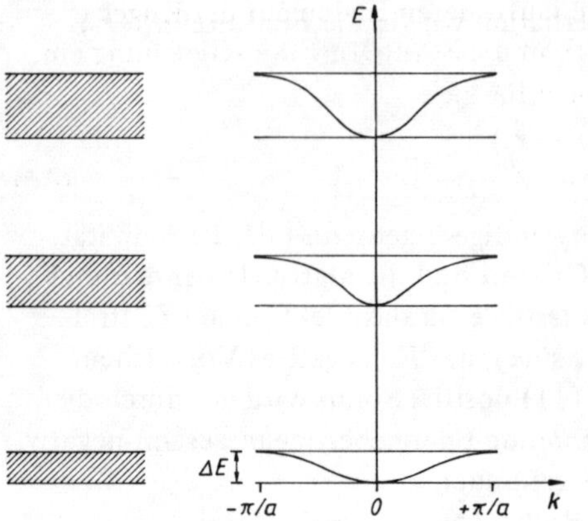


Fig. 171. Schematische Bandstruktur im Falle stark gebundener Elektronen (geringer Überlapp der atomaren Wellenfunktionen).

Eine völlig analoge Lösung für die Energie erhält man, wenn es sich bei dem atomaren Zustand um eine $p$-Wellenfunktion handelt. Einziger Unterschied ist nur, daß das Matrixelement $\beta$ (Gleichung (41)) ein anderes Vorzeichen besitzt. In jedem Fall aber entsteht bei dieser Art der Behandlung aus jedem atomaren Zustand ein Energieband, das – verglichen mit dem Abstand der atomaren Niveaus – klein ist. Dies war ja auch gerade die Voraussetzung bei der Approximation der schwachen Wechselwirkung, bei der der Überlapp der atomaren Niveaus als sehr klein vorausgesetzt wurde. Es entsteht damit die in Fig. 171 schematisch angedeutete Bänderstruktur. Diese Art der Behandlung ist sicherlich sehr gut bei relativ stark gebundenen atomaren elektronischen Zuständen, bei denen ein hohes Maß an Lokalisation der Elektronen an ein Atom gegeben ist.

## b) Näherung freier Elektronen (ebene Wellen)

Ganz anders ist dies sicherlich bei den äußersten Elektronen eines Atoms, deren Wellenfunktionen bei Bildung eines Kristalls sehr stark mit denen der Nachbarn überlappen und deshalb ihre Aufenthaltswahrscheinlichkeiten relativ gleichmäßig über den Kristall verteilen. Diese gleichmäßige Verschmierung der Elektronen über den Kristall als Ganzes bietet zugleich den Ansatzpunkt für eine Berechnung des Energiespektrums in der Näherung eines fast freien Elektronengases. In der nullten Näherung ohne Berücksichtigung des periodischen Kristallfeldes sind die Wellenfunktionen und Energien der Elektronen in diesem Fall

$$\psi_0 = \frac{1}{\sqrt{\tau}} e^{i\vec{k}\cdot\vec{r}} \quad \text{und} \quad E^0(\vec{k}) = \frac{\hbar^2 k^2}{2m} .$$

Da diese Zustände alle entartet sind, bietet sich als Methode der Wahl Störungsrechnung für entartete Zustände geradezu an. Die gestörten Wellenfunktionen setzen wir zu

$$\psi = \sum_{\vec{k}} \frac{1}{\sqrt{\tau}} c_{\vec{k}}\, e^{i\vec{k}\cdot\vec{r}} \tag{45}$$

an, wobei die Summation über alle $\vec{k}$-Vektoren läuft, deren Enden auf der Kugel $|\vec{k}|$ = konst. liegen. Setzen wir diesen Ausdruck in die SCHRÖDINGER-Gleichung ein, erhalten wir (gekoppelte) Differentialgleichungen für die $c_{\vec{k}}$

$$\frac{\hbar^2}{2m} \vec{k}^2 c_{\vec{k}} + \sum_{\vec{k}'} V_{\vec{k},\vec{k}'} c_{\vec{k}'} = E_{\vec{k}} c_{\vec{k}} \tag{46}$$

mit den Matrixelementen

$$V_{\vec{k},\vec{k}'} = \frac{1}{\tau} \int e^{i(\vec{k}'-\vec{k})\cdot r} V(\vec{r})\, d\tau .$$

Führen wir wieder Störungsrechnung durch, erhalten wir die Energiekorrektur in 1. Ordnung durch die Determinante

$$| V_{\vec{k},\vec{k}'} - E^{(1)} \delta_{\vec{k},\vec{k}'} | = 0 . \tag{47}$$

Die Matrixelemente $V_{\vec{k},\vec{k}'}$ können in folgender Weise als Summe über die Einheitszellen $n$ umgeschrieben werden

$$V_{\vec{k},\vec{k}'} = \frac{1}{\tau} \sum_n \int_{\tau_n} V(\vec{r})\, e^{i(\vec{k}'-\vec{k})\cdot\vec{r}}\, d\tau .$$

Ist $\vec{n}$ der Vektor zum Ursprung der $n$-ten Einheitszelle, die alle das gleiche Volumen $\tau_0$ haben mögen, wird daraus mit $\vec{r} = \vec{n} + \vec{r}'$

$$V_{\vec{k},\vec{k}'} = \frac{1}{\tau} \sum_n e^{i(\vec{k}'-\vec{k})\cdot\vec{n}} \int_{\tau_0} V(\vec{r}'+\vec{n})\, e^{i(\vec{k}'-\vec{k})\cdot\vec{r}'}\, d\tau' .$$

Definieren wir $\vec{r}'$ wieder in $\vec{r}$ um und nutzen die Periodizität von $V$ aus, erhalten wir für das Matrixelement

$$V_{\vec{k},\vec{k}'} = \frac{1}{\tau} \int_{\tau_0} V(\vec{r})\, e^{i(\vec{k}'-\vec{k})\cdot\vec{r}}\, d\tau \sum_n e^{i(\vec{k}'-\vec{k})\cdot\vec{n}} . \tag{48}$$

Dabei läuft die Integration über eine Einheitszelle und die Summe über alle $N$ Gitterpunkte. Da für beliebige $\vec{k} - \vec{k}'$ gilt

$$\sum_n e^{i(\vec{k}'-\vec{k})\cdot\vec{n}} = \begin{cases} N & \text{falls} \quad \vec{k}' - \vec{k} = \vec{K} \\ 0 & \text{falls} \quad \vec{k}' - \vec{k} \neq \vec{K} \end{cases} \tag{49}$$

wobei $\vec{K}$ ein beliebiger Vektor des reziproken Gitters ist, werden somit alle Matrixelemente $V_{\vec{k},\vec{k}'}$, für die nicht $\vec{k}' = \vec{k} + \vec{K}$ gilt, gleich null.

In erster Ordnung Störungsrechnung kann sich der Wellenvektor $\vec{k}$ eines Elektron nicht ändern, so daß $\vec{K} = 0$ sein muß. Dadurch bleibt im Energieausdruck Gleichung (47) nur das Matrixelement

$$V_{\vec{k},\vec{k}} = \frac{1}{\tau} \int V(r)\, d\tau = \overline{V}$$

übrig, das ein über den ganzen Kristall gemitteltes Potential darstellt. Die Determinante in Gl. (47) läßt sich leicht auflösen und wir erhalten $E^{(1)} = \bar{V}$. Da nur die Diagonalelemente $V_{\vec{k},\vec{k}} \neq 0$ sind, reduziert sich auch der Ansatz für die Wellenfunktion Gl. (45) für ein bestimmtes $\vec{k}$ auf ein einziges Glied, so daß ohne Beschränkung der Allgemeinheit entweder

a) $c_{k_1} = 1 \qquad c_{k_2} = c_{k_3} = \ldots = 0$ oder

b) $c_{k_2} = 1 \qquad c_{k_1} = c_{k_3} = \ldots = 0$ usw. gesetzt werden darf.

Die Wellenfunktionen und Energien nehmen dadurch eine Form an, als ob wir direkt Störungsrechnung für nicht-entartete Zustände angewandt hätten:

$$\psi_1(\vec{k}) = \psi_0(\vec{k}) = \frac{1}{\sqrt{\tau}} e^{i\vec{k}\cdot\vec{r}} \quad \text{und} \quad E(\vec{k}) = E^0(\vec{k}) + V_{\vec{k},\vec{k}} = E^0(\vec{k}) + \bar{V}.$$

Gehen wir deshalb über zur Störungsrechnung 2. Ordnung für nicht-entartete Zustände, erhalten wir sofort $E(\vec{k})$ zu

$$E(\vec{k}) = E^0(\vec{k}) + \bar{V} + \sum_{\vec{k}'} \frac{|V_{\vec{k},\vec{k}'}|^2}{E_{\vec{k}} - E_{\vec{k}'}} \,. \tag{50}$$

Beachten wir die oben angegebenen Beziehungen Gl. (48) und (49), nach der nur die Matrixelemente $V_{\vec{k},\vec{k}+\vec{K}} \neq 0$ sind, folgt

$$E(\vec{k}) = E^0(\vec{k}) + \bar{V} - \sum_{\vec{k}} \frac{|V_{\vec{k},\vec{k}+\vec{K}}|^2}{\frac{\hbar^2}{2m}(\vec{K}^2 - 2\vec{k}\,\vec{K})} \,. \tag{51}$$

Normalerweise ist der dritte Term auf der rechten Seite nur ein kleiner Zusatzterm. Wird aber der Nenner null, d.h., $k'^2 - k^2 = \vec{K}^2 - 2\vec{k}\,\vec{K} = 0$, verliert der ganze Ausdruck seine Gültigkeit. Dies tritt nur dann auf, wenn gleichzeitig

$$\vec{k}' - \vec{k} = \vec{K} \quad \text{und} \quad |\vec{k}'| = |\vec{k}| \tag{52}$$

ist. Nehmen wir an, diese Gleichung gelte nur für einen Wert von $\vec{K}$, d.h. einen bestimmten Wert von $\vec{k}$ und $\vec{k}'$, dann sind die Elektronenzustände $E(\vec{k})$ und $E(\vec{k} + \vec{K})$ zweifach entartet.

Um die dabei auftretende Aufhebung der Entartung zu berechnen, müssen wir hier wieder zur Störungsrechnung für 2 entartete Zustände übergehen. Die damit folgende 2× 2 Determinante hat das Aussehen

$$\begin{vmatrix} \bar{V} - E^* & V_{\vec{k},\vec{k}'} \\ V_{\vec{k},\vec{k}'} & \bar{V} - E^* \end{vmatrix} = 0 \,.$$

Ihre Lösung ist $E^* = \bar{V} \pm V_{\vec{k},\vec{k}'}$.

Dieses Ergebnis bedeutet, daß die Elektronenenergie bei diesem speziellen Wert von $\vec{k}$, der durch die Gleichungen (52) gegeben ist, eine Diskontinuität besitzt, wobei der

Sprung in der Energie $2 \cdot |V_{\vec{k},\vec{k}'}|$ ist. Gleichzeitig beschreiben die Gleichungen (52) die Bedingungen für BRAGG-Reflexion.

Fassen wir die Ergebnisse zusammen: Im Fall der Näherung für fast freie Elektronen (hier diskutiert für den Fall eines kubischen Kristalls) wird die Energie in Abhängigkeit von $\vec{k}$ durch Gleichung (51) beschrieben. Wenn $\vec{k}$ die Werte $k_x = k_y = k_z = \pm \frac{\pi}{a}$ erreicht, tritt BRAGG-Reflexion ein, und die Energie führt einen Sprung aus, wobei die verbotene Zone $2|V_{\vec{k},\vec{k}'}|$ ist. Danach beschreibt Gleichung (51) wieder die Energie bis zum nächsten Sprung bei $\pm \frac{2\pi}{a}$ usw. Jeder dieser so abgegrenzten $k$-Bereiche ist eine BRILLOUIN-Zone. Dieser hier diskutierte Sachverhalt ist in Fig. 172a aufgetragen. Da wir jedoch wissen, daß der Wellenzahlvektor nur bis auf Vielfache von $\frac{2\pi}{a}$ definiert ist, beschränkt man sich in der Darstellung üblicherweise auf den Bereich von $k = -\frac{\pi}{a}$ bis $+\frac{\pi}{a}$ (1. BRILLOUIN-Zone). Aus Fig. 172a wird dann Fig. 172b mit den daneben angedeuteten Energiebändern bzw. verbotenen Bereichen.

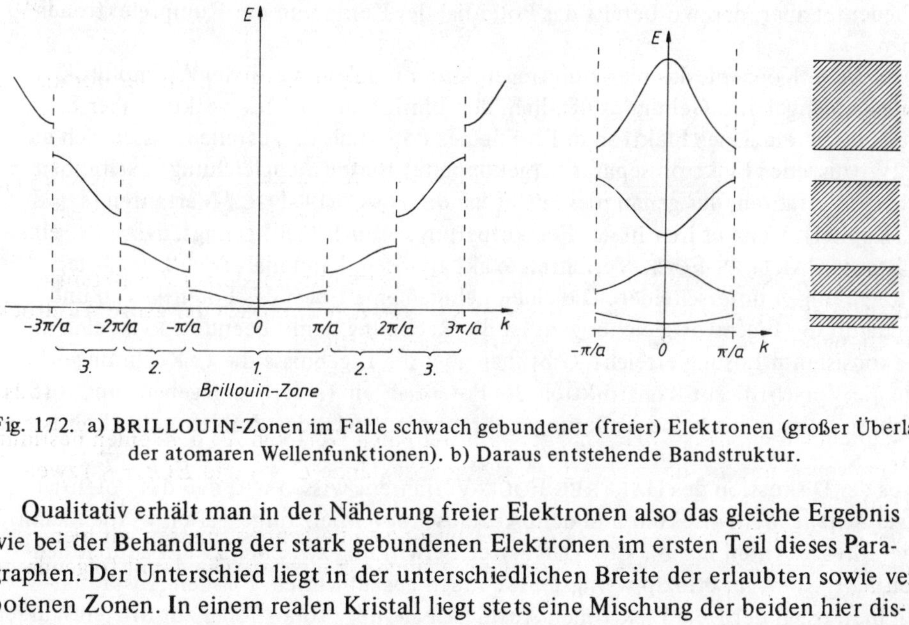


Fig. 172. a) BRILLOUIN-Zonen im Falle schwach gebundener (freier) Elektronen (großer Überlapp der atomaren Wellenfunktionen). b) Daraus entstehende Bandstruktur.

Qualitativ erhält man in der Näherung freier Elektronen also das gleiche Ergebnis wie bei der Behandlung der stark gebundenen Elektronen im ersten Teil dieses Paragraphen. Der Unterschied liegt in der unterschiedlichen Breite der erlaubten sowie verbotenen Zonen. In einem realen Kristall liegt stets eine Mischung der beiden hier diskutierten Extreme vor, so daß sich im Einzelfall das Bild quantitativ stark unterscheidet. Qualitativ erhält man aber stets Zonen erlaubter Energien, die durch verbotene Zonen getrennt sind.

## § 6. Bandstrukturrechnungen

Im vorangegangenen Paragraphen haben wir mit der Näherung der stark gebundenen Elektronen und der freien Elektronen (ebenen Wellen) bereits zwei Beispiele für Rechnungen kennengelernt, die Aussagen über die Energien der Elektronen im Kristall machen können. Im Allgemeinen faßt man alle Rechnungen, die dazu in der Lage sind, unter dem Begriff der Bandstrukturrechnungen zusammen.

Da die Kenntnis der expliziten Bandstruktur für viele Fragen der Festkörperphysik wichtig ist (wir werden dies z. B. bei der Diskussion der Unterschiede zwischen Metall, Halbleiter und Isolator in § 8 sehen), wollen wir hier die prinzipiellen Ideen einiger der vielen möglichen Methoden für Bandstrukturrechnungen diskutieren.

Bei der allgemeinen Diskussion in § 1 sind wir uns bereits darüber klar geworden, daß es unmöglich ist, eine exakte Lösung der Gl. (2), die die Elektronen eines Festkörpers beschreibt, angeben zu können. Statt dessen müssen uns geeignete Modelle, die auf physikalisch begründeten Konzepten beruhen, weiterhelfen. Bei der uns hier interessierenden Frage der Beschreibung der Elektronen im Festkörper, ermöglicht das Konzept der Aufteilung der Elektronen eines Atoms in Rumpf- und Valenzelektronen eine wichtige Vereinfachung. Man kann nämlich davon ausgehen, daß bei der Bildung eines Festkörpers die Rumpfelektronen in Energie und Zugehörigkeit zu einem Atom unverändert bleiben, während die Elektronen außerhalb der Rumpfelektronen zu Valenz- bzw. Leitungselektronen des Festkörpers werden; und die allein interessieren uns hier. Das bedeutet aber, daß wir bereits das Potential der Kerne und der Rumpfelektronen kennen.

Das zweite Konzept, das hier zum tragen kommt, haben wir in der Atomphysik bereits kennengelernt. Gelingt es nämlich, den Einfluß der Wechselwirkung aller Elektronen auf ein einzelnes Elektron in Form eines Potentials darzustellen, lassen sich aus Gl. (2) – für jedes Elektron separat – (gekoppelte) Einteilchengleichungen schreiben. Das beste Verfahren, das genau dies leistet, ist das HARTREE-FOCK-Verfahren (s. § 8 im 1. Kapitel). Wenn es hier in der Festkörperphysik auch nicht gelingt, das volle selbstkonsistente HARTREE-FOCK-Verfahren exakt zu lösen, kann man doch zwei Arten von Rechnungen unterscheiden. Die einen nehmen eine Form des Potentials an und lösen damit die Eigenwertgleichungen. Ist die Rechnung damit beendet, so ist eine nichtselbstkonsistente Lösung erreicht. Gibt man aber die Ergebnisse dieser Rechnungen wieder in die Vorschrift zur Konstruktion des Potentials ein (sofern angegeben) und löst das Verfahren so lange bis keine Änderung mehr eintritt, so ist das Problem selbstkonsistent gelöst.

Aus der Diskussion des HARTREE-FOCK-Verfahrens wissen wir, daß das Potential in zwei Anteile, dem direkten und dem Austauschpotential, aufgespalten werden kann. Da der direkte Anteil nur die COULOMB-Wechselwirkung zwischen zwei Ladungsdichten enthält, ist er, im Prinzip wenigstens, einfach auszurechnen. Für den Austauschanteil bietet sich der freie Elektronen-Austausch an, der proportional zur dritten Wurzel der Ladungsdichte geht.

Hat man sich für ein Potential entschieden, können die Eigenwertgleichungen gelöst werden. Je nachdem ob nicht-selbstkonsistent oder selbstkonsistent gelöst werden soll, muß das Verfahren dazu gegebenenfalls mehrfach wiederholt werden.

Im folgenden seien einige der bei Bandstrukturrechnungen verwendeten Methoden kurz diskutiert. Kehren wir zuerst noch einmal zur Methode der Entwicklung der Elektronenwellenfunktionen in ebene Wellen (Gl. (45)) zurück. In Gl. (51) war der Energieeigenwert als Funktion von $k$ in 2. Ordnung Störungsrechnung gegeben. Obwohl der dritte Term nur für $\vec{k}\,' = \vec{k} + \vec{K}$ ungleich Null ist, bedeutet dies trotzdem eine im Prinzip unendliche Summe von Entwicklungskoeffizienten $c_k$ in Gl. (45). Um physikalisch einigermaßen gute Wellenfunktionen zu erhalten, hat man (für jedes $k$ separat) einige hundert Koeffizienten $c_k$ zu bestimmen, die man aus den gekoppelten Differentialgleichungen für die $c_k$ Gl. (46) zu bestimmen hat. Dies ist ein äußerst umständliches und zeitraubendes Verfahren. Der physikalische Grund für diese langsame Konvergenz ist, daß die Wellenfunktionen der Valenzelektronen im Bereich des Rumpfes viele Oszillationen besitzen, die natürlich mit einem Ansatz ebener Wellen nur sehr schwer darzustellen sind. Versuchen wir, entsprechend den oben angestellten konzeptionellen Überlegungen, diese Oszillationen im Bereich der Atomrümpfe von vornherein dadurch auszuschalten, daß man einen zu den Wellenfunktionen des Rumpfes orthogonalen Basissatz ansetzt, erhält man die sogenannte orthogonalisierte Methode ebener Wellen (orthogonalized plane-wave method (OPW)).

Sind $|t, j\rangle = \psi_t(\vec{r} - \vec{r}_j)$, $t = 1, 2, \ldots m$, die $m$ Rumpfwellenfunktionen ($1s$, $2s$, $2p \ldots$) und $\vec{r}_j$ die Positionen der Atome, können diese orthogonalisierten Wellen geschrieben werden

$$\psi^{\vec{k}}_{\mathrm{OPW}} = e^{i\vec{k}\cdot\vec{r}} - \sum_{t,\,j} \int \psi_t^*(\vec{r}\,' - \vec{r}_j)\, e^{i\vec{k}\cdot\vec{r}\,'}\, \mathrm{d}\tau' \cdot \psi_t(\vec{r} - \vec{r}_j)$$

$$= |k\rangle - \sum_{t,\,j} |t, j\rangle\langle t, j\,|\,\vec{k}\rangle\,. \tag{53}$$

Mit der physikalisch sicherlich sehr gut begründeten Annahme, daß sich diese Rumpfwellenfunktionen an verschiedenen Rümpfen nicht überlappen, sind die $|\,\vec{k}\,\rangle_{\mathrm{OPW}}$ orthogonal zu den Rumpfwellenfunktionen, allerdings untereinander weder orthogonal noch normiert. Geht man mit dem Ansatz

$$\psi_{\vec{k}} = \sum_{\vec{k}} \psi^{\vec{k}\,'}_{\mathrm{OPW}} \tag{54}$$

in die SCHRÖDINGER-Gleichung ein, ergibt sich eine zu (46) analoge Differentialgleichung für diese Entwicklungskoeffizienten $c_{\vec{k}\,'}$. Der große Unterschied zu der Methode, in der nur ebene Wellen als Basis benutzt wurden, ist allerdings, daß nur noch ganz wenige Entwicklungskoeffizienten benötigt werden, um eine relativ gute Beschreibung der Bandstruktur zu erhalten. Dieser Ansatz hat in der Praxis den Rechenaufwand um ein Vielfaches verkleinert.

Eine andere Methode ist die Augmented-Plane-Wave-Method (APW), bei der noch radikaler von dem Konzept der Aufteilung in Atomrümpfe und Valenzelektronen Gebrauch gemacht wird. Das Potential wird dabei in der Form eines „Muffin-Tin"-Potentials Fig. 173 angesetzt. Die APW-Basisfunktionen werden im Bereich des Rumpfes aus kugelsymmetrischen Lösungen des dortigen $r^{-1}$-Potentials und außerhalb davon aus ebenen Wellen aufgebaut. Dabei ist es allerdings nur möglich, den Wert der Wellenfunk-

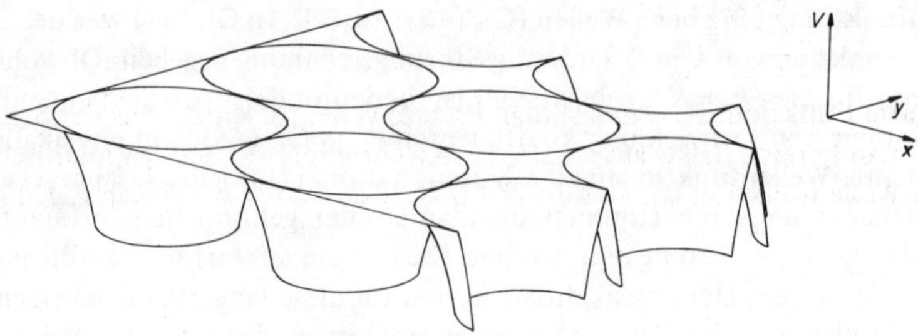


Fig. 173. Zwei-dimensionales „Muffin-Tin" genanntes Potential.

tionen, nicht jedoch die Ableitung an der Nahtstelle beider Bereiche einander anzupassen. Trotzdem ist es damit möglich, genau wie bei der OPW-Methode, mit nur wenigen APW's gute Bandstrukturen zu berechnen.

Eine völlig andere Methode ist die, bei der die WIGNER-SEITZ-Zellen der Kristalle (s. z. B. Fig. 167 , in der die WIGNER-SEITZ-Zelle für ein kubisch raumzentriertes Gitter dargestellt ist) als Rechengrundlage dienen. Auf Grund der Symmetrie ist es leicht einzusehen, daß der Gradient der BLOCH-Funktion $u(\vec{r})$ in Normalrichtung an den Grenzen der WIGNER-SEITZ-Zelle Null sein muß. Für ein gegebenes Potential reduziert sich dann die Berechnung auf die Lösung der Eigenwertgleichung in einer einzigen dieser WIGNER-SEITZ-Zellen. Praktische Schwierigkeiten ergeben sich bei dieser Methode besonders aus der Tatsache, daß man das volle dreidimensionale Problem zu lösen hat. So gibt es auch hier wieder Näherungen bei denen auf ein eindimensionales Problem reduziert wird.

Als letztes sei noch die Pseudopotentialmethode angedeutet, mit deren Hilfe eine Wellenfunktion berechnet wird, die im Bereich außerhalb der Atomrümpfe genau die gesuchte Wellenfunktion ist, die aber im Bereich der Atomrümpfe die Oszillationen der Wellenfunktionen nicht mitmacht, sondern einigermaßen „glatt" bleibt. In der OPW-Formulierung der Pseudopotentialmethode erreicht man dies folgendermaßen: Man benutzt den Ansatz Gl. (53), der in etwas umgeschriebener Form folgendes Aussehen hat

$$\psi^{\vec{k}}_{\mathrm{OPW}} = (1-P)\,|\vec{k}>, \tag{55}$$

mit dem Projektionsoperator

$$P = \sum_{t,j} |t,j><t,j| .$$

Der Ansatz für die Wellenfunktionen lautet dann

$$\psi_{\vec{k}} = (1-P)\sum_{k'} c_{\vec{k}'}\,|\vec{k}'> = (1-P)\,\varphi . \tag{56}$$

Bei der Diskussion der OPW-Methode haben wir hervorgehoben, daß in der Praxis nur einige wenige Entwicklungskoeffizienten notwendig waren, um die Wellenfunktionen gut zu beschreiben. Daher können wir annehmen, daß der Ausdruck

$$\varphi = \sum_{\vec{k}'} c_{\vec{k}'} \, |\vec{k}'>$$

eine relativ glatte Funktion ist. $\varphi$ nennt man Pseudowellenfunktion. Aus der Struktur Gl. (55) sieht man bereits, daß $\varphi$ außerhalb der Atomrümpfe tatsächlich identisch mit der gesuchten Wellenfunktion ist, da dort $P = 0$ ist. Betrachten wir uns in Fig. 174 die-

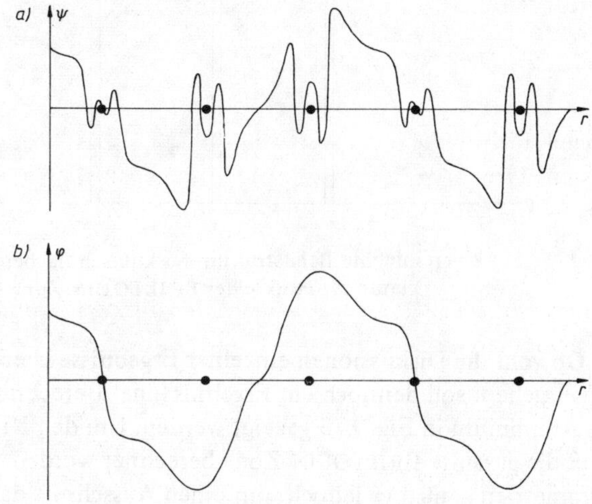


Fig. 174. a) Gleiche Wellenfunktion wie in Fig. 169 b, die sehr stark strukturiert ist.
b) OPW-Pseudowellenfunktion, deren Struktur sehr viel glatter ist.

sen Sachverhalt an der gleichen Wellenfunktion (Fig. 174 a), die wir bereits in Fig. 169 diskutiert haben, sehen wir für diese Pseudowellenfunktion $\varphi$ genau diese hier diskutierten Eigenschaften.

Setzen wir den Ansatz Gl. (56) in die SCHRÖDINGER-Gleichung ein, erhalten wir eine Differentialgleichung für die Pseudowellenfunktion $\varphi$

$$-\frac{\hbar^2}{2m} \nabla^2 \varphi + W\varphi = E\varphi \tag{57}$$

mit dem Pseudopotential

$$W = V(\vec{r}) + \sum_{t,j} (E - E_{t,j}) \, | t, j > < t, j | \tag{58}$$

und $E_{t,j}$ den Energieeigenwerten der Rumpfzustände.
Die exakte Lösung der Gl. (57) ist natürlich identisch mit der Lösung der SCHRÖDINGER-Gleichung selbst. Der Vorteil dieser Gleichung ist aber, daß man hier wieder eine ganze Reihe von Näherungen für $W$, selbstkonsistent aber auch nichtselbstkonsistent, ansetzen kann, die die Lösung der Gl. (57) entsprechend vereinfachen. Die Zahl der in der Praxis benutzten Näherungen ist auch hier wieder sehr groß.

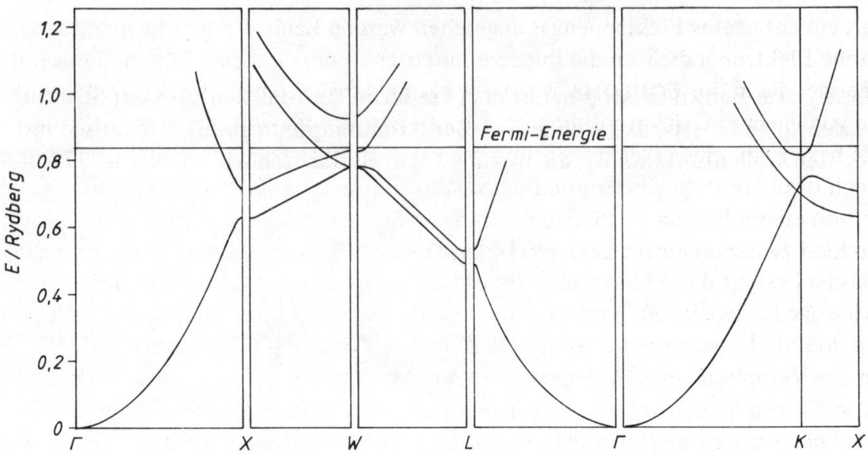


Fig. 175. Stark vereinfachte Bandstruktur des kubisch flächenzentrierten Aluminiums. (Zur Nomenklatur der Punkte der BRILLOUIN-Zone siehe Fig. 168 a).

Obwohl die Diskussionen einzelner Ergebnisse über den Rahmen dieses Buches hinausgehen, soll dennoch ein Ergebnis einer Berechnung für kubisch flächenzentriertes Aluminium in Fig. 175 gezeigt werden. Um den Kristall vollständig zu beschreiben muß die gesamte BRILLOUIN-Zone berechnet werden. Auf Grund der vorhandenen Symmetrien genügt es jedoch, nur einen Ausschnitt daraus zu berechnen. Da die BRILLOUIN-Zone dreidimensional ist, trägt man die Bandstruktur entlang der wichtigsten Symmetrielinien der BRILLOUIN-Zone auf. In Fig. 168 sind für einen kubisch flächenzentrierten und kubisch raumzentrierten Kristall die dabei benutzten Symmetrielinien und Bezeichnungen aufgetragen. In Fig. 175 beginnt bei $k = 0$ (dem Γ-Punkt) in allen drei angegebenen Richtungen (zum $K$-, $X$- und $L$-Punkt) ein Band, das sich genauso verhält, wie wir es in Fig. 172 bei der Beschreibung mit ebenen Wellen kennengelernt haben. Da alle verfügbaren Niveaus bis zur sogenannten FERMI-Energie besetzt sind, sieht man, daß im Falle des Aluminiums diese Besetzung mit Elektronen mitten im Band aufhört.

Das bedeutet, daß es energetisch beliebig benachbarte Niveaus gibt, die unbesetzt sind. Diese Aussage ist z. B. für die Elektronenleitung von sehr großer Bedeutung (Siehe § 8). Diese Elektronenbesetzungsfunktion ist $f(E)$ bzw. $f(\vec{k})$.

Als generelle Aussage muß allerdings gesagt werden, daß es für Detailinterpretationen so viele unterschiedliche Bandstrukturen gibt wie Substanzen. Deshalb ist Fig. 175 nur als ein beliebig herausgegriffenes Beispiel zu verstehen.

## § 7. Ein System von Elektronen im Festkörper

Die Zahl nicht-likalisierter Elektronen, die sich im gesamten Volumen eines Kristalls bewegen können, kann von Fall zu Fall über viele Größenordnungen variieren. In Metallen ist ihre Zahl mit ca. $10^{23}$ pro $cm^3$ sehr groß, weshalb dieses System von Elektronen stets als ein entartetes Elektronengas angesehen werden kann. Vergleicht man für derartig hohe Elektronendichten die mittlere kinetische Energie dieses FERMI-Gases mit der Energie, die in der COULOMB-Wechselwirkung der Elektronen steckt, stellt man fest, daß sie von gleicher Größenordnung ist. Aus diesem Grunde sollte man im Falle der Metalle besser von einer Elektronenflüssigkeit sprechen. Da sich diese Elektronenflüssigkeit noch dazu vor dem Hintergrund der positiven Ionen im Kristall bewegt, ist es noch besser, von einem Plasma zu sprechen, das das Volumen des Festkörpers erfüllt. Der Unterschied zwischen einem derartigen Plasma eines Festkörpers und einem normalen Gas-Plasma besteht darin, daß das Festkörperplasma entartet ist und Quanteneffekte eine wichtige Rolle spielen. Andererseits sind die wichtigen Eigenschaften der Abschirmeffekte und die Existenz von Plasmawellen für beide Plasmen charakteristisch.

Um das Verhalten eines Systems von Elektronen im Festkörper zu beschreiben, haben wir in den beiden vorangegangenen Paragraphen Bandstrukturrechnungen diskutiert. Leider waren sie (fast) alle nicht selbstkonsistente Näherungen, so daß der Einfluß der Valenzelektronen auf sich selbst nur sehr pauschal enthalten ist. Hier soll nun ein anderer Weg beschritten werden, um zu Aussagen über das realistische Potential zwischen den Elektronen zu gelangen. (Beschreibung der Abschirmung.) Grundlage der Beschreibung hier stellt die Dielektrizitätsfunktion $\epsilon(\vec{q}, \omega)$ dar, die die Antwortfunktion eines Festkörpers auf ein äußeres Potential $\varphi$ ist. Dieses Potential induziert eine Dichtefluktuation $\rho$, die es zu berechnen gilt. Als nicht beschränkende Annahme darf von einem gleichmäßig über den ganzen Kristall verteilten positiven Hintergrund ausgegangen werden, der sich dabei nicht verändert. Das Potential $\varphi$ kann ganz allgemein in FOURIERdarstellung geschrieben werden

$$\varphi = \lim_{\delta \to 0} \iint \varphi(\vec{q}, \omega) \cdot e^{i(\vec{q}\vec{r} - \omega t)} e^{\delta t} \, d\vec{q} \, d\omega \tag{59}$$

wobei die $\varphi(\vec{q}, \omega)$ die FOURIERkomponenten des Potentials sind. Der Faktor $e^{\delta t}$ bedeutet, daß das Feld adiabatisch (langsam) in der Zeit $t = -\infty$ bis $t = 0$ angeschaltet wurde, so daß nur für Zeiten $t > 0$ Übergänge in dem System stattfinden werden.

Zu jeder dieser FOURIERkomponenten $\varphi(q, \omega)$ gehört eine Dichtefluktuation $\rho(\vec{q}, \omega)$. Beide verbindet die Anwortfunktion

$$\epsilon(\vec{q}, \omega) = 1 + \frac{\rho(\vec{q}, \omega)}{\epsilon_0 q^2 \varphi(\vec{q}, \omega)} \,. \tag{60}$$

Dabei ist $\epsilon(\vec{q}, \omega)$ die FOURIER-transformierte der Dielektrizitätskonstanten. Quantenmechanisch ist natürlich klar, daß die Dichtefluktuation $\rho(\vec{q}, \omega)$ nur durch Übergänge zwischen besetzten und unbesetzten Zuständen zustande kommen können, wobei die Komponenten des Potentials aus Gl. (59) die Übergänge induzieren. Die Elektronenbesetzungsfunktion $f(\vec{k})$ verändert sich dabei in $f(\vec{k} - \vec{q})$, wobei eine Impulsänderung $\vec{q}$ auftritt. Ohne die recht lange Rechnung in 1. Ordnung Störungsrechnung nachvollziehen zu wollen, ergibt sich

$$\epsilon(\vec{q}, \omega) = 1 + \frac{e^2}{\epsilon_0 q^2} \int \frac{f(\vec{k}) - f(\vec{k} + \vec{q})}{E(\vec{k}) - E(\vec{k} + \vec{q}) + \hbar\omega} \, d\vec{k} \tag{61}$$

wobei im Zähler des Integrals genau die Änderung der Elektronenbesetzungsfunktionen $f$ auftaucht und der Nenner ein reiner Energienenner ist. Mit dieser Formel läßt sich die „Antwort" eines Systems von Elektronen in einen Festkörper für eine beliebige (nicht zu große) Störung finden. Im folgenden sollen die beiden begrenzenden Fälle $\omega \to 0$ (konstantes Feld) und $\hbar\omega \gg E(\vec{k}) - E(\vec{k}+\vec{q})$ (hochfrequentes Feld) untersucht werden.

a) Abschirmung

Für $\omega \to 0$ wird Gleichung (61)

$$\epsilon(\vec{q},0) = 1 + \frac{e^2}{\epsilon_0 q^2} \int \frac{f(\vec{k}) - f(\vec{k}+\vec{q})}{E(\vec{k}) - E(\vec{k}+\vec{q})}\, d\vec{k} \,.$$

Beschränken wir uns ferner auf die langen Wellenlängen $q \ll k$, erhalten wir mit

$$f(\vec{k}) - f(\vec{k}+\vec{q}) = -\frac{\partial f}{\partial E}\frac{\partial E}{\partial \vec{k}} \cdot \vec{q} \quad \text{und}$$

$$E(\vec{k}) - E(\vec{k}+\vec{q}) = -\frac{\partial E}{\partial \vec{k}} \cdot \vec{q}$$

die FOURIER-transformierte Dielektrizitätskonstante zu

$$\epsilon(\vec{q},0) = 1 + \frac{e^2}{\epsilon_0 q^2} \int \left(\frac{\partial f}{\partial E}\right) \rho(E)\, dE = 1 + \frac{e^2}{\epsilon_0 q^2}\rho(E_F) \,. \tag{62}$$

Bei der Integration wurde die Stufenförmigkeit der Elektronenverteilungsfunktion (FERMI-Funktion) $f(E)$ bei niedrigen Temperaturen ausgenutzt. Ferner ist $\rho(E_F)$ die Ladungsdichte an der FERMI-Oberfläche

$$\rho(E_F) = \frac{3N}{2E_F} \,.$$

Wie sieht nun das Potential einer Punktladung in einem Medium aus, das durch die Dielektrizitätskonstante der Gleichung (62) beschrieben wird? Das Potential im Vakuum hat die Form $\frac{e}{4\pi\epsilon_0 r}$, und in der Impulsdarstellung ist

$$\varphi_0(\vec{q}) = \frac{e^2}{\epsilon_0 q^2} \,.$$

Das Potential dieser Ladung in dem Medium ergibt sich zu

$$\varphi(\vec{r},t) = \int d\vec{q}\, \frac{\varphi(\vec{q})}{\epsilon(\vec{q},0)} = \frac{e}{4\pi\epsilon_0 r}\, e^{-\frac{r}{l_D}} \tag{63}$$

mit der DEBYE-Länge $l_D$

$$\boxed{l_D = \left(\frac{\epsilon_0}{e^2\rho(E_F)}\right)^{1/2} = \left(\frac{2\epsilon_0 E_F}{3e^2 N}\right)^{1/2}} \,. \tag{64}$$

Gleichung (63) zeigt, daß eine Ladung in einem Quanten-Plasma, ebenso wie im normalen Gas-Plasma, abgeschirmt ist. Dabei ist die Abschirmlänge $l_D$ durch Gleichung (64) gegeben, wobei Abschätzungen zeigen, daß $l_D$ ca. 0,1 – 0,2 nm ist. Das bedeutet, daß die Abschirmung die Wechselwirkungskräfte auf eine Entfernung bereits stark reduziert, die dem mittleren Elektronenabstand im Metall entspricht. Diese Abschirmung der Elektronenladung hat eine ganz anschauliche Bedeutung: In der Nähe jedes Elektrons ist die Konzentration der anderen Elektronen stark reduziert. Dies ist direkt Ausdruck der reinen COULOMB-Abstoßung sowie der Austauschkräfte zwischen den Elektronen. (Ein analoger Effekt ist das Auftreten des FERMI-Loches bei der Beschreibung der Elektronen im Atom (S. 651)).

Die Austauschkräfte sowie das direkt damit verknüpfte PAULI-Prinzip sind implizit durch die FERMI-Verteilung der Elektronen in der Beschreibung mit berücksichtigt worden.

Diese Abschirmung bedeutet ferner, daß sich bei langsamer Bewegung eines Elektrons in diesem Plasma nicht nur dies eine Elektron, sondern eine ganze Gruppe von Teilchen bewegt, deren Gesamtladung der Ladung des Elektrons entspricht. Dieses Teilchensystem kann als Quasiteilchensystem mit der Ladung $e$ und einer effektiven Masse $m^*$ angesehen werden. Ein Beitrag zu dieser effektiven Masse $m^*$ entsteht nicht nur durch die Wechselwirkung zwischen Elektronen, sondern zusätzlich auch durch Wechselwirkung mit den Phononen des Gitters.

b) Plasmonen

Für $\omega \to \infty$ kann Gleichung (61) in folgende Form umgeschrieben werden

$$\epsilon(\vec{q}, \omega)|_{\omega \to \infty} \to 1 - \frac{\omega_p^2}{\omega^2} \tag{65}$$

wobei $\omega_p^2$ durch folgendes Integral

$$\omega_p^2 = \frac{e^2}{\epsilon_0 \hbar^2 q^2} \int f(\vec{k})\,[2E(\vec{k}) - E(\vec{k}+\vec{q}) - E(\vec{k}-\vec{q})]\,\mathrm{d}\vec{k}$$

gegeben ist. Entwickelt man $E(\vec{k}+\vec{q})$ in eine Reihe, läßt sich schreiben

$$2E(\vec{k}) - E(\vec{k}+\vec{q}) - E(\vec{k}-\vec{q}) \approx \frac{\partial^2 E}{\partial k^2} q^2 = \frac{\hbar^2}{m^*} q^2 \tag{66}$$

wodurch

$$\boxed{\omega_p^2 = \frac{Ne^2}{\epsilon_0 m^*}} \tag{67}$$

wird. Dabei wurde Gleichung (44), die die effektive Masse definierte, benutzt.

Die Größe $\omega_p$ ist völlig identisch mit der Plasmafrequenz eines normalen Plasmas. In einem ungedämpften Plasma, in dem die Plasmaschwingungen der äußeren Frequenz ungestört folgen, ist $\omega_p$ gleich $\omega$, so daß für hohe Frequenzen in der hier diskutierten Näherung $\epsilon(\vec{q}, \omega) = 0$ wird.

Die physikalische Aussage dieser Überlegungen ist folgende: Wenn eine genügend große Zahl an negativen Teilchen der Masse $m^*$ gegenüber dem positiven Hintergrund verschoben ist, fängt dieses System um die Gleichgewichtslage herum mit der Plasmafrequenz $\omega_p$ an zu oszillieren.

Wären bei der Ableitung der Gleichung (61) auch höhere Terme mit berücksichtigt worden, wäre diese Gleichung sehr viel komplizierter geworden. Dafür würden im Rahmen dieser Diskussion der Plasmaoszillationen auch andere Plasmafrequenzen auftreten. Die Quanten derartiger Plasmaoszillationen können als Quasiteilchen aufgefaßt werden und heißen Plasmonen. Erregt ein Elektron ein Plasmon mit der Frequenz $\omega_p$ und der Wellenzahl $\vec{q}$, muß natürlich die Energiebilanz

$$\frac{\hbar^2 \vec{k}^2}{2m} - \frac{\hbar^2 (\vec{k} - \vec{q})^2}{2m} = \hbar\, \omega_p$$

bzw.

$$\frac{\hbar^2}{2m} (2\vec{k}\vec{q} - q^2) = \hbar\, \omega_p \tag{68}$$

erfüllt sein.

Da für die Elektronen stets $|\vec{k}| < |\vec{k}_F|$, dem $\vec{k}$-Wert an der FERMI-Oberfläche, gilt, kann Gleichung (68) für kleinere $q$-Werte nicht erfüllt werden. Es muß daher gelten

$$q > \frac{\omega_p m}{\hbar k_F} = \frac{\omega_p}{v_F}$$

wobei $v_F$ die Geschwindigkeit an der FERMI-Kante ist. Als Größenordnung für die Energie eines Plasmons ergibt sich damit $\hbar\, \omega_p \approx 20\,\text{eV}$. Diese große Energie ist nicht überraschend, denn es handelt sich dabei ja um kollektive Bewegungen einer großen Zahl von Elektronen. Ein einzelnes thermisches Elektron im Metall kann diese Energie natürlich nicht aufbringen; tritt aber ein hochenergetisches Elektron von außen in das Metall ein, ist die Chance sehr groß, Plasmonen anzuregen. Trotzdem können auch in einem normalen Metall ohne Eingriff von außen Plasmonen existieren, insbesondere sind dies die quantenmechanisch bedingten Nullpunktsschwingungen der Plasmonen mit einer Energie $1/2\hbar\omega_p$, an denen eine sehr große Zahl von Elektronen in korrelierter Weise teilnimmt.

Als generelle Aussage kann gesagt werden, daß das Elektronenplasma auf Grund der starken Abschirmung der Wechselwirkung zwischen den Elektronen nur sehr geringen Einfluß auf die Eigenschaften des Festkörpers nimmt. Die Elektronen selber treten nicht direkt, sondern als Quasiteilchen mit der Ladung $(-e)$, der Masse $m^*$ und dem Spin $1/2$ im Elektronenplasma in Erscheinung. Die Wechselwirkung dieser (Quasiteilchen) Elektronen mit den Phononen führt ferner dazu, daß sie von einem „Schwarm" von Phononen umgeben sind, wodurch sich ihre effektive Masse nochmals ändert.

Diese hier nur im Prinzip diskutierte Wechselwirkung der Elektronen im Plasma des Festkörpers ist der Grund für eine Reihe von Effekten, wie z. B. der Unterschied in der Schallgeschwindigkeit zwischen Metall und Dielektrikum. Die Abschirmung reduziert stark die Wechselwirkung der Elektronen untereinander. Der hauptsächliche Einfluß der Wechselwirkung ist aber eine Änderung der effektiven Masse.

## § 8. Modellvorstellungen für Metall, Halbleiter und Isolator

Wie wir im vorangegangenen Kapitel gesehen haben, ist in einer qualitativen Beschreibung das Elektronensystem im Metall durch ein System von Quasiteilchen (Fermionen) ersetzt worden. Auch, wenn üblicherweise diese Quasiteilchen als Elektronen bezeichnet werden, so sind sie nicht mit unserer Vorstellung von freien Elektronen zu verwechseln. Ist die Elektronendichte der freien Elektronen im Festkörper dagegen sehr viel kleiner, so nähern sich beide Vorstellungen aneinander an. Ganz generell soll im folgenden aber die Bezeichnung Elektron benutzt werden, wobei dieser Ausdruck je nach Einzelfall etwas anderes bedeutet.

Mißt man in „guten" Metallen, wie z. B. den Alkali- oder Erdalkalimetallen, Silber, Kupfer, Gold etc., die Zahl der nichtlokalisierten Elektronen, erhält man ca. 1 freies Elektron pro Atom. Diese Zahl ist für andere Metalle viel kleiner als 1; ja sie hängt manchmal sogar von den kristallographischen Richtungen ab. Z. B. zeigt Wismut eine ausgeprägte Anisotropie in seinen elektrischen und magnetischen Eigenschaften. In „Metalloiden" ist die Zahl der nicht-lokalisierten Elektronen bereits so klein, daß diese Elektronen kein Plasma mehr, sondern ein nicht-entartetes ideales Gas bilden. In guten Isolatoren, wie z. B. NaCl oder festem Sauerstoff, sind praktisch überhaupt keine freien Elektronen mehr zu finden.

Obwohl die Dichte der „freien" Elektronen im Festkörper sehr entscheidend für das Verhalten des Elektronensystems selbst ist, wird jedoch der Hauptunterschied zwischen Metallen, Halbleitern und Isolatoren (diese Begriffe stellen ja eine Unterscheidung nach den elektrischen Leitungseigenschaften dar) durch das unterschiedliche Energiespektrum der Elektronen verursacht. In § 5 hatten wir gesehen, daß sich erlaubte und verbotene Energiebereiche für die Elektronen abwechseln. Je nachdem, ob man es im Einzelfall mit festgebundenen, noch fast atomaren lokalisierten Elektronen zu tun hat, sind die verbotenen Energiebereiche groß und die erlaubten, noch fast atomaren Bänder schmal, bzw. im anderen Extremfall fast freier Elektronen sind die erlaubten Bänder breit und die verbotenen Bereiche schmal. Wir müssen uns ferner darüber klar sein, daß in jedem erlaubten Energieband nur die Zahl von $2N$-Zuständen möglich ist. Dabei ist $N$ die Zahl der Einheitszellen pro Einheitsvolumen, und die 2 tritt auf, weil die Zahl der Zustände durch die 2 verschiedenen Einstellmöglichkeiten des Spins des Elektrons noch einmal verdoppelt wird.

Falls alle Zustände in einem Band besetzt sind, können sie (zumindest innerhalb des Bandes) ihren Zustand nicht ändern, da kein freier Zustand zur Verfügung steht. Auch ein äußeres angelegtes elektrisches Feld vermag den Zustand, der bereits ohne Feld geherrscht hat, nicht zu ändern. Liegt noch dazu das nächst höhere Band energetisch weit weg und befinden sich darin keine Elektronen, so ist dieser Festkörper ein Isolator. Die energetischen Verhältnisse sind in Fig. 176a dargestellt. Diese hier beschriebene Besetzung der Bänder stellt natürlich den idealisierten Fall für die absolute Temperatur $T = 0$ dar. In Wirklichkeit ist die FERMI-Kante (die in Fig. 176 ebenfalls eingetragen ist), die für $T = 0$ die Grenze darstellt, bis zu der die Zustände besetzt sind, für $T > 0$ ausgeschmiert. Ist $f_n$ die Verteilungsfunktion der Elektronen im oberen (fast) leeren Band und $f_p$ die Verteilungsfunktion der Löcher im (fast) vollen Band, so ist die Wahrschein-

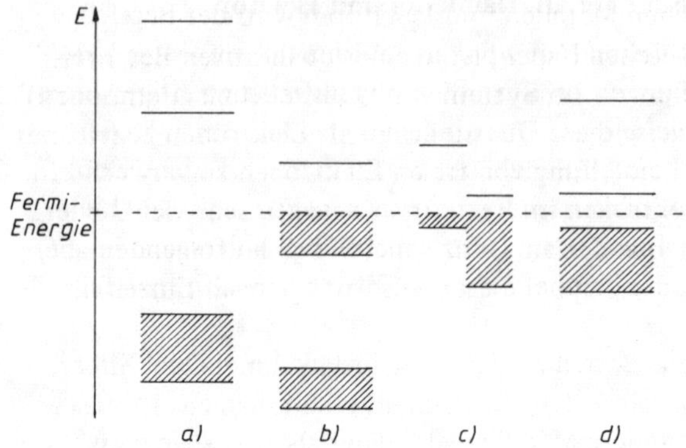


Fig. 176. Energetische Lage und Besetzung der Bänder in der Nähe der Fermi-Kante für a) Isolator b) Metall c) Überlapp von Valenz- und Leitungsband im Falle von Blei oder den Erd-Alkali-Metallen d) Halbleiter.

lichkeit, ein Elektron mit der Energie $E$ bei gegebener Temperatur $T$ zu finden, gegeben als

$$f_n = \frac{1}{1 + \exp[(E - \mu)/kT]} . \tag{69}$$

$\mu$ ist dabei die Energie der FERMI-Kante ($\mu$ wird auch chemisches Potential genannt). Da die Zahl der Elektronen im oberen Band (auch Leitungsband genannt) gleich der Zahl der Löcher im unteren Band (Valenzband) ist, ist $f_p = 1 - f_n$. Ebenso kann ein äußeres elektrisches Feld eine derartige Ausschmierung der Elektronenverteilung bewirken. Im Falle eines Isolators befinden sich daher auf Grund der thermischen Anregung bei $T = 300$ K nur ein beliebig zu vernachlässigender Bruchteil der im Valenzband vorhandenen Elektronen im Leitungsband.

Befindet sich in den Atomen, die den Festkörper bilden, in der Valenzschale nur ein einzelnes $s$-Elektron, so wird daraus nach der Bildung des Festkörpers ein Valenzband, das ebenfalls nur halb gefüllt ist. Da die Zustände in diesem halbvollen Leitungsband sehr dicht liegen, kann bereits ein kleines angelegtes äußeres Feld zuzüglich zur thermischen Aufweitung die Elektronen in angeregte Zustände übergehen lassen, so daß sie an der Elektronenleitung teilnehmen können. Festkörper, die diese Eigenschaft besitzen (siehe Fig. 176b), sind die typischen Metalle.

Es ist sehr leicht einzusehen, daß der hier geschilderte Isolator und das Metall nur zwei Extremfälle darstellen. In der Natur gibt es auch den gesamten Zwischenbereich der elektrischen Leitung. Bevor wir uns mit diesen Halbleitern genauer beschäftigen, muß noch ein Sonderfall bei den Metallen erwähnt werden. So gibt es z. B. Metalle, die zwar atomar zwei $s$-Valenz-Elektronen besitzen und damit eigentlich bei der Bildung ein Nichtleiter werden müßten, da deren Valenzband voll besetzt ist. Sie werden aber trotzdem zu einigermaßen gut leitenden Metallen, weil das nächste unbesetzte Leitungsband mit dem Valenzband überlappt und kein verbotener Bereich zwischen beiden auftritt. In diesem Fall gehen ohne Energieaufwand eine große Zahl von Elektronen in das Leitungsband über, und wir haben wieder den Fall nicht voller Bänder, der typisch für ein Metall ist. Dieses Verhalten tritt u. a. bei allen Erd-Alkali-Metallen sowie bei Blei auf und ist in Fig. 176c mit angegeben.

Der gesamte Zwischenbereich zwischen Metallen und Isolatoren wird der Bereich der Halbleiter genannt. Sie sind „halb"-leitend, obwohl sie im Idealfall ein leeres Leitungsband und ein voll besetztes Valenzband besitzen. Der physikalisch wichtige Unterschied zu den Isolatoren ist aber ein sehr kleiner energetischer Abstand $\Delta E$ zwischen „unbesetztem" Leitungsband und „vollem" Valenzband, wobei diese verbotene Zone in der Größenordnung thermischer oder elektrischer Anregungsenergie liegt. Die Elektronen besitzen dadurch bei endlichen Temperaturen eine nicht vernachlässigbare Übergangswahrscheinlichkeit ins Leitungsband (Fig. 176d). Ist $T \gtrsim \frac{\Delta E}{k}$, ist die Übergangswahrscheinlichkeit sogar in der Größenordnung von 1, und die Elektronen am gesamten oberen Rand des Valenzbandes können ins Leitungsband übergehen.

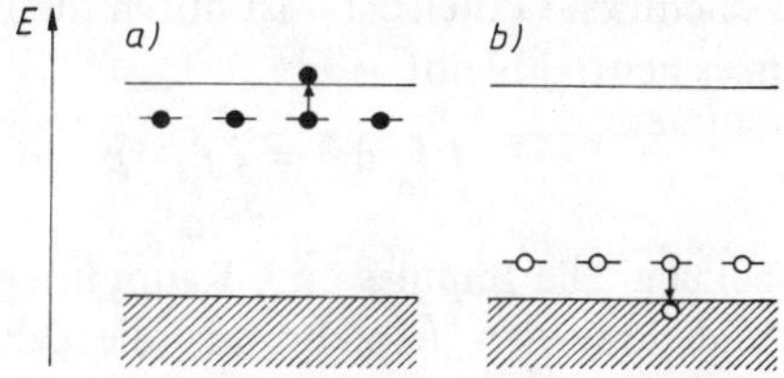


Fig. 177. a) $n$-Typ extrinsischer Halbleiter mit Donatorniveaus
b) $p$-Typ extrinsischer Halbleiter mit Haftniveaus.

Die ganze Breite der physikalischen Erscheinungsformen der Halbleiter wird durch den Einschluß von sehr geringen Mengen an Fremdatomen noch zusätzlich erweitert. Im Bereich der verbotenen Zone entstehen dadurch einzelne energetisch erlaubte Haftstellen. Liefern die Fremdatome aus Haftstellen, die nur knapp unterhalb des Leitungsbandes liegen, Elektronen an das leere Band, nennt man sie Donatoren, und der Halbleiter wird ein $n$-Typ extrinsischer Halbleiter genannt. Das $n$ steht dafür, daß nur negative freie Ladungen im Halbleiter zur Verfügung stehen (Fig. 177a). Falls die Fremdatome eine starke Affinität zur Aufnahme von Elektronen haben (Akzeptoren), liegen die zusätzlichen Energieniveaus knapp über dem vollen Valenzband. Bereits niedrige Temperaturen gestatten es, daß Elektronen aus dem Valenzband in diese Haftstellen übergehen, wodurch ein extrinsischer Halbleiter vom $p$-Typ entsteht. Das $p$ steht dafür, daß in diesem Halbleiter positive Löcher im Valenzband zur Leitung zur Verfügung stehen (Fig. 177b). In beiden Fällen können aber bereits kleine Mengen an Fremdatomen das elektrische Verhalten der reinen Halbleiter stark verändern.

Im Falle eines Halbleiters mit rein intrinsischer Leitfähigkeit (d.h. ohne Einfluß durch Fremdatome) kann die Stromdichte $\vec{j}$ in der Form geschrieben werden

$$\vec{j} = -e \sum_i f_i \vec{v}_i - e \sum_l f_l \vec{v}_l \,.$$

Dabei ist $i$ die Summation über die Zustände im nahezu leeren Leitungsband und $k$ über die Zustände im fast vollen Valenzband, und die $f$ sind die Besetzungswahrscheinlichkeiten. Da im fast vollen Valenzband die Leitung am besten durch die positiven Löcher beschrieben wird, läßt sich $\vec{j}$ umschreiben

$$\vec{j} = -e \sum_i (f_n)_i \vec{v}_i + e \sum_l (f_p)_l \vec{v}_l \,. \tag{70}$$

Der Index $n$ und $p$ an der Verteilungsfunktion $f$ bezeichnet die Tatsache, daß es sich einmal um negative und das andere Mal um positive Ladungsträger handelt. Die Verteilungsfunktion $f_n$ haben wir in Gl. (69) bereits angegeben, $f_p$ ergibt sich damit zu

$$f_p = 1 - f_n = \frac{1}{\exp[(\mu - E)/kT] + 1} .$$

Messen wir mit $E'$ die Energie vom unteren Ende des Leitungsbandes aus und nehmen den Bandabstand zu $\Delta E$ an, folgt mit $E' = -E - \Delta E$

$$f_p = \frac{1}{\exp[(E' + \mu + \Delta E)/kT] + 1} . \tag{71}$$

Das chemische Potential $\mu$ ist durch die Bedingung festgelegt, daß der Halbleiter als Ganzes neutral bleibt

$$\int f_n \, d\vec{p} = \int f_p \, d\vec{p}\,' , \tag{72}$$

wobei über alle Impulse im $k$-Raum integriert wird.

In den meisten Halbleitern ist die Zahl der Elektronen im Leitungsband so klein, daß das Elektronengas als nicht-entartet angenommen werden kann. Deshalb gilt in sehr guter Näherung

$$f_n = e^{(\mu - E)/kT}$$

und ebenso für die Löcher

$$f_p = e^{-(\mu + \Delta E + E')/kT} .$$

Setzen wir diese beiden Ausdrücke in Gl. (72) ein, finden wir

$$e^{\mu/kT} \int e^{-E/kT} \, 4\pi p^2 \, dp = e^{-(\mu + \Delta E)/kT} \int e^{-E'/kT} \, 4\pi p'^2 \, dp' .$$

Mit den Beziehungen $p^2 = 2m_n E$ und $p'^2 = 2m_p E'$ erhalten wir daraus das chemische Potential

$$\mu = -\frac{1}{2}\Delta E - \frac{1}{2} kT \ln\left(\frac{m_n}{m_p}\right)^{3/2} , \tag{73}$$

und die Verteilungsfunktionen werden zu

$$f_n = \left(\frac{m_p}{m_n}\right)^{3/4} e^{-\Delta E/2kT} \, e^{-E/kT}$$

$$f_p = \left(\frac{m_n}{m_p}\right)^{3/4} e^{-\Delta E/2kT} \, e^{-E'/kT} .$$

Bei dieser Ableitung ist die effektive Masse des Leitungselektrons mit $m_n$ und die des Loches mit $m_p$ angenommen worden. Für den Fall, daß beide Massen gleich groß sind, liegt das chemische Potential bzw. das FERMI-Niveau genau in der Mitte des verbotenen

Bandes, eine Ungleichheit der Massen verschiebt es entweder nach unten oder oben.

Je nachdem, wie groß die Bandabstände im Einzelfall sind, läßt sich mit diesem Bild sehr leicht die ganze Breite der in der Natur beobachteten Leitfähigkeiten der Halbleiter verstehen. Der zusätzliche Einbau von Fremdatomen mit Donator- bzw. Akzeptoreigenschaften verbreitert die Zahl der technisch einsetzbaren Halbleiter mit ganz spezifischen physikalischen Eigenschaften noch erheblich.

## § 9. Wechselwirkungen der Elektronen mit Gitterschwingungen

In § 3 haben wir die Schwingungen des Gitters behandelt und dabei formal die Phononen als Quasiteilchen eingeführt, die die harmonischen Schwingungen eines Gitters beschreiben. In § 4 bzw. § 5 und 6 haben wir die Wellenfunktionen und das Energiespektrum der Elektronen im Kristall qualitativ untersucht, dabei aber das Gitter als starr und ideal periodisch angenommen. Da sich die Elektronen in realen Kristallen aber in einem nicht idealen und schwingenden Gitter bewegen, in dem die Periodizität des Kristalls verletzt ist, wird dies einen Einfluß auf die Elektronen haben. Man spricht dabei von Elektronen-Phononen-Wechselwirkung.

Die während der Gitterschwingungen für die Atome auftretenden Auslenkungen von der Gleichgewichtslage seien $\vec{\xi}_n$. Für ein Elektron an der Stelle $\vec{r}$ wird dadurch das Potential, das von den Atomen auf das Elektron wirkt, um den Anteil

$$V_{\text{Gitt}} = V(\vec{r} - \vec{\xi}) - V(\vec{r}) \approx - \vec{\xi}\, \nabla V \tag{74}$$

geändert, sofern diese Änderung $V_{\text{Gitt}}$ genügend klein bleibt.

In der Schreibweise der zweiten Quantisierung soll im folgenden der Einfluß dieses durch das schwingende Gitter verursachte externe Störpotential auf das System der Elektronen untersucht werden. Die Elektronenzustände werden durch die Besetzungszahlen der Zustände mit gegebenen Werten von $\vec{k}$ charakterisiert. Lassen wir die COULOMB-Wechselwirkung der Elektronen vorerst in der Diskussion weg, kann der HAMILTON-Operator des Elektronensystems geschrieben werden

$$\hat{H} = \sum_{\vec{k}} E_{\vec{k}}\, \hat{a}^{+}_{\vec{k}}\, \hat{a}_{\vec{k}} + \sum_{\vec{k}'} \sum_{\vec{k}'} \hat{a}^{+}_{\vec{k}'}\, \hat{a}_{\vec{k}} \int \psi^{*}_{\vec{k}'}\, V_{\text{Gitt}}\, \psi_{\vec{k}}\, d\tau = \hat{H}_0 + \hat{H}_W \,.$$

Dabei ist $E_{\vec{k}}$ die Energie eines Elektrons im streng periodischen Feld und $\hat{N}_{\vec{k}} = \hat{a}^{+}_{\vec{k}}\, \hat{a}_{\vec{k}}$ der Besetzungszahloperator für den Elektronenzustand mit Wellenvektor $\vec{k}$. Der Wechselwirkungsoperator $\hat{H}_W$ wird durch das Wechselwirkungsmatrixelement des Störpotentials des Gitters $V_{\text{Gitt}}$ bestimmt.

Setzen wir die in § 4 gefundenen Wellenfunktionen (Gl. 33) sowie das Störpotential aus Gl. (74) ein, wird der Wechselwirkungsoperator

$$\hat{H}_W = -\frac{1}{N} \sum_{\vec{k}} \sum_{\vec{k}'} \hat{a}^{+}_{\vec{k}}\, \hat{a}_{\vec{k}} \int u^{*}_{\vec{k}'}\, e^{-i\vec{k}\vec{r}}\, (\xi\, \nabla V)\, u_{\vec{k}}\, e^{i\vec{k}\cdot\vec{r}}\, d\tau \,.$$

Setzen wir ferner noch den Ausdruck für die Auslenkung des Gitters aus § 3 Gl. (28) in Verbindung mit (17) ein, wird $H_W$ schließlich zu

$$\hat{H}_W = -\frac{1}{N^{3/2}} \sum_{\vec{k}'} \sum_{\vec{k}} \sum_{j=1}^{3} \hat{a}^+_{\vec{k}'} \hat{a}_{\vec{k}} \int u^*_{\vec{k}'} e^{i\vec{k}\vec{r}} \sum_{f_j} \left(\frac{\hbar}{2M\omega_{f_j}}\right)^{1/2} \vec{e}_{f_j}$$

$$(\hat{b}^+_{f_j} e^{i\vec{f}_j\vec{r}} + \hat{b}^+_{f_j} e^{-i\vec{f}_j\vec{r}}) \nabla V e^{i\vec{k}\vec{r}} u_{\vec{k}} \, d\tau . \qquad (75)$$

Die in dieser Gleichung enthaltene Integration über den ganzen Kristall läßt sich (analog der Umwandlung in das Matrixelement Gl. (48)) in eine Summation über die Einheitszellen und Integration innerhalb der Einheitszellen überführen:

$$\int_G u^*_{\vec{k}'} (\nabla V) u_{\vec{k}} e^{i(\vec{k}-\vec{k}'\pm\vec{f})} \, d\tau = \sum_n e^{i(\vec{k}-\vec{k}'\pm\vec{f})\cdot\vec{n}} \int_{\tau_0} u^*_{\vec{k}'} (\nabla V) u_{\vec{k}} \, d\tau . \qquad (76)$$

Benutzen wir ferner Gl. (49), sieht man, daß dieses Integral nur dann von Null verschieden ist, falls

$$\vec{k} - \vec{k}' \pm \vec{f} = \vec{K} \qquad (77)$$

ist. Falls $\vec{K} = 0$ ist, bedeutet dies, daß beim Prozeß der Streuung eines Elektrons am schwingenden Gitter ein Erhaltungssatz analog dem Impulserhaltungssatz bei der Streuung zweier freier Teilchen gilt. Somit kann der Streuprozeß formal als Absorption eines Elektrons mit Wellenzahl $\vec{k}$ und Emission eines Elektrons der Wellenzahl $\vec{k}' = \vec{k} \pm \vec{f}$ aufgefaßt werden. $\vec{f}$ ist dabei die Wellenzahl des Phonons. Insgesamt bedeutet dies Aufnahme bzw. Abgabe eines Phonons von dem bzw. an das Elektronensystem. Wegen der Energieerhaltung gilt ferner

$$E_{\vec{k}'} = E_{\vec{k}} \pm \hbar\,\omega_{\vec{f}} \; .$$

Streuprozesse, bei denen in Gl. (77) $\vec{K} \neq 0$ ist, werden Umklapprozesse genannt. Der Name rührt daher, daß für kleine $\vec{f}$-Werte und $|\vec{k}|, |\vec{k}'| \leqslant \pi/a$ die Richtung von $\vec{k}$ und $\vec{k}'$ (für $\vec{K} \neq 0$) verschieden sein muß.

Gleichung (76) wird auf Grund dieser Überlegungen für $\vec{K} = 0$

$$N \int_{\tau_0} u^*_{\vec{k}\pm\vec{f}} (\nabla V) u_{\vec{k}} \, d\tau$$

womit sich der HAMILTON-Operator $\hat{H}_W$ Gl. (75) schreiben läßt

$$\hat{H}_W = -\sum_{\vec{k},\vec{f},j} \left(\frac{\hbar}{2MN\omega_{\vec{f}}}\right)^{1/2} \vec{e}_{f_j} \left\{ \left[\int_{\tau_0} u^*_{\vec{k}+\vec{f}} (\nabla V) u_{\vec{k}} \, d\tau\right] \hat{a}^+_{\vec{k}+\vec{f}} \hat{a}_{\vec{k}} \hat{b}_{f_j} + \right.$$

$$\left. + \left[\int_{\tau_0} u^*_{\vec{k}-\vec{f}} (\nabla V) u_{\vec{k}} \, d\tau\right] \hat{a}^+_{\vec{k}-\vec{f}} \hat{a}_{\vec{k}} \hat{b}^+_{f_j} \right\} =$$

$$-\sum_{\vec{k},\vec{f},j} \left(\frac{\hbar}{2MN\omega_{\vec{f}}}\right)^{1/2} (\hat{a}^+_{\vec{k}+\vec{f}} \hat{a}_{\vec{k}} \hat{b}_{f_j} S_+ + \hat{a}^+_{\vec{k}-\vec{f}} \hat{a}_{\vec{k}} \hat{b}^+_{f_j} S_-) . \qquad (78)$$

Dabei sind $S_\pm$ die Integrale über die Einheitszelle

$$S_\pm = \vec{e}_{f_j} \int_{\tau_0} u^*_{\vec{k} \pm \vec{f}} \, (\nabla V) \, u_{\vec{k}} \, \mathrm{d}\tau \; . \tag{79}$$

Gleichung (78) kann nun wieder in gewohnter Weise interpretiert werden. Die Matrixelemente, in denen die Operatoren $\hat{a}^+_{\vec{k}+\vec{f}} \, \hat{a}_{\vec{k}} \, \hat{b}_{\vec{f}_j}$ enthalten sind, beschreiben die Erzeugung eines Elektrons mit der Wellenzahl $\vec{k} + \vec{f}$ und die Vernichtung eines Elektrons mit der Wellenzahl $\vec{k}$ sowie eines Phonons der Wellenzahl $\vec{f}$. Analog kann man die Operatoren $\hat{a}^+_{\vec{k}-\vec{f}} \, \hat{a}_{\vec{k}} \, \hat{b}^+_{\vec{f}_j}$ interpretieren als die Erzeugung eines Elektrons der Wellenzahl $\vec{k} - \vec{f}$ und eines Phonons der Wellenzahl $\vec{f}$ sowie die Vernichtung eines Elektrons der Wellenzahl $\vec{k}$.

Beachtet man die Periodizitäts-Eigenschaften sowohl des Potentials $V$ als auch der Wellenfunktion $u_{\vec{k}}$, $u_{\vec{k} \pm \vec{f}}$ und nutzt die SCHRÖDINGER-Gleichung (34) für $u_{\vec{k}}$ aus, läßt sich das Integral in Gleichung (79) in folgender Weise approximieren, wobei das Potential $V$ selbst eliminiert ist:

$$S_\pm = \pm \frac{i\hbar^2}{3m} \, (\vec{f} \cdot \vec{e}_{f_j}) \cdot \int_{\tau_0} |\nabla u_{\vec{k}}|^2 \, \mathrm{d}\tau \, . \tag{80}$$

Dieser Übergang von Gl. (79) zu Gl. (80) ist nicht einfach und wird deswegen nur im Ergebnis wiedergegeben. Innerhalb der Näherungen, die zur Ableitung von Gleichung (80) gemacht werden, erfolgt die Streuung der Elektronen im Gitter nur an Phononen mit longitudinaler Polarisation, da

$$\vec{e}_{f_1} \cdot \vec{f} = f \quad \text{und} \quad \vec{e}_{f_2} \cdot \vec{f} = \vec{e}_{f_3} \cdot \vec{f} = 0$$

ist, wobei der Index 1 longitudinaler and 2 bzw. 3 transversaler Polarisation entspricht. Mit diesem Wert für $S_\pm$

$$S_\pm = \pm \frac{i\hbar^2 f}{3m} \int_{\tau_0} |\nabla u_{\vec{k}}|^2 \, \mathrm{d}\tau$$

nimmt der Ausdruck für den Wechselwirkungsoperator Gl. (78) die Form an

$$\hat{H}_W = - i \sum_{\vec{k}, \vec{f}} \frac{\hbar^2 f}{3m} \left( \frac{\hbar}{2MN\omega_{\vec{f}}} \right)^{1/2} \left( \int_{\tau_0} |\nabla u_{\vec{k}}|^2 \, \mathrm{d}\tau \right) \left( \hat{a}^+_{\vec{k}+\vec{f}} \, \hat{a}_{\vec{k}} \, \hat{b}_{f_1} - \hat{a}^+_{\vec{k}-\vec{f}} \, \hat{a}_{\vec{k}} \, \hat{b}^+_{f_1} \right) \; . \tag{81}$$

Mit der weiteren Näherung $\omega_{\vec{f}} = c \cdot f$, die für kleine Werte von $f$ richtig ist, erhält man schließlich

$$\hat{H}_W = - i \sum_{\vec{k}, \vec{f}} D_\omega \, (\hat{a}^+_{\vec{k}+\vec{f}} \, \hat{a}_{\vec{k}} \, \hat{b}_{f_1} - \hat{a}^+_{\vec{k}-\vec{f}} \, \hat{a}_{\vec{k}} \, \hat{b}^+_{f_1}) \tag{82}$$

mit

$$D_\omega = \left(\frac{2g^2 \hbar\, \omega_f}{9MNc^2}\right)^{1/2} \quad \text{und} \quad g = \frac{\hbar^2}{2m} \int_{\tau_0} |\nabla u_{\vec{k}}|^2 \, d\tau \,.$$

Dieser Wechselwirkungsoperator kann zur Berechnung von Übergangswahrscheinlichkeiten benutzt werden, wobei seine physikalische Struktur in den Erzeugungs- und Vernichtungsoperatoren von Elektronen und Phononen deutlich zu Tage tritt.

## § 10. Der totale HAMILTON-Operator eines Festkörpers

Benutzen wir die Ergebnisse der vorangegangenen Paragraphen, so ist es möglich, einen Ausdruck für den totalen HAMILTON-Operator für einen Festkörper in zweiter Quantisierung in den dort angegebenen Näherungen hinzuschreiben. Der allgemeine Ausdruck, den wir in Gl. 1 bereits aufgeschrieben haben, der sich aber für die Praxis als recht unbrauchbar erwiesen hat, wird damit in folgender Form angenähert

$$\begin{aligned} \hat{H} \approx & \sum \hat{a}^+_{\vec{k},\sigma}\, \hat{a}_{\vec{k},\sigma}\, \epsilon(\vec{k}) + \sum \epsilon(\vec{f}) \left(\hat{b}^+_{\vec{f}}\, \hat{b}_{\vec{f}} + \frac{1}{2}\right) \\ & - i \sum_{\vec{k},\vec{f}} D_\omega \left(\hat{a}^+_{\vec{k}+\vec{f},\sigma}\, \hat{a}_{\vec{k},\sigma}\, \hat{b}_{\vec{f}} - \hat{a}^+_{\vec{k}-\vec{f},\sigma}\, \hat{a}_{\vec{k},\sigma}\, b^+_{\vec{f}}\right) \\ & + \sum_{|\vec{r}_i - \vec{r}_j| > \lambda_{\min}} \frac{e^2}{4\pi\epsilon_0 |\vec{r}_i - \vec{r}_j|} + \sum_{|\vec{r}_i - \vec{r}_j| < \lambda_{\min}} \frac{e^2}{4\pi\epsilon_0 |\vec{r}_i - \vec{r}_j|} \,, \end{aligned} \tag{83}$$

$\epsilon(k)$ ist die Energie des Elektrons (Quasiteilchens) mit Wellenvektor $\vec{k}$. Die $\hat{a}^+_{\vec{k},\sigma}$ und $\hat{a}_{\vec{k},\sigma}$ stellen die Erzeugungs- und Vernichtungsoperatoren der (Quasiteilchen) Elektronen mit Wellenvektor $\vec{k}$ und Spin $\sigma$ dar. Die Energie des anderen Quasiteilchens, des Phonons, ist $\epsilon(\vec{f}) = \hbar\, \omega_{\vec{f}}$. Die ersten beiden Terme geben die Energie des Elektronensystems ohne die COULOMB-Wechselwirkung und des ungestörten Gitters (Phononen) an. Der dritte Term ist der im vorangegangenen Paragraphen abgeleitete Wechselwirkungsoperator Gl. (82) zwischen Elektronen und Phononen. Die beiden letzten Glieder sind die COULOMB-Wechselwirkung. Hier ist die Wellenlänge der kurzwelligsten Plasmaschwingungen als Unterscheidung für den langreichweitigen Anteil, der die Ursache für die Nullpunkts-Plasmaschwingungen ist, und den kurzreichweitigen Anteil genommen, der die abgeschirmte Wechselwirkung und Bildung der Quasiteilchen-Elektronen beschreibt.

Der physikalisch sicherlich interessanteste Term ist die Wechselwirkung $\hat{H}_W$ zwischen dem schwingenden Gitter und den Elektronen. Formal wird sie beschrieben durch einen Streuoperator zwischen zwei unabhängigen Quasiteilchen, einem Fermion (Elektron) und einem Boson (Phonon). Diese Wechselwirkung ist die Ursache für Zustandsänderungen der Elektronen und der Phononen. Der Ausgangszustand ist durch eine bestimmte Zahl von Phononen $n_{\vec{f}}$ und Elektronen $n_{\vec{k},\sigma}$ gegeben, wobei $n_{\vec{k},\sigma}$ auf Grund des PAULI-Prinzips nur 1 oder 0 sein kann.

Beschränken wir uns auf die 1. Ordnung Störungsrechnung, sind nur Übergänge mit der Emission bzw. Absorption eines Phonons möglich. Die Übergangsamplitude für einen Übergang von $\vec{k}$ nach $\vec{k}+\vec{f}$ mit der Absorption eines Phonons ist gegeben zu

$$\langle \hat{H}_W \rangle_{\vec{k}',\vec{k}} = \langle n_{\vec{k}',\sigma} = 1, n_{\vec{k},\sigma} = 0, n_{\vec{f}} - 1 \,|\, H_W \,|\, n_{\vec{k}',\sigma} = 0, n_{\vec{k},\sigma} = 1, n_{\vec{f}} \rangle$$

$$= -iD_\omega \langle n_{\vec{k}'} = 1 \,|\, \hat{a}^+_{\vec{k}'} \,|\, n_{\vec{k}'} = 0 \rangle \cdot \langle n_{\vec{k}} = 0 \,|\, \hat{a}_{\vec{k}} \,|\, n_{\vec{k}} = 1 \rangle \cdot$$

$$\cdot \langle n_{\vec{f}} - 1 \,|\, \hat{b}_{\vec{f}} \,|\, n_{\vec{f}} \rangle .$$

Da die Matrixelemente mit den Erzeugungs- und Vernichtungsoperatoren der Elektronen ± 1 sind und das Phononenmatrixelement $n_f$ ist, wird die Übergangswahrscheinlichkeit (2. Goldene Regel S. 610) für ein Elektron von $k$ nach $k'$ mit Absorption eines Phonons

$$dW_- = \frac{2\pi}{\hbar} \,|\langle \hat{H}_W \rangle_{\vec{k}',\vec{k}}|^2 \,\delta\Big(E(\vec{k}) - E(\vec{k}-\vec{f}) + \hbar\omega_f\Big) \frac{d\vec{f}\,d\tau}{(2\pi)^3}$$

$$= \frac{2\pi}{\hbar} D^2_\omega \, n_f \, \frac{d\vec{f}\,d\tau}{(2\pi)^3} \,\delta\Big(E(\vec{k}) - E(\vec{k}-\vec{f}) + \hbar\omega_f\Big) . \qquad (85)$$

Falls wir die Näherung aus Gleichung (82) benutzen, erhalten wir

$$dW_- = \frac{4\pi g^2 f n_f}{9MNc} \,\delta\Big(E(\vec{k}) - E(\vec{k}+\vec{f}) + \hbar cf\Big) \frac{d\vec{f}\,d\tau}{(2\pi)^3} .$$

Die totale Übergangswahrscheinlichkeit für einen Elektronenübergang mit der Absorption eines Phonons folgt daher zu

$$W_- = 4\pi \frac{g^2}{9MNc} \int f n_f \,\delta\Big(E(\vec{k}) - E(\vec{k}+\vec{f}) + \hbar cf\Big) \frac{d\vec{f}\,d\tau}{(2\pi)^3} .$$

Analog ergibt sich die Übergangswahrscheinlichkeit mit der Emission eines Phonons zu

$$W_+ = 4\pi \frac{g^2}{9MNc} \int f(n_f + 1)\,\delta\Big(-E(\vec{k}) + E(\vec{k}-\vec{f}) + \hbar cf\Big) \frac{d\vec{f}\,d\tau}{(2\pi)^3} .$$

Derartige „Streuprozesse“ mit der Absorption oder Emission von Phononen können sehr anschaulich in sogenannten FEYNMAN-Diagrammen dargestellt werden. So lassen sich die beiden hier diskutierten Prozesse in dieser Näherung in den FEYNMAN-Diagrammen der Fig. 178 darstellen. Die durchgezogenen Linien sind die Elektronen, die welligen die Phononen. Mit Hilfe dieser Diagramme lassen sich auch Prozesse einfach und anschaulich darstellen, die über die hier diskutierte Näherung hinausgehen. So stellt beispielsweise Fig. 179 a die Emission und sofortige Reabsorption eines virtuellen Phonons dar. Dieser Prozeß bedeutet, daß jedes Elektron von einer Wolke von Phononen mit den verschiedensten Frequenzen umgeben ist.

Da das Elektron sich aber im Gitter bewegt, muß die Phononenwolke dem Elektron folgen. Dies hat aber zur Konsequenz, daß die effektive Masse des Elektrons dadurch

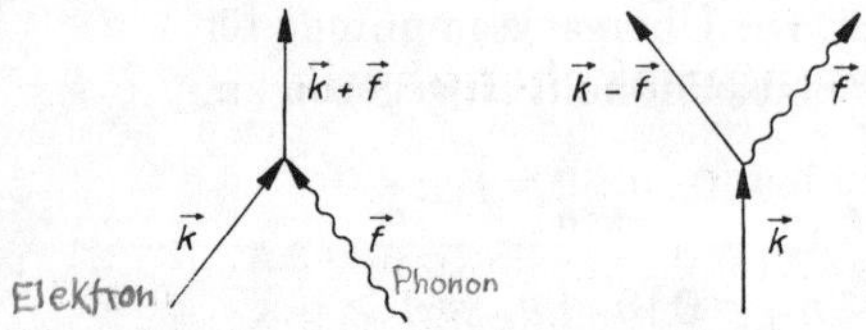


Fig. 178. Streuprozeß eines Elektrons mit Impuls $\vec{K}$ mit der Absorption bzw. Emission eines Phonons mit Impuls $\vec{f}$, dargestellt als FEYNMAN-Diagramm.

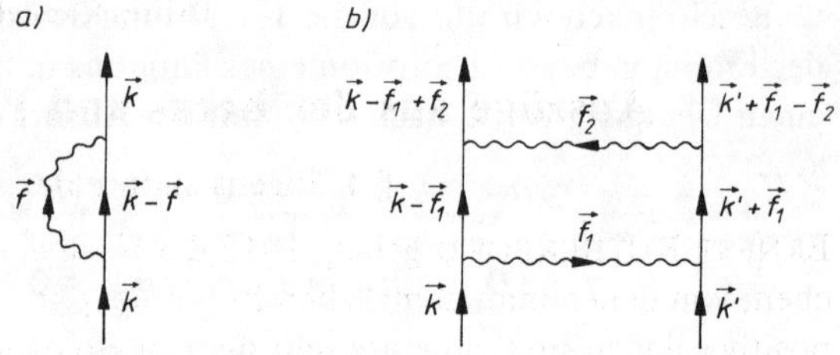


Fig. 179. Beispiele von FEYNMAN-Diagrammen weiterer Prozesse
a) Emission und sofortige Reabsorption eines virtuellen Phonons.
b) Phononenaustausch zwischen zwei Elektronen.

verändert wird – ein Prozeß, der in § 7 bereits angesprochen wurde und hier in Form eines FEYNMAN-Diagramms veranschaulicht ist.

Ein anderer Effekt wird beispielsweise in Fig. 179b betrachtet. Hier emittiert das eine Elektron ein Phonon $\vec{f}_1$ und absorbiert ein anderes $\vec{f}_2$. Das andere Elektron absorbiert das erste und emittiert das zweite. Dieser Phononenaustausch führt unter bestimmten Bedingungen zu einer schwachen Anziehung der Elektronen. (Obwohl dieser Effekt klein ist, spielt er aber beim Temperaturausgleich bei Metallen bei tiefen Temperaturen eine wichtige Rolle.)

Wir sehen aus der Diskussion dieser wenigen Fälle, daß FEYNMAN-Diagramme bei der Beschreibung und Veranschaulichung physikalischer Prozesse hier in der Festkörperphysik eine wichtige Rolle übernehmen können, ebenso, wie sie dies in allen anderen Bereichen der Physik der Teilchen-Feld-Wechselwirkung (insbesondere der Quantenelektrodynamik) übernommen haben. Leider wird man durch die Angabe eines FEYNMAN-Diagramms nicht der Aufgabe entledigt, die dazugehörige mathematische Formulierung auch explizit auszuführen; doch läßt sich bereits oft auf Grund ihrer Struktur ihre Größenordnung abschätzen. Sie sind damit auch hier in der Festkörperphysik zu einem wichtigen Hilfsmittel geworden.

Drittes Kapitel

# Auszüge aus der Kern- und Elementarteilchenphysik

## § 1. Eigenschaften der Atomkerne

ERNEST RUTHERFORD gelang 1912 der Nachweis der Atomkerne. Er streute $\alpha$-Teilchen, von denen man damals bereits wußte, daß sie sehr klein sein mußten und zweifach positiv geladen sind, an einer sehr dünnen Goldfolie. Die experimentell beobachtete Winkelverteilung stimmte mit der von ihm theoretisch abgeleiteten sogenannten RUTHERFORDschen Streuformel sehr genau überein. Einzige Voraussetzung bei der Ableitung dieser Formel ist die Annahme zweier Punktladungen $Z_1 \cdot e$ und $Z_2 \cdot e$, die nach dem elektrostatischen Kraftgesetz $F = \dfrac{Z_1 \cdot Z_2\, e^2}{4\pi\,\epsilon_0\, r^2}$ miteinander wechselwirken. Da die analytische Abhängigkeit vom Abstand $r$ mit dem Gravitationsgesetz übereinstimmt, können wir die Rechnungen aus dem 2. Buch, 1. Kap, § 6 direkt übernehmen. Ersetzen wir in den dortigen Formeln $G \cdot M$ durch $-\dfrac{Z_1 \cdot Z_2\, e^2}{4\pi\,\epsilon_0\, M_\alpha} = -k^2$, mit $M_\alpha$ der reduzierten Masse des $\alpha$-Teilchens, so wird die Bahngleichung (dortige Gleichung 21) zu

$$r(\varphi) = \frac{-\dfrac{4c^2}{k}}{1 - \dfrac{2c}{k}\sqrt{v_0^2 + \dfrac{2k}{r_0} + \dfrac{k^2}{4c^2}}\,\cos\varphi} = \frac{-l}{1 - \epsilon\cos\varphi} \tag{1}$$

wobei $c$ die Flächengeschwindigkeit ist. Da wir hier die Zählung von $\varphi$ bei Minimalwert beginnen und das Potential abstoßend ist, sind die Vorzeichen in dieser Gleichung anders als in der Gleichung 21 auf Seite 98. In der Hyperbelgleichung (1) wird der Halbparameter $l$ bei abstoßendem Potential negativ. Da $r$ aber stets positiv ist, ist die Gleichung natürlich nur erklärt für solche $\varphi$, bei denen die rechte Seite positiv ist. Zu Beginn der Bewegung ist das Teilchen unendlich weit entfernt ($r_0 = \infty$) und hat die Geschwindigkeit $v_0$. Da die Flächengeschwindigkeit $c$ auf der Hyperbelbahn konstant bleibt (2. KEPPLERsches Gesetz), zu Beginn aber $\frac{1}{2}\, v_0 \cdot p$ ist, mit $p$ dem Stoßparameter, wird die Exzentrizität

$$\epsilon = \frac{v_0\, p}{k}\sqrt{v_0^2 + \left(\frac{k}{v_0 \cdot p}\right)^2} \tag{2}$$

Aus der hier benutzten Polargleichung (1) mit dem Nenner $1 - \epsilon\cos\varphi$ folgt, daß für $\cos\varphi = +\frac{1}{\epsilon}$ der Wert von $r$ unendlich wird. Aus Fig. 180 entnimmt man, daß dann $\varphi = \frac{1}{2}\,(\pi - \vartheta)$ ist. Aus

$$\cos\frac{1}{2}\,(\pi - \vartheta) = \frac{1}{\epsilon}$$

folgt unmittelbar

$$\tan\frac{\vartheta}{2} = \frac{1}{\sqrt{\epsilon^2 - 1}}.$$

Setzen wir $\epsilon$ aus Gl. (2) ein, erhalten wir

$$\tan\frac{\vartheta}{2} = \frac{k}{v_0^2 p},$$

wodurch der halbe Ablenkwinkel mit dem Stoßparameter $p$ verknüpft ist.

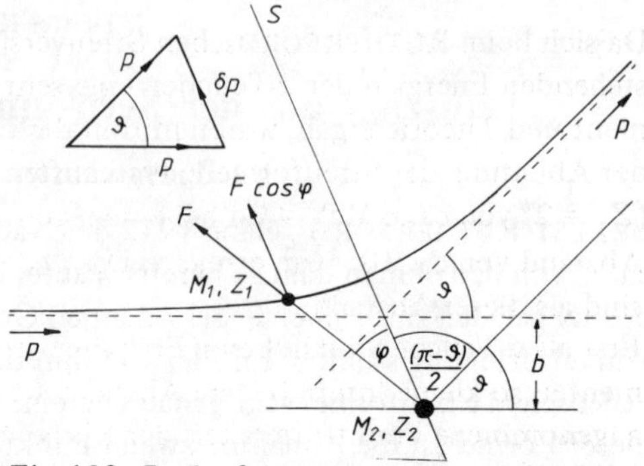

Fig. 180. Rutherfordstreuung zweier Atomkerne.

Als nächstes wollen wir die Wahrscheinlichkeit dafür bestimmen, daß ein Streuprozeß unter dem Ablenkwinkel $\vartheta$ im Schwerpunktsystem auftritt. Damit eine Ablenkung im Winkelbereich zwischen $\vartheta$ und $\vartheta + \mathrm{d}\vartheta$ zustande kommt, muß das einfallende Teilchen das Streuzentrum mit einem Stoßparameter zwischen $p$ und $p + \mathrm{d}p$ anfliegen. Die Wahrscheinlichkeit, einen Ablenkwinkel zwischen $\vartheta$ und $\vartheta + \mathrm{d}\vartheta$ zu erfahren, kann man dann für jedes Teilchen und pro Streuzentrum durch die Fläche $\mathrm{d}\sigma$ ausdrücken, wobei

$$\mathrm{d}\sigma = 2\pi p\, \mathrm{d}p \tag{4}$$

und $p$ nach Gl. (3) eine Funktion von $\vartheta$ ist. Die Größe $\mathrm{d}\sigma$ wird „differentieller Wirkungsquerschnitt" bezeichnet, die Größe

$$\sigma = \int \frac{\mathrm{d}\sigma}{\mathrm{d}\Omega}\, \mathrm{d}\Omega$$

als „integraler Wirkungsquerschnitt" mit dem Raumwinkelelement $\mathrm{d}\Omega = 2\pi \sin\vartheta\, \mathrm{d}\vartheta$. $\frac{\mathrm{d}\sigma}{\mathrm{d}\Omega}$ ist die Zahl der pro Streuzentrum in das Raumwinkelelement gestreuten Teilchen, dividiert durch den Strom der einfallenden Teilchen.

Aus (3) und (4) folgt

$$\mathrm{d}\sigma = 2\pi p\, \mathrm{d}p = 2\pi \cdot \frac{k}{v_0^2} \cot\frac{\vartheta}{2} \cdot \mathrm{d}\left(\frac{k}{v_0^2}\cot\frac{\vartheta}{2}\right) = \pi \left(\frac{k}{v_0^2}\right)^2 \frac{\cos\frac{\vartheta}{2}}{\sin^3\frac{\vartheta}{2}}\, \mathrm{d}\vartheta\,.$$

Mit $\mathrm{d}\Omega = 2\pi \cdot \sin\vartheta\, \mathrm{d}\vartheta = 4\pi \cdot \sin\frac{\vartheta}{2} \cdot \cos\frac{\vartheta}{2}\, \mathrm{d}\vartheta$ und der kinetischen Energie

$$E = \frac{1}{2} M_\alpha v_0^2$$

ergibt sich

$$\boxed{\mathrm{d}\sigma = \frac{(Z_1 Z_2 e^2)^2}{(4\pi\epsilon_0)^2\, 16E^2} \frac{1}{\sin^4\frac{\vartheta}{2}}\, \mathrm{d}\Omega}\,. \tag{5}$$

Da sich beim RUTHERFORDschen Streuversuch mit den RUTHERFORD zur Verfügung stehenden Energien der $\alpha$-Teilchen eine sehr gute Übereinstimmung zwischen Experiment und Theorie ergab, waren mithin die oben angenommenen Voraussetzungen bei der Ableitung der Streuformel physikalisch richtig. Bei einer Energie der $\alpha$-Teilchen ($Z_1 = 2$) von ca. 6 MeV wird bei einem zentralen Stoß auf Gold ($Z_2 = 79$) ein kürzester Abstand von ca. $10^{-13}$ m erreicht. Das bedeutet, daß die Kerne auf jeden Fall kleiner sind als dieser Abstand.
Erst als $\alpha$-Teilchen mit höheren Energien zur Verfügung standen, erreichte man experimentell so kleine internukleare Abstände, daß die bei der Ableitung der Gleichung 5 angenommene Punktförmigkeit der Kerne nicht mehr gültig war. Die dabei experimentell beobachteten Abweichungen von der RUTHERFORDschen Streuformel lassen sich aber durch die Annahme einer ausgedehnten Kernladungsverteilung und das damit verbundene geänderte Streupotential erklären. Umgekehrt ergab sich dadurch die Möglichkeit, die Ausdehnung der Ladungsverteilung der Atomkerne genau zu erforschen. Unter Punkt b) kommen wir in diesem Paragraphen darauf noch einmal genauer zurück.

Zusammenfassend läßt sich folgende generelle Aussage machen: Die Atomkerne besitzen einen relativ wohl definierten Radius von weniger als 10 fm (1 fm = $10^{-15}$ m), vereinigen fast die gesamte Masse des Atoms in sich und tragen die Ladung $+Ze$. Die dadurch definierte ganzzahlige Kernladungszahl gibt ferner die Zahl der im neutralen Atom gebundenen Elektronen an, ist mit der Ordnungszahl im periodischen System der Elemente identisch und kennzeichnet damit auch indirekt das chemische Verhalten des Atoms.

Der Atomkern ist ein quantenmechanisch gebundenes System aus $Z$-Protonen und $N$-Neutronen, wobei $Z+N=A$ die Zahl der Nukleonen (Sammelname für Proton und Neutron) im Kern angibt. Als „Isotope" bezeichnet man Kerne mit gleichem $Z$, aber verschiedenem $N$, als „Isotone" Kerne mit gleichem $N$, aber verschiedenem $Z$. „Isobare" sind Kerne mit gleicher Nukleonenzahl $A$, aber verschiedenem $Z$ und $N$. Zu einem „Element" gehören alle Kerne mit gleichem $Z$.

Die Hauptaufgabe einer theoretischen Beschreibung der Atomkerne besteht sicherlich darin, die SCHRÖDINGER-Gleichung für das Viel-Nukleonen-System eines Kernes zu lösen. In der Atomphysik haben wir aber bereits gesehen, wie schwierig es war, die SCHRÖDINGER-Gleichung für das Viel-Elektronensystem einigermaßen gut zu lösen, obwohl dort die Wechselwirkung der Elektronen sehr gut bekannt ist. Im Gegensatz dazu kennen wir die Wechselwirkung der Nukleonen untereinander nur höchst unvollständig, so daß wir die zu lösende SCHRÖDINGER-Gleichung schon gar nicht genau angeben können. Ferner bewegen sich die Nukleonen nicht in einem Zentralpotential, sondern in einem Potential, das sie sich durch ihre quantenmechanische Bewegung selbst erzeugen.

Ebenso wie wir aber in der Festkörperphysik durch physikalisch vernünftige, aber stark vereinfachende Annahmen zu einer einigermaßen befriedigenden Beschreibung gekommen sind, müssen wir auch hier in der Kernphysik vorgehen. So stellt das Tröpfchenmodell in § 2 das Analogon zu einem klassischen Flüssigkeitstropfen her, während das Schalenmodell in § 3 die sicherlich einfachste quantenmechanische Einteilchenbeschreibung liefert. Im Kollektivmodell § 4 treten wieder kollektive Eigenschaften der Nukleonen in den Vordergrund.

In § 5 schließlich soll versucht werden, den Stand der selbstkonsistenten quantenmechanischen Rechnungen aufzuzeigen, die dem theoretischen Anspruch einer ab-initio-Beschreibung noch am nächsten kommen.

Um die verschiedenen theoretischen Ansätze aber physikalisch verstehen zu können, sollen im folgenden die phänomenologischen Eigenschaften der Kerne etwas genauer dargestellt werden.

a) Massen

Die Massen der Kerne plus der an sie gebundenen Elektronen, abgekürzt ${}^{Z}_{A}M_N$, sind nicht genau gleich der Summe der Massen der darin enthaltenen Protonen $m_p$ und Neutronen $m_n$. Um die Elektronen mit zu berücksichtigen, benutzt man statt $m_p$ die Masse eines Wasserstoffatoms $m_H$. Der Differenzbetrag entspricht der Bindungsenergie $E_B$ dieser Nukleonen (plus der dagegen sehr kleinen elektronischen Bindungsenergie), wobei sich diese Bindungsenergie leicht aus der gut meßbaren Masse der Atome über die Beziehung $E = mc^2$ berechnen läßt

$$E_B = [\,{}^{A}_{Z}M_N - Z m_H - N m_n\,] \cdot c^2 \,. \qquad (6)$$

Die Bindungsenergie ist für stabile Kerne stets negativ. Als Einheit der Masse im atomaren Bereich benutzt man die atomare Masseneinheit $u$

$$1\,u = \frac{1}{12} \text{ der Ruhemasse des } {}^{12}\text{C-Atoms} = 931{,}502\,\frac{\text{MeV}}{c^2}\,.$$

Fig. 181 zeigt die empirisch gefundenen Bindungsenergien pro Nukleon für alle bekannten Kerne im Grundzustand. Der Bereich bis $A = 20$ ist gesondert herausgezeichnet. Man erkennt ein Minimum bei $A \approx 60$ (Fe, Ni). Durch Spaltung größerer Kerne oder Fusion kleinerer Kerne kann daher im Prinzip Energie (Bindungsenergie) gewonnen werden. Beide Prozesse werden technisch im Kernreaktor und der Atombombe bzw.

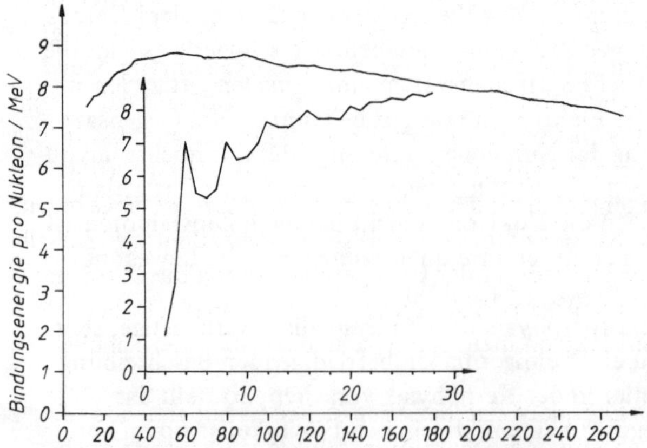


Fig. 181. Bindungsenergie pro Nukleon für alle bekannten Kerne im Grundzustand. Der Bereich bis zur Massenzahl 30 ist separat vergrößert herausgezeichnet.

in der Wasserstoffbombe bereits ausgenutzt. Die kontrollierte Fusion in einem Fusionsreaktor ist z. Zt. noch in Entwicklung.

Der zackige Verlauf der Kurve bei kleinen $A$ deutet auf die besondere Stabilität des $\alpha$-Teilchens ($^4$He-Kern) und der aus $\alpha$-Teilchen aufgebauten Kerne $^8$Be, $^{12}$C, $^{16}$O und $^{20}$Ne hin.

Zur schematischen Darstellung der Gleichung (6) bedient man sich graphischer Energiediagramme. So ist in Fig. 182a ein Energiediagramm für die Nukleonenzahl $A = 12$ wiedergegeben. Die Grundzustände der Kerne $^{12}$B und $^{12}$N liegen ca. 14 MeV oberhalb des Grundzustandes von $^{12}$C, was dessen relative Stabilität besonders deutlich werden läßt. Die Striche oberhalb des jeweiligen Grundzustandes geben die energetische Lage der angeregten Zustände sowie den Spin des jeweiligen Kernes an. Übergänge

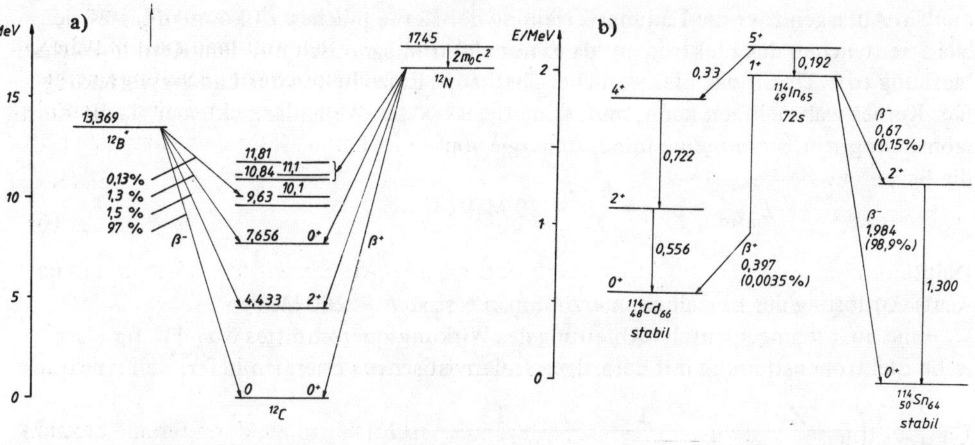


Fig. 182. Zwei Beispiele für Energiediagramme für die a) Nukleonenzahl 12 und b) Nukleonenzahl 114. Für einige ausgewählte Isotope sind einige angeregte Niveaus mit Energie und Kernspin und die Zerfallskanäle angegeben.

dazwischen sind $\gamma$-Übergänge, d. h. Emissionen von Photonen. Die Striche zwischen den Kernen deuten Kernzerfälle (hier $\beta$-Übergänge) an. (Mehr dazu in § 6.) Fig. 182b zeigt ein anderes Energiediagramm bei dem $^{114}$In entweder durch Elektroneneinfang oder $\beta^+$-Zerfall in $^{114}$Cd zerfällt oder durch $\beta^-$-Einfang in $^{114}$Sn. Weil beim $\beta^+$-Zerfall sowohl ein Positron (Masse $m_0 c^2$) emitiert wird als auch im Endkern ein Proton und damit automatisch verknüpft auch ein Elektron weniger vorhanden ist, muß in dieser Auftragung, bei der die Elektronen mitgerechnet sind, ein Energiebeitrag $2m_0 c^2$ abgezogen werden, so daß nur der Rest als kinetische Energie zur Verfügung steht. Beim $\beta^-$-Zerfall ist dies nicht nötig, da das emittierte Elektron in der Energiebilanz durch die Tatsache wieder ausgeglichen wird, daß der Endkern ein Proton und damit automatisch (bei dieser Art der Auftragung) auch ein Elektron mehr hat. (Siehe dazu auch die Tabelle zu Beginn des § 6.)

Alle hier angegebenen Massen- bzw. Energie-Werte beziehen sich stets auf ruhende Systeme. Da in den Messungen die Atome oder Reaktionsprodukte jedoch stets noch kinetische Energie besitzen und neben dem Energiesatz auch der Impulssatz erfüllt sein muß, sind diese hier aufgetragenen Bindungs- oder Anregungsenergien nie selbst Meßgrößen, sondern stets nur der sogenannte $Q$-Wert, in dem neben der Bindungsenergie die ganze Kinematik eines Stoß- oder Zerfallsprozesses als Funktion der kinematischen Größen enthalten ist. Ein Beispiel für den $Q$-Wert wird bei der Diskussion des $\alpha$-Zerfalls in § 6 gegeben.

b) Ladungsverteilung

Im Rahmen der Diskussion der RUTHERFORDschen Streuformel zu Beginn dieses Paragraphen haben wir bereits festgestellt, daß ein derartiges Streuexperiment geeignet ist, Aussagen über die innere Struktur der Kerne zu liefern.

Um Aussagen über die Ladungsverteilung der Kerne machen zu können, bietet sich als Streuteilchen das Elektron an, da es nur elektromagnetisch mit dem Kern in Wechselwirkung tritt. Damit das Elektron aber überhaupt Einzelheiten der Ladungsverteilung des Kernes wahrnehmen kann, muß seine DE BROGLIE-Wellenlänge kleiner als die Kernabmessung sein, woraus eine Mindestenergie von

$$E_{\min} \approx p \cdot c = \frac{\hbar c}{\lambda} \approx 20 \text{ MeV}$$

folgt.
Gute Auflösung der Einzelheiten erzielt man erst ab $E \geqslant 200$ MeV.

Eine quantenmechanische Ableitung des Wirkungsquerschnittes $\mathrm{d}\sigma / \mathrm{d}\Omega$ für elastische Elektronenstreuung mit derartigen (relativistischen) Energien liefert den Ausdruck

$$\frac{\mathrm{d}\sigma}{\mathrm{d}\Omega} = \left(\frac{Ze^2}{4\pi\epsilon_0 4p_0 c}\right)^2 \frac{1}{\sin^4 \frac{\vartheta}{2}} \cdot \frac{1}{1 + \frac{2p_0}{Mc} \sin \frac{\vartheta}{2}} \, |F|^2 \; . \tag{7}$$

Dabei stellt der erste Teil die RUTHERFORDsche Streuformel Gl. (5) mit der charakteristischen $\sin^{-4} \frac{\vartheta}{2}$ Abhängigkeit dar, der zweite Teil berücksichtigt den Rückstoß des Kernes, und die Größe $F$ ist der sogenannte Formfaktor, in dem die gesamte Information über die Ladungsverteilung steckt. $F$ ist die FOURIER-Transformierte der Ladungsverteilung $\rho(\vec{r})$ des Kernes

$$F = \frac{1}{Z} \int \rho(\vec{r}) \, e^{i \vec{k} \vec{r}} \, \mathrm{d}\vec{r} \tag{8}$$

und $\hbar \vec{k}$ ist der Impulsübertrag beim elastischen Stoß. Durch das Impulsdiagramm, das bereits in Fig. 151 für den elastischen Stoß gegeben war, gilt der Zusammenhang $\hbar k = 2p \sin \frac{\vartheta}{2}$. Könnte man nun den Formfaktor bei allen Impulsüberträgen messen, erhielte man sofort durch FOURIER-Transformation von $F$ die gesuchte Dichte $\rho(\vec{r})$. Leider ist dies in der Praxis nicht möglich, so daß in der Bestimmung von $\rho(\vec{r})$ stets auch noch zusätzliche Annahmen über den experimentell nicht zugänglichen Verlauf von $F$ hereingesteckt werden müssen.

Nimmt man $\rho(\vec{r})$ kugelsymmetrisch an, so läßt sich im Integral Gl. (8) die Winkelintegration durchführen, und es verbleibt

$$F = \frac{4\pi}{Zk} \int_0^\infty \rho(r) \sin(kr)\, r\, \mathrm{d}r \ . \tag{9}$$

Für kleine $(k \cdot r)$ kann man sin $(kr)$ entwickeln, so daß daraus folgt

$$F = \frac{1}{Z} \int_0^\infty \rho(r) 4\pi r^2\, \mathrm{d}r - \frac{1}{6} k^2 \frac{1}{Z} \int_0^\infty \rho(r)\, r^2\, 4\pi r^2\, \mathrm{d}r + \cdots$$

Mit $\langle r^n \rangle = \frac{1}{Z} \int r^n \rho(r)\, 4\pi r^2\, \mathrm{d}r$ folgt dann

$$F = 1 - \frac{1}{6} k^2 \langle r^2 \rangle + \frac{1}{120} k^4 \langle r^4 \rangle + \cdots \tag{10}$$

Schon bei kleinen Impulsüberträgen $k$ kann man also aus der Abweichung der experimentellen von der für $F = 1$ (punktförmiger Kern) erwarteten Streuverteilung auf den mittleren quadratischen Radius der Ladungsverteilung schließen. Eine Erhöhung der Impulsüberträge liefert $\langle r^4 \rangle, \langle r^6 \rangle$ usw.

Eine zweite Methode, Aussagen über die Kernladungsverteilung zu gewinnen, ist die Beobachtung myonischer Atome. Diese Atome bestehen aus einem normalen Kern und dem Elementarteilchen Myon, wobei das Myon analog wie ein Elektron durch die elektromagnetische Wechselwirkung an den Kern gebunden ist. Da die Myonen sehr schwer sind, liegt die Aufenthaltswahrscheinlichkeit eines im 1 $s$-Zustand gebundenen Myons bereits zu großen Teilen im Kern. So wird durch die ausgedehnte Ladungsverteilung beispielsweise im Blei der 1 $s$-Zustand von $-21$ MeV Bindungsenergie im Falle eines hypothetischen Punktkernes auf $-10{,}5$ MeV für den realen Bleikern angehoben. Diese Zahlen machen deutlich, wie sehr dabei die genaue Form der Kernladungsverteilung Einfluß nimmt, so daß sich durch Auswertung einer großen Anzahl von Röntgenübergängen in Myonenatomen sehr genaue Kern-Ladungsverteilungen gewinnen lassen.

Schon sehr früh wurde deutlich, daß sich in einfachster Näherung die Kerne durch homogen geladene Kugeln mit Radius

$$R \approx R_0 \cdot A^{1/3} \quad \text{und} \quad R_0 \approx 1{,}2\,fm \tag{11}$$

beschreiben lassen.

Faßt man jedoch alle Ergebnisse, die mit den hier diskutierten genaueren Methoden gewonnen wurden, zusammen, so ergibt sich Fig. 183. Die analytische Form wird am besten durch eine 2-parametrige FERMI-Ladungsverteilung wiedergegeben

$$\boxed{\rho(r) = \frac{\rho_0}{1 + \exp\left(\frac{r - c}{t}\, 4 \ln 2\right)}} \tag{12}$$

wobei $c$ der sogenannte Halbwertsradius und $t$ die Oberflächendicke ist. Die Werte für $c$ und $t$ sind inzwischen für die meisten Kerne gut bekannt.

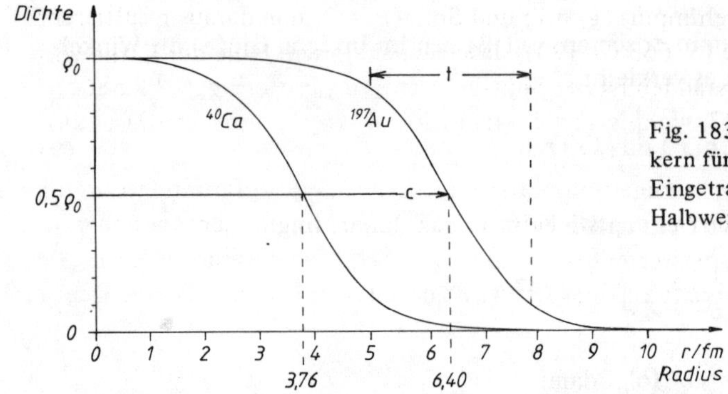


Fig. 183. Ladungsdichte $\rho(r)$ im Atomkern für $^{40}Ca$ und $^{197}Au$ als Beispiel. Eingetragen ist für $^{197}Au$ noch der Halbwertsradius $c$ und die Oberflächendicke $t$.

## c) Kernspin und Kernmomente

Genau wie in der Elektronenhülle eines Atoms ist der Gesamtdrehimpuls im Atomkern eine Erhaltungsgröße. Obwohl er sich wie in der Hülle aus den Bahndrehimpulsen der Nukleonen sowie den Spins zusammensetzt, hat sich für den Gesamtdrehimpuls $I$ der physikalisch unglückliche Namen "Kernspin" durchgesetzt. Da die Nukleonen Fermionen mit Spin 1/2 sind, muß die Quantenzahl $I$ ganzzahlig sein, wenn die Anzahl $A$ der Nukleonen im Kern gerade ist; bei ungeradem $A$ ist $I$ halbzahlig. Messungen haben ergeben, daß alle *g-g* Kerne (das erste *g* steht für eine *g*erade Protonenzahl, das zweite für eine *g*erade Neutronenzahl; analog steht *u* für *u*ngerade) im Grundzustand den Kernspin $I = 0$ haben. Alle *u-g* und *g-u* Kerne haben Kernspins zwischen $I = 1/2$ und $9/2$. Eine brauchbare Erklärung dafür liefert z. B. das Schalenmodell in § 3.

Der Kernspin $I$ verhält sich wie jeder andere Gesamtdrehimpuls in der Quantenmechanik, was besonders bei der Ankopplung an die elektronischen Drehimpulse, der Hyperfeinstruktur, deutlich wird. (Vergleiche dazu § 5 im 4. Kapitel des 5. Buches sowie § 10 im 1. Kapitel des 6. Buches.) Als Folge der Spins der Nukleonen und ihrer Bahnbewegung im Kern besitzt ein Kernzustand mit nicht verschwindendem Gesamtdrehimpuls ein magnetisches Dipolmoment. Genau wie im Fall der Hüllendrehimpulse ist auch hier der Vektor $\vec{\mu}_I$ dieses Dipolmomentes im zeitlichen Mittel proportional zum Gesamtdrehimpulsvektor $I$. Die Proportionalität läßt sich darstellen als

$$\vec{\mu}_I = -g_I \frac{\mu_k}{\hbar} \vec{I} \tag{13}$$

wobei die Größe

$$\mu_k = \frac{e\hbar}{2m_p}$$

als „Kernmagneton" bezeichnet wird. $m_p$ ist dabei die Masse eines Protons, wodurch das Kernmagneton um das Massenverhältnis von Proton zu Elektron (1837 : 1) kleiner ist als das BOHRsche Magneton. Die eigentliche Kerneigenschaft ist in dem dimensionslosen Faktor $g_I$ („Kern-*g*-Faktor") enthalten. Genau wie man bei der Kopplung zwischen elektronischem Bahndrehimpuls ($g_l = 1$) und Spin ($g_s = 2$) den daraus resultierenden $g$-Faktor erklären konnte (S. 663 Gl. (90)), läßt sich analog im Falle der Kerne vorgehen. Allerdings völlig unverstanden ist der Spin-$g$-Faktor des Protons $g_s = +5{,}586$ und des Neutrons $g_s = -3{,}827$, wohingegen die Bahn-$g$-Faktoren normal sind. Für das Proton ist $g_l = 1$, für das Neutron ist $g_l = 0$.

Darüber hinaus besitzen nicht-kugelsymmetrische Kernzustände aufgrund ihrer räumlichen ausgedehnten Ladungsverteilung ein elektrisches Quadrupolmoment, dessen Größe von der Form der Ladungsverteilung abhängt. Die Wechselwirkung des Kernquadrupolmomentes mit der nicht-kugelsymmetrischen Elektronendichte ist Teil der Hyperfeinwechselwirkung.

## § 2. Tröpfchenmodell

In § 1 haben wir gesehen, daß sich die Ladungsverteilung der Atomkerne sehr gut durch eine FERMI-Funktion, Gl. (12) und Fig. 183, beschreiben läßt. Bei Kernen ab einer Massenzahl von etwa $A = 20$ ist dabei die Kerndichte im Innern fast konstant. Dieses Verhalten erinnert sehr an das Verhalten eines Flüssigkeitstropfens, das dem Tröpfchenmodell von v. WEIZSÄCKER auch seinen Namen gegeben hat. Darin gelingt es, eine relativ einfache physikalische „Erklärung" der Bindungsenergien (Gl. 6) der Atomkerne zu erhalten. Es besteht aus folgenden 5 Termen:

Kondensationsterm

Aufgrund der Kernkräfte ziehen sich die Nukleonen an und „kondensieren". Dabei wird eine Energie frei, die proportional zur Nukleonenzahl $A$ ist

$$E_{B,\mathrm{kond}} = -a_1 A \,. \tag{14}$$

Oberflächenterm

Die an der Oberfläche des Kerntröpfchens befindlichen Nukleonen werden nicht so fest gebunden. Der Term Gl. (14) muß also verkleinert werden durch den Anteil

$$E_{B,\,\mathrm{Oberfl.}} = + \,\mathrm{const.} \cdot 4\pi R^2 \,.$$

Mit der in Gl. (11) ausgesprochenen Annahme, daß das Volumen des Kerntröpfchens proportional der Nukleonenzahl ist ($R^3 \sim A$) wird der Oberflächenterm zu

$$E_{B,\,\mathrm{Oberfl.}} = +a_2 \cdot A^{2/3} \,. \tag{15}$$

Elektrische Abstoßung der Protonen

Da sich im Kern $Z$ Protonen befinden, muß als dritter Term die elektrische Abstoßung der Protonen untereinander berücksichtigt werden.

Die elektrostatische Energie einer homogen geladenen Kugel mit Radius $R$ ist

$$E_P = \frac{1}{2} \int_0^R V(r)\,\rho(r)\,4\pi r^2\,\mathrm{d}r \,,$$

wobei das elektrische Potential im Kerninnern

$$V(r) = \frac{Ze}{4\pi\epsilon_0} \frac{1}{R}\left(\frac{3}{2} - \frac{1}{2}\frac{r^2}{R^2}\right)$$

und die Protonendichte

$$\rho(r) = \frac{Ze}{\frac{4\pi}{3}R^3}$$

ist.

Das ausgewertete Integral liefert

$$E_P = \frac{3}{5}\frac{(Ze)^2}{4\pi\epsilon_0 R} \quad .$$

Korrigiert man noch darauf, daß natürlich ein Proton nur mit den anderen Protonen, nicht aber mit sich selbst wechselwirkt, muß $Z^2$ durch $Z(Z-1)$ ersetzt werden. Ersetzen wir ferner $R = R_0 \cdot A^{1/3}$, wird der Zusatzterm für die Kernbindungsenergie

$$E_{B,\text{el. Abst.}} = a_3 \frac{Z(Z-1)}{A^{1/3}}$$

$$= \frac{3}{5}\frac{e^2}{4\pi\epsilon_0 R_0}\frac{Z(Z-1)}{A^{1/3}} \approx 0{,}772 \text{ MeV} \frac{Z(Z-1)}{A^{1/3}} . \tag{16}$$

Symmetrieterm

Solange die elektrische Abstoßung der Protonen vernachlässigt wird, findet man, daß Kerne mit $N = Z$ am stabilsten sind. Dieses Verhalten läßt sich durch Betrachtung der Nukleonen als degeneriertes Gas, das der FERMI-DIRAC-Statistik folgt, verstehen. Zur Ableitung seien zuerst die Protonen alleine betrachtet. Sie befinden sich im Kernvolumen $\frac{4\pi}{3}R^3$ und besetzen im Impulsraum entsprechend der FERMI-Statistik für den Grundzustand alle Impulse von 0 bis $p_{max}$. (Die völlig analoge Überlegung haben wir bereits bei der Ableitung der THOMAS-FERMI-Gleichung im 5. Buch, § 6, Kapitel 1 benutzt.)

D. h., das Phasenintegral ist gegeben zu

$$2\int_0^{p_{max}}\int_0^{\frac{4\pi}{3}R^3} d\vec{p}\, d\vec{r} = nh^3 \tag{17}$$

wobei der Faktor 2 wegen der 2 Spinstellungen auftritt.

Wenn je ein Proton einen Quantenzustand besetzt, ist $n = Z$. Aus Gl. (17) wird

$$2 \cdot \frac{4\pi}{3}R^3 \cdot \frac{4\pi}{3}p^3_{max} = Z(2\pi\hbar)^3 ,$$

woraus mit $R = R_0 A^{1/3}$ der Maximalimpuls der Protonen folgt

$$(p_{max})_{\text{Proton}} = \frac{\hbar}{R_0}\sqrt[3]{\frac{9\pi}{4}\frac{Z}{A}} . \tag{18}$$

Entsprechendes gilt für das Neutronengas

$$(p_{\max})_{\text{Neutron}} = \frac{\hbar}{R_0} \sqrt[3]{\frac{9\pi}{4} \frac{N}{A}} \,.$$

Die gesamte kinetische Energie $E_k$ der Protonen (die Summe über die $Z$-Protonen wird näherungsweise durch ein Integral ersetzt) ist gegeben durch

$$E_{k,\,\text{Proton}} = \int_0^Z \frac{p^2}{2m_p}\, \mathrm{d}n$$

wobei sich $\frac{\mathrm{d}n}{\mathrm{d}p}$ aus Gl. (17) ergibt

$$\mathrm{d}n = \frac{4}{3\pi\hbar^3} R_0^3 A\, p^2\, \mathrm{d}p.$$

Die kinetische Energie der Protonen wird damit zu

$$E_{k,\,\text{Proton}} = \frac{2}{3\pi} \frac{AR_0^3}{m_p \hbar^3} \frac{[(p_{\max})_{\text{Proton}}]^5}{5} = \frac{3}{10} \left(\frac{9\pi}{4}\right)^{2/3} \frac{\hbar^2}{m_p R_0^2} Z \left(\frac{Z}{A}\right)^{2/3}$$
$$= C Z \cdot \left(\frac{Z}{A}\right)^{2/3} \quad \text{mit} \quad C = 32{,}6 \text{ MeV}\,. \tag{19}$$

Analog dazu folgt die kinetische Energie der Neutronen zu

$$E_{k,\,\text{Neutron}} = CN \left(\frac{N}{A}\right)^{2/3}.$$

Die gesamte kinetische Energie der Nukleonen wird

$$E_{k,\,P+N} = C\left[Z\left(\frac{Z}{A}\right)^{2/3} + N\left(\frac{N}{A}\right)^{2/3}\right]. \tag{20}$$

Führen wir den Neutronenüberschuß $\Delta = N - Z$ ein, wird

$$N = \frac{A+\Delta}{2} \quad \text{und} \quad Z = \frac{A-\Delta}{2}\,.$$

Entwickeln wir bis zu Gliedern $\left(\frac{\Delta}{A}\right)^2$, wird damit

$$E_{k,P+N} \approx C\left(\frac{1}{2}\right)^{2/3}\left[A + \frac{5}{9} \frac{(N-Z)^2}{A}\right]. \tag{21}$$

Es tritt also ein Term $\sim A$ und einer $\sim \frac{(N-Z)^2}{A}$ auf. Da ein Beitrag $\sim A$ aber bereits im 1. Term berücksichtigt ist, verbleibt als 4. Term

$$E_{B,\,\text{Symmetrie}} = a_4 \frac{(N-Z)^2}{A}\,. \tag{22}$$

Paarungsenergieterm

Die Kernkräfte haben die Eigenschaft, daß sie die Spins zweier gleicher Nukleonen antiparallel ausrichten. Der Zustand mit einem solchen (abgesättigten) Paar liegt energetisch niedriger als einer mit zwei einzelnen Nukleonen. Deshalb werden *g-g* Kerne stärker, *g-u* und *u-g* Kerne weniger stark und *u-u* Kerne am schwächsten gebunden sein. Näherungsweise berücksichtigt man dies durch

$$E_{B,\,\text{Paarung}} = a_5 \cdot \lambda A^{-3/4} \tag{23}$$

mit

$$\lambda = \begin{cases} -1 & \text{für } g\text{-}g\text{-Kerne} \\ 0 & \text{für } g\text{-}u \text{ und } u\text{-}g\text{-Kerne} \\ +1 & \text{für } u\text{-}u\text{-Kerne.} \end{cases}$$

Fassen wir die 5 Terme in den Gl. (14), (15), (16), (22) und (23) zusammen, wird die Bindungsenergie für einen Kern

$$\boxed{{}^{A}_{Z}(E_B)_N \approx -a_1 A + a_2 A^{2/3} + a_3 \frac{Z(Z-1)}{A^{1/3}} + a_4 \frac{(N-Z)^2}{A} + a_5 \lambda A^{-3/4}}\,. \tag{24}$$

Paßt man diese Funktion an die experimentellen Werte von fast 1000 bekannten Bindungsenergien an, so ergeben sich die Konstanten zu

$a_1 \approx 15{,}75$ MeV, $a_2 \approx 17{,}8$ MeV, $a_3 \approx 0{,}71$ MeV, $a_4 \approx 23{,}7$ MeV und $a_5 \approx 34$ MeV.

Der absolute Unterschied zwischen den experimentellen Werten und denen des Tröpfchenmodells ist für $A \geqslant 40$ sehr klein, obwohl gerade die Abweichungen Anlaß zur

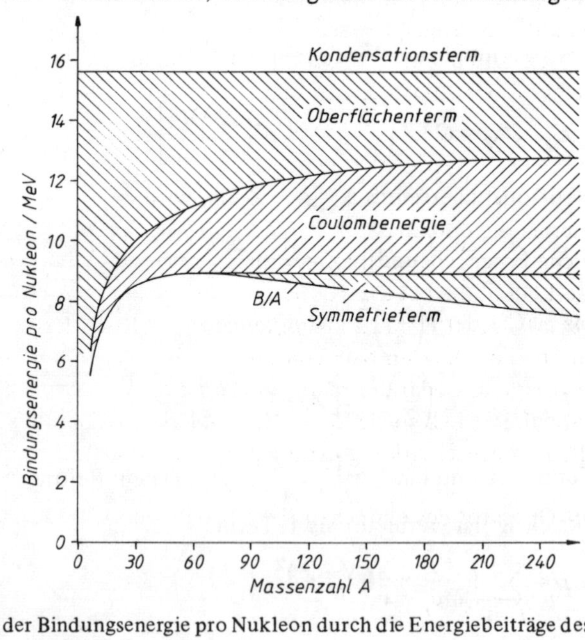


Fig. 184. Erklärung der Bindungsenergie pro Nukleon durch die Energiebeiträge des Tröpfchenmodells.

Weiterentwicklung dieser Beschreibung gegeben haben. Insbesondere zeigt es sich, daß es gewisse sogenannte magische Protonen- und Neutronenzahlen gibt, an denen die Abweichung besonders groß sind, da diese Kerne besonders stabil sind. Es sind dies die Nukleonenzahlen 2, 8, 20, 28, 40, 50, 82 und für die Neutronen zusätzlich 126. In Fig. 184 ist die Bindungsenergie pro Nukleon als Funktion von $A$ aufgetragen, in der die Größe der verschiedenen Terme gut zu erkennen ist.

## § 3. Schalenmodell

Das einfachste quantenmechanische Kernmodell ist das Einteilchen-Schalenmodell. Es ist im wesentlichen für Kerne mit ungerader Nukleonenzahl gedacht und basiert auf der Vorstellung, daß einige wesentliche Eigenschaften der Kerngrundzustände wie Spin, Parität und Kernmomente allein durch das unpaarige Nukleon verursacht werden. Das Viel-Nukleonenproblem wird in dieser Näherung als Einteilchenproblem behandelt. Dabei wird angenommen, daß sich die Nukleonen in einem Kernpotential bewegen, das von den übrigen Nukleonen herrührt. Dies ist im Prinzip der gleiche Ansatz wie in der Atomhülle, in dem wir ebenfalls annahmen, daß sich jedes Elektron in guter Näherung unabhängig von allen anderen Elektronen in einem mittleren Zentralpotential bewegt, das durch das COULOMB-Feld des positiv geladenen Kerns und die elektrostatische Abstoßung aller anderen Elektronen erzeugt wird.

Zwei wichtige Unterschiede bestehen allerdings zwischen Kern und Hülle. Erstens ist die $e^-$-$e^-$ Wechselwirkung bekannt, während die Nukleon-Nukleon-Wechselwirkung nicht gut bekannt ist, und zweitens bewegen sich die Elektronen in einem durch den Kern verursachten Zentralpotential, während sich die Nukleonen das effektiv wirkende Kernpotential erst selbst erzeugen müssen.

Bereits in den 30er Jahren wurde versucht, das Problem mit dem einfachsten aller möglichen Einteilchen-HAMILTON-Operatoren

$$\hat{H} = \sum_{i=1}^{A} \left( \frac{\hat{p}_i^2}{2\mu_i} + V(\vec{r}_i) \right) \tag{25}$$

(mit der reduzierten Nukleonenmasse $\mu$) zu lösen. Dieser Ansatz erwies sich aber als zu einfach, denn welche Potentiale auch immer man sich auswählte, nie gelang es, die Diskontinuitäten zu erklären, die bei den Kernen mit den magischen Protonen- oder Neutronenschalen 2, 8, 20, 28, 50, 82, 126 in den experimentellen Größen wie Bindungsenergien, Abtrennarbeit des letzten Nukleons, magnetisches Dipolmoment, Energie des 1. angeregten Kernzustandes oder der relativen Häufigkeit der Kerne beobachtet wurden.

HAXEL, JENSEN und SUESS sowie M. G. MEYER fanden, daß man im Ansatz Gl. (25) eine starke Spin-Bahn-Wechselwirkung hinzunehmen muß, um die magischen Zahlen zu erhalten.

Der HAMILTON-Operator des einfachen Kern-Schalenmodells lautet also

$$\hat{H} = \sum_{i=1}^{A} \left( \frac{\hat{p}_i^2}{2\mu_i} + V(r_i) + \xi_i \, (\hat{l}_i \cdot \hat{s}_i) \right) \; . \tag{26}$$

Darin hat der Spin-Bahn-Wechselwirkungsoperator genau die gleiche Struktur wie bei der Diskussion der Spin-Bahn-Wechselwirkung in der Elektronenhülle (Gl. 77, S. 658). Einzig $\xi$ ist hier als freier Parameter anzusehen, der an der Experiment angepaßt werden muß. Dieser Ansatz für die Spin-Bahn-Wechselwirkung ist zwar sehr erfolgreich, wie sich im Laufe der Diskussion noch herausstellen wird, doch allein die Tatsache, daß $\xi$ das andere Vorzeichen als bei den Elektronen hat, deutet an, daß der Mechanismus, der der Spin-Bahn- Wechselwirkung der Nukleonen zugrunde liegt, völlig anders sein muß. Da sich ferner bei den Nukleonen die Spin-Bahn-Wechselwirkung als relativ stark erweist, können wir im Kern mit einer $j$-$j$-Kopplung rechnen.

Über das mittlere Potential $V(r)$ wissen wir nur etwas sehr Indirektes durch die Ladungsdichte im Kern, die im Innern relativ konstant ist und außen sehr schnell gegen Null geht. Da es sich für eine praktische Rechnung empfiehlt, das mittlere Potential so zu wählen, daß Eigenwerte und Eigenfunktionen des HAMILTON-Operators Gl. (26) ohne den Spin-Bahn-Anteil einfach zu erhalten sind, bieten sich zwei Möglichkeiten an: (a) das Oszillatorpotential und (b) der unendlich tiefe Kasten.

Für die Diskussion einzelner Kerne sind diese stark idealisierten Potentiale oft zu weit von der Realität entfernt, um feinere Aussagen zu liefern; in einem solchen Fall werden realistischere Potentiale untersucht, deren Eigenwerte und Eigenzustände allerdings oft nur noch numerisch erhalten werden können.

a) Dreidimensionales Oszillatorpotential

Da die SCHRÖDINGER-Gleichung des eindimensionalen Harmonischen Oszillators und des atomaren Einteilchenproblems im 2. Kapitel des 5. Buches bzw. im 1. Kapitel des 6. Buches im Detail gelöst wurde, sei die Lösung der SCHRÖDINGER-Gleichung mit einem dreidimensionalen Oszillatorpotential in Kugelkoordinaten

$$\left\{-\frac{\hbar^2}{2\mu}\nabla^2+\frac{1}{2}\mu\omega^2r^2-E\right\}\psi(\vec{r})=0 \tag{27}$$

nur noch angedeutet.
Mit dem Ansatz

$$\psi(\vec{r})=\frac{1}{r}u(r)\,Y_{lm}(\vartheta,\varphi) \tag{28}$$

und den Abkürzungen

$$\alpha=\sqrt{\frac{\mu\omega}{\hbar}},\qquad \rho=\alpha r\quad\text{und}\quad \epsilon=\frac{2E}{\hbar\omega}$$

erhalten wir die Radialgleichung

$$\left\{\frac{d^2}{d\rho^2}+\epsilon-\rho^2-\frac{l(l+1)}{\rho^2}\right\}u_l(\rho)=0 \tag{29}$$

in der die Eigenwerte der Lösung der Winkelgleichung $l(l+1)$ bereits enthalten sind. Diese DGl. besitzt zwei außerordentliche Singularitäten bei $\rho=0$ und $\rho=\infty$. Unter

Berücksichtigung der Randbedingungen $u_l(\rho) = 0$ für $\rho = 0$ und $\rho = \infty$ kann man daher schreiben

$$u_l(\rho) = \rho^{l+1}\, g_m(\rho)\, e^{-\frac{1}{2}\rho^2}.$$

$g_m(\rho)$ ist ein Polynom der Ordnung $m$, das der Differentialgleichung

$$\left\{\frac{d^2}{d\rho^2} + \left(2\,\frac{l+1}{\rho} - 2\rho\right)\frac{d}{d\rho} + \epsilon - (2l+3)\right\} g_m(\rho) = 0 \tag{30}$$

genügt. Da in $g_m(\rho)$ nur gerade Potenzen auftreten können, erhalten wir mit $\rho^2 = z$ die KUMMERsche Differentialgleichung

$$\left\{z\,\frac{d^2}{dz^2} + \left(l + \frac{3}{2} - z\right)\frac{d}{dz} + \frac{1}{4}\left[\epsilon - (2l+3)\right]\right\} g_m(z) = 0 \tag{31}$$

deren Lösung die konfluente hypergeometrische Reihe ist

$$F(\beta, \gamma; z) = 1 + \sum_{k=1}^{\infty} \frac{\beta(\beta+1)\cdots(\beta+k-1)}{k!\,\gamma(\gamma+1)\cdots(\gamma+k-1)}\, z^k$$

mit $\beta = -\frac{1}{4}\left[\epsilon - (2l+3)\right]$ und $\gamma = l + \frac{3}{2}$.

Diese Lösung für $g_m$ kann allerdings nur dann durch ein Polynom dargestellt werden, wenn es ein $n$ mit $n + \beta = 0$ gibt. Bricht durch diese Bedingung die Reihe ab, so erhält man die Eigenwerte

$$E_{nl} = \hbar\omega\left(2n + l + \frac{3}{2}\right) \qquad n = 0, 1, 2, \cdots \tag{32}$$

und die Eigenfunktionen

$$\psi_{nlm}(\vec{r}) = N_{nl}\,\rho^{l+1}\, e^{-\frac{1}{2}\rho^2}\, F\!\left(-n, l + \frac{3}{2}; \rho^2\right) Y_{lm}(\vartheta, \varphi) \tag{33}$$

mit $\rho = \sqrt{\frac{\mu\omega}{\hbar}}\; r$ und $N_{lm}$ einem Normierungsfaktor.

Die Zustände sind hinsichtlich der $2l + 1$ Unterzustände der Kugelfunktionen entartet. Außerdem hat das Spektrum noch die für den harmonischen Oszillator typische zufällige Entartung, da für verschiedene Kombinationen von $n$ und $l$ der gleiche Energieeigenwert $E_{nl}$ resultieren kann. Wie in der Atomphysik wird $l$ wieder durch einen Buchstaben angegeben: *s, p, d, f,* ... bedeutet $l = 0, 1, 2$. Da jeder Zustand wegen der beiden möglichen Spinstellungen 2-fach entartet ist, erhält man die in der linken Seite von Fig. 185 im Oszillatorpotential angegebenen Energieniveaus mit den Besetzungszahlen für die Neutronen bzw. Protonen.

b) Kugelsymmetrischer Potentialtopf

In diesem Fall lautet das Potential

$$V(r) = \begin{cases} 0 & \text{für} \quad r \leqslant r_0 \\ V_0 & \text{für} \quad r \geqslant r_0 \end{cases} \tag{34}$$

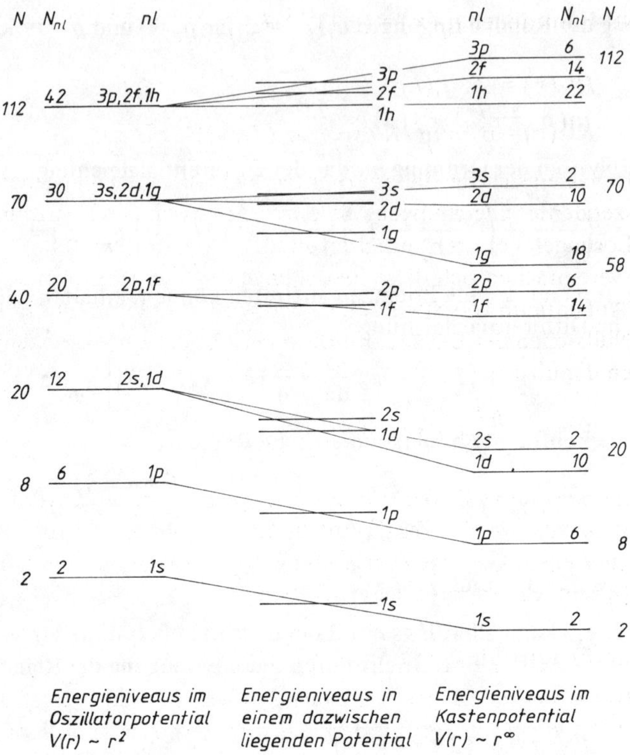


Fig. 185. Energieniveaus der Nukleonen im Oszillatorpotential (links) und Kastenpotential (rechts). Dazwischen sind die Niveaus in einem dazwischenliegenden realistischen Potential eingetragen.

Beim unendlich tiefen Potentialtopf haben wir den Grenzübergang $V_0 \to \infty$ zu machen. Der Ansatz

$$\psi(\vec{r}) = R(r)\, Y_{lm}(\vartheta, \varphi)$$

liefert die Radialgleichung

$$\left(\frac{d^2}{dr^2} + \frac{2}{r}\frac{d}{dr} + \frac{2\mu}{\hbar^2}(E - V(r)) - \frac{l(l+1)}{r^2}\right) R(r) = 0. \tag{35}$$

Mit den Wellenzahlen

$$k = \sqrt{\frac{2\mu}{\hbar^2} E} \quad \text{und} \quad K = \sqrt{\frac{2m}{\hbar^2}(E - V_0)}$$

für die beiden Bereiche I und II ohne und mit Potential ergeben sich als Lösungen die sphärischen BESSEL–Funktionen (vgl. S. 74 ff.), $j_l(x) = \sqrt{\frac{\pi}{2x}}\, J_{l+1/2}(x)$ und sphärischen NEUMANN-Funktionen $n_l(x) = (-1)^{l+1}\, J_{-(l+1/2)}(x)$:

$$R^{\mathrm{I}}(r) = A \cdot j_l(kr) \qquad r < r_0$$

$$R^{\mathrm{II}}(r) = B \cdot (j_l(iKr) + i \cdot n_l(iKr)) \qquad r \geqslant r_0 \, .$$

Die Energiewerte lassen sich für dieses Potential nicht so einfach angeben. Sie sind Lösungen transzendenter Gleichungen, die durch Anpassen der logarithmischen Ableitungen beider Lösungen bei $r = r_0$ erhalten werden.

Für $V_0 \to \infty$ vereinfachen sich diese Bedingungen beträchtlich, da in diesem Fall die Lösung $R^{\mathrm{II}}$ im Außenraum verschwindet, so daß wir die Energien aus $j_l(kr_0) = 0$ erhalten. Da die Nullstellen der BESSEL-Funktionen $J_{l+1/2}(x)$ bekannt sind, ergeben sich die Energien dann zu

$$E_{nl} = \frac{\hbar^2}{2mr_0^2}\,(X_0^{(n,l)})^2 \tag{36}$$

wobei $X_0^{(n,l)}$ die $n$-te Nullstelle der Funktion $J_{l+1/2}(x)$ ist. Zufällige Entartungen treten hier nicht auf; die für alle Zentralpotentiale vorhandene $(2l+1)$-fache Entartung bleibt natürlich bestehen. Die Eigenwerte und Besetzungszahlen sind in der rechten Seite von Fig. 185 im Kastenpotential angegeben.

### c) Realistische Potentiale

Sowohl das Parabelpotential ($V \sim r^2$) als auch das Kastenpotential mit unendlich hohen Wänden ($V \sim r^n$ mit $n \to \infty$) sind unrealistisch, weil sie keine Kontinuumszustände enthalten. Realistische Potentiale dürfen aus diesem Grunde nur eine endliche Tiefe haben. Beispiele dafür sind z. B. abgeschnittene Oszillatorpotentiale mit

$$V(r) = \begin{cases} V_0 \left(1 - \dfrac{r}{r_0}\right)^2 & r \leqslant r_0 \\ 0 & r \geqslant r_0 \end{cases} \tag{37}$$

oder einem endlich tiefen Kasten.

Das Potential, das jedoch am realistischsten die Daten der Nukleon-Kern-Streuung wiedergibt, ist das sogenannte WOODS-SAXON-Potential

$$V(r) = V_0 \left(1 - \exp \frac{r - r_0}{a}\right)^{-1} , \tag{38}$$

das die gleiche analytische Form wie die realistische Ladungsverteilung Fig. 183 besitzt. In Fig. 185 sind in der Mitte schematisch die Energieeigenwerte in einem Potential dargestellt, das zwischen einem Oszillator- und einem Kastenpotential liegt und etwa analytisch durch Gl. (38) angebbar ist. Gleich welches der drei Potentiale man auch zur Beschreibung heranzieht, von den magischen Schalenabschlüssen 2, 8, 20, 28, 50 . . . werden in den bisher behandelten Modellen nur die 3 untersten richtig wiedergegeben.

Addieren wir nun aber die Spin-Bahn-Wechselwirkung aus Gl. (26) in der Form wie sie in Gl. (79) des 1. Kapitels angegeben worden ist, ergibt sich als Lage der Energiezustände

$$E_{nlj} = E_{nl}^{(0)} + \zeta(\gamma ls)\,[j(j+1) - l(l+1) - 3/4]$$
$$= E_{nl}^{(0)} + \zeta(\gamma ls) \cdot \begin{cases} l & \text{für } j = l + 1/2 \\ -(l+1) & \text{für } j = l - 1/2 \end{cases} . \tag{39}$$

Durch geeignete Wahl der Stärke von $\xi$ (und $\xi < 0$) kann man aus den Energieniveaus, die in der Mitte der Fig. 185 dargestellt sind, eine Anordnung der Niveaus erreichen, die nun die magischen Zahlen richtig wiedergibt. Dies ist in Fig. 186 für die Neutronen dargestellt. Rechts daneben ist außerdem noch die Lage der Protonenzustände ange-

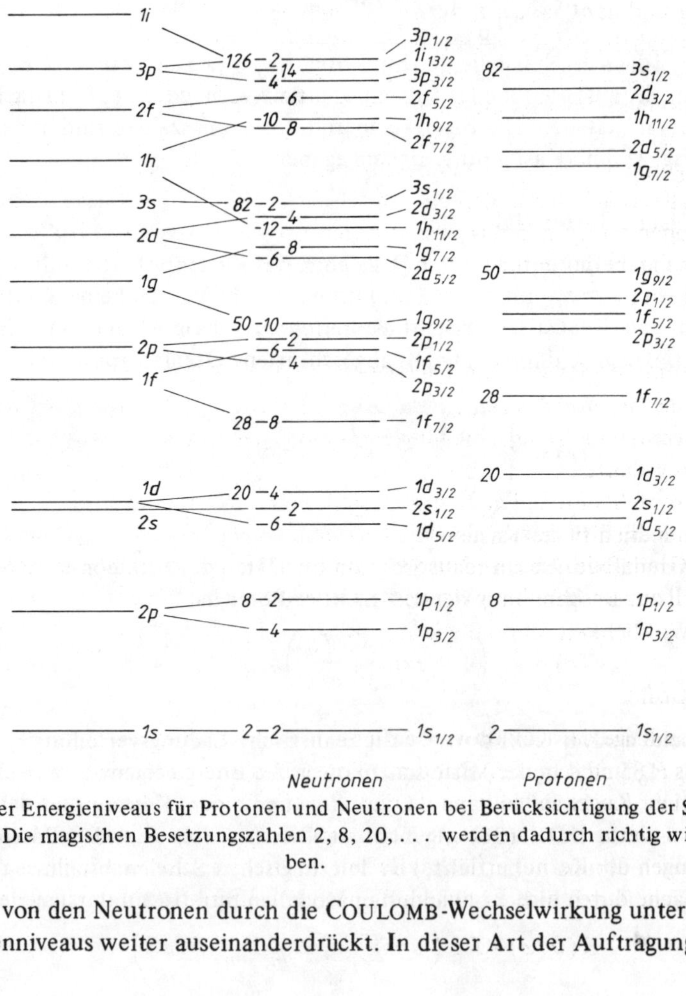


Fig. 186. Lage der Energieniveaus für Protonen und Neutronen bei Berücksichtigung der Spin-Bahn Wechselwirkung. Die magischen Besetzungszahlen 2, 8, 20, ... werden dadurch richtig wiedergegeben.

geben, die sich von den Neutronen durch die COULOMB-Wechselwirkung unterscheiden, die die Protonenniveaus weiter auseinanderdrückt. In dieser Art der Auftragung werden die doppelt-magischen Kerne $^4$He, $^{16}$O, $^{40}$Ca und $^{208}$Pb, die durch Auffüllen dieser Zustände bis zur gleichen Höhe entstehen, besonders deutlich dargestellt. Mit den Energieniveaus des unendlich hohen Oszillator- und Kastenpotentials läßt sich dies nicht erreichen, wohl aber mit einem endlich tiefen Kasten oder einem abgeschnittenen Oszillatorpotential der Form Gl. (37), bei denen jeweils noch die zwei Größen $V_0$ und $r_0$ in gewissen Grenzen frei wählbar sind (endlich tiefer Kasten) oder als freie Konstanten auftauchen (abgeschnittenes Oszillatorpotential). Dies bedeutet andererseits, daß das Ergebnis von der genauen Form des Kernpotentials unabhängig ist, sofern es die Struktur eines der in c) diskutierten Potentiale hat.

Es wäre natürlich interessant (muß hier jedoch unterbleiben), die Voraussagen des Schalenmodells im einzelnen zu überprüfen. Besonders geeignet für ein solches Vorhaben sind die *ug*- und *gu*-Kerne, bei denen das überzählige ungerade Nukleon die Kerneigenschaften im Grundzustand weitgehend bestimmen sollte. Alle anderen Nukleonen treten aufgrund der Paarkraft, die im Tröpfchenmodell bereits eine Rolle gespielt hat, zu Null gekoppelt, auf. Insgesamt ist die Erklärung des Kernspins im Grundzustand recht befriedigend, obwohl gerade beim Übergang zwischen den Schalen Abweichungen auftreten können. Solange die Kernanregung nur eine Einteilchenanregung des äußersten ungepaarten Nukleons ist, werden auch die niedrigsten Anregungszustände der *ug*-Kerne einigermaßen befriedigend beschrieben. Zusammenfassend kann jedoch gesagt werden, daß das Schalenmodell ein sehr einfaches Modell zur Einteilchenbeschreibung der Nukleonen im Kern liefert, was zugleich Ausgangsbasis für viele Weiterentwicklungen, insbesondere des deformierten Schalenmodells lieferte.

## § 4. Kollektivmodell

Das Schalenmodell ist eine Ein-Teilchenbeschreibung, in der die Korrelation der einzelnen Teilchen nur über das gemeinsame Potential aller Teilchen gegeben ist. Auch Anregungen werden meist als Anregung eines einzelnen Teilchens in ein anderes Einteilchenniveau gedeutet.

Beim Tröpfchenmodell andererseits sind die Korrelationen so stark, daß eine Energiezufuhr den Kern als Ganzes, also alle Nukleonen gemeinsam, anregt. Beide Modelle sind sicherlich Grenzfälle. Aber genauso wie für manche Kerne das Schalenmodell das geeignete Modell zur Beschreibung darstellt, gibt es Bereiche, denen eine kollektive Beschreibung der Wirklichkeit sehr nahe kommt.

### a) Vibration

Einige Grundzüge des Kollektivmodells seien hier dargestellt. Der Kern wird als Kugel mit Radius $R_0$ und scharfem Rand mit konstanter Dichte angenommen. Weicht die Gestalt von einer Kugel ab, so kann die jeweilige Form durch die Gestalt der Oberfläche beschrieben werden. Da angeregte Kernzustände (das sind in diesem Modell kollektive Schwingungen der Kernoberfläche) definierte Drehimpulse haben, ist es naheliegend, die Oberfläche durch eine Entwicklung nach Kugelfunktionen darzustellen

$$R(\vartheta, \varphi) = R_0 \left(1 + \sum_l \sum_m \alpha_{lm} Y_{lm}(\vartheta, \varphi)\right) \tag{40}$$

mit den Entwicklungskoeffizienten $\alpha_{lm}(t)$, die damit auch das zeitliche Verhalten eindeutig festlegen. Da $R(\vartheta, \varphi)$ reell ist, muß gelten

$$\alpha^*_{lm} = (-1)^m \alpha_{l,-m} \; .$$

$Y_{00}$ ist eine Konstante, so daß durch $\alpha_{00}(t)$ Kompressionsschwingungen des Kernes beschrieben werden. Da aber Kernmaterie in sehr guter Näherung inkompressibel ist, spielen Kompressionsschwingungen keine große Rolle. Der Wert $l = 1$ kann ebenfalls ausgeschlossen werden, da Dipolschwingungen eine Bewegung des Schwerpunktes bedeuten würden, die aber ohne das Einwirken äußerer Kräfte nicht stattfinden können. Der kleinste physikalisch erwartete Wert ist also $l = 2$: Quadrupolschwingungen. Dieses Modell, das durch Gl. (40) beschrieben wird, heißt Vibrationsmodell.

Eine zeitliche Änderung der Oberfläche kann nur stattfinden, wenn Kernmaterie im Kern fließt. Unter der Annahme der Wirbelfreiheit des Geschwindigkeitsfeldes der Kernflüssigkeit kann die Energie einer derartigen Kernschwingung für kleine Amplituden geschrieben werden als

$$E = \sum_{l,m} \frac{1}{2} B_l \, |\dot{\alpha}_{lm}|^2 + \sum_{l,m} \frac{1}{2} C_l \, |\alpha_{lm}|^2 \tag{41}$$

wobei der erste Anteil die kinetische Energie $T$ und der zweite Anteil die potentielle Energie angibt, die der Verformung der Oberfläche entspricht. Um den Übergang zur Quantenmechanik vollziehen zu können, müssen wir die zu den Lagekoordinaten kanonisch konjugierten Impulse $\pi_{lm}$ bestimmen:

$$\pi_{lm} = \frac{\partial T}{\partial \dot{\alpha}_{lm}} = B_l \, \dot{\alpha}^*_{lm} \qquad \text{und} \qquad \pi^*_{lm} = B_l \, \dot{\alpha}_{lm} \; . \tag{42}$$

Die HAMILTON-Funktion des hydrodynamischen Modells

$$H = \sum_{l,m} \frac{1}{2B_l} \, |\pi_{lm}|^2 + \sum_{lm} \frac{1}{2} C_l \, |\alpha_{lm}|^2 \tag{43}$$

läßt sich nun direkt als HAMILTON-Operator auffassen, wenn die dynamischen Variablen $\alpha_{lm}$ und $\pi_{lm}$ als Operatoren aufgefaßt werden, die den Vertauschungsrelationen

$$[\hat{\alpha}_{lm}, \hat{\pi}_{l'm'}] = i\hbar \, \delta_{ll'} \, \delta_{mm'}$$

genügen.

Der daraus folgende HAMILTON-Operator

$$\hat{H} = \sum_{l,m} \left( \frac{1}{2B_l} \, |\hat{\pi}_{lm}|^2 + \frac{1}{2} C_l \, |\hat{\alpha}_{lm}|^2 \right) \tag{44}$$

ist der HAMILTON-Operator des harmonischen Oszillators, den wir in dieser Form auf S. 680 eingehend behandelt haben. Dort wie hier läßt er sich umschreiben in die Form

$$\hat{H} = \sum_{lm} \hbar \omega_l \left( \hat{\beta}^+_{lm} \, \hat{\beta}_{lm} + \frac{1}{2} \right)$$

mit der Frequenz der Oberflächenschwingung $\omega_l = \sqrt{\dfrac{C_l}{B_l}}$ und den Erzeugungs- und Vernichtungsoperatoren $\hat{\beta}^+$ und $\hat{\beta}$ für sogenannte Oberflächenphononen, die hier als Quasiteilchen auftauchen. Die Energie des Systems folgt damit sofort zu

$$E = \sum_{lm} \hbar\,\omega_l \left(n_{lm} + \frac{1}{2}\right) \tag{45}$$

mit $n_{lm} \geqslant 0$ ganzzahlig. Da alle Zustände mit gleichem $n_l = \sum_m n_{lm}$ die gleiche Energie haben, kann man diese auch als

$$\boxed{E = \sum_{l} \hbar\,\omega_l \left(n_l + \frac{2l+1}{2}\right)}$$

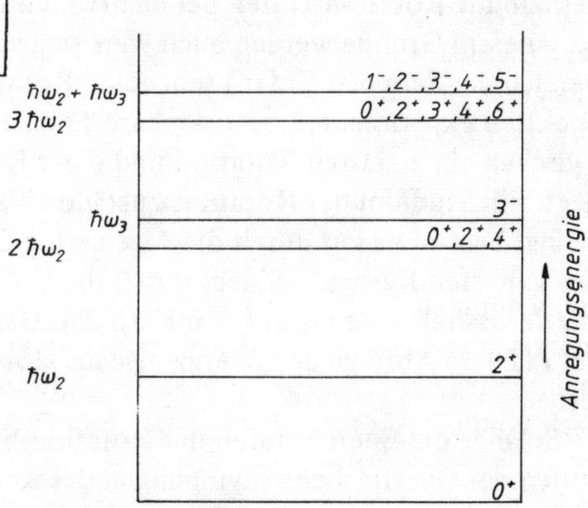


Fig. 187. Angeregte Kernniveaus im Phononenbild.

schreiben. Da, wie wir oben diskutiert haben, Quadrupolschwingungen mit $l = 2$ die Phononen mit dem kleinsten $l$ sind, die auftreten, ist die Folge der untersten Zustände durch die Zahl der Phononen $n_l = 1, 2, 3 \ldots$ gegeben. Da $l = 2$ positive Parität hat, charakterisiert diese Quantenzahl alle Zustände. So wird die Reihenfolge: $0^+$ (Grundzustand, kein Photon), $2^+$ (erster angeregter Zustand, 1 Phonon), $0^+, 2^+, 4^+$ (zweiter angeregter Zustand, Kopplung von 2 Phononen) usw.; Analoges gilt für die „Oktupolschwingungen" mit Phononen mit $l = 3$. Die prinzipielle Reihenfolge der Zustände, die natürlich noch von der Größe der Energien $\hbar\,\omega_l$ abhängt, ist schematisch in Fig. 187 aufgetragen. Die Anregungsenergie des ersten angeregten $2^+$-Zustandes liegt in der Größenordnung 1 MeV für leichte und 0,2 – 0,5 MeV für schwere Kerne. In der Nähe der magischen Schalen existieren für eine ganze Anzahl von Kernen Anregungsniveaus, die in etwa dem hier angedeuteten Verlauf folgen. Geht man weit weg von den magischen Zahlen, stimmt dieses Vibrationsmodell aber überhaupt nicht mehr. Der Grund dafür ist die Tatsache, daß die meisten Kerne, insbesondere aber die schweren Kerne, weit weg von den magischen Zahlen stark deformiert sind. Bei ihnen kommt deshalb noch der Freiheitsgrad der Kernrotation hinzu.

### b) Rotation

In § 12 des 1. Kapitels wurde die Rotation eines zweiatomigen Moleküls quantenmechanisch bereits behandelt, so daß wir hier das Ergebnis analog übernehmen können. Als Energie der Rotation erhalten wir analog zu Gl. (103) S. 668

$$E_{\text{rot}} = \frac{\hbar^2}{2\theta}\, I(I+1) \tag{46}$$

und die Wellenfunktionen sind die Kugelfunktionen $Y_{IM}(\vartheta,\varphi)$. Im Gegensatz zur Rotation eines zweiatomigen Moleküls, bei dem es sich um zwei im Prinzip unterscheidbare Atome handelt, ist der quantenmechanische Zustand eines rotierenden Kernes invariant gegen den Richtungswechsel der Körperachse des Kernkreisels, so daß hier zusätzlich die Beziehung gelten muß

$$Y_{IM}(\pi-\vartheta,\varphi+\pi)=(-1)^{I}\,Y_{IM}(\vartheta,\varphi)\,.$$

Dies erlaubt im Gegensatz zur Molekülphysik nur geradzahlige Werte von I.

Das Rotationsspektrum eines deformierten Kernes hat dann die Spinfolge $0^+$, $2^+$, $4^+$, $6^+$, . . . , und die zugehörigen Anregungsenergien verhalten sich wie $E_1 : E_2 : E_3 = 3 : 10 : 21$. Bei Kernen mit großer Verformung, d. h. großem Trägheitsmoment, liegen deshalb die Rotationsstufen bei niedrigeren Energien als bei wenig deformierten Kernen. Aus diesem Grunde werden auch weit weg von den magischen Zahlen (insbesondere im Bereich der Seltenen Erden) sehr reine Rotationsspektren beobachtet. Das aus diesen Spektren experimentell bestimmbare Trägheitsmoment $\theta$ hat allerdings Werte, die zwischen einer starren Rotation und einer Rotation nur der umlaufenden „Wellenberge" liegt. Ein Studium der Rotationszustände bis hin zu Drehimpulsquantenzahlen $I \approx 50$ gelingt besonders gut durch die sogenannte COULOMB-Anregung beim Stoß eines anderen schweren Kernes, bei dem durch die COULOMB-Wechselwirkung sehr viel Drehimpuls aus der Bahnbewegung auf den Kern übertragen wird. Gerade in der Abweichung von der $I(I+1)$ Abfolge der Energieniveaus läßt sich viel über das Verhalten der Kernmaterie lernen.

Solange die Energiestufen der Rotationsbewegung, verglichen mit den Anregungsstufen der Oberflächenschwingungen des Kernes, klein sind, kann man beide unabhängig voneinander betrachten. Auf jeden Schwingungszustand des Kernes baut sich dann analog wie im Fall zweiatomiger Moleküle eine Rotationsbande (mit jeweils verschiedenem Trägheitsmoment) auf. Im allgemeinen Fall muß aber davon ausgegangen werden, daß beide Freiheitsgrade stark miteinander koppeln. Kommt außerhalb dieses kollektiv behandelten deformierten Kernes noch ein unpaariges Nukleon hinzu, das sicherlich am besten im Rahmen des Schalenmodells zu behandeln ist, sieht man die ganze Komplexität, die beim Versuch einer möglichst guten Beschreibung mit einer Mischung aus sehr unterschiedlichen Modellen auftritt.

## § 5. Selbstkonsistente Rechnungen zur Kernstruktur

Im Gegensatz zur Physik der Atomhülle, wo man, im Prinzip zumindest, die Wechselwirkungen der Elektronen untereinander sehr gut kennt und deshalb bei einigem Aufwand auch gute Beschreibungsmöglichkeiten hat, fehlt bisher für die starke Wechselwirkung zwischen den Protonen und Neutronen (den Nukleonen) im Atomkern eine solch gute Beschreibung. Hatte man noch bis etwa 1970 die Wechselwirkung zwischen den Nukleonen für eine reine Zweiteilchenwechselwirkung gehalten, d. h. die Kraft zwischen zwei Nukleonen würde sich nicht durch die Anwesenheit anderer ändern, so weiß man heute, daß diese Annahme unrichtig ist: die Kräfte zwischen Protonen und Neutronen im Atomkern sind echte Vielteilchenkräfte. Sie sind davon abhängig, wieviele Nukleonen in einem Kern enthalten sind. Dies ist eine Folge der Tatsache, daß Nukleonen aus Quarks bestehen und die Wechselwirkung zwischen den Quarks die eigentlich fundamentale Wechselwirkung ist. Würde man analog die Wechselwirkung der Atome im Festkörper oder Molekül unter Vernachlässigung gewisser Elektronen Wechselwirkungen beschreiben wollen, dann würde man ebenfalls von der Anzahl der Atome und deren räumlichen Anordnung abhängige Vielteilchenkräfte benötigen. Man ist – ganz analog wie in der Festkörperphysik – auf parametrisierte, effektive Ein- oder Zweiteilchenwechselwirkungen angewiesen. Über allgemeine Symmetrieüberlegungen und Erfahrungen aus dem Schalenmodell kann man gewisse Strukturaussagen über die Form solcher effektiven Wechselwirkungen machen. Vergleiche mit dem Flüssigkeitstropfenmodell und dem Schalenmodell erlauben es dann, die Parameterwerte schon stark einzuschränken. Die eigentliche Bestimmung der Parameter erfolgt im Sinne der Summe kleinster Fehlerquadrate zwischen gemessenen und berechneten Bindungsenergien, Radien, Einteilchenenergien, usw. von Atomkernen.

Welche qualitativen Erkenntnisse über das Verhalten der Nukleonen bestimmen die Form dieser effektiven Kräfte? Da ist einmal die Tatsache, daß die Reichweite der Kernkräfte nur wenige fm beträgt, daß sie stark repulsiv werden für Abstände kleiner als 0,5 fm und bei $r \approx 1,2$ fm ein Gleichgewichtsminimum vorliegt. Dieses Sättigungsverhalten bei kurzen Abständen kann auch so interpretiert werden, daß die effektiven Kernwechselwirkungen auf jeden Fall dichteabhängig sind. Man weiß, daß die Wechselwirkung zwischen ungleichen Nukleonen größer ist als zwischen gleichen, d. h. man verliert Symmetrieenergie für einen großen Überschuß an Protonen oder Neutronen (siehe Symmetrieterm Gl. (22) in § 2).

Ferner wirkt auf die Nukleonen eine Spin-Bahn-Kraft. Bei weitergehenden Feinheiten, wie der Form der anziehenden Teile der effektiven Kernkräfte, hat man schon recht weite Variationsmöglichkeiten, solange man nur eine Funktion mit endlicher Reichweite und genügend raschem Abfall für große Abstände wählt. Die COULOMB-Wechselwirkung sollte möglichst exakt mitgenommen werden.

Es fällt auf, daß Kernkräfte und Kräfte zwischen Atomen wichtige qualitative Gemeinsamkeiten haben: abstoßend bei kurzen Abständen, anziehend bei großen Abständen sowie ein Gleichgewichtsminimum. Deshalb wird nicht verwundern, daß auch effektive Kernkräfte und Festkörperpseudopotentiale starke Ähnlichkeiten aufweisen und auch ähnliche Lösungsmethoden erlauben. Ähnlich sind daher auch die Versuche, unter Benutzung des HOHENBERG-KOHN Theorems, wonach sich die totale Energie jedes quantenmechanischen Fermionensystems als reines Funktional der Einteilchendichte schreiben läßt, solche Energiedichtefunktionale zu konstruieren. Hat man eine effektive Kraft oder ein Energiedichtefunktional parametrisiert, führt man eine HARTREE-FOCK-Rechnung durch, vergleicht mit gemessenen Bindungsenergien, Radien, Einteilchenenergien, usw. und variiert die Parameter bis eine im Mittel befriedigende Übereinstimmung mit den experimentellen Werten gefunden ist. Typischerweise erreicht man für totale Bindungsenergien etwa 1%.

Eine einfache schon recht gute und deshalb auch vielbenutzte und genau untersuchte effektive Zweiteilchenwechselwirkung ist die sogenannte SKYRME-Wechselwirkung:

$$V(\vec{r}_1-\vec{r}_2,\rho)=t_0(1+x_0P_\sigma)\delta(\vec{r}_1-\vec{r}_2)+1/2\,t_1[\delta(\vec{r}_1-\vec{r}_2)k^2+k'^2\delta(\vec{r}_1-\vec{r}_2)]$$
$$+t_2\vec{k}'\delta(\vec{r}_1-\vec{r}_2)\vec{k}+1/6\,t_3(1+P_\sigma)\delta(\vec{r}_1-\vec{r}_2)\rho\left(\frac{\vec{r}_1+\vec{r}_2}{2}\right) \qquad (47)$$
$$+i\,W_0(\vec{\sigma}_1+\vec{\sigma}_2)\cdot\vec{k}'\times\delta(\vec{r}_1-\vec{r}_2)\vec{k}\,.$$

Dabei bedeutet $\vec{k}=(\nabla_1-\nabla_2)/2i$ nach rechts wirkend, während $\vec{k}'=-(\nabla_1-\nabla_2)/2i$ nach links wirkt. $\sigma_1,\sigma_2$ sind die PAULI-Spinmatrizen der Nukleonen und $P_\sigma$ ist der Spinaustauschoperator. $t_0,x_0,t_1,t_2,t_3,W_0$ sind Parameter, wobei $W_0$ die Stärke der Spin-Bahn-Wechselwirkung angibt.

Um die HARTREE-FOCK-Gleichungen zu erhalten, betrachtet man – wie schon von der Atomphysik her bekannt – eine spezielle Klasse von Vielteilchenwellenfunktionen für die $A$-Nukleonen, nämlich SLATER-Determinanten:

$$|\phi> = \phi(x_1,x_2,\ldots x_A)=\frac{1}{\sqrt{A!}}\det|\varphi_i(x_j)|$$

wobei $x$ für die Koordinaten und die zur Beschreibung notwendigen Quantenzahlen steht und $\varphi_i(x)$ Einteilchenzustände sind.

Die Totale Energie des Atomkerns (im Falle von $gg$-Kernen) ist dann:

$$E=<\phi\,|\,T+V\,|\,\phi>=\sum_i <i\;\frac{p^2}{2m}\;i> \qquad (48)$$
$$+\frac{1}{2}\sum_{i,j}[<ij\,|\,V(\vec{r}_1-\vec{r}_2,\rho)\,|\,ij>-<ij\,|\,V(\vec{r}_1-\vec{r}_2,\rho)|\,ji>]\,.$$

Durch Variationen von Gl. (48) nach den Einteilchenzuständen $\varphi_i\,(\vec{r},\sigma,q)$ bei Normerhaltung als Nebenbedingung:

$$\frac{\delta}{\delta\varphi_i}\,(E-\sum_i\epsilon_i\,|\varphi_i(r)|^2\,d^3r)=0$$

erhält man die HARTREE-FOCK-Gleichungen:

$$\left[-\nabla\cdot\frac{\hbar^2}{2m_q^*(r)}\nabla+U_q(\vec{r})+W_q(\vec{r})-i(\nabla\times\sigma)\right]\varphi_i=\epsilon_i\varphi_i\,. \qquad (49)$$

Dabei sind die $U_q$, $W_q$ und $m_q^*$ Funktionen, in denen die Parameter der SKYRME-Wechselwirkung aus Gl. (47) sowie die Einteilchendichte, die kinetischen Energiedichten und die Spindichten vorkommen. Insbesondere hat $m_q^*(r)$ die Bedeutung einer effektiven Masse, ganz analog wie in der Festkörperphysik $m^*$ die effektive Masse der Elektronen und Defektelektronen beschreibt.

Für die in den SKYRME-Wechselwirkungen vorkommenden Parameter $t_0,x_0,t_1,t_2,t_3$ und $W_0$ wurden im Laufe der Zeit verschiedene Werte erhalten, wobei zunächst an sphärische Kerne, später auch an deformierte Kerne und gemessene Spaltbarrieren angepaßt wurde. Es zeigte sich rasch, daß eine perfekte Beschreibung durch ein solches

Modell mit relativ wenigen Parametern nicht zu erzielen ist und eine für alle Kerndaten im Mittel befriedigende Anpassung eine Verschlechterung gegenüber Bestanpassung von nur sphärischen Kernen oder nur deformierten oder nur Spaltbarrieren nötig macht.

Die selbstkonsistenten Kernstrukturrechnungen mit effektiven Kräften sind die einzigen, die mit einem von der Protonenzahl $Z$ und der Neutronenzahl $N$ unabhängigen Parametersatz im gesamten Massenbereich gleichzeitig Bindungsenergien, Kerndichten und Einteilcheneigenschaften gut zu beschreiben gestatten. Die sehr geringe Zahl von Parametern (die SKYRME-Wechselwirkung hat 6) macht dieses Modell zudem außerordentlich erfolgreich und zuverlässig für Extrapolationen in unbekannte Massen- oder Deformationsbereiche. Die besondere Stärke der selbstkonsistenten Beschreibung liegt weniger in der Angabe von genauen Absolutwerten (mit dem Tropfenmodell plus Schalenkorrektur, das allerdings auch erheblich viel mehr Parameter benutzt, erhält man genauere Werte) sondern im Relativverhalten benachbarter Kerne oder im Deformationsverhalten eines Kernes. Grundsätzlich falsche Trends von Kerneigenschaften, wie sie im Tropfenmodell mit Schalenkorrektur durchaus vorkommen, wurden bisher nicht beobachtet.

Gestaltsänderungen in Isotopenreihen wurden sowohl bei leichten Isotopen (z. B. in Na) wie schweren (z. B. in Hg) mit großer Genauigkeit vorhergesagt. Dies ist auch inzwischen experimentell bestätigt. Generell wird das diffizile Gestaltsverhalten von Übergangsphasen weit besser beschrieben als dies andere Modelle vermögen. Auch Feinheiten im $N$, $Z$-Verhalten von Spaltbarrieren werden sehr gut wiedergegeben, obwohl diese Barrieren z. T. fast bis zum Faktor 2 zu hoch berechnet werden. Besonders interessant sind weitere Vorhersagen über die Existenz starker Gestaltsänderungen bei nur wenig Anregungsenergie So z B. die Blasenstruktur des $^{200}$Hg bei nur 1 – 2 MeV Anregungsenergie sowie der $^{48}$Ca-Fünferring für oblates Cm bei 6 – 8 MeV Anregungsenergie, dessen theoretisch vorhergesagte Dichte als Beispiel für ein Ergebnis derartiger HARTREE-FOCK-Rechnungen in Fig. 188 schematisch angedeutet ist. Die Vorhersage solcher gestaltsisomerer Zustände in Atomkernen ist deshalb so interessant, weil die HARTREE-FOCK Rechnungen im gesamten Massenbereich ausgeprägte Strukturen der Kerndichte zeigen, die sich zwanglos und in Übereinstimmung mit den Kenntnissen aus den prolaten, langlebigen, angeregten Zuständen der schweren Kerne und den $\alpha$-Strukturen der leichten Atomkerne allgemein als Clusterzustände im Kern interpretieren lassen. Damit hätten die Atomkerne im gesamten Massenbereich weitere Gemeinsamkeiten mit Molekülen und Festkörpern, nämlich lokalisierte, regelmäßige, einfache flächenhafte oder räumliche Substrukturen aufzuweisen (Dreiecke, Vierecke, Fünfecke, Tetraeder, Würfel, usw.). Wenn diese Clusterinterpretation generell experimentell verifiziert wird – und

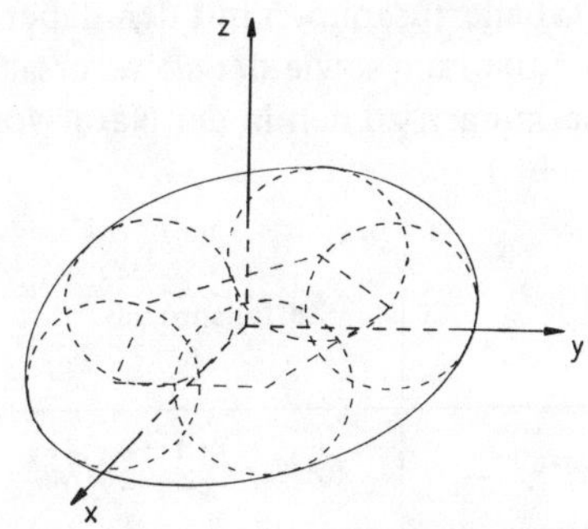


Fig. 188. Versuch einer Darstellung eines oblaten Kernes, wobei sich die Dichte hauptsächlich in der $x, y$-Ebene anordnet.

nach den bisherigen Erfahrungen mit den selbstkonsistenten Modellen besteht begründete Aussicht dafür – dann haben wir in der Kernphysik, wie in der Molekülphysik, das Zusammenlagern einfacher Bausteine (Protonen, Neutronen) zu größeren lokalisierten Gebilden (cluster wie $\alpha$, Ca, Sn, Pb) die sich wiederum zu einem größeren Gebilde (Atomkern) in regelmäßiger Struktur zusammenfügen. Allerdings darf man sich derartige Cluster nicht so vorstellen wie z. B. einen Benzolring in der Chemie. Die Cluster sind nur in dem Sinne lokalisiert, daß die Wellenfunktion ein gepeaktes Verhalten hat. Deshalb darf auch die Fig. 188 nur so verstanden werden, daß die Dichte entlang des „Ringes" leicht variiert.

## § 6. Kernzerfälle

### a) Zerfallsarten und Zerfallsgesetz

Die drei wichtigsten Zerfallsarten der Atomkerne sind die $\alpha$-, $\beta$-, und $\gamma$-Zerfälle. Die Zerfallsprozesse dieser und aller anderen in der Kernphysik bekannten Zerfälle sind in der Tabelle zusammen mit den dabei experimentell beobachtbaren primären Teilchen bzw. Strahlung sowie der sie verursachenden Wechselwirkungen aufgeführt. (Allgemeine Bemerkungen zu den in der Natur vorkommenden Wechselwirkungen werden in § 8 gemacht.)

| Zerfall | Zerfallsprozeß | Spektrum der Zerfallsteilchen | Wechselwirkung |
|---|---|---|---|
| $\alpha$-Zerfall | ${}^{A}_{Z}M_N \to {}^{A-4}_{Z-2}M^{(*)}_{N-2} + \alpha$ | $\alpha$-Linien | starke u. elektromagn. WW. |
| $\beta^-$-Zerfall | ${}^{A}_{Z}M_N \to {}^{A}_{Z+1}M^{(*)}_{N-1} + e^- + \bar{\nu}$ | breites $e^-$-Spektrum | schwache WW. |
| $\beta^+$-Zerfall | ${}^{A}_{Z}M_N \to {}^{A}_{Z-1}M^{(*)}_{N+1} + e^+ + \nu$ | breites $e^+$-Spektrum | schwache WW. |
| Elektronen-einfang | ${}^{A}_{Z}M_N + e^- \to {}^{A}_{Z-1}M^{(*)}_{N+1} + \nu$ | $\nu$, Röntgen- plus Auger-linien | schwache WW. |
| $\gamma$-Zerfall | ${}^{A}_{Z}M^*_N \to {}^{A}_{Z}M_N + \gamma$ | $\gamma$-Linien | elektromagn. WW. |
| Konversion | ${}^{A}_{Z}M^*_N + e^- \to {}^{A}_{Z}M^*_N + e^-$ | $e^-$-Linien | elektromagn. WW. |
| Teilchen-emission (nach Kern-reaktionen) | ${}^{A}_{Z}M^*_N$; Emission von $n, p, d \ldots$ | $n$-, $p$-, $d$-Linien | starke Wechselwirkung |
| Spaltung | ${}^{A}_{Z}M_N$-Spaltung in etwa 2 gleich große Stücke | | starke und elektromagn. WW. |

Alle Zerfälle zeigen ein streng exponentielles, rein statistisches Verhalten und hängen (bis auf den Elektroneneinfang) nicht von äußeren physikalischen Einflüssen ab.
Hat man zur Zeit $t_0$ genau $N$ Teilchen, so zerfallen in der Zeit $\mathrm{d}t$ im statistischen Mittel $N\lambda\mathrm{d}t$ Kerne

$$\mathrm{d}N = -\lambda N\,\mathrm{d}t,$$

wobei $\lambda$ die für den Zerfall typische „Zerfallskonstante" ist. Integration von $t_0$ bis $t_0 + t$ liefert das Zerfallsgesetz

$$N = N_0\, e^{-\lambda t} = N_0\, e^{-\frac{t}{\tau}}\ . \tag{50}$$

Dabei ist $\tau = \frac{1}{\lambda}$ die „mittlere Lebensdauer des Zustandes" und $T = \frac{\ln 2}{\lambda} = \tau \cdot \ln 2$ die „Halbwertszeit".

b) $\alpha$-Zerfall

$\alpha$-Zerfall wird die Emission eines Heliumkernes (2 Protonen und 2 Neutronen) aus einem schweren Kern genannt. Dieser Zerfall aus dem Grundzustand heraus ist stets dann energetisch möglich, wenn die Summe der Massen der Reaktionspartner in der Ungleichung ($Q$-Wert)

$$Q = \left( {}^{A}_{Z}M_{N} - {}^{A-4}_{Z-2}M_{N-2} - {}^{4}_{2}\mathrm{He}_{2} \right) c^2 > 0$$

erfüllt ist. Zusätzlich müssen Drehimpuls und Paritätserhaltung gewährleistet sein. Man stellt sich den Zerfall so vor, daß die besonders stabilen Helium-Kerne im schweren Kern bereits vorgebildet sind und diese im mittleren Kernpotential gegen den COULOMB-Wall, wie er in Fig. 189 dargestellt ist, anlaufen. Diese Vorstellung wird durch die im vorangegangenen Paragraphen diskutierten Ergebnisse von HARTREE-FOCK-Rechnungen sehr gestützt. Quantenmechanisch können die $\alpha$-Teilchen durch den COULOMB-Wall durchtunneln, um dann auf der anderen Seite als freie $\alpha$-Teilchen zu erscheinen. Im Prinzip handelt es sich hier um ein zeitabhängiges Problem, das die Lösung der zeitabhängigen radialen SCHRÖDINGER-Gleichung mit dem in Fig. 189 dargestellten Potential

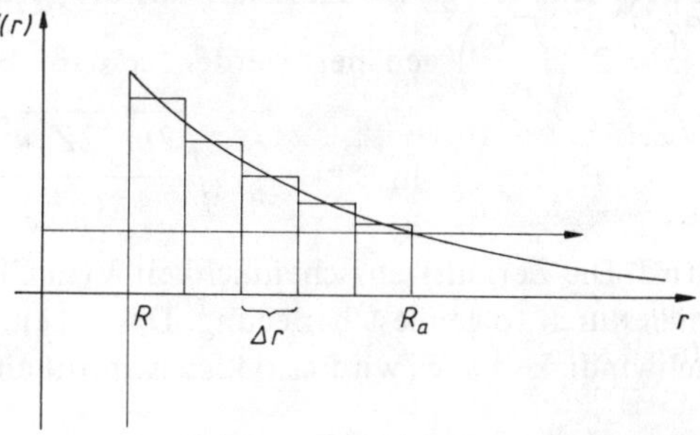


Fig. 189. Darstellung des Coulombpotentials außerhalb des Kernradius $R$ durch eine Summe von Rechteckpotentialen, durch die das $\alpha$-Teilchen tunneln muß.

$V(r)$ und dem Zentrifugalpotential $\frac{l(l+1)\hbar^2}{2m_\alpha r^2}$ erfordert. In guter Näherung läßt sich dieses Problem jedoch auf den im 2. Kapitel des 5. Buches behandelten Durchgang eines

Teilchens durch eine rechteckige Potentialbarriere der Breite $d$ zurückführen. Die Tunnelwahrscheinlichkeit war dort in Gl. (37) gegeben zu

$$D \approx \exp\left(-\frac{2d}{\hbar}\sqrt{2m(V_0-E)}\right).$$

Nähern wir mit Hilfe dieser Formel den Potentialverlauf in Fig. 189 durch mehrere nebeneinander befindliche, kastenförmige Potentialwälle der Breite $\Delta r$ an, multiplizieren sich die Wahrscheinlichkeiten (beziehungsweise summieren sich die Exponenten) zum Durchdringen jedes einzelnen Walles. Im Grenzübergang $\Delta r \to 0$ wird die gesamte Durchlaßwahrscheinlichkeit

$$D \approx \exp\left\{-\frac{2}{\hbar}\int_R^{R_a}\sqrt{2m_\alpha\left(V(r)+\frac{\hbar^2 l(l+1)}{2m_\alpha r^2}-E_\alpha\right)}\,\mathrm{d}r\right\}.$$

Da für große $Z$ der Zentrifugalterm klein gegen den COULOMBanteil ist, wollen wir dieses Integral ohne den Zentrifugalterm auswerten. Ersetzen wir die Energie der $\alpha$-Teilchen durch

$$E_\alpha = \frac{2Z'e^2}{4\pi\epsilon_0 R_a} \quad \text{mit } Z' \text{ der Ladung des Endkernes} \tag{51}$$

und approximieren den Potentialverlauf über den gesamten Bereich von $R$ nach $R_a$ durch das reine COULOMB-Potential, was bis auf den Bereich des Kernrandes richtig ist, wird

$$\ln D \approx -\frac{2}{\hbar}\sqrt{\frac{2m_\alpha 2Z'e^2}{4\pi\epsilon_0 R_a}}\cdot\int_R^{R_a}\sqrt{\frac{R_a}{r}-1}\;\mathrm{d}r\,.$$

Mit der Substitution $\frac{r}{R_a} = \sin^2 x$ ergibt sich

$$\ln D \approx -\frac{2}{\hbar}\sqrt{\frac{2m_\alpha 2Z'e^2}{4\pi\epsilon_0 R_a}}\cdot R_a\left\{\frac{\pi}{2}-\arcsin\sqrt{\frac{R}{R_a}}-\frac{1}{2}\sin\left(2\arcsin\sqrt{\frac{R}{R_a}}\right)\right\}.$$

Da $R_a$ sehr viel größer als $R$ ist, darf die geschweifte Klammer durch den Ausdruck $\left(\frac{\pi}{2}-2\sqrt{\frac{R}{R_a}}\right)$ genähert werden, so daß

$$\ln D \approx -\frac{2}{\hbar}\sqrt{\frac{2m_\alpha 2Z'e^2}{4\pi\epsilon_0 R_a}}\cdot R_a\cdot\left(\frac{\pi}{2}-2\sqrt{\frac{R}{R_a}}\right) \tag{52}$$

wird. Die Zerfallswahrscheinlichkeit $\lambda$ (in Gl. (50) Zerfallskonstante genannt) erhält man durch folgende Überlegung: Das $\alpha$-Teilchen bewegt sich im Kern mit einer Geschwindigkeit $v$, es wird also klassisch mit einer Klopffrequenz

$$\nu \approx \frac{v}{2R} \tag{53}$$

an die Schwelle bei $R$ anstoßen. Die Durchlaßwahrscheinlichkeit bei einmaligem Anstoßen ist durch $D$ in Gl. (52) gegeben. Die Wahrscheinlichkeit, daß das $\alpha$-Teilchen pro Zeiteinheit den Kern verläßt, ist durch

$$\lambda \approx \nu D$$

gegeben. Mit Gl. (52) und (53) sowie (51) folgt daraus

$$\ln \lambda \approx \ln \frac{\nu}{2R} + \frac{8}{\hbar} \sqrt{\frac{m_\alpha Z' e^2}{4\pi\epsilon_0} R} - \frac{2\pi}{\hbar} \frac{Z' e^2}{4\pi\epsilon_0} \sqrt{\frac{2m_\alpha}{E_\alpha}} \; . \tag{54}$$

Diese erstmals von GAMOV abgeleitete Beziehung reproduziert das experimentell schon lange bekannte Gesetz von GEIGER und NUTTALL, nach dem die Zerfallskonstante $\lambda$ und die $\alpha$-Energie $E_\alpha$ wie

$$\ln \lambda = a - \frac{b}{\sqrt{E_\alpha}} \tag{55}$$

verknüpft sind.

Die quantitative Übereinstimmung der Gl. (54) mit dem experimentell gemessenen Werten ist nicht allzu genau. Das liegt in der Hauptsache daran, daß einmal die bei Ableitung der Gleichung (54) durchgeführten Näherungen zwar nur einen relativ kleinen Fehler in $\ln \lambda$ hervorrufen, der aber beim Übergang zu $\lambda$ durch die Exponentialfunktion sehr vergrößert wird. Zum zweiten liegt dies aber auch daran, daß nicht auf spezielle Kerne mit ihren spezifischen Eigenschaften Rücksicht genommen wurde. Trotzdem gibt Gl. (54) den qualitativen Verlauf über viele Größenordnungen in der Halbwertszeit sehr gut wieder.

### c) $\beta$-Zerfall

Beim $\beta$-Zerfall im Kern wird ein Proton in ein Neutron oder umgekehrt verwandelt und ein Positron bzw. ein Elektron zusammen mit einem Neutrino bzw. Antineutrino emitiert. (Siehe auch die Tabelle zu Beginn des Paragraphen.) Dieser Prozeß der Umwandlung eines Elementarteilchens in ein anderes unter gleichzeitiger Emission eines Elektrons (Positrons) und eines Antineutrinos (Neutrinos) tritt noch an vielen Stellen der Elementarteilchenphysik auf. Die Wechselwirkung, die dies verursacht, heißt „schwache Wechselwirkung"; sie wird zusammen mit den anderen Wechselwirkungen in § 8 vergleichend behandelt. Wir wollen hier die elementare Theorie der schwachen Wechselwirkung in der Form behandeln wie sie bereits 1934 von FERMI zur Beschreibung der Form des $\beta$-Spektrums und der Lebensdauern von $\beta$-Zerfällen aufgestellt worden ist.

Die Spektren der beim $\beta$-Zerfall ermittierten Elektronen bzw. Positronen haben ein Aussehen, wie es schematisch in Fig. 190a dargestellt ist. Eingetragen sind dabei ein $\beta^-$-und ein $\beta^+$-Spektrum, die den gleichen Maximalimpuls $p_0$ haben. $N(p)$ ist die Zahl der Teilchen pro Impulsintervall. Hätte der Kern, aus dem die Teilchen emittiert werden, hypothetisch die Ladung $Z=0$, hätte das Spektrum das Aussehen der mittleren Kurve in Fig. 190a. Der beobachtete Unterschied kommt aber durch die Abstoßung der Positronen und der Anziehung der Elektronen durch den Kern zustande. Diese Korrekturfunktion $F(E, Z)$ wird in Gl. (64) gegeben.

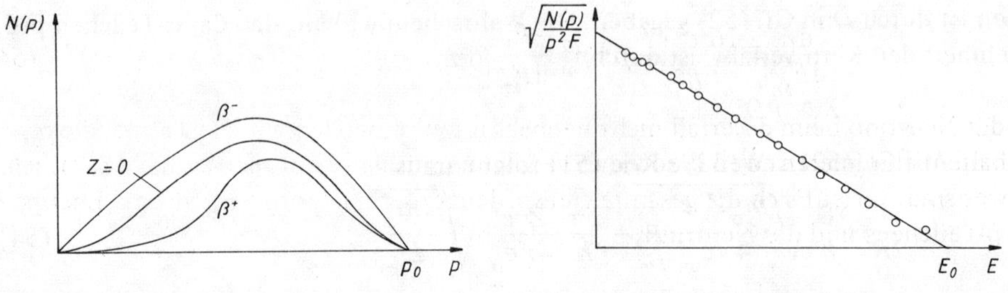


Fig. 190. a) Schematisches Aussehen eines $\beta^-$- und $\beta^+$-Spektrums bei gleichem Maximalimpuls $p_0$. Eingetragen ist das hypothetische Aussehen beider Spektren falls die Kernladung $Z = 0$ wäre.
b) Kurie-Diagramm eines $\beta$-Zerfalls. Diese Auftragung liefert für erlaubte Übergänge einen linearen Zusammenhang.

Aufgrund der hier gezeigten Form des Spektrums mußte man entweder annehmen, daß beim $\beta$-Zerfall der Energieerhaltungssatz verletzt ist oder aber ein weiteres Teilchen emittiert wird. Dieses Teilchen (elektrisch neutral, Spin 1/2), das 1931 von PAULI aus diesen Überlegungen heraus theoretisch postuliert wurde und das er Neutrino nannte, konnte wegen seiner sehr schwachen Wechselwirkung mit Materie erst 1955 nachgewiesen werden. Mit Hilfe der Neutrino-Hypothese von PAULI konnte FERMI 1934 eine erste theoretische Beschreibung angeben.

Analog zum Problem der Lichtemission, wo plötzlich beim Zerfall in der Hülle ein Photon entsteht, läßt sich mit Hilfe der Störungstheorie (2. Goldene Regel (Gl. (44) S. 610)) die $\beta$-Übergangswahrscheinlichkeit $w$ pro Zeiteinheit vom Anfangszustand $i$ in den Endzustand $f$ angeben

$$w = N(p)\,\mathrm{d}p = \frac{2\pi}{\hbar}\,|H_{fi}|^2\,\frac{\mathrm{d}n}{\mathrm{d}E_0}\,.$$

$|H_{fi}|$ ist das Matrixelement des als schwach vorausgesetzten Wechselwirkungsoperators zwischen den Zuständen $i$ und $f$. Der Endzustand $f$ ist dadurch charakterisiert, daß das $\beta$-Teilchen einen Impuls zwischen $p$ und $p + \mathrm{d}p$ besitzt, so daß $N(p)$ die Zahl der in diesem Impulsintervall pro Zeit emittierten $\beta$-Teilchen angibt. $\frac{\mathrm{d}n}{\mathrm{d}E_0}$ ist die Dichte der Endzustände im Energieintervall $E_0$ im Phasenraum des Elektron Neutrinofeldes. Das Phasenvolumen eines $\beta$-Teilchens, das innerhalb des räumlichen Volumens $V$ lokalisierbar ist und dessen Impulsbetrag zwischen $p$ und $p + \mathrm{d}p$ liegt, entspricht im Impulsraum einer Kugelschale, deren Volumen $4\pi p^2\,\mathrm{d}p$ ist. Da eine Zelle im Phasenraum das Volumen $h^3$ besitzt, ist die Zahl der Zustände des Elektrons im Phasenraum

$$\mathrm{d}\,n_e = \frac{4\,\pi\,p^2\;V\,\mathrm{d}\,p}{h^3}\,.$$

Analog gilt für das emittierte Neutrino $\mathrm{d}\,n_\nu = \frac{4\pi\,p_\nu^2\;V\,\mathrm{d}\,p_\nu}{h^3}$. Da das $\beta$-Teilchen und das Neutrino gleichzeitig emittiert werden, multiplizieren sich die Einzelwahrscheinlichkeiten zur Gesamtwahrscheinlichkeit $\mathrm{d}n = \mathrm{d}n_e \cdot \mathrm{d}n_\nu$. Die Dichte der Endzustände, bezogen auf das Energieintervall $E_0$, wird damit

$$\frac{\mathrm{d}n}{\mathrm{d}E_0} = \frac{16\pi^2 V^2}{h^6} p^2 p_\nu^2 \frac{\mathrm{d}p_\nu}{\mathrm{d}E_0} \mathrm{d}p \,. \tag{56}$$

Da das Neutrino beim $\beta$-Zerfall nicht beobachtet wird, wollen wir alle Terme, die $p_\nu$ enthalten, eliminieren. Weil die Kerne, verglichen mit den Leptonen (s. dazu § 7), sehr schwer sind, verteilt sich die gesamte freiwerdende Zerfallsenergie $E_0$ auf die Energie $E$ des $\beta$-Teilchens und des Neutrinos $E_\nu$, so daß mit $E_\nu = p_\nu \cdot c$

$$p_\nu = \frac{1}{c}(E_0 - E) \quad \text{und} \quad \frac{\mathrm{d}p_\nu}{\mathrm{d}E_0} = \frac{1}{c}$$

ist.
Wir erhalten damit den statistischen Faktor der Gl. (56)

$$\frac{\mathrm{d}n}{\mathrm{d}E_0} = \frac{16\pi^2 V^2}{c^3 h^6} p^2 (E_0 - E)^2 \mathrm{d}p \,. \tag{57}$$

Die Zerfallswahrscheinlichkeit für $\beta$-Zerfall pro Impulsintervall des $\beta$-Teilchens und pro Zeit wird damit

$$N(p)\,\mathrm{d}p = \frac{V^2}{2\pi^3 c^3 \hbar^7} \cdot |H_{fi}|^2 \cdot p^2 (E_0 - E)^2 \,\mathrm{d}p \tag{58}$$

mit dem Matrixelement

$$H_{fi} = \int \Psi_f \hat{H}_\beta \Psi_i \,\mathrm{d}\tau \,. \tag{59}$$

$\Psi_i$ ist durch die Wellenfunktion der Nukleonen im Anfangszustand gegeben und $\Psi_f$ durch das Elektron-(Positron-) Neutrinofeld $\varphi_e(\vec{r})\,\varphi_\nu(\vec{r})$ und die Wellenfunktion $\Psi_f$ der Nukleonen im Tochterkern. Infolge der sehr schwachen Wechselwirkung zwischen Kern und Leptonen dürfen die auf das Volumen $V$ normierten Leptonenwellenfunktionen, abgesehen von einer COULOMB-Korrektur, die in Gl. (64) angegeben ist, als ebene Wellen angesetzt werden

$$\varphi(r) = \frac{1}{\sqrt{V}} \begin{pmatrix} \varphi_+ \\ \varphi_- \end{pmatrix} e^{\frac{i}{\hbar}(\vec{p} \cdot \vec{r})} \,, \tag{60}$$

wobei wir den Einfluß des Spins (ausgedrückt durch den Spinor) im Moment unberücksichtigt lassen.

Entwickelt man den Exponenten in (60) nach Multipolen

$$\varphi(r) = \frac{1}{\sqrt{V}} \left\{ 1 + \frac{i}{\hbar}(\vec{p}\,\vec{r}) + \ldots \right\} , \tag{61}$$

ist wegen $\frac{1}{\hbar}(\vec{p} \cdot \vec{R}) \ll R$ ($R$ = Kernradius) die Emission der Leptonen aus dem Kernbereich um so unwahrscheinlicher, je größer der an das Leptonenfeld übertragene Drehimpuls $l$ ist. Die Übergangswahrscheinlichkeit für $l \neq 0$ ist aber sicher von Null verschieden, weil der Kern nicht punktförmig ist und Bereiche bis $r \approx R$ zum Integral (59) beitragen. Übergänge mit $l = 0$ heißen „erlaubt“, mit $l > 0$ „verboten“.

Mit dem 1. Glied der Entwicklung Gl. (61) wird das Integral in der Gl. (59) mit $\frac{1}{\sqrt{V}} = \varphi(0)$ zu

$$H_{fi} = \varphi_e^*(0)\,\varphi_\nu^*(0) \int \Psi_f \hat{H}_\beta \Psi_i \,\mathrm{d}\tau = g\varphi_e^*(0)\,\varphi_\nu^*(0) \int \Psi_f \hat{M} \Psi_i \,\mathrm{d}\tau \tag{62}$$

mit $\hat{M}$, dem dimensionslos gemachten HAMILTON-Operator, und $g$, der Kopplungskonstanten der schwachen Wechselwirkung, auch FERMI-Konstante genannt. Sie ergibt sich experimentell zu etwa

$$g \approx 100\,\mathrm{eV}\,fm^3 \ .$$

Vergleichen wir dies mit der Stärke der starken Wechselwirkung (wo die Potentialtopftiefe ca. 40 MeV und das von einem Nukleon eingenommene Volumen ca. $8\,fm^3$ ist), mit ca. $100\,\mathrm{MeV}\,fm^3$, sehen wir, da $g$ quadratisch vorkommt, daß die schwache Wechselwirkung ca. $10^{12}$ mal schwächer als die starke Wechselwirkung ist. Aus Gl. (62) folgt das in Gl. (58) benötigte Quadrat des Matrixelementes der Wechselwirkung

$$|H_{fi}|^2 = |\varphi_e(0)|^2\,|\varphi_\nu(0)|^2\,g^2\,|M_{fi}|^2 = \frac{1}{V^2}\,g^2\,|M_{fi}|^2 \ . \tag{63}$$

Berücksichtigt man außerdem noch, daß die Elektronen bei der Emission durch die Wechselwirkung mit der Kernladung gebremst und die Positronen beschleunigt werden, ergibt sich die bereits oben angesprochene COULOMB-Korrektur die sogenannte FERMI-Funktion

$$F(E,Z) \approx \frac{x}{1-e^{-x}} \quad \text{mit } x = \frac{2\pi Z \cdot c}{135\,v} \cdot \begin{cases} (+1) & \text{für} \quad \beta^-\text{-Zerfall} \\ (-1) & \text{für} \quad \beta^+\text{-Zerfall} \end{cases} \tag{64}$$

in nicht-relativistischer Näherung.
Insgesamt erhalten wir dann das $\beta$-Spektrum aus Gl. (58) zu

$$\boxed{N(p)\,\mathrm{d}p = \frac{g^2}{2\pi^3 \hbar^7 c^3} \cdot |M_{fi}|^2\,F(E,Z) \cdot p^2\,(E_0 - E)^2\,\mathrm{d}p} \ . \tag{65}$$

Tragen wir das Spektrum in der Form

$$\sqrt{\frac{N(p)}{p^2 \cdot F(E,Z)}} = \text{konst}\,|M_{fi}|\,(E_0 - E)$$

über der Energie $E$ auf, erhalten wir direkt ein Maß für das unbekannte Matrixelement. Ein derartiges sogenanntes Kurie-Diagramm ist in Fig. 190b angegeben. $N(p)\,\mathrm{d}p$ ist die Wahrscheinlichkeit pro Zeiteinheit, daß ein $\beta$-Teilchen mit dem Impuls zwischen $p$ und $p + \mathrm{d}p$ emittiert wird. Dann ist die Wahrscheinlichkeit pro Zeiteinheit, daß ein $\beta$-Teilchen mit beliebigem Impuls emittiert wird, gleich der Zerfallskonstanten

$$\lambda = \int_0^{E_0} N(p)\,\mathrm{d}p \ .$$

Transformieren wir Gl. (65) auf die totale Energie des $\beta$-Teilchens $W = (E - mc^2)/m c^2$, so wird

$$\lambda = \frac{|M_{fi}|^2}{\tau_0} f(W_0, Z)$$

mit dem allgemein berechenbaren FERMI-Integral

$$f(W_0, Z) = \int_1^{W_0} F(W, Z) \sqrt{W^2 - 1} (W_0 - W)^2 W \, dW \tag{66}$$

und der universellen Zeitkonstanten des $\beta$-Zerfalls

$$\tau_0 = \frac{2\pi^3}{g^2} \frac{\hbar^7}{m_e^5 c^4} \approx 10^4 \text{ sec.}$$

Drücken wir die Zerfallskonstante $\lambda$ durch die Halbwertszeit aus, heißt der Ausdruck

$$f(W_0, Z) \cdot T_{1/2} = \frac{\tau_0 \ln 2}{|M_{fi}|^2} \tag{67}$$

$fT$-Wert. Da dieser Wert experimentell leicht zugänglich ist, erlaubt er eine direkte bestimmung des Matrixelementes $|M_{fi}|^2$, das die eigentliche Physik der schwachen Wechselwirkung enthält. Der Operator $\hat{H}_\beta$ in Gl. (59) und (62) ist zunächst unbekannt, und Gl. (63) war nur ein erster Versuch, das Matrixelement weiter auszudrücken. Da z.B. der $\beta^-$-Zerfall

$$n \to p + e^- + \overline{\nu}$$

auch symmetrisch aufgefaßt werden kann als

$$n + \nu \to p + e^-,$$

was beim Umkehrprozeß, dem Elektroneneinfang ja genau der Fall ist, läßt sich das Matrixelement Gl. (59) für den $\beta^-$-Zerfall schreiben

$$H_{fi} = g \int \Psi_p^+ \hat{O} \Psi_n \varphi_e^+ \hat{O} \varphi_\nu \, d\tau, \tag{68}$$

wobei der Operator $\hat{O}$ bei Anwendung auf das Neutrino die Umwandlung in ein Elektron und bei Anwendung auf das Neutron die Umwandlung in ein Proton bewirkt. Da der $\beta^+$-Zerfall der inverse Zerfall dazu ist, ist das zugehörige Matrixelement der zu Gl. (68) konjugiert komplexe Ausdruck.

Weil alle 4 am $\beta$-Zerfall beteiligten Teilchen Ferionen mit Spin 1/2 sind und von der DIRAC-Gleichung beschrieben werden, können als Operatoren im Prinzip alle 5 in der DIRAC-Theorie möglichen Wechselwirkungen in Form der DIRAC-Matrizen oder einer Linearkombination davon vorkommen:

| | | | | |
|---|---|---|---|---|
| skalar (S) | $\hat{O}_S = 1$ | (1 Komponente) | | |
| vektoriell (V) | $\hat{O}_V = \gamma_j$ | (4 Komponenten) | $j = 1, 2, 3, 4$ | |
| tensoriell (T) | $\hat{O}_T = i\gamma_j \gamma_k$ | (6 Komponenten) | $k < j$ | (69) |
| axialvektoriell (A) | $\hat{O}_A = i\gamma_5 \gamma_j$ | (4 Komponenten) | $j = 1, 2, 3, 4$ | |
| pseudoskalar (P) | $\hat{O}_P = \gamma_5$ | (1 Komponente). | | |

Dabei sind die $\gamma$-Matrizen definiert als

$$\gamma_j = \beta\,\alpha_j \quad j = 1, 2, 3 \quad \text{und} \quad \gamma_4 = \beta$$

(mit $\beta$ und $\alpha_j$ aus Gl. (24)–(26), § 3, 1. Kapitel)
und

$$\gamma_5 = \gamma_1\,\gamma_2\,\gamma_3\,\gamma_4\,.$$

Das vollständige Matrixelement aus Gl. (59) ist damit gegeben als

$$H_{fi} = g \sum_{j=1}^{5} \int C_j\,\psi_p^+\,\hat{O}_j\,\psi_n\,\varphi_e^+\,\hat{O}_j\,\varphi_\nu\,\mathrm{d}\tau + \text{konjugiert komplex,} \tag{70}$$

wobei die Kopplungskonstanten $C_j$ die entsprechende Beteiligung der 5 möglichen Wechselwirkungen angeben.
Die Wechselwirkungen S (skalar) und V (vektoriell) entsprechen der Emission der Leptonen im Singulettzustand (antiparallele Spins). Sie werden zusammenfassend als FERMI-Wechselwirkung (oder -Kopplung) bezeichnet. Analog entsprechen T (tensoriell) und A (axialvektoriell) der Emission der Leptonen im Triplettzustand (parallele Spins). Sie werden gemeinsam als GAMOV-TELLER-Wechselwirkung (bzw. -Kopplung) bezeichnet.

Bei erlaubten Übergängen (kein Drehimpulsübertrag auf das Leptonenfeld, d. h. $l = 0$ gelten deshalb die Auswahlregeln für die Änderung des Kernspins $I$ durch $\beta$-Zerfall

$\Delta I = 0$ für FERMI-Kopplung (F)

und $\Delta I = 0, \pm 1$ für GAMOV-TELLER-Kopplung (GT).

In beiden Fällen tritt kein Paritätswechsel der Zustände auf. Die $P$ (pseudoskalare) Wechselwirkung tritt bei erlaubten Übergängen nicht auf. Reine FERMI-Kopplung tritt bei $0 \to 0$-Übergängen (z. B. bei $^{14}O$) und reine GAMOV-TELLER-Kopplung bei $\Delta I = \pm 1$ ohne Paritätsänderung (z. B. bei $^{60}Co$) auf.

Eine genaue Analyse der verschiedenen $\beta$-Zerfälle hat gezeigt, daß bei reiner FERMI-Kopplung nur die $A$-Wechselwirkung beiträgt. Bei gemischten Übergängen treten $V$ und $A$ gemeinsam auf.
Bei verbotenen Übergängen ist der Drehimpulsübertrag an das Feld $l \neq 0$. Die dazugehörenden $fT$-Werte liegen je nach Verbotenheitsgrad jeweils eine Größenordnung höher als die erlaubten Übergänge.

Der $\beta$-Zerfall ist darüber hinaus deshalb so interessant, weil er die Parität nicht erhält. Das $\beta$-Teilchen und das Neutrino werden in Zustände unbestimmter Parität emittiert. Während die Wellenfunktionen der Kernzustände Eigenfunktionen zum Paritätsoperator sind, gilt dies nicht für die Leptonen. Es zeigt sich, daß Leptonen ein Schraubensinn auszeichnet, der durch den als Helizität bezeichneten Operator

$$\hat{h} = 2\,\frac{(\hat{\vec{s}} \cdot \hat{\vec{p}})}{\hbar\,|\vec{p}\,|} \tag{71}$$

beschrieben wird. Dabei ist $\hat{\vec{s}}$ der Spin- und $\hat{\vec{p}}$ der Impulsoperator des Leptons.

Experimente zeigen, daß die Leptonen bevorzugt in Zustände mit parallelen oder antiparallelen Spin- und Impulsvektoren emittiert werden. Wenn das Neutrino masselos ist und sich daher mit Lichtgeschwindigkeit $c$ bewegt, gibt es nur zwei Einstellmöglichkeiten des Spins zur Impulsrichtung, so daß die Helizität stets $+1$ oder $-1$ ist. Weil bei Raumspiegelung ($\vec{r} \to -\vec{r}$) der Impuls und damit $\hat{h}$ sein Vorzeichen ändert, kommutiert der Operator $\hat{h}$ nicht mit dem Paritätsoperator. Die Wellenfunktion kann dann keine Eigenfunktion zum Paritätsoperator sein. Leider ist die Helizität eines Neutrinos wegen der sehr geringen Wechselwirkung mit Materie im Experiment nicht leicht zugänglich; indirekte Schlüsse aus den Beobachtungen am $\beta$-Teilchen zeigen jedoch, daß Neutrinos sogar maximal paritätsverletzend sind und $\langle h \rangle = -1$ besitzen, während der Erwartungswert der Helizität für Antineutrinos $\langle h \rangle = +1$ ist.

Für Teilchen mit endlicher Ruhemasse hingegen kann die Helizität keine Erhaltungsgröße sein, da sich beispielsweise durch einfache Beschleunigung der Impuls nach Richtung und Größe beliebig ändern läßt. Trotzdem ist der Erwartungswert der Helizität der beim $\beta$-Zerfall emittierten Elektronen oder Positronen direkt nach der Emission von Null verschieden. In dieser Betrachtung besteht überhaupt die einzige Möglichkeit, die Helizität der Neutrinos experimentell indirekt zu messen.

Wenn nun die Wellenfunktion eines Leptons beim $\beta$-Zerfall nicht Eigenfunktion zum Paritätsoperator ist, darf auch der HAMILTON-Operator des $\beta$-Zerfalls in Gl. (70) nicht mit dem Paritätsoperator kommutieren, sondern muß einen pseudoskalaren Anteil enthalten. Dies wird erreicht, indem der Operator $\hat{O}_j$ zwischen den Leptonwellenfunktionen in Gl. (70) durch $\hat{O}_j(1 + b\,\gamma_5)$ ersetzt wird. Diesem pseudoskalaren Zusatzglied kann keine Energie im klassischen Sinn entsprechen, da „normale" Energien stets echte Skalare sind. Der $\beta$-Zerfall ist damit ein Phänomen, das kein klassisches Analogon hat.

Bei diesen ganzen Überlegungen ist angenommen, daß die Neutrinos die Ruhemasse Null haben. Inzwischen gibt es experimentelle Hinweise dafür, daß dies eventuell nicht der Fall ist. Sollte sich dies tatsächlich bestätigen, so hätte dies große Konsequenzen für die Theorie der schwachen Wechselwirkung. So wäre z. B. der Begriff der Helizität oder auch die Leptonenerhaltungszahlen keine guten Begriffsbildungen mehr. Es kann also durchaus sein, daß manches was hier als bekanntes Wissen dargestellt wurde, demnächst revidiert werden muß. Erwähnt sei hier ferner, daß die Existenz einer endlichen Ruhemasse des Neutrinos wichtige Konsequenzen für die Kosmologie hätte, da die Masse des Weltalls plötzlich sehr viel größer wäre als bisher angenommen.

### d) $\gamma$-Zerfall

Unter einem $\gamma$-Zerfall wird der spontane Übergang eines angeregten Kernes in ein energetisch niedrigeres Niveau des gleichen Kernes unter Emission elektromagnetischer Strahlung verstanden. Da die Kernniveaus einen scharf definierten Gesamtdrehimpuls und gute Parität haben, besitzt auch das Strahlungsfeld diese Eigenschaften. Im folgenden diskutieren wir daher die Zerlegung des Strahlungsfeldes nach Multipolen.

Ein elektromagnetisches Feld kann man allgemein darstellen als

$$\vec{E} = \int (\vec{E}^* \, e^{i\omega t} + \vec{E} \, e^{-i\omega t}) \, d\omega \quad \text{und} \quad \vec{H} = \int (\vec{H}^* \, e^{i\omega t} + \vec{H} \, e^{-i\omega t}) \, d\omega \,, \tag{72}$$

wobei für die zeitunabhängigen Größen $E$ und $H$ nach den MAXWELL-Gleichungen gilt

$$\operatorname{rot} \vec{H} = -i\omega\epsilon_0 \vec{E} \quad \text{und} \quad \operatorname{rot} \vec{E} = i\omega\mu_0 \vec{H}$$

bzw. $(\text{rot rot} - k^2)\vec{H} = 0$ und $(\text{rot rot} - k^2)\vec{E} = 0$ (73)
mit $k^2 = \omega^2 \epsilon_0 \mu_0$.

Wir suchen nun Lösungen der Gleichung (73), die zugleich Eigenfunktionen des Drehimpulsoperators $\hat{L}$ und des Operators $\hat{L}_z$ sind. Dies legt einen Ansatz der folgenden Form nahe

$$\vec{L}\, R_L(r)\, Y_{L,M}(\vartheta, \varphi). \tag{74}$$

Die Radialfunktion ergibt sich durch Einsetzen von Gleichung (74) in die Gleichung (73), wodurch die Differentialgleichung

$$\left(\frac{\mathrm{d}^2}{\mathrm{d}r^2} - \frac{L(L+1)}{r^2} + k^2\right) R_L(r) = 0 \tag{75}$$

wird, deren Lösungen die sphärischen BESSELfunktionen $j_L(kr)$ sind. Die vektoriellen Eigenfunktionen zum Operator $(\text{rot rot} - k^2)$ haben also die Form

$$c\,\vec{L}\, j_L(kr)\, Y_{L,M}(\vartheta, \varphi),$$

wobei $c$ eine Normierungskonstante ist.

Da die Gleichungen für $\vec{E}$ und $\vec{H}$ in (73) völlig symmetrisch sind, hat man die Wahl, ob man den elektrischen oder den magnetischen Feldvektor auf diese Weise darstellen will. Setzt man

$$\vec{H}^{(e)}_{L,M} = c^{(e)}\,\vec{L}\, j_L(kr)\, Y_{LM}(\vartheta, \varphi), \tag{76}$$

so hat $\vec{H}$ keine Radialkomponente, da $L_r = 0$ ist. Man nennt solche Felder „elektrische Multipolfelder". Mit Gl. (73) wird dann die elektrische Feldstärke in diesem Fall

$$\vec{E}^{(e)}_{L,M} = -\frac{1}{i\omega\epsilon_0}\, c^{(e)}\, \text{rot}\,\vec{L}\, j_L(kr)\, Y_{L,M}(\vartheta, \varphi). \tag{77}$$

Setzt man umgekehrt das elektrische Feld

$$\vec{E}^{(m)}_{L,M} = c^{(m)}\,\vec{L}\, j_L(kr)\, Y_{LM}, \tag{78}$$

dann hat $\vec{E}$ keine Radialkomponente, und die Felder heißen „magnetische Multipolfelder". Das zugehörige Magnetfeld ist

$$\vec{H}^{(m)}_{LM} = \frac{1}{i\omega\mu_0}\, c^{(m)}\, \text{rot}\,\vec{L}\, j_L(kr)\, Y_{LM}. \tag{79}$$

Die Normierung erfolgt innerhalb einer Kugel mit Radius $R_0$, die sehr groß ist.

An den Gleichungen (76) bis (79) sieht man sofort, daß $\vec{H}^{(e)}_{LM}$ und $\vec{E}^{(m)}_{LM}$ die Parität $(-1)^L$ sowie $\vec{E}^{(e)}_{LM}$ und $\vec{H}^{(m)}_{LM}$ die Parität $(-1)^{L+1}$ haben, denn $Y_{LM}$ hat die Parität $(-1)^L$, $\vec{L}$ die Parität $(+1)$ und rot die Parität $(-1)$. Da $Y_{00}$ eine Konstante ist, folgt aus den Gleichungen (76) – (79) ferner, daß die Multipolfelder mit der Quantenzahl $L = 0$ verschwinden.

Weil die $Y_{LM}$ und $j_L$ vollständige Funktionensysteme sind, läßt sich auch jedes elektromagnetische Feld aus Multipolanteilen aufbauen.

$$\vec{E} = \sum_{L=1}^{\infty} \sum_{M=-L}^{+L} (a^{(e)}_{L,M} \vec{E}^{(e)}_{LM} + a^{(m)}_{LM} \vec{E}^{(m)}_{L,M})$$
$$\vec{H} = \sum_{L=1}^{\infty} \sum_{M=-L}^{+L} (b^{(e)}_{LM} \vec{H}^{(e)}_{LM} + b^{(m)}_{LM} \vec{H}^{(m)}_{LM}) . \tag{80}$$

Die Koeffizienten $a$ und $b$ bestimmen die Amplituden der einzelnen Multipolordnungen. Das Vektorpotential (entsprechend 3. Buch, 5. u. 13. Kapitel) ist in COULOMB-Eichung gegeben durch

$$\vec{A} = \frac{1}{i\omega\mu_0} \vec{E} . \tag{81}$$

Wenn sich ein geladenes Teilchen (z. B. ein Proton im Kern oder ein Elektron in der Atomhülle) in einem elektromagnetischen Feld befindet, so ist der HAMILTON-Operator gegeben durch

$$\hat{H} = \frac{1}{2m} (\hat{\vec{p}} - e\mu_0 \hat{\vec{A}})^2 + V(\vec{r}) = \underbrace{\frac{1}{2m} \hat{\vec{p}}^2 + V(\vec{r})}_{\hat{H}_0} - \underbrace{\frac{e\mu_0}{2m} (\hat{\vec{p}} \hat{\vec{A}} - \hat{\vec{A}} \hat{\vec{p}})}_{\hat{H}'} + \frac{e^2 \mu_0^2}{2m} \hat{\vec{A}}^2 \tag{82}$$

Kennt man die Lösungen der SCHRÖDINGER-Gleichung $\hat{H}_0 \psi_n = E_n \psi_n$, können diese als Basis einer Störungsrechnung für $\hat{H}'$, der Ankopplung an das elektromagnetische Feld, dienen. (Das Glied $\sim A^2$ beschreibt einen Zwei-Quanten-Übergang und ist um 2 Größenordnungen kleiner, so daß es weggelassen werden kann.)
Die Übergangswahrscheinlichkeit für die Emission eines Quants $\hbar\omega$ ist durch die 2. Goldene Regel gegeben (Gl. (44), 5. Buch, 5. Kapitel)

$$w = \frac{2\pi}{\hbar} \left| \int \Psi_f^* \hat{H}' \Psi_i \, \mathrm{d}s \right|^2 \rho_f . \tag{83}$$

Die Dichte der Endzustände $\rho_f$ erhalten wir durch Abzählen der möglichen Werte der Wellenzahl $k$ des emittierten Quants pro Energieintervall der Endenergie $E_f$. Mit $j_L(kR_0) = 0$ auf der Normierungskugel $R_0$ und $R_0 \gg 1$ folgt aus der asymptotischen Entwicklung von $j_L$

$$kR_0 = \frac{\pi L}{2} = n\pi .$$

Da die Energie $E = \hbar\omega = \hbar ck$ ist, ergibt sich die Zustandsdichte zu

$$\rho_f = \frac{\mathrm{d}n}{\mathrm{d}E_f} = \frac{\mathrm{d}n}{\mathrm{d}E_\gamma} = \frac{R_0}{\pi\hbar c} . \tag{84}$$

$n$ ist eine sehr große Zahl, die hier näherungsweise als kontinuierliche Variable aufgefaßt worden ist.

Wir wollen die recht längliche Auswertung des Integrals in Gl. (83) hier nicht explizit durchführen. Der Operator $\hat{H}'$ ist durch Gl. (81) mit der elektrischen Feldstärke der Multipolfelder Gl. (77) bzw. (78) verknüpft. Da durch die Wellenfunktionen $\Psi_f$ und

$\Psi_i$ das Integrationsvolumen auf den Kern beschränkt ist, können die BESSELfunktionen $j_L$ im allgemeinen durch ihre Näherungen für $kr \ll 1$

$$j_L \sim (kr)^L$$

ersetzt werden.
Für den Fall der elektrischen Multipolübergänge ergibt sich als Übergangswahrscheinlichkeit

$$W_{LM}^{(e)} = 8\pi\alpha\omega \left(\frac{2^L L!}{(2L+1)!}\right)^2 \frac{L+1}{L} \left| \int \psi_f^* (kr)^L \, Y_{LM}^* \, \psi_i \, d\tau \right|^2 . \tag{83}$$

Aus dieser Form des Matrixelementes wird die Nomenklatur „Multipolfelder" ersichtlich. Für $L = 1$ ist der Operator im wesentlichen $r \cos \vartheta$, also der Dipoloperator, für $L = 2$ ergibt sich der Quadrupoloperator $r^2 Y_{2M}^*$ usw.

Ist in Gl. (82) das Potential als kugelsymmetrisch angenommen, so kann man die Wellenfunktionen in Radial- und Winkelanteile separieren, so daß das Matrixelement in Gl. (83) in ein Radial- und Winkelmatrixelement aufgespalten werden kann. Geht der Übergang von einem Zustand mit den Quantenzahlen $(j', l', m_j')$ in den Zustand $(j, l, m_j)$, erhält man die Auswahlregeln

$$\begin{aligned} &m_j' - m_j = M , && m_s' = m_s \text{ (kein Spin-Umklappen)} , \\ &|l - L| \leq l' \leq l + L && l \neq 0 , \end{aligned} \tag{84}$$

Paritätswechsel für ungerades $L$.
Die Auswertung des Radialintegrals hängt sehr vom Kernmodell ab. Nimmt man als einfachste primitive Näherung eine gleichmäßige Verteilung der Nukleonendichte über den Kern an, so ergibt sich als Näherung für die Übergangswahrscheinlichkeit (mit dem Kernradius $R$)

$$W_L^{(e)} \approx 2\alpha\omega \left(\frac{2^L L!}{(2L+1)!}\right)^2 \frac{L+1}{L} \left(\frac{3}{L+3}\right)^2 (kR)^{2L} \, S_{j'l', L, j, m} . \tag{85}$$

Da $E_\gamma = \hbar\omega = \hbar c k$ ist, folgt daraus

$$W_L^{(e)} \sim (E_\gamma)^{2L+1} .$$

Die Wahrscheinlichkeit für elektrische Dipolemission wächst also mit $E_\gamma^3$, für elektrische Quadrupolemission mit $E_\gamma^5$ usw.

Die Wahrscheinlichkeit für einen magnetischen Multipolübergang ergibt sich nach dem gleichen Verfahren, wenn man für das Vektorpotential in Gl. (82) die Gl. (81), mit Gl. (78) verknüpft, einsetzt.
Die Ergebnisse sind:
1) Das Verhältnis der Wahrscheinlichkeiten für elektrische und magnetische Multipolemission der gleichen Ordnung $L$ und gleicher Energie $E_\gamma$ ist unabhängig von $E_\gamma$ und wird näherungsweise gegeben durch

$$\frac{W_L^{(e)}}{W_L^{(m)}} \approx \frac{(m_p c R)^2}{10\hbar^2} . \tag{86}$$

Dieser Faktor ist von der Größenordnung 30 für $A = 20$ und 150 für $A = 200$.

2) Die Auswahlregeln für magnetische Multipolstrahlung lauten

$$m_j' - m_j = M\,,$$
$$|l - L| \leq l' \leq l + L\,, \qquad L \neq 0\,,$$

Paritätswechsel für gerades $L$, und $\Delta m_s = \pm 1$, Spin-Änderung wahrscheinlich.

Bei einem $\gamma$-Übergang zwischen zwei Niveaus eines Atomkerns sind die Kernspins $I_f$ und $I_i$ vorgegeben. Der Übergang kann mit $L = |I_i - I_f|, |I_i - I_f| + 1, \ldots I_i + I_f$ vor sich gehen. Da aber die Übergangswahrscheinlichkeit mit wachsendem $L$ schnell fällt, kommt der Hauptbeitrag gewöhnlich vom Übergang mit $L = \Delta I$.

## § 7. Klassifizierung und Eigenschaften der Elementarteilchen

Der Begriff „Elementarteilchen" wurde Anfang der 30er Jahre geprägt, als man neben dem Elektron und Proton kaum andere Bausteine der Materie kannte. Heute, da die Liste dieser Elementarteilchen die 200 weit überschritten hat, ist man natürlich längst auf der Suche nach noch elementareren Bausteinen, die ihrerseits die Elementarteilchen erklären können. Die bisher erfolgreichste Hypothese dieser Art, die Quark-Hypothese, vermag mit 6 sogenannten Quarks (Phantasieausdruck aus dem Roman Finnegan's Wake von James Joyce) und seinen Antiteilchen tatsächlich eine Ordnung und Erklärung für die bisher entdeckten Elementarteilchen zu liefern. Einziger „Nachteil" allerdings ist bisher, daß noch niemals ein freies Quark-Teilchen gefunden worden ist. (Mehr dazu in § 9.)

Es soll und kann in diesem und den nächsten beiden Paragraphen kein Versuch unternommen werden, die Theorien der Elementarteilchen darzustellen. Zum einen ist dafür hier kein Platz, zum anderen sind auch die modernen Entwicklungen dieses Gebietes in den letzten Jahren so in Fluß gekommen, daß manches aller Voraussicht nach nach kurzer Zeit wieder überholt sein dürfte. Einigermaßen einig ist man sich z. Zt. über das sogenannte „Standard-Modell", das wir im Rahmen dieses Buches aber in § 9 auch nur ganz pauschal antippen können. Wir wollen uns hier (§ 7) auf eine Beschreibung und Klassifizierung der Elementarteilchen, ihrer Wechselwirkung und Quantenzahlen (§ 8) sowie die Grundzüge der Quark-Hypothese (§ 9) beschränken.

Eine mögliche Klassifizierung von Elementarteilchen ist die Unterteilung in stabile und kurzlebige Elementarteilchen, sogenannte Resonanzen. In dieser Definition bedeutet stabil eine Halbwertzeit, die sehr viel länger als die für die starke Wechselwirkung charakteristische Zeit von $10^{-23} - 10^{-24}$ sec ist, in der Licht eine Strecke von $10^{-13}$ cm zurücklegt, die typisch für die „Größe" der Elementarteilchen ist. Diese so definierten „stabilen" Elementarteilchen mit Lebensdauern, die größer als $10^{-20}$ Sekunden sind, sind in der hier abgedruckten Tabelle vollständig aufgelistet. Einige der weiteren Eigenschaften die, wie in der Quantenphysik üblich, durch Quantenzahlen ausgedrückt werden, werden im weiteren Text angesprochen.

| | | Teilchen | Symbol | Ladung | Masse in MeV | Lebensdauer in Sekunden |
|---|---|---|---|---|---|---|
| | | Photon | $\gamma$ | 0 | 0 | $\infty$ |
| Leptonen | | Neutrino | $\nu_e\ \overline{\nu_e}$ | 0 | 0 | $\infty$ |
| | | | $\nu_\mu\ \overline{\nu_\mu}$ | 0 | 0 | $\infty$ |
| | | Elektron | $e^\pm$ | ±e | 0,511 | $\infty$ |
| | | Müon | $\mu^\pm$ | ±e | 105 | $2.2 \times 10^{-6}$ |
| Hadronen | Mesonen | Pion | $\pi^\pm$ | ±e | 140 | $2.6 \times 10^{-8}$ |
| | | | $\pi^0$ | 0 | 135 | $0{,}8 \times 10^{-16}$ |
| | | Kaon | $K^\pm$ | ±e | 494 | $1{,}2 \times 10^{-8}$ |
| | | | $K^0$ | 0 | 498 | $0{,}9 \times 10^{-10}$ |
| | | Eta-Meson | $\eta$ | 0 | 549 | $2{,}5 \times 10^{-17}$ |
| | Baryonen | Proton | $p\ \overline{p}$ | ±e | 938 | $\infty$ |
| | | Neutron | $n\ \overline{n}$ | 0 | 940 | 918 |
| | | Lambda-Hyperon | $\Lambda\ \overline{\Lambda}$ | 0 | 1116 | $2{,}5 \times 10^{-10}$ |
| | | Sigma-Hyperon | $\Sigma^+\ \overline{\Sigma^+}$ | ±e | 1189 | $8 \times 10^{-11}$ |
| | | | $\Sigma^0\ \overline{\Sigma^0}$ | 0 | 1192 | $< 10^{-14}$ |
| | | | $\Sigma^-\ \overline{\Sigma^-}$ | ±e | 1197 | $1{,}5 \times 10^{-10}$ |
| | | Xi-Hyperon | $\Xi^0\ \overline{\Xi^0}$ | 0 | 1314 | $3 \times 10^{-10}$ |
| | | | $\Xi^-\ \overline{\Xi^-}$ | ±e | 1321 | $1{,}7 \times 10^{-10}$ |
| | | Omega-Hyperon | $\Omega^-\ \overline{\Omega^-}$ | ±e | 1672 | $1{,}3 \times 10^{-10}$ |

Bei der Diskussion der DIRAC-Gleichung (siehe 1. Kapitel) wurde bereits auf das Konzept des Antiteilchens des Elektrons eingegangen. Dieses Konzept hat sich generell als sehr fruchtbar erwiesen, denn die Natur liefert zu jedem Teilchen ein Antiteilchen, das sämtliche Eigenschaften des Teilchens (bis auf die Masse) mit dem entgegengesetzten Vorzeichen besitzt.

Die noch aus der Anfangszeit der Elementarteilchenphysik übernommene Einteilung in leichte (Leptonen), mittelschwere (Mesonen) und schwere (Baryonen) Elementarteilchen existiert zwar heute auch noch, hat ihre Bedeutung aber gewandelt. Natürlich ist die Ruhemasse eines Teilchens immer noch von allergrößter Wichtigkeit; die Bezeichnung Lepton, Meson und Baryon dient aber heute einer anderen Klassifizierung: Elementarteilchen besitzen einen wohldefinierten Spin. Der Spin aber gibt nach einem sehr allgemeinen (PAULI-LÜDERS-) Theorem eindeutig an, nach welcher Statistik sich ein Ensemble dieser Teilchen verhält. Ist der Spin der Teilchen halbzahlig, so folgen sie der FERMI-DIRAC-Statistik, ist der Spin der Teilchen ganzzahlig, so folgen sie der BOSE-EINSTEIN-Statistik. Darüber hinaus bestimmt der Spin eines Teilchens die Transformationseigenschaften ihrer Wellenfunktionen bezüglich der LORENTZ-Transformation.

Spin-0-Teilchen werden durch eine (pseudo-) skalare Wellenfunktion, Spin-$\frac{1}{2}$-Teilchen durch eine Spinor-Wellenfunktion, Spin-1-Teilchen durch eine (Pseudo-) Vektor-Wellenfunktion usw. beschrieben.

Ein weiteres wichtiges Charakteristikum der Elementarteilchen ist, ob sie an der starken Wechselwirkung teilnehmen oder nicht. Diese beiden Eigenschaften, an welcher Statistik und ob sie an der starken Wechselwirkung teilnehmen, liefert die heutzutage benutzte Einteilung in die 4 Klassen der Elementarteilchen, die im folgenden angegeben ist.

| | Teilnahme an der starken Wechselwirkung | |
|---|---|---|
| | nein | ja (Hadronen) |
| BOSE-EINSTEIN-Statistik (Spin ganzzahlig) | Photonen | Mesonen |
| FERMI-DIRAC-Statistik (Spin halbzahlig) | Leptonen | Baryonen |

Da es für Teilchen, die an der BOSE-EINSTEIN-Statistik teilnehmen, keine Teilchenerhaltung gibt, können bei einer Reaktion im Prinzip eine beliebig große Zahl an Photonen oder Mesonen entstehen. Umgekehrt gilt für alle Teilchen, die an der FERMI-DIRAC-Statistik teilnehmen, die Teilchenzahlerhaltung. Den Leptonen ist deshalb eine Leptonenzahl $L$ und den Baryonen eine Baryonenzahl $B$ zugeordnet, wobei den Antiteilchen der jeweils negative Wert davon zugeordnet ist. Neben den streng erfüllten Erhaltungsgrößen bzw. Quantenzahlen der Elementarteilchen, wie Masse, Ladung, Spin sowie Leptonen- und Baryonenzahl, gibt es eine Anzahl von Quantenzahlen, die nur im Rahmen bestimmter Wechselwirkungen streng erhalten sind, während deren Erhaltung bei anderen Wechselwirkungen nicht gilt. Ein Beispiel dafür hatten wir bereits bei der Diskussion des $\beta$-Zerfalls kennengelernt. Bei einem Zerfall auf Grund der schwachen Wechselwirkung ist die Parität nicht erhalten. Deshalb kann den Leptonen im Zusammenhang mit der schwachen Wechselwirkung keine Parität zugeordnet werden. Wenn andererseits ein Elektron, das ein Lepton ist, auf Grund seiner Ladung elektromagnetisch in einem Atom gebunden ist, hat seine Wellenfunktion natürlich eine wohldefinierte Parität, da für die elektromagnetische Wechselwirkung die Parität eine gute Quantenzahl ist. Eine andere Quantenzahl, die nur für die starke Wechselwirkung eine Erhaltungsgröße darstellt, ist der Isospin. Er wurde eingeführt, weil im Experiment jeweils Familien von Elementarteilchen auftraten, die gleiche Eigenschaften zeigten und nur durch ihre Ladungen und bedingt durch die unterschiedliche elektromagnetische Wechselwirkung auch etwas andere Masse und Halbwertszeit zu unterscheiden waren (s. z. B. $\pi^+, \pi^0, \pi^-$ oder $\Sigma^+, \Sigma^0, \Sigma^-$). Jedem derartigen (Iso-) Multiplett (der Name ist aus der Spektroskopie übernommen) kann man einen Isospin $T$ zuordnen, der mathematisch wie ein Spin zu behandeln ist. Genauso wie ein Spin $2S + 1$ Einstellmöglichkeiten bezüglich der Quantisierungsachse hat, besitzt auch der Isospin $2T + 1$ Einstellmöglichkeiten bezüglich einer Isospinachse. So haben Proton und Neutron einen Isospin $T = 1/2$ mit den beiden Einstellmöglichkeiten

$T_3 = +1/2$ für das Proton und $T_3 = -1/2$ für das Neutron. Analog gilt z. B. für das Σ-Isospintriplett $T = 1$ mit $T_3 = +1$ für $\Sigma^+$, $T_3 = 0$ für $\Sigma^0$ und $T_3 = -1$ für $\Sigma^-$. Das Konzept des Isospins war ursprünglich nur für die Nukleonen, Neutron und Proton, sowie die π-Mesonen eingeführt, wo die Beziehung galt ($Q$ ist die „Quantenzahl" der Ladung in Einheiten der Elementarladung)

$$T_3 = Q - \frac{1}{2} B .$$

Nach der Entdeckung der *K*-Mesonen und Hyperonen (der „seltsamen Teilchen") mußte diese Relation in

$$\boxed{T_3 = Q - \frac{1}{2}(B + S)} \tag{91}$$

(GELL-MANN-NISHIJIMA-Relation) umgeändert werden. Die neue Quantenzahl $S$ wurde „Strangeness" genannt. Ihr „seltsames" Verhalten besteht darin, daß die Teilchen, deren Strangeness $S \neq 0$ ist, in Hadronen-Erzeugungsprozessen, d.h. auf Grund der starken Wechselwirkung nur zu mehreren gleichzeitig gebildet werden können. Dabei ist die Strangeness eine Erhaltungsgröße. Genau deshalb kann auch ein einzelnes Teilchen mit $S \neq 0$ nicht durch die starke Wechselwirkung, sondern nur durch die schwache Wechselwirkung (in Teilchen mit $S = 0$) zerfallen, wobei die Strangeness nicht erhalten wird. Die Lebensdauern dieser Teilchen sind deshalb ca. $10^{+13}$ mal länger als die für die starke Wechselwirkung charakteristische Zeit von $10^{-23}$ sec., was ziemlich genau dem Quadrat der Kopplungskonstanten von starker zu schwacher Wechselwirkung entspricht.

Oft wird die in Gl. (91) vorkommende Größe $(B + S)$ auch Hyperladung $Y$ genannt

$$Y = B + S. \tag{92}$$

Seit einigen Jahren sind weitere Quantenzahlen gefunden worden, die flavour, charm etc. genannt werden. Da diese Größen in unmittelbarem Zusammenhang mit dem Quark-Modell stehen, soll darauf in § 9 etwas genauer eingegangen werden, in dem die Grundzüge des Quark-Modells geschildert werden.

## § 8. Die 4 Wechselwirkungen und ihre Erhaltungssätze

Da wir bereits an vielen Stellen, insbesondere aber im Rahmen der Kern- und Elementarteilchenphysik, von den unterschiedlichen Eigenschaften der verschiedenen Wechselwirkungen gesprochen haben, wollen wir hier eine kurze Zusammenstellung und einen Vergleich der 4 bisher bekannten Wechselwirkungen vornehmen. Obwohl man heute die elektromagnetische und die schwache Wechselwirkung als eine „Elektro-Schwache" Wechselwirkung ansehen darf, wollen wir dennoch beide getrennt betrachten.

a) Die elektromagnetische Wechselwirkung ist die Wechselwirkung geladener Teilchen mittels Photonen. Dies können sowohl reelle als auch virtuelle (nicht direkt beobachtbare) zwischen zwei Teilchen ausgetauschte Photonen sein. Wegen dieser virtuellen Prozesse können auch elektrisch neutrale Teilchen, wie z. B. das Photon selbst oder ein

Neutron, an der elektromagnetischen Wechselwirkung teilnehmen. Typische Beispiele für diese Wechselwirkung sind z. B. die Prozesse:

$$e^+ + e^- \to 2\gamma \qquad \gamma + e^- \to \gamma + e^- \quad \text{(Compton-Effekt)}$$

$$\pi^0 \to 2\gamma \qquad \Sigma^0 \to \Lambda + \gamma\,.$$

Die ersten beiden hier genannten Prozesse sind in Fig. 191a und b als FEYNMAN-Diagramme analog wie in Fig. 178 aufgetragen. Beispiel c in Fig. 191 stellt die elektromagnetische Wechselwirkung zweier geladener Teilchen durch Austausch eines virtuellen Photons dar. (Die anderen, hier noch zu diskutierenden Wechselwirkungen, können ebenfalls in Form solcher FEYNMAN-Diagramme dargestellt werden.)

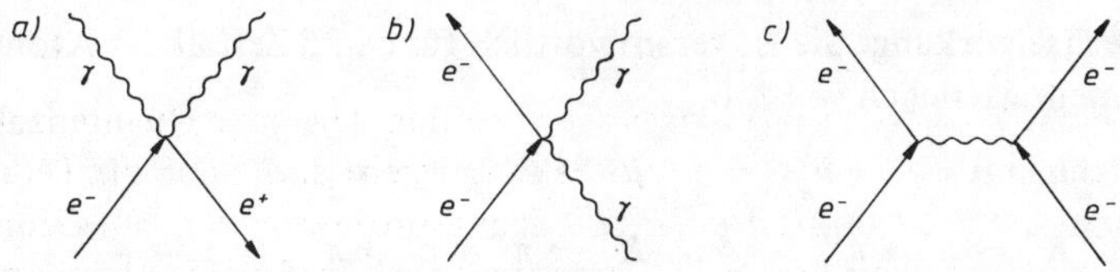


Fig. 191. FEYNMAN-Diagramme einiger Prozesse durch elektro-magnetische Wechselwirkung
a) $e^+ + e^- \to 2\gamma$ (Elektron-Positron Vernichtung)
b) $e^+ + e^- \to \gamma + e^-$ (COMPTON-Effekt)
c) $e^- + e^- \to e^- + e^-$ (Elektron-Elektron Streuung).

Die Reichweite der elektromagnetischen Wechselwirkung ist voraussichtlich unendlich, ihre typischen Zeiten $10^{-9} - 10^{-16}$ sec. (z. B. Halbwertszeiten angeregter atomarer Zustände). Die Stärke der elektromagnetischen Wechselwirkung ist durch das Quadrat der Ladung $e^2$ gegeben. Dimensionslos gemacht ist dies die Feinstrukturkonstante

$$\alpha = \frac{e^2}{4\pi\epsilon_0 \hbar c} \approx \frac{1}{137}\,.$$

Da die Kopplungskonstante diesen kleinen Wert besitzt, können viele elektromagnetische Prozesse mit der Methode der Störungsrechnung behandelt werden.

b) Die starke Wechselwirkung ist die Wechselwirkung der Hadronen untereinander, wobei man annimmt, daß die Pionen $\pi^+$, $\pi^0$ und $\pi^-$ eine ähnliche Rolle spielen wie die Photonen bei der elektromagnetischen Wechselwirkung.
Typische Beispiele dafür sind

$$\pi + N \to \pi + N \qquad \pi^- + p \to \Sigma^- + K^+$$

$$\Delta \to N + \pi \qquad \rho \to 2\pi,$$

wobei die hier auftretenden Pionen reelle Pionen sind. Im Rahmen der Quark Theorie, nach der alle Elementarteilchen, die an der starken Wechselwirkung teilnehmen, aus Quarks aufgebaut sind, kann die starke Wechselwirkung reduziert werden auf die Wechselwirkung zwischen Quarks, wobei das Austauschteilchen, das diese Wechselwirkung vermittelt, das Gluon ist.

Die starke Wechselwirkung hat nur eine Reichweite von ca. 2 Femtometer (fm) und die charakteristischen Zeiten sind $10^{-23} - 10^{-24}$ sec. Die Stärke ist durch die Größe $g_{st}$ gegeben, die das Analogon zur elektrischen Ladung ist. Dimensionslos gemacht gilt

$$\frac{g_{st}^2}{\hbar c} \approx 1 - 10 .$$

Da dieser Wert zwei bis drei Größenordnungen stärker als die elektromagnetische Kopplungskonstante ist, bietet die Störungstheorie keine geeignete Hilfe bei der Beschreibung der Prozesse durch die starke Wechselwirkung. Die Rolle, die die Quantenelektrodynamik bei der Beschreibung der elektro-magnetischen Prozesse spielt wird inzwischen für die starke Wechselwirkung von der Quantenchromodynamik übernommen.

c) Schwache Wechselwirkung: Sie ist verantwortlich für den $\beta$-Zerfall der Atomkerne und einiger Elementarteilchen wie z. B.

$$n \to p + e^- + \bar{\nu}_e \qquad \mu^- \to e^- + \bar{\nu}_e + \nu_\mu$$

$$K^+ \to \pi^+ + \pi^0 \qquad K^+ \to \pi^+ + \pi^- + \pi^+ .$$

Die Reichweite ist sehr viel kleiner als die der starken Wechselwirkung. Nimmt man auch hier den virtuellen Austausch eines oder mehrerer Feldquanten als Ursache (sie sind 1983 entdeckt worden), dann hängt wie bei den anderen Wechselwirkungen die Reichweite von den Massen der Feldquanten ab. Da die Energieunschärfe $\Delta E$ des ausgetauschten Feldquants durch die HEISENBERGsche Unschärferelation

$$\Delta E \approx \frac{\hbar}{\Delta t}$$

gegeben ist, bei endlicher Ruhemasse $M$ des Feldquants mindestens aber seine Ruheenergie aufgebracht werden muß, ergibt sich als ganz grobe Abschätzung für den in der Zeit $\Delta t$ zurückgelegten Weg

$$\Delta r \approx \frac{\hbar v}{Mc^2} .$$

Das für die schwache Wechselwirkung verantwortliche $W$-Boson ist 1983 entdeckt worden. Es existiert sowohl als $W^+$ als auch als $W^-$-Boson. Seine Masse ist ca. 80 GeV. Als Abschätzung für die Reichweite der Wechselwirkung folgt damit zu $\Delta r \lesssim 10^{-2}$ fm.

Die Kopplungskonstante der schwachen Wechselwirkung $g_w$ kann man in folgender Form dimensionslos machen

$$\frac{g_w^2}{mc^2} \cdot \frac{1}{\hbar c} \approx 10^{-12} - 10^{-14}$$

wobei als Masse $m$ die des Elektrons bzw. Pions genommen wurde.

Wie oben bereits erwähnt, ist es inzwischen gelungen, die elektromagnetische und die schwache Wechselwirkung zur „Elektro-Schwachen“ Wechselwirkung zusammenzufassen.

Als Konsequenz aus der Vereinigung dieser beiden Wechselwirkungen hat die Theorie von WEINBERG und SALAM darüber hinaus ein weiteres neutrales Boson vorhergesagt. Dieses $Z^0$ genannte Teilchen, mit einer Masse von ca. 90 MeV, ist inzwischen ebenfalls gefunden worden, so daß die Richtigkeit dieser Theorie als erwiesen anzusehen ist. Theoretisch wird derzeit versucht, auch die anderen Wechselwirkungen mit der Elektro-Schwachen zu vereinigen.

d) Die Gravitation ist durch eine extrem kleine Kopplungskonstante charakterisiert

$$\frac{\gamma \cdot M}{\hbar c} \approx 10^{-39},$$

wobei $\gamma$ die Gravitationskonstante und $M$ die Masse eines Nukleons ist. Die Gravitation ist so schwach, daß sie nur in der Makrophysik eine (dort aber äußerst wichtige) Rolle spielt. Ihre Reichweite ist sehr groß, was bedeutet, daß das hypothetische Feldquant, Graviton genannt, voraussichtlich keine Ruhemasse besitzt.

Die hier diskutierten Wechselwirkungen unterschieden sich aber nicht nur in ihrer Stärke, sondern auch in ihren Erhaltungssätzen, was im Rahmen der Elementarteilchen-Physik besonders wichtig ist. In allen Wechselwirkungen werden Energie, Impuls, Drehimpuls, elektrische Ladung sowie Baryonen- und Leptonzenzahl streng erhalten. Die Erhaltung für die Größen Isospin $T$, seine Projektion $T_3$, Strangeness $S$ (bzw. Hyperladung $Y$) und Parität gelten nicht allgemein.

Die starke Wechselwirkung besitzt die höchste Symmetrie. Bei ihr werden alle zuvor genannten Größen streng erhalten. Nimmt man die elektromagnetische Wechselwirkung dazu, wird zuallererst die Äquivalenz der Teilchen eines Isospin-Multipletts aufgehoben. Dadurch wird im Isospinraum eine bestimmte Richtung ausgezeichnet, so daß der totale Isospin $T$ keine gute Quantenzahl mehr ist; aber die Projektion $T_3$ bleibt scharf. Auch Strengeness und Parität bleiben erhalten.

Die schwache Wechselwirkung ist am wenigsten symmetrisch. Keine der Quantenzahlen $T$, $T_3$, $S$ oder $P$ sind erhalten. Darüber hinaus ist die schwache Wechselwirkung nicht invariant unter Zeitumkehr.

## § 9. Grundgedanken des Quark-Modells

Zu Beginn des Jahrhunderts schlug THOMSON vor, sich das Atom als einen Ball aus positiver elektrischer Ladung vorzustellen, in dem Elektronen eingebettet seien. Die RUTHERFORDsche Streuung von $\alpha$-Teilchen zeigte aber sehr bald, daß das Atom sehr wohl mehr Struktur besitzt, nämlich aus einem sehr kleinen, positiv geladenen Atomkern und den weiter außen liegenden Elektronen besteht. Daß der Kern seinerseits aus vielen Protonen und Neutronen aufgebaut ist, wurde bereits Anfang der 30er Jahre klar. Das Elektron, Proton und Neutron sowie die in den darauffolgenden Jahren entdeckten Teilchen wurden Elementarteilchen genannt, obwohl sehr bald offensichtlich wurde, daß dies auf Grund der großen Zahl eine recht fragwürdige Bezeichnung geworden war. Ende der 60er Jahre beobachtete man im hochenergetischen Elektron-Proton-Stoß Strukturen, die es nahelegten, daß das Proton seinerseits nicht aus einer diffusen Ladungsverteilung besteht, sondern selbst eine innere Struktur aufweist, die man Partonen nannte. Einige Jahre vorher war bereits die Hypothese aufgestellt worden, daß sich die Elementarteilchen aus einigen wenigen, noch elementareren Teilchen, den sogenannten Quarks, aufbauen. Als sich schließlich Anfang der 70er Jahre immer mehr zeigte, daß Partonen und Quarks wohl ein und dasselbe sind, begann man, die Quark-Hypothese ernst zu nehmen. Die Idee war bestechend, denn alle bis dahin bekannten Baryonen und ihre Resonanzen ließen sich aus drei Quarks und alle Mesonen und ihre Resonanzen aus 2 Quarks (Quark plus Antiquark) erklären. Wichtigste neue Eigenschaft der Quarks war, daß sie 1/3 bzw. 2/3 Ladungen tragen sollten. Ihre Namen waren *u*, *d* und *s* (von „up“, „down“ und „strange“). Schon sehr früh war auch die Existenz eines vierten Quarks, des *c* („charm“)-Quarks, gefordert worden. Heute nimmt man an, daß es insgesamt 6 Quarks sind, wobei die beiden letzten *t* (für top) und *b* (für bottom) genannt werden. Das *t*-Quark ist bisher zwar noch nicht entdeckt worden, jedoch gilt seine Existenz allgemein als sicher. Anstelle des Namens wird heutzutage nur noch von der Eigenschaft „Flavour“ des Quarks gesprochen, wobei *u, d, s, c, t* und *b* die Klassifizierung der Flavour-Eigenschaft darstellt. (Daneben existieren natürlich noch die entsprechenden Antiteilchen $\bar{u}$, $\bar{d}$, $\bar{s}$, $\bar{c}$, $\bar{t}$ und $\bar{b}$, die die entsprechenden komplementären Eigenschaften besitzen.) Die Masse der Quarks ist noch unbekannt, da sie noch nie als freie Teilchen beobachtet werden konnten. Man nimmt jedoch an, daß die Masse von *u* und *d* ca. 10 MeV beträgt und die anderen 4 jeweils ca. eine Größenordnung mehr Masse aufweisen. Die Existenz des *c*-Quarks innerhalb dieses Quark-Modells wurde experimentell indirekt nachgewiesen, als 1974 das *J*- bzw. $\psi$-Meson (verschiedener Name für das gleiche Teilchen) und seine angeregten Quantenzustände entdeckt wurden, die jeweils Paare, bestehend aus einem Charm-Quark und einem Charm-Antiquark zu sein scheinen. Unlängst wurden auch Mesonen und Baryonen entdeckt, die direkt die Charm-Eigenschaft besitzen. Man denkt sie sich aus einem Charm-Quark, zusammen mit einem bzw. zwei anderen Quarks bzw. Antiquarks zusammengesetzt. Es gibt natürlich eine große Anzahl von Kombinationen, wie die Quarks und Antiquarks zu Mesonen bzw. Baryonen zusammengesetzt werden können.

Diese Quark-Antiquark-Systeme der Mesonen haben eine große Analogität zum Positronium, das das gebundene System aus $e^+$ und $e^-$ ist. Im Positronium koppeln die Spins zu 1 (Triplett-Zustände) bzw. 0 (Singulett-Zustände), und zusammen mit dem Bahndrehimpuls ergibt sich der totale Drehimpuls *J*, woraus sich (mit der in der Atomphysik üblichen Bezeichnung) die niedrigsten Zustände zu $^1S_0$, $^3S_1$ sowie $^1P_1$, $^3P_0$, $^3P_1$ und $^3P_2$ ergeben. Die genaue Lage dieser Zustände wird in der Hauptsache durch das COULOMB-Potential zwischen $e^+$ und $e^-$ bestimmt. Da die Quarks ebenfalls den Spin 1/2 besitzen und der Gesamtdrehimpuls auch im Quark-Antiquark-System eine Erhaltungsgröße ist, sollte sich die Struktur der Zustände wie im Positronium auch im Quark-Antiquark-System wiederfinden lassen. Dies ist tatsächlich der Fall. Die experimentelle Struktur der niedrigsten Zustände des $(c, \bar{c})$-Systems ist in Fig. 192 wiedergegeben. Wegen seiner großen Ähnlichkeit mit Positronium wird es auch Quarkonium genannt. Da die genaue Lage der einzelnen Zustände natürlich von der Wechselwirkung zwischen den beiden Quarks abhängt, läßt sich auf diese Weise etwas über das Quark-Quark-Potential lernen. Es sieht so aus, als hätte dieses Potential die Form

$$V(r) \sim r,$$

d. h. linear im Abstand. Dies stimmt auch mit dem aus experimentellen Daten abgeleiteten Befund überein, daß die Wechselwirkung der Quarks bei kleinen Abständen sehr klein wird und bei großen Abständen sehr groß. Dies wäre zugleich eine Erklärung dafür, warum bisher niemals ein Quark alleine nachgewiesen werden konnte. Es ist schon erstaunlich, wie sehr im Falle des Quarkoniums auf die Analogie des Positroniums aus der Atomphysik zurückgegangen werden kann, was zugleich zeigt, wie sehr grundlegende Elemente in allen Bereichen der Physik bestimmend sind. Diese Interpretation im Sinne der Spektroskopie des Quarkoniums gilt natürlich für jedes der möglichen Quarkonium-Kombinationen aus $u, d, s, c, t, b$ und $\bar{u}, \bar{d}, \bar{s}, \bar{c}, \bar{t}$ und $\bar{b}$. Ein Beispiel für die 9 verschiedenen Mesonen-Kombinationen der $u$, $d$ und $s$ Quarks für den $^1S_0$ Zustand ist in Fig. 193 aufgetragen. Die Achsen in dieser Figur sind die Hyperladung $Y$ und die Iso-

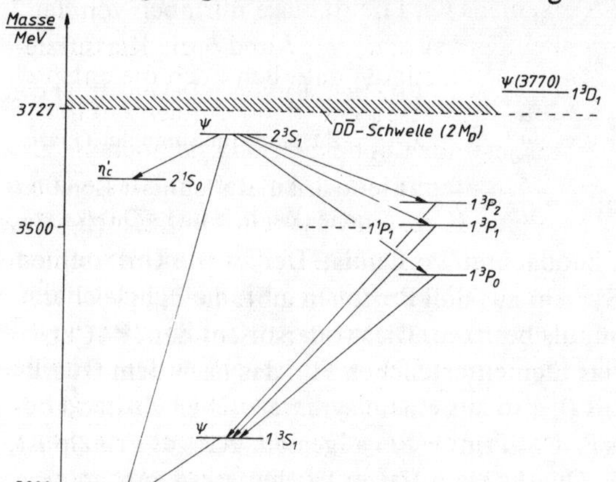


Fig. 192. Die (experimentell bekannte) Anregungsstruktur des $c$ Quark-$\bar{c}$ Antiquark-Systems, genannt Quarkonium.

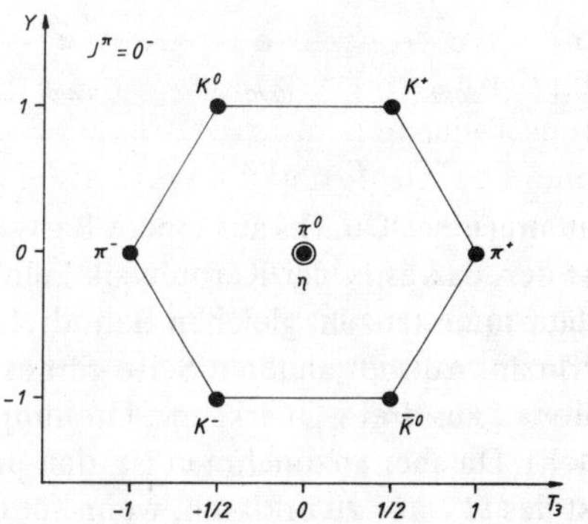


Fig. 193. Mesonen-Oktett für den $^1S_0$ ($J = 0^-$) Zustand. Im Sinne der Quark-Theorie sind dies alle Zweier-Kombinationen der $u$, $d$ und $s$ Quarks.

spinkomponente $T_3$, wobei die Verknüpfung mit der Ladung $Q$ durch Gleichung (91) in Verbindung mit Gleichung (92) zu

$$Q = T_3 + \frac{1}{2} Y$$

gegeben ist.

Analoge Überlegungen lassen sich auch für das System der Baryonen durchführen, die aus drei Quarks zusammengesetzt sind. Dort ist natürlich die Drehimpuls- und Spin-Addition komplizierter. Es lassen sich aber auch dort Analogien in diesem Fall zu den 3-Nukleonen-Systemen $^3H$ oder $^3He$ herstellen. So ergeben sich analoge Zustände, die durch Elementarteilchen repräsentiert werden, die aber im Unterschied zu den Kernen wieder vielfach besetzt sind.

In Fig. 194 ist als Beispiel das Baryonen-Dekuplett mit $J = 3/2^+$ dargestellt. Trotz der großen Analogie in diesem Fall zu den drei Nukleonensystemen gibt es zwei prinzipielle Unterschiede. Der eine ist auch hier wieder die Tatsache, daß bisher nie die Be-

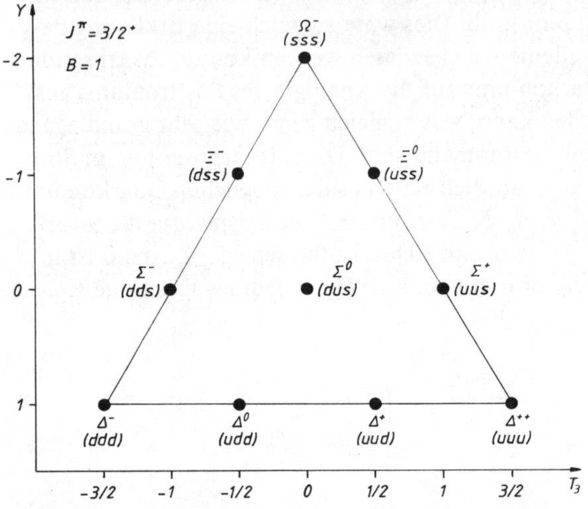


Fig. 194. Baryonen-Dekuplett für den $J = \frac{3}{2}^+$-Zustand. Im Sinne der Quark-Theorie sind dies alle Dreier-Kombinationen der *u, d* und *s* Quarks.

freiung eines Quarks aus einem Baryon beobachtet worden ist. Der zweite Unterschied ist der, daß es in der Kernphysik kein System aus drei Protonen gibt, die bei gleicher Hauptquantenzahl gleichen Bahndrehimpuls besitzen. Dies widerspricht dem PAULI-Prinzip. Auf der anderen Seite gibt es das Elementarteilchen $\Omega^-$, das nach dem Quark-Modell aus drei *s*-Quarks mit Drehimpuls 0, also aus einem symmetrischen Zustand besteht. Da aber anzunehmen ist, daß das PAULI-Prinzip ein allgemein gültiges Prinzip ist, ist das $\Omega^-$ nur zu erklären, wenn für die Quarks ein weiterer Freiheitsgrad angenommen wird. Dieser zusätzliche Freiheitsgrad heißt „colour" oder „Farbe". Ein Quark kann danach in irgendeinem der drei zugehörigen Zustände, die man mit rot, blau und gelb bezeichnet, gefunden werden. Der Hinweis auf Farbe erscheint angemessen: erstens, weil man sich jede beliebige Farbe als eine besondere lineare Kombination dreier Grundfarben vorstellen kann und zweitens, weil die Summe der drei Grundfarben „weiß" ergibt. Im gleichen Sinne liefern die drei verschiedenen Farbzustände des Quarks in Baryonen, geeignet zusammengenommen, die Farbe Null („weiß"), die antisymmetrisch gegenüber der Vertauschung der drei Quarks ist; und der Zustand ist ein Singulettzustand bezüglich der Farbe. Es herrscht eine ähnliche Sachlage wie bei einem Zustand vom Gesamtspin Null, der aus zwei Spinoren entgegengesetzter Richtung gebildet wird; auch er ist ein antisymmetrischer Singulettzustand (siehe Gl. (44) S. 641).
Durch diese Zuordnung von drei Farben an die Quarks und die Zusatzforderung, daß alle Hadronenzustände Farbsinguletts sind, ist das PAULI-Prinzip gewahrt. Weiterhin ist dadurch ein guter Grund dafür geliefert, warum man in Hadronen entweder drei Quarks oder ein Quark-Antiquark-Paar findet. Der farblose Singulettzustand kann eben nur entweder mit drei Farben aufgebaut werden oder durch die Mischung einer Farbe mit ihrer Komplementärfarbe. (Das Antiteilchen soll natürlich die Komplementärfarbe

tragen.) Dies ist völlig analog wie bei der Addition zweier Spins.

Es gibt andere, weniger unmittelbare Gründe für die Einführung des Farbfreiheitsgrades, etwa die beobachtete Wahrscheinlichkeit der Quark-Paarerzeugung durch $e^+ - e^-$-Vernichtung. Diese Wahrscheinlichkeit ist proportional zur Zahl der Quark-Arten und wäre unerklärlich hoch, falls die Quarks nicht in drei Farbarten vorkämen.

Bei den Überlegungen auf den letzten Seiten sind wir, was die Zahl der möglichen Kombinationen angeht, nur von den 3 Quarks *u, d* und *s* ausgegangen. Vermutlich sind es aber 6 Quarks, wodurch sich natürlich die Zahl der möglichen Kombinationen, insbesondere für die Baryonen, drastisch erhöht. Will man beispielsweise die für jeden Drehimpulszustand möglichen Kombinationen im Falle der Mesonen ähnlich wie in Fig. 193 graphisch auftragen, muß man zusätzlich zu den zwei Dimensionen $T_3$ und $Y$ noch drei weitere Dimensionen hinzunehmen. Allein durch die Hinzunahme eines weiteren Quarks, des *c*-Quarks, wird aus der Fig. 193 die Fig. 195, wobei die Plätze durch

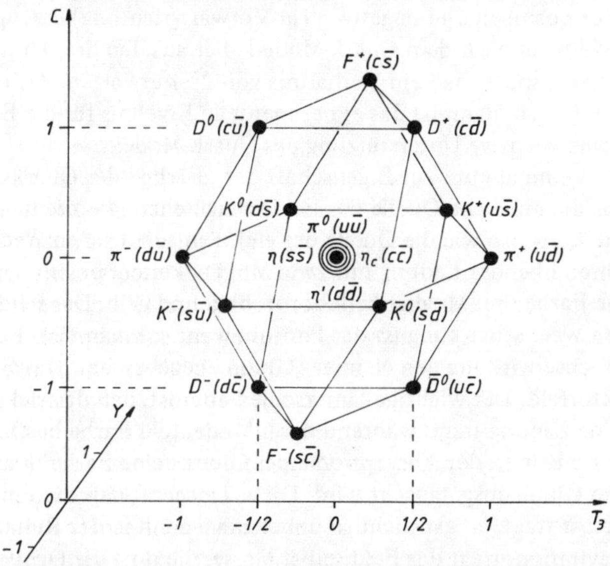


Fig. 195. Erweiterung des Mesonen-Oktetts für den ${}^1S_0$-Zustand aus Fig. 193 (Ebene mit $c = 0$) durch Hinzunahme des *c*-Quarks. Der Zustand $\eta_c(c\bar{c})$ ist der Grundzustand des Quarkoniums Fig. 192.

die Quark-Antiquark Kombination gekennzeichnet ist. Für jeden möglichen Drehimpulswert gibt es dann eine solche Figur, die mit Elementarteilchen im alten Sinne besetzt wird.

Obwohl das Quark-Modell nach wie vor nur eine Hypothese ist, sind gerade Ende der 70er Jahre eine Reihe von experimentellen Hinweisen dafür gefunden worden, die die Existenz der Quarks als sehr real erscheinen lassen. Dazu gehört insbesondere das Streuexperiment sehr schneller Elektronen an Protonen und Neutronen, wobei die Ladungsverteilung der in Vorwärtsrichtung erzeugten Mesonen gemessen wurde. Diese Mesonen enthalten sehr wahrscheinlich das Quark, auf welches die Elektronen gestoßen sind. Daher wird die Ladungsverteilung der austretenden Mesonen die Ladungsverteilung der von den Elektronen getroffenen Quarks widerspiegeln. Der Wirkungsquerschnitt für den Elektronenstoß ist proportional zum Quadrat der Ladung. Da nach dem Quark-Modell das Proton aus drei Quarks der Ladung 2/3, 2/3 und − 1/3 besteht, erwartet man, daß sich die Wahrscheinlichkeiten, positive und negative Quarks zu treffen, wie 8 : 1 verhalten. Da Sekundäreffekte (auch theoretisch) dieses Verhältnis kleiner werden lassen, ist das experimentelle Ergebnis von 5 : 1 eine starke Bestätigung des Quark-Bildes. Das Überwiegen von positiven Mesonen kommt vielleicht nicht so überraschend. Auch wenn die Quarks ganzzahlige Ladungen 1 oder 0 trügen, besäße das positive Proton notwendigermaßen mehr positive Einheiten, obwohl das große Verhältnis von 5 : 1 nur schwer zu erklären wäre. Um so bemerkenswerter aber ist das Ergebnis, wenn Neutronen als Zielscheiben dienen. Auch in diesem Fall wurde ein positiver Ladungsüberschuß von 1, 5 : 1 beobachtet. Beständen die Neutronen aus Objekten mit Ladung 1 oder 0, dann müßte die Anzahl der positiven und negativen (in Vorwärtsrichtung) erzeugten Mesonen gleich sein. Da das Neutron nach dem Quark-Modell aber aus den drei Ladungen 2/3, − 1/3 und − 1/3 besteht, sollte man ein Verhältnis von 2 : 1 erwarten. Zieht man auch hier die Sekundäreffekte ab, dann ist das experimentelle Ergebnis für die Elektronen-Neutron-Streuung eine wichtige Unterstützung des Quark-Modells.

Kommen wir noch einmal kurz zur Eigenschaft der „Farbe“ der Quarks zurück. Die Farbe wird heute als die mögliche Quelle des Feldes angesehen, das die Kräfte zwischen den Quarks vermittelt, ebenso wie die Quelle der elektromagnetischen Wechselwirkung die Ladung ist. Während bei der Ladung nur zwei Möglichkeiten, positiv und negativ, vorkommen, hat die Farbe drei Möglichkeiten, rot, blau und gelb. Das Feldquant der elektromagnetischen Wechselwirkung ist das Photon, während man dem Feldquant der Quark-Quark-Wechselwirkung den Namen „Gluon“ gegeben hat. Das Feld selbst ist ein massefreies Vektorfeld. Der wichtige Unterschied aber ist, daß das elektromagnetische Feld selbst keine Ladung trägt, während das Gluonenfeld Farbe besitzt. Daraus folgt, daß bei jeder Emission oder Absorption eines Gluons eine Farbeinheit zwischen dem Quark und dem Gluon ausgetauscht wird. Diese Tatsache, daß das Feld die Eigenschaft der Quelle selbst trägt, ist gar nicht so unbekannt, denn in der Relativitätstheorie, der Theorie der Gravitation, trägt das Feld selbst Masse, die dort die Quelle des Feldes ist.

Trotz aller Erfolge des bisherigen Quark-Modells darf dieses Modell aber nicht überbewertet werden, denn es gibt noch eine ganze Reihe von Tatsachen, die nicht durch dieses Modell erklärt werden können. So fehlt nach wie vor eine Erklärung dafür, warum die Massen der Elementarteilchen gerade so sind, wie sie sind.

Aber die Tatsache, daß das Nukleon fast 2000 mal schwerer ist als das Elektron, ist eine äußerst grundlegende Beziehung, auf der die Chemie der irdischen Materie beruht. Letztlich gründen sich alle chemischen Strukturen und die Möglichkeit des Lebens auf dieses Massenverhältnis; trotzdem verstehen wir es nicht wirklich und wissen nur, daß es irgendwie mit den starken Wechselwirkungen zu tun hat.

Außerdem führen wir willkürliche Kopplungskonstanten in die Theorie ein, wie etwa die elektrische Ladung oder die Gluon-Quark-Kopplung, und wir haben nicht die geringste Ahnung, warum diese Kopplungen die beobachteten Werte annehmen. Seit der Zeit, als man das Elektron entdeckt hat, wurden die erreichbare Energie und die Genauigkeit unserer Beobachtungsinstrumente etwa um einen Faktor $10^{12}$ erhöht; und trotzdem sind wir dem Verständnis des Zahlenwertes der elektromagnetischen Kopplungskonstanten $\alpha = e^2/4\pi\epsilon_0 \hbar c$ nicht nähergekommen.

Zu den wichtigsten Erscheinungen, die bei Kernteilchen auftreten, gehört die Existenz der Kernkraft. Diese Kraft hält die Protonen und Neutronen im Kern zusammen, und ihr Verständnis ist daher grundlegend für die Erklärung der Struktur und Entwicklung der Materie. Wir wissen nicht viel über ihre Herkunft. Das heißt, wir sind ebenso unwissend, was die Natur dieser Kraft betrifft, wie es die Chemiker im 19. Jahrhundert bezüglich der Natur der chemischen Kraft waren – damals war der Aufbau der Atome noch unbekannt. Sicherlich muß die Kernkraft etwas mit dem Austausch von Mesonen zwischen Nukleonen zu tun haben, aber wir sind bisher noch nicht in der Lage, eine Theorie anzugeben, die die Kraft aus der Struktur der Nukleonen, d.h. nach heutigem Kenntnisstand, den Quarks, ableitet, ähnlich wie wir die chemische Kraft aus der Quantenstruktur des Atoms ableiten können.

Viele der Begriffe, die wir heute benutzen, um die Erscheinungen der Teilchenphysik zu beschreiben, beruhen auf Annahmen und leiden überdies an inneren Widersprüchen. Wir sprechen von Quarks, aber wir können sie nicht isolieren. Ist es eigentlich vernünftig, ein Teilchen einzuführen, das nicht als unabhängiges Objekt existieren kann? Wir führen weiterhin neue Felder ein, wie das Gluonen-Feld, ohne richtige empirische Begründung. Allerdings ist die Entdeckung der $W^{\pm}$ und $Z^0$ Bosonen eine wichtige Stütze dafür, daß dieses Konzept zu vernünftigen Ergebnissen führen kann. Dies gilt insbesondere für das Konzept der Symmetrien in der Natur. Nachdem vor einiger Zeit auf der Seite der Leptonen, das $\tau$-Lepton gefunden worden ist, glaubt man allein auf Grund der Symmetrie in der Natur, daß den 6 Leptonen $e$, $\mu$ und $\tau$ mit ihren Neutrinos sowie den zugehörigen Antiteilchen auch 6 Quarks mit ihren Antiteilchen gegenüberstehen, obwohl von $t$-Quarks bisher noch kein experimenteller Hinweis existiert. Die Frage aber, ob die Reihe der Quarks und Leptonen damit abgeschlossen ist oder ob wir am Ende wieder einer Reihe von Quantenzuständen gegenüberstehen, die darauf hinweisen, daß Quarks und Leptonen aus Überquarks und Unterleptonen zusammengesetzt sind, bleibt damit unbeantwortet. Vielleicht bringt die STRING-Theorie dazu neue Ansätze; die Natur hatte bisher immer noch Überraschendes zu bieten.

(sowie analog für die Antiteilchen)

| Leptonen | Quarks | | |
|---|---|---|---|
| $\nu_e$<br>$e$ | $u$<br>$d$ | $u$<br>$d$ | $u$<br>$d$ |
| $\nu_\mu$<br>$\mu$ | $c$<br>$s$ | $c$<br>$s$ | $c$<br>$s$ |
| $\nu_\tau$<br>$\tau$ | $t$<br>$b$ | $t$<br>$b$ | $t$<br>$b$ |

Geschmack (flavour) ↓

Farbe (colour) →

# Anhang 1

## Das Internationale Einheitensystem

Der Name *Internationales Einheitssystem* (*International System of Units; Système International d'Unités*) mit der internationalen Abkürzung SI wurde von der Conférence Générale des Poids et Mesures (CGPM) im Jahre 1960 angenommen. Es basiert auf den in Tabelle 1 aufgeführten sieben Basiseinheiten

Tabelle 1: SI-Basiseinheiten.

| Basisgröße | SI-Basiseinheit | |
|---|---|---|
| | Name | Einheiten-zeichen |
| Länge | Meter | m |
| Masse | Kilogramm | kg |
| Zeit | Sekunde | s |
| Elektrische Stromstärke | Ampere | A |
| Thermodynamische Temperatur | Kelvin | K |
| Stoffmenge | Mol | mol |
| Lichtstärke | Candela | cd |

Die SI-Basiseinheiten wurden folgendermaßen definiert:

(1) *Meter*

*Das Meter ist das 1 650 763,73fache der Wellenlänge der vom Atom des Nuklids* $^{86}$Kr *beim Übergang vom Zustand* $5d_5$ *zum Zustand* $2p_{10}$ *ausgesandten, sich im Vakuum ausbreitenden Strahlung* (1960).

Die Definition des Meter wurde 1983 ersetzt durch die Definition der Vakuumlichtgeschwindigkeit $c = 299\,792\,458$ m/s, wodurch mit der Definition der Sekunde in (3) das Meter gegeben ist.

(2) *Kilogramm*

*Das Kilogramm ist die Einheit der Masse; es ist gleich der Masse des Internationalen Kilogrammprototyps* (1889) und (1901).

(3) *Sekunde*

*Die Sekunde ist das 9 192 631 770fache der Periodendauer der dem Übergang zwischen den beiden Hyperfeinstrukturniveaus des Grundzustandes des Atoms des Nuklids* $^{133}$Cs *entsprechenden Strahlung* (1967).

(4) *Ampere*

*Das Ampere ist die Stärke eines konstanten elektrischen Stroms, der, durch zwei parallele, geradlinige, unendlich lange und im Vakuum im Abstand von 1 Meter voneinander angeordnete Leiter von vernachlässigbar kleinem, kreisförmigem Querschnitt fließend, zwischen diesen Leitern je 1 Meter Leiterlänge die Kraft* $2 \times 10^{-7}$ *Newton hervorrufen würde* (1948).

(5) *Kelvin*
*Das Kelvin, die Einheit der thermodynamischen Temperatur, ist der 273,16te Teil der thermodynamischen Temperatur des Tripelpunktes des Wassers* (1967).
(1967) wurde weiterhin entschieden, daß Temperaturintervalle oder Temperaturdifferenzen in der Einheit Kelvin mit ihrem Einheitenzeichen K angegeben werden.
*Anmerkung:* Neben der thermodynamischen Temperatur (Formelzeichen $T$), ausgedrückt in Kelvin, wird auch die Celsius-Temperatur (Formelzeichen $t$) benutzt, die durch die Gleichung

$$t = T - T_0$$

definiert ist, wobei $T_0 = 273{,}15\,\mathrm{K}$ per definitionem ist. Die Celsius-Temperatur wird in Grad Celsius (degree Celsius; degré Celsius) (Einheitenzeichen °C) ausgedrückt. Die Einheit „Grad Celsius" ist gleich der Einheit „Kelvin" und ein Celsius-Temperaturintervall oder eine Celsius-Temperaturdifferenz dürfen auch in Grad Celsius angegeben werden.

(6) *Mol*
*Das Mol ist die Stoffmenge eines Systems, das aus ebensoviel Einzelteilchen besteht, wie Atome in 0,012 Kilogramm des Kohlenstoffnuklids* $^{12}C$ *enthalten sind.*
*Bei Benutzung des Mol müssen die Einzelteile spezifiziert sein und können Atome, Moleküle, Ionen, Elektronen sowie andere Teilchen oder Gruppen solcher Teilchen genau angegebener Zusammensetzung sein.*
*Das Mol ist eine Basiseinheit des Internationalen Einheitensystems* (1971).

(7) *Candela*
*Die Candela ist die Lichtstärke einer Strahlungsquelle, welche monochromatische Strahlung der Frequenz* $540 \cdot 10^{12}$ Hertz *in eine bestimmte Richtung aussendet, in der die Strahlstärke* 1/683 Watt *durch Steradiant beträgt* (1979).

Die kohärenten Einheiten des Systems, das auf diese Basiseinheiten aufbaut, werden *SI-Einheiten* genannt. *Abgeleitete Einheiten, die einen besonderen Namen und besondere Einheitenzeichen haben,* sind in Tabelle 2 aufgeführt.

Tabelle 2: Abgeleitete SI-Einheiten mit besonderem Namen.

| Größe | Name | Einheiten-zeichen | Abgeleitete SI-Einheit ausgedrückt in Basis-einheiten | Abgeleitete SI-Einheit ausgedrückt in anderen SI-Einheiten |
|---|---|---|---|---|
| ebener Winkel | Radiant | rad | $m \cdot m^{-1}$ | |
| Raumwinkel | Steradiant | sr | $m^2 \cdot m^{-2}$ | |
| Frequenz | Hertz | Hz | $s^{-1}$ | |
| Kraft | Newton | N | $m \cdot kg \cdot s^{-2}$ | J/m |
| Druck | Pascal | Pa | $m^{-1} \cdot kg \cdot s^{-2}$ | $N/m^2$ |
| Energie, Arbeit Wärmemenge | Joule | J | $m^2 \cdot kg \cdot s^{-2}$ | $N \cdot m$ |
| Leistung, Energiestrom | Watt | W | $m^2 \cdot kg \cdot s^{-3}$ | J/s |
| Elektrizitätsmenge, elektrische Ladung | Coulomb | C | $s \cdot A$ | |
| elektrisches Potential elektrische Spannung elektromotorische Kraft | Volt | V | $m^2 \cdot kg \cdot s^{-3}/A$ | W/A |
| elektrische Kapazität | Farad | F | $m^{-2} \cdot kg^{-1} \cdot s^4 \cdot A^2$ | C/V |
| elektrischer Widerstand | Ohm | Ω | $m^{-2} \cdot kg \cdot s^{-3} \cdot A^2$ | V/A |
| elektrischer Leitwert | Siemens | S | $m^{-2} \cdot kg^{-1} \cdot s^3 \cdot A^2$ | A/V |
| magnetischer Fluß | Weber | Wb | $m^2 \cdot kg \cdot s^{-2} \cdot A^{-1}$ | $V \cdot s$ |
| magnetische Flußdichte, Induktion | Tesla | T | $kg \cdot s^{-2} \cdot A^{-1}$ | $Wb/m^2$ |
| Induktivität | Henry | H | $m^2 \cdot kg \cdot s^{-2} \cdot A^{-2}$ | Wb/A |
| Lichtstrom | Lumen | lm | | $cd \cdot sr$ |
| Beleuchtungsstärke | Lux | lx | | $m^{-2} \cdot cd \cdot sr$ |
| Aktivität (radioaktive) | Becquerel | $s^{-1}$ | | |
| Energiedosis | Gray | Gy | $m^2 \cdot s^{-2}$ | J/kg oder Sv |

Neben den SI-Einheiten existieren noch das Meter-Kilogramm-Sekunde-System, das Meter-Kilogramm-Sekunde-Ampère-System sowie das Zentimeter-Gramm-Sekunde (CGS)-System.

Die Basisgrößen dieses CGS-Systems sind (wie im Namen bereits enthalten) das Zentimeter (cm), das Gramm (g) und die Sekunde (s).

Abgeleitete CGS-Einheiten mit besonderem Namen sind:

| | | | |
|---|---|---|---|
| für die Kraft | Dyn | dyn | $cm \cdot g \cdot s^{-2}$ |
| Energie | Erg | erg | $cm^2 \cdot g \cdot s^{-2}$ |
| dynamische Viscosität | Poise | P | $cm^{-1} \cdot g \cdot s^{-1}$ |
| kinematische Viscosität | Stokes | St | $cm^2 \cdot s^{-1}$ |
| Fallbeschleunigung | Gal | Gal | $cm \cdot s^{-2}$ |

Darüberhinaus werden folgende Einheiten zusammen mit den Internationalen Einheitensystemen verwendet

| Größe | Name | Einheit Einheitenzeichen | Definition |
|---|---|---|---|
| ebener Winkel | Grad | ° | $1° = (\pi/180)$ rad |
| | Winkelminute | ′ | $1' = (1/60)° = (\pi/10800)$ rad |
| | Winkelsekunde | ″ | $1'' = (1/60)' = (\pi/648000)$ rad |
| Zeit | Minute | min | 1 min = 60 s |
| | Stunde | h | 1 h = 60 min = 3600 s |
| | Tag | d | 1 d = 24 h = 86400 s |
| Volumen | Liter | l oder L | $1\ \mathrm{l} = 1\ \mathrm{dm}^3 = 10^{-3}\ \mathrm{m}^3$ |
| Masse | Tonne | t | $1\ \mathrm{t} = 1\ \mathrm{Mg} = 10^3\ \mathrm{kg}$ |
| Masse | (vereinheitlichte) atomare Masseneinheit | u | $1\ \mathrm{u} = 10^{-3}\ N_A^{-1}\ \mathrm{kg\ mol}^{-1}$ |
| Energie | Elektronenvolt | eV | $1\ \mathrm{eV} = (e\ \mathrm{C})\ \mathrm{J}$ |

# Anhang 2

## Fundamentalkonstanten der Physik

| Name und Formelzeichen | | Zahlenwert | SI-Einheit (dezimales Vielfaches) |
|---|---|---|---|
| Gravitationskonstante | $G =$ | 6,67259 (85) | $10^{-11}$ Nm$^2$ kg$^{-2}$ |
| Vakuumlichtgeschwindigkeit | $c =$ | 2,99792458 (exakt) | $10^8$ m s$^{-1}$ |
| Magnetische Feldkonstante | $\mu_0 = 1/\epsilon_0 c^2 =$ | $4\pi$ | $10^{-7}$ H m$^{-1}$ |
| | | 1,25663706 (exakt) | $10^{-6}$ H m$^{-1}$ |
| Elektrische Feldkonstante | $\epsilon_0 = 1/\mu_0 c^2 =$ | 8,85418782 (exakt) | $10^{-12}$ F m$^{-1}$ |
| Ruhemasse des Protons | $m_p =$ | 1,6726231 (10) | $10^{-27}$ kg |
| | | 1,007276470 (12) | u |
| Ruhemasse des Elektrons | $m_e =$ | 9,1093897 (54) | $10^{-31}$ kg |
| | | 5,48579903 (13) | $10^{-4}$ u |
| Verhältnis Ruhemasse des Protons zu Ruhemasse des Elektrons | $m_p/m_e =$ | 1,836152701 (37) | $10^3$ |
| Elementarladung | $e =$ | 1,60217733 (49) | $10^{-19}$ C |
| Spezifische Elektronenladung | $e/m_e =$ | 1,75881962 (53) | $10^{11}$ C kg$^{-1}$ |
| Planck-Konstante | $h =$ | 6,62660755 (40) | $10^{-34}$ J s |
| | $\hbar = h/2\pi =$ | 1,05457266 (63) | $10^{-34}$ J s |
| Josephson-Frequenz-Spannungs Verhältnis | $2e/h =$ | 4,8359767 (14) | $10^{14}$ Hz V$^{-1}$ |
| Quantisierter Hall Widerstand | $h/e^2 =$ | 2,58128056 (12) | $10^4$ Ω |
| Erste Planck-Strahlungskonstante | $c_1 = 2\pi hc^2 =$ | 3,7417749 (22) | $10^{-16}$ W m$^2$ |
| Zweite Planck-Strahlungskonstante | $c_2 = hc/k =$ | 1,438769 (12) | $10^{-2}$ m K |
| | $c_2/c = h/k =$ | 4,79927 | $10^{-11}$ s K |
| Konstante des Wien-Verschiebungsgesetzes | $b = \lambda_{max} T =$ | 2,897756 (24) | $10^{-3}$ m K |
| Stefan-Boltzmann-Strahlungskonstante | $\sigma = (\pi^2/60)k^4/\hbar^3 c^2 =$ | 5,67051 (19) | $10^{-8}$ W m$^{-2}$ K$^{-4}$ |
| Sommerfeld-Feinstrukturkonstante | $\alpha = \mu_0 c e^2/2h =$ | 7.29735308 (33) | $10^{-3}$ |
| Rydberg-Konstante | $R_\infty = \mu_0^2 m_e e^4 c^3/8h^3 =$ | 1,097373153 (1) | $10^7$ m$^{-1}$ |
| Bohr-Radius | $a_0 = \alpha/4\pi R_\infty =$ | 5,29177249 (24) | $10^{-11}$ m |

| | | | |
|---|---|---|---|
| Klassischer Elektronenradius | $r_e = \alpha^2 a_0 = \alpha^3/4\pi R_\infty =$ | 2,81794092 (38) | $10^{-15}$ m |
| Bohr-Magneton | $\mu_B = e\hbar/2m_e =$ | 9,2740154 (31) | $10^{-24}$ J $T^{-1}$ |
| Kernmagneton | $\mu_N = e\hbar/2m_p =$ | 5.0507866 (17) | $10^{-27}$ J $T^{-1}$ |
| Magnetisches Moment des Elektrons | $\mu_e =$ | 9,2847701 (31) | $10^{-24}$ J $T^{-1}$ |
| $g$-Faktor des Elektrons | $\frac{1}{2} g_e = \mu_e/\mu_B =$ | 1,001159652193 (10) | |
| Magnetisches Moment des Protons | $\mu_p = \gamma_p \hbar/2 =$ | 1,41060761 (47) | $10^{-26}$ J $T^{-1}$ |
| Compton-Wellenlänge des Elektrons | $\lambda_{C,e} = h/m_e c = \alpha^2/2R_\infty =$ | 2,42631058 (22) | $10^{-12}$ m |
| Avogadro-Konstante | $N_A =$ | 6,0221367 (36) | $10^{23}$ $mol^{-1}$ |
| Universelle (molare) Gaskonstante | $R =$ | 8,314510 (70) | J $mol^{-1}$ $K^{-1}$ |
| Boltzmann-Konstante | $k = R/N_A =$ | 1,380658 (12) | $10^{-23}$ J $K^{-1}$ |
| Molares Volumen des idealen Gases | $V_m = RT_0/p_0 =$ | 2,241383 | $10^{-2}$ $m^3$ $mol^{-1}$ |
| Faraday-Konstante | $F = N_A e =$ | 9,6485309 (29) | $10^4$ C $mol^{-1}$ |

# Anhang 3

## Lösungen der Aufgaben[1)]

**1,** S. 7 : $\vec{A} + \vec{B} + \vec{C} = 0$.

**2,** S. 7 : a) $\vec{B} = \alpha \vec{A}$; b) $\vec{C} = \alpha \vec{A} + \beta \vec{B}$ ($\alpha$ und $\beta$ Skalare).

**3,** S. 9 : Dies ist der cosinus-Satz der Trigonometrie. Das umgekehrte Vorzeichen von $2\,AB \cos(\vec{A}, \vec{B})$ kommt daher, daß hier $\cos(\vec{A}, \vec{B})$ den Außenwinkel des Dreiecks bedeutet.

**4,** S. 9 : $(\vec{A} + \vec{B})$ und $(\vec{A} - \vec{B})$ sind die Diagonalen des von $\vec{A}$ und $\vec{B}$ gebildeten Parallelogrammes. Für $\vec{A}^2 = \vec{B}^2$ ergibt sich so der Satz, daß in einem Rhombus die Diagonalen aufeinander senkrecht stehen.

**5,** S. 9 : $\cos\vartheta = \vec{s}_1 \cdot \vec{s}_2 = \cos\alpha_1 \cos\alpha_2 + \cos\beta_1 \cos\beta_2 + \cos\gamma_1 \cos\gamma_2$.

**6,** S. 11 : Man projiziere die Vektoren $\vec{B}$, $\vec{C}$ und $(\vec{B} + \vec{C})$ auf die zu $\vec{A}$ senkrechte Ebene, in welcher die Produktvektoren $\vec{A} \times \vec{B}$ usf. liegen. Aus den Projektionen erhält man die Produktvektoren durch Drehung um $\frac{\pi}{2}$ und Multiplikation mit $|\vec{A}|$, da der Betrag der Projektion von $\vec{B}$ bereits $|\vec{B}| \sin(\vec{A}\vec{B})$ ist. Da die Projektion der Summe von Vektoren gleich der Summe der Projektionen ist und bei der Drehstreckung das Parallelogramm der Projektionen lediglich ähnlich vergrößert wird, ist die Behauptung von (16) bewiesen.

**7,** S. 11 : $A^2B^2 \sin^2\vartheta + A^2B^2 \cos^2\vartheta = A^2B^2$.

**8,** S. 11 :

a) Da die Projektion eines jeden zu einem Punkt der Ebene gezogenen Radiusvektors auf $\vec{n}$ gleich $p$ sein muß, ist die Gleichung der Ebene
$\vec{r} \cdot \vec{n} = p$ oder $x \cos\alpha + y \cos\beta + z \cos\gamma - p = 0$.

b) $p_0 = (\vec{r}_0 - \vec{r}) \cdot \vec{n} = \vec{r}_0 \cdot \vec{n} - p$.

c) Die Vektoren $(\vec{r} - \vec{r}_1)$, $(\vec{r}_2 - \vec{r}_1)$ und $(\vec{r}_3 - \vec{r}_1)$ sollen komplanar sein, also hat das aus ihnen gebildete Parallelepiped den Rauminhalt null, somit ist
$(\vec{r} - \vec{r}_1) \cdot [(\vec{r}_2 - \vec{r}_1) \times (\vec{r}_3 - \vec{r}_1)] = 0$
oder in Koordinaten

$$\begin{vmatrix} x - x_1 & y - y_1 & z - z_1 \\ x_2 - x_1 & y_2 - y_1 & z_2 - z_1 \\ x_3 - x_1 & y_3 - y_1 & z_3 - z_1 \end{vmatrix} = 0$$

die Ebenengleichung.

**9,** S. 14 : Setzt man $\vec{A} \times \vec{B} = \vec{E}$ und wendet den Zerlegungssatz an, so ergibt sich $\vec{C}(\vec{E} \cdot \vec{D}) - \vec{D}(\vec{E} \cdot \vec{C}) = \vec{C}((\vec{A} \times \vec{B}) \cdot \vec{D}) - \vec{D}((\vec{A} \times \vec{B}) \cdot \vec{C})$, also einen Vektor in der Ebene von $\vec{C}$ und $\vec{D}$. Setzt man dagegen in gleicher Weise $\vec{C} \times \vec{D} = \vec{F}$, so erhält man $\vec{B}(\vec{F} \cdot \vec{A}) - \vec{A}(\vec{F} \cdot \vec{B}) = \vec{B}((\vec{C} \times \vec{D}) \cdot \vec{A}) - \vec{A}((\vec{C} \times \vec{D}) \cdot \vec{B})$, also einen Vektor, der in die Ebene $\vec{A}\,\vec{B}$ fällt. Der Produktvektor $(\vec{A} \times \vec{B}) \times (\vec{C} \times \vec{D})$ hat also die Richtung der Schnittgeraden der Ebenen von $\vec{A}, \vec{B}$ und $\vec{C}, \vec{D}$, was auch geometrisch leicht einzusehen ist.

**10,** S. 16 : Wenn $\vec{A}$ konstante Richtung hat.

**11,** S. 16 : Da für jede geschlossene Oberfläche $\oint d\vec{f} = 0$ ist, ist das Integral über die krumme Oberfläche entgegengesetzt gleich dem Integral über die Ebene von der Kurve berandete Fläche. Dieses hat aber die Richtung der Normalen der Ebene, die gleichzeitig die Richtung der Binormalen der ebenen Randkurve ist.

---

[1)] Die mit einem Stern bezeichneten Aufgaben sind etwas schwieriger als die andern, so daß bei ihnen die Zuhilfenahme der Lösungen vorausgesetzt wird.

**12,** S. 19 : Die Niveauflächen der Funktion $r(x, y, z)$ sind Kugeln, der Gradient hat also radiale Richtung. Gehen wir senkrecht zur Kugel um $d\vec{r}$ weiter, so ändert sich die Funktion um $dr = d|\vec{r}|$, der Betrag des Gradienten hat also den Wert 1, somit stellt grad $r$ einen Einheitsvektor in Richtung $\vec{r}$ dar, den wir mit $\vec{r}_0$ bezeichnen.

**13,** S. 19 : $\operatorname{grad} f = \dfrac{df}{dr} \operatorname{grad} r = \dfrac{df}{dr}\vec{r}_0 = \dfrac{1}{r}\dfrac{df}{dr}\vec{r}$ .

**14,** S. 21 : Zur anschaulichen Ableitung wählen wir als Volumenelement einen von den Kugeln mit Radien $r$ und $r + dr$ begrenzten Ausschnitt, dessen Raumwinkel $d\Omega$ sei. Da $\vec{r}$ radiale Richtung hat, steht $\vec{r}$ auf den beiden Kugelflächen senkrecht und das Oberflächenintegral wird

$$\oint \vec{r} \cdot d\vec{f} = d\Omega\,(r + dr)^3 - d\Omega\, r^3 = 3\, d\Omega\, r^2\, dr\,;$$

da der Rauminhalt $d\tau = d\Omega r^2 dr$ beträgt, wird der Grenzwert $\operatorname{div}\vec{r} = 3$. Formelmäßig ergibt sich dies sehr schnell aus $\dfrac{\partial x}{\partial x} + \dfrac{\partial y}{\partial y} + \dfrac{\partial z}{\partial z} = 3$.

**15,** S. 25 : Zieht man von einem Punkt $O$ nach den Punkten einer Kurve die Radienvektoren, so sieht man, daß $d\vec{s} = d\vec{r}$ ist, also $\oint \vec{r} \cdot d\vec{s} = \oint d\,\dfrac{\vec{r}^{\,2}}{2} = 0$, womit auch $\operatorname{rot}\vec{r} = 0$ wird. Rechnerisch ergibt sich dies aus $\dfrac{\partial z}{\partial y} = 0$ usw.

**16,** S. 32 : $(\vec{t} \cdot \overrightarrow{\operatorname{grad}})\,\vec{t} = \dfrac{\vec{n}}{\rho}$, $(\vec{t} \cdot \overrightarrow{\operatorname{grad}})\,\vec{b} = -\chi\vec{n}$ .

**17,** S. 32 : Sind $x, y, z$ die Koordinaten eines Achsenpunktes, so ist

$$\begin{aligned} a_{11}x + a_{12}y + a_{13}z &= \lambda x \\ a_{21}x + a_{22}y + a_{23}z &= \lambda y \\ a_{31}x + a_{32}y + a_{33}z &= \lambda z\,. \end{aligned} \tag{1}$$

Diese in $x, y, z$ homogenen Gleichungen sind nur lösbar, wenn die Determinante

$$\begin{vmatrix} (a_{11} - \lambda) & a_{12} & a_{13} \\ a_{21} & (a_{22} - \lambda) & a_{23} \\ a_{31} & a_{32} & (a_{33} - \lambda) \end{vmatrix} = 0 \tag{2}$$

ist. Diese als Säkulargleichung bezeichnete Gleichung ist in $\lambda$ vom 3. Grad. Hat man eine Wurzel, so geben 2 der Gleichungen (1) die Verhältnisse $\dfrac{y}{x}$ und $\dfrac{z}{x}$, d. h. die Richtungen der Hauptachsen.

Denken wir uns das Koordinatensystem in die Hauptachsen gelegt, so gibt $\lambda$ das Verhältnis der Größe der Vektoren $\Phi \cdot \vec{r}$ und $\vec{r}$ für die Achsenrichtungen. Dies gilt für jedes Koordinatensystem, also müssen auch die Koeffizienten der Säkulargleichung unabhängig vom Koordinatensystem sein. Da sie in dem Hauptachsensystem nur die $a_{ii}$, die wir mit $a_{\mathrm{I}}, a_{\mathrm{II}}, a_{\mathrm{III}}$ bezeichnen, enthält, ist

$$\begin{aligned} &a_{11} + a_{22} + a_{33} = a_{\mathrm{I}} + a_{\mathrm{II}} + a_{\mathrm{III}} \\ &a_{11}a_{22} + a_{22}a_{33} + a_{33}a_{11} - (a_{12}^2 + a_{13}^2 + a_{23}^2) = a_{\mathrm{I}}a_{\mathrm{II}} + a_{\mathrm{II}}a_{\mathrm{III}} + a_{\mathrm{III}}a_{\mathrm{I}} \\ &a_{11}a_{22}a_{33} + a_{12}a_{23}a_{31} + a_{13}a_{21}a_{32} - (a_{11}a_{23}^2 + a_{22}a_{13}^2 + a_{33}a_{12}^2) = a_{\mathrm{I}}a_{\mathrm{II}}a_{\mathrm{III}}\,. \end{aligned}$$

Eine Anwendung dieser Tensorinvarianten ist auf S. 167 gemacht.

**18,** S. 35 : Die Behauptung (1) ist bereits in der Lösung von Aufg. 17 enthalten. Wir wollen hier, um die Anwendbarkeit auf beliebig viele Dimensionen zu zeigen, statt $x, y, z$ die Koordinaten $x_1, x_2, x_3 \ldots, x_n$ nennen. Das Gleichungssystem (1) von Aufg. 17 (Lösung), das zur Wurzel $\lambda^{(h)}$ der Säkulargleichung gehört, lautet in dieser Schreibweise

$$\sum_k a_{ik} x_k^{(h)} = \lambda^{(h)} x_i^{(h)} \qquad i = 1, 2, \ldots, n. \tag{1a}$$

Für eine andere Wurzel $\lambda^{(l)}$ gilt ebenso

$$\sum_k a_{ik} x_k^{(l)} = \lambda^{(l)} x_i^{(l)} \qquad i = 1, 2, \ldots, n. \tag{2a}$$

Multipliziert man die ersten Gleichungen jeweils mit $x_i^{(l)}$, die zweiten mit $x_i^{(h)}$, und addiert sowohl die erste als die zweite Gruppe, so gibt ihre Differenz

$$\sum_i \sum_k x_i^{(l)} a_{ik} x_k^{(h)} - \sum_i \sum_k x_i^{(h)} a_{ik} x_k^{(l)} = (\lambda^{(h)} - \lambda^{(l)}) \sum_l x_i^{(h)} x_i^{(l)}. \tag{3}$$

Da aber $\boldsymbol{a}$ als symmetrische Matrix ($a_{ik} = a_{ki}$) vorausgesetzt ist, sind die Doppelsummen links gleich und die Komponenten der „Eigenvektoren", die zu verschiedenen Wurzeln der Säkulargleichung gehören, haben die Eigenschaft, daß ihr skalares Produkt verschwindet, d. h., daß sie aufeinander senkrecht stehen (unter Erweiterung des Begriffs für beliebig viel Dimensionen). Da die Gl. (1) homogen sind, geben sie nur die Verhältnisse der $x_i^{(h)}$, d. h. die Richtungen der Vektoren. Wir können daher über ihre Beträge noch verfügen und sie gleich 1 setzen („auf 1 normieren"). Die Größen $x_i^{(h)}$ stellen dann die Richtungscosinusse des mit $\boldsymbol{a}$ verknüpften Koordinatensystems (im Dreidimensionalen der Hauptachsen der Fläche 2. Grads) gegenüber einem ursprünglichen willkürlichen System dar. Bildet man aus diesen $n^2$ Größen eine Matrix derart, daß die zu einem bestimmten Wert $\lambda^{(h)}$ gehörenden Komponenten in einer Spalte stehen, so ist diese Matrix $\boldsymbol{s}$ orthogonal, die Matrix $\boldsymbol{s}^{-1}$ ergibt sich also als die adjungierte. Hat nun irgendein Vektor $\boldsymbol{r}$ in dem Eigensystem die Komponenten $x_k^*$, so erhält man die Komponenten in einem beliebigen System nach S. 28 durch Bildung von

$$\boldsymbol{r} = \boldsymbol{s}\boldsymbol{r}^*;$$

Auf $\boldsymbol{r}$ werde nun die Matrix $\boldsymbol{a}$ angewandt, was einen transformierten Vektor

$$\boldsymbol{r}' = \boldsymbol{a}\boldsymbol{r} = \boldsymbol{a}\boldsymbol{s}\boldsymbol{r}^*$$

ergibt, wobei dessen Komponenten im willkürlichen System erscheinen. Um aus ihnen die Komponenten im Eigensystem zu erhalten, muß man nach S. 28 ff.

$$\boldsymbol{r}'^* = \boldsymbol{s}^{-1}\boldsymbol{r}' = \boldsymbol{s}^{-1}\boldsymbol{a}\boldsymbol{s}\boldsymbol{r}^*$$

bilden. Rechnet man dies aus, so erhält man für $\boldsymbol{s}^{-1}\boldsymbol{a}\boldsymbol{s}$ eine Diagonalmatrix mit $\lambda^{(1)}, \lambda^{(2)}, \ldots$ als Diagonalglieder. Dies muß so sein, denn in dem Eigensystem ist einfach $x_1^{1*} = \lambda^{(1)} x_1^*$; $x_2^{2*} = \lambda^{(2)} x_2$ usf.

***19,** S. 38 :

a) Aus (58) folgt durch Integration für ein endliches Volumen $\oint u \, d\vec{f} = \int \operatorname{grad} u \, d\tau$; nun ist $\operatorname{grad} (\vec{i} \cdot \vec{r}) = \vec{i}$, also $\oint (\vec{i} \cdot \vec{r}) \, d\vec{f} = \int \vec{i} \, d\tau = \vec{i} \, V$.

b) Wir ermitteln zunächst die Projektion des gesuchten Vektors $\vec{v}$ auf $\vec{i}$, indem wir skalar mit $\vec{i}$ multiplizieren $\vec{i} \cdot \vec{v} = \oint (\vec{i} \cdot \vec{r})(\vec{i} \cdot d\vec{f}) = \vec{i} \cdot \oint (\vec{i} \cdot \vec{r}) \, d\vec{f} = \vec{i}^{\,2} V$. Zerlegen wir nun das Volumen in Zylinder parallel $\vec{i}$, so geben die Mantelflächen keinen Beitrag, da $\vec{i} \cdot d\vec{f} = 0$, während Grund- und Deckfläche zusammen für den Beitrag $\vec{r} \, (\vec{i} \cdot d\vec{f})$ immer einen Vektor parallel $\vec{i}$ ergeben. Der resultierende Vektor ist also zu $\vec{i}$ parallel, somit $\vec{v} = \vec{i} \, V$.

**20,** S. 38 : $\Delta \frac{1}{r} = \operatorname{div} \operatorname{grad} \frac{1}{r} = \operatorname{div}\left(-\frac{\vec{r}}{r^3}\right) = +\frac{3\vec{r}}{r^4} \operatorname{grad} r - \frac{1}{r^3} \operatorname{div} \vec{r}$. Nun ist $\operatorname{grad} r = \frac{\vec{r}}{r}$, $\operatorname{div} \vec{r} = 3$, also wird $\Delta \frac{1}{r} = 0$.

**21,** S. 38 : Vgl. S. 254.

**22,** S. 41 : Siehe Formeln in § 16.

**23,** S. 58 : In der reellen Darstellung ist $\overline{f(t)} = \frac{1}{2}$,

$$b_n = \frac{\omega}{\pi} \int_{\pi/\omega}^{2\pi/\omega} 1 \cdot \cos n\,\omega t\,\mathrm{d}t = 0, \qquad c_n = \frac{\omega}{\pi} \int_{\pi/\omega}^{2\pi/\omega} \sin n\,\omega\,t\,\mathrm{d}t,$$

also

$$c_n = \frac{-\omega}{\pi n \omega} [\cos n\,\omega t]_{\pi/\omega}^{2\pi/\omega} = -\frac{2}{n\pi} \text{ für ungerade } n, = 0 \text{ für gerade } n.$$

**24,** S. 58 : Der Koeffizient $A_s$ bestimmt sich für das Intervall zwischen $s$ und $s + \mathrm{d}s$ nach (25) zu

$$A_s = \int_0^\infty e^{-\alpha x} \cos \omega x\, e^{-2\pi i s x}\,\mathrm{d}x$$ (die Integrationsvariable ist gegenüber Gl. (25) $x$ statt $\alpha$ genannt). Dies gibt

$$A_s = \frac{1}{2} \int_0^\infty e^{-\alpha x} e^{i\omega x - 2\pi i s x}\,\mathrm{d}x + \frac{1}{2} \int_0^\infty e^{-\alpha x} e^{-i\omega x - 2\pi i s x}\,\mathrm{d}x$$

$$= \frac{1/2}{\alpha - i(\omega - 2\pi s)} + \frac{1/2}{\alpha + i(\omega + 2\pi s)}.$$

In den praktisch vorkommenden Fällen ist $\alpha \ll \omega$, es überwiegt daher der 1. Summand in der Nähe von $\omega$, wo $A_s$ allein von null wesentlich verschiedene Werte annimmt. Für $A_{-s}$ ergibt sich der konjugierte komplexe Wert. Die Amplitude der Schwingung der Frequenz $s$ ergibt sich, wie man durch Zusammenfassung der beiden Glieder und Übergang zur reellen Darstellung erkennt, gleich dem doppelten Betrag von $A_s$ (oder $A_{-s}$). Das Amplitudenquadrat, auf das es z. B. bei der Lichtintensität ankommt, wird unter Vernachlässigung des 2. Summanden

$$J_s = \frac{1}{\alpha^2 + 4\pi^2 (\nu - s)^2}, \text{ also für } \nu = s{:}\ J_{max} = \frac{1}{\alpha^2} \text{ und}$$

$$J_{1/2} = \frac{1}{2} J_{max} \quad \text{für} \quad \nu - s_{1/2} = \frac{\alpha}{2\pi}.$$

**25,** S. 60 : Bei Unabhängigkeit vom Polarwinkel $\varphi$ ergibt sich

$$\frac{\partial^2 u}{\partial \rho^2} + \frac{1}{\rho} \frac{\partial u}{\partial \rho} = \frac{1}{c^2} \frac{\partial^2 u}{\partial t^2};$$

setzt man $u = v(\rho)\, e^{i\omega t}$, so erhält man

$$\frac{\mathrm{d}^2 v}{\mathrm{d}\rho^2} + \frac{1}{\rho} \frac{\mathrm{d}v}{\mathrm{d}\rho} + \frac{\omega^2}{c^2} v = 0;$$

setzen wir $x = \rho\,\omega/c$, so erhalten wir die Differentialgleichung der Zylinderfunktionen nullter Ordnung:

$$\frac{\mathrm{d}^2 v}{\mathrm{d}x^2} + \frac{1}{x} \frac{\mathrm{d}v}{\mathrm{d}x} + v = 0.$$

Sie hat 2 wesentlich verschiedene Integrale: Die Zylinderfunktion 1. Art (BESSELsche Funktion) $J_0(x) = J_0(\rho\omega/c)$, welche im Nullpunkt endlich bleibt, und die Zylinderfunktion 2. Art (NEUMANNsche Funktion), welche im Nullpunkt logarithmisch unendlich wird. Die allgemeine Lösung ist die Summe der mit je einer willkürlichen Konstante multiplizierten beiden Zylinderfunktionen nullter Ordnung.

**26,** S. 65: Vgl. S. 190, Formel (32)ff.

**27,** S. :

$$\int_0^{2\pi} \frac{d\varphi}{1+\epsilon\cos\varphi} = \int_0^{2\pi} \frac{d\varphi}{1+\frac{\epsilon}{2}(e^{i\varphi}+e^{-i\varphi})} = \frac{1}{i}\oint_{\substack{\text{Einheits-}\\ \text{kreis}}} \frac{dz}{z+\frac{\epsilon z}{2}\left(z+\frac{1}{z}\right)} = \frac{2}{\epsilon i}\oint \frac{dz}{z^2+\frac{2}{\epsilon}z+1}.$$

Die Wurzeln des Nenners sind, $\epsilon < 1$ vorausgesetzt,

$$z_1 = -\frac{1}{\epsilon} + \sqrt{\frac{1}{\epsilon^2}-1}\,, \qquad z_2 = -\frac{1}{\epsilon} - \sqrt{\frac{1}{\epsilon^2}-1}\,.$$

Innerhalb des Integrationswegs liegt $z_1$. Partialbruchzerlegung des Nenners gibt

$$\frac{1}{(z-z_1)(z-z_2)} = \frac{1}{z_1-z_2}\left(\frac{1}{z-z_1} - \frac{1}{z-z_2}\right),$$

also wird der Koeffizient von $\frac{1}{z-z_1}$, d. h. das Residuum $\frac{1}{2\sqrt{\frac{1}{\epsilon^2}-1}}$, also

$$\int_0^{2\pi} \frac{d\varphi}{1+\epsilon\cos\varphi} = \frac{2\pi i\cdot 2}{\epsilon i\cdot 2\sqrt{\frac{1}{\epsilon^2}-1}} = \frac{2\pi}{\sqrt{1-e^2}}.$$

**28,** S. 87 : Ist $F = F(y, y')$, so ergibt die EULER-LAGRANGEsche Gleichung ausdifferenziert

$$\frac{\partial^2 F}{\partial y'\,\partial y}\,y' + \frac{\partial^2 F}{\partial y'^2}\,y'' - \frac{\partial F}{\partial y} = 0.$$

Multipliziert man mit $y'$ und addiert und subtrahiert man dazu den Ausdruck $y''\frac{\partial F}{\partial y'}$, so erhält

$$\frac{d}{dx}\left(y'\frac{\partial F}{\partial y'}\right) - \frac{dF}{dx} = 0, \text{ woraus die Behauptung folgt.}$$

**29,** S. 92 : Aus der Bewegungsgleichung

$$m\frac{d^2\vec{r}}{dt^2} = \vec{A}\sin\omega t \text{ folgt } \frac{d\vec{r}}{dt} = -\frac{\vec{A}}{m\omega}\cos\omega t + \vec{C}\,;$$

für $t = 0$ sei $\left(\frac{d\vec{r}}{dt}\right)_0 = \vec{v}_0$, also $\vec{C} = \vec{v}_0 + \frac{\vec{A}}{m\omega}$ ;

abermalige Integration gibt

$$\vec{r} = -\frac{\vec{A}}{m\omega^2}\sin\omega t + \left(\vec{v}_0 + \frac{\vec{A}}{m\omega}\right)t + \vec{r}_0.$$

Zu beachten ist, daß gerade auch für $\vec{v}_0 = 0$ sich der Oszillation eine gleichförmige Translation überlagert.

**30,** S. 92 : Da $\vec{F} = -mg\vec{e}_z$ ist ($\vec{e}_z$ Einheitsvektor in der Senkrechten), ergibt sich aus

$$m\frac{d^2\vec{r}}{dt^2} = -mg\vec{e}_z\,,$$

daß die Bewegung unabhängig von der Masse ist. Einmalige Integration ergibt

$$\frac{d\vec{r}}{dt} = -g\,\vec{e}_z\,t + \vec{v}_0\,.$$

Der Hodograph ist also eine senkrechte Gerade. Abermalige Integration ergibt, wenn der Massenpunkt zur Zeit $t = 0$ im Ursprung war,

$$\vec{r} = -\frac{g}{2}\,t^2\,\vec{e}_z + t\,\vec{v}_0\,.$$

Die Bahn bleibt also in der Ebene durch $\vec{e}_z$ und $\vec{v}_0$. Machen wir diese Ebene zur $xz$-Ebene und führen wir den Winkel $\alpha$ zwischen Anfangsgeschwindigkeit und $x$-Achse ein, so ergibt sich

$$x = t\,v_0\cos\alpha$$

$$z = t\,v_0\sin\alpha - \frac{g}{2}\,t^2\,.$$

Elimination von $t$ gibt als Bahngleichung die Parabel

$$z = x\tan\alpha - \frac{g x^2}{2v_0^2\cos^2\alpha}\,.$$

$z$ wird 0, außer für $x = 0$, für $x = s$ (horizontale Wurfweite), wobei

$$\tan\alpha = \frac{s\,g}{2\,v_0^2\cos^2\alpha} \qquad \text{oder} \qquad s = \frac{v_0^2}{g}\sin 2\alpha;$$

die Wurfweite hat also für $\alpha = \frac{\pi}{4}$ ein Maximum und ist für $\alpha = \frac{\pi}{4} + \beta$ ebenso groß wie für

$\alpha = \frac{\pi}{4} - \beta$.

**31,** S. 93 : Die Übertragung der Bewegung auf die Münze erfolgt durch die Reibung, welche bei Festkörpern unabhängig von der Geschwindigkeit proportional zur Kraft auf die Fläche, also gleich $\rho\,m\,g$ ist. Für die Münze gilt also, wenn wir die $x$-Achse in die Richtung der Bewegung und den Anfang in den Rand des Glases legen, mit dem auch die Karte abschneidet,

$$x = a + \rho\,g\,\frac{t^2}{2} \qquad (a \text{ Radius des Glases}).$$

Ist $v$ die Geschwindigkeit der Karte, so ist der Kartenrand nach $\tau = 2\,\frac{a}{v}$ Sekunden an den andern Rand des Glases gelangt. Soll die Münze in das Glas fallen, so darf sie in der Zeit $\tau$ nicht weiter als $x = 2a$ gekommen sein, also

$$x_\tau = a + \frac{4\rho g a^2}{2v^2} \leqq 2a\,,$$

womit die Frage beantwortet ist.

**32,** S. 93 : Es wird keine Arbeit geleistet, also muß das Ermüdungsgefühl andere Ursachen haben. Das System verhält sich analog einem Elektromagneten, der eine Last trägt. Es wird keine Arbeit geleistet, die verbrauchte Energie findet sich als Stromwärme restlos wieder. Daß überhaupt Energie verzehrt wird, hat mit dem Tragen der Last nichts zu tun. Bei einer widerstandslosen Wicklung würde ja auch keine Energie verzehrt, ohne daß die Tragkraft verändert wird.

**33,** S. 95 : $U = +\dfrac{kr^2}{2}$, denn es ist grad $U = +kr\vec{r}_0 = k\vec{r}$.

**34,** S. 96 : Wir machen die feste Achse zur $z$-Achse, dann ist

$$\vec{F} = \mu(\vec{r} + \lambda\vec{e}_z) = m\frac{d^2\vec{r}}{dt^2}.$$

Vektorielle Multiplikation mit $\vec{r}$ ergibt

$$\lambda\mu\vec{r} \times \vec{e}_z = m\vec{r} \times \frac{d^2\vec{r}}{dt^2}.$$

Wir erhalten die Projektion der Produktfläche auf die zur $z$-Achse senkrechte Ebene, wenn wir die $z$-Komponente der Ersatzvektoren nehmen. Skalare Multiplikation mit $\vec{e}_z$ gibt

$$0 = \left(\vec{r} \times \frac{d^2\vec{r}}{dt^2}\right)_z, \quad \text{also} \quad \left(\vec{r} \times \frac{d\vec{r}}{dt}\right)_z = \text{const},$$

womit die Behauptung erwiesen ist.

**35,** S. 97 : Ersetzt man in Gl. (9), S. 90, die Differentialquotienten nach $t$ durch solche nach $\varphi$, gemäß der Regel

$$\frac{d}{dt} = \frac{d}{d\varphi} \cdot \dot{\varphi} = \frac{2c}{r^2}\frac{d}{d\varphi},$$

so gibt eine einfache Rechnung

$$a_r = -\frac{4c^2}{r^2}\left[\frac{d^2\, 1/r}{d\varphi^2} + \frac{1}{r}\right].$$

Für

$$r = \frac{p}{1 - \epsilon\cos\varphi}$$

erhält man

$$a_r \sim 1/r^2.$$

**36,** S. 100 In der Gleichgewichtslage $x_0$ ist

$$\frac{\beta}{x_0^{10}} = \frac{\alpha}{x_0^2}; \tag{1}$$

bei einer Verschiebung um die Strecke $s$ ist in 1. Näherung

$$\begin{aligned} F_1 &= F_1^{(0)} + \frac{2\alpha}{x_0^3}s \\ F_2 &= F_2^{(0)} - \frac{10\beta}{x_0^{11}}s, \end{aligned} \tag{2}$$

also die Gesamtkraft

$$F = \left(\frac{2\alpha}{x_0^3} - \frac{10\beta}{x_0^{11}}\right)s = -\frac{8\alpha}{x_0^3}s, \tag{3}$$

somit

$$\omega = \sqrt{\frac{8\alpha}{x_0^3 m}} \quad (m \text{ Masse des Punkts}). \tag{4}$$

**37**, S. 101: $T = \frac{1}{2}\left(m + \frac{1}{3} m_F\right)\dot{x}^2$; $U = \frac{1}{2} k x^2$; $\left(m + \frac{1}{3} m_F\right)\ddot{x} + kx = 0$;

$\omega^2 = k / \left(m + \frac{1}{3} m_F\right)$.

**38**, S. 101: Wie elementare geometrische Überlegungen zeigen, gilt für die horizontalen Komponenten

$$\vec{F} = -\frac{G}{l}\,\vec{r}\,\sqrt{1 - \frac{r^2}{l^2}}\,.$$

Dies ist nur näherungsweise gleich dem quasielastischen Kraftgesetz. Da die Rückstellkraft für große Auslenkungen gegenüber dem quasielastischen Wert zu klein ist, präzediert die Ellipse.

**39**, S. 106: Beim Amplitudenquadrat handelt es sich um das Maximum der Funktion

$$\frac{1}{m^2(\omega_0^2 - \omega^2)^2 + \beta^2\omega^2},$$

welches bei $\omega^2 = \omega_0^2 - \frac{\beta^2}{2m^2}$ liegt. Bei der kinetischen Energie im Nullpunkt dagegen (wegen des Differentialquotienten $\dot{x}$) um das Maximum der Funktion

$$\frac{\omega^2}{m^2(\omega_0^2 - \omega^2)^2 + \beta^2\omega^2},$$

welches bei $\omega = \omega_0$ liegt. Es ist zu beachten, daß das schwingende System nicht konservativ ist (die Reibung verzehrt Energie!), weshalb die potentielle Energie in den Umkehrpunkten, die dem Amplitudenquadrat proportional ist, *nicht* gleich der kinetischen Energie im Nullpunkt ist. Der mittlere Energieinhalt ist

$$\bar{E} = \frac{m}{2}\,a^2\,(\omega_0^2 + \omega^2),$$

diese Größe hat ein Maximum, wenn (unter Vernachlässigung kleiner Glieder)

$$\omega^2 \approx \omega_0^2 - \frac{\beta^2}{4m^2} = \omega_{0,\text{gedämpft}}^2$$

ist.

***40**, S. 108: Wenn zur rücktreibenden elastischen Kraft $-kx$ ein quadratisches Glied hinzukommt, so wird die Schwingung unsymmetrisch, da das quadratische Glied bei Vertauschung von $x$ mit $-x$ sein Zeichen beibehält, die Kraft also in zwei zu 0 symmetrischen Punkten verschieden groß ist. Die Differentialgleichung wird

$$m\,\frac{d^2x}{dt^2} + kx + \epsilon x^2 = F_0 \cos \omega t\,. \qquad (1)$$

Als erste Näherung setzen wir an

$$x_0 = a \cos \omega t + b\,. \qquad (2)$$

Die Konstante $b$ trägt der Unsymmetrie Rechnung. Wir setzen diese Näherung ein und bestimmen $a$ und $b$ so, daß konstantes Glied und Grundschwingung die Differentialgleichung erfüllen. Es ergeben sich wegen $\cos^2 \omega t = \frac{1}{2}\,(1 + \cos 2\,\omega t)$ die beiden Gleichungen

$$b^2 + \frac{k}{\epsilon}\,b + \frac{1}{2}\,a^2 = 0 \qquad (3)$$

und

$$a(\omega^2 - \omega_0^2) - 2\frac{\epsilon a b}{m} + \frac{F_0}{m} = 0; \tag{4}$$

aus Gl. (3) folgt für kleine $\epsilon$, in welchem Fall $b^2 \approx 0$ ist,

$$b = -\frac{\epsilon a^2}{2k}. \tag{5}$$

(Die andere Lösung enthält $\epsilon$ im Nenner und scheidet aus, da wir nur kleine Korrekturglieder betrachten.) Setzt man dies in Gl. (4) ein, so ergibt sich eine ganz ähnliche kubische Gleichung, wie bei der symmtrischen Schwingung

$$\frac{\epsilon^2}{km} a^3 + a(\omega^2 - \omega_0^2) + \frac{F_0}{m} = 0, \tag{6}$$

welche in gleicher Weise graphisch zu lösen ist und ebenfalls unter gewissen Bedingungen 3 reelle Wurzeln hat, so daß auch hier Kipperscheinungen auftreten.

***41**, S. 114: Die dem Umkehrpunkt entsprechende Höhe über dem tiefsten Punkt sei $z_0$, dann ist nach dem Energiesatz in der Höhe $z$

$$\frac{1}{2}\left(\frac{\mathrm{d}s}{\mathrm{d}t}\right)^2 = g(z_0 - z) \tag{1}$$

oder

$$\frac{\mathrm{d}s}{\mathrm{d}t} = \sqrt{2g}\sqrt{z_0 - z}. \tag{1'}$$

$s$ ist als Funktion von $z$ gesucht. Setzen wir $s = f(z)$, so ist $\frac{\mathrm{d}s}{\mathrm{d}t} = f'(z)\frac{\mathrm{d}z}{\mathrm{d}t}$ und man erhält

$$\mathrm{d}t = \frac{1}{\sqrt{2g}} \frac{f'(z)}{\sqrt{z_0 - z}}\,\mathrm{d}z.$$

Integriert man zwischen $z = 0$ und $z = z_0$, so erhält man links $\frac{T}{4}$, also

$$\frac{T}{4} = \frac{1}{\sqrt{2g}} \int_0^{z_0} \frac{f'(z)\,\mathrm{d}z}{\sqrt{z_0 - z}}. \tag{3}$$

Das Integral rechts soll von $z_0$ unabhängig sein. Die Schwierigkeit besteht zunächst darin, daß der Parameter $z_0$, von dem das Integral nicht abhängen soll, einmal im Integranden, zum anderen als obere Grenze auftritt. Um dies zu beheben, setzen wir

$$z = y z_0, \tag{4}$$

womit sich ergibt

$$\frac{T}{4} = \frac{1}{\sqrt{2g}} \int_0^1 \frac{\sqrt{z_0} f'(y z_0)\,\mathrm{d}y}{\sqrt{1-y}} = \frac{1}{\sqrt{2g}} \int_0^1 \frac{\sqrt{y z_0} f'(y z_0)\,\mathrm{d}y}{\sqrt{(1-y)y}}. \tag{5}$$

Die Unabhängigkeit von $z_0$ wird jetzt erreicht, wenn

$$\sqrt{y z_0} f'(y z_0) = \sqrt{z} f'(z) = \text{const} = a \tag{6}$$

ist. Integration ergibt

$$f(z) = s = 2a\sqrt{z}. \tag{7}$$

Diese Kurve ist eine Zykloide, wie sich leicht zeigen läßt: Es ist nach Gl. (6)

$$\frac{\mathrm{d}z}{\mathrm{d}s} = \sin\varphi = \frac{1}{a}\sqrt{z}, \tag{8}$$

also

$$z = a^2 \sin^2 \varphi = \frac{a^2}{2} (1 - \cos 2\varphi) ; \tag{9}$$

$$dx = \cos\varphi \, ds = \frac{dz \cos\varphi}{\sin\varphi} = \frac{2a^2 \sin\varphi \cos^2\varphi}{\sin\varphi} d\varphi, \tag{10}$$

also

$$x = \frac{a^2}{2} (2\varphi + \sin 2\varphi) . \tag{11}$$

Gl. (9) und (11) ist aber die bekannte Parameterdarstellung der Zykloide.

**42,** S. 114: Sei $\eta$ der Reibungskoeffizient, so ist auf der ebenen Straße

$$m \frac{v_1^2}{\rho_1} = \eta m g , \quad \text{an der vertikalen Wand dagegen } mg = \eta \frac{v_2^2}{\rho_2} m .$$

Elimination von $\eta$ ergibt $v_2 = \frac{g}{v_1} \sqrt{\rho_2 \rho_1}$.

Setzt man die Zahlen ein, so erhält man 45 km/h.

**43,** S. 115: Da die Bewegung so erfolgt, daß der gemeinsame Schwerpunkt ruht, machen wir diesen zum Nullpunkt. $m_2$ sei auf der positiven, $m_1$ auf der negativen Seite. In jedem Augenblick ist

$$m_1 x_1 + m_2 x_2 = 0 \tag{1}$$

und

$$x_2 - x_1 = a + x . \tag{2}$$

Die Bewegungsgleichung für $m_2$ wird

$$m_2 \frac{d^2 x_2}{dt^2} + k (x_2 - x_1 - a) = 0. \tag{3}$$

Eliminiert man mittels Gl. (1) $x_1$, so erhält man

$$\frac{d^2 x_2}{dt^2} + k \left( \frac{1}{m_1} + \frac{1}{m_2} \right) x_2 = \frac{ka}{m_2} ; \tag{4}$$

setzt man

$$\frac{1}{\mu} = \frac{1}{m_1} + \frac{1}{m_2} , \tag{5}$$

so hat man die gewöhnliche Schwingungsgleichung

$$\frac{d^2 x_2}{dt^2} + \frac{k}{\mu} x_2 = \frac{ka}{m_2} \tag{6}$$

mit einem konstanten Glied, welches die Ruhelage von $m_2$ liefert. Ein partikuläres Integral ist

$$x_2^{(0)} = \frac{a\mu}{m_2} = \frac{m_1}{m_1 + m_2} a . \tag{7}$$

Das allgemeine Integral ist

$$x_2 = x_2^{(0)} + A \sin (\omega_0 t - \delta), \qquad \omega_0 = \sqrt{\frac{k}{\mu}} . \tag{8}$$

An Stelle der Masse $m$ beim einfachen Oszillator tritt also jetzt die „reduzierte" Masse $\mu$.

**44,** S. 119: Da die Energie der Rotationsbewegung um eine Achse durch $\frac{1}{2}\sum m_i d_i^2 \dot{\varphi}^2$ ($d_i$ Achsenabstand) gegeben ist, ist zunächst der Ausdruck $J = \sum m_i d_i^2$ (das Trägheitsmoment) für die Kugel zu berechnen. In Kugelkoordinaten ist $d = r \sin\vartheta$, also

$$J = \rho \int_0^r \int_0^\pi \int_0^{2\pi} r^4 \sin^3\vartheta \, dr \, d\vartheta \, d\varphi = \frac{\rho r^5 \cdot 8\pi}{5 \cdot 3} = \frac{2r^2}{5} M, \tag{1}$$

somit

$$T_{\text{rot}} = \frac{1}{5} r^2 M \dot{\varphi}^2 ; \tag{2}$$

weiter ist

$$T_{\text{tranl}} = \frac{1}{2} M \left(\frac{ds}{dt}\right)^2 . \tag{3}$$

Zwischen $ds$ und $d\varphi$ besteht aber bei reinem Rollen die Beziehung

$$ds = r \, d\varphi , \tag{4}$$

also ist nach dem Energiesatz

$$T = \left(\frac{1}{5} M + \frac{1}{2} M\right)\left(\frac{ds}{dt}\right)^2 = M g s \sin\alpha \tag{5}$$

und damit

$$\left(\frac{ds}{dt}\right)^2 = \frac{10}{7} g s \sin\alpha \tag{6}$$

$\left(\text{bei reinem Gleiten steht 2 statt } \frac{10}{7}\right)$.

**45,** S. 119: Bezeichnet man die Geschwindigkeiten vor dem Stoß mit $u$, nach dem Stoß mit $v$, so haben wir im Fall des elastischen Stoßes

$$m_1 u_1 + m_2 u_2 = m_1 v_1 + m_2 v_2 \quad \text{(Impulssatz)}, \tag{1}$$

$$m_1 u_1^2 + m_2 u_2^2 = m_2 v_1^2 + m_2 v_2^2 \quad \text{(Energiesatz)}, \tag{2}$$

woraus sich ergibt

$$v_1 = \frac{(m_1 - m_2) u_1 + 2 m_2 u_2}{m_1 + m_2}, \qquad v_2 = \frac{(m_2 - m_1) u_2 + 2 m_1 u_1}{m_1 + m_2}. \tag{3}$$

Beim unelastischen Stoß wird die Energiegleichung

$$m_1 u_1^2 + m_2 u_2^2 = m_1 v_1^2 + m_2 v_2^2 + 2\epsilon , \tag{2'}$$

dann wird

$$v_1 = \frac{u_2 + \frac{m_1}{m_2} u_1 - \sqrt{(u_1 - u_2)^2 - 2\epsilon\left(\frac{1}{m_1} + \frac{1}{m_2}\right)}}{1 + \frac{m_1}{m_2}},$$

$$v_2 = \frac{u_1 + \frac{m_2}{m_1} u_2 + \sqrt{(u_1 - u_2)^2 - 2\epsilon\left(\frac{1}{m_1} + \frac{1}{m_2}\right)}}{1 + \frac{m_2}{m_1}}. \tag{3'}$$

**46,** S. 126: Es ist

$$ds^2 = R^2 (d\vartheta^2 + \sin^2 \vartheta \, d\varphi^2),$$

also

$$T = \frac{mR^2}{2} (\dot{\vartheta}^2 + \sin^2 \vartheta \, \dot{\varphi}^2)$$

und die LAGRANGEschen Gleichungen werden bei konservativen Kräften

$$mR^2 \ddot{\vartheta} - mR^2 \sin \vartheta \cos \vartheta \, d\dot{\varphi}^2 + \frac{\partial U}{\partial \vartheta} = 0$$

$$mR^2 \sin^2 \vartheta \, \ddot{\varphi} + 2 mR^2 \sin \vartheta \cos \vartheta \, \dot{\vartheta} \dot{\varphi} + \frac{\partial U}{\partial \varphi} = 0 \, .$$

**47,** S. 140: Man kennt die Wirkungslinien der gesuchten Kräfte und ihrer Resultanten $\vec{R}$, welche sämtlich senkrechte Geraden sind. Das Krafteck artet zu einer einzigen senkrechten Geraden von Länge $R$ aus. Von einem beliebigen Pol $O$ ziehe man nach den Enden dieser Strecke Geraden, welche den Strecken $\vec{F}_{0,1}$ und $\vec{F}_{4,0}$ von Fig. 50 entsprechen. Durch einen beliebigen Punkt der Kraft $\vec{R}$ ziehe man im Seileck Parallelen zu $\vec{F}_{0,1}$ und $\vec{F}_{4,0}$, welche die Senkrechten durch die Balkenenden in $A$ und $B$ schneiden. Durch $O$ ziehe man eine Parallele zu $AB$, die $R$ im richtigen Verhältnis der Auflagedrucke teilt. Bei mehreren Lasten ermittle man zuerst die Resultante und verfahre dann wie oben.

**48,** S. 145: Aus Symmetriegründen sind die Hauptträgheitsachsen durch den Mittelpunkt (Schwerpunkt) die den Würfelkanten parallelen Achsen. Um jede dieser Achsen ist das Trägheitsmoment gleichgroß, also ist das Trägheitsellipsoid eine Kugel und daher das Trägheitsmoment um jede durch den Schwerpunkt gehende Achse gleich. Infolgedessen wird das gesuchte Trägheitsmoment ebensogroß wie das um die $z$-Achse, also

$$J = \rho \int_{-a/2}^{+a/2} \int_{-a/2}^{+a/2} \int_{-a/2}^{+a/2} (x^2 + y^2) \, dx \, dy \, dz = \frac{Ma^2}{6} \, .$$

**49,** S. 145: Ist $J_s$ das Trägheitsmoment um die durch den Schwerpunkt gehende Achse, so erhält man durch Vergleich des Quadrats der Schwingungszeit des mathematischen Pendels mit dem physikalischen Pendel

$$\frac{l}{g} = \frac{J_s + M s^2}{M s g} \, .$$

Oder $s^2 - ls + \frac{J_s}{M} = 0$. Dies ist eine quadratische Gleichung für $s$ bei vorgegebenem $l$ und die Summe der Wurzeln ist $s_1 + s_2 = l$.

**50,** S. 145: Die Schwingungsdauer des physikalischen Pendels, dessen Schwerpunktsabstand vom Aufhängepunkt $s$ ist, beträgt

$$T = 2\pi \sqrt{\frac{J + Ms^2}{Msg}}$$

($J$ Trägheitsmoment um Schwerpunktsachse, $M$ Masse des Pendels);

setzen wir $\frac{J}{M} = a$, so wird

$$\frac{T}{2\pi} = \frac{1}{\sqrt{g}} \sqrt{s + \frac{a}{s}} \, ,$$

woraus folgt

$$\frac{\Delta T}{2\pi} = \frac{1}{2\sqrt{g}\sqrt{s+\frac{a}{s}}}\left(1-\frac{a}{s^2}\right)\Delta s\,;$$

für $\frac{a}{s^2} = 1$ oder $Ms^2 = J$ verschwindet $\Delta T$. Vergleicht man die in diesem Fall geltende Schwingungsdauer $T = 2\pi\sqrt{\frac{2s}{g}}$ mit der des mathematischen Pendels $T = 2\pi\sqrt{\frac{l}{g}}$, so sieht man, daß die „reduzierte Pendellänge" $l = 2s$ sein muß.

**51,** S. 145:

$$T = \frac{1}{2}\omega^2 J + \frac{1}{2}Mv^2\,. \tag{1}$$

$$J = a_1^2 M_1 + a_2^2 M_2 \tag{2}$$

($a_1$ und $a_2$ Schwerpunktsabstände der Massen $M_1$ und $M_2$), daher:

$$a_1 = \frac{M_2}{M_1+M_2}\,a, \qquad a_2 = \frac{M_1}{M_1+M_2}\,a\,; \tag{3}$$

also wird

$$J = \mu a^2 \quad \text{mit} \quad \frac{1}{\mu} = \frac{1}{M_1} + \frac{1}{M_2}\,. \tag{4}$$

**52,** S. 153: Nach Fig. 53, S. 150 ist der Winkel zwischen $\vec{e}_z$ und $\vec{e}_{z'}$ gleich $\varphi - \delta$. Die Beträge der Produktvektoren von Gl. (55) S. 153 ergeben damit

$$mga \sin\delta = P^* \omega \sin(\varphi - \delta)\,,$$

was nach $\delta$ aufgelöst ergibt

$$\tan\delta = \frac{\sin\varphi}{\frac{mga}{P^*\omega} + \cos\varphi}\,.$$

***53,** S. 153: Die Ablenkung der Geschosse ist ein sehr verwickeltes Problem. Der Haupteinfluß kommt von der Kreiselwirkung. Der Luftwiderstand sucht das Geschoß bei den üblichen Formen aufzurichten; wir haben also ein Drehmoment parallel einer horizontalen, zur Geschoßachse senkrechten Achse. Da bei einem rotationssymmetrischen Körper die Rotationsachse Hauptträgheitsachse ist, hat nach Gl. (48'), S. 150, die Änderung von $\vec{P}$ und damit die Änderung der Geschoßachse im Raume die Richtung der horizontalen zur Geschoßachse senkrechten Achse. Bei Rechtsdrall bewegt sich die Geschoßspitze in der Bahnrichtung gesehen nach rechts, das Geschoß steht also in diesem Stadium rechts schräg zur Flugbahn und wird wie ein schräg gestelltes Brett nach rechts gedrückt. Nach einem halben Präzessionsumlauf müßte es aber schräg links stehen. Die vielfach angegebene Erklärung, daß die Präzession so langsam erfolgt, daß das Geschoß nach einer halben Präzession bereits am Ziel ist, entspricht nicht den tatsächlichen Verhältnissen des Drehimpulses. In Wirklichkeit beschreibt die Geschoßspitze keinen Kreisbogen, sondern die Kurve wird infolge der sich ändernden Neigung der Geschoßachse und damit der Änderung des Angriffspunkts des Luftwiderstands eine Art Zykloide, die dauernd rechts von der Flugbahntangente bleibt. Der rein hydrodynamische MAGNUS-Effekt (S. 198) wirkt in entgegengesetzter Richtung, ist aber klein gegen den Kreiseleffekt.

**54,** S. 159:

$$\frac{\Delta r}{r} = \frac{\sqrt{\vec{r}''^2} - \sqrt{\vec{r}^2}}{\sqrt{\vec{r}^2}}$$

$$\sqrt{\vec{r}\,''^2} = r\left[1 + \frac{\partial u}{\partial x}\frac{x^2}{r^2} + \frac{1}{2}\left(\frac{\partial u}{\partial y} + \frac{\partial v}{\partial x}\right)\frac{xy}{r^2} + \cdots\right],$$

also

$$\frac{\Delta r}{r} = \frac{\partial u}{\partial x}\alpha_1^2 + \frac{1}{2}\left(\frac{\partial u}{\partial y} + \frac{\partial v}{\partial x}\right)\alpha_1\alpha_2$$

$$+ \frac{\partial v}{\partial y}\alpha_2^2 + \frac{1}{2}\left(\frac{\partial v}{\partial z} + \frac{\partial w}{\partial y}\right)\alpha_2\alpha_3$$

$$+ \frac{\partial w}{\partial t}\alpha_3^2 + \frac{1}{2}\left(\frac{\partial w}{\partial x} + \frac{\partial u}{\partial z}\right)\alpha_3\alpha_1 .$$

**55,** S. 170: „Trägheitsmoment" des Querschnitts:

$$J = \int_{r_i}^{r_a}\int_0^{2\pi} r^3 \sin^2\varphi \,\mathrm{d}r\,\mathrm{d}\varphi = \frac{\pi}{4}\left(r_a^4 - r_i^4\right),$$

damit wird der Biegungspfeil

$$h = \frac{Q\,a^3}{12\pi\left(r_a^4 - r_i^4\right)E} .$$

**56,** S. 170: Am Scheitel der Fläche, in den wir den Ursprung des Koordinatensystems legen, ist

$$\frac{\partial^2 z}{\partial x^2} = \frac{1}{\rho_1} . \tag{1}$$

$$\frac{\partial^2 z}{\partial y^2} = \frac{1}{\rho_2} = -\frac{\mu}{\rho_1} . \tag{2}$$

$$\frac{\partial z}{\partial x} = \frac{\partial z}{\partial y} = z = 0 . \tag{3}$$

Integration von Gl. (1) und (2) liefert bei Berücksichtigung von Gl. (3) als Flächengleichung

$$z = \frac{1}{2\rho_1}\left(x^2 - \mu y^2\right) . \tag{4}$$

Die Schichtlinien $z$ = const sind Hyperbeln, deren Asymptoten mit der $x$-Achse den Winkel $\alpha$ bilden, für den

$$\tan^2\alpha = \frac{1}{\mu} \tag{5}$$

ist.

**57,** S. 170: Wir betrachten einen Hohlzylinder zwischen $r$ und $r + \mathrm{d}r$ und von diesem wieder ein Element zwischen den Polarwinkeln $\vartheta$ und $\vartheta + \mathrm{d}\vartheta$. Bei der Torsion erfährt die Oberseite dieses Elements gegenüber der im Abstand $l$ entfernten Unterseite eine Verschiebung um $r\,\varphi$. Nach S. 165 besteht daher eine rücktreibende Kraft

$$\mathrm{d}^2 F = S r\,\mathrm{d}r\,\mathrm{d}\vartheta\,\frac{r\varphi}{l},$$

deren Moment

$$\mathrm{d}^2 M = r\,\mathrm{d}^2 F = S\frac{r^3\varphi}{l}\,\mathrm{d}r\,\mathrm{d}\vartheta \quad \text{ist.}$$

Integration über den ganzen Ring gibt

$$\mathrm{d}M = \frac{2\pi S}{l}\, r^3 \mathrm{d}r\, \varphi$$

und Integration über alle Schichten von $r = 0$ bis $r = a$

$$M = \frac{\pi S a^4}{2l}\, \varphi = D\varphi \quad .$$

$D$ ist das „Richtmoment", des Drahtes.

**58,** S. 179: Da $z$ für alle Zeiten am Rand verschwinden soll, kommt als Form der partikulären Integrale die Funktion

$$z = c_{mn} \sin\frac{m\pi x}{a} \sin\frac{n\pi y}{b}\, e^{2\pi i \nu_{mn} t} \tag{1}$$

in Frage. Die Differentialgleichung ist erfüllt, wenn

$$\nu_{mn} = \frac{1}{2}\sqrt{\frac{m^2}{a^2}+\frac{n^2}{b^2}}\sqrt{\frac{P}{\rho}} \tag{2}$$

ist. Dies sind also die möglichen Eigenschwingungen der Membran. Die Lösung, welche den Anfangsbedingungen zu genügen hat, setzen wir, wie bei der Seite, an als Summe (hier Doppelsumme) partikulärer Integrale

$$\begin{aligned} z = &\sum_{m=1}^{\infty}\sum_{n=1}^{\infty} A_{mn} \sin\frac{m\pi x}{a} \sin\frac{n\pi y}{b} \cos 2\pi\nu_{mn} t \\ &+ \sum_{m=1}^{\infty}\sum_{n=1}^{\infty} B_{mn} \sin\frac{m\pi x}{a} \sin\frac{n\pi y}{b} \sin 2\pi\nu_{mn} t \; . \end{aligned} \tag{3}$$

Die Koeffizienten $A_{mn}$ erhält man nach der im Text gegebenen Vorschrift zu

$$A_{mn} = \frac{4}{ab}\int_0^a\int_0^b f_0(x,y) \sin\frac{m\pi x}{a} \sin\frac{n\pi x}{b}\, \mathrm{d}x\, \mathrm{d}y \,,$$

wenn $f_0(x,y)$ die Anfangsform der Membran bedeutet, bzw. zu

$$B_{mn} = \frac{2}{\pi\nu_{mn} ab}\int_0^a\int_0^b \dot{f}_0(x,y) \sin\frac{m\pi x}{a} \sin\frac{n\pi y}{b}\, \mathrm{d}x\, \mathrm{d}y \,,$$

wenn $\dot{f}_0(x,y)$ die Verteilung der Geschwindigkeiten zur Zeit $t = t_0$ ist.

**59,** S. 182: Die Kraft auf ein Oberflächenelement $\mathrm{d}\vec{f}$, dessen Normale nach außen zeigt, ist $\mathrm{d}\vec{F} = -p\, \mathrm{d}\vec{f}$ (das Minuszeichen kommt von der Festsetzung über das Vorzeichen von $p$), die Resultante ist

$$\vec{F} = -\oint p\, \mathrm{d}\vec{f} = -\int \mathrm{grad}\, p\, \mathrm{d}\tau \,; \tag{1}$$

nach der Gl. (1a) des Textes ist aber, wenn $\rho\vec{g}$ der Vektor der Schwerkraft ist, die pro Volumen angreift,

$$\vec{F} = -\int \rho\vec{g}\, \mathrm{d}\tau = -\vec{g}\int \rho\, \mathrm{d}\tau \,. \tag{2}$$

**60,** S. 185: Wir legen die $z$-Achse senkrecht nach unten. Bei großem Gefäßquerschnitt und kleiner Ausflußöffnung kann die Strömung als stationär angesehen werden. Da nur eine Geschwindigkeitskomponente in Richtung der $z$-Achse in Frage kommt, ergibt sich aus (10 a):

$$v\frac{\mathrm{d}v}{\mathrm{d}z} = g - \frac{1}{\rho}\frac{\mathrm{d}p}{\mathrm{d}z}, \tag{1}$$

woraus durch Integration folgt

$$\frac{v^2}{2} = gz - \frac{p}{\rho} + C. \tag{2}$$

Im Gefäß selbst kann nach unseren Voraussetzungen $v = 0$ gesetzt und für $p$ der hydrostatische Druck $\rho g z$ genommen werden; es ist daher $C = 0$. Für $z = h$, d. h., für die Ausflußöffnung verschwindet $p$, so daß $v_h = \sqrt{2gh}$ wird. Dies ist das TORRICELLIsche Theorem, nach welchem die Flüssigkeit dieselbe Geschwindigkeit erhält, wie wenn sie die Höhe $h$ frei durchfallen hätte.

**61,** S. 185: Legen wir die $x$-Achse in die Richtung der Strömung, so ist

$$v\frac{\mathrm{d}v}{\mathrm{d}x} = -\frac{1}{\rho}\frac{\mathrm{d}p}{\mathrm{d}x} \tag{1}$$

und weiter

$$\frac{p}{\rho} = \frac{p_1}{\rho_1} \tag{2}$$

also

$$v\frac{\mathrm{d}v}{\mathrm{d}x} = -\frac{p_1}{\rho_1}\frac{1}{p}\frac{\mathrm{d}p}{\mathrm{d}x}, \tag{3}$$

was integriert ergibt

$$\frac{v^2}{2} = -\frac{p_1}{\rho_1}\ln p + C. \tag{4}$$

Im Gefäß können wir $v = 0$ setzen, also $C = \frac{p_1}{\rho_1}\ln p_1$; die Ausströmungsgeschwindigkeit $v_0$ wird also

$$\frac{v_0^2}{2} = \frac{p_1}{\rho_1}\ln\frac{p_1}{p_0}. \tag{5}$$

Für ein anderes Gas wird bei denselben Druckverhältnissen

$$\frac{v_0'^2}{2} = \frac{p_1}{\rho_1'}\ln\frac{p_1}{p_0}. \tag{5'}$$

Es ist also

$$v_0^2 : v_0'^2 = \rho_1' : \rho_1, \tag{6}$$

eine Beziehung, die zur Dichtebestimmung benutzt werden kann (BUNSENsches Effusiometer).

**62,** S. 200: Bei Wasser ist der Unterschied zwischen adiabatischer und isothermer Kompressibilität belanglos, da $c_p/c_v$ wenig von 1 abweicht. (Für einige Flüssigkeiten sind die Unterschiede erheblich, z. B. ist für Äthylbromid $c_p/c_v = 1{,}87$!)

Wir haben daher

$$\rho = \bar{\rho}\,(1 + \kappa\, p) = \bar{\rho}\,(1 + \sigma),$$

also

$$\operatorname{grad} p = \frac{1}{\kappa}\operatorname{grad}\sigma\,, \tag{2}$$

woraus in gleicher Weise wie in § 6 die Wellengleichung

$$\Delta\sigma = \bar{\rho}\,\kappa\,\frac{\partial^2\sigma}{\partial t^2} \quad \text{folgt.} \tag{3}$$

Es beträgt daher

$$v = \frac{1}{\sqrt{\bar{\rho}\,\kappa}}\,. \tag{4}$$

Mit $\kappa = 50 \cdot 10^{-6}\ \mathrm{bar}^{-1}$ wird

$$v = 1414\ \mathrm{m/sec}.$$

**63, S. 213:** Wir gehen von Gl. (115) aus, die im Fall der Rotationssymmetrie für $\Phi = g z$ in Koordinaten $r$, $z$ lautet

$$-\frac{\alpha}{r}\,\frac{\mathrm{d}}{\mathrm{d}r}\,\frac{r\,\dfrac{\mathrm{d}z}{\mathrm{d}r}}{\sqrt{1+\left(\dfrac{\mathrm{d}z}{\mathrm{d}r}\right)^2}} + \rho\, g\, z + \lambda = 0 \tag{1}$$

(das negative Zeichen ist bei konkaver Oberfläche zu nehmen). Rechnen wir $z$ vom Spiegel der in einem weiten Gefäß befindlichen Flüssigkeit aus, so ist $\lambda = 0$ zu setzen, da für $z = 0$ dann sowohl $\dfrac{\mathrm{d}z}{\mathrm{d}r}$ als $\dfrac{\mathrm{d}^2 z}{\mathrm{d}r^2}$ verschwindet. Beachten wir weiter, daß die Steighöhe $z_0$ groß gegen die Dimensionen des Meniskus sein wird, so können wir näherungsweise

$$z = z_0 + \zeta \tag{2}$$

setzen und $\zeta$ gegen $z_0$ vernachlässigen. So wird

$$\frac{\alpha}{r}\,\frac{\mathrm{d}}{\mathrm{d}r}\,\frac{r\,\dfrac{\mathrm{d}\zeta}{\mathrm{d}r}}{\sqrt{1+\left(\dfrac{\mathrm{d}\zeta}{\mathrm{d}r}\right)^2}} = \rho\, g\, z_0\,. \tag{3}$$

Integriert ergibt sich, da für $r = 0$ $\dfrac{\mathrm{d}\zeta}{\mathrm{d}r} = 0$ ist,

$$\frac{\dfrac{\mathrm{d}\zeta}{\mathrm{d}r}}{\sqrt{1+\left(\dfrac{\mathrm{d}\zeta}{\mathrm{d}r}\right)^2}} = \frac{\rho\, g\, z_0\, r}{2\alpha}\ ; \tag{4}$$

der links stehende Ausdruck stellt aber für $r = r_0$ $\cos\vartheta$ dar. In unserem Fall ($\cos\vartheta = 1$) wird daher

$$z_0 = \frac{2\alpha}{\rho g r_0} . \tag{5}$$

$z_0$ bedeutet die mittlere Höhe der Säule.
Einfacher erhält man das Ergebnis folgermaßen: Da völlige Benetzung stattfindet, trägt die Flüssigkeitshaut die angehobene Menge. Die Gesamtkraft ist $2\pi r_0 \alpha$, das Gewicht der Flüssigkeitssäule $z_0 \pi \rho r_0^2 g$; durch Gleichsetzen erhält man (5).

**64,** S. 214: Bei einer Lamelle ist der Druck zu beiden Seiten gleich groß. In Gl. (110) ist daher $p = 0$ zu setzen. Die Gleichung

$$\frac{1}{R_1} + \frac{1}{R_2} = 0$$

definiert aber die Klasse der Minimalflächen, d. h. der Flächen, welche bei gegebener Randkurve den kleinsten Flächeninhalt besitzen. Die Rotationsfläche dieser Klasse, welche hier gesucht ist, ist das Katenoid, eine Fläche, die sich ergibt, wenn die Kettenlinie $y = \cosh x$ um die $x$-Achse rotiert.

***65,** S. 220: Nach S. 111 verhält sich ein Pendel bei kleiner Amplitude wie ein Oszillator mit „quasielastischer Bindungskonstante" $k = \frac{mg}{l}$, unsere Bewegungsgleichungen sind nach Gl. (18')

$$m \frac{d^2 x'}{dt^2} + kx' = 2m\omega \sin\varphi \frac{dy'}{dt} \tag{1}$$

und

$$m \frac{d^2 y'}{dt^2} + ky' = -2m\omega \sin\varphi \frac{dx'}{dt} ; \tag{2}$$

sie lassen sich zu einer Gleichung für die komplexe Variable $x' + iy'$ zusammenfassen:

$$\frac{d^2}{dt^2}(x' + iy') + \frac{k}{m}(x' + iy') = -2i\omega \sin\varphi \frac{d}{dt}(x' + iy') . \tag{3}$$

Führt man ein Koordinatensystem ein, das sich gegen das $x', y'$-System mit der Winkelgeschwindigkeit $\omega \sin\varphi$ entgegen der Erdrotation dreht, so haben wir

$$x' + iy' = (\xi' + i\eta') e^{-i\omega \sin\varphi t}$$

$$\frac{d}{dt}(x' + iy') = e^{-i\omega \sin\varphi t} \frac{d}{dt}(\xi' + i\eta') - i\omega \sin\varphi (\xi' + i\eta') e^{-i\omega \sin\varphi t}$$

$$\frac{d^2}{dt^2}(x' + iy') = e^{-i\omega \sin\varphi t} \frac{d^2}{dt^2}(\xi' + i\eta') - 2i\omega \sin\varphi e^{-i\omega \sin\varphi t} \frac{d}{dt}(\xi' + i\eta') - \omega^2 \sin^2\varphi (\xi' + i\eta') e^{-i\omega \sin\varphi t} . \tag{4}$$

Vernachlässigt man $\omega^2$, so wird

$$\frac{d^2}{dt^2}(\xi' + i\eta') + \frac{k}{m}(\xi' + i\eta') = 0 . \tag{5}$$

In dem rotierenden $\xi', \eta'$-System gilt also die gewöhnliche Pendelgleichung. Dies bedeutet, daß das Pendel von einem mit der Erde fest verbundenen Beobachter gesehen seine Schwingungsebene mit der Winkelgeschwindigkeit $\omega \sin\varphi$ dreht.

**66,** S. 220: Zerlegt man die Grundgleichung (7) von S. 116 in Komponenten nach dem körperfesten System der Hauptträgheitsachsen, so ist zu beachten, daß

$$\frac{\mathrm{d}\vec{P}}{\mathrm{d}t} = \frac{\mathrm{d}_r\vec{P}}{\mathrm{d}t} + \vec{\omega} \times \vec{P}$$

$$\frac{\mathrm{d}\vec{\omega}}{\mathrm{d}t} = \frac{\mathrm{d}_r\vec{\omega}}{\mathrm{d}t} \quad \text{ist.}$$

In diesem System ist aber $P_{x'} = J_\mathrm{I}\,\omega_{x'}$, $P_{y'} = J_\mathrm{II}\,\omega_{y'}$, $P_{z'} = J_\mathrm{III}\,\omega_{z'}$. Damit ergibt sich

$$M_{x'} = J_\mathrm{I}\,\frac{\mathrm{d}\omega_{x'}}{\mathrm{d}t} - (J_\mathrm{II} - J_\mathrm{III})\,\omega_{y'}\,\omega_{z'}$$

$$M_{y'} = J_\mathrm{II}\,\frac{\mathrm{d}\omega_{y'}}{\mathrm{d}t} - (J_\mathrm{III} - J_\mathrm{I})\,\omega_{z'}\,\omega_{x'}$$

$$M_{z'} = J_\mathrm{III}\,\frac{\mathrm{d}\omega_{z'}}{\mathrm{d}t} - (J_\mathrm{I} - J_\mathrm{II})\,\omega_{x'}\,\omega_{y'}\,.$$

Diese Gleichungen heißen die EULERschen Kreiselgleichungen. Für $\vec{M} = 0$ sind diese Gleichungen erfüllt, wenn

$$\omega_{x'} = \text{const}, \quad \omega_{y'} = \omega_{z'} = 0$$

oder

$$\omega_{y'} = \text{const}, \quad \omega_{x'} = \omega_{z'} = 0$$

oder

$$\omega_{z'} = \text{const}, \quad \omega_{y'} = \omega_{x'} = 0 \quad \text{ist,}$$

d. h., beim Fehlen eines Moments kann der starre Körper um eine der Hauptträgheitsachsen dauernd rotieren. Stabilitätsbetrachtungen ergeben, daß die Rotation um die Achse des größten und des kleinsten Trägheitsmoments stabil, um die Achse des mittleren dagegen labil ist.

**67,** S. 246: Die ausgestrahlte Energie beträgt jährlich

$$4\pi \cdot 150^2 \cdot 10^{18}\ \mathrm{m}^2 \cdot 1400\ \mathrm{W\,m}^{-2} \cdot 3600 \cdot 24 \cdot 365\ \mathrm{s}\,;$$

durch Division mit $9 \cdot 10^{16}\ \mathrm{m}^2\,\mathrm{s}^{-2}$ ergibt sich der Massenverlust zu $138 \cdot 10^{15}$ kg im Jahr.

**68,** S. 252: Nein, denn ein solches Feld ist nicht wirbelfrei, vgl. Fig. 16, S. 21.

**69,** S. 252: $\sigma = -8{,}85 \cdot 10^{-14}\ \mathrm{A\,sec/cm^2}$.

$\rho = \ \ 4{,}4 \ \cdot 10^{-19}\ \mathrm{A\,sec/cm^3}$.

**70,** S. 252: Graphische Differenzierung der Kurve ergibt $-\vec{E}$, abermalige Differenzierung $-\frac{\rho}{\epsilon_0}$.
Die Differentiation erfolgt am einfachsten mit Hilfe eines Spiegellineals, das sich sehr genau senkrecht zur Kurve legen läßt, da bei schiefer Lage sofort ein Knick der Kurve mit ihrem Spiegelbild zu sehen ist. Der Winkel des Lineals mit der $y$-Achse ist gleich der Steigung der Tangente.

**71,** S. 259: Das homogene Feld zwischen den Platten von Größe $V/d$ ($d$ Plattenabstand, $V$ Spannungsdifferenz), das abgesehen von den kleinen Randstörungen im Außenraum 0 ist, entsteht durch Überlagerung der beiden Plattenfelder, bei denen die senkrecht zur Plattenebene nach beiden Seiten verlaufenden Kraftlinien im Außenraum sich gerade aufheben, im Innern den doppelten Betrag ergeben. Die Kraft, die die positive Ladung auf die negative ausübt, ist gegeben durch (vgl. Aufg. 72, Gl. (7))

$F = \dfrac{VQ}{2d}$, und da $C = \dfrac{\epsilon_0 \cdot A}{\mathrm{d}}$ ist, wird $F = \dfrac{Q^2}{2\epsilon_0 A}$, oder $F = \dfrac{\epsilon_0 V^2 A}{2\mathrm{d}^2}$

in $Q$ ausgedrückt wird $F$ unabhängig von d.

**72,** S. 259: In Zylinderkoordinaten ist bei Unabhängigkeit vom Polarwinkel und von der $z$-Koordinate

$$\Delta V = \frac{\mathrm{d}^2 V}{\mathrm{d}r^2} + \frac{1}{r}\frac{\mathrm{d}V}{\mathrm{d}r} = 0 . \tag{1}$$

Die Lösung ist

$$V = A \ln r + B , \tag{2}$$

also

$$V_a = A \ln a + B, \quad V_b = A \ln b + B , \tag{3}$$

woraus für $V_b = 0$

$$V = V_a \frac{\ln \frac{r}{b}}{\ln \frac{a}{b}} . \tag{4}$$

Hieraus folgt für den Feldverlauf

$$\vec{E} = \frac{-V_a}{\ln \frac{a}{b}} \cdot \frac{\vec{r}_0}{r} = \frac{V_a}{r} \cdot \frac{1}{\ln \frac{b}{a}} \vec{r}_0 \tag{5}$$

und für die Ladung pro Länge

$$\oint \vec{E} \cdot \mathrm{d}\vec{f} = \frac{Q}{\epsilon_0} = \frac{V_a \cdot 2a\pi}{a \ln \frac{b}{a}} , \tag{6}$$

also wird die Kapazität pro Länge: $\dfrac{C}{l} = \dfrac{2\pi\epsilon_0}{\ln \frac{b}{a}}$ .

Für den Plattenkondensator lautet die Lösung

$$V = Ax + B, \quad \vec{E} = \frac{V}{d}, \quad \text{also} \quad C = \frac{\epsilon_0 F}{d} . \tag{7}$$

Die Verzerrung des Feldes am Rand ist dabei vernachlässigt.

**73,** S. 259: Der Kugelradius heiße $a$, der Bildpunkt mit Ladung $-Q'$ habe vom Kugelmittelpunkt den Abstand $R'$. Dann ist

$$V = \frac{Q}{4\pi\epsilon_0 r} - \frac{Q'}{4\pi\epsilon_0 r'} . \tag{1}$$

Aus der Kugel muß $V = 0$ sein, also

$$\frac{Q'}{Q} = \frac{r'}{r} . \tag{2}$$

Führt man den Winkel $\vartheta$ ein, den der Kugelradius mit der Achse Kugelmittelpunkt – Ladung $Q$ bildet, so ist

$$\frac{Q'^2}{Q^2}=\frac{r'^2}{r^2}=\frac{R'^2+a^2-2aR'\cos\vartheta}{R^2+a^2-2aR\cos\vartheta}=\frac{R'}{R}\cdot\frac{R'+\dfrac{a^2}{R'}-2a\cos\vartheta}{R+\dfrac{a^2}{R}-2a\cos\vartheta}\;; \tag{3}$$

diese Beziehung muß für jeden Winkel $\vartheta$ gelten; diese Forderung wird erfüllt für

$$a^2=R'R,\quad \frac{R'}{R}=\frac{Q'^2}{Q^2}\,,$$

wodurch Lage und Ladung des Bildpunkts bestimmt sind.

***74**, S. 260: Die Potenzentwicklung von $V$ in dem betrachteten Punkt, den wir zum Ursprung des Koordinatensystems machen, lautet

$$\begin{aligned}V=V_0+a_1x+a_2y+a_3z+a_{11}x^2+a_{22}y^2+a_{33}z^2\\ +2a_{12}xy+2a_{23}yz+2a_{31}zx+\cdots.\end{aligned} \tag{1}$$

Durch Drehung des Achsenkreuzes lassen sich stets die Produktglieder zum Verschwinden bringen und man hat in diesem speziellen Koordinatensystem

$$V=V_0+b_1x+b_2y+b_3z+b_{11}x^2+b_{22}y^2+b_{33}z^2\quad. \tag{2}$$

Die Feldstärkekomponenten sind gegeben durch

$$-\left(\frac{\partial V}{\partial x}\right)_0=-b_1,\quad -\left(\frac{\partial V}{\partial y}\right)_0=-b_2,\quad -\left(\frac{\partial V}{\partial z}\right)_0=-b_3\,. \tag{3}$$

Im singulären Punkt verschwinden also die $b_i$. An Stelle der in einem nichtsingulären Punkt geltenden Gleichung der Tangenten*ebene* (laufende Koordinaten $\xi,\eta,\zeta$) tritt der Tangenten*kegel*

$$b_{11}\xi^2+b_{22}\eta^2+b_{33}\zeta^2=0\,.$$

Je nach den Realitätsverhältnissen dieses Kegels hat die Singularität verschiedenen Charakter. Nun gilt immer die Potentialgleichung

$$\Delta V=2(b_{11}+b_{22}+b_{33})=0,\quad\text{also}\quad b_{33}=-(b_{11}+b_{22}).$$

Dadurch ist aber die Realität des Kegels gewährleistet und die einzig mögliche Singularität ist die vom Charakter einer Kegelspitze (entsprechend dem reellen Doppelpunkt der ebenen Geometrie). Bei Rotationssymmetrie ist die Öffnung dieses Kegels festgelegt. Ist $b_{22}=b_{11}$, so ist $b_{33}=-2b_{11}$, und es wird die halbe Kegelöffnung bestimmt durch

$$\tan\alpha=\sqrt{2}\,.$$

Diese Bedingung muß im Meridianschnitt für die Tangenten an die Potentialkurven am „abarischen Punkt“, z. B. zwischen Mond und Erde, oder zwischen zwei Punktladungen, erfüllt sein.

**75**, S. 266: Im Text wurde der Fall einer homogen polarisierten Kugel behandelt. Es ergab sich ein Zusatzfeld $-\frac{1}{3\epsilon_0}\vec{P}$, das von den freien Ladungen an der Oberfläche der Kugel herrührt. In unserem Fall ist die homogene Polarisation außerhalb der Kugel vorhanden. Div $\vec{P}$ hat also das entgegengesetzte Zeichen, die freien Flächenladungen sind entgegengesetzt gleich denen, die im Fall der homogen polarisierten Kugel auftreten, also ist ihr Feld

$$\vec{E}'=+\frac{\vec{P}}{3\epsilon_0}\,.$$

**76,** S. 266: Es ist überall $D_r = \frac{Q}{4\pi r^2}$, ferner für

$$a \leqq r \leqq b : E_r = \frac{1}{4\pi\epsilon_1}\frac{Q}{r^2}$$

$$b \leqq r \leqq c : E_r = \frac{1}{4\pi\epsilon_2}\frac{Q}{r^2},$$

also

$$V_a - V_c = \int_a^c E\,\mathrm{d}r = \frac{Q}{4\pi\epsilon_1}\left(\frac{1}{a} - \frac{1}{b}\right) + \frac{Q}{4\pi\epsilon_2}\left(\frac{1}{b} - \frac{1}{c}\right),$$

also wegen

$$C = \frac{Q}{V_a - V_c}$$

$$\frac{4\pi}{C} = \frac{1}{\epsilon_1 a} - \frac{1}{\epsilon_2 c} + \frac{1}{b}\left(\frac{1}{\epsilon_2} - \frac{1}{\epsilon_1}\right).$$

**77,** S. 266: Wir geben dem Spiegelbild die Ladung $-Q'$. Für den Raum I dürfen wir, ohne mit der Beziehung $\oint \vec{E} \cdot \mathrm{d}\vec{f} = \frac{1}{\epsilon_0} Q$ in Konflikt zu kommen,

$$V_{\mathrm{I}} = \frac{Q}{4\pi\epsilon_0 r} - \frac{Q'}{4\pi\epsilon_0 r'}$$

setzen, da $Q'$ außerhalb des Raumes I liegt, also eine in I gezogene geschlossene Fläche die Ladung $-Q'$, die ja in Wirklichkeit nicht vorhanden ist, nicht umschließt. Im Dielektrikum müssen wir aber

$$V_{\mathrm{II}} = \frac{Q''}{4\pi\epsilon r}$$

ansetzen. Die noch freien Größen $Q'$ und $Q''$ reichen zur Erfüllung der Grenzbedingungen hin.

Der vorgeschriebene Sprung der Normalkomponente ergibt $Q + Q' - Q'' = 0$. Die Stetigkeit der Tangentialkomponente ist sicher erfüllt, wenn längs der Trennfläche überall $V_{\mathrm{I}} = V_{\mathrm{II}}$ ist; denn bildet man den Differentialquotienten $\frac{\partial V}{\partial s}$ entlang der Trennfläche, so ist dieser unter der Voraussetzung, daß $V_{\mathrm{I}} = V_{\mathrm{II}}$ ist, auf beiden Seiten gleich groß. Diese Beziehung liefert die 2. Gleichung für $Q'$ und $Q''$:

$$Q - Q' = \frac{Q''}{\epsilon_r},$$

woraus sich ergibt

$$Q' = Q\,\frac{\epsilon_r - 1}{\epsilon_r + 1} \quad \text{und} \quad Q'' = 2Q\,\frac{\epsilon_r}{1 + \epsilon_r}.$$

**78,** S. 267: Auf die Ladung $-Q$ wirkt die Kraft $-Q\vec{E}$, auf die Ladung $+Q$ die Kraft $Q(\vec{E} + (\mathrm{d}\vec{s} \cdot \overrightarrow{\mathrm{grad}})\,\vec{E})$, auf den Dipol also

$$\vec{F} = (\vec{m} \cdot \overrightarrow{\mathrm{grad}})\,\vec{E}.$$

**79,** S. 271: Die Flächenladung beträgt

$$\sigma = \frac{Q}{A} = \frac{C(V_1 - V_2)}{A}$$

und die Energie

$$U = \frac{1}{2} \int (V_1 - V_2)\, \sigma\, \mathrm{d}f = \frac{1}{2}\, C\, (V_1 - V_2)^2$$

oder, wenn wir die Potentialdifferenz mit $V$ bezeichnen, $U = \frac{1}{2}\, CV^2$.

Bei festgehaltener Ladung wird $V' = \frac{1}{\epsilon_r} V$, $C' = \epsilon_r C$, also $U' = \frac{1}{\epsilon_r} U$, also

$U' - U = \frac{1}{2}\left(\frac{1}{\epsilon_r} - 1\right) CV^2 = \frac{1-\epsilon_r}{2\epsilon}\,\frac{A}{d}\, V^2$. Nun ist $1 - \epsilon_r = -\chi_e$, $\frac{V}{d} = |\vec{E}_0|$,

$\frac{V}{\epsilon_r d} = |\vec{E}|$, $Ad = \tau$, womit (16) verifiziert ist. Bei festgehaltener Spannung ist $U' = \epsilon U$.

**80,** S. 271: In Formel (7') von S. 268 ist das Potential im Kugelinnern gemäß Formel (23) von S. 255 einzusetzen und von 0 bis $a$ zu integrieren. Dann erhält man

$$U = \frac{4\pi \rho^2 a^5}{\epsilon_0\, 15} = \frac{3}{5}\; \frac{Q^2}{a \cdot 4\pi\epsilon_0},$$

wenn die gesamte Ladung mit $Q$ bezeichnet wird.

**81,** S. 272: Nennen wir den Plattenabstand zunächst $z$ und rechnen wir $z$ vom Niveau der unteren festen Platte, so ist, wenn $z'$ die Höhe des Gegengewichts bedeutet:

$$U = U_{\mathrm{el}} + U_{\mathrm{mech}} = \frac{\epsilon A V^2}{2 \cdot z} + mgz', \tag{1}$$

für Gleichgewicht gilt bei konstanter Ladung, also bei

$$\frac{\epsilon A V}{z} = \text{const oder:} \quad -\frac{\epsilon A}{z^2}\, V \delta z + \frac{\epsilon A}{z}\, \frac{\mathrm{d}V}{\mathrm{d}z}\, \delta z = 0 \tag{2}$$

$$\delta U = 0 = + \frac{\epsilon A V^2}{2z}\, \delta z + mg\, \delta z', \tag{3}$$

und wegen $\delta z' = -\delta z$ wird für $z = a$

$$m = \frac{\epsilon A V^2}{2ga^2}. \tag{4}$$

Es überrascht zunächst, daß $\epsilon$ im Zähler steht, obwohl bei gleicher Ladung die Anziehungskraft auf den $\epsilon_r$-ten Teil sinkt, wenn das Medium die Diel.-Zahl $\epsilon_r$ statt 1 hat. Indes ist in (4) die Kraft durch die Spannung ausgedrückt. Vgl. auch Aufg. 71 und 79.

**82,** S. 275: Entnimmt man in der Zeit $\mathrm{d}t$ dem Kondensator die Elektrizitätsmenge $\mathrm{d}Q$, so ändert sich seine Spannung um

$$\mathrm{d}V = -\frac{\mathrm{d}Q}{C}. \tag{1}$$

Andererseits ist nach dem OHMschen Gesetz

$$J = \frac{\mathrm{d}Q}{\mathrm{d}t} = \frac{V}{R}, \tag{2}$$

also haben wir

$$dV = -\frac{V}{C}\frac{dt}{R} \tag{3}$$

oder integriert

$$\ln V = -\frac{t}{CR} + \ln V_0, \quad \text{oder} \quad V = V_0 e^{-t/CR}. \tag{4}$$

Damit wird

$$J = \frac{V_0}{R} e^{-t/CR}. \tag{5}$$

**83,** S. 275: In ähnlicher Weise wie in Aufgabe 82 erhält man für den Verlauf der Aufladung

$$V = V_0(1 - e^{-t/CR}). \tag{1}$$

Für $t = T$ soll $V = V_z$ sein, die Aufladungszeit, die bei plötzlicher Entladung gleich der Schwingungsdauer ist, wird damit

$$T = RC \ln \frac{V_0}{V_0 - V_z}.$$

**84,** S. 279: Eine homogen magnetisierte Kugel läßt sich durch einen Dipol im Zentrum ersetzen. Sein Potential ist

$$V = \frac{\vec{m} \cdot \vec{r}}{r^3}, \tag{1}$$

hieraus

$$\vec{H} = -\operatorname{grad} V = -\frac{\vec{m}}{r^3} + \frac{3}{r^5}(\vec{m} \cdot \vec{r})\vec{r}, \tag{2}$$

hieraus

$$H_r = -\frac{m \sin\varphi}{r^3} + \frac{3m \sin\varphi}{r^3} = \frac{2m \sin\varphi}{r^3} \tag{3}$$

$$H_{tan} = \frac{m \cos\varphi}{r^3} \tag{4}$$

$$\tan i = \frac{H_r}{H_{tan}} = 2 \tan\varphi. \tag{5}$$

**85,** S. 283: Aus $\oint \vec{H} \cdot d\vec{s} = I$ folgt, daß ein Strom, dessen Dichte $3{,}9 \cdot 10^{-12}\ \mathrm{A/cm^2}$ beträgt, auf die Erde zufließt. Dieser Strom würde ein Vielfaches des normalen luftelektrischen Stroms betragen. Aus dem Meßergebnis auf einen Wirbelanteil im Erdmagnetfeld zu schließen, ist nicht zwingend, da die Feldstärke Schwankungen unterliegt und daher während der Meßdauer nicht konstant war.

**86,** S.  : Aus Symmetriegründen folgt, daß die magnetischen Kraftlinien Kreise sind, deren Mittelpunkte auf der Zylinderachse liegen und deren Ebenen senkrecht auf dieser Achse stehen. Aus der Gleichung $\oint \vec{H} \cdot d\vec{s} = I$ folgt für eine konstante Stromdichte $j$ im Innern

$$2\pi r H = r^2 \pi j, \quad \text{also} \quad H_i = \frac{rj}{2},$$

außen $\quad 2\pi r H = R^2 \pi, \quad$ also $\quad H_a = \dfrac{R^2 j}{2r} = \dfrac{I}{2\pi r}.$

Hierin bedeutet $r$ den Abstand des Aufpunkts von der Drahtachse.

**87,** S. 283: Durch Ausrechnen leicht zu verifizieren.

**88,** S. 287: Hat die Spule $N$ Windungen der Fläche $A$, so beträgt nach Gl. (29′) das Drehmoment, welches ein Strom $I$ auf die im Feld $B$ in der Normallage befindliche Spule ausübt, $NABI = qI$. Die Bewegungsgleichung für die stromdurchflossene Spule, deren Trägheitsmoment $K$ sei und die eine Dämpfungskonstante $r$ habe, lautet

$$K\ddot{\varphi} + r\dot{\varphi} + D\varphi = qI \quad (D \text{ Richtmoment}). \tag{1}$$

Unter der Voraussetzung, daß während des Stromstoßes $\varphi$ nicht wesentlich von 0 abweicht, läßt sich die Gl. (1) integrieren, wobei sich ergibt

$$K\dot{\varphi} = q\int I\,\mathrm{d}t \quad \text{oder} \quad \dot{\varphi} = \frac{qQ}{K}. \tag{2}$$

Die Winkelgeschwindigkeit ist also der gesamten durchgegangenen Elektrizitätsmenge proportional. Mit dieser Anfangsgeschwindigkeit ist die Gleichung der freien gedämpften Schwingung der Spule zu behandeln:

$$K\ddot{\varphi} + r\dot{\varphi} + D\varphi = 0. \tag{3}$$

Die Lösung, welche für $t = 0$ $\varphi = 0$ ergibt, lautet

$$\varphi = a\,e^{-(r/2K)t} \sin\left(\frac{\sqrt{4DK - r^2}}{2K}\,t\right). \tag{4}$$

Für $t = 0$ muß sein

$$\dot{\varphi}_0 = \frac{qQ}{K} = a\,\frac{\sqrt{4DK - r^2}}{2K}, \quad \text{also} \quad a = \frac{2qQ}{\sqrt{4DK - r^2}}. \tag{5}$$

Der 1. Maximalausschlag wird erreicht zur Zeit $t_m$, welche bestimmt ist durch

$$0 = -\frac{r}{2K} \sin\frac{\sqrt{4DK - r^2}}{2K}\,t_m + \frac{\sqrt{4DK - r^2}}{2K} \cdot \cos\frac{\sqrt{4DK - r^2}}{2K}\,t_m \tag{6}$$

oder

$$\tan\frac{\sqrt{4DK - r^2}}{2K}\,t_m = \frac{\sqrt{4DK - r^2}}{r}.$$

Für den Normalfall geringer Dämpfung $r^2 \ll 4DK$ wird die rechte Seite annähernd $\tan \pi/2$, und es ergibt sich

$$t_m = \frac{\pi}{2}\sqrt{\frac{K}{D}}, \tag{7}$$

damit wird

$$\varphi_{\max} = \frac{qQ}{\sqrt{DK}}\,e^{-\frac{r\pi}{4\sqrt{DK}}}. \tag{8}$$

Man beachte, daß die Dämpfungskonstante $r$ zum größten Teil durch den bei der Schwingung entstehenden Induktionsstrom bedingt ist (vgl. Aufg. 89!). Gewöhnlich arbeitet man mit dem „Reduktionsfaktor“ $C$, d. h. der Zahl, mit der man den beobachteten Ausschlag multiplizieren muß, um den Strom bzw. die Elektrizitätsmenge zu erhalten. Unter Vernachlässigung der Dämpfung ist der ballistische Reduktionsfaktor nach der letzten Gleichung

$$C_b = \sqrt{DK/q} \quad \text{und derjenige für Dauerströme}$$

$$C_0 = D/q,$$

also

$$C_b = C_0 \sqrt{K/D} \approx C_0 \cdot T/2\pi \quad (T \text{ Schwingungsdauer}) \,. \tag{9}$$

**89**, S. 289: Bei einer Drehung aus der Ruhelage, in welcher die Spulennormale senkrecht $\vec{B}$ steht, beträgt die Änderung des Induktionsflusses im Medium der Permeabilität $\mu_r = 1$:

$$\frac{\partial \Phi}{\partial t} = ANB\dot{\varphi}\,, \tag{1}$$

also die induzierte Spannung

$$V_i = -ANB\dot{\varphi} = -q\dot{\varphi} \tag{2}$$

und der induzierte Strom

$$I_i = -\frac{q}{R}\dot{\varphi}\,. \tag{3}$$

Das Drehmoment, welches auf die von diesem Strom durchflossene Spule wirkt, beträgt

$$M = qI_i = -\frac{q^2}{R}\dot{\varphi}\,. \tag{4}$$

Damit wird die Dämpfungskonstante $r$ in Aufg. 88 gleich $q^2/R$.

**90**, S. 292: Vgl. S. 361. Energie eines magnetischen Dipols im Feld.

***91**, S. 292: Es ist

$$L_{12} = \frac{\mu}{4\pi}\oint\oint \frac{\mathrm{d}s_1\,\mathrm{d}s_2 \cos\varphi}{r_{12}} = \frac{\mu}{4\pi}\oint \mathrm{d}s_2 \int_0^{2\pi} \frac{a_1 \cos\varphi\,\mathrm{d}\varphi}{\sqrt{a_1^2 + a_2^2 - 2a_1a_2\cos\varphi + z^2}}\,.$$

(In unserem Fall ist der Winkel zwischen $\mathrm{d}\vec{s}_1$ und $\mathrm{d}\vec{s}_2$ gleich dem Polarwinkel $\varphi$).

Wir wollen uns hier auf den Fall zweier nahezu gleicher Kreise in kleinem Abstand $z$ beschränken. Führt man in dem Integral den kleinsten und größten Abstand ein

$$p^2 = z^2 + (a_1 - a_2)^2 \quad \text{und} \quad q^2 = z^2 + (a_1 + a_2)^2\,,$$

so ist

$$q^2 - p^2 = 4a_1a_2, \quad r_{12}^2 = p^2 + (q^2 - p^2)\sin^2\frac{\varphi}{2}\,,$$

so daß sich ergibt

$$L_{12} = \frac{\mu}{4\pi} \cdot 2\pi a_2 \cdot 2\int_0^{\pi} \frac{a_1 \cos\varphi\,\mathrm{d}\varphi}{\sqrt{p^2 + (q^2 - p^2)\sin^2\frac{\varphi}{2}}} = \mu a_2 K.$$

Da nach Voraussetzung $q \gg p$ ist, können wir für größere Winkel $\varphi$ im Nenner $p$ gegen $q$ streichen. Dies dürfen wir aber nicht mehr für kleine Winkel tun, weil ja $q^2$ mit $\sin^2\frac{\varphi}{2}$ multipliziert ist. Wir teilen also unser Integral in 2 Teile für kleine und große Winkel $\varphi$, die Grenze liege bei einem Winkel $\alpha$; dann wird

$$K \approx \int_0^{\alpha} \frac{a_1\,\mathrm{d}\varphi}{\sqrt{p^2 + q^2 \frac{\varphi}{4}}} + \int_{\alpha}^{\pi} \frac{a_1\left(1 - 2\sin^2\frac{\varphi}{2}\right)\mathrm{d}\varphi}{q\sin\frac{\varphi}{2}}$$

$$\approx \frac{2a_1}{q}\left(\ln\frac{2a_1\alpha}{p} - \ln\frac{\alpha}{4} - 2\right) = \frac{2a_1}{q}\left(\ln\frac{8a_1}{p} - 2\right),$$

also, da wegen $z \ll a_1$ $\frac{2a_1}{q} \approx 1$ wird,

$$L_{12} \approx \mu \cdot a_2 \left(\ln\frac{8a_1}{z^2 + (a_1 - a_2)^2} - 2\right).$$

**92,** S. 292: Die elektromagnetische Feldenergie ist wegen des Ausdrucks $\frac{\mu}{2}\int \vec{H}^2\,\mathrm{d}\tau$ eine positiv definite Größe. Benützt man dafür die quadratische Form Gl. (13), so darf deren Diskriminante nicht negativ sein, also

$$L_{11}\,L_{22} \geq L_{12}^2.$$

Physikalisch kann man sich dies leicht klarmachen, wenn man den magnetischen Fluß, den die einzelnen Spulen durch sich selbst und durcheinander hindurchschicken, betrachtet. Im günstigsten Fall, z. B. bei Wicklung auf gemeinsamen Eisenkern, ist $L_{11}\,L_{22} = L_{12}^2$.

**93,** S. 295: Die bekannte Beziehung für parallel geschaltete Widerstände

$$\frac{1}{Z} = \frac{1}{Z_1} + \frac{1}{Z_2}$$

gilt auch für komplexe Widerstände, also

$$\frac{1}{Z} = \frac{1}{i\omega L} + i\omega C,$$

$$Z = \frac{i\omega L}{1 - \omega^2 LC}, \quad \text{für} \quad \omega = \frac{1}{\sqrt{LC}} \text{ (Resonanz!) wird also } Z = \infty.$$

**94,** S. 295: Da mit zunehmendem Feld die Permeabilität von Eisen $\mu = \frac{|\vec{B}|}{|\vec{H}|}$ abnimmt, nimmt auch mit zunehmender Stromamplitude die Selbstinduktion einer Spule mit Eisenkern ab. Die Eigenfrequenz des Schwingungskreises steigt daher mit der Stromamplitude.

**95,** S. 306: Aus $\vec{S} = \vec{E} \times \vec{H}$ folgt für die mittlere Energieströmung im Vakuum ($|\vec{E}| = \sqrt{\frac{\mu_0}{\epsilon_0}}\,|\vec{H}|$)

$$|\overline{\vec{S}}| = \frac{1}{2}\sqrt{\frac{\epsilon_0}{\mu_0}}\,\vec{E}^2 = c \cdot \epsilon_0 \overline{E}^2.$$

Hieraus

$$|\overline{\vec{E}}| = 10 \text{ Volt/cm}.$$

***96,** S. 314: Im Übergangsgebiet sind von Gl. (43) beide Glieder zu berücksichtigen, was ergibt

$$\vec{H} = \frac{\omega}{cr}\sqrt{\frac{1}{r^2} + \frac{\omega^2}{c^2}}\,\vec{p}_0 \times \vec{e}_r\, e^{i\omega\left(t - \frac{r}{c} + \delta\right)} \quad \text{mit } \delta = \frac{1}{\omega}\arctan\left(-\frac{c}{\omega r}\right). \qquad (1)$$

Die Phase ist also

$$\varphi(t,r) = \omega\left(t - \frac{r}{c} - \frac{1}{\omega}\arctan\frac{c}{\omega r}\right). \tag{2}$$

Die Phasengeschwindigkeit ist die Geschwindigkeit eines Beobachters $\dot{r}$, der sich so bewegt, daß $\varphi = \text{const}$ ist. Wir erhalten also durch Differenzieren

$$0 = 1 - \frac{\dot{r}}{c} + \frac{1}{1 + \frac{c^2}{\omega^2 r^2}} \cdot \frac{c\dot{r}}{\omega^2 r^2}, \tag{3}$$

oder

$$= \frac{c}{1 - \frac{1}{1 + \left(\frac{\omega r}{c}\right)^2}} > c. \tag{4}$$

**97,** S. 325: Es ist $\vartheta = 45°$, $\vartheta'' = 28°\,7{,}5'$, $I_s = 0{,}046\,I_0$
$I_p = 0{,}0042\,I_0$, also $P = 83\%$.

**98,** S. 325: Wir wollen die Rechnung für senkrechten Einfall durchführen, für schiefen Einfall verläuft sie ganz gleich. Es ist im Vakuum $|\vec{H}| = \sqrt{\frac{\epsilon_0}{\mu_0}}\,|\vec{E}|$, im Isolator $|\vec{H}| = n\sqrt{\frac{\epsilon_0}{\mu_0}}\,|\vec{E}|$, weiter

$$|\vec{E}'| = \frac{n-1}{n+1}|\vec{E}|, \qquad |\vec{E}''| = \frac{2}{n+1}|\vec{E}|,$$

also wird wegen

$$|\vec{S}| = |\vec{E}|\,|\vec{H}| = c\cdot n\cdot\epsilon_0\,\vec{E}^2$$

$$|\vec{S}| = c\cdot\epsilon_0\,\vec{E}^2, \qquad |\vec{S}'| = c\cdot\epsilon_0\left(\frac{n-1}{n+1}\right)^2\vec{E}^2, \qquad |S''| = c\cdot\epsilon_0\,\frac{4n}{(n+1)^2}\,\vec{E}^2;$$

hieraus ersieht man, daß $|\vec{S}| = |\vec{S}'| + |\vec{S}''|$ ist. (Es ist zu beachten, daß man die Bilanz nicht erhält, wenn man einfach in jedem Medium $|\vec{S}|$ proportional $A^2$ setzt, da der Proportionalitätsfaktor $n$ enthält!)

**99,** S. 328: $\tan\frac{\delta}{2} = \frac{\cos\vartheta\sqrt{\sin^2\vartheta - n^2}}{\sin^2\vartheta}$ soll 1 sein. In dieser Formel bedeutet $n$ den Brechungsindex für den Austritt aus dem Medium in Luft, also $n < 1$. Setzen wir $n = \frac{1}{n'}$, so ist $n'$ der gewöhnliche Brechungsindex des Materials. Es ist der kleinste Wert von $n'$ gesucht, bei dem eben noch $\tan\frac{\delta}{2} = 1$ sein kann. Diese Extremalaufgabe für $n = f(\sin\vartheta)$ führt zu der Gleichung

$$n^2 = \sin^2\vartheta - \frac{\sin^4\vartheta}{\cos^2\vartheta} = x - \frac{x^2}{1-x},$$

welche ein Extremum ergibt für $n' = 2{,}41$.
Bei 2maliger Reflexion ist

$$\tan\frac{\delta}{2} = \tan\frac{\pi}{8} = \sqrt{2} - 1 = \frac{\cos\vartheta\,\sqrt{\sin^2\vartheta - n^2}}{\sin^2\vartheta}.$$

Dies ergibt für $n = \frac{2}{3}$ die beiden Winkel

$$\vartheta_1 = 50°\,20' \quad \text{und} \quad \vartheta_2 = 53°\,10'.$$

**100,** S. 344: Daß die Kurven gleicher Phasendifferenz Kreise sind, folgt aus Symmetriegründen. Die Lage der Schwingungsebenen im Kristall läßt sich so finden: Für den ordentlichen Strahl ist die Wellenfläche eine Kugel, dasselbe gilt für die Normalenfläche. In Gl. (26) ist nun für den einachsigen Kristall $v_{II} = v_{III}$ zu setzen. Legen wir die $x$-Achse in die optische Achse, so ist für $v = v_{II}$ $D_x = 0$, also $\vec{D}$ senkrecht zur Achse. Da aber für den ordentlichen Strahl stets $v = v_{II}$ ist, ist die Ebene von $\vec{D}$ stets senkrecht zur Achse. Andererseits ist die Ebene von $\vec{D}$ senkrecht zu $\vec{n}$, also durch den Schnitt der beiden Ebenen, die auf $\vec{n}$ und der Achse senkrecht stehen, bestimmt. Für alle derselben Einfallsebene zugehörigen Strahlen liegt also $\vec{D}$ in ein und derselben auf der Einfallsebene senkrechten Richtung. Ist nun die Einfallsebene senkrecht zu der durch den 1. Polarisationsfilter festgelegten Richtung, so ist im Kristall nur der ordentliche Strahl vorhanden; enthält sie diese Richtung, so fehlt der ordentliche Strahl. Die Isogyre ist also ein rechtwinkliges Achsenkreuz.

**101,** S. 352: Nach Gl. (19) S. 350 ist die Amplitude des Dipolmoments, das im Feld der Lichtwelle erzeugt wird:

$$p_0 = \frac{e^2 E_0}{m(\omega_0^2 - \omega^2)}.$$

Die von diesem Dipol insgesamt nach allen Seiten gestrahlte Energie ist nach Gl. (62) von S. 314

$$\bar{S} = \frac{1}{4\pi\epsilon_0}\cdot\frac{\omega^4}{3c^3}\,p_0^2 = \frac{1}{4\pi\epsilon_0}\cdot\frac{e^4\,\omega^4\,E_0^2}{3c^3\,m^2\,(\omega_0^2 - \omega^2)^2}.$$

Im Sichtbaren ist $\omega_0 \gg \omega$, also $\bar{S}$ proportional $\omega^4$. Im Röntgengebiet ist dagegen $\omega_0 \ll \omega$, es hebt sich also das $\omega^4$ im Zähler gegen $\omega^4$ im Nenner weg.

Da das im weißen Sonnenlicht enthaltene Blau mit rund der halben Wellenlänge etwa 16mal stärker gestreut wird als Rot, ergibt sich die blaue Farbe des Himmelsstreulichts.

**102,** S. 352: Da $\nu_0 = 0$ ist, erhält man

$$n^2 - 1 = -\frac{Ne^2/m}{8\pi^2\nu^2} = \frac{C}{\nu^2}, \quad \text{also} \quad u = \frac{c}{n} = \frac{c\nu}{\sqrt{\nu^2 - C}}$$

und

$$\frac{1}{u_g} = \frac{\mathrm{d}(\nu/u)}{\mathrm{d}\nu} = \frac{1}{c}\,\frac{\mathrm{d}\sqrt{\nu^2 - C}}{\mathrm{d}\nu} = \frac{\nu}{c\sqrt{\nu^2 - C}}$$

$$u_g = \frac{c}{\nu}\sqrt{\nu^2 - C} = \frac{c^2}{u}.$$

Die Phasengeschwindigkeit ist in der HEAVISIDE-Schicht also $> c$.

**103,** S. 354: Es ist

$$\frac{Np^2}{\epsilon_0\,9kT} = \frac{\epsilon_r - 1}{\epsilon_r + 2} - \frac{n^2 - 1}{n^2 + 2} = 0{,}75 \quad (n \text{ für } \lambda_\infty \text{ extrapoliert rund } 4/3),$$

hieraus $p = 2{,}6 \cdot 10^{-28}$ Asm.

**104,** S. 374: Zeichnet man sich das Zeigerdiagramm nach Art der Fig. 109 (die übrigens diesem Fall entspricht), so wird die Amplitude des direkten Bildes $\frac{A}{2}$ ($A$ Amplitude des einfallenden Lichts), die des Beugungsbildes 1. Ordnung $\frac{A}{\pi}$; die 2., 4., ... $2n$-te Ordnung gibt Null, da sich das Zeigerdiagramm für jedes Gitterintervall schließt; die 3. Ordnung ergibt dagegen $\frac{A}{3\pi}$, allgemein haben die ungeraden Ordnungen die Amplitude $\frac{A}{(2n+1)\pi}$. Die Intensitäten werden

$$J_0 = \frac{A^2}{4}, \quad J_1 = \frac{A^2}{\pi^2}, \quad J_3 = \frac{A^2}{9\pi^2}, \ldots J_{2n+1} = \frac{A^2}{(2n+1)^2\pi^2}.$$

Die Gesamtintensität des direkten Bildes und der Beugungsspektren auf beiden Seiten wird

$$J = \frac{A^2}{4} + \frac{2A^2}{\pi^2}\left(1 + \frac{1}{9} + \frac{1}{25} + \cdots \frac{1}{(2n+1)^2}\right) = A^2\left(\frac{1}{4} + \frac{2\pi^2}{\pi^2 8}\right) = \frac{A^2}{2}.$$

Da die Intensität des einfallenden Lichts durch $A^2$ gegeben ist und die Hälfte der Energie absorbiert wird, stimmt die Bilanz. Alle Beugungsspektren zusammen haben also dieselbe Intensität wie das direkte Bild.

**105,** S. 374: Der Spaltabstand $b$ ist groß gegen die Spaltbreite $a$, deshalb erscheint das Beugungsbild des Einzelspalts von Maximis und Minimis durchzogen, deren Abstand durch $(\alpha - \alpha_0)b = h_1\lambda$ gegeben ist. Für senkrechten Einfall ist $\alpha = \frac{h_1\lambda}{b}$, für nahezu senkrechten $\alpha' = \frac{h_2\lambda}{b} + \epsilon$. Beste Sichtbarkeit der Streifen ist vorhanden, wenn

$$\alpha = \alpha', \quad \text{also} \quad \frac{h_1\lambda}{b} = \frac{h_2\lambda}{b} + \epsilon \quad \text{oder} \quad b = \frac{(h_1 - h_2)\lambda}{\epsilon}$$

ist. Ändert man $b$, so haben 2 benachbarte Entfernungen, welche beide beste Sichtbarkeit liefern, den Abstand $\Delta b = \lambda/\epsilon$. Diese Beziehung dient zur interferometrischen Messung des Abstands eng benachbarter Sterne und zur Messung von Sterndurchmessern (in diesem Fall ist $\epsilon$ annähernd der Abstand der Schwerpunkte der beiden Hälften der Sternscheibe).

**106,** S. 374: Aus Gl. (30) ergibt sich $\sin\frac{\vartheta}{2} = \frac{m}{4{,}06}\sqrt{h_1^{*2} + h_2^{*2} + h_3^{*2}}$. Wir beschränken uns auf die reflektierten Strahlen, welche senkrecht zur Drehachse sind, für die also $h_3^* = 0$ ist. Dann ergibt sich für

| $h_1^*$ | $h_2^*$ | $m$ | $\vartheta/2$ | $h_1^*$ | $h_2^*$ | $m$ | $\vartheta/2$ |
|---|---|---|---|---|---|---|---|
| 1 | 0 | 1 | 14° 20′ | 1 | 1 | 1 | 20° 20′ |
| 1 | 0 | 2 | 29° 30′ | 1 | 1 | 2 | 44° 10′ |
| 1 | 0 | 3 | 47° 40′ | 2 | 1 | 1 | 33° 20′ |
| 1 | 0 | 4 | 80° 00′ | | | | |

Die Reflexion an der Ebene $h_1^* = 2$, $h_2^* = 0$ fällt zusammen mit der 2. Ordnung der Reflexion an der Ebene $h_1^* = 1$, $h_2^* = 0$. Ebenso sind die durch Vertauschen von $h_1^*$ und $h_2^*$ entstehenden Winkel mit den obigen identisch, daher nicht besonders aufgeführt.

**107,** S. 384: Aus $y' = f\tan\alpha$ ergibt sich 1,74 cm.

**108,** S. 384: Die Ebene schneidet die Achse in $P$ und die dingseitige Hauptebene in der Geraden $G$. Durch die Abbildungsgleichung ist $P$ der Bildpunkt $P'$ zugeordnet, während der Geraden $G$ die ihr parallele Gerade $G'$ der bildseitigen Hauptebene entspricht. $G'$ und $P'$ bestimmen aber bereits die Bildebene. Für eine dünne Linse kann man die beiden Hauptebenen zusammenfallen lassen und erhält dann die Lage der Bildpunkte in der zugeordneten Bildebene sehr einfach dadurch, daß man von den Punkten der Dingebene Geraden nach dem Mittelpunkt der Linse zieht und bis zum Schnitt mit der Bildebene verlängert. Diese Schnittpunkte sind bereits die Bildpunkte. So sieht man, daß der oberen Halbebene des Dingraums die untere Halbebene des Bildraums entspricht.

**109**, S. 389: Man projiziere einfallenden und gebrochenen Strahl auf die gegebene Ebene und schlage um den Knickpunkt der Strahlen die Einheitskugel, auf der Einfallslot, die Strahlen und ihre Projektionen auf jeder Seite der brechenden Ebene ein rechtwinkliges sphärisches Dreieck bilden. Bezeichnet man Einfallswinkel mit $\alpha$, Brechungswinkel mit $\alpha''$, die entsprechenden Winkel mit der gegebenen Ebene mit $\vartheta$ bzw. $\vartheta''$ und den Winkel der gegebenen Ebene mit der Einfallsebene mit $\beta$, so ist nach dem Sinussatz der sphärischen Trigonometrie:

$$\sin\vartheta = \sin\alpha \ \sin\beta$$
$$\sin\vartheta'' = \sin\alpha'' \ \sin\beta ,$$

also

$$\sin\vartheta / \sin\vartheta'' = \sin\alpha / \sin\alpha'' = n .$$

Ebenso beweist man den zweiten Teil: Bildet die beliebige Gerade in der brechenden Ebene mit der Schnittgeraden von Einfallsebene und brechender Ebene den Winkel $\beta$, der einfallende Strahl mit dieser Schnittgeraden den Winkel $\gamma = \pi/2 - \alpha$, der gebrochene den Winkel $\gamma'' = \pi/2 - \alpha''$, so gilt

$$\frac{\cos\gamma}{\cos\gamma''} = n.$$

Bezeichnet man die Winkel von einfallendem und gebrochenem Strahl mit der beliebigen Geraden mit $\delta$ bzw. $\delta''$, so folgt aus den entsprechenden sphärischen Dreiecken

$$\cos\delta = \cos\gamma \ \cos\beta$$
$$\cos\delta'' = \cos\gamma'' \ \cos\beta ,$$

also

$$\frac{\cos\delta}{\cos\delta''} = \frac{\cos\gamma}{\cos\gamma''} = n .$$

**110**, S. 389: Jedem Punkt des Spaltes entspricht ein Parallelstrahlenbündel und jedem dieser Parallelstrahlenbündel ein Punkt in der Brennebene der Kamera. Nur die vom Mittelpunkt des Spaltes stammenden Strahlen durchsetzen das Prisma senkrecht zu den Kanten. (Dieser Strahlengang wird gewöhnlich allein gezeichnet.) Die von den unteren und oberen Teilen kommenden Strahlen durchsetzen das Prisma schief und ihre räumliche Durchrechnung ergibt, daß die Ablenkung größer ist als diejenige der vom Mittelpunkt kommenden Strahlen.

**111**, S. 389: Unter Berücksichtigung der Vorzeichen wird für die Brennweiten der Vorder- und Hinterfläche der Linse:

$$f_1 = -\frac{r_1}{n-1}, \quad f_1' = \frac{n r_1}{n-1}, \quad f_2 = \frac{n r_2}{n-1}, \quad f_2' = -\frac{r_2}{n-1} .$$

Ist $d$ der Scheitelabstand, so beträgt das Intervall

$$D = -f_1' + d + f_2.$$

Damit wird

$$f = \frac{f_1 f_2}{D} = -\frac{n r_1 r_2}{(n-1)R}$$

$$f' = -\frac{f_1' f_2'}{D} = \frac{n r_1 r_2}{(n-1)R}$$

mit

$$R = n(r_2 - r_1) + (n-1)d .$$

**112,** S. 389: Wir schreiben den Sinussatz in der Form

$$\frac{\sin u}{\sin u'} = \frac{n'}{n}\frac{y'}{y} .$$

Er gilt selbstverständlich auch im achsennahen Bereich, wo der Sinus mit dem Bogen vertauscht werden darf. Sei $h$ der Achsenabstand des Punkts, in dem ein unter dem Winkel $u$ von einem in der Entfernung $s$ befindlichen Achsenpunkt ausgehender Strahl die erste Fläche trifft, so ist $\sin u = h/s$. Für einen sehr weit entfernten Punkt kann für $s$ der Abstand $x$ von der dingseitigen Hauptebene des achsennahen Gebiets gesetzt werden. Da ferner $y$ und $y'$ klein sind, können wir für $\frac{y'}{y}$ die für das achsennahe Gebiet geltende Beziehung $\frac{y'}{y} = -\frac{f}{x}$ setzen. Damit wird

$$\frac{h}{\sin u} = -\frac{n'}{n} f = f' .$$

Eine Folge dieser Beziehung ist, daß das größtmögliche Öffnungsverhältnis eines Objektivs in Luft (definiert als das Verhältnis Durchmesser des achsenparallel einfallenden Bündels zur Brennweite) nicht größer als 1 : 0,5 sein kann, da die Sinusbedingung erfüllt sein muß.

**113,** S. 390: Das Prisma sei voll mit Licht erfüllt. Für das nach der geometrischen Optik verlaufende Licht muß der Lichtweg zwischen zwei zur Strahlenrichtung senkrechten Ebenen der beiden Randstrahlen durch Kante und Basis (es sei die Minimalstellung vorausgesetzt) gleich sein. Also, wenn wir die Luftwege des durch die Kante gehenden Strahls mit $l$ bezeichnen

$$nb - 2l = 0. \tag{1}$$

Andererseits bewirkt die Begrenzung des Strahlenbündels eine Beugung, die der an einem Spalt gleicher Öffnung entspricht. Das 1. Minimum des Beugungsbilds liegt in der Richtung, in welcher der Unterschied der Lichtwege der beiden Grenzstrahlen $\lambda$ ist, weil dann wie beim Spalt die beiden Hälften des Bündels sich durch Interferenz auslöschen, also für

$$nb - 2l' = \lambda . \tag{2}$$

Fällt das direkte Bild einer benachbarten Wellenlänge in diese Richtung, so sind die beiden Spektrallinien in der Brennebene des Objektivs gerade noch als getrennt zu erkennen, es ist also

$$nb + b\frac{\mathrm{d}n}{\mathrm{d}\lambda}\mathrm{d}\lambda - 2l' = 0, \tag{3}$$

woraus durch Subtraktion von Gl. (2) folgt

$$\frac{\lambda}{\mathrm{d}\lambda} = A = b\frac{\mathrm{d}n}{\mathrm{d}\lambda} . \tag{4}$$

Das Auflösungsvermögen eines Prismas ist also gleich dem Produkt aus Basis $b$ und Dispersion der Prismensubstanz $\frac{\mathrm{d}n}{\mathrm{d}\lambda}$.

**114,** S. 393: Nach Gl. (16) wird der Gangunterschied

$$\Delta l = \frac{2nd}{\cos\alpha'} - 2d \cdot \tan\alpha' \sin\alpha = 2d \cdot \sqrt{n^2 - \sin^2\alpha}\,.$$

**115,** S. 406: Vgl. Seite 400.

**116,** S. 414: Da die Eindringtiefen mit der Wurzel aus den Frequenzen $\omega$ gehen ist das gesuchte Verhältnis

$$\frac{x_{\text{ein,jährlich}}}{x_{\text{ein,täglich}}} = \sqrt{\frac{\omega_{\text{Tag}}}{\omega_{\text{Jahr}}}} \approx \sqrt{\frac{365}{1}} \approx 19{,}1\,.$$

**117,** S. 416: Aus Gl. (6) ergibt sich $\alpha_p$, damit $p = 232$ bar.

**118,** S. 422: Nach der Definition von $\kappa$ ist für das ideale Gas $\kappa_{\text{id}} = \frac{1}{p}$, für das VAN DER WAALSsche Gas

$$\kappa_{\text{real}} = \frac{1}{\dfrac{RTv}{(v-b)^2} - \dfrac{2a}{v^2}} \approx \frac{1}{p\left(1+\dfrac{b}{v}\right) - \dfrac{a}{v^2}} = \frac{1}{p}\left(1 - \frac{b}{v} + \frac{a}{pv^2}\right).$$

**119,** S. 422: Gehen wir analog Gl. (19) und (20) vor, ergibt sich aus

$$\frac{\partial p}{\partial V} = 0 \quad a = \frac{R\cdot T_k}{(V_k - b)} V_k^2 \quad \text{und} \quad \frac{\partial^2 p}{\partial V^2} = 0 \quad b = \frac{1}{2} V_k$$

wodurch seinerseits $a = 2RT_k V_k$ wird. Es ist also $V_k = 2b$ und $T_k = \frac{a}{4Rb}$. Da

$$p_k = \frac{RT_k}{V_k - b} e^{-\frac{a}{RV_k T_k}}$$ ist wird

$$p_k = \frac{2RT_k}{V_k} e^{-2} = \frac{a}{b^2} \cdot \frac{1}{4} e^{-2} \approx \frac{1}{29{,}4} \cdot \frac{a}{b^2}\,.$$

In reduzierter Form läßt sie sich schreiben zu

$$\hat{p}\left(\hat{V} - \frac{1}{2}\right) = \frac{1}{2}\hat{T} e^{-2\left(1 - \frac{1}{\hat{T}\hat{V}}\right)}\,.$$

**120,** S. 440: $\vartheta_2 = -15{,}8\,°\text{C}$.

**121,** S. 440: a) a) $-pV_1$ a) b) $\frac{c_p}{R} pV_1$

b) a) $-RT \ln 2$ b) b) $RT \ln 2$

c) a) $\frac{p_1 V_1}{\kappa - 1}\left(\frac{1}{2^{\kappa-1}} - 1\right)$ c) b) 0.

**122,** S. 440: Setzt man den Faktor von $\Delta v$ in (34) null, so wird die Gleichung

$$\frac{2a}{v^2} - \frac{RTb}{(v-b)^2} = 0$$

und mit Gl. (26) S. :

$$\hat{T} = \frac{27}{4}\left(1 - \frac{1}{3 \cdot \hat{v}}\right)^2 .$$

Drückt man $\hat{v}$ durch $\hat{T}$ aus und setzt dies in die reduzierte Zustandsgleichung ein, so erhält man die Inversionskurve in $\hat{p}$, $\hat{T}$:

$$\hat{p} = -27 + 24\sqrt{3}\sqrt{\hat{T}} - 12\hat{T} .$$

**123,** S. 447: Der erste Schritt ist die adiabatische Kompression mit

$$A_1 = \int p \, \mathrm{d}V = p_1 V_1^{\kappa} \int_{V_1}^{V_2} \frac{\mathrm{d}V}{V^{\kappa}} .$$

Dies liefert $A_1 = \frac{R}{\kappa - 1}(\alpha - 1)\, T_1$.

Die isobare Expansion liefert mit $\mathrm{d}Q = c_p \, \mathrm{d}T$

$$Q = c_p \, \alpha \, T_1 (\beta - 1) .$$

Die adiabatische Expansion schließlich liefert

$$A_2 = \frac{R\alpha\beta T_1}{\kappa - 1}\left(\frac{1}{\alpha} - 1\right) .$$

Fassen wir dies in $\eta$ zusammen, folgt $\eta = \frac{1}{\kappa}\left(1 - \frac{1}{\alpha}\right)$.

**124,** S. 452: Gehen wir von einem willkürlichen Zustand, z. B. von 0°C aus, so ist die Entropie vor der Mischung

$$S_1 = 10g \int_{273,1}^{373,1} \frac{c\,\mathrm{d}T}{T} + 20g \int_{273,1}^{288,1} \frac{c\,\mathrm{d}T}{T} = \left(10g \ln \frac{373,1}{273,1} + 20g \ln \frac{288,1}{273,1}\right) \cdot c$$

(spez. Wärmekapazität des Wassers $c = 4{,}185 \frac{J}{g \cdot K}$),

nach der Mischung, die 43,3°C Endtemperatur ergibt,

$$S_2 = 30g \int_{273,1}^{316,4} \frac{c\,\mathrm{d}T}{T} = 30g \ln \frac{316,4}{278,1} c .$$

In der Differenz $S_2 - S_1$ fällt, wie es sein muß, die Ausgangstemperatur heraus und wir haben

$$S_2 - S_1 = 30g \ln 316{,}4 - 10g \ln 373{,}1 - 20g \ln 288{,}1 = 0{,}946 \, J/K.$$

**125,** S. 452: Nur in einem Punkt! Würden sich die beiden Kurven in 2 Punkten schneiden, so würden sie eine Fläche umschließen, die bei richtiger Durchlaufung geleistete Arbeit darstellt. Man könnte ein Perpetuum mobile 2. Art bauen, wenn man auf der Isotherme Arbeit leisten läßt, deren Äquivalent einem Wärmespeicher entnommen wird, und dann auf der Adiabate zurückgeht.

**126,** S. 452: Die Flächeninhalte der beiden Bögen müssen gleich sein. Denn es muß auch die Möglichkeit ausgeschlossen sein, durch Überwindung der Schwierigkeiten, welche der Realisierung des labilen Übergangs über die Kurve entgegenstehen, ein Perpetuum mobile 2. Art zu konstruieren.

**127,** S. 456: Es ist

$$T\,\mathrm{d}S = \mathrm{d}U + \Phi\,\mathrm{d}Q = \left(\frac{\partial U}{\partial T}\right)_Q \mathrm{d}T + \left(\frac{\partial U}{\partial Q}\right)_T \mathrm{d}Q + \Phi\,\partial Q$$

$$= T\left[\left(\frac{\partial S}{\partial Q}\right)_T \mathrm{d}Q + \left(\frac{\partial S}{\partial T}\right)_Q \mathrm{d}T\right]. \tag{1}$$

Koeffizientenvergleichung ergibt

$$\left(\frac{\partial S}{\partial Q}\right)_T = \frac{1}{T}\left[\left(\frac{\partial U}{\partial Q}\right)_T + \Phi\right], \tag{2}$$

$$\left(\frac{\partial S}{\partial T}\right)_Q = \frac{1}{T}\left(\frac{\partial U}{\partial T}\right)_Q . \tag{3}$$

Differenziert man die Gl. (2) nach $T$, die Gl. (3) nach $Q$, so ergibt sich

$$\frac{1}{T}\left[\frac{\partial^2 U}{\partial Q\,\partial T} + \left(\frac{\partial \Phi}{\partial T}\right)_Q - \frac{1}{T^2}\left(\frac{\partial U}{\partial Q}\right)_T + \Phi\right] = \frac{1}{T}\,\frac{\partial^2 U}{\partial T\,\partial Q}, \tag{4}$$

hieraus

$$\Phi = -\left(\frac{\partial U}{\partial Q}\right)_T + T\left(\frac{\partial \Phi}{\partial T}\right)_Q \quad \text{oder} \quad \Phi - T\left(\frac{\partial \Phi}{\partial T}\right)_Q = -\left(\frac{\partial U}{\partial Q}\right)_T . \tag{5}$$

Ist die Ladung $F$ durchgegangen, so ist 1 Grammäquivalent umgesetzt und die Energiedifferenz ist gleich der Wärmetönung pro Mol dieses Prozesses, geteilt durch die Wertigkeit $Z$, also gleich $-\frac{q_0}{Z}$, also $\left(\frac{\partial U}{\partial Q}\right)_T = -\frac{q_0}{ZF}$

$$\Phi - T\left(\frac{\partial \Phi}{\partial T}\right)_Q = \frac{q_0}{ZF}. \tag{6}$$

Man beachte, daß $ZF\Phi$ der freien Energie entspricht.

**128,** S. 457: Aus dem 1. Hauptsatz folgt bei konstantem Druck

$$\bar{\mathrm{d}}q = \mathrm{d}u + p\,\mathrm{d}v = \mathrm{d}(u + pv) = \mathrm{d}h = \left(\frac{\partial h}{\partial T}\right)_p \mathrm{d}T,$$

somit

$$c_p = \left(\frac{\partial h}{\partial T}\right)_p$$

und analog zu Gl. (34) bis (37) von S. 456 aus

$$\mathrm{d}s = \left(\frac{\partial s}{\partial T}\right)_p \mathrm{d}T + \left(\frac{\partial s}{\partial p}\right)_T \mathrm{d}p = \frac{1}{T}\,[\mathrm{d}u + p\,\mathrm{d}v] = \frac{1}{T}\,[\mathrm{d}h - v\,\mathrm{d}p]$$

$$= \frac{1}{T}\left[\left(\frac{\partial h}{\partial T}\right)_p \mathrm{d}T + \left\{\left(\frac{\partial h}{\partial p}\right)_T - v\right\}\mathrm{d}p\right]$$

durch Vergleich und „kreuzweise Differentiation"

$$\left(\frac{\partial h}{\partial p}\right)_T = -T^2\left(\frac{\partial (v/T)}{\partial T}\right)_p .$$

**129,** S. 459: Ersetzt man in Gl. (38) von S. 456 $p$ durch $H$ und $v$ durch $-l$, so ergibt sich

$$c_H - c_l = -T\left(\frac{\partial H}{\partial T}\right)_l\left(\frac{\partial l}{\partial T}\right)_H$$ und mit der Zustandsgleichung

$$l = \frac{C}{T} H$$

$$c_H - c_l = \frac{lH}{T} = \chi\frac{H^2}{T}$$ ($\chi$ Suszeptibilität pro Mol). ($c_l$ ist die gewöhnliche spez. Wärmekapazität.)

**130,** S. 490: Für $T = 0$, $x \to \infty$ wird $x \tanh x - \ln\cosh x$ gleich 2, es ist also $s_m = -R \ln 2$. Statistisch ist

$$W_{\text{magn}} = 1, \quad s_{\text{magn}} = 0$$

$$W_{\text{unmagn}} = \frac{L!}{\left(\frac{L}{2}\right)!\left(\frac{L}{2}\right)!} = \frac{L^L}{\left(\frac{L}{2}\right)^{L/2}\left(\frac{L}{2}\right)^{L/2}} = \frac{L^L}{\left(\frac{L}{2}\right)^L}, \quad \text{also}$$

$$s_{\text{unmagn}} = k\,L \ln 2 = R \ln 2,$$

d. h. die Entropie ist in Übereinstimmung mit oben im unmagnetisierten Zustand um $R \ln 2$ je Mol größer als im magnetisierten.

**131,** S. 521: Nach Gl. (61) von Seite 405 ist die Impulsdichte in der elektromagnetischen Strahlung einer Planwelle

$$\frac{\Delta\vec{p}}{\Delta V} = \frac{\vec{S}}{c^2}\,.$$

Wir betrachten die Strahlung in einem prismatischen Körper mit

$$\Delta V = \Delta f \cdot c \cdot \Delta t\,.$$

Sie wird während der Zeit $\Delta t$ auf die Fläche $\Delta f$ auftreffen und dort, wenn die Fläche als ideal spiegelnd angenommen wird, eine Impulsänderung erfahren, die gleich dem Doppelten des mitgeführten Impulses ist. Zeitliche Impulsänderung entspricht einer Kraft, bezogen auf die Fläche bewirkt diese einen Druck. (Wir bezeichnen den Druck als $p$, den Impuls als $\vec{p}$, seinen Betrag als $|\vec{p}|$).

$$p = \frac{2|\vec{S}|}{c}\,.$$

Fällt die Welle unter dem Winkel $\vartheta$ ein, so reduziert sich der Strahlungsdruck um den Faktor $\cos^2\vartheta$. Jetzt betrachten wir Strahlung, die aus dem ganzen Halbraum einfällt. Die aus dem Intervall $\mathrm{d}\vartheta$ kommende Strahlung ruft den Druck

$$\mathrm{d}p = 2\pi \cdot \frac{2S}{c}\cos^2\vartheta \sin\vartheta\,\mathrm{d}\vartheta$$

hervor. Damit wird

$$p = \frac{8\pi S}{3c} \quad \text{(Integration von 0 bis } \pi!\text{).}$$

$S_\nu$ ist aber identisch mit $K_\nu$ in Gl. (5), auf S. , es ist also $p_\nu = \frac{u_\nu}{3}$ und $p = u/3$.

Wir lassen jetzt bei der Temperatur $T + \mathrm{d}T$ einen Stempel vom Strahlungsdruck

$S_\nu$ ist aber identisch mit $K_\nu$ in Gl. (5) auf S. , es ist also $p_\nu = \frac{u_\nu}{3}$ und $p = u/3$. Wir lassen jetzt bei Expansion ist die Wärmeenergie $\left(p + \frac{\mathrm{d}p}{\mathrm{d}T}\,\mathrm{d}T\right) v + \left(u + \frac{\mathrm{d}u}{\mathrm{d}T}\,\mathrm{d}T\right) v$ zugeführt worden. Vernachlässigt man die kleinen Größen gegen $p$ und $u$, so ergibt der 2. Hauptsatz

$$\frac{\mathrm{d}p}{\mathrm{d}T}\,\mathrm{d}T = \frac{(p+u)\,\mathrm{d}T}{T} \quad \text{oder} \quad \frac{\mathrm{d}u}{\mathrm{d}T} = \frac{4u}{T},$$

integriert

$$u = aT^4 .$$

**132,** S. 521: Mit der Akürzung $\alpha = \frac{h\nu}{m_e c^2}$ ergibt sich die kinetische Energie des Elektrons

$$T = \frac{2\alpha^2 m_e c^2}{1 + 2\alpha + (1+\alpha)^2 \tan\varphi} .$$

Der Streuwinkel des Elektrons ist

$$\varphi = \arctan \frac{-1}{(1+\alpha)\tan\frac{\vartheta}{2}} .$$

**133,** S. 526: Es gelten die Beziehungen

$$\bar{E} = \sum_n n \cdot h \cdot \nu \cdot w_n , \tag{1}$$

$$\langle \Delta E^2 \rangle = \sum_n (nh\nu - \bar{E})^2 \cdot w_n , \tag{2}$$

$$w_n = (1 - e^{-h\nu/kT})\, e^{-nh\nu/kT} . \tag{3}$$

Ausrechnen des Quadrates in (2) führt unter Beachtung von (1) auf

$$\langle \Delta E^2 \rangle = -\bar{E}^2 + (h\nu)^2 \sum_{n=1}^{\infty} n^2 w_n . \tag{4}$$

Mit der Abkürzung $x = \frac{h\nu}{kT}$ wird

$$\begin{aligned} \bar{E} &= -h\nu(1-e^{-x}) \frac{\mathrm{d}}{\mathrm{d}x} \sum_{n=1}^{\infty} e^{-nx} = -h\nu(1-e^{-x}) \frac{\mathrm{d}}{\mathrm{d}x} \frac{1}{1-e^{-x}} \\ &= h\nu \frac{e^{-x}}{1-e^{-x}} \end{aligned} \tag{5}$$

ferner ist

$$\begin{aligned} \sum_{n=1}^{\infty} n^2 w_n &= (1-e^{-x}) \sum_{n=1}^{\infty} n^2 e^{-nx} = (1-e^{-x}) \frac{\mathrm{d}^2}{\mathrm{d}x^2} \sum_{n=1}^{\infty} e^{-nx} \\ &= (1-e^{-x}) \frac{\mathrm{d}^2}{\mathrm{d}x^2} \frac{1}{1-e^{-x}} = \frac{e^{-x}}{1-e^{-x}} + \frac{2e^{-2x}}{(1-e^{-x})^2} \end{aligned} \tag{6}$$

Setzt man dieses Ergebnis (6) in Verbindung mit (5) in (4) ein, ergibt sich Gl. (48) im Text.

**134,** S. 532: Die möglichen Zustände des Gesamtsystems sind:
1. Teilchen 1 in *a*, Teilchen 2 in *a*.
2. Teilchen 1 in *a*, Teilchen 2 in *b*.
3. Teilchen 1 in *b*, Teilchen 2 in *a*.
4. Teilchen 1 in *b*, Teilchen 2 in *b*.

Klassische Teilchen können alle diese Zustände einnehmen, ihre Wahrscheinlichkeiten sind jeweils $\frac{1}{4}$. Für Bosonen sind Nr. 2 und 3 gleich, da die Teilchen nicht unterscheidbar sind. Es werden die Zustände 1, 2 (= 3) und 4 jeweils mit Wahrscheinlichkeit $\frac{1}{3}$ angenommen. Bei Fermionen ist nur Zustand 2 (= 3) möglich, der mit der Wahrscheinlichkeit 1 angenommen wird.

**135,** S. 537: Lösungen sind z. B.

$$\delta(x) = \lim_{a\to\infty} \frac{a}{\sqrt{\pi}} e^{-a^2x^2} ,$$

$$\delta(x) = \lim_{b\to 0} \frac{1}{\pi} \frac{b}{x^2+b^2} .$$

**136,** S. 540: Die FOURIER-Transformierte des Rechtecksignals ist

$$f(p) = \sqrt{\frac{2\hbar}{\pi}} \cdot \frac{1}{p-p_0} \cdot \sin(p-p_0)\,a/\hbar .$$

Deren Betragsquadrat hat ein Maximum bei $p = p_0$ und Minima (Nullstellen) bei

$$p = p_0 \pm \frac{n\pi\hbar}{a} .$$

Die Nebenmaxima nehmen in der Höhe schnell ab (wie $(p-p_0)^{-2}$). Die Unbestimmtheit des Impulses kann daher zu $\Delta p \cong 2\pi\hbar/a$ abgeschätzt werden. Multipliziert mit der Abschätzung für die Unbestimmtheit des Ortes $\Delta x \cong 2a$ folgt:

$$\Delta x \cdot \Delta p \cong 4\pi\hbar .$$

**137,** S. 544: Gleichung (8) verändert sich nicht, wenn die Transformation $t \Rightarrow -t$ durchgeführt wird und die Wellenfunktionen in ihre komplex konjugierten Werte übergehen

$$\psi_{\text{rev}}(\vec{r}, t) = \psi^*(\vec{r}, -t) .$$

**138,** S. 546: Man erhält die SCHRÖDINGER-Gleichung in der Form

$$-A\frac{\partial S}{\partial t} = -\frac{\hbar^2}{2m}\Delta A - \frac{1}{2m}(\nabla S)^2 \cdot A + V \cdot A \quad \text{(Realteil)},$$

$$\frac{\partial A}{\partial t} = -\frac{1}{m}(\nabla A)(\nabla S) - \frac{1}{2m} A \cdot \Delta S \quad \text{(Imaginärteil)} .$$

Wird der Imaginärteil mit $2A$ multipliziert und die Beziehung

$$\operatorname{div}(u\vec{v}) = \vec{v}\,\operatorname{grad} u + u \operatorname{div}\vec{v}$$

beachtet, so folgt eine als Kontinuitätsgleichung zu interpretierende Gleichung:

$$m\frac{\partial}{\partial t}A^2 + \operatorname{div}(A^2\nabla S) = 0 .$$

Daraus entnimmt man die Ausdrücke für die Wahrscheinlichkeitsdichte $\rho$ und die Stromdichte $\vec{j}$.

$$\rho = A^2, \quad \vec{j} = \frac{A^2}{m} \cdot \nabla S .$$

**139,** S. 546: Aus dem Realteil der SCHRÖDINGER-Gleichung in der Form der Aufg. 138 erhält man mit $\hbar = 0$

$$\frac{\partial S}{\partial t} + \frac{(\nabla S)^2}{2m} + V = 0.$$

Dies ist eine HAMILTON-JACOBIsche Differentialgleichung für die Wirkungsfunktion $S$. Es gilt

$$\vec{p} = \nabla S, \qquad H\left(q_k, \frac{\partial S}{\partial q_k}\right) = V + \frac{(\nabla S)^2}{2m} .$$

Damit beschreibt die klassische Näherung der SCHRÖDINGER-Gleichung einen Strom von wechselwirkungsfreien klassischen Teilchen (statistisches Gemisch), die sich unter dem Einfluß eines Potentials $V(\vec{r})$ bewegen. Dichte und Stromdichte dieses Teilchenstromes sind gleich der quantenmechanischen Wahrscheinlichkeitsdichte bzw. -stromdichte.

**140,** S. 553: $D \approx 0{,}50$.

**141,** S. 555: Nein! Vgl. VI. Buch, I. Kapitel, § 1.

**142,** S. 559: Die SCHRÖDINGER-Gleichung nimmt die Form an

$$(E - \frac{1}{2}\hbar\omega)\,\psi = \hbar\omega\,\hat{b}\,\hat{b}^+\,\psi .$$

Die Vertauschungsrelation ist

$$\hat{b}^+\hat{b} - \hat{b}\,\hat{b}^+ = 1.$$

Wir multiplizieren die SCHRÖDINGER-Gleichung von links mit $\psi^*$ und integrieren über den ganzen Raum. Durch partielle Integration zeigt man, daß auf der rechten Seite ein Integral über das Quadrat einer Funktion steht, also eine nichtnegative Größe. Daher gilt

$$(E - \frac{1}{2}\,\hbar\omega) \geqslant 0 .$$

Damit das Gleichheitszeichen steht, muß das Integral auf der rechten Seite verschwinden. Das ist erfüllt, wenn

$$\hat{b}^+\,\psi_0 = 0 .$$

Die Lösung ist $\psi_0 = A_0 \exp(-m\omega x^2/2\hbar)$.

Die SCHRÖDINGER-Gleichung für den $n$-ten angeregten Zustand ist

$$(E_n - \frac{1}{2}\hbar\omega)\,\psi_n = \hbar\omega\,\hat{b}\,\hat{b}^+\,\psi_n .$$

Wir multiplizieren von links mit dem Operator $\hat{b}^+$. Unter Beachtung der Vertauschungsrelation folgt

$$(E_n - \frac{3}{2}\hbar\omega)\,\hat{b}^+\,\psi_n = \hbar\omega\,\hat{b}\,\hat{b}^+\hat{b}^+\,\psi_n .$$

Hierin erkennen wir die SCHRÖDINGER-Gleichung für den $(n-1)$ten angeregten Zustand, wenn wir setzen

$$\psi_{n-1} = \hat{b}^+ \psi_n \; ; \qquad E_{n-1} = E_n - \hbar\omega \, .$$

Da die Reihe der Energieeigenwerte bei $E_0 = \frac{1}{2}\hbar\omega$ abbrechen muß, folgt das Spektrum der Energiewerte

$$E_n = \left(n + \frac{1}{2}\right)\hbar\omega \, , \qquad n = 0, 1, 2, \ldots$$

So wie die Anwendung von $\hat{b}^+$ auf die Wellenfunktion zur nächst niedrigen Anregungsstufe führt, so führt die Anwendung von $\hat{b}$ zur Wellenfunktion der nächst höheren Stufe. $\hat{b}^+$ ist daher ein Vernichtungsoperator für ein Strahlungsquant, $\hat{b}$ ein Erzeugungsoperator. (Vgl. Kap. II im sechsten Buch.)

**143,** S. 561: Die Relativgeschwindigkeit ist $\frac{\vec{p}_1}{m_1} - \frac{\vec{p}_2}{m_2}$.
Multipliziert man dies mit der reduzierten Masse, so folgt

$$\vec{p} = \frac{m_2 \vec{p}_1 - m_1 \vec{p}_2}{m_1 + m_2} \, .$$

Definiert man den Drehimpuls des Relativteilchens als $\vec{l} = \vec{r} \times \vec{p}$ und den des Schwerpunktes als $\vec{L} = \vec{R} \times \vec{P}$, so gilt

$$\vec{l}_1 + \vec{l}_2 = \vec{L} + \vec{l} \, .$$

**144,** S. 565: $[r_i, p_j] = i\hbar\,\delta_{ij}, \quad [R_i, P_j] = i\hbar\,\delta_{ij}\,,$
$[r_i, P_j] = 0, \quad [R_i, p_j] = 0 \, .$

**145,** S. 570: Ein Lösungsweg besteht darin, die HERMITEschen Polynome zunächst durch eine erzeugende Funktion darzustellen.

$$\sum_{n=0}^{\infty} \frac{H_n(x)}{n!} s^n = e^{x^2-(s-x)^2} = S(x,s) \, .$$

Nun bilden wir ein Integral über zwei Erzeugende und setzen es gleich deren Potenzreihenentwicklung.

$$\int_{-\infty}^{+\infty} S(x,s) \cdot S(x,t)\, e^{-x^2}\, \mathrm{d}x = \sum_{n=0}^{\infty} \sum_{m=0}^{\infty} \frac{s^n t^m}{n!\, m!} \int_{-\infty}^{+\infty} H_n(x)\, H_m(x)\, e^{-x^2}\, \mathrm{d}x \, .$$

Die linke Seite können wir sofort integrieren, wenn wir im Exponenten der Exponentialfunktion eine quadratische Ergänzung durchführen und $\int \exp(-x^2)\,\mathrm{d}x = \sqrt{\pi}$ beachten. Das Ergebnis können wir seinerseits in eine Potenzreihe entwickeln.

$$\sqrt{\pi}\, e^{2st} = \sqrt{\pi} \sum_{n=0}^{\infty} \frac{(2st)^n}{n!} \, .$$

In den beiden Potenzreihen stimmen gleiche Potenzen von $s$ und $t$ überein. Daraus folgt

$$\int_{-\infty}^{+\infty} H_n(x)\, H_m(x)\, e^{-x^2}\, \mathrm{d}x = \sqrt{\pi}\, 2^n\, n!\, \delta_{nm} \, .$$

**146,** S. 577: a) $\frac{\hbar}{i}\nabla$, b) $\vec{p}$.

**147,** S. 578: $E_{a,b} = \frac{H_{11}+H_{22}}{2} \pm \sqrt{\frac{1}{4}(H_{11}-H_{22})^2 + H_{12}H_{21}}$.

$= E_0 \pm A$.

Eigenvektoren:

$$|a> = \frac{1}{\sqrt{2}}[|1> + |2>],$$

$$|b> = \frac{1}{\sqrt{2}}[|1> - |2>].$$

Die Eigenvektoren sind nur bis auf eine Phase bestimmt.

**148,** S. 582: Entsprechend Gl. (67) gilt

$$S(t, t_0) = \exp(-iH(t-t_0)/\hbar).$$

Man kann die Integralgleichung nach $t$ differenzieren, wenn man die Ableitung eines Operators nach der Zeit durch

$$\frac{\mathrm{d}\hat{S}}{\mathrm{d}t} = \lim_{\Delta t \to 0} \frac{\hat{S}(t+\Delta t) - \hat{S}(t)}{\Delta t}$$

definiert.

**149,** S. 589: Direkt zu verifizieren.

**150,** S. 604: Es ist $\hat{H}' = bx$ und nach Gl. (10) von S. 603

$$E_n^{(1)} = H'_{nn} = \int \psi_n^* \, bx \, \psi_n \cdot \mathrm{d}x = 0 \text{ aus Symmetriegründen.}$$

Für die zweite Ordnung folgt aus Gl. (13)

$$E_n^{(2)} = \sum_{k \neq n} \frac{H'_{nk} H'_{kn}}{(n-k)\hbar\omega}.$$

Zu berechnen sind die Matrixelemente

$$H'_{kn} = \int \psi_k^x(x) \, bx \, \psi_n(x) \, \mathrm{d}x$$

$$= \frac{b}{\alpha}\left[\left(\frac{n}{2}\right)^{1/2} \cdot \delta_{n,k+1} + \left(\frac{n+1}{2}\right)^{1/2} \delta_{n,k-1}\right].$$

Zur Auswertung der Integrale über die Eigenfunktionen des ungestörten harmonischen Oszillators kann man sich des schon bei Aufg. 145 benutzten Verfahrens bedienen.

$$\int_{-\infty}^{+\infty} S(x,s) \cdot S(x,t) \cdot x \cdot e^{-x^2} \, \mathrm{d}x = \sum_{n=0}^{\infty} \sum_{m=0}^{\infty} \frac{s^n t^m}{n!\,m!} \int H_n(x) \cdot x \, H_m(x) \, e^{-x^2} \, \mathrm{d}x.$$

Die linke Seite können wir wieder nach einer quadratischen Ergänzung im Exponenten integrieren und ihrerseits in eine Potenzreihe entwickeln. Wir erhalten

$$\sqrt{\pi}\,(s+t)\,e^{2st} = \pi^{1/2} \sum_{n=\nu}^{\infty} \frac{2^n (s^{n+1} t^n + s^n t^{n+1})}{n!}.$$

Durch Gleichsetzen gleicher Potenzen von $s$ und $t$ finden wir den oben angegebenen Wert für das Matrixelement.
Insgesamt folgt

$$E_n^{(2)} = -\frac{b^2}{2m\omega^2} .$$

Dies stimmt mit der exakten Lösung überein. Man findet die exakte Lösung durch die Koordinatentransformation

$$x' = x + \frac{b}{m\omega^2} ,$$

bei der

$$\hat{H}^0 + \hat{H}' = -\frac{\hbar^2}{2m}\frac{\partial^2}{\partial x'^2} + \frac{m\omega^2 x'^2}{2} - \frac{b^2}{2m\omega^2}$$

wird.

**151,** S. 628: Für die Radialfunktionen $R_{nl}$ des Wasserstoffatoms sowie der Einelektronensysteme mit Kernladungszahl $Z$ folgt:

$$R_{10}(r) = \left(\frac{Z}{a}\right)^{3/2} \cdot 2\, e^{-\frac{Zr}{a}} ,$$

$$R_{20}(r) = \left(\frac{Z}{2a}\right)^{3/2} \left(2 - \frac{Zr}{a}\right) e^{-\frac{Zr}{2a}} ,$$

$$R_{21}(r) = \left(\frac{Z}{2a}\right)^{3/2} \frac{Zr}{a\sqrt{3}}\, e^{-\frac{Zr}{2a}} ,$$

$$R_{30}(r) = \left(\frac{Z}{3a}\right)^{3/2} 2\left[1 - \frac{3Zr}{3a} + \frac{2(Zr)^2}{27a}\right] e^{-\frac{Zr}{3a}} ,$$

$$R_{31}(r) = \left(\frac{Z}{3a}\right)^{3/2} \cdot \frac{4\sqrt{2}}{\sqrt{3}} \frac{Zr}{a}\left(1 - \frac{Zr}{6a}\right) e^{-\frac{Zr}{3a}} ,$$

$$R_{32}(r) = \left(\frac{Z}{3a}\right)^{3/2} \frac{2\sqrt{2}}{27\sqrt{5}} \left(\frac{Zr}{a}\right)^2 e^{-\frac{Zr}{3a}} .$$

Die $s$-Wellenfunktion ist im Gegensatz zu den anderen kugelsymmetrisch.

**152,** S. 628: Die Zahl der Knoten ist gegeben durch $(n - l - 1)$.

**153,** S. 628: Die Bindungsenergie ist gegenüber dem Elektron im Wasserstoff um den Faktor

$$\frac{m_\mu}{m_e} Z^2 = 207 \cdot 82^2 = 551\,368$$

erhöht. Damit ist die Energie des $1s$-Zustandes $-7{,}5$ MeV.

**154,** S. 633: Man erhält Gl. (24) durch direktes Einsetzen von (25) und (26).

**155,** S. 638: Verifizieren mit Hilfe von (25).

**156,** S. 638: Gl. (41) vereinfacht sich für den 1 *s*-Zustand

$$\epsilon_{1s} = \left[\left(1 + \frac{Z^2 \alpha^2}{1 - Z^2 \alpha^2}\right)^{-1/2} - 1\right] m_e c^2 .$$

Beim Wasserstoff ergibt sich durch Entwickeln

$$\epsilon_{1s} = \left[-\frac{1}{2}\alpha^2 + \frac{3}{8}\alpha^4 + \cdots\right] m_e c^2 .$$

Beim Blei kann nicht mehr entwickelt werden, da $Z\alpha \ll 1$ nicht mehr erfüllt ist. Man findet eine Bindungsenergie von 21 MeV. Der nicht-relativistische Wert war 7,5 MeV.

# Sachregister